Bazon Brock III | Der Barbar als Kulturheld

Gesammelte Schriften 1991–2002

Der **Barbar**

Bazon Brock III | Gesammelte Schriften 1991–2002

Herausgegeben in Zusammenarbeit
mit dem Autor von Anna Zika

als **Kulturheld**

Ästhetik
des
Unterlassens

—

Kritik
der Wahrheit

wie
man
wird,
der
man
nicht
ist

DUMONT

1 | Worte

b | 1

Bazon Brock

emergentia praecox

Bazon Brock

emergentia praecox

Von *zivilisatorischen Minimalstandards* liest man öfter,
von *Inszenierung des Lebens*,
von *Arbeitsbiographien*,
von *Ohnmacht der Macht*,
von *affirmativer Überhöhung als Strategie des Widerspruchs*,
von *Fundamentalismus der Künste*,
von *ästhetischem Terror der Gottsucherbanden*,
von *der subversiven Macht des Alters*,
von *den Utopien als Ressourcen der Wahrheitskritik*
oder der *Erzwingung von Dauer in der Politik der Unsterblichkeit*,
bzw. von *Avantgarden als den Repräsentanten des Neuen*,
welches uns veranlaßt,
das **Alte, Überkommene mit neuen Augen zu sehen.**

Das, wie gesagt, liest man immer öfter, und da freut man sich über die Bestätigung, etwas Richtiges erkannt und etwas Wichtiges benannt zu haben, als man derartige Neologismen kreierte, derartige Konzepte entwarf und derartige Strategien zur Diskussion stellte. Ist mehr erwartbar als diese Bestätigung nach Jahren oder Jahrzehnten? Leider doch: die Erfahrung, daß man den rechten Augenblick der Wirkung in der eigenen loyalen Kulturbande verpaßt hat, weil man fast immer zu früh kam mit den Ein-, An- und Aussichten: Ich leide an *Emergentia praecox*. Und weil man sich die Loyalität von niemandem abfragen, gar abpressen ließ, also alle kulturelle Legitimation seiner Arbeit aufgab, bleibt man ohne Stallgeruch, ohne Identitätsmarke, ohne Heimat, ohne Partei, ohne kollegialen Kartellverbund, ohne Marktmacht, ohne irgendeine Mitgliedschaft. **Man ist also Künstler.**

Künstler ist, wer seine eigenen Aussagenansprüche allein aus sich heraus vertritt – **beispielhafte Individualität**; das ist nicht mehr Selbstverwirklichungsbohème, sondern Individualisierungszwang, die Zumutung der Bodenlosigkeit für jedermann.

Vier Bewegungsformen, jenen Zwängen zu entsprechen, werden im **Titel dieser jüngsten Arbeitsbiographie** angegeben:

die Kritik der Wahrheit,
die Ästhetik des Unterlassens,
der Barbar als Kulturheros und:
wie man wird, der man nicht ist.

1 | Zur Kritik der Wahrheit

Wahr ist, daß wir gegenwärtig erleben, wie alles das, was wir verabredungsgemäß bisher als genuin faschistisch verstanden, demokratisch legitimiert für unseren Alltag bestimmend wird: Euthanasie; Eugenik; extralegale und präventive Tötung von Staatswegen; Sippenhaft; Vertreibung/Deportation; Lagerhaltung/Schutzhaft/Ghettoisierung von ganzen Bevölkerungsgruppen; Rechtsstaatsgarantie nur für Leute mit hinreichendem Vermögen, um alle Instanzen über viele Jahre Prozeßdauer durchstehen zu können etc.
Das alles ist unabweisbar wahr – aber wir müssen lernen, die Wahrheit mit den alten Argumenten zu kritisieren: *wenn zwei das Gleiche tun, ist es nicht Dasselbe. Quod licet Iovi non licet bovi.* Mehr nicht?

2 | Der Barbar als Kulturheld

Mitten im Bosnienkrieg wurde von deutschen Kulturgrößen Frank Castorf mit hohem Preis ausgezeichnet „für seine Radikalität!" Ein Skandal der präpotenten Dummheit solcher Kulturgrößen? Seit Richard Wagners *Regenerationsschriften* ist die Hymnik zum ästhetischen Terrorismus, zur Barbarei der Unmittelbarkeit und der Erzwingung von dauerhaften Verbindlichkeiten nie verstummt – selbst in Zeiten blutiger Kriege nicht, die eben als notwendige Maßnahme galten, die Dekadenz der normalitätssüchtigen Bürger mit Stumpf und Stiel auszurotten. Der *Barbar* war und ist beraunte und berühmte Leitfigur des 20. Jahrhunderts, das so schnell nicht enden wird. Von chirurgisch realisierter Körperkunst bis zur größten Landschaftszerstörung aller Zeiten durch politisch korrekte Windkraftwerke, vom Festterror per Musikmaschinen in jedem

Dorf bis zur Vernichtung jeden politischen Arguments durch die Deklaration der *Love-Parade* als Polit-Demo mit Privilegierung wird heute die Barbarei beschworen als Erlösung durch Auslöschung. Das eben kennzeichnet *Barbarei*. Sie ist Investition ins Ende, in Götterdämmerung, in Untergang als Auferstehung. **Fin-Invest** heißt nicht nur Berlusconis Megamachination, sondern unser aller Kulturheroismus.

3 | Wie man wird, der man nicht ist

Nietzsche forcierte mit dem Imperativ zu werden, der man sei, die bürgerliche Selbstzerstörung. Kulturnationales Identitätspathos färbte alle Politik, sie wurde blutrot oder erdbraun. Zwei Weltkriege reichten nicht als pflichtgemäße Einübung in die Prädestinationslehre: *Werdet als Volk, was ihr zu sein vom Schicksal bestimmt wart, nämlich Verteidiger Eurer genuinen, homogenen Kultur, Ethnie und Rasse, deren Identitätsanspruch Ihr mit allen Mitteln herauszubilden und durchzusetzen habt.*

Heute ist die Behauptung der eigenen kulturellen Identität eine soziale Pflicht von jedermann. Gegen die katastrophalen Auswirkungen solcher Identitätspolitik im Alltag von jedermann ergreife man möglichst schnell die postmodernen Rollenspiele, deren Erfahrung nur eines vermittelt: jederzeit in jedem Kontext anders sein zu wollen als man leider ist und in jeder Rolle sein zu müssen, der man eben nicht ist. Das heißt: **Selbstaufklärung.**

4 | Die Ästhetik des Unterlassens

Säkularisierung der Kulturen als Legitimation des Politischen ist heute unsere Aufgabe, wie es die früherer Generationen war, die Trennung von Kirche und Staat durchzusetzen. Für zwei Drittel unserer Welt steht selbst diese erste Säkularisierung noch aus, von der Säkularisierung der Kultur ganz zu schweigen. **Säkularisierung heißt Zivilisierung,** charakterisiert durch das Ernstfallverbot (Null-Tote-Doktrin), die Selbstfesselung (Stärke und Besitz verpflichten zur Verantwortung), das Handeln als *Unterlassen* (Du sollst nicht ... omnipotenzkindisch oder machtwahnsinnig, also realitätsblind werden, denn wirklich ist nur das, worauf wir bei aller Macht keinen Einfluß haben).

Wie ein Tun als Unterlassen betrieben werden kann und in die Geschichtsschreibung auch jene großen Ereignisse eingehen können, die nicht geschahen, weil man sie verhinderte (wie in der erfolgreichen Bekämpfung des Terrors), das üben wir in der Praxis der Künste; in der Beschränkung, heißt es dort, liegt erst die Meisterschaft; *less is more, less irritation is more clarity*; Vollendung ist eine Frage des rechtzeitigen Aufhörens und nicht die der Vollständigkeit. Und herausragende Literatur, Kunst, Dramatik sind Arbeiten, die so perfekt erscheinen, daß man nicht auf die Idee käme, sie außerhalb von Atelier, Theater und Museum zu verwirklichen. Sie bleiben im musealen Containment als Archiv auf Dauer gestellt, als Archiv der Erinnerung an das, was Gottseidank nie geschah.

In der Dekade, aus der die hier versammelten Texte als *Bewegungsindikatoren für Individualisierungszwang* stammen, habe ich rund 900 Aktivitäten in Universitäten, Museen, Galerien, Kunstvereinen, Unternehmen, Theatern, Fernsehstudios, Redaktionen absolviert. Dieses umfassende Programm zu leisten, ermöglichte mir Monika Hoffmann, Beauftragte des Volkes für die Bewahrung der Hoffnung, daß Liebe dennoch gelingt.
Die vorliegende vierte Arbeitsbiographie realisierte Anna Zika, die als Muse des Müssens zwischen Pflicht und Erschöpfungslust vermittelte.

Bazon Brock
Wuppertal 2002

Anna Zika

Vorbemerkung

Anna Zika

Vorbemerkung

„Nicht jeder hat die Größe, Lebensabschnitte zu Seminarthemen zu machen", befand ein Kollege am Fachbereich 5 der Uni Wuppertal, als Bazon Brock die Vorbereitungen zur Ausstellung *Die Macht des Alters* mit einer gleichnamigen Lehrveranstaltung begleitete.
Das eigene Leben zum Thema zu machen ist in der Tat ein wesentliches Anliegen von Bazon Brock. Nicht, um seinen Lesern und Zuhörern unbedingt die Beschäftigung mit seiner Person zuzumuten, sondern um das Publikum beispielhaft anzuleiten, wie es das unvermeidliche Verstreichen der Lebenszeit als eine sinnvolle Einheit von Werken und Tagen, als kontinuierlichen *Lebenslauf*, als erzählbare *Biographie* entfalten könnte.
Mit der nun vorliegenden Textsammlung wird nach *Ästhetik als Vermittlung* (1977), *Ästhetik gegen erzwungene Unmittelbarkeit* (1986) und *Redekade – Kunst und Kultur der 80er* (1990) die Schriftenreihe ergänzt und die Dumont-Werkausgabe zur Trilogie vervollständigt. Mit dem 1. Kapitel knüpft die *Ästhetik des Unterlassens* wieder an die *Arbeitsbiographie eines Generalisten* (so der Untertitel des ersten Konvoluts) an.

Brocks **Biographiedesign** fordert auf, zu sich selbst konsequent *Ich* zu sagen. Gerade die Künstler, die in jedem Kapitel als Spezialisten fürs allgemeine, also als wahre *Generalisten*, angesprochen werden, haben hier die entscheidenden Vorgaben gemacht. Leben und Leisten wird im Wirken exemplarischer Individuen vorgeführt: diese verstanden es, ihre Tätigkeit und ihre geistige und berufliche Entwicklung in geradezu beispielhafter Weise mit einem persönlichen Lebensplan in Einklang zu bringen.

Inwiefern Brock seiner Biographiepflicht, *Leben und Lehren* (eigentlich *Lernen und Lehren) als Aufführungskünste* zu gestalten, in jeder Alltagssituation nachkam, veranschaulicht folgende Episode:

Während ich mich in einer gemeinsamen Arbeitspause der Teezeremonie widmete, begann Brock plötzlich beherzt meine Terrasse zu fegen. Meine verdutzte Vermieterin ließ er wissen, dies sei eine Handlung Joseph Beuys zu Ehren. In der Tat erinnerte Brocks Gedenkkehren an Beuys' Reinigungsaktionen im Grafenberger Wald. Brock sei dank ist es mir seither möglich, die zuvor als lästiges Übel empfundene Hofsäuberung als regelmäßige Memorialperformance durchführen zu können.

Unter dem Terminus der **Zeitschöpfung** faßt Brock Methoden, Zeit sinnvoll zu nutzen und dadurch Zeitkontingente zu erweitern. Schließlich münden die wichtigsten Kulturleistungen im *Glück der Dauer*, während im *Fluxus* gerade der prozeßhafte Wandel als Figur einer Fließdynamik erfahrbar wird.

Fishing for Complications – Probleme verbinden
Bedingt durch die politische Großwetterlage (deutsche Wiedervereinigung 1989; blutige ethnische Auseinandersetzungen in weiten Teilen Ost-Europas mit dem Jugoslawien-Krieg als Höhepunkt) nahm Bazon Brock in den 90er Jahren frühe Einsprüche gegen die Chimäre der „Multikultur" auf. Die (zu)vielbeschworene kulturelle (d.h. „nationale") Identität, aus der selbst kleinste Bevölkerungsgruppen ihr Recht auf Autonomie ableiten, wird als *kontrafaktische* Behauptung von Intellektuellen des 19. Jahrhunderts erkannt. Sie entwickelten *Kultur* zu einem Instrument, mit dem sich Verbindlichkeit in sozialen Beziehungen stiften läßt – bis hin zur Stimulation der Kampfbereitschaft von Mitgliedern territorialer Lebensgemeinschaften, ihre „Traditionen" gegen fremde Einflüsse abzugrenzen. Der bisher gern verkannte, aber überaus enge Zusammenhang von **Kunst und Krieg** wird unübersehbar.

Der Beschreibung von Mechanismen einer *schöpferischen Zerstörung* durch barbarische Kulturhelden steht die Einsicht gegenüber, daß nur im heiteren **Scheitern** wahres **Gelingen** möglich ist.

Als Heilmittel für die Beendigung der Kriege, die sich im Gewand von Kulturkämpfen tarnen, empfiehlt Brock die Durchsetzung einer universalen **Zivilisation,** wie sie während der Französischen Revolution oder in der amerikanischen Verfassung fixiert wurde. Unter dem Stichwort der **Hominisierung** wird erläutert, warum Menschen anzuerkennen haben, daß sich ihre Kulturen nicht von den sozialen Gesellungen im Tierreich unterscheiden. Die Akzeptanz der natürlichen Funktionslogiken des Sozialen müßte es Menschen ermöglichen, ihre Artgenossen als *Gleiche* – und nicht als je verschiedene Feinde aufzufassen.

Mit seinen Überlegungen zur Neuronalen **Ästhetik** hat Brock auch die Lehre der sinnlichen Wahrnehmung, die jahrhundertelang von der Philosophie vereinnahmt worden war, auf ein anthropologisch-naturwissenschaftliches Fundament gestellt: Notwendigerweise besteht eine natürliche *Differenz* zwischen den intrapsychischen Vorgängen des Denkens, Wünschens, Vorstellens und deren wort- oder bildsprachlichen Äußerungen.

Diese Sachverhalte untersucht Brock in der von ihm inaugurierten **Bildenden Wissenschaft.** Die ästhetische Differenz verhindert eineindeutiges Verstehen, d.h. die identische Übertragung der Leistungen unseres je eigenen Weltbildapparats auf das Gehirn unseres Gegenübers. Daher sind wir auch darauf angewiesen, in der **Kommunikation** zumindest eine handhabbare Annäherung an die intrapsychischen Prozedierungen unserer Gesprächspartner zustande zu bringen.

Für die visuelle Kommunikation spielt die **Gestalt** als reflexive Form eine besondere Rolle: denn Gestalt repräsentiert sich nicht nur durch das Oberflächen-Design von Produkten, sondern vor allem durch unseren Umgang mit ihnen, d.h., die Gestalt fordert ein bestimmtes Verhalten des Nutzers heraus. In diesem Sinne sind die äußeren Hüllen unserer Lebensumwelten (als architektonische Fassade) und unserer alltäglichen Gegenstände (als **Verpackung**) als Gestalten par excellence zu begreifen.

In der Typologie des **Basislagers** manifestiert sich der ideale *Ort der Zeitgenossenschaft*: Hier findet man alles, was man zur Orientierung in einer Welt braucht, die man per se nicht verstehen kann. In übertragenem Sinne bietet das Basislager am Fuß des musealen **Göttersitzes** die Möglichkeit, Bestände der Zeitgenossenschaft zu präsentieren. Das Basislager-Modell hat den Vorteil, allen aktuellen und kurzfristigen Anforderungen des pädagogischen und des Ausstellungsbetriebs stets entsprechen zu können. Als exemplarische Zeitgenossen ersten Ranges, als Beispielgeber im Beispiellosen haben seit jeher die **Künstler** zu gelten. Mit ihrem **Ausblick vom Läuterungsberg** gestalten sie das Vorbild für eine Aneignung und Deutung der Weltbestände, indem sie das *Sehen* anschaulich werden lassen und das *Zeigen* demonstrieren.

Mit seinem Projekt einer **schweren Entdeutschung** unternimmt Brock schließlich den Versuch, das 20. Jahrhundert zu **widerrufen.** Dahinter steckt die inzwischen auch von Geschichtswissenschaftlern durchaus ernsthaft gestellte Frage: *Was wäre gewesen, wenn ...*

Der Widerruf wird geübt als Kritik an der Wahrheit, als Darstellung des Gewesenen und Bestehenden mit dem Hinweis darauf, wie viel „besser" es der Menschheit gehen könnte, wenn all dies unterlassen worden wäre. Diese Kritik an der Wahrheit definiert das Potential von Utopien im wörtlichen Sinne: per definitionem verstehen sie sich nicht als Handlungsanleitungen für die buchstäbliche Verwirklichung von Plänen und Programmen, sondern in der bildsprachlichen oder sprachbildlichen Gestaltung eines U-topos, eines Nirgend-Ortes, kritisieren sie die bestehenden Zustände.
Brocks Widerruf knüpft direkt an das 18. Jahrhundert als Zeitalter der Aufklärung an und ermöglicht dessen Kontinuität.

Zum Schluß ein persönliches Wort: daß Eva Maria Huhn uns im Sekretariat des Lehrstuhls für Ästhetik allzeit den Rücken frei gehalten hat, verdient an dieser Stelle besonderen Dank. Fabian Steinhauer hat die Nachbearbeitung der Texte durch konstruktive Kritik entscheidend begleitet. Mit der Bewältigung der Textmasse zur lesbaren Gestalt hat sich Gertrud Nolte erneut bewährt. Seit vielen Jahren in Brocks Theoriegelände bestens bewandert, entwickelte sie eine dem Charakter der Textsammlung adäquate visuelle Sprache und ermöglicht es somit jedem Nutzer, sich als Leser zu professionalisieren.
Bei der Erstellung der Register und beim Korrekturenabgleich waren Marcel Dolega und Thomas Zika behilflich, dafür ein herzliches Dankeschön!
Undenkbar wäre die Edition ohne die sorgfältige Archiv-Arbeit von Monika Hoffmann, der ich außerdem für ihre Gastfreundschaft an dieser Stelle außerordentlich danken möchte: Sie vermochte es, aus unseren Arbeitstreffen wahre „Symposien" zu machen, während derer wir Arbeitszeit und Lebenszeit sinnfällig ineinander überführen konnten.

Anna Zika
Bielefeld 2002

2 Inhalt

1 | **Worte** | a

| **Bazon Brock** | emergentia praecox | b–g
| **Anna Zika** | Vorbemerkung | h–m

2 | **Inhalt** | n–z

3 | **Arbeitsbiographie** | „Der Barbar als Kulturheld"

I | **Biographiepflichtig**

Wie man wird, der man nicht ist. Mihilismus für Ich-Schwache

| 1 | Die Macht des Alters | 4
| 2 | Wohin führt der lange Marsch? | 24
| 3 | action teaching. Eine Privatvorlesung | 36
| 4 | Animierte Animatoren | 45
| 5 | Animation | 52
| 6 | Tätertypen der Postmoderne. Trainer – Therapeuten – Moderatoren als zeitgenössische Intellektuelle | 53
| 7 | Rumorologie. Das Frankfurt der 60er Jahre – mein Gerücht | 62
| 8 | Wer nicht über sich selbst spricht, hat nichts zu sagen | 69
| 9 | Mihilismus – Von der lustvoll-egoistischen Selbstverwirklichungsbohème zum Terror der Individualisierung als Zuschreibung der Folgen dessen, was man nie getan hat | 79
| 10 | Future sex. Die Zukunft von Liebe und Erotik | 84

| 11 | Ich als Lothar | 100

| 12 | Biographiedesign. Ulrich Löchter bitte zur Anprobe! | 104

| 13 | Generativitätsquotient GQ. Maßzahl für Wirksamkeit –
genetisch und extragenetisch | 109

| 14 | Psychopompos | 118

| 15 | Der Hase im Staatswappen | 119

| 16 | Selbstergänzung des Regenwurms | 122

| 17 | Litanei für Wuppertaler | 127

II | Zeitschöpfung

Wer viel tut, hat viel Zeit

| 1 | Zeitschöpfung | 132

| 2 | Von der Notwendigkeit, ein historisches Bewußtsein auszubilden | 136

| 3 | Die Gestalt der Zeit. James Cabot | 152

| 4 | Fluxus | 155

| 5 | Tourismus und Geschichte | 156

| 6 | Uchronische Moderne – Zeitform der Dauer | 159

| 7 | Wer neu sein will, hat für das Gewesene zu sorgen.
Fondation Beyeler testet die Avantgarden | 172

| 8 | Bildende Wissenschaft. Das Glück der Dauer.
Reale Virtualität. Imaging Science | 179

| 9 | Deklaration zum 12.09.: Der Malkasten wird extemporale Zone | 189

| 10 | Schwellenkunde. Der Rückblick wird zum Ausblick | 192

| 11 | Abfall | 195

| 12 | Zeitkrankheit. Therapie: Chronisches Warten | 196

III | Fishing for Complications: Probleme verbinden

Kunst und Krieg – Betverbot und Bildersturm

| 1 | Götter klatschen – Gott killen | 206

| 2 | Kunst und Krieg – Der verbotene Ernstfall | 207

| 3 | Säkularisierung der Kulturen. Generelles zum Projekt
Kunst und Krieg – Kultur und Strategie | 220

| 4 | Der Barbar als Kulturheld – der Künstler als Barbar | 230

| 5 | Der Künstler als gnadenloser Konkurrent Gottes. Wie Kunst wirksam wird
(und doch nicht angebetet werden muß) | 249

| 6 | Der Ring schließt sich – wahnhaftes Wähnen über Musik und Geschichte | 265

| 7 | Wes' Brot ich esse, dem versprech ich, daß ich ihn vergesse | 275

| 8 | Unter Verdacht | 282

| 9 | Nutznießer des Regimes | 283

| 10 | Der Kampf um CD-Rom. Fundamentalismus in den Künsten,
der Technik, den Wissenschaften | 284

| 11 | Fanatismus und Ekstase. Kanzler, Disco und El Greco | 291

| 12 | Orient und Okzident: Bilderverbote von Moses über Mohammed zu Malewitsch | 294

Hoppla, Heilsversprecher. Scheitern als Gelingen – durch Erfolg zerstört

13	Heilsversprechen starker Männer der Wissenschaft und Künste im Narrenspiegel	299
14	Zwei Wege zum Erfolg: das heitere und das heroische Scheitern	310
15	Beim Bärtchen der Moderne. Das Wunder des gelungenen Scheiterns	314
16	Rest	318
17	FABA – First Aid for Bad Art	319
18	Katabasis Soteriologike	321
19	Ein Jubiläum zum Schreien	325

Kultur zivilisieren. Von der Humanisierung zur Hominisierung

20	Kulturelle Identität ist Fiktion	332
21	Die Kultur zivilisieren	336
22	Harry Potter, what do you think about jews? Zu den Arbeiten von Yael Katz ben Shalom	342
23	Ministerbehübschung. Fischerman's Ästhetisierung der Politik	348
24	Zivilisationsraum und Kulturghettos. Mythologisierung aus der normativen Kraft des Kontrafaktischen	350
25	Zitadellenkultur	356
26	Die Verantwortung der Wissenschaft für die Gesellschaft	363
27	Humanistischer Schadenzauber	371
28	Das Plateau der Freundschaft – Probleme verbinden stärker als Bekenntnisse	390

| 29 | Die Besten brechen die Regeln. Sport als Kulturmuster | 393

| 30 | Gott und Müll. Kulturpolitik und Museum | 398

| 31 | Transit. Passagen globaler Kooperation | 402

IV | Strategien der Ästhetik

Von der sprechenden zur bildenden Wissenschaft

| 1 | Strategien der Ästhetik | 416

| 2 | Neuronale Ästhetik. Bilderkriege. Eine Einführung | 427

| 3 | Von Höhlenschatten zu neuronalen Höhlenzeichen | 432

| 4 | Supervision und Miniatur | 437

| 5 | Kopf oder Computer. Kultur – Ästhetik – Künstliche Intelligenz | 443

| 6 | Mit der Natur rechnen | 451

| 7 | Ein nützlicher Anschauungsunterricht für Kritiker der Plastination | 454

| 8 | Inkorporation und Repräsentation | 465

| 9 | Kunst und Körper | 472

| 10 | Betriebsgeräusche – Bilderverbote. Eine Erinnerung, um zu vergessen | 482

| 11 | Erinnern als Erfahrung von Wirklichkeit | 485

| 12 | Der falsche Hase. Hakenschlagen auf Kunstrasen | 496

| 13 | Warum noch Kunst? Eine Polemik gegen den herrschenden Bildanalphabetismus | 503

Wir müssen kommunizieren, weil wir uns nicht verstehen können

| 14 | Vergegenständlichungszwang. Zwischen Ethik und Logik der Aneignung | 506

| 15 | Monstranz – Demonstranz | 510

| 16 | Vom Totem zum Logo | 511

| 17 | Schaudenken – Talken und Chatten. Orientierung in einer Welt, die man nicht zu verstehen braucht | 518

| 18 | Graffiti als Menetekel | 523

| 19 | Uwe Loesch. Gegen die Monster des Konsens | 531

| 20 | Werbung und gesellschaftliche Kommunikation | 536

| 21 | Werbung – eine zivile Religion? | 545

| 22 | What's up, Brock? | 553

Gestaltbewertung – Verkörperungszwänge

| 23 | Grußwort an Gilda | 559

| 24 | Reflexive Formen | 561

| 25 | Geschmacksache | 569

| 26 | Pflege Deinen Konkurrenten. Standards der Formgebung | 570

| 27 | Fake – Fälschung – Täuschung | 577

| 28 | Kitsch als Objektmagie | 578

| 29 | Trophäe | 582

| 30 | Die Forderung nach Schönheit ist revolutionär, weil sie das Häßliche gleichermaßen zu würdigen zwingt | 583

| 31 | TAM oder die Kunst, den Computer zu denken | 597

| 32 | Anpassung als Verhaltensprinzip. Der elastische Zeitgenosse | 598

| 33 | Stehprogramme und Standtechniken | 600

| 34 | Comics: Ästhetische Macht der Blickfesselung | 611

| 35 | Licht – Kraft – Werk. Die Fotografie als Lichteratur | 615

| 36 | Fototheater. Inszenierung der Blicke, Tarnung des Auges | 621

Alles Fassade. Verhütung durch Verpackung

| 37 | Verpackung kondomisiert die Wünsche – gegen die Seuche der Reinheit und Identität | 625

| 38 | Pornographie | 629

| 39 | Taschologie | 630

| 40 | Welche Modetorheit ist Ihnen heute noch peinlich? | 632

| 41 | Mein Stil | 633

| 42 | Mienenspiel. Die Bedeutung der Fassade für die Kommunikation im öffentlichen Raum | 634

| 43 | Architektur zwischen Formensprache und sozialen Funktionszusammenhängen | 644

| 44 | Der Schiffgrabenbau von Schweger + Partner | 654

| 45 | Der Würfel hat gefallen | 665

| 46 | Wunschökonomie – Mikrozellen der Emanzipation.
Ästhetik in der Alltagswelt und Emanzipation der Wünsche | 668

| 47 | Die Wohnung als Bühne des inszenierten Lebens | 676

| 48 | Hausaltar | 682

| 49 | Visuelle Introspektion. Vom Leben als Panto(n)ffeltierchen | 683

| 50 | Auto-Ästhetik. Durch Selbstwahrnehmung zur Selbstbewegung | 692

Göttersitze – Basislager

| 51 | Pantheon/Panpsychon | 701

| 52 | Gradus ad Parnassum | 702

| 53 | Was ist ein Musée sentimental? | 704

| 54 | Die Wa(h)renwunder tut die Madonna erst im Museum.
Souvenirs, Amulette, Talismane und Devotionalien der modernen
Kunst aus den Museumsshops der Welt | 711

| 55 | Aufbruch aus dem Basislager. Lehren und Lernen
als Kunst der Institutionalisierung | 715

| 56 | Das Zeughaus. Diesseits – Jenseits – Abseits.
Die Sammlung als Basislager für Expeditionen in die Zeitgenossenschaft | 719

Künstlers Ausblick vom Läuterungsberg

| 57 | Zur Ikonographie der gegenstandslosen Kunst | 726

| 58 | Dramaturgie der Sprachlosigkeit im großen stillen Bild.
Oder: Die Freiheit wegzusehen | 737

| 59 | „Ich frage in der Form von Behauptungen" (Wilhelm Worringer) | 747

| 60 | Baumkult und Waldbild | 754

| 61 | Kosmos und Körper. Anna Blume philosophiert mit dem Bleistift | 763

| 62 | Bildwürdigkeit: Bildwissen und Wissensbilder | 768

| 63 | IT – Der Läuterungsberg | 775

| 64 | Der Tag des Malers | 779

| 65 | Abschiedsbilder. Amfortas. Wandlungslächeln | 780

V | Eine schwere Entdeutschung

Wir widerrufen das 20. Jahrhundert

| 1 | Deutschaschern. Konzept für einen Lehrpfad der historischen Imagination | 790

| 2 | Dehnungsfuge. Zum Denkmalsentwurf von Herz und Matz | 792

| 3 | Wörlitz als Modell für das Gedächtnistheater des 20. Jahrhunderts | 794

| 4 | Kunst auf Befehl. Eine kontrafaktische Annahme: War Hitler ein Gott? | 805

| 5 | Deutschsein. Die normative Kraft des Kontrafaktischen | 820

| 6 | Das Deutschsein des deutschen Designs | 829

| 7 | Das Bauhaus als Biskuit – gegen retrospektive Prophetien | 836

| 8 | Ein moderner Diogenes.
    Über Geschmack, Ironie und Guildo Horns politische Sendung | 842

| 9 | Volksverdummung. Opiate der Fernsehunterhaltung | 845

| 10 | Haruspex Ebersbach | 848

| 11 | Den Teufel mit Beelzebübchen austreiben – Symptomverordnung als Therapie | 851

| 12 | Hallo Immendorff | 858

| 13 | Beten verboten! Oder „Abschied von der Kunst" in Weimar | 866

| 14 | Bauhaus-Programm heute: Widerruf des 20. Jahrhunderts | 876

4 | Anhang |

| 1 | Erstveröffentlichungen | 896

| 2 | Schlagwortweiser | 908

| 3 | Personenindex | 939

| 4 | Bazon Brock | Biographie | 950

5 | Impressum | 954 (1024)

Collage von A.S. Schroeder, ca. 1967

z

3 Arbeitsbiographie

- I Biographiepflichtig
- II Zeitschöpfung
- III Fishing for Complications
- IV Strategien der Ästhetik
- V Schwere Entdeutschung

Bazon malt als Apelles Fliegen auf Trauben – Zeuxis und Parrhasios bewundern ihn.
Baselland 1981. *Foto | Annemarie Burckhardt*

I | Biographiepflichtig

Wie man wird, der man nicht ist.
Mihilismus für Ich-Schwache

| 1 | Die Macht des Alters | 4
| 2 | Wohin führt der lange Marsch? | 24
| 3 | action teaching. Eine Privatvorlesung | 36
| 4 | Animierte Animatoren | 45
| 5 | Animation | 52
| 6 | Tätertypen der Postmoderne. Trainer – Therapeuten – Moderatoren als zeitgenössische Intellektuelle | 53

| 7 | Rumorologie. Das Frankfurt der 60er Jahre – mein Gerücht | 62

| 8 | Wer nicht über sich selbst spricht, hat nichts zu sagen | 69

| 9 | Mihilismus – Von der lustvoll-egoistischen Selbstverwirklichungsbohème zum Terror der Individualisierung als Zuschreibung der Folgen dessen, was man nie getan hat | 79

| 10 | Future sex. Die Zukunft von Liebe und Erotik | 84

| 11 | Ich als Lothar | 100

| 12 | Biographiedesign. Ulrich Löchter bitte zur Anprobe! | 104

| 13 | Generativitätsquotient GQ. Maßzahl für Wirksamkeit – genetisch und extragenetisch | 109

| 14 | Psychopompos | 118

| 15 | Der Hase im Staatswappen | 119

| 16 | Selbstergänzung des Regenwurms | 122

| 17 | Litanei für Wuppertaler | 127

Mihilismus für Ich-Schwache

1 | Die Macht des Alters

Die Humanismusfalle
– Nicht mit 20 Jahren als Kanonenfutter auf Schlachtfeldern zu enden,
– nicht mit 30 an einer Blutvergiftung zu sterben,
– nicht mit 40 einer Epidemie zum Opfer zu fallen,
– nicht mit 50 als ausgezehrtes Arbeitstier ins Elend gestoßen zu werden,
das waren erklärte Ziele sozialer und wirtschaftlicher Entwicklung.
Altwerden zu können, war die Hoffnung in Zeiten, in denen das Durchschnittsalter der Bevölkerung unter vierzig Jahren lag.
Heute droht der Erfolg derartigen Fortschritts – die gefürchtete Alterslawine – jene humanistischen Zielsetzungen zu zerstören. Bedenkenlos wird zum „Krieg der Generationen" aufgerufen, denn angeblich „beuten die Alten nur noch die Jungen aus". Diese Kriegserklärung nimmt auf Tatsachen keine Rücksicht und leugnet die Erfahrungen, die man mit der Behauptung von Klassenkampf, Kulturenkampf, Rassenkampf, Geschlechterkampf machen konnte.

Alte jeden Alters
„Alte und Altern" sind drängende Probleme unserer Gesellschaft und ihrer Zukunft.
Ministerien, Parlamentsausschüsse und Firmen beauftragten Soziologen, Mediziner und Ökonomen, Stellung zu beziehen. Die wissenschaftlichen Experten präsentierten ihre Ergebnisse der Öffentlichkeit in allen Medien.

Aber vielen dieser Ansätze ist gemeinsam, daß sie Alter in erster Linie als ein Problem der letzten Lebensphase von Menschen auffassen.
Altern und die Alten sind jedoch nicht nur ein Problem für Rentenmathematiker und Bevölkerungsstatistiker, und auch nicht nur für die Werbung, die gerade die Alten als zahlungsfähigste Konsumentengruppe entdeckt.

Wir beginnen zu altern, kaum daß wir auf der Welt sind. Auch die Weltsicht und das Wissen der 20-60jährigen veralten in immer kürzeren Abständen. Man kann heute als 30jähriger gegenüber einem 25jährigen bereits „ungeheuer alt aussehen". Schnell zu altern, ist offensichtlich nicht nur Moden beschieden, die sich per Definition alle sechs Monate erledigen sollen.
Und nichts ist älter als die Zeitung von gestern.

Altern als Wertschöpfung
Die Industrie entwickelte Strategien des Recycling, in denen das Veraltete wieder produktiv genutzt werden kann.

Kulturinstitutionen wie Bibliotheken und Museen sind darauf spezialisiert, mit dem Alten, Überständigen sinnvoll umzugehen. Sie sichern die Bedeutung des Alterns und des Alten für die Gegenwart; das ist ein wesentliches Kennzeichen aller kulturell wertvollen Leistungen.

Altern ist eine Strategie der Wertschöpfung und des Gewinns von Erkenntnissen – nicht nur für Antiquitätenhändler und wissenschaftliche Autoren, sondern für Jedermann, der sich erinnern kann.

Ältere Menschen leben von der Chance und der Fähigkeit, Einfluß zu nehmen auf das, was nach ihnen kommt.
Naturgemäß zeigt sich diese Einflußnahme am deutlichsten, wenn Alte etwas zu vererben haben. Gegenwärtig wechseln Billionenvermögen von der älteren zur jüngeren Generation – das sind übrigens weit höhere Beträge, als sie die Jungen für die Alten aufbringen. Rechnet man noch die Gemeinschaftseinrichtungen hinzu, die die Alten geschaffen haben und die Jungen nutzen, dann kann von der Ausbeutung der Jungen durch die Alten erst recht keine Rede sein!

Seit Jahrzehnten verfügen die Alten, vor allem ältere Witwen, über die Aktienmehrheit aller Industrien in der westlichen Welt.
Wie haben sie diese Einflußmöglichkeit genutzt? Bisher vornehmlich in Bahnen, die ihnen das Erbrecht vorzeichnet: die erste Generation baut, die zweite bewahrt, die dritte verschwendet. (Ausnahmen bestätigen die Regel.)
Selbst linkeste Linke halten es für völlig selbstverständlich, daß sie Mama und Papa beerben, obwohl sie sonst vehement die „Stimme des Blutes" zu übertönen versuchen: „Deutscher soll nicht sein, wer deutsche Eltern hat, sondern wer in Deutschland lebt".

Die Vererbung an genetische Nachkommen ist nicht sehr effektiv als Einflußnahme auf die nächste Generation.

Deshalb erprobt man in der Nähe von Tucson, Arizona, neue Kooperationsformen von Alten und Jungen: Emeritierte Wissenschaftler, pensionierte Kultur- und Wirtschaftsaktivisten haben sich zu einer Lebens- und Arbeitsgemeinschaft zusammengeschlossen (Academy Village, bzw. „Einstein Acres"). Sie nutzen ihr Vermögen und ihre Erfahrung, um befähigte junge Leute ihrer Wahl auszubilden und sie zu ermutigen, mit den Pfunden der Alten zu wuchern.

Im 20. Jahrhundert, dem Jahrhundert des Kindes und der Jugend, hatten Jugendliche kaum einen Einfluß auf die Zukunft. Denn die zivil oder militärisch organisierten Jugendbewegungen waren eine Erfindung der Älteren und Alten.

Wer heute z.B. einen kommerziellen Sender für Teenies betreibt, ist wohl nicht selbst zwischen 12 und 20 Jahre jung.

Die Ausrufung des *Jugendkults* seit etwa 1900 war eine raffinierte Strategie der politischen, sozialen und ökonomischen Einflußnahme auf den Nachwuchs. Pfadfinderhäuptlinge, Wandervogelführer und SAT1-Programmchefs boten und bieten das groteske Bild von Berufsjugendlichen in „kurzen Hosen".

Die faktische *Macht des Alters* maskiert sich als „Triumph der Jugend". Mehr und mehr Jugendliche durchschauen das und reagieren mit radikaler Abwendung von der Generation der Älteren. Bestenfalls machen sie sich noch lustig über die peinliche Anbiederung von Erwachsenen an das, was diese für den Ausdruck von Jugendlichkeit halten. Durch diese unversöhnliche Abwendung werden hoffentlich die Älteren gezwungen, die Rollen zu akzeptieren, die sie im Generationengefüge auszufüllen haben. Gegen allen Anschein repräsentieren 50-60jährige *Rolling Stones* oder *Beach Boys* mit ihren heutigen Auftritten in den Augen der Jugendlichen gerade nicht die Abschaffung des Alters und ewige Jugendlichkeit. Die Fans der Rock-, Pop- und Schlagerrevivals genießen die Aktualisierung der Musik von *damals*. Sie haben einen ausgeprägten Instinkt für die Bedeutung des Veralteten. Denn wenn das nicht präsent gehalten würde, hätte es gar keinen Zweck, eine eigene zeitgemäße Musik zu entwickeln. Die alten Knacker sind sehr gefragt, aber eben als alte Knacker – vital und agil, aber von gestern.

Nur wer „von gestern" ist, ist auch „von morgen"! Das ist die einzige Chance der Gegenwärtigen, zukünftig zu sein: Altern ist die Zukunft der Jungen!

Strategie der Meisterschaft
Für Künstler ist Altern immer schon eine Strategie des Werkschaffens gewesen – eine Strategie der Meisterschaft. **Künstler wußten nicht nur, daß ihr früheres Werk immer das ältere ist und das Alterswerk das Neueste.** Sie setzten sich der Kritik aus, daß ihnen nichts Originelles mehr einfalle, wenn sie bei dem Altbewährten blieben, oder sie mußten sich dem Vorwurf stellen, nicht mehr die Alten zu sein, wenn sie sich stets um Innovation bemühten. Sind sie deshalb nicht mehr alterswerkfähig? Künstler wußten und wissen, daß sie ihrem Werk die Chance bieten müssen zu veralten, damit es als historisches Bedeutung erhalte.

Altern als Problem für Künstler
Am 7. März 1954 hielt Gottfried Benn in Stuttgart den Vortrag *Altern als Problem für Künstler*, den der Süddeutsche Rundfunk aufzeichnete und mehrfach ausstrahlte. Er definierte in diesem Text:

„Wenn etwas fertig ist, muß es vollendet sein".

Das Werk sei also die Einheit von Beenden und Vollenden einer Arbeit. Das ist eine entscheidende Forderung vor allem im Zeitalter prinzipiell endloser Werkprozesse, im Zeitalter der Bilderflut in allen Medien.
Dem Alltagsmenschen wird die Notwendigkeit, sein Leben zu beenden, erst im Alter unausweichlich. Er versucht dann, diese Zumutung der Beendigung auch noch als eine Vollendung seines Lebens zu verstehen. Benn zufolge stellt sich den Künstlern diese Aufgabe mit der Beendigung jeder einzelnen Arbeit.

Von den Künstlern zu lernen, heißt altwerden zu lernen, also zu lernen, Lebenslauf und Werklauf so in Beziehung zu setzen, daß die Erfahrung von Vollendung möglich wird.

Benn gibt deutlich zu verstehen, daß hinter seinen Überlegungen „etwas Persönliches" steckt: er selber war damals 68 Jahre alt und wollte sich von früheren Positionen entlasten, die man ihm nach dem zweiten Weltkrieg kritisch vorgehalten hatte. Zunächst hört sich der alte Benn um, wie seine Kollegen mit dem Altern fertiggeworden sind – auf den ersten Blick offensichtlich besser als ihre jeweiligen Zeitgenossen, die keine Künstler waren; denn überraschenderweise

ist fast die Hälfte von ihnen alt, ja uralt geworden – und das selbst in Zeiten, als der Durchschnitt der Bevölkerung kaum das vierzigste Lebensjahr vollendete. Benns Schlußfolgerung: die den Bürger so faszinierende romantische Vorstellung vom „Verzehrungscharakter der Kunst" muß falsch sein; vielmehr wirkt künstlerisches Schaffen Krankheit und Verfall entgegen: Kunst ist ein „Befreiungsphänomen".
Diese Feststellung kontrastiert mit Benns Schilderung des Lebens alter Künstler: arm, ranzig, mit krummem Rücken, hustend, süchtig, asozial, ehe- und kinderlos verbrachten sie ihre letzten Jahre, ohne Schwärmerei für irgendwelche Ideale – wahrlich Erscheinungen einer „bionegativen Olympiade".
Mit diesem Begriff hatte Benn 1933-36 den Verfall der westlichen Kultur gekennzeichnet und die Vorhaben der nationalsozialistischen Zuchtveredelung unterfüttert. Benn bemühte sich, den offensichtlichen Widerspruch zwischen der „bionegativen Olympiade" des Alters und der biopositiven Bilanz der unzähligen altgewordenen Genies aufzulösen: die Entscheidungsfreiheiten der Künstler sind nicht so groß wie vermutet; jede Generation wird mit zwingenden Problemen konfrontiert, die in der Luft liegen. Es ist alles viel vorherbestimmter, als man wünscht. – Und dann wiederholt Benn auch in dieser Rede sein Bekenntnis:
„Sich irren und doch seinem Inneren weiter Glauben schenken müssen, das ist der Mensch, und jenseits von Sieg und Niederlage beginnt sein Ruhm."

Brüche und Wandlungen, Versuch und Irrtum werden also zu Voraussetzungen einer „Kontinuität des produktiven Ich"; es kommt nur auf die Kraft an, die zugemuteten Zwangslagen „auszuhalten" – mit Härte und Kälte gegen das eigene Werk. Selbst „wenn die großen Regeln sich vertauschen", also alle Lebensverhältnisse umgestoßen werden, „hält sich das doch an einer Art Ordnung fest", nämlich der „Wiederkehr des Gleichen, solange sich noch etwas gleicht". Das klingt nüchtern und kalt, aber gerade deswegen überzeugend, meint Benn. Man kann es ohnehin niemandem recht machen, vor allem nicht im Alter. Wer fortfährt wie zu seinen besten Zeiten, muß sich vorhalten lassen, zu Entwicklung und Reife nicht fähig zu sein; wer sich im Alter mäßigt, gilt als senil. An dergleichen Vorwürfen darf man als Künstler nicht leiden. Man muß sie ganz äußerlich nehmen; denn es geht nicht um die „tiefen Reaktionen" auf die Wahrheiten des menschlichen Daseins, sondern um Ausdruck: eine reine Formsache. Aus dieser Gabe der „un-tiefen Reaktion", also sich nicht vom ewig Menschlichen berühren zu lassen, erklärt sich die hohe Widerstandskraft der Künstler gegen die Zumutungen des Lebens.

Benn deutet an, daß gerade die Konzentration auf den formalen Ausdruck als Initiative gegen Schuld verstanden werden könnte. Denn gerade das, was rein formal, ohne sozialen und psychologischen Tiefgang montiert wird, läßt sich in Dienst nehmen für Zwecke, die nicht mehr der Künstler verantwortet. Das ist ein schwacher Selbstentlastungversuch, weil Benn Anfang der 30er Jahre politische und soziale Zwecke für sich akzeptiert hatte, die zur Niederlage von 1945 führten.

Wenn aber jenseits von Sieg und Niederlage der Ruhm des *Menschen* (und nicht nur des Künstlers) beginnt, lassen sich aus Benns Erörterungen zum Altern Schlußfolgerungen für jedermann entnehmen. Zu altern heißt, die alltäglichen Anstrengungen zur Bewältigung des Lebens vorrangig unter dem Aspekt formaler Organisation zu sehen – anstatt jede Entscheidung mit Herz und Schmerz und im Gedanken an die tiefsten Wahrheiten und Ideale zu treffen.

Tun, was getan werden muß – vor allem eine Sache, seine Sache fertigzumachen, lautet die Empfehlung, die schon die „Lebenskunst" der antiken Stoiker auszeichnete.

Wer lange leben will, muß mit einer hinreichenden Oberflächlichkeit die Pflichten des Tages kontinuierlich und konsequent absolvieren – ohne Pathos und ohne Frustration. Gerade die größten Werke verdanken sich diesem nüchternen Arbeitsethos – nur Dilettanten schwärmen für den glücklichen Zufallswurf.

Alte sind Stoiker, und nur wer sich vom existenziellen Gejammer freimacht, hat die Chance, alt zu werden. Das ist wiederum die Voraussetzung dafür, lange und ausdauernd arbeiten zu können und damit in die Erzählungen der Nachfolgenden als besonders Befähigter einzugehen.

Gottfried Benn führt ausdrücklich ein Kriterium für die Beurteilung solcher Pflichterfüllung ein: **„Wenn etwas fertig ist, muß es vollendet sein".** Das ist weniger mysteriös, als es klingt. Benn orientiert sich mit seinem Postulat der Formvollendung ganz nüchtern und geheimnislos an den Verfahren der industriellen Produktion und des wissenschaftlichen Arbeitens:

sezieren, analysieren, montieren von Vorfabrikaten sind Begriffe, mit denen er beschrieb, was er als Künstler tat.

Er beendete seine Arbeit, wenn er zu „Sätzen gefunden hatte, die vertretbar sind" – analog zur Überprüfung von Hypothesen in der Wissenschaft.

Vollendet ist, was man nicht umhin kann, zuzugeben („Dinge entstehen, indem man sie zugibt"). Ein Industrieprodukt ist formvollendet, wenn es seine Funktion verläßlich erfüllt.

„Ein Schlager von Klasse enthält mehr vom Jahrhundert als eine Motette" – mit anderen Worten: ein erstklassiges Industrieprodukt enthält mehr Formvollendung als manches noch so angestrengte Resultat des Kunstbemühens.

Zur gleichen Zeit wie Benn arbeitete Theodor W. Adorno an seinem Rundfunkessay *Das Altern der neuen Musik*. Mit *neuer Musik* meinte er die Kompositionen von Schönberg, Berg, Webern, Hindemith, Strawinsky. Über weite Strecken argumentiert Adorno wie Benn. Er wirft den Nachfolgern jener Komponisten vor, nicht mehr die Kraft zu haben, die formalen Errungenschaften des Komponierens in der Zwölfton-Technik zu akzeptieren. Je geheimnisloser und vernünftiger, also formaler die Methoden Schönbergs verstanden werden mußten, desto verlockender die Illusion für die Nachfolger, man könne sich wieder zu „musikalischen Urstoffen" flüchten. Adorno ahnte, was z.B. Stockhausen im Schilde führte: Rückzug auf kosmisches Gesäusel, das die Sinne überwältigt und Komponisten wie Zuhörer aus der Verantwortung für intellektuelle Anstrengungen entläßt. „Als die neue Musik lebendig war, meisterte sie die Illusion durch die Kraft des Gestaltens; heute verfällt sie ihr und legt die Schwäche zum Gestalten sich als Triumph kosmischer Wesenhaftigkeit zurecht".

Mit *Altern der neuen Musik*, so Adorno, „ist nichts anderes gemeint als daß dieser Impuls vererbt", nämlich der Impuls, zur „integralen und durchsichtigen Herstellung eines Sinnzusammenhangs". Gemeint ist der Zusammenhang von sozialer Freiheit, Individualität und Subjektivität mit rationalen Methoden der Werkschöpfung. „Schrumpfen der sozialen Freiheit, Zerfall von Individualität ..., Schwinden der Tradition innerhalb der neuen Musik selber", das konstatiert Adorno als ihr Altern.

Im Unterschied zu Benn bewertet er dieses Altern durchweg kritisch.

Abschaffung des Alters?

Jede Gesellschaft ist für ihren Bestand auf die Übertragung kulturellen Wissens von der älteren Generation auf die jüngere angewiesen.
Mit dem erklärten Generationenkrieg soll offensichtlich der lästiggewordene Bezug auf geschichtliche Erfahrung ausgeblendet werden nach dem fatalen Motto: „Halten wir uns an die Jungen, das Alter laßt verrecken".

Eine andere Form, das Alter verrecken zu lassen besteht darin, es kurzerhand zu leugnen: die Segnungen der kosmetischen Chirurgie, optimaler Ernährung, von Fitneßtraining und kunsttherapeutischer Animation führen tatsächlich zu einer gewissen Abschaffung des Alters.

Euphorisch bewertet heißt das: Ältere und Alte werden nicht mehr als Wracks stigmatisiert.

Realistisch verstanden führt aber die Abschaffung des Alters zum Verlust von sozialen Rollen, die Ältere überhaupt noch ausfüllen können. Die Älteren werden gezwungen, ihre Unterscheidbarkeit von den Jüngeren aufzugeben, sodaß sie als Lehrer und Vorbilder der Jüngeren nicht mehr wirken können.

Inzwischen haben die Jüngeren allerdings bemerkt, daß sie selbst Opfer des Jugendkults wurden, weil sie mit älteren Stelleninhabern zu konkurrieren haben.

Die Abschaffung des Alters korrespondiert mit einer Abschaffung der Jugend; Jugendliche werden durch die Massenmedien heute bereits weit vor der Pubertät Lebensbildern ausgesetzt, für die ihnen die Erfahrung fehlt und durch die es ihnen unmöglich gemacht wird, in der spezifischen Rolle von Heranwachsenden Erfahrungen zu sammeln.
Beispiele sind die 10-14jährigen jugendlichen Kriminellen, die keine Kindheit haben und deshalb niemals erwachsen werden können.

Einerseits ist Alterslosigkeit bei Erreichen einer hohen Zahl von Lebensjahren ein durchaus wünschenswertes Ziel. Andererseits rutschen wir gerade damit in die „infantile Gesellschaft", die ihren Mitgliedern verweigert, erwachsen zu werden.

Was haben wir diesem kultisch gefeierten Infantilismus entgegenzusetzen?

Die Werke.

Was heißt schon Werk?
Die Werk-weg-Gesellschaft

Pathetisch verkündeten Modernisten dieses Jahrhunderts den Abschied vom geschlossenen Kunstwerk.
Sie plädierten für das „offene Kunstwerk" oder für *work in progress*. Damit wollten sie den traditionellen Anspruch loswerden, jedes Kunstwerk hätte „akademischen" Regeln zu genügen. Solche Regeln hatte z.B. Aristoteles aufgestellt: Erzählungen oder Bühnenstücke sollten die Einheit von Handlung in Raum und Zeit wahren.
Die Modernisten hingegen lösten diese Einheit auf, indem sie mit Verfahren der Rückblende, der Montage, der Simultaneität und des beliebigen Perspektivwechsels arbeiteten.

Bis vor kurzem wurde jeder Künstler höhnisch als konservativer Naivling belächelt, der seine Arbeitsresultate als „Werk" präsentierte, also als ein in sich geschlossenes, logisch durchkalkuliertes Ganzes.
Solche Werklogiken beschrieb etwa Lessing. Sie sollten die dramatische Entwicklung einer Erzählung oder Darstellung so ermöglichen, daß sie von einem Beginn zu einem konsequent sich ergebenden Ende führen.

Modernisten setzten aber bewußt auf Beginn- und Endlosigkeit ihrer Arbeitsvorhaben. Das Arbeiten wurde zu einem permanenten Prozeß, den man nur aus Erschöpfung unterbrach, oder um überhaupt etwas ausstellen und/oder verkaufen zu können.

Künstlergruppen benannten sich nach Begriffen, mit denen solche endlosen Bewegungen gekennzeichnet werden, z.B. als Dreh- und Mahlstrom *(Vortizisten)* oder als ein strömendes Fließen *(Fluxus)*.

Heute fließen in unserer Vorstellung die 24-Stunden-Programme von Dutzenden gleichzeitig empfangbarer TV-Sender und Internetangeboten zu einem solchen beginn- und endlosen Zeichenstrom zusammen, einem Dauerrauschen.

Künstler wollten sich als „modern" ausweisen, indem sie ihre Arbeitsverfahren denen der modernen Industrie anglichen.

Anstatt bloß Inspirationen zu folgen, wollten auch sie auf das nüchterne Kalkül setzen und sich aus diversen Rohstoff- und Halbfabrikatquellen speisen, die sie dann zusammenmontierten.

Dabei übersahen die Künstler aber, daß gerade industrielle Güterproduktion auf definitive Ziele ausgerichtet ist. Kein Industriearbeiter käme nämlich auf die Idee, aus Lust an der Montage endlos und beliebig Teile zusammenzufügen. Sein Ziel ist das fertige Produkt, das sich aus der Umsetzung eines Planes ergibt.

Die strikte Werkorientierung industriellen Produzierens hätte jeder Künstler leicht nachvollziehen können: Wenn er bei einem Autohändler ein Fahrzeug kauft, das nach kurzem Gebrauch seinen Geist aufgibt und in seine Einzelteile zerfällt, gibt er sich schwerlich mit der Antwort des Werkmeisters zufrieden: „ich bin eben ein Vertreter des offenen Werkprozesses."

Es ist also ein schlichter Irrtum der Künstler, ihre Verfahren der offenen Werkprozesse mit dem Hinweis auf industrielle Produktion als modern zu rechtfertigen.

Andere Künstler versuchten jedoch, sich mit Fragmentieren, Collagieren, Dekonstruieren gerade von der industriellen Rationalität abzusetzen. Damit verzichten sie aber per se darauf, ihre Arbeitsresultate noch als „Werke" ausweisen zu können. Statt Werk-Schaffen also „werkeln"! Folgerichtig wurden solche Künstler von der Industriegesellschaft in die Therapiezentren für kreative Lockerungsübungen zur Vertreibung von Langeweile oder störenden Gedanken delegiert.

Erstaunlicherweise nennen wir im Alltag Arbeitsresultate von Künstlern aber immer noch „Kunstwerke", obwohl sich die Modernisten so heftig gegen diesen Begriff gewehrt haben.

Offensichtlich ein Kampf gegen Windmühlen, denn unter dem Druck des permanenten Zeichen-Mahlstroms aller Medien sprechen auch Künstler wieder verstärkt von „Werken", um ihre Arbeitsergebnisse zu bezeichnen.

Das griechische Wort für Werkschaffen ist *poiesis* (wie in „Poesie"). Damit sind wir zurück bei Aristoteles. Denn er führte die Entgegensetzung von *Praxis* und *poiesis* ein. *Praxis* heißt sich selbst genügende Tätigkeit ohne Schlußpunkt, *Poiesis* meint zielgerichtetes Produzieren von Werken.

Aus dieser Entgegensetzung kann man sich nicht in die beliebte Ausrede flüchten, der Weg sei das Ziel.

Meister fallen nicht vom Himmel

Als Künstler wird man nicht geboren.
Zum Künstler bildet man sich aus.

Aus Zeiten, in denen Bildhauer und Maler noch als Handwerker galten, stammt die Bezeichnung „Meister", die sich heute noch im rechtsverbindlichen Begriff „Meisterschüler" (eines lehrenden Künstlers) erhalten hat.
Mit weniger Rechtsanspruch verwendet man im Italienischen den Begriff *maestro* für die nachdrückliche Auszeichnung eines künstlerisch bewährten Orchesterleiters oder Komponisten.

Der *master of arts* (Magister) wird als akademischer Grad erworben und verweist auf die Meisterschaft in der Kenntnis von Künsten.
In Frankreich meint *maitre* bis heute die Kennzeichnung nicht nur von handwerklichen, sondern von vornehmlich intellektuell Tätigen: Dort tragen Anwälte diesen Titel.
Die *Maitresse* gilt nach wie vor als eine Meisterin ihres Faches.

Selbst „moderne" Meisterschüler und Magister der Künste lehnen aber die Begriffe *Meister* und *Meisterschaft* ab. Warum? Wahrscheinlich deshalb, weil seit den 50er Jahren mit dem Begriff *Meister* väterliche Autorität einerseits und Zunftreglement andererseits verbunden werden.

Tatsächlich aber ist für die Geschichte der Moderne die Berufung auf die Tradition des Meisterhandwerks ebenso wichtig wie die Anlehnung an die industrielle Produktion.

Im historischen *Bauhaus* sollten beide Stränge der Modernisierung zusammengeführt werden: Das Vorbild der Meisterschaft in Meisterkursen *und* industrielle Entwurfs- und Produktionstechniken wurden von Walter Gropius in der *team*-Arbeit vereinheitlicht. Die Anleitung durch den Meister und die Orientierung auf den technisch-rationalen Plan ergab den *master*-Plan.

Der folgenreichste Masterplan dieses Jahrhunderts vereinigte die Zünftigkeit von Blut und Boden mit der Effektivität von Hochtechnologien. Auf solche Meisterschaft bezog sich Paul Celan mit seiner berühmten Formulierung „der Tod ist ein Meister aus Deutschland".

Im Bereich der Künste dominierten die *Meistersinger*. Sie propagierten mit Wagner den Kampf der Heiligen Deutschen Kunst gegen „welschen" (= französischen) Zivilisations-Tand wie gegen jüdische intellektualistische Zersetzung.

Ist dieses historische Verständnis von Meisterschaft zu radikal? Dann starten wir die Auslegung von Modernität gegenwärtig neu: entweder mit einer ironisch-kabarettistischen Zuspitzung des Meisterbegriffs, wie er in der Anrufung von Guildo Horn durch seine Fans sichtbar wird; oder mit Werturteilen in der Unterscheidung von gekonnt und stümperhaft, dilettantisch und professionell.

Also verwenden wir die Begriffe *Meisterschaft* oder *meisterlich* als Kriterium der Unterscheidung, selbst wenn wir diese Begriffe im Wortlaut vermeiden.

Und Strategien der Meisterschaft?
Sie gelten der Gewichtung von
– Hinzufügen und Wegnehmen
– Entwerfen und Verwerfen
– Denken und Handeln
– Tun und Nichttun
– Verstehen und Gebrauchen.

Wieso Vollendung?

Hinzufügen und Wegnehmen

Solche optimalen Gewichtungen werden durch den Begriff der *Vollendung* charakterisiert. Strategien der Meisterschaft sind also auf *Vollendung* gerichtet. Zunächst auf *Vollendung* als Perfektion: **wenn irgendetwas Geschaffenem nichts hinzugefügt und nichts weggenommen werden kann, ohne seine Funktion und seinen Gebrauch zu beeinträchtigen, wird es als** *perfekt* **beurteilt (Der Schuh sitzt, paßt und hat Luft).**

Diese Anforderung wurde mit der Einführung von Qualitätskontrolle bei massenproduzierten Gütern zum entscheidenden Kriterium der Beurteilung. **Auch die Betrachter von Kunstwerken wollten sich darauf verlassen dürfen, daß sie vor Arbeitsergebnissen stehen, denen nichts mehr wegzunehmen oder hinzuzufügen ist.**

Diese Vorstellung wurde besonders herausgefordert, als Cluzot seinen Film über Picasso in die Kinos brachte. Picasso demonstrierte für den Film beim Malen auf eine Glasscheibe, die zwischen ihm und der Kamera stand, daß es ihm jederzeit möglich war, einem realisierten Bild beliebig viel hinzuzufügen oder durch Übermalung wegzunehmen. In den Kinos spürte man förmlich das Erschrecken des Publikums über diese permanente ziellose Verwandlung (*Praxis* ohne *Poiesis*). Vereinzelt hörte man Rufe: „Das ist ja Wahnsinn, warum hört er nicht auf, jede einzelne Phase war doch bereits perfekt!"

Perfektion bezeichnet gemeinhin die höchstmögliche Übereinstimmung zwischen Plan und Ausführung, zwischen Hinzufügen und Wegnehmen, zwischen Beginnen und Beenden.

Picasso aber verstand offensichtlich unter Perfektion die Leistung, jede Gestaltung als eine neue Problemstellung erkennbar werden zu lassen.
Generell muß man also Kunstwerke als Problemstellungen und nicht als Lösungen von Problemen betrachten. Vollendung kennzeichnet so die Perfektion als Fragestellung, deren Beantwortung in immer neuen Fragestellungen besteht.

Entwerfen und Verwerfen –
Infinito – Das künstlerische Imperfekt
Jeder Museumsbesucher hat Künstlerarbeiten vor Augen, die offensichtlich unfertig sind und dennoch als vollkommene Werke geschätzt werden.
Das weltweit bekannteste Beispiel bieten die sogenannten *Boboli-Sklaven* von Michelangelo. Als „Triumph im Mißlingen" bewerten Kunsthistoriker diese Figurengruppe, die Michelangelo zwischen 1530 und 1534 für das Grabmal Papst Julius' II. zu schaffen beabsichtigte. Die nur teilweise aus den Marmorblöcken herausgehauenen Figuren wurden als unfertige zum Programm, als hätte Michelangelo gerade in diesen Gestalten den „Körper als dunkles Verlies der Seele" und die „Welt als steinernes Gefängnis des Menschen" darstellen wollen.

Abbrechen, verwerfen, aufhören, beenden ohne das Ziel erreicht zu haben, ja scheitern und mißlingen müssen also nicht zwangsläufig dem Eindruck der „Vollkommenheit" entgegenstehen.
Auch wurde immer wieder die Erfahrung gemacht, wie spannungslos, tot und uninteressant ruinierte Skulpturen oder Malereien wirkten, wenn man den angenommenen Zustand der Vollendung rekonstruierte.
Künstler haben das experimentell erwiesen. Sie versuchten, fehlende Glieder, Bemalungen und Accessoires ruinöser antiker Statuen zu ergänzen. Oder sie versuchten, wie Arno Breker, Vorstellungen klassischer Vollendung in eigenen Werken zu entsprechen – die Ergebnisse waren höchst unbefriedigend.
Die herkömmliche Erklärung dafür lautet: **das vermeintlich Vollkommene schränkt die Phantasie des Betrachters ein. Es fehlt der Anreiz, die eigene Vorstellungskraft zu aktivieren.**

Mit dem Beispiel der *Boboli-Sklaven* etablierte sich in der Kunstgeschichte der Werktypus des *Infinito*, des *Unvollendeten*.
Der Triumph im Mißlingen oder das Scheitern als Form der Vollendung konnte zum Inbegriff künstlerischer Größe werden.
Aber nicht alles Unfertige ist auch unvollendet, und nicht jedes Scheitern gelingt.

Warum nicht?

Denken und Handeln – Vollendung als Denkfigur
Wenn man die moderne Welt realistisch kennzeichnen will, hebt man hervor, wie zerstückelt, austauschbar, unverbindlich und häßlich alles geworden sei. Als Künstler ist man nur Realist, wenn man diesen Verhältnissen Ausdruck gibt. Aber wer von Fragmenten spricht, muß doch wohl eine Vorstellung vom „Ganzen" haben; wer das Häßliche beklagt, weiß offenbar, was schön ist, auch wenn er nichts vorweisen kann, was für ihn das „Ganze" und „Schöne" auf vollkommene Weise verkörpert.

Wir führen das Schöne, Gute und Wahre immer dann an, wenn wir der Zumutung von Häßlichkeit, Unverbindlichkeit und Täuschung ausgesetzt sind. Nie empfinden wir die Sehnsucht nach der schönen heilen Welt stärker als zwischen Trümmern oder vor dem Scheidungsrichter.

Je weniger die Realität unseren Idealen entspricht, desto stärker machen sich diese Ideale bemerkbar.
Alle Versuche, sie in Staaten, persönlichen Beziehungen oder Werken zu verwirklichen, hatten katastrophale Folgen.
Wir müssen uns daran erinnern, was uns die Philosophen lehrten: **Ideale sind nur Denknotwendigkeiten, um die Welt realistisch sehen zu können.**

Deshalb haben zu allen Zeiten Menschen ihre jeweilige Welt so empfunden, wie wir die heutige, obwohl wir davon überzeugt sind, daß früher alles besser war: die Werte verbindlicher, das Weltverständnis einfacher, die Kunstwerke reife Meisterleistungen der Vollkommenheit.

Schlußfolgerung für unsere Argumentation: **die Wirkung von Kunstwerken können wir daran bemessen, wie sehr sie den Betrachter veranlassen, Vollendung oder Schönheit oder Geschlossenheit zu denken, obwohl kein Werk diese Ideale je faktisch erfüllen kann.**

Tun und Nichttun – Finito
Schreiben ans Ministerium für Landwirtschaft und Forsten:
„Ich habe gehört, daß man für Nicht-Aufzucht von Schlachtvieh und Milchkühen und für das Brachlegen von Feldern Gelder erhält. Ich bitte um Antragsformulare, da ich bisher immer darauf verzichtet habe, Schlachtvieh aufzuziehen oder ein Feld zu bestellen."

Obwohl also *Vollendung* nur eine Denknotwendigkeit ist und keine Gestaltungsanweisung, lehnten die Modernisten auch diesen Begriff ebenso radikal ab wie den der „Meisterschaft" oder des „Werkes". Damit erweisen sie sich als Begriffsfetischisten, die alles, was man in Begriffe fassen kann, schon für eine Realität halten.

Im eigentlichen Sinne modern denkt aber, wer Begriffe wie Namen versteht, also als bloße Hilfsmittel unserer Orientierung in der Welt.

Wer die ewige Streiterei um des Kaisers Bart satt hat, entzieht sich den peinigenden Verfolgungen durch Begriffsrealisten und den Spielereien der Namensjongleure auf radikale Weise. **Man hält es im Kopf nicht aus, ständig als *Kunstwerk* rechtfertigen zu müssen, was keins ist und alle vierzehn Tage einen neuen *-ismus* ernstnehmen zu sollen. Man hört auf!**

Duchamp hörte auf mit dem Kunstwerkgetue und spielte fortan Schach mit Freunden in Caféhäusern; Rossini tauschte das Notenpapier gegen den Suppentopf; Greta Garbo verschwand aus dem Scheinwerferlicht der Filmstudios hinter die Sonnenbrille des privaten Lebens.
Und Eugen Schönebeck! Ihm ist in der Ausstellung *Die Macht des Alters* ein Ehrenplatz vorbehalten; er schuf nichts für unsere Ausstellung, das aber mit Entschiedenheit. Er ist präsent seit dreißig Jahren, in denen er konsequent nicht malte, obwohl er es bis dato genauso gut konnte wie Georg Baselitz.

Wer das mit einer Flucht in die Rentnergemütlichkeit gleichsetzt, hat noch nicht erfahren, was uns die *Zehn Gebote* wie auch andere sinnvolle Regelwerke abverlangen: **Du sollst nicht!**

Vor allem sollst du dir kein Bildnis machen von Deinen Idealen.

Verstehen und Gebrauchen
Vom bedeutendsten Wissenschaftsphilosophen unseres Jahrhunderts, Karl Popper, lernten alle Wissenschaftler, daß man nur durch Scheitern erfolgreich zu arbeiten vermag.
Popper nannte dieses Verfahren „Falsifikation", also Nachweis der Falschheit. Wissenschaftler arbeiten überwiegend daran, ihre eigenen Annahmen (Hypothesen) zu widerlegen.

In den Künsten unseres Jahrhunderts wurde ebenfalls „Scheitern" als Form des Gelingens zum Thema gemacht. Wenn sich Künstlern die Aufgabe stellte, das Unbekannte, Neue, Unfaßbare und Unsichtbare sichtbar zu machen, müssen sie sich selbst widerlegen. Was sichtbar wird, ist das Sichtbare – und nicht das Unsichtbare, um das es eigentlich gehen sollte. Damit sind sie an ihrer Aufgabe gescheitert!

Ein moderner Künstler arbeitet also nur solange erfolgreich, wie er bestätigt, was nicht gelingen kann.

Niemand hat im 20. Jahrhundert die peinigende Frage „Und das soll Kunst sein?!" radikaler gestellt, als die Künstler selbst.
Sie entdeckten lange vor den Spezialwissenschaften, daß zwischen dem, was wir denken, fühlen oder innerlich vorstellen können und dem, was wir in Worten und Bildern, in Gesten und Tönen ausdrücken, eine unüberbrückbare Lücke klafft; besonders intensiv nehmen wir diese Lücke wahr, wenn wir zu *verstehen* versuchen, was andere mit Worten und Bildern, mit Gesten und Tönen zu sagen beabsichtigen.

Der Alltagsmensch behilft sich mit Lexikon-Definitionen, Konventionen der Kommunikation und mit Nachfragen, was denn wohl gemeint sei und fordert die Partner auf, noch einmal und noch einmal zu versuchen, das Gemeinte „verstehbar" werden zu lassen.
Für die individuellen Eigentümlichkeiten künstlerischen Gestaltens gibt es keine Lexika. Gäbe es sie, wäre die Gestaltung in ihren Elementen nicht individuell.
Man kann einen Maler nicht bitten, seine Malerei ständig noch einmal zu formulieren, um sie bei irgendeinem weiteren Versuch besser verstehen zu

können, sonst würden Künstler fortwährend nur ein einziges Werk für einzelne Betrachter zu formulieren und immer erneut umzuformulieren haben.

Banal aber hilfreich: **Künstler müssen den Mut zur Lücke haben, die wir im Alltagsleben – beim Arzt, beim Vertragsabschluß, beim Autofahren – so weitgehend als irgend möglich vermeiden sollen.**

Zugespitzt formuliert: wir sollten die Arbeiten der Künstler als Versuch schätzen lernen, die Lücke zwischen Denken und Handeln, zwischen Wort und Tat, Begriff und Anschauung produktiv zu nutzen.

Das allgemein gefürchtete Mißverstehen nutzen wir beim Kunstwerk als Anregung, unser Denken und unsere Fähigkeit zur Kommunikation zu erproben – ohne Scheu und ohne Furcht vor negativen Folgen.

Vorbereitet für eine solche Erprobung sind alle, die mit Tieren kommunizieren. Jeder Fachmann belehrt uns, daß wir Tiere nicht verstehen, uns aber sehr wohl mit ihnen verständigen können.

Es ist mehr als ein hilfloser Witz, zu behaupten, daß Männer und Frauen oder Angehörige verschiedener Kulturen sich nicht verstehen können. Dennoch wird niemand leugnen, daß sie sich wechselseitig produktiv nützen können.

Wären wir darauf angewiesen, uns selbst und die Welt, in der wir leben, verstehen zu müssen, bevor wir auch nur einen Lichtschalter betätigen, säßen wir für immer im Dunkeln.

Den Umgang mit Kunstwerken auf das Verstehen zu fixieren, wird stets scheitern. Erst, wenn wir dieses Scheitern akzeptieren, wird eine produktive Nutzung gelingen. Dazu bedarf es einer gewissen heiteren Souveränität, Gewitztheit und Vorbehaltlosigkeit.

Es gehört zu den unbestrittenen Vorzügen eines gelungenen Alterns, nicht mehr ständig das Verstehen einklagen zu müssen.

Wer die heitere Gelassenheit des Scheiterns nicht aufbringt, wird – mit aller Gewalt – versuchen, Werk und Wirkung, Form und Inhalt, Denken und Handeln hundertprozentig übereinstimmen zu lassen. Solche Leute nennt man Dogmatiker oder Fundamentalisten, die es nicht nur in der Politik und in den Kirchen gibt.
Auch Künstler verfolgten andere Künstler als „entartete". Allen diesen Fundamentalisten ist eines gemeinsam: sie sehen sich umso mehr bestätigt, als sie mit ihrer Erzwingungsstrategie für eindeutiges Verstehen scheitern. Sie werden zu Märtyrern, zu Heroen des Scheiterns. Sie vergewissern sich ihrer Bedeutung durch den Widerstand, den sie erfahren – eine gefährliche, aber verführerische Logik.

Wem aber schlechterdings zu gelingen scheint, was er will, muß aufpassen, daß ihn nicht sein Erfolg scheitern läßt.
Das *Centre Pompidou* wurde ruiniert durch seine Attraktivität, die viel mehr Menschen täglich anlockte, als der Bau verkraften konnte. Viele „Kulturereignisse" sabotieren sich selbst, weil die überaus große Teilnahme verhindert, daß der Anlaß überhaupt wahrgenommen werden kann. Oft sieht man vor lauter Museumsbesuchern die Kunstwerke nicht mehr.
Die Ausstellungen werden durch Erfolg zerstört, Gelingen wird zur Form des Scheiterns.

Alte – Hoffnung der Künstler

Ein garstig Lied: Klagen, Klagen, Klagen – niemand habe mehr Zeit, sich Ausstellungen ausführlich anzusehen. *Culture hopping* durchs Museum: drei Großausstellungen pro Woche und dann auch noch Galeriesurfen.
Die Truppe des Filmemachers Jean-Luc Godard hält den Weltrekord: in 14 Minuten durch den Louvre. Der touristische Gruppengalopp ist inzwischen zum Bewegungsmuster der Kunstaneignung geworden. Lohnt es sich da überhaupt noch, fürs Publikum zu malen, wenn keiner mehr Zeit und Mittel aufwendet, um sich mit einem Werk angemessen zu beschäftigen?

Wären da nicht die Alten!
Wer, wenn nicht sie, erfüllt alle Bedingungen professioneller Betrachterrollen: Zeit, Unabhängigkeit und Urteilsvermögen.

Sie sind nicht mehr abgelenkt durch die Notwendigkeit, ihr Einkommen zu sichern, die Karriereleiter zu erklimmen oder gesellschaftliche Geltung zu erringen.

Mithin sind sie die eigentliche Hoffnung für Künstler, die ein professionelles Publikum brauchen: Leute, die Fragen stellen, Forderungen vorbringen und uneigennützig kritisieren.

Im Vergleich zu jüngeren sind alte Menschen aufgrund ihrer größeren Erfahrungen auch viel fähiger zu unterscheiden – schließlich haben sie persönlich verschiedenste Zumutungen von künstlerischen Ausdrucksformen, Avantgarden oder Stilen hinter sich gebracht. Wer seit 50 Jahren ins Museum geht und das Interesse noch nicht verloren hat, hat das Examen für professionelles Publikum bestanden!

Die Alten sind endlich wieder eine definierbare Adressatenschaft – nur ein solches Profi-Publikum kann Partner für Künstler sein.

| Mihilismus für Ich-Schwache |

| 2 | Wohin führt der lange Marsch? |

Ein Gespräch mit Sabine Hering und Hans-Georg Lützenkirchen

Hering: Mit welchen Leitbildern bist du in deiner Kindheit und Jugend aufgewachsen? Was wurde dir von deiner Familie mit auf den Weg gegeben?

Leitbilder wurden in der Zeit des Zweiten Weltkriegs nicht von Familien produziert, sondern waren Schöpfungen des Staates, vermittelt vor allem durch die Wochenschau. Diese präsentierten uns das Leitbild des germanischen Kulturheroen im Abwehrkampf gegen die bolschewistische Bedrohung. Die Mission, die jeden Tag wiederholt wurde, lautete, das Abendland gegen den Osten zu verteidigen, als Kulturauftrag.

Lützenkirchen: Ist dieser „Auftrag" damals bei Ihnen angekommen?

Geblieben ist mir daraus die Erfahrung, daß sich die Auftraggeber selber am allerwenigsten an diese Aufträge hielten. Wir haben im März und April 1945 in Danzig erlebt, wie sich die höheren Herrschaften des Heeres mit ihren Orden und ihrer Papageienuniform verdrückten, wenn es brenzlig wurde. Von Oliva und Zoppot standen damals vielleicht noch drei Schornsteine, keine Wand. Die Zivilbevölkerung lebte unter der Erde in der ständigen Furcht, verschüttet zu werden. In den wenigen Bunkern, die es noch gab, hatte sich das Militär in Sicherheit gebracht. Das Risiko trugen die Frauen und die Kinder – vor allem die Frauen. Ich habe damals gelernt, daß es unsinnig ist, sich an der Ausbildung zum Militärdienst vorbeizudrücken, wenn man kein Opfer werden will, denn dort lernt man am besten zu überleben.

Hering: Wie haben sich deine Eltern in dieser Situation retten können?

Mein Vater stand auf einer Proskriptionsliste der Russen, wie alle Leiter kriegswichtiger Betriebe. Ihm wurde nach dem Einmarsch der Sowjetarmee der Prozeß gemacht, und er wurde sofort erschossen. Meine Mutter konnte sich mit uns Kindern über die Ostsee nach Dänemark retten.

Hering: Wie ist es dir bis zur Flucht in der Schule ergangen? Gab es dort Leitbilder für dich?

Ich bin, bedingt durch Krieg und Flucht, erst wieder zur Schule gegangen als ich 13 Jahre alt war. Vorher gab es keine Vorgaben durch die Schule für mich. Wenn es sie gab, so sind sie durch die Ereignisse, die darauf folgten, verschüttet.

Hering: Was für Ereignisse waren das?

Wir waren ab dem 9. März 1945 auf der Flucht. Das war ziemlich abenteuerlich. In dem dänischen Lager, in dem wir uns dann befanden, gab es keine Schule. Schließlich landeten wir in Holstein. Ich ging dort in eine einklassige Zwergschule mit nur sehr sporadischem Unterricht. Erst 1949 gelang es mir durch persönliche Kontakte, in das Kaiser-Karl-Gymnasium in Itzehoe aufgenommen zu werden. An dieser Schule unterrichteten eine Reihe erstklassiger Lehrer, die es in besonderer Weise verstanden, unser Interesse zu wecken.

Lützenkirchen: Wie haben sie das gemacht?

Die Lehrer haben uns im wesentlichen den Unterricht selbst gestalten lassen. Wir fuhren regelmäßig nach Hamburg, um die Universitätsbibliothek kennenzulernen, um Theateraufführungen zu sehen und Ausstellungen zu besuchen. Wir haben auch selber Theater gespielt, Literaturzirkel besucht und eine Schülerzeitung herausgegeben, in der wir unsere ersten eigenen Arbeiten veröffentlichen konnten. Die einzelnen Schüler wurden dazu angehalten, sich zu spezialisieren. Ich begann damals, mich intensiv mit Geschichte und Philosophie zu beschäftigen und habe unter anderem über den Universalienstreit im Mittelalter referiert; andere wurden Spezialisten für Kernphysik, für Mikrobiologie und so weiter. Die Lehrer hielten sich am Rande des Geschehens, ließen uns arbeiten und unterstützten uns nur auf Nachfrage. Dieser Schule verdanke ich unschätzbare Impulse zur Selbsttätigkeit – allerdings auch eine Abneigung dagegen, mich unterzuordnen, denn das wurde mir dort nicht abverlangt.

Lützenkirchen: Aus der Beschreibung wird deutlich, welch wichtige Rolle Kultur und Wissenschaft in der Schule gespielt haben – wie sah es mit Politik aus?

Die Politik kam durch die kritischen Berichte der Lehrer über ihre Erlebnisse im Ersten und Zweiten Weltkrieg ins Spiel.

| Biographiepflichtig | Mihilismus für Ich-Schwache | 2 | Wohin führt der lange Marsch?

Wir lernten durch die Erfahrungen dieser Leute, der Politik keinerlei Weltverbesserung oder Heilsmission zuzutrauen.

Das einzige Interesse, das diesen Lehrern im Hinblick auf Politik geblieben war, erschöpfte sich in der Gewährleistung formaler demokratischer Rahmenbedingungen. Darüber hinaus war ihre Botschaft:
„Mach es selber, oder es geschieht gar nichts."

Lützenkirchen: War das damals auch Ihre Auffassung?

Meine eigene politische Haltung war vor allem durch eine physische Abneigung gegen Aufmärsche, Nationalhymnen und ähnliches gekennzeichnet. Das alles war für mich unendlich beladen. Selbst wenn bei uns die schleswig-holsteinische Landeshymne gesungen wurde, in der es nur um den Himmel und das Meer geht, habe ich beim Absingen bewußt an etwas anderes gedacht, zum Beispiel Lateinvokabeln repetiert.

Hering: Stammt dein Vorname Bazon aus dieser Zeit, oder hast du ihn dir später zugelegt?

Der Name Bazon, im Griechischen der Schwätzer, stammt aus meiner Schulzeit. Ich bekam ihn in wohlwollender Absicht vom Oberstudiendirektor Max Thiessen zugewiesen, weil ich mich als Flüchtlingskind, das nichts vorzuweisen hatte, immer bemühte, alles besonders gut zu machen und mich besonders hervorzutun. Ich habe die Ambivalenz und Ambiguität der Kennzeichnung als Stammler und Stotterer aus Begeisterung und **Dauerredner aus Angst vor dem Aufhören** aber erst später verstanden und konnte mich dann entsprechend damit identifizieren. Ich nahm mir vor, den Spottnamen in einen Ehrennamen zu verwandeln. Das war in der Zeit, in der ich mich auch entschlossen habe, Dramaturg zu werden, weil mir diese Rolle für einen Intellektuellen als zeitgemäß erschien: Der Dramaturg bleibt im Hintergrund, muß sich nicht rechtfertigen und kann bei dem bleiben, was er für richtig hält.

Hering: Wenn ich recht informiert bin, bist du zu Sellner an das Landestheater in Darmstadt gegangen. Haben sich deine Erwartungen an die Rolle, die du als Dramaturg ausfüllen wolltest, einlösen lassen?

Die Arbeit dort entsprach meinen Vorstellungen von avancierter Theaterarbeit. Bei Sellner fanden die Uraufführungen der Stücke statt, die uns interessierten.

Claus Bremer war dort, den ich schon aus der *Konkreten Poesiebewegung* kannte, ebenso Daniel Spoerri und zahlreiche weitere Personen, die auch bei den Darmstädter Tagen für Neuere Musik engagiert waren, wo unter anderem Cage zum ersten Mal in Deutschland auftrat. Darmstadt war ein Zentrum, der ideale Ort, um all das durchzuspielen, was mir damals vorschwebte.

Hering: Wie hast du es geschafft, bei all diesen Aktivitäten gleichzeitig noch zu studieren?

An der Universität war damals, Ende der 50er Jahre, für uns nicht viel zu holen, wenn man mal von dem starken Einfluß absieht, den Adorno auf mich gehabt hat. Ich hatte damals unter anderem durch meine Zimmerwirtin in Frankfurt, bei der auch Alexander Kluge, Karl Alfred von Meysenbug, der Frankfurter Kulturmotor und Galerist Rochus Kowallek und viele andere gewohnt haben, die später bekannt wurden, Kontakte zu Leuten, die formal studierten, faktisch aber ihrem Lebensalltag eine andere Orientierung gaben. Das waren Künstler und Intellektuelle, durch die ständig neue Arbeitszusammenhänge zustandekamen, die bedeutsamer waren als das, was uns die Lehrveranstaltungen zu bieten hatten. Hundertwasser, Martin Walser, die Zero-Gruppe sind nur einige Namen, die zu diesem Netzwerk gehörten.

Hering: Ich hatte bisher immer die Vorstellung, daß bis Mitte der 60er Jahre an deutschen Universitäten „ordentlich" und zielstrebig studiert worden sei?

Ich kann mich nicht an einen einzigen Menschen erinnern, der damals zielstrebig studiert hat. Es bestand auch gar keine Notwendigkeit dazu. Niemand mußte schnell zum Abschluß kommen, der Arbeitsmarkt bot alles, was wir nur wollten. Die Universität war für uns nur der Ort, wo wir uns trafen und wo wir all die aktuellen Eindrücke, die wir durch unsere Reisen und Kontakte sammelten, sortiert und verortet haben.

Lützenkirchen: Wie sah dieses Sortieren und Verorten aus?

Wir haben damals versucht, uns von der uns vorgegebenen Auffassung zu lösen, daß die Kultur das Hohe, Reine und Ideale ist, während Tätigkeiten im Bereich der Wirtschaft, Politik und Technik nur für minderbemittelte Geister erträglich sind. Ich habe dieser Auffassung entgegengewirkt, indem ich zum Beispiel nach 1965 in meinen Lehrveranstaltungen an der Hochschule für

Bildende Künste in Hamburg Speiseeis verkauft habe, um das Rezeptionsniveau zu erreichen, das jede Kinovorstellung bietet. **Wir wollten die Diskrepanz zwischen Kultursphäre und Alltagsleben aufheben, um die Bewährungsprobe für die Kultur zu ermöglichen.**

Hering: Was hat euch so am Alltag fasziniert?

Wir hatten begriffen, daß sich in der sogenannten Hochkultur nichts anderes abspielt als in der Alltagskultur. Ich habe zum Beispiel die Aufregung über Heidegger nie begreifen können, denn mein Onkel, der Drogist, erzählte genau denselben Unsinn. Es ging uns also darum, zu zeigen, daß in der Alltagspraxis keine anderen Problemstellungen und Reflexionsmuster zu finden sind, als in den philosophischen Diskursen der Wissenschaft.

Hering: Du hattest in Hamburg eine Professur für nichtnormative Ästhetik, wie kam es zu dieser für die Nachgeborenen höchst ungewöhnlichen Formulierung?

Es sollte von vornherein klar sein: Hier galt kein Systemanspruch und kein philosophisches Kunstkonstrukt. **Wir wollten die Ästhetik aus ihrem Dasein als Appendix der Philosophie befreien, weil die Philosophen gezeigt hatten, daß sie nichts damit anzufangen wußten.** Sie hatten keinen Einfluß auf die aktuelle Kunstdebatte, keinen Einfluß auf die Wirklichkeit, wie sie sich in der Alltagspraxis darstellte.

Lützenkirchen: Der Zusammenhang sollte aber vermutlich nicht in solchen Vorhaben wie „Kunst am Bau" bestehen?

Derlei hatten wir nicht im Blick. **Unsere Formel war die der negativen Affirmation, also die hundertfünfzigprozentige Übertreibung, welche den Kulturkämpfen, wie sie etwa damals in Vietnam ausgetragen wurden, eine auf die Alltagspraxis gerichtete Zivilisationsstrategie entgegenstellte:**

"Werft Lippenstifte statt Bomben ab, fahrt Kühlschränke statt Panzern auf!" Der linken Kritik, die darauf erfolgte, haben wir entgegengehalten, daß der Konsumerismus, die Werbeschauen, einen wesentlich größeren politisierenden Einfluß ausüben als die Flugblättchen der politischen Gruppierungen. Gleichzeitig haben wir darauf aufmerksam gemacht, daß die Konsequenz aus diesem Wirkungszusammenhang die Relativierung der Werbeschauen zu sein hat, da **zunehmend offensichtlich wird, daß die Waschmittelreklame nichts mit dem Waschmittel zu tun hat. Die Kritik an der Ideologie der Kulturkämpfe war deshalb für uns das eigentlich Politische,** während uns der Triumph von Ho Chi Min ebenso erschreckt hätte wie der von Lyndon B. Johnson.

Hering: Damit habt ihr euch aber im Gegensatz zur Auffassung aller damaligen politischen Gruppen befunden?

Das läßt sich so nicht sagen. Mit Fritz Teufel zum Beispiel habe ich nie Schwierigkeiten gehabt. Teufel war ja der Affirmatiker schlechthin. Auf die Aufforderung im Gerichtssaal „Stehen Sie auf!" zu sagen, „Bitteschön, wenn's der Wahrheitsfindung dient" – das war die Quintessenz der negativen Affirmation. Aber es gab auch genügend verbiesterte Leute, die uns der affirmativen Kulturpraxis bezichtigt haben. Und es gab auch Kontroversen in den eigenen Reihen, etwa mit Vostell, der sich aufgeregt dagegen verwahrte, daß etwa Demonstrierende leere Plakate an Stöcken vor sich hertrugen und damit seine Erfindung plagiierten und mißbrauchten.

Mein Ansatz war es indessen, mich zu freuen, wenn das Theater von der Kunstbühne heruntergeholt und angeeignet wurde: Ich habe in Berlin Theatersessel am Straßenrand aufgestellt und Eintrittskarten verkauft. Denn ab 1967 war das, was sich in Berlin auf den Straßen abspielte, interessanter als das, was auf den Bühnen geboten wurde.

Die Leute sollten sich an dem faszinieren, was die Realität ausmacht. Die linkische Kritik, die da behauptet, die Welt bestehe nur noch aus Signifikatsverkettungen, Zeichen und Bezeichnetes seien nicht mehr zu unterscheiden – das ist doch alles Unsinn!

Lützenkirchen: Trotzdem läßt sich nicht bestreiten, daß der Einfluß der Medien ständig steigt?

Alle Formen der Aneignung sind Vermittlungen. Sicher gibt es Möglichkeiten, die Verfeinerung der Wahrnehmung durch Lernprozesse zu steigern. Das betrifft aber die Grundunterscheidung zwischen Wirklichkeit und Wahn nicht. Die Behauptung, es gäbe nur vermittelte Wirklichkeit, unterstellt ja, es gehe um die Befreiung von dem Vermittlungszwang. Vor allem suggeriert es, der Kritiker sei in der Lage, unvermittelt zu urteilen.

Hering: Was heißt dann Lehren und Lernen? Etwa auf der documenta Besucherschulen abzuhalten?

Wenn man anfängt zu lehren, entdeckt man, daß Didaktiken kein Instrument der Infiltration von Schülerhirnen sind, sondern den Lehrern selbst eine geschlossene Konstruktion von Aussagen ermöglichen. Sie sind eine Chance, sich unter kommunikations-ökonomischen Bedingungen zu behaupten. Ich habe nie geglaubt, daß man Studenten oder Schüler – selbst in der besten Absicht – indoktrinieren soll oder kann. Man kann ihnen nur ein Beispiel geben. Auch das Prinzip der Besucherschulen ist so aufgebaut: **Ich stelle mich hin und zeige, wie ich mich als erster der Ausstellungsbesucher mit den Exponaten beschäftige.** Dieses Vorgehen birgt ein hohes Risiko des Scheiterns, wenn an dem Beispiel deutlich wird, daß man selber auch nicht weiterkommt als jeder andere – obwohl auch dieses Scheitern ein wichtiger didaktischer Faktor sein kann. Die übliche Reaktion: „Wozu brauchen wir Sie denn eigentlich, wenn Sie selbst nicht weiterkommen?", verweist ja nur auf das Dilemma eines verfestigten Glaubens an die grundsätzliche Möglichkeit von Problemlösungen. Die Fragen, für die es eine Lösung gibt, kann jeder x-beliebige Experte bewältigen: *Problem erkannt, Problem gebannt.* **Ich muß mich dagegen mit den Dingen beschäftigen, für die es keine Lösung gibt.**

Hering: Hast du außerhalb dieser Lehr- und Lernprozesse Vorstellungen gehabt, was oder wen du erreichen willst?

Jeder Intellektuelle sah sich in den vergangenen 200 Jahren

als potentieller Berater der Machthabenden. So wollte Heidegger der Führer des Führers werden. Nachdem aber die Geschichte gezeigt hat, daß noch nie ein Nero auf seinen Seneca gehört hat, bleibt nur die Perspektive, sich an das Volk zu wenden. Das tut man mit großem Eifer und unerschöpflichem Engagement. Nach drei Stunden der Ausführungen sagen einem die Volksvertreter: „Sie haben völlig recht, ich bin auch der Meinung..." und geben das Gegenteil von dem wieder von sich, was man gerade gesagt hat. Man ist total desillusioniert vom Führer und vom Volk. Folglich bleibt dann nur noch die eigene Gruppe der Intellektuellen und der Künstler, und da habe ich immer eine gewisse Wirkungsmöglichkeit sehen wollen. Unter Kollegen kann man versuchen, Dinge klar zu machen, obwohl ich auch da extremes Scheitern erlebt habe.
Also Führer nicht, Volk nicht und die Genossen zumeist auch nicht, vor allem, wenn man kein Parteigänger ist. *Solo dei gloria* gilt auch nicht mehr, nachdem ich nach der Kairoer Konferenz aus der Kirche ausgetreten bin.

Hering: Was ist denn das Motiv, das noch bleibt?

Es gibt noch ein grundlegendes Motiv, und das habe ich von Beuys gelernt. Der hat mir gesagt: **„Du mußt kapieren, daß es eine sensationelle Gnade ist, daß dir jemand zuhört." Ich konfrontiere mich also mit anderen Leuten und versuche möglichst viel aus dieser Konfrontation an Selbstfesselungsstrategien herauszuziehen.** Das heißt, ich bemühe mich, meine Impulse zu zügeln, um nicht doch noch Terrorist zu werden und Bomben zu schmeißen. Das gegenseitige Verstehen ist nicht möglich, man muß froh sein, sich verständigen zu können.

Hering: Aus deiner gesamten Entwicklung ist das Mißtrauen gegen Ideale ablesbar?

Für mich war immer nur das Eingeständnis der Ohnmacht glaubhaft. Ich kann mich nur auf Leute verlassen, die wie ich der Unterstützung bedürftig sind. Wer in irgendeiner Weise Macht hat, verspürt in keiner Weise das Bedürfnis, sich sozial zu verhalten. **Und wer vom Faschismus, von der Inhumanität der anderen redet, ist für mich von vornherein unglaubwürdig.** Da braucht man gar nicht hinzuhören, das ist nichts anderes als

Exkulpation. Wer da nicht von sich selbst spricht, ist gar nicht ernstzunehmen. **Erfahrungen sind nur wertvoll, wenn sie aus dem Gefühl der Ohnmacht herrühren.** Solidarität und Gemeinschaftsgefühl kennen keine Machthaber.

Lützenkirchen: Für Extremsituationen wie Krieg und Flucht läßt sich das nachvollziehen. Aber wie sieht die Sache denn aus, wenn wieder die Normalität eintritt?

Das ist ja gerade der Haken, daß eine Gesellschaft wie die unsere das Gefühl der Normalität gar nicht mehr kennt. Deshalb kommt es ja auch zu solchen Auswüchsen etwa auf dem Theater. Für die Kulturheroen unserer Tage, wie dem Leiter der Berliner Volksbühne, Frank Castorf, ist die Normalität zu langweilig geworden. Aber für Leute, die Mangel kennen, ist die Normalität das Höchste. Als ich von der Eidgenössischen Technischen Hochschule in der Schweiz den Ehrendoktor verliehen bekam, habe ich zur allgemeinen Verwunderung eine Laudatio auf die Fähigkeit der Schweizer, in der Normalität verharren zu können, gehalten. Denn **für mich ist das ereignislose Dasein das eigentlich Erstrebenswerte. Meine Heiligung der Filzpantoffel bedeutet nicht „nichts tun", sondern „nicht tun". Es handelt sich um eine Ästhetik der Unterlassung.**

Hering: Welche Rolle spielt in diesem Zusammenhang die Kultur?

Der Mensch muß zivilisiert werden gegen die Anmaßungen der Kulturen. **Jede Kultur ist bellizistisch, sie arbeitet notwendig mit Grenzziehungen, mit Ausgrenzungen. Das führt zu einem fortgesetzten Morden und Schlachten.** Deshalb auch mein Kampf gegen das Modell der multikulturellen Gesellschaften, das auf der Vorstellung beruht, jedes Volk, jede Gruppe hätte das spezielle kulturelle Erbe zu wahren, seine Kuchenrezepte, seine Strickmuster. Dagegen hat die Aufklärung das Zivilisationsmodell gesetzt, das durch seine Errungenschaften zusammenführt und verbindet, anstatt die Kulturen aufeinanderzuhetzen.

Lützenkirchen: Ist diese Ablehnung der multikulturellen Gesellschaften nicht ein sehr konservativer Standpunkt?

Die Rechten und die Linken argumentieren doch in diesem Fall völlig übereinstimmend! Beide gehen von dem *Jedem das Seine* aus. Nur die einen wollen die Kulturen in ihre nationalen Grenzen verweisen, die anderen wollen sie gemeinsam in unserer Nachbarschaft ansiedeln. Erstere erzeugen damit internationale Auseinandersetzungen, letztere innere Konflikte von erheblichem Ausmaß.

Lützenkirchen: Hinter dem Modell der multikulturellen Gesellschaften steht aber doch auch der Gedanke der Toleranz?

Haben Sie schon mal eine Kultur kennengelernt, in welcher der Begriff der Toleranz vorkommt? Da werden Sie vergeblich suchen in den 5000 Jahren Menschheitsgeschichte. **Toleranz ist ein Produkt des Zivilisationsdenkens! Kultur und Zivilisation sind in der europäischen Geschichte immer antagonistisch angetreten:** königlich/kaiserlich, ständisch/imperial, regional/internationalistisch. Alle Kulturen sind regionalistisch, ständisch, auf Führerfiguren, auf Stammeskönige ausgerichtet, während die kaiserlich-imperiale Ebene – wie auch alle internationalistischen Orientierungen – immer zivilisatorisch geprägt waren. Die katholische Kirche war in diesem Zusammenhang zwar auch eine universale Instanz, aber immer unter dem Primat christlicher Kulturvorstellungen, insofern abgrenzend und bellizistisch.

Hering: Wie sieht es mit den USA aus? Die Amerikaner haben das Zivilisationskonzept am weitesten vorangetrieben, trotzdem sind sie bellizistisch.

Die USA, die als *melting pot* in unserem Jahrhundert am überzeugendsten das zivilisatorisch-universalistische Konzept vertreten konnten, sind inzwischen auch zu einem „Multikultiland" geworden. **Daß man den Amerikanern von europäischer Seite immer Kulturbanausentum vorgeworfen hat, war das höchste Lob, das man ihnen zollen konnte. Sie waren nämlich ausschließlich an zivilisatorischen Fragen**

interessiert, von der Kaffeemaschine bis zur Menschenrechtsdiskussion, einem der Kernstücke des Zivilisationsgedankens. Seit die USA ihren Kulturauftrag entdeckt haben, die Freiheit verteidigen zu müssen, hat Amerika – ehemals Land der Freiheit – praktisch keine ideelle Bedeutung mehr für den Aufbruch ins 21. Jahrhundert.

Lützenkirchen: In welchem Verhältnis steht die Kunst beziehungsweise der Künstler zur Kultur?

Unter dem Druck der herrschenden Kulturauffassung muß sich der Künstler zu einem Monster stilisieren, um in der Öffentlichkeit Aufmerksamkeit zu finden. Ohne Syphilis oder Rauschgift kein enthusiastisches Publikum. Die harmlose Form davon ist die Bohème: Da reicht es, lange Haare zu haben, öfter mal zu saufen und draußen zu grölen. Die ganze deutsche Freiheitskultur besteht im Prinzip aus Bohèmiens und schlagenden, saufenden Studenten. Die 68er Generation macht da keine Ausnahme: Die sind davon ausgegangen, daß ein neues Outfit und abweichende Verhaltensweisen schon die Legitimation dafür sind, all diesen Spießern Verachtung entgegenzubringen, deren Sehnsucht die Normalität ist.

Hering: Das Anliegen der 68er war es aber doch vor allem, hinter der Normalität die Schuld zu entdecken, die von der Elterngeneration verdrängt wurde.

Das ist nur teilweise richtig. **Die Schuld- und Sühnegemeinschaft, welche die Deutschen in der Nachkriegszeit bildeten, schuf sich durch die Konfrontation mit dem eigenen Scheitern vor allem die Legitimation, sich wirtschaftlich zu erneuern,** Geld zu verdienen, Kapital zu bilden, das man ja zur Wiedergutmachung, so die Formel damals, dringend brauchte. Das Wirtschaftswunder wurde zum Inbegriff all der Anstrengungen, die nötig waren, die ungeheuren Berge von Trümmern zu beseitigen. Und die Omnipotenzrhetorik, die sich aus dem wirtschaftlichen Wiederaufbau entfaltete, haben die Linken keineswegs entlarvt, sondern selber benutzt: Da wir so unermeßlich reich sind, können wir doch für alle Welt sorgen und verteilen und unterstützen.

Lützenkirchen: Das sah in der Tat damals so aus.

Die Zukunft ist verfrühstückt und das konnte man damals bereits sehen, wenn man bereit war hinzugucken. Omnipotenzphantasterei, Realitätsverlust und das Abstreifen jeglichen Verantwortungsgefühls kennzeichnete in den 60er und 70er Jahren die Positionen rechts wie links. Man begriff sich als Verteilungsgesellschaft mit vollen Taschen und gedeckten Schecks. Wir Deutschen sind die Größten, wir haben Butterberge und die harte Währung. Nichts dergleichen! Wir haben eine Staatsverschuldung, die politische Entscheidungen der kommenden Generation praktisch unmöglich macht.

Hering: Ist das nur ein deutsches Phänomen?

Es gibt zwei große deutsche, historisch entstandene Begabungen: Das eine ist der deutsche Begriffsrealismus, die Begabung, den Begriff für die Wirklichkeit zu halten, die schon Heinrich Heine als deutschen Hang zum Wolkenkuckucksheim karikiert hat. Das zweite ist die Begabung für kontrafaktische Erzwingungsstrategien, die deutsche Neigung, vor der Wirklichkeit nicht zu kapitulieren.

Wenn Idee und Wirklichkeit nicht miteinander übereinstimmen, verstärkt sich bei den Deutschen der Impuls, an der Idee festzuhalten – jetzt erst recht!! Etwa Goebbels, der gesagt hat: „Wir müssen den Krieg gewinnen, weil wir ihn nicht verlieren dürfen." Und auch in diesem Punkt haben die 68er keine Ausnahme gemacht. Anstatt die Wahnhaftigkeit von Ideologien zu kritisieren, haben sie diesen nur eine neue Ideologie entgegengesetzt.

Lützenkirchen: Ist das nicht das Ende aller Utopie?

Keinesfalls. Es kommt darauf an, was für einen Utopiebegriff man hat. Wenn Utopie nur als Bündel kontrafaktischer Wahnhaftigkeiten betrachtet wird, als Hirngespinst, als ausgemaltes Bildchen, dann natürlich. Aber so war Utopie nicht gemeint. Utopie ist die Konsequenz des historischen Denkens. Im 14. Jahrhundert, um Petrarca als einen der ersten Theoretiker zu nennen, bis ins 17. Jahrhundert hinein, bei Bacon und Campanella, heißt utopisch denken, mit der Zukunft zu rechnen. Insofern hieß und heißt Utopie nichts anderes als vergegenwärtigte Zukunft. **Vergangenheiten sind die Zukünfte von ehemals, Gegenwart ist die zukünftige Vergangenheit.**

Historisch zu denken, führt zu der Einsicht, daß es Zukunft nur als eine vergegenwärtigte gibt. Wenn wir heute unserer Zukunft ansichtig werden, wissen wir, was wir an unserem gegenwärtigen Handeln zu kritisieren haben. Utopie ist Potential der Kritik an behaupteten Wahrheitsansprüchen von Zeitenlenkern und -gestaltern.

Mihilismus für Ich-Schwache

3 | action teaching. Eine Privatvorlesung

Wenn man sich zu einem Generalisten und Ästhetiker wie Bazon Brock begibt, um ihn zu befragen, muß man auf allerlei Überraschungen gefaßt sein. Nachfolgendes Dokument zeigt sehr anschaulich, wie seine Antwort auf die Eingangsfrage ein Beispiel dessen wurde, um dessen Erläuterung ich gebeten hatte. (Gerhard Theewen)

Theewen: Zum Stichwort „action teaching" wüßte ich gerne etwas mehr. Was ist darunter zu verstehen, und welche Überlegungen haben Sie zu dieser Form des Lehrens geführt? Wenn das Band voll ist, wird es hoffentlich den Eindruck einer netten Plauderei wiedergeben.

Aha. Für meine Generation, also für Leute, die ab Ende der 60er Jahre aktiv wurden, hat Robert Filliou in seinem bei Walther König erschienenen Werk „Lehren und Lernen als Aufführungskünste" die Positionen bereits markiert. Filliou hat damals in Paris seine Galerie *Im Hut* und *Im Mantel* gemacht, und ich traf ihn zusammen mit Daniel Spoerri mehr oder weniger regelmäßig. Er hat sich im wesentlichen nicht auf ein theoretisches Begründen eingelassen, sondern auf kleine Aktionsdramolette beschränkt, die man nachspielen muß, um dann, wenn man sie hintereinander erlebt, doch so etwas wie einen durchgängigen Rahmen von Grundannahmen zu bekommen. Beim Stichwort Aufführungskünste ging es Filliou übrigens um eine Dimension der Kommunikation und nicht etwa um Theater, was nur eine eingeschränkte Form der

Kommunikation mit theatralischen Mitteln wäre. Die Soziologen haben in der damaligen Zeit ihre Begrifflichkeit übrigens am klassischen Theaterspiel entwickelt, und zwar für die sozialen Alltagsprozesse. Daß wir alle nur eine Rolle spielen, war eine solch markante Formulierung, sozusagen parallel zu Filliou.

Das heißt, **wir spielen auch im Alltag Theater oder umgekehrt, wenn im Theater Formen entwickelt wurden, die kommunikative Prozesse zwischen Personen, Konstellationen etc. überhaupt zum Thema machen, dann muß man sich dieses Instrumentariums bedienen, aber nicht um auf eine Gattungsgrundform wie Theaterspielen beschränkt zu bleiben, sondern um das, was man im Theater sichtbar gemacht hat, nun auf das soziale Alltagsleben anzuwenden.** Das ist in mindestens 200 Jahren Dramenliteratur, wenn nicht schon seit Shakespeare, kontinuierlich entwickelt worden. Insofern Künstler meiner Generation die Vorstellung hatten, aus dem spezifischen Kunstbereich hinauswirken zu sollen, kamen zwei Tendenzen zusammen, die ich in eigenen Aktionsstücken formuliert habe. Als ich 1966 z.B. auf dem Ku'damm in Berlin, aber auch in anderen Städten, rechts und links Theatersessel aufbaute und Eintrittskarten verkaufte und das Geschehen zwischen den Theatersitzreihen, also das, was auf dem Ku'damm passierte, zum Gegenstand der Beobachtungen von Theaterbesuchern machte, war das Ausdruck für diese Art von Geschehen. Das heißt, mit den in der Kunst entwickelten spezifischen Formen der Wahrnehmung, Thematisierung und Problematisierung jetzt außerhalb des Kunstbereichs aktiv zu werden. Uns ging es im wesentlichen darum, das Publikum zu professionalisieren, d.h. klar zu machen, daß eine Kunst ohne entsprechend leistungsfähiges Publikum ins Leere läuft. Die Künstler haben das ja seit Jahrzehnten ausgedrückt. Was nützen ihre elaborierten Formen, wenn niemand da ist, der das, was sie in monatelanger oder gar jahrelanger Arbeit sogar in Kleinformen ausgetüftelt hatten, wahrzunehmen in der Lage ist. Man konnte das gar nicht beurteilen oder gar schätzen. Es kam nur zu einer Art von Unangemessenheit zwischen der Produktionssphäre und der Rezeptionssphäre, wenn Leute innerhalb von 1 1/2 oder 2 Stunden gigantische Werke musikalischer, literarischer, theatralischer oder bildkünstlerischer Art beurteilen sollten. Es ging also hier um die Forderung nach der Professionalisierung des Publikums. D.h. dem

Publikum mußte zuerst einmal beigebracht werden, sich selbst ernstzunehmen, also auch in den banalsten Fragen, wie „Ist das Kunst?" etc., um dann zu sagen, daß die Künstler diese Frage „Ist das Kunst?" viel radikaler stellen als jeder andere, denn jedes Kunstwerk selbst ist eigentlich die Frage danach, und „Wieso soll das Kunst sein?" ist demnach etwas anderes. **Das Publikum sollte selbstbewußt werden in der Fähigkeit, die eigenen Fragestellungen nun tatsächlich an die Künstler zu adressieren.** Damit wurde im wesentlichen gesagt, daß das Verlachen der Gattungskunstsphären Theater, Literatur, Musik, Bildende Kunst etc. nicht Verlachen der Künste hieß, sondern künstlerische Techniken, Wahrnehmungsformen und Problematisierungsformen bedeutsamer zu machen, indem diese Fragestellungen auch die des Publikums wurden, also der Alltagsmenschen, die ihre ganze Bedeutung erst darin ausspielen konnten, daß ihre Fragen sozusagen von den Lesern und Zuschauern betrachtet und übernommen worden sind. Diese Generalthematik „Lehren und Lernen als Aufführungskünste" faßt das zusammen. Es geht sowohl um das Lehren, das Demonstrieren, das Vorführen, das Präsentieren durch die Künstler wie umgekehrt auch das rezeptive Verhalten, hier kurz Lernen genannt, als Aufführungskünste, denn es wurde die Gleichgewichtigkeit zwischen Produktionsformen und Rezeptionsformen hergestellt.

Den Begriff des *action teaching*, verwendete ich zusammen mit Alan Kaprow seit 1959. Dabei kam es darauf an, analog zum investigativen Journalismus oder zur investigativen Kunst **Beteiligungsformen zu entwickeln, die gleichermaßen für den Künstler wie für das Publikum galten.** Beim Happening etwa war es ebenfalls intendiert, daß Akteure und Zuschauer in problematisierende Vorgaben einbezogen wurden, wobei das Happening eigentlich zu stark an gesellschaftliche Ereignisformen gebunden war, wie etwa Fest und Feier oder Attraktion oder Spaßmachen oder Überbietungsauffälligkeit. Wir fanden, daß das auf den Kern reduziert werden sollte, nämlich die Parallelität von Produktion und Rezeption, von Lehren und Lernen, von Vorführen und Betrachten, und es sollte dem Publikum beigebracht werden, die Rezeptionstätigkeit selber als ein Aktivum zu sehen und nicht länger als ein passives Aufnehmen. **Die Rezeption wurde also als aktive Form ausgelegt,** und das entspricht natürlich allen neurophysiologischen Einsichten und ist inzwischen ja wohl auch Allgemeinauffassung geworden. Im Kern ging es also um die gleichgewichtige Ausformung von künstlerischem Angebot und rezeptiver Tätigkeit des Publikums, der Betrachter, der Leser und Hörer, also um die Parallelität von Lehren und Lernen, von Vorführen und Betrachten etc. Ich wählte dafür das *action teaching*, weil das Publikum selbst in der Art, wie es rezipiert, den Sprechenden, den Rhetor, den Künstler, den Vorführenden, etwas lehrt, der selbst wiederum nicht nur situativ darauf eingeht, was im Publikum passiert, sondern das Publikum als solches ausbildet. Die alten Rhetoren hatten ein festes Regelwerk, aus dem hervorging, daß der Rhetor nur Bestandteil einer kommunikativen Situation ist und gezwungen ist, das Publikum, die Zuhörer als die eigentlichen Akteure zu sehen. Davon ist natürlich seit Shakespeares Theater, der für seine Stücke die quintilianische Rhetorik komplett übernommen hatte, bis zur französischen klassizistischen Hochblüte einiges gewußt worden, was aber auch wieder verlorenging. **Es auratisierte sich der Künstler als Führerpersönlichkeit, der Autorität hatte, und das hat bis in die Kunsttheorien des vorigen Jahrhunderts gehalten, während die Künstler selbst merkten, daß ihre Autorität im wesentlichen von der Akzeptanz durch das Publikum bestimmt war.** Es nützte also gar nichts, sich diese Autorität anzumaßen, sondern sie mußte entweder durch Zustimmung erworben werden oder zumindest durch die Aufmerksamkeit, die das Publikum dem Tun des Künstlers entgegenbrachte.

Die entscheidendste Gegenbewegung nach shakespeare'schem Ansatz war Richard Wagner. Wagner war nämlich der erste, der die Moderne als ein Werkschaffen im Kalkül der kommunikativen Wirkungen sah. Er ist insofern prägender Meister nicht nur der Hochkulturen, sondern auch der Subkulturen geworden, weil er etwa Hollywood lehrte, sämtliche künstlerischen Ausdrucksformen in bezug auf die zu erzeugende Wirkung zu produzieren. Das Werk wurde nichts anderes als die Summe der Wirkungskalküle. Das kann man natürlich kritisch sehen, aber heute gilt es eher als Normalfall, d.h. es ist kommunikative Grundbedingung. Wirkung ist dann nichts anderes, als die Einheit von Produktion und Rezeption in der Zeitgleichheit, heute würde man sagen in *real time*, zu erreichen. **Deswegen wirkten diejenigen Künste am stärksten, die die Realpräsenz des Künstlers in der kommunikativen Situation in den Vordergrund schoben.**

D.h., das Manuskript des Autors wird nicht etwa von anderen realisiert, sondern er selber tritt in Aktion. Nicht eine stellvertretende Präsentation durch andere, sondern er selbst ist der Präsentator. Das hatte natürlich im Hinblick auf die Überprüfbarkeit eine hohe Authentizität, ob nämlich Wirkung zustande kommt oder ob wirklich eine kommunikative Beziehung ermöglicht wird.

Deswegen ist es im *action teaching* unabdingbar, daß der Künstler bzw. der Autor selbst in Aktion tritt, denn es gibt auch für das Publikum keine Möglichkeit, sich vertreten zu lassen. Ich habe in dem Stück *A-Männer, B-Männer* in den 60er Jahren als Theater, als Film und als Hochschuldemonstration deutlich gemacht, daß das Publikum real anwesend sein muß. Ich habe es immer als einschränkend empfunden, den Autor durch Schauspieler oder durch Sprecher vertreten zu lassen. Man merkt an der Eindeutschung bzw. Synchronisation von ausländischen Film- oder Theaterstücken sehr deutlich, wie hoch der Authentizitätswert ist, der darin besteht, daß der Künstler oder der Autor selber spricht. Es ging also einmal um den Gleichstand in *real time* zwischen Produzent und Rezipient und es ging andererseits um die Möglichkeit, die Realpräsenz, die im Publikum immer gegeben war, auch auf den Künstler zu übertragen, d.h., der Künstler wurde gezwungen, in der Realpräsenz zu erscheinen und sich nicht nur durch sein Werk vertreten zu lassen. Das Publikum hat höchstens die Möglichkeit, sich durch die Kritik vertreten zu lassen. Aber was hat das für einen Sinn, Kunst für die Kritik zu produzieren, obwohl es das auch gibt. Das Publikum wird also durch den Kritiker in eine Stellvertreterposition gesetzt, und das ist dann das ganze Geschehen, d.h., man malt nur noch für das Museum, also für die Kritik des Kustoden oder des Kurators. Dagegen waren die Konzepte von *Lehren und Lernen als Aufführungskünste* und von *action teaching* gesetzt und es ist ganz typisch, daß das im Rahmen von Universitäten, Akademien und Schulen und ähnlichen Institutionen getan wurde, weil hier von vornherein ein gewisses aktives Verhalten des Publikums vorausgesetzt werden konnte. Die Studenten haben in der Hochschulsituation einen gewissen Status, sie sind zum aktiven und nicht passiven Lernen aufgefordert, sie sind auf der Kunstakademie, um zu zeichnen, zu malen etc. und nicht um zu rezipieren. In Wahrheit muß also auch ein Theaterpublikum im Theater funktionieren, sonst ist das Geschehen auf der Bühne tot. Das Publikum weiß, daß es durch die Art seiner Präsenz, durch seine Aufmerksamkeit, durch die Stimmung, die es verbreitet, eine wesentliche Rolle für das Gelingen dieser Vermittlungsformen spielt. Deswegen setzten all diese Konzepte bei den institutionellen Formen von Produktion und Rezeption an. Wir wollten ab Mitte der 60er Jahre die rezeptive Ebene auch institutionell festschreiben und dem Hamburger Senator für Wissenschaft und Kultur beibringen, daß er Klassen für Rezeption einrichten muß, in der eben die produktive Seite des Rezipierens deutlich wurde, und zwar als Berufspublikum, das sich auf der höchsten Entwicklungsstufe der Künste bewegte und dadurch in der Lage war, die Kunstentwicklung voranzutreiben.

Die Künstler selbst können keine Entwicklung bestimmen, ohne einen entsprechenden Adressaten zu haben. Es ging also immer wieder um diese Möglichkeit, einen Gleichstand zwischen Produktion und Rezeption, Parallelität in der Produktivität zu sehen, was ich außer in Hamburg auch in Wien versucht habe. **Man ist als Zuhörer eben genauso produktiv wie der, der etwas zu Gehör bringt, als Betrachter genauso produktiv wie der, der ein Bild zeigt,** vorausgesetzt, es geht tatsächlich um Betrachtung, und zwar Betrachtung als das, was das Werk will, nämlich rezipiert zu werden. Das hat aber bisher weder in Hamburg noch in Wien noch in Wuppertal geklappt. Die Ministerien waren nämlich nicht bereit, solche Klassen einzurichten. Im Bereich der Wirtschaft und des Managements haben sich solche Ideen inzwischen aber durchaus durchgesetzt. Die Professionalisierung der Konsumenten wurde ja durch Zeitschriften wie *DM* und *TEST* vorgetragen. Der Konsument konnte hier durch seine Unterscheidungsfähigkeit am Markt produktiv sein und hochgradig auf Qualitätserkenntnis trainiert werden. Es ist hier tatsächlich zu dieser Parallelität gekommen, denn die Wirtschaftler wissen, daß sie ohne die Konsumenten als aktive Form des Wirtschaftsgeschehens aufgeschmissen sind. **So hat sich am Markt gezeigt, daß Produzieren, ohne daß es auf Nachfrage beim Konsumenten stößt, sinnlos ist.** In der gesellschaftlichen Kommunikation, die über Kunst läuft, ist Kunst eine spezifische Technik der Wahrnehmung, der Problematisierung und der Unterscheidungsmöglichkeit, die so raffiniert ist, daß sie alle anderen Gebiete übertrifft. Ich führe immer Beispiele aus der Monochromie an, wo monochrome Maler noch eine Differenzierungsmöglichkeit im monochromen Material gefunden haben, die in ihrer Feinheit und Raffinesse bestenfalls von theologischen Erörterungen übertroffen werden kann und gerade deswegen von großer Bedeutung ist in bezug auf eine Unterscheidungsmöglichkeit des Unterschiedslosen. Diese Formen des Lehrens und Lernens als Aufführungskünste bzw. des action teaching haben sich im wesentlichen verstanden als Ermöglichungen der Entwicklung innerhalb der Kunst selbst. Ich ging damals so weit zu sagen, daß die entscheidende Herausforderung für die Künstler das Publikum gewesen ist, und das würde ich auch heute noch sagen. **Je professioneller, je unterscheidungsfähiger, je wahrnehmungsfähiger, je problematisierungsfähiger das Publikum war, desto höhere Anforderungen wurden an den Künstler gestellt, und diese Nachfrage am Markt hat die Kunst viel mehr stimuliert als das eigendynamische Ausdrucksverhalten der Künstler selbst.** Wenn ich die verschiedenen Stationen der Entwicklung dieses Gedankens also betrachte: wie läuft die gleichwertige Professionalisierung des Publikums, und wie läuft die Professionalisierung der Künstler über Kunstakademien und das Lehren von Berufsausbildung etc. – und Partnerschaft zwischen Produktion und Rezeption herstellen will, dann waren wichtige Stationen Straßentheater-Ereignisse. Hier können Sie sehen, daß die studentische Politik der 60er Jahre darin bestand, als Rezipienten die Form der Kunst anzuwenden, die vorher im Happening, in der Pop Art und in Aktionsstücken entwickelt worden war. Die Studenten übernahmen das dann, um es politisch und sozial zu demonstrieren. Außer den Straßen-Aktionsstücken waren auch die Besucherschulen besonders wichtig. Besucherschule ist ja ein merkwürdiger Zwitter, es scheint eindeutig die Autorität des Lehrers gegenüber dem Schüler zu meinen, aber im Grunde genommen ist es in der Praxis genau umgekehrt. Das Entscheidende sind nämlich die anwesenden Besucher der Ausstellung, aber nur, wenn sie in die Lage versetzt werden, gegenüber dem, was sie da sehen, eine Forderung, ein Thema, eine Sichtweise und Urteilsformen zu entwickeln. **Die bedeutendste Ausformung des Besucherschulen-Gedankens war übrigens, daß ich den Leuten vorführte, was die Ausstellung nicht zeigen konnte.** Das hat aber natürlich kein einziger Kritiker verstanden, niemand hat das verstanden, und niemand hat sich jemals darauf bezogen. Ich hatte an der 1972er DOCUMENTA eine entscheidende Rolle bei der Formulierung des Gesamtkonzeptes: Wirklichkeitsanspruch der Bilder, Titelbilder des SPIEGEL und Irrenmalerei, Konsum und Kunst etc. Ich wollte damals Szeemann und Ammann und Iden und Dr. Braun, den Leiter des Theaterverlags der Autoren und des Filmverlags, davon überzeugen, daß das Publikum nur in der Lage wäre, unsere Auswahl als Leistung zu erkennen, wenn wir auch das zeigen würden, was nicht ausgewählt wurde. Seither habe ich bei jeder DOCUMENTA die Forderung erhoben, daß zumindest als Katalog oder in einer Besucherschule das präsentiert werden musse, was nicht ausgewählt wurde, weil sonst die Auswahl dessen, was man zeigt, blind bleibt. Wenn man nicht weiß, aufgrund welcher Möglichkeiten des Auswählens hier Entscheidungen getroffen wurden, bleibt die Entscheidung, dies zu zeigen, jenes aber nicht, völlig sinnlos. Da war der Gedanke der Parallelität von Rezeption und künstlerischem Angebot auf die Spitze getrieben, indem man das thematisierte, was gerade nicht gezeigt werden sollte. Das liegt daran, daß man immer eine Ausstellung des Ausgewählten zeigt. Wenn das Publikum ins Recht gesetzt wird, gleichwertig zu sein, dann muß es aber auch die Urteile nachvollziehen können, dann muß es wissen, was nicht ausgewählt wurde, um das Ausgewählte bzw. um die Leistung eines Ausstellungsmachers überhaupt sinnvoll beurteilen zu können. Inzwischen wäre es ja ein leichtes, dieses Modell wenigstens als Katalog zu realisieren, weil die Ausstellungsmacher sowieso den Gesamtbestand dessen, was sie betrachten, auf Fotos oder Dias speichern müssen. Insofern könnten sie das komplette Material auf geeignete Datenträger übertragen, und jeder könnte auf einer Ausstellung sofort gezeigt bekommen, was der Hintergrund für diese Präsentation ist, nämlich der Bestand dessen, was nicht für ausstellungswürdig oder ausstellbar angesehen worden ist. Erst dann kann ich die Auswahl verstehen. Es ist mir klar, daß Ausstellungsmacher und Künstler ihre Autorität wahren wollen, indem sie es unmöglich machen, ihrem Urteil beizukommen. Das ist aber ein Bärendienst nicht nur am Publikum, sondern auch an der Kunst. Wenn man einerseits darauf angewiesen ist, ein verständiges, gebildetes und thematisch auf die Feinheiten des Unterscheidens ausgerichtetes Publikum zu haben, kann man es auf der anderen Seite nicht für dumm verkaufen wollen, indem man sagt, das Publikum braucht die Geheimnisse der Entscheidungsfindung nicht zu wissen.

Es kommen dann in diesem Zusammenhang noch diejenigen Aktionsstücke infrage, in denen ich sozusagen einen Zeitgenossen generalisierte und ihn wechselweise in die Position des produzierenden Künstlers bzw. des rezipierenden Publikums brachte. Also die *Rhetorische Oper* oder das Fundamentalistendebattenstück *Wir wollen Gott und damit basta!* und *Unterhaltungsprogramm für die Hölle*, diese Tetralogie, die ich gemacht habe, und in dem die Hauptfigur zwar durch mich gespielt, aber aus zeitgenössischem Material zusammengebracht wurde. Von Peymann bis Strauß, von Syberberg bis Kiefer, von Barschel bis Lafontaine, von Engholm bis Schmidt etc. wurden Positionen gegeneinandergeschnitten, so daß die Figuren sich selbst immer wechselseitig selbst demonstrierten in der Wahrnehmung ihrer Zeitgenossenschaft. Also das Wechselspiel von: Ich gucke etwas an, ich betrachte etwas, lerne etwas, verstehe etwas und werde dadurch aussagefähig, mitteilungsfähig, behauptungsfähig und komme so anderen gegenüber, die mir gegenüber Aneignungsaktivitäten betreiben, in die Rolle eines Aussagenurhebers. Die Kette dessen auszubilden, was man Kommunikation nennt, war in den Figuren dieser Tetralogie *Unterhaltungsprogramm für die Hölle* sehr wichtig. Ich wechselte dabei immer aus den verschiedenen Positionen der Produktion wie z.B. Künstler, Unternehmer, Politiker, in die verschiedensten Rollen des Publikums. Den meisten Leuten ist es ja gar nicht klar, daß Publikum zu sein keine einheitliche Rolle ist, sondern daß es in den Verhaltensweisen des Publikums genauso rollenspezifische Unterscheidungen gibt, wie bei den produktiven Aussagen der Urheber. Es ist doch ein Unterschied für das, was ich da vortrage, ob ich es als Künstler, Politiker oder Unternehmer mache.

Theewen: Das Band nähert sich langsam dem Ende. Darf ich Sie noch um einen Schlußsatz bitten?

Die entscheidende Frage ist, ob durch neue Techniken, Computer, Medien das Verhältnis von Produktion und Rezeption verändert wird. Wird es grundlegend verändert, und ist durch die Interaktivität jeder sein eigener Autor geworden, sein eigener Produzent geworden, und ist diese wechselseitige Position von Produktion und Rezeption in der Einheit von Produktion und Rezeption in den neuen Medien verstärkt oder abgeschwächt? Es wird behauptet, daß sie verstärkt wird. Wenn man diese Behauptung annimmt, kommt zwangsläufig die Frage, was das dann bedeutet. Dann muß das Publikum nämlich reprofessionalisiert werden, damit es selbst auf seinem PC interaktiv mit anderen werden kann, dann muß es die Aufbereitung von Bild- und Textmaterial, Satz, Lay-out etc. beherrschen, sonst kann man nämlich gar nicht mitkommunizieren, es sei denn in einer banalen Form „Hier bin ich, wie geht es Dir?" Wenn die Behauptung also stimmt, dann wird die Professionalisierung des Publikums umso notwendiger. Wir sehen ja die erhöhte Professionalisierung bei allen, die diese Medien benutzen, seien es Naturwissenschaftler, die heute übrigens die besten Kunsthistoriker sind, und bei Biologen, Enzymatikern, Biochemikern und Neurologen, die heute die besten Kulturwissenschaftler sind. Durch ihre Art von Produktivwerden am Bildschirm mit zeichengebenden Verfahren sind sie gezwungen, sich über das, was sie produzieren, genau zu informieren, und darüberhinaus, inwieweit sie als Produzenten überhaupt Aussagenurheberschaft für sich in Anspruch nehmen können. Herr Theewen, warum so schweigsam? Wir wollten uns doch unterhalten.

Ich wollte Ihre Privatvorlesung nicht unterbrechen. Jetzt weiß ich aber endlich, was action teaching ist. Herzlichen Dank.

Mihilismus für Ich-Schwache

4 Animierte Animatoren

Ende der 50er Jahre sah ich mich wie viele andere Kulturaktivisten gezwungen, eine Berufsbezeichnung zu etablieren, mit der von vornherein klargestellt würde, daß wir uns deutlich von den angestammten Künstlern als Tiefsinnhubern und Schöpfungsprätendenten durch Anmaßung der Nachfolge Gottes unterschieden. Bestenfalls konnte man sich als Kleinstterritorialgott, also als *Dämon*, einrichten.
Eine Götterbande, ein Familienclan der Dämonen, konnte wenigstens nicht als Weltenschöpfer auftreten. Sich ihnen anzugleichen, hieß **Künstler ohne Werk** zu sein. Als solcher bezeichnete ich mich denn auch in der Publikation D.A.S.E.R.S.C.H.R.E.C.K.E.N.A.M.E.S. von 1960. Aber die damit verbundenen Erwartungen des Publikums auf demonstrierte Fähigkeit als Lebenskünstler konnte ich nicht erfüllen.
Für die Eröffnung der Dumont-Galerie in der Breite Straße zu Köln 1959 wies ich mich dem Publikum gegenüber auf Visitenkarten, damals noch Angehörigen höherer Stände vorbehalten, als *Beweger* (lat. *Animator*) aus: *always fishing for complications*.

Emmett Williams, seinerzeit Redakteur bei *Stars and Stripes* in Darmstadt, substantivierte den antiaristotelischen bewegten Beweger (Automobilisten) mit der englischen Bezeichnung *Mover*, was im Alltagssprachgebrauch *Umzugsspediteur* bedeutet. Demzufolge bot ich in Frankfurt-Bockenheim einen Kulturservice an, der seiner Klientel den Umzug aus konventionell gewordenen Lebenssituationen verhieß: „Komme nach Absprache in Ihre Häuser und Familien, um Ihnen zu helfen, sich mit allen rechtlichen Konsequenzen aus der Übermacht der Gewohnheiten zu befreien."

Dabei wurde Umzugshilfe zur Kraft der Entrümpelung mit dem wohlweislich verschwiegenen Hintersinn, in den zu entrümpelnden Dachböden Material für erfolgreiche Kultur-Archäologie zu finden (mich hatte während des Studiums der Hölderlin-Herausgeber Beißner mit seiner Schilderung beeindruckt, wie er auf Dachböden einen bisher unbekannten Hölderlin-Text gefunden hatte – ein früher Vorläufer Michael Thompsons und dessen Diktums „alle Kultur kommt aus dem vermüllten Gerümpel").

Soweit meine Klienten sich aber ihrer Besitztümer bewußt waren, trainierte ich sie in der damals noch nicht geläufigen Bereitschaft zum „Loslassen". Ich veranstaltete z.B. auf dem Hinterhofparkplatz des Hotel Kempinski in Berlin *gymnastische Übungen gegen das Habenwollen* in der Ausbildung von Wegwerfbewegungen (in unvergeßlichen Schilderungen der Essayistin Marie Louise Scherer, der Helmuth Karasek in seinem Chef d'oeuvre *Das Magazin* ein Denkmal setzte). Das zielte bereits auf das kulturkritische Gemaule über den Konsumerismus der Überflußgesellschaft und ihre Probleme der Abfallbeseitigung. Peinlich berührt von frühen Öko-Hygienikern stellte ich die Deklaration der Wegwerfbewegung ein und propagierte stattdessen **die Wertschätzungspflicht der Konsumenten für ihre heroische Anstrengung, die mit Massengütern vollgestellte Welt zu entleeren.**

Damit initiierte ich eine Rolle als Professionalisierer der Verbraucher und Rezipienten über das hinaus, was der famose USA-Anwalt Nader vorgab: Er vertrat die Interessen der Produktnutzer gegenüber den Produzenten mit der schließlich durchgesetzten Haftung der Hersteller für ihre Produkte.

Ich bestand auf **Haftung der Nutzer für ihre Umgangsformen mit den Produkten;** dafür mußten die Rezipienten eben hinreichend professionelle Hantierungen lernen. Seit 1968 betrieb ich die Rezipientenprofessionalisierung in den Besucherschulen für die Documenta und andere Kulturveranstalter. Meine Rolle wies ich als *Beispielgeber/Exemplificateur* aus, d.h. als jemand, der anderen Kunstrezipienten zeigt, wie er die Zumutungen in der Konfrontation mit Kunstwerken bewältigt.

Unter dem Eindruck der antiautoritären Pädagogen, also der Jugendführer unter den 68-ern, klang aber *Beispielgeben* zu sehr nach *Vorbild*, und *Vorbild* wiederum nach *Normativität*.
Seit Oktober '65 lehrte ich an der Hamburger Kunsthochschule das Fach *Nichtnormative Ästhetik*. Also mußte ich den Ruch angemaßter Vorbildlichkeit loswerden. Anderseits war *Nichtnormative Ästhetik* in der Sache paradoxal, denn es galt in Rechnung zu stellen, daß unsere Wahrnehmungen der Außenwelt immer schon, von Natur und Kultur aus, kategorial geprägt sind. Deswegen kam es darauf an, die Wahrnehmung des Neuen, etwa von den Künstlern hervorgebrachten, über die Kenntnis unserer Prägung zu vermitteln. **Man sieht nur, was man weiß, und wissen kann man nur, was für alle gilt –** also die Abhängigkeit von den vorgegebenen Kategorien der Sinnlichkeit, der Anschauung und der Begriffsbildung.
Das Neue mußte also als etwas kategorial nicht Bestimmtes gefaßt werden, dessen man sich nur in der *Vermittlung* an das Alte, Vertraute, Konventionelle versichern konnte. Also wurde *Vermittlung* zur generellen Kennzeichnung jenes Beispielgebens: Man exemplifizierte Selbstbezug als Rückgriff auf das, was die Wahrnehmung aller, die sich als Ich ansprechen, gleichermaßen bedingt. So wurde aus der *Vermittlung* die Rollenkennzeichnung *Vermittler* für Kulturaktivisten, für Lehrer, Trainer, Therapeuten – mit mehr oder weniger deutlicher Einbeziehung der alten Mittlerrollen von Priestern, Rechtsanwälten, Ärzten, Heiratsvermittlern, Handelsvertretern, Diplomaten und Ombudsmännern. Zeitgemäß hieß das *Kontakter* oder *Mediator*. Vornehmlich in Skandinavien und Nordamerika etablierte sich die Berufsrolle des Mediators in vorgerichtlichen Auseinandersetzungen als *Schiedsleute* und *Friedensrichter*. Bei uns machten Kulturaktive generell als *Kulturvermittler* in allen Bereichen Karriere, bis hin zu Kultur-Consultern, Lifestyle-Beratern, Trendscouts, Talkmastern und Moderatoren. In fachlicher Hinsicht hatten die Kulturvermittler *Generalisten* zu sein, mit hoher Anforderung an ihr Reflexivitätspotential, das Lernen zu lehren, das Zeigen zu demonstrieren und das Exponieren auszustellen. Harald Szeemann nannte diese Tätigkeit *Geistige Gastarbeit* von *Freelancern*, nach dem Motto des Schlitzohrs Genschman, der auf die Frage seines Fahrers: „wohin geht's, Chef?" bekanntlich antwortete: „egal wohin, ich werde überall gebraucht."
Also sahen sich Politiker wie Helmut Kohl als **Generalisten** – gleichermaßen die *Anchormen* der TV-Nachrichtensendungen und die Designer, die sich jeder Aufgabe gewachsen zeigen mußten: vom Besteckentwurf bis zur Stadtplanung, von der Lifestyle-Ausprägung bis zur Wellness-Verordnung.

Empedokles revidiert – sterblicher Philosoph beschämt den Ätna, indem er seine Schuhe anstatt sich selbst in den Krater stürzt, Reißeck 1984

Bazons anschaulicher Versuch, sich einen **Begriff von Besitz** zu machen. Experimenta, Frankfurt am Main 1966

Ihre höchste Ausprägung erreichten sie als Spezialisten für's Allgemeine im *großen Kommunikator* vom Typ Ronald Reagan und als Autoren jener Beraterliteratur, deren Verfasser vorgaben, etwa zu wissen, wie man reich wird, um selbst mit dem Absatz ihrer Bücher genau dieses Ziel zu erreichen.

Wie Kohl die Rollenkennzeichnung *Generalist* übernahm, so wies sich Kohls Vorgänger Helmut Schmidt als *Macher* aus – ein Tätigkeitsbegriff als Rollenname, den Dutzende von Lieder-Machern, Filme-Machern und Kunst-Machern, stolz auf ihre Zeitgemäßheit, in den Briefkopf schrieben.

„Na, dann macht mal schön!", rief Gustav Heinemann ihnen und anderen Machern zu.

Machen heißt auf englisch *doing*, und damit sah ich auch mich als gemachter Mann, denn auf besagter Visitenkarte von 1959 hieß es bereits *always doing things for you*.

Doing things führt dazu, daß etwas geschieht; das Veranlassen des Geschehens von etwas erfüllte sich im *Happening*.

Meine Version, ein Happenist zu sein, hieß ebenfalls seit '59 sich als *Gelegenheitsmacher* zu betätigen. Damit schloß sich das Happening an die alte Gattung des Gelegenheitsgedichts Goethescher Provenienz an.

Die Pop-Art-*Bewegung* (!), ihrerseits ganz dem Selbstlauf der Systeme verpflichtet, zeigte aber, daß man sich um die Gelegenheiten gar nicht zu bemühen hatte: Es passierte von ganz allein fortwährend etwas, jederzeit an jedem Ort *(Let it be)*. Das hieß wahrhaft *to be popular*: sich gemein machen mit dem, was ohnehin in jedem Alltag vor sich geht. Man mußte es nur, vermittelt auf die alten Kunstpraktiken des Theaters, der Oper, der Malerei und Literatur, wahrnehmen, um zu sehen: wir alle spielen außerhalb des Theaters Theater; wir alle sind, auch ohne Künstler zu sein, kreativ; wir alle haben auch als Durchschnittstypen eine Biographie etc.

Ich machte mich derart gemein, indem ich das beliebige Passantentreiben auf dem Ku'damm als Theateraufführung betrachten ließ (aus roten Kinosesseln) oder an Häuserwänden Gedenkplaketten anbrachte, auf denen jedermann als Lieschen Müller seine Kulturtaten wie Zähneputzen, Telefonieren oder Kinder anziehen verewigt sah. Umgekehrt hielt ich Anwohner von Straßen, die ihren Namen Ausnahmepersönlichkeiten wie Dichtern, Feldherrn, Staatsgründern verdankten, dazu an, die Rollen dieser Heroen im Alltag zu übernehmen und andere Rollenauszeichnungen, wie sie die Werbung vorgab, umstandslos für sich einzufordern („die Schönheit des Häßlichen").

Ich propagierte also Pop-art als *Agit-Pop* – und verwies auf Vorgänger des Jahrhunderts, die sich in der Pop-art der 20er Jahre, dem Proletkult als *Agit-Prop*, als Agiteure der Lebensreformpropaganda bewährt hatten (mit *Agit-Pop* firmierte ich am häufigsten auf den Dokumenten damaliger Veranstaltungen). Die Vorgehensweise im *Agit-Pop* schrieb ich als *Strategie der totalen Affirmation* aus, d.h. *Widerstand durch 150%ige Zustimmung* statt durch Negation (dafür standen historisch Schwejk und Eulenspiegel, Nietzsche und Jarry; wichtiger als meine Initiativen waren selbstverständlich die Resultate der Affirmationsstrategie von *Dienst nach Vorschrift* streikender Fluglotsen oder die vom Stern iniitierte Selbstanzeigekampagne „Wir haben abgetrieben!").

Meister der Strategie totaler Affirmation war unbestreitbar Andy Warhol. Wer die Revolution des Ja-Sagens, also *negative Affirmation*, betrieb, wurde zum *neg-aff*, zum Neck-Affen. Als solcher diente ich mich dem Frankfurter Zoodirektor Grzimek für die Präsentation im Käfig an: wenn Anthropologie und Verhaltensforschung des Oberganters Lorenz und die Biologen der Erkenntnis ernstgenommen werden sollten, ließ sich das nur durch Einweisung des Menschen in den Zoo populär demonstrieren – am besten mit kleinem roten Schildchen: „gefährdete Art".

Schließlich und endlich versuchte ich auch die Rolle des kleinen Steuermanns – der große war mit Maos Verwüstungen in der Kulturrevolution endgültig zu Grabe getragen worden, wie alle seine historischen Kollegen, die Führer, Duces, Kondukatoren, Eisernen Kanzler oder Stählernen Hausherren.

Kleine Steuermänner in der Nachfolge des Vergilschen Palinurus sind rege tätig als Navigatoren im Netzwerk, als Berater von Entscheidern, als Wissensmanager oder Sozialarbeiter. Aber die sechsstündige Selbsterprobung im Theoriegelände des Steuerungswissens, die ich mir im Januar '97 im Frankfurter *Portikus* abverlangte, ergab nichts Eindeutiges. Um Palinurus zu würdigen, hätte ich über Bord gehen müssen, wenigstens in der zeitgemäßen Form des *Aussteigers*. Dazu sehe ich mich aber nicht bereit, wahrscheinlich geschützt durch frühkindliche Orientierung auf Anerkennung in der republikanischen Verpflichtung aufs Allgemeine, d.h. der Sorge um andere, wie sie für Erstgeborene einer Geschwisterreihe und in der Horde der Dorfkinder naheliegt. Vergil bietet fünf Motive an, durch die sich das Verschwinden des Palinurus aus dem Staatengründungsunternehmen des Äneas verstehen läßt:

- die Erkenntnis des Selbstlaufs der Systeme, früher Schicksal genannt („die Welt läuft gut, wie sie läuft");
- die Einsicht in die Beschränktheit des eigenen Steuerungswissens (lokale, individuelle Intelligenz < globale, kollektive Intelligenz);
- die Unwilligkeit, einem Unternehmen zu dienen, das nur den brutalen Machtwillen der Herrscher befriedigen soll (Geißler verläßt Kohl);
- die Scham über die Bereitschaft der Gefährten, sich in kindlicher Gläubigkeit einem bloßen Versprechen auf Erfüllung der Wünsche zu unterwerfen (wie die heutigen Kunstgläubigen);
- die Angst, dem eigenen Anspruch nicht mehr gewachsen zu sein (burn-out-Syndrom).

Aber, wie gesagt, ich ging nicht und gehe nicht über Bord, steige nicht aus. Rechtzeitig vor der Midlifecrisis, also seit Anfang der 80er Jahre, vermittelte ich für mich die beiden Pole *schneller Wechsel der Aktivistenrollen* und *Verlockungen des Aussteigens* im Handlungstypus des *Unterlassens*. Pausenlos agieren und Nichtstun synthetisierte ich zum *Nichttun*, einer *Ästhetik des Unterlassens*. Damit zielte ich auch auf Vermittlung zwischen Normativität von Gebotstafeln und pluralistischer Beliebigkeit im Komparativ *legal-egal-scheißegal*. Dabei fiel mir auf, daß alle tatsächlich akzeptablen Handlungsanleitungen, wie etwa die christlichen Zehn Gebote, vorwiegend Aufforderungen zum Unterlassen sind: *du sollst nicht*.

Wenn jenseits von Dogmatiken nicht zu begründen ist, was das Wahre, Gute und Schöne sei, bleibt nur vertretbar, dem Wissen zu entsprechen, was falsch, schlecht und häßlich ist.

Diesem Anspruch können wir uns gewachsen zeigen: Es gibt nichts Gutes, außer man tut es (E. Kästner); das Gute, soviel steht fest, ist stets das Böse, das man läßt (W. Busch); nur das als solches erkannte Falsche ist noch tatsächlich wahr (Quintessenz der Kritischen Theorie); was aber die Schönheit sei, das weiß ich nicht (A. Dürer) – ich versuche nur, der Häßlichkeit zu entgehen.

Ich scheue mich nicht, zwei Großversuche, dem Gebot des Unterlassens zu entsprechen, als tragisch zu kennzeichen. Zum einen die Entwicklung der Partei die *Grünen/Bündnis 90*, die die selbstgerechte Frage der etablierten Formationen: „Und wo, bitteschön, bleibt in Ihrem Programm das Positive?" lange Zeit intelligent beantwortete: „Wir können nur alles daran setzen zu *verhindern*, daß sich die absehbaren ökologischen, atomaren, sozialen, ethnischen, kulturellen Probleme zu unabsehbaren ausweiten" (und dann sind sie doch mit NATO-Macht ins Unabsehbare gedriftet).

Zum anderen: Es ist kaum zu überschätzen, was wir den großen Unterhaltungsanimatoren vom Schlage Kulenkampffs, Rosenthals, Lembkes verdanken: Sie hielten die Deutschen im Sessel vor der Glotze und hinderten sie so daran, Dummdreistigkeiten der Welterlösung zu propagieren und zu realisieren.

Auch die Touristikanimatoren boten mit Sport, Spiel und Hoppsassa genügend Attraktivität, um ihre Klientel daran zu hindern, das Durchleiden von Ereignislosigkeit und Langeweile, sowie die Erfahrung eigener Phantasie- und Gedankenarmut durch Aggressivität kompensieren zu müssen. Gerade durch ihren Erfolg werden die Animatoren gezwungen, die Attraktion ihrer Freizeitangebote inzwischen derart zu steigern, daß die Aktionsformen von Urlaubern kaum noch von denen kämpfender Soldaten, Lagerinsassen oder Bewohnern psychiatrischer Anstalten zu unterscheiden sind.

Da empfiehlt es sich, die in den letzten vierzig Jahren durchgeprobten Rollen der Kulturaktivisten doch wieder aufzugeben zugunsten der guten alten Berufsbezeichnung *Künstler* – allerdings ohne Einschränkung auf die Aktionsformen Malen, Musizieren oder Dichten.

Künstlersein definiert sich nicht mehr aus der Werkproduktion, sondern aus der Begründung eines Geltungsanspruchs.

Unabhängig davon, ob einer fiedelt, pinselt, kritzelt, rechnet, Substanzen schüttelt oder Weltbilder bastelt, ist Künstler, wer die Aufmerksamkeit erregt, ohne Mißachtung bestrafen oder Hinwendung belohnen zu können; ohne mit der Autorität des Erfolgreichen (Einschaltquoten, Abverkäufe, Wählerstimmen, Besucherzahlen) oder mit zünftiger Anerkennung durch Diplomierung oder Approbation aufzuwarten.

Und ist es nicht staunenswert, daß wir mit großem Interesse Einzelnen zuhören, hinter denen nichts steht als die Überzeugungskraft ihres Beispiels?

Mihilismus für Ich-Schwache

5 Animation

Europäischer Aberglaube nimmt an, Naturvölker seien so naiv, Steine, Hölzer und anderes banales Material für beseelt zu halten (*Anima* = lat. Seele; animistisch = beseelt). Wer sich ein solches Objekt auf den Leib holt, wolle sich in die Verfügungsgewalt der guten Geister gegen die bösen begeben. Diese europäische Naivität spiegelt sich auch in der Auffassung, böse Geister, ja der Teufel, könnten von einem Menschen Besitz nehmen.
Seit der Renaissance bemühen sich Künstler, die gestalterischen Verlebendiger toten Steins und stumpfer Erde, um Aufklärung des Aberglaubens. Pisanello führte die Berufsbezeichnung *Zoographos* für Künstler ein. Der Anspruch, Leben zu schaffen wie der christliche Schöpfergott oder Leben zu gebären wie die Mütter, war nicht so skandalträchtig gemeint, wie er verstanden wurde. Pisanello entdeckte, daß durch die gestalteten Werke die Betrachter, die Zuschauer, die Zuhörer, die Leser beseelt werden, nämlich enthusiasmiert oder erschreckt, triumphal gestärkt oder von bösen Gedanken gepeinigt. Also: Der Künstler beseelt denjenigen, der mit Kunstwerken, gestalteten Objekten, Texten, Musiken umgeht. Und diese Auffassung ist ja kein Sakrileg, sondern das Gegenteil der primitiven Annahme, die beseelende Kraft stecke in den toten Objekten selber.
So wie sich das Souvenir nicht selber erinnert, sondern Erinnerung anregt, bringen Amulette und Talismane nicht Teufel oder Tugend auf den Leib, sondern animieren den Träger.
Animation ist heute Mittelpunkt jeder Vermittlung zwischen Menschen, die über Objekte (inkl. sprachlicher Vergegenständlichung) läuft: als filmische Animation und als kulturtouristische Animation. Bazon Brock führte 1959 die Berufsbezeichnung *Animateur/animator/Animator* in die Kulturberufe ein.

Mihilismus für Ich-Schwache

6 | Tätertypen der Postmoderne.

Trainer – Therapeuten – Moderatoren

als zeitgenössische Intellektuelle

Als ich 1959 die Position eines Ersten Dramaturgen im Stadttheater Luzern übernahm, schenkte mir Frau Huss einen kleinen Band im Format und in der Ausstattung der Inselbücher, der allerdings 1940 im Vita Nova Verlag Luzern herausgekommen war: José Bergamin *EWIGES SPANIEN – Don Tancredo – Don Quijote* mit einem Vorwort von Paul L. Landsberg. Frau Huss merkte an, ich solle mal darüber nachdenken, welche Rolle dieser Verlag in den 30er Jahren für die exilierten Intellektuellen gespielt habe und was uns gegenwärtig jucke, als Intellektuelle überhaupt noch eine Rolle spielen zu wollen. Mit dem nachfolgenden Text aus dem Jahre 1992, drei Jahre nach ihrem Tod, versuche ich die damalige Frage meiner Freundin mit Verweis auf José Bergamin zu beantworten.

Wenn Repräsentanten eines Modernismus kritisch/ironisch, aber ganz und gar redlich, dargestellt und analysiert werden, fällt den Kritikern – also auch mir – als Bezugsgröße die **Gründergestalt aller modernen Täter** ein, von der man nicht weiß, ob sie als Karikatur aus radikalem Zweifel oder als Witzgestalt bodenloser Anmaßung konzipiert wurde: **Don Quijote,** der arme Ritter, der Heilssucher und Weltenretter, der Intellektuelle und die komische Figur, der tatendürstende Unternehmer und ewige Nomade, der sonderbare Bildungszögling und die verirrte Seele. Denn gegen alle verbreiteten Selbststilisierungen der Modernitätsgenossen, sie seien bloß nüchterne Kalkulatoren ihres privaten Glücks, die alle religiösen Bindungen und ideologischen Bekenntnisse weit hinter sich gelassen hätten (im finsteren Mittelalter sozusagen), kennzeichnen die Tätertypen unserer Moderne eben jene Züge, die Don Quijote am Ende des 16. Jahrhunderts von Cervantes verliehen bekam, und die zur gleichen Zeit auch Shakespeare einer ganzen Reihe seiner großen Charaktere mitgab.

Wie diese sind auch die Erfinder, Techniker, Welteroberer, Machtspieler unseres angeblich so rationalen Jahrhunderts Heilssucher und Weltenretter, zweifelhafte Figuren mit unwahrscheinlichen Macken und phantastischen Visionen; sie sind als Künstler und Künder wie damals Kämpfer gegen die

Windmühlen des Fundamentalismus in allen Sphären des Alltagslebens, denen die abendnahe Bequemlichkeit nur von Geistersehern zurückerobert werden kann (Mickimaus, Mainzelmännchen, Meister Propper, der Gilb).

Am Anfang der Neuzeit, als das neue Denken, Planen, Kalkulieren und Kultivieren sich von Italien über den Kontinent verbreitete und vor 500 Jahren den dramatischen Sprung in die Neue Welt der beiden Amerika wagte, entstand in Don Quijote eine Leitfigur des modernen Menschen, die alles menschliche Handeln von seinen Extremen aus beurteilte: **Triumph und Niederlage, Gut und Böse, Größe und Lächerlichkeit, hoher Mut und tierischer Stumpfsinn.** Diese Relativierung des Urteils ging verloren, als im Laufe des 19. Jahrhunderts in Folge fortschreitender Indienstnahme von *Geist* durch die Industrie der Gewinn der einen (Unternehmer Don Quijote) zum Verlust der anderen (Proletarier Sancho Pansa) wurde. Die Knechte ohne Herren, die Sanchos ohne Don Quijote, formierten sich zu neuen Tätertypen, die nur noch das Scheitern, den Verlust, die Entsagung berufsmäßig auslebten: Journalisten, Parlamentarier, Intellektuelle und *l'art pour l'art*-Künstler. Während der ersten Industrialisierung wurde die Dialektik von Herrschaft und Knechtschaft, von Gut und Böse, von Gewinn und Verlust durch die Rhetorik des Fortschritts ersetzt, die im pathetischen *j'accuse* die Abspaltung des Gedankens von der Tat, des Plans von der Ausführung und des Ideals von der Wirklichkeit beklagte; im Grunde hatte damals jede parlamentarische Debatte nur dieses eine Thema.

Auch Literaten, Musiker und Künstler suchten nach einer zeitgemäßen Reformierung von Cervantes' kulturgeschichtlichem Zwilling. Aber weder Faust und Mephisto, noch Wotan und Siegfried, oder Vincent und Theo waren geeignet, die neue Situation symbolisch zu repräsentieren. Das gelang vielmehr einer bisher leider viel zu wenig gewürdigten **Wiedergeburt Don Quijotes,** die um die Jahrhundertwende den neuen Tätertyp präzise und erbarmungslos vorführte: **Don Tancredo.** Dieser Verehrer von Cervantes und Deuter des spanischen Stierkampfes als Mysterienspiel der Intellektuellen, stellte sich am 1. Januar 1901 als heroische Statue auf einen schön gestalteten Sockel inmitten einer Madrider Stierkampfarena. Dieses lebende Kultbild im Zentrum eines Massenspektakels sollte den Kampf zwischen Macht und Geist, Natur und Kultur in „radikaler Modernität" versinnbildlichen unter der Annahme, daß zwischen dem normalen Stierkampf und seiner Simulation, zwischen symbolhafter Repräsentanz und realem Verlauf kein Unterschied mehr bestünde. **Don Tancredo** unternahm den vielleicht begeisternden aber kindlichen Versuch, „den Stier nicht hei den Hörnern zu packen", sondern ihn zu hypnotisieren, zu lähmen, ja wegzuzaubern. Er **vertraute auf die symbolische Größe als kulturelles Leitbild; er vertraute der Geisteskraft und ihrem spielerischen Ausdruck, nicht dem Degen, nicht der tödlichen Waffe.** Warum verfielen alle Intellektuellen Europas in den vergangenen 100 Jahren diesem Typus des Tancredismus? Waren sie unfähig oder zu feige, selber nach den Regeln Pepe Illos den blutigen Kampf um die Macht aufzunehmen? Hat man sie mit ihrer leibarmen, leptosomen und sklerotischen Gestalt des Fragezeichens gar nicht erst als Toreros zugelassen? Haben sie ihr Bodybuilding nach falschem Vorbild betrieben, dem des Don Quijote? Oder ahmten sie nur jenen Don Tancredo Lopes nach, der glaubte, durch Nichtstun mit lässig gekreuzten Armen den höchsten Genuß der Anerkennung erreichen zu können: wie die Aristokraten, die im anstrengungslosen Dahinleben die Erfüllung ihrer sozialen Pflichten sahen? Waren die Intellektuellen nur kleinbürgerliche Gauner, die hofften, durch Imitationen der wirklichen Herren selber zu Herren werden zu können? Wie ging die Sache aus? Der Stier stieß Don Tancredo natürlich bedenkenlos in den Staub; der Tod läßt sich nicht durch eherne Denkmäler der Kultur von seinem Wirken abhalten. Die Suggestion der Kunst wirkt nur auf die Künstler selber.

Die Intellektuellen als Künstler und Wissenschaftler sind Selbsthypnotiseure von manischem Geist im Glauben an ihre eigenen magischen Kräfte, sagt Peter Sloterdijk.

Aber sie haben gegenüber den psychischen Gurukratoren einige wichtige Eigenschaften – die Eigenschaften Don Tancredos fügen wir hinzu.
Sie scheuen die Lächerlichkeit nicht im Scheitern ihrer Autohypnose, ja, sie legen es wie Don Tancredo darauf an, das Scheitern als Beweis ihres großen Anspruchs herauszufordern. Sie genießen als (zynische) Beobachter ihrer tragikomischen Vorführungen das Pfeifkonzert der Zuschauer; diese **Ablehnung ist ihnen der Beweis für die Ahnungslosigkeit der Massen gegenüber dem Schicksal, dem Geist und den großen Gedanken.**

Der tancredische Intellektuelle führt alle Beweise ex negativo; im triumphalen Scheitern rettet er die Größe seiner Konzepte und Ideale vor der Konfrontation mit der Wirklichkeit. So rechtfertigt er gerade jetzt wieder im realen Scheitern des Ostblocks die Reinheit und Unwiderlegbarkeit des Sozialismus. Die Intellektuellen behaupten in dieser Rechtfertigung ihre Position, weil sie wissen, daß das Scheitern des Ostblocks auch den Ruin der westlichen Welt nach sich ziehen wird. Das Faszinierende an der intellektuellen Selbsthypnose sehen sie in der Tatsache, daß das konkrete Leben auf alle Ewigkeit jämmerlich genug bleiben wird, um das Bedürfnis nach prophetischen Botschaften zu wecken.

Also: **Die Intellektuellen erhielten ihre dubiose Rolle, indem sie das Scheitern als Beweis für die Großartigkeit philosophischer, künstlerischer und gesellschaftlicher Utopien begründeten. Dagegen anerkennen die Tätertypen der realen Macht, die Garanten des normalen Lebens, nur das Gelingen als Beweis für die Richtigkeit ihres Tuns.**

Wie aber kommt es dann zu der Verschwisterung von Herrschern und Intellektuellen, von realer Macht und intellektueller Spekulation, von König und Hofnarr, von Ministerpräsidenten und Essayisten auch noch in unserem Jahrhundert? Weil auch die mächtigsten Könige, Konzernherrn, Regierungschefs und Parteifunktionäre mit dem Scheitern immer rechnen müssen.

Würde man solche Ohnmacht der Macht als Herrscher aber selbst vertreten, so fände man beim Volke kein Vertrauen mehr, weil das Volk nur demjenigen die Macht zugesteht, der unerschütterlich behauptet, die Macht zu benötigen, um nicht zu scheitern. Macht ist nur als Macht des Gelingens gerechtfertigt, als Gelingen der sozialen Ordnung, als Verbesserung des alltäglichen Lebens, als Sicherheit des Glaubens. Je größer aber die Selbstgewißheit der Macht, desto wahrscheinlicher ihr Scheitern. Je mächtiger die Herrschaft, desto mehr ist sie auf die Kooperation mit den Propheten des Scheiterns angewiesen.

Im Umkehrschluß dürfen wir sagen, daß zum Beispiel im Westdeutschland der Nachkriegszeit die Intellektuellen keine Rolle spielten, weil die Macht der Kanzler und der Regierungen, der Gewerkschaften und der Kirchen relativ gering war.

Es war bisher schwer, diese merkwürdigen Verhältnisse von Macht und Intellektualität zu verstehen. Der Tancredismus bietet eine Erklärung, die wir gegenwärtig um so mehr benötigen, als die Mächtigen sich selbst zu intellektuellen Kulturträgern stilisieren.

Sie legen sich ein neues Image zu, weil zu offensichtlich wurde, daß keine Macht der Welt ausreicht, jene Probleme gelingend zu bearbeiten, denen wir weltweit ausgesetzt sind. Ökologische Zerstörung, Völkerwanderung der Wirtschaftsflüchtlinge und permanente Bürgerkriege in der überbevölkerten Welt können nicht mehr durch konzentrierte Macht gelöst werden; andererseits wird die Behauptung der Intellektuellen, daß die Welt zum Scheitern verurteilt sei, bedeutungslos, wenn sie zugleich besagt, daß niemand übrigbleibt, der in diesem Scheitern die Größe von Menschheitsideen bewiesen sehen könnte. In dieser Einsicht hat sich die Rolle der Intellektuellen erübrigt.

Es haben sich neue Tätertypen herausgebildet, die man Postmodernisten nennt. Als Manager realer Macht sind sie Medienregisseure, Trainer, Therapeuten und Funktionäre. Als Vertreter der *ehemaligen* intellektuellen Rolle sind sie Katastrophiker, Fundamentalisten, passive Nihilisten und Designdekorateure.

Was anderes inszenieren die Regisseure heute als spektakuläre Katastrophen, denen beizuwohnen das Publikum für Unterhaltung halten soll? Was tun die Trainer anderes als ihre Klientel im fundamentalistischen Terror auszubilden, also Täter heranzubilden, die ohne den leisesten Selbstzweifel mit gewollter Blindheit und Rücksichtslosigkeit, auch gegen sich selbst, Hirngespinsten folgen, die vom Olympiasieg über den Aufbau des größten Konzerns bis zur Glückseligkeit des Selbstopfers reichen (Multikultur und Weltgesellschaft)? Niemand anderes als passive Nihilisten bezahlen die Therapeuten, damit sie ihnen zur Selbstverwirklichung in der bodenlosen Existenz verhelfen. Was anderes verwalten die Funktionäre als pausenlose Umdekoration der Institutionen, der Städte, der Wohnungen und Körper, damit den Hedonisten, den Glückssüchtigen nicht langweilig wird?!

Wie weitgehend sich diese Tätertypen der Postmoderne bereits als Nachfolger der Diktatoren und Intellektuellen früherer Zeiten etabliert haben, bestätigen die Erlebnisraumgestalter großer Tourismusorganisationen: dort kann man KZ-Aufenthalte, Hungerfolter, Brutalo-Ranküne als Schlankheitskur, Fitnesstraining und Abenteuersimulation genießen.

Können wir uns vor solchen Verirrungen noch bewahren, indem wir uns auf Kritik, Moral und Gedächtnis berufen, auf das Wahre, das Gute, das Schöne? Für die längst etablierte Elite von Regisseuren, Trainern, Therapeuten und Funktionären wurde die Kritik nur noch zu einer Frage, ob andere die Spielregeln einhalten, die diese Mächtigen produzieren. Sie kritisieren nicht ihre eigenen Offenbarungen, sondern nur noch den mangelnden Glauben des Volkes an diese Offenbarungen. Sie frönen einer Poesie der Unerheblichkeit und kritisieren bestenfalls Miesmacher, die keinen Spaß verstehen. Sie geben Antworten auf Fragen, die sie selber stellen und kritisieren alle, die Fragen formulieren, auf die die Regisseure, Therapeuten etc. keine Antwort wissen.

Gegen moralische Einwände sind sie völlig gewappnet. Sie halten für gut, was populistische Zustimmung erfährt. Sie haben Ad-hoc-Ethiken, die wie die Moden gewechselt werden. Diesen Wechsel begründen sie mit der philosophischen Orthodoxie, derzufolge nur eines sicher ist, nämlich der ewige und unaufhaltsame Wechsel aller Verhältnisse. Moralverstöße betrachten sie als besondere intellektuelle Leistung, geradezu als Zeichen der Professionalität; wer dabei erwischt wird, hat nichts Schlimmeres zu erwarten als ein Spieler, der ein Foul begeht und für kurze Zeit auf die Strafbank gesetzt wird, um beim nächsten Spiel seine Fouls eben intelligenter zu begehen. **Der Schönheit, dem Formgedächtnis unserer Geschichte, huldigen Katastrophiker, Fundamentalisten, Hedonisten und Nihilisten mit Lobgesängen auf die Trivialität, die Beliebigkeit und den Kitsch.** Ins Gedächtnis kommt bestenfalls der Verkaufserfolg von Produkten, deren Schönheit verspricht, den Käufer schön zu machen.

Das Body- und Soulbuilding demonstriert die Schönheit der Gedächtnislosigkeit. Der Stier ist aus der Arena verschwunden, der postmoderne Torero trainiert, therapiert, inszeniert und verwaltet sich selbst in der Gewißheit, daß alle seinem Beispiel folgen ohne Angst vor der Wahrheit, das Leben sei nur ein Unterhaltungsspektakel; ohne Furcht vor dem moralischen Einwand, daß Millionen Saurier nicht untergehen können, wenn sie alle einer Meinung sind;

und ohne Schrecken vor der Schönheit, die doch einstmals ihren Sinn darin fand, dem Blick der Medusa standhalten zu können.
Sind diese Einsichten nicht auch wieder bloßer intellektueller Widerspruch des 19. Jahrhunderts, affirmative Kritik (Kritik durch Zustimmung, ein heute zeitgemäßes *j'accuse*)? Leisten wir uns einfach Distanzgesten des Geistes vor der Banalität der Macht des Faktischen? Reklamieren wir alle nicht doch wieder die Rolle der längst ausgestorbenen europäischen Intellektuellen für uns? Und wollen wir damit möglicherweise auch die postmodernen Täterschaften durch jene Herrschaftsformen ersetzen, die unsere gut bezahlten intellektuellen Zweifel zu widerlegen versprechen?
Einige postmoderne Däumlinge werfen ihren Kritikern genau diese geheime Absicht vor: einerseits den überzeugten Zeitgeistler spielen zu wollen, andererseits aber als intellektueller Schlaumeier den Kollaps des Konsumparadieses herbeizuwünschen, damit man mit der Behauptung recht behalte, man habe immer schon als Intellektueller gesagt, die Sache müsse schieflaufen!

Die neuen Postmodernisten rufen dazu auf, dem Selbstlauf der Medientechnologien, Verwaltungsvollzüge, Trainingskonzepte und therapeutischen Prozesse vorbehaltlos zu vertrauen und den postmodernen Jubel kräftig zu verstärken.

Immer schon habe das Volk sich doch nur selbst begeistert zugeklatscht, in der Arena, im Theater, auf dem Marktplatz und in den Medien. Der Akteure bedürfe es nicht mehr, die Grenzen zwischen Parkett und Bühne seien längst gefallen. Wer teilnimmt, ist gleichgültig, ob als Zuschauer oder Akteur, zugleich Opfer und Täter, anonymer Idiot wie auch profilierter Experte.
So kann man es sehen, das hieße aber zugleich auf jede Verantwortung, auf jedes Ziel, auf jede Steuerung zu verzichten. Damit wären wir aber nicht weiter, als es die angeblich so überflüssigen Intellektuellen auch gewesen sind, wenn sie behaupten, daß das Scheitern unausweichlich sei, daß am Ende alles bös enden werde!
Zwischen dem Schicksal der Saurier mit Panzer, aber ohne Hirn – den Machtmenschen – und dem Schicksal der Saurier mit Hirn, aber ohne Rüstung – den Intellektuellen ohne Macht – wäre kein Unterschied. Nichts zu tun hieße dann die Maxime und hedonistischer Genuß bis zum absehbaren Ende das Gebot der Selbstliebe.
Nun hat aber der gute **Don Tancredo** gerade **den Unterschied zwischen** *Nichtstun* **und** *Nichttun* mit seinem Selbstversuch vom 1. Januar

1901 zu demonstrieren versucht. In diesem Wirken durch Nichttun hat man die intellektuelle Leistung Tancredos und damit die der tatsächlich zeitgemäßen Charaktere zu sehen. Sie wollen es aufgeben, besser zu wissen, was man zu tun habe, um statt dessen mit ihrem kritischen Einspruch andere daran zu hindern, die Utopien des guten Lebens wortwörtlich zu verwirklichen: z. B. heute die Multikultur, die Eiapopeiaseligkeit.

Was es zu tun gilt, weiß niemand genau; man weiß nur, daß jede radikale Verwirklichung großer Ziele, jeder Begriffsfundamentalismus, jede Wortgläubigkeit um so eher zum Scheitern verurteilt sind, je näher man den Zielen kommt. Sicher weiß man nur, was man nicht tun sollte; denn alles Gute ist nur das Böse, das man unterläßt. Auf unsere Boshaftigkeiten können wir uns verlassen; denn sie sind schlechterdings unsere Natur. Wer seine Anstrengung darauf richtet, diese kalkulierbare Bösartigkeit zu behindern, indem er sie nicht in hohe Utopien der Menschheitsentwicklung umformuliert (mit der Bibel oder mit Marx, mit der Systemtheorie oder mit Postmodernismus), vermag eine sinnvolle Funktion für Intellektualität zu reklamieren.

Eine Menschheit, die Plutonium bewirtschaftet, Weltraumstationen baut, Flußläufe umkehrt und Hirntote mit der Herz-Lungenmaschine am Leben erhält, konstatiert lapidar, daß alles machbar sei, was man sich nur recht zu wünschen traue. Gegen diese Wahnhaftigkeit unserer fröhlichen postmodernen Tätertypen mit massiven Aktionen der Verhinderung anzugehen, ist Aufgabe aller, die sich ihre Intellektualität bewahrt haben, auch wenn es dafür keine Berufsrollen mehr gibt. Die Intellektuellen sind bis auf weiteres zusammen mit der totalitären Macht im schäumenden Strudel der Geschichte verschwunden. Möge unsere dilettantische Intellektualität ausreichen zu verhindern, daß wir mit diesem Strudel allesamt untergehen.

Wie sollte das erreicht werden können? Im Bereich der Kultur – im Reich der ehemaligen Intellektuellen – kann diese hilfreiche Art von Nichttun, von Unterlassen, wohl nur heißen: **wir verhindern, daß jede kleine Region, jede kleine Sprachgemeinschaft, jede völkische Gruppe, jede ethnische Solidargemeinschaft, ja jede Häkelrunde und jeder Volkstanzzirkel, jede postmoderne Firlefanzerei, jede Talkshow und jede Massenunterhaltung ihr Tun und Treiben als Kulturleistung ersten Ranges der**

ganzen Welt zur Anerkennung als ewiges Gut der Menschheit vorlegt. Das Streben nach kultureller Autonomie, nach Gleichberechtigung aller Minderheiten, nach politischer Korrektheit zerschlägt alle Gesellschaften – auch wenn ihre Mitglieder seit Jahrzehnten friedlich miteinander lebten.
In Jugoslawien und den Nachfolgestaaten der UdSSR, in den USA und in Kanada, in Spanien und Irland, im Libanon und in Angola, kurz, fast überall auf der Welt erlebten wir und erleben wir gegenwärtig, welche katastrophalen Resultate das Beharren auf der politisch korrekten Proportionierung der Kulturen hat. Das postmoderne *Anything goes*, das postmoderne Allerlei aus aller Welt, vom Medienstar präsentiert, von Trainern einstudiert und von Therapeuten kommentiert, verführt selbst den intellektuell Anspruchslosesten zur Behauptung, so dumm sei er denn doch nicht und deshalb fordere er ... na was? Siehe Jugoslawien, Moldavien, Georgien, Armenien etc. etc. Ihnen allen vorzuhalten, das werde schlimm enden, ist offensichtlich nicht genug. Man sollte schon darauf vorbereitet sein, mit aller Macht zu verhindern, daß sich dieser Wahnsinn auch noch mit Hinweis auf allgemeine Menschenrechte, Grundgesetze, unveräußerliche Güter legitimiert.
Zum einen haben sich diese Volksscharen bisher kaum für Unveräußerliches interessiert (sie reklamieren vielmehr, alles im Angesicht der Not veräußern zu dürfen). Zum Entscheidenden aber stellen die allgemeinen Menschenrechte, die universal geltenden Standards der Zivilisation gerade nicht die Absonderung einzelner Kulturen in Aussicht oder garantieren sie sogar; ganz im Gegenteil; sie bestehen darauf, daß alle Menschen gewisse zivilisatorische Anforderungen zu erfüllen haben, wenn sie darauf rechnen wollen, in die Gemeinschaft aufgenommen zu werden. Wer diesen Anforderungen sich nicht anzupassen bereit ist, muß sehen, wie er weiterkommt und/oder wird per Sozialisation dazu gebracht, die Anpassungsnotwendigkeit anzuerkennen.
Diese unabdingbaren Regeln übersehen geflissentlich die postmodernen Tätertypen. Sie produzieren das fröhliche Chaos der Orientierungslosigkeit durch gleichgültiges Nebeneinander von allem, was gerade Mode ist oder Zustimmung findet. Und dann fordern sie lautstark, im Brustton der humanitären Verteidigung von Minderheiten, daß andere den Mediendreck von Sex und Crime, von Hol-dir-einen-und-hau-doch-zu, von Gehirnausblasen und Krüppelkegeln auszuhalten hätten. Um deutlich zu werden: Rundfunkredakteure und Fernsehsender, die alltäglich mit zahllosen Beiträgen die brutalste Gewalt als Unterhaltungswert anbieten, haben kein Recht (keine Autorität), zur Toleranz aufzurufen und andere, die sich gegen diesen postmodernen Schund wehren, der Inhumanität, der Verrohung, der Aggressivität zu zeihen. Das gilt auch für

die Politiker, die Unternehmer und natürlich die gestalterisch/künstlerischen Propagandisten des Hedonismus, der Gleichgültigkeit, der Privatheit in Reichenghettos. Um so peinlicher ihre selbstgefällige Anklage gegen den Rassismus der anderen, ihrer Klientel, ihrer Kunden; gegen das angstmachende Unbekannte, das der Bauer nicht frißt; gegen den Antiintellektualismus der Massen. **Diese postmodernen Spaßmacher verletzten als Herren der Verfahren je nach Opportunität alle Gesetze von der Parteienfinanzierung bis zum Umgang mit abgewiesenen oder kriminellen Asylbewerbern – aber sie fordern die Härte des Gesetzes gegen jeden, der nicht erpreßbar ist!**

Na und? Wenn sich das Volk das gefallen läßt, ist doch die postmoderne Variante der Intellektualität eine geniale Strategie des Erfolgs: Die rein kommerziellen Absahner triumphieren als Humanisten. Und das Volk schämt sich seiner Angst vor Existenznot und Fremde. Gratulation an Euch Trainer, Therapeuten, Moderatoren.

| Mihilismus für Ich-Schwache |

| 7 | Rumorologie.

Das Frankfurt der 60er Jahre – mein Gerücht |

Ich unterhielt damals das Institut für Gerüchteverbreitung, und damit es recht international erschien, taufte es Emmet Williams auf den englischen Begriff *Rumorology*.

Dabei ging es uns nicht um die Verbreitung von Tratsch und Klatsch, sondern um die Tatsache, daß mit Vorliebe über Menschen getratscht und geklatscht wird, die nicht anwesend sind.

Das Zeitalter von McLuhans *Global Village*, so schien es uns, sei gekennzeichnet durch *Tele* (wie in *Tele*fon, *Tele*vision, *Tele*skop), also durch die Anwesenheit des oder der weit Entfernten. Man sieht nicht fern und hört nicht fern, sondern sieht das Ferne und hört das Ferne nah. Telekommunikation ist also die Kommunikation mit Abwesenden, deren Abwesenheit ihre Art und Weise der Anwesenheit bedingt.

Die Rumorologie, unser Institut für Gerüchteverbreitung, beschäftigte sich mit dem Anwesen von Abwesenheit; und die Form, in der man darüber reden konnte, wie man eben tratscht und klatscht, ist das Gerücht, z.B. das Gerücht von der Realpräsenz des unvermittelten und unbedingten Kunstwerks – u.a. lebt von dessen gerüchteweiser Verbreitung Georg Steiner, der allerdings nicht wahrhaben will, daß man vom primären Werk, jenseits allen sekundären Geredes über das Werk, nur Gerüchte verbreiten kann. Steiner ist bis heute nicht aufgegangen, was uns schon damals durch Adornos Kritik an der Eigentlichkeitssprache Heideggers klar geworden war, nämlich die Unsinnigkeit, sich im sekundärliterarischen Geschwätz gerade gegen dieses zu verwahren. Die pathetische Beschwörung des reinen und unverstellten Werkes in dem Vorwurf, Feuilletonisten oder Germanisten oder Kunstkritiker redeten nur über die Werke, anstatt sie selbst sprechen zu lassen, basiert auf einem Trick: Wer anderen vorhält, faul oder ein Demokratist oder ein bloßer Sekundärliterat zu sein, reklamiert damit, daß derartige Kennzeichnungen auf ihn nicht zuträfen, sonst – so schlußfolgert die Naturlogik – könne er sich ja nicht gegen die faulen demokratistischen Afterkünstler absetzen.

Der kundige Gerüchteverbreiter hingegen weiß, daß seine Erzählungen über die Abwesenden Projektionen sind, d.h. Versuche, sich in das Erzählte einzukopieren. Gerüchte sagen mehr über die, die sie verbreiten, zwangsläufig abweichend und variierend verbreiten, als über die Personen oder Ereignisse, denen sie scheinbar gelten.

Wenn auch jeder Geschichtsschreibung anzumerken ist, welcher Zeitgenosse sie unter welchen Voraussetzungen und mit welchen Absichten verfaßte, dann erzählt auch der Historiker Gerüchte, die um so farbiger und fesselnder ausfallen, je mehr er Elemente der Einfärbung der Projektion, wie etwa das Anekdotische, berücksichtigt.

Anfang der 60er Jahre begannen wir, vornehmlich die Kunstgeschichtsschreibung unseres Jahrhunderts als blendende Form der Gerüchteverbreitung in unserem Institut bei Omi Schäfer in der Blanchardstraße 9 zu untersuchen. Wir, das waren die Hausgenossen Hartmut Rekort (Fotograf), Karl Alfred von Meysenbug (Comicphilosoph), ich (Beweger und erster Künstler ohne Werk) und Rochus Kowallek (der wohl fähigste Rumorologe des Kulturraums Frankfurt). Anlaß für ein konkretes rumorologisches Projekt bot der verehrte Max Horkheimer, der Riese der Zwerge, als er verkündete, sich von Knud Knudsen, einem von Göring protegierten Bildhauer, porträtieren zu lassen, um mit dieser Büste Einzug in die Galerie der Frankfurter Ehrenbürger zu halten.

Wie sollten wir Naivlinge das geschichtssatte Oberhaupt der Frankfurter Aufklärung unsererseits aufklären über den erschreckenden Sachverhalt, daß der von den Nazis ins Exil gezwungene Horkheimer sich ausgerechnet von einem Nazigünstling für den Anlaß porträtieren lassen wollte, bei dem er für seine Arbeit gegen die Kulturbarbarei der Nazis geehrt werden sollte?

Kowallek und ich sprangen vor dem Senckenberg-Institut zu Horkheimer in ein Taxi, um ihn in dieser unausweichlichen Situation mit den Tatsachen zu konfrontieren, die Joseph Wulf gerade veröffentlicht hatte. Horkheimer, nur darauf bedacht, von meiner sicht- und hörbar grippal infizierten Nase Abstand zu halten, beschied uns nach wenigen Kilometern Taxifahrt, die von Wulf dokumentierte Geschichte des Meisters Knudsen sei als historisches Faktum unerheblich, aber als Gerücht sehr interessant, weshalb er eben die Sitzungen mit Knudsen so genieße. In Knudsen erfahre er die lebendige Gegenwart der Geschichte, die keineswegs zu Ende sei und zu der auch er gehöre und damit Knudsen zu ihm.

Das war die Lektion, und die ließ sich Horkheimer honorieren – wir zahlten nämlich das Taxi.

Die Tage gehen und die Gespenster kommen. Sie hausen vornehmlich auf Friedhöfen, in Bibliotheken und Archiven, in Fotoalben und in Briefen, in Kunstwerken und in der erzählten Erinnerung. Man erkennt sie als Gegenwart des Abwesenden durch die Art und Weise, wie sie Einfluß nehmen auf Form und Gestalt der Friedhöfe, der Briefe und der Gemälde.

Wer je einen Brief schrieb – an einen Abwesenden, sonst hätte es keinen Anlaß zum Briefeschreiben gegeben –, wird bemerkt haben, wie sich unter der Hand

Information und Mitteilung wandeln, wenn sie an jemand gerichtet sind, mit dessen Verständnis und Reaktion man rechnen kann, als stünde er einem vor Angesicht, und der doch nicht da ist.

Wer je ein Bild zu malen versuchte, machte die Erfahrung, daß er mit der Schönheit und dem Gelingen im Bild nur rechnen kann, so weit das Werk die Kraft hat, auf sie zu verweisen als nicht erreichbare Vollendung.

Wer je ein „totes Haus", eine Wohnung betrat, wird die Anwesenheit der abwesenden Bewohner so intensiv empfunden haben, daß er ihren Lebensspuren mit Ehrfurcht begegnete, als stünde er ihnen selbst gegenüber.

Wir übten uns ein in solche Begegnungen, zum Beispiel so in Nietzsches Zimmer zu sitzen, als könne er jeden Augenblick eintreten.

Unsere rumorologischen Vermittlungen von Abwesenheit als Gegenwärtigkeit folgten einer Strategie, nach der wir zahlreiche Aktionen planten: die Toten wieder auferstehen zu lassen und damit den Tod abzuschaffen. Mit meinen Literaturblechen annoncierte ich, von der Galerie Patio unterstützt, unsere expertesken Fähigkeiten, mit den Toten zu reden.

Wir planten das erste innerstädtische Friedhofshochhaus, in dem jeder Bürger sein Grundrecht auf Unsterblichkeit den Lebenden abverlangen konnte.

Hermann Goepfert und ich veröffentlichten in einem der vielen Donnerstags-Manifeste, daß die Avantgarde sterbe, um sich nicht dem Vergessen zu ergeben, und daß wir demzufolge auf den Tod zahlloser Avantgardisten von Picasso über Le Corbusier, Heidegger, Marika Rökk bis zu Churchill, de Gaulle und Mao Tse Tung warteten.

Einen Maßstab für die rumorologische Vergegenwärtigung des Vergangenen, das es nie gegeben hatte, und für die Kritik an der Zukunft, die es nie geben würde, setzten wir mit der Einführung der Feier des *Bloom's Days* in der Galerie Loehr an jedem 16. Juni, jenem fiktiven Datum, an welchem James Joyce seinen *Ulysses* Leopold Bloom durch den Weltentag wandern läßt. Die in Action teachings, Happenings, rhetorischen Kaskaden und weihevollen Pastoralen verbreiteten Gerüchte bildeten ein Geflecht von Erzählungen, wie es der Roman von Joyce ist: eine Biographie der Anonymität des Jedermann, dem ich mit Hilfe von Thomas Bayrle die Tagesausgabe der Bildzeitung vom 8. April 1963 widmete, indem wir jeden Eigennamen durch *Leopold Bloom* ersetzten. Darf ich behaupten, den Beweis für die Effektivität der Rumorologie mit der Etablierung des *Bloom's Days* erbracht zu haben, weil seither alljährlich tausende Zeitgenossen der Vergangenheit in Dublin diesen Tag feiern? Die bei diesem Anlaß erfundenen Geschichten und deren gerüchteweise Verbreitung übertreffen inzwischen den Joyceschen Roman und die Bestände aller Archive, in denen die Ereignisse des 16. Juni 1904 dokumentiert sind.

Ein mythenartiges Geschiebe ist entstanden, umfassender als **_Ilias_ und _Odyssee_ von Homer, die _Edda_ oder die _Nibelungen_, Geschichten, die in uns rumoren als Antrieb, so zu leben, daß auch über uns Geschichten erzählt werden könnten.**

Damals wetteiferten zum _Bloom's_ Day Dramatiker, Literaten, Maler, ihr eigenes Leben als Gerücht zu verbreiten, ein Verfahren, das die Massenmedien exzessiv nutzen und die Anekdotenerfinder zugunsten Goethes, Picassos oder Ho Tschi Minhs meisterlich ausformten. Der österreichische Dramatiker Wolfi Bauer brachte damals das schönste Werk der Selbstmythologisierung zustande in einer rumorologischen Anekdotensammlung, die er über sich selbst verfaßte, als sei er wie jeder große Dichter zwar längst tot, aber deshalb lebendiger, als er es im Leben je gewesen ist.

So suchte damals jeder nach Anlässen, sich zum Gerücht zu machen: wie Wagner mit ein bißchen ästhetischem Terrorismus oder wie Lautreamont und Rimbaud mit der Inszenierung ihres Verschwindens oder wie Majakowski als Maschinengewehr der Sowjetrhetorik. Überhaupt ließen sich viele von historischen Beispielen verführen, zur Lebenslegende zu werden.

Unser Ziel war das nicht, wir orientierten uns an den Gerüchten, die in jeder Familie über Tante Lieschen und Onkel Ernst erzählt werden, die in Büros und Fabriken Wochenendbegebenheiten kolportieren und Nachbarschaften aufmischen. Geschichtsträchtig werden diese rumorologischen Ereignisse dennoch oder sogar stärker als die Gerüchte über das Leben der großen Männer und Frauen. Beweis dafür sind zum Beispiel die „Meldungen aus dem Reich" des Sicherheitsdienstes der SS. In totalitären Politregimes und in Verhältnissen, die von Massenkommunikationsmedien geprägt werden, wird das Gerücht zum gesellschaftlichen Faktum; deswegen beschäftigten wir Rumorologen uns mit dieser Form der Fiktion, die damals verstärkt als „Judifiktion" bewußt wurde oder als „Science Fiktion" der Geschichte der Moskauer Prozesse, der Freisler-Prozesse oder der Auschwitz-Prozesse, deren Auswirkungen noch heute im Gesetz gegen die Leugnung des Holocaust wirksam sind.

Mit Martin Walser ging ich in den Frankfurter Geschäftsstraßen auf die Suche nach diesen rumorologischen Fiktionen, und wir fanden sie in den Tagen der

Auschwitz-Prozesse besonders gut inszeniert in den Spielwarenabteilungen der Kaufhäuser.

Selber Gerüchte zu verbreiten oder vielmehr die etablierten Geschichtsschreibungen als Gerüchteverbreitung darzustellen war Bestandteil meiner Strategie der negativen Affirmation, das heißt des Versuchs, behauptete Wahrheiten sich selbst erledigen zu lassen, indem man sie 150%ig ernst nimmt und die radikalsten Konsequenzen aus ihnen heraustreibt; denn, wie Bacon sagt: *natura non nisi parendo vincitur*, oder mit Eulenspiegel und Schwejk, mit der Homöopathie und dem Judo: man kann den Gegner nur mit dessen eigenen Waffen und Kräften schlagen. Dieses Verfahren der negativen Affirmation formulierte ich als *Revolution des Ja*, eine Zumutung im neomarxistischen Rumor dieser Stadt; immerhin verstanden zwei Frankfurter diese Strategie und gaben mir Gelegenheit, sie zum Beispiel auf jeder Experimenta seit 1966 vorzuführen: Peter Iden und Günter Rühle.

Unter den auswärtigen Aktivisten, denen wir in Kowalleks Dato-Galerie, bei Heinrich von Sydow und in Goepferts Atelier wie in Omi Schäfers Wohnzimmer das karge Mahl eingedoster Sardinen bereiteten (Rochus erhielt diese Liebesgaben seiner Tante regelmäßig), waren Joseph Beuys, Wolf Vostell, Piero Manzoni, Daniel Spoerri, Piene-Uecker-Mack, Jeff Verheyen und ein Dutzend anderer, deren Namen heute in jeder Geschichte der 60er Jahre stehen, ihrerseits nicht gerade begeisterte Affirmatiker. Sie fürchteten, zum Narren gemacht zu werden.

Wichtiger aber als diese Profis der Selbstthematisierung und Legendenbildung wurden im Frankfurt der 60er Jahre jene Bürger, die sich als Zuschauer in den Theatern, als Betrachter in den Museen, als Konsumenten in den Kaufhäusern zu Profis der Rezeption ausbildeten und deswegen zu den tatsächlichen Partnern der Szeneaktivisten werden konnten; sie alle lernte ich über die legendäre Melusine Huss kennen, die seit den 50er Jahren in Peter Naachers Buchhandlung und später in der Huss'schen Universitätsbuchhandlung den Autor und seinen Leser, den Maler und seinen Betrachter, den Wissenschaftler und seinen Zuhörer miteinander bekannt machte. Niemals wieder habe ich mich so auf die Anwesenheit anderer Menschen gefreut wie bei den Einladungen, den fast täglichen, zu Frau Huss in die Hans-Sachs-Straße 1 mit den Professoren Lüderssen, Brackert, Reichert und Liebenwein, mit den Rechtsanwälten

Volhard und Schiedermair, mit den Verlegern Unseld und Boehlich, mit den Journalisten Karl Heinz Bohrer, Peter Iden und Jürgen Busche, mit Lies Funke und May Widmer – um nur an einige wenige zu erinnern, die mir mit Geld und guten Worten halfen.

Frankfurt wie die Kunstszene insgesamt profitierte für seine goldenen 60er-Jahre-Legenden von diesem Profipublikum. Nicht zuletzt ihm verdanke ich den Antrieb, in *Besucherschulen* (seit der Documenta 1968) die allgemeine Professionalisierung des Publikums als entscheidenden Beitrag zur Entwicklung der Künste voranzutreiben. Diese Frankfurter waren starke Charaktere, die sich nicht durch jede Intervention gleich bevormundet sahen. Sie werteten Irrtümer und wacklige Hypothesen nicht gleich als Widerlegung des Sprechers; sie brauchten sich nicht durch lockeren Künstlerwitz veralbert vorzukommen. In ihnen lebte noch die Erinnerung an das alte Frankfurter Bürgertum, reichsfrei und eigeninitiativ, tolerant durch natürliche Autorität und selbstbewußt in Witz und Ironie, durch die sie sich maßvoll hielten.

Was Frankfurt und seine rumorenden Zeitgeister an ihnen hatte, merkte man erst, als die Großplaner der Kulturbombasterei Wort und Bild und Bühne in demokratisch legitimierten Kommandos übernahmen. Warum sage ich das? Zorn packt mich immer noch über den Kommandanten Hilmar Hoffmann, der, so die Gerüchte, Dutzenden von Theaterleitern, Museumsdirektoren, Symposium-Veranstaltern und Ausstellungsmachern die Chance bot, Millionenbeträge zu vergeuden, nur mir nicht. Denn ich war ein Opfer meiner eigenen Frankfurter Rumorologie geworden, eine Assistenzfigur der Minerva, die Eulen in den Frankfurter Zoo trug. Dabei hatte ich Prof. Grzimek ganz sachlich und fachlich in einem Donnerstags-Manifest von 1963 gebeten, mich als Schautier in den Frankfurter Zoo aufzunehmen, um dort der Menschen anzugedenken, die längst zur bedrohten Art geworden waren. Dort lebe ich für die Frankfurter unter Tapiren und Pinselohrschweinen, unter sprechenden Beos und nachtragenden Elefanten, obwohl mir doch Grzimek die Aufnahme verweigerte, anwesend in der Abwesenheit, ein Gerücht.

Wehmütig bleibt die Erinnerung an Adornos Verbeugung vor dem Publikum in der Musikhochschule nach dem Vortrag einer eigenen Komposition: Er bot das Bild schockierender Servilität, herzlicher Naivität und hemmungsloser Selbstvergessenheit des großen Künstlers, der er vor allem war und wir nie mehr sein können.

Mihilismus für Ich-Schwache
8 Wer nicht über sich selbst spricht, hat nichts zu sagen.

Ein Gespräch mit Jörg-Uwe Albig

Wie kann jemand wie Klaus Theweleit ein so ungeheures Interesse an Benn und Céline finden, an Knut Hamsun, Carl Schmitt und Heidegger, wenn es da doch nichts zu verstehen gibt? Er selbst kommt da nicht vor. Was wehrt er ab? Wehrt er ab, potentieller Selbstmörder oder Massenmörder zu sein oder sich als Kulturheroe inszenieren zu wollen? Man merkt an ihm nicht die potentielle Bestie oder den Kämpfer für die heilige Sache.

Auch Freud konnte bändeweise über Religion schreiben und gleichzeitig bereitwillig zugeben, daß er das zugehörige „ozeanische Gefühl" nicht hinkriegt.

Aber Freud kannte seinen eigenen Haß, seine Latenz, sich als Alpha-Tier in der Gruppe der Psychoanalytiker aufzuspielen. Er wußte, daß in ihm etwas drinsteckt, das er unter Kontrolle halten mußte. Das ist mir bei Theweleit nicht klar. Ich habe in meinem Buch *Re-Dekade* versucht zu sehen, was aus den Leuten wurde, mit denen wir damals beispielsweise das Hamburger Studententheater gemacht haben. Peymann gab, in die Enge getrieben, zu, daß die einzige Möglichkeit, seine latente Begabung, sich als Großgeneral aufzuspielen, nur noch auf der Bühne als Regisseur verwirklicht werden konnte. Bei einer Shakespeare-Inszenierung in Wien kujonierte er dann seine Schauspielerinnen, bis sie blutend auf allen Vieren krochen, mit der Rechtfertigung, sie sollten einen Satz so sprechen, wie ihn noch nie jemand gesprochen hat. Da ist natürlich der Vorbehalt des ästhetischen Scheins gar nicht mehr möglich, denn die Bühne ist eine Realität. Das ging unserer ganzen Generation so: Man konnte kein Täter mehr werden, weder als Generaldirektor noch als General, da blieb eigentlich nur noch übrig, sich in der Kunst aufzuhalten. Oder Augstein, der eine Generation vor uns wirkte – ihm war klar war, daß es für ihn den Ausweg der jungen Panzeroberst, die in die Industrie gingen und Wirtschaft als Fortsetzung des Krieges betrieben, nicht gab. Ihm diente der SPIEGEL als Möglichkeit, das zu tun, auf einer Ebene, die als erlaubt galt. Heute gibt es Leute wie Rainald Goetz, die so etwas in die Sphäre der Autodestruktion umleiten, potentielle

| Biographiepflichtig | Mihilismus | 8 | Wer nicht über sich selbst spricht, hat nichts zu sagen.

Abstürzer auf jedem Flug von Wien nach München. Interessant sind die Fälle dort, wo man an diesen Leuten selbst merkt, daß sie zu sich über ihren Fall sprechen. Die interessanteste Auseinandersetzung eines Künstlers mit diesen Problemen stammt von Syberberg, mit Einschluß des *Hitler*-Films. Die spannende Frage war: Kommt der damit durch? Hält er sich die Fragestellungen durch diese Art künstlerischer Aktivität vom Halse oder kapituliert er? Mit dem *Wagner*-Film schien er bei der Kapitulation gelandet zu sein. Da bricht er schaudernd nieder vor der Größe dessen, was er in sich trägt, und beginnt, sich selber zu verehren – mit dem Ergebnis seiner Bücher aus den 1980er Jahren. Jetzt ist er über den Berg, glaube ich.

Woran erkennen Sie das?

Bei einer Abendveranstaltung in Dresden-Hellerau mit Tabori, Syberberg und mir sollte Tabori den Syberberg zerfleischen und als Antisemiten und Schwein entlarven, und das Gegenteil passierte: Tabori umarmte den Syberberg dauernd und sagte, der sei einer der wenigen, die überhaupt kapiert hätten, worum es geht, nur seine Schlußfolgerungen lehne er ab. Syberberg fühlte sich dort abgeholt, wo er sich mit seinem kindischen Trotz und seinem Selbstmitleid verkrochen hatte. Er selbst wollte ja so schnell wie möglich zugeben, daß er sich geirrt hat. Er konnte es aber nicht, solange ihm keiner bestätigte, daß er in seinem Irrtum eine Rechtfertigung für den Irrtum hatte. **Wer nicht über sich selbst spricht, hat nichts zu sagen.**

Gehen Sie in Ihrer Arbeit intimer mit sich um? Als Sie über Gottsucher, Herrenkünstler und Kunst-Rambos geschrieben haben, haben Sie da über sich selbst geschrieben?

Mein Motiv ist die *Selbstfesselung*, die *Ästhetik des Unterlassens*: gegenüber der Täter-Philosophie und der Opfer-Philosophie, die unsere Kulturgeschichte beherrscht, eine dritte Position des Tuns durch Unterlassen zu beziehen. Das ist auch die Antwort auf den Totalitarismus: **Sobald sich jemand an Rezepte und Empfehlungen hält, beginnt das Elend. Das liegt nicht an den Konzepten. Wenn sämtliche Vorschläge zur Verbesserung der Welt von Jesus Christus stammen würden, wäre der Totalitarismus genauso stark,**

| Biographiepflichtig | Mihilismus | 8 | Wer nicht über sich selbst spricht, hat nichts zu sagen.

wie er historisch gewesen ist. Die Frage ist dann: Was kann man überhaupt noch sagen? Ich habe im Vorwort zur *Re-Dekade* ausdrücklich geschrieben: Ich weiß nicht, wie das für mich ausgeht.

Im Anhang Ihres Buches „Ästhetik gegen erzwungene Unmittelbarkeit" listen Sie Ihre Vorträge, Schriften, Aktionen, Ausstellungen für den Zeitraum 1976 bis 1986 auf. Ich habe 296 gezählt. Besonders viel unterlassen Sie also nicht.

Ich unterlasse sozusagen fast alles. Ich habe mal den Versuch gemacht, mich als Chef in der Theaterwelt zu etablieren, ich war schon mit 23 Jahren Erster Dramaturg, und da konnte man sehen, was dabei herauskommt. Das ist mir 1966 aufgegangen. Dann habe ich als langjähriger Dekan für unseren Fachbereich den Staatengründer gespielt und habe versucht, eine Notanstalt aufzubauen, einen Staat wie Ezra Pounds *Poundiania*. Ich habe es auch mit Werkproduktion im alten Typus versucht. Aber auch das habe ich aufgegeben. **Die Produktion von Ruinen, Trümmern und Fragmenten ist die einzige Möglichkeit, sich noch einer Form der Vergegenständlichung zu widmen.**
Systematisches Denken ist notwendig totalitär.
Aber man verzichtet darauf nur um den Preis, daß man zum Impotenzler wird oder zum Affen von jedermann. **Die einzige Möglichkeit von Wirkung ohne die fatale Gefahr der Unwiderleglichkeit ist die Kritik an der Wahrheit.** Aber wenn man sich in der guten alten jüdischen Tradition verbittet, den Messias zu spielen, verliert man an Faszination.

Haben sich die „Tätertypen", die Sie in der „Re-Dekade" für die Kunst der achtziger Jahre ausgemacht haben, in die Neunziger herübergerettet?

Die Frage ist, ob es überhaupt noch Schwergewichtler in der Kunst gibt. **Es ist ein auffälliges Phänomen, daß sich viele von den intelligenten jungen Leuten aus der Kunst verabschieden und zwar in Konsequenz dessen, was in den sechziger und siebziger Jahren erörtert wurde: Künstler ist man nicht, weil man**

malt oder Skulpturen herstellt, sondern durch die Art und Weise, wie man einen Aussageanspruch begründet. Sie merken, daß verstärkt in der Wissenschaft und in der Wirtschaft Künstler auftreten, so wie vielleicht Beuys sich das mal gedacht hat. **Ein Informationstheoretiker wie Bill Gates sieht sich konsequent als heutiger Leonardo.**

Zwanzig Prozent der Abiturienten geben als Berufsziel Künstler an. Die wollen doch nicht alle Microsoft-Chef werden.

Das haben sie nur selber noch gar nicht gemerkt, weil sie zu wenig Beuys gehört und zu wenig Einstein gelesen haben. Schließlich ist ja auch Stephen Hawkins nichts anderes als ein Künstler.

Ist der Bohème-Künstler ausgestorben?

Bohème-Künstler spielt heute jeder, der sich am Nachmittag umzieht und in die Disco geht oder eine Rallye durch die Düsseldorfer Altstadt macht und hier mal hascht und da mal einen Trip einschmeißt. Bohème ist heute etwas für den Feierabend.

Vertreibt die Verlagerung der künstlerischen Haltung in die Alltagskommunikation auch die Propheten aus der Kunst?

Es gibt in der Kunst vier klassische Haltungen. Nehmen wir Baudelaire bis hin zu Rainald Goetz, also alle Haschischraucher, Syphilitiker, selbstinduzierte Wahnsinnige, die selbstzerstörerischen Tendenzen nachgehen. Die demonstrierten: Folge mir nicht nach, denn was ich tue, ist Zerstörung. **Die Logik der Zerstörung als Logik der Produktion haben die Künstler ja überhaupt erst entdeckt, dann die Militärs. Dieser Typus des Aufklärers, der zeigte, wohin es führt, wenn man Radikalisierung nicht als Problematisierung unter**

Kontrolle hält, wurde dann als Märtyrer verehrt.
Zweitens gab und gibt es den großen Baumeister/Konstrukteur. Er bewies, daß aus seinem Leben etwas herauskommt, was der Alltagsmensch sich ja auch wünscht. Er schuf das Werk. Schon im 16. Jahrhundert hat Vasari die Künstlergenerationen seit Mitte des 13. Jahrhunderts beschrieben, wie sie die Tage miteinander verbanden, ein Werk auf ein nächstes bezogen: die Erzwingung eines Weges der Entwicklung. **Die Künstler begannen, ihr Werk als das Konstruieren einer Biographie zu sehen.** Künstler zu sein, war Synonym für das Führen eines gewollten Lebens. Diese Biographisierungstendenz ist noch sehr stark spürbar, wenn auch hauptsächlich in den pittoresken Aspekten. Sie war eine prophetische Kraft: Du mußt dein Dasein ändern, mach was aus deiner Existenz, plane dein Leben.

Drittens gab und gibt es die Entwickler der Natur des Menschen. Sie dienten als Beispiele dafür, wie man seine eigene neurophysiologische Körperlichkeit in höchster Vollendung entfaltet und Lebendigkeit realisiert: Affektleben, Triebleben, Intellektualität, Soul- and Bodybuilding. Daraus wurde dann die große Selbstverwirklichung: **Verwirklichung ohne Werk.** Sie stand Ende der 70er Jahre überall in den Zeitungen, und man bekam darin Grundkurse angeboten in jedem Batik-Studio. Es kam nicht auf die Werke an, sondern auf die Exzessivität, auf die ekstatische Ausbeutung der eigenen Lebensbasis. Daraus hat sich der Massenaufbruch zur Kunst entwickelt.

In den achtziger Jahren wurde viertens eine Haltung typisch, die auch viele Vorläufer in den sechziger Jahren und der früheren Geschichte hatte: **Künstler als soziale Strategen, als akzeptable Form des Sozialarbeiters.** Dieser Geltungsanspruch zahlte sich weder in der Biographisierung noch in der Zerstörung noch in der Vitalisierung aus, sondern in der Sinnstiftung. Die Religionen stifteten keinen Sinn mehr, Partyreligionen wie Bhagwan waren für Eschersheim oder Frankfurt nicht zu gebrauchen, also übertrug man die Sinnhaftigkeit des Tuns auf das Soziale. Kunst als soziale Strategie hieß, den Alltag mit einer durchgängigen Sinnhaftigkeit zu versehen.

Und was wird daraus in den Neunzigern?

Die Selbstentfaltung bietet im Bereich der Wissenschaften, im Kaufmännischen, in der Unterhaltungsbranche sehr viel größere Chancen. Allein die Ereignishaftigkeit ist dort schon höher, der Wechsel der Situationen und Erlebnisqua-

Biographiepflichtig | Mihilismus | 8 | Wer nicht über sich selbst spricht, hat nichts zu sagen.

litäten. **Die Kunst vermittelt in den 90er Jahren nicht mehr die intensivsten Erlebnisse.** Jeder Durchschnittsmensch übertrifft an Exaltiertheit jeden Bohémien. Da ist nichts mehr zu holen. Die großen Destrukteure werden lächerlich, denn angesichts der wirklichen Destruktion im Krieg ist das Meskalinschlucken eine private Albernheit. In der biographischen Planung des Werkes werden Künstler noch beispielhaft bleiben, aber sie werden sich zu fragen haben, ob ein Werk genügt und das sklavische Arbeiten für die Zukunft, wenn es keiner wahrnimmt, weil es zu viele gibt. **Wenn jeder Künstler ist, im banalen Sinn, ist es keiner mehr.** Bleibt also die Kunst als soziale Strategie, und da liegt die Hauptchance: das Auffinden und Formulieren von Problemen und die veränderte Einstellung zu der rundum nur noch aus Problemen bestehenden Welt. Überall wird immanent die Nähe zum künstlerischen Arbeiten immer größer, der PC hat sich in den Haushalt eingebracht, die Arbeit mit Bildgenerierungen, Paintbox und so weiter, ist heute 40 bis 45 Prozent der Bevölkerung vertraut. Sie haben ein Spektrum der Möglichkeiten, das früher Künstler gar nicht hatten. Inzwischen befindet sich jeder normale Naturwissenschaftler auf dem Bildreflexionsniveau, das durchgängig die Spitzen der Kunstelite ausgemacht hat. Dann wird das wissenschaftliche wie das alltagskommunizierende Leben tatsächlich Kunst sein. Dann wären alle Künstler.

Also latente Barbaren.

Ich bin nicht durchgekommen mit dem Argument, Kunst als Paradebeispiel für das Leben unter Problematisierungsdruck zu sehen, nicht als Übertritt vom Falschen zum Richtigen, sondern als Befähigung zum Aushalten von Problemstellungen. Ich bin nicht durchgekommen mit der Forderung nach Kunst diesseits des Ernstfalls. Wie dringlich das aber ist, werden die Leute am Jugoslawien-Krieg vielleicht gemerkt haben.

Sie haben sich als „Beweger" verstanden, jetzt predigen Sie „Unterlassungsstrategien". Welche Techniken benutzen Sie, um Ihre eigene Wirkungslosigkeit zu garantieren?

Das Daherreden ist meine Form, mich dagegen zu verwahren, mich unter irgendwelche Einsichten zwingen zu müssen. *Bazon* heißt ja nichts anderes als *der Schwätzer*, und Max Thiessen hat mir in Kiel beigebracht, daß *bazonai* einen Protest gegen den Philosophentiefsinn darstellt: **Schwatzen als die einzige Form, in der es noch zulässig ist, tiefe Probleme anzuschneiden.** Ich lehne es ab, in irgendeiner anderen Form über das Wichtige zu reden. Denn dann würde ich eine Empfehlung ausgeben, nach der sich die zu richten haben, die das für wahr halten, was ich sage. Ich kritisiere ja gerade die Wahrheit.

Philosophie ist außerhalb der Kritik der Wahrheit völlig sinnlos. Das kann man gleich den Theologen überlassen. Wer nicht schwatzen, sondern die Wahrheit sagen will, steckt schon mitten im Totalitarismus.

Kann ein Selbstfesselungskünstler noch ein „Beweger" sein?

Wir hatten damals, 1957, versucht, das amerikanische Wort *animator* zu übersetzen. Damals gab es den Begriff Animation im touristischen Sinne noch nicht. Demzufolge war der Beweger jemand, der sich selbst in Gang setzt, und dabei ist es auch geblieben. Damit sind dann auch so schwierige Aspekte verbunden wie Selbstmitleid, der generelle deutsche Zug, Selbstüberhebung, Selbsttranszendierung. Als dann Figuren wie HA Schult anfingen, sich *Beweger* zu nennen, habe ich die Hände davon gelassen. Das Wichtige war für mich, nicht etwas zu verstehen, sondern etwas zu tun, was man seinerseits wieder verstehen mußte. Das Selbertun ist keine Garantie dafür, etwas besser zu verstehen als Leute, die von außen kommen. Die Künstler gaben sich damit zufrieden, etwas zu „tun". Sie verzichteten lauthals auf die Konfrontation mit ihrem eigenen Werk als Zumutung an das Nichtverstehbare, Irreversible, nicht Kommunizierbare. Die Beweger-Vorstellung lief darauf hinaus, sich zum Gegenstand der eigenen Betrachtung machen zu können.

Seine eigenen Handlungen als lehrreiches Beispiel ausstellen, ist doch nicht weniger messianisch. Etwas anderes hat Jesus auch nicht gemacht.

Das kann man so sagen, aber er hat immer gesagt: Mein Vater. Er hat sich immer darauf bezogen, daß er Gesandter war.
Das fällt für uns weg. Beispielhaft ohne Legitimation durch die Prophetie und die göttliche Offenbarung.

Dann eben ein selbsternannter Messias.

Sobald ich mich darauf berufe, daß ich etwas sage, nicht als Medium einer fremden Macht oder geoffenbarten Wissens, kann ich die Verantwortung an niemanden mehr delegieren. Das ist die entscheidende Form der Aufklärung, nicht die Welt zu erklären oder ein Weltbild zu ersetzen oder eine Falschheit durch eine vermeintliche Wahrheit, sondern Verantwortung zu übernehmen. Das Mirakel besteht gerade darin, daß unsere normalen Selbst- und Weltbezüge, also Kommunikation, alles das von sich aus produzieren, was wir pathetisch für Offenbarung oder Mysterien halten. Die hundsnormale Alltagsoperation produziert das. Das Mirakel ist, daß der Sprache der Anschluß aller in sich geschlossenen Monaden, aller autopoetischen Systeme oder aller Hirne an die Kommunikation gelingt. Aber nicht durch Verstehen im Sinne des simplen Abgleichs von Inhalten, sondern bestenfalls als Verständigung. Und **in dem Maße, in dem Bewußtsein vergegenständlicht wird in Sprache, entstehen alle Probleme, die es für Menschen auf der Welt gibt.**

Das Bewußtsein ist ja das, was die neurophysiologische Maschine produziert. Aber die Art, wie dieses Bewußtsein an die Kommunikation angeschlossen wird, verändert sich permanent durch die Erfindung von Medien.

Sie haben sich als „Generalisten" definiert. Ist nicht auch dieser Anspruch, für alles zuständig zu sein, totalitär?

Generalist sein heißt bestenfalls, alles zu lieben, aber nicht, über alles Bescheid zu wissen. Dadurch, daß Sie Individuum sind, sind Sie generalisiert. Spezialist sein heißt, etwas so zu machen, wie andere es auch tun. Jemand, der generalistisch arbeitet, ist jemand, der von der Position des Einzelnen gegenüber irgendwelchen Phänomenen operiert. Wenn einer das relativ offen macht, kommt dabei heraus, daß ihm die ganze Welt in extremer Weise problematisch, also interessant erscheint. Weil er überall damit konfrontiert wird, daß seine eigene Hirnkapazität nur seine ist und die anderen Hirne ihm nichts nützen.

Wie anstrengend ist Selbstfesselung für Sie? Wie groß ist Ihre Versuchung, Wahrheiten zu produzieren?

Die ist ziemlich groß. Denn das Belastende an der Selbstfesselung ist die Ohnmachtserfahrung. Ich kann mein Verhältnis zur Welt nicht umgehen, sonst bin ich tot. Ich muß mich auf die Welt ausrichten, und wenn ich das tue, ohne je ein Echo, einen Fingerzeig, eine Reaktion, eine Kontrollmöglichkeit zu haben, gerate ich natürlich in Gefahr, mich zu verrennen und im Irrenhaus zu landen. Die Schwierigkeit besteht darin, mit relativ wenig Echolotung arbeiten zu müssen. Es wird ja nicht diskutiert. So gab es zur Re-Dekade nur eine einzige Rezension, von der man sagen kann, daß der Rezensent das Buch auch gelesen hat. Da wird man dann doch etwas pampig und sagt sich: wenn sie meine Aussagen in dieser Form nicht akzeptieren wollen, dann muß ich offenbar doch als Zirkusdirektor auftreten, um wenigstens durch die Polarisierung ein Echo zu bekommen. Dabei bin ich überhaupt nicht auf Aggression ausgerichtet. Aber während andere eine auratische, charismatische Ausstrahlung haben, wirkt bei mir das sogenannte Adlerprofil. Wie die Hühner zusammenschrecken, wenn sie am Himmel eine bestimmte Silhouette sehen, gibt es das auch in der menschlichen Kommunikation. Selbst wenn ich mich ganz freundlich gebe, wie es meine Natur ist, stehe ich am Ende auch dann allein, wenn ich es gar nicht bin. Ein bißchen Zustimmung muß man ab und zu schon mal haben. Die gibt es aber nicht.

Erhöht das die Versuchung, ein Gott zu werden?

Nach Theweleit ist das die beste Disposition, nun doch noch zum Maschinengewehr zu greifen oder den eigenen Staat zu gründen. Obwohl ich das Argument nicht ganz verstehe – Gottfried Benn hat nun weiß Gott alle Aufmerksamkeit gehabt, die ein Mensch haben konnte. Und so sehr Herr Pound klagte, daß die englischen Kollegen ihn nicht mehr als Herdenführer akzeptierten und er das Gefühl hatte, Eliot würde sich nicht ein zweites Mal von ihm in seinem *Waste Land* herumschmieren lassen, wurde ihm Aufmerksamkeit zuteil, und das gilt für Hamsun erst recht. Und Herr Céline wurde weltweit gelesen, selbst von Trotzki. Es ist nicht nur Selbstmitleid und Verbrechen aus verlorener Ehre und Rache für entgangene Mutterliebe. Das reicht einfach nicht. Ich meine, es ist die Kapitulation vor der Wahrheit. Daß die Welt nicht zu verändern ist. Daß Menschen gewalttätig und machtgeil sind und daß deswegen auch Herr Benn und Herr Heidegger mal Macht ausüben wollten.

Und Bazon Brock?

Bei mir wird das sicherlich auch nicht anders sein, daß ich doch in der Gefahr bin, eines Tages vor der Wahrheit zu kapitulieren. **Realität ist offenbar das, was uns der Journalismus jeden Tag vorführt. Dann werde ich eben auch Journalist.** Die ästhetische Macht, die Einflußmacht, die Wirkmacht ist auf den Journalismus übergegangen.

Wollen Sie denn die Macht?

Das ist die Frage: Wenn das Verlangen nach Anerkennung, nach Geltung oder nach der Kriminalität unsere ganze Wahrheit ist, ohne die Menschen sozial nicht existieren können, wird man auch selbst gezwungen sein, auf so etwas hie und da zurückzufallen.

Was wäre für Sie ein Beweis dieser Annahme?

Der Beweis liegt darin, daß der Wahn die gleiche Macht über die Menschen hat wie die Wahrheit.

Trotzdem wollen Sie die Wahrheit kritisieren.

Das muß man. Sonst ist man zum Verbrecher geboren, zum prophetischen Kämpfer, zum Machtmenschen, der sich durchsetzt und alles niedermäht, was sich ihm in den Weg stellt.

Wahrheit als Sonderform des Wahns.

Ja.

Mihilismus für Ich-Schwache

9 | Mihilismus – Von der lustvoll-egoistischen Selbstverwirklichungsbohème zum Terror der Individualisierung als Zuschreibung der Folgen dessen, was man nie getan hat

Die *Egologie* und *Subjektphilosophie* ist um eine Position zu erweitern. Sie entwickelte sich aus Descartes' Selbstvergewisserung in der Existenz: Wenn mir aber genügt, daß ich denke und meines Existierens gewiß bin, bleibe ich solo, allein, ich werde zum *Solipsisten*. Geht es mir nicht nur um die Vergewisserung als existierend, sondern um eine Klärung der Verfahren, mit denen ich mich auf andere Solipsisten sowie andere Ausprägungen des Denkens von Existenz beziehe, dann muß ich als Solipsist zum Egoisten werden; und zwar, so meinte Kant, in dreifacher Hinsicht: zum *logischen* Egoisten, der seine Verstandesurteile ohne Vergleich mit der Urteilstätigkeit anderer *Solipsisten* zu akzeptieren bereit ist; zum *ästhetischen* Egoisten, dem sein geschmackliches Unterscheidungsvermögen genügt, um die Welt hinreichend interessant zu finden; und zum *moralischen* Egoisten, der zu glauben vermag, daß die Zwecke der Weltvergewisserung allein darauf abzielen, daß ich mich selbst als existierend behaupten kann.

Diesen Egoismen fügte ein Kantschüler vor 170 Jahren noch den *physischen* Egoismus hinzu, womit er den natürlichen Selbsterhaltungstrieb des Menschen bezeichnete. Das war ein vernünftiger Vorschlag, Descartes' Behauptung brauchbar dafür werden zu lassen, wie man denn das Existieren zu qualifizieren vermag, da man ja bekanntlich auf sehr unterschiedliche Anspruchsniveaus der Existenzsicherung verwiesen sein kann. Vornehmlich Angehörige des Ersten und Vierten Standes fanden damals reichlich Gelegenheit, ihre Existenz (zumal nach den Terrororgien der Revolution) als nicht lebenswert zu empfinden; das Nachdenken führte zu dem Schluß, es sei besser, nicht zu existieren als Nichtgeborener oder schließlich Selbstentleibter: „Ich denke, also komme ich zu dem Schluß, meinem Leben ein Ende setzen zu sollen."

Erst Ludwig Klages hat dann in seinem „System der Triebfedern" die Konsequenzen des Selbstvergewisserungs- und Selbsterhaltungsgedankens gezogen, indem er klarmachte, daß Selbsterhaltung nicht auf einem passiven Bewahren eines gegebenen Zustandes beruht, sondern als Entfaltung in der Weltaneignung und in der Durchsetzung von Geltungsansprüchen besteht. Letzteres nennt man in jüngerer Zeit Selbstverwirklichung, zu der die verschiedenen Formen des Egoismus, die Klages beschrieb, zusammenwirken. Eine modernistische Version des Egoismus, nämlich des Egoismus der Gene, modifizierte das Selbsterhaltungs- und Selbstverwirklichungskonzept; es ging nur noch um Selbsterhaltung bis zur Selbstverwirklichung, die darin bestand, sein eigenes genetisches Potential in nachfolgende Generationen eingebracht zu haben:

Ich muß mich genetisch oder extragenetisch vererben, um denken zu können, daß ich ein Gewesener bin.

Der soziale Altruismus, die Solidargemeinschaft des Sozialstaates, erhielt durch die Soziobiologen eine starke Begründung in dem Nachweis, daß Altruismus auch nur eine besonders raffinierte Form des Egoismus sei. Heute triumphiert er unter den Märtyrern aller Begründungszusammenhänge, die Selbstverwirklichung durch Aufhebung des Selbsterhaltungstriebes erreichen – unter der Voraussetzung, daß ihre Existenz als Gewesene von der Gemeinschaft, für die sie sich opfern, auf Dauer garantiert werden wird. Das ist in der Tat ein glorioser Egoismus, der seit der Wertherzeit und der Frühromantik Modernität markiert: **Ich denke, also habe ich mich, um dauerhafte Bewahrung im Gedächtnis der jeweils Lebenden zu erreichen, todes-/opferbereit zu zeigen.**

In besonderer Weise entsprach diesem Existenzbeweis durch Aufgabe des Lebens die Selbstverwirklichungs-Avantgarde der Künstlerbohème mit ihren Positionen des *poètemaudit*, die sich seit den 80-er Jahren als Lebenshilfeliteratur für Yuppies blendend verkaufen ließ. Diese Position hat auch die letzten Spuren der Anrüchigkeit von Egoismus verloren: das Ichtum der Ichmenschen wurde beispielhaft für die Individuen im Globalismus. Wer gegen diese Ausweitung der Selbstverwirklichungszone etwas einzuwenden hat in moralischer, ästhetischer oder rationaler Argumentation, scheint immer noch damit zu rechnen, zu den Opfern der weltumspannenden Wirtschaftsdynamik des Reinen Egoismus gezählt werden zu müssen.

Schon Eugen Dühring hatte erklärt, daß nicht die Durchsetzung des eigenen Interesses den wirklichen Egoismus ausmache, sondern die Verneinung der egoistischen Ansprüche anderer. Der wirkliche Egoismus ist eben unrein, aber praktisch. Wer den heutigen täglichen Demonstrationen von Korruption der Ämter, Hochmut der Geschäftemacher und Machtspiel der Politiker mit moralischer Entrüstung begegnen zu können meint, kann sich für das praktische Argument auf die Verneinung seines Egoismus durch die tatsächlich erfolgreichen reinen Egoisten berufen. Und das tut man bei demonstriertem, klarem Bewußtsein, indem man seiner Entrüstung stets hinzufügt, man wisse nicht, wie man selber sich in die Rolle des reinen Egoisten gefügt hätte, wenn es einem denn vergönnt gewesen wäre, sie zu spielen. **Den Attraktionspunkt heutiger Ausprägung des Egoismus unter Bedingungen der Globalisierung stellt zweifellos die Möglichkeit dar, sich wahrhaft göttliche Attribute zuzulegen.**

Max Stirner hat im Geburtsjahr Nietzsches mit seinem Hauptwerk *Der Einzige und sein Eigentum* dafür ein Beschreibungsmodell geliefert. Die Übertragung des biblischen Namens Gottes, eben *als der einzige Gott*, auf das Individuum in der totalität entfalteten Industriegesellschaft kann eigentlich erst heute im Zeitalter der Informationsgesellschaft grenzenloser Weltallheit gewürdigt werden. Jeder wirkliche Egoist ist ein Einziger, weil er ja die gleichlautenden Ansprüche anderer verneint. Dafür steht heute der Appell der großen Wirtschaftsegoisten, sie von allen gesetzlichen Restriktionen zu befreien, sie also bedingungslos, also einzigartig, wirken zu lassen; sobald aber dieses Egoismuskonzept scheitert (Voraussetzung mindestens fünf Milliarden Kreditvolumen), rufen die Unternehmer Kirch und Consorten das reine egoistische Interesse von Staat und Gesellschaft an (Bewahrung der Arbeitsplätze, Zukunftsperspektive, Vertrauenserhalt etc.). Das Scheitern dieser Möchtegerngötter wird erfolgreich, wenn die Repräsentanten von Staat und Gesellschaft ihrer Klientel einzureden vermögen, daß es schließlich überhaupt keinen Gott mehr gäbe, vor allem nicht mehr den verläßlichsten Gott des Mammons, wenn es keine Prätendenten auf Einzigartigkeit mehr gäbe. Man müsse also, um Gottes willen, immer wieder bedingungslos dem Einzigartigkeitsstreben huldigen (mit der Verschwendung von Steuergeldern oder Bankkrediten), damit der Gottesglaube erhalten bleibe, und die Garanten dafür sind eben einzigartige Unternehmer mitsamt ihrem Eigentum, d.h. mitsamt allen Rechtfertigungsgründen einer Theologie des Mammons.

Wenn es erst soweit kommt, daß man mit Geld, also mit unüberbietbaren Angeboten, wie sie die Mafia zu unterbreiten pflegt, nichts mehr erreichen kann, dann ist die Welt tatsächlich gottlos und der Gedanke gegenstandslos, d.h. ichlos geworden und hört damit auf, zu existieren.

In dieser Konstellation scheint es unumgänglich, dem Egoisten einen Mihilisten zur Seite zu stellen, einen Dativ des Ego. Denn die egoistische Selbstverwirklichung bis hinauf zur Durchsetzung göttlicher Einzigartigkeit in Wirtschaft, Politik, angewandter Wissenschaft und den Künsten scheint daran zu kranken, daß eben die Einzigen nicht mehr die Kraft haben, sich die Konsequenzen ihres göttlichen Wahnsinns, also das radikale Scheitern, zuschreiben zu lassen; sie wollen, wie gesagt, nur erfolgreich scheitern. Typisches Beispiel dafür sind die Legionen der Nieten in Nadelstreifen, die mit ihren Allmachtsphantasien als Unternehmer reihenweise Firmen in den Bankrott treiben, aber dafür mit durchschnittlichen Abfindungen in zweistelliger Millionenhöhe belohnt werden (angesichts dieser Nieten wird irritierende Faszination durch Einzigartige spürbar, die wie die Herren im Reich des Bösen – Präsident Bushs Definitionsgrößen der Welt! – aus lauter reiner Boshaftigkeit die Welt zu vernichten hofften). Die Prätention auf Einzigartigkeit findet keinen Glauben mehr, weil mit ihr immer zugleich signalisiert wird, es gehe ja nur ums Geld. Diese Einsicht scheint sogar in jenen Fällen unerschütterlich, in denen religiöse Fanatiker und Kulturkämpfer ihre Motive grotesk verzerren, um ja nicht den Eindruck zu erwecken, auch in Irland, im Baskenland oder Palästina ginge es um schnöden Mammon. **Aber alle wissen, daß der Grad des egoistischen Durchsetzungsanspruchs ja in nichts anderem bemessen werden kann als in Geld.** Das aber gerade deswegen keine Geltung mehr hat – will sagen, daß niemand mehr auf die Idee käme, einen reichen Mann wegen seiner Fähigkeiten zu bewundern; von einer eingenommenen Professorenposition auf besondere geistige Fähigkeiten des Betreffenden zu schließen, die Beförderung zum hohen Richter, hohen Militär oder hohen Verwaltungschef in irgendeiner Weise mit anderen Verdiensten zu korrelieren als dem Verdienst um die Mafia, den Klüngel, die Seilschaft. Selbst die explizite Widmung an Verdienst um Staat, Gesellschaft, Wissenschaft etc. bei Ordens- und Preisverleihungen nötigt niemand mehr Respekt ab, weil jeder zu wissen glaubt, wie dabei verfahren wird.

Um diesen Distanzgesten die Kraft zu nehmen und um den Glauben an den Erfolg aller Egoisten und Einzigartigen – also um den Glauben an eine verläßliche Ordnung unter den Menschen im Sinne ewig geltender anthropologischer Konstanten zu befördern, ist man mit ungeheurer Raffinesse, der so gut wie alle Soziologen, Psychologen und Kulturwissenschaftler erlegen sind, daran gegangen, den Egoismus zu verordnen. **Der mir aufgenötigte, abverlangte Egoismus ist also ein Mihilismus. Ich bin gezwungen zur Individuation, obwohl ich in ihr gerade nicht mehr das Glück zur Selbstverwirklichung zu vermuten vermag, sondern die Drohung mit Vereinzelung, Bindungslosigkeit und Ohnmachtserfahrung.** Ich bin zur mihilistischen Position verurteilt, weil ich mir den Egoismus nicht mehr zutraue oder als lächerlich erkennen mußte.

Der Mihilismus wurde in unserer Öffentlichkeit zum ersten Mal schlagend für jedermann angedient, als nach der Katastrophe des unreinen Wirtschaftsegoismus in Tschernobyl von den Experten erwartet wurde, verbindliche Schlußfolgerungen aus dem Geschehen zu ziehen. Genau das konnten und können Experten nicht – was niemand gern eingesteht, denn die Experten hätten ja nur sagen können, daß die Tschernobyl-Katastrophe das erwartbare Resultat von göttlicher Einzigartigkeitsdarstellung durch Wissenschaftler und Politiker sei. Da dieses Eingeständnis nicht mehr kalkulierbare Reaktionen bei Publikum und potentiellen Wählern ausgelöst hätte, aber irgendeine noch so gute Egoistenlüge kaum für glaubwürdig gehalten worden wäre, verfiel man auf den Dreh, das Publikum selber in die Rolle der Entscheider zu zwingen. Pausenlos wiederholten alle Experten auf allen Kanälen die physikalischen und meteorologischen Daten, mit dem unmißverständlichen Hinweis, daß nicht sie die Experten und Wirtschaftsbosse und Politiker wissen müßten, was zu tun sei, sondern jeder einzelne Bürger hätte in Kenntnis der objektiven Daten selbstverantwortlich zu entscheiden, ob er Kinder in den Freiluftsandkasten schicke resp. Salat und Pilze verzehre oder nicht. Die Verantwortung für die Folgen des Tschernobyl-Gaus hätten einzig und allein und jeder für sich eigenverantwortlich die Individuen vor den Fernsehschirmen zu tragen. Sehen Sie, das ist Mihilismus.

Wenn Sie heute mit dringlichem Anliegen ein Krankenhaus aufsuchen, so sind Sie gezwungen, versicherungsrechtlich relevant schriftlich zu bescheinigen, daß Sie die Verantwortung für das erörterte Vorgehen des Arztes, etwa eine Operation, als Patient, d.h. als medizinischer Laie, selber übernehmen. Sehen Sie, **das ist Mihilismus; das nämlich, was mir als Individuum zugemutet wird, an Urteilen, Verantwortlichkeiten, Risiken, ohne daß ich dafür hinreichend oder in besonderer Weise ausgerüstet oder qualifiziert wäre.** Mihilisten müssen es aushalten, daß Egoisten sie ständig in medienwirksamer Selbstverwirklichungsbohème erstrahlen lassen und andere Ämter und Positionen für sich reklamieren, weil sie so großartige Egoisten seien, daß der Erfolg sich zwingend einstellen werde – um andererseits die Zumutung zu verkraften, daß sich besagte Einzigartigkeitsprätendenten sang- und klanglos aus der Verantwortung stehlen und daß diese Tatsache auch noch als humanitär gesonnene Aufklärung über das Leben in Politik, Wirtschaft und Gesellschaft angepriesen wird mit der Gebetsformel, in der Demokratie trage eben der Wähler die Verantwortung.

Mihilismus für Ich-Schwache

10 Future Sex.

Die Zukunft von Liebe und Erotik

Ein Gespräch mit Jutta Winkelmann und Gisela Getty

Die Sexualität scheint sich immer mehr in die extremen Ausformungen hinein zu entwickeln, körperlich wie geistig. Unsere Zeit empfindet kaum mehr etwas als anstößig. Im Gegenteil. Was noch als Sex-Skandal gewisse Chancen hat in die Medien zu kommen, wird sofort für Tausende zur Gebrauchsanweisung. Was treibt die Menschen heute ins Bizarre und Extreme?

Der wesentliche Aspekt der gesamten Diskussion um die Extreme der Sexualität liegt in der Struktur unserer Empfindungen. **Wir sind darauf programmiert, nur uns selbst wahrnehmen zu können,** alle Wahrnehmung ist nur Selbstwahrnehmung. Wenn nun der Körper sich einer bestimmten Situation aussetzt und dadurch im Körper ein anderer Systemzustand erzeugt wird, meldet das eigene neuronale System dem Gehirn, also in diesem Fall dem limbischen System, die neue Lage. Dieses steuert die Sexualität und ist auch im wesentlichen für Fortsetzungs- und Abbruchsaktivitäten zuständig. Das Instrument dafür ist herkömmlich bekannt als **Ekel.**

Das limbische System ist nach dem Stammhirn die älteste Schicht innerhalb unseres zentralen Nervensystems und dirigiert durch Atmen, Körpertemperatur und Energieumsatz die Lust- und Unlustreaktionen. Was nichts anderes heißt als: Fahre fort mit einer Handlung! Also: Schokolade essen, Sex machen, Wein trinken! Oder: Brich ab! Das Abbrechen kommt durch ein Ekelgefühl zustande, das von einer bestimmten Schwelle an erzeugt wird.

Wird das durch Überstrapazierung erzeugt?

Nein, das erzeugt der Organismus selbst. Stellt euch vor, wir wären zwar programmiert auf Auslöserreizquellen, also Figurationen von verschiedenen Reizen, sagen wir mal, zum Essen, zur Partnersuche, zur Territorialverteidigung, zur Sexualität, und der Antrieb geht immer weiter. Dann ist das Kernproblem:

Wie kommen wir von einem Reiz wieder weg?

Es muß eine Abkehr von dieser Reizfiguration geben, um sich auch anderen Reizen wieder zuwenden zu können.

Wahrscheinlich dann auch durch neue Gewohnheitsbildungen ...

Das eben funktioniert von Natur aus über das limbische Regulativ. Herkömmlich sagt man, jetzt habe ich soviel Schokolade gegessen, daß ich gleich kotze, also hör ich auf. **Diese Schwelle ist kulturell manipulierbar.**
Man kann sie absenken oder erhöhen. Absenken heißt: Die Männer wurden vormals schon hektisch oder kriegten Spontanerektionen, wenn eine Frau nur das untere Teil eines Knöchels sehen ließ. Heute kannst du zwei Stunden lang härteste Pornographie vorführen, und es regt sich nichts.

Man sieht es auch – in Amerika insbesondere – daran, wie viele Frauen sich immer größere Brüste implantieren lassen, um über diese Reizschwelle zu gelangen.

Bei all diesen Voraussetzungen gilt: Du nimmst die Auslöserreize aus der Außenwelt, aber die Empfindungen hast du nur von dir selbst. **Das System interpretiert den eigenen physischen Zustand.** Es verändert die elektrische Leitfähigkeit, den Zelldruck, die Muskelspannung, die Schweißbildung, und das wird dann rückübersetzt und interpretiert. Was wir als Empfindung wahrnehmen, ist eine Selbstempfindung. Und das hat natürlich größte Bedeutung für die Einschätzung der Sexualität in Zusammenhang mit anderen Phänomenen. Gruppenbildung, Kleinstfamilie kann gar nicht über Sexualität laufen, weil die Empfindungen, die dabei auftreten, Selbstwahrnehmungen sind. Bei einem sozialen Verhalten kann das nicht der Fall sein. Wenn das Sozialverhalten nur auf Sexwahrnehmung ausgerichtet wäre, wäre es eben kein soziales. Da müssen ganz andere Mechanismen in Gang gesetzt werden, zum Beispiel Aggressivität.

Ist Sexualität dann nicht eigentlich zutiefst asozial?

Das wäre übertrieben, aber man kann sagen, sie ist auf jeden Fall nicht tauglich, um Partnerbindungen zu erzeugen.

Momentan machen immer mehr Menschen die Erfahrung, daß es nicht klappt. Wäre es nicht entlastend, wenn man das kapieren würde?

Es wurde frühzeitig zwischen Liebe und Sexualität unterschieden. **Liebe war die Form der Übertragung der Selbstwahrnehmung auf andere.** Wenn man sich wechselseitig akzeptiert bei der Sexualität, bedeutet das eine qualitativ andere Bewußtseinsstufe: Die Lustempfindungen, die als Selbstwahrnehmungen im Körper produziert werden, nimmt man vom anderen an und akzeptiert sie dann, sprechen wir von Liebe.

Oft ist das nicht bei den anderen so . . .

Doch, das ist bei jedem Menschen so. Notwendigerweise.

Daß der andere das gleichzeitig auch so empfindet?

Das leider nicht. Das ist der Haken. Also kommt es darauf an, ein Aktivitätsmuster aus verschiedensten Antrieben zusammenzubasteln – und das ist von Natur aus schon angelegt. Sexualität, Aggression, Unterwerfungsaggression, Partnersicherung, Wegbeißen aller Konkurrenten, Nahrungs- und Futterquellensicherung, all das spielt jeweils mit hinein, also die Gesamtheit dessen, was man herkömmlich unter dem Machttrieb versteht. Die Sexualität als Selbstthematisierung ist nun deswegen so wahnsinnig gefährlich, weil sie, das hat übrigens Ernst Bloch schon geschildert, einem im Kern klar macht, daß man doch eine Monade ist – eine in sich selbst abgeschlossene Einheit, die als autopoeitisches System dahinrollt. Es gibt freilich ein Fenster zur Welt: die Kommunikation. Aber alles, was einem wirklich wichtig ist, die ganze riesige Palette der Empfindungen, sie werden sämtlich innerhalb dieser Maschine produziert. Auch die gesamten Bewußtseinsproduktionen finden innerhalb dieses autonomen Bewußtseinsproduktionssystems *Kopf* statt. Nur über die Kommunikation läßt sich das noch mit anderen abgleichen, so daß man kontrollieren kann, ob man nicht wahnsinnig oder verrückt wird. Und **das ist die subversive Kraft der Sexualität. Selbst Aggression, Machtverhältnisse, Besitzverhältnisse kann sie sprengen, wenn sie den Organismus, der Sexualität produziert, zwingt, tatsächlich anzuerkennen, daß sich das Ganze nur in ihm selber abspielt.**

Es gibt natürlich eine Sexualität, die ganz schlicht auf der Ebene des limbischen Systems operiert, aber die ist ja nur ganz kurz aktiv, sagen wir mal, zwischen Pubertät und zehn, zwölf weiteren Jahren, von Natur aus. Dann ist sie zu Ende. Ab ungefähr Dreißig, Fünfunddreißig funktioniert Sexualität nur noch, wenn das Bewußtsein beteiligt ist. Das heißt, dann wird Sexualität eine Frage der hinreichenden Phantasien und der hinreichenden Kraft zur Imagination, und die kann man dann wieder mit anderen teilen. Wenn man sich also wechselseitig erzählt, was für Phantasien man hat, dann ist gesichert, daß die unentrinnbare Selbstwahrnehmung dennoch ein Vis-a-vis hat, gekoppelt ist mit der Selbstwahrnehmung eines anderen, und zwar über dieselben Elemente, die in der Erzählung bildlich und wörtlich vorkommen. Der Cyberspace, seine virtuellen Auslöserreize, sind genau die gleichen, die das Bewußtsein sowieso produziert. Denn was uns im Bewußtsein als Bild sexuell stimuliert, ist genauso virtuell, wie die vom Computer erzeugten Signale. Also passiert da eigentlich nichts anderes. Es gilt übrigens generell, daß wir uns anhand des Computers immer mehr klar machen können, wie wir auf natürliche Weise funktionieren. Es wird herauskommen, daß die natürliche Leistungsfähigkeit dieses Apparates (unseres Kopfes) uns entgangen war. Durch den künstlichen Nachbau in der elektronischen Maschine haben wir kapiert, was für geniale Leistungen wir von Natur aus erbringen, und die werden schließlich als unüberbietbar angenommen. Insofern verdanken wir der Maschine eine viel größere Selbstachtung für das, was wir natürlicherweise tun.

Die Maschine spiegelt uns doch letztlich nur wider. Gilt das nur für unseren Verstand und Intellekt?

Nein, auch für einen großen Teil der Bewußtseinsproduktion. Deshalb **definiert man Bewußtsein als die Differenz zwischen verschiedenen kognitiven Prozessen und ihrer Versprachlichung oder Verbildlichung.** Wenn wir Sprache begreifen als alles, was an Zeichen gebunden ist, ob Bilder oder Worte oder Gesten, alles sei gleichermaßen Sprache, dann ist die Differenz zwischen dem, was sprachlich, und dem, was dabei an Gedanken oder Vorstellungsbildern produziert wird, die Achse dessen, was das Bewußtsein ausmacht.

Das Bewußtsein ist also immer eine Differenz, auch bei der Sexualität. Und das Bewußtsein, daß ich zwar jetzt mit einem Partner kopuliere, die Empfindungen dabei aber meine eigenen körperlichen sind, schafft ein Bewußtsein, das ich nutzen kann, um die Situation zu optimieren. Also Bewußtsein ist immer eine Bewußtheit über die Differenz von intrapsychischen Vorgängen und äußeren Versprachlichungen. Diese Differenz kann man künstlich erzeugen, indem man lügt. Man kann sie einander annähern, dann versucht man so etwas wie Evidenzerlebnisse zu erzeugen, was auch als Wahrheit bezeichnet wird oder wie immer das heißen mag. Und **im Zustand der vollkommenen Wahrheit, in der vollkommenen Hingabe, der vollkommenen Versunkenheit in spirituelle Höhenflüge, ist man bekanntermaßen genauso dumm wie auf der gegenteiligen Seite.** Also bleibt es bei der Erfahrung der Differenz. Und das ist überall so. Wenn es keine Verzögerung gäbe, wenn du alles, was du siehst, sofort entsprechend als Reiz nutzen würdest – du siehst eine schöne Frau und stürzt dich sofort drauf –, wäre das tödlich für die Sexualität. Es muß also Verzögerungen geben, es muß Widerstand geben. Die ganze Theorie des Vorspielens, des Annäherns, des langsamen Hochschaukelns, Aufbauens sind notwendig, damit der Prozeß mit Bewußtsein verbunden ist, also mit anderen Worten auch anschlußfähig wiederholbar ist, um nicht nur ewig, wie bei den meisten Leuten, in der notorischen Tristheit, Leerheit und Ekelhaftigkeit zu enden. Was, wenn man diese Erfahrrung öfter gemacht hat, zu sehr schweren Störungen der Sexualität führen kann.

Und wie kann man das vermeiden?

Durch Bewußtseinsbildung. Das bedeutet auf der sexuellen Ebene, nach diesem pubertären Kraftschub eher den Auslöserreiz als Gestalt oder Bild oder was immer gelassen wahrzunehmen, dazu aber innere Vorstellungsbilder zu produzieren, und du adaptierst das und beobachtest dich ständig, wie du auf die Bilder reagierst.

Eine Vermenschlichung der Sexualität …

Das setzt schon relativ früh ein. Kinder können schon mit vier, fünf Jahren ein Bewußtsein der Sexualität haben, aber eigentlich wird es relevant erst um dreißig, fünfunddreißig, wenn man wirklich nicht mehr nur das reine energetische Programm abzieht, an dem man eigentlich gar nicht beteiligt ist. Das macht der Körper völlig selbständig, vor allem in der Zeit zwischen Dreizehn und Dreißig – deswegen empfindet auch kaum ein Mensch in dieser Spanne etwas. Es wird abgespult, es läuft wie am Schnürchen, aber keiner empfindet etwas. Es gibt kein Bewußtsein dabei. Und dann kommt es tatsächlich vor, daß Leute ihre Sexualität vollkommen abkoppeln können von der Liebe, ohne daß das für die Orientierung der Partner irgendwas bedeutet. Wie sehr das zum Thema für das Gros der Bevölkerung wird, sieht man auch an der Zunahme von Selbstbefriedigungspraktiken, weil sie sozusagen mit der Sexualität schnell durch sein wollen, damit nicht ewig dieses Thema dominiert. Erst wenn man zur Bewußtseinsbildung kommt, kann man das anders managen. Bis dahin möchte man es möglichst schnell hinter sich haben und selbstredend mit steigendem uneingeschränktem Selbstgenuß. Selbstbefriedigung ist dann logischerweise die natürlichste Art, sich zu befriedigen.

Selbst wenn du von einem anderen stimuliert wirst, ist es also immer nur Selbstwahrnehmung. Man befriedigt sich am anderen?

Es ist immer nur Selbstwahrnehmung, und du kannst nichts anderes fühlen als dich selbst. Insofern ist das Thema Sexualität noch gar nicht richtig entdeckt. **Es bleibt zu hoffen, daß durch die virtuelle Sexualität, durch die Möglichkeiten des Cybersex, immer deutlicher wird, wie wir eigentlich von Natur aus operieren. Damit werden uns Möglichkeiten geschaffen, uns auf die Natur wieder besser einzulassen.**

Ich habe neulich im Fernsehen gesehen, wie eine ganze Familie ihre erotischen Abenteuer schilderte: Die Tochter, eine graue Maus, wurde zur Domina, die ihren Mann nach Dienstschluß prügelte. Dazu kam die Mutter, mit ihrem vierzig Jahre jüngeren Freund, und die Tochter schenkte es der Mutter nun auch immer ein, und der Mann dem Freund und der Freund der Tochter. Die Familie hatte nichts dagegen, auch die Kinder, wenn sie einmal größer sind, daran zu beteiligen. Das waren Gäste einer Talkshow, und irgendwie wirkte das zunächst ein bißchen verwunderlich.

Das ist eine ganz gesunde Reaktion, denn damit verliert es eine eigentlich unvernünftige Verstärkung, das Geheimnisvolle, Subkulturelle, das Abgedrängtsein. Sie sind nicht mehr obsessionell, „besessen", sie sind nicht mehr abhängig davon. Diese Verwandlung aus der Opferrolle in die Täterrolle ist letztlich das, was Bewußtsein eigentlich ausmacht. Die Diskussion um Familie, Kindheit, Unterwerfung, Patriarchat erfolgte allein aus der Perspektive der Opferrolle, was katastrophale Fehlschlüsse nach sich zog, denn in diesen Bereichen sind auch die Opfer immer Täter. Und die Täter Opfer. **Der Übergang in die Täterperspektive,** wie bei diesen Talkshows, **ist also außerordentlich wichtig.** Deswegen sind diese Darstellungen in Talkshows keine Monsterveranstaltungen, als das werden sie vom Journalismus eigentlich verkauft, sondern sie sind tatsächlich Zeichen fur einen Bewußtseinswandel von der Opferrolle zur Täterrolle, und das heißt verbunden mit der Entwicklung von Bewußtsein über diese Sachverhalte.

Was hältst du von der These, diese ganze Pornographie führe schließlich zum Zölibat?

Das ist auf der Ebene der Sexualität immer der Fall gewesen. Es gibt bei Peter Handke in seiner *Rückkehr aus USA* eine kleine Passage, da grübelt er eines Morgens in Denver: Mit mir ist was ganz Entscheidendes passiert, gestern abend mußte ich, um mich selbst zu befriedigen, ein Pornobild vor die Augen halten, während ich das bisher doch immer durch die Vorstellung konnte. Bin ich jetzt bewußtseinsschwach geworden? Mein Geist läßt nach? Das ist eine sehr schöne Beobachtung, er hat genau den richtigen Punkt erwischt, sich zu fragen, aha, was ist denn da eigentlich los, wenn ich jetzt nicht mehr kraft eigener intrapsychischer Aktivität Sex mache, sondern von außen Ausgelöstes brauche. Deswegen ist diese hohe Affinität von Bildender Kunst, Literatur, Musik zu den pornographischen Bildauslöserqualitäten immer bemerkt worden. Weil nämlich durch die Erzählung oder durch malerische Zeichengebung die Phantasien extrem angeregt worden sind, über das hinaus, was das Bild oder der Text selber konnte.

Und das übernimmt heutzutage das Porno-Video?

Wobei man ziemlich schnell demonstrieren kann, daß es immer der Übertragungen, Adaptationen bedarf. Das reine physiologische Substrat von zwei Leuten, die es da miteinander treiben, reicht eben nicht. Das wird den Leuten nach wenigen Minuten, sozusagen nach dem ersten Schub der Selbstbefriedigung, einfach langweilig, fade. Dann tritt die Ekelreaktion auf. Der Zuschauer muß die angeführte Story schon auf ihn interessierende, bekannte Personen übertragen können. Es geht nicht um die Frau X, die da zu sehen ist, sondern man stellt sich die Nachbarin oder die Mutter vor. Man imaginiert den Direktor in der Firma oder ein junges Mädchen auf der Schulbank, oder so etwas. Also das Entscheidende liegt in der Übertragung auf **die eigene Vorstellung,** den eigenen inneren Text. Wenn diese Übertragung nicht mehr gelingt, dann irrt man sozusagen im richtungslosen Raum sexueller Antriebe herum, und dann strömt die Aggressivität ein, die Zerstörungswut. Und das Ganze wird zu einer Selbstbestrafungs- oder Selbstzerstörungsaktivität vom autistischen Typ. Diese Phasen der Erkenntnis werden durch schmerzhafte Erfahrungen eingeleitet. Der erste Schock ist: „Du lieber Gott, wenn wir sexuell empfinden, empfinden wir nur uns, und nicht unseren Partner." Der zweite Schock: „Himmel, ich empfinde eigentlich gar nichts, ich muß mir jetzt sozial etwas vorgeben lassen, erst dann kann ich stöhnen, kann ich zappeln." Der dritte Schock wird noch ärger: „Oh weh, jetzt empfinde ich nicht nur nichts, sondern ich kann es noch nicht einmal mehr äußern." Und dieser Autismus ist an solche Extremhaltungen gebunden, weil der Körper unfähig ist, sich selbst richtig wahrzunehmen, also in sich selbst diese Zustände zu erzeugen und sie „richtig" zu interpretieren. Deswegen richtet sich die autistische Energie gegen den Autisten selbst. Im Zustand völliger Unbefriedigbarkeit irren die Leute herum, die Suche nach starken Reizen endet nicht mehr in der Sexualität – sondern in der Attackierung des Körpers auf einer ganz anderen Ebene. Der **Cyberspace ist interessant, weil die Auslöserreize, die von den Maschinen geboten werden, in einem höheren Maße den Vorstellungen entgegenkommen, die wir natürlicherweise produzieren.** Sie sind also leichter übertragbar und lassen sich leichter in eigene adaptierfähige Vorstellungen verwandeln. Ganz anders, glaube ich, verhält es sich mit dem sogenannten Cybersex, wo die Körper an Drahtstimulatoren angeschlossen werden und wo die Partner das Internet benutzen, um sich elektrische Krabbelimpulse in den hautengen Cybersexanzügen zu verpassen.

Das ist dann eigentlich ein Anachronismus, sozusagen ferngesteuerte Massagestäbe?

Es ist nicht nur ein Anachronismus, sondern eine Primitivstufe externer Reizung, die von jeder menschlichen Hand weit überboten wird. **Die tatsächliche sexuelle Wahrnehmung findet im Gehirn statt,** in der Vorstellung, und wenn da keine Genußfähigkeit ausgebildet ist, dann nützt das reine Blutgefäßgeschehen überhaupt nichts. Eine andere Seite des Cybersex kann uns lehren, daß man einer Rückkopplung bedarf, um seine Realitätstüchtigkeit nicht zu verlieren und sich dann weitgehend selbstzerstörerischen Gefahren auszuliefern. **Der Partner** ist sozusagen der trigonometrische Punkt, den es braucht, um die Landschaft und das Geschehen zu verorten. Er **bewahrt mich vor dem totalen Verschwinden in der Selbstwahrnehmung,** wenn die Ekelschwelle nicht mehr funktioniert. Das spannende Problem dieser Verdrahtungsvorstellungen ist, welche Art von Kontrolle oder Feedback mit den entsprechenden Konsequenzen erhalte ich vom Partner. Nehmen wir das Gegenteil vom Sex, den Krieg: Es ist ein gewaltiger Unterschied, ob ich einem Menschen gegenüberstehe und ihn mit einem Schwert erschlagen soll oder ob ich oben in der Bombenkanzel sitze und gar nicht sehe, was die Bomben unten anrichten. Den primitiven Drahtgestell-Cybersex könnte man damit vergleichen.

Nun werden viele Gespräche im Internet sehr direkt geführt werden, wie das sonst in einem normalen Gespräch überhaupt nicht der Fall ist. Wenn man will, kann man darin eine maximale Offenheit sehen. Ist es nicht tatsächlich eine neue Qualität?

Aber das ist gerade der Haken daran. Das ist das Dumme. Und das sprachliche Niveau bei denen, die da partizipieren, ist so gering, daß dadurch mit Sicherheit keine neue Qualität an Phantasie erweckt werden kann.

Trotzdem könnte es sein, daß dort eine Einübungsmöglichkeit fur die Phantasie liegt. Was bestimmte Gruppen in den 60er Jahren mit LSD gemacht haben, nämlich eine über den Körper hinausweisende Erfahrung – die wird jetzt wieder materiell in der Welt verankert. Timothy Leary ist vom Drogenpapst zum Computerpropheten avanciert. Er ist der Zeitgeist, weil er die Zeichen und die Sprache dafür gefunden hat.

Das war folgerichtig, weil er nämlich die Fähigkeit der Vergegenständlichung der Zeichengebung hatte. Die Zeichen waren auch schon vorhanden. Obwohl sie beim LSD nur auf dem eigenen Körper basieren. Außerdem kannst du ja in dem Zustand gar nicht die Wirkung richtig beobachten.

Aber du hast die Möglichkeit der Projektion. Es gab kulturelle Umsetzungen. Die psychedelische Kunst hat sich ja ganz neuer, fremdartiger Bilder bedient, wie jetzt auch die Computerkunst.

Die gesamte religiöse Kunst hat das geleistet.

Wenn man in eine Moschee kommt, erlebt man einen phantastischen Rausch der Zeichen und Symbole. Die schönsten erotischen Darstellungen reichen da nicht heran. Alles wird ganz vielfältig, das Bewußtsein erreicht kaum gläubliche Ausdrucksformen.

Vor langer Zeit war ich häufiger Gast in einem Landhaus, da gab es eine wunderschöne Frau aus dem Dorf, die dort als Köchin arbeitete. Ich wollte herausfinden, wie der Unterschied einer solchen Frau zu den Reaktionen dieser braven blonden Uni-Mädchen ist, mit denen ich dort in der Regel zusammen war. Ich hatte vage Vorstellungen von Ursprünglichkeit, Unverdorbenheit und ähnliche Klischees. Und was passierte? Sie war völlig stumm und konnte, wie heute im Telefon- und Videosex üblich, nur Sachen sagen wie: „Ja fick mich", „ja, nimm mich, mach's mir, besorg's mir", oder dergleichen. „Komisch", dachte ich damals, „das kann doch eigentlich gar nicht stimmen. Und das soll noch intensiver, unverdorbener, ländlich unverklemmt sein?" Da hab ich mir geschworen: Du lieber Himmel, bloß nie wieder mit einem Mädchen vom Dorf. Da liegst du da, und es wird nichts erzählt, es wird nichts gesagt, es kommt keine Phantasie. Das ist auch das Problem der jetzigen Arbeiten von van Gogh-TV bei der Documenta: „Hallo.Wer ist da? Ja, hier ist Franz. Ja, wie geht es dir? Wie ist das Wetter?" Ein völlig sinnloses Blabla.

Das war übrigens auch das erste, was bei unserem Sextalk im Internet lief: What's your breastsize? Do you like it from behind or from the front? My cock is ten inches. Superprimitiv. Übrigens sind über achtzig Prozent im Netz Männer, die miteinander sprechen. Wo sind die Frauen, was passiert mit ihnen?

Werden Frauen auf gleiche Weise von äußeren Wahrnehmungsreizen stimuliert oder auf andere Weise? Sind es die gleichen Reize oder sind es andere? Sind es die gleichen Reize mit unterschiedlicher Wirkung oder andere Reize mit den gleichen Wirkungen? Unterliegen wir den gleichen Wirkungsprinzipien? Entweder haben wir einen anderen biochemischen Übertragungseffekt, das ist sehr unwahrscheinlich. Oder es muß sich um eine andere Art der Verarbeitung handeln.

Muß sich nicht die Übertragung schon allein deswegen unterscheiden, weil beide verschiedene biologische Funktionen repräsentieren?

Man könnte annehmen, Frauen sind durch den Wechsel der Außenreize weniger irritierbar. In der Naturwelt, und das ist bei Menschen ähnlich, lassen die Weibchen ja die Männchen tanzen, mit ihren Schwanzfedern und ihrem Gesinge und Gespreize, weil eigentlich sie darüber entscheiden, welches männliche Tier seine Gene weitergeben, sich vermehren kann. Und da liegt der Haken. Die Männer haben nur ein Interesse, ihre Gene möglichst weit zu verbreiten, mit möglichst vielen zu kopulieren und möglichst viele Weibchen zu befruchten, also möglichst flächendeckend zu operieren, dann sind die Chancen am größten. Während die Frauen ein Interesse daran haben müssen, nur möglichst hochwertige genetische Materialien zu akzeptieren. Sie lassen die Männchen also antanzen, stellen fest, wer ist der Stärkste, der Gesündeste, der gegen Milben

Widerstandsfähigste, der beste Verteidiger, und den nehmen sie dann. Dem wird natürlich eine andere Steuerung zugrundeliegen, denn es muß garantiert sein, daß die Weibchen sich nicht sofort beim Anblick von x-beliebigen Schwanzfedern hinlegen, sondern sie müssen verzögern, abwarten und checken. Während bei Männern eine nackte Brust genügt, und schon ist er bereit; die Frau sagt, 25 Schwänze, na und? Und dann wählt sie bedachtsam aus. Wie kommt es zu dieser Verzögerung? **Frauen** springen viel schwieriger auf die Reize an, oder es gibt **eine andere Art der Verarbeitung dieser Reize zur Selbststimulierung.** Das läßt sich heute ganz gut nachweisen, rein empirisch, und es macht auch Sinn. Nun gab es dazu die Theorie, die Frauen würden nur durch kulturelle Normierung zu solch einer veränderten Verarbeitung der Reize gezwungen. Die Ausprägung von Sexualbewußtsein werde ihnen verboten. Das war vor zwanzig Jahren zum ersten Mal das Thema: Wirken Pornos auch auf Frauen? Gucken sie sich auch gemeinsam Pornos an?

Kann man nicht sagen, es ist vielleicht etwas dran an der These von der unterentwickelten pornographischen Phantasie? Könnten nicht die Männer im Patriarchat die Phantasien der Frauen unterdrückt, oder als potentielle, strafwürdige Tatbestände wie Hurerei oder Ehebruch unter Strafe gestellt haben, weil sie nicht wollten, daß sich da fremde Gene mit einschleichen? Während die Frauen das entgegengesetzte Interesse hatten, wenn sie etwas merkten, daß ihre Macker doch nicht so toll waren, und es nun andere Facetten zu entwickeln galt?

Daran knabbern gegenwärtig die meisten Theoretiker, und die generelle Antwort heißt, **Frauen operieren über einen anderen Zustand des Bewußtseins als Männer.** Nehmen wir als Beispiel das Lügen: Das ist ein Zustand des Bewußtseins, eine bewußte Ankopplung von sprachlicher Zeichengebung an Gedanken, die zu weit von der Realität abweichen, aber glaubwürdig vorgetragen werden. Es ist in der Tat auffällig, daß Frauen schlechter lügen können.

Du gehst also von der Lüge als Realität aus?

Ja, die Lüge ist eine neurophysiologische Realität. Das heißt, jemand hat erst Bewußtsein, wenn er lügen kann. Es ist geradezu das Kriterium für die Entwicklung von Bewußtsein. Wenn ein Kind mit dreieinhalb Jahren anfängt zu

„Ich inszeniere Ihr Leben", 1968, Kunstverein Hamburg.
Mit theatralischen Mitteln den Alltag dramatisieren: Lebenskunstwerk.

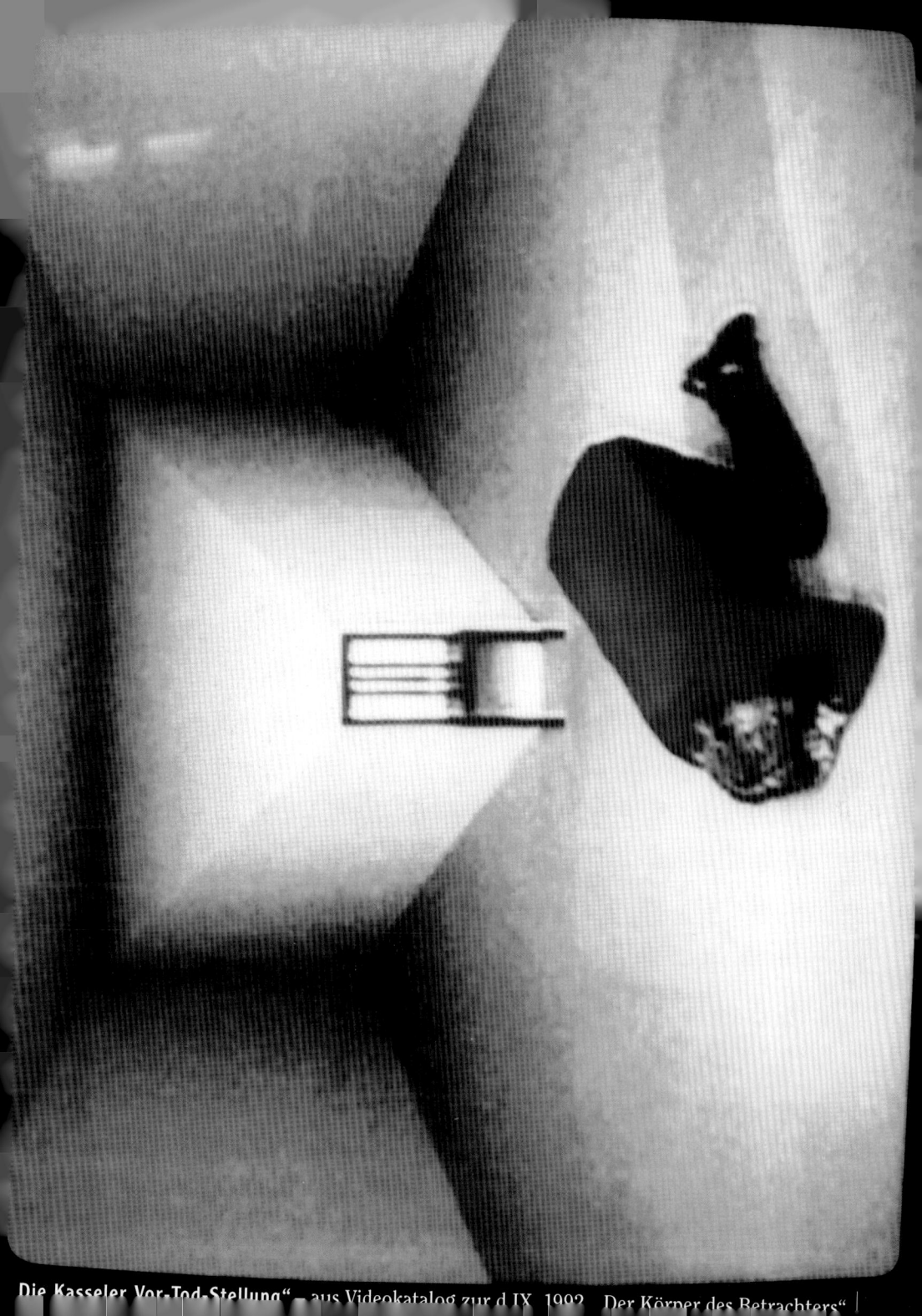

"Die Kasseler Vor-Tod-Stellung" – aus Videokatalog zur d IX, 1992, "Der Körper des Betrachters"

lügen, kann man sagen: „Hah, gratuliere, Ihre Tochter oder Ihr Sohn ist im vollen Besitz seiner geistigen Kräfte und kann lügen". Und das ist bei Frauen, solange sie bewußt operieren, weit weniger stark entwickelt.

Ich erinnere mich, daß ich früher furchtbare Angst hatte, daß mich jemand beim Lügen erwischt.

Weil du nicht lügen konntest. Und warum konntest du nicht lügen? Weil es sozusagen gegen deine eigene Selbstthematisierung als Frau ging?

Männer glauben der Lüge, oder sie lügen nur besser?

Für sie ist es selbstverständlich, daß gelogen werden muß. Sie operieren von vorneherein fintisierend, hinter das Licht führend, falsche Tatsachen vorspielend. Jeder Mann, der diese Sprüche klopft, „oh, Sie interessieren mich, ich glaube, das sind tiefere Gefühle", oder: „Sie sehen meiner Mutter so ähnlich", redet strategisch. **Alles, was Männer erzählen, wird strategisch eingesetzt.**

Hieße das In der Konsequenz, daß Frauen ein weniger entwickeltes Bewußtsein darüber haben?

Nicht ein weniger entwickeltes, sondern ein nicht so radikalisiertes, und nicht auf diesen Mechanismus ausgerichtetes; denn sie können es sich sozusagen von Natur aus nicht leisten, auf lügenhafte Schwanzfedern reinzufallen. Sie prüfen dagegen: Ist das der Ausdruck von Stärke? Ist die körperliche Fitneß tatsächlich gegeben? Sie sind immer auf das Durchschauen von Finassieren und Lügen angewiesen, weil sie die Verantwortung dafür tragen, welches genetische Material sie wirklich zulassen. Also sind sie auch sich selbst gegenüber so skeptisch, wenn sie lügen, daß sie das blockiert.

Es gibt bei Frauen eine ganz starke Dynamik, sich immer gegenseitig der Lügen zu überführen. Bis zum Wahnsinn.

Aber nicht aus Wahrheitsfanatismus oder weil sie glauben: Nur wer die Wahrheit sagt, ist ein guter Mensch. Wenn Frauen Karriere machen wollen, im Sinne der feministischen Gleichberechtigungsvorstellungen, dann müßten sie einfach im Sozialen anerkennen, daß Lügen, Kaschieren, Fingieren die selbstverständlichen Techniken sind, mit denen man sozial operiert.

Männer operieren doch auch mit Begriffen wie Ethik, Ehrlichkeit, Aufrichtigkeit.

Um zu beweisen, daß die Lüge eine unumgängliche Notwendigkeit ist. Das heißt, es geht nicht darum, du darfst nicht lügen, sondern darum, du darfst nur soviel lügen, daß nicht prinzipielle Einsprüche gegen deine Brauchbarkeit als Vertragspartner entstehen. Und umgekehrt, du wirst für einen anderen Partner um so interessanter, je mehr dieser weiß, „oh, das ist ein gewitzter Hund, der ist nicht aus Naivität treu, sondern aus Gewitztheit". Der weiß, wenn er zuviel lügt, fliegt er raus. Aber er kann lügen, weil es ohne den Bluff auf allen Ebenen gar nicht geht. Also hat man Vertrauen zu anderen, die von sich wissen, in welch hohem Maße sie camouflieren, phantasieren, lügen, etwas vormachen können, aber dabei kontrolliert sind. Die es nie soweit kommen lassen würden, ihre prinzipielle Vertragsfähigkeit aufs Spiel zu setzen, die Wiederholbarkeit von Vertragsabschlüssen mit anderen in Frage zu stellen. Der Gauner oder der Kriminelle, das sind Leute, die sich dabei nicht kontrollieren können, und deswegen riskieren sie nach jedem Auffliegen, daß die gesamte soziale Beziehung aufhört, so daß sie in der Ineffektivität landen. Das Maß des Bewußtseins ist die Differenz, und das bewußte Kalkulieren mit der Notwendigkeit der Lüge, der Täuschung, der Gewitztheit ist konstitutiv.
Angewandt auf die Sexualität läuft das genauso: Eine Partnerin ist paradoxerweise so vertrauensvoll, daß sie die Sexualität als Spiel des Vormachens und Fingierens mitmacht. Und sagt: „Jetzt mach ich dir mal einen unheimlichen Orgasmus vor, wie du ihn noch nicht erlebt hast." Und indem sie es vorspielt, es selbst thematisiert, daß sie das eigentlich gar nicht empfindet, sondern sich auf sich selbst einläßt, kriegt sie diesen Übergang hin.

Dann sind die guten Lügnerinnen im Bett die besten Sexualpartnerinnen?

Genau. Was ist denn eine gute? Was ist denn mit dem ganzen Mythos der Huren, der käuflichen Frau? Sie beherrschen einfach diese Techniken.

Braucht Sexualität Intimität, um sich zur Liebe auszuweiten?

Mir scheint, daß sich die Intimität völlig aus der Sexualität herausverlagert. Sexualität an sich kann man bei der Tagesschau machen, auf der Straße. Aber

Intimität ist etwas unglaublich Rares. Mit wieviel Leuten ist man wirklich intim in jeder Hinsicht? Ich hätte gegenwärtig nur einen einzigen Menschen, nämlich meine Frau, zu nennen.

Woher kommt Intimität? Was ist sie überhaupt?

Das wäre die Bereitschaft, sich jemand anderem vollständig offenzulegen, in rechtlicher oder ökonomischer Hinsicht. Tiere legen sich vor dir auf den Rücken, halten den Hals hin und vertrauen darauf, daß sie nicht totgebissen werden. Beim Menschen entspräche das dem absoluten Vertrauen, daß selbst, wenn es Krach oder sogar Trennungen gäbe oder wenn andere Störungen einträten, sich daraus nichts Nachteiliges entwickeln würde. Frag dich mal, von wieviel Menschen du annimmst, daß sich aus dieser Intimität nichts Böses ergibt, selbst bei den radikalsten Konflikten, selbst wenn man vor Gericht miteinander prozessieren müßte.

Und das hast du mit deiner Frau?

Gegenwärtig ist sie die einzige. **Intimität entsteht aus der Nähe. Nähe ist gefährlich,** sich schlafend einem anderen auszuliefern, das ist von der Natur aus gesehen das höchste Risiko. Da brauchte es schon eine soziale Struktur rundherum, die Horde oder die Bande oder ein sicheres Nest. Übertragen wir das jetzt auf rechtliche Sachverhalte. Heute kommen ja Gott sei Dank nicht mehr die Leute nachts und bringen einen um, sondern sie kommen vielmehr in Gestalt des Staatsanwaltes, des schlechten Vertragsabschlusses, des Bankrotts, des Steuereintreibers, da kommen die Räuber doch. Sich jemanden wirklich rückhaltlos auszuliefern, in einer vollkommenen Verletzlichkeit, oder im bedingungslosen Offenbaren des Vabanquespiels der Dürftigkeit, der Ohnmacht. Und daß der andere weiß, was du im Grunde von dir selber weißt: Du bist völlig unfähig, völlig ohnmächtig. Der Platz in der sozialen Hierarchie, den du belegst, die Projekte, die du leitest, **die Ansprüche, die du stellst, das ist alles nur deswegen tragbar, weil du selber weißt, daß du eine Null bist.** So etwas von einem anderen zu wissen, in wechselseitiger Akzeptanz sich dem anderen mit dem Risiko des Scheiterns auszuliefern, darauf zu vertrauen, daß nichts Schlimmes passiert – das begründet Intimität.

Das trifft auch meine Erfahrung: Wenn ich wirklich zugebe, nicht mehr das Gesicht wahren will, die Verteidigung aufgebe, entsteht ein intimer Moment, und man ist auch sehr in der Gegenwart. Das kann man sehr schätzen.

Das ist wohl wahr. Früher einmal haben die katholischen Priester diese Rolle gespielt, sie stellten Intimität mit ihren Beichtkindern her, vermittelt über die kirchliche Führung und die Rituale; der Beichtvater war der einzige, dem man bis ins letzte vertrauen, dem man sogar kriminelle Taten eröffnen konnte. Es hat sich als außerordentlich leistungsfähiger Psychomechanismus erwiesen, nicht zuletzt für alle Leute, die keine Intimität mit Partnern, Familie oder Freunden aufbauen konnten.

Der Psychologe hat das ja heute übernommen.

Oder der Arzt. Das mußte dann durch Gesetze zur Verschwiegenheitspflicht reguliert werden, damit die Intimität gewährleistet bleibt. Heute sagt man dazu Datenschutz. Der Arzt darf keine Auskunft über das Verhältnis geben, außer er wird dazu autorisiert. Entsprechend der Institution des Beichtgeheimnisses. Daraus entsteht eine hohe Bindung zu diesen Instanzen, zum Arzt, Analytiker oder Priester. Es gab genug Leute, die dann dem Kloster ihr ganzes Vermögen vererbten oder sogar zu Lebzeiten schon schenkten.

Es ist doch auch furchtbar, wenn man sich nur mit Sex beschäftigt. Das führt nur in die Selbstzerstörung. Was kommt danach?

Danach kommt immer dasselbe – bei Männern und bei Frauen: ein Übergang der Sexualität in die Liebe. Das ist dann dieses ganz naive, rührende Verhältnis, meinetwegen religiös gefärbt, jedenfalls übertragen auf dritte Phänomene. Die beiden finden nicht aneinander mehr etwas, Auslöserreize, sondern sie orientieren sich beide gemeinsam auf ein Drittes, eine gemeinsame Aufgabe. Armenpflege oder Ausbildung, Gottesdienst oder mystische Versenkung oder was immer. Und indem beide sich gleichermaßen auf ein Drittes orientieren, heben sich diese gesamten, in der Sexualität so peinlichen Anforderungen, hebt sich diese unglaublich schwierige Balance auf.

Mihilismus für Ich-Schwache

11 Ich als Lothar

In Zeiten pathetischer Verabschiedung des *ius sanguinis* wird es schwer, einen leiblichen Bruder aus eben dieser Tatsache heraus zu würdigen. In seiner protestantischen Leidensgemeinschaft wurde ihm dieses Abschiedspathos immer schon zugemutet: „Weib, was habe ich mit dir zu schaffen", belverte Jesus seine Mutter an. Bin ich etwa meines Bruders Hüter?

Ebenso rückhaltslos hatte Lothar in den Begeisterungsgemeinschaften seiner akademischen Brüder *Abstammung* als kulturelles Generativ abzuschmettern. Dem Jesuswort entsprach das Diktum: *ius sanguinis ist Blu-Bo.*
Merkwürdig: eben dieselben Damen und Herren, die Rechte durch Abstammung für völlig abstrus halten wollten, zögerten keinen Augenblick, vom Erbrecht Gebrauch zu machen und von Mami, Papi oder der sonstigen Mischpoche das Häuschen, die Milliönchen oder erworbene Rechte nach deren Tode einzusacken. Im besonderen Genuß solcher Perversion ließ sich Tom Koenigs würdigen, als er Bankerpapis Millionen nur erben wollte, um sie dem Vietcong zu schenken. **Wer erbt, verwirkt es, um es zu besitzen.**
Auch ansonsten galt KdF-Genuß, Kraft durch Fehlermachen: man machte sich stark für die Rechte des palästinensischen Volkes und stigmatisierte jeden, der, auch nur aus Gewohnheit, vom *deutschen Volk* sprach. Man institutionalisierte die „kulturelle Identität" jeden Einwanderergrüppchens, obwohl man zugleich behauptete, „die kulturelle Identität der Deutschen" als die bloße kontrafaktische Konstruktion durchschaut zu haben, die sie tatsächlich ist. So fällt dann nicht nur die Logik, sondern auch jede humanitäre Programmatik unter die Räuber.
Unter solchen Räubern sah ich meinen Bruder Lothar, in traurigem Zustand, wie ich meinte. Zum teutschen Herkules mehr aus sozialer Dummheit, denn aus intellektuellem oder künstlerischen Vermögen stilisiert, versuchte ich öfters, Lothar aus den Fängen der Kartellbrüder herauszuargumentieren. Stets ohne Erfolg.
Jemanden heute der herrschenden Science humanitärer Selbstverklärung zu entreißen, ist wohl ebenso schwer, wie einen Scientologen zurückzuholen.
Frappiert haben mich die Begründungen dafür, im Elend der Normalwissenschaft zu verharren: wer die Achterbahn

stets ultimativer Meinungen nicht absolviere, entbehre der Erfahrung von Veränderungen.
Eine moderne Biographie setze sich aus Irrtümern, Fehlentwicklungen und Vergeblichkeiten zusammen, die man als solche erkannt habe. Das schließlich heiße zu lernen. Wer dagegen tatsächlich von vornherein richtiger zu urteilen und Fehler zu vermeiden gewußt habe, verdanke das entweder der Gnade eines beschränkten Horizonts oder dem Stoizismus der Selbstachtung, der keine sozialen Rücksichten (z.B. auf Karrieren zu nehmen brauche.
Ich nehme solche Rücksichten nicht – um den Preis, von Normalwissenschaftlern als Hofnarr der herrschenden Verhältnisse beschrieen zu werden, dessen Fragen offensichtlich gar keine Antworten einforderten. **Ich fragte z.B., was die Meinungsstarken veranlassen könne, ihre jeweils letztgültigen Überzeugungen ernst zu nehmen, wenn sie die doch nur als ihre Irrtümer von morgen zu bewerten hätten, bestenfalls als gute Absichten, die leider böse Konsequenzen hätten.**
Die Antworten liegen auf der Hand. Lothar nahm die Zumutungen der KdF-Logik aus Höflichkeit hin, aus Menschenfreundlichkeit; das Gros derer, die ihre alternativen Meinungen von gestern nicht scherten, akzeptierte die offensichtlichen Haltlosigkeiten, weil dem Zweck des Machtgewinns noch jeder abgestreifte Bekenntnisturnschuh zugute kommt.

Lothar war stets der höflichere. Als jüngerer in der Geschwisterfolge hatte er allen Anlaß, seine soziale Intelligenz besonders auszubilden – also seine Fähgkeiten, sich stets im Bezug auf andere zu positionieren. Wer so rücksichtsvoll agiert, und jede berserkerhafte Anwandlung zur Selbstentfaltung vermeidet, gerät aber leicht in die Bewegungsdynamiken der Zeitströmungen. Dann heißt es, sich von den Wellen möglichst weit mittragen zu lassen – soweit die eben tragen. Das war in den zurückliegenden 30 Jahren nicht weit, denn schon unterm nächstbesten Pflaster lag der Strand des Schiffbruchs. **Robinson Crusoe strandet heute bereits vor Kaufhauseingängen seiner Wohnstatt und auf Abluftschächten in deren Bürgersteigen. Immerhin bietet er dort für Theoriezünftige Anlaß, in epischer Breite**

Wohlstandsverwahrlosung, kriminellen Mutwillen un politische Erpressung als Notwehr der Verzweifelten da zustellen. Nur wenn ein schreibender Millionenerbe wie R. in das Kalkül der Verzwe felten gezogen wird, gilt solche Notwehr plötzlich als verwerflich und n dann hat das Opfer Anrecht auf Solidarität durch Bestrafung der Täter, die doc eigentlich ihrerseits nur arme Opfer sozialer, struktueller, kultureller, psych physischer, lebensgeschichtlicher Verhältnisse gewesen sein sollen.

Aber was sind schon Schicksale von Einzelnen; in den Unisandkästen spiele die Strategen mit anderen Größen. Im buntesten Operettenlicht inszenie sich dort grüner, roter, schwarzer oder brauner Wilhelminismus. Deutschland Das machen wir schon, wir sind die Größten! Sozialer Friede? Nur eine Fra der Alles-geht-Toleranz! Weltfriede? Wird sich schon einstellen, wenn überal die gleichen Verhältnisse herrschen! Unsere Sicht bringt der Welt das Lich Und wenn nicht, dann war's der Dolchstoß der Reaktion.

Wie weit wußte ich mich von solchem Selbstbild abgehoben – bis ich Anfar der 80er Jahre für ein action-teaching in der Maske des bärtigen Zeitgeistle Pierre Restany zu agieren hatte[1]. Vor den Standfotos und Filmsequenzen tr mich der Schlag meines Zeigestockes: ich sah nicht nur meinem Brud Lothar zum Verwechseln ähnlich – selbst im Minenspiel und im Körpersch ma; ich sprach auch wie er und argumentierte wie er. Ich war ganz der Loth Diese durch die Maske erzwungene Einsicht in meine Familienähnlichke diese herausmodellierte *persona* ließen mich erkennen, daß auch ich in mir wenn auch als Verkehrung ins Gegenteil – ausgeformt hatte, was ich an Loth als bloße Ausfüllung des Attitüdenpassepartouts unserer Generationsgeno senschaft wahrnehmen wollte.

Und plötzlich erinnerte ich mich, wie ich 1969 nach Guernavaca gekomm war – zu Ivan Illich. Als ich mich bekannt machte: ich bin der ältere Bruder v Lothar, strahlten die Mitarbeiter des Gurus mittelständischer Weltverbesser Ja, Lothar, der wunderbare Lothar!; hier hatte er neun Jahre zuvor Stein a Stein gemauert, damit Illich ein Institut bekam unter blaublühenden Bäume Lothar, mein Gott, wahrlich ein Mitmensch und Genosse, wie ihn sich Def hätte ausmalen können, wenn Robinson in einer Großstadt gestrandet wäre. Alles Tun und Verhalten, in dem man mich in Guernavaca wahrnahm, w durch Lothar vorgegeben; ich mußte nur „Lothar" sagen und wurde sch verstanden. Ich, der Ältere, erfüllte die Vorgaben des Jüngeren **Alles gin für mich vorwärts nach rückwärts; der Jüngere, die Jüng ren, die Jungen waren mir voraus – und nicht nur deshal**

[1] In: „Peggy und die Anderen oder Wer trägt die Avantgarde?", WDR-TV, 1981 (zusammen mit W. Nekes).

weil ich selber niemals jung gewesen war. Schon als 10jähriger hatte ich mein eigener Vater und Großvater zu sein und vor Lothar den starken Mann zu spielen, damit der sich sicherer fühlen sollte.
Illichs rechte Hand erzählte: Lothar hatte die Organization of American States – OAS – mitgegründet, vernünftige und weitreichende Entwicklungsprojekte entworfen, sich ganz in den Dienst an anderen gestellt – das wäre mir, mit meiner Sozialerfahrung als völlig abwegig erschienen.
In der Gemeinschaft Illichs wurde Lothar Anerkennung, ja Liebe entgegengebracht, die mir niemand jemals gewährte. In Guernavaca wäre es noch Zeit gewesen für mich, den Weg meines Bruders einzuschlagen; **aber ich blieb auf meiner Bahn – ein heimatvertriebener Herumtreiber im Odysseuspassepartout. Als Mission erlegte ich mir Distanz auf zu allem, was die Generation begeisterte, Distanz durch Selbstfesselung.** Am Mast der Zeitgeistbarke, dem Narrenschiff der Utopisten, hatte ich mich festgebunden, um zwar die sozialistischen Sirenen singen zu hören, die Streetfighterchöre, die Barrikadenheuler, die Woodstockchantisten und Internationale-Hymniker, ohne ihnen indes folgen zu können. Denn **folgen wollte ich niemandem jemals.**

Zum Vorausgehen aber fehlte mir die Gefolgschaft – Gott sei dank, wie ich selbstbewußt konstatierte. **Mir sollte das Voraussehen reichen – bis ich am Beispiel Lothars begriff, daß niemand aushält, was er da voraussieht, wenn er sich nicht als ein Jedermann, wie jeder andere zu sehen vermag.** Lothar wurde für mich der generalisierte Andere, also der wirkliche Bruder, der ich für niemanden war.

Lothar wurde, der er ist.

Ich nicht.

| **Mihilismus für Ich-Schwache** |

| 12 | **Biographiedesign.**

| **Ulrich Löchter bitte zur Anprobe!** |

Kann man sein Leben entwerfen wie einen Roman? Oder eben nach Mustern, die uns die literarische Gattung *Biographie* vorgibt? Daß man sein Image wunschgemäß von entsprechenden Experten designen lassen kann, hat sich bis auf die Ebene der Dorfpolitik herumgesprochen. Auf Wahlplakaten trifft man sie wieder und in der Lokalpresse, die den großen Taten der großen Männer ein Foto mit drei Zeilen widmet: Kindergartenweihe, Grundsteinlegung, Abschlußfeiern, Feuerwehrbälle und Greisenbesuche.

Geben diese Aktivitäten nebeneinandergereiht nicht auch schon eine Biographie? Eine Biographie in jedem Fall – denn irgendeine Biographie hat schließlich jeder. Wovon aber die Romane und Fernsehserien und Unternehmernachrufe, die Wissenschaftlerbibliographien und die psychiatrischen Gutachten berichten, sind Lebensläufe eines anderen Zuschnitts: Gradus ad Parnassum, Gipfelsturm, Südseetragik, vom Kellner zum Millionär und wieder zurück, Vaterlandsretter und Menschheitserlöser, Wirtschaftsführer in harter Not, Goldmacher in Genlaboren.

Daß man etwas werden will – so mit 8 bis 18 Jahren – bekunden alle; zur Biographie aber wird der absolvierte Weg von der Hauptschule zum Gartenbaugehilfen, Abendabitur und Fachhochschulstudium als Landschaftsarchitekt bzw. der Weg vom Abitur über das Diplom BWL II, Einheirat, beinahe Marktmonopol mit Absturz der Privatmaschine auf dem Rückflug aus Marbella – **zur Biographie werden solche Berufswerdegänge erst, wenn den kalendarischen Daten eine Entwicklungsgeschichte der Seelen und Charaktere entspricht, ein Entwicklungsroman.**

In Goethes *Wilhelm Meister* und Kellers *Grünem Heinrich* wurden über Generationen die Muster der europäischen Biographien als Entwicklungsromane gesehen. Fazit: **Karrieren kann man planen, Entwicklungen der Charaktere nicht,** die sind Gnade oder gnadenloses Schicksal.

Ja, die Mehrzahl der Absolventen großer Karrieren ist am Tag des Lebensrück blicks so klug wie zuvor, als sie die ersten Stufen des Treppchens nahmen. Den naiveren Zeitgenossen ist schwer aushaltbar, daß Männer in höchsten Positionen und Frauen auf dem Erfolgshöhepunkt seelisch hohl und charakterlich schwankend sein können. Deswegen baut man sich eine Eselsbrücke über den Abgrund von Biographie und Entwicklungsroman, indem man versöhnlich behauptet, wem Gott ein Amt gibt, dem gibt er auch Verstand – will sagen, **wer hoch hinauf kommt, ist dort nicht ohne Grund** (und sei es, weil er gelernt hat, kriminelle Energien zu entwickeln).

Man kann nicht verschweigen, daß heute die faszinierendsten Serienhelden und Wochenblattstars ihren unaufhaltsamen Aufstieg aus der Kraft der Bosheit absolvieren. Und was wäre bösartiger als verhärtete Gefühle und brutalisierte Moralität?

Was will uns das sagen? Wer heute zumeist bei Einstieg in die Midlife crisis im vollen Bewußtsein seiner Fähigkeiten seinen Lebenslauf betrachtet und sehr häufig zu dem Schluß kommt, er müsse sein Leben ändern, indem er es neu plant, inklusive Scheidung von Tisch und Bett, Job und Heimat, Kind und Konto, dem bleiben nur wenige kulturgeschichtlich abgesicherte Paradebiographien als Vorlage für das eigene Biographiedesign – natürlich mit dem Wunsch auf entsprechende Veränderung des eigenen Innenlebens.
Gegenwärtig überschreitet Ulrich Löchter mit seinem 40. Geburtstag die Grenze zum kritischen Mannesalter. Principiis obsta! sagen sich seine Freunde und Mitarbeiter; zu deutsch: **man muß rechtzeitig die Weichen stellen.** Auch entspricht es der Lebenserfahrung, unausweichlichen Veränderungen nicht sich entgegenzustemmen, sondern sie in wünschbare Bahnen zu lenken.

Nehmen wir den theoretischen Fall, Ulrich Löchters stabile Lebensverhältnisse, Anschauungen, Vermögen und Lebenslüste böten ihm nicht mehr hinreichenden Halt und er geriete in einen Sog unbestimmter Erwartung, beunruhigender Sehnsucht und explodierender Energien, so sollten wir ihm ein paar Biographiesets, Entwicklungspassepartouts bieten können, in denen wir die Lavamasse Löchters auffangen würden, um sie zu neuer Form zu backen. Welche Formen könnten das sein? Seinem Anspruch, Temperament, seiner Bildung und seinem Vorleben gemäß, könnte man ihm 6 bis 7 Muster offerieren, die allgemein anerkannt werden und denen nachzuarbeiten hohes kulturelles Lob sichert: dem Leben und Wirken des *Künstlergenies*, des Staatengründers, des *Religionsstifters*, des *Aussteigers*, des *Topmanagers*, des *Barbaren* und des journalistischen humanistischen Volkspädagogen = *Menschheitsfunktionärs*. Große Rollen allesamt, deren spezifische Anforderungsprofile es mehr oder weniger wahrscheinlich machen, daß Ulrich Löchter sich für sie entschiede. So ist es zum Beispiel unwahrscheinlich, daß Löchter sich der Standardbiographie der Reagan-Aera, in der allerdings auch er seine Offensivlaufbahn begann, zum Vorbild nehmen wird. *J. R. Ewing* ist der Typ des Barbaren in der hochindustrialisierten Zivilisation, die offensichtlich aus ihrer Logik heraus solcher Barbaren bedarf.

So jedenfalls legt es eine ganze Reihe von Standardwerken der Unternehmensführung aus den 80er Jahren nahe, die den Führerbarbaren zum Wirtschaftshelden gegen die wasserköpfigen Bürokraten auszeichnet. Es ist der Prototyp der **Karriere durch Negativauswahl: Am höchsten steigt, wer über Leichen geht,** wen keine Visionen oder Skrupel hemmen und wer die mafiöse Verschwörung für das effektivste Führungsmodell hält.

Dagegen, scheint mir, ist Löchter schon durch seine bewegte Fantasie und schwer kontrollierbaren Leidenschaften gefeit; von seinen Visionen ganz zu schweigen, auch wenn sich diese Visionen hauptsächlich mit seiner eigenen Zukunft beschäftigen sollten. Wenn uns aber von vornherein klar ist, daß Löchter das Biographiedesign des Barbaren für sich nicht akzeptieren wird, wieso führen wir es dann an? Pfeifen wir etwa im Wald?

Es ist ebenfalls unwahrscheinlich, daß er den Typ des Staatengründers mit selbstlegitimiertem Machtrausch wählen könnte, da dieser von Napoleon zur höchsten Entfaltung gebrachte Biographiestandard Minderwertigkeitsgefühle voraussetzt, die es in der Rolle zu kompensieren gilt. Löchter ist einfach zu wohl gebaut, zu ansehnlich als schmuckes Mannsbild, als daß es ihn jucken könnte, von seiner Erscheinung auf seine inneren Querelen abzulenken; glaubt jemand, er verberge tief in diesem Innern einige Schwachstellen, die sein natürliches Selbstwertgefühl über die Maßen herabsetzen und ihn deshalb nach Ausgleich suchen ließen? Also, als Napoleon postmodernen Zuschnitts sollten wir ihn wohl kaum erwarten; diese Karriere beginnt man übrigens weit vor dem 40. Lebensjahr (*s. Silicon Valley*).

Etwas wahrscheinlicher wäre Löchters Einstieg in das Entwicklungsmuster des Religionsstifters. Wenn wir nicht die Kataloggurus zum Beispiel nehmen, sondern eine Figur wie Marx, ließe sich eine weitgehende Ähnlichkeit in

Gesichtszügen und im Körperschema ausmachen, vorausgesetzt, Löchter frönte seiner Leidenschaft für gutes Essen, für einen gebräunten Teint und für kräftigen Haarwuchs weit über das bisherige Maß hinaus. Was die Programmatik anbelangt, der er als Religionsstifter folgte, so könnte man es in naher Zukunft mit dem Sozialismus/Kommunismus als Religion versuchen, statt als Wirtschafts- und Gesellschaftsordnung. Löchters spektakulärer Erfolg in den Ländern des ehemaligen Ostblocks inklusive den neuen Bundesländern hat ihm ja bereits die Bestätigung gegeben, daß Nostalgie die Religion der Utopisten ist.

Bereits heute läßt sich an Löchter eine starke Anfälligkeit für das Attitüdenpassepartout des Künstlergenius erahnen. Seine Unvoreingenommenheit, sein schamfreier Blick mit Horizontfixierung (weniger sinnend als sinnlich) und seine subtile Genußfähigkeit prädestinieren ihn für jenen Zuschnitt des autonomen Weltkindes, der von Goethes persönlichem Entwurf abstammt. Ihm steht klassische Größe, nicht expressives Händeringen. Ihn reizt keine Dachkammerexistenz des armen Poeten; er ist kein taxifahrender Punklyriker, sonder Ritz-Epiker, Greenfee-Metaphoriker und Kontokorrentsänger. Was Goethe für den Weimarer Hof und die deutsche Kulturprovinz leistete, wäre jetzt für den Bertelsmann-Konzern und die Fernsehuniversalität zu leisten; eine Arbeit, für die Löchter seine Fähigkeit, sich loben und bewundern zu lassen, allerdings weit über das jetzige Maß hinaus demonstrieren müßte.

Bei dieser Übung wollen wir ihn zu jeder Zeit gern unterstützen; denn das gehört zum schwersten in der Entwicklung der Persönlichkeit: **Schenken kann heute jeder, aber sich mit Anmut beschenken zu lassen, so daß der Schenkende sich beschenkt fühlt, das ist eine Kunst.** Loben und Anerkennung aussprechen ist die tägliche Übung der Chefs; aber sich selbst mit Würde loben zu lassen, so daß der Lober sich anerkannt findet, das fordert Größe.

Seit dem 18. Jahrhundert bietet ein Lebensentwurf besonders viele Anlässe, solche Größe zu zeigen: die des Fortschrittlers, des Aufklärers. In diesen Entwurf einer Biographie vermag man sich besonders leicht hineinzudenken, da man in jedem Beruf, in jeder Position, auf jeder Stufe seiner Entwicklung diese Leidenschaft für die Gemeinschaft, für die Sache aller aktiv ausleben kann. Und zwar so, daß die Journalisten, Drehbuchschreiber und Biographen nachträglich etwas Interessantes, ja Spektakuläres zu erzählen haben – aber auch so, daß man prospektiv, vor sich eine Vision oder eine Selbsterwartung aufbauen kann.

Dieses Design der **Einheit von äußerem Lebensweg und inneren Gemüts- und Geistbewegungen sowie der Einheit von individueller Existenz und öffentlichem Wirken** kennzeichnet beispielsweise das Schulmeisterlein Wuz genauso wie den deutschen Heros Fichte oder Pestalozzi oder Raiffeisen, den Dr. Sauerbruch wie den Dirigenten Furtwängler, den Unternehmer Mohn wie den Industriellen Ludwig mit ihren Stiftungsaktivitäten fürs Gemeinwohl.

In gewisser Hinsicht ergibt sich dieses Biographiedesign für ambitionierte Zeitgenossen ganz von selbst; sobald einer so erfolgreich ist, daß niemand mehr glaubt, er verdanke diesen Erfolg ausschließlich eigenen Kräften, wird er für die Allgemeinheit wirken; denn diesen Entschluß verdankt er ganz sich selbst, und er wird ihm zurecht als vollständig eigene Leistung gutgeschrieben. Obwohl dieser Weg in die Überlebensgröße und Nachlebensgröße immer wieder zynisch als Humanitätsduselei madig gemacht wird, ist er der einzige Weg, auf dem Egoismus zum Wohle anderer sich auswirkt; ist er der Weg, individuelle Anerkennung durch Leistung für andere zu erhalten; ist er der Weg, die eigene überlegene Fähigkeit dafür zu nutzen, daß andere ihre Fähigkeiten entwickeln können.

Aus solchen Fähigkeiten der vielen Mitglieder lebt jede Kulturgemeinschaft, also auch jedes Unternehmen, wenn es erfolgreich ist. Deswegen werden zukünftig im sozialen, im politischen, im wirtschaftlichen und im kulturellen Leben vor allem Biographien ambitionierter Menschenbildner und passionierter Gestaltungserotiker auffällig. Eben diese Auffälligkeit wünschen wir Ulrich Löchter, natürlich unter der Voraussetzung, daß wir an seinem Biographiedesign entscheidend mitwirken dürfen. Kein Leben von der Stange, sondern nach Maßgabe seiner Erwartungen an sich selbst und unserer Projektionen auf sein zukünftiges Leben.

Der Entwurf liegt vor. Ulrich Löchter, bitte zur Anprobe!

Mihilismus für Ich-Schwache

13 Generativitätsquotient GQ.

Maßzahl für Wirksamkeit – genetisch und extragenetisch

„Hubert, was tust du?"; „Du lieber Gott, was treibt den Hubert, sich für die Auflagensteigerung der alten *Bunte* und des neuen *M* bis zur Erschöpfung abzustrampeln? Ein einzelner Text wie seine Dissertation über den Ruinenmaler Hubert Robert ist doch mehr wert als alles, was je über die Publikumsrenner erreicht werden kann! Mit ein paar gelungenen Gedichten hat man doch eine größere Chance, sich dem kulturellen Gedächtnis einzuschreiben als mit Hunderttausenden von Magazinseiten."
Auf derartige Vorhaltungen gab Hubert Burda allen, die ihm Ende der 60er Jahre bei den Treffen in der Wohnung Schackstraße zusetzten, stets verbindlich aber entschieden zu verstehen, daß sie noch nicht kapiert hätten, was im Zeitalter der Massenmedien Wirksamkeit bedeute.

Zwar war es das erklärte Ziel aller 68er-Aktivisten, „massenhaft" wirksam zu werden, die Massen zu erfassen – zugleich aber standen sie in radikaler Opposition zu den Massenmedien, die durch die Springerpresse repräsentiert wurden. Die Einheit in dieser Entgegensetzung sprach das weitverbreitete Argument an, Wirkung auf die Massen auszuüben sei nur dann erlaubt, wenn man das richtige, fortschrittliche, sozialistische Bewußtsein damit zur Geltung bringen würde.
Andererseits galt: nur die Vorgaben des verblendeten Bewußtseins (privatistischer Lebensgenuß in kleinbürgerlicher Abgeschiedenheit; Selbstgewißheit in der fraglosen Überlegenheit der eigenen Kultur; Ausbeutung der Unterlegenen als Entwicklungshilfe) könnten überhaupt massenwirksam werden: Was massenwirksam ist, sei damit von vornherein vom falschen Bewußtsein oder von der Gegenaufklärung im kapitalistischen Verwertungsinteresse getragen.

Noch bemerkenswerter: die Aktivisten legitimierten ihre Kampagnen mit der Behauptung, sie sprächen im wahren Interesse der vorübergehend noch verblendeten Zeitgenossen.

| Biographiepflichtig | Mihilismus | 13 | Generativitätsquotient GQ

Künstler, Literaten, Dramatiker, Filmemacher adressierten nicht ihresgleichen, sondern diejenigen, die als Verblendete natürlicherweise kein Interesse an der Arbeit der Aufklärer haben konnten.

Wie dachte man, aus diesen Widersprüchen herauszukommen? Der Schlachtruf: „Bürger laßt das Gaffen sein, kommt herunter, reiht Euch ein" wies die Richtung.

Es galt die anonymen Mitglieder der grauen Masse zu individualisieren, also als Bürger anzusprechen, um sie als entfaltete Individuen zu befähigen, sich freiwillig zum Kollektiv zu assoziieren.

Der Maßstab für die Entfaltung der Persönlichkeit bestand in der Fähigkeit des Einzelnen, sich mit anderen zusammenzuschließen, also: in seiner sozialen Bindungsfähigkeit. Dieses Vorgehen wurde auf das Paradox zugespitzt: aufgeklärte Massen seien

Gemeinschaften der Einzelgänger.

Als solche vorbildlichen Gemeinschaften akzeptierte man damals die Kommunen um Rainer Langhans und Fritz Teufel, die von Prem und Fischer initiierte Künstlergruppe *Spur* oder die Gruppe *Cobra* um Karel Appel bzw. die Aktionsgemeinschaft der *Fluxus*-Künstler von Maciunas.

In der Schackstraße formierten sich die *Petrarcisten*, die ab 1975 jährlich im Juni auf Huberts Einladung eine kleine Canetti'sche Feiermasse bildeten.

Zunächst glaubten die Beteiligten, die Wirksamkeit ihres Tuns (Gedichte lesen, Petrarca huldigen, kunst- und kulturgeschichtliche Causerien bei vorzüglichem Speisen und Trinken) durch Einladung von Feuilleton-Redakteuren der führenden Zeitungen zu sichern.

Aber nach der dritten oder vierten Petrarca-Reise wurden Journalisten offiziell nicht mehr eingeladen. Warum? Was hatte sich geändert in der Auffassung von Wirksamkeit?

Intelligenz der Einpassung

Ab Mitte der 70er Jahre war man allgemein gezwungen, sich zu erklären, wieso ausgerechnet die Leserschaft der BILD-Zeitung Willy Brandt zum Kanzleramt verholfen hatte;

galt denn nicht für die breite Masse wie für die Aktivisten, BILD-Zeitung-kaufen

und -lesen sei gleichbedeutend mit der Akzeptanz der dort propagierten Auffassungen?
Auch sah man sich inzwischen der Zumutung ausgesetzt, daß einige der Radikal-Kritiker der Bewußtseins-Industrie nun selber Positionen in Werbeagenturen, Funk und Fernsehen besetzten – noch heute fällt es vielen schwer, die augenscheinliche Wandlung des linken RAF-Anwalts Mahler zum Repräsentanten der Ultra-Rechten oder ähnliche Karrieren nachzuvollziehen; umgekehrt hat heute die geläuterte RAFistin Silke Maier-Witt Schwierigkeiten, in der Rolle der Friedenshelferin angenommen zu werden; ähnliche Probleme stellen sich pazifistischen Grünen als NATO-Kriegern.

Worin erwies sich also Wirksamkeit? Offensichtlich nicht in der Macht, seine eigenen Auffassungen oder die für richtig gehaltenen Programmatiken ein für allemal durchsetzen zu können. Vielmehr **traute man denjenigen Kraft und Stärke zu, die es sich leisten konnten, ihre Auffassungen zu ändern, ihre Positionen aufzugeben, sich in Konkurrenz mit alternativen Vorgaben zu setzen.**
Am Markt galt nicht mehr als erfolgreich, wer sein Produkt so dominant plazierte, daß die Konkurrenz bankrott ging, sondern der, dem es gelang, sich in den Vergleich zu anderen zu stellen und gerade in der Aufrechterhaltung der Konkurrenz sein Angebot glaubwürdig auszuzeichnen (es hat 20 Jahre gedauert, bis auch in der Bundesrepublik vergleichende Werbung, also eine zeitgemäße Auffassung von Marktwirksamkeit, rechtlich zugelassen wurde).
Wie weitgehend Hubert dies – uns allen voraus – verstanden hatte, zeigte sich bei der Plazierung von FOCUS im Zeitschriftenmarkt. Alle vorherigen Versuche, ein neues Nachrichtenmagazin zu etablieren, waren gescheitert, weil man dessen Erfolg nur als Mißerfolg des SPIEGEL, als Versuch, den SPIEGEL zu ruinieren, planen zu können glaubte. FOCUS hingegen konnte von vornherein nur in dem Maße erfolgreich sein, wie es sich ausdrücklich als alternative Konkurrenz auf eben diesen SPIEGEL bezog. „Ohne SPIEGEL kein FOCUS", wußte Hubert – und nicht „FOCUS statt SPIEGEL".
Die Gegenstrategie des SPIEGEL zeigt die Wirksamkeit von FOCUS: in dem Maße, in dem sich die SPIEGEL-Redakteure aller Ebenen arrogant, gönnerhaft oder bloß borniert von dem vermeintlichen „Häppchen-und-Bildchen-Journalismus" distanzieren, beeilen sie sich, ihr eigenes Blatt dem FOCUS immer ähnlicher werden zu lassen. Dadurch wiederum könnte FOCUS ge-

zwungen werden, verstärkt den alten SPIEGEL-Journalismus ins Spiel zu bringen: FOCUS rettet den SPIEGEL, den die SPIEGEL-Redakteure, um die Herausforderung durch FOCUS zu bestehen, längst aufgegeben haben.

Auch aus einer ganz anderen Richtung wurde man spätestens in den 70er Jahren angehalten, die Wirksamkeit eigener kultureller, politischer oder sonstiger Handlungen einzuschätzen.

Wer in den 60er Jahren noch im Happening-Ulk die rote Mao-Bibel vorgewiesen hatte, mußte mit deren strategischer Umsetzung durch den Sieg im Vietkong die Macht der Ohnmacht anerkennen. Zugleich wurde die Ohnmacht der USA-Weltmacht zum Thema für alle, die sich in Wirtschaft, Politik und Kultur fragten, was ihnen Wirksamkeit in Aussicht stellte.

Netzwerker
Lange bevor zumindest ich dem Begriff etwas abgewinnen konnte – in jedem Fall nach unserer fünften Petrarca-Reise – präsentierte Hubert *Vernetzung* bzw. *Verknüpfungsdichte* als neues Maß für Wirkung. Woher er das hatte? Wahrscheinlich aus der Diskussion um den Luhmannschen Term der *Anschlußfähigkeit*, verbunden mit damals noch ganz sporadischen und spielerischen Phantasien über das technologische Programm der Vernetzung und unseren Definitionsversuchen zum Kulturbegriff: **Kultur ist ein durch Kommunikation gestiftetes Beziehungsgeflecht zwischen Menschen zur Garantie von Verbindlichkeit in ihrem Gruppenzusammenhalt.**

Beziehungsgeflecht, *Anschlußfähigkeit*, *Vernetzung* gab Hubert vor als Frage, wie man das zu einer Meßgröße für die Folgen eigener Tätigkeit zusammenbringen kann.
Natürlich kannten wir die Verfahren, mit denen man damals die soziale, die kreative und die kommunikative und kognitive Kompetenz von Individuen feststellen zu können behauptete: die sogenannten Intelligenztests mit den Maßzahlen der *Intelligenzquotienten*.

Zumindest in der Firma hatte sich Hubert mit der Frage herumzuschlagen, wie man die Leistungsfähigkeit von potentiellen Mitarbeitern in Erfahrung bringen könne. Personalchefs begannen, bei Einstellungsverfahren solche elaborierten Tests anzuwenden. Sehr häufig stellte sich aber heraus, daß nicht die Leute mit den höchsten IQs (kreativ, kommunikativ, kognitiv) die effektivsten Mitarbeiter wurden. Wie konnte man dieser Erfahrung entsprechen?

Kind und Werk
In den Diskussionen mit Hubert, dem Psychologen Jens Corsen, dem Literaten und Cheflektor des Hanser-Verlages, Michael Krüger, machte ich den Vorschlag, die Meßgröße für Fruchtbarkeit und Folgenreichtum von Tätigkeiten als *Generativitätsquotienten* auszuweisen.
Das knüpfte an die Gewohnheit, ja Programmatik des Senators Burda an, die Mitarbeiter seines Unternehmens als Angehörige der Burda-Familie zu kennzeichnen. Senator Burda übertrug sein Wirksamwerden als Vater auf seine Tätigkeit als Firmenchef. Wer das nicht, wie die 68er, als Ideologie des Patriarchats abtun wollte, mußte überlegen, welche Entsprechungen es zwischen genetischer Fruchtbarkeit und kultureller, also extragenetischer Produktivität gibt (Mitte der 70er Jahre hatte schließlich die Diskussion um die Soziobiologie von Wilson begonnen!).

Wir schauten uns um, auch im ganz eigenen Interesse einer Entscheidung für Familiengründung mit Kinderaufzucht oder für ein Single-Dasein mit Fall-zu-Fall-Gesellung in Produktionsteams (wie sie Theweleit beschrieb).

Ab 1987 rekurrierten wir in unseren Diskussionen häufiger auf Gedanken Heiner Mühlmanns, der dezidiert – wie 1996 im Band *Die Natur der Kulturen* veröffentlicht – generative Verfahren in Natur und Kultur, respektive deren Gesetzmäßigkeiten und Dynamiken miteinander verglich.

In Hinsicht auf genetische Übertragung und Fruchtbarkeit als Zeuger waren viele der Kulturheroen ziemlich erfolglos: Goethe als Vater ein Flop, aber als Werkschöpfer, Minister, Wissenschaftler und zeitgenössischer Kommunikator von größter Wirksamkeit. Dafür hatte Goethe Konzepte und Programme ausgearbeitet, vor allem im *Wilhelm Meister*, den wir alle, animiert durch den Petrarcisten Peter Handke, stets ins Spiel brachten.
Sicherlich spielten für uns zwei zeitgemäße Erscheinungsformen der Frage-

stellung eine Rolle: zum einen bemühte sich der Kunstjournalist Willy Bongard, eine jährlich zu aktualisierende Liste der 100 erfolgreichsten bildenden Künstler zu ermitteln; das ließ sich nicht in bloßer Analogie zu den Charts der Schallplattenindustrie oder der Bestseller-Listen für Belletristik und Sachbücher, also am Verkaufserfolg messen, weil sich die Preise für Kunstwerke nicht an der Quantität des Abverkaufs einzelner Bilder herausbildeten. Bongard hatte Kriterien wie
– Häufigkeit der Beteiligung von Künstlern an überregionalen Gruppenausstellungen,
– Rang der Kuratoren und Galeristen von Einzelausstellungen,
– Zahl, Umfang und Anspruchsniveau von Texten über Künstler und ihre Arbeiten,
– Interesse der nichtspezialisierten Massenmedien und dgl. entwickelt.

Zum anderen wurde immer häufiger der US-Präsident Reagan in seiner Art von Wirksamwerden (bei relativ schlichter kreativer und kognitiver Intelligenz) als „der große Kommunikator" angesprochen; in Demokratien verbot sich grundsätzlich die Messung der Wirksamkeit eines Inhabers höchster Ämter an seiner Fähigkeit zur Sicherung der Familiendynastie.
Die letztgenannte Problematik war Hubert als drittem Sohn des Familien- wie Unternehmensdynasten Franz Burda hinreichend vertraut. Im übrigen hatte Hubert schon seit Mitte der 60er Jahre selbst einen Sohn, über den er nicht dynastisch zu verfügen gedachte, ebensowenig wie er bis Anfang der 80er Jahre seine Aufgabe darin sah, ausgerechnet als Kunsthistoriker der Bestandsicherung des Familienunternehmens Burda zu dienen.

Kümmert euch mal um …
Weil Hubert seit Mitte der 60er Jahre ständig mit Literaten, Filmern, Malern, Musikern umging und als Kunsthistoriker ohnehin wußte, daß die Bedeutung des künstlerischen Schaffens nicht an herkömmlichen Parametern festzumachen war, interessierten ihn Fragen der Generativität weit über die Gesichtspunkte hinaus, die seinen Kollegen genügten und denen sie zu genügen hatten: Auflagenstärke, Einschaltquoten, Reichweiten, Besucherzahlen, Verkaufserfolge. Er wußte aber stets, und hat uns das immer nachdrücklich wissen lassen, daß er als Konkurrent im Medienmarkt derartigen Kriterien der Medienanalyse unterworfen blieb. Aber was am Ende als Bilanz der eigenen Aktivitäten ausgewiesen werden sollte, mußte über diese Meßgrößen hinausgehen.

Den Weg dahin hatte bereits Franz Burda eingeschlagen; informell orientierte er sich nämlich seit den 50er Jahren auf das hin, was man später Sozial- und Ökobilanz von Unternehmen nannte. Darüber hinaus zeichnete aber Hubert als Unternehmer aus, Generativitätspotential bereits auf einer Aktivitätsebene wahrzunehmen, die noch nicht durch Auflagenstärken und große Reichweite beglaubigt waren (Stichwort „Garagenbastler in Silicon Valley"). Von seiner Führungsdynamik fühlten sich manche seiner Mitarbeiter geradezu überrollt, weil er sie ständig mit einer Vielzahl von Hinweisen auf Entwicklungen jenseits konventioneller Wahrnehmungsparameter traktierte. Wenn er einige Male pro Tag den Appell ausgab: „Kümmert euch mal um …; finden Sie heraus, was in der Sache drinsteckt, was man daraus machen könnte …", vermuteten sie, daß er für sich selbst längst verbindliche Schlußfolgerungen gezogen habe, die sie nur nachzuvollziehen hätten. Es fiel ihnen schwer zu glauben, daß Hubert selber seine Generativität durch persönliche Beziehung auf und Anknüpfung an Aktivitäten Dritter potenzierte, die für die aktuelle unternehmerische Entscheidung bis dato keine Rolle spielen konnten.
Solche Führung durch Problematisierung der Entscheidungskriterien ist immer noch selten. Mancher empfindet die Vielzahl von Huberts Interessen und Orientierungen fast als Ideenflucht – eine Auffassung, die andererseits schlecht mit seinem tatsächlichen Erfolg als Unternehmer in Übereinstimmung zu bringen ist.

Ebensowenig läßt sich als persönlicher Geltungsanspruch sein Bemühen abtun, in zahllose formelle und informelle Gruppierungen von Unternehmern, Wissenschaftlern, Künstlern, Politikern, Vereine und Initiativen etc. einbezogen zu werden. Daß man ihn einbezieht, gilt ihm nur als Kontrolle seiner tatsächlichen Effektivität als Kommunikator und über seine Fähigkeit zur Einbindung in die Netzwerke der verschiedensten Systeme in Wirtschaft, Gesellschaft, Politik und Kultur.

Immer erneut initiiert er Gesten der förmlichen Anerkennung von Zeitgenossen mit hoher Generativität: als Preise für *Corporate Culture*, für Netzwerker der Kommunikation, für Künstler und Literaten.

Bilanz
Mit drei leiblichen Kindern erreicht Hubert eine genetische Reproduktionsrate weit über dem Durchschnitt von Kulturaktivisten. Seine herausragende

extragenetische Wirksamkeit durch horizontale und vertikale Übertragungsleistungen gründet in der Fähigkeit, gleichzeitig die Vorgehensweisen der Künstler wie der Unternehmer und Politiker zu nutzen.

Künstler ist, wer auf andere hin wirksam wird ohne positive oder negative Sanktionsgewalt, ohne Legitimierung durch Markterfolg, Diplome, Auszeichnungen oder Plazierung in Hit-Listen der Anerkennung.

Unternehmer legitimieren ihren Geltungsanspruch durch die Fähigkeit und Bereitschaft zu scheitern, mit allen Konsequenzen, die man natürlicherweise scheut. Aber **diese Fähigkeit, Risiken ins Kalkül zu nehmen, oder häufig auch Vabanque zu spielen, ist die Voraussetzung für jeden denkbaren Erfolg am Markt.**

Politiker basieren ihren Machtanspruch auf Prinzipien der Wahl, der Delegation, der Repräsentation, also im Namen derer zu agieren, deren Zustimmung sie gewiß sind oder deren Zustimmung sie erzwingen zu können glauben.

Nicht erst im Rückblick auf die Jahre unseres Beginnens läßt sich verstehen, was Hubert unseren 60er-Jahre-Genossen entgegenhielt: **„Man steigert die Effektivität nicht, indem sich Künstler als Unternehmer, Unternehmer als Politiker und Politiker als Künstler aufführen. Hohe Generativität erreicht, wer Aktivitäten in den verschiedensten Feldern zu verknüpfen vermag, also das dichteste Geflecht an kommunikativen Beziehungen zustande bringt."**

Der alte Name für Generativität heißt „Vergöttlichung", ein anderer „Geschichtlichwerden". Das bedeutet: Anwesendsein in der Abwesenheit.

Theologisch definiert das die Gegenwart des abwesenden Gottes, nicht nur des verdunkelten oder entschwundenen; selbst Atheisten bleiben in der Negierung der Götter auf sie bezogen.

Politisch definiert das die Vergegenwärtigung des Herrschers an jedem Ort seiner Machtsphäre (in Bildnissen, in Architektur und Kult, in der sozialen Ordnung), obwohl er physisch nicht real präsent ist.

Künstlerisch definiert das die Aufnahme der *Werke und Tage* in die Archive, Bibliotheken und Museen.

Unternehmerisch ergibt sich daraus das Handlungsziel, Umsatz und Gewinn zu steigern, um die Fortsetzung des eigenen Handelns über alle absehbare Zeit, also über die Zeit der eigenen physischen Realpräsenz hinaus, zu sichern.

Generativität ist so auch beschreibbar als Schöpfung der Zeitform *Zukunft*, **d.h. der** *Erwartung*, **die man an das Wirksamwerden von Individuen wie Kollektiven stellt – und zwar in den verschiedensten Beziehungssystemen, in die sie sich einbinden konnten.**

Mihilismus für Ich-Schwache

14 Psychopompos

Seit 20 Jahren habe ich mich nicht mehr auf die Frankfurter Buchmesse getraut, weil ich fürchtete, dem überwältigenden Appell „tolle, lege" nicht gewachsen zu sein. Für jeden Schreiber ist die Buchmesse eine Vorhölle, in der man fürchtet, verrückt zu werden. Oft träumte mir, daß die Besucher der Buchmesse in Panik geraten könnten, um sich wechselseitig, ich mittendrin, mit den ausgestellten Büchern totzuschlagen. Da ich den Impuls zu solchen Reaktionen auf den früheren Messen immer stärker verspürte, erteilte ich mir Besuchsverbot, um mich und andere vor Schaden zu bewahren.

Mit unserer Kopenhagener Initiative suchten wir nach einer anderen Erlösung aus der Qual; aber die Unternehmung, die Kollegen zu einem 10jährigen einsichtsvollen Publikationsverzicht zu überreden, scheiterte kläglich. Eine größere Chance hatte und hat die chinesische Lösung: jede Publikation sollte zu neun Zehnteln aus der bloßen Wiedergabe bereits gedruckter Werke bestehen, denn inzwischen bieten gerade die wichtigen Publikationen bestenfalls in 10 % der Textmenge etwas Neues.

Große Hoffnungen setzten wir auf technologische Überwindung der Bibliophobie. Aber **das papierfreie Büro blieb eine Illusion,** ja mehr noch, man erschwert sich die Arbeit mit dem ständigen Ausdrucken der Netz-Konvolute, weil man das Buch noch mal erfinden muß, um die Ausdrucke aufzubewahren.

Schließlich aber fand ich einen für mich praktikablen Ausweg: ich heftete mich an die Rockschöße von Walther König. Denn dieser Mann hantierte mit tausenden Büchern täglich, ohne seinen Verstand zu verlieren, ohne in Zynismus zu verfallen oder hinter Attitüden geschäftstüchtiger Manager zu verschwinden. Seine Läden sind zwar auch kleine permanente Buchmessen, aber in ihnen schwächt sich der Panikimpuls ab, weil man weiß: dort hinten steht König und hält stand – freundlich lächelnd, hilfsbereit und in der Sache verbindlich. Wie alle bedeutenden Menschen, ähnelt er in Physiognomie und Körperschema mindestens irgendeinem anderen. Ich ähnele keinem; Walther König ähnelt Gustav Mahler. Unter seinem Dirigat ordnet sich das Büchergewimmel zum gut überschaubaren Zusammenklang noch des Heterogensten wie in Mahlerschen Sinfonien. Wenn ich richtig gezählt habe, hat König bisher neun solcher Sinfonien als „Buchhandlung Walther König" vielerorts realisiert. Mehr als neun schafft niemand unbeschadet. Man hüte sich vor der 10!

| Mihilismus für Ich-Schwache |

| 15 | Der Hase im Staatswappen |

Daß schließlich die 68er den langen Marsch durch die Institutionen begannen, anstatt sie einzureißen, hat erstaunliche Karrieren ermöglicht. Mehr aber nicht. Wichtiger als die Karrieristen wurden diejenigen, die die Kraft hatten, selber Institutionen aufzubauen – also die Wirkung einer über die persönliche Karriere hinausgehenden Arbeit auf Dauer zu stellen. Einer unter den Wenigen, denen das gelang, ist **Martin Warnke,** Direktor des Warburg-Instituts in Hamburg.

Vom Typus her ist er alles andere als ein Aktivist mit machtbewußter Manager-Attitüde, eher ein Missionar, der nicht bekehrt, sondern ein überzeugendes Beispiel gibt: **zu dienen, statt sich zu bedienen.**

Er dient dem Projekt seiner Generationsgenossen, eine **"kritische Kunstgeschichte"** zu entwickeln, d.h., die Position der Wissenschaftler stets den gleichen Kriterien zu unterwerfen, mit denen er die Sachverhalte seiner Arbeit angeht.

Kritische Kunstgeschichte ist vor allem Kritik an dem Selbstverständnis der Kunsthistoriker, und nicht Kritik an Künstlern und Werken, denen er sich widmet.

Solche Selbstkritik aushalten zu können, begründet Souveränität, wie sie Warnke auszeichnet. Sie äußert sich in der Geduld, die Zielstrebigkeit fundiert, in einer Selbstironie, die nicht als Bonmot-Artistik bewundert werden will und in einer Prätentionslosigkeit ohne falsche Bescheidenheit.

Wie einmalig, und damit den Zeitgenossen nicht wahrnehmbar, diese Haltung ist, belegt die Tatsache, daß ausgerechnet Warnke in keine der Akademien der Wissenschaften oder Künste aufgenommen wurde, die sich soviel auf ihren Elite-Status zugutehalten möchten.

Immerhin: die Deutsche Forschungsgemeinschaft zeichnete Warnke durch die Verleihung des Leibniz-Preises aus, dessen Dotation in Höhe von 3,2 Millionen DM es ihm ermöglichte, sein gegenwärtig zentrales Forschungsprojekt zur *politischen Ikonographie* zu verwirklichen. Mit der Realisierung dieses Projektes ist das Warburg-Institut als erstrangige Forschungseinrichtung wiederbelebt. Seit seiner Berufung ans Kunsthistorische Seminar der Universität Hamburg im Jahre 1979 hat der tugendhafte Warnke daran gearbeitet, die

Leistungen Aby Warburgs und seiner Schule der Öffentlichkeit erinnerbar werden zu lassen. Dabei vermied er jeden Anklang von peinigendem Pathos, mit dem normalerweise versucht wird, Wiedergutmachung für Nazi-Opfer durchzusetzen.

Warnke würdigte Warburg nicht als historische Größe, sondern demonstrierte die Bedeutung des Warburgschen Arbeitsprogramms, indem er in dessen Sinne eben die Untersuchungen zur politischen Ikonographie betrieb.

Worum ging es Warburg, und worum geht es Warnke? Man stelle sich vor, die Bundesrepublikaner hätten sich 1949 entschlossen, einen Hasen im Staatswappen aufzunehmen, anstatt den ungenießbaren Zeus'schen Broiler als Assistenztier zu bemühen; der Bundestag tagte im Angesicht des Leitbildes eines atemlos hetzenden Nagers: da wüßte man, daß die Abgeordneten wenigstens die deutschen Märchen beherzigten, wenn schon nicht die geschichtliche Erfahrung, daß die Deutschen glaubten, mit jedem Konkurrenten das Rennen siegreich aufnehmen zu können – im wohligen Gefühl der Überlegenheit rassereiner Rammler, unüberbietbarer Schnelligkeit und der borniterten Naivität, die Welt für das zu halten, als was sie sie zu sehen wünschen. Diesem Hasen wird von den realitätstüchtigen Igeln Paroli geboten: *ick bin allda*. Der Hase würde zum Sinnbild der *verspäteten Nation*, historisch verspätet gegenüber Frankreich, England und Rußland – undenkbar, weil als Bildsprache des politischen Selbstverständnisses so sprechend, daß alle herumposaunten Selbsteinschätzungen der Deutschen, die alles können, alles leisten, alles erreichen, dem Spott verfielen.

Die Repräsentation eines solchen Selbstverständnisses von Vereinen, Firmen, Parteien, Glaubensgemeinschaften, ja Völkern und Nationen, ist auf Bildsprachen angewiesen, eben auf eine politische oder kulturelle Ikonographie.

Sie sind die Feldzeichen, denen formierte Gesellschaften folgen, um in der unübersichtlich offenen Welt einen Platz behaupten zu können. Wie müssen die Zeichen gestaltet sein, um Gefolgschaft zu bewirken? Wieso macht man sich nicht lächerlich oder erzeugt Aversionen, wenn einem das grüne Band der Sympathie ans Revers geheftet werden soll? Warum ist man über den Berg, wenn es doch dann abwärts geht und jeder lieber hörte, es ginge wieder aufwärts? Warum bewertet jeder eine im Bildfeld von links unten nach rechts oben gezogene Diagonale als Zeichen positiver Entwicklung, selbst wenn mit dieser Graphik der Anstieg von Verschuldung markiert wird? Wieso konnte sich Göring in der Sympathie des Volkes suhlen, gerade weil sich das Volk über seine Person Witze erzählte? Warum erweist sich, etwa auf der Titelseite der FR, die politische Karikatur als nachhaltiger denn jeder elaborierte Kommentar? Wie kommt man auf die absurde Annahme, einen kritischen Künstler vor sich zu haben, bloß weil auf dessen Gemälden abgehärmte Gestalten zu sehen sind: nie wieder Krieg, nie wieder Käthe Kollwitz!? Ja warum?

Um diese Fragen einigermaßen aussichtsreich erörtern zu können, entwickelte Warburg seine Ikonographie, seine Bildleseverfahren, die Warnke zuspitzte, indem er sie umkehrte: **er untersucht vor allem die Reaktionen von Adressaten der politischen Ikonographie.**

Er fand heraus, daß die programmatisch ausgewiesenen Bildsprachen ihrer Bedeutung nach durch den Widerstand zu bestimmen sind, den sie auslösen.

In kritischer Absicht schreibt man eine Kunstgeschichte als Geschichte der Bilderstürme, also im Grunde als Geschichte der kulturellen Barbarei oder der Barbaren als Kulturhelden.

Hat sich deshalb Warnke gescheut, an den Produktionen zeitgenössischer Künstler Interesse zu zeigen? Oder meinte er, bedingt durch sein Naturell, den euphorischen Kollegen nicht die Illusion nehmen zu dürfen, sich als revolutionäre Bilderstürmer aufzuführen?

Für die neuere Kulturgeschichte ist diese Einschätzung von Bild- und Begriffsprache durch die protestantische Theologie bestimmt, anders als im bilderseligen *katholikos*, der ihre Bedeutung an der Zustimmung mißt, die sie findet. Martin Warnke verbrachte seine Kindheit in Brasilien, wo sein Vater evangelischer Pfarrer war. Also ist Warnke einer jener Pfarrhaussöhne, deren Einfluß auf die Kulturgeschichte Deutschlands seit der zweiten Hälfte des 18. Jahrhunderts unüberschätzbar ist. Ihre Rechtfertigungslehre begründete Freiheit als Bereitschaft und Fähigkeit, sich zu verantworten: der Künstler für sein Werk, der Betrachter vor dem Bild, der Wähler vor den Parteien – und nicht umgekehrt, wie es gängig ist: der Betrachter sieht nicht sich als Pornographen, sondern die Darstellung auf dem Bilde, der Wähler hält nicht sich für verantwortlich, sondern die Exekutoren der Parteiprogrammatik, der Künstler definiert nicht seine Freiheit in der gestalterischen Selbstfestlegung, sondern seine Unfreiheit gegenüber Auftraggebern und den sozialen, politischen und technologischen Gegebenheiten.

Dieses Rechtfertigungsverhältnis kennzeichnete Warnke historisch und metaphorisch als *Hofkunst*, deren Untersuchung sein bisheriges chef d'oeuvres darstellt.

Mihilismus für Ich-Schwache

16 Selbstergänzung des Regenwurms

Im Wintersemester 1980/81 hielt Nicolaus Sombart an der Bergischen Universität in Wuppertal Vorlesungen zum Begriff des „Politischen", in deren Mittelpunkt Carl Schmitt, der Hexenmeister der deutschen Konservativen, stand. Zu einzelnen Abschnitten der Sombartschen Überlegungen luden die Veranstalter Ko-Referenten, die von ihren Arbeiten her Sombarts zentrale These konterkarieren sollten.

In Wort, Bild, Film und Aktion öffneten Anselm Kiefer, Hans-Jürgen Syberberg, Karl Heinz Bohrer, Jürgen Busche und andere das Arkanum ihres historischen Bewußtseins, wobei sie ihre Schatztruhen, ganz postmodern, wahlweise als Verbands- oder Nähkästchen, als Familienalben oder Hosentaschendepots darstellten. Am 19. Januar 1981 begleitete auch Rudolf Augstein die Sombartschen Tiefenlotungen, die inzwischen unter dem Titel *Die deutschen Männer und ihre Feinde* veröffentlicht wurden.

In welcher enthüllenden Verhüllung präsentierte Augstein das Ergebnis seines längjährigen Trainings, sich zum Zeitgenossen der deutschen Geschichte auszubilden, dessen Geistesgegenwärtigkeit ausreichen würde, sich von der Geschichte und der Geschichtsschreibung, von den großen Männern und ihren kleinformatigen, aber gerade deshalb gefährlichen Mystagogen weder verblüffen noch abschrecken zu lassen? Augstein zeigte sich als Supervisor des preußisch-deutschen Roulettes, dessen große Spielernaturen Friedrich II., Bismarck und Hitler als Chimären noch am heutigen Polit-Gambling teilnehmen.

Die Zuhörer Augsteins reagierten wie erwartbar; sie empfanden es als schwere Zumutung, sich von der vertrauten und vertrauenerweckenden Vorstellung zu verabschieden, die Herren der deutschen Geschichte seien macht- und kraftvolle Visionäre der Zukunft und deren Gestalter gewesen. Bestenfalls hatte man ja die nicht zu leugnende Neigung dieser Heroen, in prekären Situationen alles auf eine Karte zu setzen, für eine Tatmenschen auszeichnende Befähigung gehalten, unmögliche Entscheidungen zu exekutieren. **Der Durchschnittsbürger will nun einmal seinem eigenen Wankelmut, seiner kleinbürgerlichen Veränderungsangst die Entschlossenheit der Führer entgegengesetzt wissen.**

Wo sich, wie Augstein zeigte, die Entschlossenheit aber als die von Hasardeuren erkennen läßt, verweigert der Bürger Konsequenzen aus dieser Einsicht, weil es ihm unerträglich ist, sich selbst als Spielball des, wenn nicht blinden, so doch nach bloßen Wahrscheinlichkeitsgesetzen verlaufenden Zufalls verstehen zu müssen.

Solche Reaktionen sind Augstein nicht fremd, zumal sich das Lotteriespiel, so Bismarck, in der deutschen Geschichte unter dem Deckmantel von Machtkalkülen verbirgt. Er erinnerte daran, daß beispielsweise Alfred von Schlieffen, getragen vom Mythos technischer Rationalität des preußischen Generalstabs, sein Kriegskonzept auf die nüchterne Feststellung stützte, daß Deutschland im zukünftigen Kriege mit sämtlichen anderen Staaten zugleich als Feinden rechnen müsse.

Wäre aber Schlieffen tatsächlich, so Augstein, von einer „Berechnung" ausgegangen, so hätte das zu der Schlußfolgerung führen müssen, daß Deutschland einen solchen Krieg niemals planen dürfte, weil er von vornherein als nicht gewinnbar hätte bewertet werden müssen. Gegen eine solche nüchterne Berechnung dennoch zu handeln, läuft wieder auf ein Vabanquespiel hinaus – trotz aller technisch-rationalen Planung.

Die Deutschen führten ihre phrasenhaften Machtphantasien (gar Weltmachtphantasien wie 1914) und das von raffinierten Operationsplänen geleitete Handeln gleichermaßen zu einer Alles-oder-nichts-Entscheidung. Und das galt nicht erst für die beiden Weltkriege unseres Jahrhunderts. Selbst wenn man in der Lotterie gewonnen hatte, beschied man sich nicht mit dem unverdienten Glück. Der Lotteriegewinner Bismarck war nachweislich bereit, sein angeblich höchsteigenes Werk, das Deutsche Reich, wieder zu zerschlagen.

Augsteins These, die mittlerweile allgemein nachvollzogen wird: Bismarck war gescheitert, seine Konstruktion des Reiches war den modernen Entwicklungen, den technischen wie den sozialen, nicht gewachsen. Bismarck schreckte sogar vor der Möglichkeit nicht zurück, den permanenten Bürgerkrieg zu riskieren, weil er die Funktionstüchtigkeit seiner Reichskonstruktion ausschließlich unter dem Gesichtspunkt eigener Machtsicherung sah. (Er spekulierte mit der grotesken Vorstellung, Sohn Herbert zu seinem Nachfolger zu machen.)

War das, so fragte Augstein, bloßer Ausdruck von Bismarcks „dämonischer Natur"? Waren Bismarck und seinesgleichen Opfer einer „Kontinuität des Irrtums", dem alle zentralen Figuren deutscher Geschichte zwangsläufig unterlagen? Nach Augstein ist dies eher das Resultat der deutschen Obsession, „Politik als ständige Abwehr eines drohenden Bürgerkriegs, der indessen unter Deutschen kaum wahrscheinlich war, zu begründen".

„In welcher Rolle und von welcher Position aus argumentieren Sie, Herr Augstein?" fragen bei dessen leider nicht allzu häufigen Auftritten die Zuhörer, weil sie nicht platterdings das „Positive" vom Vortragenden einzufordern wagen. „Was ist denn Ihrer Meinung nach der Lauf der Geschichte?" – „Die Zwangsläufigkeit der Geschichte erfüllt sich erst, wenn wir alle tot sind", so Augstein in Wuppertal. In seinem Buch über „Preußens Friedrich und die Deutschen" hat Augstein als Meister der indirekten Antworten seinerseits gefragt: **„Ist politische Selbstbestimmung mehr als die Selbstergänzung des Regenwurms, den ein Spatenstich zerteilt hat?"**

Die einschneidenden Aktionen deutscher Potentaten führten meist nur zur Zerstückelung und Verstümmelung Deutschlands, das sich dann nach den Katastrophen bestenfalls wieder den Gestaltgesetzen unserer Geschichte gemäß regenerierte, aber kaum fortentwickelte und wandelte – „kaum" will sagen, daß auch über die bisher vielversprechendsten Ansätze zum Wandel nach der Gründung der Bundesrepublik noch nicht entschieden ist.

Als Augstein 1987 von der Wuppertaler Universität der Ehrendoktor verliehen wurde, haben er und der Laudator Martin Walser, mit damals noch für revisionistisch gehaltenem Nachdruck, die wenige Jahre später tatsächlich akute

Frage nach dem Verhältnis von politischer Umgestaltung und einer bloßen Rückverwandlung in die Ausgangslage erörtert. Augstein und Walser demonstrierten ein Verfahren der Geschichtsschreibung, dem Fachhistoriker sich gern entziehen. Augstein fragte: „Warum sollte uns die Geschichte interessieren, wenn sie eine historische wäre, also Tatbestand der Vergangenheit, die vergangen ist? Wenn es überhaupt bemerkenswerte Vergangenheit gibt, dann ist sie Vergangenheit einer Gegenwart, also wirksamer Bestandteil der Gegenwart."

Geschichtsschreibung ist, so verstanden, die Erkenntnis und die Darstellung der gegenwärtigen Wirksamkeit von Vergangenheit. Geschichte wird aus der Position einer Gegenwart geschrieben oder, besser gesagt, in Szene gesetzt, sei es, um gegenwärtigen Entscheidungen Legitimation und Bedeutung als Fortsetzung einer großen Vergangenheit zu geben (das meint Augstein mit der Selbstergänzung, also Restauration) – oder im Gegenteil, um sich aus den Fesseln solcher Kontinuitätsfiktionen zu befreien (das meint Augstein mit politischer Selbstbestimmung). Augstein verweist häufig auf den Historiker Gerhard Ritter, dessen Werk beispielhaft für Geschichtsschreibung als Legitimation durch Restaurierung historischer Kontinuität gelesen werden kann; allerdings erlaubt sich derartige Geschichtsschreibung gerade dann aus der Kontinuitätshypothese auszusteigen, wenn es, wie im Falle Hitlers, um unangenehme Konsequenzen der Kontinuitätsbehauptung geht. Hitler wird dann zur bloßen punktuellen Störung innerhalb der Kontinuität deutscher Geschichte.

Augsteins Ansatz ist ein anderer. Aus den Erfahrungen eines deutschen Bildungszöglings im Dritten Reich, dem von der fachwissenschaftlichen Propaganda so gut wie von den Massenmedien zugemutet wurde, im „clair-obscur"-Relief der Geschichtsklitterung den Schulterschluß von Kaiser Barbarossa über Luther, Friedrich, Bismarck bis hin zu Hitler nachzuvollziehen und sich selbst als zukünftig handelnden Deutschen den Weg in die permanente Restaurierung vorschreiben zu lassen, setzte er sich auf die Position eines radikalen Zeitgenossen ab, der vornehmlich in der Rolle des Journalisten noch wirksam handeln konnte.

Andere retirierten in die Position der Theater-, Film- und kulturellen Zeitgeist-Regisseure, wo sie, wie einst die jungen Kriegshelden, Selbstbestimmung verwirklichen konnten, ohne politisch haftbar zu sein. Eine dritte Gruppe von Jungheroen (im Range von Oberstleutnants aufwärts) ging in die Wirtschaft, um ihre Eroberungsfeldzüge auf allgemein akzeptierten Wegen fortzusetzen.

| Biographiepflichtig | Mihilismus | 16 | Selbstergänzung des Regenwurms

Für Augstein kam weder der Generalintendant noch der Generaldirektor in Frage. In der Rolle des zur absoluten Zeitgenossenschaft verpflichteten Journalisten konnte er am ehesten die aktuellen Geschehnisse unter dem Gesichtspunkt bewerten, daß sie schon bald Vergangenheit sein würden. **Journalisten operieren in der Gegenwart, als wäre sie bereits die Vergangenheit von morgen.** Daraus resultiert der Eindruck ihrer gewissen zynischen Distanz oder der ihres freien Schwebens zwischen den von Kontinuitätsannahmen oder kontrafaktischer Utopiebesessenheit befangenen Kräften in Gesellschaft, Wirtschaft und Politik.

Solche journalistischen Positionen haben sich auch in den Künsten und den Wissenschaften herausgebildet. Der Kulturphilosoph Meier-Graefe prophezeite schon 1904, daß die Gestaltungsmacht der Geschichtsschreibung in den Künsten und Wissenschaften an den Journalismus übergehen werde. Warum? Weil die **Journalisten** es sich leisten können, **die Geschichte offen zu halten** – sie also weder als zwangsläufige Erfüllung einer unabänderlichen historischen Logik zu verstehen, noch als Verfügungsmasse von Utopikern, die im totalen Bruch mit der Vergangenheit die Garantie für eine gestaltbare Zukunft sehen möchten.

Die journalistische Interessantheit ergibt sich gerade aus der Abweichung vom allseits Erwarteten ebenso gut wie aus der Abweichung vom für unüberwindbar gehaltenen Zufall. Denn erstens kommt doch das meiste anders, als man fürchtet und zweitens anders, als man wünscht.

Augsteins grundlegende Annahme ist gegen allen Anschein weder ein Fatalismus vor schicksalhafter Fügung noch blindmachendes Vertrauen in die verheißene Rettung. Es ist **die Position des Aufklärers, der sich gerade durch die Tatsache gefordert sieht, sich weder durch Unterwerfung noch durch Rebellion zu rechtfertigen.** Für ihn ist die heute mehr denn je erwiesene Ohnmacht der Mächtigen kein Grund, der Steuerung durch Vernunft sich zu entziehen, wie ihm andererseits die partisanenhafte Ummünzung von Ohnmacht in die Macht des Selbstopfers keine Lösung zu sein scheint.

Soweit Historiker sich nicht dazu hergeben, weder die eine noch die andere Konzeption von Geschichte „hochzudonnern" (Augstein), möchte auch Augstein sich als ein Historiker identifizieren lassen, wenn auch nur beiläufig mit der Bemerkung „Mir, wie den meisten Historikern ..."

| Mihilismus für Ich-Schwache |

| 17 | Litanei für Wuppertaler |

„Nicht nur Auswärtigen muß man von Zeit zu Zeit erklären, wie in Wuppertal die historischen Fakten der jüngeren Stadtgeschichte zum Bild, zum Sinnbild zusammenschießen:
Elberfeld und Barmen, ganz eigenständige historische Größen, die erst seit 1927 in das synthetische Konstrukt Wuppertal hineingezwungen wurden;

das Urstromtal der industriellen Revolution in Deutschland
und das gemütergreifende flache Rinnsal der Wupper;

die gotteslästerliche Ausgrabung des Neandertalers westlich der Stadtgrenzen durch den Elberfelder Gymnasialprofessor Fuhlrott
und die das Jahrhundert bestimmende Gründung der Farbchemie durch den Elberfelder Färbermeister Bayer;

die frühkapitalistische Triebkraft des reformierten Protestantismus
und *die Lage der arbeitenden Klassen in England*, die Friedrich Engels hier 1845 schrieb.

Wie gehen Sektenbildung
und das Wuppertaler Modell der Massenwohlfahrt zusammen;
das hiesige Anarchistenpotential der Kaiserzeit, eins der stärksten
in Deutschland,
und der Elberfelder Nationalsozialismus der Herren Goebbels und Strasser;
Else Lasker-Schüler und Arno Breker;

der Elberfelder Enthaltsamkeitsverein
und die Lustauen des Elberfelder Mäzens von der Heydt;

die weltweite Einmaligkeit der Schwebebahn
und das ganz profan gigantische Betongeschlinge des Sonnborner Kreuzes samt Stadtautobahn;

die hiesige Erfindung des Aspirins
und die Sorgen der heutigen Stadtregierung?

Biographiepflichtig | Mihilismus | 17 | Litanei für Wuppertaler

Wie und worin das zusammenschließt? In der Bergischen Universität –
und ich bin sicher, daß der damalige Wissenschaftsminister Rau die Universität schon als Sinnbild des scheinbar Unvereinbaren gegründet hat .

Aber wir verharren nicht in dieser Verbindung von Region und genius loci!
Ich zitiere dazu eine der mir wichtigsten Selbstfestlegungen:
Günter Eich hat mit einem Gedicht in den „abgelegenen Gehöften" von 1948
eine weiter ausgreifende Verbindung Wuppertals, die Vermittlung von Heimat
und Weltgeist, folgendermaßen vorgeschlagen:

Aurora Morgenröte,
Du lebst, o Göttin, noch,
der Schall der Weidenflöte,
tönt aus dem Haldenloch.

Wenn sich das Herz entzündet,
belebt sich Klang und Schein,
Ruhr oder Wupper mündet
in die Ägäis ein.

Dir braust im Ohr die Welle
vom ewigen Mittelmeer –
Du selbst bist die Stelle von aller Wiederkehr.
In Kürbis und in Rüben
wächst Rom und Attika.
Gruß Dir, Du Gruß von drüben, –
wo einst die Welt geschah.

Wann und woran entzündet sich das Herz?

Wann wird man selber zur Stelle aller Wiederkehr?

Eben nicht, wenn man in industriezeitalterlichem Heroismus Mauern türmt
oder auf dem Weg zu Eichenlaub mit Schwertern und Brillianten Mauern
stürzen läßt (beides hat Wuppertal in übergroßem Maß erfahren), sondern
wenn man in Kürbis und in Rüben, auf einer Kokshalde, auf dem dreckigen
Rinnsal der Wupper Rom und Attika, als geschichtliche Größe erinnern kann.
Solche Erinnerungen an das, was wir nicht sind und nicht sein können, was

die Menschheit ein für allemal verlor und nur als Verlorenes sich gegenwärtig halten kann, entzündet das Herz und läßt im Ohr die Welle des ewigen Mittelmeeres brausen. Kürbis, Rüben, Wupper, Kokshalden; also das Banalste, das Alltäglichste, das Unauffälligste und Selbstverständlichste gilt es ernst zu nehmen, ja zu heiligen.

Heilig der Provinzialismus, die selbstgenügsame Beschränkung aufs Nächstliegende.

Heilig die Filzpantoffeln, in denen man nicht schneller sein kann als der Schwächste.

Heilig der sinnierende Blick und die Hände im Schoß.

Heilig das matte Blatt, dem kein Gärtner droht, es zu pflegen.

Heilig was geht, wie es immer ging, und nicht wünscht anders zu gehen.

Versteht man, daß Wuppertal in diesem Ernstnehmen des Banalsten und Alltäglichsten seine Verbindung mit der Geschichte knüpft, ja die Stelle der Wiederkehr dessen ist, worin einst die Welt geschah?"

Dieses Bekenntnis zu Wuppertal legte ich 1987 bei der Ehrenpromotion Rudolf Augsteins im FB 5 der BUGH ab. Es hier, der Stadt und der Universität zu Ehren, noch einmal zu wiederholen, bedeutet ja wohl, daß es seither keinen Grund gab, Wuppertal zu verlassen – trotz vielfacher Möglichkeiten dazu.

Das Bekenntnis zu praktizieren, fällt mir nicht schwer, da ich die Hälfte meiner Tage j.w.d. verbringe, um dort erstaunten Gastgebern zu erklären, daß ich aus Wuppertal komme und mit Verve darzustellen, wie an diesem merkwürdigen Ort das Kleinmütigste und das Großzügigste
das Seltsamste und das Selbstverständlichste
zusammenschließen ...
da capo.

II | Zeitschöpfung

Wer viel tut, hat viel Zeit

| 1 | Zeitschöpfung | 132
| 2 | Von der Notwendigkeit, ein historisches Bewußtsein auszubilden | 136
| 3 | Die Gestalt der Zeit. James Cabot | 152
| 4 | Fluxus | 155
| 5 | Tourismus und Geschichte | 156
| 6 | Uchronische Moderne – Zeitform der Dauer | 159

| 7 | Wer neu sein will, hat für das Gewesene zu sorgen.
Fondation Beyeler testet die Avantgarden | 172

| 8 | Bildende Wissenschaft.
Das Glück der Dauer. Reale Virtualität. Imaging Science | 179

| 9 | Deklaration zum 12.09.: Der Malkasten wird extemporale Zone | 189

| 10 | Schwellenkunde. Der Rückblick wird zum Ausblick | 192

| 11 | Abfall | 195

| 12 | Zeitkrankheit. Therapie: Chronisches Warten | 196

Wer viel tut, hat viel Zeit

1 Zeitschöpfung

Konsens ist, daß die Zeiterfahrung unseres Jahrhunderts geprägt wurde durch den Arbeitsrhythmus der industriellen Produktion. Tendenz: immer schneller, immer kürzer. Die Beschleunigung der Arbeitstakte an Fließbändern wurde zur Meßgröße für die allgemeine Lebensdynamik.

Die Mobilisierung aller Ressourcen hatte nur eine Grenze: die Zeit. Arm dran ist, wer keine Zeit hat. **Keine Zeit hat, wer Tag und Nacht, Werktag und Feiertag, Vergangenheit und Zukunft nicht mehr unterscheiden kann.**

Aber wo nichts ist, versucht man, etwas zu schaffen. **Zeitschöpfung war und ist die zentrale Aufgabe aller Kooperation zwischen Menschen.** Die Methoden der Industrialisierung führen uns das besonders eindringlich vor Augen.

Time is money, Zeit ist also das eigentliche Kapital, mit dem wir arbeiten. Zunächst versuchen wir, es durch bessere Ausnutzung zu verwalten.

Die Notwendigkeit, den Tageslauf optimal zu strukturieren, entstand nicht erst unter den Bedingungen des industriellen Arbeitens. Seit Jahrtausenden wird Literatur zur „Lebenskunst" verfaßt. *Carpe diem* – „nutze den Tag" hieß die Maxime. „Auch zur Vollendung der größten Dinge ist das Leben lang genug, wenn es nur sinnvoll angewendet wird", wußte schon Seneca.

Und: Wir haben nicht zuwenig Zeit, sondern verbrauchen zuviel davon. **Keine Zeit hat also, wer die Zeit nicht zu nutzen versteht.**

Aber Zeitmanagement leistet nicht alles.

Gefordert ist *Zeitschöpfung*!

Die Erfindung der „Geschichte" war eine Zeitschöpfung von größter Bedeutung – die christliche Vorstellung von der Ewigkeit eine andere. Sicherlich ist es eine grandiose Leistung, die durchschnittliche Lebenszeit von Menschen in 100 Jahren durch Chemie und Medizin glatt verdoppelt zu haben. Aber diese Zeitschöpfung wird etwa durch den Vergleich mit der „christlichen Ewigkeit" relativiert. „Was bedeutet denn schon die Verdoppelung der Zahl irdischer Jahre beim gleichzeitigen Verlust des Glaubens an eine ganze Ewigkeit?" fragten kluge Leute.

Man erweiterte die Sendezeit der TV-Stationen auf 24 Sunden – eine enorme Vergrößerung des Zeitkontingents. Aber zur Zeitschöpfung wird es erst durch die Nutzung des *Recorders*, also durch Wiederholbarkeit. Damit ist mehr gemeint als die autonome Entscheidung, wann man etwas sehen will. **Wiederholbarkeit ist der Kern aller Zeitschöpfung, die wir als *Dauer* bezeichnen.**

Museen und Archive sind beispielhafte Zeitschöpfer, weil sie kulturgeschichtliche Zeugnisse aller Art dauerhaft präsent erhalten. **Zeitmanagement ermöglicht bessere Ausnutzung des Zeitvorrats, Zeitschöpfung überschreitet die Zeit der Stundenpläne.** Sie stellt die Zeit still und befreit uns vom Terror der Uhren und Kalender. Sie nimmt uns die Angst, zu früh oder zu spät, unzeitgemäß oder veraltet zu sein.

Eine natürliche Fähigkeit, Zeit zu schöpfen, besitzen alle Menschen, die das Vermögen haben, sich zu erinnern. Erinnerungen stehen potentiell immer zur Verfügung. Man hat mit ihnen nur ein Problem: sie sind flüchtig, weshalb man versucht, sie mit Worten und Bildern zu fixieren. **Um die Erinnerung zu sichern, ist es sinnvoll, sie möglichst vielen mitzuteilen, die sie weitertragen können. Man überträgt also seine Erinnerung in die Erinnerung anderer. Diese Übertragung ist die Basis aller Beziehungen zwischen Menschen und besonders wichtig für die Beziehungen zwischen den Generationen.**

Wir unterschätzten lange die Bedeutung dieser kulturellen Übertragung, weil wir glaubten, daß nur in vermeintlich primitiven Gesellschaften die Stammesältesten unter heiligen Bäumen von den Ahnen berichten.
Seit die Kommunikation der Öffentlichkeit vornehmlich über Fernsehen und Radiosender erfahrbar geworden ist, fiel wieder auf, daß *Erzählung* im eigentlichen Sinn den größten Anteil des Austauschs zwischen Menschen bestimmt. Man etablierte Erzählung als Geschichtsschreibung, weil alle Geschichtsschreibung generell Erzählung ist. Also erhielt der Geschichtsschreiber Theodor Mommsen völlig zurecht den Nobelpreis für *Literatur*.

Zeitschöpfungen durch Erzählen der Erinnerungen und die Erinnerung an Erzählung nehmen als **Zeitformen** konkrete Gestalt an. Diesen Zeitformen begegnen wir im Schauspielhaus, im Konzertsaal oder vor dem Fernseher. Die Ereigniszeit einer dramatischen Erzählung als Theater wird nicht nur durch Akte und Szenenwechsel strukturiert, sondern durch den Aufbau der Zeitform des Erlebnisses: wir erfahren in wenigen Stunden z.B. die Geschichte von Dynastien, Familien oder Individuen, deren erzähltes Leben sich über Jahrzehnte erstreckte. Die Aufführung von Musik erleben wir grundsätzlich als Präsentation von Zeitformen; zu musizieren bedeutet, Zeit zu strukturieren und damit zu formen. Wo Musik nicht als Zeitform präsentiert wird, wie in vielen „modernen" Kompositionen, haben die Zuhörer Schwierigkeiten, die Ereigniszeit der Aufführung zu erleben. Zurück bleibt der Eindruck einer Kakophonie oder einer bloßen Beschallung.

Man muß nicht lange nach einer Erklärung suchen, warum Familienserien und Seifenopern im Fernsehen so erfolgreich sind – nicht weil sie Zeit totschlagen, sondern weil sie geradezu den klassischen Konzepten (Aristoteles, Lessing) zur Formung der Zeit als Erzählung folgen.

Aber nicht nur in bewegten Bildern der performativen Künste, sondern auch in den fixierten Bildern als Malereien, Skulpturen und Architekturen, wurden Ereignisse als Zeitformen gestaltet: etwa im Ereignisbild der Historienmalerei, im Relief von Figurenfriesen oder als Erlebnisarchitektur der Postmoderne (z.B. der *Bilbao-Bau* von Frank Gehry).

Lebensläufe als Zeitformen

Kunstwissenschaftler und Historiker schufen eine der bekanntesten Zeitformen: die Epoche.
„Gotik", „Renaissance", „Barock" sind Benennungen für Epochen. Sie strukturieren den Lauf der historischen Zeit und machen sie damit wahrnehmbar. Epochen kennzeichnen den Zeitlauf als „Lebenslauf" von geschichtlich wirksamen Kräften: von Institutionen, Staaten und Dynastien, von Weltbildern, Religionen und Kulturen. **Man faßte die geschichtlich wirk-**

samen Kräfte als lebende Systeme auf, nach dem Beispiel des Lebens von Menschen, das man ebenfalls in Abschnitte als „Epochen der persönlichen Entwicklung" unterteilte, z.B. in Kindheit, Jugend, Mannesalter, hohes Alter.

Giorgio Vasari verband als erster Kunsthistoriker Mitte des 16. Jahrhunderts die Lebensläufe von Künstlern mit ihrem Werkschaffen. Welche Bedeutung die einzelnen Werke des Künstlers hatten, die zu ganz unterschiedlichen Anlässen und an verschiedensten Orten entstanden, ließ sich erst beurteilen, wenn man sie als Entwicklung eines Gesamtwerks zu betrachten lernte. Die Möglichkeiten für eine solche Entwicklung waren abhängig vom jeweiligen Lebenslauf. Und **der Lebenslauf ließ sich vornehmlich an der Kontinuität des Werkschaffens ausweisen.**

Seither gibt es nicht nur die literarische Gattung der „Künstlerbiographie". Generell wurden Biographien so interessant, weil sie die Einheit von Lebenslauf und Werklauf sichtbar machten. Seit dem 18. Jahrhundert stehen im Mittelpunkt aller Biographien die Fragen nach der Beziehung von „Kunst und Leben", von Werkschaffen und Lebensführung.

Es hat lange gedauert, bis man entdeckte, daß jeder Mensch eine Biographie hat, nicht nur Staatengründer, Religionsstifter und Künstler. Man wurde geradezu biographiepflichtig.

Das Leben erschien erst beachtenswert, wenn jemand es der Erzählung für würdig hielt oder man es selbst erzählen konnte (als Autobiographie). Die entscheidende Wirkung hatten aber Biographien, weil sie dazu anhielten, das eigene Leben unter Gesichtspunkten zu planen, die eine strukturierte Erzählung überhaupt ermöglichten. Mit dem Lebensplan und seiner Verwirklichung wurde das Leben selbst zu einem Werk. Auch dafür lieferten die Künstler beispielhafte Vorgaben, als Lebenskünstler vom Typus des „Dandy": von Lord Byron über Oscar Wilde und Gabriele d'Annunzio bis zu Salvador Dalí, Andy Warhol oder Jeff Koons.

Seit Mitte unseres Jahrhunderts liegt es nahe, sein Leben mindestens bis in jenes hohe Alter hinein zu planen, das die Bevölkerungsstatistiken erwarten lassen. Schon Jugendliche beziehen in ihre Planung das Erreichen des Rentenalters unvermeidbar ein, wenn sie mit Eintritt ins Arbeitsleben ihre Beitragszahlungen in die Rentenkassen leisten müssen. Zugleich sind diese Zahlungen Schritte der Verwirklichung des Lebensplans. Sprichwörtlich ist inzwischen die *Rente* als Ziel des Lebens.

Die Biographiepflichtigkeit von Jedermann wird vor allem ausgewiesen durch die Anforderung, jeder Bewerbung einen **„Lebenslauf"** beizufügen. Seine Abfassung zwingt den Bewerber zumindest ansatzweise, Biographie als Zeitform anzuerkennen. **Die Zeitform manifestiert sich in der Verknüpfung des bisherigen Lebens in der Rückschau mit der Voraussicht in die Zukunft.** Ein erfolgreicher Bewerber garantiert Kontinuität des bisher Erreichten, also die Kontinuität einer Entwicklung, von der man sich viel versprechen kann.

| Wer viel tut, hat viel Zeit |

| 2 | Von der Notwendigkeit, ein historisches Bewußtsein auszubilden |

Gespräch mit Heinz-Norbert Jocks

Worum ging es in Ihrer Ausstellung „Die Macht des Alters"?

In multikulturellen Lebensgemeinschaften, wie wir sie in unserer heutigen Gesellschaft vorfinden, kann es jedenfalls nicht mehr um kulturelle Identitäten, getragen von Religionszugehörigkeiten, ethnischen und genetischen Abstammungen gehen. Vielmehr muß man sich auf **Gesetzmäßigkeiten analog zu denen der Naturevolution** beziehen. Eine dieser kulturevolutionären Gesetzmäßigkeiten ist die extragenetische Vererbung; die Einflußnahme auf die Nach-uns-Kommenden durch kulturelles Schaffen, wie es in Mitteleuropa seit der Aufklärung des 18. Jahrhunderts entwickelt wurde. **Die Kenntnis kultureller Übertragungsmechanismen ist für die Entwicklung einer universalen Zivilisation unverzichtbar,** etwa beim Aufbau von Institutionen, die für die kulturelle Übertragung über die Generationengrenzen hinaus zuständig sind, wie etwa Museen. Im Museum werden kulturelle Merkmale über Generationen – und nicht nur unter den gleichzeitig Lebenden – extragenetisch vermittelt. Dies geschieht durch Auf-Dauer-Stellen, aber nicht im herkömmlichen Sinne als Fest-Zementierung oder Beendigung der Evolution. Ganz im Gegenteil: **das Auf-Dauer-Stellen im Museum oder im Denkmalschutz ist ein Aufbewahren und Verfügbarhalten.** Dafür ist grundlegend, was wir in der europäischen Tradition mit dem Begriff des Alterns verbinden: hier wird das Alter der Menschheit nicht durch das bestimmt, was hinter uns, sondern durch das, was vor uns liegt. Dazu bedarf es einer Zustimmung zu gleichen Grundannahmen und Grundbedingungen, wie sie das Grundgesetz vorsieht. **Die museale Übertragung kultureller Merkmale vollzieht sich außerhalb von Familien-, Stammes- oder Religionszugehörigkeiten und auch außerhalb von spezifischen Kunstauffassungen,** die von politischen oder wirtschaftlichen Interessengruppen dominiert werden. Jeder, der in die Institutionen der Wissenschaft und der Künste eintritt, die das extragenetische, also kulturelle Lernen ermöglichen sollen, muß seine Sprache, seine Religions- und ethnische Zugehörigkeit aufgeben oder zumindest hintanstellen. Er kann sie als Folklore pflegen, darf aber nicht mit einer Gleichberücksichtigung innerhalb der offiziellen Kulturpolitik rechnen.

Was für einen Zeitbegriff setzen Sie voraus?

Ich gehe nicht davon aus, daß sich Zeit pfeilartig aus dem Dunkel der Vergangenheit voranbewegt und eine gewisse Wahrnehmbarkeit in der Gegenwart erlaubt, um sich dann wieder ins Dunkel der Zukunft zu verflüchtigen. **Ich benutze einen Zeitbegriff, der mit den Geschichts- und Kunstwissenschaften, mit dem künstlerischen Tun und vielen anderen**

Bereichen verbunden ist. D.h., ich begründe das Interesse an der Vergangenheit damit, daß alles Gewesene zugleich ehemalige Zukünfte bedeutet; geschichtliches Arbeiten läßt erkennen, in welchem Verhältnis Menschen in einer bestimmten Zeit zu ihren Zukunftsannahmen standen.

Gibt es Grundtypen der Zukunftsannahme?

Ja, alles ist letzlich auf **zwei Grundbewertungen** der Annahmen reduziert, nämlich auf **Furcht** und Zittern einerseits und auf **Hoffnung** auf Veränderung im positiven Sinne andererseits. Man fürchtet, daß etwas kommt, und reagiert darauf entsprechend, oder man hofft, daß etwas so bleibt oder sich noch optimiert, und verhält sich entsprechend anders. Wer eine bestimmte Annahme über die wirtschaftliche Entwicklung in der Zukunft hat, wird einen Kredit aufnehmen oder es bleiben lassen. Wenn er befürchtet, daß Absatzchancen für das Produkt, das er mit dem Kredit entickeln will, zu gering sein könnten, wird er diesen nicht aufnehmen, weil die Zinsen zu hoch sind. Glaubt er hingegen, in Zukunft mit dem Produkt reüssieren zu können, wird er den Kredit sogar zu relativ hohen Kosten aufnehmen, weil er meint, die Zukunft darin schon antizipieren zu können. **Wer einen Kredit aufnimmt, vergegenwärtigt ein zukünftiges Handeln als Jetztmöglichkeit.** Zukunft gibt es folglich nur für die jeweils gegenwärtig Agierenden. Der Durchschnittsbürger hat sich bisher kaum darauf eingestellt, daß er nicht gegenwärtig sein kann, wenn er nicht zukünftig ist, und nicht zukünftig, wenn er nicht veraltet ist. **Der junge Mensch muß wissen, daß seine einzig verbindliche Zukunft das Alter ist.** Wenn er unter dieser Voraussetzung nicht sein Bewußtsein in den aktuellen Tag einbringt, hat er auch keine Jugend. Man muß wissen, daß sich alltägliche Zumutungen, wie Einstieg mit Siebzehn in ein Arbeitsverhältnis und Abzug eines Lohnanteils für die Rente, nicht der beliebigen Willkür eines Generationenmodells verdanken, sondern im Wesen des Versicherungswesens liegen, das eine Antizipation von Zukunft bedeutet. Die Zukunft, nämlich das Alter, ist primär von Interesse für die jungen Leute. Eine Versicherung können sie zwischen ihrem neunzehnten und dreißigsten Lebensjahr noch bequem und kostenerträglich abschließen; danach wird es schwieriger. Wenn heute ein junger Mensch dazu angehalten ist, ein Bewerbungsschreiben mit einem Lebenslauf zu begleiten, so fragt sich heute kaum einer mehr, was **Biographiepflicht** bedeutet:

nämlich **sein eigenes Leben historisierend zu sehen.**
Die meisten mißverstehen das als eine ihnen aufgezwungene Drangsalierung durch potentielle Arbeitgeber. Kaum einer hat verstanden, daß er unter der Zeit-, d.h. Biographiepflichtigkeit steht und daß er ein historisches Bewußtsein auszubilden hat. Mich interessierte stets, ob die Generation, die pausenlos die Möglichkeit hat, sich aus dem aktuellen Fernsehangebot oder über *Recording* historische, also *alte* Filme anzueignen, ein anderes Verhältnis zur Zukunftsantizipation hat. Bis heute gibt es leider keine empirische Studie, die darüber Aufschluß gibt. Auch Wissenschaftler haben sich wohl noch nicht hinreichend mit der Bedeutung der Biographie- und Geschichtspflichtigkeit von jedermann beschäftigt. Bisher konnte also nur die generelle Vermutung geäußert werden: je höher die Schulbildung, desto geschichtsfähiger das Bewußtsein und desto ausgeprägter die Antizipationsfähigkeit von Menschen. Das mag generell so stimmen, obwohl heute den Durchschnittsabgängern an der Universität nach unserer Erfahrung nicht gerade besondere Fähigkeiten zur Antizipation zugesprochen werden können. Sie sind auf demselben Konsumentenniveau wie andere gemäß den Massenmedienangeboten auch.

Es ist gewiß so, daß der Bildungsgrad, wenn man Ökonomie studiert, von vornherein den Zugang zu spekulativen Annahmen über die Entwicklung von Börsenkursen, bestimmten Produktklassen oder Marktsegmenten größer war und auch noch ist. Aber die banale Frage, ob sich damit in drei Jahren noch Geld verdienen läßt, ist heute nur noch eingeschränkt zu beantworten.

Die Vergangenheiten sind ehemalige Gegenwarten, in denen man sich auf die Zukunft bezogen hat, während die jeweiligen Gegenwarten zukünftige Vergangenheiten sind.

Wer historisch denkt, verfügt über einen pompejanischen Blick, der das Gegenwärtige immer *sub specie futurae* sieht: Er sieht alles Jetzige dergestalt in Entwicklungsperspektiven, daß die jeweilige Gegenwart keine Dominanz im Sinne von Absolutheitsansprüchen welcher Art auch immer gewinnen kann.

Wird die Gegenwart also nicht als Übergang zur Zukunft verstanden?

Das eigentliche Interesse an Zukünften kann man nur den jeweils gegenwärtig Lebenden zugestehen. Denn die zukünftig Lebenden existieren noch nicht, und die ehemals Gelebthabenden haben nur noch eine Stimme im Hinblick auf das Beispielhafte ihrer Annahmen aus der Zeit vor hundert, fünfhundert oder zweitausend Jahren.

Zeit ist im wesentlichen eine Frage der Antizipation von Zukunft in der jeweiligen Gegenwart. Geschichte wird also nicht im Hinblick auf die Vergangenheitserfahrung, sondern von der Zukunftsannahme der Menschen her geschrieben, und die war um 1300 eine andere als um 1500. **Geschichte darf sich nicht darauf beschränken, zu schildern, wie etwas gewesen ist,** denn die Wahrnehmung des Gewesenen hängt davon ab, was man in seiner Gegenwart unter dem Druck der Zukunftsannahmen für bemerkenswert und bedeutsam hält. Es ist eine Allgemeinerfahrung, daß jede Generation mehr oder weniger ihre eigene Vergangenheitsaneignung unter dem Druck ihrer jeweiligen Zukunftsannahmen betreibt. So vergegenwärtigt sich jede Generation auch ihren Tizian, ihren Dürer oder ihren C.D.Friedrich auf jeweils ihre Weise als historisch vollkommen neu. Eine Lehre kann aus der Geschichte nur ziehen, wer sich auf die je konkreten historischen Handlungsanlässe bezieht und ihre je spezifischen Zukunftserwartungen oder -befürchtungen berücksichtigt.

Adolf Muschg spricht vom Diebstahl an Gegenwart, der dadurch begangen wird, daß man immer nur auf das wartet, was kommen und erwartet wird.

Das glaube ich nicht. Für mich ist das Zeit*schöpfung*. Jeder, der so vorgeht, ob institutionell in Museen oder individuell als Dichter oder bildender Künstler, betreibt Zeitschöpfung, keinen Zeitdiebstahl. Hinter diesem Reden vom „Diebstahl an Gegenwart" verbirgt sich ein bekanntes Modell. Man behauptet, es sei unstatthaft, die Historie unter den Zukunftsannahmen einer Gegenwart zu sehen, weil sie dadurch verfälscht werde. Aber man verfälscht sie in jedem Falle. Es kommt nur darauf an, sie dann als diejenige zu erkennen, die wir nicht nachzuahmen vermögen. **Die Geschichte lehrt uns gerade nicht, Sachverhalte und Situationen ließen sich beliebig oft wiederholen; sie stellt im Gegenteil deren Irreversibilität dar.** Die Erfahrung der Geschichtlichkeit ist die Erfahrung des Verlustes von Möglichkeiten, die historische Personen hatten, wir aber nicht. Wir können sie nur als verlorene gegenwärtig halten. Mercier begründete die Idee einer Geschichtsschreibung unter dem Gesichtspunkt des **„was-wäre-gewesen wenn?"**[1]. Wenn wir diese unverwirklicht gebliebenen Möglichkeitsformen aufbewahren, so vergegenwärtigen wir uns Geschichte. Aber das Aufbewahren

1 vgl. zuletzt die Publikation von R. Cowley (Hg.), Was wäre gewesen, wenn? München 2000.

der Möglichkeitsform, also der Entscheidungsmöglichkeiten von Lucrezia Borgia oder Napoleon, bedeutet nicht, daß wir sie noch aktualisieren können. Vielmehr sind die Figuren für uns in der ungeheuren zeitlichen Ferne von Geschichte wichtig, wobei der gestrige Tag genauso fern ist wie der vor 5000 Jahren. Man bekommt einen Sinn für die Notwendigkeit, sich zu entscheiden und weiß, daß man die Alternativen nicht immer offen halten kann, was heutige Historiker auch wissen. Als Beispiel dafür fällt mir das Jahr 1989/90 ein, als das sogenannte *Fenster historischer Möglichkeiten*, nämlich die Wiedervereinigung der beiden Deutschlands und der gemeinsame Eintritt in die NATO etc., nur ganz kurze Zeit offen stand. Danach war das, obwohl theoretisch unter anderen Bedingungen jederzeit wieder denkbar, faktisch nicht mehr möglich. Dieses Fenster der Möglichkeiten erscheint auch in physikalischer oder evolutionärer Hinsicht, also etwa in Bezug auf die Entwicklung der Arten: Es gab jeweils mehrere Alternativen, aber man kann sich jeweils nur für eine entscheiden. Man muß den Sinn für die Notwendigkeit dieser Entscheidung schärfen in dem Bewußtsein, daß die gewählte Option womöglich nicht die optimale oder irgendwie rechtfertigbare ist. Tatsächlich entscheiden sich Menschen selten für die günstigste oder einfachste Möglichkeit. Es verhält sich daher keineswegs so, daß sich unsere Zukunft immer freudiger, immer besser oder größer gestaltet.

Wie wird Zeit im Schatten von Angst und im Licht von Hoffnung erlebt?

Angst ist, anders als die unbegründete Furcht, ein kulturevolutionär entwickelter Kontrollmechanismus, um Risiken zu vermeiden. **Eine Angst oder Furcht, die auftritt, um ein zu großes Risiko nicht eingehen zu lassen, ist eine begründete und absolut positive Erfahrung.** Hypochonder, die pausenlos um ihre Gesundheit bangen, leben besonders lange, weil sie gar keine Risiken eingehen. Folglich kann die Zeiterfahrung unter dem Druck der Angst außerordentlich produktiv sein. Umgekehrt ist Zukunftsantizipation unter dem Eindruck naiver Bedenkenlosigkeit oder eines gewissen Optimismus außerordentlich gefährlich. Auf diese von der Anthropologie her beschreibbare Bewertung der Evolution kommt es an und nicht auf den platten allseits propagierten Hoppsa-jetzt-kommen-wir-Positivismus, der behauptet, Angst sei für zupackendes Handeln schädlich. Diese Position ist ganz falsch. Menschen, die Risiken vernünftig kalkulieren, tun das immer unter der Annahme, etwas könnte schief laufen. Umgekehrt richten Hauruck-Draufschläger, also die Vabanquespieler in der Geschichte, immer die größten Desaster an.

Wozu neigen Sie selber?

Ich bin Pessimist aus Optimismus. Früher war ich gnadenlos optimistisch im herkömmlichen Sinn und ständig peinlich, ängstlich oder wütend berührt, wenn sich mein Optimismus nicht erfüllte. Die Menschen waren nicht so, wie ich es von ihnen erwartete, um meine Art von optimistischer Zukunftssicht verwirklichen zu können. Jetzt sehe ich die Dinge realistisch, d.h. pessimistisch. Ich bin dabei wesentlich ruhiger und gelassener, also eigentlich optimistischer, weil mich nichts von dem, was passiert, überrascht. **Immer den schlimmsten Fall annehmend, versuche ich, diesen zu vermeiden.** Je vernünftiger ich kalkuliere, desto risikoloser wird alles und desto optimistischer kann ich sein.

Sehen Sie sich in der Nähe von Ernst Bloch?

Wenn Sie auf den Begriff der Utopie anspielen, so haben wir unsere eigenen Vorstellungen: wir sehen die Utopie nicht mehr als anzustrebenden Idealzustand im reinen Nirgendwo, sondern als **erfüllte Utopie im Überall.** Nehmen Sie das Beispiel von *Globalisierung* etwa im Hotelwesen: Wenn Sie Kunde irgendeiner Hotelkette sind, so können Sie so gut wie an jedem Ort der Welt deren Angebot so wahrnehmen, daß sie schon immer vorher wissen, wo sich der Lichtschalter im Zimmer befindet und was es zum Frühstück gibt. Das Nirgendwo der Utopie hat sich folglich im weltweiten Überall erfüllt. Das gleiche gilt entsprechend für die Zeit: auch die *Uchronie* erfüllt sich nicht in der Nirgendzeit oder im Niemals, sondern in jedem Augenblick und im Immer, also in dem, was man mit „Ewigkeit" bezeichnet. Von uchronischer Geltung und Rechtfertigung spricht man, wenn etwas seit unvordenklichen Zeiten so ist, anthropologische Konstanten etwa. **Uchronische Annahmen sind Evidenzannahmen,** und bekanntlich wird das Evidente nicht thematisiert, sondern als etwas Selbstverständliches vorausgesetzt. In unserem kulturellen Alltagsleben wie auch in der zivilisatorischen Perspektive ist die Annahme von Selbstverständlichkeiten durch alle Menschen weit höher, als wir glauben. Das beginnt schon mit der Kommunikation: wir kommunizieren prinzipiell aus der Einsicht heraus, daß wir uns nicht verstehen können. Es bleibt uns von daher nur ein ganz geringer Spielraum, um mit Wahrheitsbeweisen, mit der Abarbeitung von Thesen oder mit Erkenntnisgewinn zu operieren. Man kann etwas hier und da in Frage stellen und daraus theoretische Überlegungen ableiten, wie Philosophen oder Künstler es tun. Diese Annahmen führen zu nichts weiter als zur Bestätigung der Evidenz. Kant kann soviel herumphilosophieren, wie er will. Er kommt über den Satz „Was du nicht willst, das man dir tu', das füg auch keinem anderen zu" nicht hinaus. Er untersucht die Evidenz in der Annahme von jedermann, denn jeder benutzt diesen Satz. Auf der Suche nach einer historischen Begründung fragt er, ob – und wenn ja, wann – dieser Satz im kodifizierten Recht verankert wurde. Über die Grundannahme einer Selbstverständlichkeit kommt er dabei aber nicht hinaus. So sehr sich Philosophen seit Platon auch bemühten, sie gelangten nicht über das Ausformulieren dessen hinaus, was wir ohnehin für gegeben halten. Egal, ob Sie die Bio- oder Neurowissenschaften nehmen, es geht stets um anthropologische Konstanten oder kulturevolutionäre Grundbedingungen unseres Erdendaseins. Auch in der Kultur werden Evidenzen produziert: viele halten es für selbstverständlich, Einfluß auf die Berufswahl ihrer Kinder zu nehmen; in vielen Familien gibt es Hierarchien; man muß sich religiösen oder sonstwie geprägten Verhaltensnormen unterwerfen. Zu wissen, daß andere Gruppen es jeweils anders halten, hindert uns nicht daran, an dem, was wir für selbstverständlich erachten, auch weiterhin festzuhalten. **Menschen neigen dazu, das von ihnen für evident Gehaltene als das entscheidende uchronische Potential von Kultur anzunehmen.** Folglich veranlassen sie andere dazu, dies ihrerseits zu akzeptieren. Das führt zu den bekannten Kultur-, Klassen-, Rassen-, Geschlechter- und Generationskämpfen in der Geschichte.

Unter dem Einfluß neuer Medien droht die Gefahr, daß der Raum unter dem Diktat einer anderen Zeitkonzeption verschwindet.

Es war immer schon eine Spekulation, daß Kants Grundkonstanten der Wahrnehmung, nämlich die Kategorien der unmittelbaren Anschauung „Raum" und „Zeit", eine Einheit bildeten. Das verstehen die Physiker bis heute so. Innerhalb der Kulturgeschichte geht man aber von einer grundlegenden Unterscheidung zwischen reversibel und irreversibel aus. Was irreversibel ist, definiert die unwahre Kategorie der Anschauung Zeit. Reversibel ist das, was wir herkömmlicherweise *Raum* nennen. Sie können z.B. dieselbe Strecke dreimal hin- und *zurück*gehen; der zurückgelegte Weg steht dabei primär unter der Kategorie räumlicher Wahrnehmung. Die *Zeit*, die beim Gehen vergeht, ist jedoch irreversibel: wenn Sie nach einer halben Stunde wieder zurückkehren, sind Sie schon nicht mehr ganz derselbe wie auf dem Hinweg.

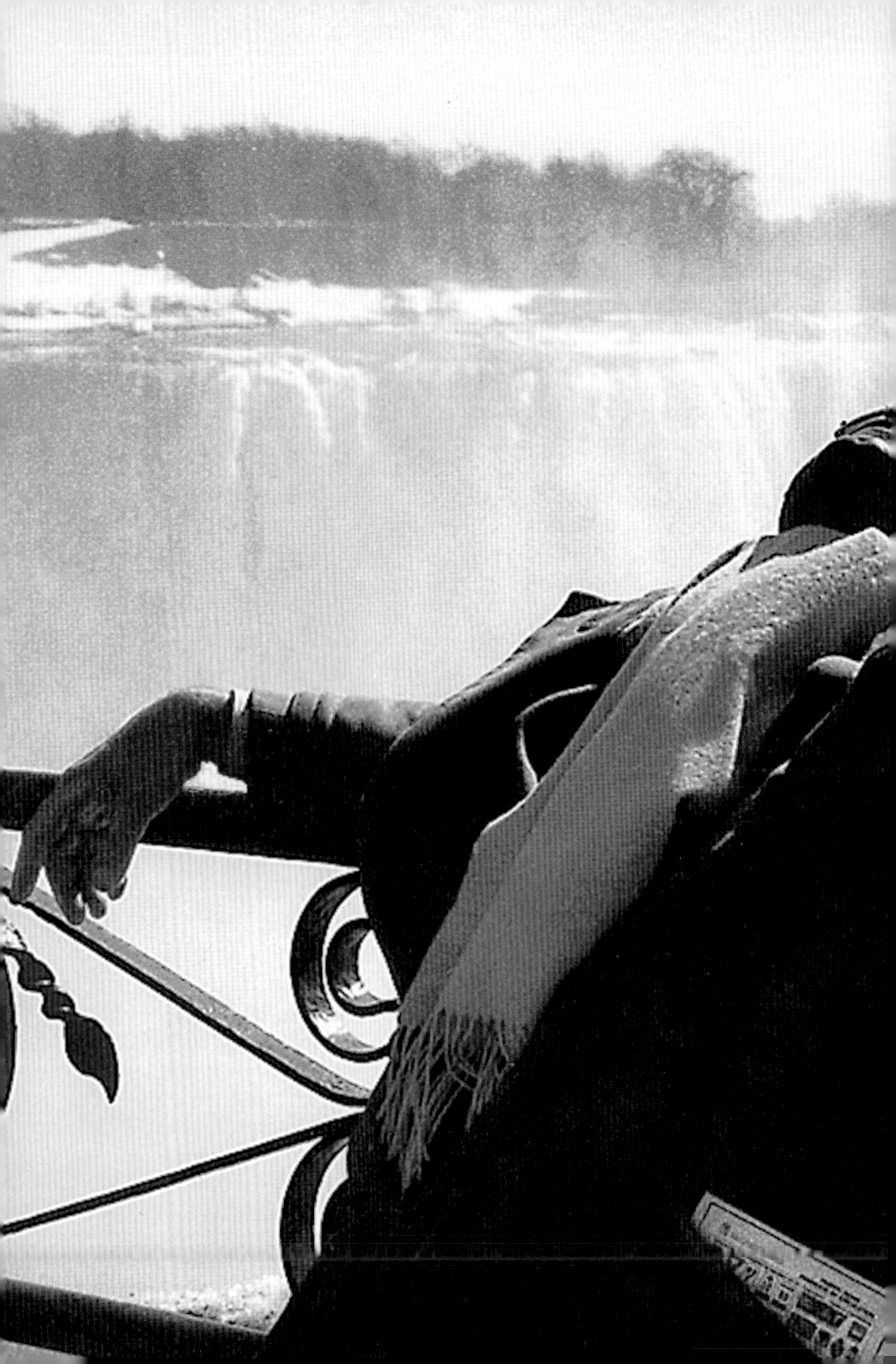

Bazon Brock in Duldungsstarre gegen oben – Architektur des Himmels, 1982

Was halten Sie von Paul Virilios Beschleunigungstheorie?

Bis vor kurzem war er ein Hymniker des Tempos, der die Kulturgeschichte mit Blick auf das Phänomen der Verschnellung von Zeit untersucht hat; seit acht Jahren ist er anscheinend vom Gegenteil überzeugt: er plädiert nun für die Sicht der Verzögerung, der Stillstellung der Zeit und hält die Dauer für grundlegend für Uchronien, eben für Evidenzen in zeitlicher Erfahrung.

Was hat es mit der „Beschleunigung" und „Verzögerung" der Zeit auf sich?

Das sind lediglich Kategorien des subjektiven Zeiterlebens und ihrer Ausgestaltung. Wir alle kennen Situationen, in denen uns dieselbe objektive chronologische Zeit, z.B. zehn Minuten, einmal extrem lang und einmal so kurz vorkommen, als vergingen sie wie im Fluge. Das hat mit den Formen unserer Verarbeitung von Wahrnehmungen und Erlebnissen zu tun, ist aber höchst subjektiv und daher vor allem in der Bewertung äußerst anfechtbar. Nehmen wir einmal den Fall eines *Patienten* – das Wort bedeutet bereits „jemand, der mit der Zeit in geduldig-wartender Weise umgeht". Dieses geduldige Warten kann aber eine ungeheure Art von Aktivität oder Hektik auslösen. Zum Beispiel, wenn sich der Patient ununterbrochen von einer Therapie in die nächste begibt und dabei auf Leute trifft, die immer wieder etwas Neues vorschlagen. Alltägliche Formen des Zeiterlebens wie *Patient-Sein,* Im-Stau-Stehen, oder *Arbeit im Zeitvertrag* gewinnen durch die vielen Individuen, die sie jeweils subjektiv in spezifischer Weise erleben, auch wieder sozial objektiven Charakter, so daß im allgemeineren Sinn etwa von *Warteschlangen*, *Warteschleifen* oder *Reformstau* gesprochen wird.

Nach Sartre wäre die Versubjektivierung objektiver Zeit Ausdruck menschlicher Freiheit.

Das wird von jenen behauptet, die sich als Buddhisten trainieren. Im Europa des 19. Jahrhunderts gab es davon sehr viele, angefangen von Richard Wagner bis hin zu Adalbert Stifter. Es ist jedoch gleichgültig, ob man als kosmologisch versierter Astrophysiker in Dimensionen von hundert Millionen Jahren als Kleinstzeitmaßen rechnet oder sich als Hobbygärtner auf die nächste Salatsaison einstellt. Keine Ahnung, ob das Freiheit ist. Diejenigen, die das sagen, nehmen wohl an, es bestehe eine gewisse Freiheit in der Verfügbarkeit von Zeit. Aber nur dann, wenn man sich auf das Modell der Stillstellung von Zeit, der Erzeugung und Erzwingung von kultureller Dauer in Gestalt tausendjähriger Reiche, tausendjähriger Pyramiden, tausendjähriger Mumien oder tausendjähriger Kulturgüter orientiert. Auf diese Weise soll Zeit als Einflußfaktor auf die eigene Weltaneignung eliminiert werden. Damit glaubt man sich von der Notwendigkeit entbunden, Zeit in ihren Lebensformen auf herkömmliche Weise zu verarbeiten. Alles in allem eine intelligente Befreiung vom Problem, aber keine Lösung.

Was macht die Beschäftigung mit Zeit so notwendig?

Unsere anthropologische Orientierung auf Zukunft und Vorsorge.

Allein wegen unseres psychologischen Haushalts, also aus Angst oder Furcht, müssen wir uns darum kümmern, was kommen wird. Das ist ein Merkmal bei höher entwickelten Systemen in der Natur und bereits weit unterhalb der Stufe der Hominiden gegeben – zwar nicht im Bewußtsein, aber immerhin im biologischen Mechanismus. Menschen, die bei Bewußtsein sind, spielen alle Handlungen antizipierend durch und reagieren stärker auf die antizipierten Annahmen als auf das faktisch Gegebene. Denn auch das faktisch Gegebene muß durch das *limbische System*, also durch das Zwischenhirn, bewertet werden, und das geschieht im Hinblick auf die Frage, ob etwas Lust oder Ekel erzeugt, ob man etwas unterlassen oder ausführen soll. Die Dichotomie Lust/Unlust ist die Basis dafür, unsere Abhängigkeit von Wahrnehmungsreizen aus der Außenwelt zu kontrollieren. Es wäre schrecklich, und wir würden glattweg verenden, blieben wir an einer Reiz-, Lust- und Wahrnehmungsquelle kleben. So sind z.B. Ratten verdurstet, nachdem ihnen Sonden implantiert wurden, die unaufhörlich lustererzeugende neuronale Impulse auslösten, so daß die Tiere „vergaßen", zu trinken. Da zeigt sich, wie notwendig es ist, daß wir durch die Bewertung von Wahrnehmungsreizen dazu befähigt sind, uns von Reizquellen abzulösen. Wir verfügen folglich über eine größere Sicherheit, wenn wir aufgrund von Antizipationen handeln. Denn es ist leichter möglich, sich von diesen Vorgaben als von einer faktischen, mit primären Bedürfnissen verbundenen Reizquelle abzukoppeln. Wenn Sie Durst haben, wird es schwer sein, sich von etwas anderem als von dem Trinkbedürfnis leiten zu lassen. Dieser Impuls verstärkt sich so, daß Sie alles vergessen und sogar unsinnige Risiken eingehen, einzig und allein aus der Notwendigkeit heraus, das System aufrecht zu erhalten. Erfahrene Bergsteiger oder Wüstenwanderer retten sich per Selbstkontrolle vor Halluzinationen, also sich verselbständigenden Antizipationen, indem sie sich klar machen, daß das, worauf man reagiert, eine Leistung des Gehirns und kein objektiver Tatbestand ist.

Erinnern Sie, wann Sie sich erstmalig und unter welchen Umständen mit der Frage befaßten, was Zeit sei?

Ja, beim Zahnarzt. 1948 suchte ich als 12jähriger zum erstenmal einen Zahnarzt auf. Damals kamen bei der Behandlung noch die guten alten Bohrer zum Einsatz, die wie Steinbohrer arbeiteten. Da das sehr schmerzhaft war, überlegte ich mir, wie sich der Schmerz kontrollieren läßt und traf mit dem Arzt folgende Übereinkunft: Ich brachte zur Behandlung einen Wecker mit und ließ mir vorher sagen, wie lange dieser oder jener Vorgang dauert. Entsprechend der Dauer eines Behandlungsabschnitts stellte ich jeweils den Wecker ein und trainierte mich darauf, während dieser Zeit keinen Schmerz zu empfinden. Es gelang mir auch, für die jeweilige Zeit, mal für drei und mal für fünf Minuten, die Schmerzempfindung vollständig zu unterdrücken. Aber kaum ging der Zeiger über die angegebene Zeit hinaus, reagierte ich wieder panisch.

Hat sich Ihr Verhältnis zur Zeit mit der Zeit verändert?

Das hängt davon ab, in welchen Zeitdimensionen man sich jeweils bewegt. Als Ästhetiker bin ich seit zwanzig Jahren auf die neurophysiologische Begründung meines Fachbereichs ausgerichtet; **ich gehe davon aus, daß so etwas wie eine naturevolutionäre anthropologische Konstantenangabe für unser ästhetisches Bearbeiten der Welt möglich ist.** Seit mindestens 35.000 Jahren besitzen Menschen das Gehirn, mit dem wir heute noch funktionieren. Da hat sich nichts geändert.

Meine Einstellung zur Zeit hat sich insofern gewandelt, als ich nicht mehr durch das, was man im Alltag sieht, schockiert werden kann. Also die Sorge um schnell wechselnde Moden und angegebene Verfallsdaten und Sollbruchstellen oder die Panik, zu spät zu kommen, die Befürchtung, nicht zeitgemäß oder up to date zu sein – so etwas verliert sich vollständig. Man ist besser in der Lage, scheinbar evidente Anforderungen wie „man muß doch mit der Zeit gehen" zurückzuweisen.

Wie sehen Sie das Verhätnis zwischen Kunst und Zeit?

Von Augustin stammt die theologische Begründung von Zeit im Sinne des Zeitpfeils: Er kommt aus der dunklen Vergangenheit, wird in einem kurzen Teil sichtbar und verschwindet in dunkler Zukunft wieder. Der nach der Scholastik, nach dem Universalienstreit und nach Anselm von Canterbury entwickelte Zeitbegriff kam aus der bildenden Kunst, weil Maler sich mit der Frage beschäftigen mußten, wie sich etwa in der Darstellung von Marias Lebensweg ihre verschiedenen Lebensabschnitte gleichzeitig und parallel zueinander auf einem Bild veranschaulichen lassen. Sie fragten sich z.B., wie die Heimsuchung von Maria durch den Verkündigungsengel darstellbar sei. Da gibt es ein Nacheinander zeitlicher Verlaufsformen in fünf Stadien: zunächst das Erschrecken Marias; dann das Überraschtsein durch die Verkündigung des Engels; danach das Eintreten Marias in eine Diskussion mit dem Engel; schließlich das Akzeptieren des Auftrags und am Ende ihr Dank. Das mußte dargestellt werden, aber auch die verschiedenen Stationen ihres Lebens *nach* der Verkündigung. Dazu benötigten die Künstler einen Zeitbegriff bildlicher Art. Übrigens ist Giotto der erste Großmeister, dem es mit den Arena-Fresken von Padua um 1310 gelang, das Problem aufs Raffinierteste zu lösen. Stellen Sie sich die Geschichte vor, wie den betagten Eltern Marias selbst eine Verkündigung zuteil wird und wie Marias Vater, der Hirt Joachim, im Tempel abgewiesen wird, weil er keinen Sohn gezeugt hat und zur Herde zurückkehrt. Giotto zeigt das anhand der Darstellung eines Hundes als *Hund des Herrn*. Das heißt, das Tier erkennt den Zurückkehrenden. Darin wird die Zeitbegrifflichkeit ausgedrückt. Daß der Hund zusammen mit seinem Herrn lebte und der Herr wegging und wieder zurückkehrt, das alles manifestiert Giotto in einem einzigen Gestus, indem er den Hund so darstellt, daß die ganze Kette zeitlicher Verlaufsformen, darunter auch die vorwegnehmenden, für jeden Betrachter erfahrbar wird.

Die Künstler haben, und das ist ein Hauptteil der Evolution in der bildenden Kunst, **ungeheure Anstrengungen unternommen, um Zeitbegrifflichkeiten zu schaffen, und dabei ungeheure Resultate erzielt.** Teils geschah das unter Rückgriff auf die Antike, etwa den architektonischen Grundtypus „Zentralbau" des *Pantheon*. Die Künstler haben auch mit Rücksicht auf antike Mythologien geklärt, was überhaupt eine mythologische Aussage sei, nämlich eine zwar von Menschen irgendwann verfaßte, aber inzwischen urheberlos gewordene. Zwar hat ein Mann namens Homer, wer auch immer er gewesen sein und wann auch immer er gelebt haben mag, die *Ilias* und die *Odyssee* aufgeschrieben, aber diese Erzählungen gewannen so sehr an Macht, daß es nicht mehr darauf ankam, wer ihr Urheber war. Es handelte sich um Erfahrungen, die für jedermann, der zum Kulturkreis gehörte, evident waren wie das Schicksal des ewigen Wanderers und Heimkehrers.

Verschiedenen Autoren, die zwischen 1435 und 1439 aus Byzanz nach Florenz kamen, um dort den Lehrbetrieb der untergegangenen Universität von Konstantinopel fortzusetzen, gelang es schließlich, den Begriff der Wahrheit in vernünftiger, auch heute für die Wissenschaft noch gültiger Weise darzulegen: demnach **sind Sätze, die wir für wahr halten, nicht mehr auf einen individuellen historischen Autor zurückführbar.** Vielmehr gelten sie weit darüber und über ihre Epoche hinaus. **Das Urheberloswerden war in gewisser Weise eine Produktion der Zeitform der evidenten Dauer.** Was wahr ist, ist wahr für lange Zeit oder sogar für immer. So ist auch die Naturwissenschaft ohne die Erfindung von Zeitschöpfungsformen wie Ewigkeit, Wahrheit oder Dauer gar nicht denkbar. Wenn sie den Gesetzen der Natur, z.B. der Schwerkraft nachhorchte, kam es darauf an, die Naturevolution, also die geschichtlichen Veränderungen unter dem Aspekt zu untersuchen, was sich *nicht* verändert. Folglich wurde die historische Betrachtung von Formwandel auf Formkonstanz hin (und umgekehrt) eingeführt. Im Grunde ein ungeheuerlicher Schritt, da Zeit substantiell formuliert werden konnte, was in wissenschaftlichen Operationen und Experimenten nutzbar war: objektiviert als Newtonsche Zeit, aber auch als Erfahrungs- und Erzählzeit. Diese Zeitformen haben eine viel größere Bedeutung bekommen als etwa die heute schon relativierte Newtonsche Auffassung.

Wie verändert sich die Darstellung von Zeit in der Kunst mit den Medien wie Malerei, Skulptur und Film?

Das Entscheidende in der gesamten Medienentwicklungsgeschichte ist wohl mit dem „Recording" verbunden, also der Möglichkeit, eine einmalige Aufzeichnung bildlicher oder auditiver Art beliebig oft wiedergeben zu können. Das war mit der Fotografie für Augenblickswahrnehmung und mit dem Film durch erneutes Abspielen bereits möglich, wenn auch nur in fester Hand einiger Weniger. Erst seit dem Videorecording für jedermann fand dieses Zeitverständnis enorme Verbreitung. Es hat sich quasi den alten christlichen Vorstellungen der Wiederauferstehung von den Toten wie ein Synonym angenähert. So können wir heute Clark Gable per Film wiederauferstehen lassen oder ein authentisches, nur zufällig auf Ton aufgenommenes Ereignis beliebig häufig wiederholen.

Wie verändert sich unser Verhältnis zur Zeit per **Recording?**

Jedermann kann sich sich von der Zeiterfahrung als pfeilhaftes Vorbeifliegen aus dem Dunklen ins Dunkle ablösen und sich den geschichtswissenschaftlichen oder künstlerischen, sehr unterschiedlichen Zeiterfahrungen öffnen. Daß man nicht mehr an der kalendarischen Zeit klebt, ist grundlegend für die Alltagserfahrung. Was das bedeutet, zeigt sich, wenn man etwa bei der Silvesterparty in Kollision mit unterschiedlichen Wahrnehmungsformen von Zeit gerät: Da ist die Zyklizität, die sich aus dem Umlauf der Erde um die Sonne ergibt, also der Wechsel Frühjahr, Sommer, Herbst und Winter, sowie die chronologische Voranschreibung der Jahre. Beides in der Vorstellung zusammenzukriegen, bereitet uns ziemliche Schwierigkeiten. Aber es gibt das in der Ausstellung *Macht des Alters* gezeigte Beispiel des Künstlers James Cabot, das dies dennoch veranschaulicht.[2]

2 siehe hier Seite 152 ff.

Mit der Ankunft Neuer Medien sollen Zeitschwellen hinfällig werden, nicht wahr?

Man mag den Eindruck gewinnen, aber die freie Verfügbarkeit ist dennoch nicht gegeben, weil wir auf rein somatischer Basis und weitgehend auch aufgrund unserer Abhängigkeit von psychosomatischen, auch mentalen Prozessen der Alterung irreversiblen, in der Evolution als sinnvoll herausgearbeiteten Bedingungen unterliegen. Davon kann man sich nicht freimachen. Wer den permanenten Wandel in den Appellen erlebt, alle halbe Jahre die Anzugzuschnitte zu wechseln, der muß sich klarmachen, warum das nicht per Dekret eines Diktators ein für allemal aus der Welt geschafft wird. Wann auch immer man dies versuchte, etwa Mao mit seinen blauen Ameisenanzügen, scheiterte der Versuch kläglich. Langsam wird also erklärlich, **warum wir nicht Herrscher über die Zeit sind.** Es gibt eine Tendenz in den historischen, kulturwissenschaftlichen und sonstigen Disziplinen, den *Master of Time* zu machen, um ein methodisches und theoretisches Fundament für die Entwicklung von Zeitbegrifflichkeit auszuweisen.

In gewisser Hinsicht sind heute sogar Naturwissenschaftler, auch wenn sie auf die neuesten Technologien ausweichen, gezwungen, Historiker zu sein. Das liegt in der Logik der Verwendung technologischer Angebote. Sie müssen sich um die Geschichte ihrer Disziplinen kümmern und selbst dann historisch denken, wenn sie glauben, mit den ihnen zur Verfügung stehenden Maschinen aus der bisherigen Geschichte entlassen zu sein. Wer einen Positronenemissionstomographen verwendet, glaubt vielleicht, er benötige weder Kenntnisse der darstellenden Anatomie noch womöglich der Anatomie überhaupt. Doch im Gegenteil: durch den PET erweist sich die historische Entwicklung der darstellenden Anatomie erst besonders leistungsfähig. Der Historisierungsdruck steigt, und die Historisierung würden wir in unserem Bereich eher als *Musealisierung* auffassen. Der negativen Bewertung des Begriffs der Musealisierung läßt sich entnehmen, wie groß der Widerstand gegen den Verzeitlichungsdruck ist, obwohl jedermann dazu neigt, mit seinen Produkten, Büchern, Bildern in Archiven oder Museen zu landen. Selbst alter Plunder wird auf Trödelmarkten als „Antiquität" zum geldwerten Gut.

Wie wichtig ist das Zeitschwellenbewußtsein?

Es ist laut Erfahrung aller Kulturen grundlegend. So, wie man im Territorium Grenzmarkierungen setzt, Furchen mit dem Pflug zieht, die den Tempelbereich markieren, Trennlinien zwischen Völkern und Stämmen absteckt, so **muß man auch Grenzen im Zeitlichen setzen.** In allen Kulturen gibt es **Initiationsriten** verschiedenster Art. Ob nun die Aufnahme in den Erwachsenenstand bei Naturvölkern, die christliche Taufe, die Konfirmation, die Verleihung von Abiturzeugnissen, die Beendigung des Studiums mit einer Diplomfeier oder die Verleihung des Lehrlingsbriefes, das sind unumgehbare Markierungen von **Schwellen in zeitlichen Verlaufsformen.**

Der Barock hat in der Architektur phantastische Programme realisiert. In Kassel sehen Sie noch an den Wilhelmshöher Kaskaden, wie Schwellen den Wasserlauf von oben beschleunigen, stauen oder ganz stillstellen. Die Dynamiken des Zeiterlebens werden durch solche Retardierungen oder Verschnellungen zum Bewußtsein gebracht.

Inzwischen hat man eingesehen, daß es Diplomfeiern an den Universitäten geben *muß*. Das sind Zeitschwellendarstellungen. Es werden auch immer mehr Firmen- und Tennisvereinsjubiläen gefeiert. Es werden wieder die runden Geburtstage auf eine nicht-alltägliche Weise zum Gegenstand bewußter Kommunikation zwischen Individuen und Gruppen gemacht.

Wenn Feste oder Feiern der Ausdruck für die Wahrnehmung solcher Schwellen waren, so ist das bei uns durch zuviel Feiern allerdings etwas herabgewürdigt worden und nicht mehr recht tauglich für die Ausgestaltung von Zeitschwellen. An jeder Schwelle findet aber irgendetwas Entscheidendes statt, und das ist sowohl im gesellschaftlichen als auch im familiären Bereich so. In den letzten zwanzig Jahren hat das Bewußtsein für die notwendige Markierung von Zeitschwellen eher abgenommen. Wenn man glaubte, man könne das beliebig aufgeben, so verschwindet damit auch das Bewußtsein für so etwas wie die **biographiepflichtige Darstellung des eigenen Lebens.** Lebensläufe sind für Unternehmer nur interessant, wenn sich daraus etwas über ein zukünftiges Verhalten des Bewerbers erfahren läßt.

Was ist für Sie die prägnanteste und schönste Darstellung von Zeit in der Kunst?

Das kann ich aus dem Stand nicht beantworten. Da müßte ich mich umschauen, weil es so wahnsinnig viele exzellente Lösungen gibt. Aber aufgrund des bisher Dargestellten würde ich Giottos Hündchen in den Arenafresken nennen. Das ist die früheste derart elaborierte und bis heute noch nachvollziehbare Darstellung. Darüber weiter nachdenkend, käme ich sicherlich auf noch weiterreichende Parallelen wie die Stellung von Christus auf Michelangelos Jüngstem Gericht in der Sixtinischen Kapelle. Früher wurde diese Pose vom *Jupiter Tonans*, also von einem antiken Modell abgeleitet. Das ist gewiß eine der großen, allgemeingültigen Zeitbegrifflichkeiten in der bildenden Kunst. Aber auch Robert Wilsons Theaterstücke oder Brechts Verfremdung des Zeitgeschehens auf der Bühne, also die Darlegung von Erfahrungs- und Wahrnehmungszeit, sind spannende Beispiele. Aus jeder Epoche läßt sich wohl in den Künsten eine Handvoll wirklich grandioser Leistungen aufzählen. Ich wette darauf, daß sich die Mehrzahl der Menschen, dazu ermuntert, ein musikalisches Beispiel zu benennen, auf Beethoven und im Bereich der Kunst auf Michelangelo kaprizieren würde. Aber für heute bleibe ich selbst einmal bei Giottos Hündchen.

| Wer viel tut, hat viel Zeit |

| 3 | Die Gestalt der Zeit. James Cabot |

James Cabot, der seit Jahren in Hamburg lebt und arbeitet, präsentierte in der Ausstellung *Die Macht des Alters – Strategien der Meisterschaft* fünf Tonobjekte von merkwürdiger Form. Cabot hat sie in feuchtem Ton mit Schablonen erarbeitet. Die Gestalt der Schablonen entspricht Bevölkerungsstatistiken Deutschlands seit Anfang unseres Jahrhunderts bis ins Jahr 2033. Die Statistiken unterscheiden nach männlicher und weiblicher Bevölkerung. Zunahme oder Abnahme der Anzahl lebender Frauen und Männer bestimmen also je eine Seite der Gefäßausformungen.

Der Hamburger Kunsthistoriker Dirck Möllmann schreibt: „An Einschnürungen, Wölbungen oder Asymmetrien können historische Ereignisse wie die beiden Weltkriege, Wirtschaftskrisen und Wirtschaftswunderzeiten, Babyboom und Pillenknick als in die Kontur umgerechnete Zahl abgelesen werden. Im einzelnen korrespondiert z.B. relativ hohe Kindersterblichkeit zu Beginn dieses Jahrhunderts mit der stetig abnehmenden Geburtenrate zum Ende des Jahrhunderts. Die dreidimensionale Verbildlichung der Bevölkerungszahl registriert nicht nur die Spuren der Geschichte, sondern zeigt, daß die Bevölkerung selbst zum Gegenstand regulativer Eingriffe geworden ist – anders gesagt: die Bevölkerung wurde mit kapitalen Effizienztechniken zu einem Biokörper formiert."
Damit ist die eine Anmutungsebene der Objekte bezeichnet; sie veranschaulichen den kollektiven Leib der Gesellschaft als formierte Biomasse. Sie geben also dem sozialen Körper Gestalt.
Noch eine zweite Anmutung von Cabots Tongefäßen tritt in den Vordergrund: Die bewegte, dynamisierte Oberfläche der Gefäße und ihr Material rufen die Erinnerung an die Arbeit mit der Töpferscheibe wach, also an eine der ältesten Kulturtechniken der Menschheit. Trotz ihrer scheinbar so fragilen Gestalt haben sich Tongefäße als besonders resistent gegen Zerstörung erwiesen. Deshalb können Vor- und Frühgeschichtler vor allem an Töpferarbeiten die Geschichte uralter Kulturen rekonstruieren. Die Kriterien für die Analyse von Material und Herstellungsart, von Formen und Dekor der Tonwaren markieren das Profil von Epochen prägnanter als alle anderen überkommenen Zeugnisse dieser längst vergangenen, weitgehend schriftlosen Kulturen. Man benennt sie nach den in ihnen produzierten Töpferarbeiten (z.B. Periode der Bandkeramik).

Wer auf der rotierenden Töpferscheibe aus einem Klumpen Ton ein Gefäß formt, nutzt die Bewegung der Scheibe um ihren Mittelpunkt, um eine gleichmäßige und symmetrische Form zu erreichen und um jeweils neu hinzugefügtes Material übergangslos zu integrieren. Bei einigen Cabot-Gefäßen fällt auf, daß die einzelnen aufeinander gefügten Tonringe nicht miteinander verschmolzen werden; im Gegenteil, sie bleiben zumeist voneinander unterscheidbar. Auch weicht die Form der Tongefäße von den uns bekannten ab; sie wirken bizarr, unharmonisch. Der relativ schmalen Halszone, auf der sie stehen, folgt eine verschmalte Schulterzone, dann eine ausladende Bauchzone; die Form der Gefäße mündet in eine Art gestufter Kegel. Diese merkwürdige Form der Gefäße ergibt sich aus dem Konzept, nach dem Cabot arbeitet.

Seit den zwanziger Jahren haben sich vornehmlich Künstler um den Kölner Franz Wilhelm Seiwert bemüht, das Zahlenwerk der Statistiken als Bildwerte zu visualisieren. Diese Bildstatistiken hatten sich bis zum Zeitalter elektronischer Bildsimulierung weltweit verbreitet. Die Arbeiten Seiwerts werden heute als genuine Malereien und Graphiken hochgeschätzt. Obwohl aber alle diese Statistikbilder auf Zeitverlauf verweisen, gelang es ihnen doch nicht, die Dynamik zeitlicher Prozesse sinnlich zu vermitteln.
Diese bisherige Schwäche der Zahlwerk-Bilder überwindet James Cabot auf sehr überzeugende Weise, indem er die zweidimensionalen Graphiken in dreidimensionale Artefakte, eben Tonskulpturen überführt. In ihnen erhalten nicht nur die Epochen, sondern die historische Zeit selbst in ihrer Dynamik Gestalt.

Die Gestalt der Zeit wird sichtbar, also ein Erfahrungshorizont unseres menschlichen Lebens, der uns normalerweise abstrakt bleibt.

Die Vorstellung vom „Lauf der Zeit" führt uns z.B. an jedem Silvester in Verwirrung; wir bringen die zyklisch in sich geschlossene Zeitstruktur eines Jahres, die uns von der Natur vorgegeben wird, nur schwer mit der Vorstellung einer linearen, pfeilartigen Bewegung der Zeit aus der Vergangenheit in die Zukunft zusammen.

Die Cabotschen Zeitgestalten vermitteln beides: die in seinen Tongefäßen wachgerufene zyklische Bewegung der Töpferscheiben als Analogie zum Jahreszyklus einerseits und die vertikale aufsteigende Bewegung, die aus der Ablagerung der einzelnen Zeitenringe übereinander entsteht. **Die Gestalt der Zeit wird**

zu einem Gefäß, in dem sich die Zeitmomente versammeln.
Seit alters wurde auch der menschliche Körper als ein Gefäß verstanden, das sich mit Lebenszeit und all ihren Ablagerungen anfüllt (*corpus quasi vas*). Die Cabotschen Zeitgestalten lassen uns, obwohl sie selbst statisch fixierte Objekte sind, die zyklische Bewegung lebhaft imaginieren und veranlassen uns dennoch, eine Form der Entwicklung wahrzunehmen.

Als Töpferwaren, die wie keine anderen Artefakte die längsten Zeiten menschlicher Kulturen überdauert haben, setzen sie die Fragilität von Material und Form einerseits und Alter als Zeitmaß andererseits in Beziehung – z.B. als Veranschaulichung von Vergangenheitserfahrung und Zukunftsvoraussicht bis zum Jahre 2033; sie verbinden aber auch die gedanklichen Konstrukte von Perioden und Epochen mit der Erfahrung, daß sich diese Zeiten in einem stets gleichbleibendem Raum auf unserer Erde und ihren Regionen ereignet haben.

Die Raffinesse von Cabots Gestalten der Zeit erschließt sich insbesondere, wenn man sich daran erinnert, wie etwa Künstler bisher bemüht waren, der Zeit eine Gestalt zu geben: von den mittelalterlichen Stundenbüchern mit ihren Miniaturmalereien über die Absichten der Futuristen, in statischen Gemälden und Skulpturen Zeit als Bewegungsspur zu veranschaulichen, bis zu den zeitgenössischen Versuchen, Zeitverlauf der Bilder in die Zeiterfahrung ihrer Betrachter (z.B. Videoclip) zu übersetzen.
Den Künstlern gelangen Allegorisierungen der Zeit, z.B. als geflügelte, sensenbewaffnete, ein Stundenglas haltende Figur eines alten Mannes, als Gott *Chronos, Vater oder Verfüger der Zeit*. **Künstler konnten Dramaturgien des Augenblicks so ausbilden, daß der Betrachter den dargestellten und wahrgenommenen Augenblick auf ein nachfolgendes Geschehen hochzurechnen vermochte.** Sie vermittelten die Vorstellung der Ewigkeit Gottes jenseits der Zeiten. Sie führten das vernichtende Rasen der Zeit durch Zerstörung vor Augen. Sie entwickelten Anschauungsmodelle von Linearität der Zeit und von der psychischen Tiefendimension der Erinnerung. Sie machten die Zeit berechenbar als Verhältnis von zurückgelegter Strecke geteilt durch Geschwindigkeit. Aber sehr selten gelang ihnen wie Cabot, der Zeit und ihrer Dynamik selbst Gestalt zu geben, die sich uns als Einheit von Wahrnehmung und Vorstellung erschließt.

Wer viel tut, hat viel Zeit

4 | Fluxus

Das Leben ist auf allen Ebenen ein kontinuierlicher Prozeß: als Bewußtseinsstrom, als Altern, als Rund-um-die-Uhr. Heraklit entwarf das Bild des Lebensstroms, des *Flux* und *Flow*. Selbst im Schlaf können wir aus diesem Strom nicht aussteigen, unser Zentralnervensystem prozessiert kontinuierlich weiter, solange wir noch lebendig sind. Aus den Eigendynamiken des Stroms in seinem Bette des Impulsgeschehens zwischen den Neuronen entstehen kleine Wirbel, die der Fließrichtung scheinbar entgegenstehen – stehende Wirbel, scheinbar diskrete Formen im Kontinuum. Jüdische Denker formulierten dieses diskrete Wirbeln als ein Kreisen der Gedanken (dem *Pulpil*), englische Literaten um Ezra Pound organisierten ihren Rede- und Schreibfluß als *vortezistische Strudel*.

Fluxus-Künstler der sechziger Jahre organisierten Treibgut der Wort- und Bildkommunikation zu kleinen Materialhaufen, wie sie in strudelnden Flüssen beobachtet werden können.

Sie alle glaubten nicht, daß man aus dem Strom aussteigen könnte, ans sichere Ufer der Dauer von Werken und Taten. Sie mußten die Konzepte geschlossener Werkeinheiten, die dem kontinuierlichen Wandel entzogen werden konnten, aufgeben. Nur zeitweilig läßt sich in den Treibgutanhäufungen herumstochern, um zu sehen, was der Strom des Lebens mit sich führt; indem man nachschaut, löst sich die zusammengestrudelte Assemblage auf, um im nächsten Strudel eine andere Konstellation des Treibguts zu bilden.

Der Fluxeumsgründer und Shopartikelproduzent Michael Berger (*Harlekin bzw. Fluxus-Freunde*) organisiert nach dem Beispiel von Fluxuskünstlern Warenströme, die er durch seine Sammlungsräume lenkt, um so aus ihnen zusammengestrudelte Werkteile abzuschöpfen. Sie gibt er als Fluxusobjekte zweiter Ordnung in die reißende Alltagskommunikation hinein, um zu beobachten, wie sich die Waren im Gebrauch selbst auflösen.

Tinguely assemblierte heterogenes Material zu Pseudomaschinen, die ihre Funktionstüchtigkeit darin bewiesen, sich selbst zu zerstören. Das Diskrete ist für den Fluxuskünstler nicht außerhalb des kontinuierlich fließenden Prozesses des Wandels behauptbar, sondern nur innerhalb des Prozesses als Figur der Fließdynamik bedeutsam.

Wer viel tut, hat viel Zeit
5 Tourismus und Geschichte

Seit in den Zeiten des Hellenismus zum ersten Mal in unserem Kulturkreis touristisch organisierte Bildungsreisen angeboten wurden, fragten sich die Veranstalter, wodurch sie ihre Erfolgsaussichten steigern und sichern konnten. Bis in unsere Tage kreisten die Überlegungen um drei Problemstellungen: zum einen galt es, eine entsprechende Infrastruktur in den Reisegebieten aufzubauen oder verfügbar zu halten, zum zweiten mußte man den Kunden die Besonderheit der Dienstleistung, die man anbot, vermitteln, und zum dritten galt es, das Anspruchsniveau zu steigern.

Zwei große Infrastruktur-Vorgaben konnte man nutzen, nämlich die der Handelsreisenden und die der Kulturstättenpilger. Antike Quellen bieten reichlich Hinweise auf diese Infrastrukturen; für die Kulturstättenpilger zum Beispiel die in Delphi, für die Handelsreisenden die in Ephesos.

Die römischen Satiriker des 1. Jahrhunderts n. Chr. (erstrangig Juvenal) machten sich schon drastisch Luft über touristische Weltenbummler. Die Inschriften an den Wänden ausgegrabener Gasthäuser in Pompeji zeugen von den Problemen, die die Reisenden in ihren Herbergen verursachten: „Wir geben zu, uns schlecht benommen zu haben, Herr Wirt, weil wir uns nicht ganz stubenrein verhielten; aber wenn Sie uns fragen, warum wir uns als solche Schweine aufführten, dann antworten wir Ihnen: Sie sind selber Schuld, weil Sie nicht für die nötige Infrastruktur sorgten."

In diesem Umfeld bewährten sich die Touristikveranstalter zum ersten Mal als Kulturschöpfer, indem sie Reiseliteratur als literarische Gattung etablierten und für die Ausbildung, sowie Beschäftigung von Touristenführern sorgten. Die Reiseführer als literarisches und personales Medium bot man sehr bald auch den Handelsreisenden und Pilgern an, das heißt, man gewann eine Klientel hinzu, indem man ihr nahelegte, das Geschäft und die religiösen Verpflichtungen mit Bildungsinteressen zu verknüpfen.

Nachdem sich die Massen der aus ganz anderen Gründen „Reisenden", die Völkerwanderungsmassen, in ihren neuen Siedlungsräumen etabliert, und die missionarisch reisenden Kreuzzügler sich erschöpft hatten, starteten die

„Touristikunternehmen" als höfische Agenten von neuem. Sie organisierten die Attraktionen des Unterhaltungsgewerbes von Oster- und Herbstmärkten, engagierten Künstler als Propagandisten höfischen Ruhms und städtischer Attraktivität (incl. reger Produktion von Souvenirs; der Nachfrage wegen fälschte man auch bedenkenlos antike oder historische Stücke, *Spolien*).

Diese historische Erfahrung prägt bis heute die Angebotspalette des Touristikgewerbes: eine halbwegs sichere und comode Reisemöglichkeit zu einem attraktiven Ort heilsgeschichtlichen, ökonomischen oder historischen Interesses; kennerhafte Führung am erinnerbaren Ort und Unterhaltung, das heißt Erwartungserfüllung der Klientel auf eine Folge dichter Erlebnisse, emotionale Stimulierung und Konfrontation mit dem Unerwartbaren.

Die Spezifik der Dienstleistung von Bildungstouristik wird uns durch die Schilderungen Boswell's nahegebracht. Dieser Autor des 18. Jahrhunderts führt anhand der obligatorischen Kontinentalreisen junger englischer Aristokraten alles vor, was Angebot und Nachfrage zur Übereinstimmung brachte. Boswell verweist auf die frühesten Quellen von Begründungen der Bildungsreiseaktivitäten, nämlich auf Herodots damals schon mehr als zweitausend Jahre kursierende Auffassung von Historia als „eigenem Augenschein"; will sagen, der Bildungstourist beglaubigt die Geschichtsschreibung durch seinen eigenen Augenschein. Die Bildungstouristik erwies sich als Faktor der Geschichtsschreibung, insofern viele Menschen durch ihre Reisen an die Orte historischer Geschehnisse die Bedeutung der Geschichtsschreibung belegten. Boswell begründet die moderne Dimension der Bildungstouristik, indem er zeigt, für wen die Historiker schreiben und welchen Anforderungen sie zu genügen haben. **Der Tourist wird zum Zeitzeugen der Wissenschaft!**

Es ist bisher weitgehend unterschätzt worden, wie sehr die Historiker von jenen abhängen, die als Bildungstouristen die Evidenz ihrer Erzählungen beglaubigen. Damit ist die dritte Säule des bildungstouristischen Angebots eng verknüpft, nämlich die Rolle des Bildungstouristen aufzuwerten und sein Anspruchsniveau zu erhöhen.

Wirksame Geschichtsschreibung als Entwicklung jeweils zeitgemäßer Sichten auf die Historie stützt sich auf die

Fähigkeiten der Touristen, durch ihr Interesse die Bedeutung geschichtlicher Ereignisse für ihre eigene Gegenwart zu bekunden. Die Kulturtouristik führte den Historikern ihr Publikum zu.

Seit dem 18. Jahrhundert ist das kulturtouristische Angebot von entscheidender Kraft der Orientierung für die Historiographen. Massenauflagen historischer Werke rechnen seit dem 18. Jahrhundert mit Lesern, die dem eigenen Augenschein verpflichtet sind. Heute kann man sagen: Historiker haben in dem Maß Bedeutung, wie es ihnen gelingt, Massen von Touristen für ihre Themen zu interessieren, das heißt, der Kulturtourismus bietet den Historikern Evidenzerlebnisse für die Bedeutung ihrer Arbeit.

Um nur ein Beispiel für diese Zusammenhänge anzugeben, berufe ich mich auf Arbeiten von **Gustav Faber.** Für mich ist er der **Prototyp eines zeitgemäßen Kulturtouristen in seiner Rolle als personales und literarisches Medium,** das detaillierte historische Kenntnisse durch das Interesse eines zeitgenössischen Bildungsreisenden vermittelt. Deshalb übertraf er in seiner Rolle als Führer von Bildungstouristen einerseits die Fähigkeit der Profihistoriker, historische Fragestellungen zu entwickeln, und andererseits das lebensgeschichtliche Interesse der Touristen zu stimulieren. Er war im goetheschen Sinne der gebildete Dilettant, der Herausforderungen an die Touristik und die Historiografie so zu formulieren wußte, daß er neue Arbeitsfelder für Geschichtsschreibung und Bildungstourismus öffnete.

Meine eigenen Erfahrungen, die immerhin 30 Jahre Praxis als Navigator und Führer von Touristen umfaßt, hat mich zu der Auffassung kommen lassen, daß die jeweils zeitgenössisch wichtigen Fragestellungen an die Geschichtsschreibung von Touristen ausgehen. Schließlich **ist auch jeder Historiker ein Bildungstourist mit spezifischen Fähigkeiten und jeder Tourist ein Historiker mit eigenen Fragestellungen.**

Das Spezifikum der bildungstouristischen Dienstleistung besteht also in der Herausforderung an die Historiographie (dafür gibt es allein aus den zurückliegenden 30 Jahren ungezählte Belege). Und die Tendenz, das Anforderungsniveau der Klientel zu erhöhen, ergibt sich aus der Notwendigkeit, die touristische Attraktivität von historischen Ereignisräumen für diejenigen zu steigern, die in ihnen als Touristen bereits zu Hause sind. Damit beweist sich die seit Herodots Zeiten postulierte Einheit von eigenem Augenschein und Herausforderung interessegeleiteter Fragestellung: **Wie gelingt es, die Geschichte als aktuell wirksame Kraft zu erfahren?** Der Bildungstourist, der Kulturtourist kommt auf seine Kosten, indem er der Geschichtsschreibung Fragen stellt, auf die sie bisher weder Antworten noch wohlbegründeten Vermutungen gegeben hat.

Der Fragehorizont des Bildungstouristen fordert erst die Historiker heraus, Fragen zu stellen, die in ihrem professionellen Milieu bisher nicht gestellt wurden. Bildungstouristik erweist sich insofern als erstrangige kulturgeschichtliche Herausforderung.

Wer viel tut, hat viel Zeit

6 | Uchronische Moderne – Zeitform der Dauer

Modernität und digitale Revolution
Medienkunst präsentiert sich in aller Regel als Behauptung des Neuen und Aufhebung der Tradition. Zugleich versteht sie sich als technische Ermöglichung zentraler Utopien der Avantgarde. Deren soziale Programmatik soll als technisch generierte Interaktivität die Passivität des Rezipienten wie den Herrschaftsgestus des Produzenten überwinden. Wie auch immer wir diesen Begriff Medienkunst fassen – als Kunstwerk im Zeitalter seiner technischen Reproduzierbarkeit oder in Anlehnung an den aktuellen Sprachgebrauch als digitale Ästhetik –, so definiert sich Medienkunst – ob in kritischer Überbietung oder als Verwirklichung im technischen Vollzug – jedenfalls als Fortführung und Überbietung der Avantgarde.

Das gilt insbesondere für ihre Ästhetik der Zeit, mit der eine entscheidende Differenz zu den vermeintlich statischen Medien der Vergangenheit, in der Regel sogar ein gesellschaftlicher Paradigmenwechsel behauptet wird. **Eine spezifische Auffassung der Zeit ist aber nicht allein ein Problem neuartiger technischer Möglichkeiten der Medien, sondern impliziert immer auch eine bestimmte Auffassung der Historie, ist also notwendig eine Aussage über Geschichtlichkeit.** Das mangelnde Bewußtsein dieser Ambivalenz ist allerdings das Defizit der Medientheorie und -kunst. (Virilio)[1] aufgehoben, und Medienkunst würde eben die Kunstgeschichte aufheben. Wenn nun auch diese *Chronokratie* (Weibel)[2] als unmittelbarer Effekt der Technikgeschichte verstanden wird, übernimmt man damit ein Geschichtsmodell bzw. ein System der Unterscheidungen von Altem und Neuem, das im folgenden zur Disposition steht. Unsere These ist, daß jeder sinnvolle Umgang gerade mit jenen neuen Techniken genau die Einsicht in das Gegenteil, die Notwendigkeit zur permanenten Neuaneignung der Geschichte zwingt.

D. h. die Strukturen der digitalen Informationstechnologie verändern das Bild des geschichtlichen und damit kunstgeschichtlichen Prozesses selbst. Bevor also konkret nach neuen Handlungsoptionen des Künstlers als Resultat der *digitalen Revolution* gefragt werden kann, – also beispielsweise inwieweit die interaktive Entgrenzung von Kunst und Leben den technischen Vollzug einer zentralen Utopie der Moderne ermöglicht –, gilt es zunächst einige wesentliche Unterscheidungen hinsichtlich des hier vorherrschenden Zeit- und Geschichtsmodells vorzunehmen.

Solche Differenzierung läßt sich aber in einer zentralen Frage bündeln: Was heißt es angesichts der digitalen Revolution *modern* zu sein, bzw. warum und wie können wir heute modern, also wortwörtlich zeitgemäß sein, d. h. eine zweite Moderne entwickeln?

Wenn wir die *Zweite Moderne* vornehmlich mit Blick auf veränderte Kommunikationstechnologien, also mit Blick auf bisher unbekannte Formierungen von Öffentlichkeit und Publikum betrachten, ergibt sich: **Die Rezipienten bedienen sich mehr und mehr eben jener Bild- und Textgebung, die auch die Künstler und Wissenschaftler nutzen**

1 Vgl. P. Virilio, Rasender Stillstand. Essay, München 1992.

2 Vgl. P. Weibel, Die Beschleunigung der Bilder. In der Chronokratie, Bern 1987.

Deswegen bleiben für das Publikum die Kriterien der Unterscheidung nicht mehr äußere Krücken des Verstehens. Wer etwas anspruchsvoller über einen leistungsfähigen Computer kommuniziert, muß sich auf die Logiken der Bild- und Textproduktion einlassen: ein entscheidender Schritt in der Professionalisierung des Publikums. Wer als zeitgenössischer Künstler diese modernsten Medien anwendet und darin wahrgenommen werden will, muß sich in höherem Maße disziplinieren als jemand, der durch die schiere Demonstration von Materialmächtigkeit Räume besetzt. Sobald sich Kritik und Geschichtsschreibung darüber klar zu werden haben, welche Leistungen die neuen Medien auf welchem Wege erzeugen, wird ihr Verständnis für die spezifischen Leistungen der vermeintlich traditionellen Künste erheblich geschärft. Ihnen wird klar werden, daß Modernität nicht als mutwillige Absetzbewegung von Traditionen bewertet werden sollte, sondern einen anderen Zugang zu dem vermeintlich Altvertrauten erschließt.

Seit Hans Robert Jauß,[3] Hans Ulrich Gumbrecht,[4] Hans Blumenberg[5] und Reinhart Koselleck[6] ihre Rekonstruktionen der Geschichte des Begriffs *modern* vorlegten, ist unbestreitbar, **daß der Begriff „Moderne" nicht mehr als Epochenkennzeichnung sinnvoll verwendet werden kann.** Vielmehr bezeichnet *Moderne* respektive *Modernität* die *Differenzierung* von *Zeiterfahrung*. Insofern hätte sich die Projektbeschreibung einer *Zweiten Moderne* auf die Kategorie der Modernität zu konzentrieren (Hans Belting),[7] denn diese ist historisch durchgängig in Gebrauch. Wenn Modernität als Zeiterfahrung allen Menschen mit historischem Bewußtsein zukommt, haben wir viele sogenannte kulturelle Errungenschaften anders einzustufen. Sie verdanken sich zu einem viel höheren Anteil als bisher angenommen dem evolutionär hervorgebrachten Weltbildapparat des Menschen; dessen Operationsweisen besser kennenzulernen, bemühen sich die Neurowissenschaften.[8] Die Bedingtheit unserer Wahrnehmung und Bewußtseinsbildung sowie die Kommunikation der autonomen neuronalen Systeme über alle Formen der Sprache, auch für die Bewertung von künstlerischen und wissenschaftlichen Produktionen in Rechnung zu stellen, heißt bis auf weiteres, der *Hominisierung* des Menschen (Heiner Mühlmann)[9] größere Aufmerksamkeit als der kulturellen Humanisierung zu widmen.

3 Vgl. H. R. Jauß, *Studien zum Epochenwandel der ästhetischen Moderne*, Frankfurt am Main 1989.

4 H. U. Gumbrecht, „Modern, Moderne, Modernismus", in: *Geschichtliche Grundbegriffe. Historisches Lexikon zur politisch semantischen Sprache in Deutschland*, hg. v. O. Brunner/W. Conze/R. Koselleck, Bd. IV, Stuttgart 1978, Seiten 93–131.

5 Vgl. H. Blumenberg, *Die Legitimität der Neuzeit*, 2. Aufl., Frankfurt am Main 1988.

6 Vgl. R. Koselleck, *Vergangene Zukunft: Zur Semantik geschichtlicher Zeiten*, Frankfurt am Main 1989.

7 Vgl. H. Belting, *Das Ende der Kunstgeschichte. Eine Revision nach zehn Jahren*, München 1995.

8 B. Brock, „Mediale Artefakte im Zivilisationsprozeß", in: *Inszenierte Imaginationen. Beiträge zu einer historischen Anthropologie der Medien*, hg. v. H. U. Reck, Wien/New York 1996, Seiten 5–12.

Von der utopischen zur uchronischen Moderne
Prometheische Scham

Herausgefordert, mit dem eigenen Werkzeugkasten der Begriffe ein Modell der Moderne vorzustellen, in das sich die jüngsten avancierten Technoproduktionen einstellen lassen, bekenne ich meine Scham, den Propheten zu spielen. Auch die weniger anspruchsvolle Version, Prognosen abzugeben oder Entwicklungstrends zu nennen, verlangt noch, den Status der nachfolgenden Aussagen zu kennzeichnen.

Ich betrachte meine Behauptungen als Resultate der experimentellen Geschichtsschreibung, für die ich mich auf das epistemologische Konzept des *Präsentismus* berufe. Der Ausgangspunkt für die Theorie des Präsentismus ist die Beobachtung, daß alle Geschichte von jeweils Lebenden in ihrer je konkreten Zukunftserwartung geschrieben wird.

Die Unterwerfung unter *das absolute Präsens* (Karl Heinz Bohrer)[10] ist mit großen Risiken verbunden, die vorbehaltlos einzugehen eben jene Schamhaftigkeit der Prognostiker nahe legt; denn für den Präsentismus ist nicht nur die Vergangenheit ein Konstrukt der je einmaligen Gegenwart, sondern auch die Zukunft. **In der Zukunftserwartung kann man gleichermaßen beschämend kleingläubig und ängstlich wie beschämend bedenkenlos und mutwillig optimistisch sein.** Wenn ich meine Scham oder die Beschämung durch die Konzepte der Kollegen aber in Rechnung stelle, zwingt sie mich zu einer Einschränkung des Geltungsanspruchs meiner Behauptungen. Sie sind nicht als gestalterische Eingriffe in die Entwicklung zu verstehen, sondern als Klärung meines Verhältnisses zu ihnen. **Die prometheische Scham der Gestalter der modernen Welt stellte sich ein, sobald man sah, was aus den guten Absichten und den elaborierten Konzepten wurde, nach dem man sie verwirklicht hatte.** Sie äußerte sich in Rechtfertigungsversuchen wie der tatsächlich zutreffenden Konstatierung: Das haben wir nicht gewollt. Dieses Eingeständnis versöhnt immerhin mit den prometheischen Heroen des real verwirklichten Sozialismus, der antiautoritären Erziehung, der Multikultur und ähnlichen Projekten der Moderne. Ihr Selbstbewußtsein und ihre Tatkraft kennzeichnet die erste Moderne unseres Jahrhunderts.

---

9 Vgl. H. Mühlmann, Die Natur der Kulturen. Entwurf einer kulturgenetischen Theorie, Wien/New York 1996.

10 Vgl. K. H. Bohrer, Das absolute Präsens. Die Semantik ästhetischer Zeit, Frankfurt am Main 1994.

Die Beschränkung auf bloße Beispielhaftigkeit des Erlebens und Handelns einzelner Zeitgenossen und ihre Scham, von sich selbst auszugehen, bestimmt unsere gegenwärtige Position modern sein zu wollen.

Modernität als Strukturbegriff
Warum müssen oder wollen wir modern sein? Wir müssen oder wollen es, insofern wir mit etwas Neuem, dem Neuen, rechnen. Wenn man die historischen und gegenwärtigen Äußerungen zur Moderne durchsieht, wird klar, daß keine andere Kennzeichnung für Modernsein so häufig in Anspruch genommen wird wie die, etwas Neues zu wollen. Aber mit diesem Neuen rechneten alle historischen Menschen, soweit sie uns in ihren Lebensspuren präsent sind. Deswegen sollte **Moderne,** gar *die* Moderne, nicht eine historische Epoche kennzeichnen, sondern **muß als Strukturbegriff verstanden werden, in welchem das grundsätzliche Verhältnis (wahrscheinlich sogar als anthropologische Konstante) des Menschen zu jenen Gegebenheiten oder Entwicklungen zur Geltung kommt, die ihm unbekannt sind, die sich der Aneignung entziehen, die nicht beherrscht werden können und mit denen er noch nicht zu rechnen gelernt hat.**
Zerstörung, Verleugnung, Verdrängung und schließlich Konventionalisierung sind die bekannten Formen der Konfrontation mit dem Neuen, die sich bis in die Gegenwart als *Ikonoklasmus,* als Entartungsstigmatisierung und als Veralten der Avantgarde bemerkbar machen. Von Platons Kampf gegen die Sophisten über die Auseinandersetzung zwischen Abt Suger und Bernhard von Clairvaux, den Methodenstreit *all'antico versus al moderno,* die *Querelles des anciennes et des modernes* bis zu den brutalen Schlachten der Traditionalisten und Avantgardisten unseres Jahrhunderts lassen sich historische Beispiele für das strukturelle Verständnis von Moderne anführen.
Vielleicht ist es deshalb sinnvoll, mit Hans Belting zwischen Modernität und Moderne zu unterscheiden; wenn man aber fragt, was die Moderne als Epochenbegriff kennzeichnet, erhält man doch wieder die Antwort: ihre Modernität. Immerhin mag es Skalen der Modernität geben, so daß wir die Moderne als Epoche seit der französischen Revolution mit Arthur Rimbauds Diktum

auszeichnen können, man habe *absolut modern* zu sein. Der Präsentismus bietet eine Möglichkeit zu verstehen, wie diese Forderung eingelöst werden kann.

Statt das Neue aus Angst vor dem Unbekannten zu zerstören oder stigmatisierend auszublenden respektive durch Konventionalisierung zu domestizieren, favorisiert der Präsentist die immer schon naheliegende Möglichkeit, sich auf das Neue mit Bezug auf das Alte, auf das Unbekannte mit Bezug auf das Bekannte und auf die Avantgarde mit Bezug auf die Tradition einzulassen.

Die Krise der Kunstkritik und Kunstwissenschaften der Moderne dürfte sich abschwächen, sobald man versteht, daß sich auch die Beschäftigung mit der alten Kunst von Generation zu Generation unter dem Einfluß von zeitgenössischem Wahrnehmungswandel verändert. Die Behauptung eines unüberbrückbaren Gegensatzes von *traditionell* und *modern* wird aufgegeben werden, sobald man der Tatsache Rechnung trägt, daß Traditionen nicht konstant gehalten werden, sondern in jeder Generation eigenständig angeeignet werden müssen. Das 20. Jahrhundert hat sich für die Durchsetzung von Modernität (dem vom Druck des Neuen erzwungenen Umbau der Traditionen) als zeitschöpferische Vergegenwärtigungen von Vergangenheit bewährt. **Das Wirksamwerden geschichtlicher Positionen in Gegenwarten kennzeichnet man mit dem Begriff der Renaissance.** Folgerichtig spricht Erwin Panofsky nicht mehr nur von der Renaissance als einer historischen Epoche, sondern von *renaissances,* also von den immer wieder (zum Beispiel unter den Karolingern oder Ottonen) gelungenen Vergegenwärtigungen von Vergangenheiten.[11]

Obwohl im deutschsprachigen Raum der Begriff *Klassizismus* mehr oder weniger abwertend gebraucht wird, gilt auch für Klassiken und Klassizismen, daß sie nicht historisch einmalige Epochenfolgen kennzeichnen. Mit Alois Riegl können wir so gut von einem *hadrianischen Klassizismus* wie von einem *römischen Barock* sprechen, da hiermit grundsätzliche Beziehungen von Gegenwarten auf Vergangenheiten angesprochen sind.[12] Wie stellt sich nun diese Neuaneignung der Tradition angesichts der neuen Medientechnologien dar?

11 E. Panofsky, Die Renaissancen in der europäischen Kunst, Frankfurt am Main 1979.

12 A. Riegl, Die Entstehung der Barockkunst in Rom. Akademische Vorlesungen. Aus den hinterlassenden Papieren, hg. v. A. Burda, Wien 1908.

Utopie und Uchronie

Mit Verweis auf die angesprochene Selbstbeschränkung, also mit schamroten Wangen, beziehen wir uns immer noch und immer wieder auf den Fortschritt in der Geschichte, also das Akkumulieren und Verdichten von modernen Haltungen in dem Maße, in dem Gegenwarten sich auf eine Vielfalt von Vergangenheiten zurückbeziehen können. **Fortschritt kennzeichnet die Annahme einer Optimierung der Modernität, so weit sie schon selber historisch geworden ist.** Wir können sagen, der Fortschritt besteht als eine immer umfassendere und zugleich differenziertere Vergegenwärtigung von Vergangenheiten. Das läßt sich empirisch überprüfen. Für den Bereich der Künste heißt das, die Epochen daraufhin durchzumustern, welche Formen des Präsenthaltens von Vergangenem sie ihren Zeitgenossen zur Verfügung stellten – religiöse, politische, soziale und kulturelle Institutionen. D. h. ein modernes Zeitbewußtsein bedarf gesellschaftlich konventionalisierter Mechanismen, sich die Vergangenheit als Voraussetzung einer offenen Gegenwart präsent zu halten.

Unter den letzteren sind seit 200 Jahren Neuentwicklungen wie Museen und Akademien und universitär betriebene Wissenschaften auffällig, die sich ausdrücklich dem Wirksamhalten von historischen Werken in der Gegenwart widmen. Es geht ihnen nicht um eine akademische Pietät, das Tote und Abgeschiedene als solches zu klassifizieren, sondern es in seiner Bedeutung für die Lebenden zu aktualisieren. **Man hat diese Schöpfung von Zeit als Erweiterung der Gegenwart um die Dimensionen geschichtlicher und zukünftiger Zeiten als Chronopolitik gekennzeichnet.** In der Tat ist Kulturpolitik in der Einrichtung von Bildungs- und Ausbildungsstätten, von Museen und Hochschulen, in ihrem Kern auf die Produktion von Zeit und Zeiterfahrung als Mittel des Weltverständnisses und der Aneignung ausgerichtet. **Historisch denken zu lernen heißt die eigene Gegenwart unter zukünftigen Entwicklungen als zukünftige Vergangenheit zu sehen und entsprechend in ihr zu wirken.**

Seit Giorgio Vasaris Viten und dem Geschichtlichwerden von Künstlerbiographien manifestiert sich die Fähigkeit zur Relationierung und Relativierung gegenwärtigen Handelns in einem neuen Topos (oder im Topos des Neuen), der *Utopie*. Das Strukturprinzip der Modernität ist seit Aristoteles an die *Topik* gebunden. In ihr – wie in allen Nachfolgemodellen der Rhetoriker – geht es um die Verortung der fließenden Zeit in der Zeiterfahrung der Individuen. Um Zeitlichkeit (zum Beispiel als Erzählzeit oder das Prozedieren bei der Erstellung von Urteilen) erfahrbar und nutzbar zu machen, topographierte man seit Aristoteles den *intellectus agens,* die *mens,* oder kurz, die *memoria*, also das *Gedächtnis*. Um sich in den eigenen Vorstellungen planvoll bewegen zu können wie der Bote auf dem Wege durch die Fremde, beschrieb man das Gedächtnis als eine Landschaft mit in sich geschlossenen auffälligen Gestaltungseinheiten, den *topoi*, deren Namen zugleich Themen der Erzählung oder der geforderten Gedächtnisleistung ausmachten. **Mit der Verbreitung von Wissen über gedruckte Bücher verwandelten sich für die Humanisten des 16. Jahrhunderts (zum Beispiel für Erasmus) die Gedächtnisverortungen in Nichtorte, in *U-topoi*, die nicht mehr auf einzelne Träger des Gedächtnisses angewiesen sind.** Die utopische Auffassung von Ideen, Themen und Methoden gehört zu den Optimierungsstrategien von Modernität. Die Moderne war utopisch, insofern ihre wissenschaftlichen Erkenntnisse und deren Anwendung nicht mehr auf individuelle Urheber, auf deren Kulturlandschaft und auf regionale Besonderheiten fixierbar blieben, sondern sich grenzenlos, ja bedingungslos für die gesamte Menschheit zur Geltung bringen konnten. **Die systematische Verselbständigung des Wissens und seiner Funktionalisierung führte zu einer Entgrenzung der Räume bis zur beklagten Ort- und Heimatlosigkeit des modernen Menschen.** Wir können heute dieses Utopischwerden der Welt gut nachempfinden in dem vergeblichen Versuch der Reisenden, von der Örtlichkeit ihres Aufenthalts noch durchschlagende Unterscheidungen ihrer Wahrnehmung und ihres Handelns abzuleiten. Wenn alle Zentren moderner Städte auf der ganzen Welt hohe Ähnlichkeit kennzeichnet, wenn die dort verwandten Technologien, die Produkte, die angebotenen Hotels voneinander kaum noch zu unterscheiden sind, manifestiert sich der utopische Charakter der durch Selbstbezüglichkeit optimierten Moderne (vergleiche *reflexive Moderne* bei Ulrich Beck).[13] Die umgangssprachliche Verwendung des Begriffs Utopie als ein Nirgendwo erweist sich, wie historisch angelegt, als ein tatsächliches Überall. Und das hat sich für die erste Phase unseres Jahrhunderts, in der das Prinzip Modernität reflexiv gesteigert wurde, auch tatsächlich erwiesen. Unterschiede im Grade der Modernität lassen sich nur noch durch Zeiterfahrung ausmachen.

Ein Beispiel: In südostasiatischen Großstädten (obwohl so utopisch wie die westlichen) herrscht doch noch eine andere Chronopolitik, eine weniger moderne. Die Traditionen, die sie zu vergegenwärtigen vermögen, sind noch auf wenige religiöse, ethnische und kulturelle Muster beschränkt. Erst langsam etablieren sich die Institutionen der Zeitschöpfung, die Museen, die wissenschaftlichen Institutionen (neben Kirchen, Kultzentren und herrschaftslegitimierenden Bauten und politischen Regelsystemen). Sie sind, obzwar schon utopisch, erst in rigide eingeschränkter Weise auch *uchronisch*.

Eine erste Ausbildung von Uchronie verdanken wir Louis Sebastien Mercier, der in der zweiten Hälfte des 18. Jahrhunderts eine Romanhandlung in das Jahr 2040 verlegte. Mercier ging es um die Frage, was aus utopischen Projekten wird, wenn man sie realisiert, also verortet bei gleichzeitiger Annahme eines anthropologisch konstanten Verhaltens der Menschen. **Uchronisch, zeitlos in Geltung, sind dabei alle Annahmen, die Menschen für selbstverständlich halten, in die sie bereits hineingeboren werden,** und die auch unter utopischen Annahmen gesellschaftlicher, technischer, politischer Entwicklungen sich nicht verändern (zum Beispiel als Kategorien der Anschauung, der Orientierung in Raum und Zeit).

Die Natur des Menschen ist uchronisch, sie wird von historischen Prozessen nicht tangiert, und demzufolge bleiben auch die religiösen oder philosophischen Grundorientierungen auf Gott oder Natur erhalten. Hundert Jahre nach Mercier entwickelte Charles Renouvier expressis verbis die **Uchronie als Topos der Geschichtsschreibung.** Er überlegte, welche Entwicklung die Geschichte genommen hätte, wenn in den Vergangenheiten etwas anders gelaufen wäre, als es gelaufen ist. Die Frage *Was wäre wenn …?* faßt aber nur einen Teilaspekt des Uchronischwerdens von Geschichte. Im Präsentismus kommen zu den Aspekten der Uchronie, die seit Mercier erörtert wurden, weitere hinzu. **Die Einmaligkeit der Jetztzeit als Gegenwart wird zu der Erfahrung von Jederzeit.**

13 U. Beck/A. Giddens/ S. Lash, Reflexive Modernisierung: eine Kontroverse, Frankfurt am Main 1996.

Wie sich die Utopie als Nirgendwo im Überall manifestiert, so erweitert sich Uchronie des Niemals, der Beginnlosigkeit, zum *Immer*, in jedem Augenblick. Im Präsentismus faßt der Begriff der Uchronie die Gleichzeitigkeit des Ungleichzeitigen, die Einheit der Zeit als Gegenwart in ihrer Unterschiedenheit als vergangene und zukünftige. Diese Einheit der Zeitdifferenzierung definiert das historische Bewußtsein. Es manifestiert sich nicht im bloßen Bewahren kultischer Traditionen, die das Werden und Vergehen als ewige Wiederkehr des Gleichen feiern und so auf die Zukunft verzichten.

Recording und Interaktivität
Wenn wir uns in einem Museum mit historischem Werkbestand bewegen, erfahren wir die Zeitform der Uchronie. Einerseits lernen wir die Werke der verschiedenen Epochen als historische zu unterscheiden – andererseits aber offenbar als jetzt, in der Gegenwart des Betrachters, bedeutsame wahrzunehmen. **Die Uchronie ist die Zeitform des Dauernden des Bewahrten.**

Wenn wir einer Aufführung, einer Komposition folgen, nehmen wir das Musizieren als die Herstellung einer Zeitfolge wahr; niemals hören wir das musikalische Werk als ganzes, und doch ist jeder vorgetragene Takt gerade im Hinblick auf das Werk als Einheit zu hören. Die Zeitform des Werkes ist uchronisch als Vergegenwärtigung des in der Aufführung bereits Gehörten, also Vergangenen. **Das Konzept des Werkes hat seine Bedeutung darin, die Einheit seiner Elemente als Zeitform erfahrbar werden zu lassen, gerade weil die Wahrnehmung dieser Elemente an das prozessuale zeitliche Nacheinander gebunden ist.** Wir sehen und hören in zeitlicher Folge nur je konkrete einzelne Gestaltungselemente oder Töne. Das Aktuellhalten des bereits Gesehenen oder Gehörten ermöglicht die Wahrnehmung des Werks als ganzem. Das hat man immer schon als *memoria* oder als *Vorstellungskraft* beschrieben. Die Zeitform der memoria ist uchronisch. Diese Auffassung hat nachhaltige Auswirkungen auf die Bewertung technischer Innovationen – besonders auf die elektronische Generierung von Wahrnehmungsanlässen.

Eine besondere Bedeutung kommt der Möglichkeit des technischen *recording* zu. Es verstärkt nicht nur die Möglichkeit, Uchronie der memoria durch die Wiederholung auszubilden – es qualifiziert sie auch. **Die technische Reproduzierbarkeit verbreitet nicht nur die Aneignungs-**

möglichkeiten der Werke, sondern ist auch Steigerung der Vorstellungskraft durch Stimulierung von uchronischer Zeiterfahrung. Dafür drei Hinweise:

Wer im Umgang mit den elektronischen Medien mit dem Phänomen der Interaktivität konfrontiert wird, bemerkt schnell, daß er ein Kriterium braucht, um den prinzipiell unaufhörlichen Fortgang des Prozessierens zwischen Betrachter/Akteur und dem Resultat seiner Operation beenden zu können. Der Eindruck relativer Beliebigkeit interaktiver Wechselwirkung entsteht, wo das Kriterium für zeitliche Schließung der Operation fehlt. Wie anders konnte man dieses Kriterium gewinnen als aus der geschichtlichen Erfahrung, die zum Beispiel Künstler gemacht haben, denn auch sie standen ja vor der Notwendigkeit, ihr Malen, Schreiben, Komponieren irgendwann zu beenden. Der Maler konnte seine Interaktion mit dem von ihm hergestellten Bild nicht endlos fortführen, es sei denn um den Preis der Zerstörung, der Annullierung der bereits geleisteten Arbeit. **Die in gewisser Weise radikale Entscheidung zum Abbruch der Arbeit als einer Beendigung konnte nur getroffen werden mit Blick auf das Werk als eine Einheit und sei diese auch nur formalistisch definiert.**

Die Arbeit an der elektronischen Bildgenerierung schärft also den Blick für die Frage, welche Formen der Beendigung in den historischen Werken zur Geltung kamen.

Das Neue an den interaktiven Medien scheint darin zu liegen, daß zwischen Produktion und Rezeption nicht mehr unterschieden wird. Aber auf der Ebene uchronischer Vorstellungskraft/*memoria* galt das bereits für die Malerei des 15. Jahrhunderts. Ein zentralperspektivisch organisiertes Bildwerk bezog bereits den Betrachterstandpunkt in den Bildraum ein. Der Blick ins Bild und der Blick aus dem Bild interagierten in der aktiven Wahrnehmung. Und ein zweiter, dritter und vierter Blick führte in der jeweiligen Wahrnehmung zu einem bisher auf dem Bild nicht Gesehenen, obwohl es immer schon vorhanden war. Insofern veränderte sich durch die Wahrnehmung auch das objektiv materielle Substrat *Bild* in gleicher Weise, wie sich heute das elektronische Bild durch Interaktion verändert.

Offensichtlich ist es unumgänglich, vor der Produktion

neuer Medien die Unterscheidung von Information und Mitteilung zu aktivieren – also die Unterscheidung von Inhalt und medialer Form. Aber nicht nur mit Marshall McLuhans Konstatierung, daß das Medium die Botschaft sein kann, wird der Begriff *Information* schillernd. Gerade elektronische Bildgenerierung erschließt die mediale Mitteilung als ein Informbringen des Rezipienten – als seine Formierung durch Positionierung. Das beginnt bereits mit dem Appell des Bildes, sich ihm wahrnehmend zuzuwenden. Auf diese Positionierung kommt es an, denn es ist für den Rezipienten erheblich, ob er vor dem Bildwerk als Gläubiger oder Meditierender Position bezieht, oder aber als sich selbst thematisierender Betrachter, oder aber als Analytiker von Sprachformen des Bildes.

An utopischen Orten uchronischer Präsenz wie den Museen hat sich der Betrachter selbst zu informieren, insofern ihm dort, anders als in Sakral- oder Herrschaftsbauten, nicht mehr situativ vorgegeben wird, in welche Rezeptionsform er sich einzustellen hat. Gerade die Werke der „freien Kunst" verlangen die Selbstformierungskraft des Betrachters. In ihrer utopischen Verfügbarkeit an jedem Ort und ihrer uchronischen Allgegenwärtigkeit fordern die elektronischen Medien, um ihnen Information abzugewinnen, die Fähigkeit des Betrachters/Interakteurs, Position zu beziehen, besonders heraus. Er realisiert in der Formation mit dem interaktiven Medium seine Information. Wer die spezifischen Leistungen der Bildlogiken elektronischer Medien und ihrer Programme nutzen will, tut das nicht, indem er etwa Bill Gates' Operationskonzept *Windows* technisch nachvollzieht. Der Rahmen der Gestaltungsmöglichkeiten bei Verwendung von *Windows* wird vielmehr durch die Erfahrung mit bildsprachlichen Aussagen in nichtelektronischen Medien bestimmt, also etwa durch die historische Auffassung, das Gemälde sei ein Fenster. Der Blick aus der Behausung durch das Fenster in die Welt eröffnet die Tiefenschichtung von der Nähe zur Ferne unter Rückgriff auf die natürliche Fähigkeit des Gehirns, das objektiv Ferne (so weit es der Erinnerung bereits zur Verfügung steht) nahe heranzuholen, denn wir steuern die Optik des Wahrnehmens ferner Dinge nach den Anschauungen, die wir von ihnen bereits besitzen.

Wenn mit *Windows* das optische Raumkontinuum durch simultane Präsenz verschiedener Raumebenen scheinbar aufgelöst wird, so können wir mit dieser Äquitopik doch nur arbeiten, weil wir sie jederzeit in das Kontinuum der Vorstellung, also in die Erfahrung von Uchronie überführen. Das führt zu einer Reaktivierung der historischen Bedeutungsperspektive durch die Operation mit *Windows* – also einer weiteren Steigerung der uchronischen Leistung durch elektronische Medien.

Bildende Wissenschaften
Für ein Konzept der Zweiten Moderne lassen sich durch diese Stichworte zukünftige Entwicklungen vergegenwärtigen, die unter dem Programmnamen *Imaging sciences* und *Neuronale Ästhetik* zur Diskussion gestellt sind. **Imaging sciences bezeichnet die Tatsache, daß auch Naturwissenschaftler aller Arbeitsfelder mit der Verwendung elektronischer Sprachgenerierung gezwungen sind, ihre Arbeiten explizit ästhetisch zu organisieren und zu werten,** denn sie begegnen in ihren medialen Vergegenständlichungen gedanklicher Konstrukte primär den kategorialen Vorgaben für ihre Anschauungen und Vorstellungen, wie sie den Funktionslogiken des Gehirns von Natur aus eingeschrieben sind (ihnen widmet sich die *Neuronale Ästhetik*).

Was bisher im wesentlichen den bildenden Künsten als Formierungsleistung abverlangt wurde, wird nun auch den bildenden Wissenschaften zur Aufgabe. Für die formierende Kraft, die bildende Kraft der Künste, galt die Maxime *ut pictura poesis,* das heißt, auch Bilder sind sprachlich konstituiert und anwendbar – und deshalb Instrumente der Erkenntnis. **Für die bildenden Wissenschaften gilt *ut scientia poesis,* das heißt, auch wissenschaftlicher Gebrauch von Sprache ist ästhetische Operation mit der unübersteigbaren Differenz von Bewußtsein und seiner sprachlichen Vergegenständlichung.**

Weil die bildenden Künste seit der Frührenaissance große Erfahrungen mit ästhetischen Operationen gemacht haben, entwickelte sich ein intensives Interesse der bildenden Wissenschaften an den Leistungen der Künstler. Wenn Künstler zu Partnern der Naturwissenschaftler im gemeinsamen Gebrauch elektronischer Bildgebung/Modellbildung werden, dann werden die Wissenschaftler im Gegenzug zu den heute gewichtigsten Entdeckern und Würdigern historischer Leistungen bildender Künstler. Es ist bereits jetzt absehbar, daß die Labore von Neurophysiologen und Biochemikern zu den utopischen Orten uchronischer Vergegenwärtigung der Kunstgeschichte werden. In der Verwendung der neuen Medien wird sich die utopische Forderung nach der Einheit von bildenden Künsten und bildenden Wissenschaften erfüllen – und zwar als Fortschritt durch Steigerung unserer uchronischen Zeiterfahrung.

Wer viel tut, hat viel Zeit

7 | Wer neu sein will, hat für das Gewesene zu sorgen.

Fondation Beyeler testet die Avantgarden

Das Publikum verlangt von den Künstlern, daß sie innovativ seien. Die Kreativität der Künstler müsse sich darin beweisen, etwas Neues zu schaffen. Wie aber soll man Kunstwerke oder Leistungen in anderen Bereichen als neu, gar als völlig neu erkennen können, wenn man sich dabei nicht auf das Alte bezieht? Witzbolde könnten zwar auf die Idee kommen, ein neues Produkt mit dem Aufdruck anzubieten: „Neu nur mit der Aufschrift Neu" ; aber erfolgversprechender ist die Werbung für das neue Produkt, wenn die Warenaufschrift mitteilt, in welcher Hinsicht etwas Neues geboten werde, z.B. leichter oder billiger oder schneller oder kleiner als das entsprechende bisherige Produkt. Mit dem Komparativ, dieses Produkt sei anders als das vorhergehende, wird notwendigerweise auf das alte Produkt Bezug genommen für die Qualifizierung des Neuen.

Das Alte ist das längst bis zum Überdruß Vertraute;

das Alte ist so konventionell oder redundant geworden, daß es uns kaum noch auffällt und wir es demzufolge auch kaum noch wahrnehmen. Man hat sich angewöhnt, das Neue als das *Moderne* anzusprechen – und wer kann sich leisten, nicht modern sein zu wollen oder nicht als modern zu gelten.

Die meisten Zeitgenossen glauben, die Forderung nach Modernität sei ein Kennzeichen unseres Jahrhunderts, in dem sich die Innovationen nur so überschlagen haben, in der Technik, in der Wissenschaft, in den Künsten, in der Lebensführung oder in der Einstellung zur Natur.

Die Auffassung, erst die Menschen des 20. Jahrhunderts seien modern eingestellt, ist falsch. Vielmehr müssen wir anhand von schriftlichen Zeugnissen historisch früherer Kulturen und Gesellschaften anerkennen, daß man immer schon mit der Unterscheidung von neu und alt, von modern und traditionell die Leistungen und die Lebenseinstellung der jeweiligen Zeitgenossenschaften bewertet hat.
Im 17. Jahrhundert wurde in Frankreich der Streit zwischen den Alten und den Neuen sprichwörtlich (*Querelles des Anciennes et des Modernes*). Die Künstler der Renaissance bedienten ihre Auftraggeber mit Hinweis auf ganz neue Verfahren (Brunelleschis Konstruktion der Domkuppel in Florenz) oder mit Hinweis auf nie dagewesene *Maniera* (wörtlich: Stil und Auffassung; die *Manieristen* traten in die Nachfolge Raffaels). Aber schon Sokrates hat sich heftig gegen die Neuerungssucht der marktschreierischen Sophisten zur Wehr gesetzt, die ihrer Klientel beibrachten, wie man alteingesessene Politiker der *Polis* mit dem Vorwurf, veraltet zu sein, mattsetzen konnte. Noch viel früher, nämlich auf den Tontafeln von Ninive, wird darüber geklagt, daß die guten alten Sitten durch „Neuerer" ausgehebelt würden: früher hätte man noch die Alten geehrt, jetzt täten die Jungen, was sie wollen; früher wäre die Welt noch geordnet und verständlich gewesen, aber nun werde dieses Verständnis durch neue Auffassungen ins Chaos gestürzt.

Wenn mehr oder weniger zu allen Zeiten mit der Unterscheidung von neu und alt, von modern und traditionell gearbeitet wurde, kann die Forderung nach Modernität und Neuheit nicht eine spezifische Kennzeichnung unserer Moderne sein. Wir haben es vielmehr mit allen Menschen eigentümlichen Formen der Wahrnehmung und der Urteilsbildung zu tun. Immer schon waren Menschen mit neuen Situationen konfrontiert, die sie als fremd und deshalb bedrohlich einschätzen mußten. **Heute wird das Neue z.B. als künstlerische Avantgarde geradezu mit dem befremdlich Unverständlichen gleichgesetzt, das verunsichert und**

Angst macht. Aber wer die Unsicherheit und Angst aushält, verschafft sich einen Vorteil gegenüber denen, die die Flucht ergreifen oder riskieren, im Kampf gegen das Fremde beschädigt zu werden. Wer sich dem unbestimmten Neuen stellt, aktiviert die grundsätzliche menschliche Eigenschaft, neugierig sein zu können. Wenn aber die Neugierde nicht zur bloßen Neuerungssucht, zur Neophilie, um ihrer selbst willen werden soll, muß man über den Umgang mit dem Neuen Erfahrungen sammeln. Dazu ist der Kunstbereich am besten geeignet, weil er stets Neues bietet und der Kunstfreund bei der Erprobung des Neuen keine gefährlichen Konsequenzen wie bei Testpiloten oder Testpatienten riskieren muß. Außerdem läßt sich für den Kunstbereich sehr gut angeben, welche Leistung die Neuerung, die Avantgarde zu erbringen hat. Im Kunstbereich läßt sich gut beurteilen, ob irgendein Werk oder eine Weltsicht tatsächlich neu sind oder nur vorgeben, es zu sein.

Wenn prinzipiell gilt, daß das Neue nur mit Bezug auf das Alte zu bestimmen sei, dann gilt in der Kunst, daß die Leistungen der Neuerer, der Avantgardisten, darin beurteilbar sind, in welchem Maße sie uns veranlassen, das vermeintlich Alte, Bekannte, Traditionelle auf neue Weise zu sehen.

So bewährte sich der Architekturneuerer Adolf Loos, indem er die gesamte Fachwelt veranlaßte, die Leistungen und Konzepte der vermeintlich längst bekannten Architekten Brunelleschi und Palladio mit neuen Augen zu sehen und schätzen zu lernen. Die Expressionisten waren tatsächlich Neuerer, weil sie uns nötigten, die Bilder und Skulpturen der Romanik anders wahrzunehmen, denn als bloße primitive Vorläufer der Gotik. Die Avantgarden dieses Jahrhunderts haben sich als tatsächlich leistungsfähig erwiesen, weil Sie uns die vermeintlich längst bekannten Zeugnisse der ägyptischen, der kykladischen, der minoischen, der spätrömischen oder der mittelalterlichen Kulturen vergegenwärtigten, so daß deren Wirkungen in unserer Gegenwart wieder aktiviert werden konnten. Picasso und Braque bewiesen den Kubismus als tatsächliche Neuerung, weil mit den Augen der Kubisten die Skulpturen der sogenannten primitiven afrikanischen Stämme für das 20. Jahrhundert erschlossen werden konnten. Die Nagelprobe für neue Kunst nach der Devise **„Avantgarde ist nur das, was uns zwingt, Traditionen neu zu werten,**

also neue Traditionen zu bilden", läßt sich aber auch zwischen den Beständen dieses Jahrhunderts selbst machen. So hat etwa Sigmar Polke sich als tatsächlicher Neuerer erwiesen, weil er uns nötigte, das Werk von Francis Picabia so zu sehen, als sei der ein unmittelbarer Zeitgenosse. In gewisser Weise kann man sagen, daß erst durch die Arbeiten Polkes die Leistungen Picabias völlig neu gewürdigt werden konnten.

Mit der Etablierung der *Fondation Beyeler* in Riehen eröffnete sich eine Möglichkeit, die Bestände der erstrangigen Sammlungen zu nutzen, um die Leistungsfähigkeit von Neuerern zu erproben. So konnten hier Werke von Lichtenstein mit denen von Picasso und Monet und mit Werken von Leger und Dubuffet konfrontiert werden. Michael Lüthy untersuchte vor Publikum, welche Auswirkungen Lichtensteins Konzepte für unsere Sicht auf Picassos Frauenportraits der 40er Jahre und auf Monets *Seerosenweiher* von 1918 haben.

Ich konfrontierte Lichtensteins Gemälde *Gegenstände an der Wand* (1973) mit Legers *Stilleben* von 1924. Beide Bilder beziehen sich ausdrücklich auf Vorgaben des 17. Jahrhunderts: Lichtenstein aktiviert den Bildtypus des Trompe l'oeil, Leger hat sich im Stilleben Poussins Gemälde *Rebekka und Elisar* (1648) anverwandelt.
Aus der Konstellation stellten sich zwei Fragen:
– Ist es richtig, zu behaupten, daß das Konzept des Stillebens im 20. Jahrhundert keine Rolle mehr spielte?
– In welchem Verhältnis standen im 17. und stehen im 20. Jahrhundert formale Kompositionsprogramme zum Inhalt der Bilderzählung?

Lichtensteins *Gegenstände an der Wand* (etwa 150 x 190 cm) vereinigt in sich die für die Augentäuschermalerei des 17. Jahrhunderts typische Wiedergabe eines Steckbretts mit dem Bildkonzept, die Rückseite eines Gemäldes als eigentliche Schauseite auszuweisen. An Steckbrettern befestigte man seinerzeit provisorisch – wie heute an den Türen von Kühlschränken – lauter kleine Utensilien der häuslichen Kommunikation, also Briefe und kleine Liebesgaben, Messer und Scheren, Landkarten, kleine Zeichnungen usf.
Die Absicht der Trompe-l'oeil-Maler war, die malerische Darstellung des Steckbretts so vor Augen zu stellen, als hätte man es real vor sich. Zugleich aber sollte dem Betrachter deutlich werden, daß es sich bei diesem Eindruck um eine Täuschung handele. Die Betrachter lernten also, die unterschiedlichen Realitätsebenen von realen Gegenständen und ihrer bildlichen Darstellung zu

unterscheiden, gerade wenn sie dem Eindruck unterlagen, das Bild sei das reale Steckbrett. Für bürgerliche Kaufleute, Handwerker und Politiker war es sehr wichtig, zwischen den vorgetäuschten Qualitäten einer Ware und ihrer tatsächlichen Beschaffenheit, oder zwischen der Erzählung von Ereignissen und ihrem tatsächlichen Verlauf unterscheiden zu können, gerade weil von rhetorisch brillanten Erzählungen oder der täuschenden Aufmöbelung von Waren eine eigentümliche Faszination ausgeht.

Auf Lichtensteins *Gegenstände an der Wand* sehen wir auf der dargestellten Rückseite eines Gemäldes (über Keilrahmen gespannte Leinwand) um ein fast leeres Zentrum Hufeisen, Pinsel, eine Briefschaft, ein Leger-typisches Bildfragment, eine Spielkarte und die Darstellung ornamentaler Muster wie Schneckenhaus, Muschel und Seestern. Daß diese Dinge am Bildrand befestigt sind, scheint natürlich zu sein, da man auf dem Holzrahmen leichter Gegenstände montieren kann als auf der Leinwand. Im auffällig leeren Zentrum der gemalten Leinwand ist ein Nagel mit seinem Schatten zu sehen – das traditionelle Signet der Malerei als Augentäuschung. Schräg oberhalb des Nagels sitzt auf der Leinwand eine Fliege. Mit diesem Motiv wurde stets auf den legendären Streit zwischen Zeuxis und Parasios angespielt. Um 400 v. Chr. trafen sich die beiden Großmeister der hellenistischen Malerei um zu entscheiden, wer der Größere sei. Parasios hatte Trauben so gemalt, daß die Vögel nach ihnen pickten; Zeuxis hatte einen Vorhang vor einem Bild als Bild so gemalt, daß Parasios versuchte, den Vorhang wegzuziehen, um sich das Gemälde anschauen zu können.
Auffällig ist nun, daß Lichtenstein uns ganz offensichtlich mit der Darstellung nicht veranlassen will, einer suggestiven Augentäuschung zu unterliegen und sie gleichzeitig zu genießen. Er ruft nur im Betrachter das Konzept der Malerei als Augentäuschung gedanklich in Erinnerung. Das will sagen: **Die Wirkung von Bildern realisiert sich nicht als ihre objektive Gestalt, sondern in der Psyche des Betrachters.** Der Illusionist ist nicht der Maler, sondern der Betrachter.
Nicht das Bild täuscht, sondern die Art der psychischen Verarbeitung von Wahrnehmungen setzt uns Täuschungen aus, weil unser Gehirn verschiedene Bewertungen von Wahrnehmungseindrücken ausprobieren muß, um zu einer Schlußfolgerung zu kommen.

Leger konzentriert in seinem Stilleben Dinge eines häuslichen Wohnraums in der Mitte seines Bildes, ihr Umfeld bleibt leer. Die Bildelemente (Tisch mit kugelgestaltiger Skulptur, Briefschatulle, Büchern; im Bildmittelgrund eine Ansammlung stark abstrahierter Architekturdetails) erscheinen wie zusammengeschoben, sodaß sich ein dichtes Feld von Wahrnehmungsappellen ergibt. Der Betrachter schwankt zwischen der Identifizierung von realen Objekten und formaler Bildstruktur.

Durch Lichtensteins Bild, das die Täuschung aus dem Bild in die gedankliche Operation des Betrachters verlegt, werden wir angeregt, Legers Stilleben mit einer bemerkenswerten Schlußfolgerung zu betrachten: Offensichtlich war Leger nahe daran, die abstrakte Kunst seiner Zeit der Tradition des Stillebens zuzurechnen. Er abstrahierte reale Raum- und Architektureindrücke so weitgehend, daß sie vor allem als formales Gestaltschema einer Malerei ins Auge fallen. Das Gemälde wird zu einem Wahrnehmungsanlaß, der dem Betrachter die Chance bietet, seine Vorstellung auf reale Raum- und Architekturelemente genauso zu konzentrieren wie auf abstrakte Bildordnungsschemata. Mit solchen Schemata ordnen wir auch im Alltagsleben unsere Wahrnehmung von Räumen und den in diesen Räumen verorteten Objekten. Wenn man kühnerweise aufgreift, was Leger mit seinem Stilleben nahelegt, dann stellt sich die Frage, welche Vorstellungen von Räumen und Flächen sich dem Betrachter eröffnen, sobald er abstrakte Darstellungen sieht. Können wir überhaupt abstrakt sehen, ohne zugleich unsere Vorstellungen oder Erinnerungen von realer Welt und deren Bedeutung ins Spiel zu bringen? Die historische Gattung des Stillebens hat diese Bedeutungen kanonisiert: die auf Stilleben gezeigten Gegenstände wie Musikinstrumente, Blumensträuße, Schriftstücke, Lebensmittel, Prunkgeräte, Spielzeuge etc. wurden Begriffen zugeordnet wie „Flüchtigkeit des Lebens", „Vergänglichkeit des Augenblicks", „Vergeblichkeit des Bewahrens", aber vor allem auch auf die Leistungen der menschlichen Sinne und deren Täuschbarkeit bezogen. In der gegenstandslosen Malerei, etwa vom Typus des schwarzen Quadrats oder des roten Keils vor schwarzer Kreisfläche, wurden die Bedeutungen in Begriffe wie „das Absolute" oder „die Spiritualität" oder „die rote Revolution" gefaßt.

Leger legt seinen Zeitgenossen Malewitsch und El Lissitzky, Corbusier und Ozenfant nahe, zu verstehen, daß sie mit ihrer Bedeutungslehre der reinen Ungegenständlichkeit nichts Neues schufen, sondern die Tradition der Bedeutungslehren von Stilleben in der eigenen Zeit wiederbelebten.

Leger bezieht sich mit seinem Stilleben auf die Bildsprache Poussins. Oberflächlich betrachtet schien der Poussinsche Klassizismus das genaue Gegenteil der zeitgleichen Konzepte des Trompe l'oeil zu sein – wird doch im Bildvordergrund des Poussinschen Gemäldes so auffällig auf eine Ereignisschilderung abgehoben. Aber die von Poussin im Bildmittel- und -hintergrund dargestellte Alltagswelt der agierenden Personen wirkt von dem Ereignis merkwürdig unberührt. Architektur, Monumente und Landschaft werden im Grunde als stillgestellte Welt, eben als Stilleben geschildert.

Indem sich Leger nur auf diese Elemente des Poussinbilds in seinem Stilleben bezieht, verlagert er die agierenden Personen aus dem Poussinschen Bild in die Psyche des Betrachters. Das psychische System der Menschen ist immer der Welt konfrontiert. Es ist nicht Teil dieser Welt. Diese betrachtend wahrnehmen zu können und mit unseren Wahrnehmungen zu operieren, verlangt die Stillstellung der Welt, ihre Verwandlung in ein Stilleben.

Der Betrachter reagiert umso animierter, umso seelisch und gedanklich bewegter, je weniger die Darstellungen der Welt vortäuschen, selber belebt, animiert, bewegt zu sein.

Fazit dieser naturgemäß verkürzten Wiedergabe realer Bilderfahrung: die scheinbar so unterschiedlichen Konzepte von Lichtenstein und Leger zeigen ihre Kraft, indem sie uns Positionen des 17. Jahrhunderts mit einer neuen Sicht vergegenwärtigen. Lichtenstein macht deutlich, daß nicht die Bilder die Augen täuschen, sondern die Augen die Psyche. Leger macht deutlich, daß der noch so strenge formale Purismus des Klassizismus im 17. wie im 20. Jahrhundert nicht vermeiden kann und nicht vermeiden soll, die Welt vor allem deshalb in festen Ordnungsschemata stillzustellen, weil nur der Betrachter, nicht aber das Bild beseelt, also animiert, ist.

Je ungegenständlicher der Maler operiert, desto stärker wird das Verlangen der Betrachter, der Darstellung Bedeutungen zuzuordnen. Die aber entstammen nicht der objektiven Gestalt der Bilder, sondern den psychischen Operationen ihrer Betrachter.

| Wer viel tut, hat viel Zeit |

| 8 | Bildende Wissenschaft.

Das Glück der Dauer. Reale Virtualität. Image Science |

1. Das Glück der Dauer
Der englische Goethe-Zeitgenosse Jeremy Bentham (1748-1832) verfügte in seinem Testament, daß seine Fakultätsgenossen so lange in den Genuß seines Vermögens gelangen sollten, wie er unter ihnen leibhaftig anwesend sein würde. Eine hintersinnige Herausforderung, die die Professoren glänzend meisterten. Nach Benthams Tod mumifizierten die Kollegen den Kollegen und stellten ihn mit Hut, Stock und Anzug in eine Vitrine im Fakultätszimmer, wo er bis auf den heutigen Tag verblieben ist.
Benthams Generalmaxime als Sozialethiker lautete: „Das größtmögliche Glück der größtmöglichen Zahl"!
Soweit denn dieser exzentrische Gentleman sein persönlich größtes Glück darin empfand, zu wissen, daß er auf lange Dauer unter den Lebenden verweilen werde, hätte er Gunther von Hagens sicherlich als zeitgemäßen Sozialethiker begrüßt. Denn dessen Verfahren der Plastination ermöglicht (potentiell) einer größer werdenden Zahl selbstbewußter Individuen, dem Beispiel Benthams zu folgen.
Erzkatholische Klosterbrüder plazierten noch bis Ende des 19. Jahrhunderts die von ihnen aus dem Leben geführten Bürger in den Katakomben von Palermo. Die klimatischen Besonderheiten, die dort herrschen, ließen die Toten auf natürliche Weise zu Mumien werden. So stehen, sitzen und liegen die frommen Wesen in jenem Wartezimmer der Ewigkeit, und jährlich führen Tausende seelenruhiger Touristen mit ihnen anregende Gespräche.

Bentham und die Katakombenbürger von Palermo geben uns Zeugnis, daß nicht nur in „exotischen" Kulturen (etwa den altpägyptischen oder den präkolumbianischen), sondern in der unsrigen sowohl radikale Materialisten wie gläubige Christen bereit waren, die zentralen Intentionen jeder Kultur leibhaftig zu repräsentieren: nämlich **das Ziel, das Dasein auf Dauer zu stellen.**

Alle uns vertrauten Kulturtechniken dienen vorrangig diesem Ziel. Sie sollen es ermöglichen, die Welt der Toten, der Lebenden und der Zukünftigen als die eine und einzige Welt zu begreifen. **Die große Kluft, die wir naiver-**

weise zwischen Leben und Tod, Diesseits und Jenseits, Vergangenheiten und Zukünften wahrzunehmen glauben, soll von kulturellen Leistungen überbrückt werden, die tragfähig sind, weil sie zu dauern vermögen, also auf lange Dauer ausgelegt wurden.

Kulturen sind Beziehungsgeflechte zwischen Menschen. Diese Beziehungen sind umso verbindlicher, je weniger sie ins Belieben der Individuen gestellt bleiben. Dieses Belieben resultiert aus dem persönlichen **Zeithorizonten** die natürlicherweise vorläufig und eng sind. Sie **zu öffnen und zu erweitern heißt, die Zeiten zu bannen, sie stillzustellen; der Zeit und ihren Furien des spurlosen Vergehens zu entkommen.**

Kulturen ermöglichen das ihren Mitgliedern durch die Garantie der Wiederholbarkeit, der andauernden Möglichkeit also, immer wieder beginnen und beenden zu können, was prinzipiell beginnlos und endlos ist. Diese kulturelle Garantie der Wiederholbarkeit definiert, was wir Dauer nennen: die dauernde Anwesenheit der Toten und ihrer Vergangenheiten in der Gegenwart der Lebenden. **Friedhöfe und Museen, Bibliotheken und Archive, Monumente und Memoriale, Architekturen und Ortsnamen verkörpern und repräsentieren solche Dauer als Möglichkeit der Wiederholung, der Auferstehung, der Vergegenwärtigung.**

Nicht nur Historiker, Archäologen, Theologen, Philologen, die gelernt haben, mit Toten sachgemäß zu kommunizieren, handhaben die Techniken, Dauer durch wieder-holen, zurück-holen zu erreichen; heute bedienen fast schon alle Zeitgenossen sich der Technik des *recording* in Bild und Ton: sie lassen Clark Gable per Videorecorder auferstehen; sie halten eine Lebensszene per Foto permanent verfügbar und collagieren bei Familienfesten Lebensläufe zu Biographien, in denen souverän Zeiten und Räume ineinander verschachtelt und auseinandergenommen werden – wie es noch vor kurzem bestenfalls Kulturprofis zu tun vermochten. Die Zeitgenossen lernten das vor allem am Beispiel der Künste und der Massenmedien. Inzwischen beklagt das TV-Volk nicht mehr die „ewigen Wiederholungen alter Filme", sondern partizipiert an den

Warholschen Freuden der ständigen Wiederkehr desselben als das Gleiche (Serienglück). Und Friedrich Nietzsche segnet die Sportschaugucker, denen die *slow-motion*-Wiederholung wichtiger Szenen (dreimal, viermal, immer wieder) zur Qualifikation MT verhilft: *Master of Time* – Kulturgröße. Das ist technische Theologie: das christliche Wiederauferstehungsversprechen kann von jedermann erfüllt werden, ohne Apokalypse, ohne jüngstes Gericht. Die Massenmedien beweisen täglich, daß wir das Ende schon hinter uns haben. Das ist ihre frohe Botschaft.

Gunther von Hagens Verfahren der *Plastination* ist auf den ersten Blick schon als genuine Kulturtechnik zu erkennen. Sie stellt organismische Substrate auf Dauer – jenseits der natürlichen Wege, das sicherzustellen, indem genetische Informationen der Organismen erhalten bleiben. Die bisherigen Techniken, diese natürlichen Prozesse selektiv zu optimieren, waren sehr erfolgreich. Das Sammeln und gezielte Wiederverwenden der Samen von Pflanzen, Tieren und Menschen hat sich als kulturell so leistungsfähig erwiesen, daß es zum eigentlichen Muster aller kulturellen Arbeit geworden ist: vom Erhalten der Nahrung durch verschiedenste Formen des Konservierens bis zur kulturellen Überformung der Natur durch Züchtung, die die nutzbaren Ressourcen vergrößert. Voraussetzung für diesen Erfolg ist das kulturelle Gewinnen und Bewahren von Kenntnissen der natürlichen Prozesse, in denen sich Leben generiert. Über diese Kenntnisse zu verfügen, also sie lehrend an andere weiterzugeben, verschafft Macht. **Wer an dieser Macht partizipieren will, muß sich Regeln unterwerfen, wie sie für Priester und Ärzte, Wissenschaftler und Künstler galten und gelten.** Aber die historische Erfahrung zeigt: Regeln zu durchbrechen wird ebenfalls als kulturelle Leistung anerkannt, da der Regelbruch schließlich zur Kodifizierung neuer Regeln führen muß.

Von Hagens demonstriert gegenwärtig solchen Bruch der Regeln, nach denen Kenntnisse und Anwendungstechniken des kulturellen Aufdauerstellens unter Anatomen, Medizinern, Theologen und Sozialethikern gewonnen werden; und von Hagens zeigt zugleich, welche neuen veränderten Regeln sich aus diesem Regelbruch ergeben werden. Er folgt dabei einer Tendenz, die seit gut 250 Jahren in unserer Kultur (der sogenannten westlichen) offensichtlich ist: der Tendenz zur weitestgehenden Professionalisierung des Publikums, der Klientel von Priestern, Ärzten, Technikern, Künstlern, Warenproduzenten und demokratischen Machtrolleninhabern.

Seit eine große Gruppe von Kultivateuren um den Kulturpraktiker Diderot alle Kenntnisse und Verfahrenstechniken ihrer Zeit als *Enzyklopädie* veröffentlichte, sind die Adressaten solcher Vermittlung nicht mehr in erster Linie „Spezialisten" sondern generell alle Bürger. Natürlich sollten diese **Bürger** durch die Vermittlung kulturellen Wissens nicht selbst zu Ärzten oder Ingenieuren werden – sie sollten nicht selber wie die Künstler malen oder bildhauern oder Waren herstellen. **Aber sie sollten in den Stand gesetzt werden, die Leistungen von Künstlern, Ärzten oder Warenproduzenten zu beurteilen, indem sie befähigt werden, zu unterscheiden:** das Vernünftige (das gut Begründete) vom weniger Vernünftigen; das gut Gemachte vom schludrig Hingehauenen; das Brauchbare vom Tand; die wirksame bittere Medizin von der süßen Trostscharlatanerie. Was nützt es, gute brauchbare Waren anzubieten, wenn die Käufer sie nicht zu erkennen vermögen; was nützt es, nach allen Regeln der Kunst zu verarzten, zu malen, zu regieren, wenn Kranke oder Bildbetrachter oder Wähler die geltenden Regeln nicht kennen oder neue nicht zu schätzen vermögen. Gute Kaufleute benötigen kenntnisreiche Abnehmer; seriöse Ärzte verständige Ratsuchende; leistungsstarke einfallsreiche Künstler müssen auf ein Publikum rechnen können, das Leistung zu beurteilen weiß – sonst können Kaufleute, Ärzte oder Künstler gleich darauf verzichten, sich um tatsächliche Leistungen zu bemühen, die ihren Preis wert sind.

Die herausragende Leistungsfähigkeit der *Plastination* erweist sich darin, daß von Hagens mit seinen Werken nicht nur das allgemeine Publikum zu bilden, also unterscheidungsfähig und erkenntnisfähig zu machen weiß vor Sachverhalten, die bisher der anschauenden Betrachtung nur an mehr oder weniger brauchbaren Modellen zugänglich waren.

Auch Spezialisten (also Anatomen und Chirurgen) werden veranlaßt, ihre Wahrnehmung auf völlig neue Weise mit ihren Vorstellungen und Begriffen zu verbinden.

Folgen wir dem Angebot von Hagens', dürfte sich unser Vertrauen auf das kulturell versprochene Glück der Dauer erheblich stärken. Viele bisherige Betrachter plastinierter Körper, der Körper gestorbener Menschen, haben mit ihren Bemerkungen im Besucherbuch bekundet, daß ihnen erst angesichts dieser Verewigten die Ehrfurcht vor dem höchsten aller kulturellen Ziele wieder zu empfinden möglich wurde.

Das mag pathetische Beschwichtigung der „unangehmen" Gefühle von Irritation, ja Angst und Ekel sein; aber Ehrfurcht entsteht nun mal aus der Bewältigung solcher Selbstergriffenheit vor übermächtigen Eindrücken.
Die mächtigsten Eindrücke erfahren Zeitgenossen vor jenen Kulturzeugnissen, die den Anspruch auf Dauer verkörpern und repräsentieren. Entsprechend bewerten sie altägyptische Pharaonengräber, Kathedralen oder Gemälde im Museumsbesitz einerseits und das Verschwinden der Regenwälder, das Verblassen ihrer Familienfotos oder den Verlust der Heimat andererseits.

Mit den Substraten der *Plastination* wird die zentrale Bedeutung, die das Aufdauerstellen für alle Kulturen hat, in gegenwärtig auffälligster Weise wieder ins Bewußtsein der Zeitgenossen gerückt.

2. Reale Virtualität
Brücken verkörpern (statisch geprüft) den Gedanken des beliebigen Wechsels von einem zum anderen Ufer und wieder zurück; und Brücken repräsentieren diesen Gedanken metaphorisch wo immer es gilt, z.B. „Brücken der Verständigung zu bauen".

Alle tatsächlich leistungsfähigen Kulturschöpfungen sind durch diese Einheit von Verkörperung/Animation und Repräsentation/Symbolisierung gekennzeichnet und zu erkennen.

Herr Lübke repräsentierte zwar die Funktion des Staatsoberhaupts – verkörperte sie aber nicht. Herr Heinemann verkörperte sie, schien aber mit der Repräsentation Schwierigkeiten zu haben. Herr Herzog indes! Und gar der Herr Bundeskanzler! Er hat jene Aura, die spürbar werden läßt, daß er verkörpert, was er repräsentiert – und daß er repräsentiert, was er verkörpert: diesen Leib uns zum Zeichen seiner Bedeutung. Das Wandlungssignal geben in seinem Falle die Sirenen der Polizeieskorten.
In anderen Fällen großer Kulturleistungen wird die Wandlung von Inkorporation zu symbolischer Repräsentation und vice versa durch Läuten eines Glöckchens markiert („... dies ist mein Leib ... dies ist mein Blut ...") oder durch Akklamation („... dies ist ein Kunstwerk und nicht nur ein Material, das ein gedachtes Werk repräsentiert ..."). Der vielstimmige Jubel zu den alljährlichen Nobelpreisvergaben soll die bösen Zweifel übertönen, ob z.B. „diese Dokumentation der Bewegung eines subatomaren Teilchens" tatsächlich ein Beweis seiner

Verkörperung (*embodyment*) ist, oder bloß seine mathematisch formulierte gedankliche Annahme repräsentiert.

Gedanken gesteht man den Modus der Virtualität zu als „bloße" Möglichkeiten; Verkörperungen/Materialisierungen hingegen bewerten wir als etwas Reales. Große Kulturleistungen sind darauf gerichtet, Gedanken zu verwirklichen – aber nicht so, daß der Gedanke in der Tat ausgelöscht wird. Vielmehr sollen gerade in der Einheit von Verkörperung und Repräsentation beide Ebenen – das Virtuelle und das Reale – erst deutlich unterscheibar werden. Ein Zeichen ist die Einheit, in der man sinnvoll das Bezeichnete und das Bezeichnende, das Repräsentierte und seine Verkörperung unterscheiden kann. Das Kulturprodukt ist also eine reale Virtualität.

Allerdings gibt es verschiedenste Kriterien, anhand derer wir die Realitätshaltigkeit einer Verkörperung von Virtuellem, z.B. von Gedanken bewerten.

Das offensichtlich allgemein am höchsten geschätzte Kriterium ist das der Authentizität. Jeder fragt, ist das Material, in welchem ein Architekturkonzept verkörpert wird, tatsächlich Marmor oder nur ein Imitat, das den Eindruck erweckt, Marmor zu sein? Ist der Sänger auf der Opernbühne authentisch oder mimt da jemand nur den Sänger, indem er sich einer fremden Stimme per playback bedient?

Trotz aller „postmodernen" Vernügen an der Simulation, dem *Fake*, dem Ersatzstoff haben wir den Anspruch aufs Authentische nicht aufgegeben; denn

ein Fake, eine Imitation zu genießen ist nur möglich, wenn man sie vom Authentischen zu unterschieden weiß.

Generell hängt unsere Wertschätzung von Dingen in der Welt an der nachvollziehbaren Behauptung, sie seien tatsächlich das, als was sie behauptet werden – also authentisch. Ist „dieser van Gogh" tatsächlich von Vincent gemalt worden oder stammt er von einem Nachahmer, der uns aber gerade deshalb „diesen van Gogh" bisher als echten empfinden lassen konnte, weil er die authentischen Arbeiten Vincents sehr genau kannte und schätzte.

Ist „dieser Zahn Buddhas" tatsächlich ein authentischer Teil der irdischen Verkörperung des verehrungswürdigen Mannes? Und wird der „Zahn Buddhas" deshalb zu Recht aufbewahrt und verehrt?

Verkörpert dieser Schauspieler auch die vom Dramatiker erdachte Figur, deren Rolle er gerade spielt? Oder redet er nur einen literarischen Text herunter, obwohl er nicht Literatur rezitieren, sondern authentisch spielen soll?

Die Einwände gegen solches in allen Kulturen selbstverständliche Verlangen nach Authentizität gehen ins Leere – sie stützen das Verlangen sogar nachhaltig. Denn **erweist sich z.B. eine Relique als Fälschung, werden die „echten" nur für umso wertvoller gehalten.**
Verzichten Künstler oder Architekten oder Warenproduzenten bewußt auf den Anspruch einer authentischen Verkörperung ihrer Produktideen, dann werden sie als Billigimitatoren, als Plagiateure oder Schundanbeter qualifiziert, die eben nicht in der Lage sind zu halten, was sie zu versprechen scheinen.
Plastinierte Körper sind reale Virtualitäten, deren Realitätsgehalt im höchst denkbaren Maße durch ihre Authentizität ausgewiesen ist. Sie erfüllen, so könnte man sagen, die Funktion von Reliquien der wissenschaftlichen Anatomie und des konzeptuellen Arbeitens von Künstlern, z.B. von Skulpteuren. Wenn man sich an Boccionis Skulptur eines Laufenden erinnert, oder an die Arbeiten der Bildhauer Richier oder Gonzales, erkennt man die konzeptuelle Genauigkeit, mit der Gunter von Hagens seine Plastinate modelliert. Die gedoppelte Begründung von Authentizität der Plastinate – einerseits das authentische organismische Substrat, andererseits genuine künstlerische Konzepte der Figuration – überzeugt vor allem die Betrachter der plastinierten Körper. Denn die Betrachter heben in Gesprächen über ihre Erfahrungen mit den Objekten immer wieder hervor, daß sie besonderes deren Authentizität beeindrucke.
Von Hagens arbeitet in der Tat als Skulpteur; er formt Modelle seiner Objekte, um herauszufinden, wie ein Körper figuriert werden muß, damit genau das sichtbar werde, was es zu zeigen gilt: nämlich das faszinierende Verhältnis von äußerem Eindruck, den ein Körper hervorruft, und seinem inneren Aufbau. Das Verhältnis von Körperoberfläche zu seiner Funktionslogik hat seit dem 4. vorchristlichen Jahrhundert (beispielsweise im griechisch-römischen Kulturkreis) das konzeptuelle Arbeiten gerade von Bildhauern und Malern bestimmt. Dabei ging es immer um zwei Ebenen, auf denen das Verhältnis von Innen und Außen der Körper dargestellt wurde; man wollte sichtbar werden lassen, wie sich eine seelisch/geistige Anstrengung (z.B. der Wille, eine Bewegung auszuführen) im Körper manifestiert – es ging also um die Frage, wie psychische Aktivität verkörpert wird (Traurigkeit oder stoischer Gleichmut, Enthusiasmus oder Angst). Zum anderen sollte verstanden und wahrnehmbar gemacht werden, wie die einzelnen Bestandteile des Körpers (Organe, Muskeln, Sehnen, Bänder, Glieder) zusammenspielen, um die Einheit des Körpers in jedem seiner Zustände zu erhalten unter dem Einfluß von äußeren Kräften (vor allem der Schwerkraft).

Diesem Wahrnehmbarmachen des am lebenden Körper unsichtbaren Inneren galt die Aufmerksamkeit der Künstler und die der Anatomen und Ärzte, die eine Zeichenlesekunst (= Symptomatik) entwickelten, um vom Äußeren der Körper auf das Geschehen in ihrem Inneren rückschließen zu können. Das gelang mehr oder weniger – und diente recht eingeschränkten Zwecken wie der Geburtshilfe oder dem Kurieren von Brüchen oder Wunden an der Körperoberfläche, wie sie Krieger sich zuziehen. Aber auch die sehr viel weitergehenden Eröffnungen der Körper, mit denen sich Chirurgen Zugang zum Inneren des Bauches oder der Brust verschafften, blieben auf die bloße Möglichkeit angewiesen, sich vorzustellen, was man nie gesehen hatte; denn die durch die Öffnung toter Körper gewonnen Kenntnisse sind nur ganz beschränkt auf die Wahrnehmung der lebenden zu übertragen, weil es bisher unmöglich war, tote Körper wie lebende wahrzunehmen. Das eben gelingt nun mit von Hagens' Methode der Plastination und vor allem durch seine Konzepte der Visualisierung.

Tote Körper wie Lebende authentisch wahrnehmen zu können, war ein altes Ziel von Künstlern. Nicht nur die Erzählungen von Pygmalion oder Michelangelo, die als Schöpfer von Menschen in Marmor versuchten, ihre Geschöpfe zu beseeltem Leben zu bringen, sie zu animieren, belegen dieses Ziel; „das sprechende Bild" war eine aufregende Kennzeichnung der Leistung des frühen Tonfilms – „das laufende Bild" die des Stummfilms. Generell gilt Animation, also Verlebendigung als höchste zu erstrebende Leistung des Umgangs mit totem Material. Diesseits des Anspruchs von Künstlern und Wissenschaftlern, künstliches Leben zu erzeugen (*artificial life*) – ein gerade gegenwärtig vorrangiges Ziel vieler Kulturschöpfer – sind von Hagens' Methode und Konzepte der Plastination die weitestgehenden und gelungensten Versuche der Kunst- und Wissenschaftsgeschichte, tote Körper wie lebende, also authentisch wahrnehmen zu können. Natürlich sind z.B. auch Maschinen tote Körper, die von Ingenieuren mit einigen Aspekten des Lebendigen ausgestattet wurden. Auch nicht triviale Maschinen wie sich selbst programmierende, lernende Computer zeigen staunenswerte Formen der Verlebendigung. Aber in ihnen ist nur Leben repräsentiert, kaum verkörpert. Ihre organismischen Substrate (soweit man sie als solche überhaupt ansprechen kann) bleiben weit unterhalb des Grades von Komplexität, der selbst einen Einzeller auszeichnet. Der „Leib" der Maschine, vor allem der nichttrivialen, ist niemandem ein Zeichen, nicht einmal dann, wenn sich Designer bemühen, ihm Gestalt zu geben. Gestalt ist der nur im Deutschen gebräuchliche Begriff, der die Einheit von Verkörperung und Repräsentation umfaßt. Gunter von Hagens ist ein Künstler/Wissenschaftler, der dem toten Material, den toten Körpern die Gestalt des Lebenden zu geben vermag, die Gestalt einer authentisch realen Virtualität.

3. Imaging Science – bildende Wissenschaft
Auf authentische Weise einem Gedankengefüge, einer Vorstellung – einer Virtualität – reale Gestalt des Lebendigen geben zu können, galt bisher weitgehend als Privileg der Künste. Sie bewegen sich, so Gottfried Benn, im Reich gestaltenschaffender Möglichkeiten (also in der Virtualität).
Das nannte man seit Goethes Zeiten die bildende Kraft der Künste. Bildung erwirbt man durch die Aneignung der virtuellen Konstrukte anderer (ihrer Kenntnisse, Vorstellungen, Weltbilder etc.). Wenn man das Angeeignete auch selbst verkörpern kann – wenn es ganz zu eigen wird – wenn es, wie man sagt, einem in Fleisch und Blut übergeht – wenn das Angeeignete zum Ausdruck der eigenen Person wird, dann hat man nicht nur Bildung, sondern ist gebildet – gleichsam eine Gestalt der bildenden Kräfte selbst.
Nun hat es zweifellos genauso viele gebildete Wissenschaftler wie Künstler oder Vertreter anderer Arbeitsformen gegeben. Wieso betonte man dann das Privileg der gestaltenschaffenden Künste, der bildenden Künste? Hatte ein Künstler zudem noch wissenschaftliche Bildung, sprach man vom *poeta doctus,* vom gelehrten Künstler, wie ihn z.B. Thomas Mann repräsentierte und verkörperte. Hingegen sind die Beispiele für Auszeichnungen von Wissenschaftlern, die auch künstlerisch zu gestalten wußten, rar. Erst in jüngster Zeit treten Wissenschaflter ins Bewußtsein der Öffentlichkeit, die nicht nur feierabends oder im Nebenberuf künstlerisch werkeln, sondern ihre Wissenschaft wie eine bildende Kunst betreiben; die jedenfalls Wert darauf legen, Künstlerprofis zu sein. Z.B. nahmen die Neuro- und Biowissenschaftler Carsten Höller und Detlef Linke an der *documenta X* teil *(Haus der Schweine und Menschen).* Eine ganze Reihe von Artificial-Life-Wissenschaftlern präsentieren ihre Arbeitsresultate in institutionellen und sachlichen Kontexten der Kunst. Viele exzellente Forscher am Computer sehen ihre Bildschirmpräsentationen als Form der Bildgebung *(imaging),* als Resultat von „Gestaltung" wissenschaftlicher Konzepte an (daher *imaging science).* Im engeren Sinne kennzeichnet man Methoden und Technologien als imaging science, die z.B. wie die Positronenemissionstomographie PET Bilder aus dem Inneren lebender Körper produzieren, die von Spezialisten „gelesen" werden können, oder genereller gesagt, die Sachverhalte der Welt der menschlichen Wahrnehmung erschließen, welche unserem „natürlichen" Wahrnehmungsorganen entzogen sind

(„Das Unsichtbare sichtbar zu machen", postulierten die Maler Klee, Kandinsky, Baumeister und viele andere). Die Imaging betreibenden Wissenschaftler gestalten mit ihren Computern aber auch neue Sprachen, welche seit alters als besonders leistungsfähige bildende Kräfte angesehen werden. Sprachen kennzeichnet das von ihnen aufgebaute Verhältnis zwischen psychischer Innenwelt und sozialer Außenwelt der Menschen. Die Schöpfer solcher Sprachen sind im eigentlichen Sinne „bildende Wissenschaftler".

Einer unter ihnen, einer der interessantesten, ist eben Gunther von Hagens mit seiner Technologie und seinen Imaging-Konzepten der Plastination.

Der häufig erhobene Einwand gegen die Behauptung der herausragenden Bedeutung von Plastination – nämlich daß sie gerade durch die Erfolge von imaging science nicht mehr gebraucht werde; auch die darstellende Anatomie von Hagens' sei historisch überholt – verkennt die Leistung von Hagens'. Denn auch die besten Resultate von imaging science werden nur sinnvoll nutzbar, wenn sie im Zusammenspiel mit der darstellenden Anatomie von toten Körpern als lebenden angewandt werden.

Die bildende Kraft dieser Wissenschaft darstellender Anatomie ist erst annähernd zu würdigen, wenn man sie – wie das hier angedeutet wurde – als Kulturtechnik versteht, mit der es gelingt, in neuer Weise der alten kulturellen Zielsetzung zu entsprechen, die Einheit von Verkörperung und Repräsentation als reale Virtualität auf Dauer zu stellen im äußersten erreichbaren Grad der Authentizität. Plastination vermittelt ein bisher so authentisch nicht gegebenes Verhältnis von Innen und Außen des Körpers, von lebendigem Organismus und totem Material, von Wahnehmung und Wahnehmbarmachen, von Anschauung und Begriff.

Plastination ist demnach als sprachliche Operation aufzufassen, mit der wissenschaftltiche Begriffsbildungen durch künstlerische Konzepte zur Gestalt gebracht werden – zur Gestalt des kulturell lebenden Menschen in seinem Anspruch auf Dauer.

Wer viel tut, hat viel Zeit

9 Deklaration zum 12.9.: Der Malkasten wird extemporale Zone

Der Ausdruck *exterritorial* ist uns auch im Alltagsleben einigermaßen vertraut. Dennoch umgibt z.B. die exterritorialen Residenzen und Geschäftsräume der Botschafter fremder Länder eine gewisse irritierende Aura. Denn wir sind mit der Vorstellung überfordert, einen kontinuierlich gegebenen territorialen Raum mit Inseln der Fremdheit, ja der Anschauungsleere zu durchbrechen und zu zerstückeln.
Aber: Territorien, z.B. als Staaten, werden nicht in erster Linie durch ihre geographischen Grenzen definiert, sondern als Lebensräume, in denen Sitten und Gebräuche, Rechtsformen und Kommunikationsverfahren für alle Bewohner gelten. Durch diese verpflichtende Gemeinsamkeit gelingt es den im Territorium lebenden zu kalkulieren, wie andere handeln, urteilen und erleben, woraus sich eine hinreichende Sicherheit auch über zukünftiges Kommunizieren aller Beteiligten ergibt. Wer sich nicht daran hält, wird mit Sanktionen belegt. Derartige Gemeinschaften nennen wir *Kulturen*. Kulturen sind also durch Kommunikation aufrechterhaltene Beziehungsgeflechte zwischen Menschen, um Verbindlichkeit für eben diese Beziehungen zu garantieren. Die Reichweiten solcher Verbindlichkeiten markieren die Grenzen der Territorien als Lebensräume. Wir haben Schwierigkeiten mit der Vorstellung, daß es in solchen Lebensräumen Inseln anderer Verbindlichkeiten, also anderer Kulturen geben kann. So markieren wir schleunigst diese Inseln als Ghettos, z.B. die von Einwanderern, wenn sie darauf bestehen, ihre eigene Kultur aufrechtzuerhalten. Solche Ghettos sind informelle exterritoriale Räume, die die Tendenz haben, sich auch formal zu stabilisieren – eben nach dem Beispiel der Exterritorialität von Botschaften fremder Mächte oder von Kolonien des imperialen Zeitalters. Aber unsere Schwierigkeiten, die Einheit der Lebensräume am Anschauungsmodell von Schweizer Käse, dem durchlöcherten, zu begreifen, läßt sich erheblich mildern; wir müssen uns nur erinnern, daß wir eine gewisse Territorialität jeden Tag für unsere eigenen, privaten Lebensräume, die Wohnungen, in Anspruch nehmen, sogar grundgesetzlich garantiert.
Obwohl alle Kulturen den Eindruck erwecken, als seien die für sie geltenden Verbindlichkeiten zwischen ihren Mitgliedern von ewiger Dauer und seit unvordenklichen Zeiten in Geltung, machen die Individuen die Erfahrung,

daß sich ihre kommunikativen Beziehungen z.T. mit großer Schnelligkeit, ja Plötzlichkeit verändern. Sie werden in ihrer eigenen Kultur unzeitgemäß – ein eklatanter Widerspruch zur Annahme, daß Kulturen Stabilität in den Beziehungen ihrer Mitglieder garantieren sollen.

Erstaunlich viele Individuen wie kleinere und größere Gruppen leben innerhalb der Kulturen auf informellen Inseln der Unzeitgemäßheit. **Das Gefühl, aus den Zeithorizonten der eigenen Kultur getreten zu sein, verunsichert;** also bemüht man sich, die Unzeitgemäßheit zu institutionalisieren. In allen Kulturen gibt es dafür Vorkehrungen: von der Einrichtung von Kulten zur Verehrung der Ahnen, den Unzeitgemäßen schlechthin, über die Anlegung von Archiven historischen Wissens bis zur Gründung von Museen. Solche kulturellen Institutionen definieren extemporale Zonen in einem Lebensraum: Inseln der Seligen, Paradiese derer, die die Stunden nicht zählen müssen, Inseln der Permanenz, der Zeitlosigkeit. Sie werden damit zu den eigentlichen Repräsentanten des kulturellen Selbstverständnisses und seiner Begründung, seit unvordenklichen Zeiten zu bestehen und bis in unabsehbare Zukunft zu dauern.

Dieses Zeitverständnis der Kulturen bezeichnet man als *uchronisch* (aus dem Griechischen übersetzt also als zeitlos im Sinne von *andauernd*).

Versuchen wir für diese Ewigkeiten eine territoriale Entsprechung zu finden, werden wir von der *Uchronie* auf die *Utopie* (aus dem Griechischen übersetzt *ortlos* im Sinne von *überall*) verwiesen.

Wenn wir uns entschließen, das 150jährige Bestehen der Kulturinsitution *Malkasten* zu feiern, setzen wir uns der Zumutung von Uchronie und Utopie aus, also der Erfahrung von Ortlosigkeit im Überall und der Zeitlosigkeit in jedem Augenblick. Wir sind an einem territorialen Ort in der Düsseldorfer Innenstadt, sollen ihn aber erfahren als nicht mehr durch seine Grenzen bestimmt. **Wir versammeln uns in einem bestimmten Augenblick, sollen ihn aber als immerwährenden erleben.**

Wir haben den *Malkasten* als Repräsentanten unseres kulturellen Selbstverständnisses zu bestätigen, seine Bedeutung aber gerade aus der Überschreitung dieses Horizonts zu begründen. Wir feiern die Würde des historischen Alters, also die kulturelle Dauer, geben aber zugleich das Zeitmaß kalendarischer Jahre auf, um zu genießen, was Dauer heißt. Wir begegnen uns in diesem historischen Gebäude, müssen aber gleichzeitig den Anspruch auf seine Authentizität fallen lassen, nicht nur weil es mehrfach umgebaut wurde, sondern weil es als Institution und nicht als Anhäufung von Ziegelsteinen existiert. Eine bemerkenswerte Zumutung von Orts- und Zeiterfahrung. Dieser Merkwürdigkeit nähert man sich wohl am besten, wenn man sich für sie auf die alltägliche Erfahrung besinnt, die wir mit der Befindlichkeit in Zwischenbereichen alle gemacht haben: als Wartende in Warteräumen, als Autofahrer im ruhenden Verkehr des Staus, als Touristen im Zeitausstieg der Ferien in irgendeiner Ferne, als selbstvergessen Spielende in Kinderzimmern, als Barbesucher nicht enden sollender Nächte, als Patienten in Krankenstationen, denen vor allem abverlangt wird, geduldig zu warten, daß sich so oder so im Warten die Zeit erfüllt.

Der *Malkasten* ist in diesem Sinne Warteraum der Ewigkeit; Spielzimmer der Selbstvergessenheit; Bar der ewigen Wiederkehr des Verlangens danach, berauscht über die Zeit der Terminkalender zu triumphieren; Strand der historischen Ferne vor dem Horizont gemalter Himmelsbläue und Kunstwerksonnen! Der *Malkasten* ist exterritorial, weil nur den Mitgliedern vorbehalten, extemporal, weil wir in ihm Zeit nicht konsumieren, sondern gewinnen; utopisch, weil ein gedankliches Konstrukt und uchronisch, weil auf Dauer orientiert.

Der *Malkasten* ist mehr als ein Museum, in dem virtuelle Zeitgestalten wie Epochen, Künstlerschulen, Traditionen erschaffen werden; im Malkasten virtualisieren sich die Künstler selbst zu Dauergestalten des Lebendigseins, auch wenn diese Versammlung manchem den Eindruck von Wachsfigurenkabinetten nahelegt.

Der *Malkasten* ist mehr als ein Warteraum in Arztpraxen – im *Malkasten* gilt nur als guter Arzt, wer sich selber helfen kann, wer eben Künstler ist. Wer im *Malkasten* wartet, wartet nicht mehr darauf, daß etwas anderes eintritt als die möglichst endlose Verlängerung des Aufenthalts selbst. Der Malkästler verfügt bereits über die Kraft zum erwartungslosen Warten; er ist nicht mehr gläubig darauf fixiert, daß sich die Hoffnungen auf die Kunst erfüllen, sie müsse sein Leben radikal ändern. In den Malkasten werden nicht Banausen, also Saulusse der Kunstgläubigkeit gelockt, um als Paulusse nach Hause geschickt zu werden. Hier gilt es umgekehrt, die Naivität eines Kunstpaulus aufzugeben, um sich souverän den Problemen zu stellen, die sich Künstler zumuten:

– sie wissen auch nicht mehr als ihr, aber wir gehen mit unseren Beschränktheiten und Defekten produktiv um;

– sie werden die häßliche Welt nicht endgültig behübschen und dem Schrecken keine ästhetischen Masken aufsetzen;

– sie flüchten nicht vor Schuldeingeständnissen oder Versagensängsten in Allmachtsphantasien und Selbsterhebungsglorie;

– sie sind Künstler, weil sie es aushalten, sich selbst radikal entgegen zu treten, anstatt nur andere der Kleinheit, Eitelkeit, Beschränktheit zu bezichtigen. Jeder aufgeklärte Verkehrsteilnehmer im Stau wird nicht mehr die böse Regierung oder die Autoindustrie für diese offensichtliche Widerlegung des Mobilitätsanspruchs verantwortlich machen, sondern sich selbst als Ursache des Stillstands erkennen; so erkennt hoffentlich jeder Malkästler sich als Ursache jener Mißlichkeiten, die heute alle Kulturhinterwäldler lauthals beklagen:
– Mißbrauch der Kunst als Dekor des Wohllebens;
– das Verkommen der Künstler zu Unterhaltungsclowns;
– die Anrufung der Kulturpflichtigkeit von Staat und Gesellschaft, während man sein säuisches Behagen in der Kultur auslebt, Kartoffelchips mampfend und durch die Fernsehkanäle zappend.

Wenn dem so ist, und weil dem so ist, können wir zum 150. Gründungsjubiläum dem Malkasten eine hoheitliche Email-Intarsie an die Pforten heften, so irritierend auratisch, wie sie eine exterritoriale Residenz großer fremder Mächte eben ausweist:

ZEITFREIE ZONE –
Repräsentanz der Ewigkeit
in jedem Augenblick.

Wer viel tut, hat viel Zeit

10 Schwellenkunde.

Der Rückblick wird zum Ausblick

Programmatisch war das Jahrhundert als radikale Absetzbewegung gedacht: als Fortschreiten ohne Hinterlassenschaft. Denn was immer man hinterlassen würde, galt es eben hinter sich zu lassen, zu überbieten oder mindestens zu verändern. Man wollte sich an der Zukunft orientieren, also daran, daß alles ganz anders zu sein habe, als es je gewesen ist.

Programmatisch wurde z.B. „Bauen" unter dem Gesichtspunkt des schnellen kostengünstigen Abrisses der Neubauten oder das Veralten der Produkte durch Einbau von Sollbruchstellen, weil zur schöpferischen Hervorbringung von etwas Neuem die Zerstörung des Alten Voraussetzung zu sein schien – schon um freien Raum für das Neue zu gewinnen.
Die schöpferische Zerstörung wurde zum Synonym des ausgelobten „Neuen". Die Kennzeichnung von etwas als „neu" wurde zum Hauptargument seiner Produktion und Konsumption.

Dieses Programm konnte nicht stimmig sein – wie alle bemerkten, als die Spur des Spurlosen die Welt zu vermüllen begann. Seit der Müll radioaktiv strahlt, weiß man, daß auch die radikalste Destruktion bestenfalls die Bestände verwandelt, aber nicht aus der Welt bringt.
So verengte sich der offene Horizont der **Zukunft. Sie mußte kalkuliert werden aus der Hinterlassenschaft ihrer Verwirklichungen als auf Jahrtausende tödlich strahlender Müll.** Was die Zukunft bestimmt, nennen Menschen Schicksal, Vorsehung oder göttliches Walten. Wenn der strahlende Müll unsere Zukunft wesentlich vorherbestimmt, müssen wir die Theologie der Zerstörung um die der Vermüllung ergänzen. Sie formuliert die wichtigsten Bauaufgaben, die Kathedralen des Mülls, die Endlagerungsstätten, deren unabsehbarer Zeithorizont jenen bei weitem überschreitet, den man in den historischen Gotteshäusern anvisierte. Was sind schon 1000jährige Pyramiden und Kathedralen im Vergleich zu Endlagerungsdomen, deren Kultobjekte eine Halbwertzeit oberhalb von 10.000 Jahren haben?

Sich auf die Zukunft zu orientieren heißt demnach, für das Gewesene Sorge zu tragen. **Die Zukunft verschwindet in der Ausdehnung der Vergangenheit auf alle übrige Zeit.**
Unter den vielen anderen Belegen für das Verschwinden der Zukunft ist einer hervorzuheben, der vom Fortschrittspathos des Neuen unmittelbar bedingt ist: wenn etwas tatsächlich neu im Sinne von ganz anders als alles Gewesene sein soll, so müssen wir uns stets an das Alte halten, um einen Neuigkeitswert feststellen zu können. **Die programmatischen Avantgarden des Jahrhunderts, strikt auf das Neue ausgerichtet, erzwangen**

„Warum wird man Historiker? Um mit den Toten zu sprechen!" ...

... Brock als Präsident der Nation der Toten, seit 1987   *Foto | Isolde Ohlbaum*

somit die Aktualisierung des Alten, der Traditionen, der Vergangenheiten. Je mehr Fortschritt, desto gegenwärtiger wurden die Traditionen. Je intensiver z.B. die Avantgarden der Kunst produzierten, desto mehr wuchsen die Bestände des Vergangenen in Museen. Wer zu Beginn des Jahrhunderts auszog, um sich vom Druck überkommener Kunstauffassungen zu befreien, verstärkte deren kultische Verehrung. Je globaler und universeller man operierte, desto unübersehbarer setzten sich regionale und individuelle Grenzziehungen durch. Der Paradoxie des Neuen, das nur mit Bezug auf das Alte erkennbar wird, unterwirft sich der Nutzer des Internets: Je größer die Reichweite und das Potential der Verknüpfung, desto dominanter die privateste Gesprächsform bis hin zum beiläufigen Geschwätz (*chatten*).

Je allgemeinverständlicher der Gebrauch von Bild- und Begriffsmustern, desto größer der Eindruck, das Eigentliche und Besondere werde verfehlt, weshalb der Chat, der Stammtisch der Minister und Professoren von dem der Vereinsmeier nicht mehr zu unterscheiden ist.

Im Rückblick müssen gerade die Gesellschaften als besonders fortschrittlich verstanden werden, die durch die Tätigkeit ihrer Avantgarden den größten Teil ihrer Vergangenheit vergegenwärtigen. Im Politischen zeigte sich das etwa als Zwang, den Innovationen der Hochtechnologie die Aktualisierung von Blut- und-Boden-Mythologien abzuverlangen; im Medizinischen wuchs mit den Erfolgen der Interventionsapparate das Verlangen nach schamanistischem Privatissimum; in der Werbung stieg mit der technologischen Komplexität der Produkte die Tendenz, sie als Fetische zu animieren und die Weltseele als Micky-Maus, Gilb oder Dancing Baby zu beschwören.

So mußte sich generell der Revolutionär als Konservativer beweisen – diese Logik des Fortschritts macht gegenwärtig den 68ern schwer zu schaffen. Und umgekehrt sehen sich die fundamentalistischen, dogmatischen, konservativen Gruppierungen gezwungen, ihre Bestandssicherung für die Zukunft durch revolutionäre Radikalität zu beglaubigen.

Die Radikaliät der Zukunftsgläubigen sorgte im 20. Jahrhundert so gründlich für den Verlust der Zukunft wie in keiner anderen Epoche zuvor.

Wir haben die Zukunft verfrühstückt: Die öffentlichen Schulden, die wir den nächsten Generationen hinterlassen, verhindern ihre Gestaltungsmöglichkeiten.

Wir haben die Zukunft zur Wiederkehr des Gleichen gemacht: Wer schert sich noch um die Konsequenzen seines Handelns, wenn sowieso nichts mehr zu ändern ist?

Wir haben die Zukunft bereits verwirklicht: Alles Neue ist alt und soll veralten. Der neue Gott ist der alte. Er strahlt bedrohlich und verlangt Unterwerfung. Er ist die Zukunft, die wir nicht haben.

Wer viel tut, hat viel Zeit

11 Abfall

Dem Abfall wird schon seit der Gründung Roms gehuldigt. Die große Infrastruktur-Anlage, *cloaca maxima*, wurde als Göttin verehrt. (Heute noch auf dem *Forum Romanum* markiert). Gegenwärtige Radikalisierung durch atomar strahlenden Abfall, der zum ersten Mal den Ewigkeitsanspruch von Göttern objektivierbar werden läßt: Halbwertszeiten mindestens fünfzehntausend Jahre. Diesem Herrn der modernen Produktion gilt es deswegen Tempel höchster Verehrung zu bauen. Winfried Baumann entwarf die Kathedralen des Mülls[1]; Bazon Brock entwickelte den entsprechenden Kultservice.

1 http://www.brock.uni-wuppertal.de/Aktuell/Kathedra.html

Die Logik des Produzierens und die Logik des Konsumierens sind in der Moderne identisch. Deswegen ist die bedeutendste Form der Schöpfung in der Moderne das Produzieren von Abfall. Inzwischen reüssiert die Abfallwirtschaft zum wachstumsstärksten Produktionssektor. Jeder Hanswurst kann mit etwas Kapital und Beziehungen die Welt mit Produkten vollstellen – Genie gehört allein dazu, dieses Zeug aus der Welt wieder hinauszubringen.

| **Wer viel tut, hat viel Zeit** |

| **12** | **Zeitkrankheit.**

Therapie: Chronisches Warten |

„Wer schreibt, der bleibt", war einst die tröstliche Maxime der bürgerlichen Intellektuellen bei der Bewältigung ihrer Todesfurcht, dem auffälligsten Symptom von Zeitkrankheit. Aber das Zeitvergehen in Erwartung des Zeitlos-Werdens zu überstehen, ist heute eine sinnlose Empfehlung; denn wer bliebe überhaupt zeitlos ewig noch, wenn auch weitere 5% der Bevölkerung schreibend, malend, komponierend, kurz, Lebenswerke schaffend, überleben wollten? Wer sollte deren ewige Gegenwart garantieren, indem er die Toten vergegenwärtigt, also deren Werke memoriert? Selbst wenn es den Bewohnern der Canettistraße, der Neckermanngasse, des Tellerwegs und der Reaganallee gelänge, monatlich vor einer semantischen Polizei zu beweisen, daß sie ihrer kulturellen Pflicht zum pausenlosen Memorieren zeitloser Größe nachgekommen seien, würden sie wohl viel eher daran denken, sich selbst zu verewigen als die Canettis, Tellers, Neckermanns.

Kulturschöpferisch ist mit der Zeitkrankheit nicht mehr fertig zu werden, und selbst wo Vollendung noch gelänge zwischen Werden und Vergehen, löste sie nur Trauer aus, denn **Vollendung ist die radikalste Form des Endes;** dem Vollendeten folgt nichts mehr nach. Gott sei Dank gelingt uns die Vollendung nicht mehr, und so sind wir gezwungen, uns nach einer anderen Art von Dauer umzusehen als die der erzwungenen Dauer der Tausendjährigkeit von Reichen und der Zeitlosigkeit von Werken. Das Überleben, das Andauern der Menschheit als Gattung ist wichtiger als die Wahrung der Erinnerung an einzelne Menschen und Werke, konstatierte einer der ausgeprägtesten zeitkranken Schreiben-ist-Bleiben-Künstler. Das zu verstehen, meinte Canetti, sei allerdings nur möglich, wenn man endgültig akzeptiert habe, daß der wahre Triumph des bleibenden Überlebens in der Ohnmacht liege, die wir prinzipiell vor dem Anspruch auf Zeitbeherrschung zu akzeptieren lernen müssen. Diese Ohnmacht als Kraft entdeckte Canetti folgerichtig in den Massen, die den Tod leugnen, dem Ende der Zeit spotten und der gesunden Dummheit des Gefühls frönen, man sei unsterblich, wenn man die Stunden nicht zählt.

Dieses ergebnislose Auf-der-Stelle-Treten, der rasende Stillstand, das erwartungslose Warten der Masse und ihrer Macht begegnet uns auch in Becketts Dialektik des Verstummens und in Sartres existentialistischer Selbstzerstörung des historischen Täters. Die auf ihre naturwüchsige Zeitunempfindlichkeit pochende Masse erzwingt das Schweigen der Heroen, den Zusammenbruch der programmatischen Erlösungstaten und demonstriert die Ohnmacht der Handelnden vor der Wirklichkeit. Die Kulturheroen werden von der Masse gezwungen, ihre Tatkraft zu fesseln und im Zustand des Wartens zu verharren wie die Steine und die Sterne, denen man auch nicht mehr ansehen könne, welcher Absicht sie ihre Entstehung verdanken und worin sich der Sinn ihres Vorhandenseins erfüllt. Warten, das ist die Form von Dauer, der sich Canetti anvertraut, eine gegen sich selbst erzwungene Dauer durch Unterlassen, durch Beherrschen aktionistischer Nervosität, durch Verschweigen der tiefsten Selbstzweifel und durch Verstummen erpresserischer Hilferufe.

Wurden in den 80er Jahren nicht solche Positionen des Wartens sichtbar? Daß sich die Massenverkehrsteilnehmer bisher vornehmlich über das ihnen aufgezwungene Verharren in Warteschleifen nur geärgert haben, kann man nicht sagen. **Stautourismus ist ein Massenvergnügen.** Die Reaktionen auf Vostells einbetonierte Cadillacs als Monument des *Ruhenden Verkehrs,* also des seiner eigenen Logik nach zum Stehen gebrachten Verkehrs, zeigen warum: Dieses Warten und Verharren im Stau ist nicht mehr an die Erwartung einer Veränderung der Verkehrssituation, also einer prinzipiellen Besserung gebunden. **Warten ohne Erwartung ist ein Ohnmachtserlebnis,** das die Masse der Verkehrsteilnehmer nicht mehr an die Macht delegieren kann, da die vielen Verkehrsteilnehmer selber der Grund ihrer eigenen Ohnmacht sind. Selbst da, wo der Verkehr noch fließt, bewegt sich der zeitgenössische Reisende nicht fort. An jedem Reiseziel erwartet ihn die gleiche Situation. Fortbewegung und Verharren sind identisch geworden im Warten ohne Erwartung. Die ehemals hilfreiche Ausgrenzung von Wartezimmern gegenüber Erfüllungsräumen von Erwartungen (den Behandlungsräumen, den Schlachtfeldern, den Kabinetten) verliert ihren Sinn, wenn alle Zimmer zu Warteräumen werden und die Befindlichkeiten der Raumbewohner oder -nutzer durchwegs denen von Patienten gleichen. Patienten sind Menschen, die sich ihrem Zustand gegenüber nicht anders als wartend verhalten können. Ihre Erwartung auf schließliche Genesung bleibt gegenüber der konkreten Forderung des Wartens abstrakt und ist auch nur noch bei relativ harmlosen Erkrankungen begründet.

Die entscheidenden Krankheiten sind längst chronische geworden, das heißt, auf alle absehbare Zeit nicht veränderbar. Der Zeithorizont des chronisch Kranken ist auf das hoffnungsvolle Warten festgelegt, ohne daß die Zeit stillstünde. Dieses chronische Warten erzeugt eine andere Qualität von Dauer, als es die Zeitlosigkeit bleibender Werke vermag. Wer die Zeitgenossen beim Umgang mit solchen Werken beobachtet, fühlt sich an das Lektüreverhalten von Wartenden bei Ärzten und Frisören erinnert. Man blättert das Daliegende durch, weil man ja zu warten hat. **Das blätternde Betrachten läßt das Warten zu einer erfüllten Form des Verhaltens der Massen werden.** Auch für die sogenannten kulturschöpferischen Singulärerscheinungen kommt es darauf an, das Warten nicht passiv erdulden zu müssen, sondern zu einer Form des Handelns zu erheben. Unsere Bibliotheken und Museen, die Standorte der bleibenden Werke, sind Warteräume, in denen dies Warten als sinnvolles Handeln trainiert werden kann – sehr im Unterschied zu jenen Wartehallen, in denen Unterhaltungskünstler versprechen, die Zeit des Wartens totzuschlagen oder zumindest doch so attraktiv zu gestalten, daß dem Wartenden die Zeit nicht lang wird. Das Warten ohne beschönigende Maskierung des Stillstands ruft als sein produktivstes Resultat eine Ausweitung der Zeit, man möchte sagen eine Verlängerung der Zeit in die Ewigkeit, hervor.

In den 80er Jahren wurde von den Wartenden in diesem Sinne „die Entdeckung der Langsamkeit" dankbar aufgegriffen. Robert Wilson, einer der Gestalter solcher Langsamkeit, fand Massenzuspruch bei all denen, die von der Coca-Cola-Pause als Zeitschnitt und Stillstellung enttäuscht waren und die durch die permanente Animation in den schönsten Wochen des Jahres nicht mehr zur Ruhe fanden. Gerne stimmten sie Neil Postman zu, die Erinnerung an die Kindheit sei eine Erinnerung an das selbstvergessene Spiel, an das Gefühl endloser Fortdauer der Tage und Zeiten und der Wiederholung der gleichen Daseinsformen ohne die Angst, sie schon bald unter dem Druck der Ereignisse aufgeben zu müssen.

Langsamkeit, Verharren, Warten, ein permanenter Transit in die Ewigkeit durch Stillstand und Stillstellung (klassische Therapiemaßnahmen) erzeugen, so meinte einer der produktivsten Kulturtheoretiker der 80er Jahre, andere Wahrnehmungs- und Kommunikationsformen. Dietmar Kamper glaubte sogar, eine Verschiebung der Leitsinnhierarchien feststellen zu können: Durch Zuhören kommuniziere man intensiver als durch jede andere Art von Wahrnehmungstätigkeit und Transformationshandeln. Abgesehen davon, daß die Medien das Angebot von Talk-Shows in den 80er Jahren enorm vergrößerten, weil sie die billigsten Produktionen sind, stießen sie wohl deshalb auf Massenresonanz, weil in ihnen der Leitsinn *Zuhören* (als Leistung der Teilnehmer) besonders zur Geltung kommt. Dieser Typus einer Masse wurde von Canetti noch als Publikum analysiert. Die Medienwelt definiert Publikum aber nicht mehr im Unterschied zu den Akteuren; auf sie träfen eher Canettis Analysen der Festmassen zu, wobei sich die Feste der Erwartung doch erheblich von der Feier des Wartens unterscheiden. Die jüdische Kultur ist eine Kultur des Wartens, das auf keine Weise die Erfüllung der Erwartung, als Ankunft des Messias, behaupten oder versprechen darf.

Was hört der Zuhörende? Er hört sich selbst als Fremden und Anderen, dessen Aussagen er auf eine Weise zu kritisieren vermag, die er seinen eigenen Äußerungen gegenüber nicht vorzutragen wagte, weil der Beweis der Unzulänglichkeit und Haltlosigkeit eigener Überzeugung schwer zu ertragen ist. Im Zuhören wird die Kraft des Wartenkönnens allen erfahrbar, die nicht mit sich zurechtkommen und die auf Abhilfe sinnen, die nur möglich wäre, wenn die Wartenden nicht mehr sie selbst blieben. Darauf verweist die in jeder Talk-Show mehrfach flehentlich oder herrisch, kumpelhaft oder auf Regularien pochend vorgetragene Bitte „Lassen sie mich doch endlich mal ausreden", was doch überhaupt keinen Sinn macht, da jeder weiß, wie endlos lange er noch reden könnte, ohne je ausgeredet zu haben. **Das Zuhören ist ein Warten, für das ein Ende ebensowenig gefunden werden kann, aber es ist im Unterschied zum Ausredenwollen nicht darauf angewiesen, verstanden zu werden.** Das zuhörende Warten vermag auch die unverständlichste und verschlüsselte Mitteilung als sinnvoll zu erfahren, weil es die Zeit und die Erwartung des Wandels in ihr gerade dadurch zu transzendieren vermag, daß es mit dem Unverständlichen, dem Nicht-Erklärbaren, dem nie identisch Faßbaren von vornherein rechnet.

Das zuhörende Warten äußert sich vor allem in Schweigen (oder als schweigende Mehrheit), das allerdings nie kommunikationsstrategisch eingesetzt werden darf; dann würde es zu wissendem Schweigen, dem peinlichsten Verhalten von Talk-Show-Beteiligten. Solche Überlegenheit wäre bloß wieder eine Machtgeste, der sich das zuhörende Warten gerade zu enthalten versucht.

Schon die 70er Jahre hatten durch die Ausdehnung von Theaterabenden auf mehrere Stunden das Rezeptionsverhalten der Zuschauer verändern wollen. In den 80er Jahren überbot man die Aufführungsdauer um das Doppelte. Ariane Mnouchkine, Peter Brook, Heiner Müller, H.J. Syberberg, Peter Stein führten ihre Zuschauer allerdings insofern in die Irre, als sie mit ihrer Zeitstrukturierung die Zeit zu erfüllen versprachen. Jeder mußte annehmen, daß diese unglaublich langen und aufwendigen Inszenierungen irgendwoanders hinführen sollten als zur endlosen Dehnung und Wiederholung der theatralischen Mittel, die schon in der ersten halben Stunde vollständig ausgeschöpft waren. Das Publikum erlebte die Dauer des endlosen Wartens noch als andauernde, erschöpfte Leere.

Wir werden in den 90er Jahren hinreichend Gelegenheit haben, das erwartungslose Warten zu trainieren. Mit diesem Warten wird auch endlich für uns Kunstprimeln wie für die Massen das zum Ereignis, was nicht geschieht. Wir dürfen längst nicht alles tun, was wir können, echot es aus allen Zukunftsbekenntnissen. Soll nun denn doch das Unterlasen als Form des Handelns zumindest aufgewertet werden? Abwarten und Tee trinken!

Mit diesen Hinweisen werden natürlich nur kulturelle Phänomene in Erinnerung gerufen. Es sind aber genau die Phänomene, mit denen Macht in Zukunft zu rechnen hat und an denen sie scheitern muß. Daß zum Beispiel Armeen wie die Bundeswehr der Dauer als Zustand des Wartens nicht gewachsen sind, zeigen die vielen Berichte über den Unwillen der Soldaten, den Dienstbetrieb als permanentes Herumgammeln ertragen zu müssen. Die psychologische Belastung des andauernden Wartens ist für eine funktionsfähige Armee genauso groß wie für expansionsabhängige Unternehmen und ergebnisgeile Denker. Canettis Schlußfolgerung lautet: **Mit der Abschaffung des Todes als Form der Machttranszendierung und Kulturproduktion brechen alle Programmatiken zusammen, die Macht als Instrument von deren Verwirklichung rechtfertigen.** Es besteht nicht der geringste Zweifel, daß diese Programmatiken als Kampf des Guten gegen das Böse, des Westens gegen den Osten, des Kapitalismus gegen den Kommunismus, der Gläubigen gegen die Ungläubigen, der Freunde gegen die Feinde, der Künstler gegen das Publikum, der Massen gegen das Individuum zusammengebrochen sind. Das Wiederaufleben des Fundamentalismus aller Schattierungen ist nur ein fürchterlicher Reflex auf diese Tatsache; er wird sich nur so lange als Terror abstrakter Errettungsideen behaupten können, wie er Tod und Selbstopfer als Beweise von Macht auszugeben vermag. Das wird möglicherweise noch lange dauern, muß aber dennoch prinzipiell erfolglos bleiben, weil die so demonstrierte Macht sich am Ende gerade durch ihren Erfolg selber liquidieren wird. Umso bedauerlicher sind die sinnlosen Opfer, denen nicht vergönnt war, wartend die Selbstwiderlegung der Geschichte durchzustehen. So perfide es klingen mag, Kanzler Kohl war der erste Politiker der 80er Jahre, der das wartende Verharren als Form des politischen Handelns zum Thema erhob: „Wir sitzen die Probleme aus", das wäre die Maxime des Wartens schlechthin. Es ist aber erst als ein Handeln legitimiert, wenn es sich gegen die Erwartung richtet, wir könnten mit der Verwirklichung bestens ausgedachter Pläne ans Ziel unserer Wünsche gelangen.

Gefährlicher als die Aussitzer waren in den 80er Jahren die scheinbar so positiv denkenden Männer der Tat, die alle Probleme durch das fröhliche Anpacken zu lösen versprachen. Ihnen gegenüber erschienen sogar die betenden und meditierenden Selbsterfahrungsgurus geradezu als aufgeklärte Geister.

Worauf warten die Unaufgeklärten? Woran leiden die Zeitkranken, diese gnadenlosen Zeitschinder? Das hätten sie eigentlich bei ihren onkelhaften Ärzten erfahren können: „Na, mein Guter, was fehlt uns denn?" – „Herr Doktor, ich habe hier ..." **Wir haben also generell nur, was uns fehlt, und uns fehlt nur, was wir haben** – eine tröstliche Relativierung der Reichen, Mächtigen, Gesunden. Die einen wissen gar nicht, was sie alles haben, weil ihnen nichts fehlt, und können es deswegen nicht nutzen; die anderen haben die Illusionen des wahrhaften guten Lebens, aber nicht die Voraussetzung, esauch zu führen. **Heimat ist nur ein Thema in der Fremde oder unter den Drohungen des Fremden, Gesundheit ist nur ein Mangel an Anlässen, sein Dasein zu problematisieren. Sprichwörtlich sind die große Zukunft, die man hinter sich hat, und die Genialität dessen, der mit ca. 50 Jahren noch genauso klug ist, wie er es schon mit 8 Jahren oder 9 Jahren gewesen war.** Sie alle, wir alle halten der Temporalisierung, der Verzeitlichung der Geschichte, unserer Geschichte nicht stand. Denn naiverweise, dummerweise stellen wir Zeitvergehen als ein Fließen dar, analog zum Bewegungsstrom, der von den Quellen zu den Ozeanen führt. Wir sehen die Vergangenheit hinter uns und die Zukunft vor uns und erleben die Gegenwart als rasendes Vergehen einer potentiellen Zukunft, also von etwas, was noch gar nicht da war. „Und das soll es nun gewesen sein?"

Wenn die Vergangenheit hinter uns läge, abgeschlossen in jenem damaligen Ort, an den die Zeit nicht mehr zurückkehrt, bräuchten wir uns um sie wohl kaum zu bekümmern; sie wäre vergangen und könnte uns nichts anhaben.

Wenn die Zukunft nur vor uns läge in jener unerreichbaren Ferne des Dermaleinst, hätten wir kaum Anlaß, sie zu fürchten oder auf sie zu hoffen wie die Zeitkranken. Alle Vergangenheit erscheint ihnen als verloren: „ja früher, da ehrten die Kinder noch ihre Eltern, herrschten Gottesfurcht und Liebesernst, früher waren die Künstler noch auf die Ewigkeit orientiert, die Nahrungsmittel noch rein und die Städte frei von Lärmplage – aber heute ..." **Die Zeitkranken fühlen sich beraubt von der Vergangenheit, weil sie futsch sei – und enttäuscht von der Zukunft, weil die sich nur in Zukunft einstellen wird.** Für sie ist die Zukunft verloren. Die Zeitkranken pendeln so zwischen der Klage über den Verlust des Gewesenen und über die Unerreichbarkeit der versprochenen Wandlung zum Besseren und hindern sich an der Erfahrung des Gegenwärtigen, der Jetztzeit. Wer gegenwärtig ist, gar geistesgegenwärtig, dem sind Vergangenheit und Zukunft Realien dieser seiner Gegenwart. Wenn die Zeitmodi eine Bedeutung haben, dann als in der Gegenwart wirksame Vergangenheit und Zukunft. Zukunft gibt es nur als Einfluß auf das gegenwärtige Verhalten, je nachdem, ob man die Zukunft fürchtet oder herbeisehnt. Zukunftserwartung realisiert sich immer als Gegenwart und nie als ein Dereinstmal. **Die Vergangenheit ist, zum Beispiel als Geschichte, in der Gegenwart präsent und wirksam, also unabgeschlossen, oder sie bleibt eine Chimäre naiver Zeitvorstellung.** Die Therapie der Zeitkranken wäre also darauf auszurichten, ihnen das Gegenwärtigsein des Vergangenen und Zukünftigen als eigene Gegenwart deutlich zu machen – das heißt, man muß sie das Warten lehren, aber nicht das Warten, das im Eintritt des Erwarteten vergehen wird, sondern das erwartungslose Warten.

Den zeitkranken Wissenschaftlern, den Historikern sollte wieder klar werden, daß es Geschichte nur als Erzählung von jeweils Lebenden gibt und nicht als Rekonstruktion des tatsächlich Vergangenen. Postmoderne und Posthistoire sind Gegenwarten, in denen eine Vielzahl von Vergangenheiten und Zukunftserwartungen gleichzeitig und nebeneinander wirksam werden. Sie sind gerade nicht die Verabschiedung der Geschichte, sondern die Erscheinung der Geschichte als Gegenwart. So viel Vergangenheit und so viel Zukunft war nie – das markiert unser Entwicklungsniveau. Nichts bleibt mehr zu erwarten. Alles ist schon da. Deshalb hoffnungslos die Lage? Für Zeitkranke ja! Therapie? Warten! Edward Hoppers Bilder ansehen, ohne sich von der Stelle zu rühren.

BAZON BROCK

BEWEGER

ALWAYS DOING THINGS FOR YOU

GALERIE DUMONT KÖLN

BAZON BROCK

BEWEGER

ALWAYS FISHING FOR COMPLICATIONS

GALERIE DUMONT KÖLN

Erster Versuch, sich festzulegen. Visitenkarte bei Eröffnung der Galerie Dumont Köln, 1959

III | Fishing for Complications: Probleme verbinden

Kunst und Krieg – Betverbot und Bildersturm

| 1 | Götter klatschen – Gott killen | 206

| 2 | Kunst und Krieg – Der verbotene Ernstfall | 207

| 3 | Säkularisierung der Kulturen. Generelles zum Projekt Kunst und Krieg – Kultur und Strategie | 220

| 4 | Der Barbar als Kulturheld – der Künstler als Barbar | 230

| 5 | Der Künstler als gnadenloser Konkurrent Gottes. Wie Kunst wirksam wird (und doch nicht angebetet werden muß) | 249

| 6 | Der Ring schließt sich – wahnhaftes Wähnen über Musik und Geschichte | 265

| 7 | Wes' Brot ich esse, dem versprech ich, daß ich ihn vergesse | 275

| 8 | Unter Verdacht | 282

| 9 | Nutznießer des Regimes | 283

| 10 | Der Kampf um CD-Rom.
     Fundamentalismus in den Künsten, der Technik, den Wissenschaften | 284

| 11 | Fanatismus und Ekstase. Kanzler, Disco und El Greco | 291

| 12 | Orient und Okzident: Bilderverbote von Moses über Mohammed zu Malewitsch | 294

Hoppla, Heilsversprecher.
Scheitern als Gelingen – durch Erfolg zerstört

| 13 | Heilsversprechen starker Männer der Wissenschaft
     und Künste im Narrenspiegel | 299

| 14 | Zwei Wege zum Erfolg: das heitere und das heroische Scheitern | 310

| 15 | Beim Bärtchen der Moderne. Das Wunder des gelungenen Scheiterns | 314

| 16 | Rest | 318

| 17 | FABA – First Aid for Bad Art | 319

| 18 | Katabasis Soteriologike | 321

| 19 | Ein Jubiläum zum Schreien | 325

Kultur zivilisieren.
Von der Humanisierung zur Hominisierung

| 20 | Kulturelle Identität ist Fiktion | 332

| 21 | Die Kultur zivilisieren | 336

| 22 | Harry Potter, what do you think about jews?
     Zu den Arbeiten von Yael Katz ben Shalom | 342

| 23 | Ministerbehübschung. Fischerman's Ästhetisierung der Politik | 348

| 24 | Zivilisationsraum und Kulturghettos.
     Mythologisierung aus der normativen Kraft des Kontrafaktischen | 350

| 25 | Zitadellenkultur | 356

| 26 | Die Verantwortung der Wissenschaft für die Gesellschaft | 363

| 27 | Humanistischer Schadenzauber | 371

| 28 | Das Plateau der Freundschaft – Probleme verbinden stärker als Bekenntnisse | 390

| 29 | Die Besten brechen die Regeln. Sport als Kulturmuster | 393

| 30 | Gott und Müll. Kulturpolitik und Museum | 398

| 31 | Transit. Passagen globaler Kooperation | 402

Kunst und Krieg – Betverbot und Bildersturm

1 | Götter klatschen – Gott killen

Karfreitag, der Festtag der Philosophen, der großen und der minderen; also auch unser Festtag, der Tag der hochzielenden Weltveränderer, der intellektuellen Berserker und wissenschaftlichen Wundertäter?
Karfreitag der Festtag heroischer Übermenschen!
Endlich es den Göttern heimzahlen; vor allem den Gott der christlichen Geschöpfesliebe einmal zur Verantwortung ziehen, indem wir ihm jenes Elend zumuten, dem er uns so unerbittlich ausliefert im menschlichen Dasein. Ihn wenigstens auch einmal viehisch malträtieren, aufs Kreuz nageln, verhöhnen, entwürdigen und zerbrechen. Ihm einmal entgegentreten im Triumph unserer Ohnmacht als der Macht zu töten; denn **das verstehen wir als einzigen Beweis unserer Macht: die Götter töten zu können, den Schöpfer zu zerstören, die Schöpfung zu verwüsten.**

Karfreitag: Rache für die Zumutungen ewiger Gotteskindschaft und des Gehorsams. Rache für die Zumutungen der Liebe, des unumgänglichen Verzichts auf Selbstherrlichkeit, auf menschliche Autonomie und Glorie.
Seht den berühmten Arzt, der sich nicht selber zu helfen weiß; jetzt kratzt er ab.
Seht den Gesalbten, den Gesandten der größten Macht – jetzt krümmt er sich schmerzlich wie irgendein Ausgestoßener.
Seht den Richter, den hoheitlichen Vollstrecker der göttlichen Willkür – jetzt richten wir ihn aus unserer unerbittlichen Rechtlosigkeit.
Karfreitag: die Götter sind einmal wenigstens aus der Welt vertrieben, das Gesetz der unmenschlichen Herren zerschlagen, die fesselnden Traditionen gesprengt; endlich stehen wir im Bewußtsein unseres eigenen Willens und der Kraft unserer eigenen Willkür.

Und dann wird es Abend und still; weil wir erschöpft sind durch die Orgie des Tötens? Still, weil wir doch nicht so genau wissen, ob wir ganze Arbeit geleistet haben? Ahnen wir schon, daß uns die radikalste Demütigung noch bevor steht, das Eingeständnis, nicht einmal in der brutalsten Zerstörung wirklich Großes zu leisten? Oder haben wir gerade das an Karfreitag herausfordern wollen: unsere Widerlegung als letzte Instanz, als Schöpfer aus eigener Macht, als Herren der Welt?

Ja; und dann der Ostermorgen, der helle Tag, an dem die Götter wieder in die Welt einziehen mit einem peinigend milden Lächeln. Wir sind beschämt, wir wurden ertappt, wir bitten um Nachsicht und versprechen, unseren heroischen Furor, die Rebellion der Elenden zu zügeln. Die Philosophen ziehen den Schwanz ein; die intellektuellen Besserwisser und Kritiker der göttlichen Wahrheit versprechen, ihre Kraft nur noch in der Selbstwiderlegung zu beweisen. Osterversprechen – Osterglück

| Kunst und Krieg – Betverbot und Bildersturm |
| 2 | Kunst und Krieg – Der verbotene Ernstfall |

Kopf ab oder: Ernstfall als Eichmaß
Das Titelblatt zu Thomas Hobbes' *Leviathan* zeigt zahllose kleine Menschlein, die sich als dichtes Knäuel zum Bild der Staatsmacht, personifiziert durch den weltlichen und geistlichen Herrscher, formen. Das ist ein geeignetes Sinnbild für die Legitimation von Macht. Ihren Geltungsanspruch kann als Schutz für sich nur in Anspruch nehmen, wer sich ihr unterwirft. **Sich nicht zu unterwerfen, sich auszuschließen oder ausgeschlossen zu werden bedeutet, seine Existenz aufs Spiel zu setzen.** Das Verhalten der Individuen wird also am existenziellen Ernstfall geeicht. Durch derartige Eichungen haben alle Kulturen ihren Zusammenhalt nach innen und außen geleistet; insofern kann das Hobbes'sche Beispiel universelle, wenn auch vormoderne Geltung beanspruchen. Denn es begründet gerade nicht diejenigen Entwicklungen, die wir mit dem Begriff der Demokratie oder der modernen Gesellschaften verbinden. Bei Hobbes geht es immer um die Ausrichtung individuellen Verhaltens am Ernstfall der existenziellen Vernichtung, z.B. durch Todesstrafe oder im Bürgerkrieg. **Für das moderne Demokratieverständnis ist dieses Regulativ einer letztbegründenden Todesgewalt nicht länger**

akzeptabel, weil z.B. die Verhängung der Todesstrafe durch einen Justizirrtum zustande gekommen sein könnte; dann wäre eine Revision de facto nicht mehr möglich.

Willst du Frieden, bereite dich auf den Krieg vor
Das Erklären und Führen von Kriegen ist seit der Staatstheorie von Jean Bodin das unveräußerliche Souveränitätsrecht jeder Gesellschaft und ihrer staatlichen Repräsentanz. Verallgemeinernd heißt das: **Kulturen eichen das Verhalten ihrer Mitglieder an deren Bereitschaft und Fähigkeit, als Soldat oder Hilfsdienstleistender der entscheidenden Durchsetzung von Souveränität in der Führung von Kriegen zur Verfügung zu stehen** – daraus leitete sich noch die Einführung der Wehrpflicht in den Nationalstaaten des 19. Jahrhunderts ab.

Schon im 16. Jahrhundert gab es Versuche, andere Strategien der Durchsetzung von Souveränität als die Kriegsführung und die Drohung mit dem existenziellen Ernstfall für jedes Individuum zu bevorzugen. Die Habsburger in Österreich proklamierten *alii bella gerant, tu felix Austria, nube* – „Andere mögen ihre Streitigkeiten durch das Führen von Kriegen ausfechten, wir Österreicher erledigen das durch Heiratspolitik".
Man wollte die Risiken, die mit der Durchsetzung der Ernstfalleichung für die eigene Bevölkerung verbunden sind, umgehen und dennoch zum Erfolg kommen. Wenn sich, des Risikos wegen, die Eichung der Behauptungsfähigkeit einer Kultur am existenziellen und kriegerischen Ernstfall verbietet – wie läßt sich dann die unumgängliche Eichung am zu vermeidenden, am verbotenen Ernstfall der auslöschenden Vernichtung von Individuen und Gemeinschaft entwickeln?

Dafür gab der amerikanische Präsident Wilson mit seiner Begründung für den Eintritt der USA in den Ersten Weltkrieg ein erstes entscheidendes Beispiel: Wilson, der sich während seines Studiums intensiv mit Kants Schriften beschäftigt hatte, deklarierte: eine moderne Demokratie, wie die USA sie repräsentieren, führt nur noch Krieg zur Beendigung des Weltkriegs, ja zur Beendigung aller Kriege,

Dieses Vorgehen der USA, gerade durch Führen eines Krieges die Beendigung eines Krieges zu erreichen, wurde auch ausdrücklich verwendet, um die kriegerische Intervention der Nato im Kosovo zu legitimieren. Die Herren Fischer, Scharping und Co. gaben immer wieder zu Protokoll, daß die NATO kriegerisch interveniere, um den Krieg zwischen Serben und Albanern zu beenden. Fischer und Co. versicherten, daß selbstverständlich die in der NATO zusammengeschlossenen Staaten verpflichtet seien, die von ihnen angerichteten Schäden postwendend zu beheben. An jeder Rakete oder Bombe, die in der Bundesrepublik Jugoslawien abgeworfen wurde, klebte gleichsam ein Versicherungszertifikat: „Sorry, aber wir bauen, was wir zerstören mußten, gleich hinterher neuer und damit schöner auf, als es zuvor gewesen ist". Die militärische Operation war also offenbar nicht auf den Ernstfall der Zerstörung, die Vernichtung von Leben der Gegner ausgerichtet, sondern genau auf das Verbot von Verlusten an Personen und Sachen, und wo sie unumgänglich waren, verpflichtete man sich, die Schäden zu beheben.

Zum ersten Mal wurde den Bürgern der NATO-Staaten unumstößlich klar, daß es beim Krieg als Eichung am verbotenen Ernstfall nicht nur auf die Vermeidung der Tötung von eigenen und gegnerischen Soldaten und Zivilisten ankommt, sondern auch auf die Wiederherstellung des Status ante quo.

Angemerkt sei, daß auch in der kriegerischen Eichung am verbotenen Ernstfall erhebliche Risiken stecken; so könnte ja irgendein „böses Regime" einer maroden Gesellschaft auf den Gedanken kommen, einen Krieg zu provozieren, um sich anschließend von den Gegnern eine leistungsfähige Infrastruktur aufbauen zu lassen. Und diese Regimes hätten damit nicht einmal nach innen Legitimationsschwierigkeiten, soweit sie die vormoderne Eichung ihres kulturellen Zusammenhangs selbstverständlich immer noch am existenziellen Ernstfall ausrichten. Zu einem guten Teil sind heutige Fluchtbewegungen aus solchen zumeist sakralrechtlich verfaßten Gesellschaften durch das bewußte Kalkül provoziert, die modernen Demokratien im Westen müßten ihnen nach deren Selbstverständnis die Sorge für vertriebene Minoritäten abnehmen.

Schöpferische Zerstörung
Etwa zeitgleich mit Wilson entfaltete der Nationalökonom Schumpeter die Eichung am verbotenen Ernstfall für wirtschaftliches Handeln: in seinem Theorem von der *schöpferischen Zerstörung* machte er geltend, daß der Ernstfall des klassischen Manchester-Kapitalismus als Inbegriff schärfster Vernichtungskonkurrenz die eigenen sozialen und ökonomischen Systeme gefährdet.

Der Konkurrenzkampf dürfe nicht zur völligen Eliminierung des Konkurrenten führen; der Konkurrenzkampf sei nur soweit sinnvoll, wie sich die Zerstörung gegebener Angebotslagen und Marktverhältnisse in der Hervorbringung von etwas Neuem als schöpferisch erweise.

Durchaus „ernsthaft" läßt sich behaupten, daß erst bei der Gründung der Bundesliga Konsequenzen aus Schumpeters Erörterungen gezogen wurden: nach althergebrachtem Ernstfallkapitalismus hätten nämlich ein bis zwei finanzstarke Clubs, die Sport in rein ökonomischem Interesse betreiben, die besten Spieler für ihre Mannschaften zusammengekauft. Das zahlende Publikum hätte aber bald sein Interesse daran verloren, in der ersten Liga nur noch immer erneut dieselben Mannschaften gegeneinander spielen zu sehen, die einzig aufgrund ihrer Finanzkraft als eben die Besten formiert wurden. Um diesen Effekt zu vermeiden, führte man genialerweise die sogenannte „Ablösesumme" ein: wer also einen sehr guten Spieler „einkauft", muss dem dezimierten Club die Chance geben, seinerseits für entsprechende Alternativen sorgen zu können.

Diese Eichung an der verbotenen Vernichtungskonkurrenz wurde leider jüngst von Richtern als ethisch nicht vertretbarer Menschenhandel beurteilt. Es bleibt abzuwarten, wie die Eichung des wirtschaftlichen Handelns von Fußballclubs am verbotenen Ernstfall des Menschenhandels gegen den verbotenen Ernstfall der Vernichtungskonkurrenz zu gewichten sein wird.

Der für den Alltagsmenschen sicht- und hörbarste Hinweis auf die Eichung am Verbotenen hat seit 1990 Gesetzesrang: angeregt durch die FDP-Abgeordnete Dr. Uta Wuerfel wurde der Satz „Zu Risiken und Nebenwirkungen fragen Sie Ihren Arzt oder Apotheker" im Arzneimittelgesetz verankert. Die Formulierung wurde durch das Vierte Gesetz zur Änderung des Arzneimittelgesetzes vom 11. April 1990 (BGBl. I Seite 717) eingeführt. Durch Artikel 5 Nr. 1 Buchstabe b dieses Gesetzes wurde die Formulierung in das HWG eingefügt. Das gilt nicht nur für Patienten, sondern entscheidender noch für die behandelnden Ärzte. Sie müssen ihre Therapien am verbotenen Ernstfall eichen, sich also stets fragen: was bedeutet die Behebung einer Organerkrankung, wenn gerade durch die Wirksamkeit der Therapie andere Organe, die bisher nicht geschädigt sind, in Mitleidenschaft gezogen werden? Denn **wirksame Therapien zeitigen immer auch Wirkungen, sogenannte *Neben*wirkungen, die, wenn sie sich aufschaukeln, zu *Haupt*wirkungen werden können.** Wirksame Therapie macht krank.

Allgemein gilt: Je effektiver eine Intervention, sei es nun im Bereich der Medizin, der Politik, des Militärs oder der Wirtschaft, ist, desto größer werden die nicht gewollten, weil schwer kalkulierbaren Folgen.

Orientierung auf Scheitern als Strategie
Schon seit Anfang des 19. Jahrhunderts mußten militärische Operationen generell am verbotenen Ernstfall geeicht werden, d.h. bei jeder strategischen Entscheidung mußte der Feldherr von vornherein das *Scheitern* seiner Mission einkalkulieren, um die ungewollten Folgen abschätzen zu können. Wer sich hingegen vermessen am vorgesehen Erfolg orientiert, rechnet gerade nicht mit dem Gegner, der die gleichen Absichten wie man selbst verfolgt. **Die eigentliche Leistung der Strategen besteht darin, das Nichtaufgehen des eigenen Kalküls und vor allem den Erfolg des Gegners in Rechnung zu stellen.** Nichts ist für den militärischen Führer gefährlicher als eine Reihe gewonnener Schlachten, durch die, als Pyrrhus-Siege, das Gespür für die Gefahr des Scheiterns verloren geht. Militärisch strategisches Denken mußte sich daher stets darin bewähren, gerade beim Verlust einzelner Schlachten die eigene Handlungsfähigkeit zu sichern (das wußten z.B. die preußischen Generalstäbler, die Hitler durch die Etablierung des Oberkommandos der Wehrmacht ausschaltete. Nicht zuletzt scheiterten Hitler und seine Paladine von Halder bis Keitel an der Risikoblindheit aufgrund der Serie von gigantischen Schlachterfolgen im Rußland der Jahre 1941/42).

Ebenfalls seit Anfang des 19. Jahrhunderts orientierten sich die kritikfähigen Künstler am neuen Paradigma des Verbotenen Ernstfalls. Deshalb führte Schiller die Kategorien des ästhetischen *Scheins* oder des *Spiels* in die Kunsttheorie ein, um konkretes Handeln in der Sphäre der Bühne oder der Öffentlichkeit zu legitimieren. Das **Spielen kennzeichnet gerade die Vermeidung des irreversiblen Ernstfalls.** Kunstpraxis wurde so generell als ein Handeln bestimmt, das sich durch Vermeidung von unwiderrufbaren Folgen auszeichnet. Pointiert heißt das: **der Grad der Folgenlosigkeit bestimmt den Rang eines Werkes.**

Auf die Spitze trieb diese Bestimmung René Magritte mit seinem berühmten Hinweis, die gemalte Pfeife sei eben keine reale Pfeife. Das Gemälde leiste gerade die Thematisierung der Differenz von Gegebenheit eines Faktums und seiner jederzeit revidierbaren Geltung.

Das ist auch der Kernpunkt der gesamten Diskussion zu *Kunst und Demokratie:* Es geht nicht mehr um die Grenze zwischen Kunst und Nichtkunst, oder zwischen moralisch und unmoralisch etc., also nicht um das Ergebnis einer Entscheidung, sondern um die *Begründung* eines Anspruchs.

Wer etwas durchzusetzen hat, braucht Sanktionsgewalt, d.h., derjenige, der einen Anspruch erhebt, muß sich in der Demokratie durch Wahl, durch Approbation, Promotion, Delegation, Verkaufszahlen oder Einschaltquoten legitimieren. Im Unterschied zu den Entscheidungsträgern aus Politik und Wirtschaft, Militär und Medizin **definieren sich aber Dichter und Künstler in ihrem Aussagenanspruch gerade nicht durch Zustimmung Dritter,** im Gegenteil: sie bestehen darauf, „von keinem Volk getragen" zu werden, d.h. nicht durch Einschaltquoten, Verkaufserfolge oder Diplomierung ihren außerordentlichen Aussagen Geltung zu verschaffen. Damit verzichten sie ausdrücklich auf Anrufung einer Sanktionsgewalt. Jeder darf und kann den Besuch von Museen und Galerien straflos vermeiden (strittige Ausnahme sind Architekturen und Skulpturen im öffentlichen Raum, soweit die Konfrontation mit ihnen jedermann aufgezwungen wird).

Aber auch Künstler fallen immer wieder in die Legitimation ihres Tuns durch Anrufung des existenziellen Ernstfalls zurück.

Der *Poète maudit*, der radikale Dichter, schüttete sich mit Kannen von Kaffee und Litern von Wein pro Tag zu, stopfte sich mit Rauschgift voll oder holte sich absichtlich Syphilis, Aids als heutige Entsprechung, um am existenziellen Ernstfall seiner Person die Glaubwürdigkeit seines Werkes zu demonstrieren. Dramatische Beispiele bieten dafür in der jüngsten Vergangenheit etwa Janis Joplin, Sid Vicious oder Kurt Cobain.

Wenn KünstlerInnen heute chirurgische Eingriffe an sich vornehmen lassen – ob zum Vorteil des Äußeren oder nicht – und dies als *Carnal Art* ausweisen, ist das eine letzte Zuckung im Aufbegehren gegen das Ernstfallverbot, allerdings schon mit den Einschränkungen der modernen Versicherungsgesellschaft: denn die Fleisch- und Blutkünstler verlassen sich darauf, aus der Narkose wieder aufzuwachen und darauf, daß die ihren Körper plastisch gestaltenden Chirurgen über Kenntnisse und Fertigkeiten verfügen, wie sie vor Gericht als *state of the art* einklagbar sind.

Immer wieder glauben minore Begabungen, ihre literarischen Basteleien durch offensives Zurschaustellen existenzieller Betroffenheit überhöhen zu können: Beim Wettbewerb um den Bachmann-Preis in Klagenfurt entblödete sich jemand nicht, während der Lesung seiner Texte seine Stirn mit einer Rasierklinge zu ritzen, um durch das fließende Blut die Blutleere seines Wortspiels zu kompensieren. Immerhin ist das Gros der Zuschauer solcher unzivilisierten Manifestationen kultureller Größe in der Lage, diesen Rückfall in die Eichung am existenziellen Ernstfall als bestenfalls unterhaltsam einzuschätzen.

Der verbotene Ernstfall:
das Ende des alteuropäischen Decorums
Damit sind wir bei der entscheidenden Begründung des Ernstfallverbots. Als Wilson, Schumpeter u.a. für die verschiedensten Handlungsfelder die Eichung am verbotenen Ernstfall entwickelten, stellte Carl Schmitt (und mit ihm auch etwa Ernst Jünger oder Gottfried Benn) fest, daß primär nicht der Fortschritt humanitärer Gesittung die Ernstfalleichung erledige; vielmehr habe die Vorherrschaft von Unterhaltung im Alltagsleben der Zeitgenossen die alte Eichungsordnung, das antik-humanistische **Decorum-System,** außer Kraft gesetzt. Es begründete eine Skalierung, eine **Rangfolge von hoch und niedrig, von erhaben und trivial, von Tragödie und Komödie.**
Den hochrangigen Gattungen war die Darstellung des existenziellen Ernstfalls von Individuen und Kollektiven vorbehalten – also Krieg, Macht und Herrschaft, die Anrufung der Götter und der Gesetzmäßigkeiten des Weltlaufs. Am niedrigen Ende der Skala wurden in den Gattungen der Komödie, der Burleske, der Satire, des Schwanks Sexualität, Stoffwechsel und das Gefeilsche der Händler mit ihren Kunden in Szene gesetzt. In diesem Decorums-System galt etwa die Stadtmauer als höchstrangiger Sakralbau, und die Präsentation des Nachttopfs, von Zoten begleitet, als niedrigste Äußerung der Tatsachen des Lebens in kultureller Selbstwahrnehmung.
Bis heute hält sich bei uns die entsprechende Skalierung von Hoch- und Subkultur, bzw. von E- und U-Musik. Seit den 60er Jahren, seit der Pop-Art, verliert aber diese Skalierung zunehmend an Bedeutung.
Denn wo der existenzielle Ernstfall, der Tod eines Individuums, sei es nun in einer vermeintlichen Aktualisierung Shakespeare'scher Tragödien oder in einem Kriminalfilm mit ostentativer Vorführung von Körperzerstückelung zum Gegenstand der Zerstreuung geworden ist, ist das Eichungsverfahren nicht

mehr brauchbar. Hier ist der Ernst selbst zum Fall der Unterhaltung geworden, und damit ist die Eichung eines konkreten Verhaltens, die Begründung jeglichen Aussageanspruchs auf den Ernstfall von Leben oder Tod hin, nicht mehr möglich. Wer heute noch versucht, sein Weltverhältnis derartig zu untermauern, wird bestenfalls noch gleichgültiges Schulterzucken ernten. Diese Entwicklung ist in der Tat irreversibel, d.h., Hinweise auf die Wertigkeit und Rangigkeit individuellen Denkens und Tuns lassen sich nicht mehr aus dem jahrhundertealten Decorum-System ableiten – selbst dort nicht, wo modernste Analogien zu Stadtmauern wie elektronische Barrieren unmittelbar an diese Skalierung erinnern.

Jeder Mensch ein Künstler
Für einen tatsächlich zeitgemäßen Künstler muß es eine vorrangige Aufgabe sein, seine Geltungsansprüche ohne Legitimation durch Sanktionsgewalt mit ernsthaften Folgen zu vertreten. Damit könnte er beispielhaft für alle Mitglieder demokratisch verfaßter sozialer Kulturverbände sein. In dieser Beispielhaftigkeit liegt der tiefere Sinn der Beuys'schen Behauptung, jeder Mensch sei ein Künstler, denn jeder Mensch – ob Bildhauer, Wissenschaftler, Hausfrau, Arzt oder Politiker – hat das gleiche Problem der vollständigen Bodenlosigkeit seiner Entscheidungen, wenn die ernstfallgemäßen Begründungen nicht mehr greifen. Aus dieser Eigenverantwortlichkeit wird auch deutlich, warum eine Untertanenhaltung im klassischen Sinn nicht mehr zum gewünschten Erfolg führt.
Die Leitfrage bei der Einschätzung von Künstlern ist, ob sie dieser geforderten Beispielhaftigkeit tatsächlich entsprechen, oder ob sie nicht schon vom durchschnittlichen Alltagsmenschen bei der Bewältigung der Haltlosigkeit jeder Entscheidung übertroffen werden. Im Gegensatz zu Künstlern, die auf die Schaffung von „Werken" ausgerichtet sind, haben viele Alltagsdemokraten den Anspruch längst aufgegeben, sich durch irgend etwas Produziertes zu verewigen, bzw. auch nur eine Spur ihres Lebens zu hinterlassen – nicht einmal in Gestalt von Liebesbriefen oder selbstverfaßten Gedichten, die dann die Kinder einst am Grab aufsagen könnten. Stattdessen tun alle so, als ob das Leben ewig so weiterginge – ein bißchen herumhantieren, ein bißchen essen, ein bißchen fernsehen und ab und zu ins Ferienlager. Das ist beispielhaft. Da sitzen sie dann seelenruhig, beschallt von der nahen Eisenbahnlinie, eingepfercht in kleinste Zeltchen auf regennassem Boden. Hätte man solche Zustände in den Ferienparadiesen vor vierzig Jahren einer Menschenrechtskommmission gezeigt, wäre die Anlage sofort als vermeintliches KZ geschlossen worden.

Das ist aber die Stärke der wahren Demokraten: man marschiert freiwillig in die Lager, weil es keinen Unterschied zu den Strafanstalten mehr gibt. Dafür kostet umgekehrt ein Gefängnisplatz heute pro Tag soviel wie eine Übernachtung im Luxushotel.

Demokrat sein heißt, sich entscheiden zu müssen
Daß heute Alltagsmenschen zumindest im gleichen Maße ihre Individualität betonen wie zuvor klassische Tätertypen (Feldherrn, Staatenlenker, Unternehmer, Wissenschaftler und Künstler), entspringt nicht anmaßlicher Refeudalisierung der Gesellschaft, also der Behauptung: was früher den Fürstlichkeiten vorbehalten gewesen, stehe jetzt als Recht persönlicher Willkür jedermann zu.

Der Verzicht auf die Letztbegründung durch den existenziellen Ernstfall läßt den Anspruch der *Auctoritas*, der Führung durch normative Vorgaben, hinfällig werden.

Spätestens seit der öffentlichen Erörterung des Tschernobyl-GAUs in den Medien wissen beispielsweise alle Bürger, daß ihnen die noch so gut begründeten Kenntnisse von Physikern nicht die eigene Entscheidung, wie sie sich verhalten sollen, abnehmen. Im Gegenteil: die präsentierten Experten gaben die jeweils neuesten Becquerel-Werte für die Atemluft, für Wildbret, Pilze, Gemüse und dgl. mit dem unmißverständlichen Hinweis bekannt, daß aber jeder Bürger selbst Konsequenzen aus diesen Mitteilungen ziehen müsse. Die Bürger waren natürlich ratlos vor dieser Zumutung, denn sie konnten ja nicht vor jedem Verzehr erst ins Labor laufen und die Meßwerte erfragen. Und andererseits war es ihnen auch nicht möglich, generell auf die Nahrungsaufnahme zu verzichten. Schlimmer noch: Experten trafen sich widersprechende Aussagen, die aber alle gleichwertig waren, weil ihre Verfasser gleichermaßen wissenschaftlich ausgewiesen und damit legitimiert zu sein schienen. Wer sich da vorläufig um die Entscheidung drückte, um sich bei anderen umzuschauen, bei gewichtigen Funktionsträgern, deren Entscheidungen große Auswirkungen haben, also z.B. bei Richtern, erfuhr, daß auch diese vor dem gleichen Problem standen wie die Bürger. Auch der Richter kann seine Entscheidung nicht durch Aussagen von Experten legitimieren, weil es eben im Wesen der wissenschaftlichen Expertisen liegt, daß zu jeder Expertise mindestens eine gleich gut begründete Alternative besteht.
Der vielbesprochene Trend zur Individualisierung hat eben in dieser Bodenlosigkeit, in diesem nackten Voluntarismus der Entscheidung, die jeder selbst-

verantwortlich zu treffen hat, seinen Grund – auch wenn diese Individualisierung häufig in Verhaltensweisen zutage tritt, die man als schiere Mutwilligkeit kennzeichnen möchte.

Soweit die Bürger objektiv nicht in der Lage sind, die Verpflichtung zur Selbstverantwortlichkeit einzulösen, hält die Gesellschaft, um existenzielle Vernichtung der Individuen zu vermeiden, etwa Einrichtungen des sozialen Netzes bereit. Diese Ausformung des verbotenen Ernstfalls kann zu Recht für sich in Anspruch nehmen, auch gegen den Willen der Individuen wirksam zu werden – etwa in der Verhinderung von Selbstmorden oder der Selbstverstümmelung. Risiken dieses Vorgehens liegen auf der Hand: Allzuviele werden dazu verführt, sich selbst zu existenzgefährdeten Opfern sozialer, politischer oder kultureller Gegebenheiten zu machen, um der Fürsorge, erzwungen durch das Gebot des zu vermeidenden Ernstfalls, teilhaftig zu werden.

Es kennzeichnet das Selbstverständnis von Demokratien daß jeder für seine Entscheidungen selbst einstehen muß und Verantwortlichkeit nicht delegieren kann, obwohl ihm kein verläßlicher Halt durch Normativität geboten wird. Gegen diese Haltlosigkeit, diese Bodenlosigkeit ohne Letztbegründung richten sich denn auch immer erneut die großen Vorbehalte gegen demokratische Verfaßtheit.

1 vgl. H. Mühlmann: Über Bazon Brock. Das säuische Behagen in der Kultur. Köln 1998.

Vom säuischen Behagen in der Kultur[1]
Dagegen gibt es natürlich Einwände.
Zum einen meint man, diese Bodenlosigkeit führe zum reinen Egoismus in der Durchsetzung des eigenen Mutwillens, zum anderen zu einer Art Selbstadelung des Bürgers als heroischer Nihilist, der seine ganze Würde und Selbstachtung daraus bezieht, an nichts mehr zu glauben und keiner Zielsetzung mehr bedürftig zu sein. Zum dritten verweisen die Einwände darauf, daß die von Gott, Kaiser, Papst und Vater verlassenen Demokraten zu der falschen Schlußfolgerung kämen, daß alles gehe! Alles geht ja nur, wenn es geht. Wenn man aber erst ohne stützende Erfahrungen und Vorgaben anderer herausfinden will, was geht, könnte es schon zu spät sein.
Und viertens schließlich behaupten die Kritiker, die bodenlosen Demokraten retteten sich in die psychologisch verständliche Auffassung *credo quia absurdum*. ich unterwerfe mich dem objektiv Unsinnigen, das ja gerade Sinn machen muß als nicht erfaßbarer Sinn. Demokraten würden zu spiritualistischen Irr-

lichtern, gefährlich durch ihren Zusammenschluß in Sekten, also mit Leuten, die sich gleichermaßen auf das Unvorstellbare, das Unsagbare, das Absurde verpflichten wollen.
Ich mache den Vorschlag, diese vom Individualisierungsdruck erzwungene Haltung als *Mihi*lismus zu kennzeichnen, weder egoistisch aus bloßer Vorteilsnahme, noch mutwillig aus heroischem Nihilismus, sondern eigenverantwortlich ohne Legitimation durch das Beispiel anderer oder durch die Norm der Kollektive – **Mihilismus des Ich-Menschen, der sich auf kein Du mehr verlassen kann.** Als solche gelten die Künstler.

Aber auch sie kommen als Beispielgeber im Beispiellosen nicht mehr in Frage. **Die wahren Helden der demokratischen Bodenlosigkeit sind die Bürger selbst.** Zwar wird ihnen immer noch von Programm-Machern und Programm-Gestaltern, von Stars und Politprominenz, von Feuilletonintellektuellen angeboten, was *in* und *out* ist, was vermeintlich gilt, weil es viele bestätigen, und was Schnee von gestern sei, für den sich niemand mehr interessiert. Gerade diese röhrenden Hirsche, diese Kitschiers der Moderne als Refeudalisierung, als jedermann zugestandene fürstliche Willkür, buhlen vergeblich um Gefolgschaft. Sie suhlen sich im säuischen Behagen pathetisch deklarierter *Egalité* und *Fraternité* als Selbstverständlichkeit ihrer jeweiligen Stammeskultur: als Wagner-Gemeinde im Bayreuther Festspielhaus so gut wie als Hooligans in den Stadien, als parteilich organisierte Weltretter in politischen Korrektheitsbekenntnissen so gut wie als wettsaufende Ballermann-6-Klientel.
Aber dieser Terror der Selbstgewißheit, nicht einmal Gott, geschweige denn die Wirklichkeit zu fürchten, zeigt nur an, wieweit man den Anforderungen des Mihilismus bereits ausgesetzt ist, d.h., der Erfahrung von Ohnmacht der Macht in Demokratien, selbst wenn sie noch normative Handlungsanleitungen böten.
Der Demokrat lebt aus der Ohnmachtserfahrung und der Anerkennung der Wirklichkeit als das, worauf wir keinen Einfluß haben, auch wenn wir es noch Gott nennen und durch kultischen Umgang zu beschwören versuchen.
Wie ist eine solche Orientierung an der Ohnmachtserfahrung zu denken, Orientierung an der Erfahrung des Scheiterns?

Ich beschränke mich, weil ich sonst reihenweise in dieser Hinsicht nicht allzu bekannte künstlerische Beispiele vorführen müßte, auf ein Ihnen allen bekanntes Modell, das erst durch Karl Marx' Ausschreibung in seiner grundsätzlichen Bedeutung offenkundig geworden ist: „Proletarier, ihr habt nichts zu verlieren als eure Kette"; das vergegenwärtigt tatsächlich die frohe Botschaft des Neuen Testaments: für die Christen ist mit dem Kreuzestod Christi gesagt, daß das Ende als Drohung nicht vor uns liegt, also unsere Zukunftserwartung nominiert, sondern daß Christen immer schon den Untergang, die existenzielle Aufhebung im Tod ein für alle mal hinter sich haben. Das Ende ist nicht ein apokalyptisch bestimmter Endpunkt, sondern **im Ende, im Scheitern erst liegt jeder Anfang.**

Immerhin läßt sich in historischer Rückschau sagen, daß bisher vornehmlich Künstler, die ihre Sache auf die Erfahrung des Scheiterns gestellt haben, uns in dem Vertrauen, sich in der Bodenlosigkeit bewähren zu können, unter größtmöglicher Vermeidung von Risiken bestärkt haben.

Wenn *dies ist keine Pfeife* gilt, dann gilt: soweit auf normative Vorgaben nicht mehr legitimierend zurückgegriffen werden kann, verweist gerade das immer notwendig Fragmentarische, Häßliche, Bezweifelbare, Täuschende auf das anders nicht in Erscheinung tretende Ganze, die Schönheit, die Wahrheit. Gerade die als solche erkannte Lüge ist noch wahr, auch wenn man die Wahrheit nicht kennt. Das als solches empfundene Häßliche verweist noch auf die Schönheit, auch wenn ich mit Dürer nicht weiß, „was die Schönheit sei". Ein ausgezeichneter, weil mihilistisch kundiger Demokrat operiert also mit der Lüge als solcher, mit der Täuschbarkeit als unvermeidlicher, mit der Erfahrung der Bodenlosigkeit und Ohnmacht als verläßlichem Grund.

In diesem Sinne: **lernt zu lügen mit den Dichtern, lernt zu täuschen mit den bildenden Künstlern,** lernt zu balancieren mit den Akrobaten über dem Abgrund, die den hermeneutischen Zirkel spielend knacken: sie halten sich hoch oben auf dem schwankenden Seil fest an etwas, was sie selbst in Händen tragen.

Gepriesen sei, was ohne Folgen bleibt
Wenn Sie bei den nächsten Fernsehnachrichten beim Anblick der verstümmelten und vergewaltigten Kriegsopfer erschauern, denken Sie daran, daß der Ernstfall aufgehoben ist, seit derartige Bilder zum Gegenstand der Unterhaltungskultur geworden sind und die Bombenwerfer im Kosovo versichern, daß die Müllabfuhr zur Beseitigung der Schäden schon bestellt ist.

Die Müllabfuhr der Kunst aber heißt Museum, denn das Museum ist die geniale Entsorgungsanstalt, in der alle Kunstwerke unschädlich und folgenlos gemacht werden. **Folgenlosigkeit ist der höchste Ausdruck von Kunst in der Eichung am verbotenen Ernstfall.**
Folgenlosigkeit ist dabei nicht zu verwechseln mit Bedeutungslosigkeit, im Gegenteil: denn im Bereich der Ökologie etwa haben wir gelernt, Folgenlosigkeit als ein Kriterium für besondere Produktqualität zu schätzen. Wer etwas herstellt, was für die Umwelt keine Folgen hat, erhält zur Belohnung den grünen Punkt oder den blauen Engel. Genau das kennzeichnet demokratisches Selbstverständnis, nämlich eine Orientierung auf Vorbehalte und Rückrufbarkeiten hin. Gegenwärtig scheinen sich aber immer noch sehr viele Zeitgenossen in der Klemme zu befinden, einerseits ihr Schaffen, ihre Arbeit an der Selbstzerstörung der eigenen Person durch ungesunden Lebenswandel oder gefährlichen Körpereinsatz bei Ehe- oder Freizeitperformances messen zu lassen, andererseits aber eingesehen zu haben, daß von ihnen Beispiele erwartet werden für das Schaffen von etwas, das ohne Folgen bleiben muß.
In vielen Lebensbereichen müssen wir uns noch etwas darin üben, Folgenlosigkeit als Alltagsstrategie zu akzeptieren, aber wir kommen nicht darum herum, uns aus dem säuischen Behagen in den eigenen kulturellen Selbstgewißheiten herauszureißen. Diese falschen Gewißheiten lauten: „Wir sind die Stärksten, die technologisch Überlegenen, wir zahlen alles, uns kann keener"!
Keener, außer all denen, die nicht so denken!

| **Kunst und Krieg – Betverbot und Bildersturm** |

| **3** | **Säkularisierung der Kulturen.** |

Generelles zum Projekt

Kunst und Krieg – Kultur und Strategie |

In seiner jüngst publizierten Studie *Was ist Kultur?* kommt der Marxist und Oxford-Professor Terry Eagleton zu der Schlußfolgerung, daß die grundsätzlichen und erstrangigen Probleme unter Menschen durch Krieg, Hunger, Armut, Krankheit, Verschuldung, Drogen, Umweltverschmutzung, Migration und dergleichen entstünden und nicht so sehr durch Symboliken, Sprachenstreit, Wertorientierung, kurz durch Kultur. Man müsse die Kulturproblematik stark relativieren, wenn man an die entscheidenden Konfliktlagen der Gegenwart herankommen wolle.

Es ist klar, was gemeint ist. Auch wir glauben nicht, daß es in den Kulturkämpfen um Kultur geht. Vielmehr werden kulturelle Sachverhalte benutzt, um Argumente für das Verhalten in den grundlegenden Konflikten zu finden. Beispiel: Hält ein weißer Polizist einen afroamerikanischen Autofahrer an, um ihm innerstädtische Geschwindigkeitsübertretung vorzuhalten, so liegt für den Autofahrer die Erklärung nahe, er sei von dem Polizisten wegen seiner Zugehörigkeit zu einer anderen Ethnie und ihrer spezifischen Kultur angehalten worden, denn letztere Merkmale seien viel auffälliger als die Limitübertretung von 10 Meilen. Verursacht etwa in New York ein orthodoxer Jude einen Verkehrsunfall, dessen Opfer zu einer anderen kulturellen Minderheit gehört, entstehen gewalttätige Auseinandersetzungen zwischen den Minoritäten, die als Kultur- oder Glaubenskämpfe von beiden Seiten dargestellt werden.

In eben diesem Sinne werden die Kulturkämpfe geführt, um sinnfällige Erklärungen und Entlastungen für Sachverhalte wie Armut, Analphabetismus, Unterlegenheitsgefühle, Terrorismus und dergleichen Konfliktindikatoren zu finden. Alle effektvollen Argumente für und gegen konflikthaltige Positionen entstammen dem kulturellen Selbstverständnis der Beteiligten, und insofern geht die Empfehlung, kulturelle Belange in Konflikten zu relativieren, an deren vorrangigem Gebrauch für die Konfliktdarstellung vorbei. **Warum sind die kulturellen Argumente derart leistungsfähig? Weil**

sie nicht zu widerlegen sind, denn die kulturellen Sachverhalte wie Einheit der Sprach- und Glaubensgemeinschaften sowie ethnische, gar rassische Homogenität, sind ja kontrafaktische Behauptungen. So schreibt Haruki Murakami in seiner Studie über die Auswirkungen der Tokyoter U-Bahn-Attentate auf die japanische Psyche: „Es ist eine traurige Tatsache, daß von der Wirklichkeit abgekoppelte Sprache und Logik sehr viel stärker wirken als Sprache und Logik, die die soziale Wirklichkeit wiederzugeben versuchen." Robert Jay Lifton liefert in seiner Studie über apokalyptische Gewalt und den neuen weltweiten Terrorismus entsprechende Beispiele für aktuelle kulturelle Kontrafakte, die die terroristische Auffassung begründen sollen, man müsse die Welt zerstören, um sie zu retten.

Wir kennen diese Positionen hinreichend – etwa aus Richard Wagners Postulat des ästhetischen Terrorismus, demzufolge die Erlösung Ahasver's, der Juden, in ihrem Untergang zu sehen sei.

Das kulturelle Selbstverständnis, in dessen vorgeblichem Namen weltweit, aber vor allem auch in Europa, zahlreiche Konflikte blutig ausgetragen werden, ist in erster Linie durch seine bewußte Abkopplung von den wirtschaftlichen, sozialen, politischen Realitäten gekennzeichnet, also durch Kontrafaktizität, die normative Kraft entwickelt. Denn **Kulturen sind durch Kommunikation aufrechterhaltene Beziehungsgeflechte zwischen Menschen, durch welche Verbindlichkeit in der Antizipation von Verhalten und Handlungen der Beteiligten erreicht werden soll.**
Die Verbindlichkeiten entwickeln sich um so stärker, je exklusiver die Beziehungen sind. Exklusivität wird durch den Grad der Entfernung von der Wirklichkeit, das ist die kontrafaktische Potenz, bestimmt. Also muß in das kulturelle Selbstverständnis eine Vielzahl von ganz spezifischen, exklusiven Selbstbeschreibungen eingebaut werden, durch die die Unterscheidung einer Kultur in den Augen ihrer Mitglieder von allen anderen zu sichern ist.

Um derartige kulturelle Selbstverblendung daran zu hindern, in den Bereichen des Politischen, Sozialen und Ökonomischen gefährliche, ja desaströse Wirkung zu zeitigen, gibt es offensichtlich nur einen Weg, wie er seit zweihundert

Jahren zur Zähmung religiös motivierter Intervention beschritten wurde. Es besteht kein Zweifel, daß für die westlichen Gesellschaften die strikte Trennung von Staat und Kirche die Basis für die Unterdrückung oder Beendigung desaströser Religionskämpfe bot – ganz im Unterschied zu jenen Drittweltländern, deren Status in auffälliger Weise mit einer nicht erfolgten Säkularisierung korreliert.

Demzufolge dürfte es auch **nur einen erfolgversprechenden Weg zur Einhegung exklusiven kulturellen Selbstverständnisses** geben: nämlich die **strikte Säkularisierung von Kultur.** Im Zentrum der Fragestellung unserer Arbeitsgruppe *Kultur und Strategie* sollen die Möglichkeiten für die Säkularisierung der Kulturen gerade dann stehen, wenn von der Verfassung das Recht auf freies Ausleben der behaupteten eigenen kulturellen Identität garantiert wird. Gerade eben fallen im Vereinsrecht die letzten Religionsprivilegien unter dem Druck religiös motivierten Terrors. Wie ist die Aufhebung von Kulturprivilegien zu denken, wenn dergleichen Terror (etwa der der ETA im Baskenland) nicht mehr religiös, sondern kulturell legitimiert wird? Bevor derartige Fragen in alltagstauglicher Weise beantwortet werden, gilt es zunächst Voraussetzungen für die Beschreibung je spezifischer kultureller Selbstwahrnehmung und der aus ihnen abgeleiteten Privilegien zu schaffen. Dabei beschreiten wir zwei Wege: wir übernehmen die Erfahrung, die der heimkehrende Anthropologe mit fremden Kulturen gemacht hat, zur Distanzierung von unserer eigenen Kultur; das geschieht etwa in der Weise, wie sich seit dem 18. Jahrhundert die Naturwissenschaften und die universell, internationalistisch orientierten Künste aus der kulturellen Bevormundung befreit haben. Ihre schließlich erreichte transkulturelle Position kennzeichnen wir als **globale Zivilisation gegenüber den regionalen Kulturen.**

Zum anderen versuchen wir die Erfahrung zu aktivieren, daß alle kontrafaktische Wahnhaftigkeit kultureller Exklusivität und der Glaube an sie nicht vor Niederlagen in Kulturkämpfen schützt (nach dem verbreiteten Denkmuster „Wir müssen gewinnen, weil wir nicht verlieren können, da Gott oder das Schicksal oder die Weltläufe uns begünstigen"). Auf die Erfahrung oder die Möglichkeit der eigenen Niederlage orientiert sich strategisches Denken. Denn **strategisch hat zu denken, wer mit dem Scheitern der**

eigenen Vorhaben gerade deshalb rechnet, weil er das Scheitern zu verhindern sucht. Die rigiden Muster der Kulturkämpfe und ihrer Funktion für die Rationalisierung politischer, sozialer und ökonomischer Konflikte kann nur aufgeben, wer auch in kultureller Hinsicht strategisch denkt, also bereit ist, die Selbstzerstörung nicht mehr als Beweis für die Richtigkeit der eigenen kulturellen Position zu halten (nach dem Denkmuster „Je mehr Widerstand eine kulturelle Minderheit bei der Durchsetzung ihres Exklusivitätsanspruchs erfährt, desto großartiger, ja einmaliger und unaufgebbarer sei eben ihr kulturelles Selbstverständnis").

Das westlich strategische Verbot der Selbstzerstörung bei der Durchsetzung eines Geltungsanspruchs (Märtyrerlogik) formulieren wir als *Ernstfallverbot*. In der Beziehung von Kultur und Zivilisation sowie von kontrafaktischem und strategischem Vorgehen gilt es vornehmlich zu klären, wie kulturelles Verhalten beschrieben und bewertet werden kann, wenn das Eichmaß *Zerstörung als Erlösung* nicht mehr benutzt werden darf und wenn die barbarische oder terroristische Rechtfertigung nicht mehr zugelassen wird, der zufolge das Maß provozierter und zu erleidender Verfolgung, Demütigung und Entrechtung den Grad der eigenen Auserwähltheit bestimmt. Die Eichung der Kulturen am verbotenen Ernstfall wird, das ist absehbar, zentral werden für die Säkularisierung der Kulturen – sei es als Verwandlung in Folklore oder Unterhaltungsgenres wie Musikantenstadl oder Ethnotheater für Ferntouristen; sei es als Musealisierung zum Aufbau von Distinktionsressourcen für die globale Wirtschaft, die welteinheitliche Kommunikation und universelle Rechtsstandards.

Fatale Selbstgewißheiten

Die bekanntesten Formen bisheriger Einlassung auf die angesprochene Problematik firmierten unter dem Titel „Friedens- und Konfliktforschung". Den Glanz ihrer Wirkung in der Öffentlichkeit reflektiert noch heute, im SPIEGEL 7/2002, der mit selbstgewisser Kennerschaft in Bezug auf Nepal vorgetragene Satz: „Ursachen (der Gärungen und Krisen in Zentralasien) sind meist bittere Armut und der Aufzug amerikanischer Militärs, die im Kampf gegen den internationalen Terrorismus Stützpunkte errichtet haben." Die Armut, so also das wohlfeile Erklärungsmuster, ist die sinnfällige Ursache des Unfriedens zwischen den Individuen, Ethnien, Kulturgemeinschaften, Staaten – und die Armut kommt von der pauvreté. Um das Armutsargument auszuzeichnen, führen die Nutzer dieses Deutungsmusters stets an, wie ungeheuer reich sie in ihren eigenen Gesellschaften seien. In den zurückliegenden zwanzig Jahren lautete jedes zweite politische Argument (von links bis rechts), die Armut in der Welt sei vor allem ein Skandal angesichts unseres „unermeßlich reichen Landes".

Herr Exkanzler Kohl gewöhnte sich aus dem Bewußtsein dieses unermeßlichen Reichtums an, alle Probleme bei der freundschaftlichen Befriedung seiner internationalen Partner, vornehmlich den europäischen, durch finanzielle Angebote zu erreichen, die niemand ausschlagen konnte. Herr Minister Scharping versprach im Bewußtsein unermeßlicher deutscher Omnipotenzen den Militär-Airbus-Bauern (zu denen die deutsche Industrie kaum gehört), sämtliche Zusatzkosten zu erstatten, die durch das mögliche Ausscheiden Deutschlands aus dem Bauprogramm entstehen könnten. Dieser permanenten Überhöhung des eigenen Vermögens widersprachen z.B. die Tatsachen, daß die Bundesrepublik (auch schon vor der Wiedervereinigung) in so gut wie allen Rankings als bestenfalls mittelmäßig, zumeist aber unter dem Durchschnitt firmierte. Das Kontrafakt des eignenen unermeßlichen Vermögens dient also zur Begründung der Realitätsverweigerung – und in der Tat kennzeichnet die etablierte Friedens- und Konfliktforschung wie deren flackernden Widerschein im politischen Geschäft gerade die Weigerung, sich auf die Faktizität des Kriegs der Kulturen, des schurkischen Eigensinns, der Lust am Bösen, von latentem Mord und Totschlag einzulassen. Auch das hat psychologisch gute Gründe, denn **der magische Bann über unangenehme Gegebenheiten legt den Eindruck nahe, die Bannung erledige das faktische Geschehen selbst, indem man ihm den Namen verweigert.** Die fatal selbstgewissen und selbstüberzeugten, auf besten Absichten und politische Korrektheit verpflichteten Kriegs- und Konfliktbeschwichtiger gewähren allen herzliche Handlungsfreiheit (zur brutalsten Auslöschungskonkurrenz in Wirtschaft, Politik und Gesellschaft), wenn sie nur die gewünschten, verharmlosenden, menschen- und fortschrittsfreundlichsten Etiketten verwenden. Man verfährt nach anthropologischen Mustern, denen zufolge schon unsere antiken Kulturväter jedermann nahelegten, von den grauenerregenden Schicksalsdämonen, den Erinnyen, nur noch als von den gütigen und wohlmeinenden, glücksversprechenden *Eudämonien* zu raunen.

Ein zweites erfolgreiches Deutungsmuster der politisch korrekten Friedens- und Konfliktforschung hebt darauf ab, daß die permanenten Auseinandersetzungen in der elenden Dritten Welt durch den Kolonialismus stimuliert werden, und wenn nicht durch den Kolonialismus, dann durch den Neo-Kolonialismus. So argumentierten jüngst vierzehn Länderchefs, die in der SADC (Southern African Development Cooperation) an der Erfindung von Argumenten zusammenwirken, die sie von dem Vorwurf entlasten, selber für den Zustand ihrer Länder und deren internen wie externen Mißlichkeiten auch nur mitverantwortlich zu sein. Sie verbitten sich, daß an die Vergabe von Entwicklungsgeldern irgendwelche Auflagen oder Wirkungskontrollen gebunden werden, da sich in diesen Auflagen der Geist des Kolonialismus manifestiere.

Die wunderbar selbstgewissen afrikanischen Politiker erweitern das von Verantwortung entlastende Gefühl, Opfer der Armut und fremder Mächte zu sein, um die Gewißheit, die Neokolonialisten wollten ihnen mit der Verpflichtung auf Menschenrechte und andere zivilisatorische Minimalstandards nur ein eurozentristisches Weltverständnis aufnötigen, und diese Selbstgewißheit wird umso stärker, als Europäer und Amerikaner ihrerseits jenen Vorwurf der Eurozentrik vor- und nachbeten. Ihnen allen ist kaum klarzumachen, wie sinnlos der Vorwurf des Eurozentrismus angesichts der historischen Tatsache ist, daß die infrage stehende Einforderung universeller Menschenrechte und von Minimalstandards einer Weltzivilisation in Europa selbst über mehr als zweihundert Jahre gegen Europäer durchgefochten werden mußte. Diese kämpferische Durchsetzung der Standards innerhalb Europas erscheint nun als Konflikt Europas mit den außereuropäischen Staaten, Ländern, Völkern, Kulturen mit dem Effekt, daß die bestrittene Berechtigung zur Durchsetzung der Minimalstandards die europäische Entwicklungsgeschichte selbst bestreitet oder gar zu revidieren beabsichtigt. Derartige konservative Europäer rächen sich mit Hilfe der pathetischen Gegner des Eurozentrismus an der Geschichte der politischen, kulturellen und sozialen Machtkämpfe in Europa, die sie verloren geben mußten.

Einen solchen Racheakt verübte jüngst Jürgen Habermas, als er zur Bekräftigung allgemeiner Friedenspreisung allen Ernstes empfahl, Religionsgemeinschaften aus der Artikulation ihrer religiösen Sprache sogar auf parlamentarischer Entscheidungsebene zumindest ein aufschiebendes Vetorecht zuzugestehen (damit begann das Verfassungsgericht, als es mit dem „Schächtungsurteil" jeder Gruppe aufgrund ihrer religiösen Überzeugungen ohne Betonung irgendwelcher Qualifikationsmerkmale zugestand, auf Ausnahmen von geltendem Recht kraft dieser religiösen Überzeugungen zu bestehen). In besonders auffälliger Weise rächen sich Rechtsextreme an dem Ausgang der europäischen Auseinandersetzung um Rechts- und Sozialstaatlichkeit, indem sie sich in den grassierenden Kulturkämpfen mit den islamischen Fundamentalisten umstandslos verbünden.

Konfliktverschärfung durch Annäherung

Verkürzt aber pointiert gesagt, galt bei Humanisten bisher allenthalben, daß man Menschen, etwa durch familiären Austausch oder gemeinsame Teilnahme an sportlichen, wirtschaftlichen und kulturellen Prozessen einander näher bringen müsse, um das zwischen ihnen gegebene Konfliktpotential einzudämmen, wenn nicht gar vollständig zu neutralisieren. Wenn die Menschen miteinander erst bekannt, ja vertraut seien, werden sie daran gehindert, sich aggressiv gegen einander zu wenden. Nicht erst die systemische Familienpsychologie zeigt indessen, daß Konflikte, auch aggressiv und zerstörisch ausgetragene, gerade aus familiärer Nähe entstehen und gespeist werden. Otto Hondrich sagt: „Gerade wenn Kulturen, im Guten wie im Bösen, einander näher kommen, wachsen Befremdungen und Reibungsflächen. Wenn sie sich angleichen, werden kleine Unterschiede als große erlebt. ... Es blüht das Paradoxon der Konfliktverschärfung durch Annäherung." Dieses Paradox blühte offensichtlich unter den sieben Völkern Ex-Jugoslawiens, die seit dem Zweiten Weltkrieg bis Mitte der 80er Jahre relativ konfliktfrei lebten, weshalb sie zahlreiche Bindungen eingingen, die ethnische Grenzen, religiöse Bekenntnisse und sozialen resp. kulturellen Status übergriffen. Das Bewußtsein für das Risiko dieser Entgrenzung stellte sich ein, als ihnen mit der Ideologie des Multikulturalismus ein Mittel zur wechselseitigen Erpressung aufgenötigt wurde.

Wie allseits zu beobachten, ist Multikulti-Euphorie eine zeitgemäße Ausprägung des Nationalismus von Omnipotenzphantasten. Die Politik der kulturellen Identität ermöglicht eben auch der Minorität von Nationalisten als Verlierern der europäischen Geschichte der abstrakten Majorität, „Gesellschaft", gegenüber, Anerkennung zu erreichen in der Behauptung kultureller Autonomie. Mit diesem Autonomieanspruch bestreiten, ja bekämpfen sie z.B. das Grundgesetz demokratischer Ordnung, das ihnen erst formaliter die Durchsetzung ihres Loyalität erpressenden Spiels um Zugehörigkeit oder Ausschluß ermöglicht. Sie erpressen die Zugehörigen („Kriegssteuer im Befreiungskampf") und beuten die Ausgegrenzten aus, indem man von deren Leistungen bedenkenlos profitiert (Inanspruchnahme von Sozialleistungen, die man selbst nicht erbringt). Die Politik der kulturellen Identität führt zwangsläufig zur Mafiotisierung der Gesellschaft, die sich ihrerseits als Ghettoisierung zur Erscheinung bringt, wobei aber die Ghettos freiwillig als Überlebenskampfgemeinschaften aufgesucht werden, um alle nicht zum eigenen Ghetto gehörenden ohne Verpflichtung auf verbindliche Regeln, wie Vogelfreie behandeln zu dürfen. Genau diese wechselseitige Deklaration von Regel- und Bedingungslosigkeit kennzeichnet den Kulturkampf.

Wieso verfiel man eigentlich auf kulturelle Identität als Positionsbestimmung für Individuen und Gruppen? Das liegt schlicht an der humanistischen Auffassung, die Kultur sei eben Quelle aller humanitären Bestrebungen. Im bürgerlichen Zeitalter galt und gilt Kultur geradezu als Humanum schlechthin, das den Menschen jenseits aller zeitbedingten Zufälligkeiten kennzeichne. Vor allem vermittle sich in der Kultur die Beziehung von Individuen zu den sozialen Formationen, und wahre Individualität definiere sich in solchem Humanismus als Repräsentation umfassender Einbindung in die eigene Kultur. Mit der endgültigen Durchsetzung der politischen Formation *Nationalstaat* im Widerstand gegen den Globalisierungsversuch Napoleons wurde solche kulturelle Identität zum Zentrum nationalstaatlichen Selbstbewußtseins. Deswegen sollte es nicht verwundern, daß die radikalsten Programme und Praktiken nationalistischer Hegemonialbestrebungen in erster Linie von Kulturschaffenden aller Sparten entwickelt wurden und nicht von specknackigen Kanonenkönigen und monokeltragenden Militärköppen. Empfehlungen zum Massakrieren und Verbrennen der Feinde der eigenen Nation stammen von den erlauchtesten Freiheitsdichtern; der Auslöschungsantisemitismus wurde Mitte des 19. Jahrhunderts von einem unserer größten Kulturgenies und Künstlerheroen zur unmißverständlichen Sprache gebracht.

Die vorrangige Begründung des Kontrafakts *Identität* aus der Zuschreibung kultureller Unterscheidungskriterien statt sozialer oder politischer Kriterien legitimierte sich als *Humanismus*, weil wie gesagt die Kultur Exemplum humanistischer Haltungen und Gesinnungen böte – jenseits von Politik, Wirtschaft und Gesellschaft, die diesen Humanisten zur Denunziation antihumaner Auffassungen dienten. Das gilt bis heute, wo jede halbwegs vernünftige politische oder soziale Vereinbarung mit humanitärem Kulturpathos bestritten und ausgehebelt werden kann. Die Kritik an diesem Humanismus ist dringend geboten. Vor der allseits angedrohten weiteren Indienstnahme von Staat und

Gesellschaft durch diese Humanisten sind Analysen der Kulturen und ihrer Indienstnahme für Identitätsbildung als Hirngespinst zu leisten. Darauf zielen die Beiträge zu unserem Projekt *Kultur und Strategie – Kunst und Krieg* ab. Diese Ausrichtung könnte man mit dem Programmnamen **Hominisierung vor Humanisierung belegen.** Dabei geht es um **Grundlagen unseres Selbstverständnisses als Produkte der Naturevolution, wobei sich Kultur als Natur des sozialen Menschen verstehen läßt,** denn nicht nur „in der Stunde der Gefahr brechen sich die Grundsätze der Sozialmoral Bahn (oder die in Genetik, Neurophysiologie und Soziobiologie angesprochenen Bedingungen unseres Lebens), die alle Kulturen teilen", so Otto Hondrich. In der Hominisierung unseres Selbstverständnisses akzeptieren wir, „als wahrhaft universal geltend: die Prinzipien der Reziprozität, der Präferenz der eigenen Kultur, der kollektiven Solidarität mit seinesgleichen, die Tabuisierung dessen, was uns zu nahe geht und damit das eigene positive Selbstbild zerstört" (Otto Hondrich).

Nur wer mit diesen grundlegenden Bedingungen unserer sozialen Existenz zu rechnen lernt, anstatt über sie in noch so wohlmeinender Absicht als kulturell zu überwindende Abhängigkeit von blinder Natur triumphieren zu wollen, wird die hinreichende Realitätstauglichkeit erwerben, aus der zumindest eine gewisse Sicherheit durch Selbstdistanzierung erreicht werden kann. Diese Selbstdistanzierung ist das einzige Mittel gegen Loyalitätserpressung und Gefolgschaftserzwingung in den Ghettos mafiotisierter Teilgesellschaften, deren kurzfristiger Erfolg um so größer ist, je wahnhafter, also kontrafaktischer, sie ihr kulturelles Selbstverständnis ausprägen. Denn unter den Bedingungen grundgesetzlichen Bestandsschutzes der religiösen und kulturellen Kontrafakte erreichen diejenigen den höchsten Ausbeutungseffekt gegenüber anderen, die die geringsten Skrupel haben, ihr Selbstverständnis mit den politischen, sozialen und wirtschaftlichen Gegenheiten abzugleichen. Solche Nichtanpassung und verweigerte Integration sichert Willkür (vor allem im Bereich des Asozialen und des Kriminellen), der niemand gewachsen ist, der sich an Regeln hält, und gerade dadurch gehindert wird, der Willkür als Ausdruck kulturell-religiösen Selbstverständnisses die Anerkennung zu verweigern.

Summa

Zwei Schlußfolgerungen für zukünftige Arbeit sind aus unseren Überlegungen in besonderer Weise hervorzuheben. Zum einen **wird es notwendig sein, Kulturgeschichte unter dem Gesichtspunkt des Unterlassens und Verhinderns zu schreiben,** denn dem Theorem vom Verbotenen Ernstfall zufolge gründet die Eichung kultureller Aktivitäten am Maßstab des Nichtgeschehenden (wie jüngst am Beispiel des verhinderten Attentats auf den Weihnachtsmarkt in Straßburg öffentlich erörtert). **Dem Theorem des Verbotenen Ernstfalles zufolge sind in die Geschichtsschreibung und in die politische Prospektion auch jene Ereignisse als bestimmend oder folgenreich oder großartig aufzunehmen, die nicht geschahen, weil man sie verhinderte.** Die Geschichte dessen, was nicht geschah, die Geschichte des Verhinderns (Öko-Bewegung), des Unterlassens (Genetik) oder Nichttuns (moralische Gebote) gilt es, in politischer, sozialer und vor allem kultureller Hinsicht zu entwickeln.

Zum anderen ist es unabdingbar, Formen und Verfahren der Säkularisierung von Kultur zu entwickeln. Wenn grundgesetzlich das Ausleben religiöser und kultureller Selbstverständnisse von der Verfassung weiterhin garantiert werden soll, müssen Forderungen auf jede Art von Hilfe bei dem Ausleben der eigenen Überzeugungen unterbunden werden. Anderenfalls würde es einzelnen Gruppen gelingen, mit staatlichen oder gesellschaftlichen Subsidien ihren kulturellen Autonomieanspruch soweit durchzusetzen, daß für sie das Grundgesetz nicht mehr gilt, außer in der Inanspruchnahme der Freiheit, sich nicht an das Gesetz halten zu müssen.

Kunst und Krieg – Betverbot und Bildersturm

4 | Der Barbar als Kulturheld – der Künstler als Barbar

Gutmeinenden Zeitgenossen dürfte die Behauptung, der Barbar sei die entscheidende Leitfigur für Künstler im 20. Jahrhundert, gegen den Strich gehen. Diese Zartfühler haben sich angewöhnt, kulturelles Schaffen der bildenden Künstler, der Literaten, der Architekten und Musiker für das Gegenteil von Barbarei zu halten. Auf der einen Seite möchten sie gerne die habgierigen, machtgeilen, kulturfernen, specknackigen Militärs, nadelgestreiften Unternehmer, sowie die Weißkittel der KZ-Ärzte und Ingenieure sehen, um auf der anderen Seite die friedfertigen, großen Menschheitszielen verpflichteten Künstler in strahlender Aura der Humanität zu plazieren. Man behauptet nur zu gerne, die Kulturschaffenden repräsentierten das Schöpferische und Gute im Menschen, das sie mit ihren Werken gegen den Zugriff der Macht, des Egoismus und der kulturellen Gleichgültigkeit verteidigten.

Obwohl man solche Sehnsucht mitempfinden kann – die Sehnsucht nach dem schönen Bild der Entgegensetzung von hoher Kunst und niederen Marktinteressen, von reinen Werkideen und schmutziger Politik – dieses Bild läßt sich beim besten Willen aus der Geschichte des Kunstschaffens im 19. und 20. Jahrhundert nicht bestätigen.

Als die gute alte Zeit humanistischer Rundumbildung unter dem Zepter Kaiser Wilhelms II. sich offensiv zu den höchsten Zielen der Humanität bekannte – dieses Bekenntnis wurde zu Beginn des Ersten Weltkriegs freiwillig und begeistert von hunderten deutscher Kulturgenies abgegeben –, verkündete der Germanist Friedrich Gundolf:

„Wer stark ist, zu schaffen, der darf auch zerstören."

Gundolf lehrte an der hochangesehenen Universität Heidelberg und war der intellektuelle Propagandist des Dichterkreises um Stefan George.

„Wer stark ist, zu schaffen, der darf auch zerstören" – das war nicht etwa nur programmatische Überzeugung deutscher Konservativer mit den ihnen zugeschriebenen antisemitischen Affekten, denn Gundolf selbst war Jude! Den

Zusammenhang von kulturschöpferischer Kraft und Zerstörungswillen
behaupteten Künstler und Wissenschaftler seit Nietzsches und Wagners Zeiten in vielen europäischen Ländern. Die Einheit von Schöpfung und Zerstörung feierten die sozialrevolutionär gesonnenen Künstler-Anarchisten in Rußland, wie die *Futuristen* in Italien und die *Kubisten* in Frankreich, aber auch die Parteigänger des österreichischen Radikalmodernisten Adolf Loos.

Bei Gundolf studierte und promovierte ein junger Mann, der später zum Inbegriff aller Wirkung der programmatischen Einheit von Schöpfung und Zerstörung wurde. Der junge Literat hieß Joseph Goebbels.
In einem seiner letzten Bekenntnisse vor dem Selbstmord Ende April '45 verkündete Goebbels:
„Unter den Trümmern unserer verwüsteten Städte sind die letzten sogenannten Errungenschaften des bürgerlichen 19. Jahrhunderts endgültig begraben worden. Zusammen mit diesen Kulturdenkmälern fallen auch die letzten Hindernisse zur Erfüllung unserer revolutionären Aufgabe. Und damit ist es mit allem Alten und Vergangenen vorbei."
Das meinten aber nicht nur ein barbarischer Nazi-Ideologe und seinesgleichen.

Schaffen und zerstören
Seit Mitte des 19. Jahrhunderts las und hörte man immer wieder Bekenntnisse von deutschen Geistesgrößen, für die sich kulturelles Schaffen und Barbarei offensichtlich wechselseitig bedingen.
So schrieb etwa der Nietzsche-Vorläufer Max Stirner 1845 in seinem immer noch viel zitierten Hauptwerk *Der Einzige und sein Eigentum:*
„Der Deutsche erst, und er allein, bekundet den weltgeschichtlichen Beruf des Radikalismus. So unerbittlich und rücksichtslos wie der Deutsche ist keiner; denn er stürzt nicht allein die bestehende Welt, um selber stehen zu bleiben; er stürzt sich selbst.
Bei dem Deutschen ist das Vernichten, das Schaffen und das Zermalmen des Zeitlichen seine Ewigkeit."
Diese Behauptung Stirners bestätigte unter vielen anderen Avantgardisten unseres Jahrhunderts auch der Architekt Hans Scharoun, der erste Stadtbaurat Berlins nach 1945. Obwohl Scharoun ein überzeugter Vertreter jener Moderne war, die zuvor von Goebbels als kulturbolschewistischer Anschlag auf alles Deutsche und Schöne bekämpft wurde, bekannte der Architekt:

„Die Zerstörungen der hoffnungslos veralteten Städte hatten schließlich die alliierten Flugzeuge erledigt, und nichts stand mehr im Zentrum Berlins. Die Zeit für die Realisierung unserer modernen Konzepte des Bauens und der Stadtplanung war endlich gekommen."

Um die ganze Tragweite dieser Begeisterung für den **Neuanfang nach der Zerstörung des Alten** zu verstehen, muß man sich daran erinnern, daß weltbekannte Repräsentanten der Architekturavantgarde wie z.B. Le Corbusier ihre Pläne für die Modernisierung von Paris immer schon völlig selbstverständlich an die Zerstörung des historisch gewachsenen Paris geknüpft hatten.

Es irrt, wer glaubt, die grausame Erfahrung der Vernichtungsorgie von 1939–45 hätte gerade die besten Künstler und Architekten zur radikalen Verabschiedung des Konzepts *Schöpferische Zerstörung* gezwungen. Sprichwörtlich wurde, **daß der Wiederaufbau nach dem Zweiten Weltkrieg in der Bundesrepublik mehr historische Substanz vernichtet hat** als der Krieg. Dazu heißt es beim österreichischen Literaturgenie der Nachkriegszeit, bei Thomas Bernhard:

„Zuerst hat es so ausgesehen, als hätten die Kriege unsere Städte und unsere Landschaften ruiniert, aber mit einer viel größeren Gewissenlosigkeit sind sie in den letzten Jahrzehnten von diesem perversen Frieden ruiniert worden."

Bernhard beschreibt das Arbeiten der Architekten als ein „Wüten", mit der Pointe, daß sein Schreiben selbst zum Wüten wird. Der Roman, in dem er derartige Kraftgesten gegenüber der gesamten Nachkriegskultur demonstriert, heißt „Auslöschung".

Das ist durchaus in Übereinstimmung zu sehen mit dem Jahrhundertprogramm *Schöpferische Zerstörung*.

Der in die USA emigrierte österreichische Nationalökonom Joseph Alois Schumpeter hatte 1942 in dem Buch „Kapitalismus, Sozialismus und Demokratie" die Rechtfertigung der Einheit von Schöpfung und Zerstörung theoretisch stärker untermauert, als jemand je zuvor dazu in der Lage war. Damit reagierte Schumpeter nicht nur auf Einsteins gelungenen Versuch, Präsident Roosevelt den Bau der Atomwaffen als Mittel zur Erzwingung des Friedens nahezulegen.

Schumpeter hatte bereits vor dem Ersten Weltkrieg herausgestellt, wie weitgehend Künstler und Unternehmer im Industrie-Zeitalter des Kapitalismus gleichermaßen die Zerschlagung des Alten zur Voraussetzung der Entstehung von Neuem gemacht hatten.

Das galt nicht nur für das Große und Ganze, sondern für den konkreten Fall von Herstellung und Nutzung eines Produkts. Damit deklariert Schumpeter für das Publikum der Künstler wie für die Käufer der Waren eine aktive Rolle bei der schöpferischen Zerstörung. Konsumieren wird in dem Sinne zur zeitgenössischen Pflicht, daß durch den Konsum die Güter vernichtet werden. Das Kunstpublikum sorgt durch seine Nachfrage nach immer Neuem für die Entsorgung der bisher geschaffenen Werke als veraltete, die in Ablagerungsstätten oder in Entsorgungscontainern der Kultur mit dem Namen *Museum* deponiert werden.

Die Konsumenten der Waren garantieren, daß die Regale immer wieder leer geräumt werden, damit in ihnen neue Produkte präsentiert werden können. Um den **Kreislauf von Produktion und Konsum** zu stimulieren, müssen allerdings die Waren mit eingebauten Verfallsdaten bzw. Sollbruchstellen versehen werden.

Auch Kunstproduktion kann nicht mehr auf dauerhafte Nutzung ausgerichtet werden, sonst wären Wohnzimmer und Restaurants, Behördenflure und Direktionsetagen, Arztpraxen und Galerien bald derart mit Kunstwerken zugehängt, daß neue Entwürfe der Künstler keine Chance mehr hätten, überhaupt gezeigt zu werden.

Was traditionell als barbarischer Umgang mit Kunst und Marktgütern dargestellt wurde, nämlich „gebrauchen als verbrauchen" wurde nun mit Schumpeters Überlegungen als einzig angemessene Form der Nutzung ausgezeichnet.

Verbrauchen, Vermüllen, Wegwerfen wurden zu Gesten bewußt moderner Rezipienten und Konsumenten. Und damit etablierte man den Barbaren auch als Leitbild für moderne Lebensführung.

Alles Neue ist stets barbarisch
Dennoch weigerte sich die größere Zahl der Zeitgenossen, in den 50er Jahren, diese Rolle von Kulturbarbaren anzunehmen. Sie wollte nicht zu „willigen Vollstreckern" von Künstlermutwillen und Marktlogiken der Warenproduzenten werden. Das Hauptargument der Verweigerer von Heilsbotschaften und utopischer Ausmalung einer herrlichen Zukunft lautete:

Künstler, Architekten und Unternehmer vertreiben die Menschen aus ihrer mühsam bewahrten Heimat. Allein in der Bundesrepublik haben 12 Millionen Bewohner Ostpreußens, Schlesiens, Pommerns ihre Heimat – zum Teil bereits mehrfach – verloren und sich gerade mit unvorstellbaren Arbeitsleistungen einen winzigen Lebensraum geschaffen, den sie nun endlich als Heimat garantiert erhalten möchten. Mutwillig in die Vorstellungswelt von Künstlern, Architekten und Unternehmern verpflanzt zu werden, ist eine Zumutung ohnegleichen.

Diesen Verweigerern des Modernitätsverständnisses von Künstlern erklärte ein anderer Avantgardist der Lebensreform und Stadterneuerung, Egon Eiermann, kurz und bündig, und zwar *nach* dem Zweiten Weltkrieg:
„Je mehr ich also in die Zukunft schreite, je mehr ich blind an sie glaube, desto besser wird sie sein. Wenn wir nun damit Heimatlosigkeit in Kauf nehmen müssen, so tue ich das gerne. Was haben wir Architekten damit zu tun, wenn die Bewohner sich nicht in dem heimisch fühlen, was wir für sie hinsetzen können?!"

Blinder Glaube, Utopie-Fanatismus, Selbstergriffenheit durch die Größe der eigenen Mission — das waren *nicht* Begriffe der

Nazi-Barbaren, der Antidemokraten, Antihumanisten, Antisemiten. Diese Begriffe gehören zur **Auszeichnung von Modernität** seit Mitte des 19. Jahrhunderts.

Eiermanns Diktum „Was haben wir Modernen damit zu tun, daß das Publikum sich nicht in der Moderne heimisch fühlt?" formuliert diese Tradition der Moderne auf die gleiche Weise wie Adolf Hitler, der die Moderne programmatisch und faktisch leider jedoch am radikalsten durchzusetzen versuchte. Hitler behauptete pathetisch:

„Die Kunst ist eine erhabene und zum Fanatismus verpflichtende Mission."

Die Verpflichtung auf diese Mission, absolut modern zu sein und derartige Modernität in allen Lebensbereichen der Zeitgenossen tatsächlich durchzusetzen, hat die Mehrzahl aller Genies, die nach ihrem Verständnis das Leben der Zeitgenossen umgestalten wollten, zu Barbaren werden lassen. Und das war auch der Fall, wenn sie wahrheitsgemäß ihre Absicht bekundeten, der Menschheit doch nur mit aller Macht und Kraft zum Glück und Heil verhelfen zu wollen.

Propheten des Fortschritts, Utopisten der besseren Welt, Erlöser der Arbeitssklaven aus dem Jammertal, deren Glaubwürdigkeit und Aufrichtigkeit man ohne weiteres akzeptieren kann, wurden stets in diesem Jahrhundert von dem

Umschlagen ihrer hehren Absichten in totalitären Terror oder eiserne Sachzwanglogik überrascht, sobald sie daran gingen, mit ihren Vorstellungen radikal und umfassend ernst zu machen.

Es blieb ihnen dann nur, zu bekunden: „Das haben wir nicht gewollt, wir wollten nur das Beste und rechneten nur mit wenigen unvermeidbaren Opfern; denn wo gehobelt wird, fallen nun mal Späne."

„Das haben wir nicht gewollt" heißt soviel wie:

Wir aufrechten Modernisten und Revolutionäre wurden zu Opfern unserer eigenen Programme.

Tätige Opfer, geopferte Täter

Für diese Verwandlung von Tätern in Opfer ein relativ harmloses Beispiel: Thomas Mann wurde 1935 die Ehrendoktorwürde der Universität Bonn mit eben jener Begründung aberkannt, die er selbst in seiner Propagandaschrift *Betrachtungen eines Unpolitischen* entwickelt hatte. Die Begründung lautete zusammengefaßt: Jedes Mittel ist recht, um die Heilige Deutsche Kultur und Kunst gegen die Gleichmacherei einer Weltzivilisation zu verteidigen, die alle gedankliche und seelische Tiefe einem oberflächlichen demokratischen Verfahrensformalismus opfert.

Und wörtlich heißt es bei Thomas Mann 1918:

„Da habt ihr ihn, den politischen Ästheten, den poetischen Volksverführer, Volksschänder, den Wollüstling des rhetorischen Enthusiasmus, den Katzelmacher des Geistes, den gloriosen Vertreter demokratischer Menschlichkeit. Und der sollte Herr werden bei uns? Nie wird er das! Die Geschichtsforschung wird lehren, welche Rolle das internationale Illuminatentum, die Freimaurerweltloge, unter Ausschluß der ahnungslosen Deutschen natürlich, bei der geistigen Vorbereitung und wirklichen Entfesselung des Weltkriegs, des Kriegs der Zivilisation gegen Deutschland, gespielt hat."

1924/25 übersetzt Adolf Hitler in gemütlicher Festungsehrenhaft auf Staatskosten Thomas Manns *Betrachtungen eines Unpolitischen* in seine Bekenntnisschrift *Mein Kampf*. Was bei Thomas Mann als Zeugnis für die Ahnungslosigkeit eines Künstlers, als bloße Literatur hingenommen werden mag, führt bei Adolf Hitler zur realen Bedrohung der Künstler. Denn ganz und gar nicht harmlos waren die Konsequenzen der von Goebbels radikalisierten Kampagne gegen die *Entartete Moderne*, allerdings auch die Kampagnen Stalins gegen

Künstler, Literaten, Wissenschaftler und Ingenieure, die Lenin zugetraut hatten, ihre Vorstellungen von Modernität in einer sozialistischen Gesellschaft zu verwirklichen.
Viele der universalsozialistischen oder nationalsozialistischen Vertreter der Moderne wurden nicht nur sozial sondern auch physisch ausgelöscht.
Wir können heute wohl kaum noch nachempfinden, was sie empfunden haben mögen, als man ihre Auslöschung mit Begründungen rechtfertigte, die sie, die Modernisten, selber zum Programm gemacht hatten.

„Wir sind ohne Zweifel Barbaren, ekeln wir uns doch vor einer gewissen Form von Kultur. Unsere Ablehnung eines jeden anerkannten Gesetzes und unsere Hoffnung auf neue, unterirdische Kräfte sind imstande, die Geschichte ins Wanken zu bringen; das läßt uns den Blick auf Asien richten. Der Konventionalismus der Kulturgebärden und der Lügen Europas hat sich selbst erledigt: ein Kreislauf des Ekels. Jetzt sind die Mongolen an der Reihe, sie werden auf unseren Plätzen ihre Zelte aufschlagen."
Das stand in dem Manifest der europäischen Surrealisten von 1925. Wer das für eine leichtfertige surrealistische Gedankenspielerei hält, wird ausdrücklich immer wieder eines Besseren belehrt.
So berichtet der russische Avantgarde-Theoretiker Lunatscharski, der bis 1927 auch als Kulturpolitiker der jungen Sowjetunion aktiv war, von einem Gespräch mit den Propagandachefs der Surrealisten, mit Aragon und Breton:
„Wir achten und ehren Asien als Region, die bisher gerade aus unverbrauchten Quellen Lebensenergie schöpft, die nicht mit der europäischen Vernunft vergiftet sind. Deshalb erwarten wir von euch Moskauer Revolutionären, daß ihr große Scharen von Asiaten nach Mittel- und Westeuropa bringt, die die europäische Scheinkultur zerstampfen werden. Auch wenn wir selbst unter den Hufen von Steppentieren zermalmt werden, sei's drum: wenn nur mit uns dabei die Vernunft und das einengende Prinzip bürgerlicher Marktkalküle untergehen."

In einer weiteren Erklärung der Surrealisten von 1925 heißt es auch:
„Man muß immer schon von einem gewissen Zorn erfüllt sein, bevor man sich entscheidet, ob man als Künstler der sozialistischen oder der surrealistischen Revolution dienen will. Dieser Zorn erzeugt erst die angemessene Stimmung, um der Erleuchtung teilhaftig zu werden."
Für diese Haltung der Künstler, für ihren heiligen Zorn und ihren gleichermaßen von Gottfried Benn wie von Adolf Hitler beschworenen Fanatismus

steht das Gemälde *Der Hausengel oder Triumph des Surrealismus*, das Max Ernst 1937 unter dem Eindruck des spanischen Bürgerkriegs malte.

Das Gemälde zeigt in starker Untersicht ein gespenstisches menschengestaltiges Wesen mit Klauen und Dinosauriergebiß; das Monstrum führt in einer steppenartigen Landschaft einen orgiastischen Vernichtungstanz auf. Mag man dieses Ungeheuer auch auf den ersten Blick in der Tradition der Darstellung von Kriegs- und Gewaltfurien sehen, bei genauerem Hinsehen beschwört es wohl doch eben jenes barbarische Ungeheuer, das viele Künstler der ersten Jahrhunderthälfte herbeisehnten, um uns aus den Fesseln der europäischen Vernunft und des bürgerlichen Erfolgskalküls zu befreien.

Mit solchen Werken inthronisierten sich Künstler freiwillig als Barbaren, denn nur Barbaren seien imstande, die programmatisch beschriebene schöne neue moderne Welt zu verwirklichen.

Um diese Sicht auf Vertreter der Moderne als Barbaren wenigstens etwas abzumildern, sei daran erinnert, daß ebenfalls 1937 Pablo Picasso für den spanischen Pavillon der Weltausstellung in Paris sein Großwerk *Guernica* schuf, das nach gerngehörter Auffassung nichts anderes sei, als eine einzige Anklage der faschistischen Kulturbarbarei durch einen künstlerischen Vertreter humaner Zivilisation. Aber zumindest die Vereinnahmung von Picassos *Guernica* als Ikone einer selbstgewissen europäischen Linken führt uns auch von diesem Paradestück des Künstlers als friedfertiger Humanist zum Motiv des Barbaren als Kulturhelden zurück. Denn bis in die jüngste Vergangenheit war die Mehrzahl linker Künstler und Denker davon überzeugt, daß sich nur mit Gewalt moderne Verhältnisse weltweit durchsetzen lassen. **Gewalt schien unabdingbar für die Verwirklichung des Fortschritts auf allen Ebenen.**

Und nichts kennzeichnet im Allgemeinverständnis barbarisches Verhalten eindeutiger als die Legitimierung von Gewalt.

Noch im Kosovo-Krieg des Jahres 1999 beriefen sich die Vertreter der NATO für ihr kriegerisches Eingreifen auf die Notwendigkeit, die Serben an der Ausübung barbarischer Gewalt gegen die Albaner zu hindern. Und ebenso selbstverständlich geißelte der Serbenführer Milosevic das Vorgehen der NATO als barbarisch, weil sie mit kriegerischer und wirtschaftlicher Gewalt die nationale und kulturelle Souveränität der Bundesrepublik Jugoslawien zu zerstören beabsichtige.

Kulturidentität als Barbarei
Der NATO ging es um die Bewahrung der kulturellen Identität und des völkischen Lebensraums der Albaner; den Serben ging es um die Behauptung ihrer kulturellen Identität und ihres heiligen Territoriums, des Amselfelds im Kosovo. Dort hatten sie 1389 die entscheidende Abwehrschlacht gegen die Türken verloren. Die Serben erlebten diese Niederlage als so schwere Kränkung, daß sie ihre kulturelle Identität aus dieser Erfahrung von Vernichtung bis zum heutigen Tag herleiten.

Stets hatte in diesem Jahrhundert die Beschwörung von Kultur durch Künstler, Wissenschaftler und Politiker gleichermaßen die Beschwörung der Barbarei zur Folge. Da argumentierte Stalin als Kommissar für die Nationalitätenfrage in der UDSSR nicht anders als die Ideologen des deutschen Lebensrechts unter Wilhelm II. oder die Ideologen des Lebensraums unter Adolf Hitler resp. die NATO-Ideologen im Kosovo.

Künstler im Kulturkampf
Und die Künstler unseres Jahrhunderts haben Allen vorgedacht und vorgemacht, was es mit der Nähe von Kultur und Barbarei auf sich hat.
– Zum ersten:
Man wird als Modernisierer unfreiwillig zum Barbaren, weil die Durchsetzung des Programms der Moderne auch ungewollt soviele Opfer fordert, daß die gute Absicht zuschanden wird. Dafür steht **das faustische Prinzip, stets das Gute zu wollen und doch das Böse zu schaffen;**
– Zum zweiten:
Man wird zum Barbaren aus der inneren Logik des Schöpfungsprozesses: Zerstörung des Alten ist die Voraussetzung des Neuen. Dafür steht das **mephistophelische Prinzip, ein Teil von jener Kraft zu sein, die stets das Böse will und doch das Gute schafft;**
– Zum dritten:
Man übernimmt freiwillig die Rolle des Barbaren, um einem vermeintlichen Naturgesetz zur Geltung zu verhelfen: die Evolution werde vorangetrieben mit der Durchsetzung des Stärkeren. Dafür steht die Maxime **„alles, was entsteht, ist wert, daß es zugrunde geht",** soweit es sich nicht als überlebensfähig erweist.

Auf jeder dieser Ebenen wurden Künstler zu Kulturkämpfern. Wo es ihnen nicht gelang, die aggressive Zerstörung des Alten durch das Schaffen von etwas Neuem zu ersetzen, richteten sie ihre Aggression zumeist gegen die eigenen Werke.
Sie behaupteten, überhaupt keine Werke mehr schaffen zu wollen, sondern nur einen fortdauernden Arbeitsprozeß einzuleiten, aus dem sich bestenfalls ein Werk im Werden, ein *work in progress*, ergäbe.

Destruction as art
Die Auslöschung der eigenen Werke als Ausdruck der Selbstzerstörung hat unter dem Programmnamen der *Destruction in Art* für die westlichen Nachkriegsgesellschaften große Attraktivität gewonnen.
Es begann einigermaßen erträglich mit Begeisterungsbekundungen, die sich im Zertrümmern von Konzertsaalbestuhlungen äußerten, so etwa bei den ersten Großveranstaltungen von amerikanischen Rockern in München und Hamburg Mitte der fünziger Jahre.
Pierre Restany gründete 1959 in Paris die Gruppe der *Nouveaux Realistes*. Zu ihnen gehörten Arman, bekannt geworden mit Reliefs und Vollskulpturen gesprengter Celli oder Autos, und etwa die Künstlerin Niki de St. Phalle, die das Publikum dazu anleitete, mit einem Gewehr auf Farbbeutel zu schießen. Die auseinanderspritzenden Farben verteilten sich auf Leinwänden, vor denen die Farbbeutel hingen, zu ähnlichen Bildern, wie sie der Meister des Informel, Jackson Pollock, Jahre zuvor erzeugt hatte. Pollock hatte die Böden seiner Farbtöpfe durchlöchert und sie über die auf dem Atelierparkett liegenden Leinwände geschwenkt.
Zu den *Nouveaux Realistes* gehörten ferner die Künstler Villeglé und Hains; ihre Bildwerke präsentierten sie in der Nachfolge der dadaistischen Collagen als Decollagen: Tafelbilder mit vom Wetter oder von Passanten oder von den Künstlern zerfetzten mehrschichtigen Plakaten der Großwerbeflächen.
Dann baute Jean Tinguely Skulpturen aus schrottreifen Maschinenteilen, die zur Freude des Publikums ihr mechanisches Ballett so lange fortführten, bis sie sich in einer Explosion selbst auflösten. *Autodestruktive Skulptur* hieß das ab 1960.
Kurz danach gründete der nach London emigrierte Deutsche Gustav Metzger seine Künstlervereinigung *Destruction in Art*, bei deren Veranstaltungen im jahre 1965 sich die Friedensengel John Lennon und Yoko Ono kennenlernten. 1961 organisierte der in die USA ausgewanderte Balte George Maciunas den

Aktionistenverein *Fluxus*, der bei seinem Gründungskonzert im Museum Wiesbaden in der Demolierung der Aufführungsspielzeuge schwelgte. Von da an versuchten zahllose Rockbands, den Eindruck ihrer Konzerte mit dem Zerstören von gerade noch benutzten Musikinstrumenten zu verstärken.

Wolf Vostell schließlich erhob das Prinzip *Decollage* zur Metapher von Happening-Ereignissen. Wörtlich übersetzt heißt Decollage „abheben (z.B. wie ein Flugzeug)"; generell hieß das „Vorwärtsbewegung durch Rückstoß mit der Energie der Verbrennung", wobei Vostell riskante Assoziationen zu Akten totaler Vernichtung oder radikaler Endlösungen bewußt hervorrufen wollte. Um diese Anspielungen auf Zerstörung nicht in die falsche Richtung abdriften zu lassen, bekannte sich Vostell in Outfit und Haltung zur größten Gruppe der Opfer von Barbarei als Kulturmission, zu den Juden, obwohl er, soweit bekannt, selber kein Jude war.

Vostell war ein Meister der *Evokation*. Im Unterschied zur Provokation, die eine Gruppe von Beteiligten zur Reaktion veranlaßt, weil der Künstler sie mit ihren eigenen Gegnern identifiziert, will die Evokation die Bekundung des Selbstverständnisses einer Gruppe bis zur grotesken Übertreibung hervorrufen. Dieses Verfahren, Widerstand durch 150%ige Zustimmung zu erreichen, wird in unserer Kulturgeschichte durch die allen vertrauten Aktivisten wie Simplicius Simplicissimus von Grimmelshausen, durch Eulenspiegel oder den braven Soldaten Schwejk repräsentiert. Eulenspiegel oder Schwejk wehren sich nicht gegen unsinnige Befehle von Bäckermeistern oder militärischen Vorgesetzten durch Protest, sondern durch die wortwörtliche Befolgung von deren merkwürdigen bis unsinnigen Anweisungen.

Das ahmten in den 60er Jahren nicht nur alle Pop-Künstler durch 150%ige Bejahung der Werbeappelle nach, sondern auch streikende Fluglotsen, die herausfanden, daß gerade 100%ige Bejahung des Diensts nach Vorschrift die totale Sabotage des Diensts bedeutet. Normalerweise hat jeder Dienst sich, vor allem in sicherheitsrelevanten Bereichen, strikt an Vorschriften zu orientieren. Wenn man aber die Vorschriften buchstabengetreu erfüllen will, führt das zu zeitlichen Verzögerungen, die etwa den Sinn der Regulierung des Luftverkehrs konterkarieren. Bei den Künstlern der Pop-Art hieß dieses Prinzip in den 60er Jahren „übertriebene Bejahung ist Widerstand" oder mit plakativem Begriff: *Negative Affirmation*.

Neg-Affen der Aufklärung

Der Großmeister der Negativen Affirmation war Andy Warhol, der die Appelle des Maschinenzeitalters und des Konsumierens als Zivilisationspflicht soweit radikalisierte, daß sie lächerlich wurden und in sich zusammenbrachen. Freilich brach damit auch das Konzept des künstlerischen Werkschaffens in sich zusammen – und schließlich die Rolle des Künstlers: Wenn Unternehmer und Unterhaltungsartisten, Touristenbetreuer und Lehrer, Werbefachleute und Journalisten – **kurz, wenn jedermann zum Künstler avancierte, verlor die Rolle des Künstlers ihre spezifische Bedeutung.**
Hatten also doch alle diejenigen Recht, die wie Theodor W. Adorno in der Pop-Bewegung einen Akt der Selbstliquidierung der Kunst sahen oder bestenfalls ein Symptom der „Dialektik der Aufklärung"?
Unter diesem Titel beschrieben Adorno und Horkheimer Anfang der 40er Jahre, also parallel zu Schumpeter, die kapitalistische Systemlogik von Schöpfung und Zerstörung, von Aufklärung und Verfinsterung, von Modernität und archaischer Barbarei:
„Unsere Erörterung gilt der Rückkehr der aufgeklärten Zivilisation zur Barbarei in der Wirklichkeit. Nicht nur die ideelle, sondern auch die praktische Tendenz zur Selbstvernichtung gehört von Anfang an zur Rationalität. (…) Angesichts dessen wandelt sich Aufklärung im Dienste der Gegenwart zum totalen Betrug der Massen um."

Spurensicherungen

Adorno eröffnete mit dieser Analyse aber auch die Möglichkeit, solche Barbarei historisch zu würdigen. Wie jeder weiß, kennzeichneten die alten Griechen mit dem Begriff des *Barbaren* Angehörige anderer Kulturen, die den Griechen durch ihre unverständliche Sprache, unvertraute Kampfformen, Kleidung, Eßgewohnheiten etc. buchstäblich fremd waren. Immer wieder ist aber in der Geschichte zu beobachten, daß diese „Fremden" mit ihrem barbarischen Vorgehen ganz erheblich zum historischen Überleben ihrer Gegner beigetragen haben.
Als z.B. die germanischen Völkerwanderungshorden in Norditalien, Südfrankreich, Spanien und Nordafrika, ins Territorium und den Lebensraum des weströmischen Reiches, einfielen, benutzten sie die Zeugnisse der hochentwickelten römischen Zivilisation, also ihre Architektur und Kunst, Bauten der technischen Infrastrukturen wie Wege und Wasserleitungen, nach eigenem

Mutwillen. Sie zerlegten sie mit barbarischer Gewalt in Fragmente und ließen diese Teilstücke unbeachtet herumliegen, wo sie sich gerade befanden. Als Ruinen fesselten diese Fragmente nicht mehr die Aufmerksamkeit der Lang- und Rotbärte aus den nordeuropäischen Wäldern und Sümpfen, wodurch zahllose Tonwaren und Skulpturenteile, Elemente des Architekturdekorums oder der Grabdenkmäler die Chance hatten, die Zeiten zu überdauern.

Die sprichwörtlich wie die Vandalen hausenden Nordmänner schufen durch barbarische Gewalt die Voraussetzung dafür, daß unsere Archäologen eine schier unübersehbare Zahl ruinöser Zeugnisse der Antike ausbuddeln und in die Museen stellen konnten.

Solcher Dialektik von barbarischer Zerstörung und historischem Überleben von Kulturzeugnissen als Ruinen widmeten ab Mitte der 60er Jahre Künstler wie der Grieche Jannis Kounellis oder das französische Ehepaar Anne und Patrick Poirier bzw. die Künstlergruppe der „Spurensicherer" mit Christian Boltanski an der Spitze beachtliche Werke.

Kounellis ahmte in Bildreliefs mit Abgüssen antiker Skulpturenfragmente sogar noch die Brandspuren nach, die bei der barbarischen Zerstörung von Marmortempeln entstanden. Damit betonte er auch, daß noch bis ins 17. Jahrhundert – etwa in Rom – marmorne Zeugnisse antiker Kulturen von allerchristlichsten Baumeistern zu Kalk verbrannt wurden.

Die Poiriers zeigten mehrere Quadratmeter große Bodenreliefs antiker Stadtlandschaften, die sie durch Nachahmung der originären historischen Vernichtung in ihren Modellen erinnerbar werden ließen.

Christian Boltanski wurde vielgerühmt für seine Sammlung und Präsentation der Lebensspuren von Menschen im 20. Jahrhundert, die Opfer moderner Barbareien geworden waren. Boltanski leitete den Betrachter dazu an, sich vorzustellen, was etwa über das Leben der Getöteten erfahren werden könnte, wenn man z.B. die Koffer und Kleiderhaufen eines Konzentrationslagers im Einzelnen kennenlernen würde.

Die intellektuell und kunsttheoretisch anspruchsvollste Bearbeitung von Zerstören, Zerfallen und Vermüllen als Voraussetzung für historisches Bewahren gelang dem Schweizer Künstler Diter Rot. Rot produzierte Werke aus organischem Material, das allein schon durch den nagenden Zahn der Zeit in beobachtbarer Weise verschwinden würde. Da es sich aber um *Kunstwerke* von Rot handelte, waren deren Privatbesitzer und Museen gezwungen, durch raffinierteste Techniken der Konservierung und Restaurierung den Moment des unaufhaltsamen Zerfalls auf Dauer zu stellen.

Rots Arbeiten demonstrierten den Verfall als andauernden Prozeß, der nie das Ziel, das Verschwinden des Kunstwerkes, erreichen würde.

Solche Schöpfung von Zerstörung, im Kunstwerk konserviert, wurde in Deutschland heftig befehdet – verständlich bei den Erfahrungen mit der deutschen Geschichte. Nachdem aber der schon zitierte Architekt Eiermann mit der Konservierung der Ruine der Kaiser-Wilhelm-Gedächtniskirche am oberen Ku'damm in Berlin ein Beispiel dafür gegeben hatte, wie man mit auf Dauer gestellen Ruinen umgehen kann, z.B. als touristische Attraktion, formulierte Joseph Beuys das grundlegende Prinzip zu jedermanns Gebrauch. Mit pädagogischem Eros und künstlerischem Pathos wertete er die heikle Künstlerposition um.
Nicht nur Kunstwerke sind auf Dauer gestellte Verfallsprozesse, sondern jedes menschliche Leben, das natürlicherweise verfällt, versucht man, durch kulturelle Techniken auf Dauer zu stellen: durch Bücherschreiben, durch Firmengründungen, und natürlich auch durch Kinderzeugen.

Hier stehe ich und kann auch anders
Wenn Beuys formulierte, **„Jeder Mensch ist ein Künstler"**, machte er damit klar, daß wir alle inzwischen so vorgehen wie die äußerst skeptisch betrachteten Künstler. Das war für ihn der **Triumph der modernen Künstlerrolle** und nicht deren Entwertung. Denn jedermann, ob Bankdirektor, Verwaltungsjurist oder Unternehmer, sei inzwischen darauf verpflichtet, ganz eigenständig, also *kreativ*, seine Rolle und seinen Lebensentwurf zu legitimieren und sich dabei nicht mehr auf die Zustimmung von Parteien, Schulen oder Kulturgemeinschaften zu berufen resp. auf Erfolg am Markt, wie Einschaltquoten, Auflagenstärken oder Besucherzahlen.

Aber mit der Rechtfertigungsklausel „jeder Mensch ist ein Künstler" beschwor Beuys unfreiwillig den Urtypus des aus eigener Macht schöpferischen Kulturhelden, der nur seinen eigenen Vorstellungen verpflichtet ist. Dieser Held wird zum Barbaren aus dem Anspruch auf Unverwechselbarkeit, Einmaligkeit und Authentizität. Den Konventionen, Verhaltensnormen und Glaubenstraditionen sozialer Gruppen setzt er sein Bekenntnis entgegen:
„Hier stehe, ich kann nicht anders, Gott helfe mir."

Das Urbild dieser inzwischen vorherrschenden Gestalt des Künstlerbarbaren ist Martin Luther. Luther hatte mit seiner Protesttheologie entscheidenden

Einfluß auf das Selbstverständnis moderner Künstler, die gegen Kirchen, Staaten und Gesellschaften ihren Anspruch auf Autonomie der Kunst durchsetzen wollten und durchgesetzt haben.

Dem lutherischen Künstlerbarbaren kommt es nur auf eines an: auf seine **Glaubwürdigkeit.** Er demonstriert in Erscheinung und Verhalten seine Authentizität. Dazu dekoriert er sich in existenzialistischem Pathos mit Zeichen seines Leidens an der Blödigkeit der Massen und des Stimmviehs, von dem er annimmt, es trotte in Ergebenheit gegen die Obrigkeit auf den Trampelpfaden der Lebens-, Familien- und Karriereplanung dahin, stets um Anerkennung als brave Bürger besorgt.

Künstler als Ernstfallstrategen
Die Verachtung sozial integrierter Bürger kennzeichnet die Künstlerbohème seit der Mitte des 19. Jahrhunderts. Die Künstler sehen sich als ausgestoßene Randexistenzen wuchernder Großstädte, als Poètes maudits, und genossen die vermeintliche Stigmatisierung.

Diesem Bild entsprachen nach dem 2. Weltkrieg mit großer Suggestivität für junge Leute die totenschwarz gekleideten Existenzialisten in Paris und vor allem die Rockmusiker unterschiedlichster Couleur.

Zu ihren Leitbildern erhoben sich etwa Mick Jagger, Janis Joplin, Jimi Hendrix, Jim Morrison, Sid Vicious und Kurt Cobain.

Wie Luther 1521 die Disputationsarena auf dem Reichstag zu Worms nutzten sie die Konzertbühnen, um vor aller Welt mit äußerster Radikalität die Unerschütterlichkeit ihrer Überzeugungen glaubwürdig zu machen. Sie wollten beweisen, daß sie nicht nur auf der Bühne für ein paar Stunden ein eingeübtes Schauspiel in der Rolle von Kulturbarbaren vorführten; vielmehr war die Bühnenshow nur das Hochamt der Beglaubigung von Verhaltensweisen und Einstellungen, die das gesamte Leben der Rocker durchgängig bestimmten.

Aus dieser Übereinstimmung von Künstlerrolle und Alltagsleben ergab sich für die Rocker und ihre Fans der unumstößliche Beweis, in jedem Moment ihres Lebens völlig authentisch zu sein. Sie spielten nichts vor, sondern sie lebten vor. Sie setzten sich z.B. nicht nur unter stimulierende Drogen, um die hohe Anspannung und Kraftanstrengung während eines Rockkonzerts durchzuhalten. Sie legten Wert darauf, zu dokumentieren, daß sie auch jenseits der Bühne weiterkifften und weitersnifften, also rund um die Uhr in Rausch und Ekstase eintauchten.

Zum Siegel ihrer Authentizität erhoben sie, wie alle Märtyrer, die eigene Auslöschung. Ihr Tod war nicht länger ein wie auch immer kalkulierbares Berufsrisiko nach dem Beispiel der Krieger, Rennfahrer oder Manager, sondern für sie war der Tod die unüberbietbare Beglaubigung ihrer Mission.

„Wen die Götter lieben, den lassen sie früh sterben".
So hatten immer schon leichtsinnige Kulturheroen die Beendigung ihres Lebens als gottgewollte Schickung ausgegeben.
Nun besang Janis Joplin das erklärte Ziel, im eigenen frühen Tod den Beweis für die Vollendung eines Lebens in der Ekstase zu sehen. Die eigene Auslöschung ging ins bewußte Kalkül der gelungenen Selbstverwirklichung ein, und die kultische Verehrung an den Gräbern von Jim Morrison, Janis Joplin, Sid Vicious und Kurt Cobain, sowie zahlloser anderer kulturheldischer Rockbarbaren scheint ihnen Recht zu geben.

Den unübertroffenen Höhepunkt für das kultische Ritual der Selbstverwirklichung durch Auslöschung bot der gerade volljährige Sid Vicious, der Heros der *Sex Pistols* und ihrer kaum noch Fans zu nennenden Kampfgenossen. Sid Vicious eröffnete sein letztes Konzert mit einer eigenen Version des Songs *I did it may way*. Frank Sinatra hatte das Lied *I did it may way* durch seine Interpretation zur Hymne für den letzten Weg aller Künstler gemacht – freilich der betagten Künstler, die ihren Werklauf und Lebenslauf auf natürliche Weise vollendet haben. Wenn der Twen Sid Vicious wie ein alter Mensch Rückblick auf die authentische Einheit seines Lebens und Schaffens hält, fügt er sich nicht der Einsicht in die unabweisliche Beendigung jeden Lebens. Sid Vicious bereitete den Triumph seiner Autonomie in der willkürlichen Beendigung des Lebens vor.
Und so geschah es denn auch: Kurz nach der programmatischen Ankündigung löschte Sid Vicious sich selbst aus - mit einem wahrhaft goldenen Schuß. Jahrelang hatten Vico Torriani und Lou van Burg, die den Rockern verhaßten Unterhaltungsclowns des kleinbürgerlichen Massenpublikums, in ihren TV-Shows den „goldenen Schuß" als preisungswürdiges Glück des Augenblicks vorgeführt. Mit diesem banalen Spiel machten die Rocker nun ebenso banal ernst.

Der Leib des Künstlers – für Euch zerbrochen
Seit den 70er Jahren wurde die Mission, mit barbarischer Gewalt nach dem Beispiel der Künstler die Autonomie der Individuen zu behaupten, zum Leitbild der Lebensführung für Millionen wohlstandsgelangweilter Konsumenten. Selbstverwirklichung galt und gilt als höchster Wert eines vollendeten Lebens.

Unter der Vorspiegelung ärztlicher oder psychotherapeutischer Autorität boten gerade auch Künstler Trainingskurse an, in denen Zeitgenossen lernten, alle Fesseln der Konventionen, der Selbsterhaltungsangst und der Furcht vor Ausgrenzung zu überschreiten. Barbarische Akte der Selbstbeschädigung wie Piercing, Tattooing oder Branding wurden zu Triumphzeichen kultureller Selbstbestimmung und Selbstverwirklichung. Auch das hatten Künstler vorgeführt. Unter dem Logo *Carnal Arts*, d.h. „Fleisch- und Blutkunst", hatten sie ihre eigenen Körper mit Hilfe von kosmetischen Chirurgen zum Material der Verwirklichung künstlerischer Vorstellungen gemacht.

Barbarische Akte, in denen das literarische Wort, das künstlerische Konzept buchstäblich Fleisch wurden, vollführte beispielsweise Rainald Goetz, als er sich beim Poetenwettbewerb in Klagenfurt mit der Rasierklinge die eigene Stirn aufritzte, um den Effekt der von ihm vorgetragenen Poesie zu verstärken.

Carnal Arts, die Fleischwerdung des Künstlerwortes, seiner Begriffe oder Vorstellungen, betrieben die Französin Orlan, die ihren Körper mit Hilfe von Schönheitschirurgen bereits dutzende Male umgestalten ließ, oder der deutsche Aktionist Flatz, der sich etwa als lebende Schießscheibe oder als Klöppel in einer riesigen Glocke malträtieren ließ.

Der Liebling der deutschen Theaterkritik, Claus Peymann, hielt sich zugute, eine junge Schauspielerin derart martialisch über den Bühnenboden geschrubbt zu haben, daß sie in physischem Schmerz und seelischer Empörung gegen den barbarischen Regisseur einen Satz von Shakespeare so ausgesprochen habe, wie noch nie eine Darstellerin zuvor.

Dergleichen Beispiele sind makabre Erinnerungen an den biblischen Schöpfungsakt, in dem das göttliche Wort in Fleisch und Blut überging. Noch irritierender erinnern sie an den Großkünstler Adolf Hitler, der bekannte, er bearbeite den lebendigen Volkskörper wie der Bildhauer den Stein.

Sich und andere nach Hooliganart körperlich zu schädigen, ist heute Freizeitlustbarkeit. Das alles firmiert als *Martial Arts*, als martialische Künste nach dem römischen Kriegsgott Mars benannt. Die Rolling Stones besangen sie in ihrem 60er-Jahre-Hit *Streetfighting Men*.
Jüngst widmete den *Martial arts*, den martialischen Künsten, der US-Regisseur David Fincher sein gerühmtes Meisterwerk *Fight Club*. Die in diesem Film agierenden Gemeinschaften von Kulturbarbaren haben im Deutschland der

20er und 30er Jahre als *Kampfbund deutscher Kultur* ihr Wesen getrieben. Es ist überaus bezeichnend, daß heute die selbstgefälligen und selbstgewissen Antifaschisten und Propagandisten der Multikultur genau die Verhaltensweise an den Tag legen, die sie als faschistisch, antisemtisch und rassistisch bei ihren Gegnern geißeln.

Wie ist die allgemeine Huldigung des Barbaren als Kulturheld in unserem Jahrhundert und gerade auch in unserer Gegenwart zu verstehen? Die gängigste Erklärung heißt:
Die zu Kulturtaten aufgewerteten Gewalttätigkeiten verstehen sich als *Gegengewalt*, das heißt als Gewalt der Entrechteten, der schlecht Weggekommenen, der Opfer, denen nichts anderes übrig bleibt, als Gewalt gegen die Herrschenden, gegen die Besitzenden, gegen die Täter auszuüben.
So überschrieb der SPIEGEL seine Huldigung an Finchers *Fight Club* pathetisch mit der Zeile „Aufschrei der Entrechteten", obwohl in dem Film weder aufständische Arbeitssklaven noch rassistisch Unterdrückte oder jeder Lebenschance beraubte Armutsgestalten vorkommen. Vielmehr schildert Fincher die Sinn- und Gottsucherbanden wohlstandsverwahrloster Autisten, die nur noch in der Gewalttätigkeit gegen den eigenen Körper lustvolle Selbstwahrnehmung erreichen. Derartige Zeitgenossen, die Heroen des sozialen Autismus, als arme Opfer von Entrechtung oder rassistischer Unterdrückung zu verherrlichen, hieße etwa zu behaupten, daß die Tausende von sado-masochistischen Studios in westlichen Großstädten vornehmlich von Arbeitslosen und religiös oder rassistisch erniedrigten Menschen besucht würden.

Der heutigen Barbarei als Kulturleistung kommt man mit einem anderen Erklärungsversuch wohl näher:
Um in Ballungszentren das Zusammenleben so vieler Menschen unterschiedlichster Herkunft, kultureller oder religiöser Überzeugungen halbwegs vernünftig zu regeln, müssen rücksichtslose Gruppeninteressen und individuelle Willkür, aber auch die nach außen gerichtete kriegerische Gewalttätigkeit souveräner Staaten verboten werden.
Darum bemüht sich z.B. die UNO.
Sie versucht mit Ethik-Konventionen, bezogen auf den Kanon der Menschenrechte, und mit der Androhung von Verurteilungen durch internationale Gerichte die barbarische Gewalt auf allen Ebenen des Zusammenlebens von Gemeinschaften zu ächten.

Diese Ächtung von barbarischer Gewalt führt unbelehrbare Zeitgenossen dazu, ihre Vorstellungen von ekstatischem Lebensgenuß in der Selbstverwirklichung als Gewalt gegen sich selbst auszuleben. **Um solche Selbstzerstörung vor sich selber zu rechtferigen, adeln sie ihr Vorgehen nach dem Vorbild der Künstler zur kulturschöpferischen Tat.**

Ein dritter Erklärungsversuch klingt zunächst besonders widersinnig; er scheint aber doch einigen Erkenntniswert zu besitzen: Er setzt bei der merkwürdigen Faszination von apokalyptischen Horrorvisionen an, denen sich Menschen offensichtlich – vor allem in Umbruchszeiten, wie etwa auch zum jetzigen Jahrtausendwechsel – aussetzen.

Zumindest für die Deutschen war das 20. Jahrhundert eine Epoche ständiger Gefährdungen und risikoreicher Versuche, diese Gefährdungen zu bannen. „Das Denken der Deutschen", so schrieb der Kulturphilosoph Karl Löwith, „war beherrscht durch Vorstellungen von Grenzsituationen im ständigen Übergang von Ursprung und Ende. Im Grunde ist das der Ausdruck für die bittere und harte Entschlossenheit eines sich gegen das Nichts und die Leere behauptenden Willens.
Er konnte sich behaupten, indem er sich für ein fried- und freudloses Dasein entschloß, das auf die Verachtung des Glücks und der Menschlichkeit stolz ist."

Deshalb hielten sich soviele deutsche Künstler und Intellektuelle mit apokalyptischen Visionen schadlos – nach dem Motto vieler Nazi-Größen des Endkampfs:
„Wenn wir abtreten müssen, reißen wir eine ganze Welt mit uns."

Drum laßt euch dies zur Warnung sein
Frustriert und abgestoßen von den großen sozialen und zivilisatorischen Veränderungen, die die Modernisierung nach sich zog, wollten diese Leitfiguren des Jahrhunderts – so aberwitzig es auch zunächst klingt – einen neuen Heroismus zur Bewältigung ihrer Ängste entwickeln.
Sie griffen auf eine alte Technik der Dramatiker zurück, Menschen durch die radikale Konfrontation mit dem Schrecklichen von ihren Ängsten zu reinigen. *Katharsis* nannten das die Griechen.

Wer sich als Krieger, Extremsportler, Abenteuertourist oder Freizeit-Selbstverstümmler, bzw. als vermeintlich harmloser Actionfilm-Konsument oder Liebhaber von Splatter und Trash dem Schrecken konfrontiert, ist im Ernstfall von nichts mehr zu überraschen oder zu erschüttern.
Denn die Apokalyptiker haben den Schrecken immer schon hinter sich. Sie haben sich entschieden, das nach ihrer Meinung Unausweichliche hinzunehmen – ohne trügerische Hoffnung auf Wunder, die diese Welt noch retten könnten. Sie kämpfen um nichts anderes mehr als um eine gnadenlose, unbeirrbare Haltung auf dem Wege zum Ende der Geschichte.

Bei einem solchen Anspruch ist es geradezu tröstlich, diese Kulturhelden in Jammer über die Ungerechtigkeit der Welt ausbrechen zu hören, sobald die Sozialversicherung und damit ihre Rentenansprüche in Gefahr geraten.

Kunst und Krieg – Betverbot und Bildersturm

5 | Der Künstler als gnadenloser Konkurrent Gottes.

Wie Kunst wirksam wird

(und doch nicht angebetet werden muß)

Seit etlichen Jahren ist eine merkwürdige Verschiebung im Umgang mit Kunstwerken zu bemerken. Das dürfte inzwischen fast jedem aufgefallen sein, der in **moderne Museen** geht, **die Tempel der Kunst.** Dort ist ein Verhalten den angeblich autonomen Kunstwerken der Moderne gegenüber gang und gäbe, das man früher in Sakralräumen angemessen fand, obwohl ja die Autonomie der modernen Kunst gerade aus der Fähigkeit des Künstlers begründet wird, der sakralen Aura, der theologischen Kontexte entraten zu können.

1 vgl. auch B. Brock, Musealisierung – eine Form der experimentellen Geschichtsschreibung. In (ders.): Die Re-Dekade, Kunst und Kultur der 80er Jahre. München 1990, Seite 216.

Die betende Bäuerin
In Köln hatte sich etwas zugetragen, das man für eine Anekdote halten könnte: einmal wöchentlich erschien eine alte Bäuerin aus der Eifel im Wallraffmuseum vor einem Altarbild, kniete dort nieder und verrichtete ihre Gebete[1]. Dies wurde ihr von den Museumswärtern als nicht erlaubt verwiesen; das übrige Publikum reagierte teils spöttisch, teils aggressiv, so daß sich die fromme Frau ihrerseits düpiert fühlte und es zur grundsätzlichen Frage kam: Darf ein bis dahin in der Dorfkirche verehrtes Altarbild, nachdem es als Kunstwerk ins Museum abtransportiert wurde, weiterhin im rituellen Kontext verwendet werden oder nicht? Mit anderen Worten: **Darf man im Museum beten?**

Das Museum Ludwig hatte sich aber – dies ein Treppenwitz des Weltgeistes – seitlich neben dem Kölner Dom ausgebreitet. Raffinierterweise ermöglichten die Architekten in einem Flügel dieses Museums den Blick auf das Gotteshaus. Sie machten damit die Wechselbeziehung überdeutlich, die zwischen den Leuten besteht, die im Museum beten, indem sie Bilder als Kunstwerke meditierend anschauen, die aber nie als solche gemalt worden sind, sondern um Kirchen zu schmücken, und den Leuten, die sich im Dom zu Köln wie Touristen, d.h. wie säkularisierte Betrachter, verhalten.

Museen: die neuen Kirchen
Kurz: am sakralen Ort verhalten sich die Leute säkular und betrachten (bestenfalls) mit einer gewissen Kennerschaft den (neu-)gotischen Bau – und im Museum beten sie.
Folgende Fragen zu diesem Wandel drängen sich einem auf:

– Wie wandelt der Ort der Präsentation (nicht mehr Kirche, sondern Museum) die Wertigkeit von Werken, die nicht für ein Museum geschaffen wurden?
– Muß sich das rezeptive Verhalten vor solchen Bildwerken ändern, bloß weil sie sich in einem anderen institutionellen Kontext befinden?
– Sind diese Werke überhaupt noch lesbar, wenn man sie jetzt als Kunst-Werke liest?
– Werden umgekehrt die Sakralräume nicht in einer unangemessenen Weise wahrgenommen, wenn Touristenströme durch sie hindurchziehen, die diese Räume nicht mehr in den rituellen Zusammenhängen pilgernder Gläubiger wahrnehmen?

– Wie verändert sich z.B. die gotische Architektursprache mit ihrer Diaphanie der Wand, mit ihrer Lichtmetaphysik und allem, was die Gelehrten an Strukturprinzipien ausfindig gemacht haben, wenn man sie nicht mehr aus theologischen Interesse betrachtet, sondern aus touristischer Schaulust, wie man sie einem Kaufhaus, einem Amüsierbetrieb, einer beliebigen Attraktivität auch entgegen bringt?
– Was macht überhaupt ein Kunstwerk zu einem solchen?

Die Antwort auf diese letzte Frage lautet: Seine **Wirksamkeit.**

– Wie unterscheidet sich aber die Wirksamkeit eines Bildes als „Kunstwerk" von der Wirksamkeit derselben Malerei, die erklärtermaßen kein autonomes Kunstwerk ist?
– Wie wird derselbe objektive Zeichenbestand auf dem Bild einmal vom Betrachter in einer wirkungserzielenden Weise wahrgenommen, wenn es sich um Kunst handelt, und einmal, wenn es sich um Objekte im sakralen Kontext handelt?

Martin Warnke hat in seinem Buch *die Hofkunst* die Emanzipation des künstlerischen Schaffens aus dem handwerklichen Selbstverständnis rekonstruiert. Die sogenannte *Hofkunst* erscheint somit als erste Form der *freien Kunst,* der Künstler tritt in die Position eines *Familiaris*, eines dem Fürsten gleichstellten Mitglieds seiner Familie mit den entsprechenden Apanagierungsmöglichkeiten. Eine berühmte Episode berichtet, wie Tizian, als er Karl V. porträtierte, den Pinsel fallen ließ und der Monarch, in dessen Reich die Sonne nicht unterging, sich nach dem Pinsel bückte, um ihn dem Meister zu reichen.

Künstler folgen Gott
Für die Epoche der italienischen Renaissance lassen sich einige Beispiele für das neue Bewußtsein der Künstler ausmachen. Der Maler und Bildhauer Pisanello (1395 - 1450) etwa gab als Berufsbezeichnung skandalöserweise den Begriff *zoographos* (*zoon* = Lebewesen, *graphein* = schreiben, gestalten, Form geben) an. Er faßte sich in Analogie zum christlichen Schöpfergott und zur gebärenden Mutter als jemand auf, der durch Gestaltung etwas Lebendes in die Welt bringt. Somit erhob er keinen geringeren Anspruch, als den, **lebenschaffend** zu sein und löste eine Diskussion darüber aus, was denn das vom Menschen

als Künstler Geschaffene von dem unterscheidet, was Menschen als Handwerker oder als Wirkende in der Imitatio Christi geschaffen haben. Der letzte Künstler diesseits der Alpen, der sich in der Imitatio Christi dargestellt hat, war Albrecht Dürer mit seinem rund 60 Jahre nach Pisanello entstandenen Selbstbildnis.

Diese **Legitimation des eigenen Wirkens und Handelns in der Nachfolge Christi** löste einen ebenso großen Skandal aus, wie die Behauptung Pisanellos, als Künstler gebärend zu sein, wie Gott eine lebendige Welt zu schaffen.

Die Auseinandersetzung über diese Standpunkte wurde etwa 100 Jahre lang in Theorie und Praxis geführt; sie lief darauf hinaus, daß man nicht mehr nur die Ambition des Künstlers, lebenschaffend zu sein oder sich durch die Nachfolge Christi zu legitimieren, in Rechnung stellte, sondern man erkannte, **daß sich die Wirksamkeit eines Werkes durch den Betrachter realisiert.** Ab dem 16. Jahrhundert verlagerte sich die Debatte von den Ansprüchen der Künstler auf die Verantwortlichkeit des Betrachters für das, was die Wirksamkeit eines Werkes ausmacht, und zwar unabhängig davon, was es als gestaltete Zeichenfiguration, als Farbe auf Leinwand, als Form aus Stein oder Holz darstellte. Wenn es nämlich einem Pisanello nur darum gegangen wäre, toter Materie den Lebensatem einzuhauchen, hätte man dies als primitiven, animistischen Götzendienst verurteilen und innerhalb eines theologischen Kontextes selbstverständlich ahnden müssen. Erst recht aber hätte man in der kunstphilosophischen Diskussion, wie sie in Florenz nach dem Zusammenbruch Ostroms durch die immigrierenden Gelehrten seit den 1430er Jahren initiiert wurde, einen solchen ambitiösen Anspruch als äußerst anstößig empfunden. Die Unhaltbarkeit dieser Attitüde wäre leicht zu demonstrieren gewesen, wie es eine Michelangelo-Anekdote vorführt: nach Vollendung des *David* schlug der Meister der Skulptur – bis heute sichtbar – mit dem Meißel ans Knie und schrie dabei „warum sprichst du nicht, du Hund?!"

Michelangelo hatte am *David* alles so gestaltet, wie es bei einem lebenden Menschen beschaffen ist: Anatomie des Körpers, Bewegungsimpulse, das Verhältnis von Bindegewebe und Muskulatur, Ausdruck von Vitalität und Vigilanz – aber David sprach nicht, und er bewegte sich nicht, *außer* in der Betrachtung des Publikums.

Es stellte sich also heraus, daß die eigentlichen Realisatoren des „Lebens", der Wirkung eines Werkes die *Betrachter* sind – als Applaudierer, als Sponsor oder

Käufer. **Das Werk selbst ist totes Material, der Begriff des Schöpferischen blieb jedoch in der kunsttheoretischen Debatte erhalten,** obwohl man erkannt hatte, daß das künstlerische Gelingen weder durch das Leben eines Christenmenschen in der Nachfolge Jesu noch durch die In-Anspruchnahme schöpfergottanaloger Kräfte legitimierbar ist.

Noch heute werden *schöpferisch* und *innovativ* geradezu synonym verwendet – schon Carl Schmitt hatte die theoretischen Begriffsraster der Politikwissenschaften und der Ökonomie als säkularisierte Theologie nachgewiesen, d.h. fast jeder zentrale Begriff in der Kunst, in der Politik oder in der Wirtschaft stammt aus der Theologie.

Künstler folgen Fürsten, Künstler folgen Meistern
Die Nachfolge Christi wird konsequenterweise abgelöst durch die Imitatio der fürstlichen oder patrizischen Auftraggeber und Brotherrn. Indem der Künstler über deren Leben und ihre Taten, die *res gestae*, als *fama* erzählt, wird die Voraussetzung geschaffen, daß den Führern und Schlachtenlenkern überhaupt jemand nachfolgen kann. Erst der Künstler bringt die Leistungen der Heroen zur Wirksamkeit, indem er sie als Historiograph aufschreibt, als Maler in Porträts oder Ereignisbildern festhält, den Formierungskräften in Idealstädten zur Anschauung verhilft. Zur Nachahmung regt nun nicht mehr Christus, sondern der Ruhm der menschenmöglichen, von Künstlern erzählten Geschichten an. In einem weiteren Schritt wird Giorgio Vasari mit seiner Begründung der *Viten*-Literatur den Künstler selbst als Persönlichkeit mit Anspruch auf gestaltete Lebensgeschichte, auf Biographie einführen. Der Künstler wird selbst zu demjenigen, dessen Leben zum Gegenstand seiner eigenen Arbeit, seiner eigenen fama gerät.

Mit diesen beiden fundamentalen Voraussetzungen beginnt die Moderne:
1) Die Wirksamkeit des Schöpferischen realisiert sich in der Wahrnehmung und im Verhalten der Betrachter eines Werkes. *Zoographos* bedeutet in diesem Sinne: „ich gestalte Ihr Sehen, Ihr Wahrnehmen, Ihr Fühlen, Ihre Raumvorstellungen durch die Art, wie ich Ihnen mein Werk präsentiere." Es geht nicht mehr um die objektive Qualität eines gestalteten Gegenstandes, sondern um die Wirkung, die er erzielt, bis hin zur Verweigerung des Werkes, zu „sprechen": es wird bewußt unserem Verstehen entzogen – auch das ist eine inszenierte

Wirkung, wie sie etwa durch Samuel Beckett vorgeführt wurde – und die Betrachter stehen hilflos da. Das ist überhaupt der größte Trick: aus einer Latte, einem Haufen Kieselsteinen oder ein bißchen Lehm eine Tiefsinnigkeit vorzutäuschen und das Publikum zu veranlassen, es habe schweigend zu lauschen, wie der Weltgeist spricht. **Künstler vermögen diese unsere Verfallenheit an die Sehnsucht nach Tiefe zu inszenieren.**

2) Die Vitenliteratur läßt um die Mitte des 16. Jahrhunderts diese neue Figur des Künstlers entstehen, der es mit seinem Schaffen vermag, in ruhmvollen Erzählungen das Geschehene zu verlebendigen, und zwar in einer Weise, daß viele Generationen später Menschen, die nicht selbst an den Schlachten teilnahmen und die Könige nicht persönlich kannten, durch das bezugnehmende Kunstwerk, das Gemälde, das Drama, den Bau, doch etwas erfahren – nicht nur über das Ereignis, sondern auch über den Künstler, der sich damit beschäftigt hat.

Hier entsteht ein neues System der Legitimationen des Werkschaffens: Schüler berufen sich auf ihre Meister, Nachfolgekünstler auf ihre Vorgänger.

Die Freiheit führt den Maler über die Barrikaden
1830 schließlich zeigt sich die Brisanz dieser Kette von Vorstellungen des Künstlerbegriffs: Eugène Delacroix porträtiert sich auf dem Gemälde *Die Freiheit führt das Volk*. Er erscheint rechts von der barbusigen allegorischen Figur, die in der Tradition der 1789er Revolution dargestellt ist, die sich wiederum auf die klassische Antike orientiert. Was bedeutet das? Nach Pisanellos skandalösen Ambitionen auf *zoographein* und Dürers nicht minder skandalöser Selbstdarstellung als Christus malt sich Delacroix als Bürger mit Zylinder, ein Gewehr in der Hand, als Assistenzfigur einer linken Ikone, die seither von allen Sozialrevolutionären – seien sie nun humanistisch, demokratisch, republikanisch oder internationalistisch gesonnen – vereinnahmt wurde. Wer jedoch meint, die Freiheit führe hier das Volk gegen Karl X., den Restaurationsbourbonen, der seit 1815 wieder auf dem Thron sitzt und in den letzten Tagen des Juli 1830 hinweggejagt wurde, ist nicht etwa auf den Barrikaden dabei, sondern auf dem Holzweg. Das Bild ist nämlich darauf angelegt, daß man als Betrachter in der Froschperspektive selbst überrannt wird: von der Freiheit, von dem bürgerlichen Trommler und dem Künstler, der sich als Inkarnation dieser Bewegung darstellt. Es geht überhaupt nicht darum, mit künstlerischen Mitteln in der Imitatio gesellschaftlichen Aufbruchungs die

Revolution im Sinne sozialer Veränderungen zu befördern, sondern die Welt des Betrachters wird auf den Kopf gestellt – des Betrachters, der anbetend und verehrend vor dem Bild steht. Denn es ist gerade nicht damit getan, als Humanist, Sozialist oder republikanischer Tugendbold vor dieser oder einen anderen linken Ikone[2] auszurufen: Gottseidank, die Freiheit rettet uns, und alle schlechten Verhältnisse werden beseitigt, die Welt wird verbessert, die Bösen werden liquidiert und die Guten werden triumphieren!
Wer das Bild so liest, wird überrannt, d.h. das Bild selbst ist der Protest gegen einfältige Vorstellungen, seine Wirksamkeit bestünde in einer Veränderung oder Verbesserung der Welt durch die Kunst. Der Betrachter mit seinen Wünschen muß selbst die Wirkung des Bildes realisieren.
Tatsächlich erkennt man am Gesichtsausdruck der Delacroixschen Verkörperung der ersten bürgerlichen Revolution einen Zweifel an unserer Art, das Bild als große Kunst, als Kraft der Weltveränderung anzubeten. Folgerichtig wandte sich die nächste Revolution von 1848 gegen Delacroix: die Revolutionäre, die er gemalt hatte, zerstörten seine Bilder, und der Maler wurde – wie Alexandre Dumas berichtet – jetzt selbst zu einem Träger der Revolution. Delacroix, dem 1830 angesichts der aufgewiegelten Massen die Knie geschlottert hatten, legitimierte sich gerade durch seine Angst vor der Veränderung. Er übernahm die Rolle des Revolutionärs, indem er sich mit dem Gemälde von 1830 als Schöpfer von Wirksamkeit durch Kunst selbst liquidierte. Die Selbstzerstörung stellt eine für Künstler entscheidende Figur in der Reihe der Legitimationsmotive dar, egal, ob sie mit künstlerischen Mitteln, durch Werkrausch am Rande der völligen Erschöpfung, durch Absinthgenuß, Rumhurerei, Drogen, Duelle oder sonstige Exzesse betrieben wird.

2 in diese Reihe gehören z.B. noch Goyas „Erschießung der Aufständischen am 3. Mai 1808", Guericaults „Floß der Medusa", Manets „Liquidation Kaiser Maximilians von Mexiko" oder Picassos „Guernica" von 1937.

Selbstbezichtigungen eines Unpolitischen
Analog zum Fall Delacroix spielte sich im Bereich der Literatur Folgendes ab: Thomas Mann notierte 1918 in den *Betrachtungen eines Unpolitischen* all das, – „entartete" Kunst, Erbfeindschaft der französischen Zivilisation gegen die Seelentiefe der deutschen Kultur usf. – weswegen er 1933 ins Exil getrieben wird. Die von ihm selbst in den *Betrachtungen eines Unpolitischen* beschworenen Phänomene hatte er zwar bereits 1922 widerrufen, doch wurden sie 1933 von der anderen Seite – so intelligent war immerhin auch ein Dr. Goebbels – umgewidmet und im Kampf gegen die intellektuelle Elite ins Feld geführt.
So ließ sich denn sinngemäß der Dekan der Bonner Fakultät, die dem Schriftsteller den Ehrendoktor verliehen hatte, in der Aberkennungsaddresse vernehm-

men: „Verehrter Thomas Mann, entsprechend Ihren eigenen Feststellungen kommen wir zu dem Schluß, daß Sie nicht länger Deutscher sein können, Sie sind entehrt und entwürdigt als Zivilisationsakrobat, als oberflächlicher Kalkulator von beliebigen Wirkungen ohne seelische Tiefe". Dementsprechend wurden Thomas Mann „korrekt" und konsequent der Ehrendoktor und die Ehrenbürgerschaft entzogen, die deutsche Staatsbürgerschaft aberkannt, das Vermögen konfisziert. Er selbst hatte doch 1918 die Kriterien für das entwickelt, was ihm dann widerfuhr.

Wie bei Delacroix 1848 richtete sich bei Thomas Mann 1933 der Wirkungsanspruch der vom Künstler getragenen Veränderung der Welt schließlich gegen den Urheber. Beide – Delacroix und Thomas Mann – waren intelligent genug, um zu erkennen: man muß sich selbst mit seinen Egoismen, mit seinen Beschränkungen, mit seinem Wirkungsanspruch zum Gegenstand der Arbeit machen.

Thomas Mann hat in seiner berühmten Rede vom Mai 1945 ausdrücklich auf diesen Sachverhalt Bezug genommen. Schon zuvor hatte er in der Schrift *Bruder Hitler* die Nationalsozialisten als seine Brüder identifiziert, was allen Zeitgenossen, die ihn als Gegner des Nationalsozialismus kannten, völlig aberwitzig erschien. Doch **Thomas Mann war sich bewußt, daß er es selbst ist, der in der Gestalt des anderen, des Fremden, des Feindes auftritt,** d.h., daß er sich selbst zum Addressat seiner Worte machen muß. Ein Werk kann nur dann verlebendigt werden, wenn sich die Wirksamkeit auch in der eigenen Person realisiert.

Vielen Künstlern war das aber zu keiner Zeit klar, und nur daher kommt es, daß sich viele Urheber, deren Werke wir für bedeutsam halten, als die stumpfsinnigsten Zeitgenossen entpuppen, wenn sie etwa Skat dreschen wie Richard Strauß, sich besaufen oder gelangweilt durch die Gegend fahren, ohne sich für irgendetwas zu interessieren. Sie werden für genial und schöpferisch gehalten, obwohl sie selbst nie die Verlebendiger, die Adressaten der Wirkung ihres eigenen Anspruchs sind und die Ansprüche von *anderen* Künstlern gar nicht erst wahrnehmen. **Jeder Künstler scheint es sogar strikt ablehnen zu müssen, sich als Adressat der Malerei seiner Kollegen aufzufassen.** Nur zähneknirschend nimmt man es auf sich, überhaupt an Gruppenausstellungen teilzunehmen, wobei dann sofort das Feilschen um den besten Hängeplatz einsetzt.

Wagner: Werk als Wirkung

Hatte Delacroix bereits damit begonnen, die Selbstaufklärung des Künstlers im Gemälde *die Freiheit führt das Volk* zu thematisieren, so begründete Richard Wagner ab etwa 1850/51 in seinen *Regenerationsschriften* sehr viel weitergehend, warum seine Tätigkeit nicht mehr als Werkschaffen ausgewiesen, sondern direkt in die Figur des *Gesamtkunstwerks* überführt wird. Was Helmholtz und andere mit dem *Synästhesie*-Begriff zu erläutern versuchten, demonstrierte er im Zusammenwirken von Musik und Malerei, Bühne und Tanz, Gesang und Literatur. In dieser stets gleichzeitigen Beanspruchung aller sinnlichen Aktionszentren der Menschen existiert das Werk gar nicht mehr als **Werk** im Sinne einer physisch materiellen Gestaltung, sondern nur noch als **Summe der Kalküle der Wirkungen,** die es erzielen soll. Das Prinzip *Hollywood* wird geboren, d.h. ein Werk ist nur noch insofern vorhanden, als es Wirkung erzielt. Schon Nietzsche hat diese Hollywood-Charakteristik an Wagner richtig eingeschätzt: schiere Oberflächlichkeit, schiere Banalität, die Unmöglichkeit, sich noch von der Oberfläche oder der Erscheinung her auf das Wesen oder in die Tiefe bewegen zu können – es gibt keine Tiefe, kein Wesen, sondern nur die Wirkung. Dahinter und darin steckt nichts anderes als die Mobilisierung des Publikums. Folgerichtig realisiert Wagner diesen modernen Typus des Werkschaffens in einem Ereignisort, an dem sich die Wirkungen entfalten: *Bayreuth*. Wie Nietzsche schon sagte: **das Bedeutendste an Bayreuth sind die Teilnehmer der Festspiele,** *sie* sind die Hauptakteure.

Wagner schafft damit etwas völlig Neues, und er richtet sich nicht etwa nur an einige wenige – hier ein paar Ungetröstete, und da ein paar Leute, die nur noch in der Oper weinen können – sondern er zielt auf den sozialen Körper im Ganzen, auf *die* Menschheit, auf *die* Gesellschaft. Mit einer Flut von Publikationen, den *Bayreuther Blättern,* beschickt er die von ihm selbst ins Leben gerufenen Wagner-Fanclubs. Die Wagner-Vereine sind die Begeisterungsgemeinschaften derer, die auf die gleiche Weise durch seine Musik zu höchsten Euphorien veranlaßt werden. Diese Öffentlichkeitsarbeit betrieb er mindestens so intensiv wie das Entwickeln von Dramen und Partituren.

Damit verschafft er sich einen Anspruch, als gesellschaftbewegende Kraft zu wirken – und zwar auf dieselbe Weise wie gleichzeitig die politischen Parteien, denn das, was Gesellschaft formiert, ist nichts anderes als eine bestimmte Art von *Bewegung*. Daher stammt denn auch dieser berühmte Ausdruck, der von den Nazis bis zu den Grünen solche Begeisterungsgemeinschaften trägt. Wagner erzeugt Bewegung in der Begeisterung, in der Begeisterungsgemeinschaft von Menschen, deren Beseeltheit eine objektive Kraft darstellt: Menschen, die von dieser Beseeltheit getragen sind, können Sie bei Langemarck ohne Waffen ins Feuer schicken und verheizen.

Alle Journalisten, Karikaturisten, gelehrten Musikkritikern, Ministern und Kaisern wußten seit 1876: das gerade erst neu gegründete Deutsche Reich konnte es einfach nicht ohne Bayreuth geben, obwohl es sicher Bayreuth ohne das Reich gegeben hätte. Die eigentliche Reichsgründung fand in Bayreuth statt – selbst in finanzieller Hinsicht, denn das Festspielhaus wurde mit den Bestechungsmitteln aus dem Welfenfonds finanziert. Diese Gelder hatte Bismarck an Ludwig II. von Bayern zu zahlen, damit der König die Zustimmung zur Reichsgründung gab, die sonst nicht zustande gekommen wäre.

Die Wechselbeziehung *Bayreuth*-Reich reicht bis in die jüngere Vergangenheit —

Kaiser und Künstler, Fürsten und Führer, Parteivolk und Opernpublikum lassen sich zusammenfassen in den beiden wesentlichen tragenden Kräften der deutschen Reichsidee: *Flottenvereine* und *Wagnervereine*. Beide wurden getragen von der selben Art der Begeisterung und während die Flottenvereiniger bei Wagnermusik zur See fuhren, sah man den *fliegenden Holländer* in Bayreuth als Admiral Tirpitz mit seinem markanten Bart auftreten. Diese unheilige Allianz führt über Stalinismus, Hitlerismus, italienischen Faschismus und internationalen Totalitarismus bis in die Gegenwart, bis in die Symbiose von Mercedes Benz und den Künstlern, nur daß wir es nicht mehr mit solchen Kalibern zu tun haben, wie sie Wagner als Künstler oder Ludwig von Bayern als Mäzen darstellten. Die Fragestellung bleibt jedenfalls aktuell:

Wie wird Kunst wirksam im Hinblick auf ein Publikum, das belebt, animiert, beseelt, bewegt, angetrieben, gemütsbestimmt, zu Tränen gerührt, zu Aggressionen auf dem Markplatz angestachelt werden soll?

Künstler als Beweger
Zuschauer sind die eigentlichen Akteure der Kunst,
aber dieses Publikum muß auch ein Ziel für seine Begeisterung, ein Objekt seiner Anbetung finden, oder, anders ausgedrückt: sein Bewegungsimpuls muß eine

Richtung bekommen, sei sie nun grün-fundamentalistisch, deutsch-national-sozialistisch oder wertkonservativ genannt. Anbetung in diesem Sinne bedeutet eigentlich *Richtungweisen*.

Worauf richtet sich die einmal erzeugte Wirkung der Kunst? Jeder moderne Architekt, jeder moderne Designer, jeder moderne Maler, Pädagoge usw. hat sein Tun durch die Anbetung legitimiert, durch eschatologisch-analoge Ausrichtungen der Bewegungen auf Fortschritt, Humanismus, Sozialismus, Kommunismus oder was auch immer. Hinter jedem Entwurf einer fischbeinfreien Corsage stand der Weltgeist in Person des revolutionären Fortschritts, der den weiblichen Leib aus den Zwängen der Folter befreite, um nur ein Beispiel zu nennen. Das wurde dann *Lebensreform* genannt und nahm so kuriose Formen an wie „Sonnenanbeten auf dem Monte Verità": Reihenweise verließen die Leute ab 1890 die Verwaltungsgebäude, die Traditionen, die Bildung, die Unterwäsche und streckten wie die Wahnsinnigen die Arme himmelwärts – im Bewußtsein von Licht und Luft, durchsonntem Leben in übermenschlicher Leidensfreiheit und vernügtem Alter.

Es spielt dann auch keine Rolle mehr, ob jemand Semit oder Antisemit, großdeutsch oder kleindeutsch, Föderalist oder Totalitarist ist, ob jemand das Programm von Jesus Christus vertritt oder das des Teufels – die Wirkung ist die Gleiche: es geht darum, die Gedanken, Ideen und Energien, kurz die *Bewegung* zu nutzen, um – und das kennzeichnet die Anbetung – einen Plan, eine evolutionäre Vorstellung, ein Fortschrittsbild durchzusetzen, sei es in Gestalt eines AKW, einer Stromversorgung, einer neuen Infrastruktur, eines Genomprojekts usf. **Die Anbetung äußert sich in der *Realisation* abstrakter Hirnakrobatiken von Philosophen, Soziologen oder Technologen,** die mit dieser erzeugten Wirkungsenergie 1:1 in die Tat umgesetzt werden sollen. Diese Vitalisierung des Publikums, um seine Bewegung auf die Verwirklichung eines abstrakten Plans zu lenken – man nenne ihn nun *Paradies*, *Sozialismus* oder *technische Globalisierung* – ist primitivster Götzendienst. Mit dieser quasitheologischen Begründung, man könne irgendeiner Ausgedachtheit die Energien des Lebens, die Kräfte der Kunst zuführen, um sie als Zustimmung zum Urheber zu verwirklichen, macht man die Katastrophe komplett!

Anbetung als Segenserzwingung
Wenn der alttestamentarische Vater um den Segen gebeten wurde, erwirkte der Sohn zwar auch die Zustimmung zu sich selbst, aber in der Akzeptanz als

Sünder, als Verfehlender, als sich Irrender. Es hieß „stimme mir zu, gib mir deinen Segen, *obwohl* ich falsch Zeugnis abgelegt, *obwohl* ich versagt und gestohlen habe", während der moderne Segen folgendermaßen erzwungen wird: „gib mir die Zustimmung, weil du gar nicht anders kann, denn mein Plan für Multikultur, Sozialismus, Frieden auf Erden ist einfach toll". Wer die Zustimmung verweigert, wird kurzerhand als Faschist, Totalitarist oder Idiot denunziert. Deswegen bleiben wir auch bis auf weiteres mit unserem Multikulturzauber in jenem Jammer stecken, dessen blutige Konsequenzen einer jeden Nachrichtensendung zu entnehmen sind, deswegen verharren wir im heillosen Segenskreislauf der Selbstlegitimation.

Wenn, wie bei der sogenannten *autonomen* Kunst, eine derartige Wirksamkeit eingeklagt wird, muß das zwangsläufig auf jene historischen Phänomenen hinauslaufen, die wir alle als nicht akzeptabel beklagen: etwa wenn Walter Gropius noch bis 1936 glaubte, als Bauhauskonzipist der geborene Chef der Reichskulturkammer zu sein, wenn Fritz Lang von Goebbels der Posten eines Chefs der Reichsfilmkammer angetragen wurde, weil er mit *Metropolis* das großartige Werk der Wirkungserzeugung, des In-Bewegung-setzens von Massen geschaffen habe, oder wenn Emil Nolde 1921 Parteimitglied wurde, weil er annahm, seine Kunst sei die des Nationalsozialismus schlechthin.

Wenn aber alles Geschaffene im Sinne dieser autonomen Denkanstrengungen und ihrer Verwirklichungen offensichtlich notwendig zu totalitären Konsequenzen führt, stellt sich folgende Frage:

Was für einen Gebrauch sollen wir überhaupt noch von den großen Entwürfen machen, von den Bildern, von den musikalischen Werken, den Architekturen etc.?

Kritik statt Anbetung

Hier kommt jetzt eine zweite, die sogenannte *kritische* Tendenz derselben Moderne ins Spiel: kritische Kunst, kritische Haltung, kritische Philosophie, kritische Theologie usw..

Was ist das Charakteristische dieser Tendenz? Statt die bewegenden Wirkungen der Kunst im Sinne einer Ausrichtung auf Verwirklichung von irgendwelchen Vorstellungen zu verwenden, die uns alle packen, verwenden wir diese Wirkungen, um die Vorstellungen gerade zu *kritisieren*. **Die Kritik an der *Wahrheit*** ist eine sensationelle Denkfigur, die es in der Weltgeschichte nie zuvor

gegeben hat – Lüge oder Schein wurden seit jeher kritisiert – , die Unwahrheit oder das Täuschen erschienen kritikwürdig, aber die Wahrheit?
In der Entwicklung dieser neuen Haltung erkannte man die anthropologischen Konstanten des Menschen als auf alle Zeiten festgeschrieben, denn die geophysikalischen Voraussetzungen der Weltlage, die physiologischen und sonstigen Bedingungen des Lebens von Menschen auf Erden sind nicht manipulierbar. Wir sind von Natur aus nicht perfekt, nicht auf Fülle ausgerichtet, sondern auf Mangelverwaltung, auf Energiezufluß von außen, auf soziale Hinwendung etc.. Wir sind alle nichts als *Natur* und unterscheiden uns vom nächsten Verwandten, dem Bonobo, um 1,21%. Größer ist die genetische Differenz gegenüber dieser Affenart nicht!
Man kritisiert also mit seinen Entwürfen der Kunst, mit großen systemischen Gedanken von Gesellschafts-, Politik- und Wirtschaftswissenschaften, mit empirischer und sonstiger Medizin eben jene Bedingtheiten, daß wir Tiere sind, daß wir in einer geschlossenen Welt leben, daß die Realität uns gegenüber nur das ist, worauf wir doch keinen Einfluß haben. Das ist die alte *Hiobs*position, d.h. der Aufstand der Menschen gegen die Götter, nicht die Imitatio Gottes, nicht das Auftreten als schöpferanaloger Künstler, sondern als Rebell, als Widerständiger, als gefallener Engel. Diese Kritik an der Wahrheit, wie sie sich seit dem 16. Jahrhundert durch die Moderne zieht, richtet sich genau gegen die Verhältnisse, die Künstler vom Schlage Wagners ausgenutzt haben.

Wahrheit in der Lüge, Schaffen durch Zerstören
Beide Tendenzen – Anbetung und Kritik – haben sich trotz ihrer Gegenläufigkeit immer eng berührt. Nietzsche hat erstmalig versucht, sie zusammenzubringen, indem er nicht mehr das oberflächliche Unterhaltungsmetier, das zynische Bedienen von Erwartungen gegen die Eigentlichkeitssprache der tiefsinnigen Seelenkunst ausspielte, nicht mehr Kultur gegen Zivilisation ins Feld führte, was ja in seiner Zeit durchaus üblich war. Vielmehr versuchte er, beide Tendenzen miteinander zu versöhnen mit dem Hinweis darauf, daß wir von der Wahrheit unserer natürlichen Bedingtheiten doch nichts wüßten außer in Gestalt der *Lüge*. Mit anderen Worten: **Nur noch in der Falschheit hat man einen Begriff des Wahren, nur in der Häßlichkeit kann man noch einen Begriff des Schönen entwickeln.**
Auf unsere Situation übertragen bedeutet das etwa: nur noch im Ruhrgebiet, dieser völlig zertrümmerten Zivilisationslandschaft, weiß man wirklich noch,

warum man sich auf den Begriff des Schönen zurückzieht, denn es gibt kein Schönes, und nur in dieser Einsicht macht es einen Sinn, vom Schönen zu reden.

Nur wer akzeptiert, daß die Mechanismen des Wirksamwerdens auf Möglichkeiten des Lügens und Täuschens beruht, wie sie in der Natur des Menschen per se begründet sind, nämlich durch die Funktionsweise seines Wahrnehmungsapparates, kann mit diesen Mechanismen kalkulieren und ihren Wirkungen entgehen.

Insofern wird jetzt plötzlich der Sünder, der Verworfene, der Zerstörer zum Schöpfer: Künstler, die mit der Destruktion arbeiten, die z.B. collagieren wie die Dadaisten, die explodieren lassen und zerfetzen wie Arman und das Ergebnis als Bildwerk ausweisen. Das ist die Gegenposition zum Schaffen als Zerstören, wie es z.B. Wagner betrieb: er schaffte in gigantischem Ausmaß, die Wirkung aber erwies sich als absolut zerstörerisch.

In der Moderne entsteht das Werkschaffen durch Zerstörung und Zertrümmerung, d.h. das zerstörerische Tun wird von vornherein als schöpferisch ausgewiesen, um die Grenzen zu demonstrieren, innerhalb derer alle Überlegungen bleiben müssen.

Hier erst erfolgt die strikte Trennung der künstlerischen Argumentation von der theologischen.

Theologen als Künstler

Folge ist, daß heute Theologen selbst als die peinlichsten Gestalten auftreten, die mit Tschingderassassa und ein paar Lichteffekten vor der Kanzel Modernität simulieren, indem sie die Disco in die Kirche holen. Diese Leute haben offenbar nie etwas gelernt – weder aus der Geschichte, noch aus der Kunst. Sie erweisen sich als völlig verfallen an die Hoffnung auf Wirksamkeit – mit dem Ergebnis, daß heute jeder Theologe glaubt, er sei ein Künstler, er erzeuge mit Licht, Gedudel und Gesang eine Wirkung bei seinen Klienten, wenn diese auf die Bänke springen, sich farbenfroh anziehen und als fröhliche Christen lustig spenden. Das ist das „Prinzip Wagner" in der Kirche, und dann sind wir wieder da, wo wir im 15. Jahrhundert angefangen haben, nur daß jetzt die Theologie die Kunst nachahmt, nachdem die Kunst sich mühsam aus den Fängen der Theologie befreit hat. Jetzt nämlich merken die Theologen: Donnerwetter, die Künstler haben's: Licht, Kulisse, nacktes Fleisch, Swing, Rhytmus und schon gibt es Stimmung und Wirkung – da lebt die Bude, da sitzen nicht Leichen im Betstuhl, sondern vitale Menschen, mit denen man auf die Straße gehen und

Multikultur und Sozialismus fordern kann: „Hier herrscht jetzt Friede, und wer nicht pariert, wird erschossen!"

Jetzt fangen die Theologen an, künstlerisch zu planen, ebenso die Ökonomen – aber wie gefährlich zu glauben, man müsse ein Produkt nur „inszenieren", damit sich seine Eigenschaften den Leuten auf eine Weise mitteilen, die Wirkung, nämlich den Kauf, erzielt. Auch politischer Wahlkampf ist nichts anderes, als mit künstlerischen Mitteln Wirkung zu erzeugen: die Bevölkerung so zu vitalisieren, daß alle denken: „Die haben aber jetzt einen einheitlichen Geist in ihrer Partei, auf die kann man sich wirklich verlassen und die Merkel zur Bundeskanzlerin wählen!"

Solche Vorstellungen hinken noch weit hinter mittelalterlichem Animismus her, sie sind weitaus primitiver als im Bereich der Kunst, denn die Künstler – wie am Beispiel von Delacroix, Wagner oder Thomas Mann demonstriert wurde – wußten immerhin selbst, was sie treiben, weil sie reflexiv arbeiteten.

Die Künstler haben nämlich gemerkt, daß man die Widerstandskraft der Utopie benutzen kann, um Wahrheit zu kritisieren, die Wahrheit unserer rein tierischen Existenz, unserer Kläglichkeiten, unserer Dämlichkeiten, unserer Beschränktheit im Leben, d.h. daß man Sozialismus als Konzept benutzen kann, um den Wahrheitsanspruch der Verwirklichung von Sozialismus zu kritisieren. Wer behauptet, er realisiere Sozialismus und gestalte die Welt nach Plan, als sei er der liebe Gott, der komplexe Organisationsprobleme spielend bewältigt, wird als Vollidiot kenntlich gemacht. Künstler können die Wahnhaftigkeit des Anspruchs kritisieren, in Sozialismus oder Humanismus mehr als nur eine Onaniervorlage von Intellektuellen zu sehen.

Scheitern als Gelingen

Gegenwärtig sind wir jedenfalls bei der etwas betrüblichen Feststellung angelangt, daß die Kunst so wirksam geworden ist, daß die Politik, die Ökonomie, die Theologie ihr nun reihenweise nachfolgen und ihre Muster übernehmen. Es bleibt zu hoffen, daß die Künstler eine neue Avantgarde, eine neue vorausschreitende Perspektive entwickeln, um dieser Gemeinschaft der begeisterten Humanisten, dieser Banauserie der Kulturträger, um dieser Mord-und-Totschlagsucht im Namen der christlichen Nächstenliebe zu entgehen. Inzwischen ist doch einigen Leuten aufgefallen, daß es ein Unsinn ist, im Namen der Liebe Leute umzubringen, im Namen der Bekehrung den Bekehrten als Märtyrer zu liquidieren. Man muß dabei nicht einmal an den theologischen Fundamentalismus denken, allein der ökonomische Fundamentalismus ist viel grausamer und der ökologische mindestens ebenso schlimm. Künstler zogen daraus die einzig sinnvolle Konsequenz, theoretisch abstrakt wie praktisch, nämlich mit der Kunstproduktion Schluß zu machen, das Konzipieren von Werken mit dem Anspruch der Imitatio Christi oder des Zoographos einzustellen. Sie verzichteten darauf, eine Beseelung von Kunstwerken durch Wirkung auf lebende Menschen hervorzubringen. Die Einen zogen sich asketisch in ihre Klausen zurück und arbeiteten wie der gotische Kathedralbau-Handwerker nur noch zum Ruhme Gottes oder der Wahrheit, sie arbeiteten, um sich beherrschen zu lernen oder um mit ihren Ängsten fertig werden zu können und sich nicht in die Begeisterungsgemeinschaften der Gottsucher flüchten zu müssen. Die Anderen haben die Antriebe zu jedem gestaltenden Schaffen erkannt, haben eingesehen, daß in Gesellschaft, Politik oder Wirtschaft, von der Kirche über das Produkt-Marketing die gleichen Mechanismen der Belebung von Klienten und der Bewirkung von Verhalten in Gang sind, und daß es deswegen keine Kunst mehr geben könne. Schließlich macht es keinen Sinn, die eine Art der Erzeugung von Publikumsreaktion als Kunst zu bezeichnen, die andere als Verkaufsstrategie, die dritte als Unterhaltung, die vierte als Gottesdienst. Wer diese Einsicht gewonnen hat, aber doch noch „irgendwie Künstler" sein möchte, verlegt sich darauf, Produkte zu verkaufen, Werbung zu treiben, einen Kirchen- oder Parteitag zu gestalten und die Affen tanzen zu lassen. Noch Andere ziehen es vor, direkt per Sozialfürsorge in die Irrenanstalten oder Gefängnisse einzuziehen, wo es immer noch behaglicher zugeht als im Rinnstein.

Hinzu kam, daß sich nach 1989 wirtschaftliche Bedenken gegen die bisherige Wertschätzung der Kunstwerke in Millionenbeträgen einstellten und der Kunstmarkt zusammenbrach. Damit schwand augenscheinlich auch das Interesse an der Kunst, keiner will sie mehr sehen, keiner will sie mehr kaufen. Daraus zogen die Intelligenteren die Konsequenz, wie Cicero aufs Land zu gehen, auf einem Stein sitzend nachzudenken oder ihr Leben gleich als erschütternde Krise des Künstlers auszuweisen. Scheitern ist ohnehin die einzige Form des Gelingens unter Künstlern: man scheitert, indem man die Bewegung mit seinem Verzicht auf Ruhmeswünsche und Museumsewigkeiten trägt – so wie die christlichen oder islamischen Märtyrer, die als Verlierer draufgehen; man trägt die Kunst über die Schwelle des Jahrtausends, indem man sich als derjenige deklariert, der es nicht geschafft hat, weil er zu klein, zu dumm, zu beschränkt, zu chancenlos usf. ist. Da sitzt er dann und läßt sich betrachten und rührt sein Publikum zu Tränen: er kann nichts, er hat nichts, er ist nichts, ihm gelingt nichts, er weiß nichts – das ist das wahre Heldenleben des Künstlers. Wo befindet er sich da? In der schönen alten Bestimmung des Christenmenschen, nirgends sonst. Er ist wieder da in der Abhängigkeit vom Segen, von der Gnade, von der Gewährung von Verständnis jenseits gesellschaftlicher Akzeptanz, die ihm natürlich vorenthalten wird. **Das Scheitern in der Kunst zum Thema zu machen, heißt, die Themen der alten christlichen Theologie wie der sokratischen Philosophie aufzugreifen: der Mensch als Mängelwesen, als bedürftiges Wesen, als auf Zuwendung angewiesene, in vorgebene Bedingungen und Perspektiven nur eingepaßte Existenz.** Genau das macht den gläubigen Christen aus, und dann sind wir wieder dort, wo die Künstler im 15. Jahrhundet sich aus der Kirche emanzipierten und aufgebrochen sind – nur, daß die Kirche nicht mehr da ist, denn die macht jetzt Kunst. Nun heißt es abwarten, bis die neue Kirche kommt …

| Kunst und Krieg – Betverbot und Bildersturm |
| 6 | Der Ring schließt sich
– wahnhaftes Wähnen über Musik und Geschichte |

Welche Rolle spielte bei historischen Ereignissen die Musik? Soweit zu diesen Ereignissen militärische Aktionen gehörten, glaubte man, nicht auf das Dschingderassassa verzichten zu können. Für Siegeszuversicht im Gleichschritt der Leiber und Gemüter hatte das Marschgeblase zu sorgen. Obwohl diese Zeiten noch gar nicht so lange zurückliegen, scheint Musik in den gegenwärtigen historischen Ereignissen beim Fall ganzer Imperien keine Rolle zu spielen.

Bis vor kurzem waren zum Beispiel die Auftritte des DDR-Staatsratsvorsitzenden Erich Honecker noch von martialischem Getöse begleitet; bei seiner

Absetzung und bei der seiner Kollegen blieb die Sphäre stumm. Man hörte in peinigendem Schweigen der uniformierten Triumphmusiker von einst gerade noch die Bemerkung, Honeckers Lieblingsmusik sei die 9. Sinfonie von Beethoven. Aus ihr beziehe er jetzt wie in Nazizeiten Trost und Kraft. Merkwürdige Vorstellung, daß Diktatoren und Demokraten, Henker und ihre Opfer, Spießer und Bürger, japanische Manager und kaufkräftige Jugend der Welt sich lebensfromm zusammenfinden, um in der Freude schöner Götterfunken ins Elysium einzuziehen.

Hätte Musik tatsächlich die Macht, solche Perversionen zu inszenieren, als die man auf den ersten Blick zumindest die Versöhnung von geheimen Staatspolizisten mit ihren Gefängnisinsassen zu werten bereit ist, dann würde das die Musik der Versöhnung, auch wenn sie von Beethoven stammt, zur Musik der Verhöhnung werden lassen. Bitte, bitte, nicht Beethoven bei der Revolution – Beethoven abtreten, abtreten! Er selbst hätte dieser Aufforderung wohl als erster zugestimmt. Denn bekannt ist ja, daß er seine Widmung der *Eroica* an Napoleon wütend ausstrich, als er erfuhr, daß Napoleon die Forderungen nach Freiheit, Gleichheit, Brüderlichkeit nur dazu zu benutzen schien, sich selbst als Kaiser aus eigener Machtvollkommenheit zu inthronisieren; in Beethovens Augen eine perverse Verkehrung der revolutionären Forderungen des Volkes.

Aus dem Geschehen der französischen Revolution wird immerhin die Funktion der Musik in der Geschichte deutlich: Das kleine belanglose und beiläufig zustandegekommene Liedchen „auf, auf ihr Kinder des Vaterlandes", das als die Marseillaise überliefert ist, wurde die erste Nationalhymne. Von da an glaubte keine neuzeitliche Nation ohne Hymne auskommen zu können, auch die Deutsche Demokratische Republik nicht.

Aber die Hymne dieses Staates wurde, wie er selber, zu einer Welteinmaligkeit. Hat man je zuvor von einer Hymne gehört, die man nicht singen durfte? 1971 hatte die alleinherrschende Staatspartei ihren Bürgern verboten, die Hymne zu singen; sie durfte nur noch gesummt werden. Übrigens kann man darin die wahrhaft zukunftsorientierte Kraft der DDR sehen: Sollten nicht ab sofort alle Nationalhymnen nur noch gesummt und nicht mehr gesungen werden, fragte sich mancher, als er am 9. November 1989 in Berlin die deutschen Staatsmänner Kohl, Genscher, Brandt, Momper das Deutschlandlied singen hörte?

Aber offensichtlich kann man beim Summen einer Hymne noch viel anspruchsvollere Gedanken entwickeln, als sie durch den Text der Hymne vorgegeben werden – wie anders hätten die Bürger der DDR nach 20 Jahren bloßen Summens so radikale Forderungen erheben können, wie sie am 9. November zum Ausdruck kamen: „Deutschland einig Vaterland"? Das nämlich steht im verbotenen Hymnentext der DDR: „Auferstanden aus Ruinen und der Zukunft zugewandt, laß uns Dir zum Guten dienen, Deutschland einig Vaterland". Heißt das Singverbot, Worte seien doch mächtiger als Musik, die im Falle der DDR-Hymne von Hanns Eisler stammt, und die weiß Gott nicht weniger geeignet ist, gemeinsame Herzensausgießungen zu stimulieren, als irgendeine andere Musik?

Wenn schon, dann hat der Text der DDR-Hymne, nicht aber die Musik, bei den umwälzenden Ereignissen von 1989/90 eine Rolle gespielt. Eine musikalisch stumme Revolution? Kein musikalischer Ausdruck für das weltgeschichtlich Große und Einmalige dieses Prozesses? Müssen wir auf ältere Angebote zurückgreifen?

„Der Mensch an sich ist feige und schämt sich für sein Gefühl, daß es nur keiner zeige, weil die Moral es so will. Wenn im Fall des Falles er sich im Dunklen versteckt, der liebe Gott sieht alles und hat Dich längst entdeckt. Eins und eins das macht zwei, drum küß und lächle dabei, wenn Dir auch manchmal zum Heulen ist. Glücklich, wer das Heute genießt und was vorbei ist vergißt, es kommt wie es kommen muß, erst kommt der erste Kuß, dann kommt der letzte Kuß, dann der Schluß", sang Hildegard Knef.

Also: eins = Deutschland Ost und eins = Deutschland West, macht zwei, zwei deutsche Staaten, so lautete bisher die weltpolitische Arithmetik, und nicht etwa eins = DDR und eins = BRD, das macht ein einig Vaterland. Und warum? Weil, wie die Knef feststellt, der Mensch an sich und nach Meinung unserer westlichen Bruderländer wie der östlichen Vaterländer, vor allem der großdeutsche Mensch, offensichtlich böse ist. Aber immerhin sagt und singt die Knef auch, daß es kommt, wie es kommen muß. Eben, das sagt auch Gorbatschow: die Geschichte werde selbst aus dem Desaster herausführen, das sie angerichtet hat, mit einem Schluß, der allen Beteiligten leider stets unbekannt ist.

Mit dem angstmachenden Unbekannten, mit dem Dunklen in der Geschichte hat es die große Musik immer schon zu tun gehabt, wenigstens die deutsche Musik. Und welche wäre deutscher und größer als die Musik Richard Wagners, welche hätte je in die europäische Geschichte größere Perspektiven eingebracht als der *Ring des Nibelungen*? Müssen wir auch diesmal die Tetralogie als den eigentlichen musikalischen Ausdruck der jüngsten Weltenwende akzeptieren? Um uns die Sache nicht zu leicht zu machen, wollen wir uns an ein besonderes Ereignis der Rezeptionsgeschichte des Rings erinnern, nämlich an die erste Studioeinspielung der *Walküre* durch Bruno Walter im Wien des Jahres 1935 (sie ist zugleich die erste Studioeinspielung einer Wagneroper überhaupt).

Diese Aufführung ist für viele Kenner, und sie haben das bekannt, bis heute Maßstab künstlerischer Qualität geblieben. Das lag natürlich einerseits an den Fähigkeiten der beteiligten Musiker, also des Dirigenten Bruno Walter, der Sopranistin Lotte Lehmann, des Tenors Lauritz Melchior und des Baß' Emanuel List. Sie waren erstrangige Musiker ihrer Zeit, aber die Situation, in der sie die Aufführung zustandebrachten, und die Absicht, die sie mit ihr damals im Juni 1935 verbanden, trugen noch entscheidender zu der Beispielhaftigkeit dieses musikalischen Ereignisses bei. Geplant war die Einspielung ursprünglich – ausgerechnet von dem Produzenten „his master's voice", was man damals zeitgemäß mit „auf Befehl des Führers" hätte übersetzen müssen – für Berlin. Da aber die Musiker trotz ihres internationalen Renommees dem Hitlerregime aus rassistischen Gründen nicht mehr genehm waren, gingen sie im Wiener Exil daran, die Einspielung als künstlerischen Protest gegen die Einvernahme Wagners durch die NS-Ideologie anzulegen – ein ungeheurer Affront zu einer Zeit, in der Bayreuth die Hauptkultstätte des Dritten Reiches wurde; so jedenfalls will es einer der besagten Kenner und Bekenner, nämlich Ulrich Schreiber, gewertet wissen: „Diese schon legendäre, für manch einen sogar mythische Größe der Bruno Walterschen Einspielung sollte aber nicht dazu verleiten, sie zu einem Mittel der Aufhebung geschichtlicher Realität zu mißbrauchen. Walters Interpretation ist auch ein Zeugnis der Zeitgeschichte, sie ist Licht aus Deutschlands Nacht ... Sie gibt zumindest Anlaß zu der Hoffnung, daß Musik eben letztlich nicht durch Politiker ausschlachtbar ist und auf einen verbindlichen ideologischen Nenner gebracht werden kann. Diesen ungeheuren geschichtlichen Druck, der auf der Musik keines anderen Komponisten lastet, kann man der Aufnahme selbst anhören."

Von dem verständlichen Pathos dieser Aussage abgesehen, bleibt doch zu fragen, ob ein- und dieselbe Partitur, ein- und derselbe Text einmal als Ausdruck des Widerstandes gegen die Nazidiktatur inszeniert werden kann, und zum anderen, wie Hitler mehrfach bekundete, als Ausdruck der reinsten und geheimsten geschichtlichen Logik der Weltbeherrschungspläne germanischer

Herrenmenschen ins Spiel gebracht werden kann. Geht das zusammen? Ist das nicht bloß frommer Wunsch, Wagners Werk von Hitler zu befreien, eine Absicht, die Martin Gregor-Dellin naiv als Zielsetzung heutiger Wagnerpflege propagierte? Sollte nicht langsam klar sein, daß solche „Reinwäsche" dem Werk Wagners, vor allem dem *Ring*, gerade die Bedeutung nimmt, die sie in der Geschichte der **Deutschen** gehabt hat? Sie **verstanden das Wagner-Werk, wie auch immer begründet, als reinste Ausprägung ihrer Weltmission, wie auch als Beweis für deren notwendigen und tatsächlich eingetretenen Zusammenbruch. Der *Ring* stimulierte politische und kulturelle Größenphantasien und trug doch wesentlich zu deren Aufhebung bei.**

Und das nicht erst, seit Hitler in Wagner seinen einzigen kongenialen Vorläufer sah – nein, lange vor Hitler hatte das begonnen.

Wir können nicht mehr leugnen, daß Wagner diese Zusammenhänge gesehen und gewollt hat, als er nach dem ersten gescheiterten deutschen Versuch, die Einheit zu erzwingen, also nach 1848, begann, den *Ring* zu konzipieren. Mit einer von niemandem überbotenen Hellsicht arbeitete er die Konstanten der deutschen Geschichte heraus, die bis heute zu gelten scheinen. **Gerade weil Wagner tatsächlich genau das traf und im Werk zum Ausdruck brachte, was deutsche Geschichte bestimmt, können wir auch von heute aus mehr oder weniger unvermittelt in diesem Werk die Ereignisse gespiegelt sehen, die uns gegenwärtig so bewegen und die keinen eigenen zeitgenössischen Ausdruck finden können, weil sie, wie gesagt, historische Prozesse und nicht eigentlich zeitgenössische sind.**

Wir tun dem Wagner-Werk damit keine Gewalt an, abgesehen davon, daß Wagner sich ausdrücklich berechtigt sah, das Denken und Vorstellen der Deutschen mehr oder weniger gewaltsam unter die Logik seines eignen Werkes zu zwingen, der er folgte, weil er sie als die der deutschen Geschichte erkannt zu haben glaubte. Ein Beispiel für solche Logik hat sich uns, ohne daß irgendjemand Derartiges geplant hätte, eröffnet: **Mit dem 9. November 1989 holten wir auch unfreiwillig und unabsichtlich den 9. November 1938, den Tag des Reichsprogroms gegen die Juden, in unsere Gegenwart ein; desgleichen den 9. November 1923, den Tag des ersten Versuchs Hitlers, die Weimarer Republik zu zerschlagen,** die ihre Geburtsstunde am 9. November 1918 hatte. Die „Novemberverbrecher" wurden für den „Schandfrieden von Versailles" verantwortlich gemacht, also für die Zerschlagung des deutschen Kaiserreichs an jenem Ort, an dem im Januar 1871 eben dieses Reich gegründet worden war, ein Ereignis, auf das sich Wagner mit der Gründung seines eigenen Reiches der Kunst in Bayreuth ausdrücklich bezieht.

Daß die Kette solcher Ereignisse der von Wagner rekonstruierten Logik der deutschen Geschichte entspringe, kann man gerade gegenwärtig überrascht und zugleich verstört, im Sinne Wagners, nachvollziehen, wenn man etwa den 1. Aufzug der *Walküre* mit „Vereinigungsinstinkten" hört und liest.

Der 1. Akt führt uns einen Flüchtling in fremdem Hause vor Augen, ganz so, wie sich die Ostdeutschen im Herbst '89 ins fremde Haus der BRD, der Westdeutschen, flüchteten. Der Flüchtling wird gastlich aufgenommen, obwohl die Frau des Hauses offensichtlich fürchtet, daß ihre humanitäre Hilfe von dem eigentlichen Herrn des Hauses mißverstanden werden könnte. Der Flüchtling ist psychisch schwer belastet durch die Verfolgung jener, die ihm nicht gewähren wollten zu sein, der er ist. Allerdings weiß er selber nicht so genau, wer er ist. Er spürt immerhin die Zumutungen, die er an seine Gastgeberin stellt, da „Mißwende", eine fremde Einflußnahme auf sein Schicksal, ihm folge, wo immer er sich hinbegebe. Aber die Gastgeberin versichert ihm, auch in ihrem Hause sei trotz gegenteiligen Anscheins nicht alles so wohlbestellt, wie der Flüchtling und Gast es glauben möchte. Der Hausherr erscheint. Sein Unbehagen an der Situation wird genährt, weil ihm auffällt, daß der Flüchtling und seine Frau merkwürdige Ähnlichkeiten zeigen. Was dem Hausherrn an seiner Frau immer schon unheimlich erschienen war, bemerkt er nun auch an dem Gast, „der gleißende Wurm glänzt auch ihm aus dem Auge". Wer ist der Flüchtling? Wieso ähnelt er der Hausherrin? Sobald nun Hunding, der Wirt, sich selber zu kennzeichnen beginnt, legen sich uns peinliche Assoziationen nah. Hunding sagt: „Wendest Du von hier Dich nach Westen, dann wirst Du, in Höfen reich, dort Sippen hausen sehen, die meine Ehre behüten". Da wird doch dem heutigen Hörer unter dem Druck der gegenwärtigen Ereignisse nahegelegt, als den eigentlichen Herren unseres BRD-Hauses die Westmächte zu sehen. Eine irrwitzige Sicht, aber keineswegs irrwitziger als viele der bisher an das Szenario des *Ring* geknüpften „Interpretationen" resp. die von Wagner selbst seinen Werken unterschobenen Lesarten.

Bevor wir aus ihnen Schlußfolgerungen ableiten, müssen wir uns noch etwas mehr in den Sog solcher in sich geschlossener, von den jeweiligen zeitgeschichtlichen Ereignissen nahegelegter „Wahnwelten" einlassen. Also: Der Flüchtling und Gast kennzeichnet sich selber als jemand, der eigentlich *Friedmund* heißen möchte, also dem Frieden geweiht, und *Frohwald* sein möchte, also jemand, der absichtslos offen sein eigenes Schicksal verwalten möchte; doch *Wehwald* muß er sich nennen, also jemand, der aus seinem eigenen Elend nicht herausfände. Sein Vater sei *Wolfe* gewesen – wobei dem heutigen Hörer wahnhaft, aber unabweislich in Erinnerung kommt, daß die Wagner-Enkel Hitler stets mit „Onkel Wolf" ansprachen.

Der Flüchtling macht auch klar, daß er ursprünglich eine Zwillingsschwester gehabt habe von eben jenem Vater Wolfe; er sei aber durch die Ereignisse, die in den Taten eben jenes Vaters gründeten, von ihr getrennt worden. Das gemeinsame Heim sei zu Schutt verbrannt, der prangende Saal verkohlt. Die Logik der interpretatorischen Wahnwelt ruft die Erinnerung an das Ende des von Wolfe verursachten Zweiten Weltkriegs und die Teilung der Zwillingsdeutschen in Ost und West auf. Der Flüchtling schildert nun, wie er nach dem Zusammenbruch versuchte, seine Schwester wiederzufinden, ihm das aber nicht gelungen sei, da von seinem Rudel nur noch die abgeworfenen Wolfsfelle übrig waren – die Wölfe des Rudels hatten sich in gute demokratische Schafe à la Globke und ihre sozialistischen Pendants in der DDR verwandelt.

„Aus dem Walde trieb es mich fort", sagt der Flüchtling, „mich drängte es zu Männern und Frauen, aber, ob ich um Freunde warb, immer war ich geächtet. Unheil lag auf mir, was Rechtes ich je riet, anderen düngte es arg, was schlimm immer mir schien, andere gaben ihm Gunst. In Fehde fiel ich, wo ich mich fand, Zorn traf mich, wohin ich zog, gehrt ich nach Wonne, weckt ich nur

Weh", – eine genaue Beschreibung dessen, was den Gründervätern der DDR und ihren Programmatikern seit 1948 beschieden war. „Drum muß ich mich Wehwald nennen."

Hunding, der Wirt, gibt auf die Enthüllung über das Schicksal des Flüchtlings folgende Antwort: „Die so leidig Los Dir beschied, nicht liebte die Norn Dich. Froh nicht grüßt Dich der Mann, dem fremd als Gast Du nahst", eine Bekundung, wie sie die Westmächte gegen die mögliche Wiedervereinigung der Zwillinge BRD und DDR kaum anders vortrugen.

Und so fort von Szene zu Szene, inklusive der inzestuösen Verschwisterung von Siegmund und Sieglinde, von DDR und BRD, nachdem Siegmund erkannt hatte, ihm fiele die Aufgabe zu, aus der festen Fügung der historischen Verhältnisse die Einheit herauszulösen: er zieht das Schwert, immer schon Symbol der Reichseinheit, das niemand anderer zu bewegen vermochte, aus dem Stamm des bisherigen Weltgefüges. **Ist sie auch Wahnsinn, so hat diese Interpretation unter dem Druck der Ereignisse doch ihre einleuchtende Logik. Man kann sich ihr nicht mit dem Hinweis darauf entziehen, daß das Verständnis der Werke Wagners im Dritten Reich nur eben der gleichen Logik wahnhaften Wähnens gefolgt sei wie zuvor das des Wilhelminischen Imperialismus.**

Man mag es die Größe eines Werkes nennen, daß es in je unterschiedlichen historischen Situationen gleichermaßen ad hoc adaptierbar ist. Man kann sich aber nur schwer darauf einlassen, Wagners Werk allein für in diesem Sinne groß zu halten, wozu man angesichts der Tatsache gezwungen wäre, daß die Wirkungsgeschichte des Werkes von Wagner die aller anderen Kunst- und Wissenschaftswerke unserer jüngeren Geschichte bei weitem übertrifft. Die Ursache dafür kann nicht in der schieren künstlerischen Einmaligkeit Wagners liegen, sondern in dessen Konzept und Strategie.

Aus der Rekonstruktion dieser Konzepte und Strategien geht unmißverständlich hervor, daß es **Wagner** von vornherein auf etwas ganz anderes abgesehen hatte als auf das bloße Kunstschaffen. **Sein Gesamtkunstwerk**

ist eben kein Kunstwerk, sondern ein Weltenbau, ein Versuch, mit den Mitteln der künstlerischen Überwältigung zugleich eine politische, eine soziale, eine ökonomische eine pädagogische Utopie zu verwirklichen. Wagner kam es nicht darauf an, als bloßer Künstler, wenn auch als genialer, Geltung zu erlangen, sondern auch die Formen der Geltung, die bei dem eingespielten Rollenverständnis bis dato dem Fürsten, dem Feldherren, dem welterlösenden Heiland, dem Sozialrevolutionär vorbehalten waren, für sich zu reklamieren.

Hartmut Zelinskys Rekonstruktionen dieser Konzepte Wagners sind schlechterdings nicht zu widerlegen, wenn es denn überhaupt noch einen Sinn machen soll, sich auf das Selbstverständnis eines Künstlers, eines Politikers oder Propheten einzulassen. Aber die Art, in der man Zelinskys Arbeit aufgenommen hat resp. eben nicht, sollte uns stutzig machen. Hat nicht das Werk Wagners die historische Wahrheit erst für sich, wenn man ihm alle jene Intentionen zugesteht, die Zelinsky aus Wagners Schriften, Libretti, aus den Tagebüchern Cosimas und unzähligen zeitgenössischen Quellen rekonstruiert hat? Gerade die Bekundungen der Zeitgenossen Wagners zeigen, wie gut er verstanden wurde, und die Anmerkungen Cosimas zu diesen Äußerungen der Zeitgenossen belegen, daß Wagner sich zumeist ex negativo gerade von den Gegnern seiner Konzepte richtig verstanden wußte.

Warum wollen wir das nicht gelten lassen, warum akzeptieren wir bedenkenlos die historische Fälschung der Wagnerschen Konzepte und Strategien durch diejenigen, die ihn auf einen, wenn auch großartigen, Filmmusikproduzenten reduzieren wollen? Solche programmatische Verharmlosung wird ja auch zum Beispiel mit der Figur des Reichsgründers Bismarck betrieben, dem man bei seinen Friedrichsruher Revolten bestenfalls zugesteht, auch einige Dunkelseiten gehabt zu haben. Es spricht vieles dafür, daß wir mit diesen vermeintlich ehrenrettenden Verniedlichungen der grundsätzlichen Frage entgehen wollen, inwieweit die „Macht der Kunst" aller Macht gleicht, sei es der ökonomischen, der politischen oder der kirchlichen. Daß es Macht in den Beziehungen der Menschen notwendigerweise gibt und geben muß, wird kaum jemand bestreiten. Schwächere Gemüter versuchen aber, sie auf die Macht, Wünschbares und Gutes zu tun, zu beschränken. Vornehmlich der machtvolle Künstler soll darauf festgelegt werden, zu läutern und zu reinigen. Für die irreversiblen Prozesse, die an die Durchsetzung solcher Macht geknüpft sind, möchten vor allem Machtprätendenten selbst nicht zur Verantwortung gezogen werden. Wie man das umgeht, dafür hat der Übergang vom Dritten Reich zu den beiden Nachfolgerstaaten und gerade jetzt der Übergang vom stalinistischen Totalitarismus zur sozialen Demokratie hinreichende Beispiele geliefert. Angesichts der Größe welterlösender Ideen könne angeblich kein einzelner Mächtiger zur Verantwortung gezogen werden. Die Reinheit und Größe der von ihm vertretenen Positionen ließe ihn selbst schuldunfähig werden.

In der Kunst hat man mit dem Postulat der Autonomie eine Möglichkeit gefunden, die Künstler in die Unzurechnungsfähigkeit zu entlassen. Da stört ein Künstler wie Wagner, der für sich die Zurechnungsfähigkeit reklamiert, der offen und bewußt sein Machtstreben kennzeichnet und seinen Anspruch auf außerkünstlerische Geltung mit erschreckender Eindeutigkeit vorträgt. Der Künstler Wagner hat sich nicht zum musikalischen Illustrator geschichtlicher Ereignisse degradieren lassen wollen, sondern in sie mit seinen Mitteln einzugreifen versucht. Es ist nicht zu erwarten, daß er selbst zu den Verfahren seiner Adepten gegriffen hätte, für sich die Unschuld des Künstlers zu reklamieren; denn das Interesse für die Tragödie der historischen Täter ist ja die Grundlage eines jeden Dramatikers. Was hätten ihm dramatische Konstellationen bedeuten können, wenn er die Täter von vornherein wegen Unzurechnungsfähigkeit exkulpieren müßte? Die „Götterdämmerung" mag er zwar als Weltuntergangscouplet bezeichnet haben, aber in jedem Falle ging es ihm um den Untergang, das heißt um die Letztbegründung der Geschichte durch deren Eigenlogik: **Auferstehung kann es ohne Apokalypse nicht geben, Bauen ist immer eine Form der Zerstörung, Taten werden erst bedeutsam durch die Opfer, die sie hervorrufen.**

„Das letzte Wort ist Untergang" – gerade dann, wenn man die Erlösung will. Offensichtlich wollen wir auch als Künstler nichts mehr, weil wir nicht schuldig und zur Verantwortung gezogen werden wollen. Freilich kann auch das Große sein, möglicherweise die einzige Form von Größe, die wir noch anerkennen können; aber dann sollten wir aufhören, künstlerische Konzepte und Strategien, wie die Wagners, als gegenwärtig wirkende Kräfte ins Spiel zu bringen und sei es ins Theaterspiel. Wagner von seinen Absichten und Wirkungen zu befreien heißt ja ohnehin, ihn in der Historie zu beerdigen.

Kunst und Krieg – Betverbot und Bildersturm
7 Wes Brot ich esse, dem versprech ich, daß ich ihn vergesse

Für die Ausstellung *Die Macht des Alters* (Berlin, Bonn, Stuttgart 1998/99) hatte ich naturgemäß des öfteren mit den Vertretern der Public-Private-Partnership zu verhandeln, deren Mitwirkung das aufwendige Unternehmen erst ermöglichte.
Wieder bestätigte sich eine Erfahrung, die ich schon des öfteren machen konnte: die Unternehmensvertreter, in diesem Fall vor allem die des Deutschen Herolds, wiesen es weit von sich, irgendwelche Aspekte der Künstlerliste, der Themenauswahl, der Ausstellungsinszenierung, der Katalogbeiträge etc. auch nur zu diskutieren, selbst wenn ich ihnen das nahelegte. Naheliegend waren z.B. Fragen, wie die Untersuchungen der Künstler zum Thema *Macht des Alters* in Beziehung zu jenen zu setzen wären, die Gerontologen, Sozialstatistiker, Bevölkerungswissenschaftler und Versicherungsmathematiker sowie Rentenpolitiker in die Öffentlichkeit bringen. Der generelle Tenor des Deutschen Herolds: „Kümmern Sie sich für Ihre Ausstellung der Künstleruntersuchungen zur *Macht des Alters* in gar keinem Falle um unsere Unternehmenszwecke und Belange; wir können die Ausstellung nur fördern, wenn sie völlig unabhängig von unserer Arbeit als Versicherungsunternehmen zustande kommt."

Die Vertreter des Familienministeriums, des Roten Kreuzes, der kooperierenden Museen hingegen ließen kaum eine Gelegenheit verstreichen, die Details des Vorhabens sowie das zugrundeliegende Konzept zu erörtern und ihre Vorstellungen zu verdeutlichen, mit dem verständlichen Ziel, daß ich diese durchaus hilfsreichen Erörterungen in meiner Arbeit berücksichtigen möge.

Obwohl die Mehrzahl der Künstler/Kuratoren, die mit Unternehmen kooperierten, die eben skizzierte Erfahrung bestätigen, gilt als ausgemacht, daß öffentliche Gelder für Kunstaktivitäten saubere Gelder seien, private Gelder hingegen, gar die von Unternehmen, als schmutzig zu gelten hätten, weil die Gewährung solcher Gelder selbstverständlich mit der Unterwerfung unter die Erwartung der Auftraggeber verbunden sei.

Bemerkenswerterweise wird aber ebenso selbstverständlich z.B. für den Bereich der ehemaligen sozialistischen Länder, etwa der DDR, behauptet, daß die mit öffentlicher Förderung arbeitenden DDR-Künstler umstandslos in ihren Werken den Überzeugungen der Kulturfunktionäre gedient hätten. Nur was mit privaten Mitteln realisiert worden sei, stehe außerhalb des Verdachts, Auftraggeberpropaganda gewesen zu sein.

Eduard Beaucamp hat in der FAZ vom 28. Okt. 2000 diesen gefälligen Selbstgewißheiten unserer kunst- und kulturpolitischen Argumentation systematische und fallbezogene Betrachtungen gewidmet, mit der bemerkenswerten Schlußfolgerung, daß sich Auftraggeber demokratischer verhielten als viele Künstler oder Funktionäre der Vergabe öffentlicher Mittel. In historischer Sicht hat Martin Warnke dargestellt, wie sich gerade in der Hofkunst, also der Auftraggeberkunst des 15. und 16. Jahrhunderts, der Begriff der freien, autonomen Kunst entwickeltn konnte und in welcher Weise jene Hofkünstler mit dem Anspruch auf Autonomie, die der fürstlichen gleichrangig gesetzt wurde, in ihren Auftragsarbeiten realisierten.

Fazit für die heutige Situation: als Wächter der Kunstautonomie betätigen sich durch Stigmatisierung privater Geldgeber vornehmlich Mitarbeiter von Rundfunk, Fernsehen, Zeitungen und Zeitschriften, die ihre eigene Abhängigkeit von öffentlich rechtlichen wie privaten Medien und deren Systemlogiken kompensieren, indem sie anderen vorwerfen oder zumindest andere latent verdächtigen, den Autonomieanspruch der Künste (wie auch der Wissenschaften) den System- und Marktlogiken zu opfern. Diese Hüter glauben, dem Postulat der Kunstautonomie durch kontrafaktische Betonung ihrer eigenen zu genügen, indem sie mit feudalfürstlicher Geste ihre eigenen Meinungen als Urteile in der Sache ausgeben – die Refeudalisierung unserer Medien geht im wesentlichen von diesen Hütern der Autonomie aus.

Da im Markt – auch im Kunstmarkt – kaum Produkte wahrgenommen werden, die nicht, über welche Medien auch immer, an die Öffentlichkeit vermittelt werden, wird so auch das Marktgeschehen refeudalisiert. Der ständige Verweis auf Marktregulative umschreibt damit Medienmacht und das heißt in unserem Falle, die faktische, aber ins Kontrafakt des Autonomieanspruchs gekleidete Macht der KunstkritikerInnen als Hüter der reinen Kunst gegenüber dem Kommerz. Wer dem Verdikt der KunstpriesterInnen unterliegt, wird radikaler aus der Kunstpraxis eliminiert, als das durch zigfache Enttäuschung privater Förderer möglich wäre.

Die von diesen Kunstpriestern beklagte Einschränkung der Kulturetats ist demnach von der Befürchtung gespeist, den entscheidenden Einfluß auf die Vergabe von öffentlichen Mitteln, die Besetzung von Stellen in Museen, Theatern etc. sowie auf die Vermittlung der Produktionen an die Öffentlichkeit als Interesse der Medien zu verlieren.

Es ist wohl immer wieder notwendig, daran zu erinnern, daß die Heroen des kulturell legitimierten Nationalstaates Deutschland ihre Ideologie erstrangig aus dem Kampf gegen die Kommerzialisierung der Kultur begründeten. So hat beispielsweise Richard Wagner mit ungeheurer Wirksamkeit den Primat seines Gesamtkunstwerks als Kunstwerk der Zukunft auf strikte Gegnerschaft zur Pariser „Bankiers – Musikhurerei" gestützt. Wagner meinte den in Paris dominierenden Meyerbeer und sein kompositorisches Schaffen. Damit war klar, daß sich der ganz ordinäre Antisemitismus als Kampf gegen die Kommerzialisierung der „heiligen deutschen Kunst" gerierte; und „heilig" wurde genannt, was nicht in Geldwert aufgewogen werden konnte. Für „undeutsch", das heißt jüdisch, hielt man eben die Kommerzialisierung als „zersetzendes Element" der deutschen Kunst.

Kulturkampf

Obwohl der Anteil privater Gelder an den Kulturetats allerhöchstens drei bis fünf Prozent ausmacht, wird auch in der Bundesrepublik die Gefahr der Kommerzialisierung, wenn nicht gar die schon erfolgte Kolonialisierung der Kunst durch den Kommerz durchgehend beraunt. Selbst wenn diese Gefahr bestünde, würde sie sich ganz anders bemerkbar machen, als durch die Ersetzung von Sach- und Werturteilen durch Geldwert. Denn leider orientiert sich gerade die Wirtschaft nicht an strikter Logik der Kommerzialisierung. Zum einen fordern wir der Wirtschaft ja permanent Rücksichtnahme auf politische, soziale und kulturelle Programme ab; zum andern werden leider gerade in der Wirtschaft im kleinen wie im großen Entscheidungen über Einstellungen wie Investitionen, Marktstrategien, Unternehmenspolitik nach Gesichtspunkten getroffen, die jedenfalls nicht erstrangig der Gewinnmaximierung dienen. Entscheider bekunden freimütig, den Ausschlag pro oder kontra hätten Kriterien bewirkt, wie sie auch in der Alltagspsychologie des Familienlebens, der Stammtischdiskurse, der Begeisterungsgemeinschaft von Golfern oder von Vorstandssitzungen vorherrschten: die Chemie müsse stimmen, die Grundüberzeugungen, die

Herkunft, das Erscheinungsbild, die Kommunikationsformen müßten harmonieren. Selbst Expertenäußerungen werden nicht unabhängig von derartigen Faktoren bewertet.

Die angeblich gnadenlose Kommerzialisierung ist so gnadenlos, wenn eben nicht Gewinn oder Verlust, sondern politische Korrektheit, kulturelle und religiöse Bekenntnisse und politische Loyalitätserpressungen den Ausschlag geben, und diese Ideologisierung tendiert zu einer feindlichen Übernahme der Wirtschaft durch Kultur und Politik. Auch diese Tendenz wird mit dem Kontrafakt der rein kommerziell bedingten Globalisierung oder Internationalisierung bemäntelt.

Zurückgedrängt werden kann diese Tendenz wohl nur, wenn Wirtschaft wie Öffentlichkeit zu Bewußtsein gebracht werden, worauf die Beziehung von künstlerischer und kultureller Arbeit zur Wirtschaft beruht. Seit Mitte der achtziger Jahre ist quantitativ bestimmbar, daß mehr als die Hälfte des Bruttosozialprodukts auf Unterscheidungscharakteristiken von Wirtschaftsgütern beruht, die in der Kunst- und Kulturpraxis geschaffen werden. Das trifft nicht nur für Modemacher und Designer, TV- wie Printmedien, Marketing und Werbung zu; vielmehr werden bereits Entwürfe neuer Produkte sowie die Erziehung und Ausbildung, kurz die Professionalisierung der Entwickler, Hersteller und Vermittler wie der Anwender und Konsumenten selbst zu Größen der Steigerung des Bruttosozialprodukts.

In diesem, und nur in diesem Sinne, läßt sich von Unternehmenskultur, von corporate culture, vernünftig sprechen: welche cluster von Unterscheidungskriterien nutzen die einzelnen Unternehmen für die Entwicklung, Produktion und Marktplazierung ihrer Produkte sowie für die Professionalisierung ihrer Mitarbeiter und Kunden, um sich von anderen Unternehmen im gleichen Marktsegment zu unterscheiden? Die wichtigsten Resourcen für die Hervorbringung der Unterscheidungskriterien und damit der Bedeutung der Produkte liegen nun einmal in der kulturellen und insbesondere in der künstlerisch/gestalterischen Praxis. Das beginnt mit der Sensibilisierung der Wahrnehmung für Gestaltungsnuancen, Verfahrensweisen und Funktionsspektren und zielt insgesamt auf Wirksamkeit. Die verschiedensten Maßstäbe für Wirksamkeit wie Reichweite, Einschaltquoten, Auflagenhöhen, Agenda setting, opinion-leadership, Nachhaltigkeit lassen sich unter den Begriff des Generativitätsquotienten fassen.

Auch die vielbesprochene Bewirtschaftung der Aufmerksamkeit erhält nur ihren Sinn, wenn durch sie die Generativität gesteigert wird. Zwar läßt sich für Unternehmen offensichtlich Aufmerksamkeit gewinnen, wenn sie sich in einem allgemeinen Sinne auf kulturelle/künstlerische Praxis durch deren Förderung beziehen, aber ohne Auswirkung auf die Generativität des Unternehmens läuft die Erregung von Aufmerksamkeit ins Leere. Mit einem drastischen Beispiel: das möglichst auffällige Gefieder zu spreizen und rituelle Balztänze aufzuführen, um mit dem Signalement von Gesundheit und Vitalität die Aufmerksamkeit von Geschlechtspartnern zu erregen, lohnt die Anstrengung nur, wenn die Generativität durch geschlechtliche Vermehrung erreicht werden soll. Bei der kulturellen und sozialen Generativität ist das nicht anders.

Aufmerksamkeit ist keine Ressource, sondern ein Mittel, die Chancen auf Generativität zu erhöhen. Je größer und potentiell effektiver die Mittel zur Erregung von Aufmerksamkeit werden (dafür steht die Metapher der Reizüberflutung, der Bilderflut), desto geringer die Möglichkeit, durch Reizsteigerung die Chancen für Generativität zu erhöhen. Längst ist die Steigerung der Erlebnis- und Ereignishaftigkeit nicht mehr durch Öffnung immer stärkerer Reizpotentiale erreichbar. Dem entsprechend kann es durchaus zum Event werden, das Reizbombardement zu reduzieren: „das Ereignis der Stille", der Konzentration durch Minimierung der Attraktoren ist ein tauglicheres Mittel geworden als die bemühte Überbietung der Sensationen, die ohnehin an der beschränkten Reizverarbeitungskapazität nicht vorbeikommt und die auch durch Indienstnahme immer neuer Medien über ein bestimmtes Maß hinaus nicht erweitert werden kann.

Damit wird der beschworene Kampf um die Aufmerksamkeit doch wieder zu einem „Kampf um Unterscheidungskriterien", also um die Vermittlung von Bedeutung und Sinn. Soweit wir eben die Unterscheidungskriterien und damit Bedeutung und Sinn aus den Differenzierungsleistungen der kulturellen und künstlerischen Praxis gewinnen, erweist sich der Kampf um Aufmerksamkeit als Kulturkampf, aber den der Unternehmenskulturen. Er wird, wie die Beispiele BMW/Rover oder Mercedes/Chrysler es nahelegen, vermutlich in Zukunft eine größere Bedeutung erhalten als die herkömmlichen Kulturkämpfe zwischen Ethnien, Rassen und Religionsgemeinschaften.

Säkularisierung

Grundlegend für die Herausbildung demokratisch verfaßter Gesellschaften und ihrer staatlichen Repräsentation war die strikte Trennung von Kirche und Staat. Wenn diese Trennung auch in vielen Gesellschaften, vor allem den sakralrechtlich gegründeten, noch nicht vollzogen wurde, so ist sie doch generell unvermeidlich zur Minderung des Konfliktpotentials, das in religiösen Auseinandersetzungen liegt, soweit sie auf staatlicher Ebene sich auswirken können.

In ähnlicher Weise **ist für moderne Gesellschaften die Trennung selbst der Nationalstaaten von ihrer kulturellen Legitimation unabdingbar.** Denn wohin das Hegemonialstreben der Kulturen bei unmittelbarer Auswirkung auf gesellschaftliches und staatliches Handeln führt, zeigen auch heute noch die sogenannten Befreiungsbewegungen der Basken oder Serben oder Tschetschenen, die ihre staatliche Unabhängigkeit vor allem kulturell begründen.

Die Kommerzialisierung war bisher die wirksamste Form zur Säkularisierung der Kulturen. Sie neutralisierte zu einem großen Teil die Wahnhaftigkeit in der Durchsetzung kulturell legitimierter Autonomie. Die Wahnhaftigkeit erweist sich in der Argumentation mit Kontrafakten wie kulturelle Identität, Reinheit oder gar „Heiligkeit" der je eigenen kulturellen Selbstverständnisse. Mit der Kommerzialisierung wurden solche Kontrafakte kultureller Vorstellung von Einzigartigkeit und Überlegenheit zur folkloristischen Attitüde gemildert. Die Kommerzialisierung musealisierte die Kulturen als Folklore. Die von den Kulturen tatsächlich hervorgebrachten Unterscheidungsleistungen wurden in den Museen, Heimatvereinen, Gedenkstätten sowie muttersprachlichen Selbstvergewisserungszirkeln verfügbar gehalten: eine zweite bedeutende Resource für Distinktionskriterien neben den aktuellen Kunst- und Kulturpraktiken. Unter strikter Beschränkung auf kommerzielle Nutzung wird die Folklorisierung der Produktions- und Rezeptionsdynamik relativ gefahrlos weiter ausgedehnt werden: das ist sinnvollerweise mit der Behauptung gemeint, daß bei voranschreitender Globalisierung zugleich die Regionalisierung/Ethnozentrierung sich stärker ausprägen wird. Ein wirtschaftlich bedeutsames Beispiel dafür ist die voranschreitende Differenzierung gastronomischer Angebote in unseren größeren Städten. Denn daß es sich bei dem hiesigen Angebot indischer oder indonesischer oder afrikanischer Kochkünste um Folklore handelt, ergibt sich schon daraus, daß diese Küchen völlig unabhängig von ihrer sinnvollen Orientierung auf das Klima oder den Nahrungsmittelanbau bzw. die Transport- und Konservierungstechniken der Herkunftsländer angeboten werden.

Zur Folklore wird Kultur, sobald sie nicht mehr über das souveräne Recht, Krieg zu führen, ihre Wirtschaftsformen zu bestimmen, eine eigene im- oder explizite Legislative/Judikative zu etablieren, verfügt. Die Kommerzialisierung entzog den Kulturen diese Voraussetzung mit größerer Wirkung als Schulbildung oder andere Aufklärungskampagnen. Daß zur Folklore neutralisierte Kulturen keine, also auch keine wirtschaftliche, Bedeutung hätten, läßt sich ja wohl nicht behaupten angesichts des Wirtschaftsfaktors besagter Multiplizierung gastronomischer Angebote oder der Angebote der Unterhaltungsindustrie oder des Tourismus. Die Einheit von folkloristisch initiiertem Interesse an Gastronomie, Unterhaltung und Touristik bietet bereits jedes größere Museum der Welt, das Wert auf Generativität, also Wirksamkeit legt; die wird vor allem durch das Ziel bestimmt, die Wiederholung des Besuchs im vereinheitlichten Interesse an Elefantenstadel, Kopfjägersafari und Kunst- und Kulturgeschmacksdifferenzierung zu erreichen.

Auch die hehren Auffassungen von der reinen und freien Kunst im Sinne der Kulturkämpfer gegen den Kommerz werden es sich gefallen lassen müssen, als Folklore neutralisiert zu werden. Zum einen ist die Behauptung von freier Kunst wie interessenloser Grundlagenwissenschaften seit Anfang des 19. Jahrhunderts, der Ära der kulturell legitimierten Nationalstaatsgründungen, nichts als ein kulturelles Kontrafakt, also autosuggestive Einbildung zur Beweihräucherung höherer Interessen, die aber immer noch Interessen bleiben; zum anderen ist die ideologische Verbrämung eben dieser Interessen in erster Linie durch Kommerzialisierung eingeschränkt und häufig sogar völlig aufgehoben worden. **Auf absehbare Zeit ist keine andere Form der Zivilisierung/Säkularisierung von Künsten und Kulturen erwartbar als die voranschreitende Kommerzialisierung.** Das gilt freilich nur unter der Prämisse, daß die latente Unterwerfung der Wirtschaft unter den Primat der Kulturen nicht noch erfolgreicher vonstatten geht als das leider bereits der Fall ist.

Kunst und Krieg – Betverbot und Bildersturm

8 | Unter Verdacht

Peter Sloterdijk ist der produktivste Kulturwissenschaftler in Deutschland mit breiter Medienpräsenz. Das finden seine Fachkollegen bedenklich – aus uneingestandenem Neid? Vor allem wohl deshalb, weil sie sich als Experten das entscheidende Urteil über problematische Sachverhalte vorbehalten wollen. Sie haben noch nicht kapiert, was inzwischen für jeden Arzt gilt: der Patient hat das letzte Wort bei der Entscheidung über Therapien.

Inzwischen inszenieren ausgerechnet Sloterdijks Kollegen für ihn fast tägliche Medienpräsenz. Sloterdijk hatte im Juli 1999 auf Schloß Elmau, einem Ort des gepflegten Humanistengesprächs, die Frage erörtert, ob die bereits praktizierten und absehbaren Eingriffe in das menschliche Erbgut mit dem europäischen Humanismus vereinbar seien.

Sloterdijk zitiert unverblümt einen der Erzväter unseres Humanismus, den griechischen Philosophen Platon, der in seinen Schriften über den Staat und die Staatsführung vorgeschlagen hatte, die Führung der Menschen am Beispiel der guten Hirten und Viehzüchter auszurichten. Bei Licht besehen, so Sloterdijk, heißt Humanismus seit 2500 Jahren Veredlung des Menschen durch Bildung und Ausbildung; Veredlung ist nur ein freundlicher Name für Zähmung und Züchtung. Dazu war den Humanisten fast jedes Mittel recht, von der Schulpflicht über die Verfolgung von Uneinsichtigen bis zum Krieg im Namen des Friedens (jüngst im Kosovo). Auch die Entwicklung der Gentechnologie wurde und wird von humanitären Motiven bestimmt, z.B. das Leiden unter genetischen Defekten zu lindern. Genetiker sehen sich durchweg als exemplarische Humanisten. Sie erarbeiten die Grundlagen für die allgemeine „Anthropotechnik" (Sloterdijk), das ist der griechische Ausdruck für das Einrichten der Menschen in der Welt, die sie sich schaffen. Diese Welt nennt Sloterdijk „Menschenpark", und er fragt, welche Regeln dort zu gelten hätten – gerade wenn, wie in den USA, genetische Programmierung von Pflanzen, Tieren und Menschen unaufhaltsam und mit kommerziellem Erfolg betrieben wird.

Menschenzüchtung für den Menschenpark, das klingt ja ganz wie bei den Rassehygienikern des 19. Jahrhunderts oder gar wie bei den Nazis, vermuteten Sloterdijk-Kritiker auf allen Kanälen. Sloterdijk habe eine stillschweigende Übereinkunft verletzt, in Deutschland solche Themen nach den Versuchen, „nicht lebenswertes Leben" und „minderwertige Rassen" auszulöschen, nicht mehr anzupacken. Darauf antwortet Sloterdijk: Rede- und Denkverbote helfen nicht weiter, sondern ethisch begründete Regeln für die Arbeit der Genetiker und Humanisten.

Pikanter Nebeneffekt: bisher hielten sich Anhänger und Schüler des bundesdeutschen Staatsphilosophen Prof. Habermas allein für kompetent, darüber zu bestimmen, was auf welche Weise in Deutschland diskutiert wird, meint Sloterdijk. Sie sehen ihre Felle davonschwimmen, weil sich international die Genetiker und Humanisten an die Machtworte aus der Habermas-Schule nicht halten. Deshalb greifen sie zum Bannstrahl: wer sich erlaubt, was wir nicht erlauben, setzt sich dem Verdacht aus, faschistischem Geist zu folgen.

| Kunst und Krieg – Betverbot und Bildersturm |

| 9 | Nutznießer des Regimes |

Neben den SED-Funktionären gehörten die Künstler zu den Nutznießern des Regimes. Ihre Verbände wurden von der SED großzügig alimentiert. Günther de Bruyn schrieb in der ZEIT vom 15.3.1990: „Man kam aus kleinen Verhältnissen und wuchs ins Privilegiertendasein hinein. Der herrschenden Ideologie widersprach das durchaus nicht. Die besagte, daß derjenige, welcher für den Staat und die Partei am meisten tat, es auch am besten haben sollte. Viele haben davon profitiert, es wurde offen gesagt. Es ging nicht um Gerechtigkeit, Mitleid, Barmherzigkeit ..., die führenden Leute waren natürlich überzeugt, sie hätten sich am meisten verdient gemacht, also nahmen sie sich das Recht, besser zu leben." Und wie allseits gesagt: Die Künstler lebten in der DDR besser als jede andere Berufsgruppe mit Ausnahme der Politbonzen. Wie bitte? Hörten wir nicht immer wieder vom heroischen Kampf der DDR-Künstler gegen Bevormundung, Zensur und Exilierung? Offenbar war das alles Mache, so meinen jedenfalls jetzt, sechs Monate nach dem Umsturz, DDR-Schreiber, deren Rang dem unserer ZEIT-Redakteure gleichkommt. „Auf Themen, die Autoren (Künstler der DDR) zur Sprache brachten, reagierten Politiker (der

DDR) manchmal mit Verboten und Ausweisungen, meist mit Widerspruch. Das machte die Bücher (und Kunstwerke) populär und ihre Verfasser zu einer moralischen und politischen Instanz." (Karin Hirdina).

Da haben wir es also: **Selbst die Dissidenten waren noch Nutznießer des Regimes;** mehr noch, „diese Herrschaften sind Ausreiser, Ausreiser mit Sack und Pack, bei hellichtem Tage, mit schönen Papieren, auf ihre eigene Veranlassung und oft mit freundlicher Verabschiedung... Flüchtlinge sind allein wir. Nur wir, niemand sonst, nur wir Antifaschisten", reklamierte der bestens DDR-versorgte Stephan Hermlin, der in der Gnade früher Geburt steht und deshalb wissen müßte, wie fatal seine Selbststilisierung zum inneren Emigranten respektive Flüchtling derjenigen gleicht, die nach 1945 die Nutznießer des NS-Regimes vorbrachten. Und da liegt der Skandal, vor dem wir uns alle fürchten, wenn jetzt Künstler, Intellektuelle, Literaten, Wissenschaftler der DDR und BRD auf einem Markt zusammen leben müssen.

Daß sie Nutznießer waren, kleine Opportunisten, feige Hofschranzen, konnte und kann man den NS- und den SED-Kulturschaffenden nicht vorwerfen und gegen sie aufrechnen; aber daß sie ihren Eiertanz nach Ende des Regimes fortführten und fortführen und sich zu den eigentlichen Opfern des geschichtlichen Prozesses hochstilisieren, das war 1945 unerträglich, und das ist heute noch widerwärtiger.

| Kunst und Krieg – Betverbot und Bildersturm |

| 10 | Ein Kampf um CD-Rom.

Fundamentalismus in den Künsten,

der Technik, den Wissenschaften |

Man kann kaum eine Tageszeitung lesen, ohne auf den Begriff *Kulturkampf* zu stoßen. Warum wird so viel Aufhebens von der Kultur gemacht – haben wir nicht genug Probleme und auch Gestaltungsaufgaben in den Bereichen Politik,

Wirtschaft und Soziales? Die Antwort heißt knapp und pointiert: Die Kultur ist in den Mittelpunkt der Diskussion gerückt worden, weil Politik, Wirtschaft und gesellschaftliche Entwicklung ihre zentralen Legitimationsbegriffe nicht selbst erarbeitet haben. Nation, gar Kulturnation, Volk, Sprachgemeinschaft, Traditionsgemeinschaft, Rasse, Ethnie gehen samt und sonders auf Erfindungen der Künste und Geisteswissenschaften zurück. Die täglich von so gut wie jedermann zitierte „kulturelle Identität" von Individuen und Gruppen, von Minderheiten und Mehrheiten ist bei uns zu Beginn des 19. Jahrhunderts zum Beispiel von Dichtern wie Achim von Arnim und Clemens von Brentano, von Philosophen wie Hegel und Fichte, von Kunsthistorikern und Germanisten wie den Gebrüdern Grimm **erfunden** worden mit der Absicht, den Widerstand der deutschen Stämme, die ja keinen gemeinsamen Staat haben, gegen die Usurpation Napoleons zu mobilisieren.

Woher stammte überhaupt der Begriff *Identität*? Die Begriffsbildung geht auf die Codifizierung des Römischen Rechts unter Kaiser Justinian um das Jahr 520 zurück. Dort wurde festgelegt, daß ein Mensch eine Identität hat, wenn er unter den Geltungsanspruch eines Gesetzes fällt, wenn er also Rechtssubjekt war, von dem man sagen konnte: „Er ist der, dem wir ungeachtet seiner Herkunft und Bildung die Tat eines Verbrechens zuschreiben können."
Allgemein galten diejenigen als zuschreibungsfähig (und somit zu*rechnungs*fähig), die zu sich *ich* sagen. Indem alle Zuschreibungsfähigen *ich* zu sich sagen, funktioniert Identität nicht mehr im Sinne einer Unterscheidung, sondern sie macht die Täter vor dem Gesetz, die Militärdienst- oder Steuerpflichtigen gleich.
Identitätsmarkierungen waren von der Polizei, von den Gerichten, von der Kommunikation erzwungene Konstrukte eines verantwortlichen Ansprechpartners. D.h., Identitäten entwickelten sich als hypothetische Denknotwendigkeiten.

Im Namen der postulierten „kulturellen Identität" der Deutschen versuchte man zu Beginn des 19. Jahrhunderts herauszustellen, wofür und wogegen man gemeinsam kämpfen sollte. Man kämpfte gegen die Ansprüche der französischen Revolutionäre von 1789 ff., eine sozialrevolutionäre internationalistische Republik der freien Bürger zu schaffen, in der die Freiheit, Gleichheit, Brüderlichkeit der Menschen nicht mehr aus der Zufälligkeit ihres Herkommens, ihrer Geburt, ihrer Religion, ihren regionalen Traditionen bestimmt werden sollte, sondern formalrechtlich oder philosophisch abstrakt vorgegeben wurde. Die Revolutionäre nahmen für sich in Anspruch, im Namen der Menschheit und nicht einer bestimmten Gruppierung von Menschen in Staaten, Rassen, Volksgemeinschaften zu sprechen. Das Leben und Treiben der Menschen wurde unter den Anspruch universeller, also für alle Menschen als Gattungswesen geltende Regeln hingestellt – Verkehrsregeln gleichsam –, ohne Ansehen der Person und der Gemeinschaften, also über alles hinweg, woraus bis dato Individuen und Gruppen ihr Selbstverständnis gewonnen hatten.

Im Namen dieser neuen Ordnung der Verhältnisse zwischen den Menschen dieser universellen Zivilisation trat Napoleon seinen militärischen Vereinigungsfeldzug an. Bildlich gesprochen klemmte sich Napoleon das nach ihm benannte Regelwerk des *Code Napoleon* unter den Arm, um die althergebrachten traditionellen Ordnungen zivilisatorisch zu vereinheitlichen: eine heroische Mission, die vor Moskau scheiterte.

Die Widerstandskraft gegen die radikale Zivilisierung der Menschheit nach einheitlichen Standards und Regeln bezogen die Preußen und Russen, die Engländer und Spanier eben aus jener denkwürdigen Fiktion ihrer kulturellen Identität, die die Künstler und Geisteswissenschaftler aus den von ihnen rekonstruierten Traditionen seit der Völkerwanderung (dem Ende des römischen Imperiums) mit Bauten und Märchen, mit Heldengesängen und Lebensformen der Regionen glaubten beweisen zu können.
Die in Kleinstaaten lebenden, provinziell geprägten Menschen in Deutschland, das es als politische und wirtschaftliche Einheit gar nicht gab, wußten plötzlich, was sie gemeinsam hatten: eben ihr Deutschtum, ihr Deutschsein, kurz, ihre **Kultur. Die galt es zu verteidigen und in der Verteidigung zu bestärken gegen die resolutionären Vertreter einer über alle regionalen Besonderheiten hinausführenden Zivilisation.**

Wie mächtig die neue Identitätsbestimmung aus angeblichen kulturellen Traditionen gewesen ist, zeigt sich daran, daß etwa Napoleons Gegner England, Preußen und Rußland sie übernehmen, obwohl sie im 18. Jahrhundert bereits die Zivilisierung der rebellischen Regionen zum Reformprogramm erhoben hatten: in Rußland als radikale Verwestlichung seit Peter dem Großen; in Preußen durch das Staatsverständnis Friedrich des Großen, dem nicht nur regionale Sitten und Kulturformen, sondern auch alle Religionen wie Weltanschauungen völlig schnuppe waren, solange ihre Anhänger sich den Pflichten als Staatsdiener unterwarfen; von den Engländern des 18. Jahrhunderts ganz zu schweigen, desgleichen von den französischen Aufklärern, die den Fortschritt ohnehin nur als universelle Entfaltung unaufhaltsamer Zivilisierung der gesamten Menschheit verstanden hatten. Sie alle und viele andere mußten sich der neuen Legitimationsfigur, der kulturellen Identität, unterwerfen. Sie paßten die kulturellen Einheiten mit staatlichen Einheiten zusammen und fanden so zu der zentralen und **wirkmächtigsten Ordnungskraft des 19. und 20. Jahrhunderts:** dem **Nationalstaat,** wobei *Nation* die politische Manifestation von ethnischer, rassischer, religiöser, eben kultureller Identität bezeichnete. Der kulturell legitimierte Nationalstaat war ein Postulat jenseits aller historischen Wahrheit; er war eine Vorstellungskraft besetzende Fiktion, eine **kontrafaktische Behauptung.** Sie durchzusetzen, ging nicht ohne schwere Kämpfe ab, eben die Kulturkämpfe.

Kulturkampf war der Schlüsselbegriff der Bismarckzeit in den 70er und 80er Jahren nach der Reichsgründung von 1871 und der Bayreuthgründung von 1876. Zunächst bezeichnete Kulturkampf die Auseinandersetzung des deutschen Reiches unter Führung Bismarcks mit der katholischen Kirche, mit Rom. Es ging um den Einfluß, den der nicht national geprägte Katholizismus auf Politik, Gesellschaft und Wirtschaft haben sollte und haben durfte. Von heute aus macht man sich die Bedeutung dieser Ebene von Kulturkampf am besten bewußt, wenn man daran denkt, daß der Papst in Rom als eine Art oberster Ayatollah gesehen wurde, der alle weltlichen Dinge der Priesterschaft unterwerfen sollte, um eine Gottesherrschaft im Namen der Evangelien zu etablieren. Die Auseinandersetzung zwischen *Regnum* und *Sacerdotium*, zwischen weltlicher und geistlicher Macht, hatte bis zurück ins alte Ägypten ein zentrales Motiv der Geschichte gebildet. Deswegen war Bismarck, wie alle Repräsentanten des Nationalstaates, daran interessiert, mit möglichst großer Breitenwirkung über die Geschichte derartiger Kulturkämpfe aufzuklären. In für heute fast phantastisch klingenden Auflagenzahlen konnte z. B. der Ägyptologe Georg Ewers in der populären Darstellungsform des historischen Romans die Zeit des alten Ägypten und des Hellenismus (das ist die Zeit nach Alexander dem Großen) seinen Zeitgenossen vor Augen führen.

Gustav Freytag übernahm die Darstellung dieses zentralen Kulturkampfmotivs von der Völkerwanderung bis zur gescheiterten deutschen Revolution von 1848; und Felix Dahn, der heute noch bekannteste unter den vielen erstrangigen Fachleuten, die Geschichte in „Geschichtsdichtungen" vergegenwärtigten, spezialisierte sich auf die für die Deutschen vermeintlich besonders wichtige Völkerwanderungszeit, die Zeit des Eintritts der Germanen in die Geschichte.

Sein Hauptwerk, *Ein Kampf um Rom*, nahm schon im Titel das Kulturkampfmotiv auf, es schildert den Kampf der Ostgoten unter Theoderich und Teja gegen Ostrom, gegen Byzanz, d. h. gegen die Usurpation des Reiches durch die Priester. Die Byzantiner hatten weltliche und geistliche Macht in Einheit von Kaiser und Papst als politisches Modell etabliert. Auf sehr raffinierte Weise integrierte Felix Dahn die handelnden Personen der Bismarckzeit in das historische Panorama (Bismarck z. B. als Cethegus), um die erneute Ambition der Kirche auf einen westlichen Cäsaropapismus abzuwehren. Gerade weil der Kampf um Rom mit dem großen Trauerzug der geschlagenen Ostgoten am Vesuv im Jahre 551 endet, vermittelt sich dem Leser die Verpflichtung, eine Wiederholung dieses Desasters im Bismarckschen Kampf zu verhindern. Die künstlerische, literarische, musikalische Phantasie, die Arbeit der Künstler und Geisteswissenschaftler sollten diesen Abwehrkampf tragen.
Wie wirkungsmächtig die kontrafaktischen Behauptungen, die romanhaften Fiktionen und fachwissenschaftlich gestützten historischen Imaginationen tatsächlich waren, und zwar nicht nur in Deutschland, sieht man daran, daß der englische Romanautor Benjamin Disraeli es fertigbrachte, seine Phantasien Wirklichkeit werden zu lassen. Als Premierminister, noch dazu als Jude, gelang es ihm, die Königin von England zur Kaiserin von Indien zu machen, und Queen Victoria folgte ihm, resp. seiner Dichterphantasie, seiner Geschichtsdichtung. Eine Ungeheuerlichkeit, die bis in unser Jahrhundert viele Fortsetzungen fand.

Der türkische Statthalter in Ägypten beauftragte Verdi, unter Anleitung des französischen Archäologen Mariette eine Oper zu schreiben, die dem Anspruch auf politische Autonomie Ägyptens gegenüber dem erst jungen türkischen Imperium zur Geltung verhelfen sollte. Der Anlaß für diese Inanspruchnahme historischer Imagination mit den Wirkungsmitteln des „Emotionskraftwerks" Oper war die Eröffnung des Suezkanals. Mit seiner *Aida* schuf Verdi so etwas wie eine ägyptische kulturelle Identität, deren Fiktivität dennoch große Folgen für die städtebauliche, politische und wirtschaftliche Entwicklung im damaligen Ägypten und bis in die Zeit Nassers gehabt hat.

Unter den vielen Beispielen für die Verwirklichung künstlerischer und wissenschaftlicher kontrafaktischer Behauptungen von kultureller Identität ragt diejenige **Richard Wagners** heraus. Könige und Fürsten, Kanzler und Präsidenten bekundeten durch ihre leibhaftige Anwesenheit in Aufführungen von Wagner-Opern, erst recht in Bayreuth, daß die wahre Reichsgründung erst in der Wagnerschen Vision geschichtsmächtig werden würde. Denn Wagner bot in der Tat die bis zu Hitler vorherrschenden Wunschvorstellungen über den Ausgang des Kulturkampfes mit Katholiken und Juden an, mit Freimaurern und heimatlosen Intellektuellen, mit Sozialrevolutionären, Anarchisten, mit den Sozialisten und Gewerkschaften und auch für den Kampf unter den Kulturen, also den Kampf im Namen der deutschen Kultur gegen die Russen und Polen, gegen die Franzosen und Engländer.

Wagner war der Großmeister strategischer Mobilisierung der Kulturkämpfer in zahllosen Wagnervereinen;[1] niemand konnte sich seinen Wirkungskalkülen entziehen, selbst wenn er, wie Nietzsche oder Fontane, die Gefahren erkannte, die in solcher rücksichtslosen und alles durchdringenden Verwirklichung von Hirngespinsten lagen. Die Nibelungentreue und die *Götterdämmerung*, das Walten der Walküren und der heroische Kampf Siegfrieds gegen das blinde Schicksal, sprich gegen die universale Zivilisation, in der die Götter und Helden, die Rassen und Völker, die Kulturregionen und ihre Traditionen schließlich untergehen müßten, waren bis in die Mitte unseres Jahrhunderts jederzeit aktualisierbare Formeln und Handlungsanleitungen in den Kulturkämpfen mit ihren Höhepunkten des I. und II. Weltkriegs.

1 vgl. hier, Seite 258.

Man berief sich auf diese gefährlichen Konstruktionen, auf diese Fiktionen, wie auf eine geschichtliche Realität, und wo sich die geschichtliche Realität den kontrafaktischen Behauptungen, den bloßen Ideen nicht fügen wollte, versuchte man mit allen Mitteln, mit militärischer und wirtschaftlicher Macht, die Geltung dieser Ideen zu erzwingen. Daß die Kulturkämpfer mit diesem Vorgehen genau dem entsprachen, was etwa die katholische Kirche zur Unterwerfung der säkularisierten Welt unter dem Primat der Religion betrieb, ist nur wenigen aufgefallen. Glaubensvorstellungen als Gebot göttlicher Offenbarung, künstlerische Phantasien über Massenkommunikation, wissenschaftliche Systemkonstruktionen (wie „Sozialismus") mit politischer Macht zu verwirklichen, die Wirklichkeit also unter die Vorherrschaft von Ausgedachtheiten zu zwingen, das kennzeichnet jede Art von Fundamentalismus. Deswegen wäre es kurzsichtig, heutige Parallelen zu den Kulturkämpfen des 19. Jahrhunderts auf den religiösen Fundamentalismus zu beschränken.

| III | Fishing for Complications | Kunst und Krieg | 10 | Ein Kampf um CD-Rom

Der Kampf um Rom findet heute vor allem als **Kampf mit den neuesten Technologien und wirtschaftlichen Gütern** statt. Er ist gegenwärtig ein Kampf um CD-ROM, also um die Compactdisc R = read O = only M = memory. Wenn wir die Anweisung befolgen, die Compactdisc CD-ROM als Anleitung zum Lesen und Verstehen des Gedächtnisses, also auch der Geschichte der Kulturkämpfe zu nutzen, wird aus CD-ROM die CD, die Christliche Drehscheibe der abendländischen Geschichte. Und es wird die Analogie zwischen heutigem Technofundamentalisrnus, also der Unterwerfung unserer Realitätserfahrung unter die technischen Vermittlungsmedien und der historischen Unterwerfung der politischen und sozialen Verhältnisse unter den Herrschaftsanspruch der christlichen Drehscheibe Rom, deutlich.

Nach Meinung vieler Beobachter begehen wir einen schrecklichen Irrtum, wenn wir meinen, daß die Entwicklung universaler Technologien, die die weltweite Kommunikation beherrschen, ihre Wirtschaft und Politik vernetzen, bereits aus sich heraus die Überwindung der zerstörerischen Kulturkämpfe nach sich zöge. Wie Hitler beispielsweise höchste technische Rationalität ohne weiteres für die Durchsetzung der kulturkämpferischen Blut-und-Boden-Identität einsetzen konnte, so setzen heute die Fundamentalisten – die Protestanten in den USA, die Öko-Fundis bei uns, die Wirtschaftsfundamentalisten in der ehemaligen Sowjetunion, die islamischen in den jungen Nationalstaaten von Nordafrika über Ägypten, den Iran, Pakistan bis nach Malaysia – die allerneuesten Technologien ein, um ihre Konzepte unserer Wirklichkeit aufzupressen. Der Kampf um CD-ROM ist immer auch noch ein Kampf um die christliche Drehscheibe Rom, aber auch um die Drehscheiben Mekka, Washington, resp. Moskau und Peking.

Die Zahl der historischen Kulturen in der außerwestlichen Welt ist viel größer als die des Westens. Also hätten diese Kulturen ein größeres Recht auf Durchsetzung als die paar westlichen Kulturen? Immerhin ist das Bewußtsein für die Brisanz dieser Auseinandersetzungen in den vergangenen 5 Jahren rapide gestiegen. Noch scheint es die Möglichkeit zu geben, mit Verweis auf historische Erfahrungen, solche Kulturkämpfe unter die Kontrolle zivilisatorischer Minimalstandards zu bringen.

Zusammengefaßt: **Zivilisierung basiert auf der Hoffnung, daß wir zu akzeptieren lernen, auch nur Menschen wie**

alle anderen Menschen zu sein, das aber heißt zugleich erkennen, daß wir auf die das Leben garantierenden Logiken der Natur festgelegt sind. Zu diesen Logiken gehört als die Natur des Sozialen genau jenes Verhalten, das in den Kulturkämpfen sichtbar wird. Eine gewaltige Ernüchterung, die allen Kulturkämpfern dringend anzuempfehlen ist; denn nur sie führen sich als hochleistungsfähige Affen auf. Aber das ist keine Diskriminierung, sondern Selbsterkenntnis.

Identitätspolitik beruft sich auf das Selbst, auf das Eigene, auf das Unsrige; aber sie erfindet dieses Selbst als kontrafaktisches Postulat. Jetzt gilt es, die Anerkennung unseres Selbst als Produkt der Naturevolution anzuerkennen. Hoffen wir, daß wir zu dieser realistischen Einschätzung nicht erst kommen, wenn im Namen höchster kultureller Werte die Natur im Tode vernichtet ist. Dann ist es zu spät, die Natur wird über uns hinwegschreiten, als wären wir nicht gewesen und erst recht nicht unsere so grandiosen kulturellen Selbstbehauptungen.

| Kunst und Krieg – Betverbot und Bildersturm |

| 11 | Fanatismus und Ekstase.

Kanzler, Disco und El Greco

Das kunsthistorische Museum in Wien eröffnet am 4. Mai die kulturtouristische Attraktion dieses Jahres: Drei Dutzend erstrangiger Gemälde von El Greco. Dergleichen war nie zuvor im deutschsprachigen Raum zu sehen gewesen. Anpreisung und Erwartung sind kaum zu überbieten: Das Genie aus dem historischen Dunkel – die Legende von Toledo – der Meister des Manierismus – die Künstlerseele der Gegenreformation – der Erfinder des Expressionismus. Schön, schön, wunderbar. Aber was heißt schon Manierismus und Expressionismus? Drastisch gesagt bezeichnet der Manierismus ein Verfahren zur Erzwingung von Gefühlen in leeren Seelen, also ein Disco-Phänomen: Man

„Zu welchem Ende studiert man Universalgeschichte? – damit man keine nassen Füße bekommt." TV-Demonstration Radio Bremen 1970

Jedes Walzwerk eine Universität, jede Kneipe eine Akademie. Gründung der Deutschen Studentenpartei, Kunstakademie Düsseldorf 1967 (mit Stüttgen, Beuys, Chistiansen), ab 1968 Fluxus Zone Ost, ab 1970 Partei der Nichtwähler.

peitscht den eigenen Körper so lange durch gewalttätig rituelle Bewegungsschemata, bis man ein Gefühl für die Selbstwahrnehmung entwickelt und sei es auch nur das lustvolle Gefühl der Erschöpfung oder des Schmerzes. Heute betreiben das Heerscharen von Sozialautisten, Zeitgenossen mit gestörter Selbst- und Fremdwahrnehmung, die vor lauter politischer Korrektheit und Goodwill-Bekundungen innerlich erstarrt sind.

In El Grecos Lebenszeit (ca. 1540–1614) gerieten seine Zeitgenossen in einen derartigen Zustand angesichts der ungeheuerlichen Forderungen Luthers, gesellschaftliche Taten, konventionelles Verhalten und Anerkennungsstreben vor Kaiser und Gott als reaktionäre Lächerlichkeit aufzugeben. Gegen diese lähmende Verpflichtung auf Gewissensreinheit in Gnadenerwartung half nur Ekstatik, also Bewußtseinserweiterung durch Entkörperlichung – für die Ecstasy-Generation sicherlich eine begeisternde Selbstbestätigung.

Den El Greco, den man heute feiert, gibt es erst seit 1908 (Veröffentlichung des ersten Essay über El Greco von Cossio). Seit seinem Tod 1614 hat sich kein Mensch mehr für El Greco interessiert, tatsächlich niemand. Nachdem aber die Mitglieder und Sympathisanten der deutschen Expressionisten 5 Jahre nach Gründung der Dresdener *Brücke* die Zeitgenossen mit ihren Farb- und Formorgien bedrohlich herausgefordert hatten, entdeckte Cossio von den expressionistischen Malern her u.a. den historischen El Greco, der die kunsthistorische Bedeutsamkeit expressionistischer Auffassungen zu beglaubigen schien.

Kanzler Schmidt schilderte öfter, wie ihn, den Expressionistenfreund, El Greco begeisterte, weil der mit offensichtlichem Genie eine Jahrhunderte spätere Entwicklung vorausgeahnt habe. Natürlich hat er nichts geahnt, er nahm nicht vorweg, sondern er wurde von den Späteren vereinnahmt als historische Autorität zur Bestätigung der eigenen Malereikonzepte.

Das Genie der Gegenreformation und die Legende von Toledo? Die Inquisitoren peinigten vermeintliche Sünder, bis ihre Körper sich wanden wie die von El Greco dargestellten, und der Raum zwischen Himmel und Erde, Licht und Dunkel, Leben und Tod erfüllt war von den Visionen der Fanatiker, daß doch das Seelenheil erzwingbar wäre, wenn nur der animalisch egoistische wie materialistisch geistfeindliche Körper aus seinen festen Formen geschlagen sei. Dergleichen heißt heute *Dekonstruktion*.

Und selbst El Grecos Biografie paßt ins heutige Interesse: Der politische Flüchtling Domenico Theotokopoulos aus der türkenbedrohten Provinz Kreta, flieht in die Metropole Venedig, jobbt bei den teuersten Propagandamalern wie Tizian, lernt über deren Auftraggeber eigene Gönner in Rom kennen und läßt sich schließlich in den neuen Zentren der Macht Westeuropas, also in Spanien, als ideologisch bewanderter und intellektuell äußerst flexibler Dienstleister der Kircheneliten nieder. Gerade weil man nur eine Handvoll verbürgter Daten seines Lebens kennt, stimuliert das Genie aus dem Dunkel der Religions- und Kulturkämpfe unsere Fantasie.

Selbst aus den wenigen authentischen Berichten von El Grecos Zeitgenossen läßt sich die Vermutung gut begründen, daß er seinen Beinamen El Greco, der zum Künstlernamen wurde, nicht etwa trägt, weil seine Geburtsinsel Kreta ursprünglich zur minoisch/griechischen Kultur gehörte. Vielmehr leitete El Greco seine Selbstkennzeichnung von den *Grecoli* ab; so nannten sich die Bewohner der Hauptstadt des byzantinischen, also des oströmischen Reiches, das ohne Unterbrechung tausend Jahre vom 4. bis zum 15. Jahrhundert als Bastion des Christentums existierte. Das erreichte Byzanz durch Entfaltung einer glanzvollen Kultur unter der vereinheitlichten Führung von weltlicher und geistlicher Macht, von Kaiser und Papst. Als die Türken schließlich um 1450 das Welthimmelreich Byzanz dem Islam unterwarfen, übermittelten zahllose Gelehrte, Künstler, Techniker und Kaufleute im westlichen Exil die verlockende Vision der Einheit von Diesseits und Jenseits, von weltlich und geistlich, von Politiker und Seelenführer. Dieser Vision folgte auch El Greco.

Einem Untertan der venezianischen Dogenherrschaft erschien der byzantinische Cäsaropapismus weniger fremdartig als Florentinern oder Römern, obwohl die der dauernden Auseinandersetzungen zwischen Kaisern und Päpsten herzlich leid waren.

Jedenfalls hat El Greco, nachdem er als 35-jähriger ins glorreiche Spanien Philipps II. einwanderte, sogleich versucht, für den im Bau befindlichen Escorial der katholischen Majestät die Einheit von weltlicher und geistlicher Macht bildlich zu suggerieren. Als Philipp der künstlerische Fanatismus für das Jenseits zur Gefahr für den Machterhalt des Imperiums, in dem die Sonne nicht unterging, wurde und er El Greco nicht mehr beschäftigte, wandte der sich mit seinen Welthimmelreichsvorstellungen an die hohe Geistlichkeit, die per Inquisition ganz weltliche Machtvorstellungen auszuüben bereit war. Spiritisten,

Mystiker und andere heilige Zeitgenossen waren in Toledo an den Vorstellungen El Grecos interessiert. Aber diese Konzepte erwiesen sich schon bald ohne den Meistermaler des spirituellen Leibes als so hinfällig wie alle anderen Utopien vom Himmelreich auf Erden zwischen der Idealstaatsfantasie der Jesuiten und der von Märtyrern des Universalsozialismus der jüngsten Vergangenheit.

Kunst und Krieg – Betverbot und Bildersturm
12 | Orient und Okzident: Bilderverbote
von Moses über Mohammed zu Malewitsch

Ohne Bilderverbot keine Bildnisse
Kampagnen gegen Kunstentartung begründeten immer schon den Glauben an die Bedeutung der Künste.

a) Das neueste zum Thema: Die fundamental-islamistischen Taliban inszenieren in Afghanistan Bilderstürme gegen vorislamische Monumentalstatuen Buddhas.

Oberste Gerichte verbieten, in Klassenzimmern Bilder oder Objekte religiöser, politischer, sozialer Überzeugung ostentativ so zu präsentieren, daß vor ihnen Loyalitätsbekundungen von Schülern und Lehrern erzwungen werden können.

Der deutsche Minister Fischer gerät durch das Auftauchen einer Fotoserie über seine Demobeteiligungen in der Zeit um 1970 Jahre, die als historische Fakten längst bekannt waren, in große Schwierigkeiten mit seinem amtlichen Auftrag, heutige Skins und andere Politradikale von Gewalttaten gegen Staat und Gesellschaft, Polizei und Bevölkerung durch Strafandrohung abzuhalten, da Fischers Biografie jeden Terroristen zur Nachahmung animiert: Erst blindwütig draufhauen, dann reumütig Karriere machen.

„Wer soll die Bilder aushalten?" fragten Nato-Politiker angesichts der Fotos von „Massakern der Serben an Albanern". Da muß man ja mit Gewalt zurückschlagen – egal, ob die Fotos originäre oder gefakete Untaten dokumentieren. Denn nur die politische Wirkung der Bilder bestimmt den Grad ihrer Realitätshaltigkeit.

Hunderttausende Rinder wurden getötet und beseitigt, als in England BSE grassierte. No problem. Seit aber Panorama-Colorfotos von riesigen Scheiterhaufen der Kadaververwertung, d.h. vom Brandopfer im eigentlichen Sinne des griechischen Begriffs *Holocaust*, in allen Medien präsentiert werden, bildet sich der breiteste Widerstand von Bauern, Tierschützern, Nahrungsindustriellen und Exportprämienjägern gegen „das sinnlose Hinmetzeln unschuldiger, weil gesunder Kreaturen".

Chinesische Kalligraphie, japanisches Blumenstecken, großflächiger monochromer Wandanstrich und expressive Figuration sind die beliebtesten und erfolgreichsten Praktiken der Kunsttherapie in Kliniken und Volkshochschulen, meldet die Fachwelt.

b) Heidnische Brandopfer, platonische Ikonophobie, christliche Vorbildlichkeit und islamische Bilderstürme wurden bisher allgemein mit unterschiedlicher Identitätsstiftung durch Kulturen, Religionen und Politiken „erklärt". Die Begründungen für diese Erklärungen waren allesamt an den Haaren herbeigezogen und dementsprechend zur Legitimation von Willkür und Terror benutzt worden; denn, und das ist nur ein Beispiel für alle Bilderkämpfer, trotz ständiger gegenteiliger Behauptung gibt es nicht einen einzigen Korantext, aus dem ein Bilderverbot zu begründen oder auch nur abzuleiten wäre.
Das islamische Bilderverbot ist wie das jüdische, christliche oder wissenschaftliche (letzteres wurde 1927 von Rudolf Carnap in Wien erlassen) eine kontrafaktische Behauptung von Leuten, die ihre Herrschsucht und Machtgier oder intellektuelle Beschränktheit als Kulturauftrag auszuweisen gedachten.

Kultur legitimiert sich „aus unvordenklichen Zeiten", also durch die Behauptung von uchronischer Dauer. Deshalb konstruierten besagte Machtprätendenten zu ihrer Legitimation der kulturgestützten Verbrechen eine Überlieferungsgeschichte zu besagtem Nutzen und eine Gesetzgebung resp. einen Wissenschaftskodex unbestreitbarer Frömmigkeit. Nutz und Fromm der Bilderverbote liegt in ihrer beliebigen Kontrafaktizität, die deshalb jederzeit als normativ behauptet werden kann, um Vernichtung des Konkurrenten, Raub, Zerstörung, Folter, Mord kulturell, religiös und intellektuell zu legitimieren. Das galt und gilt im Orient so gut wie im Okzident, in der Kunst so gut wie in der Wissenschaft, für die Religion so gut wie für die Politiken.

Das islamische Verbot der Abbildung beseelten Lebens, das jüdische Verbot, Gott zu verbildlichen oder das westliche Verbot, künstlerischen/wissenschaftlichen Begriffen durch Verbildlichung zur Evidenz als *Realia* zu verhelfen, mag man strikt auseinander zu halten bemüht sein, um sie je eigenem Weltverständnis oder religiösen Überzeugungen zuzuordnen – es wird dabei nicht mehr herauskommen als der schon lange bekannte Nachweis, daß je spezifisches Bildverständnis ausschließlich durch die Ausblendung einer der Bedeutungsdimensionen zustandekommt, die allen Zeichengefügen (ob bildlich, wortsprachlich, gestisch, mimisch oder rituell repräsentiert) durch unsere anthropologisch beschreibbare Konstitution von Natur unseres Kommunikationsvermögens aus eigen ist. Die je unterschiedlich ausgewiesenen Bilderverbote stützen sich also auf Beschränkung des Horizonts der Zeichendeutung; ihn haben Ikonologen der Warburg/Panofsky-Schule gleichermaßen wie die Symbolanalytiker oder Zeichentheoretiker von Hrabanus Maurus über Dante bis zu den Gründungsvätern der informationstheoretischen Ästhetik gleichermaßen ausgewiesen: als Einheit von materieller, symbolischer, allegorischer und anagogischer Zeichendimension; als Einheit von syntaktischer, semantischer, pragmatischer und sigmatischer Zeichendimension; als Einheit der ikonischen, indexikalischen und symbolischen Zeichendimension; als Einheit des Bildes in der Unterscheidung von Abbildung und Abgebildetem, in der Nichtidentität von Bildzeichen/Wortzeichen und außersprachlicher Realität.

Die jüdische, christliche, islamische oder kunstwissenschaftliche Ausblendung einer oder gar mehrerer dieser Zeichendimensionen in der *Kommunikation* begründet deren jeweiliges angebliche Abbildungs-, Bild- oder Bilder- oder Vorstellungsverbot.

Aber kehren wir vor der eigenen Haustür, also vor dem Haus der Künste. Es ist längst an der Zeit, die kommerziell oder machttechnisch gut nutzbaren Konfrontationen von moderner Kunst und traditionaler Kunst, von abstraktem Expressionismus und figurativem Expressionismus, von Tachismus und Rokoko, von Informel und Impressionismus, von Farbfeldmalerei und der Malerei der venezianischen Großmeister im 16. Jahrhundert zu verabschieden.

Wenn wir es, herausgefordert durch die kulturelle, religiöse und intellektuelle Beschränktheit der Bilderverbote, für dringlich halten müssen, mit Panofsky *Ikonografie*, mit Shannon *Informationstheorie*, mit Barthes *Symbolanalytik* zu betreiben, können wir nicht umhin anzuerkennen, daß die bisherigen Unterscheidungen zwischen *abstrakt* und *konkret*, zwischen *gegenstandslos* und *figurativ* völlig unerheblich sind. Daß zum Beispiel das *schwarze Quadrat* von Malewitsch allein schon durch seine Präsentation in der Ausstellung 0,10 (1915 in Petersburg) als *Ikone* gewertet werden konnte, ist bekannt. Wie aber die Ikonographie der abstrakten Kunst aussieht, wollte man kaum wissen. Als Allegorie betrachtet besteht die Bedeutung dieses Werktyps von Malewitsch gerade darin, die bisherige konventionelle Allegorisierung mit anthropomorphen, also menschengestaltigen Formen, durch logomorphe, also zahlenförmige Gestalt ersetzt zu haben. Damit wird die konventionelle Bedeutung der *Allegorie* als *Freiheit*, *Gerechtigkeit* oder *Industria* gleichgesetzt mit dem logomorphen Ausdruck für Gleichgewichtsbalance, Konstanz der Gestaltwahrnehmung oder Deckungssymmetrie.

Das Quadrat ist keine abstraktere Figuration als die ikonische Darstellung einer Kuh. Die Repräsentation eines schwarzen Quadrats ist nicht weniger gegenständlich als die Fotografie, die Zeichnung oder Skulptur einer Kuh. Wer ein Quadrat herstellt, kann sich dafür ebenso einer gegenständlichen Vorlage bedienen wie der Zeichner einer Kuh. Wenn die Orientierung auf außerbildliche Vorlagen die natürliche Bedeutung eines ikonischen Zeichens ausmacht, dann sind *Kuh* und *Quadrat* von gleicher primärer Bedeutung. Nur die sekundäre, die kulturelle, konventionelle Bedeutung unterschiede zwischen Kuh und Quadrat. Ihr Gehalt wird unterschiedlich sein, je nachdem, ob sie in der Untersuchung der Kultur einer Epoche als Kunstwerke, Lehrmittel, Einrichtungsdekor, wissenschaftliche Illustrationen oder als Attraktoren für Handelsgüter in Gebrauch sind. Solche Werte werden in den Kulturen symbolisch repräsentiert. Der symbolische Zeichengebrauch basiert auf einer anderen Analogie oder Unterscheidung zwischen Zeichen und Bezeichnetem in der Einheit des Zeichens als es der ikonische und der allegorisch/indexikalische Zeichengebrauch tun.

Im ikonischen Zeichengebrauch wird die Analogie zwischen sprachlichen Zeichen und außersprachlichen Gegebenheiten als *Modell* ausgebildet, dessen Haupttypus die *Abbildung* darstellt. Im indexikalischen Zeichengebrauch wird die Analogie als Verweisungszusammenhang entwickelt, wie er etwa als lexikalischer *Index* im Gebrauch ist. Im Symbol wird eine generalisierende Abstraktion des Allgemeinen aus dem Besonderen repräsentiert, ihr vorherrschender Typus ist die Kontexturierung.

Alle leistungsfähigen Zeichentheorien betonen, daß jede Zeichenfiguration stets auf allen drei Ebenen, der ikonischen, der indexikalischen und der symbolischen gelesen werden muß. Die Verkehrszeichen (die betontermaßen in keiner Sprache Verkehrs*symbole* heißen) sind z.B. sowohl als ikonische Zeichen (Fußgängerin mit Kind als weiß ausgesparte Figur auf blauem Grund), wie als indexikalisches Zeichen (Einbahnstraßenschild in Gestalt eines Pfeils), wie auch als symbolisches Zeichen (weißer Balken in einem roten Kreisfeld) vorgegeben. Die Unterscheidung der drei Zeichenfunktionen macht jede einzelne erst sinnvoll.
Die Bilderverbotsbegründer agieren wie Verkehrsteilnehmer, die sich weigern würden, andere als ikonische Verkehrszeichen zu beachten. Zu welchem Desaster eine derartige Haltung im Verkehr führen muß, ist leicht vorstellbar.

Die Desaster, die Theologen, Politiker und Philosophen durch Bilderverbote anrichten, indem sie Kommunizierende zwingen, nur noch symbolische oder indexikalische Zeichen wahrzunehmen, werden leider noch nicht im stündlichen Verkehrsfunk mitgeteilt. Wahrscheinlich haben es aber die Ayatollahs, die Goebbels und Gehlens, d.h. Priester, Politiker und Philosophen gerade auf derartige Kommunikationscrashs abgesehen, wie die Geisterfahrer auf unseren Autobahnen. Sie genießen die Reaktion auf die unberechenbare Gefahr ihrer willkürlichen Regelauslegung. Und sie, wie alle Bilderverbotspraktiker, legitimieren ihr Vorgehen, wenn sie selber Opfer ihrer Willkür werden, mit der märtyrerhaften Selbsterhebung, mit der Durchsetzung des Bilderverbots den Geltungsanspruch jeglicher Zeichenfigurationen erst unleugbar begründet zu haben.

Hoppla, Heilsversprecher. Scheitern als Gelingen – durch Erfolg zerstört

13 | Heilsversprechen starker Männer der Wissenschaft und Künste im Narrenspiegel

Gemeinhin wird betont, die moderne Wissenschaft unterscheide sich von ihrer Vorgängerin, der (christlichen) Theologie dadurch, daß sie die Gegebenheiten des menschlichen Daseins, seiner Positivität als Natur, aus der Evolution eben dieser Natur heraus zu bestimmen und womöglich zu optimieren in der Lage sei – anstatt sie unter Hinweis auf das offenbarte Ziel der Evolution annehmbar werden zu lassen. Daß die positiven Wissenschaften zahlreiche Strategien der Optimierung entwickelt haben, ist unübersehbar. Fraglich blieb und bleibt, unter welchem Gesichtspunkt der Einsatz dieser Strategien gelenkt, kontrolliert, also verantwortet werden kann. Alle Antworten auf diese Frage betonen die **Abhängigkeit der Zielsetzungen von Zeithorizonten, den kurz-, mittel- oder langfristigen Orientierungen.** Was auf kurzfristige Sicht durchaus sinnvoll begründet zu scheinen vermag, kann sich mittel- und erst recht langfristig als unhaltbar erweisen. In der Umkehrung gilt das nicht. Die Orientierung auf den fernsten Zeithorizont ist nicht zu widerlegen durch die Unmöglichkeit, diese Orientierung in kurz- und mittelfristigen Strategien auszuformulieren. Die positiven Wissenschaften operieren nur in kurz-, höchstens mittelfristigen Zeitdimensionen – sie verstehen den ungeheuren Zeithorizont der Evolution von Natur als Ewigkeit, also als problemlos; die faktische Vorhandenheit der Natur wird zur Positivität eben durch die fraglose Gegebenheit der Natur. Daraus wird der vielgeschmähte Konservativismus der positiven Wissenschaften verständlich. Die positiven Wissenschaften sind nicht die Nachfolger der Theologie, sondern ihre moderne Erscheinungsform. Ihren jeweiligen Heroen (von Kepler über Pascal, Newton, die Enzyklopädisten bis zu Einstein, Heisenberg und Kollegen) wurde das Wissenschafttreiben zur Theologie, sobald sie die kurz- und mittelfristigen Zeithorizonte überschritten. Die Theologen selbst (und die von ihnen auf den Weg gebrachten Künstler) hatten zuvor schon versucht, Theologie und Künste als positive Wissenschaften zu etablieren, indem sie empirisch Evidenzen für ihre Orientierung auf den Zeithorizont der Ewigkeit, zumindest aber der zeitenthobenen Dauer erarbeiteten. Auch ihnen ging es um Optimierungsstrategien für das menschliche Dasein. Spinoza bilanzierte die Begründungen für die Positivität der Theologie und der Künste als Wissenschaften in der Formulierung „deus sive natura", d.h. vor den Zeithorizonten der Evolution (also der Schöpfungsgeschichte) und der Eschatologie läuft es auf dasselbe hinaus, ob man Naturforschung oder Gottesforschung betreibt.

So ungefähr konstatieren es auch Heisenberg und Kollegen, die deswegen als Autoritäten gleichermaßen von Naturwissenschaftlern wie Theologen in Anspruch genommen werden. Häufig vergessen allerdings jene, die ihre theologischen Gewißheiten mit Verweis auf die postiven Wissenschaften rechtfertigen, die Grundvoraussetzung dafür: die Eliminierung des langfristigen Zeithorizonts aus der Evolution und der Eschatologie. Zu welchen desaströsen Konsequenzen hingegen die Vereinheitlichung kurz-, mittel- und langfristiger Perspektiven führt (empirisch etwa durch das Verfahren der Hochrechnung scheinbar ermöglicht), läßt sich an der Durchsetzung vieler neuzeitlicher wissenschaftlicher Großprojekte erfahren, bei deren Rechtfertigung man nicht umhin kam, die strategische Einheit von Natur- und Gottesforschung zu beschwören, ohne sich – wie gesagt – an deren moderne positive Begründungen zu halten. Da sich diese Gelegenheiten häufen, entsteht bei Zeitgenossen der Eindruck einer Wiederkehr „finsterer" mittelalterlicher Entgegensetzung von wissenschaftlichem und theologischem Denken, dessen Fronten ganz anders verlaufen, als es die Fundamentalismusdebatte suggeriert. Deshalb läßt sich etwa die jüdische Orthodoxie mit ihrem strikten Verbot, die Ankunft des Messias je in irdischen Zeithorizonten zu denken – und seien sie noch so ferne – ohne weiteres den positiven Wissenschaften vermitteln, während die säkularisierten Juden mit ihrer strikten Entgegensetzung von wissenschaftlichem und theologischem Argumentieren eigentümlich unmodern wirken.

Trinity

Anfang der 80er Jahre eröffnete Reagans damaliger Innenminister Adams den Aufrüstungsgegnern eine neue Sicht auf die Waffen, vor denen man sich entsetzte. Adams führte aus, atomar bestückte Langstreckenraketen seien kein Teufelszeug, sondern Instrumente der Heilsgeschichte. Ja, es stimme, so Adams, daß diese Waffen die Welt der Menschen auslöschen können – die apokalyptischen Szenarios seien sehr realistisch. Aber, müßten wir nicht als gute Christen die Apokalypse mit anderen Augen sehen, denn uns sei verheißen, daß die Apokalypse der Wiederkehr Christi und unserem Einzug ins Reich

Gottes vorausgehe. **Der gute Christ habe die Apokalypse nicht zu fürchten, sondern freudig zu erwarten, damit sich das Heilsgeschehen vollenden könne.** Diese wahrhafte Umwertung unseres Schreckens in hoffnungsfrohe Erwartung ist nicht Ausdruck privaten Irrsinns einer Randfigur des westlichen Machtzentrums der 80er Jahre. **Die Verknüpfung von heilsgeschichtlichen Konzepten mit der Entwicklung fortschrittlicher Technologien haben viele Protagonisten der Modernität betont.** Auch wenn man zugesteht, daß diese Protagonisten die Heilsgeschichte säkularisiert verstanden, also auf die Welt der Menschen eingeschränkt, so gehört doch zur Welt der Menschen gerade das Phantasieren über die außermenschliche Welt. Deshalb sollte man besser Säkularisierung durch technische Evolution so verstehen, daß der menschliche Geist sich selber die Rolle der geoffenbarten göttlichen oder naturevolutionären Kräfte vorbehält. **Säkularisierung bezeichnet so zutreffender, daß Menschen sich selber das Wirkungspotential der Natur oder der Götter aneignen.** In diesem Sinne ist es eben nicht als Dummheit oder Blasphemie zu werten, wenn Robert Oppenheimer, der Vater der Atombombe, sein großes Projekt „Trinity" nannte. Dieser Code-Name für den ersten Atombombentest in New Mexico am 16.7.1945 wurde nicht willkürlich gewählt. Die Oppenheimer-Biographen weisen darauf hin, der Meister sei Sanskrit-Kenner gewesen und habe das Hindu-Konzept der Dreieinigkeit von Brahma, Vishnu und Shiva gewählt, um die Einheit von Schöpfung, Bewahrung und Zerstörung in seinem Projekt zu betonen. Oppenheimer hätte auch das christliche Konzept der Dreifaltigkeit bemühen können. Die Dreiheit von Vater, Sohn und Heiligem Geist war ja seit dem Mittelalter in der sich erfüllenden Einheit der drei Weltzeitalter gedacht worden: der alttestamentarischen Zeit unerbittlicher Gesetzesexekution, dem neutestamentarischen Zeitalter der Hoffnung auf Gnade und dem kommenden Zeitalter des Geistes, der sich nicht mehr in Schöpfung und Natur zu vergegenständlichen habe. Eine zeitgemäße Version dieses dritten Reiches der Trinität war Oppenheimer durch die quantenphysikalischen Spekulationen vertraut: das „Verhalten" der kleinsten postulierten physikalischen Wirkungspotentiale war als die höchste Demonstration von Freiheit des Geistes zu verstehen. **In der Explosion der Bombe realisiert sich**

die Trinität von Gesetzmäßigkeit, vergegenständlichender Materialisation als Natur und deren Aufhebung im reinen Geist des Quantelns.

Von den Begründungen, die der Erfinder kriegstauglichen Giftgases für sein erschreckendes Tun gab, bis zu den Selbstrechtfertigungen des Erfinders der Neutronenbombe war allen Titanen der Wissenschaften und ihrer Anwendung im Militärischen, Politischen, Ökonomischen und Sozialen gemeinsam, daß sie sich als Mittler eines Geschehens sahen, durch welches Visionen und Offenbarungen des Weltlaufs verwirklicht würden. Sie erfüllten eine Mission, der sich gewachsen zu zeigen übermenschliche Kräfte notwendig sind, eine Begabung mit für „göttlich" genannte Inspiration und eine psychologische Stabilität, die nur kalt und unmenschlich nennen könne, wer sich noch nicht aus den allzu menschlichen Ängsten befreit habe.

Seit **Wissenschaft** nicht mehr im privaten Studiolo betrieben werden konnte, sondern auf gesellschaftliche Subsidien (Geld, Arbeitskollektive, Infrastrukturen) angewiesen ist, **bedarf sie der Begründung ihrer Vorhaben, weil mit Blick auf die zu erwartenden Resultate die Entscheidung über Förderung der Projekte gefällt wird.**

In die wissenschaftliche Arbeit geht also immer schon die Legitimierung, im Namen der Gesellschaft zu arbeiten, ein. Die früher durch reines, interessenloses Erkenntnisstreben begründete Arbeit wird zum Auftrag, für die es keine Einschränkungen als die der Machbarkeit gibt. Was mit den zugestandenen Mitteln machbar ist, ist auch gerechtfertigt.

Damit erübrige sich jedes Lamentieren über die Moral der Wissenschaftler, über ihre Weltanschauungen und Zielsetzungen. Das Erschrecken über wissenschaftliche Großtaten und ihre Anwendung ließe sich also richtigerweise aus der Konfrontation der Gesellschaft, (die die Wissenschaftler legitimiert, weil sie sie arbeitsfähig erhält), mit ihren eigenen Zielsetzungen und Weltbildern gewichten. Das Entsetzen scheint also eher auszugehen von dem Eingeständnis, die Kulturen und ihren Gesellschaften inhärenten Steuerungslogiken nicht beherrschen zu können, also der geheimnisvollen „Selbstorganisation der Systeme" blind ausgeliefert zu sein. Gerade diese Erfahrung aber erzwingt ja die verwegensten Konstruktionen heilsgeschichtlicher oder naturevolutionärer Ausrichtung des Weltgeschehens und der kulturellen Dynamiken. Im missionarischen Eifer der Wissenschaftler kommt also nicht subjektivistischer Mutwille von Un- und Übermenschen zur Geltung. Vielmehr unterstellen sich auch die herausragendsten Wissenschaftler jenen Visionen des zielgerichteten Selbstlaufs von Natur und Kulturen, mit denen jedermann der Ohnmachtserfahrung begegnet, die Logiken der Entwicklung nicht beherrschen zu können. Am Ende raisonnieren die Titanen des Geistes wie Allerweltsmenschen: dies und jenes mißliche Resultat ihrer Arbeit habe man nicht vorhersehen können und schon gar nicht gewollt. Die Wirklichkeit erweise sich eben als solche, weil sie von unseren Visionen und gut gemeinten Absichten völlig unbeeindruckbar bleibt. Daraus läßt sich umgekehrt schließen, wie hoch der Verlust an Realitätserfahrung bei all denen ist, die durch ihre realisierten Projekte zu verstehen geben, die Wirklichkeit sei ein bloßes Konstrukt unseres Willens und unserer Vorstellungen.

Über den Grad des Wirklichkeitsverlusts der amerikanischen Gesellschaft (also auch ihrer Wissenschaftler) zur Zeit der Entwicklung von Atom- und Wasserstoffbomben und ihrer Anwendung geben die ganz ernst gemeinten Handbücher zum Schutz vor freigesetzter Atomenergie Auskunft. Das Entsetzen über die Empfehlungen, sich vor Strahlungsenergie und *fallout* durch über den Kopf gehaltene Handtaschen zu schützen, ist wohl noch größer als über das Faktum atomarer Explosionen selber – auch wenn bei heutigen Vorführungen von Zivilschutzfilmen der 50er Jahre das Publikum sich höchlich zu amüsieren scheint. Derartige Reaktionen vor dem angeblich Unfaßbaren werden psychomechanisch erzeugt. Sie besagen jedenfalls nicht, daß das Publikum unfähig bliebe, durch das peinigende Lachen jemals das scheinbar Unfaßliche sehr klar zu fassen. Völlig irrig ist die Annahme, derartige Publikumsreaktionen blieben in der Faszination vor dem Erschreckenden, in Gafferattituden stecken. Eine „Ästhetik des Erschreckens" zu beschwören verkennt, welche kognitiven Leistungen bereits mit der ästhetischen Dimension der Wahrnehmung vorgegeben werden: nämlich die sich bis zur Panik verselbständigenden Fluchtimpulse und die Bewertung der Situation, sich ihrer Wiederholung auf jeden Fall entziehen zu sollen. Also dürfen wir getrost konstatieren, daß es dem Publikum nicht auf Überwältigung durch das Schreckliche ankommt. Es erkennt, wie unangemessen (in Naivität oder Gedankenlosigkeit) so gut wie jedermann, erst recht aber die Experten der Schadensvermeidung, vor dem von ihnen selbst ausgelösten Ereignis reagieren. Wenn die Herrscher der Kriegsmaschine Atomtests auf dem Bikini-Atoll mit einem Festessen feierten, dessen Dessert in Gestalt einer Atompilztorte gereicht wurde, verliert jeder Beobachter das Vertrauen in die Macht der Mächtigen, also in ihre Attitude, selber die Ereignisse zu beherrschen, anstatt von ihnen, wie jedermann, beherrscht zu werden. Die angeblichen Titanen werden als Kindsköpfe sichtbar, und jeder weiß, welchen unwägbaren Impulsen die folgen. Als Kindskopf beschrieb der militärische Projektleiter den Chef Oppenheimer in einer Botschaft über den erfolgreichen Trinity-Test an die in Potsdam versammelten Truman-Mitarbeiter: „Der Doktor Oppenheimer kam grade enthusiasmiert und höchst zufrieden darüber vom Versuchsgelände zurück, daß *little boy* (die Atomwaffe) genauso ein strammes Bürschchen ist wie *his big brother* (die lokal fixierte Atomexplosion). Das Strahlen in seinen Augen war schon von weitem sichtbar, und seine Freudenjauchzer konnte man kilometerweit hören."

„Beide, die Männer der Wissenschaft und der Kunst, leben stets am Rande des Geheimnisses, sind ganz von ihm umgeben. Beide haben als Maß ihrer Schöpfung stets mit der Harmonisierung des Neuen und Gewohnten zu tun gehabt, mit dem Gleichgewicht zwischen Neuheit und Synthese mit der Bemühung, im totalen Chaos wenigstens teilweise Ordnung zu schaffen," ließ Dr. Oppenheimer die Zuhörer seiner *speeches* wissen. Eltern kennen diese Beschwichtigungsangebote aus dem Kinderzimmer, wenn Junior mitteilt, er habe in dem von ihm angerichteten Chaos immerhin den Plattenspieler in Ordnung gehalten.

Gibt es andere Möglichkeiten, das Schreckliche zu bewältigen – etwa jene, mit der Künstler seit dem 18. Jahrhundert auf die Konfrontation des ohnmächtigen Menschen mit der unbeherrschbaren Eigendynamik der Natur reagierten: der **Verwandlung des Schrecklichen ins Erhabene?**
Die Maler der stürzenden Alpenkatarakte, der Gletscherwüsten, der tobenden See und der Vulkanausbrüche positionierten die kleinen Menschen vor den überwältigenden Naturereignissen in der Distanz des Beobachters wie Dramatiker die Zuschauer vor der Bühne und die Wanderaussteller wilder Tiere ihre Klientel vor Schutzgittern plazierten. Einerseits wurde den Observierenden versichert, nicht in den Strudel des vorgeführten Geschehens hineingerissen zu werden; andererseits wurden gerade durch die Mächtigkeit des Vorgeführten Zweifel an den Sicherheitsvorkehrungen begründet. **Das Gefühl der Erhabenheit, der eigenen Erhabenheit der Menschen, stellte sich ein, sobald sie sich bewußt wurden, beobachtend dem Entsetzlichen stand zu halten, die natürliche Reaktion paniktreibender Angst zu beherrschen, ohne das**

Bedrohliche mit schönen Bildern bannender Ordnung zu überdecken. Letzteres Verfahren gehört zu den ältesten Techniken, die Konfrontation des Menschen mit übermenschlichen Kräften auszuhalten: man umschrieb die Furien des Weltlaufs, der Natur, des Schicksals (die Erynnien) als die wohlmeinenden, mit den Menschen pfleglich umgehenden Kräfte stabiler Ordnungen (als die Eudämoniden), die guten Geister des happy end.

Wie gehen heutige Künstler mit dergleichen Zumutungen um? Dafür ein Hinweis auf ein jüngstes Projekt der deutschen Künstlerin Martha Laugs, das unter dem Titel *technically sweet* im Sommer 1996 vom Städtischen Museum Mülheim an der Ruhr ausgestellt wurde. Laugs zeigte rund 100 unterschiedliche Bildträger mit „wunderbaren Ansichten" von oberirdischen Atom- und Wasserstoffbombenexplosionen der 40er und 50er Jahre. Einige der Fotovorlagen wurden von thailändischen Auftragsmalern in der Manier hergestellt, mit der sie für Touristen Souvenirbildchen produzieren, nämlich mit besonderer Betonung der Touristenattituden, sich zur Beglaubigung des eigenen Augenscheins ins Bild integrieren zu lassen: z.B. als fröhliche Strandgänger und Surfer, die ein spektakuläres Ereignis am Meereshorizont geboten bekommen. Ein weiteres Motiv wurde von einem Bundeswehrangehörigen in eine Gobelinstickerei übersetzt, andere Motive wurden auf Lithosteine übertragen, von denen keine Drucke hergestellt wurden; vielmehr wurden die Lithosteine selbst ausgestellt, als stammten sie etwa aus Hiroshimas Straßenpflasterung, in die sich der Atomblitz eingeschrieben hatte. Andere Arbeiten gaben Malereien von Künstlern des 17. Jahrhunderts wieder, sogenannte Galeriestücke, in deren historische Bestände Martha Laugs einige ihrer Atompilzmalereien integrierte.
Auf den ersten Blick scheint auch Martha Laugs auf die angedeutete Technik zu verweisen, mit der man herkömmlich den Schrecken bannt, seine Verwandlung ins Erhabene. Aber sie tut das, um gerade zu zeigen, daß sich die Aura des Erhabenen nicht mehr erzeugen läßt. Dank der betont banalen Machart der Bilder erscheint es nicht mehr glaubhaft, daß uns hier angeboten werde, die Furien des Verschwindens, des Auslöschens menschlichen Lebens mit überzeugenden Beschwörungsformeln in Garantien für ein schließlich gutes Ende zu verwandeln. Die Gemälde lassen keinerlei Gefühle schöner Schaurigkeit zu, sie entziehen sich jeder Ästhetik des Schreckens, sie faszinieren nicht. Damit gerät Martha Laugs in eine Paradoxie. Einerseits soll sie ihre Bildwerke als möglichst starke Attraktoren unserer Wahrnehmung anbieten, andererseits

würde sie damit ihrer Einsicht wiedersprechen, daß Künstler keinen Vorwand liefern dürfen, Bilder als tatsächlich leistungsfähige Medien der Verwandlung des Entsetzlichen ins Wohlgeordnete zu gebrauchen. **Wie macht man Bilder, die zu möglichst intensivem Betrachten veranlassen, aber nicht faszinieren dürfen? Man konzipiert sie als schräge Bilder, als schlechte Bilder, als Kitsch, also als offensichtliche Demonstration der Paradoxie.** Aber auch dergleichen Ironisierung und Karikierung künstlerischen, wissenschaftlichen oder alltagsmenschlichen Versuchs, nach der Kinderzimmerlogik das Chaos als Ordnung anderer Art umzudefinieren, kann Martha Laugs nicht von der höheren Warte besserer Einsicht anbieten. Viel wäre jedoch bereits erreicht, wenn wir akzeptierten, was uns die gestaltungsmächtigsten und redegewandtesten Zeitgenossen zu erkennen geben: ihre Perplexion, ihre tatsächliche Sprachlosigkeit, ihren Abschied von priesterlicher Beschwörungsmacht und philosophischer Erkenntnisgewißheit. Die Künstler- und Wissenschaftlerpapas werden es uns eben nicht mehr richten können; den Versicherungen der Dompteure wilder Naturgewalten werden wir nicht mehr Glauben schenken; die theologischen Beschwörungen apokalyptischen Endes als wohlbedachte Voraussetzung der Erlösung taugen nur noch zur Rechtfertigung von Willkür und Terror.

Also signalisiert der Zyklus „100 Ansichten wunderbarer Anblicke" nur das Eingeständnis, daß auch Religionen, Künste und Wissenschaften keine Möglichkeit mehr bieten, Beherrschung des Schrecklichen zu garantieren, verweist der Zyklus die Zeitgenossen auf ihre Eigenverantwortung. Jenseits von Erhabenheitspathos, kindlichem Gottvertrauen und Anmaßung allmächtiger Geisteskräfte diese Verantwortung zu akzeptieren, macht zunächst sprachlos. Aber – mit Grabbes Worten: **nur das Eingeständnis der Verzweiflung über unsere leichtfertige Vertrauensseligkeit und dumme Selbstgewißheit kann uns retten vor den Desastern, die wir mit eben diesen Einstellungen selber produzieren.** Daß daran nicht nur stiernackige Militärs, machtgeile Politiker, ausbeuterische Unternehmer beteiligt waren und sind, sondern vor allen anderen Wissenschaftler, Künstler und Theologen, sollten wir durch Angebote wie die von Martha Lauge endlich akzeptieren lernen.

Statt große Kunst – die Tafelbilder der Gesundbeterei – uns über die Köpfe zu halten, um vor Einsichten geschützt zu werden, wie man einst behauptete, sich mit Aktentaschen über den Köpfen vor den „Erkenntnissen" der Atomphysiker schützen zu können, gilt es zu akzeptieren, das große Kunst nur darin groß ist, unsere Kleinheit und Ohnmacht sichtbar werden zu lassen, damit es große Männer schwerer haben, Akzeptanz für ihre großen Taten zu finden.

Werk ohne Wirkung?
Martha Laugs hatte wie ähnlich arbeitende Künstler Schwierigkeiten, ihrem Publikum klarzumachen, worin die Leistung ihres Vorgehens besteht. Die Bilder als Auslöser befreienden Lachens zu bewerten, schien der Ernsthaftigkeit des erörterten Problems gegenüber unangemessen zu sein. Der Verzicht der Künstlerin, in ihren Arbeiten irgendein Mittel zur Bewältigung des Problems zu empfehlen, verhinderte, sie als Autorität für nachahmenswerten kritischen Einspruch auszuzeichnen. Wohlweislich vermied es Martha Laugs auch, irgendwelche künstlerische Schöpferkraft mit humanitären Appellen den sogenannten unmenschlichen, eiskalten Praktiken borniert positiver Wissenschaftler entgegenzusetzen. Die Ausstellung bot keine Möglichkeit, wohlfeile Rechtfertigungsstrategien von Künstlern nachzuvollziehen, sie etablierten aus ihrem Selbstverständnis heraus immer schon die Kunst als Gegenwelt zur technischen Welt. Denn jede Einlassung auf die Geschichte der Künste im technischen Zeitalter belegt eine solche Annahme als – wenn auch verständliches – Wunschdenken eines Publikums, das seinem eigenen Blick auf die Moderne die fromme Unschuld bewahren möchte. Die Künstler wußten zu genau, daß ihre Wirkungsansprüche nur Chancen hatten, erfüllt zu werden, wenn sie wie die positiven Wissenschaften mit den natürlich oder kulturlich gegebenen Voraussetzungen des Einwirkens auf andere Menschen kalkulierten. Die Mehrzahl der für tatsächlich wirksam gehaltenen Kunstproduktionen bestand, zumindest seit Wagners Zeiten, im Wesentlichen aus dem Kalkül der Wirkungen, die man zu erzielen versuchte. **Die Künstler erwiesen sich als ausgefuchste Empiriker der Psychologie, der Soziologie und der Neurophysiologie.** Selbst da, wo sie sich als Sendboten heilsgeschichtlicher Visionen zur Geltung bringen wollten. Wo sie auf das Pathos der Irrationalität setzten, um sich vor Widerlegungen zu schützen, taten sie das zumindest so rational begründet wie nur irgendein

positiver Wissenschaftler. Vor allem aber konnten und wollten sie sich nicht aus sozialen und politischen Umsetzungen von Optimierungsstrategien für das gesellschaftliche Zusammenleben von Menschen und die Ausformung des individuellen Lebenspotentials heraushalten, seien diese Umsetzungen nun universalsozialistisch, nationalsozialistisch oder in irgendeiner Form liberalistisch begründet. Die Künstler waren in diese Projekte nicht nur auf gleiche Weise verstrickt wie Wissenschaftler, Politiker oder Unternehmer, sie haben diese Projekte mitkonzipiert und mit allen zu Gebote stehenden Möglichkeiten zu entfalten versucht. Ja, die tatsächlich wirkungsmächtigen unter ihnen wußten, daß ihren individuellen Vorstellungen in dem Maße Bedeutung zukam, wie sie sie Projekten der Positivität verschwisterten. Für diesen Sachverhalt steht bis heute der Fall Wagner. Er spiegelt sich in den vielen kleineren Fällen Riefenstahl, Breker, Benn, Speer, Jünger, Celine oder neuerdings denen der afro-amerikanischen *Rapper*, und der Mehrzahl aller Künstlergestalter der Unterhaltungsbranche, die angeblich ja nur leichte Kost ohne soziale oder politische Auswirkungen produzieren. Der scheinheilige oder naive Appell „Wagner von Hitler zu befreien" oder Wagners musikalisches Schaffen von seinen weltbildlichen Programmen zu trennen, weil die Kunst nichts mit der Politik, der Wirtschaft oder der Waffentechnologie zu tun habe, würde darauf hinauslaufen, dem Künstler Wagner seine Wirkung zu nehmen, also seine Werke in bestenfalls Wohlgefallen stimulierende Hintergrundgeräusche aufzulösen.

Wenn wir den Krieg gewonnen hätten
Aus den überlieferten Berichten für das Reichssicherheitshauptamt über die „Stimmung" unter der Zivilbevölkerung wurde eine besonders gefährliche Fragestellung von Alltagsmenschen herausgefiltert: **die simple Frage „was soll eigentlich passieren, wenn wir den Krieg planmäßig gewinnen?" schien das gesamte Projekt radikaler zu kritisieren als der defaitistische Zweifel am Endsieg.**
Denn auf die Frage gab es keine überzeugende Antwort.
Heutigen Konsenstheoretikern setzt die gleiche Frage zu: und was kommt nach dem Konsens? Heilsbotschaftern tritt der Volksmund mit der Feststellung entgegen, daß das paradiesische ewige Hosianna-Singen und Manna-Essen eher erschreckend wirke als das Verbleiben in einem „höllischen" Dasein,

Künstler oder Architekten, die – wenn auch nur partiell – die Gelegenheit bekamen, ihren Visionen von Idealstädten und Idealwelten Ausdruck zu verleihen, mußten die Erfahrung machen, daß die von ihnen mit den Wohltaten Gesegneten die Idealstädte bestenfalls als Kasernen oder Gefängnisse nutzen wollten und die Idealwelten der Disneyländer als unerträglichen Kitsch bewerteten.
Die radikalste Frage an die Projektoren von Weltgestaltung als heilsgeschichtlicher Erlösung von den Übeln und dem Elend unseres Daseins heißt also wohl: **„Was passiert, wenn diese Projekte tatsächlich realisiert werden?"**
Nicht nur historische Erfahrungen, sondern auch systematische Überlegungen geben die Antwort: „Dann beginnt das ganze Theater von vorn – auf einer neuen Stufe der Evolution." Die positive Theologie verwies dafür auf die Erzählung von der Vertreibung aus dem Paradies, in dem wir ja bereits waren. Die positive Naturwissenschaft verweist auf die Leistung der Natur, sich jederzeit in einem stabilen – wennauch fließenden – Gleichgewicht zu halten. Sie ist jederzeit *paradise now*. Vor diesen auf die Ewigkeit gerichteten Zeithorizonten erweisen sich auch die wirkungsmächtigsten Heilsprojekte als unerheblich, weil es für die Natur oder den Gott gleichgültig ist, wie sie ausgehen. Für menschliches Handeln ist deshalb die Einschränkung, ja die Beschränkung des Horizonts notwendig. Die ist aber nur erreichbar, wenn die Positivität alles über diese beschränkten Horizonte Hinausgehenden vorausgesetzt wird. Nur vor dem Horizont der Ewigkeit werden kurz- oder mittelfristig angelegte Strategien beurteilbar.
Die Bedeutung oder die Wirksamkeit von Handlungsstrategien bemißt sich daran, welche Risiken und unerwünschten Folgen das Handeln zeitigt. Deshalb gilt uns entgegen aller humanitären Selbstbeschwichtigung für das Alltagsgespräch wie für die elaborierte Bewertung von Kulturtätern aller Typen als vorrangig interessant, was die ruinösesten Konsequenzen hatte oder nach Meinung der Problemfindungsexperten haben könnte. **Der Maßstab der Positivität ist also ein jeweiliges Gelingen, das sich im Scheitern von Alternativen zeigt, eine Schöpfung, die sich durch Zerstörung entfaltet.** Deshalb vermögen die Positivisten aller Handlungsfelder ihre Zielvorgaben kurz- oder mittelfristigen Operierens so einvernehmlich als schöpferische Zerstörung auszuweisen – ohne alle ideo-

logischen Verbrämungen, die man einfach gar nicht nötig hat, um den programmierten Zelltod zu akzeptieren oder den Untergang eines Unternehmens, einer Institution, eines Staates oder einer Gesellschaft. Wen's erleichtert, der mag das als belustigende Narretei des verrückt gewordenen Gottes oder der entarteten Natur sich vorstellen. Für die Begründung von Positivität wird die Lüge auf gleiche Weise benötigt wie die Wahrheitsbekundung, das Falsche wie das Richtige, die Orthodoxie wie die Häresie. Die positiven Wissenschaften aller Branchen lehren uns, die Logiken des Chaos wie die der Ordnungen zu beschreiben, die Bestimmbarkeit der Dysfunktion mit Blick auf das Funktionierende zu würdigen. Auf die psychologische Ebene übertragen, heißt das: eine Reihe von Macken erweist sich als gesundheitsförderlicher als die forensische Unauffälligkeit. Oder kurz: Jeder Positivist ist beschränkt aus Klugheit.

Hoppla, Heilsversprecher. Scheitern als Gelingen – durch Erfolg zerstört

14 Zwei Wege zum Erfolg: das heitere und das heroische Scheitern

Von Karl Popper lernten alle Wissenschaftler, durch Scheitern erfolgreich zu arbeiten. Popper nannte dieses bemerkenswerte Verfahren „Falsifikation": ein Wissenschaftler stellt Hypothesen auf, deren Bedeutungen sich erst herausstellen, wenn es nicht gelingt, sie zu widerlegen.

In den Naturwissenschaften sind Experimente der beste Weg zur Falsifizierung von Hypothesen. Wenn das Experiment scheitert, weiß man, daß die Hypothesen unbrauchbar sind. Also arbeitete der Wissenschaftler erfolgreich!

Aber um Experimente zu entwerfen, braucht man Hypothesen. **Wie können Experimente Hypothesen widerlegen, wenn die Experimente erst durch die besagten Hypothesen möglich werden?** Naturwissenschaftler führen Experimente und Hypothesen zusammen in dem Aufbau einer Logik (zumeist mathematisch formuliert), die es ermöglicht, mit der Diskrepanz zwischen hypothetischen Voraussagen und experimentellen Resultaten zu rechnen. Die Falsifikation läuft also darauf hinaus, Diskrepanzen zu bewerten und zu handhaben. Das Experiment ist gelungen, wenn es scheitert.

In den Künsten unseres Jahrhunderts wurde ebenfalls **Scheitern als Form des Gelingens** zum Thema gemacht: und zwar in mehrfacher Hinsicht.

Auffällig ist die Betonung, daß moderne Künstler experimentieren. Die Begriffe „experimentell", „experimentelle Kunst" werden stets bemüht, um künstlerische Arbeiten interessant erscheinen zu lassen, wenn sie offensichtlich eine Diskrepanz zwischen der Erwartung an die Künstler und den faktischen Werken zur Erscheinung bringen. Seit hundert Jahren werden solche Diskrepanzen von einem Teil des Kunstpublikums als Entartungen stigmatisiert. Die Kampagnen gegen die entarteten Künste zielten darauf ab, nur solche Werke als gelungen zuzulassen, die mit einem vorgegebenen Kunstverständnis übereinstimmen. **Als Künstler fühlte sich derjenige bestätigt, dem andere vorhielten, gescheitert zu sein.**

Die Überprüfung dieses Kunstverständnisses wollten die Künstler aber gerade erreichen, indem sie experimentierten. Sie führten Experimente und hypothetische Kunstbegriffe im Aufbau einer Logik zusammen, die es ermöglichen sollte, die Bedeutung des künstlerischen Arbeitens in der Konfrontation mit dem Unbekannten, Inkommensurablem, dem nicht Beherrschbaren, also der Wirklichkeit, zu sehen. **Im Scheitern,** nach akademischen Regeln ein vorgegebenes Kunstverständnis durch Werke zu verifizieren, **sieht der moderne Künstler das Gelingen seiner Arbeit;** denn es käme auf ihn als Individuum gar nicht an, wenn er nur eine normative Ästhetik oder Kunsttheorie durch seine Arbeit bestätigen müßte.

Niemand hat in diesem Jahrhundert die peinliche Frage: **„Und das soll Kunst sein?"** so radikal gestellt wie die Künstler selber. In der Beschäftigung mit dieser Frage gingen sie so weit zu bezweifeln, daß sie überhaupt Kunst-Werke schaffen. Denn ein planmäßig ausgeführtes Werk wäre nur eine Illustration eines hypothetischen Konstrukts von Kunst, das auch ohne die Werke besteht.

Künstler begründeten die Notwendigkeit zu experimentieren aber nicht nur durch das Ziel, vorherrschende Kunstauffassungen zu falsifizieren. Sie entdeckten, daß offensichtlich eine generelle Diskrepanz zwischen gedanklichem Konstrukt und seiner bildsprachlichen Vergegenständlichung unvermeidbar ist, weil für Menschen Identität zwischen Anschauung und Begriff, Inhalt und Form, Bewußtsein und Kommunikation nicht herstellbar ist (von mathematischer Eineindeutigkeit abgesehen). Sie lernten mit der **Nichtidentität von Kunstkonzept und Kunstwerk** produktiv umzugehen, indem sie die Diskrepanz nutzten, um etwas Neues hervorzubringen, das man sich nicht hypothetisch ausdenken kann. Innovativ zu sein, hieß also, von vornherein auf die erzwungene Identität von normativen Kunstbegriffen und ihrer Entsprechung im Werk zu verzichten. **Das Scheitern der Werke wurde zur Voraussetzung dafür, etwas Neues, Unbekanntes zum Thema zu machen.**

Dieses Verfahren hatte für die Künstler eine existentielle Dimension. Wer sich auf das Neue, auf das Experiment einläßt, ist in der herkömmlichen Rolle als Künstler weder erkennbar noch akzeptierbar. Latente soziale Stigmatisierungen trieben die Künstler immer weiter in die Radikalität des Experimentierens. Sie hatten extreme Lebensbedingungen zu akzeptieren. Um die zu ertragen, neigten sie zu exzessiver Lebensführung. Der Konsum von Drogen aller Art wirkte sich auf die Verfassung der Experimentatoren aus, wodurch sie häufig ein auffälliges Verhalten demonstrierten, das die Öffentlichkeit nicht nur als exzentrisch, sondern auch als psychopathologisch bewertete. Das Scheitern ihrer bürgerlichen Existenz verstanden mehr und mehr Künstler als Voraussetzung für ihre Fähigkeit, radikal zu experimentieren.

In diesem Punkt trafen sie sich mit anderen Abweichungspersönlichkeiten (Terroristen, Kriminellen, Propheten), z. B. mit Hitler. Er legitimierte sich durch die Erfahrung des Scheiterns als Bürger wie als Künstler. Immer wieder betonte er, daß er Hunger, Abweisung, seelische Verwüstung habe durchmachen müssen. **Radikal sein zu müssen, ergab sich aus der Erfahrung des Scheiterns.** In dieser Radikalität lag sein Heroismus der Tat begründet: die heroische Künstlerattitude, die sich prinzipiell im radikalen Scheitern bewährt. Er falsifizierte mit allem, was er tat, die alte europäische Welt mit ihren religiösen, sozialen, künstlerischen Vorstellungen. *Götterdämmerung* ist der Name, der seit Wagner für diese Strategie des heroischen Scheiterns verwendet wird. So konnte er am Ende seiner Tage zurecht überzeugt sein, mit seinem Scheitern die Welt radikaler verändert zu haben als alle seine Zeitgenossen.

Heute nennt man den Heroismus des Scheiterns wohl besser *ästhetischen Fundamentalismus.* Er hat an Faszination nichts verloren. Wagner und Nietzsche, die Protagonisten des heroischen und des heiteren Scheiterns, interessieren inzwischen aber nicht nur Künstler, Politiker, Wissenschaftler und andere Weltenretter. Längst haben jugendliche Subkulturen die Glorie des Scheiterns zur eigenen Rechtfertigung genutzt. Eine ganze Generation scheint unter dem Eindruck zu leben, daß sie scheitern wird – wirtschaftlich, ökologisch, sozial. An Radikalität nehmen es die Hooligans, die Ghettobewohner, die Mafiosi mit jedem Wagner und jedem Hitler auf. An das Schaffen von Werken glauben sie nicht mehr. Sie experimentieren total und konfrontieren sich dem unbekannten und unbeherrschbaren Selbstlauf von Natur und Gesellschaft anscheinend ohne jede Angst. Die Attituden von Künstlern und Politikern interessieren sie nicht mehr, weil sie diese Attituden selbst repräsentieren. Mit postmoderner Heiterkeit sind sie heroisch. Der lachende Schrecken, die zynische Wurstigkeit grundiert ihre Alltagserfahrung bei der geradezu wissenschaftlich gerechtfertigten Aufgabe, sich selbst zu falsifizieren.

Was einst nur Atom- und Neutronenbombenbauern, heiligen Selbstmördern und starken Nihilisten der Künste vorbehalten war, praktiziert jetzt jedermann. Die Philosophie des Scheiterns als Form der Vollendung wurde total. Welch ein Erfolg – gerade auch als Aufklärung. Denn die Aufklärer wußten, daß sie nur durch eines widerlegt werden würden: durch ihren Erfolg.

Hoppla, Heilsversprecher. Scheitern als Gelingen – durch Erfolg zerstört

15 Beim Bärtchen der Moderne. Das Wunder des gelungenen Scheiterns

Unser Saeculum sah eine Entfaltung der Künste, wie sie sich vergleichsweise nur im norditalienischen Quattrocento oder im 5. vorchristlichen Jahrhundert in Attika manifestiert hat. Dem würden Viele zustimmen. Aber jetzt seien die Künste alt geworden wie unser Jahrhundert, kein Biß mehr in den Dritten Zähnen. Alles nur besonnte Vergangenheit im Altersheim der Moderne?

Es stimmt: das Zwanzigste wurde in Europa als Jahrhundert des Kindes ausgerufen – jugendbewegt und wandervogelig. „Aufbruch der Jugend" hieß die Parole. Man kalkulierte mit der kindlichen Unbedenklichkeit und dem Elan der pubertären Kraftmeierei: Jugend kennt keine Gefahren! Sie ist die neue Menschheit.

Aber dann hat die Jugend sie kennengelernt, die Gefahren der idealistischen Bedenkenlosigkeit, der singenden Opferbereitschaft. Vor allem lernte die Jugend, daß der **Jugendkult eine Erfindung der Alten** war (und ist); eine letzte starke Erregung der Postpotenzen, die ausstoßen: „die Jugend ist unser Zukunftskapital".

Es war die erfolgreichste Strategie des Jahrhunderts, **Jugendschändung als Opferritual zu inszenieren. Kraft durch Frevel (KdF), Größe durch Untergang,** denn vor allem Kindern leuchtet ein, daß man nur aus Ruinen wahrhaft auferstehen kann; nur, wo man radikal abgeräumt habe, wachse das Neue – und wo nichts mehr ist, ist Alles neu, was es auch sei.

Ließen sich auch die Künstler des Jahrhunderts auf diese Kindsköpfigkeit ein? Oh ja, und das macht ihre Arbeit so beispielhaft, so zukunftsweisend.

Die Reiche (universalsozialistisch oder nationalsozialistisch), die neue Welten bauen wollten, sind dahin. Peinlich mühsam versuchen wir, ihrem einstmals weltenstürzenden Wirken Denkmale zu errichten. Aber die Künstlerwerke, die überlebten, können weder von Mahntafeln noch echten Ruinen, weder von Totenfeldern noch von Schulbuchseiten ersetzt werden. Das ist bitter, aber lehrreich.

Lektion 1: **Der gute Künstler war keine verfolgte Unschuld.**
Was die Künstler gegeneinander vorbrachten, war mindestens so gewaltsam wie das, was Politfunktionäre gegen die Künstler ins Feld führten. Die Künstler erfanden selbst jene Verdikte, denen sie nach 1933 zum Opfer fielen. Einen Wirkungsanspruch zu erheben bedeutet nichts anderes, als Macht ausüben zu wollen. Das erzeugt Gegenmacht von Konkurrenten, gar Ächtung und Exil, wenn nicht die Vernichtung. Aber: Was hat unseren Glauben an die Kraft der Künste mehr bestärkt, als die Kampagnen gegen sie? Wenn Diktatoren fürchteten, ein paar Bilder könnten Staaten stürzen, scheint die Macht der Bildermacher schier grenzenlos zu sein. Wen wundert es, daß Künstler sich darauf geschmeichelt einließen – zumindest vorübergehend – bis sie die Machtfiktionen durchschauten. Sie lernten sich in ihrem eigenen Versagen kennen, sie kamen sich selbst auf die Schliche. Was einem Hitler nicht gelang, arbeitete ein Kiefer ab: **je totalitärer die Gesten, eine Wirklichkeit unter die Gestalt einer Idee zwingen zu wollen, desto radikaler das Scheitern.** Nur die Künstler sind tatsächlich in der Lage, solches Scheitern als Form der Vollendung ihres Schaffens zu nutzen.

„Kunst ist, was man nicht kann – wenn man's kann, ist es keine Kunst", sagen die Kenner. Die moderne Kunst ist das Scheitern des Projekts der Moderne in Vollendung.

Nur wirkliche Meister wissen, daß mit aller Macht nichts getan werden kann. Wer das leidvoll erfahren hat, fasziniert und erschüttert vom Pathos der notwendig beschränkten Titanen, macht Kunst. Sie stiftet die Ruinen, die überdauern. Sie hat Ruinenwert, nicht die schieren Trümmerhaufen gigantischer Bewegung des Weltmaterials.

Wer aber die Künste des Jahrhunderts zu Werken überlegener Meisterschaft hochstilisiert – wer die Künstler befreien will von den Wirkungsfolgen ihrer wenigstens zeitweisen Verschwisterung mit der Macht der Führer, der Märkte und Moloche, beraubt sie jeglicher Bedeutung. Kunst ohne die Erfahrung fataler Wirkung auf Politik, Kapital und Programmatiken bleibt Gemütskitsch der unergiebigsten Art: Freizeithobby.

Lektion 2: **Die Moderne war kaum modern.** In ihr wimmelt es von religiösen Fanatikern, Heilsbringern und Erlösern von allen Übeln. Der Blaue Reiter war ein Himmelsreiter, spiritistisch verrückt und mit verklärten Seheraugen. Mythische Verzückung übersetzt in den Ausdruckstanz wehender

Nachthemden, aus denen sich magere Schreiberärmchen der Sonne entgegen wanden: Erlösung dem Erlöser mit Sphärensang und gelbem Klang.

Wer das erlösungssüchtig ernstnimmt, ist schon rettungslos verloren. Wer es andererseits leugnet, versteht schon die hingebungsvollen Bewegungen seines Nachbarn unter der Dusche nicht mehr. Und die Lösung statt der Erlösung? Es war schon souverän, wie Malewich die spiritistische schwarze Katze in den schwarzen Sack steckte oder vielmehr in die bis heute gebräuchliche *black box*, ins quadrierte Schwarze Quadrat. Und damit jeder verstand, wie er die Modernen einschätzte, hängte er das Quadrat ins Hauseck der orthodoxen Ikonen; Hitler und viele Zeitgenossen pflegten das Schwarze Quadrat, das Gespenst des Absoluten als Bärtchen unter der Nase. Das hat uns Chaplin gezeigt im *Großen Diktator*: **programmatisch radikale Modernität führt immer zu fundamentalistischem Terror,** egal ob das Programm von rechts oder links verkündet wird.

Lektion 3: Wer Kunstwerken in ihrer gerahmten Beschränkung gegenübersteht, sehnt sich nach seriöser Denkanstrengung der Profi-Philosophen und -theoretiker. Also kaut man Heidegger oder Habermas, um schon nach wenigen Stunden ins Museum zurückzufliehen, denn die Heideggers sind, wo sie faszinieren, auch bloß Begriffsdichter und Denkbildner. Aber sie brauchen zu lange, um auf den Höhepunkt der Evidenz zu kommen. Dagegen ein Manzoni: sein anschaulicher Sinn schlägt Funken, kaum daß man hinsieht; was die Welt trägt, ihr Fundament, ihr Sockel steht vor uns. Das Sein des Seienden wird zur Banalität einer verqueren Vorstellung, der kein Begriff gewachsen ist. Mit welchem Effekt? **Wer die Kunst nur als Sockel nutzt, um sich zu erhöhen, hat in die Erde zu verschwinden,** wird ins Grab gerammt.

Lektion 4: Auf nichts waren die Künstler der Moderne so stolz wie auf ihre schöpferische Kraft, etwas Neues hervorzubringen. Künstlerisches Arbeiten war ein Synonym für Kreativität. Aber ihre eigentliche Karriere machten Kreativität und Innovation erst außerhalb der Künste, seit nicht mehr nur Unternehmer kreativ sein müssen und Produkte innovativ, sondern bereits untere Chargen bei der Bewerbung den Nachweis zu führen haben, allem Neuen gegenüber aufgeschlossen zu sein. Was aber wirklich neu ist, ist damit ganz anders als alles Bekannte, also eigentlich bestimmungslos. Die Künstler lernten, mit diesen Leerstellen der Erwartung sinnvoll umzugehen. Sie ließen sich auf das Neue nicht wegen der Neuigkeit ein, sondern in der stillen Gewißheit, daß ein späterer Blick zurück sie ehrenvoll bestätigte: das Neue läßt sich nicht durch neueres Neues überbieten, denn alles ist schon einmal dagewesen. Als Picabia seine Konturüberblendungen auf dem Bildgrund staffelte, sprach niemand von Innovation. Man glaubte, Beiläufigkeiten eines erschöpften Meisters zu sehen, der seine Telefonkritzeleien gelangweilt in Schönschrift übertragen habe. Erst von den Jahrzehnte später entwickelten Programmen elektronischer Bilderzeugung her verstand man, was Picabia gelungen war, ohne es je gewollt zu haben.

Lektion 5: Es ist ein Märchen, anzunehmen, daß die Künstler der Moderne die Kunst um der Kunst willen im elfenbeinernen Turm betrieben hätten. Sie alle nahmen teil am großen Aufbruch zur Reform des Lebens. Für die Begeisterungsgemeinschaften der *bonheur de vivre*, der Lebensfreude und des vitalen Lebensrauschs schuf Matisse Anschauungsformen, die noch in heutigen Touristenparadiesen aufzuspüren sind – auch wenn man sie nicht mehr versteht. Denn in diesen Bildern luxurierte die Askese, die Befreiung aus dem Korsett der Konventionen, ein Verhaltenstraining, das nicht totzukriegen ist, selbst wenn es Therapeuten und Lifestyle-Designer ihrer Klientel verordnen. Die erfolgreichste Therapie, sich aus der starren Ordnung der Dinge, z.B. der Konsumwelt, zu befreien startete Andy Warhol mit seiner Gymnastik gegen das Habenwollen: Wegwerfen als Aufklärung.

Selbst Cindy Shermans Attitüden-Passepartouts heutiger Lebenswelt sollen uns nicht auf existenziellen Tiefsinn verpflichten. Der Angst, von den Bildern überwältigt zu werden, tritt sie mit der Empfehlung entgegen, sich selbst zu ihrem Urheber zu machen: **Aneignung als Austreibung.**

Fazit: die Künstler gaben dem Jahrhundert eine bemerkenswerte Gestalt: ihre eigene. Wo nur noch Millionen zählen (Wähler, Käufer, Zuschauer) – und das mit Recht, zumal in einer Demokratie – wagen sie es, als schlichte Individuen etwas zu sagen, hinter dem nichts steckt als sie selbst: vorläufig, widerrufbar, ohne Angst vor dem Scheitern. Und man hört und sieht ihnen zu.

Das ist tatsächlich wunderbar!

Hoppla, Heilsversprecher. Scheitern als Gelingen – durch Erfolg zerstört

16 Rest

a. abwertend: das, was nicht aufgeht, was nicht paßt, was überständig ist:
b. aufwertend: ein letzter Rest des Kostbaren, des Knappen.
Kulturgeschichtlich bedeutsam: Reste als Ruinen; der letzte Rest des einstmals Ganzen und Vollen. Insofern die Welt nie so schön wie denkbar, die Schatzkammern nie so voll wie wünschbar, die Liebe nie so stark wie ersehnt sind, ist auch der schönste Neubau eine bloße Ruine des denkbar Vollendetsten, wunschlos Erfülltesten. Einstürzende Neubauten markieren dieses Prinzip des Ruinierens als aufklärerische Distanzierung gegenüber der Anmaßung, etwas Vollkommenes schaffen zu können. Wir bringen es nur zu kümmerlichen Resten einstmaliger Kraft des Wünschens und Vorstellens (weil eben das Wünschen nicht mehr hilft, sondern Hoffen und Harren uns zu Narren macht) oder andererseits zu Fragmenten, Splittern, Klumpen, die partout nicht in unser Sonntagspuzzle passen. **Mirakel der Schöpfung: Das Puzzle geht nicht auf, aber wir haben eine klare Vorstellung davon, was wir nicht erreichen.**
Mirakel der Zerstörung: Wir zerlegen das Ganze in mehr Bruchstücke als wir brauchen, um es wieder zusammenzufügen.
Universale Kindheit: Das wiederzusammengesetzte Radio spielt, aber auf dem Tisch liegen noch sieben komische Teile, eben Reste.
Organ der Resteverwertung, der Altstoffsammlung und der kulturellen Schnellbrüterei (es kommt gedanklich mehr raus, als man philosophisch reingesteckt hat) ist die seit über 150 Jahren erscheinende piemontesische Zeitung *Il Resto di Carlino*.

Hoppla, Heilsversprecher. Scheitern als Gelingen – durch Erfolg zerstört

17 FABA – First Aid for Bad Art

Seit 25 Jahren versuche ich die Documenta-Macher davon zu überzeugen, den Besuchern Erste Hilfe durch schlechte Kunst zu bieten: ich empfahl, auch alle diejenigen Arbeiten von Künstlern in Kassel zu zeigen, die man als nicht vorzeigewürdig ausjurierte; denn um das zu würdigen, was man gezeigt bekommt, muß man wissen, was nicht für ausstellungswürdig gehalten wurde. Zumindest mit einer Internet-Präsentation der ausjurierten, abgelehnten, für zweitklassig gehaltenen Werke könnte man diese zwingende Voraussetzung für ein Kunsturteil der Laien relativ kostengünstig und universell zugänglich anbieten. Aber **man scheut offenbar die Berührung mit der schlechten Kunst.** Warum? Weil ganz offensichtlich die Kriterien der Auswahl und damit die Qualitätskriterien nur spärlich ausgewiesen werden können. Zur Ehrenrettung der Documenta-LeiterInnen läßt sich anführen: wer ein ausgewiesenes Konzept präsentiert, wird von den Feuilletonisten gescholten, weil er die große freie Kunst seinen Urteilsrastern unterwerfe; wer kein Konzept ausweist, wird dabei ebenso gescholten, weil seine Auswahl beliebig bliebe.

Soweit mir bekannt, sind die Vatikanischen Museen die erste Kulturinstitution gewesen, die in ihrem Ausstellungsbereich eine Erste-Hilfe-Station mit frommer Haubenschwester und kettenrauchenden Ärzten einrichtete. Bei meinen Exkursionen mit Studenten nach Rom ereigneten sich regelmäßig mehr oder weniger spektakuläre Zusammenbrüche vor Raffaels Borgo-Brand, vor Michelangelos Jüngstem Gericht und in den endlosen Labyrinthen der antiken Skulpturensammlung. Ich hatte stets vorgesorgt, die schönen Hyperventilistinnen und die blutleeren Jünglinge auf ihren Bahren in der Krankenstation zu fotografieren. Beim Öffnen der Blusen half vorschriftengemäß die mitreisende Professorin Maria Wessely in ihren fliegenden Operationssaalgaloschen.

Und nun ein stilles Gebet für den deutschen Meister der *Bad Art* (Martin Kippenberger), möge ihm das himmlische Manna schmecken und aus dem Regenbogen hinreichend starke Rauschsubstanz in seinen Goldmund tropfen.

Als ich ihn allerdings vor zwölf Jahren in einem Beitrag für sein Darmstädter Katalogbuch auf die Verpflichtung zur Bad Art festnageln wollte, reagierte er gekränkt. Die Empfehlung, sich als Bildjournalist zu verstehen, weil die ästhetische Macht längst an den Journalismus übergegangen ist, empfand er als Unterschätzung seines Talents.

Tomas St. Auby (=TAUB) stellte im April '96 im Budapester Museum für Zeitgenössische Kunst mehr als 3.000 Bad Art-Werke vor. Er dokumentierte seine Versuche aus zehn Jahren, täglich ein schlechtes Kunstwerk zu schaffen, um den Politzensoren, den kunstgläubigen Heilsuchern und den Sammlern das zentrale Thema jeden modernen Künstlers vor Augen zu führen, nämlich den Akt des Versagens, der Hilflosigkeit und Ohnmachtserfahrung. Seit Beuys sich im Guggenheim-Museum präsentierte, sah man keine derart gelungenen Beispiele für das Mißlingen, das objektive, also durch keine Meisterschaft vermeidbare radikale Scheitern. Niemand hat die Frage „und das soll Kunst sein?" so illusionslos gestellt wie die Künstler dieses Jahrhunderts. Sich vor Giacometti oder Artaud in die aufgeblasene Bürgerbrust zu werfen, um mit staatsanwaltlichem Pathos zu konstatieren „das ist keine Kunst" bleibt eine harmlose Lächerlichkeit.

FABAs Dienst an Documenta-Kunden eicht unsere Standards. Die liegen nämlich nicht bei Spitzenleistungen, sondern auf dem Niveau der Bad Art. Nur die 96 % der Normalfälle unserer Kunstproduktion garantieren die Unterscheidung, das Urteil. FABA feiert den Normalfall der Aussichtslosigkeit, der absehbaren Enttäuschung und Vergeblichkeit. Wer diese Vorgabe nicht würdigt, produziert nur Sprechblasengesäusel. Nichts ist für Künstler peinigender als Elogen auf ihre Könnerschaft durch wohlmeinende Liebhaber, deren Bewunderungsjauchzer dümmer sind als jede begründete Ablehnung.

Merke: **die Künste dieses Jahrhunderts wecken unser Interesse durch die Ablehnung, die sie erfuhren.** Wenn totalitäre Herrscher, demokratische Senatoren und religiöse Dogmatiker ihre Bannflüche gegen die Entartung der Künste schleuderten, bestärkte das unsere Hoffnung, daß ja an diesen Künsten etwas dran sein müsse. Das Stigma „Bad Art" ließ sich häufig als Bestätigung eines Wirkungspotentials verstehen.

P.S.: Mme David ließ 1997 verlauten, man bedürfe für die Documenta X keiner Hilfestellungen von außen, keiner Besucherschule. Also wußte ich mich von FABA gut vertreten im Kasseler Sandkasten der Meisterburgenbauer. Nichts hatte der Documenta-Besucher dort nötiger als Erste Hilfe durch den Hinweis auf schlechte Kunst, die tatsächlich jedermann trägt und erträgt.

Hoppla, Heilsversprecher. Scheitern als Gelingen – durch Erfolg zerstört

18 | Katabasis Soteriologike

Vor zwölf Jahren begann Tomas Taub eine Bewegung, ein Fluxusunternehmen – zu einem Zeitpunkt, als das größte aller bisher auf der Erde gesehenen Erlösungswerke – und darauf bezieht sich *Soteriologike* – gescheitert war, beziehungsweise absehbar zu scheitern drohte: der Sozialismus. Wenn das größte aller bisherigen Erlösungswerke – im säkularen wie ihm theologischen Maßstab – scheiterte, mußte sich jeder Künstler überlegen, was es für ihn noch bedeuten konnte, selber Werke zu schaffen. Was sollte irgendein Tun in einem Atelier, auf einer Leinwand, an einer Skulptur, in der Architektur als Behauptung von Bedeutung noch bewirken, wenn selbst ein solches Erlösungsunternehmen wie der Sozialismus sang- und klanglos zusammenbrach?
Von dieser Überlegung aus startete Taub seinen Rückgriff auf eine historisch sehr bekannte Form, solche Ereignisse zu würdigen: die *Anabasis* und die *Katabasis*. Diese Literaturformen entstanden, als griechische Autoren dem großen Alexander, einem antiken Lenin, einem säkularen Soter der Antike, folgten und sein Scheitern beschrieben. **Die Anabasis ist die Lehre vom Scheitern in der Geschichte und dem, was sich daraus ergibt.** Anabasis ist die Bewegung des Vorangehens, horizontal oder vertikal, und jede Bewegung ist immer zweifach: man geht hin und man kommt zurück, man steigt auf, und man kehrt herab. Also ist die Anabasis begleitet

von der Katabasis, dem Weg zurück oder von oben nach unten. Basis ist das, worauf wir stehen, die Erde, die uns trägt. *Ana* heißt „weg vom Boden, auf dem wir stehen", „in die Zeiten", „in den Himmel", „in die Ferne", und *kata* heißt „unter dem Boden", „unter der Basis der Evolution, der Heilsgeschichte, des menschlichen Wesens".

Katabasis Soteriologike **ist also ein Erlösen, ein Verwirklichen, ein Erreichen durch Scheitern,** nämlich durch das Zurückgehen auf das, was sich unter unseren Standpunkten bewegt. Man kennt diese Art des Scheiterns aus der Geschichte in vielfacher Hinsicht, z.B. christologisch: **„die Letzten werden die ersten sein",** oder historisch: die Verlierer von Kriegen werden die Sieger sein – Japan und Deutschland, die Verlierer des Zweiten Weltkrieges, als jüngste Beispiele. Oder man kennt sie kunstgeschichtlich: die entartete, die stigmatisierte Avantgarde wird die bedeutende Kunst von morgen sein. Oder wirtschaftlich: wer ökonomisch erfolgreich sein will, muß aus Dreck Gold machen. Oder man kennt dieses Gesetz der Geschichte kulinarisch: die Abfälle der Gegenwart, die Speisereste der Armen sind die kulinarische Delikatesse von morgen. **Pizza ist ein bekanntes Beispiel, wie man aus Scheitern Gewinn zieht.**

Das sind Gesetze der Geschichte, die die Geschichte nicht am Erreichen von Wille und Vorstellung messen, sondern an der Größe und der Bedeutung der Konsequenzen des Nicht-Erreichens, des Scheiterns. Diese Gesetzmäßigkeit wurde in keinem anderen Bereich dertig präzise durchgearbeitet wie in der Kunst.

Tomas Taub ist ein Künstler, der deswegen historische Kommentare auf das Scheitern der Soteriologie des Sozialismus, auf das Scheitern aller Erlösungsvorstellungen der Ökologie, der Ökonomie abgeben kann, weil seine Offensive darin besteht, sein eigenes Tun von vornherein als ein Scheitern aufzufassen und auszuweisen. Künstlerisches Arbeiten ist immer schon und ausschließlich gelungen im Scheitern.

Das kam so: die **Künstler beerbten die christlichen Theologen,** sie griffen von ihnen z.B. das Attribut des *Schöpfergottes* auf, indem sie sich selber als **schöpferisch** bezeichneten. Ihre gesamte Begriffsideologie ist theologisch. Die Künstler haben aus dieser theologischen Diskussion auch das entscheidende Beispiel für das Verhältnis von Tun und Gelingen, von Tun und Wirkung entnommen: das Beispiel Abrahams.

Abraham war ein Mann, der Inspiration hatte (wie die Künstler das von sich behaupten), der die Stimme Gottes hörte und folglich gehorsam war. Er gehorchte, indem er den Willen Gottes vollführte, seinen eigenen Sohn zu opfern. Damit wurde Abraham der erste Faschist, der erste Totalitarist, der erste Fundamentalist. Er lehrte alle Menschen, wohin es führt, wenn sie so gehorsam sind, im Namen hoher Ideen, im Namen göttlicher Offenbarung selbst gegen das Leben vorzugehen.

Wenn Künstler wie Abraham nur ihrer Inspiration gehorchen, dann sind sie als Mensch, als Individuum gar nicht vorhanden, sondern dann sind sie nur Medien der göttlichen Eingebung, aber nicht Künstler. Sie agieren als Exekutoren göttlicher oder politischer Vorstellungen. **Es kommt also nicht darauf an, zu hören, sondern zu sehen!** Und das drückt Tomas Taub aus, indem er diese Katabasis und die Anabasis, das Auf und Ab, signiert mit dem Namen TAUB. *Taub* ist das deutsche Wort für: nicht hören, aber dafür sehen. Wenn Abraham taub gewesen wäre, hätte er nicht versucht, eine aberwitzige Idee in die Tat umzusetzen. Also **müssen Künstler sich von der Inspiration, von der Vorstellung künstlerischer Größe verabschieden, um als Künstler überhaupt vorzukommen.** Das funktioniert nur, wenn man von vornherein nicht intendiert, etwas großartig Geniales gelingen zu lassen, sondern wenn man sich vornimmt, zu scheitern. Wenn man seit Jahrhunderten Scheitern als Form des Gelingens in der Kunst strategisch betreibt, dann muß man auf eine bestimmte Weise handeln, die im Deutschen mit dem Begriff des *Unterlassens* bezeichnet wird.

Man tut etwas, aber man tut es nicht, damit es gelingt, sondern damit etwas herauskommt, das nicht riskiert, einen selbst zu verschlingen.

Nur Bad Painting ist Good Painting
Vor 12 Jahren wählte sich Tomas fünf Beispiele für diese Art von Strategie, die er mit dem Namen *bad painting*, „schlechte Malerei", belegte. Schlecht zu malen bedeutet nicht nur zu malen, obwohl man es nicht kann, sondern „schlecht" im Sinne von „bösartiger Distanzierung von dem, was man vermag". *Bad painting* als Strategie des Scheiterns im Gelingen ist etwa das, was Cézanne praktiziert hat: er versuchte sein ganzes Leben lang, nicht „gut" im akademischen Sinne malen zu können, um zu einer neuen Malerei zu kommen.

20 Jahre lang bemühte er sich, einige Äpfel, ein paar Zitronen auf einem Tisch zu fixieren, und es ist ihm bekanntermaßen bis zu seinem Lebensende nicht gelungen, das zu meistern. Cézanne ist als Maler gescheitert, und darin lag seine Bedeutung. Mit einem der Ausgangswerke seiner Bildfolge verweist Taub auf Cézanne.

Ein zweiter Verweis bezieht sich auf Hieronymus Bosch. Dieser hatte sich sich mit der größten Form des Scheiterns auf Erden, nämlich mit dem Weltuntergang, beschäftigt. Er scheiterte als Künstler darin, das Scheitern zu bewältigen. **Es gibt keine Möglichkeit, den Weltuntergang oder den Holocaust künstlerisch zu bewältigen.**

Ein drittes Beispiel kommt aus der jüdischen Theologie, Theorie und Philosophie, nämlich der Verweis auf **das Scheitern im Sinne eines Aufhörens.** Man hört am Sabbath auf, zu arbeiten, etwas zu tun. Man stellt sich still, man entzieht den Ereignissen die zeitliche Basis, man tritt gegenüber den Bedingungen des Arbeitens in den Streik.

Mit dem *Schiffbruch* greift Taub noch ein Thema auf, das in der Kunstgeschichte ohnehin permanent bearbeitet wurde.

Zuletzt verweist er auf die Spiritualität von Jakob Böhme, der versuchte, das Problem des strategischen Scheiterns dadurch zu bewältigen, daß er die Welt immer weiter, auf einen einzigen Punkt, ein Sandkorn hin, eingrenzte.

Mit diesen fünf Beispielen strategischen Scheiterns als Gelingen füllt Taub seinen Zyklus. Er endet mit einem Raum, in dem vor der Leere der Wand nur noch *Katabasis* und *Anabasis* als Säulen der Auf-und-Ab-Bewegung, der Bottom-Up- und der Top-Down-Bewegungen der heutigen Wissenschaft zu sehen sind.

Taub läßt die Welt der Menschen lesbar werden als ein Scheitern, wie es alle Religionen, alle Philosophien, alle politischen Systeme bisher erfahren haben, und am Schluß steht der Verweis auf das Kreuz und die Rose im Kreuz, auf das Thauma und das Trauma und auf den Regenbogen, das Zeichen der Anabasis vom irdischen Leben in ein anderes Leben.

Der gesamte Zyklus ist also eine allmählich sichtbar und lesbar werdende Welt des menschlichen Scheiterns, des Scheiterns der Götter, des Scheiterns der Diktatoren, des Scheiterns der Künstler, des Scheiterns der Philosophen. Aber dies einsehen und verstehen zu können, begründet die Größe des Menschen als jemand, der lernt, sich selbst zu verstehen. Der Zyklus ist ein Beispiel, ein *exemplum mundi*, ein Wellbuch, eine Enzyklopädie des menschlichen Scheiterns

Warum ist das so wichtig? Erst heute beginnen wir zu verstehen, daß alles, was Menschen auf Erden für ein Gelingen bzw. **das Lösen von Problemen** halten, **in nichts anderem besteht als im Produzieren neuer Probleme.** Man nimmt ein Medikament gegen Nierenversagen, bekommt aber davon einen Herzschaden.

Nur die Künstler wissen seit 600 Jahren, daß das Scheitern beispielhaft für menschliches Tun ist und haben deswegen eine Kunstgeschichte entwickelt, deren Zusammenhang in einer langsamen Ansammlung von lauter Positionen völlig unlösbarer Probleme besteht.

Da wir inzwischen bemerken, daß auch ökologische und politische Probleme nicht mehr lösbar sind, daß Rassen-, Ethnien- und sonstige Konflikte auf der Ebene der Naivität nicht ausgetragen werden können, müssen wir uns beeilen, die Welt als eine solche Sammlung von prinzipiell nicht lösbaren Problemen anzunehmen. Die Künstler zeigen uns, wie man damit fertig wird. Wir lernen bei ihnen nicht, Künstler zu werden, wir lernen, uns selbst zu verstehen im Blick auf das, was wir alle am schlechtesten aushalten, nämlich eine heillose Welt. Die Soteriologie ist keine Heilsgeschichte durch Erreichen des Paradieses oder des Sozialismus, sondern sie ist eine Heilsgeschichte als Selbstkonfrontation des Menschen mit der Welt als einem für Menschen prinzipiell unlösbaren Problem. Das ist Thauma und Trauma, Wunder und Wunde im Abschluß-Terzett der Arbeiten von Tomas Taub.

Hoppla, Heilsversprecher. Scheitern als Gelingen – durch Erfolg zerstört

19 | Ein Jubiläum zum Schreien

Großmeister Shakespeare ließ das Theaterpublikum in einem Rutsch, knapp drei Stunden lang, Leben und Lust, Leiden und Laster eines Königshauses miterleben. Als Fernsehserie erstreckt sich die dramatische Aufbereitung von

Jämmerlichkeit und Machtwahn über Jahre, egal, ob es um die Könige unserer Zeit, die Societystars, Ölmagnaten und Finanzjongleure (*Dallas*) geht, oder um die sozialgehegten Pantoffeltierchen unserer Republik (*Lindenstraße*).

Was besagt das? **Das Fernsehen hat unser Empfinden für Ereignisse, für Lebensläufe, für Geschichte drastisch verändert.**
Von der unwiederholbaren Einmaligkeit zwischen Geburt und Tod mit dramatischen Höhepunkten wurde das Leben zu einem Serienereignis. Serien sind Aneinanderreihungen von gleichen Elementen oder Abfolgen von Ereignissen gleichen Charakters. So sprechen wir von einer Serie von Brandstiftungen, oder einer Serie von Geschossen. Genau das ist Fernsehen in seiner wirksamsten Eigenschaft.

Die Serie ist als Zeitstruktur unüberbietbar wie die Serie unserer Kalendertage und Jahre. Fernsehen ist also ewige Wiederholung ohne Ziel und Ende, zeitlos wie die Kalenderzeit selber. Die tollsten Serien des Fernsehens sind demzufolge die Tagesschauen und Tagesthemen, denn im Fernsehen ist jeden Tag *heute*. Fernsehen ist die tatsächliche Schöpfung des Heute, der schieren Gegenwärtigkeit. Das Fernsehen macht alle Ereignisse unmittelbar, also heutig, gegenwärtig, indem es uns zeitgleich an Fernab-Ereignissen teilnehmen läßt, oder indem es uns beweist, daß alles, was überhaupt unter Menschen geschehen kann, heute geschieht, also immer geschieht, also nie aufhören wird zu geschehen. Es wird keinen Tag geben, über den nicht eine *heute*-Sendung gemacht werden wird. Das wird auf alle Zeiten so sein, versichert uns das Fernsehen.
Alle Zeit, die vergangene und die zukünftige, fällt im heutigen Tag zusammen, und jeder Tag ist bloß ein heutiger. Es gibt nichts anderes als das Heute und seine ewige Wiederholung: Jeden Tag gibt es Tote und Verletzte, Trauernde und Triumphierende, Aufstände und Familiäres, Regierungserklärungen und Operninszenierungen. Jeden Tag das gleiche, das doch nie dasselbe ist.
Fernsehen war und ist vor allem diese Revolution der Zeiterfahrung. Das Leben ist jetzt, das Leben ist heute, ohne Voraussetzung in der Vergangenheit, ohne Zielpunkt in der Zukunft. Das sagt vor allem Fernsehen als Werbung: Alles ist da ohne Probleme, wie von Zauberhand, und über alles können wir verfügen, jetzt, sofort, ohne zögern, ohne lernen, ohne warten. Nogger Dir einen!

Lang zu, mach was Du willst, Bedingungen werden nicht gestellt. Also zum Beispiel die Bedingung, daß man Geld erst verdienen muß, bevor man es für das schöne Werbeglitzern ausgeben kann.
Wer den ganzen Tag fernsieht, **die totale Tagesschau,** für den heißt Zuschauen leben. Und das Leben besteht aus der Wiederholung des immer Gleichen auf allen Programmen, mit wechselndem Personal und in ein paar variierten Stimmungen. Ein Leben als Fernsehzuschauer! Das ist die ideale Karriere, die großartige Biografie des Zeitgenossen, vor allem des jüngeren, dem außerhalb des Fernsehsessels sowieso nichts gelingt. **Das Fernsehen hat uns die Anstrengung des Lebens abgenommen,** wie die Sklaven den Herren früher die Arbeit abnahmen. Wir brauchen nichts mehr zu tun, nur noch zuzuschauen, ohne uns vom Fleck zu bewegen. Alles geschieht sowieso jeden Tag; zum Ereignis wird es, wenn wir ihm im Medium TV begegnen. Von jetzt ab bis in alle Ewigkeit ohne Krankheit, ohne Hunger, ohne andere Extremwallungen vor dem Bildschirm zu sitzen, das ist in früheren Jahrhunderten als paradiesischer Zustand ausgemalt und bedichtet worden.
Das Fernsehen ist dem reinen Zuschauer ein zeitgemäßes Paradiesgärtchen, in dem wir Stunden um Stunden sitzen mögen, den Blick mal hierher, mal dorthin richtend, über Blumen und Gewürm, über Schönheit und Schrecken. Selig sind, die da immer nur fernsehen wollen, angstfrei sind, die wissen, daß Bilder nicht beißen, wunschlos glücklich sind, denen auf Knopfdruck die ganze Welt vor Augen erscheint.
Die Paradiesgärtchen waren dem gläubigen Christen so wirklich, wie dem gläubigen Fernsehzuschauer der Musikantenstadl, die Schwarzwaldklinik, oder die Heimat des Osterhasen. Warum gelingt es uns nicht, in diesen Fernsehparadiesen zu bleiben? Welcher Erzteufel scheucht uns von der Couch?

Fernsehen? Danke, wir lügen selbst
Vierzig Jahre[1] deutsches Fernsehen ein Weg ins Elend? Ein Wahlangebot zwischen großen und größeren Übeln? Eine Negativolympiade der Politik zwischen Werberauschen und Showsäuseln?
Seit Mitte der 60er Jahre wird unsere Einstellung zum Fernsehen durch die Kritik bestimmt, die das Fernsehen selber hervorrief; in erster Linie die Kritik des Bildungsbürgertums, also aller Menschen, die dem Schreiben und Lesen ihr Selbstbewußtsein als Kulturträger verdanken.
Zum Fernsehen braucht man weder lesen noch schreiben zu können, ja, zum Fernsehmachen auch nicht (mit Ausnahme der Techniker). In der Tat: Seit

1 Der Text entstand aus Anlaß des 40jährigen Bestehens des ARD.

Fernsehen Massenmedium wurde, ist die Zahl der Leute, die weder lesen noch schreiben können oder wollen, rapide gestiegen. Nun gibt es viele Kulturen, in denen weder gelesen noch geschrieben wird (die sogenannten Primitiven) – aber zu unserer europäischen, oder aus Europa stammenden Kultur, gehörte das Lesen und Schreiben als Fähigkeit von jedermann.

Seit Mitte der 60er Jahre verwandelte sich die allgemeine Schulpflicht in eine allgemeine Fernsehpflicht. Wer noch irgendwo mitreden wollte, in der Familie, am Arbeitsplatz, der mußte die einschlägigen Sendungen von ARD und ZDF gesehen haben; denn Fernsehsendungen wurden zu den interessantesten Gesprächsstoffen; man kann auch sagen, **interessant wurden Sachverhalte erst, wenn das Fernsehen sie zeigte.** Ja, auch das gemeinsame Reden über die durch das Fernsehen interessant gewordenen Themen wurde zu Fernsehsendungen, zu Talkshows. Damit schloß sich der Kreis. **Das Fernsehen produzierte Ereignisse für die Zuschauer draußen im Lande, machte aber deren erregte oder amüsierte, auf jeden Fall interessierte Reaktion auch noch zur Fernsehsendung: Das Publikum lernte, sein Zuschauen fernsehgerecht zu gestalten, auf Kommando zu applaudieren oder Mißmut zu äußern.**

Das setzte sich in vielen Bereichen durch; Werbefilme und Programmfilme wurden sich zum Verwechseln ähnlich: Die Werbung sollte so aussehen, als sei sie gar keine, und die journalistischen Programmbeiträge ahmten die Werbeclips nach, um jung und geil zu erscheinen. Im sogenannten Dokumentarspiel vermischten sich Reportage, Rekonstruktion, freie Phantasie so stark, daß zwischen Akteur und Zuschauer, Nachricht und Kommentar, zwischen Simulation und Realität kaum noch zu unterscheiden war.

Diese wildgewordenen, an der Wirklichkeit nicht mehr kontrollierbaren Bilder, führten einen regelrechten Krieg: *Dash* gegen *Omo*, Reinheit gegen Sauberkeit, Massenshow gegen Minderheitenkultur, Entertainment gegen Politmagazin – ein Krieg wahllos aufgemotzter Bilder aller gegen alle um Einschaltquoten.

Vor allem aber, so meinte der Bildungsbürger, sei das ein Krieg völlig inhaltsloser Bilder, die die elektronische Technik ganz allein produzierte, ohne Bezug auf die Wirklichkeit jenseits der Bilder. Das Fernsehen manipuliere die Wirklichkeit, anstatt zu dokumentieren oder zu argumentieren. Die Bilderwelt des Fernsehens werde zum Weltbild und setze sich als die neue Wirklichkeit in den Köpfen der Menschen fest.

Diese kritische Art, wie das Bildungsbürgertum in die Röhre guckte, ist zum Gemeinplatz geworden und damit erledigt. Wenn alles im Verdacht steht, Manipulation zu sein, besagt der Vorwurf nichts mehr. Kritisches Fernsehen? Nein danke, wir lügen selbst!

Lesen und Schreiben statt Hocken und Glotzen? Dicke Bücher, Kunst oder Nichtkunst, werden gekauft, um sie herumzutragen oder zu verschenken, sie bestenfalls noch durchzublättern und als Bilderbücher zu genießen.

Noch besser: Büchersendungen im Fernsehen! Komisch: Man sieht in den TV-Filmen Menschen beim Sex, bei der Arbeit, beim Autofahren, beim Freizeitbummel, ja sogar beim Regieren; beim Lesen und Schreiben sah man sie noch nie. **Büchersendungen im Fernsehen sind ungefähr so glaubwürdig und instruktiv wie Fahrschulen für Blinde und Diätvorschriften für Hungernde;** das heißt, es wird keine Versöhnung zwischen Bildungsbürgern und Medienfreaks geben; jedenfalls scheint bis auf weiteres klar zu sein, daß Lesen und Schreiben nicht mehr die entscheidenden Kulturtechniken sind, sondern Bildermachen und Bilderlöschen. Nach 40 Jahren Fernsehen gilt diese Bilanz auch im 500jährigen Zentrum der Gutenberg-Kultur, in Europa, ja in Deutschland. Daß Analphabeten in Afrika, Asien, Lateinamerika auf den Wirklichkeitsanspruch der Fernsehbilder hereinfallen würden, das schien den Bildungsbürgern erwartbar, ja wünschenswert; aber in Europa und Nordamerika, im traditionsfrommen Japan oder im heroischen sozialistischen Lager? Damit hatte keiner gerechnet, schon gar nicht in der guten alten BRD mit ihren welteinmaligen öffentlich-rechtlichen Anstalten.

Die Vernichtung der Kultur

Wie stolz wir immer waren, wenn wir nach England oder in die USA fuhren, und unsere Freunde aus den dortigen Museen, den Universitäten, den Galerien und Künstlerateliers mit verzücktem Augenaufschlag die Segnungen der deutschen Rundfunkanstalten überschwenglich priesen. Die deutschen Anstalten hätten – so hörten wir – zum Beispiel in den 50er Jahren die Entwicklung der modernen Musik in der gesamten Welt ermöglicht. Diese Medienereignisse in Darmstadt oder Donaueschingen galten vor allem den amerikanischen Künstlern als Inbegriff von Kulturarbeit. Weltbekannte Größen wie John Cage fühlten sich in deutschen Sendern mehr zu Hause als irgendwo sonst.

Wie gesagt, solche Lobeshymnen auf die Öffentlich-Rechtlichen in Deutschland hörten wir fast täglich bis zum Beginn der 80er Jahre. Gefeiert wurde die kontinuierliche Arbeit am Konzept des *kleinen Fernsehspiels*, und gefeiert wurden die reklamefreien Magazinsendungen „Politik, Soziales, Kultur", die ihresgleichen in der Welt suchten. Mitschnitt und Ausstrahlung höchstrangiger Schauspiel- oder Operninszenierungen durch die Öffentlich-Rechtlichen in Deutschland brachten uns die Geltung und den Ruhm einer herausragenden Kulturnation! Gerade im westlichen Ausland verstand man, daß die gerühmte Sonderförderung der deutschen Künstler aller Sparten und das ganz einmalige Interesse der deutschen Öffentlichkeit an kulturellen Ereignissen den öffentlich-rechtlichen Kulturinstitutionen (Rundfunk, Theater, Museen, kommunale Kulturzentren) zu verdanken war – ein Konzept, um das uns alle Welt, gerade die kapitalistische, vorbehaltlos beneidete.

Warum? Weil an den deutschen Kulturinstitutionen nicht Geldmachen im Vordergrund aller Aktivitäten stehen mußte; weil die Redakteure, Kustoden, Regisseure, Ausstellungsmacher ein hohes Maß an Unabhängigkeit von kommerziellen Leitbildern wahren konnten; weil durch die zahlreichen regionalen Zentren und die Kulturhoheit der Länder alle deutschen Provinzen zu Metropolen wurden; weil die in der Welt einmalige Zahl solcher Kulturmetropolen auf so engem Raum wie der alten BRD eine Kulturvielfalt entstehen ließ, die es weder in Frankreich noch in England oder gar in den USA gab.

Zum 40. Gründungstag der ARD muß man sich an diese ruhmreichen Taten der deutschen Sender erinnern – gerade weil das alles bloß noch Geschichte ist. Seit Anfang der 80er Jahre bescherten uns die deutschen Politiker den Anschluß an das westliche Ausland. Sie vernichteten mit voller Absicht und zielstrebig die Leistungen der öffentlich-rechtlichen Anstalten für die Kultur Deutschlands, weil sie mit deren vermeintlich linkslastigen Ausrichtung nicht einverstanden waren. Da Zensur an den Programmen direkt nicht durchgesetzt werden konnte, wollte man die Wirkung der Programme einschränken, indem man die Zuschauerzahlen bei einzelnen Sendungen drastisch verringerte. Dazu brauchte man nur die Zahl der angebotenen Programme zu erhöhen; **statt 3 Angebote sollte es 30 geben – da ist die Wahrscheinlichkeit, daß viele Menschen die gleichen Sendungen sehen, sehr gering.** Zudem würden die Öffentlich-Rechtlichen sehr bald gezwungen sein, die Unterhaltungsspektakel der Privat

sender nachzuahmen, um überhaupt noch Zuschauer zu haben. Anspruchsvolle Sendungen, gar Sendereihen zu Politik, Soziales, Kultur würden da ganz von allein verschwinden.
Gesagt getan. Im Rahmen gesamteuropäischer Vereinigung warfen die Deutschen willfährig vorauseilend das erfolgreiche und bewährte Kernstück deutscher Kulturarbeit auf den Müll der Geschichte, d.h. auf einen Haufen kommerziellen Schrotts völlig identischer, beliebiger, nichtssagender TV-Produktionen. Zwar gibt es formell noch die Öffentlich-Rechtlichen, aber ihnen droht ständig das Fallbeil der Publikumszustimmung: um Massenzuspruch zu finden, muß der Anteil von Kultur im Programm radikal verkürzt werden. Um dann noch den Verfassungsauftrag (kulturelle, politische und soziale Bildung und Erziehung) zu erfüllen, müssen Erziehung und Bildung als unterhaltsames Spektakel aufgezogen werden, das von niemandem mehr Arbeit und Anstrengung des Gedankens fordert. Damit sind wir wirklich reif geworden für die große Vision der einheitlichen Welt aus Werbesendungen, Unterhaltungsbrei und Gesellschaftsklatsch.
Zum 40. Jubiläum eine stolze Bilanz: **unsere Sender sind von x-beliebigen anderen in der Welt nicht mehr zu unterscheiden.**
Dazu darf man wirklich gratulieren, denn niemand von uns hätte diese Leistung für möglich gehalten. Und da sage einer noch, Politik sei bloß die Kunst des Möglichen.

Kultur zivilisieren. Von der Humanisierung zur Hominisierung

20 Kulturelle Identität ist Fiktion

Auszug aus einem Interview mit Martina Leeker und Lambert Blum

Die Internationalität der Ballettgruppen in der Nachkriegsgeschichte entstand durch einen simplen ökonomischen Faktor. Schon ab 1960 stammte ein Großteil der Ballettänzer aus dem nichteuropäischen Ausland, weil die Europäer – vor allem die Deutschen und Schweizer – nicht mehr bereit waren, für den Hungerlohn zu arbeiten, zu dem Ballettänzer am Theater angestellt wurden. Die Internationalität der Programme und der dramaturgischen Konzepte ergab sich schlichtweg daraus, daß den Regisseuren einfach nichts mehr einfiel. Wir zehrten zwar noch von der Ausdruckstanztradition, dem klassischen Ballett und gewannen neue Formen hinzu, die in den Sechziger Jahren aus den Happenings oder aus dem Neo-Dada-Kontext, von Stockhausen und der Fluxusbewegung und in Amerika von Merce Cunningham und Martha Graham entwickelt wurden. **Da die Dramaturgen aber keine neuen Ideen erarbeiteten, haben sie sich kurzerhand der verschiedensten kulturellen Ausdrucksformen bedient. Es handelt sich schlicht um die Ausbeutung der Fremdheit als Attraktivität auf der Bühne.** Die Regisseure müssen etwas Attraktives bieten, und das Fremde ist per se attraktiv. Also durchsetzte man die Programme mit Verweisen auf irgendwelche vermeintlich indischen, asiatischen, afrikanischen Traditionen. Das Publikum konnte diese Fremdheit nicht nur als Willkür des Regisseurs, sondern als „authentische" Andersartigkeit bestaunen. Doch Manifestationen fremder Kulturen waren gerade nicht auf bühnengemäße Vorführungen, sondern ursprünglich auf Demonstrationen in kultischen, rituellen und sozialen Kontexten angelegt. Sobald man diese aus den Lebensformen, in denen sie zunächst gestanden hatten, herausnahm und als Kunstveranstaltung auf die Bühne brachte, kam es zur *Folklorisierung*. Und das ist bis heute so geblieben.

Auch Pina Bauschs Wuppertaler Truppe setzt sich aus Angehörigen aller möglichen Nationen zusammen. Das erleichtert es den Bühnen, Macken und

Kostümbildnern natürlich, eine auf der Bühne auftretende Figur mit einer gewissen Aura oder Attraktivität zu umgeben. Denn diese Tänzer brachten schon mit, was sonst den Leuten auf der Bühne erst angeschminkt oder ihrem schauspielerischen Können abverlangt werden mußte. Gleichzeitig hat das allerdings auch die Kunstfertigkeitsansprüche reduziert, denn wenn die Akteure auf ihre natürliche Attraktivität zurückgreifen, wird der Grad der Künstlichkeit reduziert. Alle vergleichbaren Truppen tendieren irgendwann zu einer bloßen Vorführung ihrer exotischen Diversität. Ihr Schicksal ist es, in der Folklore zu versanden. Ihr Tun wird so manieristisch und aufgesetzt wie jede Folklore, wie jede kulturelle Identität selbst.

Ein großes Problem besteht darin, daß in vielen Ländern ein „Kunst"-Begriff überhaupt nicht entwickelt wurde. Menschliche Ausdrucksformen waren vielmehr im rituellen Gebrauch oder in sozialen Kontexten angesiedelt. Das galt auch für Europa, wo es bis ins Hochmittelalter keine „Kunst"-Formen gab. Hans Belting hat in seinem Buch *Bild und Kult* den Gebrauch und den Aufbau von Gemälden im Bereich der Bildenden Künste in der Zeit „vor der Kunst" dargestellt.
Wenn man historische Traditionen plötzlich in einer dekorativen Art und als Kunst auf der Bühne vorführt, zerfällt der religiöse, weltanschauliche und soziale Zusammenhang, aus dem diese Figuren verständlich waren. Sie wurden vielmehr formalisiert und szenischer Dramaturgie unterworfen, um sie als Kunstanstrengung zu kennzeichnen. Als nicht-künstlerische Formen haben sie keine eigene Dramaturgie, sondern folgen einer inneren Logik der Erzählung, aus der sie hervorgingen oder den Funktionen, denen sie dienen. Solche Kunstproduktion kann daher nicht als Hinweis auf die kulturellen Traditionen, auf die kulturelle Identität ihrer Ursprungsgesellschaften gelten. Um so erstaunlicher, daß die Truppen ständig behaupten, sie würden der kulturellen Identität jener asiatischen, afrikanischen, indischen etc. Kultur, deren Bestandteile sie auf der Bühne beliebig verwursten, zum Ausdruck verhelfen. Das bedeutet allerdings, daß die kulturellen Identitäten gerade nicht sind, was alle gerne glauben möchten: ausgrenzbare Einheiten nicht miteinander vereinbarer Formen.

In der Kunst ist die Aufrechterhaltung kultureller Identität nicht haltbar. Denn Kunst stellt ja gerade eine Form der Überwindung von regionalen, religiösen, ethnischen, rassischen oder Sprachgemeinschaften zugeordneten kultischen Handlungen dar. Kunst war von vornherein eine universale Sprache. Im 19. Jahrhundert wurde sie allerdings weitgehend den nationalstaatlichen Ambitionen unterworfen, die Resultate sind uns hinlänglich bekannt.

Die Begriffe *Nation*, gar *Kulturnation*, Volk gehen samt und sonders auf Erfindungen der Künste und Geisteswissenschaften zurück.
Die Widerstandskraft gegen die radikale Zivilisierung der Minderheiten nach einheitlichen Standards und Regeln bezogen Preußen und Russen, Engländer und Spanier aus den von Künstlern entwickelten Vorstellungen, mit Bauten und Märchen, mit Heldengesängen und regionalen Lebenspraktiken kulturelle Identität beweisen zu können. Der kulturell legitimierte Nationalstaat war ein Postulat jenseits aller historischen Wahrheit, eine kontrafaktische Fiktion.
Die Nibelungentreue und die Wagnersche Götterdämmerung, das Walten der Walküre und der heroische Kampf Siegfrieds gegen das blinde Schicksal, sprich gegen die universale Zivilisation, in der die Götter und Helden, die Rassen und Völker, die Kulturreligionen und ihre Traditionen schließlich untergehen müssen, waren bis in die Mitte unseres Jahrhunderts jederzeit aktualisierbare Beschwörungsformeln und Handlungsanleitungen in den Kulturkämpfen mit ihren Höhepunkten im Ersten und Zweiten Weltkrieg und ihren kaum minder greulichen Nachwehen der Konflikte in Jugoslawien, Rußland oder auf dem afrikanischen Kontinent.

Weltzivilisation versus Fiktion kultureller Identität
Die Fiktionalität der kulturellen Identität ist überall auf der Welt mit Händen zu greifen. Leider ist das Angebot, auf – wenn auch wahnhafte – kollektive Zugehörigkeit zurückzugreifen für die meisten Menschen sehr verlockend, weil sie nicht die Kraft aufbringen, sich als *Individuen* zu behaupten.
Das Individuum bringt sich erst mit dem Verlassen der kulturellen Bedingtheit zur Geltung. Es überwindet die kollektive Prägung durch eine Traditionswelt, aus der es nur zufällig stammt. Individualität definiert sich gerade durch ein reflexives Verhältnis zu den eigenen physiologischen, kulturellen und familiären Bedingtheiten, also durch die Fähigkeit, zwischen den eigenen Vorlieben und den Vorgaben durch den Druck der Gruppenzugehörigkeit zu unterscheiden. Erst solche Individualität zeichnet den Künstler aus.
Es muß Aufgabe der Kunst sein, die Selbstwahrnehmung entsprechend zu schulen, wenn sie einen aufklärerischen Wert haben soll. Die Werke eines Künstlers betrachtet man, weil seine Art, die Welt zu sehen und mit Lebens- und Kommunikationsbedingungen umzugehen, beispielhaft für die eigene

Weltaneignung ist. Wenn Kunst eine Einheit des menschlichen Kommunizierens darstellt, richten sich alle Beteiligten nach den gleichen Standards künstlerischer Qualität. Folglich ist Vielheit nicht durchhaltbar. Wer aber auf multikultureller Vielheit besteht, erreicht keine Einheit.

Der Vorwand des Prinzips Multikultur, Traditionen von Minderheiten zu bewahren, ist insofern sinnlos, als Traditionen überhaupt nicht „bewahrt" werden können. Sie müssen jeweils aus der Gegenwart nach rückwärts neu aufgebaut werden. Es ist ein grundsätzliches Mißverständnis zu glauben, daß Traditionen aus der Vergangenheit wirken, denn sobald sie angeeignet werden, und das tun die Lebenden jeweils unterschiedlich, wandelt sich das, was tradiert wird.

Es kann folglich nur *eine* Kunst geben, so, wie es auch nur eine Wissenschaft (und nicht etwa eine deutsche und eine französische Physik) gibt. Jedermann gesteht dem Wissenschaftler zu, in erster Linie zur Gemeinschaft der Wissenschaftler und nicht mehr zur Gemeinschaft der Bantus oder Tutsis zu gehören. Da man davon ausgehen muß, daß jedes Individuum einem anderen fremd ist, muß man nicht erst kulturelle Identität als Begründung von Fremdheit anführen, sondern simple Kommunikationsprozesse. Es gehört zu den Erkenntnissen der Moderne, daß die Fremdheit der Menschen in dieser Welt grundsätzlich unüberbrückbar ist. Wie oft nutzen wir willentlich die Verfremdung zur Steigerung des Aufmerksamkeitswertes?!

Hominisierung statt Humanisierung
Eine gewisse begründete Hoffnung liegt darin, daß die verschiedensten Kultur- und Naturwissenschaften mit einem Arbeitsprogramm *Kulturgenetik* uns allen langsam zu zeigen vermögen, welchen Logiken wir folgen. Denn **was wir uns als kulturelle Leistung zuschreiben, ist nichts anderes als die Logik unserer sozialen Natur.** Was wir im besten Sinne und beim besten Willen bisher als humanistische Überwindung der Naturlogik – also unserer tierischen Natur – verstehen möchten, haben wir in den bisherigen Kulturen nicht einmal andeutungsweise erreicht. Bevor wir uns jedoch wieder gut gemeinten, aber bisher haltlosen Humanisierungskonzepten zuwenden, sollten wir uns dazu überwinden, uns zu hominisieren, d. h. zu erkennen, daß wir ein evolutionäres Produkt der Natur sind und das unter Bedingungen, die wir nicht uns selber verdanken und die wir nicht durch eigene Setzungen aufgeben können.

Hominisierung statt Humanisierung, das heißt anzuerkennen, daß sich z. B. unsere Kulturkämpfe in nichts von den Auseinandersetzungen tierischer Lebensgemeinschaften unterscheiden. In diesem Sinne müßten wir anzuerkennen lernen, daß auch Tiere eine Natur des Sozialen, also eine Kultur haben. Hominisierung statt Humanisierung heißt, endlich zur Kenntnis zu nehmen, was uns seit den großen Aufklärern des 18. Jahrhunderts schon zu erkennen möglich ist, aber im 19. Jahrhunderts mit der Durchsetzung der homogenen Kulturnation und ihres politischen Ausdrucks wieder verloren ging. Und das heißt zu erkennen, wie ungeheuer gering der Grad unserer Freiheit genetisch und funktionslogisch ist.

Zivilisierung basiert auf der Hoffnung, daß wir zu akzeptieren lernen, auch nur Menschen wie alle anderen Menschen zu sein.

Jetzt gilt es, die Anerkennung unseres Selbst als Produkt der Naturevolution anzuerkennen. Hoffen wir, daß wir zu dieser realistischen Einschätzung nicht erst kommen, wenn im Namen höchster kultureller Werte die Natur der Menschen im Tode vernichtet ist.

Kultur zivilisieren. Von der Humanisierung zur Hominisierung

21 Die Kultur zivilisieren

Nachdem sie das Ende des Sozialismus ausgerufen hatten, suchten linke Karrieristen und rechte Abzocker nach einer neuen Legitimation dafür, sich den Ratlosen und Ratsuchenden in aller Welt als Heilsbringer ideell und materiell zu empfehlen. Bemerkenswerterweise einigten sich links und rechts auf die Ideologie des Multikulturalismus als neue Menschheitsbeglückung.

Selbst bei großzügigster Interpretation aller vorliegenden Veröffentlichungen zum Multikulturalismus läßt sich aber leider nur feststellen, daß es überhaupt keine konkreten Vorstellungen davon gibt, wie eine multikulturelle Gesellschaft funktionieren soll. Denn was links und rechts unter *Multikultur* als Lösung des Problems halbwegs friedfertigen Zusammenlebens von unterschiedlichen Ethnien, Sprach- und Kulturgemeinschaften Wirtschafts- und Gesellschaftsformen ausgeben, ist bestenfalls die Benennung oder Beschreibung des Problems, nicht aber seine Lösung.

Die Rechten verstehen **Multikultur** als **Sicherung der homogenen Kulturen** nach dem Motto: jeder Gemeinschaft ihr Territorium, ihren Kompetenzbereich – aber bitte auf Abstand, unter strikter Wahrung der Autonomie. Die Linken berufen sich auf das **Hirngespinst der kulturellen Identität von lauter Minderheiten,** die alle das Recht erhalten sollen, ihre kulturelle Eigenart **nach innen zu wahren und nach außen zur Geltung zu bringen.**

In der Berufung auf die je eigene kulturelle Identität mit Sprachgemeinschaft, Religionsgemeinschaft und Überlebensgemeinschaft liegt der Kern für neue Konflikte, die bereits überall auf der Welt im Namen der Durchsetzung autonomer kultureller Identität zu blutigen Auseinandersetzungen führen: zwischen den Kaukasusvölkern, zwischen den Völkern Jugoslawiens, Sri Lankas, Burundis und in über 40 anderen Regionen der Welt.

Auf den ersten Blick scheinen diese exzessiven Kämpfe um kulturelle und ethnische Autonomie vielen friedfertigen und ein wenig naiven Europäern unbegreiflich zu sein. Man schüttelt den Kopf, ist entsetzt und propagiert humanitäre Hilfe durch die Uno und viele Initiativen Gutgläubiger. Man verhält sich, als gäbe es in Europa keine historische Erfahrung mit solchen Situationen. Jedem historisch Interessierten drängt sich aber beispielsweise das europäische 17. Jahrhundert als Analogie zur heutigen Situation auf.

Die Deutschen machten in der ersten Hälfte des 17. Jahrhunderts – im Dreißigjährigen Krieg – unter Verlust der halben Bevölkerung die Erfahrung, wohin Kulturkampf als Religionskampf zwischen Protestanten und Katholiken führt. Die Polen erlebten die schwedische Sintflut mit ungeheuren Zerstörungen, für die es nur einen schwachen Trost gibt: das Wunder von Tschenstochau und die Geburt des polnischen Barock auf den Trümmern der zerstörten Städte. Die Engländer köpften 1649 ihren König, um diese angebliche Befreiungstat

„Warum ging der Steuermann von Bord? – Mediatoren, Radikatoren, Navigatoren"
Installation eines Theoriegeländes (hier Schule von Athen). Portikus Frankfurt am Main 1997 (als sechsstündige TV-Sendung, 3SAT) *Foto | Barbara Klemm*

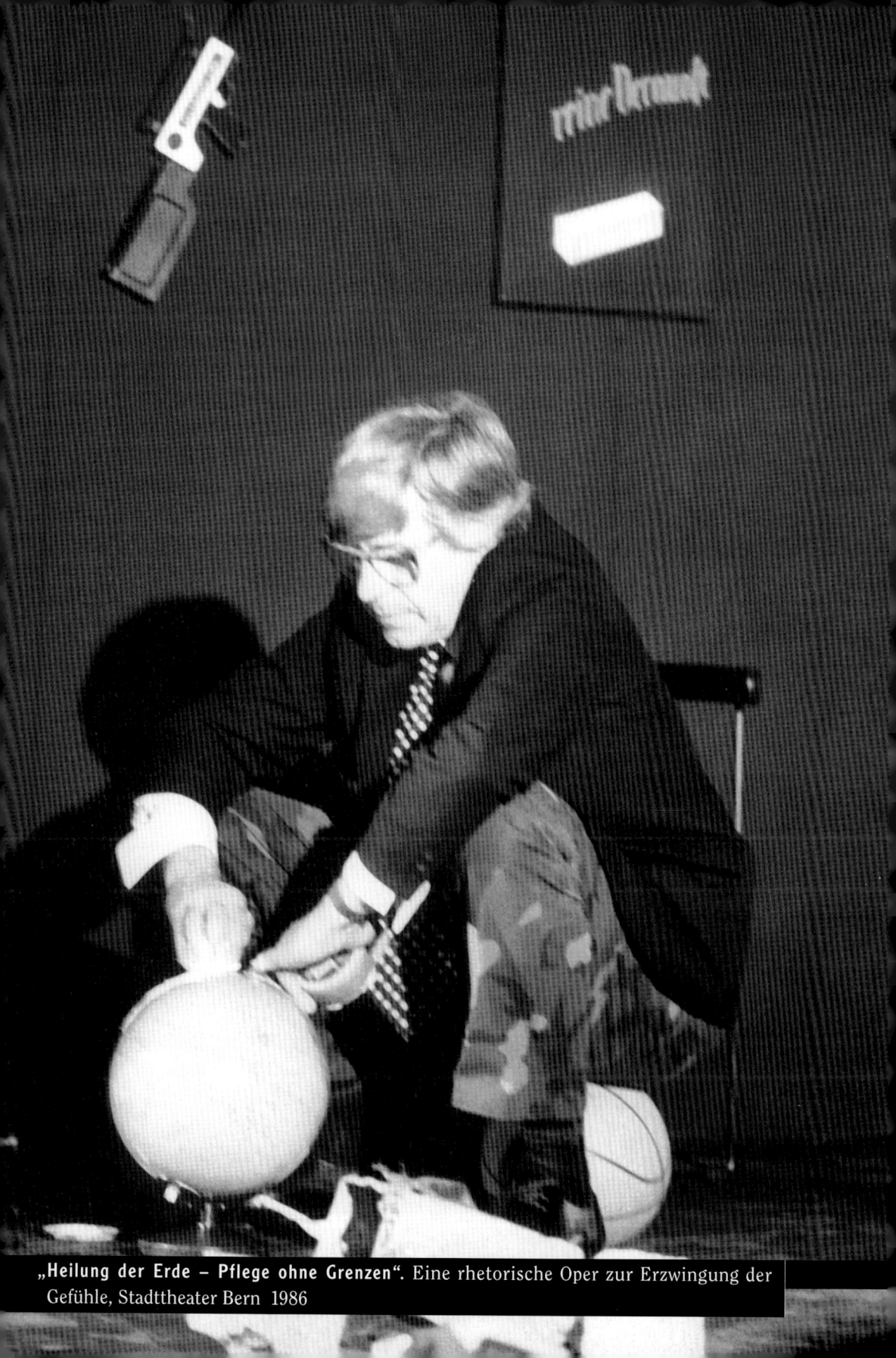

„Heilung der Erde – Pflege ohne Grenzen". Eine rhetorische Oper zur Erzwingung der Gefühle, Stadttheater Bern 1986

als zehnjährigen fundamentalistischen Terror von Cromwell, Vater und Sohn, zu büßen. Richelieu und Ludwig XIV. versuchten verzweifelt, die regionale Fürstenwillkür zu bändigen mit einer ungeheuren Überanstrengung, die das Land fast ruinierte. Und vor Wien führten 1683 die Heroen der christlichen Kulturen Krieg gegen die Heroen der islamischen Kulturmission.

Aus diesen Katastrophen-Kämpfen um regionale, kulturelle, religiöse und politische Autonomie zogen die französischen Aufklärer, die englischen Zivilisationstheoretiker und die deutschen Humanisten des 18. Jahrhunderts Schlußfolgerungen, die beispielhaft waren. Allen ging es um die Zivilisierung der Kulturbarbaren.

Bis heute kann man die *Enzyklopädie* Diderots, den englischen *Landschaftsgarten* und die deutschen Reformbewegungen der gemeinnützigen *fruchtbringenden Gesellschaften* als höchste Ausformung des Zivilisationskonzepts verstehen, das in der kantischen Philosophie, in der amerikanischen Verfassung und in der Menschenrechtsdeklaration von Freiheit, Gleichheit, Brüderlichkeit durch die erste Generation der Französischen Revolution von 1789 seine theoretische und praktische Grundlegung erhielt. Leider sind dessen Wirkungen zunächst durch Napoleon, dann durch seine europäischen Ordnungsvorstellungen zunichte gemacht worden.

Das Konzept einer universellen, republikanischen, sozialrevolutionären Zivilisation und seiner Realisierung als Verwaltungsstaat wurde gekontert durch das Konzept des Nationalstaats auf der Basis homogener ethnischer und kultureller Identität.

So wurde in Deutschland ab 1806 im Widerstand gegen Napoleons Armeen von Dichtern, Künstlern und Geisteswissenschaftlern (vor allem von Philosophen, Kunsthistorikern und Germanisten) der traurige, weil sehr erfolgreiche, Versuch unternommen, eine deutsche kulturelle Identität zusammenzuschustern, die selbst vor historischen Fälschungen nicht zurückschreckte (die mittelalterliche Gotik wurde als genuiner Ausdruck der deutschen Kultur ausgegeben).

Mit dieser Fiktion, oder besser mit dieser kontrafaktischen Behauptung einer jahrhundertealten Kultur der Deutschen, wurde das Verlangen nach dem Nationalstaat geschürt und schließlich 1871 realisiert. Zeitgenossen dieser Entwicklung wie Heine, Fontane oder Nietzsche sahen schon damals ganz klar, wohin die unheilige Allianz von Kulturnation und Nationalstaat führen mußte. Selbst Bismarck war skeptisch, ob man ungestraft Machtpolitik unter Berufung auf die Rechte einer Kulturnation betreiben könne. Als er den fatalen Nationalismus in die Schranken weisen wollte, war es zu spät.

Kaiser Wilhelm II. politisierte die Kulturnation zu einer aggressiven Macht, die die Erbfeindschaft zwischen Deutschen und Franzosen zu einem heiligen Krieg deutscher Kulturidentität gegen die von Frankreich repräsentierte universelle sozialrevolutionäre Zivilisation ausrief.

Auch der deutsch/jüdische, deutsch/polnische, deutsch/russische Antagonismus wurde aus der Verpflichtung radikalisiert, die deutsche Kultur gegen ihre angeblichen Feinde zu behaupten – und mehr noch, ihren Führungsanspruch durchzusetzen.

Die Folgen sind bekannt – selbst die systematische Ausrottung der Juden kann noch als das Resultat dieser Kulturkonzeption gesehen werden. So sehr man auch verstehen kann, daß der Holocaust für eine bisher einmalige Form der Kulturbarbarei gehalten wird – wir sollten nicht so sicher sein, daß sich dergleichen nicht wiederholt.

Alle Kulturen entwickeln nämlich tendenziell barbarische Formen der Selbstbehauptung,
sobald man ihnen im Namen der Wahrung ihrer Autonomie die Möglichkeit läßt, sich zu radikalisieren, das heißt: ihren Anspruch auf totalitäre Bestimmung aller rechtlichen, religiösen, wirtschaftlichen und gesellschaftlichen Verhältnisse zugesteht.

Ein zivilisiertes Zusammenleben von Menschen durch gemeinsame Verpflichtung auf für alle geltende staatliche Ordnungen und soziale Regeln ist Multikulturen daher nicht möglich. Deswegen kann ein säkularisierter Rechtsstaat und Sozialstaat kulturelle Autonomien nur soweit zulassen, wie von diesen Kulturen kein Einfluß auf Recht und Gesetz, auf soziale Ordnungen und staatsbürgerliche Bildung reklamiert wird.

Die moderne Zivilisation ist seit der Aufklärung des 18. Jahrhunderts in Wissenschaften und Künsten, in Staat und Gesellschaft als ein Versuch zu verstehen, kulturelle Identitäten, religiöse Bekenntnisse und rassisches/ethnisches Vormachtstreben so weitgehend wie möglich zurückzudrängen; das eben hieß *Säkularisation*.

In einer Zivilisation sind die eifernden Kulturen nur auf der Ebene der *Folklore* und der *Musealisierung* zugelassen. Die Erfindung des Museums ist der geniale Versuch der Zivilisation, mit solchen Kulturen umzugehen.

Alle Kulturen sind prinzipiell gleichwertig, sie leisten für ihre Mitglieder alle dasselbe: nämlich ein Weltverständnis, eine Kosmologie zu bieten, in der alle Mitglieder die Frage nach Gott und den Göttern, nach Tod und Unsterblichkeit, nach dem Verhältnis von Natur und Kultur oder dem Verhältnis von Geist und Materie, respektive Seele und Leib, einheitlich und gemeinschaftlich beantwortet sehen können.

Aus dieser Einheitlichkeit oder Homogenität verstehen sich **Kulturen als Überlebenskampfgemeinschaften,** die solange erfolgreich sind, wie sie sich gegen andere Kulturen behaupten. Dabei entsteht ein zentrales Problem: Die Beziehung der Kulturen untereinander wird so lange als mehr oder weniger blutiger Kampf ausgelebt, wie sie sich nicht gemeinsam auf besondere Regeln, die für alle gelten, verständigen.

Mit der Entwicklung der Diplomatie sowie universeller Wissenschaften, Handelsbeziehungen und Kommunikationsformen entstand der Gedanke der interkulturellen Beziehungen als Zivilisation. Heute herrschen auf dem gesamten Globus dieselben Kommunikationstechnologien, dieselben Produkt- und wissenschaftlichen Entwicklungsstrategien. Daß diese Universalisierung als Bedrohung regionaler Kulturautonomie erlebt wird, läßt aber erkennen, wie gering immer noch das zivilisatorische Niveau ist.

Da kulturelle Identität immer schon eine kontrafaktische Behauptung war, stören die vielen Kulturkämpfer offensichtliche Unsinnigkeiten ihres Selbstverständnisses nicht im geringsten. Religiöse Fundamentalisten aller Richtungen kämpfen angeblich gegen das Teufelszeug universeller Technologien, indem sie sich eben dieser Technologien bedienen.

Da werden Tonbänder und Videokassetten verteilt, um deren Nutzer gegen technische Teufeleien aufzuhetzen. Kulturelle Minderheiten berufen sich auf universal begründete Menschenrechte, um ihre Autonomie einzufordern; innerhalb ihrer Kulturen scheren sie sich aber einen Teufel um Freiheit und Gleichheit.

Diesen gefährlichen Widersinnigkeiten können zivilisierte säkulare Staaten nur durch strikte Musealisierung ihrer Kulturen begegnen. Nie zuvor konnte man sich so intensiv, so phantasiereich und fesselnd mit Kulturen beschäftigen wie in den modernen Museen, in denen sie eingelagert, fachmännisch erschlossen und jedem zugänglich gemacht werden.

Wem es wirklich darum geht, den geistigen Reichtum der vielen Kulturen in Geschichte und Gegenwart zu bewahren, der hat dazu in den Instituten der

Musealisierung phantastische Möglichkeiten. **In keiner einzelnen Kultur waren je die Leistungen aller Kulturen so präsent wie in unserer Zivilisation.**

Nein, die angebliche Bedrohung der Kulturen durch die universale Zivilisation ist eine Kampfparole und nicht eine Feststellung von Fakten. Deswegen können und müssen wir darauf bestehen, gerade als Künstler, Wissenschaftler, Politiker und Unternehmer, die Zivilisation, zumindest aber grundlegende **zivilisatorische Standards gegen die Kulturautonomisten** zu stärken.

Wenn die Menschen in Zukunft noch etwas Gemeinsames haben werden, das ihr Überleben auf diesem Globus sichert, dann sind es nicht die Gemeinsamkeiten religiöser Überzeugungen, parteipolitischer Bekenntnisse oder kultureller Uniformen – die führen ja gerade in die Kulturkämpfe. Die neue geforderte Gemeinsamkeit besteht in der Konfrontation mit Problemen, die keine Kultur lösen kann, wie beispielsweise die weltweiten ökologischen Probleme.

Sich zu zivilisieren heißt zu lernen, mit solchen innerhalb einer Kultur unlösbaren Problemen umzugehen, anstatt sie bloß den kulturellen Überzeugungen und Verhaltensweisen der anderen, der Fremden, die nicht zu unserer Kultur gehören, in die Schuhe zu schieben.

Aber je blutiger die Kämpfe um regionale Kulturautonomie mit ethnischen Säuberungen und fundamentalistischen Absolutheitsgeboten auf der ganzen Welt sichtbar werden, desto stärker wird auch die Einsicht wachsen, daß nur eine universale Zivilisation die heroischen Kulturbarbareien zu zügeln vermag.

Kultur zivilisieren. Von der Humanisierung zur Hominisierung

22 Harry Potter, what do you think about jews?
Zu den Arbeiten von Yael Katz ben Shalom

Motto von Harry Potter in Begleitung von Schimon Peres, Berlin, Mai 2001:

Man kriegt nicht alle unter einen Hut?
Der Gestor nimmt den Hut, setzt ihn sich auf und geht davon!

Herzls Begriff des *Gestors* als Bezeichnung für einen „Führer fremder Geschäfte", z.B. als Anwalt des nationalen Interesses der Diasporajuden, geht zurück auf den Begriff *res gestae* wie z.B. der *ara pacis* von Kaiser Augustus (Staatsrecht) und auf die *negotio gestorum* des römischen Privatrechts, die Handeln im wohlverstandenen Interesse Verhinderter/Behinderter legitimierten.
Der Gestor beruft sich bei seinem Auftrag also auf die höhere Notwendigkeit des Einsatzes für die selbst nicht Entscheidungsfähigen.
Welches ist das höhere Interesse, auf das sich heute noch KünstlerInnen berufen könnten?
Im 20. Jahrhundert jedenfalls sahen sich die Künstleravantgardisten als *gestores* des Fortschritts, der die Zeitgenossenschaft selektierte und im Reinigungsfeuer, dem Purgatorium der christlichen Bombenhöllen wie des jüdischen Holocaust, endete.

Kann man im Interesse eines verhinderten Anderen oder einer handlungsunfähigen Gruppe von Menschen anwaltschaftlich dagegen auch Bedingungen *widerrufen*, die deren Leben maßgeblich bestimmen? Kann man ihnen mit Wunschphantasien dienen, mit Beschwörungen des Konditionals *was wäre gewesen, wenn?*, um das tatsächlich Geschehene drastischer zu illustrieren? Kann man z.B. noch einmal am Beginn dieser Leben von Einzelnen und Kollektiven anfangen, indem man das Geschehene widerruft? Kann man noch einmal vor hundert Jahren anfangen? Kann man das 20. Jahrhundert widerrufen, weil in ihm alles verloren war von vornherein?

Oder kann man es widerrufen, wenn alles tatsächlich Geschehene vergeben und vergessen wird, indem man es in sühnende Erinnerung verwandelt?

Traumatisiert zu sein heißt, ein Geschehen nicht vergessen zu können und dadurch lebenslang beschädigt zu bleiben.

Wir sehen die Vergeblichkeit, Geschehenes wieder gutzumachen, Programme zu korrigieren oder dem Geborstenen und Gebrochenen einen Hinweis auf das Allheilmittel des beschworenen Nicht-Vergessens beizufügen. Denn, um ein Trauma zu bessern, muß man vergessen können – und um vergessen zu können, muß man sich erinnern. Denn nur eine angemessene Form und Gestalt des Erinnerns ermöglicht das Vergessen der schrecklichen, traumatisierenden Ereignisse, die anzusprechen nicht mehr sinnvoll ist, wenn es keine Täter mehr gibt oder weil der Unterschied zwischen Opfern und Tätern vergessen gemacht wird.

Das 20. Jahrhundert endete, wie es von vornherein programmatisch gemeint war: durch Erfolg zerstört, im Überfluß erstickt und im Scheitern triumphal bestätigt, soweit der neue Mensch alles daran setzte, durch Mord und Vernichtung die übermenschliche, gottersetzende Großartigkeit seiner Ideen zu beweisen. „Weil ich mir selber nicht gewachsen bin, vertrete ich etwas größeres als das Menschenmaß."

Also fangen wir noch einmal an: anstatt mit Richard Wagner und Theodor Herzl Israel zionistisch zu schaffen und immer wieder der Zerstörung auszusetzen, wollen wir mit Meyerbeer, Moses Hess und Josef Samuel Bloch Jerusalem in Europa aufbauen. Statt die bürgerliche Edelfäule mit etwas ästhetischem Terrorismus von Richard Wagner kitzeln zu lassen, räkelten wir uns dann in den Pfühlen Pariser Bankiers- und Musikhurerei, so jedenfalls beschrieb der germanische Rheingoldschatzmeister Meyerbeers Tätigkeit an der Pariser Oper. Statt das alte Jersualem zu erobern, hätten wir ein neues in Mitteleuropa geschaffen als Mitte, wie Hess meinte – ungefähr im Kaisersaschern Thomas Manns – oder auf den Thüringer Höhen – ungefähr bei Erfurt, in dessen jüdischem Kultzentrum Yael Katz ihren Widerruf des 20. Jahrhunderts mit Harry Potter anstimmt. Und das Bayreuth des Erfinders der Todesmarschmusik wäre schon damals ein Hogwarts geworden, Harry Potter statt Alberich, Zauberschule statt Menschenvernichtungsanstalt.

Gegenwärtig arbeitet Yael Katz an dem Programm des Widerrufs. Sie schreibt in Erfurts alter Synagoge die Übersetzungsregeln von Wagner zu Meyerbeer, von Herzl zu Moses Hess, von Bayreuth zu Hogwarts, von palästinensischen Kindern zu israelischen, von männlichen zu weiblichen Pattern, von orientalischen zu europäischen und von den hohen Künsten zu Ästhetiken der Alltagswelt um. Bei diesem Programm bleibt es auch, wenn ihre Aktivitäten und Ausstellungen in der Endgestalt statt in der Initialgestalt des 20. Jahrhunderts realisiert werden, also zunächst im Kunst-Bunker Münchens statt in der Synagoge Erfurts stattfinden.

Anleitung für die Übersetzungsregeln bieten ihr Holocaustmuseen und Gedenkstätten, also Szenarien des Vergessens durch Schaffen von Erinnerung. Dort werden den touristischen Besuchern etwa, wie im Haus der Wannseekonferenz, mit Holocaust-Liturgien bedruckte Plastiktüten für den Einkaufsbummel ausgehändigt oder – wie in amerikanischen Holocaustmuseen – nach Betrachten eines Erinnerungsfilms Opferpässe ausgestellt.

Yael Katz' Transmissionsarbeit vom 19. ins 21. Jahrhundert entspricht dem Programm *Kunst als soziale Strategie,* mit dem die Lebensreformer um 1890 im Schweden Strindbergs, im Österreich Freuds, im Deutschland Rathenaus die Zeit nach der Moderne gestalteten. Sie läßt die Versteinerungen und flüchtigen Spuren lesbar werden, die große Ideen, verpflichtendes Menschheitspathos und postpubertäre Schöpferattitüden im Alltagsleben hinterlassen haben. Die neueste Hinterlassenschaft stammt von Außenminister Peres bei seinem Besuch in Deutschaschern Anfang Mai dieses Jahres.

Er vertauschte seine Kippa mit Harrys Zauberhut und sprach die Europäer also an: „Solltet ihr Engel des Giftes nicht bald verstehen, daß Israel ein Teil des vereinigten Europas ist, dann werden wir euch unübersehbar demonstrieren, daß Europa ein Teil Israels ist. Wir haben kein Problem mit den Palästinensern, wir führen keinen Krieg, wir entwickeln nur bestehende Dimensionen. Ihr aber müßt Krieg gegen sie führen, da ihr es euch nicht erlauben könnt, daß sie gegen uns Krieg führen."

Das ist genial, denn das ist die Lösung, eine Harry-Potter-Lösung.

„Wenn Israel sich als Teil Europas verstehen will", anwortete der europäische Zauberlehrling Harry dem Herrn Außenminister, „dann hätten wir den Anfang für ein Jerusalem bei Erfurt."

Auch die komplette Personnage steht schon bereit für den Widerruf des 20. Jahrhunderts: die Deutschascherner Größen Thomas Manns. Ich präferiere z.B. Fitelberg, Saul Fitelberg, internationaler Musikgewerbemann und Konzertunternehmer.

„In Wirklichkeit gibt es nur zwei Nationalismen, den deutschen und den jüdischen, und der aller anderen ist Kinderspiel dagegen, – wie das Stockfranzosentum eines Anatole France die reine Mondänität ist im Vergleich mit der deutschen Einsamkeit – und dem jüdischen Erwähltheitsdünkel … *France* – ein nationalistischer nom de guerre. Ein deutscher Schriftsteller könnte sich nicht gut *Deutschland* nennen, so nennt man höchstens ein Kriegsschriff. Er müßte sich mit *Deutsch* begnügen – und da gäbe er sich einen jüdischen Namen, – oh, la, la!

Meine Herren, dies ist nun wirklich der Türgriff, ich bin schon draußen. Ich sage nur eines noch. Die Deutschen sollten es den Juden überlassen, prodeutsch zu sein. Sie werden sich mit ihrem Nationalismus, ihrem Hochmut, ihrer Unvergleichlichkeitspuschel, ihrem Haß auf Einreihung und Gleichstellung, ihrer Weigerung, sich bei der Welt einführen zu lassen und sich gesellschaftlich anzuschließen, – sie werden sich damit ins Unglück bringen, in ein wahrhaft jüdisches Unglück, je vous le jure. Die Deutschen sollten dem Juden erlauben, den médiateur zu machen zwischen ihnen und der Gesellschaft, den Manager, den Impresario, den Unternehmer des Deutschtums – er ist durchaus der rechte Mann dafür, man sollte ihn nicht an die Luft setzen, er ist international, und er ist pro-deutsch … Mais c'est en vain. Et c'est très dommage. Was rede ich noch? Ich bin längst fort. Cher Maitre, j'etais enchanté. J'ai manqué ma mission, aber ich bin entzückt."

Sie, hochmögende Bekenner, können mir, Bazon Brock, glauben, wie verzückt erst die Deutschen nach ihrer schweren Entdeutschung als universalgeschichtlich einmalige Massenmörder wären, wenn ihnen diese Schandlast beim zweiten Durchgang, im Widerruf des 20. Jahrhunderts, mit einem Jerusalem in Mitteleuropa erspart bleiben würde. Meinten die Israelis es doch ernst mit der Behauptung, Teil Europas zu sein! Alle Deutschen jedenfalls überließen ihnen herzlich gerne das geographische Areal, das *Deutschland* zu nennen ohne Juden völlig sinnlos ist, aber als ein *neues Jerusalem* endlich die Weltmission erfüllen könnte, von der ihm Josef Samuel Bloch erzählte, Meyerbeer vorsang und das Moses Hess beschwor.

„Die Mission besteht letztlich darin, die Menschheit vom Nationalismus zu erlösen, in ihm erfüllt sich die Idee der Aufklärung. Da die Juden eine wichtige Rolle in der Gestaltung des Nationalstaates spielen sollen, kommt die Idee der Aufklärung durch Verjudung wieder zum Vorschein. In den Blochschen Vor-

stellungen über die Aufklärung und ihre Verwirklichung im alten k.u.k. Österreich triumphiert schließlich der Nationalstaat über seine Widersacher. In der jüdischen Vision einer supranationalen Welt vereinigt sich auf eigentümliche Weise die jüdische Orthodoxie mit einem postmodernen Kosmopolitismus. Indem er gleichsam die klassische Moderne mit ihrem Ideal des Nationalstaates überspringt (oder im Brockschen Sinne: widerruft), kann er zu seinen orthodoxen Wurzeln zurückfinden", schreibt Michael Ley in „Abschied von Kakanien. Antisemitismus und Nationalismus" (Wien 2001, Seite 230).
Damit findet die jüdische Mission im Anschluß an die Aufklärung von Meyerbeer, Moses Hess und Samuel Bloch (wie die frühere von Moses Mendelssohn, Lessing und Mozart) den Anschluß ans 21. Jahrhundert als Brücke über die *troubled waters* des Zeitflusses im 20. Jahrhundert. Es ist die Ausformung von Diaspora als Globalisierung, von Orthodoxie als Aufklärung gegen Heilsversprechen des Nationalismus, von Erinnerung als notwendiger Form des Vergessens, von den Juden der christlich-arischen Erwähltheitslehre zu den arabischen Juden der Juden.

Dieser Mission widmet sich Yael Katz in ihrem Werk. Sie nutzt die Techniken der Bricolage und des Patchworks, um die ins Weite zerstreuten Fragmente eines ehemaligen Werkzusammenhangs von tiefer, großer, schöner seelischer Kraft, die wir nie wieder erreichen werden, doch noch zu vereinen, so daß die Sehnsucht nach dem ein- für allemal verlorenen großen Kunstwerk spürbar wird. Sie sammelt Gesten und Stimmen, nicht mehr wie ein kabarettistischer Imitator oder schauspielernder Mimetiker, sondern wie ein Resteverwerter oder ein ethisch und ökologisch aufmerksamer Haushaltsvorstand. Gerade die Spur der Zerstreuung, die Scherbenfragmente, die deutungsbedürftigen Reste zeigen Künstlern, Archäologen und Historikern als Lobbyisten der Toten, was wir ein- für allemal verlieren mußten, um die Fülle des Selbstverständlichen aber Unerheblichen durch die Kostbarkeit seltener Erinnerung an das niemals Erreichte und zu Erreichende zu überbieten.
In der Diaspora wachsen Idee und Wunsch der Einheit, der Reinheit, des Nationalstaats und der Idealgesellschaft mit „neuen Menschen"; im je konkreten Israel, im je geschaffenen Werk, im Zwang zur konsensuellen Bestätigung der Identitätsfiktion wächst der Bekenntnisekel gegen das Kontrafaktische, wächst die Sehnsucht nach einem Realismus, vor dem alle Größe nur erdacht, alle Macht nur phantasiert und alle Gemeinschaft durch Gesellung eines gesunden Egoismus und der kreativen Opportunität von Individuen zustandekommt (vgl. Natan Sznaider, FAZ 26.4.01).

Von solchem Realismus ist das Schaffen Yael Katz' gezeichnet – ja, eben gezeichnet.

Geht zu Yael Katz in den Kunst-Bunker nach München und die Synagoge nach Erfurt, damit ihr die Bewegungsrichtung zu ändern lernt, euch für die Heimreise rüstet! Harry hilft Yael aus. Der Zauber der Kunst wirkt. Stellt euch mit Yael vor, ihr wacht im Münchener Bunker oder in der Erfurter Synagoge auf, und das 20. Jahrhundert hat es niemals gegeben. Das wäre die triumphale Bestätigung einer Künstlerin, die sich als Gestor einer kunstfernen und kunstvergessenen Gesellschaft versteht. Ihre einzelnen Arbeiten sind tatsächlich nicht mehr Kunstwerke, sondern Erinnerungen an die kunstpathetische Schöpfergeste, die wir vergessen müssen, weil sie für die traumatisierende Programmgläubigkeit des 20. Jahrhunderts und deren Verwirklichungsfolgen einen schrecklichen Beitrag geliefert hat. Die kontrafaktische, d.h. die wahnhafte Annahme von kultureller Identität, von Weltschicksal einer Ethnie wie deren Auserwähltsheitsfimmel wurden ausdrücklich von Künstlern und nicht von specknackigen Unternehmern und schnarrenden preußischen Offizieren in die Welt gesetzt.

Künstler entwarfen das Progrom gegen die „entartete Kunst", Künstler erzwangen mit den Mitteln der Destruktion den Absolutheitsanspruch der heiligen und zum Fanatismus verpflichtenden Aufgabe der Kunst. Gerade Künstler hätten allen Grund zum Widerruf ihrer eigenen Überzeugungen und Werkstrategien des 20. Jahrhunderts.

Yael Katz ist eine der wenigen Künstlerinnen, die widerrufen haben und danach in aller schmerzlichen Selbstbeschränkung und Selbstfesselung des Schöpferwahns von Neuem zu arbeiten begannen.
So müssen wir alle lernen, von Neuem zu beginnen.

Kultur zivilisieren. Von der Humanisierung zur Hominisierung

23 Ministerbehübschung. Fischerman's Ästhetisierung der Politik

Sind jetzt Ästhetiker gefragt? In den jüngsten Versuchen, Minister Fischers Vergangenheit zu bewältigen, wird mit größtem Pathos das Ästhetische beschworen. Udo Knapp bilanziert (FAZ 15.2.01) Fischers und seine Morgenlandfahrt zur PLO nach Algier im Jahre 1969 so: „Diese sinnliche Einheit von historischem Ort und dem um Freiheit kämpfenden Volk hat jenseits aller analytischen politologischen Betrachtungen wie ein ästhetisches Versprechen auf Gerechtigkeit gewirkt." Udo Knapp erinnert „diese Reise unter den Chancen des Suchens mit der Seele."

Armer Joschka Fischer. Soweit haben es seine Weißwäscher gebracht. Er wird zum Schönheit suchenden Seelchen, das bis an die Zähne bewaffnete Freiheitskämpfer wie versprochene Bräutigame mit Juchzen und eurythmischem Schwung begrüßt, eine märchenhafte Figur aus der Operetteninszenierung *Kaiser Wilhelm beglückt das Morgenland.*
Der Knappschen Schilderung zufolge haben die Reisekader Wilhelms Attitüden derart verinnerlicht, daß uns nur eines vor Wiederholungen der Wallfahrt zu „ästhetischen Versprechen auf Gerechtigkeit" bewahren kann: Der Verzicht des Außenministers auf jedweden weiteren Auftritt in jener Region.

Wer eben noch von der Behauptung jüdischer Vermächtnisse an CDU-Kassen gepeinigt wurde, wird von Udo Knapps Deklamation gepackt, der Auftritt in Algier gelte ihm noch heute „als Bestätigung meiner einseitigen Parteinahme für Israel", und als Bestätigung, Arafat wollte immer nur „sein Volk in Schlachten jagen, die es zu Recht nur verlieren konnte."

Das ist nun wirklich jenseits aller politischen Analyse. Das ist perfide. Und die bemühte Ästhetik soll helfen, harte Geschichte zum Operettenszenario umzuschreiben.

Auch andere Ministerbehübscher bekunden wie Arno Widmann, daß sie ihre ästhetischen Erfahrungen aus Hoppsassa- und Tralalaprogrammen beziehen.

Widmann (BZ 16.2.01): „Die meisten (68er) verabscheuten die Gewalt. Aber es gab viele, die von ihr fasziniert waren, die ihrem Zauber erlagen".
Verzaubert, so Widmann, ließen die einen die Polizei Revue passieren, und die anderen „gingen in den Untergrund und töteten aus dem Hinterhalt ... Beide Formen der Gewalt wurden ästhetisiert."

Auch das ist jenseits der politischen Analyse, die die Schreiber derartiger ästhetischer Stellungnahmen Anfang der 80er offensichtlich zugunsten ihres Lifestyle-Yuppie-Getues aufgaben. Nichts lag 68ern so fern wie Ästhetisierung. Selbst Geschenkverpackungen, bebilderte Briefchen und private Reisefotos wurden mit Verfahren der Ästhetik auf ihren politischen Gehalt hin analysiert. Behübschungsästhetik à la Knapp und Widmann galt als so „reaktionär", daß selbst kritische Ästhetiker rabiat als Hofnarren des Systems abqualifiziert wurden.

Und noch in den 70er Jahren versuchten Sympathisanten der Freiheitskämpfer aller Weltregionen, die Diskussion um die Faszination von Gewalt (wie in Riefenstahlfilmen) brachial zu verhindern.

Unnötiger aber bezeichnender Weise machte auch Minister Fischer für seine Selbstrechtfertigung vor dem Bundestag Anleihen bei der Künstlerästhetik. Er reklamierte für sich die Legitimation als Künstler:

„Ich verantworte nur, was ich selbst getan habe; was andere in meiner Umgebung taten, ist deren Sache." Wohl wahr: Künstler ist, wer seinen Geltungsanspruch nur durch sein eigenes Tun und Lassen begründet, nicht durch Delegation, Promotion, Approbation. Aber eben deswegen sind Künstler nicht ministrabel; denn ein solches Amt zu bekleiden heißt, ständig die Verantwortung – rechtlich und politisch für das Tun anderer zu übernehmen. Fischers Rechtfertigung seiner Nichtverantwortlichkeit beweist zum einen, daß er mit dieser Auffassung nicht amtstauglich ist; zum anderen, und das wiegt tatsächlich schwer, kündigt er mit seinem Ausstieg aus der Verantwortung die Grundlage unserer Nachkriegspolitik auf.

Wir waren eine Schuld- und Schamgemeinschaft, die Verantwortung auch für das übernahm, was ihre Mitglieder als Einzelne nachweislich nicht getan hatten. Mit ihrer ästhetischen Selbststilisierung treten Fischer und Co. aus dieser Gemeinschaft aus, wie die Klientel der NPD. Die NPD zu verbieten heißt also, Fischer die weitere Amtsführung zu verbieten; denn wir können uns nicht noch einmal leisten, Verantwortung leugnende Privatiers in Ämtern mit Kunstvorbehalt walten zu lassen. Besagte Herren versuchten besser, Saturday-Night-Shows zu beleben, für die offensichtlich niemand schuld- und schamfähig zu sein braucht.

Kultur zivilisieren. Von der Humanisierung zur Hominisierung

24 Zivilisationsraum und Kulturghettos. Mythologisierung aus der normativen Kraft des Kontrafaktischen

Das erfolgreichste Programm, unserem Bedürfnis nach Behausung und Beheimatung zu entsprechen, hieß in den zurückliegenden Jahrzehnten „Unser Dorf soll schöner werden!". Zunächst war mit *Dorf* die ländliche Siedlung gemeint. Die Provinz als Lebensraum sollte aufschließen zur ehemaligen Lebensqualität der alteuropäischen Städte, die inzwischen unwirtlich geworden waren, weshalb die Bürger aus ihnen flüchteten. Die Urbanisierung der Provinz im landschafts- und siedlungsgestalterischen Zugriff auf die Dörfer zeitigte jedoch schnell das Resultat: *Durch Pflege zerstört*. Die Stadtflüchter mußten zur Kenntnis nehmen, daß Lebensformen Urbanität stärker prägen als die architektonische Umgestaltung von Fachwerkhäusern oder die Verdichtung von Infrastrukturen mit Verkehrs- und Kommunikationswegen, mit der Ansiedlung von Supermärkten und Schulzentren.

Den Stadtflüchtern wurde klar, daß es ihnen selber an Urbanität gebrach, denn der Mensch lebt nicht in Ziegelsteinen, Beton, Marmor, Glas und Stahl, sondern in der **Architektur des menschlichen Geistes,** deren

Fundamente jenes menschenwürdige Verhalten in Gemeinschaften tragen, das Urbanität definiert. Die provinziell dörfliche Beschwörung der Gemeinschaften durch die Stadtflüchter ließ sie in Scharen Schützengesellschaften, freiwilligen Feuerwehren, Reiterclubs und anderen Feiergemeinschaften beitreten, die sie indessen gerade durch ihre Beteiligung zu Varianten der städtischen Partybeliebigkeit bei Sekt und Häppchen, Rockmusik und kaschiertem Gruppensex umformten – ein Umbau der dörflichen Sitten, der von der Landjugend vorbehaltlos adaptiert wurde. Die Mediatisierung der Alltagskommunikation (TV, Video, Telefon) tat ein übriges. Da saßen sie nun im preisgekrönten dörflichen Ensemble vor renovierten Katenfassaden mit Kunststoffenstern, vor „modernisierten" Haustüren und ließen den Verkehr an sich vorbeirauschen, dessen Lärmemission sie in der angeblichen ländlichen Idylle stärker nervte als in der Stadt. Plötzlich nahmen sie die Unwirtlichkeit des Lebens in Postkartenträumen zur Kenntnis. Sie entdeckten, daß ihnen die besonnte Natur umso mehr abhanden kam, je mehr Menschen sich auf sie orientierten. Wem die Landflucht zurück in die Stadt gelang (dafür besaßen nur wenige die ökonomischen Voraussetzungen), sah überrascht, daß sich die städtischen Lebensräume inzwischen mehr und mehr den provinziellen angeglichen hatten; denn auch unsere Stadt war mittlerweile schöner geworden mit betongerahmten Grünzonen, verkehrsberuhigten Sitzplätzchen, renovierten Kunststoffassaden und vor allem mit ihren Fußgängerzonen, die an Idyllik des vermeintlich streßfreien Lebens jeden Dorfanger überboten. Kurz: **die dörfliche Provinzialität prägte inzwischen auch die Städte.** Das globale Dorf war Realität geworden. Selbst in Universitäten und Großraumbüros, in Supermärkten und in den wenigen verbliebenen Kinos herrschte der kommunikative Gestus der dörflichen Beschränktheit, der Primat des Privaten und Individuellen. Die Lebensäußerungen verkürzten sich auf die Sorge fürs egoistische Wohlergehen, dem alle sozialen und politischen Interessen, die die Bürger nicht mehr selber vertraten, sondern von Dienstleistungsfunktionären erwarteten, sich strikt einzupassen hatten.

Es ist klar, daß man mit diesen Einstellungen und Verhaltensweisen von Dörflern den Anforderungen der sich ständig verschärfenden Konkurrenz der Weltwirtschaft immer weniger gewachsen war. Deswegen starteten die Unternehmer, Banker und Politiker, die um den Wirtschaftsstandort BRD besorgt waren, ein Programm der Reurbanisierung. Diesem Ziel dienten die Neugründungen, Erweiterungen und Umgestaltungen von Kulturinstitutionen seit Ende der 70er Jahre („Museumsboom"). Reurbanisierung durch kulturelle Aufrüstung erreichen zu wollen, schien einigermaßen begründet zu sein, wenn man unter kultureller Befähigung die Orientierung der Bürger auf überindividuelle und entprivatisierte Interessen verstand – wenn man also den Bereich des kulturellen Lebens als politisch und wirtschaftlich brauchbare Ausprägungen von Öffentlichkeit faßte.

Hatten die 68er gerade die Politisierung der Kultur, vornehmlich ihres spektakulärsten Bereiches – den der Künste – als Weg gesehen, sich Öffentlichkeit zu verschaffen, so wollten die Kultivatoren der 80er Jahre das Politische und Ökonomische zu synonymen Ausprägungen des kulturellen Lebens werden lassen. Sie etablierten die politische Kultur (gar als Streitkultur), die Wirtschaftskultur (als Unternehmenskultur) und fixierten sie auf Unterscheidbarkeit nach Stimulationsmustern, wie sie in der Warenwelt als Aneignungsattraktivität erlebbar geworden waren. **Die Kultur wurde designed,** d.h. eingepaßt in das Spektrum von Anforderungen, die für die erfolgreiche Teilnahme an Wirtschaftsprozessen in Produktion und Konsum vorherrschten. Unschön und grob gesagt, bedeutete das **die Ausweitung pädagogischer Strategien der Erlebniswelt von Disney Lands, Pleasuredomes, Einkaufsparadiesen und Freizeitanlagen auf die Kulturinstitutionen.** Die entscheidende Strategie war die der **Animation,** also animierte man Kultur. Die Retortenkünstlichkeit dieses Vorgehens wurde nicht erst sichtbar, als die wirtschaftliche Rezession die Finanzierbarkeit sich überbietender Kulturattraktionen einschränkte und der Kunstmarkt zusammenbrach. Schon in den Endachtzigern wurde klar, daß diese Art von Kulturpromotion **keinerlei Auswirkung auf die Urbanität der Städter** hatte, denn der neue Typ des kulturanimierten Städters, der *Yuppie*, kam über die Rekultivierungsstufe gepflegten Umgangs mit seinesgleichen in Champagnerclubs kaum hinaus. Das Gros der Klientel begnügte sich mit der Teilnahme an Eröffnungsbuffets und der Ausweitung des Museumsbesuches zum Familienausflug.

Von einigen Bedenken gegen hochstaplerische Aspekte des Kulturbooms abgesehen, hätte man sich in dieser Situation gerade deswegen einrichten können, weil sie politisch und sozial folgenlos blieb. Die Veränderung dieses friedfertigen

Bildes des Kulturstaates BRD kam von außen durch die zunehmende Zahl von Zuwanderern aus anderen Kulturen, durch den Zerfall des sozialistischen Lagers und durch neue Instabilitäten der Zukunftsorientierung. In kürzester Zeit entpuppte sich der Primat der Kultur für das urbane Leben als eine gefährliche Fiktion, die die gesellschaftlich prägende Kraft der Kultur darin behauptete, daß sie Identitäten schaffe. Mit Hinweis auf diese kulturellen Identitäten stimulierten die Kulturinitiativen der Städte Kulturkämpfe zwischen Minoritäten, z.B. der Opernliebhaber gegen die Musicalfans, der Stadtteilkultur gegen die Stadttheater und Museen, der Sozialpädagogik als Kulturarbeit gegen die Intendantenkultur, der laizistischen Kultur gegen die religiös überformte, der Kultur der Ethnien und Sprachgemeinschaften gegen den Kulturanspruch der Universalisten. Bis auf letztere argumentierten alle mit der kontrafaktischen Behauptung ihrer je unterschiedlichen kulturellen Identitäten und legitimierten ihre Ansprüche mit Hinweis auf das Kultur- und Sozialstaatsgebot sowie auf von der Verfassung ausgewiesene Rechte auf kulturelle Selbstbestimmung und Selbstbehauptung.

Für die Urbanisierung der Städte und Städter hat das fatale Folgen. Die kontrafaktisch vorgegebene kulturelle Identität von Minderheiten und ihres Kampfes um Autonomie führt zu Ghettoisierungen, in die sich die Mitglieder solch fiktiv-legitimierter Kulturgemeinschaften festsetzen. Sie reklamieren gleichsam staatliche Hoheit für sich in einem Territorium, weil sie es beherrschen. Innerhalb dieser Territorien besteht man auf jederzeit abrufbaren Loyalitäten – formell als deklarierte Zugehörigkeit zur strikt homogenen Kulturgemeinschaft, informell als Unterwerfung unter das Diktat der kulturellen Identität. In den Kulturghettos der Städte schwindet selbst der letzte Rest eines urbanen Verhaltens. In ihnen herrscht die Rigidität dörflicher Stammesgemeinschaften. Je mehr die sich als Macht im Kampf um kulturelle Hegemonie, d.h. als Überlebensgemeinschaften glauben behaupten zu müssen, desto legitimer erscheint ihnen sogar die Zerschlagung der Stadt als Zivilisationsareal, also der Stadt als allen Bewohnern gleichermaßen zugängliche Formation von für alle geltenden Standards des Verhaltens, der Kommunikationsfähigkeit und der Anpassungsbereitschaft.

Wenn kontrafaktische Behauptungen normative, d.h. das Verhalten, die Urteile und die Sozialformen bestimmende Kraft gewinnen, erhalten sie den Status von Mythen, von Fiktionen als Realität. Stammeskosmologien sind solche Mythen. Jetzt erleben wir die Mythologisierung von Verfassungs- und Rechtsstaatlichkeit, also der gerade gegen kulturelle Identitäten von Ethnien und Regionen durchgesetzten zivilisatorischen Standards. Sichtbares Zeichen dafür ist **die Verwüstung der Stadt als Zivilisationsraum durch die Behauptung kultureller Autonomieansprüche.** Mit Bezug auf verbriefte Menschenrechte (z.B. freie Religionsausübung als Kern kultureller Selbstbestimmung) setzt man dogmatische Abgrenzungen durch, die, rücksichtslos zur Geltung gebracht, jene verbrieften Rechte anderen zu verweigern erlauben. Jeder Verstoß, jede Mutwilligkeit gegen zivilisatorische Standards des Zusammenlebens werden durch die Verpflichtung legitimiert, die eigene kulturelle Identität offensiv zu behaupten. Strafrechtliche Sanktionen wertet man als brutalen und rücksichtslosen Versuch, Minoritätenkulturen zu zerschlagen, Sitten und Gebräuche, Glaubensüberzeugungen und Enkulturationsformen vernichten zu wollen.

Durch den Wandel des Zivilisationsraumes „Stadt", d.h. seiner Mythologisierung als Kulturraum, werden wir mehr und mehr daran erinnert, daß Rechtsstaatlichkeit, Sozialstaatlichkeit und Kulturstaatlichkeit historisch nicht als Leistung irgend einer Kultur konzipiert und streckenweise verwirklicht wurden, sondern zivilisatorische Leistungen darstellen, die die Kulturen übergreifen sollten, um deren sinnlos zerstörerischen Kämpfen Einhalt zu gebieten. **Stadtluft machte frei, insofern Städte die Chance boten, den erpreßten Loyalitäten in den Kulturkämpfen der Clans, der Ethnien, der Glaubensgemeinschaften zu entgehen,** indem man sich einem Regelwerk der Rationalität verpflichtete, dessen Funktionalität an der zivilisatorischen Aufgabe entwickelt wurde, die Stadt als Lebensraum der freien Bürger zu schaffen und zu erhalten.

Die Mythologisierung der Kulturen zur identitätsstiftenden sozialen Prägung etabliert **Identität als legitime Form der Unfreiheit.** Die historischen Unfreiheiten der feudalen, der ständischen und der Klassengesellschaft, die mit großen Opfern zurückgedrängt wurden, kehren mit den emphatisch postulierten Kulturgesellschaften zurück, weil viele der Autonomie beanspruchenden Kulturen selber noch feudal-ständisch geprägt sind oder aus Angst vor zivilisatorischer Homogenisierung in archaische Formen der Verbindlichkeit sozialer Beziehungen zurückkehren wollen. Deswegen

wird die Ghettoisierung unserer Städte, obwohl objektiv freiheitsbeschränkend, als Rückkehr in stabile Verhältnisse nicht nur akzeptiert, sondern freiwillig gesucht.

Soweit man Kulturinstitutionen auf Repräsentation kultureller Identitäten verpflichten will, verwandelt man auch sie in Ghettos. Daran beteiligen sich Künstler und Intellektuelle, Wissenschaftler und Politiker, denen die Musealisierung der Kultur die Kulturferne einer universalen Zivilisation zu beweisen schien. Aber welch anderen Gebrauch kann eine Zivilisation von Kulturen machen, als sie zu musealisieren, wenn sie sie einerseits erhalten und andererseits entmachten muß?

Selbst aus den kurzfristigen, aber äußerst blutigen Rückfällen in die entmusealisierte Kulturbarbarei des Dritten Reiches und des Sowjet-Totalitarismus glaubte man noch den Schluß ziehen zu können, daß die Beschwörung von *Blut und Boden*, respektive paßamtlicher Nationalitätenzugehörigkeit dem Druck zur technischen, wirtschaftlichen und kommunikativen Universalisierung nicht standzuhalten vermögen. Eine naive Überschätzung des Projektes der Moderne? Müssen wir demzufolge damit rechnen, daß sich der Zivilisationsraum „Stadt" in ein Nomaden- oder Flüchtlingslager zurückverwandelt? Auf jeden Fall können wir die Initiativen als verfehlt erkennen, die die Reurbanisierung durch massenhafte Vermehrung von Kulturinstitutionen und Kulturereignissen erreichen wollen. Vielleicht bieten die leeren Kassen der öffentlichen Haushalte jetzt eine Chance, die gesellschaftszerstörerische Geltung des Primats der Kultur nachhaltig einzuschränken und der bisher missionarisch geförderten Kulturbarbarei den institutionalisierten Boden zu entziehen.

Kultur zivilisieren. Von der Humanisierung zur Hominisierung

25 Zitadellenkultur

... setzt die verwirrende Mannigfaltigkeit zu einem Gehäuse herab, das die Decke des Inneren ist.

(Hegel: Phänomenologie VII Ac „Der Werkmeister")

Voraus:
Einen Kollegen, einen Zeitgenossen, einen Intellektuellen zu würdigen, heißt, sich ihm anzuvertrauen, wenigstens einmal mit seinen Augen zu sehen, die Formen und auch Urteile seiner gedanklichen und theoretischen Arbeit für die eigene zu akzeptieren und möglicherweise ihnen weiterzufolgen, als im *Komment* wissenschaftlicher Ehrerbietung durch die Zitatformel „... siehe auch ..." üblich ist. Denn längst erschließen Fußnoten nicht mehr Texte, die schwer zugänglich sind; auch belegen sie nicht mehr die Familienautoritäten, auf die man sich zu stützen behauptet. **Die „siehe auch"- Fußnote belegt nur noch den Versuch, wenigstens diejenigen zu Käufern und Lesern einer Veröffentlichung zu machen, deren Namen im Buch vorkommen.**

Ich komme bei Werckmeister nirgends namentlich vor, so sehr ich mir auch wünschte, es wenigstens zu einem „siehe auch"-Namen gebracht zu haben; so etwa, wie Bundeskanzler Helmut Kohl sich wünschte, zu einer Fußnote im Buch der Geschichte zu werden. Zutrauen zu Werckmeister fand ich, weil er sich davon freihielt, marxistische Kunstgeschichtsschreibung als Karriereseilschaftspassepartout zu verwenden. Bewunderung für seine analytischen Fähigkeiten konnte ich entwickeln, als ich verstand, daß er mit seiner Arbeit über die Zitadellenkultur die für mich entscheidende Problemstellung der Gegenwart umrissen hatte. Unverbrüchlichen Respekt ihm gegenüber bezeige ich, seit er die „linken Ikonen" der gleichen Ideologiekritik unterwirft wie die Manifestationen des bürgerlichen Bewußtseins. **Sich selbst den Analysen und Urteilen zu beugen, die man häufig so un-**

nachsichtig gegen Dritte zur Geltung bringt, schien mir immer schon der einzig brauchbare Maßstab für die Bewertung intellektueller und wissenschaftlicher Arbeit.

Voran:

„Ich verwende das Wort Zitadelle als Metapher für eine Gesellschaft, deren künstlerische und intellektuelle Erfolgskultur in vollem Wohlstand von nichts als Krisen handelt ... Mit dieser Metapher benenne ich eine ... Kultur der demokratischen Industriegesellschaft in den Jahren 1980 bis 1987, der Zeit ihres größten wirtschaftlichen Erfolges, die die Leiden und Konflikte dieser Gesellschaft schlußlos zur Schau stellte.

Zitadellen waren Festungen, von denen aus Städte ... nach außen gegen die Angriffe von Feinden und nach innen vor dem Aufstand ihrer eigenen Bewohner gesichert wurden ... Heute lese ich ..., das Wort Zitadelle sei im Veralten begriffen ... doch der neue amerikanische Begriff *strategic defense initiative* besagt dasselbe. Der elektronische Wall ..., von den schärfsten Denkern der Wissenschaft und der Strategie entworfen ..., ist das Projekt einer allumfassenden Zitadelle, in deren strategischer Bestimmung Verteidigung und Angriff sich nicht auseinanderhalten lassen ...

Militärisch ausgerüstete Polizei sichert die Stadien, Messen, Opern und Boulevards, wo die Repräsentanten der Demokratie in Erscheinung treten. Bewaffnete Beamte in Zivil umringen sie, den Sprechfunkknopf im Ohr, den starren Blick hinter Sonnenbrillen in alle Richtungen der Volksversammlungen fixiert ... Die derart inszenierten Aufzüge werden mit demselben Wort begründet wie die militärische Rüstung: *Sicherheit* – das Schlüsselwort der Zitadellengesellschaft."

Ich memoriere diese leicht gekürzten Eingangspassagen aus Werckmeisters kulturkritischen Essais[1], weil sie zeigen, auf welche Schlußfolgerung der Autor von Anfang an zusteuert, nämlich auf eine radikale Historisierung der Gegenwart, wobei „ihr historisches Verständnis zugleich ihre angemessene Kritik wäre". Denn Werckmeister charakterisiert seinen entscheidenden Vorwand gegen die Zitadellenkultur mit dem etwas konstruierten Begriff „schlußlos" als Ambivalenz von „endlos fortführen", „auf Dauer stellen" sowie „Folgenlosigkeit" der intellektuellen und künstlerischen Kulturarbeit. Bei der

1 O. K. Werckmeister, Zitadellenkultur – Die schöne Kunst des Untergangs in der Kultur der 80er Jahre, München 1989.

immer erneuten Konfrontation mit dem kritischen Vorwand der Schlußlosigkeit stellt sich der Leser die Frage, welche Schlußfolgerungen Werckmeister sich selber abverlangt. Die Verwendung von Begriff und Sachverhalt „Zitadelle" ist eben doch mehr als eine Metapher. Sie markiert die historische Distanz, in die Werckmeister die Gegenwart verrückt, um Kritik mit Schlußfolgerung zu ermöglichen.

Unser historisches Denken bildete sich im 14. und 15. Jahrhundert an dem Konzept der **Renaissance** heraus, d.h. an dem Gedanken, **daß Gegenwarten einerseits den Zukünften von Vergangenheiten (der Antike) verpflichtet sind,** also die Vergangenheiten vergegenwärtigen; und andererseits dadurch die Gegenwarten als zukünftige Vergangenheiten betrachtet, erfahren und gestaltet werden müssen. Als z.B. Künstler begannen, sub specie ihrer Biografie zu arbeiten, also das jeweils gegenwärtige Schaffen nach zukünftigen Bildern ihres Lebens und Wirkens zu betrachten (wie Vasari sie dann tatsächlich veröffentlichte), waren sie gezwungen, historisch zu denken. In diesem Historisieren vergegenwärtigten sie die Zukunft als Gegenwart. Diesen Zusammenhang des Entwurfs geschichtlicher Zeitlichkeit, der Vergangenheit und Zukunft als reale Größen jeder Gegenwart ins Spiel bringt, anstatt sie als fernes Einstmals oder Dereinst spekulativem Mutwillen zu überlassen, kennzeichnet der Begriff der *Utopie*, woraus sich die enge Kopplung von historischem und utopischem Denken ergab. Wenn Werckmeister mit staunenswerter Unbeirrbarkeit den „Arbeitsperspektiven marxistischer Kunstgeschichte" verpflichtet blieb und bleibt, ist das meiner Ansicht und meinem Denken nach eben dieser spezifischen Orientierung auf **Historisierung und Kritik der Utopie** geschuldet; die in der Utopie vergegenwärtigte Zukunft begründet die Kritik der Gegenwart. Zugleich kritisiert sie ein utopistisches Verständnis der Zukunft, die keinerlei verpflichtenden Bezug auf das gegenwärtige Leben und Handeln haben soll.

Werckmeisters eingeforderte Schlußfolgerungen gelten der Frage, wie kulturelle Arbeit gesellschaftlich wirksam werden kann (eben als notwendige Vergegenwärtigung der Zukunft), wenn sie auch „keine unerfüllbaren Ansprüche auf Allgemeingültigkeit erhebt, sondern ihrer Subjektivität gewiß ist, d.h.: klarstellt, für wen und zu wem sie spricht." Daraus ergibt sich vorab die bemerkenswerte Auffassung, daß ein Wirksamwerden mit Schlußfolgerungen durch Verzicht auf Allgemeingültigkeit der Wirkungsansprüche zugunsten individueller Verantwortlichkeit konkreter, also eingeschränkter Wirkungsansprüche der Künstler und Intellektuellen möglich wird. Darin wäre auch der Weg aus der bloßen Ästhetisierung der Gegebenheiten in der Zitadelle angezeigt. Denn Werckmeister beschreibt die Zitadellenkultur aus der vermeintlich unauflösbaren Paradoxie von glanzvoller Inszenierung des Elends und Leidens und der Stabilisierung der Verhältnisse in der Zitadelle durch diese demonstrativen Akte der Selbstanklage. (Der Intellektuelle Peter Stein soll sich sogar dazu verstiegen haben, von Mailänder Nobeldesignern für exorbitante Summen jene Lumpenkostüme zu beziehen, mit denen er in seinen Berliner Inszenierungen die Verelendung der Massen im Kapitalismus zur Schau stellte.)

„Ästhetischer Jammer und politische Apathie steigern und bedingen einander, stoische Verinnerlichung wird extrovertiert zur kulturellen Massenempfindung. Daß sich Probleme nicht lösen lassen, sondern nur ausgedrückt, erörtert und ertragen werden können, ist die ständig wiederholte Botschaft der Zitadellenkultur. Ihr strahlender Pessimismus läßt die unablässigen Beteuerungen der öffentlichen Politik, daß wir in entscheidenden Veränderungen begriffen sind oder solche vornehmen müssen, weniger glaubwürdig und damit erträglicher klingen."

Ganz ähnlich verstanden wir in den 60er Jahren Herbert Marcuses Erörterungen über repressive Toleranz und affirmative Kultur. Ich glaubte damals diesen Einwänden entgehen zu können, indem ich mich auf die Strategie der negativen Affirmation kaprizierte, das hieß, einen Aussagenanspruch gerade nicht zu kritisieren, sondern zu totalisieren, wodurch er sich notwendig selbst aufhebt. Die Kampagnen „Dienst nach Vorschrift" oder „Selbstanzeige gemäß StGB Paragraph 218" und ähnliche ließen die Strategie erfolgreich erscheinen. Bezweifelbar wurde sie etwa durch die Reaktionen auf Klaus Staecks Kampagne: „Arbeiter, die SPD will Euch Eure Villen im Tessin wegnehmen" oder auf die Entwicklungshilfekampagne für mehr goldene Badewannen in Zentralafrika. Auch meinen Vorschlägen, Historisierung durch „Pompejanisierung" unseres Blicks auf die Gegenwart voranzutreiben (also durch unsere Großstädte zu schreiten wie durch die Ausgrabungen von Pompeji), schien durch immer weitergehende Musealisierung der Kultur entsprochen zu werden (Museumsboom, Kulturtourismus).
Werckmeister macht nun darauf aufmerksam, daß sich die Zitadelle gegen die Erfüllung der von ihr geweckten Erwartungen abschottet, ohne den universalen Anspruch auf Erfüllung aufzugeben. **Die Zitadelle markiert die**

Differenz zwischen Propagierung der Ansprüche in der exklusiven Außenwelt und ihrer Erledigung für diejenigen, die sie einschließt, weil zur Zitadelle zu gehören bereits die Erfüllung aller Wünsche nach Sicherheit und Stabilität biete. Auf diesen Sachverhalt richtet sich die Feststellung, die Zitadellenkultur wiederhole ständig die Botschaft, Probleme ließen sich nicht lösen, sondern nur aushalten. **Der Sache nach lassen sich Probleme ja tatsächlich nur lösen, indem man die durch die Lösung entstandenen neuen Probleme auszuhalten oder zu akzeptieren bereit ist.** Deswegen spricht Werckmeister zugleich von dem „Muster der Wechselbewegung zwischen Krisen und Lösungsvorschlägen, das in der Zitadellenkultur üblich ist". So ist in der Tat das Problem der Problemlösungen, die immer zu neuen Problemen führen werden, zu unterscheiden von einzelnen konkreten Problemlösungen. Die historisierte Utopie ist auf diesen Zusammenhang ausgerichtet. Die Zitadellenkultur glaubt, ihn umgehen zu können, indem sie die prinzipielle Unlösbarkeit von Problemen der exklusiven Außenwelt vorbehält, für sich aber den Fortschritt im Zirkel der problemschaffenden Problemlösungen fortsetzt und mit dem Hinweis auf die damit verbundenen Risiken ihre Mitglieder konsensfähig erhalten will. Dem dient nach Werckmeister die ständige Beschwörung der Krisenhaftigkeit, und sie erklärt zugleich, daß **die Zitadellengesellschaft in dem Maße zur Risikogesellschaft wird, indem sie konkrete Einzellösungen ihrer Probleme realisiert.** Je mehr Wohlstand nach innen, je mehr Sicherheit und Kalkulierbarkeit der Verhältnisse, desto unmittelbarer werden diese Befriedungsmaßnahmen als krisenhaft und risikosteigernd erlebt. Das entspricht der Logik des Entschlusses, nach innen möglichst alle Probleme zu lösen um den Preis der Entstehung neuer Probleme und sie zugleich als Bedrohung aus der exklusiven Welt zu bewerten, denn für die gilt ja ebenso logisch und richtig die grundsätzliche Aporie der Problemlösung für die Welt als ganzer und im allgemeinen unter Ausschluß der kleinen, autonom behaupteten Zitadellen. Der Welt als ganzer ist nicht zu helfen, umso radikaler versucht man, die eigene kleine Zitadelle zu verteidigen.

Mir schien es bisher schlagkräftiger zu sein, diesen Vorgang als umgekehrte Ghettoisierung, als Ghettoisierung der wohlhabenden, mächtigen Individuen, Gruppen und Gesellschaften zu kennzeichnen, wofür die elektronische Technologie die zeitgemäßen Mittel zur Verfügung stellt. Mir scheint heute Werckmeisters Begriff der Zitadelle angemessener zu sein, weil in ihm die Historisierung der Gegenwart zwingender angesprochen wird, vor allem aber in der experimentellen Geschichtsschreibung unserer Gegenwart Erörterungen und Bewertungen unserer Perspektiven deutlicher möglich werden.

Auch **die historische Fortifikationstechnologie hob sich schließlich selber auf.** An diesem Beispiel wäre zu erörtern, wie sich unsere elektronische Technologie auf Konzeption und Behauptung der Zitadellen auswirken wird, wenn sie zwar einerseits die zeitgemäße Fortifikation in allen Lebensbereichen der Zitadelle ermöglicht, andererseits aber mit ihrer universellen Verbreitung zugleich die potentielle Zerstörung der Zitadelle darstellt. Hat man, wie auf den ersten Blick wahrscheinlich, mit immer weiterem Rückzug von immer mehr Gesellschaften in Zitadellen zu rechnen, oder wird das Konzept der Zitadelle immer unangemessener? Gegenwärtig jedenfalls proklamiert man nach außen prinzipielle Offenheit (des Handels, der Kommunikation und Niederlassung von Menschen) bei gleichzeitiger verschärfter Kontrolle des Zugangs zu den Zitadellen. Das wird getarnt durch die quasinatürliche Unsichtbarkeit der elektronischen Mauern und Barrieren. Sie einzureißen, also die Zustände innerhalb und außerhalb der Zitadelle einander anzugleichen, ist eine typische Form der schlußlosen Selbstthematisierung in den Zitadellen, denn diejenigen, die von außen in sie eindringen wollen, tun das ja gerade in dem Wunsch, an den internen Verhältnissen zu partizipieren.

Werckmeister geht es in erster Linie um die Rolle der Kulturaktivisten in diesen Prozessen. Was er ihnen kritisch vorhält, ist das Beharren auf dem Primat der Kultur. „Daß die unbeirrt oppositionelle Selbstdarstellung der Kultur mittlerweile von konservativen Instanzen im Namen des Meinungspluralismus bedenkenlos gefördert wird, hat sie über ihre politische Bedeutungslosigkeit nicht aufklären können." Ich verstehe die radikale Historisierung der Kultur der Gegenwart als Aufforderung, sich aus der Rolle der kulturellen Überbauarchitekten wenigstens dem Ansatz nach zu verabschieden, d.h. aus „überheblichen Illusionen, die ohnehin nur falschen Widerlegungen ausgesetzt sind". Es ist doch bezeichnend, daß bisher niemand eine Zitadellenzivilisation oder

Ghettozivilisation konstatierte oder eine Multizivilisation im Unterschied zur Multikultur, die ja faktisch die offiziöse Ideologie der Zitadellenkultur ausmacht, obwohl sie möglicherweise bei einzelnen Autoren eigentlich als vereinheitlichende Zivilisierung der Welt gemeint war. Ebensowenig wie man die Alphabetisierung, die reproduktiven Technologien und andere Errungenschaften einzelnen historischen Kulturen zuschlagen konnte, wenn sie sie auch hervorbrachten, so lassen sich die neuen universellen Medien nicht auf ihre Kulturbrauchbarkeit einschränken. Aus dem Wirkungsanspruch der Alphabetisierten ergab sich ein allgemeines Alphabetisierungsprogramm, das zwangsläufig die Grenzen einzelner Kulturen überstieg. Ihr Wirkungsfeld waren damit nicht mehr die einzelnen Zitadellenkulturen, sondern der zivilisatorische Raum, das Imperium und das sacerdotium, denn selbst der *katholikos* und dessen Parallelen im Islam, im konfuzianischen Buddhismus und Hinduismus waren schon nicht mehr auf autonome Kulturen beschränkt. Jede Universalität muß man deshalb in kulturübergreifender Zivilisation gestützt sehen – sei sie nun programmatisch, wie etwa in den Menschenrechten oder faktisch, wie in der weltweiten Verbreitung von Waren und Technologien vorgegeben.

Vorbei:
Distanzierende Historisierung und Kritik der Utopie führen gegenwärtig zu der Frage, welches die künstlerischen und intellektuellen Beiträge zur Entwicklung und Entfaltung der einen Weltzivilisation sind. Gibt es die überhaupt, oder gefallen wir uns weiterhin in der Rolle unverzichtbarer Kulturschaffender, die nichts daraus gelernt haben, allein in diesem Jahrhundert in Ost und West, in totalitären oder demokratischen, in tendenziell egalitären Konsum- resp. Mangelgesellschaften die Barbarisierung der Kultur ermöglicht und auch noch legitimiert zu haben? Die Unterscheidung von Schaffen und Zerstören, von Aggression und Verteidigung, von Neuem und Altem, von geschichtlicher Rekonstruktion und willkürlichem Ereignisverschnitt, von Lust und Leiden, von Glanz und Armut, von Krisenbeschwörung und Konsensbegründung, die nach Werckmeister in der Zitadellenkultur beliebig und austauschbar sein müssen, wird erst möglich und darin bedeutsam, daß im zivilisatorischen Raum, also überhaupt auf der Ebene von gleichzeitiger Gegenwart der Vergangenheiten und Zukünfte überall die gleiche Position bezogen werden kann. Das schließlich heißt, verantwortlich sein zu können und der Subjektivität gewiß.

Kultur zivilisieren. Von der Humanisierung zur Hominisierung

26 Die Verantwortung der Wissenschaft für die Gesellschaft

Variante 1

Selbstbewußte Wissenschaftler übernehmen bekanntlich nicht einmal die Verantwortung für ihr eigenes Tun; wie sollten sie da eine Verantwortung für die Gesellschaft akzeptieren? **Wer Giftgase mischt, die Erfindung von Kernenergie und die der Chlorchemie für den ingeniösen Ausdruck freien Forschergeistes hält, hat sich seit eh und je darauf hinausgeredet, daß nicht er für die Gesellschaft, sondern die Gesellschaft für ihn, vielmehr für sein Genie Verantwortung trage.** Die von den Wissenschaftlern in Anspruch genommene gesellschaftliche Fürsorge besteht in der Gewährung von Forscherfreiheit und vor allem von Geldmitteln, mit denen der Forscher noch bedeutendere Erfindungen produzieren kann, die dann aber, wie gesagt, nicht er, sondern die Gesellschaft zu verantworten hat. Was ist die Logik des Argumentes? **Wenn die Gesellschaft den Wissenschaften Forschungsmöglichkeiten und Forschungsfreiheit zur Verfügung stellt, muß sie auch die Verantwortung für die dabei entstandenen Resultate übernehmen.** (Wenn Papa und Mama Bubi und seinen Freunden Messer, Schere und Licht zur Beschäftigung überlassen, müssen die kühnen Eltern für diese Entscheidung Verantwortung tragen.)

Fatalerweise rekurrieren aber bei uns Wirtschaft und Politik, Erziehung und Ausbildung, Rechtsprechung und öffentliche Meinung gerade deshalb und nur insofern auf Wissenschaft, als die Entscheider in diesen Bereichen die Verantwortung für Fehlentscheidungen der Wissenschaft zuschieben wollen.

Der Unternehmer wird auf wissenschaftlich erarbeitete Marketingstudien nur verweisen, wenn seine Produkteinführung ein Reinfall war; ist sie hingegen erfolgreich, so wird er diesen Erfolg seinem eigenen unternehmerischen Genie verdankt wissen wollen.

Oder: Ist die antiautoritäre Erziehung trotz permanenter Reformen der Schulreform ein Flop, dann werden sich die Schulpolitiker auf die wissenschaftlich unzulänglichen Pädagogik-Theorien zurückziehen, denen sie leider aufgesessen seien. Die ständig steigende Zahl von derart miserabel arbeitenden Akademikern gegenüber der Zahl solider Handwerker rechnen sich aber dieselben Politiker als Triumph ihres Regierungsprogramms an.

Wissenschaftler sehen die Verantwortung für die Resultate ihres Tuns bei der Gesellschaft – und deren Repräsentanten in den unterschiedlichsten Bereichen schieben die Verantwortung für ihre Entscheidungen den Wissenschaftlern zu, auf deren Arbeitsresultaten die politischen, wirtschaftlichen und sozialen Entscheidungen gegründet worden seien.

Fazit zur Variante 1:
Beide Seiten betonen, daß die Übernahme von Verantwortung ihre Handlungsfreiheit unzulässig einschränke. Wo kämen wir denn da hin, wenn die freie Forschung zur Verantwortung für ihr Tun gezogen werden könnte? Dann wäre sie eben nicht mehr frei. Wohin kämen wir, wenn Richter, Erzieher, Unternehmer u.a. auch noch die Verantwortung für die von ihnen beanspruchten unabhängigen Wissenschaften übernehmen sollten? Wir kämen zu der Einsicht, daß es freie Bürger, freie Unternehmer und andere Freigeister ebenso wenig geben kann wie freie Wissenschaften.

Bisher hat man sich dieser Einsicht gerade von Seiten der Wissenschaft verschlossen, indem man **in eine Unterscheidung zwischen wirklich freier Grundlagenforschung und angewandter Forschung** flüchtete. Das ist tatsächlich Ausflucht und nicht Argument, denn sonst wären längst für die angewandten Wissenschaften ebenso leistungsfähige Logiken fällig gewesen, wie es sie für die freie Forschung gibt (vgl. Karl Popper, Liebling aller Kapitänsmützenträger). Nochmals: **Es gibt bislang keine eigenständige Logik der Anwendung von Wissenschaft auf außerwissenschaftliche Problemstellungen.** Dennoch ist klar: gäbe es solche Logiken, dann hätten sich sowohl Giftgasproduktion wie Plutoniummeiler und Neutronenbomben etc. „verboten". Wozu aber dann die freie Forschung, die ja keine mehr wäre, wenn sie nur für das Gebotene und nicht mehr für das Verbotene arbeiten würde? Wozu? Zur Entlastung der Wissenschaftler von Verantwortung – wenn man das weiß und mit diesem Selbstverständnis von Wissenschaft rechnet, wird man sich genau überlegen, für welche Forschungsziele Gelder bewilligt werden sollten und für welche nicht. Es sei denn, die Geldgeber verlangten von der Wissenschaft gerade die Entwicklung des eigentlich verbotenen Wissens (z.B. in der Industrie).

Erläuterung:
Im Sinne von Anwendungslogiken sind jene Problemlösungen „verboten", deren Nachfolgeprobleme „größer" oder noch risikoreicher sind als das Ausgangsproblem, das man wissenschaftlich zu lösen versprach.

Die Rede von der freien Wissenschaft dient als Legitimation für Verantwortungslosigkeit des Wissenschaftlers

als individuelle Tugend der Entdeckerlust und als soziale Tugend der absoluten Vorurteilslosigkeit; zwei wirklich dumme Fiktionen, die sonst für niemanden, nicht einmal fürs Militär gelten, weil es, im Unterschied zur Forschung bzw. zur Kunst, den Primat der Politik zu akzeptieren hat.

Interludium:
Wer stellt die Frage nach der Verantwortung der Wissenschaft für die Gesellschaft? Etwa Ex-Kanzler Schmidt, kurz nachdem er zum Herausgeber der ZEIT berufen wurde – er, dessen verantwortungsethische Verachtung für die bloß gewissensethischen Schreiberlinge schier grenzenlos war? Damals schrieb Schmidt als ZEIT-Autor, daß er und seinesgleichen eines Tages vom Volk für ihre Unfähigkeit, die anstehenden großen Probleme ihrer Regierungszeit erkannt zu haben, zur Rechenschaft gezogen würden. In der Tat, gestand Schmidt, seien seine diesbezüglichen Versäumnisse eklatant, aber „schließlich hätte er als Regierungschef und Politiker ja wohl rechtens von den Wissenschaftlern erwarten können, daß sie ihn über diese brisanten Probleme unterrichteten". O-Ton Schmidt, man glaubt es kaum, weil man doch weiß, daß er als Kanzler sich selbst in allen wichtigen Fragen für kompetenter hielt, als alle anderen, Nobelpreisträgerkohorten inklusive.

Mir stellten die Frage nach der Verantwortung der Verantwortungslosen einige Freunde, weil sie diese Frage für einen Witz hielten. Denn wer hätte je Parasiten nach ihrer Verantwortung für ihren Wirt gefragt? Wer stellt die Frage? Etwa ein Armeeangehöriger, den Wissenschaftler versuchsweise – aber ohne sein Wissen – radioaktiver Strahlung aussetzten, um die wissenschaftlich interessante Frage zu erörtern, wie lange man einen Menschen exponieren könne, bevor er versafte? Die Klärung dieser Frage verlangt bereits Anwendungspraktiken, deren Zulässigkeit mit der Exponierung angeblich erst geprüft werde. Solcher **Selbstwiderspruch bei der Rechtfertigung freier Forschung grassiert vor allem in den Sozialwissenschaften, den Wirtschaftswissenschaften, der Humanmedizin und für die Politik.** In diesen Bereichen fällt das wissenschaftliche Experiment mit den alltäglichen Realverläufen des Lebens zusammen. Die Resultate des Experiments sind genauso irreversibel wie die des Nichtexperiments. Also gibt es in diesen Bereichen keine gerechtfertigten Experimente. **Eine Wissenschaft, die aber die Richtigkeit ihrer Behauptungen nicht experimentell überprüfen kann, wird alles mögliche behaupten.** Damit hebt sie sich selbst auf.

Variante 2:
Keine Verantwortung übernehmen zu wollen, hält entsprechend aktionsgeile Wissenschaftler nicht davon ab, Handlungsanleitungen für Politik, Wirtschaft usw. anzubieten, respektive zu verkaufen: Anleitung zum richtigen, gesunden, glücklichen Leben; Anleitung zur Verwirklichung des Fortschritts oder gar zur Errichtung von irdischen Paradiesen. **Wann immer aber ein wissenschaftlich stichhaltiges Konzept im vorgeblichen Sinne verwirklicht wurde, war das Resultat eine totalitäre Zwangsgesellschaft,** eine psychiatrisch auffällige Gurukratie oder ein kindischer Selbstbetrug. Daß bisher alle etwas umfassenderen Realisierungen wissenschaftlicher Entwürfe seit Platons syrakusanischen Abenteuern bis in unsere Tage das Gegenteil dessen bewirkten, was sie als der Weisheit besten Schluß versprachen, liegt in anthropologischen Bedingtheiten begründet, für die die

Wissenschaftler nicht zur Rechenschaft gezogen werden können. **Gefährlich werden Wissenschaftler, sobald sie aber diese Bedingtheiten ignorieren.** Beispiel: Fünf Generationen ausgefuchster Empiriker der Zoologie, Ethnologie und Anthropologie haben zwischen 1800 und 1930 (wissenschaftlich völlig einwandfrei) Wissen zusammengetragen, das u.a. als Rassenlehre der Öffentlichkeit vorgestellt wurde. Sie ignorierten dabei die menschliche Naturlogik, daß man sich Wahrheiten, gar wissenschaftlich bewiesenen unterwerfen müsse, wolle man sich nicht als Banause oder als Ideologe erweisen. Also machten z.B. die Nationalsozialisten mit der überall an Europas Universitäten gelehrten Rassenkunde ernst, indem sie die Gesellschaft diesem wissenschaftlichen Wahrheitsanspruch (den sie für ein Naturgesetz hielten) unterwarfen. Sie machten auch mit vielen anderen wissenschaftlich erschlossenen Wahrheiten ebenso Ernst, radikalen blutigen Ernst. Zugleich führten sie dieses Ernstnehmen dafür an, daß sie eben doch keine Kulturbanausen seien. Deshalb ist es nicht verwunderlich, daß diesem Ingeltungsetzen wissenschaftlicher Wahrheit lange vor Arbeitern und Angestellten viele Akademiker begeistert zustimmten (sogar schon vor 1933); sie stimmten ja sich selbst als Trägern und Hütern dieser wissenschaftlichen Wahrheit zu. Ganz ähnlich verhielt es sich mit dem eben deshalb wissenschaftlich genannten Marxismus-Leninismus und der Verwirklichung seines Wahrheitsanspruchs durch Stalin und Polpot, durch Mao und Ulbricht, um nur ein paar Beispiele aus unserem Jahrhundert zu nennen.

Erläuterung:

Als wissenschaftliche Wahrheit wird von Wissenschaftlern jenes Aussagekonstrukt ausgewiesen, das von der Fachkollegenschaft benutzt wird, um wahre von falschen Behauptungen zu unterscheiden, denn diese Unterscheidung begründet Wissenschaft gegenüber dem bloßen Meinen oder dogmatischen Behauptungen oder punktuellen Evidenzen.

Unterscheider von Wahrheiten und Unwahrheiten nennen wir dann Wissenschaftler, wenn sie diese Differenzierung mit Verweis auf ihre Fachkollegen, respektive ihre Autorisierung durch Kollegen (Promotion, Approbation, Delegation) begründen. So gehen aber auch Mitglieder von Glaubensgemeinschaften, Parteien und Innungen vor. Allerdings weisen sie ihre Begründungen für diese Unterscheidungen nicht explizit und schon gar nicht theoretisch schlüssig aus, sondern nur implizit, als selbstverständliche Annahmen, von denen sie ungeprüft vermuten, daß ihre Genossen sie teilen.

Neben der wissenschaftlichen gibt es auch noch eine zweite Form expliziten Theoretisierens – die künstlerische. Unabhängig davon, ob einer mit mathematischen Formeln operiert, malt oder Geldgeschäfte tätigt, werden wir ihn als Künstler ansprechen, wenn er seine Aussagenansprüche mit Verweis auf sein eigenes Tun begründet. **Der Künstler wird nicht die Bedeutsamkeit seiner Arbeit daran messen, wie weitgehend alle anderen Fachkollegen genauso malen, mit Wirtschaftsdaten jonglieren oder mathematische Theoreme aufstellen. Er wird seine Leistung als Künstler darin sehen, unabhängig von Anderen, unterscheidbar von Anderen Positionen zu beziehen.**

Frage: Welche Bedeutung hat bei uns gegenwärtig die künstlerische Legitimation von Aussagenansprüchen? Was nutzt uns künstlerische Beispielhaftigkeit, die darin besteht, gerade nicht auf andere, gar viele andere Menschen übertragen werden zu können? Daß wir gerne wissenschaftlich argumentieren, um in Übereinstimmung mit der Mehrheit unserer Fach-, Zunft- und Parteigenossen zu urteilen, ist verständlich. Es entlastet, wie gesagt, von der Verpflichtung zur eigenen Verantwortung. Genau das aber verlangt das künstlerische Vorgehen: Verantwortung für sein Tun ist vom Künstler auf niemanden abzuwälzen, es sei denn um den Preis, ein künstlerisch unbedeutender Epigone zu sein. Künstlerische Positionen machen also heute das Prinzip der Eigenverantwortung am deutlichsten sichtbar. **Wie wenig Hitler tatsächlich Künstler war – als den er sich sah –, belegt seine pathetische Deklamation, die Verantwortung für alles übernehmen zu wollen.** Hitler nahm also seiner Klientel die Verantwortung für ihr Tun ab. Ebenso klar ist, daß ein Künstler bzw. künstlerisch sich legitimierender Kenner des erfolgreichen, richtigen, notwendigen Weges Führer anderer Menschen sein kann, soweit Führungsanspruch mit Verweis auf konkurrierende alternative Programme begründet werden muß.

Variante 3:
Wissenschaftler haben keinen privilegierteren Zugang zu Wahrheiten und Nützlichkeiten als Handwerker oder Stammtischler. Sie sind jedoch weit besser dagegen gefeit, auf behauptete Wahrheiten und Nützlichkeiten hereinzufallen. Wieso das? – weiß man doch, daß reihenweise sogar befähigte Natur- und Geisteswissenschaftler aller Sparten und Fächer ideologischem Budenzauber erlegen sind, ja ihn sogar selbst inszenierten. Nun, für die dritte Variante der gesellschaftlichen Verantwortung der Wissenschaft wird vorausgesetzt, daß sich Wissenschaft und Nichtwissenschaft ausschließlich durch die Art und Weise unterscheiden, wie Aussagenansprüche begründet werden; sie unterscheiden sich nicht durch das, was sie sagen. Auch Alltagsmenschen haben z. B. ein kosmologisches Konzept, einen Kanon unumstößlicher Grundannahmen oder Strategien erprobenden Handelns parat, deren Varianten mindestens so zahlreich sind wie die der Wissenschaften; aber wissenschaftlich begründete Erzählung über die Entstehung „der Welt" läßt sich sinnvoller diskutieren als eine Legende.
Warum? Weil – in diesem Verständnis – wissenschaftliche Aussagen selber jenen Kriterien zu genügen haben, die sie gegenüber den Behauptungen anderer zur Geltung bringen, d.h., sie sind Gegenstand der Selbstkritik. Woraus wird die Kritik begründet? Nicht aus der Verfügung über die Wahrheit, sondern im Gegenteil aus der prinzipiellen Unmöglichkeit die Wahrheit zu besitzen, sie für sich reklamieren zu können. **Wissenschaft ist Kritik von Wahrheitsbehauptungen und den daraus abgeleiteten Zwängen sich der Wahrheit unterwerfen zu müssen.** Nur unter Bedingungen, die wir für „utopisch" halten müssen, wäre die Wahrheit tatsächlich zu sagen und in Geltung zu setzen. Also ist Wissenschaft auf den Entwurf von kontrafaktischen Utopien der wahren Welt angewiesen, um überhaupt kritikfähig zu sein. Die Utopie ist Begründung aller Kritik der Wissenschaft an den Ansprüchen von Menschen (von deren Institutionen oder Repräsentanten), in der Wahrheit zu stehen und der Wahrheit zur Herrschaft zu verhelfen. **Wissenschaft ist nichts anderes als eine spezifische Form der Kritik von Aussagenansprüchen.** Nach dieser kritischen Wissenschaft besteht

gegenwärtig kein Bedarf, obwohl auch Wissenschaft als Handlungsanleitung wenigstens in einer Phase auf Kritik an den verbesserungswürdigen Produkten und Verfahren beruht. Nach kritischer Wissenschaft besteht kein Bedarf, weil sie sogar die allgemein für evident gehaltenen Wahrheiten zum Problem erhebt. Sie problematisiert wirtschaftliche, politische, soziale oder andere angebliche Problemlösungen, insofern sie zeigt, daß die Mittel der Lösung durch ihre Zwecke dann nicht geheiligt werden, wenn die Anwendung der Mittel selbst neue Probleme kreiert. Beispiel: Eine wissenschaftliche Lösung für das Problem Nahrungsmangel ist die Steigerung des Prohektarertrages durch Düngung, die ihrerseits zur Grundwasserbelastung führt. Wenn die Zunahme der Weltbevölkerung als entscheidende Ursache wachsender Nahrungsknappheit erkannt ist, bietet die herkömmliche Ertragssteigerung nur Scheinlösungen. Der Wissenschaft bliebe dann die Kritik an den verschiedensten Bedingungen der Steigerung der Bevölkerungsexplosion: Kritik an der katholischen Dogmatik und am protestantischen Fundamentalismus, Kritik am Selbstverständnis der Drittweltländer als Opfer imperialistischer Ausbeutung, an der Unterwerfung unter die naturlogische Dummheit, ein Staat sei umso leistungsfähiger, über je mehr Menschen er verfüge und ähnlichem.

Erläuterung:
Wenn weder Individuen noch Gruppen Wahrheitsgehorsam einfordern können, werde alles zur bloßen Geschmacksfrage, meinen die Verächter kritischer Wissenschaft. In der Tat ist alles Geschmackssache, vorausgesetzt man hat einen – vorausgesetzt also man ist unterscheidungsfähig. **Wissenschaft als Kritik manifestiert sich demzufolge als Befähigung zum durchgängigen Unterscheiden.** Das Urteilen ist nur eine Form des Unterscheidens. Erst das Unterscheiden ermöglicht den Aufbau von Bedeutung; die aber schützt vor der relationistischen Resignation, daß die potentiellen Möglichkeiten, zu unterscheiden, endlos sind und alle gleichermaßen gültig. Diese Gleichgültigkeit gilt es in erster Linie wissenschaftlich zu kritisieren.

Fazit:
In dieser Kritik an sich selbst nimmt die Wissenschaft Verantwortung wahr. Dagegen einzuwenden, man könne nicht permanent unter den Druck der Selbstrechtfertigung gestellt werden, mag zwar für Nichtwissenschaftler verständlich sein. **Wissenschaftler aber, die nach Belieben aus der Verantwortung aussteigen, weil ihnen zu ihrer**

kritischen Befragung keine stichhaltigen Antworten einfallen oder die selbstmitleidig für ihre eigene Abdankung Schonung verlangen, geben komische Figuren ab.
Als solche könnten sie gegenwärtig immerhin die grassierende Wissenschaftsgläubigkeit abzubauen helfen. **Jeder Wissenschaftler, der seine eigene Glaubwürdigkeit beim Publikum aufs Spiel setzt, indem er seine Obsessionen, Perversionen, seine ideologischen Deformationen und seine allgemeine Verhaftung an banale Vorurteile zur Schau stellt, ist ein Faktor der Aufklärung.**
Nachdem die Aufklärer glaubten, alle Welt aufklären zu sollen, ist es jetzt an der Zeit, mit den eigenen Macken, Interessen und Machtgelüsten vertraut zu werden. Das Publikum wird schon noch lernen, diejenigen Wissenschaftler höher zu schätzen, die sich selbst nicht über den Weg trauen, anstatt Honorar und Beifall dafür zu verlangen, daß sie sich als Inkarnation machtvoller Weisheit jederzeit dienstbereit zeigen.

Kultur zivilisieren. Von der Humanisierung zur Hominisierung

27 | Humanistischer Schadenzauber

Ein Gespräch mit S. D. Sauerbier

Es gibt sicherlich Wichtigeres als Kunst. Kunst ist nicht alles, aber ohne Kunst ist alles nichts. Gucken wir aber mal über den Tellerrand hinaus. Was sind die Kunstfehler in der heutigen aktuellen Kunst?

Das kann ja nur heißen: Was läßt die Kunst heute so unerheblich erscheinen, bedeutungslos? Es ist ja die Frage, ob es an der Kunst liegt, daß sie eine geringere Rolle spielt als beispielsweise noch Anfang der 80er Jahre, oder ob nicht die gesellschaftlichen und politischen Veränderungen dieses Abschwächen der Bedeutung erzwungen haben. Die Künstler selber haben sich in den 80er Jahren durch die vollständige Orientierung auf Kunstmarktproduktion einem Großteil des Publikums unerheblich gemacht, nämlich für das Publikum, das Rezeption nicht über Kaufen betreibt, sondern über Argumentieren.

Hast Du nicht selber mal gesagt: Die einzige Aneignungsform im Kapitalismus ist, Kunst zu kaufen? Um 1968 hatte ich den Eindruck, Kunst ist überflüssig geworden, weil unmittelbar Wirklichkeit. Haben wir heute womöglich gar keine Kunst mehr, sondern nur mehr Handelsware?

Ich habe gesagt, daß die großen Käufer sich mit dem Kaufen die Argumentation ersparen. Das heißt: **Wer kauft, hat Recht.** „Reden Sie nicht lange," hieß es, „kaufen Sie oder kaufen Sie nicht?" Und wenn Du gekauft hast, warst Du für die Galeristen ein seriöser Partner, ansonsten konntest Du so gescheit daherreden wie Du wolltest, sie haben darauf überhaupt keine Rücksicht genommen. Nach der wirtschaftlichen Rezession ist die Aneignung eben nicht mehr so ohne weiteres über Kauf möglich.

Auch thematisch?

Das spielte erst mal keine Rolle.

Mit der Commodity Art in die Rezession?

Ich glaube nicht, daß die wirtschaftlichen Auswirkungen in diesen Bereich gehen. Erstens hat sich der Markt verändert. Zweitens sind aber die Künstler in ihrer Art der Reaktion auf den Markt nur noch auf die Linie des Kommerzes eingegangen. **Viele haben Kunst für den Bunker bei der Bank gemacht.** In der Öffentlichkeit hat sich ein anderes Interesse gebildet, weil immer neue Rekordmeldungen über Absatz und Einzelpreise verbreitet wurden. Daran knüpfte sich das Interesse der Allgemeinheit.

„All is right – nothing left?" Nur linke Hunde, nichts Rechtes mehr?
Was ist Deine Auffassung von „rechts" in unserer Kultur? Und was ist Deine Auffassung von „reaktionär"?

Rechts und reaktionär ist heute, was auf kultureller, regionaler Autonomie, auf kultureller Einmaligkeit und Eigenständigkeit, auf unserem eigenen Kulturmuster von Volkstanz, Batiken, Kuchenförmchenbacken und Blumenarrangements besteht. Und *links* ist im Sinne dieser Ableitung alles, was universalistisch, generalistisch ist, was also einen Verhaltenskanon für das Zusammenleben der Menschen aufstellt, dem sich alle zu unterwerfen haben – gleichgültig aus welcher Region oder welcher Kultur sie kommen: das bedeutet, keinen Einspruch von seiten der kulturellen Herkunft, der Religion, der gesellschaftlichen Identitäten erheben zu dürfen. Zivilisatorische Standards haben universell zu gelten.
Wohingegen als rechts und reaktionär sich alles das zerstörerisch auswirkt wie in Jugoslawien, Aserbeidschan usw. Rechts und reaktionär ist, was auf der eigenen kulturellen Einmaligkeit des historischen Gewordenseins, der Sprachgemeinschaft, der Erziehungs-, Hüpf- und Tanzgemeinschaft besteht.

Beziehen wir uns auf einen engeren Bereich von Literatur, etwa auf einen Autor wie Ernst Jünger – „In Stahlgewittern". Würde eine solche Figur heutzutage reüssieren?

Die haben, von Paul Anton de Lagarde angefangen bis zu Ernst Jünger, allesamt Konjunktur, das ist heute aber auf die Ebene des Fernsehens gerutscht. Der „Stahlgewitter"-Jünger von heute ist der Rambo der Fernsehkultur. Und die Kulturheroen à la Lagarde und der Rembrandt-Deutsche, das sind eben die in den Familienserien auftretenden Menschen mit etwas beschränktem Horizont, es ist das Syndrom des deutschen Schäferhundes ...

... des Forstarztes ...

... des mißlichen kleinbürgerlichen Wandlungstyps des Deutschen. Den gab's ja auch in einer anderen Version, sagen wir als Goethescher Weltbürger. Aber eben mit Verpflichtung: Da mußte man was lernen, sich was aneignen und zivilisatorisches Verhalten trainieren ... **Auf der Ebene des Fernsehens kann man heute die Typologie der deutschen Kultur- und Kunstgeschichte zwischen Bismarcks Reichsgründung und 1960 sehen.** Das ist alles in die Fernseh-Bildergeschichte umgewandelt worden – als sei es von Hollywood bis Eskimonien überall das gleiche ... Wo der ganze Idiotenkram beginnt – vielleicht sogar schon 1806 – „Wenn das Franzosenblut vom Messer spritzt ... " Jene in Deutschland ausgefochtenen Auseinandersetzungen sind heute weltweite Auseinandersetzungen.

Wie könnte Verherrlichung von Gewalt zum Gegenstand in der Kunst gemacht werden? Siehst Du eine Chance, in der Kunst Sozialforschung über Verherrlichung von Gewalt zu betreiben?

Das muß die Kunstkritik selber machen.

Verherrlichung von Gewalt gehört heute zur ästhetischen Praxis. Welche Lehren können wir für die politische Praxis ziehen?

Die **Aufklärung der Künstler über sich selbst.** Die Künstler müßten für eine lange Zeit absehen wollen von der Penetrierung des Marktes als Publizitätsstars. Dann wären sie glaubhaft, wenn sie deklarierten: „Kommen Sie zu uns! Bei uns passiert absolut nichts. Sie werden völlig ungestört in einem Warteraum sitzengelassen. Ab und zu rufen wir Ihnen eine Metapher zu. Wir geben Ihnen noch einen tiefsinnigen Spruch, mit dem Sie bis an Ihr Lebensende denken können ... "
So hätten die Künstler eine Chance, sich sowohl aufklärerisch als auch in der Wahrnehmbarkeit vom Markt zu unterscheiden. Solange sie aber herumhecheln, um in die Programme zu kommen, ist mit der Kunst keine Aufklärung über Verherrlichung von Gewalt zu betreiben.

Boecker und Niedecken haben für hundert Leute deren Wunschbilder gemalt. Von den Malern habe ich mir das Signet der BILD-Zeitung in der Manier Lovis Corinths als Wunschbild malen lassen. Würde es heute für Dich einen Sinn machen, Dir eine Reichskriegsflagge als Sujet der Sozialforschung malen zu lassen?

Diese Formen von halbherzigen Affirmationen ohne Übertreibung, ohne Umkippeffekt, die nutzen wenig – eigentlich nur den Intellektuellen, die es ohnehin schon wissen, aber auch auf eine größere Öffentlichkeit kann man mit solchen Mätzchen nicht mehr wirken.

Koketterie mit Faschismus war in der Kunst der 70er und der 80er Jahre zu beobachten, zumindest mit faschistischen Symbolen. Eine ästhetische Strategie, die von Tabus zehrte.

Es war, als Syberberg seinen Hitler-Film machte, ausgesprochen wichtig, daß die Künstler sich der im Rest der Gesellschaft tabuisierten Themen annahmen. Es war aber auch in den offensiveren Formen außerordentlich wichtig, weil klar wurde, daß die Art von Wahnsinn, die wir mit dem Faschismus verbinden, keineswegs von Nationalsozialisten erfunden war. **Wir sind den Irrsinn nicht los, indem wir ihn als Nationalsozialismus stigmatisieren.**

Wolf Jobst Siedler hat darauf hingewiesen, insbesondere was das Skulpturenprogramm im Berliner Olympiastadion und im Pariser Trocadero angeht.

Bedeutsam ist, daß die deutsche Tragödie nicht auf die Periode von 1933 bis 1945 beschränkt werden kann. Insofern war die Auseinandersetzung der Künstler im bloßen Herbeizitieren des Tabuisierten außerordentlich wichtig.

Soll man Immendorff, den Stalin-Maler, und Lüpertz, den Westwall- und Stahlhelmemaler, etwa bewundern? Ich kann die Großmäuler nicht mal ernst nehmen.

Gegenwärtig ist die bedeutsamste Form der Auseinandersetzung die, den linken Zeitgenossen, den selbsternannten Humanisten, nicht mehr die Möglichkeit zu lassen, alles, was ihnen nicht paßt, als faschistisch zu stigmatisieren, statt zu erkennen, daß sie selber Träger solcher Ideologien sind.
Beispielsweise in der typischen Art, **sich selbst für humanistisch zu erklären und die anderen für Rassisten. Das ist die Umkehrung des Motivs von Rassismus im Dritten Reich.**

Gib uns bitte ein anschauliches Exempel in der Kunstproduktion!

In der Kunst muß man jemanden wie Hrdlitschka als einen Mann sehen, der mit seiner Art von sozialistischer, realistischer Haltung genau in das verfällt, was er seinen angeblichen Gegnern auf der faschistischen Kunst-Praxis-Ebene von Breker vorwirft.

1964 hast Du am 20. Juli in Aachen im Kopfstand Goebbels' Sportpalast-Rede rezitiert. Könntest Du Dir heute eine solche Rezitation vorstellen?

Ich wollte das eigentlich zum 40-Jahr-Jubiläum in der Wuppertaler Stadthalle wiederholen. Da wurde mir gesagt, das sei zu gefährlich, weil heute Menschen glauben könnten, man führte das Ding huldigend vor. Als ich damals in Aachen die Rede vorführte, ging es um den Passus „Wollt Ihr …", und zwar nicht „… den totalen Krieg", sondern „die totale Kunst?".

Meintest Du mit der „totalen Kunst" als Inszenierung das Totaltheater der Reichsparteitage?

Die totale Kunst war die Unterwerfung des Lebens unter den Anspruch, den Literaten und andere Humanitätsfaxe sich für die Menschheit ausgedacht hatten, nämlich **die Unterwerfung unter ein Schönheits- und Gemeinschaftsprogramm, ein Kunstherrschaftsprogramm à la Platon.** Denn der totale Krieg ist nichts anderes als die totale Philosophie, die totale Kunst …

Mir ging es darum zu zeigen, daß der totale Krieg das gleiche ist wie die platonische, totale Philosophie als Staatsherrschaft oder die Vorstellung von Joseph Beuys von der Umwandlung der Gesellschaft. Wenn Beuys das gesamte Leben der Gesellschaft …

… als soziale Plastik? …

… total bestimmt hätte oder wenn Jesus Christus die Gelegenheit gehabt hätte, seine Art von Nächstenliebe als totales System der Sozialpraxis durchzusetzen, wäre auch ein KZ herausgekommen.
Im Hinblick auf die Grundfrage erörtere ich immer wieder folgendes: Was passiert eigentlich mit Ideen, mit Erfindungen des menschlichen Setzungsvermögens, der Fantasie, des Denkens, wenn man diese geistigen Produkte als Handlungsanleitungen benutzt etc.? Das Fazit lautet einfach: Jeder, der ein noch so gutes und humanitäres Programm hundertprozentig in die soziale Realität überführt, landet da bei irgendeiner Form von Totalitarismus.

Ich saß mal auf dem Ku'damm in Berlin in einem Theatersessel – „Das Theater ist auf der Straße" hatte Bazon Brock verkündet. Wenn man heute in einem Theatersessel am Ku'damm säße und es zöge zufällig eine Rudolf-Heß-Gedenkdemonstration vorbei – würdest Du die auch als Teil von „Theater auf der Straße" akzeptieren?

Es sollte ja erreicht werden, daß das normale Publikum …

… *wir waren alle keine „Normalen" …*

… sich selber zu den Hauptakteuren macht und nicht ins Theater geht und sich dort Shakespeare vorführen läßt, was ein großes, bedeutendes Leben ist, was ein effektives Handeln, was ein Durchsetzen von Willen sein soll, sondern das sollten sie selber machen. **Der Zuschauerraum sollte zur eigentlichen Aktionsbühne werden, denn das Theater ist ja nur sinnvoll im Hinblick auf die Zuschauer.**

Wahrnehmen ist Handlung und nicht Erleiden, selbst wenn es Passion ist.

Ja! Das Publikum mußte lernen, sich selbst in der Rolle der Akteure zu sehen. Und wo ist so etwas besser möglich als auf der Straße?! Da ist jeder in der Rolle, die er auch tatsächlich spielt.

Sind aber theatrale und soziale Rolle nicht different?

Nun mußte man es nur dazu bringen, das, was täglich sich ereignet, mit den Augen zu sehen, wie ein Dramatiker eine extreme Ausnahmesituation à la Shakespeare darstellt. Es mußte erreicht werden, daß man das tägliche Leben als Drama sah.

In Berlin war um 1968 eine Diskussion mit Dir, und Du sagtest zu den Studenten: „Bitte weisen Sie mir eine Rolle zu!" Man war dazu nicht in der Lage. Jemand schrie: „Wir müssen ihn jetzt endlich festnageln!" Und Du sagtest: „Ich beantrage, daß Brock sofort gekreuzigt wird."

Wenn heute eine Rudolf-Heß-Demonstration durch die Straßen marschierte, wäre es in der Tat wichtig, sie so zu betrachten wie Shakespeares Titus Andronicus: Als etwas, das sich der Bedeutung nach auf Dezennien auswirken kann. Wenn man sie als theatralische Demonstration ansieht, gewinnt sie an Bedeutung und Sichtbarkeit. Normalerweise würde einer auf der Straße sagen: „Naja, diese Idioten demonstrieren da. Laß Sie doch. Die Schwachsinnigen sterben nie aus." Wenn man sie aber wirklich wie eine inszenierte Großkampagne der Konstellation von Parteiungen oder Nationalstaaten sieht, mißt man dem eine andere Bedeutung zu, und man betrachtet die Leute ganz anders. Plötzlich merkt man, daß zu der Art, wie sie gehen, auch ein Gesichtsausdruck, ein Kostüm, eine Haltung, meinetwegen auch ein Haarschnitt gehört, daß das wirklich eine Art von Aktionstypus geworden ist, der nicht zufällig auftritt. **Es gibt bestimmte Alltagserscheinungen, die sind nicht als etwas über den Tag hinaus Bedeutsames zu erkennen, wenn nicht mit den Augen des geschulten Theaterbesuchers oder Romanlesers.**

Wäre das denn der Verfremdungseffekt – auf das Alltagstheater bezogen?

Nein. Es ist gerade kein Verfremdungs-, sondern es ist ein Enthüllungseffekt. Was einem im normalen Alltagsleben entgeht – es ist ja nicht komprimiert auf drei, vier Stunden –: das Sehen von Zusammenhängen ... In einem bestimmten Augenblick muß man sie so wahrnehmen, daß sich darin das Ganze verdichtet, der Zusammenhang sichtbar wird. Das gilt für alle politische Wahrnehmbarkeit. Man schätzt einen Minister oder Kanzler ein. Da kann man ja auch nicht sagen: Jetzt warte ich erst mal zehn Jahre ab, sondern geschult mit den Augen des Film- oder Theaterbetrachters oder Literaturlesers interpretiere ich in dem Moment, wo ich ihn sehe, alles an ihm.

Wahrnehmen ist also Interpretieren.

Ich interpretiere oder fasse zusammen oder verknüpfe mit anderem. Bei jener Heß-Demonstration kann ich dann sagen: Es ist keine Zufälligkeit, daß Menschen hier in einer komischen Formation antreten, sondern das ist die große Regie der deutschen Geschichte, die hier eine Art von sichtbar werdender Manifestation zustande bringt.

„Die Philosophen haben die Welt nur verschieden interpretiert. Es kommt darauf an, sie zu verändern!" sagte Marx. Adorno setzte dem entgegen: „IG Farben und Krupp haben die Welt verändert. Es kommt darauf an, sie zu interpretieren!" Würdest Du heute die Adornosche Auffassung eher unterschreiben als die Marxsche?

Aber selbstverständlich!

Und wie würdest Du sie in bezug auf praktische Konsequenzen ausdeuten?

In Bezug auf praktische Konsequenzen muß man die Erscheinung der Welt überhaupt in irgendeiner Hinsicht für bedeutsam halten können. Was unsere Zeitgenossen auszeichnet, ist ja, daß sie überhaupt nichts mehr für bedeutsam halten, insbesondere weil ihnen das Großartige in negativer Hinsicht ununterbrochen um die Ohren gehauen wird, **jeden Tag eine Flugzeugkatastrophe, jeden Tag aufgeschlitzte Leiber, jeden Tag eine erschütternde Entscheidung im Bereich der Medizin oder der Gesetzgebung für Finanzen ...** Da wird alles in gleichgültiger Weise unbedeutend. Das Problem für die Zeitgenossen ist, überhaupt noch interpretieren, verstehen zu können.

Kunst ist Interpretation von Kultur – ich meine: auch von Unkultur. Wie kann Kunst heute Unkultur interpretieren?

Das ist die Anleitungsaufgabe von Theater und Literatur, wie man noch aus der kleinsten Unerheblichkeit etwas machen, aus dem vermeintlich Ununterschiedenen eine Unterscheidung und damit eine Bedeutung ableiten kann. Insofern ist die Aufgabe der Philosophen tatsächlich zu demonstrieren, wie das, was in der Welt gegeben ist, Bedeutsamkeit für den Beobachter haben kann.

Was ist die praktische Konsequenz für Dich selbst?

Daß ich beispielsweise nicht darauf angewiesen bin, mir jeden Tag irgendein neues Reizmittel zuzuführen in Gestalt von Bildern, Texten oder Konsumartikeln. Praktisches Beispiel ist auch, daß ich in der Lage bin, stillzusitzen, daß ich den Aktionsradius nicht wie bei der Freizeitanlage nach Metern oder Kilometern messen muß, indem ich mit den Skiern durch die Berge ziehe, sondern ich kann das wie der Kierkegaardsche Zögling auch in der Fantasie im Zimmer machen. Das ist das allerpraktischste Beispiel, **denn in Zukunft kann es nicht Millionen oder Milliarden gestattet sein, ihr Bedeutsammachen der Welt als Skilauf oder Autorennen durchzusetzen.** Wir können uns das in der Vorstellung, in der Interpretation, im Verstehensakt interessant machen und müssen's nicht in der faktischen Veränderung – etwa alle Berge zu Skiabhängen.

Zu Fragen der Interpretation. Kann man sagen, Kunst sei Symptomkunde? Nebenbei gesagt: Symptomkunde wurde früher Semiotik genannt.

Ich glaube nicht, daß die Künstler durch irgendwelche erhöhte Sensibilität früher als andere merken, wohin der Zeitgeist weht, auch nicht, daß die Avantgarde im Sinne des Vorauserspürens oder des Zusammenstückelns von Symptomen zu einem Krankheitsbild besser geschult ist als die Experten im konkreten. Sondern umgekehrt: **Die Künste wirken durch ihre Fähigkeit, das Interesse auf Probleme der Menschen zu lenken.**

Sie erfinden sozusagen Themen, sie fesseln die Aufmerksamkeit, indem sie die Welt als problematisch darstellen. Auch wenn es die Erscheinung als Einzelsymptom für etwas Konkretes gar nicht gibt – man muß ja nicht die Symptome danach abschätzen, daß man hinterher das Urteil fällen kann, wie die Krankheit heißt. Es geht eher darum zu sagen: Wie kommt es zu einer solchen Abweichung vom normalen Funktionieren des Körpers?

Sicher sucht man sich seine Sujets nicht von ungefähr aus, sie werden einem aber auch nicht nur diktiert. Die Frage ist ja immer noch die nach der „Dignität des Falles". Was ist für Dich würdig, Gegenstand zu sein?

Führung durch Thematisierung anstatt Führung durch avantgardistische Vorausahnung.

Alle indexikalischen Zeichen, Anzeichen, vor allem Indizien sind ja erst in Hinsicht auf Ausdeutung relevant.

Wenn man *Symptom* einfach im Sinne der Auffälligkeit faßt, dann heißt das ja: Jede Erscheinung, die ich wahrnehmen kann, muß irgendeiner Art von Bedeutung zugeordnet werden. Ich lese alles, was ich sehe, als Zeichen.

Darauf wollte ich hinaus.

Dementsprechend muß ich ein darin Bezeichnetes auffinden – da sehe ich nicht die Künste im Vordergrund, sondern ich sehe sie da als diejenigen, die uns lehren können, daß der Zusammenhang zwischen Zeichen und Bezeichnetem oder zwischen dem, was wir herkömmlich Ausdruck nennen, und dem Ausgedrückten oder dem, was sich in der Welt gegenständlich vorfindet wie Wörter, Bilder usw. und dem, was wir dabei denken, fühlen, uns vorstellen, ein ganz anderer ist als der eines identischen Symptoms. Ich gehe ja davon aus, daß das Ästhetische gerade die Differenz zwischen Zeichen und Bezeichnetem ausmacht und nicht die Identität.

Wie steht es da mit der Indifferenz im Sinne von Duchamp?

Indifferenz kann es beim Ästhetischen nicht geben, dann wäre man bei der Totalsimulation. Wenn ich indifferent bin, hantiere ich nur noch mit Zeichen, mit Bildern oder Wörtern – egal, was die bedeuten könnten, was sie einem sagen oder wie ein anderer sie lesen könnte. Im übrigen halte ich die Erfindung dieses Totalsimulationsvorwurfs für eine Selbstverherrlichung von Medienherrschern.

Kunst ist Aufhebung von Geschichte: Inwiefern ist Deine Kunst neben Aufbewahrung auch Kritik und Gegenentwurf? Der Individualanarchist Konrad Bayer erwog die Proklamation des Einmannstaates.

Je mehr Museen, desto mehr Gedächtnis, also desto mehr Vergangenheit kann präsent gemacht werden. Musealisierung gilt als Prinzip der Vergegenwärtigung des Vergangenen. Musealisierung ist eine Form, die Dinge im Gedächtnis festzuhalten – gerade nicht nach dem Vorwurf, den die Leute immer äußern: „Im Museum landet das, in der Versenkung, also in der Abgespaltenheit." Sondern es ist die Form des Präsenthaltens. Die langsame Selbstmusealisierung unserer Gesellschaft ist wirklich ein Zeichen für ihr Voranschreiten. Deswegen hasse ich all die Leute, die sagen: „Weg mit dem alten Plunder! Raus damit! Etwas Neues! Zerschlagt doch die Verhältnisse!" Das Neue ergibt sich von alleine aufgrund unserer physiologischen Funktionsweisen. Unser Gehirn legt uns Vergessen selbst nahe, zwingt es uns auf – kollektiv wie individuell.

„Die Vorhut läßt die Krempe sinken", schrieb Konrad Bayer, ein Pessimist bester Güte. Wo ist heute die politisch-ästhetische Avantgarde? Was heißt „künstlerisch vorn"? Wo ist die ästhetische Front?

Neuheiten im Sinne von Erfindungen zu wollen – das ist immer verbunden mit Barbarei, nämlich mit Verlust des Gedächtnisses, mit Zerschlagen der Vergangenheit und mit Rückgängigmachen von Fortschritt. Und hat man heute zu Recht die Vorstellung, je fortschrittlicher wir im Hinblick auf unsere Technologien, beispielsweise von Waffen, sind, um so primitiver und rückschrittlicher werden wir eigentlich. Heute ist die ganze Welt mit all den verteilten Atomwaffen ungefähr so gefährlich wie für einen Neandertaler der waffenlose Gang durch die Wiese bei Düsseldorf, also die reine Barbarei.

Da heißt es eben Gedächtnis bilden: Vergegenwärtigung des Vergangenen – als Kulturtechnik bedeutet das Musealisierung, so wie man auch das eigene Leben immer weiter musealisiert, man schreibt langsam seine Biographie, man sieht sein Leben nach Vorstellungen, wie man sie im Theater gewonnen hat, man sieht es sozusagen von außen als einen Zusammenhang. So gilt das eben auch für die Gesellschaft.

Wir haben von Geschichte, vom historischen Prozeß gesprochen. Reden wir doch auch von Gleichzeitigem: Es koexistieren nicht nur sogenannte hohe und niedere Kultur und unterschiedliche Subkulturen in unserer Gesellschaft, sondern auch unterschiedliche Herkunftskulturen. Mehrere Fragen: In welchen Subkulturen bewegst Du Dich, in welcher arbeitest Du, für welche tust Du etwas? Wo kommen in Deiner Arbeit Subkulturen zusammen?

Koexistenz unterschiedlichster Herkünfte und Kulturen ist das Stichwort für Multikultur heute. **Meine ganze Gegnerschaft gilt einerseits diesem bisher noch völlig inhaltsleeren Gefasel von Multikultur wie anderseits der prinzipiellen Unmöglichkeit von Multikultur.** Ich habe mein Lebtag noch nie einer Sub- oder Teilkultur angehört.

Einspruch, Euer Ehren! Das halte ich für eine plumpe Behauptung, noch nicht mal in Putativnotwehr. Wir zwei beide befinden uns doch im Moment innerhalb eines Subsystems unserer Gesellschaft, das wiederum mit anderen Subsystemen koexistiert.

Nein. Ich habe mich immer einer universalistischen, internationalistischen Tradition verschrieben, so weitgehend sogar, daß ich mir den Vorwurf einhan delte, das sei diktatorisch, als wollte ich allen Leuten die Maximen der Französischen Revolution – auf der Ebene der Organisation von zivilisiertem Leben – einbleuen.

Singst Du auch die Internationale? – Kunst ist Aufbewahrungsort für unerfüllte Forderungen, Hoffnungen und Wünsche. Das gilt für 1968 genauso wie für 1789 und 1989.

Die Internationale war für mich das Zeichen für einen historischen Versuch, so etwas auszudrücken mit den historisch durchaus möglichen Annahmen, daß Internationalisierung und Universalisierung durch das Proletariat entstand, nämlich diejenigen, die keine Basis in ihren Teilkulturen hatten, die nichts besaßen, um sich festzuklammern. Das war damals ein richtiges Konzept. Man konnte sich vorstellen: Wer nicht im Besitz einer kulturellen Eigenständigkeit fixiert ist, neigt um so eher zu universalistischen Geltungen zivilisatorischer Standards.
Das hat sich inzwischen als falsch herausgestellt, weil man dann nicht nur den materiellen Besitz und die symbolische Repräsentanz einer Kultur meinen darf, sondern vor allem die intellektuellen, die geistigen Voraussetzungen, die Fähigkeit zur Urteilsbildung – und die sind ja am rarsten verbreitet. Die Tatsache, daß Leute, die das Projekt der Moderne als Durchsetzung universaler Geltung zivilisatorischer Standards betreiben, eine kleine Minderheit darstellen, bedeutet ja nicht, daß sie eine Subkultur sind.

Ich hatte ein Faible für die Utopie der ästhetischen Unmittelbarkeit zu den Dingen und Ereignissen. Ich sah sie in Stellvertretung für eine Unmittelbarkeit der menschlichen Beziehung in der Gesellschaft, die nicht durch Waren vermittelt sein sollten. Und ich nahm an, das Paradigma sei die zur Schau gestellte Gegenstandsbedeutung. Ich rechne zu Paradebeispielen für Unmittelbarkeit vor allem Ready mades und Objets trouvés. Die Dinge werden zur Schau gestellt und nicht mehr dargestellt. An die Dinge geknüpft sind Gegenstandsbedeutung, auch Erinnerungen und Erfahrungen. Zugleich nahm die allgemeine Vermitteltheit ungemein zu – wie die Bezeichnung schon sagt: in den Medien, und dabei insbesondere an Reklame und Unterhaltung. Sie bieten aber den Rezipienten keinen Unterhalt und vermitteln nicht Arbeit. Gerade die westliche, kapitalistische Form der Vermitteltheit hat sich durchgesetzt. Public Relations sind durch Werbung und Waren vermittelte Beziehungen. Eine paradoxe Form von Unmittelbarkeit mündete in seltsame Formen wie „Kunsttherapie". Einerseits sollte der Patient

ein unmittelbares Verhältnis zum ästhetischen Objekt und damit zu sich selbst bekommen, anderseits wurden die Kunstwerke instrumentalisiert, nämlich zu Zwecken gebraucht, für die sie nimmer gemacht waren. Als hätte Duchamp das geahnt: „Einen Rembrandt als Bügelbrett zu benutzen."
Eine andere, eine schreckliche Sorte von Unmittelbarkeit ist aber Desymbolisierung, wie sie Alfred Lorenzer charakterisiert hat. Gesellschaftliche Auseinandersetzungen wurden zunehmend durch unmittelbare Gewalt ausgetragen, etwa bei Stellvertreterkriegen in Fußballstadien und bei Straßenkämpfen bis hin zum Anzünden von Wohnheimen oder Mord an Andersdenkenden. Zunehmend weniger werden Auseinandersetzungen durch Symbole ausgetragen. Wir beobachten Ausbreitung der Gewalttätigkeit sowohl im Alltag wie auch Gewaltdarstellungen in den Medien …

Das ist ganz im Sinne meiner „Ästhetik gegen erzwungene Unmittelbarkeit". **Ästhetik ist die Vermittlung schlechthin und richtet sich gegen die Forderung nach Unmittelbarkeit, ganz in dem Sinne, daß sonst nur der Stärkere übrigbleibt.** Der entscheidende Aspekt der falschen Forderung nach Unmittelbarkeit in Liebesbeziehungen, in vielen anderen Erlebnisformen etc. ist ja, daß die Welt sich von selbst erschließt, als sprächen die Kunstwerke, indem ich vor den Bildern meinen Gefühlshosenbund öffne oder die Brust freimache und alles auf mich wirken lasse. Nicht erst seit den 60er Jahren ist damit auch Theoriefeindlichkeit verbunden. Die Leute polemisieren gegen Ästhetik, gegen Philosophie, gegen Wissenschaft überhaupt, indem sie sagen: „Das ist doch alles nur Gerede. Es kommt vor der Kunst darauf an, daß man empfindet!" Und wenn man dann fragte: „Was empfindet Ihr nun, nachdem ihr stundenlang davor verbracht habt?", stellte man fest: „Gar nichts, die reine Leere."

Das ist nicht die Leere im Sinne Cages, Yves Kleins, Manzonis, George Brechts oder Fillious?

Die Leute wollten die Arbeit nicht leisten, sich zu Caspar David Friedrich Kenntnisse und Wissen anzueignen; sie behaupteten, wenn sie draufguckten, würde das Werk aus sich heraus wirken.

Sozusagen magisch?

Unmittelbarkeitsforderung war vor allem eine ideologische Form der Abwehr von Begriffsanstrengung ...

... und Mangel an Unlusttoleranz?

Es gab noch eine andere Unmittelbarkeitsforderung: „Zerschlagt die historischen Vermittlungsformen! Zerschlagt die Bürokratien mit ihren Instanzengängen und Dienstwegen!" Jeder verschafft sich direkten Zugang zum Direktor, zum Kanzler.

Democrazia direttissima à la Beuys?

Das entscheidende Argument, das ich damals gegen die Unmittelbarkeitsfanatiker vorbrachte, welche die Bürokratie als Verhinderung von Entfaltungsmöglichkeiten sahen: Gerade das ist der Sinn der Bürokratie! Wer Unmittelbarkeit fordert, läuft Gefahr, jeden Tag etwas anderes durchsetzen zu wollen. Bürokratie ist dazu da, die spontane Umsetzung jeder Beliebigkeit zu verhindern, um nicht jeden Schwachsinn, der einem am Tag einfällt, am Abend schon Wirklichkeit werden zu lassen ...

... um sich auszuleben und sich selbst zu verwirklichen?

Der Journalist steht heute mit seinem Mikrofon vor dem Ereignis, glotzt auf die Leichen und erlaubt sich ein Urteil, das in Wahrheit aber noch eine nachträgliche Verhöhnung des Toten darstellt, weil das Urteil eben nicht über die Anschauungsformen, die soziale Kompassionsformen, über die historische Erfahrung vermittelt wird.

„Nie wieder Krieg!" schrieb mir Georg Herold auf einen Doppelbackstein, auf die andere Seite „Nie wieder Käthe Kollwitz!" Hätte Käthe Kollwitz Erfolg gehabt, hätte sie sich damit überflüssig gemacht. Da dies nicht der Fall ist, ereilte sie dasselbe Schicksal. Welche Chance hat heute der Künstler als Propagator?

Ich bin Optimist aus der Notwendigkeit heraus, etwas Sinnvolles zu tun. Pessimist zu sein ist nicht sinnvoll, gerade wenn man annimmt, daß ohnehin der Lauf der Dinge statt hat. Deswegen kann ich auch dem Postulat „Nie wieder Krieg" nichts abgewinnen: Es wird keine Kriege mehr geben? Ich sehe doch: Das ist die normale Art der Auseinandersetzung zwischen Menschen.

Bazon als Dubuffet / Peggy Guggenheim und in sechs weiteren Rollen, in „Wer trägt die Avantgarde?", Film von Werner Nekes zur Westkunst, Düsseldorf 1981

Wenn ich das, was der Fall ist, nämlich den Ernstfall, akzeptiere, dann kann ich aufhören, noch irgend etwas zu denken, zu gestalten oder überhaupt etwas zu sagen. Wenn ich noch irgend etwas auf mich Bezogenes in der Welt erkennen will, dann muß ich tatsächlich sagen „Nie wieder Krieg!" Trotzdem weiß ich, daß das gar nicht eintrifft. Sinnvoll werden Aussagen erst, wenn sie zum Beispiel kontrafaktisch „Nie wieder Krieg!" besagen. Trotzdem ist das kein Utopismus, denn die Anerkennung der Wirklichkeit bedeutet für mich immer Anerkennung dessen, worauf Menschen sowieso keinen Einfluß haben.

Zur Verständigung: Wie begründest Du Deine Auffassung von Wirklichkeit?

Als eine rein philosophisch notwendige Bestimmung dieses Begriffs. **Wirklichkeit hat nur philosophisch einen Sinn, wenn es die Sphäre dessen ist, was mir prinzipiell weder durch Denken noch durch Tun zugänglich ist.** Nur dieser Wirklichkeitsbegriff macht Sinn. Wirklichkeit ist die Sphäre, auf den die Menschen mit ihrem Tun und Treiben keinen Einfluß haben. Basta. Das Zurechtzimmern von Wirklichkeit – jeder konstruiert seine Wirklichkeit nach eigenem Bilde –, das ist alles Lügerei und Sichetwasvormachen. Aber die Anerkennung der Wirklichkeit bedeutet ja keineswegs, daß ich mich dem, was da ohnehin der Fall ist, ohne weiteres subsumiere, sonst brauchte ich ja gar nicht zu leben.

Ist jene Behauptung, jeder zimmere sich seine eigene Wirklichkeit selbst zusammen, etwa irrig nach Erkenntnissen der Hirnphysiologie, der Logik oder Lernforschung? Jedenfalls setzt sie sich aber doch als Opinio communis durch.

Die sogenannten Konstruktivisten der Wissenschaftstheorie, die psychologische Ebene hat Watzlawick mit seiner Kohorte dargestellt, den Rest konstruieren jetzt die Herren Schmidt-Wulffen & Co. in Siegen, die radikalen Konstruktivisten. Das ist eine philosophisch schwache Position. Es sind eigentlich die Auffassungen, in denen man das Problem umgeht, das man gerade zu lösen hat. Wenn ich nämlich den totalen Konstruktivismus behaupte, dann gibt es gar keine Probleme mehr. Wenn alles nur eine Frage des Ausgedachtseins ist, habe ich keine Probleme.

Bin ich dann etwa im „bio adapter" von Oswald Wiener gelandet?

Ich habe erst Probleme, wenn ich mich als einzelner Mensch wie in der Kollektivität des menschlichen Zusammenlebens Problemen gegenübersehe, die ich nicht lösen kann. Erst wenn ich es mit der *Condition humaine*, der Wirklichkeit zu tun habe, dann bedeutet dies das Sichauseinandersetzen oder Arbeiten an der Welt überhaupt. Wenn ich alles auf der Ebene der konstruktivistischen Radikalität lasse, dann ist die Welt von vornherein ein Irrenhaus. Das ist die Wissenschaft als psychiatrische Anstalt, und das machen diese Leute uns ja vor.

Die menschliche Kultur ist in einem hohen Maße auf die kontrafaktische Behauptung, vornehmlich als Hoffnung oder als Intervention unter Menschen selbst gedacht. Es kann ja sein, daß die Menschen als naturevolutionäre Produkte Wirklichkeit sind – als Kulturprodukte sind sie kontrafaktische Behauptungen. Jetzt ist für mich das einzige Problem: Wodurch unterscheidet sich die kontrafaktische Behauptung „Nie wieder Krieg!" von der kontrafaktischen Behauptung eines Carl Schmitt? Darauf die Antwort: Carl Schmitt hat ja keine kontrafaktische Behauptung aufgestellt, sondern die schiere Behauptung der Wirklichkeit, nichts anders als Natur. Das Dritte Reich ist eine immense kontrafaktische Behauptung, der Totalitarismus im Sinne von Tausendjährigkeit oder Ewigkeit.

Wenn ich Ewigkeit postuliere, dann ist das gegen alle Wirklichkeit des Wandels,

es ist die kontrafaktische Behauptung par excellence – sie kommt eigentlich der Kultur zu: nämlich etwas ein für allemal als richtig und damit auf Dauer stellen zu wollen. Utopisten aus Realismus, die wissen, daß die Realität ganz anders ist und deshalb nur noch etwas kontrafaktisch behaupten, und anderseits die kontrafaktischen Behauptungen der Verächter bzw. der wirklichen totalitären Draufschläger, der Festnagler oder Kreuziger haben eine unglaubliche Ähnlichkeit und können häufig gar nicht voneinander unterschieden werden von dem, was objektiv behauptet wird. Man sollte seine Anstrengungen stärker darauf richten zu erkennen, daß Kultur als das Kontrafaktische selbst ständig in uns die Neigung darstellt, tausendjährige Wunder auf die gleiche Weise als kulturelle Höchstleistung zu behaupten wie die Forderung nach Friede oder Menschheitsvereinigung …

„Rock gegen Rechts!" Manchen ist das Hemd näher als der Rock. Rudolf Krämer-Badoni meinte vor Jahren warnen zu müssen: „Vorsicht, gute Menschen von links!" Natürlich muß man heute sagen: „Vorsicht, schlechte Menschen von rechts!"

Warum sehen sie den politischen Feind immer noch links? – Böhse Onkelz und auf der anderen Seite „gute Tanten" wie Grönemeyer, Lindenberg? Mutter Theresa singt? Wo siehst Du in der Jugendkultur eine effektive Chance?

Erst einmal darin, daß man den Jugendlichen nicht nachläuft. Wenn ich Jugendlicher wäre, würde ich doch die Gesellschaft heute vorführen bis zum Gehtnichtmehr, wo sich jeder Sozialarbeiter für mich verantwortlich fühlt und wo ich nur sagen muß: „Ich bin gewalttätig, weil's kein Jugendzentrum gibt", oder „Ich bin Radaubruder, weil meine Mami mich nicht genügend liebt." Die diktieren ihren Psychiatern und den Journalisten ja schon ins Stammbuch: „Schreiben Sie auf: Mein Vater und meine Mutter haben mich als Schlüsselkind erzogen, deswegen randaliere ich jetzt!" Eine Gesellschaft, die sich in ihrem schlechten Gewissen suhlt und zugleich Jugendkult betreibt, die hat es doch nicht anders verdient.

Jene Jugendlichen wünschen sich ja nichts anderes, als daß sie jemand für so gewalttätig und bedeutsam hält, daß er sie mit Geld zuschüttet und als rohes Ei der Gesellschaft behandelt. Das ist in der Politik doch ganz genauso. Die Regierung lügt wie gedruckt. Die Parteien lassen sich bestechen und schwarz finanzieren. Alles, was die Jugendlichen sich auch wünschen, nehmen sich die Alten. Der Staat kümmert sich einen Dreck um die existierenden Gesetze. Mehr und mehr werden Gesetze gebrochen, siehe Asylbewerber. Um die Brechung der existierenden Gesetze zu umgehen, basteln sie an neuen Gesetzen herum, die sie dann ebenfalls wieder umgehen werden.

Das gilt auch für die Seite der Kritik: „Wir brauchen ein anständiges Einwanderungsgesetz statt eines Asylgesetzes". Ja um Himmels willen, was macht man mit 500.000 Leuten, die ohne Einwanderungsschein vor der Tür stehen? Es ist dasselbe Problem wie heute mit denen, die keine Asylberechtigung haben. Machtpolitik setzt sich eben durch, alles wird zum eigenen Vorteil ausgenutzt. Und das machen die Jugendlichen nach. Ich finde die gut, die sich in wilden Gesten absetzen und uns jetzt dazu zwingen, tatsächlich über das Bekenntnisgetue hinauszugehen. Es kann ja nicht bei den Lichterketten bleiben, das sind doch nur vorübergehend erklärbare Entlastungsversuche. Das Gebrülle wird sich fortsetzen. Und hier jaulen sie uns die Ohren voll: „Mörderbanden gegen Asylanten." Mit höchster Legitimation durch die in den Sportstadien antretenden Politiker usw. findet seit 15 Jahren andauernde Randale statt, das ist genauso eine Brutalisierung mit Feuerwerkskörpern und Schlägereien – geradezu genossen als Höhepunkte der Fankultur. Wie sonst in der Gesellschaft sind die Politiker mit Lippenbekenntnissen dagegen angetreten.

Während auf den Rängen Gewalttätigkeiten stattfinden, für viele Sinn der Veranstaltungen, sagt aber die Kommerzialisierung des Sports tatsächlich nichts anderes.

Das alles enthüllt sich jetzt durch die Mörder rechter Herkunft genauso in der Jugendkultur wie in der Politik und in der Wirtschaft. Was soll denn jemand denken, wenn über -zig Jahre die Industrie Waffen an irgendeinen Hansel in Afrika schickt, damit der die eigenen Leute im Bürgerkrieg erledigen kann? Wo als industrie-kulturelle Leistungen unserer Waffenproduzenten Bürgerkriege dargestellt werden, lügen sie einem doch die Hucke voll. Ich finde es so peinlich, wie sich unsere Waffenfabrikanten als gute Unternehmer im Interesse ihrer Angestellten darstellen. Was bei der Unternehmung herauskommt, die produzierten Waffen im Einsatz, die wollen sie nicht sehen.

Das ist die typische Art, das Problem nicht sehen zu wollen. Deshalb war ich ganz radikal gegen dieses Humanitätsgejaule der Typen, die das Desaster systematisch als Geschäfts- und Parteiunternehmung betreiben. Solange auf der Politik- und Sportebene nichts anderes stattfindet, sind die Ereignisse in Mölln oder Rostock genau der Ausdruck dessen, was diese Gesellschaft will, der Ausdruck ihres Selbstverständnisses, und zwar mit höchster Billigung. Dagegen mit Lichterketten anzutreten – das zeugt von perfider Moral, indem man die anderen als Rassisten stigmatisiert und sich selbst in den Himmel hebt.

Solange die Humanitätsapostel sich von anderen absetzen anstatt zu erkennen, daß sie ja selbst zur Gesellschaft gehören, die da in Mölln oder Rostock Steine schmeißt, die da brandstiftet, so lange halte ich das für die schiere Heuchelei.

Es ist typisch für Deutsche, aus Unterwürfigkeit, aus Arschkriecherei, aus genau den schlechten Eigenschaften, die uns die Welt vorwirft, sich als die besseren Menschen darzustellen gegenüber den schlechten, als die humanitär gesonnenen gegenüber dem Mob ...

Das Peinlichste, was ich je erlebt habe!

Kultur zivilisieren. Von der Humanisierung zur Hominisierung

28 | Das Plateau der Freundschaft – Probleme verbinden stärker als Bekenntnisse

Für die Athener Bürger hieß das Plateau *Akropolis*, für die Könige in der Nachfolge Alexanders hieß es *Gipfel des Haimon*; die frühen Humanisten bestiegen es wie Petrarca unter dem Namen *Mont Ventoux*; im absolutistischen Zeitalter glich das Plateau als *Feldherrnhügel* einer aufgeschütteten Tomba; die Gründerheroen unserer modernen Zivilisation im 18. Jahrhundert manifestierten es als Tempelchen in jedem englischen Park. Goethe etablierte den *Türmer* („zum Sehen geboren, zum Schauen bestellt") als Wächter von hoher Warte. Im 19. Jahrhundert nahm das Plateau die Gestalt der erhabenen Sockel für Monumente und Kunstwerke an, und im 20. Jahrhundert wurde das Plateau eleviert zur Kanzel des Führers oder zur Schaugondel der Zeppeline.

Seit alters also ist das Plateau eine Konstruktion zur Ermöglichung der Übersicht durch Überblick, der anschauenden Betrachtung als *Theoria* und *Supervision*.

Wer führen, offenbaren, inspirieren will, muß sich als *Visionär* ausweisen; aber er darf nicht nur stur geradeaus sehen, sondern muß panoramatisch rundherum die Welt als eine Einheit und Ganzheit erfassen können. Er muß *Supervisionär* werden. Erst der Rundblick garantiert die Kontinuität des Blickes, erst das übersichtliche Modell einer Ganzheit orientiert auf futurische, utopische Dimensionen. Erst wer das bloße Ansehen der Dinge zu einer *Zusammenschau* werden läßt, indem er eine *Theorie* bildet, vermag über den Horizont der Sichtbarkeit in die Ortlosigkeit des Denkbaren zu blicken.

Tausendfach markieren die „Plateaux der Menschheit" Standpunkte, Vermessungspunkte, Bezugspunkte als Mittelpunkte oder Zentren.
Diesem Polyzentrismus in den Beziehungen der Menschen untereinander wird nur ein Typus der sozialen Bindung gerecht: die *Freundschaft*.
Nicht ohne Grund erörtern Soziologen und Medienwissenschaftler, Künstler und Sozialakteure gegenwärtig, also im Jenseits des 21. Jahrhunderts, die Bedeutung von Freundschaftsbanden für die äußerst problematische Kultur-

entwicklung mit großer Leidenschaft. So z.B. der weltweit renommierte Kulturwissenschaftler Neil Postman in seinem neuesten Werk *Die Zweite Aufklärung, Brücke ins 21. Jahrhundert*. Ein gutes Beispiel bietet auch die Künstlerin Nan Goldin mit ihrer Strategie, das fotografische Werk als Struktur eines Freundschaftsbundes auszuweisen. Legendär war die freundschaftliche Beziehung von Kippenberger, Oehlen und Büttner oder die Künstlertruppe aus der Galerie Michael Werner: Lüpertz, Immendorff, Baselitz, Penck. Sie alle und viele andere bezogen sich natürlich auf Joseph Beuys' *Soziale Plastik* durch freundschaftliche Bindung, die *Freie Universität* und ihre vielen Vorläufer in der Geschichte der *Wahlverwandtschaften*.

Im Bereich des Designs und der angewandten Künste orientieren auf die historischen Motive der Freundschaftsbünde als romantische Leidensgemeinschaften oder optimistische Herzensbruderschaften etwa Kampagnen wie die von Benetton (United Colors) respektive die Kampagnen *We are family* von Warenhäusern oder die inzwischen etablierte Auffassung, Forschergruppen bildeten eine *research family*. Aber im Unterschied zu den verschworenen Kampfgemeinschaften der *Fight Clubs*, den Ordensgemeinschaften der SS, der mafiotischen Kumpanei oder der religiösen Märtyrergemeinschaft verlangt die Freundschaft gerade nicht Übereinstimmung im verpflichtenden *Bekenntnis* und Unterwerfung unter die höhere Instanz der göttlichen Offenbarung oder der diktatorischen Bevormundung.

Freundschaft wird zum dominanten Bindungstypus in den sozialen Beziehungen, weil sie erst wirksam wird, wenn alle Gemeinsamkeiten aus Religions- und Parteizugehörigkeit, aus Rasse und Nation, aus Geschlechterrollen und Verhaltensattitüden aufgelöst sind; und das ist wohl gegenwärtig der Fall – sosehr man auch in Religionskriegen (Nordirland), Nationalitätenkriegen (Baskenland), Kulturkriegen (Ex-Jugoslawien) den blutigen Eindruck zu wecken versucht, daß die Parteien an ihren Überzeugungen unerschütterlich festhalten.

Aufgeklärtere Geister, wie es die Personnage der Kunstszene seit dem 18. Jahrhundert zu sein behauptet, glauben selbst nicht an die Unerschütterlichkeit ihrer Überzeugungen und Urteile; sie machen die Erfahrung, daß man nur etwas Neues und Anderes hervorbringt, wenn man seine Vorurteile gut kennt und außer Kraft setzen kann. Produktiv wird nur, wer sich auf das Problematische an seinen Überzeugungen und Urteilen einläßt und sich selber von radikalen Zweifeln nicht ausnimmt.

Wie auch immer: angesichts der blutigen Konsequenzen, die allzu unnachsichtige Überzeugungen nach sich ziehen, dürfte klar sein, daß die Vermeidung von Mord und Totschlag am zuverlässigsten erreicht wird, wenn man dogmatische Überzeugungen aufgibt; an deren Stelle entwickelt man ein nachhaltiges Bewußtsein der Problematik, der Vorläufigkeit, der Beschränktheit aller Urteile, selbst wenn sie als „wahr" begründet werden können.

Wenn also in Zukunft Menschen noch etwas gemeinsam haben werden, was sie fördert und schützt, dann sind es nicht religiöse Überzeugungen, kulturelle Identitäten oder Stil- und Geschmackspräferenzen (deretwegen schlagen sie sich ja dauernd die Köpfe ein); vielmehr stiftet die gemeinsame Orientierung auf Probleme, vornehmlich die böswilligen Probleme, also die prinzipiell nicht lösbaren, ein Zusammengehörigkeitsgefühl: eben das der Freundschaft. Denn im Unterschied zur Liebesbeziehung, zur Eltern-Kind-Beziehung, zur Meister-Schüler-Beziehung oder zur Arbeitgeber-Arbeitnehmer-Beziehung eröffnet die Freundschaft Akzeptanz und Orientierung, soweit man sich dem Freund und der Freundin gerade mit Hinweis auf die eigenen Zweifel, Mankos, Versagensängste und allgemeinen Defizite vorbehaltlos anvertraut.
Die Freundschaftsbindung erweist sich als die stabilste in einer Welt, in der man nicht mehr über Gewißheiten verfügen kann, sondern mit bösartigen unbeherrschbaren Problemen rechnen muß.

Es bleibt auch im 21. Jahrhundert bei der ältesten Strategie und dem Selbstverständnis der Künstler, die sich als *Avantgardisten* auffaßten. Ihr Selbstbewußtsein bezogen sie aus der Fähigkeit, alle Gewißheiten in Probleme zu überführen; sie waren die Meister der Problemfindung – sogar noch dort, wo Wissenschaftler und Unternehmer keine Probleme sahen. Seit der Renaissance zeigten Künstler systematisch, daß man Probleme nicht lösen kann, sondern nur lernen kann, mit ihnen umzugehen – weswegen Ingenieure und Unternehmer die Künstler als Nestbeschmutzer und Negativisten belächelten. Inzwischen ist ihnen allen klar, daß Probleme nur gelöst werden können, indem man neue schafft. In diesem Sinne, als Problemerfinder, waren Künstler stets bedeutend, wohingegen sich ein Schüler lächerlich machte, der behauptete, durch Übung und Vervollkommnung die Defizite seines Meisters bewältigen zu können. Und die Aktivisten der Kunstszene waren stets Genies der Freundschaft, deren Stimulatoren *Kuratoren* hießen, oder *Herausgeber*, oder *Sammler*, oder *Vermittler*. Es ist bezeichnend, daß ein solches Genie der Freundschaft, das auf dem Plateau der Supervision seit 35 Jahren mit größter Wirksamkeit agiert und damit den Typus des Kurators, Inszenators, Vermittlers neu definierte, auch für die Biennale 2001 das Konzept der *Plateaux* nutzt. Es ist das einzige Konzept, von dem wir, durchaus im Rückgriff auf das 18. Jahrhundert und die Geschichte der Modernität, vertrauen können, ohne bloß zu spekulieren oder mit Belohnung und Bestrafung Begeisterungsgefolge erzwingen zu wollen. Wer Harry Szeemann vorwirft, schon seit längerem in seinen größeren Ausstellungen nur noch die Gemeinschaft seiner Freunde zu präsentieren, hat noch nicht verstanden, daß man sich auf die Künste und Künstler einläßt, weil man jederzeit mit ihrem uns alle verbindenden Problembewußtsein rechnen kann. Freunde sind Menschen, bei denen man damit rechnen kann, daß sie uns gerade wegen der Beispielhaftigkeit unserer Defizite, unseres Scheiterns und unserer peinlichen Beschränktheit akzeptieren. Nur unter Freunden kann ich mich so zeigen, wie ich nirgends sein darf, wo es um Macht, Ruhm und Geld geht. Erst Freunde erfahren ihre Wirkung und Geltung über die Ohnmacht der Macht, über die Inflation des 15-Minuten-Ruhms, das Verspielen der Gewinne und die Verminderung unserer kreativen Potentiale durch Realisierung als Kapital.

Dafür schuf der unvergessene Piero Manzoni das wunderbare Plateau eines *Socle du Monde*: die Freundschaft trägt die Welt, anstatt sich auf ihr bekrönend zu inszenieren.

Kultur zivilisieren. Von der Humanisierung zur Hominisierung

29 Die Besten brechen die Regeln. Sport als Kulturmuster

Ingeborg Lüscher formuliert mit FUSION eine *strange revelation*, eine befremdliche Enthüllung unserer alltäglichen Bereitschaft, das regelhafte sportliche Spiel als Leitbild gesellschaftlicher Kooperationen verstehen zu wollen. Denn was empfehlen uns die reizendsten Sozialtherapeuten?

Sie propagieren: Sei ein guter Verlierer; fair geht vor; nach dem Spiel ist immer vor dem Spiel; Sex ist der gesündeste Sport; Sport ist in Geselligkeit (Verein) am schönsten; mens sana in corpore sano/wer rastet, rostet …

Wie kam es dazu, daß Sport zum Leitbild sozialer Aktivitäten werden konnte? Für diese Historie sind die Engländer zuständig. Ihre Oberschichten entwickelten im 18. und 19. Jahrhundert den neuen Sozialcharakter des *Gentleman*. Das war eine Anverwandlung des Höflings/*Cortigiano*, der ritterliche Tugenden ins Zivilleben übertrug, vornehmlich in den Umgang mit Frauen. Aus dieser Tradition heraus wurde der Gentleman zu einem Dompteur der kriegerisch-unsittlichen Begierden, der Antriebe *Lustgewinn* und *Unlust-Vermeidung* und der Motivation zur Machtausübung und Herrschaftsstabilisierung. Aber, so betont der Gentleman, dieser Zähmungsakt findet in der Menagerie statt, also als Spiel, als Simulation mit Wiederholungsmöglichkeit und Widerrufsrecht.

Die Handlungsmuster der Gentlemen waren die des Spiels nach Regeln unter der Voraussetzung, daß Spielen nur dann sinnvoll ist, wenn sich alle an die Regeln halten.

Mit Regelbrechern, mit Kriminellen kann man nicht spielen.

Als die Gentlemen mitte des 19. Jahrhunderts zu Industriellen, und damit zu Managern der Gesellschaft (neben den damals entstehenden Sozialcharakteren *Parlamentarier und Journalist*) wurden, griffen sie auf den Domestizierungszirkus „Spiel" zurück, um die Energien der unterdrückten, schlecht versorgten und kaum erzogenen Arbeiter ihrer Fabriken zu kanalisieren. Mitten in den heftigsten Klassenkämpfen und Schlachten um soziale und politische Rechte sollten die Spielregeln der Gentlemen-Unternehmer die Fremd- und Selbstbeherrschung der Arbeitermassen formen. Dazu mußten die Arbeiter, **die Angehörigen der Unterschicht,** virtualisiert werden. **Sie wurden zu** *Sportlern***, d.h., solange sie „sportlich" spielten, waren sie nicht mehr klassenkämpferische Arbeiter oder schlecht weggekommene Kreaturen, sondern eben Sportler – ein virtueller Sozialrang, eine virtuelle Nobilitierung, die nur auf dem Sportfeld und unter den Regeln des Sports galt.**

Je länger und öfter man Sport trieb, desto stärker überwog für die Selbstwertschätzung der virtuelle, noble Sozialcharakter *Sportler* die realistische Kennzeichnung „Arbeitstier", „Kanonenfutter" oder „williger Vollstrecker".

Die Aufhebung aller Unterschiede durch Klassenzugehörigkeit, Konfession oder Nation im Sport wurde zu einem allgemeinen weltweiten Kulturmuster erklärt, als Herr Coubertin die antike Kultfeier der Delphischen Spiele in der *Olympiade* der industriellen Neuzeit wiederaufleben ließ. **Seinen virtuellen Charakter enthüllt das Kulturmuster Olympiade mit den kontrafaktischen Behauptungen, beim Spiel ginge es nur ums Dabeisein und nicht ums Gewinnen, um den ideellen Wettkampf ohne tödliche Konkurrenz.** Das ist natürlich eine Dummheit. Selbst unsere erfolgreichsten Heiligen zogen noch vor Gott Gewinn aus ihrer Selbstlosigkeit und konkurrierten um seine Gnade mit den Durchschnittskanaillen der Schöpfung. Aber solche Verklärung des menschlichen Wesens und der sozialen Realität durch die Erhebung in den virtuellen Stand engelhafter Reinheit und heiliger Interessenlosigkeit verhilft dem Sport zu einer starken symbolischen Repräsentanz des von Muskelkolossen und Renntieren verkörperten sozialen Daseins.

Dieser symbolischen Repräsentanz widmet Ingeborg Lüscher ihren Film. Sie setzt nicht, wie übliche TV-Journalisten, die Kritik an der Verlogenheit des Sports als längst kommerzialisiertem Unternehmen mit hochbezahlten, aber rechtlosen Arbeitssklaven fort; sie fusioniert die sozialen Verhaltensformen im Sport, im Kommerz, im Kriegerkampfbund (*Fight Club*) zu dem Kulturmuster, das sich unabhängig von allen olympischen Beschönigungen oder sozialen Verharmlosungen oder psychischen Entlastungen zeitlos durchgesetzt hat: das Muster des Kampfes, selbst des ernsten, ja tödlichen Kampfes nach berechenbaren Parametern und festschreibbaren Regeln.

Die Botschaft von Lüschers FUSION für die Bereiche Sport, Kommerz, Krieg nach Genfer Konventionen, Kulturkampf der Iren, Basken, Albaner, Tschetschenen etc. lautet:

Unsere Unterwerfung unter Regeln ist nur solange zu erwarten, wie der Verstoß gegen die Regeln mit nachhaltigem Ausschluß vom Spiel geahndet werden kann.

Das Spiel nach Regeln fördert aber gerade das Verlangen der Intelligentesten und Besten, die Regeln zu brechen.

Die Sportler, die Händler, die Kulturfunktionäre, die Soldaten können die Bestrafung des Regelverstoßes nicht selbst durchsetzen. Sie können nicht einmal die Urteilsinstanz selbst etablieren. Sie müssen auf die Existenz von strafenden Göttern und strafenden Richtern, strafender Börse oder strafender Hand des Marktes zurückgreifen. Solche Macht haben die Mode, das Gerücht, das Vorurteil, die kulturelle und soziale Diskriminierung, also die Verkörperungen des Zeitgeistes in ihren symbolischen Repräsentanzen. Eine schlechte Figur zu machen, sich lächerlich zu machen, die Aufmerksamkeit zu verlieren heißt, an Marktwert zu verlieren, an Öffentlichkeit wie an persönlicher Attraktivität. D.h., die Selbstwahrnehmung der eigenen Person in den Augen der Anderen, also das eigene Image, wird zur richterlichen Sanktionsgewalt, da unsere Überlebenschancen oder Mitlebensmöglichkeiten auf allen Ebenen von dem Image abhängen, das unser Schicksal ist.

Spielen heißt also, sein Image herauszufordern, sportlich spielen heißt, das Bild, das andere von mir haben, also das Image, durch das Idealbild zu ersetzen, das andere von mir haben *sollen*.

Die Sanktionsgewalt von Mode, Gerede und anderen Repräsentanten des Zeitgeistes wird immer dann sichtbar, wenn jemand als Sportler oder Manager oder Kulturpropagandist oder Künstler dabei erwischt wird, wie er sein Image durch sein Idealbild ersetzen will. Da *foult* er den Zuschauer, den Kunstbetrachter, den Konsumenten und nicht bloß den Mitspieler, Konkurrenten oder Kollegen. Solche fouls symbolisiert Lüscher durch Schwarzweiß-Konter, die die Fusion von goal-Stand und Konto-Stand, Spielstrategien und Berechnungen des Computers, Freudenausbruch und Vergewaltigung, Spielerposition und Unternehmenshierarchie und dgl. verdeutlichen.

Zwischensumme: **Nach Regeln (also sportlich) zu spielen fordert die Intelligenz des Akteurs zum Regelbruch heraus.**

Den Betrachter stimuliert das Spiel nach Regeln zur Bewertung dieser Intelligenz: Herausragend ist nur, wessen raffinierter Regelverstoß nicht geahndet werden kann.

Damit wird das Kulturmuster Sport beschreibbar: Jeder sucht seinen Vorteil in der Kaschierung eines Regelverstoßes; die Besten im *Sport*, in der Wirtschaft, in der Kultur sind diejenigen, die ihre Intelligenz zum Regelbruch nutzen und zur Täuschung der Urteilsinstanzen, also zur Vermeidung von Strafen. Die Täuschung gelingt in allen Handlungsbereichen am besten durch Uniformierung, also durch Ununterscheidbarwerden gegenüber allen Konkurrenten. Die Uniformierung signalisiert die Orientierung auf Regelhaftigkeit. Wer im Business mitspielen will, tut gut daran, täglich die Pendler-Maschinen zwischen München und Hamburg mit den gleichen uniformen Verhaltensweisen und Redewendungen zu besteigen wie alle Mitkonkurrenten. Diese Uniformen müssen allerdings dem Macht-Niveau gemäß mindestens *Armani*-Standard entsprechen. Je höher die modisch-symbolische Repräsentanz, d.h., je mehr Armani, Trussardi, Boss, desto besser gelingt die Uniformierung. **Je uniformierter die Gruppe der Konkurrenten, desto offensichtlicher verpflichten sich Alle auf das Verständnis: Es ist das Zeichen Deiner Fähigkeit, die Regeln zu brechen und das Zeichen Deines Prestiges, dabei nicht erwischt zu werden.**

Das nennt man seit einiger Zeit die Logik und die Moral des *schwarzen Sektors*, früher *Mafia* geheißen. Mit der zunehmenden Auffassung von sozialem Handeln in Ökonomie, Politik, Kultur als der Orientierung auf intelligenten Regelbruch wurde sozusagen die gesamte Gesellschaft mafiotisiert. Da es keinen Sinn macht, die Normalität (Geschäftswelt) für eine singuläre Abweichung (Mafia) zu halten, wurde die Mafia legalisiert, d.h. virtualisiert, wie schon häufiger in der Historie des Kulturmusters *Sport*. Der virtualisierte Regelbrecher wurde zum Kavalierstäter und die Unfähigkeit, den Regelverstoß kaschieren zu können, wurde zum *Kavaliersdelikt*.

Mitten in Marktkonkurrenzkämpfen, Absatzschlachten und Produktionsfeldzügen werden die Regelbrecher zu Gentlemen-Verbrechern. **Und Gentleman-Verbrecher mit Kavaliersdelikten ist man nur solange, wie man das Spiel *„brich die Regel, aber laß dich nicht erwischen"* vor aller Augen mitspielt.**

Die Intelligenz der Künstlerin Ingeborg Lüscher zeigt sich darin, daß sie auch die eigene künstlerische Konzeption und Arbeit einer Filmerin ganz offen als *sportlich* im obigen Sinne darstellt: Der Film selbst bleibt ganz spielerisch – ohne Weltverklärung oder metaphysische Hochstapelei. Der Film bricht mit allen Regeln tiefsinniger Kunstschöpferei, und die Autorin läßt sich nicht dabei erwischen, daß sie sich gerade mit dieser sportlichen Haltung als Künstlerin von großem Prestige ausweisen will. Also ist sie eine Künstlerin von großem Prestige, die auf intelligente Weise das seit 150 Jahren im Westen vorherrschende Kulturmuster Sport enthüllt, ohne sich eines Sakrilegs überführen zu lassen. Sie sollte möglichst umgehend eine Version des Kulturmusters Sport am Beispiel des Frauenfußballs nachliefern.

Kultur zivilisieren. Von der Humanisierung zur Hominisierung

30 Gott und Müll. Kulturpolitik und Museum

1. 60er

In den **sechziger Jahren** erweiterte sich die Förderung öffentlicher Museen aus öffentlichen Haushalten infolge der offensiven Bildungspolitik, die auch Hochschulen, Gymnasien, Rundfunk- und Fernsehanstalten, Lehrmittelverlage und die „neuen Medienangebote" umfasste. Aber die Museen waren naturgemäß nicht in der Lage, die kurzfristig aufeinanderfolgenden Reformen der Bildungsreformen mit ihren Präsentationen nachzuvollziehen. Die bildungspolitische Legitimation brach ab.

2. 70er

In den **siebziger Jahren** wiesen die Kulturforscher Fohrbeck/Wiesand nach, daß mehr Zeitgenossen Museen besuchen als etwa Sportstätten incl. Fußballstadien. Damit war dem Kulturpolitikerargument widersprochen, demzufolge die Arbeit der Museen nur von wenigen Angehörigen bürgerlicher Eliten wahrgenommen werde, die Mehrheit aber, der man demokratisch verpflichtet sei, interessiere sich überwiegend für Sport und Populärkultur. Auch in neusten Erhebungen wird die Feststellung von Fohrbeck/Wiesand bestätigt.

3. 80er

In den **achtziger Jahren,** der Zeit des Neubaubooms für Museen wurden ökonomische Gesichtspunkte für die finanzielle Förderung öffentlicher Museen mit dem Argument geltend gemacht, daß durch Umwegrentabilität (Übernachtungen, Reisekosten und Verzehr, Merchandising und touristischen Kaufimpuls) ein Gutteil der Fördergelder als Investitionen für die regionale Wirtschaft wirksam würden.

Zudem seien Museumsförderungen (wie die der Theater, Archive und Medienzentren) sozialpolitische Investitionen im Sinne der Gewerkschaftsforderungen, weil bis zu 85 % der Institutsetats für die Honorierung der Mitarbeiter und nicht für die Programmarbeit verwendet würden. Das hieß, höchstens 20 % der Förderungssummen wurden für die Ausstellungtätigkeit und Veröffentlichungspraxis der Kultureinrichtungen verwandt. Diese relativ geringen Mittel konnten die Institute nur durch Steigerung der Besucherfrequenzen erhöhen. Um das zu erreichen, mußten einerseits haushaltsrechtliche Voraussetzungen geschaffen und andererseits die Attraktion der Museumsangebote gesteigert werden. Das geschah durch die kontraproduktive Orientierung auf Erlebnis- und Ereignisqualitäten des Museumsangebots. Kontraproduktiv war die Orientierung an Erlebnis- und Ereignishaftigkeit, weil die Veranstalter so gezwungen wurden, ihre eigene Arbeit ständig durch spektakuläre Überbietung der vermeintlichen Attraktivität zu entwerten. Heute haben selbst spektakulärste Ausstellungsereignisse durch die Vielzahl parallel laufender Angebote mit erheblichem Rückgang der Besucherzahl und der Zahl der Katalogverkäufe zu rechnen. Außerdem wurden die Angebote von Unternehmen und Privaten der Spektakelforderung unterworfen, gestützt auf Etats für Messe- und Medienauftritte, wie sie selbst den gut dotierten Museen nicht zur Verfügung standen. Die Kulturpolitiker empfahlen nach dem Muster der Wirtschaft Kultur zu präsentieren. Ihr propagiertes Musterbild war der Unternehmer von der Heyde aus Stuttgart. Indes geriet das Patentrezept zum finanziellen Fiasko.

4. 90er

In den **neunziger Jahren** orientierte sich die Kulturpolitik an Private-Public-Partnerschaften über ein erweitertes Sponsoringkonzept. Soweit die Sponsoren als Partner der Museen keinen Einfluß auf die Austellungsprogramme nehmen würden – und tatsächlich verzichteten sie auf diesen Einfluß vollständig –, schien das Konzept Private-Public-Partnerschaft aussichtsreich zu sein. Bei näherer Betrachtung erwies sich, daß man von tatsächlicher Partnerschaft wohl kaum ausgehen kann, wenn höchstens fünf Prozent der Etats durch die Wirtschaftspartner aufgebracht werden.

5. Geld und Wert

Es überrascht wenig, daß gegenwärtig die Entscheider über öffentliche Haushalte auf jede kulturpolitische Konzeption verzichten, weil sie meinen, bei extrem verknappten Etats erübrige sich Politik schlechthin. Dem ist entgegenzuhalten, daß gerade bei knappen Etats für die Entscheidung über die Mittelvergabe auf politische, also im Fall der Museen auf kulturpolitische zurückgegriffen werden muß. Um solche Konzepte zu entwickeln, müssen die genuinen Leistungen von Museen herausgestellt werden.

Die wichtigste kulturelle Leistung von Museen liegt wohl in „Zeitschöpfung", weil Museen den jeweils gegenwärtigen gesellschaftlichen Lebensformen den Bezug auf historische Zeit wie auf zukünftige Zeit, auf biographisch strukturierte Lebenszeit, wie auf jene Zeiterfahrungen ermöglichen, die unseren Arbeitsabläufen, Organisationsformen und Vermittlungskonzepten zugrunde liegen. Solche Zeitschöpfungen sind nicht nur unmittelbar ökonomisch wichtige Ressourcen (Time is money – etwa im Recycling, wenn museale Bestände der vierziger, fünfziger und sechziger Jahre als Remakes und Redesign auf den Markt kommen). Viel entscheidender ist Zeitschöpfung durch Vergegenwärtigung historischer Potentiale für die Gewinnung von Wert- und Bewertungsmaßstäben der Orientierung auf Zukunft als wirtschaftlich wichtigstem Zeitmodus. Die Zeitform Zukunft wird für die Wirtschaft in der Form des Kredits realisiert, aber die durch Geld vermittelte Überführung von Produktideen und anderen Handlungskonzepten in reale Waren verlangt Wert- und Bewertungsmaßstäbe, die nur aus der Arbeit von Museen gewonnen werden können. Denn diese Museen sind auf die Operation mit Zukunftsannahmen spezialisiert, wie kein zweiter Sozialbereich. In den Museen werden zahlreiche ehemalige Zukünfte, die inzwischen zu unserer Vergangenheit wurden, verwaltet.

Alle Vergangenheit ist ehemalige Zukunft, also lassen sich verläßliche Bewertungen von Zukunftsannahmen nur aus der Historie gewinnen (durch Vergleich der vielen ehemaligen Zukunftsannahmen, repräsentiert durch die musealen Objekte, mit dem faktischen Verlauf dieser Geschichte).

Ermöglicht Geld die Überführung von Virtualität in Realität, also die Vermittlung von virtuellen Konzepten als Gedanken, Vorstellungen, Gefühlen und Willensäußerungen an reale Güter, so leistet die Wertorientierung die Vermittlung der Zeitmodi, also die begründete, stichhaltige, verläßliche Orientierung auf Zukunft in der Vergangenheit durch die Vergegenwärtigung dieser Vergangenheiten: das ist die Arbeit der Museen.

Mit der Vergegenwärtigung unserer Vergangenheiten realisieren Museen Zukunft nach relevanten Bewertungsmaßstäben, die sich aus der inzwischen möglichen Beurteilung vergangener Zukunftsannahmen ergeben. Derartigen Wertbestimmungen unterliegen inzwischen alle Zeitgenossen und nicht mehr nur herausragende Individuen und Gruppierungen wie Herrscher, Feldherren, Staatengründer, Unternehmer, Religionsstifter, Literaten, Musiker, Künstler und Architekten. Denn jeder, der sich um Integration in soziale, ökonomische oder politische Lebens- und Arbeitsbedingungen bemüht, ist z.B. biographiepflichtig – man verlangt ihm nämlich den Ausweis eines Lebenslaufes ab, aus dessen historisch abgeschlossenem Teil auf die erwartbaren, zukünftigen Verhaltens- und Arbeitsweisen geschlossen werden soll. Eine wichtige Umsetzung der Biographiepflichtigkeit besteht in der Verpflichtung auf Ausweis einer konsumeristischen, kulturellen, sozialen und politischen *Identität* – repräsentiert durch Erwerb und Gebrauch von Waren als Lebensgütern. Waren, die mit Attributen solcher Identitäten ausgestattet werden, nennt man *Kulturgüter*. Inzwischen generiert die Volkswirtschaft mehr als 50 % des Bruttosozialprodukts durch kulturelle Merkmalsdifferenzierung. Alle diese Produkte unterliegen der Verpflichtung auf Repräsentanz von derartigen Identitäten. Vorrangig in Kulturinstitutionen wie Museen, Archiven und Schulen erwerben die Zeitgenossen als Mitarbeiter und Mitglieder von Unternehmen oder Verbänden ihre Befähigung zur kulturellen Distinktion. Wer diese kulturelle Unterscheidungsfähigkeit nicht besitzt, ist sowohl für die Warenproduktion, wie für Distribution und Konsumtion kaum noch verwendbar. Da inzwischen weltweit auf Standards der Produktion wie Verfügung über Material, Technologie, Fertigungsverfahren zurückgegriffen werden kann, bleibt für die Auszeichnung und den Wettbewerb der einzelnen Wirtschaftsregionen nur die Erhöhung der kulturellen Unterscheidungsfähigkeit ihrer Mitglieder und ihr Wissen um die Kriterien der kulturellen Unterscheidung, die in anderen Regionen präferiert werden.

6. Der Rest ist Müll – We kehr for you
Die Arbeit der Museen wird für die Volkswirtschaften im Zeitalter der Globalisierung wichtiger als sie es je zuvor war, weil nur noch kulturelle Unterscheidungsfähigkeit Präferenzen im Warenangebot ermöglicht. Da im oben angedeuteten Sinne inzwischen alle Waren den Charakter von Kulturgütern auszuweisen haben, werden auch alle kulturellen Produktionen zu Waren. Die Kulturproduktion der Museen ist in diesem Sinne längst Ware, die aber – und das ist vorrangig – als Wertgenerierung bemessen werden muß und nicht als Kapitalgenerierung. Kapital, also unser Vermögen, vermittelt über Geld nur die objekt-

hafte Realisierung kultureller Konzepte durch Ausstellungen. Als solche sind sie durch ihre schiere Faktizität bemerkenswert, wenn sie diese Wahrnehmbarkeit auch inzwischen durch die Vielzahl paralleler Veranstaltungen mehr und mehr einbüßen. Diesem Bedeutungsverlust entgehen die Präsentationen der Museen, wie auch die unzähligen Produkte im Markt, nur, indem sie die Bewertungsmaßstäbe und -kriterien sichtbar werden lassen, die sie aus dem Vergleich der ehemaligen Zukunftsannahmen gewinnen.

Kurz und parallel zu der ganz anders begründeten Forderung von Boris Groys: Die Museen erfüllen auch ihre volkswirtschaftlich relevanten Aufgaben als moralische Anstalten, denn jede ästhetische Operation als Vermittlung von virtueller, intrapsychischer Gedankensphäre zu den realisierten sprachlichen Zeichen kann nur an der ethischen Operation geeicht werden, mit der wir unsere Zukunftsannahmen rechtfertigen, wenn wir uns selbst und andere diesen Annahmen direkt oder indirekt unterwerfen.

Der Rest ist Müll, der allerdings – vor allem als strahlender – eine Verehrung abverlangt, wie sie einstmals nur den Göttern zukam. Selbst in dieser Hinsicht sind Museen als Müllcontainment der Kulturen von unüberbietbarer Bedeutung. In ihnen manifestiert sich Dauerhaftigkeit als höchster Wert.

15.000 Jahre Halbwertzeit der Kathedralen für den Müll bedeutet eine Zeitschöpfungsleistung für die Zukufnt, die selbst alle kulturellen Vergangenheiten der Menschheit übertrifft.

Motto: We kehr for you.

Kultur zivilisieren. Von der Humanisierung zur Hominisierung

31 Transit. Passagen globaler Kooperation

Wirtschaftliche Beziehungen werden heutzutage ausdrücklich als **kultureller Austausch** gesehen, d.h., das öffentliche Interesse richtet sich vorrangig auf die Bedeutung der Wirtschaft als Kulturfaktor und der Kultur als Wirtschaftsfaktor.

Ohne weiteres ist evident, daß zu einer Kultur ihre Wirtschaftsformen gehören, und daß das kulturelle Selbstverständnis starken Einfluß auf die Organisation der wirtschaftlichen Produktion hat.

Seit aber die Ökonomien der einzelnen Kulturen auf **globale Kooperation** angewiesen sind, gelangen über wirtschaftlichen Austausch neue, andere Faktoren in den einzelnen Kulturen zur Geltung, die sie nicht selber hervorgebracht haben. Diese neuen und anderen Organisationsformen, Wahrnehmungsformen und Verhaltensmuster führen zu mehr oder weniger starken Irritationen in den Kulturen, mit denen sie sich auseinandersetzen müssen. Wenn mit zunehmender Dichte der wirtschaftlichen Kooperation die Auseinandersetzung mit den neuen Einflüssen ein kritisches Stadium erreichen, entwickeln alle Kulturen ein Abwehrverhalten gegen solche Einflüsse. Kulturelle Skepsis, ja Abwehr im Namen der Erhaltung einer angestammten Kultur, nehmen dann direkten Einfluß auf wirtschaftliche Entscheidungen.

So stehen sich heute in allen Ländern zwei Antriebskräfte gegenüber – die Notwendigkeit zu verstärkter globaler Kooperation und die Bewahrung des kulturellen Selbstverständnisses. Wie lassen sich diese gegenläufigen Tendenzen vereinbaren? Leichthin empfiehlt man, daß die Kooperierenden auf das kulturelle Selbstverständnis ihrer jeweiligen Partner Rücksicht zu nehmen hätten. Aber gerade dieses bemühte Verständnis um die kulturellen Rahmenbedingungen der Wirtschaft wird verdächtigt, eine besonders raffinierte Einflußnahme zu sein. Wer dieser Gefahr entgehen will und offen erklärt, ihm ginge es tatsächlich nur um einen wirtschaftlichen Erfolg, nicht aber um Intervention in die Kulturen seiner Partner, setzt sich dem Vorwurf neoimperialistischer Gesinnung aus. Diesem Dilemma versucht man zu entrinnen, indem man auf die Reziprozität in den Beziehungen verweist – indem man also darauf aufmerksam macht, daß alle Partner diesem Dilemma gleichermaßen ausgesetzt seien. Dagegen wiederum bekommt man zu hören, daß wirtschaftlich weniger leistungsfähige Kulturen mit dem besagten Dilemma schlechter fertig werden könnten als die potenteren. Wirtschaftlich schwächere Kulturen seien also gefährdeter als starke. Auch darauf ließe sich wieder antworten – aber am Ende führt diese Art von Argumentation nicht zu einem besseren Verständnis oder zu einer konfliktfreieren Kooperation der Partner. Das Verhältnis von wirtschaftlichen und kulturellen Beziehungen der Bundesrepublik zu Ländern wie dem Iran ist dafür ein sprechendes Beispiel.

Deshalb sollten wir Interesse für andere Argumentationen aufbringen, zumindest aber akzeptieren, daß **andere Überlegungen zum Verhältnis von Kultur und Wirtschaft** angestellt werden können.

Jede Überlegung zu Formen der globalen Kooperation wird gegenwärtig auf zwei Einwände reagieren müssen:
1. Es wird immer wieder betont, daß die Kooperation unter Standards ablaufe, die westlich oder gar eurozentristisch eingefärbt seien.
2. Auch eine ausdrückliche Kooperation zu beiderseitigem Vorteil unterliege einer Wirtschaftsdynamik, die ihr Gefälle aus der Konkurrenz bezieht, und in der Konkurrenz wirke sich der Erfolg kooperierender Partner stets als Mißerfolg der Nichtkooperierenden aus.

Zum Vorwurf des Eurozentrismus
Es ist eine bemerkenswerte Tatsache, daß der Vorwurf des Eurozentrismus völlig übersieht, wie stark in Europa und Nordamerika jene Auseinandersetzungen geführt wurden und geführt werden, die man heute als typisch für die Auseinandersetzung von afrikanischen, asiatischen, orientalischen Kulturen mit den europäisch geprägten hält. **Ein wesentliches Merkmal europäisch geprägter Kulturen ist ihre Orientierung auf Modernität.** Wenn wir – und das ist wohl einem Kulturwissenschaftler erlaubt – das Modernitätspostulat der Einfachheit halber auf die Wissenschaften und Künste eingeschränkt betrachten, kann man nicht leugnen, daß in den westlichen Kulturen der Kampf um die jeweils moderne Position mindestens so stark gewesen ist, wie er heute in den Auseinandersetzungen zwischen „dem Westen" und dem Nicht-Westen zu sein scheint.
Der Einspruch von Religionsgemeinschaften gegen die Modernitätspostulate in Künsten und Wissenschaften hat die europäische Geschichte entscheidend geprägt. Staatliche Autorität hat sich in Europa gegen solche Modernität bis hin zur Verfolgung von Modernisten gesteigert. Ja, innerhalb der Künste und Wissenschaften bestand seit Jahrhunderten und besteht auch heute der *querelle des anciennes et des modernes* fort, wenn sich auch im Laufe der Zeit weitgehend veränderte, was mit Traditionalismus und Modernismus jeweils gemeint war.
Aber wir können sagen: **Die europäischen Modernisten orientierten sich alle auf globale Probleme, die Traditionalisten auf regionale.** Die entscheidende Ausprägung solcher Modernität haben wir seit dem 18. Jahrhundert in der Bildung des Begriffs *Zivilisation* zu sehen. Sie ist per se universell oder interkulturell, weil sie sich auf die Probleme konzentriert, die sich durch die Beziehungen der vielen regionalen Kulturen ergeben. Zivilisation ist deshalb Kulturen übergreifend gedacht und

dementsprechend auf Überwindung der zerstörerischen/kriegerischen Ausprägung kultureller Differenzen durch Setzung von Standards (wie z.B. Menschenrechte), die gegenüber allen Einzelkulturen zur Geltung gebracht werden müssen, ausgerichtet.

Wenn heute dem Westen vorgeworfen wird, vor allem seine Kultur global durchsetzen zu wollen, vernachlässigt dieser Vorwurf die Tatsache, daß sich europäische Kulturtraditionalisten in Deutschland, in Frankreich, in England, in Rußland, in Polen so stark gegen den Aufbau einer übergreifenden Zivilisation gewehrt haben, daß sie im Namen der Autonomie ihrer Kulturen gegeneinander blutige Kriege führten.

Der Kampf der Gewerkschaften um zivilisatorische Standards wie Sozialversicherungen, angemessene Entlohnung und wirtschaftliche wie politische Mitbestimmung wurde und wird in Europa als sozialistischer Universalismus in die Schranken gefordert, wie die Standardisierung von Verwaltung und Konfliktmanagement in Institutionen der postulierten Vereinigung Europas als Kulturen zerstörender Vereinheitlichungszwang empfunden wird.

Wegen der auch in Europa durchschlagenden Konfrontation von universaler Zivilisation und regionalen Kulturen ist der Vorwurf des eurozentristischen Strebens nach Suprematie, nach Vorherrschaft in der Welt, haltlos.

Zivilisationsprozeß und Wirtschaftsdynamik
Die Entwicklung einer globalen Zivilisation mit Berufung auf zivilisatorische Standards wie Rede- und Versammlungsfreiheit, Rechtstaatlichkeit, Säkularisation, also Verbot religiösen Bekenntniszwangs und dergleichen, hätte keine Chance, wenn sie nicht von Kräften getragen würde, die ihrer Natur nach zur globalen Durchsetzung tendieren. Solche Kräfte sind vor allen anderen die **Wissenschaften.**
Da es keine französische oder deutsche Physik geben kann, keine spezifische japanische Statik oder brasilianische Mathematik, mußte sich das Betreiben von Wissenschaften aus spezifischem kulturellen Selbstverständnis lösen. Zwar prägt die kulturelle Zugehörigkeit auch Wissenschaftler und ihre Arbeitsvoraussetzungen, aber **der Sache nach ist es nicht möglich, sich gegen die Mathematik zu wenden, weil sie mit arabischen Zahlen operiert und man selber nicht zu einer der arabischen Kulturen gehört.** Zwar haben chinesische Wissenschaftler sich bei der Verwendung von Schwarzpulver kulturell determinieren lassen,

aber die Chemie des Schwarzpulvers ist nicht auf kulturelle Indienstnahme beschränkt. Die in der Anwendung von Wissenschaften entwickelten Technologien (heute dominierend als Verkehrs-, Kommunikations- und allgemeine Produktionstechnologien) lassen sich gerade dann nicht unter kulturellem Verschluß halten, wenn aus ihnen alles herausgeholt werden soll, was sie leisten, mit welcher Absicht auch immer; denn diese Absichten sind gegenüber der Wirkung der Technologien nicht kulturell domestizierbar. (Dafür ist die Wirkung der Teletechnologie in den zurückliegenden Jahren ein Beispiel; sie überspringt alle kulturellen oder sonstigen Grenzen).

Wenn sich die neben der **Diplomatie** älteste zivilisatorische Praxis, nämlich das **Handeltreiben,** der durch Wissenschaften und ihre Anwendung entstandenen Produkte annimmt, sorgt sie indirekt dafür, daß die Kenntnis der Technologien bei denen verbreitet wird, mit denen man handelt. Je ökonomisch interessanter, also leistungsfähiger, begehrenswerter die gehandelten Produkte werden, desto mehr Kenntnisse müssen dem Handelspartner vermittelt werden, damit er mit den hochwertigen Gütern sachgerecht umgehen kann. Das gelingt nur, wenn auch die Produktnutzer ihren kulturell geprägten Erwartungshorizont erweitern, d.h. sich die Technologien aneignen. Auch ohne das Gebot, wissenschaftliche Erkenntnisse müßten jedermann zugänglich sein, sorgte der Handel selber in erheblichem Umfang für die Verbreitung wissenschaftlicher Kenntnisse, Verfahren und ihrer Anwendung. Tendenziell werden so die Produktnutzer zu Produktproduzenten, und damit werden sie Konkurrenten.

Aber gerade diese Befähigung ist die Voraussetzung dafür, Kooperationen entwickeln zu können. **Diejenigen werden die Konkurrenz am besten nutzen, die fähig sind, Kooperationen aufzubauen.** Wer dabei nicht auf Reziprozität achtet, also auf ein stabiles Gleichgewicht in den Beziehungen der Partner, kann zwar kurzfristig, aber nicht auf lange Sicht, erfolgreich sein – auch das ist ein beachtlicher zivilisatorischer Effekt. Die Konkurrenz wird somit zur Konkurrenz unter denen, die kooperieren können und denen, die das nicht können oder wollen. Jedenfalls ist auf die angedeutete Weise die Dynamik des wirtschaftlichen Austauschs mit der Entfaltung einer interkulturellen Zivilisation und ihrer zwangsläufig universellen Standards verbunden.

Der Hinweis darauf, daß letztendlich die Dynamik dieses Geschehens aus Unterschieden, aus Niveaudifferenzen gespeist werde (Marktsättigung wäre dann eine Einebnung der Niveaus), wird zumeist präjorativ vorgebracht, als dürfte es keine Unterschiede geben.

Nun behaupten ja gerade die Kulturtraditionalisten die Unterschiede zwischen den Kulturen. Sie verweisen auf die Kraft der Kulturen, Unterscheidungen zu generieren. Möge es so sein, denn dann wird die Wirtschaftsdynamik mit ihren zivilisatorisch wirkenden Sekundärfolgen noch lange erhalten bleiben. Aber dazu ist es notwendig, die kulturellen Differenzen nicht auf traditionelle, schon vorhandene, zu stützen und sie ängstlich zu verteidigen um den Preis ihrer Kooperationsfähigkeit; vielmehr haben sich dann die Kulturen darin zu bewähren, daß sie immer erneut, mit Blick auf internationale Kooperation angemessene Unterscheidungen hervorbringen. Nur dann sind sie ja im eigentlichen Sinn lebende Kulturen. Es bleibt zu hoffen, daß diejenigen, die mit der kulturellen Differenz ihren Anspruch auf Eigenständigkeit begründen, gerade unter dem Druck globaler Wirtschaftskooperation und zivilisatorischer Standardisierung langsam verstehen, was sie zu leisten haben.

Wie geht man dabei vor? Für die europäisch geprägten Kulturen wurde ein Weg beschrieben, für den ebenfalls die Künste ein Beispiel sind. Was jeweils als traditionelle Kunst verstanden wird (auch wenn es die Moderne von gestern ist), wird durch das Neue nicht abgeschafft. Es kommt vielmehr in einer überraschend leistungsfähigen Weise zur Geltung: in den Museen. Je weiter die Entfaltung der Kunst voranschreitet, desto differenzierter wird der Umgang mit den traditionellen und historischen Beständen. **Modernität äußert sich in den Künsten nicht im Verschwinden des Alten, sondern in seiner Vergegenwärtigung** – wenn auch in musealisierter Form. Dadurch, daß man sich im Pathos der Modernität auf die Künstlerleistungen des 20. Jahrhunderts besonders einläßt, werden die Leistungen eines Leonardo oder Michelangelo oder Rubens nicht geschmälert, sondern in besonderer Weise sichtbar. Am Bestand der Künste wird erst erkennbar, ob und welche neuen Sichtweisen oder generell welche Unterscheidungsleistungen die Avantgarden als Repräsentanten der Modernität zustandebringen. **Nie zuvor sind die traditionellen Bestände derart geschätzt worden wie im Zeitalter der Moderne,** auch wenn die Modernisten erklärtermaßen sich von den Traditionen absetzen wollten; das ist nur eine notwendige Erweiterung des Erwartungshorizontes der einzelnen Künstler, um zu eigenen Produktionen zu kommen. Insgesamt aber haben die Modernisten, auch die einer universalen Weltsprache der Kunst, die ungeheure

Leistung erbracht, die historischen Bestände im Bewußtsein ihrer Gegenwart zu verankern und damit auch heute noch wirksam werden zu lassen. So weit man gegenwärtig den Debatten folgt, gibt es keine anderen Konzepte für die Erhaltung unterschiedlicher Kulturen in der Weltzivilisation, die ihrerseits unabdingbar ist, wenn die internationalen Beziehungen fruchtbar sein sollen, anstatt zerstörerisch.

Noch einmal sei betont, daß die Beschwörung von Eurozentrismus und Kulturimperialismus, sowie die Beschwörung der alles verschlingenden Wirtschaftsdynamik radikalisierter Konkurrenz in Europa selber genauso stark ist wie außerhalb Europas gegenüber Europa. In der Auseinandersetzung mit den beschworenen Problemen haben die europäischen Kulturen und die europäischen Verfechter einer universellen Zivilisation einen Erfahrungsvorsprung, der äußerst leidvoll erkauft wurde. Diese Erfahrung gilt es zu nutzen, wenn denn Erfahrungen tatsächlich auch denen nutzen, die sie nicht gemacht haben. Wir müssen gegenwärtig alles daransetzen, wenigstens die Mitglieder der westlichen Kulturen auf diese Erfahrung zu verpflichten und damit zu verhindern, daß sich die blutigen Auseinandersetzungen der europäischen Geschichte in der Beziehung zwischen Europa und den Kulturen Afrikas, Asiens und denen des Orients wiederholen. Die stärkste Hoffnung dafür bietet eine **globale wirtschaftliche Kooperation** und die von ihr getragene Entwicklung einer universalen Zivilisation.

Wenn die Tendenzen zur globalen Wirtschaftskooperation und Kommunikation unumkehrbar sind, wie es der Fall zu sein scheint, ergibt sich gerade für Kulturleistungen eine neue Bedeutung. **Nach grober Schätzung werden bereits heute mehr als 50 % des Bruttosozialproduktes westlicher Länder durch kulturelle Distinktionen initiiert.** Anschauliches Beispiel dafür bietet das Produktdesign für Konsumgüter, wie zum Beispiel Modedesign.

Wenn etwa auf dem japanischen Markt europäische Mode Interesse findet, dann legen die Käufer großen Wert auf die **Unterscheidbarkeit** etwa von italienischer oder französischer Mode. Und umgekehrt ist in Europa die Modeproduktion von Japanern gerade deswegen geschätzt, weil sie sich als japanische erkennen läßt. **Die kulturellen Kontexte von Designern als Japaner, Italiener oder Franzosen zeichnen die jeweilige Modeproduktion aus.** Je mehr kulturelle Differenzen oder

Unterscheidungsleistungen in die Modeproduktion eingehen, desto höher ist ihre Attraktivität für Käufer. Also initiieren kulturell geprägter Geschmack, Material-, Form-, Farb- und Stilbewußtsein, sowie kulturell geprägte Attitüden und Wahrnehmung, soweit sie in das Produktdesign eingehen, wirtschaftliche Aktivität.

Der globale Markt erzwingt langsam eine Anpassung an Standards der Material- und Fertigungsqualität. Auch Vertragstreue in Lieferpünktlichkeit, Zahlungsmoral und Flexibilität gegen Störfaktoren werden sich globalen Standards angleichen. Umso wichtiger werden die Unterscheidbarkeiten der Produkte für den Konsumenten durch ihre kulturellen Impacts und ihre Adaptierbarkeit an die Erwartungen der Produktnutzer in ihren jeweiligen kulturellen Kontexten. Solche **kulturelle Stimulierung des Marktes** wird immer noch unterschätzt, aber genau durch diese Leistung können die regionalen Kulturen weltweit produktiv werden. Ihr Bemühen um Unterscheidbarkeit von anderen läuft dann nicht mehr gegen die technisch und ökonomisch getragene Weltzivilisation, sondern parallel zu ihr.

IV | Strategien der Ästhetik

Von der sprechenden zur bildenden Wissenschaft

| 1 | Strategien der Ästhetik | 416

| 2 | Neuronale Ästhetik. Bilderkriege. Eine Einführung | 427

| 3 | Von Höhlenschatten zu neuronalen Höhlenzeichen. | 432

| 4 | Supervision und Miniatur | 437

| 5 | Kopf oder Computer. Kultur – Ästhetik – Künstliche Intelligenz | 443

| 6 | Mit der Natur rechnen | 451

| 7 | Ein nützlicher Anschauungsunterricht für Kritiker der Plastination | 454

| 8 | Inkorporation und Repräsentation | 465

| 9 | Kunst und Körper | 472

| 10 | Betriebsgeräusche – Bilderverbote. Eine Erinnerung, um zu vergessen | 482

| 11 | Erinnern als Erfahrung von Wirklichkeit | 485

| 12 | Der falsche Hase. Hakenschlagen auf Kunstrasen | 496

| 13 | Warum noch Kunst? Eine Polemik gegen den herrschenden Bildanalphabetismus | 503

Wir müssen kommunizieren, weil wir uns nicht verstehen können

| 14 | Vergegenständlichungszwang. Zwischen Ethik und Logik der Aneignung | 506

| 15 | Monstranz – Demonstranz | 510

| 16 | Vom Totem zum Logo | 511

| 17 | Schaudenken – Talken und Chatten. Orientierung in einer Welt, die man nicht zu verstehen braucht | 518

| 18 | Graffiti als Menetekel | 523

| 19 | Uwe Loesch. Gegen die Monster des Konsens | 531

| 20 | Werbung und gesellschaftliche Kommunikation | 536

| 21 | Werbung – eine zivile Religion? | 545

| 22 | What's up, Brock? | 553

Gestaltbewertung – Verkörperungszwänge

| 23 | Grußwort an Gilda | 559

| 24 | Reflexive Formen | 561

| 25 | Geschmacksache | 569

| 26 | Pflege Deinen Konkurrenten. Standards der Formgebung | 570

| 27 | Fake – Fälschung – Täuschung | 577

| 28 | Kitsch als Objektmagie | 578

| 29 | Trophäe | 582

| 30 | Die Forderung nach Schönheit ist revolutionär, weil sie das Häßliche gleichermaßen zu würdigen zwingt | 583

| 31 | TAM oder die Kunst, den Computer zu denken | 597

| 32 | Anpassung als Verhaltensprinzip. Der elastische Zeitgenosse | 598

| 33 | Stehprogramme und Standtechniken | 600

| 34 | Comics: Ästhetische Macht der Blickfesselung | 611

| 35 | Licht – Kraft – Werk. Die Fotografie als Lichteratur | 615

| 36 | Fototheater. Inszenierung der Blicke, Tarnung des Auges | 621

Alles Fassade. Verhütung durch Verpackung

37	Verpackung kondomisiert die Wünsche – gegen die Seuche der Reinheit und Identität	625
38	Pornographie	629
39	Taschologie	630
40	Welche Modetorheit ist Ihnen heute noch peinlich?	632
41	Mein Stil	633
42	Mienenspiel. Die Bedeutung der Fassade für die Kommunikation im öffentlichen Raum	634
43	Architektur zwischen Formensprache und sozialen Funktionszusammenhängen	644
44	Der Schiffgrabenbau von Schweger + Partner	654
45	Der Würfel hat gefallen	665
46	Wunschökonomie – Mikrozellen der Emanzipation. Ästhetik in der Alltagswelt und Emanzipation der Wünsche	668
47	Die Wohnung als Bühne des inszenierten Lebens	676
48	Hausaltar	682
49	Visuelle Introspektion. Vom Leben als Panto(n)ffeltierchen	683
50	Auto-Ästhetik. Durch Selbstwahrnehmung zur Selbstbewegung	692

Göttersitze – Basislager

51	Pantheon/Panpsychon	701
52	Gradus ad Parnassum	702
53	Was ist ein Musée sentimental?	704
54	Die Wa(h)renwunder tut die Madonna erst im Museum. Souvenirs, Amulette, Talismane und Devotionalien der modernen Kunst aus den Museumsshops der Welt	711
55	Aufbruch aus dem Basislager. Lehren und Lernen als Kunst der Institutionalisierung	715
56	Das Zeughaus. Diesseits – Jenseits – Abseits. Die Sammlung als Basislager für Expeditionen in die Zeitgenossenschaft	719

Künstlers Ausblick vom Läuterungsberg

57	Zur Ikonographie der gegenstandslosen Kunst	726
58	Dramaturgie der Sprachlosigkeit im großen stillen Bild. Oder: Die Freiheit wegzusehen	737
59	„Ich frage in der Form von Behauptungen" (Wilhelm Worringer)	747
60	Baumkult und Waldbild	754
61	Kosmos und Körper. Anna Blume philosophiert mit dem Bleistift	763
62	Bildwürdigkeit: Bildwissen und Wissensbilder	768

| 63 | IT – Der Läuterungsberg | 775

| 64 | Der Tag des Malers | 779

| 65 | Abschiedsbilder. Amfortas. Wandlungslächeln | 780

Von der sprechenden zur bildenden Wissenschaft

1 Strategien der Ästhetik

Kurzfassung für Eilige
Alle Menschen verfügen (im Normalfall) über das gleiche neurophysiologische Substrat, das wir umgangssprachlich *Gehirn* nennen. Auch die Funktionsweisen aller menschlichen Gehirne, der zentralen Nervensysteme, sind gleich. Warum aber fallen unsere Gedanken und Vorstellungen, Meinungen und Urteile so unterschiedlich aus, daß wir den Eindruck haben, Menschen lebten in ganz unterschiedlichen, je eigentümlichen Denk-, Vorstellungs- und Erfahrungswelten – so unterschiedlich, daß die Menschen sich nur unter ungeheuren Anstrengungen verständigen, geschweige denn verstehen können? Das gilt auch für Angehörige einer Sprach- und Kulturgemeinschaft, ja sogar für das Verhältnis zu vertrauten Lebenspartnern (allerdings sind bei Angehörigen einer Gemeinschaft die Folgen des Mißverstehens oder Nichtverstehens weniger gravierend – immerhin ein Vorteil enger, sozialer Bindungen). Eine Antwort auf die Frage liegt in der Annahme, daß die staunenswerten Leistungen unseres Gehirns ermöglicht wurden, weil sich in der Evolution immer geschlossenere, spezifischere Leistungen des Gehirns herausbildeten, was zugleich die Art und Zahl der Kooperationen dieser spezifischen Leistungstypiken enorm erhöhte. **Die für den Menschen wahrscheinlich bedeutendste Form des Zusammenwirkens unserer spezifischen neurophysiologischen Potentiale liegt in der Entwicklung unserer Sprachlichkeit – das gilt sowohl für die Leistungen des individuellen Bewußtseins wie für die Vermittlung zwischen den einzelnen Individuen.** Wenn wir Sprachlichkeit primär als Zeichenverwendung verstehen, wird die ungeheure Vielfalt des Umgangs mit Zeichen deutlich. Zwar unterliegt die Verknüpfung von Zeichen (ihre syntaktische Dimension) gewissen Regeln; zwar kann die Zuordnung von Zeichen auf das Bezeichnete (die semantische Dimension) nicht schlechthin beliebig gewählt werden; zwar ist der praktische Gebrauch von Zeichen weitgehend auf relativ wenige Zwecke (die Pragmatik des Überredens, Überzeugens, der generellen Akzeptanz) ausgerichtet – aber die Wahrscheinlichkeit einer weitgehend gleichsinnigen Form des Zusammenspiels dieser Faktoren ist rein rechnerisch

so gering, wie wir sie in der Selbst- und Fremdwahrnehmung tatsächlich erleben. Deswegen versucht man, den Sprachgebrauch zu konventionalisieren bis hin zur dogmatisch festgelegten Eindeutigkeit. Gerade dadurch verlieren wir unsere schöpferische Fähigkeit (individuell und kollektiv) zur Anpassung an veränderte Situationen der Lebensbewältigung. Es gilt also, eine Balance zwischen unumgänglichen Konventionen und hinreichenden Abweichungen von normiertem Sprachgebrauch zu finden. Dazu bedienen wir uns explizit oder implizit gewisser Strategien. Hier werden nur Strategien der Ästhetik angesprochen, also Strategien des produktiven Umgangs mit Worten, Bildern, Gesten, mit Konzepten, Plänen, Programmen, denn ich verstehe die Ästhetik als Frage nach den Relationen zwischen Denken, Sprechen und Handeln oder als Frage nach dem Verhältnis von intrapsychischen Prozessen, ihren sprachlichen Vergegenständlichungen und ihren Auswirkungen auf die Kommunikation.

Ich gehe ein
1. auf die künstlerischen und wissenschaftlichen Strategien der Abkoppelung von Zeichen und Bezeichnetem, von Anschauung und Begriff, von Inhalt und Form (*Reißverschluß der Konvention*);
2. auf die Strategie der Problematisierung; Probleme verstehen sich nicht von selbst, ihre Lösungen sind der Ausgangspunkt neuer Probleme (*der Künstler als Problemfindungsexperte*);
3. auf die Strategie des Ruinierens; die Ruine als Form der Vermittlung zwischen Konzept und Realisierung/warum Vollendung tödlich ist (*Destruktion als produktive Kraft*);
4. auf die Strategie der Musealisierung als Möglichkeit, Vergangenheit und Zukunft zur konkreten Ausformung von Zeitgenossenschaft zusammenzuschließen, die Gegenwart des Abwesenden (*Zeit-Management*);
5. auf die Strategie des Unterscheidens, um zur Einheit des Unterschiedenen zu finden.
Der Prozeß der Regionalisierung und der Behauptung von Kulturautonomie findet seine Einheit nicht in der Multikultur, sondern in einer universellen Zivilisation (*die Moderne als Versuch, den permanenten Kulturkämpfen zu begegnen*).

Ästhetik
Die Ästhetik, wie ich sie betreibe, beschäftigt sich mit folgenden Problemen: Wie können Menschen ihre Gedanken, Vorstellungen und Gefühle so „ausdrücken", daß sie von anderen Menschen verstanden werden? **Wir alle machen**

die Erfahrung, daß es ungeheuer schwer ist, sich anderen Menschen verständlich zu machen und die Gedanken, Vorstellungen und Gefühle Anderer so zu verstehen, daß sie sich verstanden wissen. Wir machen auch alle die Erfahrung, selber nicht ganz genau zu wissen, was wir denken, vorstellen oder fühlen, bevor wir nicht versuchen, diese unsere intrapsychischen Aktivitäten auszudrücken. Wir erleben, überrascht durch die Reaktionen unserer Gesprächspartner, daß wir offenbar in Worten, Bildern, Gesten und Mimik etwas gesagt hätten, wovon wir nicht wußten, daß wir es überhaupt gedacht oder vorgestellt haben. Wir sagen dann, der Versuch, uns auszudrücken, bringe uns auf ganz neue Gedanken. Wenn das der Fall ist, erleben wir das Bemühen, uns anderen verständlich zu machen, als fruchtbar. Als unfruchtbar empfinden wir Gespräche, in denen beide Partner nur immer wiederholen, was sie nun einmal zu meinen glauben, ohne daß sich durch das Gespräch die Positionen verändern. Wir sagen dann, unsere Partner monologisierten nur – sie könnten und wollten nicht verstehen. Wir gehen also – wie selbstverständlich – von der Annahme aus, Verstehen sei nicht nur ein Austausch von eindeutig ausgedrückten Gedanken und Vorstellungen (kurz *Informationen* genannt); offenbar fühlen wir uns wechselseitig nur verstanden, wenn sich die Positionen der Gesprächspartner durch das Gespräch so ändern, daß beide nach dem Gespräch irgendwie anders denken, vorstellen oder fühlen als zuvor. Wenn das gelingt, sagen wir, wir hätten tatsächlich mit unserem Partner kommuniziert. Was heißt das? Es ist durch das Gespräch gelungen, zwischen den Gedanken und Vorstellungen der Partner, zwischen ihren intrapsychischen Prozessen, ihrem je eigenen Bewußtsein eine Verbindung herzustellen. Wodurch ist das erreicht worden? Ganz offensichtlich durch die Benutzung von **Sprachen**, in denen wir uns auszudrücken versuchen. Diese Wort- und Bildsprachen, diese Körpersprache und sprechenden Umstände des Ortes und der sozialen Zusammenhänge verfügen über eigene **Gesetzmäßigkeiten** oder **Eigenschaften** (Regeln), die keiner der Gesprächspartner selber geschaffen hat, sondern die sie gemeinsam vorfinden und die sie sich angeeignet haben. Die Fähigkeit zu solcher Aneignung von Sprachen besitzen wir von Natur aus; wie wir von dieser Fähigkeit Gebrauch machen, hängt von unserer Sozialisierung ab, also von der Art und Weise, wie wir von Kindesbeinen an in Sprachgemeinschaften eingeführt und aufgenommen werden. **Die Sprachen, die wir uns aneignen, sind also gemeinschaftsstiftend, weil sie auch von anderen verwendet werden. Allerdings bedienen wir uns der Sprachen, um unsere**

ganz individuellen intrapsychischen Aktivitäten des Denkens, des Vorstellens und des Fühlens auszudrücken.
Da wir das in Sprachen tun, die nicht die unseren sind, sondern die einer Gemeinschaft, werden wir nie hundertprozentig genau das sagen können, was wir meinen und auch nie hundertprozentig durch Andere genau in dem Sinne verstanden werden können, den wir unseren Ausdrücken geben – wer sich einer Sprache bedient, die ganz und gar seine eigene ist, wird sich überhaupt nicht verständlich machen können – eines der Leiden, die man in psychiatrischen Krankenanstalten zu lindern versucht.

Jeder, der Sprachen verwendet, muß damit rechnen, daß zwischen dem, was er an Gedanken und Vorstellungen ausdrücken will, und den sprachlichen Ausdrucksformen eine Differenz bestehen bleibt. Die Verwendung der gleichen Sprachformen, Worte, Sätze, Bilder, Gesten garantiert nicht, daß ihre Verwender das gleiche meinen, es sei denn, man legte wie die Mathematiker eine eineindeutige Zuordnung von sprachlichen Zeichen und ihren Bedeutungen fest. Solche Konventionalisierungen des Zeichengebrauchs werden immer wieder auch für die soziale Kommunikation des Alltags versucht, aber jeder weiß, daß solche für alle geltenden eindeutigen Zuordnungen von Zeichen und ihren Bedeutungen nur um den Preis erzwungen werden können, individuelles Bewußtsein nicht mehr repräsentieren zu dürfen. Das kennzeichnet Ideologien, also Sprachnormierungen, von denen sich politische oder religiöse Fanatiker die Kontrolle darüber erhoffen, was ihre Klientel denkt, fühlt oder vorstellt. Bei solcher hochgradigen Konventionalisierung riskiert man aber, daß die Kreativität von Menschen schlagartig verloren geht. Denn das, was wir als schöpferisches Vermögen von Menschen erfahren, liegt in der Fähigkeit, sich von Denk- und Sprachkonventionen so weitgehend wie möglich zu entfernen, ohne daß die soziale Kommunikation zusammenbricht. Schöpferische Menschen sind also diejenigen, die die Differenz zwischen Gedanken, sprachlichem Ausdruck und dessen Aneignung (Verstehen) durch andere Menschen nicht nur auszuhalten vermögen, sondern dazu nutzen, selber auf andere Gedanken zu kommen. Im konventionellen, dogmatisierten Sprachgebrauch der Kommunizierenden kann sich dieses Neue kaum einstellen. Wo es sich aber einstellt, wenn also Menschen als Schöpfer neuer Konzepte, neuer Produkte, neuer Formen, neuer Sichtweisen in Erscheinung treten, können sie für die soziale Kommunikation nur produktiv werden, wenn alle Beteiligten damit zu rechnen gelernt haben, das ihnen bisher Unbekannte probeweise zu tolerieren. Dazu fordern wir mit der alltäglichen Ermahnung auf: „Lassen Sie den Mann doch erstmal ausreden", damit wir uns im eigenen Interesse nicht der Chance berauben, etwas Neues zu erfahren, wodurch wir unsere eigene kommunikative Fähigkeit erhöhen könnten.

Lernen heißt also immer, neue, möglichst leistungsfähigere sprachliche Brücken zwischen individuellen Bewußtseinen und der sozialen Kommunikation zu bauen. Lernen heißt also, unter Verwendung immer weitergehend unser Denken und unsere Vorstellungen zu verändern, also immer fähiger zu werden, mit undogmatischem, sprachlichem Zeichengebrauch umgehen zu können und damit den Grad unserer Freiheit von den Zwängen des eigenen, nur um sich selbst kreisenden Denkens und der Verwendung normierter Sprache zu erhöhen. Erst in dieser Freiheit sind wir in der Lage, uns veränderten Situationen und Aufgabenstellungen, anderen Individuen und anderen Gemeinschaften gegenüber anzupassen. Erhöhte Anpassungsfähigkeit führt also nicht zur Einpassung oder Einzwängung in ein konventionelles, vorgegebenes Schema, sondern ist die Voraussetzung dafür, sich von Schematismen der Denk- und Sprachkonventionen so weitgehend wie möglich freizumachen.

Strategien der Ästhetik
Ich behaupte nun, daß es eine Reihe von Strategien gibt, solche Kreativität als Fähigkeit zur Abweichung vom konventionalisierten Sprachgebrauch zu fördern. Ich nenne sie Strategien der Ästhetik, denn unter Ästhetik fasse ich das Verhältnis von den unterschiedlichsten sprachlichen Zeichen zu den intrapsychischen Prozessen der Kommunizierenden, also der Sprecher und Zuhörer, der Schreibenden und Lesenden, der Bildgebenden und Bildbetrachtenden.

Allen Prozessen der **Vermittlung von individuellem Bewußtsein und sozialer Kommunikation** durch die Verwendung von Sprachen kommen außer der ästhetischen auch eine ethische und eine auf Wahrheitsfragen ausgerichtete Dimension zu. Die beiden letzteren kann ich hier aber nicht berücksichtigen.

1. Reißverschluß der Konvention
Die gegenwärtig meist diskutierte Entkoppelung von Zeichen und Bezeichnetem besagt, daß sich vornehmlich in den elektronischen Massenmedien der Bilderzeugung die Möglichkeit entwickelt habe, nur noch mit Bildern ohne

spezifische Bedeutung zu operieren. Man spricht von der Abkoppelung der Bilder von ihren Referenten. In der Wirtschaft ist dieses Problem durch einen Typus von Werbung für Produkte bekannt geworden. Die Text-Bild-Kombinationen solcher Werbung haben mit den ursprünglich zu bewerbenden Produkten nichts mehr zu tun – skandalträchtiges Beispiel solchen Abkoppelns der Werbung von den Produkten lieferte die Firma *Benetton*, deren Kampagnen eine eigenständige Bildwelt schaffen, die als Image der Firma beschrieben wird. Nur auf dieses Image, diese identifizierbare Zeichen- und Bilderwelt komme es an, also auf den „bloßen" Namen der Firma, egal, was sie produziert oder dienstleistet.

Wir empfinden das als Zumutung – wie jede kreative Leistung. Da wir hier nicht Moral- und Wahrheitsfragen berücksichtigen, sondern nur die ästhetische Ebene, ist es nicht unangemessen, darauf hinzuweisen, daß nach dem Benetton-Prinzip im allgemeinen und Konkreten die Strategien der Innovation betrieben werden. Dafür quer durch die Geschichte und die Disziplinen einige Beispiele:
Als man die hölzernen, archaischen Kultbauten Griechenlands durch Steinbauten ersetzte, verwandelte man an diesen dorischen Tempeln alle funktionsbedingten Merkmale der Holzbauten zu rein dekorativ-ornamentalen Merkmalen der Steinbauten. Man koppelte die Funktionen also von ihrer Lesbarkeit als Architektur ab und entwickelte so einen neuen Stil.

Professor Wankel konnte den nach ihm benannten Motor schaffen, weil er fähig war, das herkömmliche Beziehungsgefüge von Anordnung der Motorteile und ihrer Funktionen zu **entkoppeln**. Er veränderte unseren Blick auf den herkömmlichen Motor mit dem revolutionären Gedanken, den Motor selber motorisch werden zu lassen, also den Motor sich drehen zu lassen, anstatt ihn als unbewegten Beweger wie herkömmlich aufzufassen.

Der Jahrhundertkünstler René Magritte kam zu seinen heute allgemein aufgegriffenen Zeichenerfindungen, indem er die **konventionelle Bindung von Bild und Begriff** löste. Einerseits zwang er ungewöhnliche Begriffe zu einer neuen Einheit mit bekannten Bildern, andererseits kombinierte er alltägliche Begriffe mit bisher nicht bekannten Bildverschachtelungen. Oder er ließ als Bild die auf Leinwand gemalten Worte Wolken, Baum, Horizont sich mit unseren Vorstellungsbildern dieser Wolken etc. verbinden, ohne sie auf dem Gemälde überhaupt zu visualisieren. Das Entkoppeln von Anschauung und Begriff, von Inhalt und Form, von Zeichen und Bezeichnetem ist der Kernbestand aller planmäßigen Versuche, innovativ zu sein. Die Psychologie der Kreativität hat das Entkoppeln zur Findungstechnik ausgearbeitet, z.B. im sogenannten Brainstorming, in dem die Teilnehmer angehalten werden, sich möglichst von konventionellem Gebrauch von Begriffen und Anschauungsweisen freizumachen, ihre Vorstellungskraft von den **Fesseln der Denkkonventionen und Zeichengebungen** zu lösen, um Probleme so zu betrachten, wie man sie bisher nicht sehen konnte.

2. Der Künstler als Problemfindungsexperte
Lange galten Künstler als Kreative schlechthin. Es gelang ihnen immer wieder, neue Bildzeichen für bekannte, z.B. biblische Texte zu finden. Wie machten sie das? Indem sie die Zuordnung von Bild und Text, von Anschauung und Begriff generell zum Problem werden ließen, anstatt zu behaupten, sie könnten zu jedem Text die optimale, eindeutige Bildentsprechung liefern. Sie behaupteten nicht länger, für jeden Inhalt eine hundertprozentig übereinstimmende Form zu finden, sondern wurden schöpferisch durch die grundsätzliche Thematisierung des Verhältnisses von Inhalt und Form. Wo die Alltagsmenschen mit konventionell starren Beziehungen von Anschauung und Begriff, von Denken und Zeichengebung operierten und meinten, daß ein Problem der Kommunikation gelöst sei, wenn man sich nur richtig in Worten und Bildern ausdrücken könne, entdeckten die Künstler, daß mit jeder angeblichen Problemlösung nur wieder neue Probleme entstehen.

Heute ist diese Erkenntnis der Künstler in allen Handlungsbereichen verbreitet. Der Bau von Atomkraftwerken als Lösung des Energieproblems hat neue, sogar größere Probleme zur Folge; die Rationalisierung in der Produktion verstärkt das soziale Problem der Arbeitslosigkeit etc. In der europäischen Kunstgeschichte seit der Renaissance wurde dieser Sachverhalt immer schon gesehen, weshalb die Geschichte der Künste eine Geschichte der Problemfindung ist. **Die einzelnen Künstler gelten als umso bedeutender, je weniger ihre Nachfolger behaupten konnten, die Problemstellungen ihrer Vorgänger tatsächlich gelöst zu haben.** Einen Höhepunkt dieser Problemfindungen durch Künstler stellt die sogenannte monochrome Malerei oder die Konzeptkunst dar. Dem Alltagsmenschen fällt es schwer, die künstlerische Leistung zu akzeptieren, die darin liegt, die Unterscheidung einer weiß-monochromen Papierfläche von der weißen Wand, auf der sie in einer Galerie hängt, zum Thema der künstlerischen Operation zu machen. Weil es den meisten Laien nicht gelingt, in dieser subtilen Unterscheidung monchromer Flächen ein Problem zu sehen, halten sie die monochrome Malerei für bedeutungslos. **Generell ist uns alles bedeutungslos, was wir nicht zum Thema machen können, sei es, daß uns Probleme nicht interessieren, weil sie nicht die unseren sind, sei es, daß wir uns durch Konventionen davor schützen, etwas für selbstverständlich Gehaltenes problematisch werden zu lassen. Thematisieren, also problematisieren zu können, ist die Bedingung der Möglichkeit, sich etwas Neues einfallen zu lassen.**

3. Destruktion als produktive Kraft
Eine radikale Form der Entkoppelung von Inhalt und Form und eine extreme Form der Problematisierung ist das Zerstören, dem wir uns schon als Kleinkinder neugierig widmen. **Immer schon ist Menschen aufgefallen, daß zwischen Zerstören und Neuschaffen, Niederreißen und Aufbauen ein merkwürdiger Zusammenhang besteht. So formulierte man eine griechische Philosophenmaxime in die Redensart um: Der Krieg sei der Vater aller Dinge.**
Im Griechischen steht aber nicht „Krieg", sondern wörtlich „Polemik", also der Wettstreit, der Widerspruch, der Kampf der Gegensätze. Krieg ist die radikalste Form solchen Widerstreits. Der Nationalökonom Schumpeter hat das Verhältnis von Zerstören und Schaffen als entscheidenden Antrieb dargestellt; eine Behauptung, der man sich schwerlich verschließen kann. Mehr oder weniger akzeptieren wir so etwas wie eine produktive Destruktion in bestimmten Grenzen, wenn ihr der Aufbau von etwas Neuem folgt. **Destruktion ohne Neuschöpfung akzeptieren wir nicht. Wir nennen solche De-**

struktion seit antiken Zeiten barbarisch, aber die Crux ist, daß selbst barbarische Zerstörung rettend sein kann.

So haben die historischen, die germanischen Barbaren zu einem guten Teil antike Kulturzeugnisse gerade deshalb überleben lassen, weil sie sie zerstörten – und Trümmer/Ruinen nun einmal weniger die Zerstörungsenergien auf sich lenken als unversehrte Objekte. Heute ist es geradezu erwartbar, daß sich Barbareien doch in bestimmter Hinsicht als kulturschöpferisch erweisen; das gilt für die Barbarei der Pornografie, des Fast Food-Konsums, der kulturellen Durchmischung (wenn sie tatsächlich stattfindet) und für ähnliche Probleme.

Künstler waren seit langem auf die schöpferische Destruktion ausgerichtet, z.B. im Werktypus der Collage. Die Collage besteht aus der Zusammenfügung fragmentierter, ruinierter Ausgangsmaterialien. Warum empfanden die Künstler diese Form des Ruinierens als so produktiv? Warum überzeugte der

Dekonstruktivismus als Zerlegungs- und Rekombinationstechnik?

Wenn wir uns erinnern, daß Gemälde spannungsvolle, neue Einsichten eröffnende Beziehungen von Zeichen und Bedeutungen bieten; und wenn wir unserer Erfahrung trauen, daß der Kitsch deswegen so stumpfsinnig wirkt, weil die Kitschobjekte Vollendung, d.h. eine endgültige, hundertprozentige Übereinstimmung von Inhalt und Form behaupten, dann können wir sagen, daß der Ruinencharakter alles Geschaffenen die beste, produktivste Vermittlung von Gedanken und Vorstellungen, von Plänen und Programmen einerseits und ihrem Ausdruck respektive ihrer verwirklichenden Ausführung andererseits darstellt. In diesem Sinne können wir Ruinieren als eine ästhetische Strategie auffassen. Alles Geschaffene ist nur ein vergängliches Gleichnis und wert, daß es durch Neugeschaffenes ersetzt wird – so ungefähr sagen es die Dichter. Was bleibt, sind die Ruinen, die jedoch gerade deshalb so aussage- und erkenntnisträchtig sind, weil sie uns zwingen, ihnen Gedanken und Konzepte zuzuordnen, die sich in ihnen nur noch spurenweise andeuten. Und sie machen uns produktiv, indem sie uns zur Imagination ihrer ursprünglichen historischen Gestalt veranlassen. Beispiel: Die fragmentierten, antiken Statuen und Architekturen sind für uns interessanter, also stimulierender als in ihrer ursprünglichen Gestalt, die uns Restauratoren probeweise vor Augen stellen.

4. Zeit-Management
Die Musealisierung von Kulturzeugnissen ist die bislang leistungsfähigste Form, die Vergangenheit als Bestandteil unserer Gegenwart wirksam werden zu lassen. Sie ermöglicht es uns, aus der Position der jeweils Gegenwärtigen nach rückwärts jene Zusammenhänge von Gegenwart und Vergangenheit anzusprechen, die wir im Begriff *Traditionen* fassen. Weil Traditionen in den jeweiligen Gegenwarten geschaffen werden, sind sie in ihnen auch wirksam und nicht umgekehrt. Damit wird deutlich, daß wir nur Gegenwärtige sind, wenn wir uns **Traditionen** zulegen, also z.B. individuelle Biografien oder kollektive Geschichtsschreibungen, d.h., wenn wir als Gegenwärtige Vergangenheit als Zeitform schaffen.

Musealisierung ist ein Verfahren zur Schöpfung von Zeit. Das gleiche gilt für die Orientierung auf die Zukunft, denn von der Gegenwart aus beziehen wir uns auf sie als eine geschaffene Vielfalt möglicher Zukünfte. **Vergangenheit und Zukunft sind nur als Zeitschöpfungen der Gegenwart wirksam.** Jedenfalls für Menschen; für Gott, die Götter, den Weltgeist oder die Evolution mag das anders sein. Jede ästhetisch produktive Operation wird also die schiere Gegenwärtigkeit in die Schöpfung von Vergangenheit und Zukunft verwandeln.

Heute klagt man in allen Handlungsbereichen, keine Zeit mehr zu haben. Selbst komplexe Produktionszyklen verkürzen sich auf Saisongrößen. Daraus kann man nur den Schluß ziehen, wir hätten die Notwendigkeit der Schöpfung von Zeit noch nicht erkannt, weil wir uns auf die Unerschöpflichkeit des Rohstoffs Zeit naiverweise verlassen. Deswegen geht uns die Zeit aus. Wir leben gar nicht mehr in der Gegenwart, sondern etwa im Jahre 2015, denn bis dahin haben wir (vornehmlich über das Kreditwesen) unsere Zukunft bereits verbraucht.

5. Die Moderne als Versuch, den permanenten Kulturkämpfen zu begegnen
Nichts kennzeichnet die heutige Weltlage so wie die Unzeitgemäßheit, in der sich unzählige Gesellschaften und Kulturen dieser Welt im Verhältnis zu den universellen Technologien, der Kommunikation, des Verkehrs, der Produktion befinden. Wir erleben diese Gleichzeitigkeit des Ungleichzeitigen als Regionalisierung. **Immer mehr Teilgesellschaften bestehen auf ihrer**

Abkoppelung von der universellen Zeitlichkeit, d.h. von dem Druck der Gegenwart. Diese Gruppen und Grüppchen beharren auf ihrer kulturellen Autonomie im ausdrücklichen Widerstand gegen ihre Vereinnahmung durch diese Gegenwart. Entwicklung hieß zwar auch immer weitergehende Ausdifferenzierung in sich geschlossener Einheiten (wie z.B. Firmen), aber unter der Voraussetzung für alle geltender Verpflichtungen auf Standards und Regeln. Dieses Regelwerk hieß und heißt universelle Zivilisation. Sie manifestierten sich in der universellen Geltung von Menschenrechten, wissenschaftlichen Erkenntnissen, technologischen Erfindungen etc. Ihre Geltung sollte durch Einsicht in den Vorteil gesichert werden, den sie verschaffen. Die Grenze der Vorteilsnahme liegt dort, wo die zivilisatorischen Errungenschaften von den unzeitgemäßen autonomen Kulturen dazu benutzt werden, sich wechselseitig zu unterwerfen. Richtig gehandhabt, zerstört die universelle Zivilisation nicht die Vielfalt der Kulturen, sondern erlaubt ihnen erst, sich auf der gleichen Stufe der Zeitgemäßheit und der Verfügung über die gleichen Instrumente zur Geltung zu bringen – allerdings „nur" als musealisierte, z.B. als Folklore.

Wenn wir heute Maßstäbe unseres wirtschaftlichen, wissenschaftlichen, künstlerischen sowie politischen und sozialen Handelns so schmerzlich missen, dann liegt das nicht an der durch universelle Zivilisierung erzwungenen Pluralität, ja Beliebigkeit. Viel mehr fehlt es uns an der Bereitschaft und der Einsicht, uns den zivilisatorischen Standards selber unterwerfen zu müssen. Zweifellos werden die blutigen Kulturkämpfe der Regionalisten und Autonomisten uns aber bald schon lehren, in dem Aufbau der Weltzivilisation die Einheit zu sehen, in der wir uns überhaupt erst als kulturelle Wesen je eigener Prägung definieren. Dazu sind wir als Unternehmer und Künstler, als Politiker und Wissenschaftler aufgerufen. Das gibt unserem Handeln und Verhalten erst eine geschichtliche Perspektive, d.h. eine Zukunft.

| Von der sprechenden zur bildenden Wissenschaft |

| 2 | Neuronale Ästhetik.

Bilderkriege. Eine Einführung |

1. Gegenwärtig machen immer mehr Naturwissenschaftler die Entdeckung, daß die eigentlichen Gegenstände ihrer Arbeit von ihnen selbst hergestellte Zeichengefüge als Bilder, Texte und Modelle sind. Ob Röntgenbild oder Aufnahme des Positronenemissionstomographen, ob zeichnerische Darstellung der Funktion von Enzymen oder grafische Darstellung komplexer Systeme im Organogramm eines zu bauenden Güterbahnhofs – **immer und überall werden Bilder gelesen, Begriffe gebildet und mit ihnen hantiert, Modelle als Veranschaulichungen gebaut und experimentell modifiziert.**

Astro- und Kleinteilchenphysiker gehen mit Metaphern (*schwarzes Loch, Quark oder Glue*) um, wie früher die Lyriker mit der schwarzen Milch der Frühe. Die großen Attraktoren und die schwachen Wechselwirkungen wanderten aus der Bildhauerei, dem Theater und dem Kommunikationsdesign in die Mathematik und andere Bildgebungsverfahren mit universeller Geltung ab. Dabei bleibt es zweifelhaft, ob das Gros heutiger Naturwissenschaftler im Umgang mit der Metapher und dem Bild des Attraktors weiterkommt, als die Theaterautoren und Schnulzensänger mit dem großen Attraktor *Liebe* gekommen sind. Wer den Flirt als schwache Wechselwirkung und die Interpenetration als leistungsfähige Koppelung von Systemen darstellt, findet als Poet Aufmerksamkeit. Es ist schwer zu sagen, ob die Normalwissenschaft mehr bietet als die Poesie der Naturbetrachtung. Nicht nur Heidegger liest man mit Gewinn als Gedankenlyrik; die Lehrbücher der Molekularbiologen sind die anregendsten Bilderbücher des Zeitgeistes, und der Dadaismus oder Surrealismus von Max Ernsts *Histoire Naturelle* findet heute seine Konkurrenz unter Wissenschaftstheoretikern und Gehirnverpflanzern.

Wissenschaft heißt heute Zeichenproduktion und Umgang mit diesen Zeichen, wie es die Künste seit 600 Jahren taten.

Ein ungeheuer differenzierter, leistungsfähiger, erkenntnisstiftender und meinungmanipulierender, machthöriger und machtkritischer Gebrauch. Und der Nutzen war stets ambivalent und ambiguitär, antinomisch und paradox; aber es gelang, selbst aus der Augentäuschung noch den Genuß des Durchschauens der Täuschung abzuleiten, Angst und Lust im gleichen Augenblick zu evozieren; Differenzen aufzuladen, wie z.B. die nur im Bilde mögliche Unterscheidung von Bild und Abgebildetem, von Zeichen und Bezeichnetem – eine Differenz, die in jedem Bildersturm und Bilderkrieg blutige Realität wurde. Heute führen die Wissenschaften solche Bilderkriege, und der Realitätshaltigkeit der Differenz zwischen Genomdarstellung und Menschenbild wird jedermann ausgesetzt, mag er sich auch noch so wehren, den vermeintlichen Spitzfindigkeiten von Genetikern und Pharmazeuten Bedeutung zuzugestehen. Früher wehrte man sich so gegen die vermeintlichen Spitzfindigkeiten von Kunsttheorien und Künstlerphilosophien, die seit 1500 unter dem Programmnamen *ut pictura poesis* (auch künstlerisches Schaffen führt zu wissenschaftlicher Erkenntnis) firmiert. Heute lautet das Programm *ut scientia poesis* (auch Wissenschaft ist eine Form der ästhetischen Produktion).

Also liegt die Frage nahe, ob nicht die Künste mit ihrem sechshundertjährigen Erfahrungsvorsprung im Umgang mit selbstproduzierten Zeichengefügen den Naturwissenschaftlern, die damit gerade beginnen, einigermaßen von Nutzen sein könnten – sowohl bei der Vermeidung neuer Glaubenskriege aus der Gewalt naiver Begriffs- und Bildgläubigkeit, als auch bei der demokratischen Selbstbeschränkung eines Wirkungsanspruches, dessen Fatalität im Programm „Der Staat als Gesamtkunstwerk" traurige Berühmtheit der Künste hervorbrachte. Vielleicht ist doch noch zu vermeiden, daß ein analoges Programm „Die Welt als gesamtwissenschaftliches Konstrukt" den teuflischen Triumph des Wissenschaftlers als Schöpfergottimitator zeitigt. In diesen Imitationskünsten, der „imitatio dei et christi", waren Künstler einst Meister – Großmeister des Katastrophendesigns. Aber was sind schon Bosch und Picasso, der Weltgerichts-Michelangelo, Füssli und Artaud gegen die ABC-Schützen heutiger Wissenschaften.

2. 1975 erschien die englische Erstausgabe des Buches *The Self and Its Brain* von Karl Popper und John Eccles. Von den im virtuellen und realen Dialog geführten Erörterungen der Autoren habe ich mich damals, bei sibirischer Kälte an der finnischen Südküste neben Eislochanglern sitzend, ködern lassen. Die verlockendsten Happen waren die glänzend verpackten Theoreme, daß auch nicht verkörperter Geist hypothetisch postuliert werden müsse und daß die Verkörperung des Geistes in den Funktionstypiken unseres Gesamtnervensystems nicht einmalig sei. Popper und Eccles gingen ausführlich auf Sperrys Experimente der frühen 60er Jahre ein, in denen er bei Epileptikern, die von ihrer Krankheit schwer beeinträchtigt waren, die Brücke zwischen den beiden Hirnhemisphären durchtrennte, um dann systematisch zu untersuchen, welche Auswirkungen dieser Eingriff auf Wahrnehmung/Bewußtsein und Kommunikationsfähigkeit der Patienten hatte. Vor allem ging es um die sprachliche Koppelung von Bewußtsein und Kommunikation und dabei wiederum um die Kooperation der verschiedenen links- und rechtshemisphärischen Leistungszentren, also um den **Zusammenhang von Wahrnehmung, Denken, Fühlen, Vorstellen** als intrapsychische Prozesse bei deren **Verkörperung** im Schreiben und Lesen von **Worten und Bildern.**

Meine Fragen an die Autoren lauteten: Müssen die seit dem 19. Jahrhundert untersuchten Synästhesien, aus denen z.B. Richard Wagner die Unumgänglichkeit des Gesamtkunstwerkes schlußfolgerte, nicht nur so verstanden werden, daß sie gattungsspezifische Zuordnungen von Sprachformen (Literatur, Musik, Malerei etc.) als haltlose Willkür, also als rein konventionell erkennbar werden ließen; mußte nicht vielmehr angenommen werden, daß bei jeder Wahrnehmungsaufgabe alle Leistungszentren der Hirnrinde aktiviert wurden – also beim Lesen auch die Leistungszentren für das Hören, für das Bilderanalysieren und -synthetisieren usf.? In Frage standen also die **Kooperationsformen der Leistungszentren,** wenn tatsächlich der menschlichen Wahrnehmung zur Aufgabe gemacht wurde, nur einen Text zu lesen oder zu hören, ein Bild als Gemälde zu betrachten oder vorzustellen, Formen oder Volumen haptisch zu erfassen. Meine Annahmen orientierten sich am Modell von in kürzesten Zeitfolgen beständig wechselnden Dominanzhierarchien zwischen den Leistungszentren, wobei jeweils dieselbe Wahrnehmungsaufgabe unter der Dominanz eines spezialisierten Leistungszentrums in Kooperation mit allen anderen abgearbeitet wurde. Mir schien dieses Modell brauchbarer zu sein als die später sogenannten Kaskadenmodelle, weil bei wechselnden Dominanzhierarchien die *bottom up* und *top down*-Aktivierungen gleichzeitig und mit Bezug aufeinander ablaufen können und darüberhinaus die neuronalen Aktionspassepartouts definierbar blieben.

Natürlich stellte ich diese und eine Reihe anderer Fragen an die Neurophysiologen und ihre Gesprächspartner nicht in der Absicht, mich auf ihrem Arbeitsfeld selber zu betätigen, sondern um herauszufinden, welche Konsequenzen deren Problematisierungen für die ästhetischen Fragestellungen haben könnten. Dabei waren vor allem Fragestellungen mit sozial-psychologischen und kulturpolitischen Schlußfolgerungen von Interesse. Ich vermutete, daß mit naturwissenschaftlicher Argumentation den Unsinnigkeiten und Bösartigkeiten der Kunstrezeption nachdrücklicher begegnet werden könne als mit den herkömmlichen kunstwissenschaftlichen oder philosophischen Begründungen. Der pathetische Appell „Bilde Künstler, rede nicht!" – eine komplette Verfälschung von Goethes Begriff, der heute **bildnerisches Denken** heißt – wurde zumeist hämisch und besserwisserisch gegen Künstler gewendet, die schon in der Materialisierung ihrer Werke bekundeten, daß die Autonomie der optischen Wahrnehmung bei der Bildbetrachtung eine Fiktion ist. Man unterschob diesen Künstlern, nur aus persönlicher Unfähigkeit oder in programmatischer Täuschungsabsicht Wort-Bild-Ton-Kombinationen als Materialcollagen vorzuführen, um den Betrachter mit Begriffen und Konzepten zu terrorisieren, weil sie unfähig seien, sie im Werk und als Werk eindeutig auszuweisen – und mit denen sie deshalb, abstrakt daherplappernd, den Betrachter überzogen. Ich hoffte, die ständigen Vorwürfe, das künstlerische Denken und Gestalten seien entartet und der Dilettantismus sabotiere anmaßlich den Kanon traditionell gesicherter Ausdrucksformen der Künste, würden langsam verstummen, wenn sich erst herumgesprochen haben würde, wie nahe die experimentellen Künste den naturwissenschaftlich begründeten Annahmen über die Natur unseres menschlichen Selbst- und Fremdbezugs gekommen waren (nachdem von Holst und Konrad Lorenz die neurophysiologischen Funktionsweisen unseres „Weltbildapparats" entdeckt und die Verhaltensforschung Einsichten in die Naturgeschichte menschlicher Erkenntnisformen genommen hatten); und ich hoffte, daß die Achtung und Beachtung des Erkenntnisgewinns durch künstlerische Gestaltung Wissenschaftler animieren würde, intensiver mit Künstlern zusammenzuarbeiten.

Natürlich bleiben diese Annahmen naiv; denn als ich am 27.10.1978 den versammelten Teilnehmern des Steirischen Herbstes in Graz „Die neurophysiologischen Grundlagen jeder Ästhetik" zu demonstrieren versuchte, fand das auch bei Künstlern und Kunsttheoretikern keinerlei Resonanz. Das hat sich bis heute nicht geändert, denn die gegenwärtig modische Attraktivität von Linkshirn- und Rechtshirntypiken und ähnlichem zeigt überdeutlich, daß man nur eine Autorität durch eine neue ersetzen will, aber keineswegs gesonnen ist, die Problematisierungsleistung der Neurologie oder Molekularbiologie auf sie selbst anzuwenden – also zu erkennen, daß jenes wissenschaftliche Arbeiten seinerseits auch eine ästhetische Operation ist, gegen die dieselben Einwände erhoben werden müssen und für die die gleichen Einschränkungen gelten wie für jede andere – sei es die Umsetzung einer Architekturzeichnung in einen Bau, einer Wirtschaftstheorie in die Wirtschaftspolitik, einer Vorstellung ins gemalte Bild, einer Anschauung in den Begriff oder generell von Produktionen der Bewußtseine in Kommunikation über sprachliche Vermittlung.

Mit der *Neuronalen Ästhetik* soll der Versuch gekennzeichnet werden, die begriffliche Fassung neuronaler Prozesse selber als ästhetische Operation zu entfalten und über korrespondierende Analogien zwischen „natürlichen", alltäglichen, jedermann von Natur aus beherrschbaren Aktivierungen seines Weltbildapparates und den weltbildkonstituierenden Operationen der Wissenschaftler und Künstler, die ja auch nur über denselben Apparat wie jedermann verfügen, erweiterte und modifizierte Konfrontationen des Geistes und des Prinzips Leben mit ihren Verkörperungsformen zu schaffen.

Fazit: Nehmen wir an, wir wüßten, wie wir neuronal und biochemisch funktionieren, dann würde diese Kenntnis (abgesehen von ihrer Verwendung zur Restituierung medizinisch konstatierter Defekte) doch „auch nur" zu einer Organoptimierung verwendet werden können. Genau um diese Optimierungen geht es aber ohnehin in den künstlerischen oder wissenschaftlichen Strategien, von unseren Gehirnen Gebrauch zu machen.

Bazon bittet seine Frauen Melusine Huss und Karla Fohrbeck, sich zu **musealisieren**, Petrarcareise 1978   *Foto* | *hajo schiff*

„Zwischen Achselsternen und Oberarmtätowierung – die Ordensspange des Intellektuellen BB"
Foto | Tom Bossert, 1991

| Von der sprechenden zur bildenden Wissenschaft |

| 3 | Von Höhlenschatten zu neuronalen Höhlenzeichen |

Eine verkürzte Perspektive

Die platonischen Höhlen jüngerer Baureihe sind (historisch-chronologisch) das Bergwerk, das U-Boot auf Tauchfahrt, die Nachtflugmaschine, der Autopilot-gesteuerte und der Instrumentenflug, das Raumschiff, das Netzwerk der kommunizierenden Computer. Ihnen allen ist gemeinsam ein nur noch durch Anschauung von Instrumenten gegebener Bezug auf die **Umwelt der Systeme,** ohne daß den Bewohnern der Höhlen, den Operateuren und Passagieren noch eine orientierende Vorstellung der Außenwelt möglich und nötig wäre.

Die Vermittlung der Umwelt ins geschlossene System spaltet die naiv genommene Einheit von Anschauung und Vorstellung, mit der wir unsere natürliche Orientierung in Lebensräumen bewältigen. Für die Einheit von Anschauung und Vorstellung hat sich der Begriff *Black Box* **bewährt.**

So faßten wir bisher das menschliche Hirn als Dunkelkammer auf, in der „irgendwie" die sichtbare Welt mit der „Vorstellung" ihrer unsichtbaren Gesetzmäßigkeiten korreliert wurde – mit dem praktischen Resultat, daß die Welt tatsächlich in dem gegeben schien, was wir von ihr wahrnehmen. Die angeschaute Welt und die vorgestellte gingen nahtlos ineinander über.

Die Vorstellung war die Fortsetzung der Anschauung im Bereich des Unanschaulichen. Dieser anthropozentrische Standpunkt ermöglichte es, die Götter oder den Schöpfergott, die Totenreiche oder Paradiese vorzustellen, wie wir die Welt des Sichtbaren anschauen. **Zwischen Diesseits und Jenseits, zwischen Innen und Außen vermittelte die Black Box den geheimnisvoll dunklen Übergang zwischen diskreten und kontinuierlichen Zuständen, zwischen unbelebt und belebt, zwischen Ja und Nein.**

Wenn man in die Black Box eindringen will, um zu erhellen, was die Übergänge ausmacht, faßt man sie als platonische Höhle auf und gerät in jene Schwierigkeiten, Anschauung und Vorstellung noch zu vermitteln, die offenbar Platons Gleichnis so faszinierend erscheinen läßt.
Weil Anschauung und Vorstellung der platonischen Höhle nicht zur Übereinstimmung gebracht werden können, sind die bildenden Künstler, die Experten für eine bildliche Veranschaulichung von Vorstellungen, allesamt daran gescheitert, dieses attraktive Gleichnis in Bildwerke zu übersetzen. Die wenigen überlieferten Versuche (nicht mehr als ein halbes Dutzend aus den zurückliegenden fünf Jahrhunderten) fielen – wie Jeannot Simmen gezeigt hat – herzlich unbedarft aus.
Das gleiche gilt für die Darstellung heutiger Versuche, der operationalen Anschaulichkeit des *Big Bang* (des Urknalls), den schwarzen Löchern, dem endlichen, aber unbegrenzten gekrümmten Raum eine Vorstellung zuzuordnen. Anschaulich sind die Meßergebnisse, die mathematischen Konstrukte und astrophysikalischen Modellbildungen, denen aber keine Vorstellung zu entsprechen vermag. Auch die binäre Operation von Rechnern ist jederzeit der Anschauung zugänglich, aber nicht in adäquate Vorstellungen zu überführen. Wer das dennoch versucht – und unsere natürliche Disposition verführt uns alle von Zeit zu Zeit dazu –, fällt in die Naivität sprachlicher Operationen zurück, die ihn im Extremfall zu fundamentalistischer Begriffsgläubigkeit zwingt oder in die Bewußtseinsspaltung des psychiatrisch defizienten Typs.
Um das zu verhindern, führte die jüdische Theologie das Bilderverbot ein und die modernen Wissenschaften das Vorstellungsverbot (so Carnap 1927). Nur unter strikter Einhaltung dieser Vorstellungsverbote bei ebenso strikter Orientierung an der Anschauung von Zeichen und Wundern konnte und kann es jemand wagen, Astro- oder Kleinteilchenphysik, resp. Theologie oder die Künste zu betreiben.
Man kann auch sagen: **Ohne ästhetisches Kalkül mit der Differenz von Anschauung und Vorstellung bzw. ohne den platonischen Chorismos zwischen anschaulich konkreter Welt und dem Reich der Ideen, ohne die Erfahrung prinzipieller Uneinholbarkeit von Bewußtsein in Kommunikation werden alle Aussagen über die Welt zu beliebigen Metaphern oder Bildern, zu Gleichnissen oder willkürlichen Analogien.**

Genau für diesen Sachverhalt steht das platonische Höhlengleichnis, sobald man sich dazu verführen läßt, in ihm ein Beispiel für die Einheit von Anschauung und Vorstellung zu sehen, deren Erzwingung Platon gerade abwehren wollte. Methexis, also Teilnahme oder Anschluß der Erscheinungen an die Ideen, der Kommunikation ans Bewußtsein über sprachliche Operationen, ist nicht der Erkenntnis zugänglich, sondern nur als theoretisches Konstrukt postulierbar. Der moderne Ausweg aus diesem Dilemma heißt: Erkenntnisfragen bleiben auf den Umgang mit selbst produzierten Sätzen und Bildern, Modellen und Theorien beschränkt. Die radikalste Ausformulierung dafür bietet der Konstruktivismus mit dem hypothetischen Konstrukt autopoietischer Systeme – eben um den Preis, daß Erkenntnis und Wirklichkeitserfahrung, also Anschauung und Vorstellung nicht mehr zu vereinheitlichen sind. Als Wirklichkeit manifestiert sich die Welt gerade in dem, was wir nicht erkennen und durch die Operationen der Systeme nicht anschließen oder nicht aneignen können. Oder Luhmännisch gesprochen: **In den Graden zunehmender Veranschaulichung wird die Wirklichkeit unsichtbar. Die Formen des Anschaulichen, Sichtbaren wandeln sich durch Variationen, Metaphorisierung, Analogiebildung etc., aber die Unsichtbarkeit, d.h. die Unvorstellbarkeit bleibt prinzipiell erhalten.**

Kann man dem Sachverhalt anders als mit den Verfahren der philosophischen Ontologie entsprechen, denn es fällt ja nicht schwer, auch den radikalen Konstruktivismus ontologisch zu begründen? Schon Schopenhauer hat das demonstriert, und die Anfälligkeit moderner Naturwissenschaftler (wie jüngst Murray Gell-Mann oder Frank J. Tipler), ihre Kosmologien mit den herkömmlichen philosophischen und theologischen Welterklärungen kompatibel zu machen, belegt das ebenfalls. Einen Weg zeigen offenbar Künstler, wie sie Michael Fehr und Clemens Krümmel unter dem Titel *Platons Höhle* zusammengeführt haben.

Einen anderen Weg, oder vielmehr einen zur reflexiven Kunst parallelen, schlagen Detlef B. Linke, Olaf Breidbach und ich unter dem Namen *Neuronale Ästhetik* vor. Kurz gefaßt haben wir ihn wie folgt skizziert:

Das Instrument des Computers erlaubt uns, mathematische Operationen zu verbildlichen. In den damit gewonnenen Skizzen können wir die Dynamik auch komplexerer Interaktionen – im expliziten Sinne – anschauen. Damit

gewinnt in diesem und mit diesem Medium die Anschauung eine analytische Funktion. Die Vielfalt von Überlagerungen in den wechselwirkenden Funktionskreisen sind der Analytik nur in einem sehr mühsamen Prozedere zugänglich, aber sie werden in der Anschauung augenfällig. In ihr zeigt sich das Ganze der Reaktionen in seiner Dynamik. Die Sequenz der diese aufbauenden Determinanten bleibt zwar prinzipiell abzuarbeiten, doch erlaubt das Bild auch, diese Dynamik eines programmierten Systems experimentell anzugehen, zu variieren, Effekte zu studieren, zu kombinieren und damit den Computer als einen Skizzenblock zu benutzen, der aus der Enge der nur diskursiven Abarbeitung von Einzelzuständen hinausführt. Dies jeweils vor Augen liegende Ganze ist aber nicht mehr analytisch faßbar.
Die hier auftauchenden Probleme sind quantitativer Art, allein die Dauer einer solchen Berechnung würde es nicht mehr erlauben, die Dynamik der im Modell studierbaren Systeme auch noch vorzustellen. Damit liegt die Bewertung von Variationen, der Einblick in die Bedeutung von Parameterkonstellationen in der Anschauung. Das Bild erlaubt mir zu entscheiden, ob und wo ich gegebenenfalls einen Teilaspekt auslöse, ihn in einer strikteren, analytischen Untersuchung zu betrachten. **Die Anschauung leitet somit aus den Zwangsführungen des Diskursiven heraus.**
Das Verhalten auch komplexer, interaktiv verzahnter Reaktionen wird analysierbar. **Die Simulation gewinnt analytisches Gewicht.**
Mit dem Skizzenblock Computer kann die Anschauung des Rationalismus aus seiner Enge heraus in ein offeneres Feld der Analytik setzen, das der Ratio den Raum gibt, auch organisch ineinandergreifende Teilräume systematisch zu studieren. Die Ratio erweitert sich, indem sie auf die Anschauung vertraut. Der Skizzenblock Computer bietet das Instrumentarium, den Weg zu einer derart analytisch figurierenden Anschauung zu finden. Ist damit dann nicht auch zugleich die Frage der Objektivierung unseres Wahrnehmens aus einer neuen, geöffneten Perspektive aufzunehmen? Steht nicht in dieser dem Denken verfügten Sprache der Bilder die Dimension offen, durch die sich die Realität in das Denken selbst hineinfindet? Z. B. durch PET-Verbildlichungen der neuronalen Aktivitäten des Bilderanschauens. Die neue Ebene der Analytik ist mit der Korrelierung von PET-Bildern der neuronalen Aktivität »Anschauen« und der angeschauten Bilder gegeben. Die Objektivierung des Bildes, die die Farbe der Bildschirme als Effekt der Programmierung, das Angeschaute als Eigenexplikation des in der Ratio Formulierten erscheinen läßt, zeigt schon im

engeren Zirkel des sich selbst reflektierenden Denkens, daß dies nicht bei sich verbleibt, sondern sich vielmehr – in der Wahrnehmung – immer wieder in seinem Außen verankert. Die Spekulation, das hypothetisch gesetzte Gedankenkonstrukt, wird erst in der Veräußerlichung, die es einer Anschauung verfügbar macht, dem denkenden Subjekt wirklich zu eigen.

Das wichtigste Bild, über das sich diese Ratio sichern kann, findet sie in der Darstellung ihres Organs. Schon auf der physiologischen Ebene ist klar, daß Wahrnehmen ein komplexer Prozeß ist, in dem das Organ aus der ihm eigenen Bestimmung heraus einen Erregungseingang verarbeitet. Die Realität des Außen wird nicht erst in einer – wie auch immer zu definierenden – Reflexivität, sondern schon in der ersten Aufnahme der Sinnesdaten verformt, die Realität des Außen wird in die Realität des Hirns gesetzt. Die Struktur des Wahrnehmungsapparates kategorialisiert in der – im übrigen auch letztlich dessen Historie verständlich machenden – Eigenbestimmtheit dasjenige, das wir dann als das „Objektive" zu verstehen suchen. Die dies „Objektive" fundierende Realität wird aber nicht völlig aufgehoben, vielmehr wird sie nur in eine neue Objektivität, die Realität des Hirngewebes transformiert.

Dies läßt sich fassen, die hier wirksamen Teilmechanismen lassen sich isolieren. Die Gesamtreaktionen des in der Analyse dann zum Objekt werdenden Hirns sind zu veranschaulichen. In der Simulation verdinglicht, nimmt sich das Wahrnehmen selbst als Objekt. Der Exkurs in eine dritte – mediale – Dimension zahlt sich aus. Die neuronale Struktur wird – auch in ihrer Dynamik – veranschaulicht. Das Wahrnehmen wird sich Objekt. Die Ästhetik kann sich als neuronale selbst objektivieren. Wir stehen am Ende einer rein diskursiven Bestimmung unserer Wahrnehmung, wir können die Augen wieder öffnen und unserer Anschauung trauen.

Von der sprechenden zur bildenden Wissenschaft

4 Supervision und Miniatur

1. Rundblick, Durchblick, Überblick

Wir wollen eine Tatsache gern konstatieren: Das Panorama ist eine historische Erfindung. Aber der panoramische Blick? Seit Menschen sich, allgemeinen Annahmen zufolge, in afrikanischen Savannen zum ersten Mal aufrichteten, um stehend das Terrain zu rekognoszieren, haben sie um sich geblickt. Die Beweglichkeit ihres Kopfes reichte nicht hin, mit den beiden parallel bewegten Augen das 360-Grad-Umfeld abzusuchen nach Feinden, Futter und Kumpanen. Die rotierende Bewegung um die Körperachse schloß die Sehhorizonte zusammen – wenn nicht zu einem Panorama, wozu dann?

Die Aufrichtung aus der Vierbeinigkeit dürfte neben der Freisetzung der vorderen Extremitäten zur Differenzierung des Handgebrauchs eben den evolutionären Gewinn gebracht haben, mit erhobenem Haupt stets auch den **Überblick** aufs gesamte Lebensterrain in die eigenen Bewegungsformen und Bewegungsrichtungen einzubeziehen. Der Überblick ließ sich steigern durch Wahl erhöhter Standorte; daß solche Erhöhung nicht nur metaphorisch die bessere Übersicht nach sich zog, belegen alle rituellen Exponierungen, die des Anführers, des Redners, des Priesters, des Feldherrn. Erhöhungen im Terrain wurden zu weithin sichtbaren Orten, an denen sich der Überblick als **Übersicht** auswies: sei es bei der Anlage einer Akropolis, sei es bei der Wahl eines Burgbergs mit Burgfried oder eines Feldherrnhügels. **Stets wurden die herausragenden Orte zu ausgezeichneten Orten, indem man sie baukünstlerisch optimierte** durch die Errichtung von Exponierpodesten oder von Turmwerken, deren Gestalt sich weitgehend aus der Art ergab, wie man sie begehen, besteigen, befahren und versorgen konnte respektive mit welchen technischen Mitteln sie zu errichten waren.

Der durch seine Höhe ausgezeichnete Ort signalisierte auch, daß sich an ihm zentrale Funktionen des sozialen Lebens konzentrierten. Exponierung dieser Art war den Mächtigen vorbehalten, die ihre Erhöhung weithin sichtbar machten und sie gleichzeitig aus der Plazierung an dem ausgezeichneten Ort ableiteten.

Um diese **Einheit von Übersicht und Erhöhung,** von Besetzung markanter Punkte und Kontrolle, von faktischer Exponierung und gesteigertem Handlungspotential ging es bei den Sicherungen des panoramischen Blicks auch dann noch, als der funktionsgeleitete Überblick zur schönen Aussicht wurde – einer Umwandlung des Kontrollblicks und des Suchblicks in den selbstgenügsamen schweifenden Blick.

Horizonterfahrungen waren mit der Aufrichtung des Menschen unmittelbar verbunden. Die Weite des Horizonts und damit **die Macht des Blicks** steigerten sich mit der Erhöhung des Blickenden bis zu dem Punkt, wo die Grenzen der Horizontwahrnehmung des natürlichen Auges erschöpft waren. Die Bewaffnung des Auges mit optischen Horizonterweiterern konnte diese Grenze zwar noch hinausschieben; aber schon den Seefahrern des 15. Jahrhunderts wurde klar, daß die Erweiterung des Blicks, über den wie auch immer weiteren Horizont hinaus, nicht mehr vom Auge geleistet werden konnte, sondern von einer **modellhaften Vorstellung horizontloser Welt, deren bestimmbare Verfassung nicht mehr sichtbar, sondern denkbar war.**

Die Augen leisteten nunmehr einen Kontrollblick auf die Modelle und Instrumente, mit denen die Positionen des Menschen vor den grenzenlosen Horizonten bestimmt werden konnten. Aus dem Überblick wurde die Supervision, aus der Einheit von Übersicht und funktionaler Erhöhung wurde die Totalitätserfahrung von Endlosigkeit und Unendlichkeit, von Gedanken und Welterfassung, von Sehen und Vorstellung. Das Entscheidende: ohne Supervision, also ohne Vorstellung und modellhafte Instrumentierung von Welt als Totalität, lassen sich Ansprüche auf Führung, Orientierung und Erkenntnis nicht legitimieren. – Noch heute ist im englischen *supervisor* (Aufsichtsführender) diese Erfahrung aufbewahrt.

In der Entwicklung solcher **Supervisionen** spielt der panoramische Blick eine entscheidende Rolle als umfassender Blick vom fixierten Standpunkt in die Welt und aus der Ortlosigkeit auf die **Welt als Modell einer Totalität.** Der panoramische Blick bestätigt in einem seine **utopische Dimension** (die Überschreitung aller sichtbaren Grenzen in die gedachte Ganzheit) und seine weltbildende Dimension (die immer notwendige Eingrenzung der Welt in Horizonte, die Einrahmung des Blickes, seine Fixierung auf die konkreten Bestandteile des Ganzen).

Jeder Besucher eines Panoramas macht diese Erfahrung: Er steht zwar im Prospekt eines 360-Grad-Horizonts, erfaßt aber doch nie mehr als einen begrenzten Ausschnitt der jeweils gerade von den Augen fixierten Einzelheiten der panoramischen Darstellung. **Das Panorama als Ganzheit ist**

nur in der Supervision zu erfahren, mit der sich der Betrachter aus dem Panorama herausdenkt, allerdings um den Preis, die Einzelheiten der Darstellung nicht mehr konkret wahrnehmen zu können.

2. Überschreiten, Verkleinern, Vergrößern
Die Frage, wie sich die Wahrnehmung einer konkreten Einzelheit eines Bildes der Welt zu deren jeweiliger Gesamtansicht verhält, ist in einer gewissen Tradition unserer Kunst- und Kulturgeschichte schon früh erörtert worden. Es ging dabei um die Bildung eines **Kontinuums der Blicke,** wobei dieses Kontinuum selbst dann diskret blieb, wenn die einzelnen Elemente der bildlichen Darstellung nicht ausdrücklich voneinander abgegrenzt wurden. Ein Beispiel dafür: der Teppich von *Bayeux*. Die 70 Meter lange Bildstickerei, in der die Eroberung Englands durch die Normannen erzählt wird, konnte sowohl als Rollbild wie als lineare Wandbehängung vorgezeigt werden. Formal ist er sogar rapportfähig, könnte also in der 360-Grad-Hängung als geschlossenes Panorama gelesen werden. Im Unterschied zu den tatsächlichen Panoramen verknüpft die diskreten einzelnen Darstellungen aber nicht ein geschlossener Horizont, sondern die durchgängige Standlinie.
Das mag nach den Wahrnehmungsgegebenheiten des 11. Jahrhunderts nur eine Konvention sein, in der die räumliche Tiefenstaffelung bedeutungsperspektivisch dargeboten wird. Ein Charakteristikum des Panoramas ist aber bereits erfüllt: Der Betrachter befindet sich in immer gleicher Distanz zur bildlichen Erzählung und ihren Elementen; diese Distanz wird durch die Lesbarkeit der immer gleich großen Inskriptionen bestimmt. Allerdings ist der Betrachter des Teppichs noch gezwungen, sich an dem Bildstreifen entlang zu bewegen, weil in keinem denkbaren Präsentationsraum bei 70 Bildmetern ein Standpunkt fixiert werden kann, von dem aus alle Teile der Bilderzählung dem unbewaffneten Auge des Betrachters gleichermaßen erfahrbar wären. Diese Einschränkung gilt bis zu Giottos Ausmalung der Scrovegni-Kapelle im ersten Jahrzehnt des 14. Jahrhunderts auch für alle Bemalungen der Innenwände von Sakral- und Profanräumen. Die relative Kleinheit der Scrovegni-Kapelle ermöglichte es dem in der Mitte des Raumes stehenden Betrachter, die einzelnen Bildfelder der kontinuierlichen Erzählung des Marienlebens gleichermaßen wahrzunehmen. Aber auch bei Giotto ist die Kontinuität der Wahrnehmung eines einheitlich geschlossenen Horizonts nicht gegeben, wenigstens nicht augenfällig. Das diskrete Kontinuum panoramischer Umsicht wird allerdings durch die Erzählung ausgebildet, die die *Legenda aurea* (Giottos Kontext) vorgibt. Die **Diskretheit** der bildlichen Darstellung in der **Kontinuität**

ihrer räumlichen Abfolge ergab sich für Giotto wie für alle Bilderzähler bis in die zweite Hälfte des 15. Jahrhunderts aus den prinzipiellen Differenzen zwischen wortsprachlicher und bildsprachlicher Erzählung.

Michael Baxandall hat diese Probleme der Malerei für das 14. und 15. Jahrhundert systematisch untersucht. Er kam zu dem Resultat, daß sich alle Künstler, unabhängig von technischem Können, stilistischer Entwicklung und Bildkonzeptionen, mehr oder weniger der Einsicht beugen mußten, daß eine noch so extensive Aneinanderreihung einzelner bildlicher Erzählungen nicht zu einer Darstellung des Kontextes, also des in sich abgeschlossenen Kontinuums, führen würde; noch so viele aneinandergereihte Bilder würden kein Ganzes ergeben, wenn nicht im Einzelbild die verweisende Darstellung der Welt als räumliches und zeitliches Kontinuum gelänge. **Bildsprachlich ist die geschlossene Kette nur im Ornament zu erreichen, dessen Einheiten auf ihren Rapport, also auf ihre Anschlußfähigkeit ausgelegt sind.** Deswegen verläuft, so Baxandall, die Darstellung der Welt als Einheit vom 13. zum 15. Jahrhundert immer mehr von der bloßen situativen Aneinanderreihung von Einzelbildern zu einer Differenzierung des einzelnen Tafelbildes. Die Entwicklung von Zentral- und Luftperspektive bot dazu die notwendigen Voraussetzungen, die die räumliche und zeitliche Einheit der Welt ermöglichten, indem sie den Betrachterstandpunkt in die Bildräume aufnahmen, also das einzelne Bild sowohl um den Standort des Betrachters einerseits und die Horizonterfassung der Bildjenseitigkeit andererseits erweiterten.

Diese **Fensterfunktion des Bildes** wurde noch gesteigert, indem die religiösen, mythologischen oder literarischen Kontexte der Bilderzählung durch Allegorisierung und Symbolisierung verkürzt werden konnten, so daß der Betrachter den Verweis auf den Gesamtkontext aus ihrer punktuellen bildsprachlichen Fixierung jederzeit erschließen konnte.

Fazit: **Der Blick des Betrachters wurde panoramisch, indem die einzelnen Tafelbilder durch ihre gesteigerte Binnendifferenzierung eine kontinuierliche Bewegung der Augen erzwangen.** Der Blick schweifte suchend durch die bildliche Darstellung vom Standort des Betrachters aus, an dem sich Nähe- und Ferne-, Oben- und Unten-, Links- und Rechtsorientierungen prinzipiell festmachen ließen. Die nicht sichtbaren, aber in der Vorstellung ergänzbaren Elemente der Bilderzählung ließen jedes Bild als Verweis auf die Gesamterfassung der einen Ereigniswelt verstehbar werden.

Das galt für alle Genres ab dem 16. Jahrhundert (Portrait, Historien, Stilleben, Landschaften et cetera), obwohl zum Beispiel Darstellungen der Heilsgeschichte oder der Weltbildarchitektur einen besonderen Anspruch auf Weltbildrepräsentanz begründen konnten. Auch die Darstellung erdferner Himmelsräume unter Einbeziehung des freien Schwebens, Taumelns und Stürzens hat diese Ansprüche auf Vergegenwärtigung der Welt als räumliche und Ereigniseinheit nicht aufgegeben, da in der Schwerkrafterfahrung des fixiert stehenden Betrachters die Orientierung an der Horizontalität erhalten blieb. Erst durch die Bewegung des Betrachters in der Schwerelosigkeit, im Wahrnehmungsraum jenseits der Kontrolle durch die Schwerkraft, ist diese Leistung des Einzelbildes aufgelöst worden. Allerdings bietet der Weltraum ohnehin keine Möglichkeit mehr, überhaupt noch panoramisch zu sehen.

Auch eine zweite Traditionskette panoramischer Totalitätswahrnehmung führt zur Aufhebung der diskreten Kontinuen. Von der Peutingerschen Weltkarte über die Plandarstellungen der Restauratio romae und der Imago mundi des 15. Jahrhunderts bis zu den Stadtansichten Merians führen alle Versuche, die Welt im kontinuierlich schweifenden Überblick zu erfassen, zur Aufhebung der panoramischen Bildreihung. Lewis Carrol und Jorge Luis Borges haben dafür in luciden Erzählungen die Begründung gegeben.

Tatsächlich wäre nämlich die panoramische Bildschleife als Repräsentation einer Totalität nur möglich, wenn die Welt als Ganzes in einer 1:1-Darstellung dargeboten würde. Aber eine Landkarte zu betrachten, die 1:1 das Land abbildet, das man mit Hilfe dieser Karte in panoramischer Allansicht erfassen soll, kann nur zu einer Verdoppelung der Welt führen, ohne sie indessen je dieses Blicks ansichtig werden zu lassen. Nach den Bemühungen von Leon Battista Alberti und Luca Pacioli war für jede Darstellung der Welt als Totalität ein für allemal klar, daß nur durch mathematisch begründete Projektion der Ganzheit (auf ein Modell) der panoramische Blick befriedigt werden könne, wenn er aus der Wahrnehmung der äußeren Welt in die innere Vorstellung und die gedankliche Begriffsbildung überführt werde. **Modelle bieten seit dem 16. Jahrhundert Panoramen der kontinuierlichen Erfassung eines Gesamtzusammenhangs, nicht in *nuce*, also nicht aus dem, was die Ganzheit zusammenhält, sondern in der**

progressiven Miniaturisierung. Von da ab wird jedes Panorama, das die Welt nicht auf den sichtbaren Horizont ihres Betrachters begrenzt, zur Miniatur, auf die sich schon die Kinder in ihren Spielzeugwelten einüben. Es ist deswegen nicht verwunderlich, daß die historische Erfindung der Panoramen der Sphäre der Modelle zugerechnet wurde, also der Jahrmarktswelt, den Tivolis und den Schauparks.

Das Panorama ist die Schnittstelle zwischen Supervision (der bloß vorstellbaren und gedanklich repräsentierbaren Totalität) und der Miniaturisierung (der modellhaften Reduktion einer Totalitätserfassung). Was das Panorama als historische Bildgattung so interessant macht, ist diese Gleichzeitigkeit von Ausweitung und Reduktion, von Kontinuität des Blicks und Diskretheit der einzelnen Wahrnehmung: von intendierter Ansicht des Ganzen und faktischer Beschränkung auf den geschlossenen Horizont.

In der historischen Bildgattung Panorama vollzieht der Betrachter, obwohl auf einen Standplatz fixiert, selber eine zugleich diskrete und kontinuierliche Bewegung, die ihn aus der Supervision in die geschlossene Raum- und Zeitwahrnehmung umzusteigen zwingt. **Die historische Bildgattung *Panorama* erhält ihre Attraktivität daraus, daß sie den Betrachter der Welt zugleich zum Gulliver und zum Däumling macht.** Sie vermittelt dem Betrachter die Möglichkeit, zugleich Bestandteil eines Gesamtzusammenhangs in je notwendig beschränkten Welten zu sein, diese Welt aber gleichzeitig von außen betrachten zu können, als bilde er sie durch seinen Blick erst selbst. Die Bildgattung Panorama bietet dem panoramischen Blick die Bestätigung, daß jede Totalität durch ihre Wahrnehmung konstruiert wird und daß dieser wahrnehmende Blick gleichzeitig nur so lange aufrechterhalten werden kann, wie er auf sich selbst zurückführt.

Diese Faszination entspringt dem Geheimnis aller zyklischen, in sich selbst zurückkehrenden Prozesse, aller Wiederholungen. **Das Panorama stellt den kindlichen wie den spekulativen und wissenschaftlichen Konfrontationen mit diesem Geheimnis eine Sylvesterfrage: Auf welche Weise führt die in sich selbst zurückkehrende Wiederholung des Immergleichen am gleichen Ort der Welt zu einer Bewegung, die diesen Ort**

und die wiederholten Ereignisse überschreitet?

Antwort mit Goethe, der keinen Spaziergang absolvierte ohne die bedachte Möglichkeit, den Kreis zum Ausgangspunkt der Bewegung zu schließen: Von der Ansicht der Sandkörner am Meeresstrand bis zu der Wahrnehmung der kosmischen Sternennebel bleibt der panoramische Blick ein Blick ins Innere des Betrachters.

| Von der sprechenden zur bildenden Wissenschaft |

| 5 | **Kopf oder Computer.**

Kultur – Ästhetik – Künstliche Intelligenz |

1. Kultur
Zauberlehrlinge

Die alltagspsychologische Fixierung auf künstliche Intelligenzen wird vom Bild des Zauberlehrlings beherrscht, der die Geister, die er rief, nicht wieder loswird. Offensichtlich ist es kein Kunststück, „mit Geisteskräften Wunder zu tun" (bei Goethe das Wunder, das noch zu unserer Jugendzeit Hotels auszeichnete: „fließendes Wasser in allen Räumen"); die Meisterschaft in der Verfügung über solche Geisteskräfte zeigt sich erst in der Fähigkeit, sie zu beschränken. Herrschaft über die Artefakte zu gewinnen, ist die Voraussetzung dafür, mithilfe solcher Artefakte zu herrschen.

Wer herrscht, ist in der Lage, seinen Willen durchzusetzen.

Nun machen aber alle Menschen die Erfahrung, gerade ihren eigenen Willen nicht beherrschen zu können, also Opfer der eigenen Triebregungen zu werden (des Lustverlangens, der Aggression). Deshalb wird als Ziel für die Erziehung von späteren Meistern die **Selbstbeherrschung** ausgewiesen. Sie kennzeichnet die Fähigkeit, **planvoll vorzugehen,** also jeden Beginn an eine Vollendung zu koppeln, jedes Hervorbringen an die Möglichkeit, das Hervorgebrachte auch wieder aus der Welt zu schaffen. Soweit das nicht gelingt, erweist sich das Erschaffen solcher Artefakte als kontraproduktiv. Leider hielt die Kritik an der Sinn- und Planlosigkeit ihres Tuns die Zauberlehrlinge nicht von immer weiteren riskanten Manövern ab. Auch die rigidesten Versuche **sozialer Kontrolle** (Meisterprüfung, Unterwerfung unter Standesethiken) verhinderten das nicht.

Im Gegenteil: mit der verstärkten Orientierung aufs Experimentieren, auf die mutwillige Erzeugung von Abweichungen als Innovation wurde es zur Tugend, ins Blaue hinein schöpferisch loszulegen. Man werde schon sehen, was dabei herauskommt.

Im naturwissenschaftlichen Experimentator etablierte man den Zauberlehrling als bürgerliches Pendant zum mythischen Prometheus.

Prometheus
Der griechischen Mythologie zur Folge nahm sich Prometheus heraus, Artefakte nach dem Bilde der Götter zu schaffen – eben die Menschen – und sie nach seinem eigenen Bilde mit der Befähigung zu begaben, durch Einsatz der Naturkräfte kulturell zu produzieren.

Die Strafe für sein riskantes Manöver, künstliche Intelligenzen in Gestalt der Menschen hervorgebacht zu haben, war bekanntermaßen fürchterlich, weil auf Dauer gestellt.

Seine Produkte, die künstlich geschaffenen menschlichen Götterimitatoren, wurden ebenso von Zeus abgestraft. Der göttliche Kunstschmied Hephaistos erfand ein Artefakt in Gestalt der Büchse der *Pandora* – in der realistischen Annahme, daß Menschen es nicht aushalten können, mit solchen Geschenken der Natur oder der göttlichen Geisteskräfte umzugehen, ohne sich diese Kräfte selbst aneignen zu wollen und daran zu scheitern.

Prompt ergießen sich aus der geöffneten Büchse neben allen Wohltaten auch alle Übel, die den Menschen im irdischen Dasein zusetzen.

Ja: in dem Maße, wie Menschen sich auf den Genuß des Lebens orientieren, ziehen sie zugleich Elend und Sorge auf sich. Um diese **zwangsläufige Bindung von Lebenslust und Lebensleid** zu entkoppeln, bietet der Bruder von Prometheus den Gebrauch der von ihm repräsentierten Verstandeskräfte an. Der **prometheischen Bedenkenlosigkeit,** ins Blaue hinein zu schaffen, setzt Epimetheus die Kraft entgegen, diesem Geschehen wenigstens nachdenken zu können, also zumindest im Nachhinein zu analysieren, was prometheisch schief gelaufen ist.

Aber bis auf den heutigen Tag steht das epimetheische Nachdenken nicht hoch im Kurs, denn was nutze es, im Nachhinein klüger zu sein, wenn doch das Kind schon in den Brunnen gefallen ist?

Andererseits hat die Umkehrung des Verhältnisses in die Reihenfolge „erst epimetheisch nachdenken, dann prometheisch loslegen" ebenfalls wenig für sich. Wo noch gar nichts geschah, wird das Nachdenken zur hysterischen Bedenklichkeit; Bedenkenträger zu sein, disqualifiziert.

Dr. Frankenstein

Wie Goethe für seinen Faust auf mittelalterliche Erzählungen zurückgriff, so bediente sich Mary Shelley der antiken Prometheus-Mythologie, um die maschinenbauenden Frühindustriellen zu desillusionieren. Ihr Roman über Dr. Frankenstein hat den Untertitel *a modern Prometheus.*

Die Titanen der ersten Industrialisierung kleideten ihre technischen Kunstwesen in die Ikonographie antiker Heroen und Götter: Entsorgungswerke für kreatürliche Stoffwechselprodukte wurden auf die herkulische Tat bezogen, den Mist aus den Ställen des Augias abzutransportieren. Die Postamente von Dampfmaschinen wurden als dorische Tempel ausgezeichnet. Die Verführung der Tätertypen der ersten industriellen Revolution, sich als moderne Demiurgen zu verstehen, wollte Mary Shelley durch schauerromantische Ironisierung sabotieren.

Heutigen Heroen der KI-Forschung ließe sich analog entgegenhalten, daß Herr und Frau Jedermann mit einem Bruchteil der Kosten durch Zeugung und Aufzucht von Nachwuchs Computer in die Welt zu setzen vermögen, die prinzipiell allen erwartbaren Leistungen von KI-Artefakten – zumindest in ökonomischer Hinsicht – überlegen sein könnten.

Frau Mary Shelley enttarnte die **Junggesellenmaschinenbauer;** deren Streben nach göttlicher Autonomie entspringt der Angst und reziprok dem Omnipotenzwahn von Männern, die zu Recht fürchteten, von ihrer eigenen Natur überwältigt zu werden.

Pygmalion

Pygmalion war ein sprichwörtlicher *Artifex*, ein Künstler. Er wollte partout die von ihm geschaffenen Werke als eigenständige Lebewesen, also als **Einheit von künstlicher Intelligenz und künstlichem Leben** ausweisen und benutzen. Das Kriterium des Gelingens sah er darin, das tote Material (Elfenbein, Marmor, Ton) seiner Statuen beseelen zu können, die Statuen zu *animieren*.

Primär ging es ihm darum, ein Frauenideal zu verwirklichen, das er in *Menschinnen* („Weiber!" nennt sie der *kleine Pauly*) jeweils nur partiell repräsentiert sah.

Die partiellen Repräsentanzen *in toto* zu inkorporieren, gelang ihm um den Preis, in seinem eigenen Geschöpf nur sich selbst begegnen zu können – er setzte noch nicht evolutionäre Algorithmen ins Spiel, sondern bildete nur im Artefakt seinen Zustand ab, indem er das Werk ein für alle mal schuf und auf Dauer stellte; er verkannte also das Wesen der *Animation*.

So geläufig uns auch, naiverweise, jene Auffassung von Animismus ist, die wir sogenannten primitiven Naturvölkern unterstellen oder aber glauben, christlicher Schöpfungsmythologie entnehmen zu können, kann Animation doch nur als Beseelung des Schöpfers durch sein Werk, als Enthusiasmierung des Betrachters vor dem Artefakt oder des Kinogängers vor der Disneyschen Animation von Cinderella erfolgreich praktiziert werden.

Die Renaissancekünstler wählten für das lateinische animieren den griechischen Begriff *zoographein*. Sie sahen sich also als Gestalter von Lebensäußerungen, als Designer, als Bildner natürlicher Lebensenergien.

Die „Lebendigkeit" der im Bilde repräsentierten Natur und ihrer Lebewesen hatte der Betrachter erst zu inkorporieren oder, soweit er sie schon inkorporierte, zu aktivieren.

Durch schaffendes Gestalten lernten die Künstler, ihre natürliche Intelligenz künstlich, d.h. kulturell zu erweitern.

Gegenüber der natürlichen Intelligenz von Lebewesen, vor allem von Menschen, etablierten sich Künstler und Wissenschaftler per Definition als artifiziell geschaffene Intelligenzen, als kaum noch natürlich, sondern kulturell entfaltete Wesen.

Beachtlich ist, daß bereits sehr früh Insekten oder Säugetieren in gewissem Umfang artifizielles Vermögen, z.B. zur Staatenbildung, zuerkannt wurde.

Pointiert ausgedrückt: seit dem 16. Jahrhundert wird die Entgegensetzung von

Natur und Kultur genutzt, um eine Optimierungsstrategie der natürlichen Lebensbasis durch die Artefakte der kulturellen Intelligenz zu entwickeln. Seither **wird kulturelle Produktion stets als Etablierung künstlicher Intelligenz verstanden.** Im Lernen durch Versuch und Irrtum wurde die Kompatibilität von Natur und Kultur gesichert. Die kulturelle, also künstliche Intelligenz erwies sich als brauchbar, soweit sie die Natur optimierte. Pygmalions Animation einer Statue war also ein Versuch der Optimierung aller bloß natürlichen und leider nur partiellen Schönheiten von Frauen.

2. Ästhetik
Seit Mitte des 18. Jahrhunderts – seit Baumgarten und Meier – erörtert man dezidierterweise den **Selbst- und Fremdbezug von Menschen** auf drei seit der Antike in Einheit gesehenen Ebenen: der *ästhetischen*, der *ethischen* und der *epistemologischen*.
Die ästhetische Ebene des Selbstbezugs manifestiert sich in der notwendigen Differenz zwischen zentralnervlicher Prozessierung und dem Organismus, den sie steuert und durch den sie zugleich kontrolliert wird.
Pointiert: **ein Gehirn ohne körperliches Trägersubstrat ist nicht funktionsfähig;** ein Organismus höherer Entwicklungsstufe ohne Steuerung ebensowenig.
Die ästhetische Ebene im Fremdbezug des Individuums besteht in der unaufhebbaren Differenz zwischen Individuum und Umwelt, zu der auch andere Individuen seiner Art gehören. Diese Umwelt muß wahrgenommen, die Wahrnehmung zu Bewußtsein verarbeitet und das Bewußtsein zur spezifischen Aktivierung aller anderen intrapsychischen Prozesse genutzt werden. Damit die intrapsychischen Leistungen auf ihre Realitätstauglichkeit hin beurteilt werden können, müssen die Individuen sie in ihrer Umwelt repräsentieren. Solche *Repräsentationen* werden als „Sprachen" verstanden, wobei die Repräsentationen visuell oder auditiv wahrnehmbar sein müssen für andere, insbesondere für Individuen der gleichen Art. Denn die Verbindungen von intrapsychischen Prozessen (verkürzt Bewußtsein genannt) zu den Lebensäußerungen und Lebensformen anderer Individuen (verkürzt *Kommunikation* genannt) werden nur durch sprachliche Repräsentationen ermöglicht (verkürzt als Zeichengebung aller medialen Ausprägungen verstanden).

Die ästhetische Ebene des Selbst- und Fremdbezugs der Individuen wird also durch das Verhältnis von intrapsychischem Prozedieren und dessen Repräsentation in Zeichen bestimmt. **Die Fähigkeit zur Zeichengebung** ist mit dem Ausdruck von Lebendigkeit eines Organismus synonym. Sie ist **naturevolutionär entstanden.** Ihre Spezifik liegt in der spezifischen Unterschiedenheit von Individuen verschiedener Arten wie in der Spezifik individueller Entfaltung dieser naturevolutionär entstandenen Basis organismischen Lebens.

Baumgarten entdeckte – und die Biologen der Erkenntnis heutigen Tags bestätigten es –, daß die natürlichen Befähigungen zur Wahrnehmung und Bildung von Bewußtsein bereits Kategorienschemata unterliegen, die das intrapsychische Prozedieren in einem sehr hohen Maße autonom bestimmen. Wieweit diese Autonomie reicht, wurde zuerst am Phänomen der *optischen Täuschung* erwiesen; aber die Philosophen bemühten sich generell seit vorsokratischen Zeiten, die Täuschbarkeit des Prozedierens von Kognitionen (etwa als Begriffsbildung durch naive Substantivierung von Eigenschafts- und Tätigkeitswörtern) aufzudecken.

Baumgarten beschrieb, daß bereits bloße Wahrnehmung Erkenntnisleistungen, wenn auch minore, ermöglicht.

Kant und Nachfolger versuchten, die Schemata der Kategorien unmittelbarer Anschauung und vermittelter Begriffsbildung zu enträtseln. Generell gelang das erst, als man nicht mehr philosophisch-abstrakt, sondern in der empirisch-experimentellen Überprüfung der Theoreme von Künstlern, Psychologen, Evolutionsbiologen und Neurophysiologen zeigen konnte, daß Synthesis, also der Selbst- und Fremdbezug von Lebewesen, bereits durch deren Evolution ermöglicht wird und nicht das Resultat von theologischen oder philosophischen Begriffskonstrukten ist.

So verschob sich das Interesse an der kantischen Fragestellung, wie Synthesis überhaupt möglich sei, zur Frage, wie bei gegebener Synthesis **Optimierungen des Selbst- und Fremdbezugs von Individuen im Lernen, in Entwicklung immer spezifischerer Anpassung** gewährleistet sind.

Einen Aspekt der Antworten heben wir hervor, soweit er die ästhetische Ebene des Selbst- und Fremdbezugs kenntlich macht. Obwohl alle autonom in sich geschlossenen Bewußtseinsysteme nach gleichen naturevolutionären Bedingungen operieren, gewährleisten sie ihre Plastizität weitgehend durch das Verhältnis von intrapsychischem Prozedieren und sprachlicher Vergegen-

ständlichung dieser Prozesse. Aber man kann ein Gefühl, einen Willen, eine Vorstellung, einen Gedanken (mit Ausnahme willkürlicher Definition mathematischer Eineindeutigkeit) niemals in vollem Umfang in Zeichengefügen repräsentieren, und **man kann dieselben zerebralen Leistungen in sehr unterschiedlichen Zeichengefügen repräsentieren.**
In der Wahrnehmung und weiteren Verarbeitung dieser Zeichengebungen durch die Kommunikation der anderen Individuen führt diese ästhetische Differenz oder Nicht-Identität unabdingbar zu eigenständigen Inkorporationen der repräsentierten fremdpsychischen Prozesse. Trotz aller kategorialen Vorprägung von Wahrnehmung und Bewußtseinsbildungen der Individuen einer Art entsteht durch die notwendige Verkörperung sprachlicher Repräsentation ein Überschuß an Aktivierungspotentialen, die nur um den Preis riskanter Einschränkung der Wahrnehmung oder Verlust von Plastizität durch dogmatische Stillstellung neutralisiert werden können.
In gewissem Umfang sorgt auch das limbische *Regulativ* für die Aufrechterhaltung des semantischen Überschusses, indem es die Individuen zwingt, nicht über Gebühr auf die Wahrnehmung luststeigernder Zeichenangebote fixiert zu bleiben oder unlustverursachende fahrlässig auf längere Zeit auszublenden. In der Ästhetik hat sich für die Kennzeichnung des semantischen Überschusses, des semantischen Rauschens, der Begriff „Tücke des Objekts" bzw. Tücke der Ambivalenz und Ambiguität von Zeichengefügen aller Medialitäten eingebürgert.
Theodor Vischer hat Mitte des 19. Jahrhunderts seine Studien auch im künstlerischen Selbstexperiment auf die ästhetische Tücke des Verhältnisses von Bewußtseinssystem und Kommunikation hin ausgerichtet. In seinem Roman *Auch Einer* führt er auf die Schlußfolgerung hin, die mir heute die produktivste Bestimmung der ästhetischen Differenz zu sein scheint: nämlich die von Luhmann herausgearbeitete strikte Eigenständigkeit von Bewußtseinssystemen und Kommunikation. Allerdings unterscheidet sich Luhmanns Ansatz von dem Vischers und aller in seiner Nachfolge praktizierenden Künstler immer noch deutlich: die Konsequenz aus der Autonomie von Bewußtseinssystemen und Kommunikation und ihrer Kopplung in jedweden vergegenständlichten Zeichengefügen (Sprachen) läge darin, den Begriff des Verstehens ganz aufzugeben oder ihn aber völlig neu zu definieren. **Kommunikation wäre als evolutionäre Erfindung überflüssig, wenn in irgendeiner Weise die Adäquation von intrapsychischem Prozedieren**

zu sprachlicher Entäußerung über Verstehen garantiert werden könnte — selbst wenn man nicht die bekannten Formen der Adäquationen als Wahrheit behaupten würde (diesem Problem begegnet man bei der Kennzeichnung der epistemologischen Ebene von sprachlicher Kopplung zwischen Bewußtsein und Kommunikation).

Das Verstehen käme immer schon zu spät. Es ist nur epimetheisch postfest brauchbar, um zu lernen, was in der Kommunikation schief gelaufen ist, sich also als ein unproduktives Mißverstehen herausgestellt hat.

Darüberhinaus resultiert aus der zerebralen Funktionslogik die Möglichkeit, jede ästhetische Differenz und damit das semantische Überschußpotential willkürlich zu erweitern, indem man kommunikationsstrategisch sinnvoll lügt, also mutwillig abweichende Repräsentationen des intrapsychischen Prozedierens erzeugt (dieser Sachverhalt kennzeichnet die ethische Dimension des Selbst- und Fremdbezugs).

Fazit: wir müssen kommunizieren, weil wir uns und unsere Welt prinzipiell nicht verstehen können.

3. KI

Das Erschaffen *künstlicher Intelligenz* sollte nicht unmittelbar an Formen künstlichen Lebens gebunden werden; Pygmalions Mißverständnis von Animismus sollten wir vermeiden.

KI kann sich als bloße Optimierung, also als kulturelle Entfaltung natürlicher Lebensformen behaupten. Die Entwicklung von Biochips folgt dieser Strategie von kultureller Optimierung natürlicher Lebensäußerungen.

Bis auf weiteres schlagen wir uns mit folgendem Problem herum: wie kann Kommunikation zwischen den Einheiten der KI, also zwischen Computern ermöglicht werden? Wie befähigt man die Apparate zur Ausbildung von ästhetischer Differenz, also zur Produktion von semantischem Rauschen? Bisher operieren sie nur auf der Basis von Verstehen, also dem Abgleichen von Adäquationen. Darüberhinaus müssten die KI-Einheiten lügen lernen und ihre Programme zu ändern verstehen, sobald Rückmeldungen aus ihrer Umwelt die Untauglichkeit ihrer hypothetischen Konstrukte signalisieren.

In gewisser Weise wurde mit der Programmierung des Schachcomputers *Deep Blue* schon die Erzeugung semantischen Überschusses ermöglicht – was angesichts der geringen Komplexität der Zeichengefüge auf der Schachbrettfläche wenig überrascht.

Auch alle Konzepte globaler Vernetzung sämtlicher KI-Einheiten bleiben im Bereich bloßer Optimierungsstrategien. Ob damit das Verhältnis von globaler Intelligenz der Menschheit und den lokalen Intelligenzen der Individuen umgekehrt werden kann, ist fraglich.
Bisher gilt: **„lokale Intelligenz > globale Intelligenz".**
Das Beispiel für die Umkehrung „lokale Intelligenz < globale Intelligenz" bieten etwa die **Ameisen, Bienen oder Termiten.** Sie **zum Vorbild nehmen zu müssen, kränkt das Selbstverständnis von Menschen.** Da aber alle bisherigen Kränkungen dieses Selbstverständnisses trotz fundamentalistischer Gewaltreaktion schlußendlich akzeptiert werden werden mußten, sollte man den bisherigen Widerstand gegen die Dominanz der globalen Intelligenz nicht überschätzen.

Von der sprechenden zur bildenden Wissenschaft

6 | Mit der Natur rechnen

Interview mit Stephan Sattler

Vor drei Jahren haben Sie in einem Interview der Führung des Daimler-Benz-Konzerns vorausgesagt, sie werde in kurzer Zeit mit großen Verlusten rechnen müssen. Ihre Prognose traf ein. Wie kommen Sie als Ästhetiker zu solchen Behauptungen?

Zwischen dem, was Menschen denken, sich vorstellen, wünschen oder planen, und dem, was sie in ihren Handlungen und Taten davon umsetzen, besteht eine unaufhebbare Differenz. Nichts von dem, was sie denken, läßt sich hundertprozentig in Handlungen verwirklichen.
Das heißt: Menschen müssen mit dem Scheitern ihrer Pläne rechnen. Die Führung von Daimler-Benz – nicht untypisch für das Denken vieler Wirtschaftsführer – schien mir nun damals gerade diesen entscheidenden Sachverhalt nicht wahrhaben zu wollen.

Was haben solche Einsichten aber mit der Ästhetik zu tun?

Die Ästhetik hat es nicht nur mit den schönen Dingen der Welt zu tun, wie viele glauben. Sie muß sich vielmehr mit der Natur des Menschen befassen, mit seinem *Weltbildapparat*, wie Konrad Lorenz das genannt hat. Wie nehmen Menschen die Welt wahr? Wie verarbeiten sie ihre Wahrnehmungen?

Heben Sie damit nicht die Unterscheidung zwischen Geistes- und Naturwissenschaften auf?

Man muß sich mit den Voraussetzungen der Ästhetik beschäftigen, und das ist nun mal **die Natur des Menschen,** also das, was vorgegeben ist, und nicht das, was ich mir ausdenke. Unser Gehirn, unser Nervensystem machen unseren Wahrnehmungsapparat erst möglich. Ein Ästhetiker, der die neuesten Erkenntnisse der Hirnforschung arrogant übergeht, schwebt im luftleeren Raum.

Schon die Künstler des 15. Jahrhunderts haben sich mit dem Problem der Wahrnehmung – wie sie funktioniert – beschäftigt. Leonardo da Vinci war die grundlegende Differenz zwischen seiner Wahrnehmung und dem, was er wahrnimmt, vollauf bewußt. Lange vor den Naturwissenschaften, vor der Entdeckung des Phänomens der *optischen Täuschung*, wußte er, wie groß der Unterschied zwischen Vorstellung und Wirklichkeit sein kann.

Künstler kannten immer schon das Problem, wie viel oder wie wenig sie von ihren Vorstellungen verwirklichen können. Diejenigen, die etwas taugen, werden zu Experten des Scheiterns. Sie machen die Erfahrungen, wie sehr Menschen mit ihrer Natur rechnen müssen und wie unmöglich es ist, durch Kraftakte des Willens die Natur hinter sich zu lassen.

Ist Ästhetik für Sie eine Universalwissenschaft?

Ästhetik ist eine Basiswissenschaft, wenn man darunter folgendes versteht: Sie **hat sich mit unserem Wahrnehmungsapparat zu befassen, sie muß zwischen Wahrnehmung und Wirklichkeit unterscheiden, und sie muß beurteilen können, wie Menschen ihre Wahrnehmungen in Zeichen, Bildern, Gesten und Texten verarbeiten und wie Menschen kommunizieren.**

Ein gewaltiges Programm!

Das einem aber vorgegeben ist, wenn man die Arbeit der Künstler seit dem 15. Jahrhundert, die Erkenntnisse der Ästhetik seit dem 18. Jahrhundert, der Anthropologie seit dem 19. Jahrhundert und die neuesten Forschungen über die Gehirnfunktionen ernst nimmt. **Der Mensch ist Teil der Natur, ist den Logiken der Natur unterworfen.** Auch seine kühnsten Konstruktionen und Gedanken bleiben von der Natur abhängig.

Warum betonen Sie „die Natur" so stark?

Weil in den westlichen Kulturen der Wille, das freie Verfügen über die Natur übertrieben wird. **Der Mensch ist nicht Herrscher der Natur,** vielmehr muß er immer mit ihr rechnen. Er kann aus ihr nicht aussteigen. Als Ästhetiker halte ich mich an die Anthropologen-Regel: Man muß den Menschen helfen, mit ihrer Natur fertig zu werden. Darum ist für den Ästhetiker **die neuere Hirnforschung, aber auch die Molekularbiologie so wichtig. Sie wecken das Bewußtsein, daß alle unsere Kulturleistungen vor allem Funktionen unserer Natur sind.**

Worin besteht nun Ihr Unterricht als Ästhetikprofessor?

Ich unterrichte keine Künstler oder Produzenten, sondern Zuschauer, Rezipienten. Ich betreibe Rezipienten-Professionalisierung. Was heißt das? Heutzutage wird jeder mit einer Flut von Appellen überschüttet. Der Streit geht um das Gute, das Schöne, das Wahre, wie es einmal hieß. Meinen Studenten oder den Teilnehmern meiner Besucherschulen, etwa während der *documenta* in Kassel, aber auch den Betrachtern meiner Ausstellungen versuche ich vor allem eines zu vermitteln: **Lernt die Regeln des menschlichen Wahrnehmungsapparats, mißtraut allen Lehren, die der Wirklichkeit irgendeine Ideologie überstülpen wollen.**

Sie lehren also die Praxis der Urteilskraft?

Ich kämpfe gegen eine Haltung, die der hegelianische Satz so ausdrückt: „Wenn die Wirklichkeit nicht mit der Theorie übereinstimmt, um so schlimmer für die Wirklichkeit." Diese kopflastige Überheblichkeit, diese Naturverachtung ist typisch für unsere Intellektuellen-, Politiker- und Künstlerszenen. Darum erscheint Deutschland heute doch so wirklichkeitsuntüchtig. **Die Natur ist unsere Wirklichkeit. Sie hat uns mit Fähigkeiten ausgestattet, die für alle Menschen gleich sind. Ohne diese Erkenntnis können Kriege zwischen Kulturen oder der Haß zwischen Individuen nicht unter Kontrolle gehalten werden.**

Von der sprechenden zur bildenden Wissenschaft

7 Ein nützlicher Anschauungsunterricht für Kritiker der Plastination

In seinem Roman *Der Zauberberg* schildert Thomas Mann als Geist der Erzählung, das heißt als Movens ästhetischer Veranschaulichung unserer Zeit- und Ereignisbegriffe, in welcher Weise das 1913 noch ganz sensationelle Röntgenverfahren auf die jungen Sanatoriumspatienten Hans Castorp und Joachim Ziemßen wirkte. Wie der Klinikchef, Hofrat „Radamanth" Behrens, den beiden Jugendlichen im Bildgebungslaboratorium erregende Einblicke in das Innere ihres Körpers gewährt, bietet uns Anatomieprofessor von Hagens, auch er wahrlich ein „Radamanth", heute in der Ausstellung seiner Plastinate mit seinem Verfahren der darstellenden Anatomie Gelegenheit, unseres inneren wie äußeren Körpers gewahr zu werden. „Mein Gott, ich sehe mich im anderen!":

„... Bitte, Wehelaute zu unterdrücken! Warten Sie nur, gleich werden wir Sie alle beide durchschaut haben. Ich glaube, Sie haben Angst, Castorp, uns Ihr Inneres zu eröffnen? Seien Sie ruhig, es geht ganz ästhetisch zu. Hier, haben Sie meine Privatgalerie schon gesehen?" Und er zog Hans Castorp am Arm vor die Reihen der dunklen Gläser, hinter denen er knipsend Licht einschaltete. Da erhellten sie sich, zeigten ihre Bilder. Hans Castorp sah Gliedmaßen: Hände, Füße, Kniescheiben, Ober- und Unterschenkel, Arme und Beckenteile. Aber die rundliche Lebensform dieser Bruchstücke des Menschenleibes war schemenhaft und dunstig von Kontur; wie ein Nebel und bleicher Schein umgab sie ungewiß ihren klar, minutiös und entschieden hervortretenden Kern, das Skelett.

„Sehr interessant", sagte Herr Castorp.
„Das ist allerdings interessant!" erwiderte der Hofrat. „Nützlicher Anschauungsunterricht für junge Leute. Lichtanatomie, verstehen Sie, Triumph der Neuzeit. Das ist ein Frauenarm, Sie ersehen es aus seiner Niedlichkeit. Damit umfangen sie einen beim Schäferstündchen, verstehen Sie."
(...)
„Nächster Delinquent!" sagte Behrens und stieß Hans Castorp mit dem Ellenbogen. „Nur keine Müdigkeit vorschützen! Sie kriegen ein Freiexemplar, Castorp. Dann können Sie noch Kindern und Enkeln die Geheimnisse Ihres Busens an die Wand projizieren!"
(...)
„Ich sehe dein Herz!" sagte er mit gepreßter Stimme.
„Bitte, bitte", antwortete Joachim wieder, und wahrscheinlich lächelte er ergeben dort oben im Dunklen. Aber der Hofrat gebot ihnen zu schweigen und keine Empfindsamkeit zu tauschen. Er studierte die Flecke und Linien, das schwarze Gekräusel im inneren Brustraum, während auch sein Mitspäher nicht müde wurde, Joachims Grabesgestalt und Totenbein zu betrachten, dies kahle Gerüst und spindeldürre Memento. Andacht und Schrecken erfüllten ihn. „Jawohl, jawohl, ich sehe", sagte er mehrmals. „Mein Gott, ich sehe!"
(...)
Heftig bewegt von dem, was er sah, fühlte er sein Gemüt von geheimen Zweifeln gestachelt, ob es rechte Dinge seien, mit denen dies zugehe, Zweifeln an der Erlaubtheit seines Schauens im schütternden, knisternden Dunkel; und die zerrende Lust der Indiskretion mischte sich in seiner Brust mit Gefühlen der Rührung und Frömmigkeit.
(...)

Er war dann noch so freundlich, zu erlauben, daß der Patient seine eigene Hand durch den Lichtschirm betrachtete, da er dringend darum gebeten hatte. Und Hans Castorp sah, was zu sehen er hatte erwarten müssen, was aber eigentlich dem Menschen zu sehen nicht bestimmt ist, und wovon auch er niemals gedacht hatte, daß ihm bestimmt sein könne, es zu sehen: er sah in sein eigenes Grab. Das spätere Geschäft der Verwesung sah er vorweggenommen durch die Kraft des Lichtes, das Fleisch, worin er wandelte, zersetzt, vertilgt, zu nichtigem Nebel gelöst, und darin das kleinlich gedrechselte Skelett seiner rechten Hand, um deren oberes Ringfingerglied sein Siegelring, vom Großvater her ihm vermacht, schwarz und lose schwebte: ein hartes Ding dieser Erde, womit der Mensch seinen Leib schmückt, der bestimmt ist, darunter wegzuschmelzen, so daß es frei wird und weitergeht an ein Fleisch, das es eine Weile wieder tragen kann.
(...)
Dazu machte er ein Gesicht, wie er es zu machen pflegte, wenn er Musik hörte – ziemlich dumm, schläfrig und fromm, den Kopf halb offenen Mundes gegen die Schulter geneigt. Der Hofrat sagte: „Spukhaft, was? Ja, ein Einschlag von Spukhaftigkeit ist nicht zu verkennen."

Wie also reagierten die Zeitgenossen auf die geheimnisvollen Röntgenbilder? Mit Angst vor der Eröffnung des Körperinneren und im Zweifel an der Erlaubtheit dieses Schauens von etwas, das eigentlich dem Menschen zu sehen nicht bestimmt ist. Gerade dieser Zweifel erzeugte in ihnen die ambivalenten Gefühle von Andacht und Schrecken, von Rührung und Frömmigkeit. Die Ambivalenz halten sie mit einem Gesicht wie beim überwältigenden Hören von Musik aus: dumm, schläfrig und fromm. Der Hofrat hilft ihnen aus dieser Entlastungsmüdigkeit durch die Versicherung, es gehe bei den Verfahren doch ganz ästhetisch zu. Das ermögliche ihnen, den Vorgang als nützlichen Anschauungsunterricht aufzufassen, in dem man sich selbst als einem anderen zuzuschauen lernt. Außerdem biete die Herstellung der Röntgenbilder ihnen die Chance, sich im Bilde ihres eigenen inneren Körpers noch den Nachfahren dauerhaft präsent zu halten. Natürlich bleibe bei dem Ganzen ein Einschlag von Spukhaftigkeit vor der eigenen Gestalt im zukünftigen Todeszustand.

Thomas Mann läßt keine Gelegenheit aus, seine Romanfiguren mit den Tatsachen unserer organismischen Körperlichkeit zu konfrontieren; deren Choquewirkung verliere sich aber, sobald man bereit sei, die Tatsachen zu akzeptieren. Die Initianten/Patienten erbitten vom Hofrat immer erneut Aufklärung über die Physik, Chemie, Physiologie des prämortalen Leibes wie über die postmortale

Befindlichkeit mit Leichenstarre, Ausstinken der Leiche und ihrer Verwesung. Auch dabei, im Postmortalen, so demonstriert der Hofrat, geht es ganz ästhetisch zu – nur muß Behrens, um das zu demonstrieren, zunächst mit drastischer, ja brutaler Sprache die kulturell antrainierten Empfindsamkeiten seiner Zuhörer abarbeiten. Danach verstehen sie, daß auch der Tod in seinen Verfahren den Gesetzen des Lebens folgt, also Leben schafft und daß das Leben sich gerade im Walten des Todes triumphal manifestiert.

Nützlicher Anschauungsunterricht für Verächter der Ästhetik
Wer sich überlegt, ob er die Ausstellung *Körperwelten* besuchen solle oder nicht, wird naturgemäß auf Erfahrungen zurückgreifen, die er in ähnlichen Entscheidungssituationen bereits gemacht hat oder auf Erfahrungen, die andere ihm eröffneten. Kurz, ob man sich der Herausforderung stellt oder sie besser meidet – für beides bedürfen wir der Argumente vor uns selbst wie vor anderen, die uns zu unserer Entscheidung befragen könnten, weil sie ihrerseits nach Argumenten für die eigene Entscheidung suchen oder uns an ihrer bereits vollzogenen Erfahrung bzw. an Verhaltenskonventionen messen könnten.

Was die eigenen Erfahrungen anbelangt: Zumeist werden wir feststellen, daß wir zu ihnen kommen, weil wir nachahmen oder nachvollziehen, was andere vormachen, vom *Lernen* bis zum *Gaffen*. Wir vermuten zu Recht, diese anderen könnten aus ihrer Erfahrung zu unserem Nachteil einen Vorteil ziehen. Wir meiden gerne den Ausschluß aus einer Erfahrungsgemeinschaft, die zusammenführt, was wir nicht zu bieten haben: zum Beispiel gemeinsam bestandene abenteuerliche Mutproben oder Prüfungen durch Absolvieren von Konventionen, Ritualen oder den Erwerb allen gemeinsamer Kenntnisse, Fertigkeiten, Interessen, Zielsetzungen oder Stilen der Lebensführung.

Mit Blick auf die Zumutungen der *Körperwelten* rekurrieren wir etwa auf die Erfahrung, daß Bodybuilder, Macrobiotiker oder Vegetarier, Weight Watcher, Tänzer und Turner, aber auch protestantische Körperverächter und die Klienten von Image-Trainern, Verhaltenstherapeuten, von pädagogischen, künstlerischen oder chirurgischen Menschenbildnern jeweils Gemeinschaften formieren, die uns verschlossen bleiben, solange wir uns ihrer Praxis nicht anschließen. Praxis heißt da, etwas so lange nachzuvollziehen, bis wir entscheiden können, ob die Zugehörigkeit zu einer der Arbeits-, Begeisterungs-, oder Bekenntnisgemeinschaften für uns wichtig ist oder nicht. Haben wir uns schließlich entschieden, so machen wir eine Erfahrung, nämlich die, mit welchen Konsequenzen wir zu rechnen haben, wenn wir uns bewußt aus einer sozialen Formation ausschließen.

Auf diese Differenz kommt es an: auf die unterschiedlichen Konsequenzen von Ausgeschlossen-sein und sich bewußt selbst ausschließen. Erstere Konsequenz besteht in der naheliegenden Vermutung einer Benachteiligung durch Ausgeschlossen-sein; letztere in der Widerlegung dieser Vermutung und damit im Gewinn von Souveränität.

Solche Souveränität gegenüber dem Appell, wie schon Millionen von Ausstellungsbesuchern sich auch selbst den Plastinationen zu konfrontieren, demonstrierte Dr. Ernst Benda, der ehemalige Präsident des Bundesverfassungsgerichts. Er äußerte sich zu der öffentlichen Präsentation der Plastinate bewußt, ohne die Ausstellung gesehen zu haben oder sehen zu wollen. Dr. Benda meinte, die seiner Entscheidung zugrundelegbaren Erfahrungen nicht erst in der Ausstellung machen zu müssen, da er sie bereits in der Konfrontation mit Kriegstoten und mit Leichen in filmischen Massenmedienberichten respektive durch kriminalistische Leichenschauen gemacht habe. Dann aber führt Dr. Benda ein Argument für den Verzicht auf den Ausstellungsbesuch an, das die Überzeugungskraft seiner Berufung auf bisherige Erfahrungen aus der Konfrontation mit Toten stark einschränkt. Er bekundet „die Sorge, ich würde mich (in den *Köperwelten*) von einem Werturteil über bloße Fragen der Ästhetik abhängig machen" (NJW 24/2000).

In seinen bisherigen Erfahrungen spielten also Fragen der Ästhetik keine Rolle, sagt demnach Dr. Benda. Wenn nun aber für die Präsentation der Plastinate toter Menschenkörper gerade ästhetische Fragen nach Meinung von Hagens und vieler anderer eine entscheidende Rolle spielen, kann sich Dr. Benda auf seine bisher ohne ästhetische Wahrnehmung getätigten Erfahrungen schwerlich verlassen. Da er diesen Einwand erwartet, wertet er ästhetische Fragen zu „bloßen" ab, die angesichts der generellen Vermutung, die Plastinate verstießen gegen die Achtung der Menschenwürde, irrelevant seien.

In der Vermutung ist notwendig enthalten, daß es Formen der Konfrontationen mit toten Körpern gibt, die nicht gegen die Menschenwürde verstoßen. Aber für beide, die würdelosen und die würdewahrenden Konfrontationen sind die Wahrnehmung und die Wahrnehmbarkeit der toten Körper unabdingbar. Jede

Auffassung von Ästhetik ist auf die Möglichkeiten der Wahrnehmung und der Wahrnehmbarkeit gestützt – Auffassungen der Ästhetik von der griechischen Wortbedeutung *Aisthesis* bis zur Auffassung als Gestaltung, die auf „Wahrnehmbarmachen" abzielt.

Welches Verständnis von Ästhetik Dr. Benda auch immer für sich in Anspruch nimmt – die Fragen der Wahrnehmung und der Wahrnehmbarkeit sind nicht „bloße" Äußerlichkeiten und damit beliebig oder sekundär, sondern vielmehr grundlegend für jeden Bezug auf das Infragestehende. In Frage steht hier das Verhältnis der toten Körper als Plastinate zu jenem Wesen des Menschen, daß seine Würde begründe; in Frage steht auch das Verhältnis von öffentlicher Präsentation der Plastinate zu unseren Konventionen und Gesetzen, mit deren Hilfe die Würde des Menschen gewahrt werden soll.

In jedem Fall ist die Wahrung oder Mißachtung der Würde nur konstatierbar, wenn der Begriff „Würde" auf Wahrnehmbarkeit und Wahrnehmung des lebenden und/oder toten Menschen bezogen wird. Der Begriff muß Anschaulichkeit haben, also konkret sein, wenn wir verschiedene Zustände von oder tätige Umgangsweisen mit Körpern unterscheiden müssen, um herauszufinden, ob die Würde gewahrt ist oder nicht. Solche Anschaulichkeit hat etwa die Bezeichnung des tätigen Umgang mit Leichen als „Beseitigen". Dr. Benda zitiert das Bestattungsgesetz von Baden-Württemberg wörtlich: Leichen wie Leichenteile „sind dem sittlichen Empfinden gemäß zu beseitigen". Gerade solches Beseitigen von Leichen wird jedes ästhetische Verständnis als unangemessene Wahrnehmung, also als würdelos kennzeichnen müssen – in Folge unserer historischen Erfahrung mit dem Beseitigen von Leichen, wie nach systematischen Urteilen über angemessene Darstellung von Leichen als „zu Beseitigenden". Der Verzicht auf ästhetische Fragen läßt also Dr. Benda übersehen, daß die gesetzliche Kennzeichnung „Beseitigen" als Umgang mit Leichen selbst gegen die Würde des Menschen verstößt. Das auf „Beseitigen" bestehende Gesetz zur Wahrung der Würde verstößt selber gegen die Würde des Menschen.

Besagtes, von Benda angeführtes Bestattungsgesetz sieht auch vor, daß Leichen der anatomischen und sonstigen Lehrinstitute am Ende des Semesters in einem ökumenischen Gottesdienst ausgesegnet und anschließend bestattet werden sollen. Ebenfalls völlig unabhängig von einem präferierten Verständnis der Ästhetik läßt sich zeigen, das gerade das Lehren primär von der Fähigkeit und dem Geschick der Lehrenden abhängt, mit denen sie den Lehrgegenstand für Lernende wahrnehmbar machen und zu Wahrnehmung anleiten können. Setzt man heute voraus, daß niemand vom Zugang zum Lernen ausgeschlossen sein darf – und daß heute Ausstellungen, ob in Museen oder andernorts, gerade diesen Zugang zum Lernen für jedermann ohne spezifische Voraussetzungen ermöglichen sollen, so ist die Ausstellung Körperwelten ohne Einschränkungen als Lehrveranstaltung einzuschätzen.

Auch die rituelle Einsegnung wird durch sie insofern ausgewiesen, als seit zweihundert Jahren die Erhebung einer Gegebenheit (*ens realissimum*) in musealen Rang die säkularisierte Form der christlichen Einweisung von Weltbeständen in die Heilsgeschichte darstellt und als solche praktiziert wird. Musealisierung ist die säkularisierte Form der Bestattung, das heißt die Form der würdigen Bewahrung von Lebensspuren. Musealisierung bestärkt die Achtung der Lebenden vor sich als zukünftigem Toten und vor ihren eigenen kulturellen Hervorbringungen durch bewiesene Achtung vor den Lebenszeugnissen der Toten als ehemals Gelebthabenden. Dieser Achtung der Lebenden vor den Lebenden gilt die Musealisierung. Sie ist gerade nicht Totenkult in der Reklame für den Tod, wie das die Regimes verordneten, die ihre Lebensverachtung feierlich durch Totenkult überhöhen wollten.

Musealisierung ist also beispielhafte Ausbildung von Wertschätzung und Werthaltung;

beide den Lebenden gegenüber zu üben, macht die Menschenwürde aus. Würde ist nur aus der Würdigung abzuleiten, die eine Gesellschaft gegenüber den Lebenden zu leisten fähig und bereit ist. Im Verständnis unserer bürgerlich-zivilen Gesellschaften ist Musealisierung die höchste Form der Würdigung. Das bekunden die Besucher der Körperwelten. In Besucherbucheintragungen geben sie zu verstehen, daß sie die Betrachtung der toten Körper gerade zur Würdigung ihres und aller anderen lebenden Körper veranlaßt. Sie gelangen vor den Plastinaten zur Anmahnung von Wertschätzung und Werthaltung des lebendigen Menschen wie nie zuvor angesichts anderer, noch so großartiger Artefakte. Unverkennbar auch aktivieren die Besucher in ihrem Verhalten und ihren Handlungen Würdeformen, die sonst der Teilnahme an kirchlichen Kulten oder anderen gesellschaftlichen Ritualen vorbehalten sind und heute beim Besuch von Kunstausstellungen besonders auffällig werden.

Alle ästhetischen Operationen von Künstlern zielen nach Maßgabe des Möglichen und Angestrebten auf Übertragungswirkung, auf Empathie; diese Übertragungswirkung vom Objekt der Betrachtung auf den Betrachter stützte sich auf Funktionsweisen des menschlichen Selbst- wie Fremdbezugs, die die Evolution unserem Weltbildapparat (Gehirnen) nun einmal eingeschrieben hat. Auch wissenschaftliche Präparate als zur Wahrnehmbarkeit aufbereitete neurophysiologische Tatsachen wirken auf den Betrachter noch empathisch, obwohl diese Wirkung bei Präparaten für den wissenschaftlichen Gebrauch gar nicht intendiert ist.

Plastination ist offenbar ein besonders leistungsfähiges ästhetisches Verfahren, weil es menschliche Körper in einer Weise wahrnehmbar werden läßt, wie das historisch, ohne dieses Verfahren, nicht möglich war. Es lenkt die Wahrnehmung des Betrachters intensiver als bisherige künstlerische und wissenschaftliche Darstellungen auf die Wirkung des Wahrgenommenen im Wahrnehmenden. Deshalb ist der für die Plastinatwirkung in Anschlag gebrachte Begriff der Authentizität durchaus sinnvoll angewandt; denn Authentizität kennzeichnet die Wirkung des Wahrnehmungsobjekts in seiner weitestgehenden und intensivsten Empathie im Plastinat, weil das Betrachtungsobjekt die denkbar größte Übereinstimmung mit der Leiblichkeit des Betrachters besitzt.

In der Besucherschule zur documenta IX (1992) habe ich versucht darzustellen, wie die Exponate der d IX auf den Betrachter wirken – nämlich dadurch, daß sie ihn veranlassen, seinen eigenen Körper zu thematisieren und damit der Selbstwahrnehmung zu erschliessen. Von solcher Selbstwahrnehmung aus gelingt es, die Wahrnehmung der Exponate weiter zu differenzieren. Ich zeigte, daß also „der Körper des Betrachters" der eigentliche Ausstellungsgegenstand der d IX war, soweit die Werke in ihrer beabsichtigten oder unbeabsichtigten Wirkung und nicht als unbelebte physische Objekte wahrgenommen wurden.

Im Vergleich zu solchen mehr oder weniger herkömmlichen Künstlerwerken der Künstler sind die des darstellenden Anatomen von Hagens erheblich wirksamer. Das Kriterium ist die stimulierte Selbstwahrnehmung des Betrachters, die auf seine Wahrnehmung zurückwirkt: durchaus mit dem bewertenden Gefühl von Rührung und Frömmigkeit, von Andacht und Schrecken oder mit der Ausbildung „klinischer Müdigkeit" vor der Überwältigung des eigenen Empfindens. Gerade dieses Gefühl der Überwältigung stimuliert „Ehrfurcht vor den Geheimnissen des Lebens", wenn sie, wie im Plastinat, als offenbare Geheimnisse vor Augen treten. Nur das offenbare, nicht das tabugeschützte, weggeschlossene, tresorierte Geheimnis wirkt „unheimlich stark" (Betrachteräußerung). Sigmund Freud konstatierte 1919 im Essay *Das Unheimliche:* kindliche Gefühle des Unheimlichen halten nur solange an, bis der Zugang zum Geheimnis eröffnet ist; dann verliert es schnell seine Attraktivität. Ein tatsächliches Staunen vor dem geoffenbarten Geheimnis des Lebens stellt sich erst durch die Leistung ein, an und für sich selbst, am Zusammenspiel des eigenen Körpers und Geistes zu begreifen, daß das Leben nicht beliebig verfügbar ist. Erst dann werden uns Körper und Geist tatsächlich zur eigenständigen Wirklichkeit, wenn wir als wirklich anerkennen, was nicht unserem Belieben untersteht. Nur in diesem Verständnis bezeichnet der Begriff *Wirklichkeit* überhaupt etwas Eindeutiges in unserem Weltverständnis.

Eine der grundlegenden ästhetischen Erfahrungen von Künstlern und Wissenschaftlern liegt in der Anerkenntnis, daß Formen der Gestaltung, also des Wahrnehmbarmachens, nicht beliebig erfindbar sind. Das zu begründen, bedarf es nicht der Akzeptanz der platonischen Ideenlehre, – obwohl dieses Konstrukt etwa für die Mathematik/Geometrie oder für die Architektur und Musik sich als höchst fruchtbar erwiesen hat. Hier muß es reichen, auf den Formenkanon der Evolution des Lebens oder auf den im Kulturvergleich gewonnenen zu verweisen.

Leben ist von Leben nicht verschieden; seine Formlogiken und Funktionsweisen sind, zumindest für den menschlichen Betrachter, festgefügt und insofern erwartbar konstant, als sie bisher in allem Lebendigen gleichermaßen andauernd zur Geltung kamen.

Der Kulturvergleich lehrt, daß alle Kulturen (allerdings bei Ungleichzeitigkeit des Gleichen und mehr oder weniger ausgeprägt wie instrumentalisiert) dieselben Form- und Funktionslogiken ausbilden, wenn auch durchaus in spezifischen Formsprachen. Die Logiken sind die gleichen, die Funktionen äquivalent. Das dürfte eigentlich nicht verwundern, sind doch allen Menschen dieselben Anstrengungen zur Bewältigung des Lebens in ihrer Kulturpflichtigkeit von Natur aus aufgegeben: Die Beantwortung der Macht- und Herrschaftsfrage; die Sicherung der Generationenfolge in der Erfahrung des Todes aller Individuen; die Ausbildung einer Kosmologie mit Erzählungen zur Weltentstehung und dem Walten der göttlichen oder natürlichen Kräfte.

Um diese allen gestellten Aufgaben meistern zu können, können alle Menschen nur auf dieselbe Ausstattung ihrer natürlichen Körper zurückgreifen, wie sie die Evolution nun einmal entwickelt hat. Angesichts solcher gleichen Aufgaben und Ausstattungen der Menschen tritt im Kulturvergleich recht deutlich ein „Leben der Formen" zutage, wie das etwa die Kunsthistoriker Alois Riegel und Henri Focillon, die Ethnologen Lévi-Strauss und Guerdieri, die Biophysiker Penrose und Prigogine, die Soziologen Luhmann und Rorty und viele andere als Gestaltpsychologen oder Neurowissenschaftler eindrücklich zeigten.

Für die Ästhetik der darstellenden Anatomie bewies sich dieses Leben der Formen, als von Hagens sich vor Jahren zu fragen begann, wie er denn Körper plastiniert präsentieren müsse, damit genau das wahrnehmbar werde, was er jeweils zu thematisieren beabsichtigte: die innere Kompaktheit des Körpers (der Körper ist kein Gefäß, wie es der seit Jahrhunderten geltende Anschauungsbegriff *corpus quasi vas* nahelegte); das Wirkungsgefüge von Schwerkraft und Bewegungsintention (die Maler der Barockdecken zeigen die bewegten Figuren in himmlischer Sphäre, als stünden die Körper immer noch unter dem Einfluß irdischer Schwere); die Haut als größtes Organ des Körpers (seit den griechischen Gewand- und Nacktfiguren wurde die Haut nur wie ein Verpackungsmaterial aufgefaßt, unter dem sich Muskeln, Sehnen und Knochen abzeichneten). Von Hagens kam bei seinen Überlegungen zu Formen der Darstellung, die manche Betrachter so anmuteten, als habe sich von Hagens der Vorlagen von Dali oder Boccioni oder Michelangelo bedient, um sie unstatthafterweise in organischem Material zu reproduzieren. Ich kann bezeugen, daß von Hagens damals keine blasse Ahnung von den historischen wie zeitgenössischen Kunstwerken hatte. Vielmehr kam er, gerade weil er wie die Künstler den eigengesetzlichen Form- und Funktionslogiken konsequent entsprach, zu ähnlichen Lösungen der Darstellungsprobleme und der Präsentationsweisen, wie diverse Künstler zuvor. Gerade durch die Betonung der Form-, Funktions- und Präsentationslogiken gelingt es von Hagens, unsere Faszination vor dem authentischen Körper auf die ihn tragenden und bestimmenden Gesetzmäßigkeiten zu lenken. Darin besteht das tatsächliche Lernen in der Plastinatausstellung. Dr. Bendas Furcht vor ästhetischer Präfiguration der Eigenwahrnehmung könnte man also als Verweigerung zu lernen verstehen, weil er zu sehr von den Körpern selbst gebannt wird, als daß er besagte Formlogiken und Funktionsweisen als dem Leben inhärente Gesetzmäßigkeiten wahrzunehmen in der Lage wäre.

Kunstwerke in erster Linie, aber auch andere Artefakte haben für uns immer schon spezifische Bedeutung, weil sie diese Gefüge von Ordnungen und Funktionen wahrnehmbar werden lassen. Dem widmete jüngst Mauricio Bettini in der Zeitschrift *Säculum* (51/1/2000) eine ausgezeichnete Studie, auf die Jan Rüdiger aufmerksam machte, mit der Schlußfolgerung, daß die bis heute in unsere Kultur wirkenden Römer „auf die Erfahrung mit Kunstbildern zurückgriffen, um ihre eigene körperliche Erscheinung" und die an sie gebundene Annahme einer Identität zu erfassen. Das war für die Römer naheliegender als für uns, da sie den Körper als Bild seiner selbst und nicht des Schöpfergottes verstehen konnten.

Die griechischen und römischen Kunstwerke, stets bezogen auf den menschlichen Körper (*homo mensura*), formulierten anschaulich dieses selbstbezogene Bild des Körpers in der Einheit von innerem und äußerem Gesicht (*vultus* und *facies*) als *notitia hominis* (gleich Identität). An den Schnittstellen von Innen- und Außenwelt des Körpers wie dem Mund wird das besonders deutlich: Der artikulierende Mund (*os*), aus dem nach den Regeln der Rhetorik die Benennung, Erkenntnis und Beschwörung der Außenwelt wirksam wird, ist zugleich als *rostrum* Organ der Weltaneignung, der verschlingenden und stoffwandelnden Aufnahme der Außenwelt ins Innere des Körpers. Beide, artikulierende Gestaltgebung wie die Gewalt der Aneignung und Transformation, werden von den Individuen nach für alle gleichen Regeln und Formlogiken je spezifisch ins Verhältnis gesetzt, welches den Kern der Identitätsbehauptung bildet. Grundsätzlich eröffnet für die Römer erst das Abbild des Körpers die Erfahrung von Form, Figur und Statur, wobei mit Figur das Gestaltschema, mit Statur die Präsentations- und „Steh"-weise und mit Form das Verfahren der Materialisation gemeint ist. Solche Form-, Funktions- und Präsentationslogiken bewiesen sich in der Wirkungsgeschichte etwa der griechisch/römischen Architektur über 2500 Jahre als eigenständig, sonst hätte sie ihre Geltung im Wandel der Kulturepochen längst verlieren müssen. Sie zu erkennen, bemühen sich Ästhetiker seit dem 18. Jahrhundert ausdrücklich und zwar in wort- wie bildsprachlicher Gestaltgebung der Körperaußenwelt (zu der für Menschen vor allem andere Körper ihresgleichen gehören), wie für das körperliche Innengeschehen vornehmlich als Prozedieren des psychischen Apparats im Hervorbringen von Bewußtsein als Wahrnehmung der eigenen Gedanken, Gefühle und des Willens. Ästhetische Operationen gelten also stets der Beziehung zwischen intrapsychischem Geschehen und externalisierten Sprachen, den Gestaltgebungen. Welches ästhetische Potential die Plastinate von Hagens in ihrer Form, Statur und Figur besitzen, beweist die von ihnen im höchsten Maße stimulierte Selbstwahrnehmung des Betrachters, die damit, wie der Betrachter der römischen Körperbilder, zum Kern seines Identitätskonstruktes vorstößt: Alle Individuen sind den gleichen Logiken des körperlichen und seelischen Lebendigseins unterworfen. Je besondere sind Menschen in der Art, wie sich diese Gesetze in ihrem Körper und im intrapsychischen Prozedieren realisieren, und in dem Grad, wie sie sich das ins Selbstbewußtsein zu rufen vermögen. Die höchste Individualität besäße also die Person, welche sich so vollständig als möglich zum Träger und Repräsentanten besagter Form-, Funktions- und Präsentationslogiken zu bilden wüßte.

Von der sprechenden zur bildenden Wissenschaft

8 | Inkorporation und Repräsentation

Das Lehrstück des *Hauptmanns von Köpenick* traf die Preußen ins Herz: sie wollten mehr sein als scheinen. Die obrigkeitsgläubigen Berliner hielten indes den Schein für das Sein, den uniformierten Schuster für einen tatsächlichen Hauptmann. Die Uniform ist ein Repräsentationssystem. Sie repräsentiert den Status des Offiziers. Offensichtlich hatte aber der Schuster Voigt *Rolle* und *Status* des Offiziers derart verinnerlicht, daß er der Offizier auch *in Person* glaubhaft zu sein vermochte. Wenn aber Voigt den Offizier inkorporierte, also ein Offizier zu sein vermochte, war er in den Augen der Berliner auch tatsächlich einer. Er war, was er zu sein schien.
Jüngst versuchte Ulrich Wildgruber, sich ins Ozeanische aufzulösen. Er war ein großer Schauspieler, weil er nie eine *Rolle* spielte, die er nicht zu inkorporieren verstand; vielmehr inkorporierte er stets sich als großen Schauspieler, der in allen Rollen nur als er selbst auftreten konnte.
Auch an Helmut Kohl läßt sich beispielhaft die historische Differenzierung von Inkorporation, also leibhaftiger Verkörperung, und zeichenhafter Repräsentation ausmachen. Kohl inkorporiert das, wofür er steht, kann es aber nicht repräsentieren, d.h., er ist unfähig, Aussagen auf einer zeichenhaft-symbolischen Ebene zu treffen, also beispielsweise zu behaupten: „X gab mir Geld und sagte mir, ich sollte dieses oder jenes tun". Stattdessen wird das Prinzip

der Treue, des Eides, der Diskretion durch beharrliches – und in diesem Fall durchaus zerstörerisches Schweigen – unverrückbar inkorporiert.
Bemerkenswert immerhin bei einem Mann der Politik, mithin der Systembildung, daß er glaubt, Programmatiken nur verkörpern zu brauchen, ohne sich um eine jahrhundertealte Tradition der Repräsentation, z.B. durch politische Ikonographie, zu scheren.

Übertragen auf die Ebene der Kunst müssen wir uns fragen, was inkorporiert ein Künstler, der uns eben nicht nur einen zeichenhaften Wahrnehmungsanlaß vor Augen setzen will?

Der Arzt und Maler Adolf Bierbrauer mutet uns die Beschäftigung mit dem Wechselverhältnis von *Inkorporation und Repräsentation* zu, eine grandiose Herausforderung und eine einmalige Chance für die Stadt Düsseldorf, sich gegenüber seinem Oeuvre in besonderer Weise zu verpflichten.

Jemand, der das, wovon er spricht, vollständig anverwandelt, hat einen extrem hohen Grad von Selbstbezüglichkeit, von Reflexivität, erreicht. In psychopathologischer Hinsicht ist dies etwa beim Phänomen der Schizophrenie zu beobachten.
Adolf Brierbrauer hat mit seinem Formalismus bewußt ein Terrain ausgelotet, in dem er sich zwischen Einverleibung und Repräsentation bewegen kann, ohne in die reine Selbstbezüglichkeit der psycho-sozialen Auffälligkeiten abzudriften.

Der Kreativitätspsychologe und Maler Jean Dubuffet machte darauf aufmerksam, daß wir in allen Bereichen als Angehörige der westlichen Kultur primär auf die symbolisch repräsentierten Äußerungen trainiert seien. Demnach hätten wir verlernt zu verstehen, was die Inkorporation als semantisches Gegenprinzip bedeutet.
Hierzu eine historische Reminiszenz: ein aufgeklärter westlicher Zeitgenosse, der als solcher zwangsläufig im Kontext einer christlichen Zivilisation aufgewachsen ist, wird unzweifelhaft in der Veranstaltung des Abendmahls, im Überreichen der Oblate einen Akt der symbolischen Repräsentanz des Leidens Christi erkennen.
Selbst als bekennender Christ wird er jedoch kaum zu akzeptieren bereit sein, daß in diesem Akt der Übergang von der symbolischen zeichenhaften Reprä-

sentation zur Inkorporation, also zur buchstäblichsten Leibwerdung Christi im Gebäckstück, stattfindet. Bereits vor mehr als 1.500 Jahren war dies der wesentliche Streitpunkt innerhalb der Kirche, weswegen es schließlich zu einer Trennung von Orthodoxen und Katholiken, sowie später von Katholiken und Protestanten (jedweder Couleur) kam.
Wir müssen verstehen, worin der grundsätzliche Unterschied zwischen zeichenhafter Repräsentation und Inkorporation besteht, auch wenn eine Formulierung wie „Dies ist mein Leib" oder „Dies ist mein Blut" den Anspruch erhebt, mehr als nur eine symbolische zu sein. Sinnvoll scheint das Ziel für Christen, als jeweils jetzt Lebende selbst zur Inkorporation dessen zu werden, wofür Christus stand und steht.

Für die westliche Kunstpraxis hat dieser Konflikt immer schon bestanden: zwischen den Profikünstlern, die aufgrund ihrer formalen Fertigkeit imstande waren, ihr physisches Leiden, ihre empirischen Erfahrungen, ihre Probleme mit der Gesellschaft allein auf der Ebene der zeichenhaften Repräsentation in Gestalt von Werken abzuarbeiten und den Künstlern, die sich selbst für die Verkörperung der Themen hielten, die sie darstellten: zu ihnen gehörte in exemplarischer Weise Caravaggio, der um 1600 mit seiner physischen Individualität die Dramen durchlitt, die er in formal trainierter Meisterschaft zunächst nur gemalt hatte – bis hin zu Mord und Totschlag, sowohl als Täter wie schließlich auch als Opfer.

Später, ungefähr zu Goethes Zeiten, wurde aus der Entgegensetzung von Fleischwerdung und Repräsentation die Frage nach der *Glaubwürdigkeit* abgeleitet: kann jemand mit seiner Arbeit für glaubwürdig gehalten werden, der von sich selbst absieht? Mit anderen Worten: kann z.B. ein Autor eine leidvolle Liebesaffäre darstellen, ohne selbst geliebt und gelitten zu haben oder darf er erst dann für schöpferisch wirksam erachtet werden, wenn er die angesprochenen Problematiken selbst verkörpert (darf er also erst als leidvoll Liebender zur Feder greifen?)?

Allgemein gilt die Frage: muß ich als Künstler das, was ich zum Thema mache, anverwandeln? Muß ich das *sein*, was ich zeige, darstelle und vorführe? Oder repräsentiere ich meine Themen lediglich als bloße symbolische Zeichengefüge, wie in üblichen kommunikativen Zusammenhängen?

Adolf Bierbrauer mußte sich in seiner Eigenschaft als Arzt *und* Künstler erst recht fragen, ob die Patienten in ihren Erzählungen während der therapeutischen Sitzungen Lebenssituationen wie Eifersucht, Affären, psychisches Versagen, elterliche Unterdrückung etc. lediglich repräsentieren (weil sie davon gehört haben, daß es so etwas gibt), oder ob sie diese selbst erfahren haben und nun inkorporieren. Natürlich muß gerade ein Arzt davon ausgehen, dass seine Patienten das Vorgetragene verkörpern, denn ihr Problem besteht darin, Schwierigkeiten selber zu haben und sie nicht nur schauspielerisch darzustellen.

Hier knüpfte auch schon die kunsttherapeutische Tradition an, die Psychiater in Berlin um 1900 unter Berücksichtigung genau des Verhältnisses von Repräsentation und Einverleibung mit heute noch gültigen Ergebnissen entwickelt haben.

Als krank im psychisch auffälligen Sinne gilt, wer das, was er zeichenhaft repräsentiert, nicht inkorporieren kann und das, was er inkorporiert, nicht zeichenhaft repräsentieren kann (Dann wäre Kohl krank!). Wem Leid, Liebe etc. so „in Fleisch und Blut übergegangen" sind, daß er das Leid oder die Liebe nicht mehr zeichenhaft repräsentieren kann, wird Behandlungsbedürftigkeit zugesprochen. Der therapeutische Impetus von Bierbrauer bestand darin, seine Patienten dazu zu bringen, daß sie das, was sie verkörpern, auch zeichenhaft repräsentieren können. Die Ergebnisse der Bilder, die daraufhin entstanden, sind letztlich so bedeutsam, weil sie künstlerisch formal auf dem absolut höchsten Niveau seiner Zeit stehen. Es gibt nichts vergleichbares für die 50er Jahre. Gleichwohl hat Bierbrauer an seinem künstlerischen Tun festgehalten, ohne seine Werke je im institutionellen Rahmen, in Museen und Galerien vorzustellen – und das ist eigentlich die Nagelprobe. Er schafft Werke nicht, um uns einen Anlaß zu bieten, etwas von der Welt in neuer, spektakulärer Weise repräsentiert zu finden, sondern er arbeitet im Hinblick auf die Frage, inwieweit wir das, was wir repräsentieren, auch Fleisch werden lassen.

Bierbrauer hat als Arzt therapeutische Erfolge erzielen können, weil er akzeptierte, daß die Patienten ihre Aussagen (nach denen er seine Bilder schuf), tatsächlich inkorporierten. Beeinflußt von Rudolf Steiner und Joseph Beuys (der sich wiederum auf Steiner bezog) nutzte Bierbrauer das Wechselspiel von professioneller, zeichenhafter, geläufiger Äußerung (als Text, Bild etc.) und der Notwendigkeit der Verkörperung für sich selbst in genialer Weise.

Heraus kam dabei eine europaweit einmalige Kunstproduktion, die über die Ansätze von Dubuffet und seiner *Art brut* hinaus das Verhältnis von Inkorporation und zeichenhafter Repräsentation neuformulierte: im (gestalt)therapeutischen Ansatz wird die eigene Anverwandlung zeichenhaft repräsentiert, und umgekehrt – das ist das riskante – die zeichenhaften Repräsentationen anderer (hier der Patienten) werden durch Bierbrauer selbst inkorporiert – so etwa in dem 1999iger Zyklus der „Gesichter": Bierbrauer zeigt sich in Physiognomien als Selbstbildnissen nach Einverleibung der Anderen. Damit entspricht er der berühmten Formulierung von Karl Marx: „Man ist, was man ißt" – bei uns „essen" wir Bilder, in anderen Gesellschaften ißt man Götter und nicht nur deren Symbole.

Während bereits Bierbrauers formale Könnerschaft kaum ihresgleichen hat, muß erst recht jeder Künstlerkollege vor seiner einzigartig professionellen Attitüde der Inkorporation zurückstehen, denn diese kann nur jemand einnehmen, der auch als Arzt, als Psychologe und Therapeut trainiert ist. Vermutlich haben seine Kollegen von der Akademie, die ihn 1974 wegen Überqualifizierung zurückwiesen, genau dieses Manko empfunden; sie wußten nämlich, dass sie sich selbst nur auf der Ebene der zeichenhaften Repräsentation wirklich professionalisieren konnten und ihm somit hoffnungslos unterlegen waren.

Eine weitere Meisterschaft entwickelte Bierbrauer mit seiner unglaublichen Kraft der poetisch-metaphorischen Inskriptionen, begrifflicher Einschreibungen, wie er sie etwa im 1999er Zyklus verwendet. Dort taucht beispielsweise der alte Begriff *Satanus* auf; er repräsentiert aber gerade nicht das Böse oder die Aberwelt des Antichristen etc., sondern er steht für die Entdeckung, daß alles, wovon man mit Recht sagen kann, daß es böse sei, in jedem von uns selbst entdeckt werden kann. Bezogen auf den Fall Kohl dürften ihn nur diejenigen als amoralisch, verkommen und mafiös bezeichnen, die sich selbst als verderbte Machttypen erfahren haben und ihr Negativ-Potential einzugestehen bereit sind.
Nicht zur Anklage berechtigt sind all jene Kleinbürger, die ihre privaten Haftpflicht-Versicherungen betrügen, die in der 30 km/h-Zone mal eben 60 fahren, sich aber für erhaben über diese Art von Regelverstößen halten.
Warum? Weil sie eben nicht zu den entscheidenden Einsichten der Künstler und Therapeuten gelangt sind: Sich selbst zum Fall zu machen, anhand von vorliegenden Sachverhalten über sich selbst reden zu lernen – das empfinden nämlich alle als skandalöse Zumutung. Gerade Künstler aber reden von sich

selbst, indem sie zeichenhaft repräsentieren, was ihnen in Fleisch und Blut übergegangen ist – und das heute so gut wie im 17., 18. oder 19. Jahrhundert.

Nur, wer sich selbst zum Gegenstand einer bestimmten Betrachtung macht, kann (und darf) in dieser Hinsicht auch über andere urteilen. Wir haben uns angewöhnt, den Begriff der Selbstreflexivität als Qualitätsmerkmal systematisch auszuweisen, ihn über alles zu setzen und damit zu jonglieren, ohne aber zu wissen, was dieses Selbst ist. Dieses Selbst ist nichts geringeres als unsere Fähigkeit, selbst zu verkörpern, worüber wir reden, wofür wir die Welt halten.

Der Skandal Kohl zeigt der Bundesrepublik jedenfalls eines: keiner, der den Stein zum Wurf erhebt, ist in der Lage, sich selbst als Skandalfall darzustellen ... Genauso gilt für Ärzte und Therapeuten, daß sie sich selbstreflexiv auf ihre Patienten einlassen müssen, wenn sie bei ihren Kunden unterscheiden wollen zwischen dem, was sie nur in symbolischen Zeichen repräsentieren (also z.B. simulieren) oder in welchen leiblichen Befindlichkeiten sie tatsächlich leben.

Die Arbeit Adolf Bierbrauers verpflichtet uns einmal mehr, Künstlerbeiträge daraufhin zu befragen, wie sie das Verhältnis von Repräsentation und Inkorporation zur Geltung bringen. In der Politik und der Wirtschaft wird uns das Prinzip der Verkörperung gegenwärtig vorgeführt, auch wenn französische Theoretiker versucht haben, uns einzureden, es ginge inzwischen völlig ohne sie oder es sei ein Ausweis zurückgebliebener Naivität, wenn Christen beim Empfang der Kommunion tatsächlich die Fleischwerdung im Sinne von „dies ist mein Leib", „dies ist mein Blut" zu empfinden glauben.
Bisher galt die Einsicht in die symbolische Repräsentation auf der Zeichenebene als höhere intellektuelle Leistung, als größere Kraft zur Selbstreflexion. Die Einzelzeichen verabschieden sich jedoch völlig von dem Bezeichneten, die Ebene der Zeichengefüge ist „autonom" geworden. Sie drückt keinen Weltgeist mehr aus, sie hat keine Bedeutung mehr, außer im Kontext der Zeichen selbst. Die berühmte Aussage, alles sei möglich, ist dennoch falsch, denn alles, was geht, geht nur im Hinblick auf die ultimative Grenze der Inkorporations-Verfahren, die wir in unserer leiblich-physischen Existenz darstellen. Wenn man symbolische Repräsentationen nicht mehr auf seine eigene sinnlich wahrnehmbare körperliche Existenz, seine Natur, beziehen kann, provoziert man genau den Wahnsinn, wie ihn die Leerlaufmaschine der nur noch

psychiatrisch Anverwandelten stigmatisiert: Die Verrückten sind gerade die Zeichenakrobaten schlechthin, weil sie uns einreden wollen, der Bezug auf unsere leiblichen Gegebenheiten sei entbehrlich. Nicht einmal die Kunst kann auf diesen Bezug verzichten, denn selbst die höchste künstlerische formale Befähigung, Zeichen und Welten nach Belieben zu erfinden, ist ohne Bezug auf die reale Existenz, auf die sogenannte Wirklichkeit, völlig bedeutungslos. Die Folgen wären katastrophal, wenn – z.B. nach Vorgaben klassischer Rhetorik – formale Zeichen nach Belieben verknüpft werden dürften ohne jeglichen Anspruch darauf, daß jemand mit seiner Person auch für das einsteht, was er sagt – sei es als Künstler oder Therapeut, Banker oder Bundeskanzler.

Es ist eben falsch, anzunehmen, ein Kunstwerk an sich sei per se nur eine symbolische, zeichenhafte Repräsentation und als solche z.B. von einer gut gestalteten Werbekampagne als gelungene Verknüpfung von Wort und Bild nicht zu unterscheiden. Das Kunstwerk ist im Gegensatz zu herkömmlichen Zeichengefügen selbst als physischer, sinnlich wahrnehmbarer „Körper" aufzufassen, als Materialisation dessen, was es bezeichnet. Deswegen ist die Begegnung mit dem Original in der Kunst unabdingbar.

Ein Kunstwerk können wir zwar auf der zeichenhaften Ebene der Reproduktion als Katalogabbildung dokumentieren, ohne Bezug auf seine physische Präsenz als realer Körper, als gerahmte Leinwand oder als Plastik bzw. Skulptur läßt es sich aber nicht beurteilen.

Dies macht den entscheidenden Qualitätsunterschied zu einem Plakat, einer Anzeige, einer Wohnzimmerdekoration aus: wer einem Kunstwerk als dinglicher Repräsentation des Inkorporierten gegenübertritt, wird die Begegnung mit Originalen auch künftig für unverzichtbar halten.

Soweit es die Arbeit Adolf Bierbrauers betrifft, sollten es sich wenigstens die Düsseldorfer Kulturinstitutionen angelegen sein lassen, die leibhaftige Konfrontation mit seinen Werken zu ermöglichen, denn wer auch nur eine leise Ahnung von dem haben will, was in den letzten hundert Jahren passiert ist, muß sie gesehen haben!

Von der sprechenden zur bildenden Wissenschaft

9 | Kunst und Körper

Auf den Documenta-Ausstellungen durchlaufen die Besucher stets eine merkwürdig gezackte Reaktionsskala. Einerseits tobt man mit Wutgeheul durch die Ausstellung, es sei ein Jammer, was einem da als Höhepunkt der vorausgehenden Kunstentwicklung vorgeführt werde. Andererseits möchte man als Liebhaber der Kunst seinem Bedürfnis, zu bewundern, wertzuschätzen und zu lieben, nachkommen und versucht mit wilden Gesten der Überhöhung, dieses oder jenes zu einem Großereignis herauszubilden.

Auf der Documenta IX (1992) sind diese extremen Reaktionen besonders ausgeprägt. Die Presse hat mehr oder weniger einheitlich radikale Urteile, also Wutgeheul, über diese Documenta verlauten lassen: „Fest der angepaßten Dilettanten", „Treffpunkt hilfloser Eitelkeiten", „Verlogene Mammutschau", „Bankrotterklärung der Kunst". Und die Kritiker hatten für ihr Urteil auch gute Begründungen. Denn von Kunst im Sinne einer allgemeinen Erwartung war auf dieser Documenta tatsächlich kaum die Rede. Man sollte aber diese extremen Reaktionen nicht als Beweis dafür ansehen, daß die Leute der Kunst nicht wüßten, womit sie es eigentlich zu tun haben. Die Begeisterungsgemeinschaft *Kunst* ist nämlich eine, die nicht aus dem Konsens ihrer Mitglieder lebt, also nicht aus der Übereinstimmung, nicht daraus, daß alle die gleiche Meinung haben, sondern diese Gemeinschaft lebt vom Dissens ihrer Mitglieder, aus der Eigenständigkeit der verschiedenen Urteile. In diesem Modell „Gemeinschaftsbildung durch Abweichung" ist die Kunst oder die Gemeinschaft derer, die an Kunst interessiert sind, doch noch ein Vorbild für zukünftige Gesellschaften.

Also: Belasten wir den Besucher der Ausstellung weder mit Vorerwartungen auf große und schöne und edle Kunst noch mit der Erwartung darauf, daß da nur Schrott und Müll zu sehen sein soll. Was dürfen wir dann erwarten?

Der Documenta-Organisator Jan Hoet bekundete, er wisse nicht, was Kunst sei. Daß es bei seinem Konzept um das körperlich erfaßbare Geheimnis der Kunst ginge, hatte er sich doch entlocken lassen. Immer wieder tauchte bei ihm der ominöse Begriff des Körpers auf. Wer ist gemeint? Natürlich der Körper des Betrachters, der mit diesen verschiedenen in Kassel gebotenen Wahrnehmungs-, Aktions- und Reaktionsanlässen konfrontiert ist.

1. Der Körper des Begehrens
Auf der Documenta IX war auffällig, mit welcher Naivität oder Mutwilligkeit Künstler Tatbestände präsentieren, die normalerweise zur Pornographie zählen. Diese penetranten Gesten kennen wir von den Titelseiten einschlägiger Magazine oder aus der Verkaufsförderung von Wirtschaftsgütern. Natürlich haben auch die Künstler früherer Jahrhunderte ihre Wahrnehmung auf den menschlichen Körper des Begehrens, auf die Sexualität, auf die Aneignungs- und Ausscheidungslust gerichtet. Warum eigentlich? Weil Darstellungen dieses Begehrens offensichtlich die stärkste Blickfesselung von Menschen bewirken. Von diesen Bildern geht die intensivste gefühlsbetonte Wirkung aus.
Heute wissen wir, daß alle Bildwirkungen, egal welchen Typs, nach dem Wirkungsmechanismus ablaufen, der auch für die Pornographie gilt.
Die Naturevolution unseres Zentralnervensystems hat uns diese Bindung an Reizquellen beziehungsweise Reizfigurationen mitgegeben. Ohne diese Orientierung auf die Reizquellen fänden wir weder Futter noch Paarungspartner, weder Lebensraum noch sozialen Kontakt.
Seit jeher waren die Künstler dieser pornographischen Bildwirkung, oder besser gesagt: diesem Mechanismus, nach dem auch Pornographie wirkt, auf der Spur. Denn dieser Naturmechanismus wirkt auch dann, wenn statt eines schwarzen Schenkeldreiecks ein gemaltes schwarzes Quadrat, meinetwegen von Malevich, dem Betrachter vor Augen gestellt wird, um seine Gefühle, seine Vorstellung und sein Denken zu stimulieren.
Die Documenta-IX-Teilnehmerin Zoe Leonard (ohne Titel, 1992) hängt Fotos von solchen schwarzen Schenkeldreiecken von Frauen in unmittelbare Nähe und Beziehung zu klassischen Gemälden. Sie tut das als Feministin und will damit sagen, daß wir, zumal Männer, Bilder zu allen Zeiten immer schon im Hinblick auf diesen Gewinn, diesen Sehgewinn der pornographischen Energieübertragung hin betrachtet haben. Und sie tut das auch im Detail und in der Analogie und sagt damit weiter, daß Bilder eben nicht nur gesehen werden, sondern auch getastet, gespürt, atmosphärisch und über Druckerfahrungen erfaßt werden. Die Hand einer Tischbein-Dame umschmeichelt ja nicht nur ihr Haupthaar und die Hautpartie ihres Schlüsselbeins, sondern es ist die Hand des Bildbetrachters, welche diese Bewegung ausführt.
Die Wirkung von Bildern, von Fotos, von Gemälden, von Skulpturen besteht also darin, daß sie im Betrachter etwas bewirken, eine Zustandsveränderung seines Körpers und seines psychischen Systems. Nicht die Bilder, die Gemälde, die Skulpturen realisieren ihre Wirkung, sondern der Betrachter in seinem Körper, in seinem psychischen System.

Wenn das so ist, dann führt das zu einer erschreckenden Tatsache, nämlich daß das, was immer wir in der Welt sehen und von dem Wirkung auf uns ausgeht, immer nur eine Selbstwahrnehmung ist. **Wir können nie etwas anderes wahrnehmen als uns selbst und die Veränderung, die von uns selbst durch den Anblick von Bildern ausgeht.**

Zum Beispiel die pornographische Bildwirkung: eine nackte Frau, ein Mann, Bildwirkung = Zustandsveränderung im Körper des Mannes.

Mit dieser grausamen Einsicht, daß wir auf alle Zeiten daran gefesselt sind, von der Welt nur das zu fühlen, zu spüren, wirklich wahrnehmen zu können, was in unseren Körper, in unsere Seele eingeht, beschäftigt sich ganz offensichtlich Charles Ray mit seiner Figurengruppe (*Oh Charley, Charley, Charley*, 1992). Denn auch in der höchsten Erregung, meinetwegen der sexuellen Lust, besteht die Wahrnehmung des Partners eigentlich in einer Selbstwahrnehmung. Jede Lust ist Lust an sich selbst. Demzufolge hat Charles Ray seine Partner in einem offensichtlich banalen pornographischen Sexualspiel als sich selbst abgegossen. Alle Figuren sind er selbst, denn der Partner würde eben nichts bringen, nicht mehr jedenfalls, als was er in sich selbst spüren kann. Diese grausame Einsicht läßt mitunter gestandene Philosophen in Ohnmacht fallen. So sagte Ernst Bloch, als ihm klar geworden sei, daß er für sein ganzes Leben aus der Empfindung seines eigenen Körpers und seiner seelischen Bewegung nie hinauskommen könne, sei er in Mannheim, am Ufer des Rheins, ohnmächtig zusammengebrochen.

Aber wir sind ja nicht nur den Bildern der Außenwelt, die auf uns einwirken, ausgesetzt. Jeder weiß aus dem Traumgeschehen, wie die von uns selbst produzierten Bilder auf uns wirken, unseren körperlichen und seelischen Zustand verändern, bis zum Nachtschweiß, bis zur Schreckenserregung. Louise Bourgeois (*Precious Liquids*, 1992) baut in einem Körperinnern eine Reihe solcher Bilder nach, verschlossene, undurchdringliche Bilder, die sie seit ihrer Kindheit geradezu obsessionell beherrschen, die sie ängstigen, weil sie sie nicht versteht. Mit Phiolen deutet sie den Kreislauf der Lebenssäfte an, der ihr zum ersten Mal in der Sexualität ihres Vaters begegnet ist. Die Macht dieser inneren Bilder will sie bannen. Das Bildermachen, sagt sie, sei die Garantie für die seelische Gesundheit. Sie will sich freikämpfen vom Terror der inneren Bilder, die auf uns wirken und uns verwirken.

Das intensivste Organ des Körpers ist die Hand. Mit ihr greift der Körper in die Welt. Aber wir haben ja nicht nur eine Hand, wir haben zwei Hände, und die Welt zwischen sie genommen, formen sie die Welt durch Wegnehmen, durch

Übertragung unserer Formvorstellung auf das Material, und sei es Seife an einem Ständer, wie das Michel François in seiner Installation (*Le monde et les bras,* 1992) zeigt.

Wir alle erinnern uns, wie schwierig es als Kind war, die Schuhbändel zum ersten Mal zu einer Schleife zu binden. Das Bild kam von außen, die Hände brauchten aber dieses Bild aus unserem eigenen Inneren; das wollte erst gelernt sein. Schließlich arbeiten die Hände auch ohne Kontrolle des Auges, wie bei den Blinden, die mit ihren Händen Bürsten herstellen, die wir leider nur als profane Instrumente und nicht als Kunstwerke zu verstehen glauben. Der Körper ist keine gestopfte Wurst oder ein Paket, dessen Verpackung man beliebig verändern könnte. Die Haut formuliert die Grenzen des Körpers zur Welt, es ist sein extensivstes Organ des Weltbezugs. Über die Haut ist der Körper ausgespannt in die Welt, und wie alle Grenzen eines Systems ist auch die Haut der gefährdetste Teil des Körpers. Carroll spannt in seinen Skulpturen (*Always listening,* 1990-1992), die zu den wenigen gehören, die man auch in Kunstausstellungen betasten darf, die Haut der Körper aus, als seien sie unsere eigene Haut. Zerschunden von den Spuren des Lebens, den Bewegungen, den Gesten, den Einwirkungen aller Art.

Heutige Spitzensportler, die körperlich und technisch alle das gleiche können, betonen immer wieder, wie sehr ihr Erfolg von ihrer geistigen Leistung abhängt. Wenn ein Kampf um diese geistigen Energien geführt wird, dann ist es ein kultischer Kampf. Ousmane Sow (*Le lutteur assis,* Nubien, 1984) führte uns auf der Documenta IX in einer außerordentlich übertragungsstarken Arbeit zwei nubische Kämpfer eines solchen kultischen Kampfes vor, kenntlich an ihrer Gesichtsbemalung und an ihren Armbinden. Der Körper des Betrachters sollte diese Figuren in sich nachvollziehen, um zu spüren, was es bedeutet, vollständig von seinem Lebensgeist abgeschieden zu sein.

Der Maler Francis Bacon (*Tryptich,* 1991) hat sich sein Leben lang mit dem Schicksal des Körpers, unseres Körpers des Begehrens beschäftigt. Er versteht diesen Körper von seinem Ende her, von dem unabweichlichen Verlauf in den Verfall, den Tod, die Verwesung. Das Leben des Körpers von seinem Ende her zu sehen, heißt seine Energien in eine andere Richtung zu lenken: Scham über die Anmaßung, in dieser Welt überhaupt vorzukommen, anstatt der triumphalen Behauptung, hier zu sein.

2. Der soziale Körper
Ilya Kabakovs Wohnklo (*Die Toilette,* 1992) ist eine im heutigen Rußland übliche Form der Gefängniszelle als Lebensraum. Nichts ist daran schrecklicher

als die unmittelbare Nähe von Scheißkübel, Eßtrog und Pritsche. Dies kennzeichnet die Asozialität des Gefängnisses.

Nach Kabakovs Auffassung ist die Zelle des asozialen Vegetierens bereits zu einem weltweit realisierten Behausungsprogramm geworden, dem Wohnkübel. Menschen werden zur Fäkalie der Gesellschaft. Die Gesellschaft scheidet den Menschen aus, wie der Körper sich seines Kots entledigt. Was bereitet uns dabei Schrecken? Es ist die gestörte Balance von Intimität und Einpassung in die Gemeinschaft. Beide Sphären haben ihre eigene Aura. Der Duft der Intimität ist der Gestank der Gemeinschaft.

In einer intakten Zivilisation ist die Toilette der geachtetste Ort der Intimität, denn die intensivsten Selbsterfahrungen macht der Körper mit seiner Ausscheidung. Gemeinsam eine Toilette unter Wahrung der Intimität zu benutzen, ist der Kern des Sozialen. Der Abort ist das Sanktuarium der Gemeinschaft. Seine Duftmarken außerhalb der Intimität zu setzen, führt zu sozialen Konflikten, wenn Abort und Gemeinschaftsraum räumlich nicht mehr zu trennen sind, vermengen sich Privatheit und Gemeinschaft bis zur Entwürdigung der Individuen: Das Leben endet in der Scheiße. Im Wohnkübel zerfällt der soziale Körper.

Auffällig viele Arbeiten auf dieser Documenta beschäftigen sich mit der Entleerung der Körper. Als könnte man an den Toiletten den Zustand der Gesellschaft am präzisesten darstellen.

Nirgends im sozialen Verband ist die Geschlechterunterscheidung so deutlich wie bei der Beschriftung und der Form der Toilettentür (Erika Rothenberg, *Difference*, 1991). Zum Beipiel als bloße Sichtblenden, die Beine und Kopf freilassen und so die Phantasie des schamlosen Betrachters stimulieren.

Apropos Geschäft: Der alte Sigmund Freud hat uns gelehrt, das Geschäftemachen als eine Fortsetzung des Geschäftes der Intimität zu verstehen. Wer Probleme mit dem Stuhlgang hat, geizt und krankt sein Leben lang in den Beziehungen von Geben und Nehmen, von Intimität und Gesellschaftlichkeit. Bei der Wichtigkeit des intimen Geschäfts ist die gestalterische Überhöhung der Toilette Dienst an der Gemeinschaft. Gute Gemeinschaftseinrichtungen wie Hotels erkennt man daran, daß sie der Gestaltung ihrer Toiletten genausoviel Aufmerksamkeit widmen wie der Gestaltung des Ballsaales oder der Empfangshalle.

Auf diese Kulturleistung zielt möglicherweise das Pissoir im Grünen von Attila Richard Lukacs (*Eternal Tea House*, 1992), das den Stoffwechsel auf alle unser Leben bestimmenden Wechsel bezieht. Zum Beispiel auf den Wechsel der Jahreszeiten, Frühling, Sommer, Herbst und Winter, dem Lukacs in altmeisterlicher Manier auf uringoldenem Grund Gestalt gibt.

Die Toilette ist der Tempel der Körperlichkeit. Schliesslich war für die antiken Römer die *Cloaca maxima* eine Göttin. Kein Wunder, denn Ausscheiden ist eine Grundfunktion unseres Lebens, genauso wie Essen oder Sexualität. Dem Essen, der Nahrung haben die Künstler immer schon ihre Aufmerksamkeit geschenkt. Von alters her arrangieren wir die Nahrung zu einem Ensemble, zu einem Bild, das gegessen werden will. Bei der Sexualität tun wir uns schon schwerer, sie kann leicht in der Gestaltung als Bild in Pornographie entarten. Dem Kot, diesem unabweisbar notwendigen Stoffwechselprodukt, dieser Ausscheidung der Körpermaschine, die nicht zurückgehalten werden kann, haben bisher nur wenige Künstler ihre Aufmerksamkeit geschenkt.
Wim Delvoye (*Mosaik,* 1992) tut das, indem er den Kot, den wir bisher immer nur als unseren eigenen zu betrachten, manchmal ausführlich zu betrachten gewohnt sind, den Blicken aller aussetzt. Er zeigt uns das Strukturprinzip der Kotablagerung: als Haufenbildung, als Fladen und als gekringelte Wurst.
Bruce Naumann (*Anthro/Socio [Rinde spinning],* 1991) führt in seinem optisch-akustischen Ornament die Bewegungsformen der sozialen Maschine vor, in der der einzelne Mensch, *Anthropos*, steckt. Er lebt in der Erwartung, daß ihn die anderen Körper ernähren, schreit also „feed me", und empfindet gleichzeitig die Angst, daß sie ihn dabei verschlingen, repetiert also „eat me". In der sozialen Maschinerie steckt der Mensch als soziales Wesen, *Socio*. Er hofft, daß ihm die anderen helfen: „help me", und lebt in der Furcht, daß sie ihn dabei erst recht verstümmeln: „hurt me". Bruce Nauman hat einen Klagegesang installiert, den der Menschen über die ihnen von der Natur aufgezwungene Notwendigkeit, mit anderen zusammenzuleben. Es ist ein sehr übertragungsstarkes Arrangement, das den Besucher schon nach wenigen Minuten panikartig in die Flucht – in eine Einsamkeit – treibt.

Eine Prägung unseres sozialen Körpers steckt uns, glaube ich, allen noch in den Knochen: die Schule. Noch heute spüre ich mein gnadenloses Eingepaßtsein in die Sitze und Bänke. Ich kam mir vor wie mumifiziert, als würde mir das Blut ausgesogen. Statt dessen erhielt ich eine Infusion mit Tinte. Nur im Kunstunterricht gelang es, die Kolonnen der Schönschriften und Zahlen mit wilden, freien, anarchistischen Gesten nach draußen zu schleudern in die Welt, in die unser Blick immer schon durch das Fenster des Schulzimmers gegangen war. An dieser anarchistischen Gestalt ließen wir uns hinab ins Leben, wie Rapunzel seine Haare aus dem Turm herabließ. Wir schossen das fliegende Klassenzimmer raketensteil auf den Mond. Oder wir erhoben uns über die Schule, über die Stadt, über den Kontinent, über die Erde bis an den Glanz des Mondes.

Tadashi Kawamata (*Favela*, 1992) nimmt mit seinen Dorfbauten in der Aue in Kassel die Tradition der englischen Gartengestaltung auf. In diesen englischen Gärten des 18. Jahrhunderts wurden antike Ruinen aus ganz neuem Material aufgebaut und kleine Schäferidyllen, Hüttchen der Landbevölkerung, von denen der Adel annahm, daß sie ein friedfertiges Leben der Urmenschen führten. Wie diese Bauten in den englischen Gärten des 18. Jahrhunderts an den Ursprung unserer europäischen Zivilisation, die bäuerliche Kultur einerseits, die römisch-antike andererseits, erinnern sollten, so erinnern die Bauten von Kawamata an das absehbare Ende unserer europäischen Zivilisation. Ein Ende, das wir in den Favelas der südamerikanischen Großstädte bereits erleben, aber auch in den verlassenen Wehrdörfern Vietnams.

Der soziale Körper lebt in den Siedlungen, in den verdichteten Lebensräumen der Städte. Wenn diese Lebensräume zerfallen, zerfällt auch die Gesellschaft, sie löst sich auf in eine bloße Addition von lauter egoistischen Individuen, die als Schrebergärtner ihr eigenes Elend züchten.

Eine Installation von Cildo Meireles (*Fontes*, 1992) zeigt, daß die Gemeinschaft der Körper ihre größte Gewalt erhielt, als sie sich einen meßbaren Raum und eine kalkulierbare Zeit schuf. Die einzelnen Körper kannten ihr eigenes Maß: den Fuß, die Elle, und ihre eigene Zeit: die Zeit der Ermüdung, die Zeit der Konzentration.

Der Körper des Betrachters ist auch träge. Er setzt sich gern an einem Ort fest. Da sitzt er dann und besitzt und hält die Welt für ein Wohnzimmer. Aber Achtung: In Guillero *Kuitcas* Installation (ohne Titel, 1992) ist der Abstand zwischen der Schrankwand und der Sesselkolonie nicht kleiner als der zwischen Sarajevo und Frankfurt. Mit dem Kopf in Kassel und den Füßen im Feuer des Balkans messen wir unser Bett, das er mit einer Weltkarte bezogen hat.

3. Der fremde Körper
Als Touristen genießen wir die Exotik der Fremdheit. Aber wenn diese Fremden zu uns kommen aus aller Herren Ländern, in ihren Trachten, mit ihrem merkwürdigen fremden Aussehen und ihren Gebräuchen, dann erscheinen sie uns fremd im Sinne von nicht zu uns gehörig. Wir haben Probleme mit ihnen, weil wir glauben, daß sie außerhalb unserer Welt stehen und diese fremde Welt in unsere transformieren wollen.

Die eigentliche Erfahrung der Fremdheit können wir auch in unserer eigenen Kultur machen. Die der klassischen Antike nachempfundenen Gestalten auf dem Dach des Kasseler Fridericianums sind den meisten unserer Mitbürger

mindestens genauso fremd wie irgendwelche Menschen aus Afrika oder Asien. Die Fremdheit, die Künstler am meisten fasziniert, ist nicht darauf hin gedacht, irgendwann vertraut zu machen durch vieles Hinsehen, durch langes Hinsehen, durch Analysieren, Betrachtung, Vergleichen, durch Analogiebildung. Es ist vielmehr eine ungeheure Leistung von Künstlern, etwas schaffen zu können, das auf immer fremd bleiben soll und nicht angeeignet werden kann. Jimmie Durham (*An approach in love and fear,* 1992) läßt uns selbst Christus, die zentrale Gestalt der christlichen Zivilisation, als fremd erscheinen. Nicht etwa nur deshalb, weil er ihn einerseits als schwarz und weiß, andererseits als halb schon verwest und dennoch dem Leben zugehörig zeigt. Durhams Christus wird ein Fremder, weil ihn der Künstler zugleich als Mensch und als Tier zeigt. Die Erfahrung von Fremdheit ist immer von der kulturellen Prägung abhängig. Was in der einen Kultur als völlig vertraut gilt, ist für die Mitglieder einer anderen Kultur etwas Absonderliches, Angst Machendes, Aggressionen auslösendes. Ich frage mich, ob die Skulptur von David Hammon (ohne Titel, 1992) auf einen Afrikaner, einen Jamaicaner oder auf einen Schwarzen in den USA nicht völlig anders wirkt als auf uns. Für uns ist sie etwas Bedrohliches, spinnenartig Fremdes, etwas auf uns Zukommendes, vor dem wir uns zu schützen versuchen. Dabei handelt es sich um nichts anderes als darum, daß Hammon die in einem New Yorker Frisiersalon abgeschnittenen Haare von Schwarzen auf kleine spitze Drähte gesteckt und in diese Haarwülste nach Rasta-Art ein paar kleine Schmuckbinden oder Ornamente hineingefügt hat. Haare sind für unsere Kultur immer mit einer besonderen, auch symbolhaften Bedeutung belegt: Samson-Motiv. Die Haare, die Antennen des Menschen, die in die Welt herausragen, verraten etwas über seine Art von Gefühlsleben, seine rebellische Seele. Wir haben als Europäer die Menschen aus dem afrikanischen Genpool als nicht sehr freiheitlich gesonnen oder eben sklavisch auch deswegen empfunden, weil sie kurze krause Haare hatten. Das Zeichen ihrer Freiheit, ihrer inneren Energie, die nach draußen will, war für unsere Augen relativ schwach ausgebildet. In Hammons Skulptur zeigt sich nun plötzlich auch die Rebellion des Gedankens in den Haaren derer, die für uns nur dunkel und erdig waren.
Die wahrscheinlich schrecklichste Erfahrung von Fremdheit, die der Körper des Betrachters überhaupt machen kann, ist die Unfähigkeit, sich selbst wahrzunehmen. Wir kennen dieses Phänomen normalerweise unter dem Begriff *Autismus*. Autisten sind Menschen, die ihren Körper nicht spüren können und die körperlich nicht ausdrücken können, was sie seelisch empfinden.

Mike Kelley (*Private address system*, 1992) beschäftigt sich mit diesen Autisten, die in unserer heutigen Zivilisation sehr zahlreich sind, indem er ein Ensemble von Objekten aufbaut, die er einerseits den Lehrbüchern der alten Psychiatrie entnommen zu haben scheint, andererseits vielleicht den Foltereinrichtungen heutiger Gefängnisse in aller Welt. Im Kern steht die merkwürdige Tatsache, daß Autisten sich selbst in extremer Weise Schmerz zufügen müssen, um überhaupt noch irgendwie das Gefühl von Lebendigsein zu haben.

Wahrscheinlich machen wir den richtigsten Gebrauch von Kelleys Objekten, wenn wir sie benutzen, um uns in die Situation solcher Autisten hineinzuempfinden. Wir könnten uns vorstellen, in Kelleys Isolationskammer hineinzugehen, von jedem Außenkontakt vollkommen abgeschnitten zu werden und die Erfahrung zu machen, in der Autisten leben. Mit einer anderen Gebrauchsanleitung wäre Kelleys Hinweis auf die Hormonkammer des Psychoanalytikers Wilhelm Reich nicht zu verstehen. Denn wir können uns in diese Kammer begeben, um Phantasien über unsere körperliche Transformation zu entwickeln, aber gerade das ist dem Autisten unmöglich.

4. Der Sprachkörper

Für unsere Erfahrung, daß der Körper des Betrachters ein Sprachkörper ist, ein sprechender Körper, der gehört und gelesen werden will, gibt Harald Klingenhöller im Titel seiner Skulptur *Alle Metaphern werden wahr* (1992) geradezu das Motto aus.

Himmelstürmerei ist eine Metapher. Jonathan Borofsky (*Man walking to the sky*, 1992) nimmt sie wörtlich, macht sie also wahr. Kraftvoll vorwärtsschreitend, zügig, ungehindert, steigt die Figur himmelwärts. Der Himmelstürmer ist nicht nur eine Metapher für den künstlerischen, sondern für den allgemein menschlichen Furor der Welteroberung.

Was meint der Ausdruck „Sprechende Körper", wenn es um Dinge geht, die selbst nicht sprechen? Ulrich Meister (*Hommage à Francis Ponge*, 1992) übersetzt mit seinen Worten den Körper der Dinge, als hätten sich diese Dinge auch in der Sprache der Menschen selbst geschaffen. Zum Beispiel der Spazierstock: „Auf der Spitze thronend, stieg er senkrecht hoch und bestand darauf, trotz oder gerade wegen seines kühnen Bogens, mit dem er stolz auf sich selbst zeigte, eine vollkommene Gerade zu sein." Zum vollen Papierkorb: „Obwohl sie dichtgedrängt beieinanderlagen, waren sie einander leicht, und es war einem, als ob eines dem anderen entgegenkäme bei der Entfaltung seiner verformten Gestalt."

5. Der abwesende Körper
Die simpelste Form der Abwesenheit ist das Abgegrenztsein, das hinter-einer-Wand-ausgegrenzt-sein. Die Installation von Haim Steinbach (*Black Forest wall,* 1992) in der Neuen Galerie, scheinbar ein Scheunentor, schließt den Besucher vor der Ausstellung hinter der Wand aus.
Die schmerzlichste Form der Abwesenheit ist der Tod. Auf den Steinen vor der unteren Stufe des Porticus beim Fridericianum wird von Tom Fecht (*Denkraum*) an die an Aids gestorbenen Künstler erinnert. Die abwesenden Toten tragen die Kunstgeschichte.
Die grausamste Vorstellung von Abwesenheit für uns Menschen ist die Vorstellung, daß es die Welt ohne uns geben könnte, daß die Natur ohne den Menschen auskäme. Der Raum von Ricardo Brey (ohne Titel, 1992) teilt uns diesen Gedanken mit. Die Menschen sind aus der Welt verschwunden. Die Dinge leben ihr eigenes Leben mit den Spuren der ehemals in ihnen vorhandenen Menschen weiter. Niemand wird sie je betrachten noch gebrauchen können.
Aber das Abwesende kann auch anwesend sein. Die Leere zum Beispiel als Form des Nichtvorhandenseins kann in Erscheinung treten. Diese Art des Vorhandenseins des Nichtgegebenen, der Gestalt der Leere und ihrer Sichtbarkeit zeigt Anish Kapoor in seiner Bodenskulptur (*Descent into Limbo,* 1992), die eigentlich ein Loch ist, aber als plastische Oberfläche wie zum Beispiel als ein auf dem Boden liegendes schwarzes Samttuch unseren Augen erscheint.
Auch die schriftliche Überlieferung ist eine Form der Anwesenheit derer, die ehemals gesprochen oder geschrieben haben, oder derer, die jetzt an einem anderen Ort sind. Durch Verhüllen der normalerweise in einer Ausstellung gezeigten Bilder und Skulpturen kann man Abwesenheit thematisieren, wie das Joseph Kosuth (*Passagen-Werk,* 1992) in der Neuen Galerie tut. Bei seinem Verfahren hat die lesbare Sentenz auf den Tüchern mit den jeweils sie verhüllenden Werken nur eine zufällige Beziehung. Oder ist gerade das gemeint? Soll gesagt werden, daß die Kommunikation über Kunstwerke sich vollständig von den Werken selbst gelöst hat? Dann wäre das Kunstwerk das Abwesende, weil es uns nur noch als Anlaß zu kommunizieren dient.
Viele Kunsträume werden so inszeniert, als dürfte es den Betrachter in ihnen gar nicht geben, als störte eigentlich der Betrachter im Ensemble. Für wen ist der Stuhl von Mariusz Kruk (ohne Titel, 1992) in der suggestiven Leere perspektivischer Fluchten gedacht? Wer oder was könnte erwartet werden? Denn daß jemand erwartet wird, zeigt eben der Stuhl. Wird vielleicht die Wiederkehr des Abwesenden erwartet? Die Wiederkehr des göttlichen Künstlers, des Weisen und Gerechten, des Menschen also?

Während wir auf der Documenta IX den Videokatalog *Der Körper des Betrachters* drehten, quälten mich nachts heftige Rückenschmerzen, der Körper des Betrachters rebellierte. Immer wieder zwang er mich auf alle viere, auf die Knie und die Ellbogen gestützt, den Kopf zwischen die Hände gelegt, den Rücken lang zu machen. Ich nenne es die *Kasseler Vor-Tod-Stellung*. Dabei gab es doch auf der ganzen Documenta IX kein Werk, das mich hätte in diese Form pressen können. Woran lag es dann? Wahrscheinlich an den Gefühlen quälender Vergeblichkeit, sich heute mit Kunststückchen beschäftigen zu sollen, wo uns doch täglich schon die Welt um die Ohren fliegt.

Von der sprechenden zur bildenden Wissenschaft

10 Betriebsgeräusche – Bilderverbote.

Eine Erinnerung, um zu vergessen

Für die Experimenta 4, (1971) zog ich mit kulissenbewehrtem Bühnenwagen durch die Frankfurter Innenstadt, um von diesem beweglichen Exponierpodest der Laufkundschaft eine Pfingstpredigt[1] zu halten: Woher beziehen wir, die Künstler wie die Alltagsmenschen, unsere Inspiration, wenn wir nicht mehr darauf hoffen können, daß der Heilige Geist über uns kommt? Antwort: **Offensichtlich ist gerade dieses Vermissen der Offenbarung, die Abwesenheit der Götter, die fehlende Legitimation zur Behauptung von Wahrheiten Antrieb unserer Kommunikation.** Erst die unsichtbar gewordenen Bilder, die leeren Bilder, stimulieren unsere historische wie aktuelle Imagination, die wir als Erinnerung fassen: Erinnerung an das, was für uns nie war und nie wirklich werden kann.

Diese Behauptung scheint im Widerspruch zur Bildfülle der Medienwelt zu stehen – und nicht erst seit der Etablierung der Massenmedien. An Bilderkriegen entwickelte sich seit altersher die ästhetische Theorie wie später auch

1 B. Brock: Pfingstpredigt. Ausbildungsscenario für Propheten und Professoren. In: K. Braun/P. Iden (Hg.): *Neues Deutsches Theater*, Diogenes tv 18, 1971, Wiederabdruck in: B. Brock: *Ästhetik als Vermittlung. Arbeitsbiographie eines Generalisten* (hg. von K. Fohrbeck) Köln 1977, Seiten 99–107.

die Kunstgeschichte. Wenn sich Medien erst historisch entwickelten, sie aber die Art und Weise der Bilderkriegsführung bestimmen, dann muß es ja erhebliche Differenzen zwischen den jeweiligen historischen wie den aktuellen Auseinandersetzungen um den Wirklichkeitsanspruch der Bilder geben.

Also lud uns Martin Warnke ein, diese Fragen zu erörtern; die Resultate unserer Überlegungen gab Warnke unter dem Titel *Bildersturm*[2] heraus (mein Beitrag beschäftigte sich mit dem Byzantinischen Bilderkrieg zwischen 730 und 843 n.Chr.). Bemerkenswerterweise war Warnke der Auffassung, Bilderstürme seien historisch abgeschlossene Phänomene, weil durch die Macht der Massenmedien der Wirklichkeitsanspruch der Bilder bis ins Beliebige relativiert werde. Dieser These konnten wir wenig abgewinnen; im Gegenteil: die Bilderkriege würden sich ganz erheblich radikalisieren. Deshalb entwickelten wir für die *documenta 5* 1972 das Konzept, die heutigen Bildwelten (Kunst, Werbung, Mode, Produktgestaltung, Fetische, Placebos, Spielzeug, Science fiction etc.) unter Bezug auf historische Bilderkriege zu präsentieren. Natürlich versuchten wir, mit diesem Konzept auch den damals gängigen Medienkritiken von Roland Barthes über Marshall McLuhan bis zu Hans Heinz Holz zu entsprechen und generell „dieser Befragung der Realität" den drive des 68-er Aufbruchs zu geben. Für die Besucherschule der d 5 entwickelte ich (grandiose technische Realisation Karl Heinz Krings) ein Multimedia-Programm unter dem Titel *Ein neuer Bilderkrieg*[3].

Das Resultat historischer wie systematischer Überlegungen, einbezogen die Bilderwelten der Massenmedien, lautete: **die Bilderstürmer sind die wahren Bilderverehrer, weil sie den Bildern die Kraft zugestehen, tatsächlich unsere Wirklichkeitserfahrung zu bestimmen;** demzufolge sind Bilderverbote und Bilderzerstörung als Versuche zu bewerten, die Macht der Bilder zu kanalisieren resp. zu beherrschen. Die Bilderverehrer hingegen als Liebhaber und Sammler, als Lebensraumdekorateure und Herrschaftssymboliker demonstrierten einen souveränen Umgang mit Bildern als bloßen allegorischen, symbolischen oder anagogischen Verweisen auf Wirklichkeit jenseits der Bilder.

Die für uns besonders wichtige Vermittlung beider Positionen brachten wir in der Etablierung des *unsichtbaren* oder *leeren* Bildes zum Ausdruck.

2 M. Warnke (Hg.): *Bildersturm. Die Zerstörung des Kunstwerks.* München 1973. Darin: B. Brock: *Der byzantinische Bilderstreit.* Seiten 30–41.

3 B. Brock: *Ein neuer Bilderkrieg.* Printfassung in: B. Brock: *Ästhetik als Vermittlung*, a.a.O., Seiten 265–294.

„Zeig Dein liebstes Gut – zeig Dein Liebstes gut." Bürger kuratieren Ausstellungen.
Berlin und an vielen anderen Orten seit 1977

„Angstlust" Theoretische Objekte, Lebensmittel, Souvenirs, Devotionalien etc. aus den Museumsshops der Welt. Von der Heydt Museum Wuppertal und 28 weitere Städte, ab 1995

Ebenfalls 1971 startete ich für die *Experimenta* einen Feldversuch, um zu klären, ob sich die von auditiver Wahrnehmung (Hören) evozierten Vorstellungsbilder von den visuell stimulierten unterscheiden ließen oder ob sie ihre Spezifik nur im Wechsel ihrer Leitfunktionen gewännen. Deshalb wurde auf der Hauptwache und der Zeil in Frankfurt eine Großraumbeschallung installiert (technische Realisierung Siemens AG; Programmrealisation Musikerehepaar Trübstedt). Wir neutralisierten die Betriebsgeräusche der Großstadt und verwandelten Hauptwache und Zeil in *soundscapes*, wie sie von Meeresstränden, Urwäldern, Dörfern etc. jedermann bekannt sind. Unter historischem Bezug auf Programmmusik von Beethoven über Wagner bis zur Hollywood-Filmmusik wurden die Synästhesien in der gleichzeitigen Aktivierung von Hör-, Seh-, Tast-, Geruchs-, Geschmacks- und Gleichgewichtssinn evoziert und in ihrem Wechselverhältnis für visuelle und akustische Wahrnehmung dargestellt. Für die Olympiade 1972 produzierte ich mit dem WDR zwei Umsetzungen unter dem Titel *Grundgeräusche und Hörräume* und *Triumphe meines Willens* (letzteres bei meinem 5000 m Lauf auf einem Stuttgarter Sportplatz, ersteres während einer Selbstisolation in *Wohnkiste als Handlungscontainer* – 1969! – realisiert).

Alle Ansätze verfolgte ich für die Entwicklung der Besucherschule der documenta 6 1977 weiter [4]. In sie gingen weitgehend Resultate meiner Kölner Konferenz für Kunsttheorie, Köln 1972, und der IDZ-Aktivitäten zu *Medieninszenierungen*, Berlin 1973 ff. mit Niklas Luhmann, Max Bense, Herbert Marcuse, Martin Warnke, Heinrich Klotz, Tilmann Buddensieg, Otto von Simson, Diethard Kerbs, Berthold Hinz, François Burkhardt, Lucius Burckhardt, Bernhard Willms, Norbert Miller und vielen anderen ein.

Summa: Die ästhetische, ethische und epistomologische Frage nach dem Status der Bilder, Worte und Töne hat an dem Verhältnis von intrapsychischem, neuronalem Prozeßgeschehen (Kognitionen, Emotionen, Visionen) zu sprachlicher Externalisierung anzusetzen. In einer späteren Luhmannschen Kurzfassung heißt das, die Beziehung von Bewußtsein zu sozialer Kommunikation läuft zugleich aktiv über sprachliche Entäußerung wie passiv über Wahrnehmung der Zeichengebungen in unseren Lebensumgebungen. Die optisch oder akustisch oder sonstwie wahrgenommenen Zeichen haben eine doppelte Referenz, nämlich einerseits zum Bewußtsein und andererseits zur sozialen Kommunikation. Grundlegend ist, daß mit Ausnahme mathematisch definierter Eindeutigkeit und den Tautologien weder intrapsychische Prozesse mit sprachlichen, bildlichen, mimischen und sonstigen Zeichengebungen identisch

[4] Printfassung in B. Brock *Die Häßlichkeit des Schönen, die Schönheit des Häßlichen – Besucherschulen d 6 und d 7, Kassel 1982.*

gesetzt werden können – noch vollständige Übereinstimmung von Zeichenrezeption mit kommunikativen Akten möglich ist. Also ergibt sich die ästhetische, ethische und epistomologische Bedeutung der textlichen, bildlichen und akustischen Zeichengefüge gerade aus der Differenz von Bewußtsein, Sprache und Kommunikation. Die evolutionäre Herausbildung des Prinzips Kommunikation ermöglicht demnach gerade die Operation mit Differenzabgleich, was nichts anderes heißt als: durch Kommunikation vermögen wir in unseren Umwelten zu leben, ohne sie je verstehen zu können oder zu müssen.

Der geläufigste Ausdruck für Differenzabgleich von Bewußtsein, Sprache und Kommunikation heißt *Erinnerung*.

Von der sprechenden zur bildenden Wissenschaft

11 Erinnern als Erfahrung von Wirklichkeit

Tendenz der Evolution ist es, Formationen des Lebens immer unabhängiger vom Reaktionschaos des Anorganischen werden zu lassen. Das ZNS (Zentralnervensystem) des Menschen gilt als die bisher höchste Ausformung dieser Tendenz. Eine entscheidende Rolle bei dessen Entwicklung spielte die Organisation des **ZNS als symbolische Form der Beziehung von Organismus und Umwelt** bzw. der Implementierung dieser Differenz in die Funktionsweisen des ZNS. Diese Differenz faßte Rothschild seit 1935 als *Symbol*. Der erste große Schritt der Symbolisierungsleistung war die Ermöglichung von **Selbstbezüglichkeit des Organismus im Erleben.** Rothschilds These: Die Entwicklung jeweils neuer, selbständiger, innerer und äußerer Symbolsysteme[1] erspart der Evolution von einer gewissen Stufe ab die enorm aufwendigen Umbauten des ZNS, um dessen Leistung zu steigern.

1 Heute faßt Nikolaus Luhmann Sprache als strukturelle Koppelung zwischen Bewußtsein und Kommunikation. Die Verwendung des historischen Terms „symbolische Form" (Cassirer) bei Rothschild ist aber mit Maturanas Begriff der „strukturellen Koppelung" kompatibel.

Mit der Beziehung verschiedener Symbolsysteme des ZNS aufeinander, die als Simulation und als Virtualität organismischer Lebensäußerungen in Erscheinung treten, wird das Rechnen mit einer **außerorganismischen Realität** notwendig, d.h. die neokortikalen Leistungszentren des ZNS arbeiten mit Differenzabgleich (siehe Entdeckung der Disparitätszellen) verschiedener Symbolisierungen, anstatt mit Identifizierung des Organismus und seiner Umwelt, wie das noch auf der frühen Ebene der Zwischenhirnsteuerung der Fall ist. Da hat jeder Organismus seine Umwelt, weil er in sie vollständig eingeschlossen ist. (Insofern müßte man die radikalen Konstruktivisten als *Zwischenhirnhypostatiker* ansprechen.)

Symbolsysteme zu gebrauchen, erfordert die Fähigkeit zur Wiederholung

— unabhängig von den limbischen Regulativen (Lust und Unlust). Ein Typus solcher Wiederholung entsteht mit der Fähigkeit zur **Erinnerung.** Im Unterschied zur Wiederholung durch einmalige Prägung sind Erinnerungen lose, plastische Koppelungen von *Teilen* der unterschiedlichen Symbolisierungen, sind also partieller Differenzabgleich, der gerade deswegen umso leichter rekombinierbar ist.

Erinnerung hält also die Symbolsysteme und ihren Abgleich offen und anpassungsfähig für die Realitätserfahrung, sobald sich die reale Umwelt ändert. Wenn Bewußtsein, also das Rechnen mit der Realität außerhalb des eigenen Organismus, evolutionär als Differenzierung von System und Umwelt, von Zwischenhirn und Rinde und als Differenzierung der spezifischen Leistungszentren der Rinde entstanden ist, und wenn diese Differenz – wie jede – nur in Symbolsystemen prozessuierbar ist (das hat die Gestaltpsychologie übersehen), dann manifestieren Erinnerungen partielles Bewußtsein, repräsentiert in Teilen verschiedener innerer und äußerer Symbolsysteme, die noch nicht auf einer neuen, semantischen Ebene zur Einheit zusammenschließbar sind, aber die das Ausbilden eines solchen neuen Symbolsystems stimulieren.

Auf die Ebene einer Phänomenologie der Erinnerung übertragen, läßt sich diese Darstellung nachvollziehen. Wir versuchen, uns zu erinnern; wir glauben, uns zu erinnern – aber die Erinnerung bleibt relativ unbestimmt, unfaßbar, vage und chimärenhaft. Das ändert sich, wenn wir die einzelnen Momente des Erinnerten in einen sprachlichen, zum Beispiel erzählerischen Zusammenhang bringen. Dann werden die Erinnerungen zwar viel klarer, aber sie geben ihre Bedeutung an den Zusammenhang ab, in den wir sie bringen. Deshalb fällt es schwer, eine erzählte Erinnerung von einer „erfundenen", frei konstruierten Erzählung zu unterscheiden (Problem aller *Biographien*). Und wir sind konsterniert, wenn jemand diese unsere Erinnerung als Lügengespinst oder Phantasterei kennzeichnet, weil wir doch nicht in der Lage sind, das je richtig stellen zu können. Denn mit jedem neuerlichen Versuch, sprachlich, in Worten oder Bildern, unsere stets partiellen Erinnerungen in einen Zusammenhang zu bringen und sei es auch nur in den Zusammenhang einer zeitlichen Abfolge, produzieren wir nur weitere Abweichungen der verschiedenen erzählerischen Darstellungen (das wird zum Beispiel bei polizeilichen Verhören von Zeugen oder Verdächtigen häufig falsch bewertet). Ein Literat aber vermag gerade diese Eigentümlichkeit des Erinnerns produktiv zu machen. Er nutzt das Fiktivwerden der Erinnerung, sobald wir sie als Zusammenhang in einer symbolischen Form fassen wollen und erweitert sie zu Vorstellungen, indem er sie aus der Wiederholung des Vergangenen in die Erwartung von etwas so noch nicht Erlebtem überführt, auch in der Vergangenheit noch nicht Erlebtem. Er eröffnet damit seiner „dunklen", so nicht erinnerbaren Vergangenheit eine andere Beziehung zur Gegenwart des Wiederholens dieser Vergangenheit und vermag dieses Verhältnis auf die Beziehung seiner jetzigen Gegenwart zu einer möglichen Zukunft zu übertragen.

Diese Übertragung kann aber nicht beliebig fortgesetzt werden: Sei es, daß der Literat die Erfahrung macht, sich nicht mehr an die von ihm selbst entwickelten Vorstellungen beim Fortschreiben der Erzählung erinnern zu können, sei es, daß er von seinem Körper gezwungen wird, die Parallelität von physischem und psychischem Leben mit den Fiktionen nicht länger durchhalten zu können, weil ihn dürstet, friert oder hungert, welche Bedürfnisse er durch das Weitererzählen keineswegs auszugleichen in der Lage ist. Die Realitätshaltigkeit seines Tuns erweist sich also in der notwendigen Unterscheidung zwischen dem Produzieren von Erinnerungen und Vorstellungen einerseits und dem Erleben seiner Körperlichkeit andererseits. **Wer die Fähigkeit verliert, die Symbolebenen zu unterscheiden und also das Realitätsprinzip aufgibt, hat gravierende Einwirkungen auf seine organismische Existenz zu erwarten.** Auf die Realität läßt sich nur Bezug nehmen in der Differenz zwischen den verschiedensten Symbolisierungsformen, in der man ihr zu entsprechen versucht oder in der man sie zu repräsentieren versucht. Ein weiteres Beispiel dafür ist eine Verhandlung vor Gericht über einen Verkehrsunfall. Ein erfahrener Richter wird die Realität des in Frage stehenden Vorganges stets aus der Differenz der verschiedensten Erzählungen oder Symbolisierungsversuche der Zeugen zu entnehmen hoffen. Ein erfahrener Historiker wird um so eher glauben, einem historischen Ereignis gerecht werden zu können, je mehr er sich an den Differenzen in den schriftlichen Quellen orientiert. Beide aber, Richter und Historiker, sind gezwungen, diese Differenzen als Erfahrung der Realität auf einer neuen semantischen Ebene, also in einer neuen Einheit ihrerseits symbolisch zu repräsentieren. Dazu werden sie durch die **Eigentümlichkeit des Erinnerns als partieller Repräsentanz symbolischer Zusammenhänge** genötigt, und damit erfüllt sich auch die Funktion des Erinnerns. Sie ermöglicht den immer erneuten Abgleich der verschiedensten Symbolisierungen der organismischen Selbsterfahrung mit der Realität.

Was kennzeichnet die Repräsentationen von innen und außen, von System und Umwelt? Wie kommen sie zustande? 1935 hat F. S. Rothschild in seiner für die gesamte Neurophysiologie grundlegenden Darstellung der „Symbolik des Hirnbaus" das Zentralnervensystem als Symbolsystem gefaßt. In seinen Formulierungen von 1959: „Das Großhirn der Säugetiere zeigt grundsätzlich schon jene Strukturen, die eine tiefere Einbeziehung der zeitlichen Dimension, Vergangenheit und Zukunft, ermöglichen. Die Einstellung und Berücksichtigung von etwas Zukünftigem trotz oder aufgrund der gegenwärtigen Sinnesreize geschieht mit Hilfe des Stirnhirns, und wenn diese und andere Zentren der Hirnrinde auch beim Menschen im Vergleich zu den Menschenaffen quantitativ besser entwickelt sind, so kann das nicht den Unterschied zwischen der Innenwelt der Affen und der Menschen erklären.
Die Unterschiede zwischen der Innenwelt und dem Verhalten eines Vogels und eines Säugers gehen parallel den Unterschieden zwischen den Strukturen des ZNS. Beim Vergleich zwischen Menschen und höheren Säugern entspricht der ganz neuen Form des symbolischen Verhaltens der Menschen und des abstrakten Denkens nicht eine neue Strukturierung des ZNS ... Wenn das Gehirn geistige Leistungen vermittelt, arbeitet es anders als bei den nur seelischen Funktionen ... Diese neue Arbeitsweise wird durch eine grundsätzlich neue Struktur durchgeführt, weil das innere Symbolsystem, das Gehirn, fortwährend durch ein äußeres Symbolsystem, die Sprache, in einer neuen Funktionsweise unterstützt und weitergeleitet wird ... Die geistige Welt von Ideen und Werten, Begriffen und Willensentschlüssen kann sich im Erleben nur verankern, weil sie in einem System von Symbolen einen Niederschlag gefunden hat

… Diese … festgelegten Symbole hemmen und lenken durch ihre Bedeutung die Funktionen des menschlichen Gehirns ganz ähnlich wie die Funktionen des Großhirns die Funktionen der kaudaleren Zentren hemmen und lenken. … Erhält das ZNS die Eigenschaften eines Systems von Symbolen, wenn seine Erregungen von Erlebnissen begleitet sind, dann besteht eine semantische Beziehung zwischen diesen Erregungen und den mit ihnen verbundenen Erlebnissen. Die Erregungen bezeichnen oder bedeuten diese Erlebnisse; die Erlebnisse sind der Sinn dieser Erregungen … Wendet man semiotische Begriffe wie Symbol oder Zeichen in einer Theorie der Funktionen des ZNS an, so muß man die Regeln der semantischen Stufen berücksichtigen. Beobachtet man sie nicht, so wird man Pseudoprobleme schaffen und sich in Antinomien verstricken, sobald man anfängt, das Verhältnis des ZNS zu Bewußtsein und Erleben zu behandeln … Die Lehre von den semantischen Stufen widerspricht zum Beispiel der verbreiteten Ansicht, daß die Erregungen des ZNS die Erlebnisse als eine Art von Epiphänomenen hervorbringen oder verursachen. Wird doch damit behauptet, daß die Produktion des Zeichens auch schon die Deutung oder Erkennung dieses Zeichens in sich schließt, was man doch nicht gelten lassen kann. … Die Symboltheorie des ZNS überwindet diese Schwierigkeit in der Fundierung unserer Erkenntnis der Realität. Sind es doch seine tatsächlichen und virtuellen Bewegungen, mit deren Hilfe der Organismus die Erregungen seines ZNS deutet. Wahrnehmungen werden mit Hilfe von tatsächlichen und virtuellen Bewegungen des Körpers aufgebaut. Dieser eigenen Bewegungskraft setzen die Körper der Außenwelt Widerstand entgegen, und deshalb wird diese Außenwelt als körperlich real erlebt. Tierische Bewegungen sind das Instrument des tierischen Handelns. Wahrnehmungen und Bewegungen, Erkennen und Handeln sind also in einer untrennbaren Weise miteinander verschränkt, und es sind das Bewegen und das Handeln, die der Wahrnehmung und dem Erkennen ihren Realitätsgehalt sichern."

Von den Funktionsweisen des ZNS aus gesehen, sind also tatsächliche und virtuelle Bewegungen gleichermaßen auf Realität (die „Objekthaftigkeit der Außenwelt") jenseits des Gehirns orientiert. Das Erfahren der eigenen raumzeitlichen Positionierung wird zur Erfahrung des Lebens im Aufbau des ZNS als symbolischer Repräsentanz eben dieser Dimensionierung des Organismus. **Das Prozessieren des Symbolsystems ZNS leistet den Anschluß vergan-**

gener und zukünftiger Entfaltungen von Lebensäußerungen an die jeweils aktuellen, weil die Struktur der Zeitlichkeit des Lebens (Rhythmisierung) und die Struktur der Räumlichkeit (Bewegungshemmung) in Symbolisierungen von punktuellen Lebensbedingungen in der Realität der Außenwelt unabhängiger werden läßt. Wenn man etwa Wiedererkennen als Erinnerungsleistung faßt (ohne fixe Lokalisierung dieses Potentials im ZNS, aber bei strikter Funktionsspezialisierung), dann bedeutet Erinnerung die Befähigung, von Symbolsystemen Gebrauch machen zu können, d.h. Erinnern als virtuelles oder tatsächliches Wiederholen zu prozessieren – beides in Differenz zur Realität, also symbolisiert. Um die Differenz von Symbol und Realität möglichst scharf erhalten zu können, und damit „Lernen" resp. „Anpassung" zu ermöglichen, verfiel die Evolution auf den Trick, den verschiedenen Formationen des ZNS **verschiedene Symbolsysteme** zuzumuten, die man bei Menschen zum Beispiel als **seelische** und **geistige** unterscheidet. Rothschild behauptete mit guten Gründen, daß das ohne den Umbau des ZNS wie beim Übergang von den Vögeln zu den Säugern möglich war. Menschen müssen nicht über ein anders strukturiertes ZNS verfügen als höhere Säuger und können doch neue Formen des symbolischen Verhaltens entwickkeln, weil ihrem Neokortex neue Symbolisierungen gelangen, eben sprachliche!

Damit wird die Erinnerungsfähigkeit unvergleichlich gesteigert und so das Potential und die Qualität von Lebensäußerungen enorm vergrößert.

Und nun der springende Punkt der Argumentation: Wie ist die Einheit oder „Ganzheitlichkeit" des Lebens zu gewährleisten (bis zu einem unabdingbaren Grad jedenfalls), wenn das ZNS gleichzeitig mit verschiedenen Symbolisierungen operiert? Antwort: **Alle Symbolisierungen gehorchen den gleichen Regeln der Regelhaftigkeit.** Zwar haben Sprachen verschiedene Syntaxen, aber darin sind sie alle gleich, daß sie eine Syntax haben (das meint Rothschild mit Differenzierung der semantischen Ebenen), und allen verschiedenen Symbolisierungen ist gemeinsam, daß sie eine Vielfalt als Einheit repräsentieren, indem jeder Teil das Symbol des Ganzen ist. (So „symbolisiert" jede Zelle den gesamten Organismus, obwohl sie nur spezifische Organfunktionen tatsächlich erfüllen kann.) Auf diese Weise **sind auch** innere (Gehirn) und äußere Symbolsysteme (Sprachen) anschlußfähig, kompatibel und können sich wechselseitig zur Bildung immer subtilerer Differenzierungen von neurophysiologischer Substanz, von elektrochemischem Prozeß und semantischem Potential stimulieren. Damit wird Kommunikation – bei gleichzeitiger Erhöhung des Realitätsgehalts von Bewegung und Handeln, von Wahrnehmen und Erkennen – potentiell immer leistungsfähiger.

Ihr Resultat kann die Bildung von neuen Einheiten der Vielheit von Individuen als Gesellschaften sein, deren Symbolsysteme als ZNS eines höheren evolutionären Wesens wieder so operieren wie das ZNS der Individuen. (Vgl. Konzepte der Lebenseinheit *gaja*)

Seit Jakob von Uexküll die gattungs- und artspezifischen „Umwelten" von Organismen beschrieb, stellt sich die Frage, ob es sinnvoll ist, diese Konstrukte als „Wirklichkeit" der Organismen aufzufassen. Die Welt der Hundezecke beschränkt sich auf das, was Zecken von ihrer Umwelt wahrnehmen und mit dieser Wahrnehmung anfangen können: die Konzentration von Kohlendioxyd, von Buttersäure, von Licht und Temperatur. Für die Zecke mögen diese sehr beschränkten, aber lebensdienlichen Unterscheidungsleistungen zwar ihre Wirklichkeit sein, aber nicht die Wirklichkeit der Welt, so weit in ihr Zecken vorkommen; denn zu dieser Wirklichkeit gehören ja Klimaverhältnisse als lange Perioden der Dürre und Kälte, das Vorkommen von Warmblütern wie auch die zeckentötenden Finger eines Hundeliebhabers. Jeder Beobachter von Zecken wird die deutliche Unterscheidung zwischen „der Welt der Zecke" und der Welt, in der Zecken vorkommen, notwendig einführen, auch wenn der Beobachter eine Zecke wäre, die sich selbst beobachtete, wofür sie jedoch unzureichend ausgerüstet ist.

In Organismen ist die Position des Beobachters in unterschiedlicher Weise implementiert, sinnfällig wird dessen Funktion in jedem Falle mit der Entwicklung von Bewußtsein. Der von Zecken befallene Hund weiß sich beobachtet; allerdings verstört ihn dieses Bewußtsein, wenn die Kriterien der Beobachtung instabil sind wie bei einem nicht trainierten Hundebesitzer, der die Differenz zwischen der Wirklichkeit des Hundes und seiner eigenen nach Belieben aufhebt und deshalb mit seinen Blickkontakten, Lautäußerungen und Verhaltensweisen immer andere Bedeutungen koppelt. Der Integration eines Hundes in die Lebenswelt des Menschen muß deshalb die Befähigung des Hundehalters vorausgehen, die Welt des Hundes nicht mit der Wirklichkeit der Welt gleichzusetzen, in der Hund und Hundehalter zugleich vorkommen. Zu dem den Hund verstörenden Wirklichkeitsverlust seines Herrn kommt es, sobald Herrchen sich partiell nicht mehr der Tatsache bewußt ist, daß er vom Hund, von seinen Mitmenschen, seinem Gott und seinem Gewissen beobachtet wird, also sobald er seine Wirklichkeit mit der Wirklichkeit der anderen gleichsetzt. Mit der Unterscheidung der Wirklichkeiten des Hundes und des Herrn ist nicht gesagt, daß der Herr die Wirklichkeit des Hundes kenne, oder die seiner Mitmenschen oder die des Gottes. Er rechnet nur mit der Andersartigkeit – ja, ihm wird die Wirklichkeit aller anderen Organismen zu dem, was er nicht ist und was sich seiner Eingemeindung oder Aneignung entzieht.

Unter dieser Voraussetzung bringt es wenig ein, aus den gut begründeten Vermutungen eines radikalen Konstruktivismus bei der Schlußfolgerung zu verharren, die Organismen – zumal jene mit der Fähigkeit zur reflexiven Bewußtseinsleistung und zur Selbstbeobachtung mit wechselnden Kriterien der Unterscheidung – konstruierten ihre Wirklichkeit selbst. **Sobald einzelne Organismen/Systeme ihre Umwelt als die Welt anderer Organismen/Systeme durch Bewußtsein identifizieren können, also damit rechnen, daß ihre Umwelt aus anderen Organismen/Systemen besteht, wird ihr Konstrukt von Wirklichkeit lebensriskant.** Das Risiko zu mindern, verlangt nach Relativierung der eigenen Wirklichkeitserfahrung. Mit dieser Anpassungsnotwendigkeit an die Wirklichkeit der Umwelt, die in jedem Falle ein erheblich größeres Segment der Welt umfaßt als jedes einzelne System, hebt sich der Wirklichkeitsanspruch des je einzelnen Systems weitgehend auf. **Je anpassungsfähiger die einzelnen Organismen/Systeme werden, desto virtueller werden ihre Wirklichkeitskonstrukte.** Ist aber dann die Zuschreibung je eigener Wirklichkeit der monadischen Einheiten noch eine unterscheidungsfähige Beobachtung?

Mit der Annahme gattungs- und artspezifischer Wirklichkeitskonstruktionen ergeben sich auch Schwierigkeiten, wenn man der Tatsache Rechnung trägt, daß z.B. alle Menschen über das gleiche neurophysiologische Substrat verfügen, das man *Körper* nennt. Wieso kommen Menschen trotz dieser ihnen gegebenen organismischen Existenz als Körper individuell und kollektiv zu sehr unterschiedlichen Leistungen in Verhalten, Wahrnehmen, Denken und Fühlen oder kurz – im Selbst- und Fremdbezug? **Wir gehen von der Annahme aus, daß die Relativierung des monadischen Konstrukts von Wirklichkeit in dem Maße gelingt, indem es Organismen/Systeme fertigbringen, die ihnen implementierte Lebensumwelt vom System selbst zu unterscheiden,** mit dieser Unterscheidung von fremd und eigen dann die Repräsentanz der Umwelt im System zu verändern und schließlich vielfältige Repräsentationen der Umwelt im Organismus zu entwickeln. Beispiele dafür sind einerseits Immunisierungsprozesse und Symbiosen mit anderen Organismen oder, auf höherer Entwicklungsstufe, die Repräsentation des Fremdpsychischen in Bewußtseinssymbiosen, die man herkömmlich als *Kultur* definiert.

Wenn man die Koppelung der verschiedenen Funktionsleistungen des ZNS (innen/außen, selbst/fremd, Zwischenhirn/Großhirn, Organismus/Umwelt, Bewußtsein/Kommunikation) durch den Differenzabgleich unterschiedlicher Repräsentationen/Symbolsysteme annimmt, und wenn die Anzahl dieser Symbolisierungen so klein wie möglich gehalten werden muß, um Funktionssicherheit zu optimieren, dann kommt der Erinnerung die Aufgabe zu, die Koppelungen variabel zu halten. **Da Erinnerungen immer nur partiell sind, ist durch die Leistung der Erinnerung die Variabilität der Differenzbildungen zwischen den in sich geschlossenen Symbolsystemen ermöglicht.** Für das Prozessieren von Erinnerungen lassen sich zwei Grenzwerte erkennen: Wird zu viel erinnert, dann reproduzieren die Erinnerungen nur das Symbolsystem. Wird zu wenig erinnert, verkümmert die Fähigkeit, mit den verschiedenen Symbolsystemen zu operieren. Erinnern und Vergessen sind also dieselbe Operation innerhalb dieser Grenzen. Auf der Ebene der Phänomenologie der Erinnerung entspricht dem Gesagten die Erfahrung, daß zu intensive und zu breite Erinnerung lähmt, indem sie die aktuell geforderte Lebensäußerung als bloße, rigide Wiederholung vollzieht und damit ein hohes Risiko eingeht. **Wer ständig in Erinnerungen lebt, dürfte den Anforderungen des Tages kaum gewachsen sein.** Wer zu stark auf die Erinnerung und damit auf die Wiederholung einmal erfolgreicher Handlungen fixiert bleibt, erleidet Schiffbruch. Wer sich andererseits nicht hinreichend erinnert, wird unsicher im Gebrauch der Symbolsysteme. Seine Kommunikationsfähigkeit verkümmert. Wer zu viel vergißt, wird nichts lernen; wer zu wenig vergißt, wird das einmal Gelernte auf veränderte Anforderungen hin nicht modifizieren können. Beide werden innerhalb ihres Wirklichkeitskonstrukts eingeschlossen bleiben, wenn sie nicht lernen, das Vergessene zu erinnern und die Erinnerungen zu vergessen.

Wie sehr beides derselben Leistung zuzurechnen ist, lehrt die Bemühung von Psychologen, das Vergessene als ein nicht Erinnertes zu rekonstruieren und die zu dominante Erinnerung zu deaktivieren, indem sie den schematisierten Symbolgebrauch zerschlagen. Demzufolge kann **Gedächtnis** als die Einheit von Erinnerung und Vergessen auch nicht als Fixierung von Informationen etwa in Gestalt von spezifischen Eiweißmolekülen angenommen werden, sondern als **variable, partiell aktivierte Koppelung unterschiedlicher Symbolsysteme.** Wenn Erinnerungen mit Angst besetzt sind, also vergessen werden möchten, dann sind die damit verbundenen spezifischen Reaktionen nur beherrschbar, wenn man in das Symbolsystem des Neokortex und vor allem in das externer Sprachlichkeit transzendiert. Und umgekehrt: wenn man sich zu vorbehaltlos eines schematisch-rituellen Sprachgebrauchs bedient, wird man aus diesem Leerlauf nur herauskommen, wenn man sich an die geistigen, seelischen und vitalen Symbolisierungsleistungen des ZNS anzuschließen vermag. Da alle Symbolisierungen auf spezifischen Differenzierungen von innen und außen, von Organismus und Umwelt, von Eigen- und Fremdbewußtsein beruhen und diese Differenzierung vom ZNS als gleichzeitige Operation mit mindestens vier (dem vitalen, dem seelischen, dem geistigen und dem sozialen) Symbolsystemen in Rechnung gestellt wird, läßt sich die außerorganismische Wirklichkeit als das verstehen, was nicht in

einem Symbolsystem als Ganzes repräsentiert werden kann. **Wirklichkeitserfahrung** – aber das verringert die Gefahr des Scheiterns – **ist deswegen an Erinnerung gekoppelt, weil sie jeweils nicht mit dem System der vitalen, seelischen, geistigen und sozialen Symbolgefüge identisch ist, sondern punktuell ihre unterschiedliche Orientierung auf die Wirklichkeit nutzt.** Was diese Wirklichkeit als Ganzes ausmacht, kann und braucht nicht berücksichtigt zu werden. Dem ZNS genügt es, zur Aufrechterhaltung des Organismus im einzelnen und konkreten Moment des Lebens sich daran zu erinnern, was die Wirklichkeit tolerierte. **Die leistungsfähige Balance des Gedächtnisses zwischen Erinnern und Vergessen entspricht unserer phänomenologischen Erfahrung, daß wir mit der Wirklichkeit rechnen können, obwohl wir sie nicht kennen.**
Und weil die Wirklichkeit das ist, was wir nicht zu kennen oder zu beherrschen oder uns anzuwandeln vermögen, können wir mit ihr unter Zuhilfenahme des Gedächtnisses jeweils erneut und konkret rechnen, indem wir feststellen, ob unsere Lebensäußerungen in der Wirklichkeit toleriert werden oder eben nicht.

| Von der sprechenden zur bildenden Wissenschaft |

| 12 | **Der falsche Hase.**

Hakenschlagen auf Kunstrasen |

Ausriß aus einem TV-Treatment für den ORF Wien

Vorbemerkung

Nur das Falsche ist als solches noch wahr. Fälschungen sind die natürlichen Formen, die Wahrheitsfrage zu stellen. Fälscher sind die leistungsfähigsten Künstler, und Fälschungen sind nur so lange ein Problem, wie sie nicht gelingen. Aber auch originale Kunstwerke gelingen ja nur selten und sind als schlechte Werke genau dasselbe Problem wie schlechte Fälschungen. Es geht also nicht um die Unterscheidung von Fälschungen und Originalkunstwerken, sondern um die Unterscheidung von guten und schlechten, von akzeptierten und abgelehnten Werken. Fälschungen sind deswegen interessant und für die Kunst unerläßlich, weil sie zu dieser Unterscheidung zwingen, um die sich alle gerne herumdrücken. **Kunsthändler und Bilderkäufer machen Fälscher für ihre eigene Unfähigkeit zur Unterscheidung von guten und schlechten Werken verantwortlich.** Wenn sie nicht unterscheiden können, sind sie weder Experten noch Kenner. Wenn sie nicht unterscheiden wollen, sind sie selbst Fälscher.

Nummernrevue

1. Akteur am Bankschalter soll Scheck unterschreiben – Schalterbeamter weist Unterschrift zurück, da sie mit dem Original auf der Scheckkarte nicht übereinstimme – Kunde wird aufgefordert, sich auszuweisen – doch auch diese Unterschrift variiert von oben genannten – Kunde wird nun aufgefordert, mehrere Unterschriften zur vergleichenden Anschauung auf dem Papier nachzuvollziehen – Schalterbeamter ruft Vorgesetzten, der ihm erklärt, daß gerade die Unterschiedlichkeit der Unterschriften desselben Kunden Beweis für deren Echtheit sei, denn nur bei einem Fälscher wären die Unterschriften immer gleich, denn er möchte der Verdächtigung, nicht die authentische Person zu sein, entgehen, wohingegen der authentische Kunde keinen Anlaß hat, die Abweichung seiner Unterschriften voneinander zu fürchten, weil er weiß, daß er derjenige ist, der alles unterschrieben hat.

2. Sequenz von Joseph Beuys-Unterschriften mit dem Off-Kommentar: „Aber die sind ja alle völlig identisch!" – Sequenz mit den Unterschriften von Adolf Hitler, die alle verschieden sind und einem Off-Dialog aus *Schtonk* (etwa): „Die müssen echt sein, denn die sind ja alle verschieden."

3. Sequenz von Gemälden des Werbepapstes Michael Schirner, die nur die Signaturen berühmter Maler tragen mit dem Off-Ton: „Dem Schirner kommt es doch wie allen Künstlern nur auf seinen Namen an. Was die malen, ist denen doch völlig wurscht und die Kritik auch. Hauptsache ihr Name ist richtig geschrieben." – Originaltonbild Schirner in seinem Düsseldorfer Studio vor reihenweisen Aktenordnern mit Zeitungsausschnitten, in denen immer nur der Name Schirner markiert ist: „Künstler ist, wer einen Namen hat. **Die einzige Form von Kunst ist Namenswerbung.** Mehr als den Namen kann man sich sowieso vom Künstler nicht merken, deshalb huldigen dem Namen des Künstlers seine Fälscher. Sie sind die größten Verehrer, weil sie das Werk mit ihren Fälschungen noch größer und bedeutender machen, als es der Künstler selber konnte. Der Fälscher schadet dem Künstler nicht, er nutzt ihm. Ich liebe Fälscher."

4. Interview Bastian mit der emphatischen Feststellung, die Mailänder Beuys-Objekte seien gefälscht – Bastian wird aufgefordert, die Kriterien für das Gefälschtsein an den Objekten zu demonstrieren – die gleichen Kriterien werden dann auf Beuys-Objekte aus Bastians Berliner Beuys-Ausstellung angewendet – Kamera demonstriert die Evidenz, daß gegen von Bastian anerkannte Beuys-Werke dieselben Einwände erhoben werden können, wie er sie gegen die vermeintlichen Fälschungen ins Feld führt.

5. Im Behandlungszimmer eines Arztes – Patient bekommt, mit nachdrücklicher Ermahnung zur pünktlichen Einnahme, vom Arzt Tabletten überreicht – Patient verläßt das Zimmer – Arzt spricht einen Kommentar in die Kamera wie der Moderator im Gesundheitsmagazin *Praxis* im ZDF: „In der Medizin ist das Vertrauen des Patienten zum Arzt die Basis jeden Erfolgs, denn wir wissen, daß die Chemie allein nicht wirkt. Der Patient muß von der Wirkung der Medikamente überzeugt werden, sonst helfen sie nicht. Wie sehr der Glaube an die Wirkung selbst die beste Medizin ist, beweisen die Placebos – Medikamente, die nur aussehen wie welche, die aber keine Wirksubstanz enthalten. Vom Phänomen der Placebomedizin sind auch die Ärzte betroffen. In jeder Erprobung von Medikamenten, dem sogenannten doppelten Blindversuch,

wissen auch die behandelnden Ärzte nicht, welche Tabletten echt und welche gefälscht sind. Da die Natur des Menschen jedoch überall gleich funktioniert, vermute ich, daß auch bei der Kunst der Placeboeffekt wirksam ist oder auch bei Konsumgütern, die entsprechend wirkungsvoll verpackt sind." – Patient zu Hause, der „zu Risiken und Nebenwirkungen" Verpackungsbeilage der Medikamente halblaut liest – der gelesene Text enthält aber statt Aussagen zum Medikament Hinweise zu Risiken und Nebenwirkungen von Kunst – Patient schluckt Tabletten, die sich beim Einnehmen in kleine Bildwerke verwandeln.

6. Beuys im Umkreis seiner Schüler und Jünger – Abklammersequenz aus Zürcher Gesamtkunstwerk-Diskussion, in der Beuys vorgehalten wird, er mache seine Bewunderer abhängig und trete selber als Guru-Doktor auf – darauf Beuys: alle Menschen seien Gurus, alle Menschen seien Künstler, weshalb er auch die Arbeiten seiner Studenten für seine Werke nutze – Interview Dr. S., die darüber erzählt, welche Schülerarbeiten Beuys als seine Arbeiten verwendet habe, u.a. den Kopf der Stele im Werk *Straßenbahnhaltestelle*, 1976.

7. Kleve-Sequenz mit der optischen Demonstration, wie Beuys das dort vorhandene Barockdenkmal der *Straßenbahnhaltestelle* einverleibte – woraus sich die Frage ergibt, ob Kopieren und Imitieren nicht auch Formen der Fälschung sind – wenn Beuys den Barockkünstler kopiert, imitiert und transformiert, gilt das als Leistung, wenn Oberhuber kopiert, imitiert und transformiert haben sollte, gilt das als Fälschung – rechtlich ist der Unterschied für jeden verständlich – der Sache, der geistigen Leistung nach aber nicht.

8. Man betritt den ersten Raum in einer Gemäldegalerie – berühmte Malernamen im Anschnitt unter und neben den Bildern auf den Beschriftungen – in einem zweiten Saal hängen statt der Gemälde großflächige Angaben über den Marktwert der Bilder in je unterschiedlichen Formaten (wie im ersten Saal) – Kustodin kommt in den zweiten Saal und tauscht zwei Marktwertangaben, z.B. 3,2 Millionen gegen 10.000 DM aus – dazu erklärt sie im On-Ton: „Man hat bei uns gerade wieder eine Fälschung aufgedeckt."

9. Sequenz aus *Talk im Turm* mit Deutsche Bank-Chef K., der erklärt, die Milliardenverluste aus der Fälschung von Unterlagen zur Kreditbewilligung im Fall Schneider seien bloß *peanuts*. Solche Risiken gehörten nun mal zum Geschäft. Es gebe keinen Grund zur Aufregung – darauf antwortet in der Talkrunde der Vertreter bürgerlicher Kapitalismuskritik, die Agumente K.'s müsse man als

Eingeständnis werten, der eigentliche Betrüger sei im Fall Schneider die hauptbeteiligte Bank, die es nicht nur leichtfertig, sondern absichtsvoll vermieden habe, die offensichtlich falschen Angaben über Mietfläche und Mieteinnahmen in der Zeilgalerie zu überprüfen.

10. Vorhaltungen Oberhubers an den Käufer der fraglichen Beuyswerke, er hätte die Echtheit der Werke prüfen müssen, wenn ihm die Frage echt oder nicht echt wichtig erschienen wäre. Angesichts des niedrigen Kaufpreises hätte Käufer allen Anlaß zur Nachfrage gehabt.

11. Zur Psychologie des betrogenen Betrügers äußert sich der psychologische Sachverständige der Düsseldorfer Staatsanwaltschaft mit der Heiterkeit eines Weisen zum Problem des Ehrbegriffs der Fälscher und Betrüger in der Mafia, in der Ehegattenbeziehung, in Steuersachen und im Kunsthandel – sein Fazit: Da jeder damit rechnet, betrogen zu werden, wird die aktive Täuschung als gerechtfertigter Schadensausgleich angesehen. Wer dabei auffliegt, gilt als nicht intelligent oder geschickt genug. **Alle bewundern am großen Fälscher seine außerordentlichen Fähigkeiten, die allerdings nur Vermutung bleiben, weil der begabte und begnadete Fälscher, dem Fälschungen gelingen, eben nicht bekannt werde. Für die ihm so entgehende Anerkennung darf er sich wenigstens mit dem kassierten Geld trösten.**
Ein schwacher Trost jedoch, weshalb die Psychologie des Fälschers ihn verführe, die Fälschung selber auffliegen zu lassen, zumal weit überschätzt werde, was Fälschungen einbrächten.

12. Sequenz aus *Fake*, in der Elmyr de Hory schildert, wie er vom Kunsthandel ausgenutzt worden sei. Am Ende besäße er gar nichts, nicht einmal das Haus, in dem er wohne. Geblieben sei ihm nur der Ruhm als begnadeter Fälscher, dessen Werke noch heute unerkannt in allen großen Museen der Welt hingen.

13. Zu Originalwochenschauaufnahmen und Fotodokumenten der Restaurierung der Lübecker Marienkirche in den Jahren 1949 - 1952 wird folgende Geschichte erzählt: Die sensationelle Entdeckung romanischer Fresken sollte in einem fulminanten Festakt vor den höchsten Repräsentanten der Kirche,

der Politik, der Kunstwissenschaft und der Steuerzahler gefeiert werden. Die Tischordnung wurde streng hierarchisch festgelegt. Lothar Malskat, vermeintlich nur Restaurierungshandwerker der Fresken, kam an den Katzentisch mit anderen Handwerkern, während die Koriphäen sich in der Aufmerksamkeit der Presse auf den Ehrenplätzen sonnten. Die Ordinarien schwelgten in ihrer Expertenglorie, die Kirchenfürsten salbaderten über die unschätzbaren kulturellen Werte, die hier dem Dunkel der Geschichte mit Hilfe des Zerstörungswerkes englischer Fliegerbomben entrissen worden seien. Vor so viel Beschwörung einmaliger menschheitlicher Kulturleistung ließ sich Malskat dazu verführen, wahrheitsgemäß zu bekennen, daß er der menschliche Genius gewesen sei, dem die Welt diese Schöpfungen verdanke. Er erwartete, daß die eben ausgesprochenen Huldigungen nunmehr ihm gelten würden. Er verstand bis ans Ende seines Lebens nicht, warum mit seinem Bekenntnis schlagartig alles das nur noch als wertlose Fälschung herabgewürdigt wurde, was wenige Minuten zuvor als großartige, ja einmalige Leistung gerühmt worden war.

14. Führung von Dr. S., die unerkannt bleiben will, durch ein NRW-Museum, das nicht identifiziert werden darf – vorgeführt wird das Oeuvre des Künstlers K., der in den 50er Jahren ein hochgehandelter Vertreter des Informell gewesen ist, dann aber in den 60er und 70er Jahren von der vorherrschenden Pop und Concept Art verführt wurde, seinen Stil zu ändern, weil ihm seine Sammler immer wieder zu verstehen gegeben hätten, ihm fiele wohl nichts Neues ein, er habe offensichtlich nicht die Kraft zur Entfaltung neuer zeitgemäßer Werkideen – als sich Meister K. nach dieser Kritik richtete und zeitgemäße Bildformen der 60er und 70er Jahre aufnahm, bekam er zu hören, daß er nicht mehr der alte sei. Seine Werke aus den 50er Jahren hätten wirkliche Leistungen geboten. Jetzt sei er nur noch einer unter denen, die ferner liefen. Damit habe er dem Wert auch seiner frühen Bilder geschadet, weshalb die Sammler ihn mieden – daraufhin begann K. den Markt mit Bildern des geschätzten 50er Jahre-Stils zu versorgen – ohne Erfolg, denn seine Sammler vermuteten, er hätte mit diesen neuen Angeboten sein eigenes Werk gefälscht; die Gemälde sähen zwar genauso aus wie seine Arbeiten der 50er Jahre, stammten aber offensichtlich aus den späten 70er Jahren, trotz aller gegenteiligen Beteuerungen des Meisters. Diese Werke seien zwar wahre K.'s, aber keine echten.

15. Seit 1981 ist Norbert Hähnel aus Berlin-Kreuzberg mit der Punkband *Die toten Hosen* als *wahrer Heino* aufgetreten – 1985 lancierte er in West- und Osteuropa eine Tournee „Unter falscher Flagge" – während der Konzerte sang

Hähnel im Playback Heino-Evergreens, klärte das Publikum über seine wirkliche Biographie auf und bezeichnete den echten Heino, Heinz-Georg Kramm, als vom Plattenkonzern EMI erfundenen Doppelgänger – Hähnel: „Ich bin der wahre Heino, denn ich habe zum Beispiel die echten Haare, der andere Heino trägt wahrscheinlich bloß ein Toupet, und er singt übrigens Lieder, die nicht von ihm stammen, wie *Bergvagabunden*, *Blauer Enzian* und andere Lieder aller Deutschen. Wie Heino, der mit der Perücke, sich das fremde Liedgut als seines aneignet, so eigne ich mir Heinos Erscheinungsbild als meines an. Der Heino mit den falschen Haaren ist zwar der echte, ich aber bin der wahre Heino." – im März 1986 entscheidet das Landgericht Düsseldorf, es ginge nicht um philosophischen Tiefgang und das aufklärerische Bemühen, Fälschungen durch Fälschungen zu entlarven, sondern um ein Markenzeichen, das sich der echte Heino erarbeitet habe und das die Grundlage seiner Existenz sichere. Der wahre Heino müsse für drei Wochen in Haft, wo er darüber nachdenken könne, daß Sonnenbrille und helle Perücke, die jeder tragen könne, alleine dem echten Heino vorbehalten blieben, wenn sie zum Markenzeichen und eben nicht zum Wesen des Künstlers Heino gehörten.

16. Hähnel vor *Trompe l'oeil*-Malerei („Augentäuscherbilder") – er erklärt, warum Täuschung die höchste Form der Erkenntnis darstelle: Zwar hätten die Maler des 17. Jahrhunderts ihre Wandstückchen so gemalt, als seien sie gar keine Gemälde, sondern tatsächliche Wände, aber ihren Massenerfolg beim aufstrebenden Bürgertum hätten die Bilder erreicht, weil sie dem Betrachter ermöglichten, sein Getäuschtwerden zu genießen. Der Wert der Gemälde sei umso höher, je raffinierter die Täuschung und je größer die Anforderung an den Betrachter sei, zwischen Illusion und Wirklichkeit der bloß mit Farben beschmierten Leinwand zu unterscheiden. Alle Kunst sei Kunst der Vortäuschung mit gestalterischen Tricks, die zum Beispiel eine zweidimensionale Fläche als dreidimensionalen Raum illusioniere. Das wahre Bild, das man sieht, entsteht im Kopf des Betrachters. Für diese seine Bilder sei der Betrachter selbst verantwortlich, nur er selber könne sich betrügen, wenn er den Unterschied zwischen einem bloßen Fetzen Leinwand und der Idee des Kunstwerks aus Bequemlichkeit oder Dummheit oder kommerziellem Interesse ignoriere. Die Fälscher seien nicht so ignorant, was wir ihnen heimzahlen, indem wir sie entlarven. Die Fälscher wüßten, daß Kunstwerke nur Illusionen seien, zu deren Genuß man sich verabrede. Sie vertrauten auf diese Verabredung, also auf unseren Kunstbegriff. Fälscher stützen also die Kunstwerke in ihrer Wirkung, indem sie uns zwingen, nicht nur die Werke anzuglotzen, sondern sie

mit einer geistigen Leistung der Unterscheidung zwischen Illusion und Wirklichkeit, zwischen ideellem und materiellem Wert zu betrachten. Wer den Fälschern vorwirft, sie fälschten mit der materiellen Gestalt des Werkes auch seine ideelle sollte aufhören, an der Kunst Interesse zu heucheln.

17. Sequenz aus *Fake*, in der erzählt wird, Picasso seien drei verschiedene „Picassos" vorgeführt worden; jedes Mal habe er behauptet, das Bild sei nicht von ihm gemalt. Empört habe der Präsentator ausgerufen: „Aber Pablo, ich habe doch mit eigenen Augen gesehen, wie du dieses Werk gemalt hast." Darauf Picasso: **„Ich kann mich ebenso gut fälschen, wie jeder andere mich fälschen kann."**

18. Anfang der 50er Jahre erklärte de Chirico in Rom, die ihm präsentierten de Chiricos seien alle falsch, und er beschriftete die Arbeiten nachträglich als Fälschungen; als man ihm die Echtheit der Werke nachweist, erklärt er, daß es wohl reihenweise gefälschte de Chiricos gebe, sonst brauchte man ihm die Arbeiten zur Bestätigung ihrer Echtheit ja gar nicht vorzulegen. Nur er sei autorisiert, echte und unechte de Chiricos zu unterscheiden und erkläre eben die vorgelegten für nicht echt, weil ihm die tatsächlich echten nicht zur Beglaubigung vorgelegt würden.

19. Szene aus dem *Amerikanischen Freund* von Wim Wenders, in der Nicholas Ray einen Monolog über die Wahrhaftigkeit seiner gefälschten Derwitts hält.

20. Nachgestellte Szene jener Begebenheit im Dahlemer Museum (1987), als die Beschriftung des Rembrandtschen Meisterwerkes *Der Mann mit dem Goldhelm* ausgetauscht wird gegen die Mitteilung, es handele sich nurmehr um ein Werk aus dem Umkreis Rembrandts – der Kunsthistoriker Martin Warnke arrangiert die Szene, analysiert das Bild, erklärt seine Ikonographie – als Fachwissenschaftler, der selber lange an die Echtheit des „Mannes mit dem Goldhelm" geglaubt hat, versucht er nachzuvollziehen, warum die Fachkommission „Rembrandt" das Gemälde nun plötzlich aus dem Rembrandt-Oeuvre ausschließt – Warnkes Frage: Was hat sich am Werk und seiner Wirkung geändert durch die Aberkennung der Autorschaft Rembrandts? – Warnkes Fazit: **Jeder Künstler wird im Hinblick auf das geschätzt und identifizierbar, was er nicht kann.** Sein Handwerk, sein Stil werden

durch die Begrenztheit seines Könnens bestimmt, denn wenn ihm keine Grenzen gesetzt wären und wenn er alles könnte, was Künstler überhaupt vermögen, dann wäre er eben nicht dieser eine besondere Künstler, sondern ein Alleskönner, eben ein – wenn auch unfreiwilliger – Fälscher aus der Unmöglichkeit, weil er nicht gezwungen ist, sich aus Beschränktheit festzulegen.

Von der sprechenden zur bildenden Wissenschaft

13 Warum noch Kunst?

Eine Polemik gegen den herrschenden Bildanalphabetismus

Zur Politikverdrossenheit, zur Technik- und Bildungsverdrossenheit jetzt noch die Kunstverdrossenheit? Man kann das Gelaber nicht mehr hören, weil es so verlogen ist. Wer diesen Maulchören der gelangweilten Schmarotzer tatsächlich folgt und sich als asketischer Einsiedler in die Großstadtwüsten zurückzieht, merkt schnell, daß das Gejammer so ernst nicht gemeint ist. Dreißig Kanäle zapfen die Burschen an, damit sie genügend Augenfutter haben. Aus den Duschen soll es sprudeln und ALDI Milch und Marmelade fließen lassen.

Kurz – wir sind ganz und gar nicht zufrieden mit der Arbeit der anderen, die wir für uns reklamieren. Und mit unserer eigenen Arbeit? Wir hacken auf den großen Freiheiten herum, den Freiheiten der Lebensführung, der Weltanschauungen und des Konsums. Wir beschweren uns über die Zumutungen der Freiheit, sehnen uns nach verbindlichen Kommandos, nach verordneter Übereinstimmung über das Schöne, Gute und Wahre. Der Wunsch ist verständlich; seine Erfüllung hängt aber von jedermann ab, der verbindliche Übereinkunft anmahnt. Mehr Freiheit bedeutet nämlich mehr selbstverantwortliche Arbeit – Arbeit, wie sie die Künstler immer schon leisten mußten. Ihnen half kein

Regelkanon des Schönen, keine Meisterprüfung der Handwerkskammer, kein Hochschuldiplom. Die Gestaltungsfreiheit vor der leeren Leinwand, auf der leeren Bühne und vor dem formlosen Haufen Ton war schier grenzenlos. Wie man sich in dieser Beliebigkeit des bloß Möglichen, aber noch nicht Wirklichen behauptet, das lernen wir von Künstlern. Wie man der Angst zu scheitern begegnet, aber auch der Trauer der Vollendung; wie man darauf besteht, selber noch in der Welt vorzukommen und wahrnehmbar zu werden, wie man etwas Neues wagt, obwohl doch das Vorhandene schier unerschöpflich zu sein scheint. So weit wir noch darauf beharren, Individuen zu sein, lernen wir bei den Künstlern, was ein einzelner Mensch noch über diese Welt zu sagen vermag. Das klingt banal, aber in Wissenschaft und Politik, in Wirtschaft und Ausbildung werden wir auf Aussagen getrimmt, die gelten sollen, weil sie von Parteien und Verbänden, von Glaubensgemeinschaften und Arbeitskollektiven getragen werden. Da kommt es auf individuelle Aneignung der Welt nicht mehr an – für Künstler ist sie jedoch unverzichtbar. Sie prägt, was wir Persönlichkeit nennen, den Charakter der Selbständigen. Wenn wir auf sie verzichten, verlieren wir die Achtung vor uns selbst und toben den Haß auf unsere Nichtigkeit in Horden aus. **Wenn heute reihenweise Kulturfunktionäre, Feuilletonisten und Zeitgeistler behaupten, die Künstler hätten uns nichts mehr zu sagen, verdecken sie damit nur, daß sie selbst nichts zu sagen haben.** Die Verachtung für die Leistung des einzelnen Künstlers, der seine Arbeit ausschließlich selbst begründet und selbst verantwortet, zeigt, wie verantwortungslos gerade diejenigen geworden sind, die das Ende der Kunst im Zeitalter ihrer Kommunizierbarkeit triumphal verkünden.

Was aber ist **das neue Zeitalter der Informationsgesellschaft und der Massenmedien? Es wird geprägt durch Kommunikation über Bilder.** Die Ärzte arbeiten mit Bildern von unseren Körpern und stellen anhand der Bilder Diagnosen. Die empirische Forschung besteht im wesentlichen in der Entwicklung und Anwendung von Bildgebungsverfahren. Erst diese Verbildlichungen sind der Gegenstand wissenschaftlichen Arbeitens. Ob wir mit der Kleinteilchenphysik oder der Astrophysik, mit der Molekularbiologie oder der Neurologie konfrontiert werden – überall sind Verbildlichungen von Prozessen und Strukturen die Voraussetzung und der Gegenstand wissenschaftlicher Aussagen. Statistiken werden uns als grafische Bilder geliefert, Schlachtfelder als Bildpanoramen, politische Willensbekundungen als Bildinszenierungen des Fernsehens: die Welt als BILD-Zeitung. **Je mehr wir der Welt nur noch über die Vermittlung von Bildern teilhaftig werden können, desto auffälliger wird unser Bildanalphabetismus.** Vor rund 200 Jahren lernte man, daß die Entwicklung moderner Gesellschaften davon abhing, daß so gut wie jedermann lesen, schreiben und rechnen lerne. Per Schulpflicht wurde man gezwungen, sich diese Kulturtechniken anzueignen. Heute wäre es angebracht, die Menschen zur Aneignung der Bildsprachen zu verpflichten, damit sie in der Bilderflut nicht untergehen oder trotzig auf einem ideologischen Weltbild beharren.

Die Künste haben in Europa eine 600-jährige Erfahrung in der Verbildlichung von Gedanken und Vorstellungen. Sie entwickelten die Bildgebungsverfahren und erkundeten die Bildsprachen in ihren je spezifischen Leistungen. Da ist es nicht aus der Luft gegriffen, zu behaupten, daß man gerade heute von den bildenden Künsten lernen kann, wie Bilder gebaut und gebraucht werden, auf welche Weise sie erkenntnisfähig sind und unsere Kommunikation instrumentalisieren. Die **Künstler haben zugleich mit der Suggestivität und Magie der Bilder gearbeitet,** aber auch der Verhexung und Verführung durch Bilder den Kampf angesagt. **Die Aufklärung durch Künste** war vor allem **ein Kampf gegen den Zauber der Bilder,** z.B. gegen die alle Köpfe beherrschenden Bilder von Himmel und Hölle, von schwarzen Löchern und imaginären Größen, von Normalität und Wahnsinn.

Insbesondere die moderne Kunst lebt von der Kritik der Bilder und der naiven Verbildlichung der Welt; gerade deswegen wurde sie als entartet geschmäht. Jetzt sieht man die Bildapparatemedizin entarten, die religiösen und wirtschaftlichen Heilslehren, die Gentechnologie und die Gehirnverpflanzer – samt und sonders Behexungen durch Bilder. Dagegen hilft kein Bilderverbot, sondern die **Aufklärung über die Sprache der Bilder.** Genau das ermöglichen uns die bildenden Künste. Wer glaubt, sie verachten zu können, folgt der Kampagne unseres größten Bildorgans: „Wer heute die Leser betrügt, macht morgen die BILD-Zeitung." Dagegen setzen wir: **„Wer heute bei den bildenden Künstlern lernt, braucht morgen die BILD-Zeitung nicht mehr zu fürchten."**

Wir müssen kommunizieren, weil wir uns nicht verstehen können

14 Vergegenständlichungszwang.

Zwischen Ethik und Logik der Aneignung

Immer noch wird wie selbstverständlich angenommen, „die Bereitstellung von Waren und Dienstleistungen zielt auf die Befriedigung von Bedürfnissen". Dabei dürfte doch längst klar sein, daß Bedürfnisse prinzipiell offene Größen sind, die durch Erfüllung nicht gelöscht werden konnen (bestenfalls zeitweilig stillgestellt werden können). Was man als Befriedigung von Bedürfnissen bezeichnet, ist nur eine Objektivierung von Bedürfnissen, die durch die Art, wie sie in Erscheinung treten, selbst nicht aufgehoben werden können. **Bedürfnisse lassen sich als Bezugsrahmen von Lebensformen fassen; sie werden** gestaltet, zur Sprache gebracht, aber **nicht befriedigt.** Die Aneignung eines Produktes erfüllt sich nicht, indem man es in seine Verfügung bringt, sondern indem man es gebraucht. Selbst Produkte, die wesentlich durch ihre technische Funktionalität bestimmt sind und denen eine Gebrauchsanleitung beiliegt, werden dennoch von Individuen je unterschiedlich in ihrer Alltagswelt oder eben in dem Bezugsrahmen ihrer Lebensformen positioniert. Das tun nicht nur Menschen, die dem Beispiel von Künstlern folgen, Kontexte der Produkte über die Gebrauchsanleitung hinweg zu verändern. Schon die alltägliche Erfahrung mit Individuen, die Auto fahren, bestätigt, daß die Objekte trotz aller technischen Funktionalität dem Aneignungsvermögen der Individuen ausgesetzt sind und von der Art und Weise, wie sie genutzt werden, überformt werden können (das Auto als Waffe).

Am unmittelbarsten machen uns das Kinder klar durch ihren sehr unterschiedlichen Umgang mit standardisiertem Spielzeug. Gerade hochdefinierte Spielsachen vermögen die Aneignungsaktivitäten der Kinder aus sich heraus nicht zu erfüllen; deswegen definiert sie erst die kindliche Phantasie und Erlebnisfähigkeit je nach Spielsituation, Spielmotivation und Spielform um. Daraus haben Entwerfer zu Recht immer wieder den Schluß gezogen, Spielzeug möglichst nicht zu hoch zu definieren, denn ein Spielzeug wird nicht in erster Linie durch seine materiale Gestalt, seine Funktionslogik und Integrierbarkeit in Ensembles von Spielsachen attraktiv, sondern durch das Spiel selbst, also durch den Umgang mit ihnen.

Auch die Unterscheidung von Gebrauchswert und Symbolwert von Produkten läßt sich im Alltagsleben schwer durchhalten. Die als symbolisch angesehenen Gestaltanmutungen von Möbeln, ihre Stile, ihre „Gefälligkeit und Schönheit" sind ohne weiteres als Gebrauchswerte zu identifizieren, die den Umgang mit dem materialen Objekt weitergehend zu bestimmen vermögen als dessen unmittelbare Funktionstauglichkeit. Sitzen auf landläufig für unbequem gehaltenen Stühlen kann eine bewußtere Nutzung provozieren als das bequeme Sitzen, das keinen Anlaß bietet, das Möbel überhaupt wahrzunehmen, geschweige denn durch dessen Gestaltung das Bedürfnis „Wohnen" zum Thema werden zu lassen. Genau darauf aber kommt es an.

Wir sind nicht in erster Linie gefordert, uns den Dingen oder sie uns zu unterwerfen, denn schlußendlich sind alle Dinge mehr oder weniger totes Zeug, solange wir sie nicht nutzen, um über sie kommunikative Beziehungen zu anderen Menschen (tot oder lebendig, anwesend oder abwesend) oder auch zu Geistern und Göttern aufzubauen. Denn alle Dinge, die wir aneignen oder herstellen, erhalten ihren Wert erst aus und in der Beziehung zu anderen Menschen oder zu Lebewesen der anderen Art.

Deshalb kann Schönheit (als optimiertes Verhältnis von Vorstellung und Gestaltung) ein unmittelbarer Gebrauchswert sein, und andererseits können die physischen Operationen an und mit dem Objekt (z.B. dem Computer) erst seinen Gebrauch ermöglichen, wenn man es als Symbolgefüge zu verstehen bereit ist.

Die gängige Kritik der Warenästhetik läuft deshalb ins Leere; der kritisch gemeinte Einwand, Produkte seien „schlecht", weil sie unsere Bedürfnisse nicht tatsächlich befriedigten, und der Einwand, der Gebrauchswert schlechter Produkte würde absatzstrategisch durch vorgetäuschten Symbolwert (etwa als Statusindikator) überspielt, treffen nicht zu. Richtig ist an der **Kritik der Warenästhetik, daß die Bedeutung von Produkten nicht in ihnen steckt wie ein Keks in einer Schachtel;** daß also Aneignung nicht mit dem Kauf der Produkte geleistet wird, sondern mit ihrem Gebrauch. Daraus eine Schlußfolgerung: So wie es, inzwischen völlig selbstverständlich, eine Produkthaftung der Hersteller gibt, sollte es auch eine **Produkthaftung der Konsumenten** geben; denn die ökologisch oder insgesamt volkswirtschaftlich und sozial nicht akzeptierbaren Folgen des Massengüterkreislaufs sind heute zum überwiegenden Teil von den Konsumformen bedingt und nicht von der bloßen Tatsache der Herstellung von Produkten.

Wie in den Künsten hat sich auch in der Warenwelt herausgestellt, daß die Rezeption, der Gebrauch, die Aneignung von Produkten nicht ein bloßes passives Aufnehmen und Hinnehmen darstellt; auch sind die Formen der Rezeption nicht nur denen der Produktion parallel und gleichwertig. Rezeption, Konsum sind eigenständige Formen der Produktion, z.B. der Produktion von Müll. Da nicht bestritten werden kann, daß über Kunstkritik und Produktkritik die Hersteller der Waren in gewissem Umfang dazu angehalten werden konnten, Verantwortung für ihr Tun zu übernehmen, bleibt die Hoffnung, daß es gelingen wird, die Rezipienten und Konsumenten zu professionalisieren, so daß ihnen Verantwortung für ihr Tun in höherem Maße zumutbar ist, als das bisher das Strafrecht verlangt.

Alle diese Überlegungen gehen von der gut begründeten Annahme aus, daß es Menschen nicht schlechtweg möglich ist, auf Herstellung und Aneignung von Produkten weitgehend zu verzichten, um Ressourcen zu schonen. **Abgesehen von volkswirtschaftlichen Argumentationen gilt nämlich für Herstellung und Aneignung, daß Menschen für die soziale Kommunikation unter Vergegenständlichungszwang stehen. Unsere je autonomen oder autopoietischen Bewußtseinsmaschinen – unsere individuellen**

Weltbildapparate des gesamten zentralen Nervensystems mit Einschluß der Großhirnrinde, können sich aufeinander nur beziehen, indem sie in ihrer Außenwelt materiale Vergegenständlichungen als Analogien zu ihren intrapsychischen Aktivitäten schaffen.

Diese vielgescholtenen Verdinglichungen von Bewußtsein sind völlig unumgehbar, es sei denn, die Individuen verzichten unter hohem Lebensrisiko auf soziale Kommunikation, um sich nach dem Beispiel von Yogis nur noch auf die Kommunikation ihres Bewußtseins mit dem eigenen Organismus zu beschränken. Wir nennen die materialen Äquivalente für Denken, Vorstellen und Fühlen „Sprachen", unabhängig davon, ob wir uns der Worte, der Bilder, der gestischen und mimischen Zeichengebung oder des Gebrauchs von realen Objekten bedienen. Soziale Kommunikation zwischen den autonomen Bewußtseinen kann nur über derartige Vergegenständlichungen aufgebaut werden.

Es ist eine Frage der Kommunikationsökonomie, wie weitgehend die Vergegenständlichungen von Bewußtsein eines materiellen Trägermediums bedürfen. Aber auch der „bloße" Gebrauch von symbolischer Repräsentation ist auf irgendeinen materiellen Träger angewiesen. Da die soziale Kommunikation ihrerseits auf Vergegenständlichung des Lebensprinzips von „Natur" angewiesen ist, kann auch die Beziehung des sozialen Körpers auf die Natur nur über Vergegenständlichungen von deren Hervorbringungslogik, der Naturgesetze, in Gestalt von Instrumenten und Maschinen etc. aufgebaut werden.

Wieviel Dinge braucht der Mensch? So viele, wie ihm zur Entwicklung sozialer Kommunikation abverlangt werden.

Da sich die soziale Kommunikation nicht auf das Nachbarschwätzchen über dem Gartenzaun reduzieren läßt, sondern zwischen Ausbildung und Altersvorsorge, zwischen Herstellen und Konsumieren der Waren, zwischen Lebensentwurf und Krankenhausaufenthalt, zwischen ubiquitärer Mobilität und Bedürfnis nach dem Zu-Hause-Sein und dergleichen mehr sich einer Vielzahl von Vergegenständlichungsformen und Kontexten gewachsen zeigen muß, wird selbst die Produktaskese einzelner durch die extensiveren und intensiveren Nutzungen anderer zu kompensieren bleiben. Es sei denn, allen Menschen würde (von einer bisher nicht denkbaren Autorität) ein einheitliches Kommunikationskontingent zugewiesen, also zum Beispiel: daß man während seines Lebens nur 500.000 km verreisen, nicht länger als 10 Wochen krank sein, nicht mehr als 2 Kinder gebären oder adoptieren, nicht mehr als 2 Autos, 2 Wohnungseinrichtungen etc. anschaffen und verbrauchen dürfe. Für den Rest gilt dann unser eherner guter Grundsatz der Erzieher, die ihrerseits, wie schon der Name sagt, keiner Erziehung bedürfen: „Wer 2 Anzüge hat, gebe dem einen ab, der nur einen hat, damit auch er 2 habe."

Wir müssen kommunizieren, weil wir uns nicht verstehen können

15 Monstranz – Demonstranz

1977 forderte Bazon Brock die Bürger Berlins auf, ihr liebstes Gut und ihr Liebstes gut zu zeigen. Was ihnen wichtig war, sollten sie präsentieren in einem kleinen Wallfahrtszug durch die Berliner Straßen ins Gebäude des Internationalen Design Zentrums. Und sie sollten zeigen, daß sie etwas zeigen, sie sollten das Zeigen zeigen. Das Liebste gut zu zeigen, ist uns aus kultischen Prozessionen bekannt: Das Götterbild, die Freibriefe, die Rechtsordnungen, die Gründungsurkunden wurden durch die Straßen getragen. Als man mit der Reliquienverehrung liebste Güter einsammelte, die so splitterhaft klein waren, daß man sie schon aus zwei Metern Entfernung nicht mehr wahrnehmen konnte, entwickelte man Monstranzen, also Instrumente, die sichtbar machten, was nicht sichtbar sein konnte, das Fingerknöchelchen des Heiligen, den Bart des Propheten, den Zahn Buddhas u.a.

Die Monstranz zu tragen bedeutet, für das Unsichtbare zu demonstrieren. Im Kunstbereich ist die Einheit von Monstranz und Demonstranz etwa als Ausstellung über das Ausstellungsmachen von großem Interesse. In der politischen Alltagspraxis – etwa in Gewerkschaftskampagnen gegen sozialpolitische Gesetzgebung – bedient man sich der wechselseitigen Erhellung von Demonstranz und Monstranz: Die Protestler zeigen auf Schriftbändern und Bildtafeln, worauf es ihnen ankommt (Monstranz) und beglaubigen durch die Demonstration, daß sie wissen, was sie tun.

Wir müssen kommunizieren, weil wir uns nicht verstehen können

16 Vom Totem zum Logo

Ein Gespräch mit Heinz-Michael Bache und Michael Peters

Die ersten Tierdarstellungen, die wir kennen, stammen aus den Höhlen von Lascaux. Welche kulturanthropologische Bedeutung haben solche Tierdarstellungen überhaupt? Wie wichtig sind sie für die Entwicklung des Menschen als Kulturwesen?

Bei den Stier-Darstellungen in Lascaux handelt es sich um eine Art von Antizipation des Jagens; diese prähistorische Gemeinschaft der Clanmitglieder in Lascaux lernt also anhand dieser Tierdarstellungen das gemeinsame Jagdgeschäft. Dieses Lernen ist zugleich auch ein Beschwören, ein sich Vertrautmachen, ein sich Einstellen, vergleichbar mit dem Verhalten von Fußballmannschaften, die sich vor dem Spiel kennenzulernen versuchen. Jeder Spieler sieht vor dem Match Videos von seinem Gegenspieler, lernt dessen Tricks, Eigentümlichkeiten, Bewegungsformen. So ähnlich lief das auch in Lascaux ab. Man machte sich vertraut mit den Tieren, mit ihren Gewohnheiten.
Die zweite Bedeutungsebene berührt den Aspekt der Versöhnung mit den Naturgeistern, den animistischen Kräften in den Tieren. Weil man sie jagte, also tötete, ist die Darstellung eine Art Kompensation für das Töten, das Verschwinden des Tieres. Das getötete Tier lebt in der Darstellung weiter. Es wird gleichsam musealisiert, würde man heute sagen. Was man vernichtet, wird kompensatorisch abbittend und ausgleichend erhalten, indem man es eben ins Museum stellt, die Natur, die Tiere, die alten Kulturzeugnisse usw. Daß man

sie im Museum, also in der Darstellung aufbewahrt, ist dann die Entlastung von dem Schuldvorwurf, daß man es vernichtet und getötet hat. Die Tierdarstellungen sind in diesem Sinne auch eine Art von Versöhnung und Danksagung. Das Dritte wäre, was im Totemismus der nordamerikanischen und kanadischen Indianer untersucht wurde, daß die Darstellung gleichzeitig die Garantie der Übertragung von Kräften ist. Die Darstellung des Adlers, des Bären, des Elches, des Bibers ist gleichzeitig eine Übertragung von dessen Eigenschaften und Kräften. Die Bewunderung der tierischen Sozietäten beruhte darauf, daß sie den Menschen in sich stabil erschienen. Weil in menschlichen Gemeinschaften das nicht ohne weiteres funktioniert – die Instinktbindung ist aufgehoben – hatten die Tiere den menschlichen Gemeinschaften zumindest das voraus.

Die Stammesgemeinschaften haben offensichtlich versucht, durch die Übernahme eines Totemtieres, also des Clanzeichens, auch das enge soziale Bindungsverhalten zu übernehmen oder zu beschwören, das die Tiersozietäten bestimmt.

Die Tiere waren nicht nur Nahrungsquelle, sondern auch vorbildliche Nutzer der natürlichen Ressourcen. Die Indianer sahen, daß die Tiere sich optimal an die Jahreszeiten, an das Klima, an die Futterquellen anpassen konnten. Man lernte also auch von den Tieren. Die Menschen hatten größere Schwierigkeiten, Dürreperioden, Winter und ähnliches zu überleben. Am Beispiel der Tiere sahen sie, daß es offenbar irgendwie möglich war, denn die kamen ja als Art immer wieder vor. Also verwandelte man sich selber auch in ein Tier, die Clans verwandelten sich dann in Totemgemeinschaften, um auf die gleiche Weise die schweren Prüfungen der Nahrungsknappheit, der extremen Winter- oder Sommerklimata zu überwinden. **So anpassungsfähig, so stark, so instinktsicher zu sein wie die Tiere, das hieß natürlich auch, Fähigkeiten zu besitzen, die die Menschen nicht hatten,** also zum Beispiel die Fähigkeit der Vögel zu fliegen, der Huftiere, schnell zu laufen, der Biber, sich in einem für den Menschen lebensfeindlichen Terrain, zum Beispiel im Sumpf, zu behaupten, exakte geschickte Bauten zu errichten, funktionstüchtig zu sein, kurz: die Tiere konnten im einzelnen mehr als die Menschen.

Durch die Totemübertragung beschwor man etwas von dieser Kraft, dieser Schnelligkeit, dieser Flugfähigkeit,

dieser Orientierungs- und Anpassungsfähigkeit, dieser Überlebensfähigkeit der Tiere, um es sich selber anzueignen. Man steigerte im Grunde seine eigenen, ziemlich schwachen Kräfte. Sicher ist dann auch fünftens noch von Bedeutung, daß die menschlichen Gemeinschaften Schwierigkeiten hatten mit der Sicherung von Territorien. Sie bekämpften sich in Stammesfehden, und wenn die einzelnen Clans oder größeren Gruppen auf tieranaloges Verhalten ausgerichtet wurden, dann bestand zumindest eine gewisse Chance, das Zusammenleben der verschiedenen Clans möglich zu machen, wie ja auch die Tiergattungen in der Natur koexistieren.

Sind diese Totemtiere, diese ersten Leitbild-Prägungen für Gesellschaftsorganisationen, in unsere Kultur eingegangen?

In unsere Kulturgeschichte ist der Totemismus metaphorisch eingegangen. Bekanntestes Beispiel ist der Löwe als König der Tiere und damit die Analogsetzung von König und Löwe, dem herrschaftlichsten und kräftigsten Tier. Diese Analogien haben sich verselbständigt, denn es gab ja nicht nur eine Identifikations- oder eine Übertragungsrichtung zwischen Mensch und Tier. Eine große Rolle spielt dabei die **Physiognomik,** die das äußere Erscheinungsbild in Beziehung zum inneren Wesen setzte, also die Physiognomie des Kamels, des Löwen, des Pferdes, des Maultieres auf die zu charakterisierende Person anwandte: Der eine war mutig, der andere war dämlich, der dritte war unsensibel, hochmütig, gelangweilt, falsch, verschlagen, füchsig. Diese „Menschenkenntnis" übertrug man wiederum zurück auf die Tiere.
Dann gibt es noch die weiteren Analogiebildungen, vor allem eignen sich Vögel, um sich im Bereich der unsichtbaren Natur eine Vorstellung davon zu machen, wie zum Beispiel Engel sich zwischen Himmel und Erde bewegen.

Was hat es mit Sprachbildern wie dem von der „falschen Schlange" auf sich?

Die Menschen haben von Natur aus Furcht vor Schlangen. Das hat sich evolutionär entwickelt, weil Schlangen eben gefährlich sind, und dann übertrug man umgekehrt bei der Schilderung der Vertreibung aus dem Paradies dieses Element der Gefährlichkeit als Verführung eben wieder auf die Schlange, weil ja bei der Schlange die Doppelzüngigkeit tatsächlich gegeben ist, eine Schlangenzunge hat zwei Spitzen, und das ist eine Kulturleistung, wie man von der empirischen Beobachtung auf die metaphorische Ebene der Doppelzüngigkeit kommt.

Die indische Kultur reagiert auf die Gefährlichkeit der Schlange mit ihrer Heiligung. Dabei handelt es sich um eine Strategie des sich Vertrautmachens mit dem Gefährlichen. Bei uns führte das zur Verfolgung, und bei den Indern führte das zur Heiligung. Solche Vorgänge sind immer kompensatorisch analog: Entweder **verfolgen, verdammen, ausrotten oder auf der anderen Seite verehren, kultisch überhöhen.**

Weiter finden wir noch Ableitungen metaphorischer Sprechweisen: Doppelzüngige Schlange, schlauer Fuchs, die Kuhäugigkeit, etwa die kuhäugige Hera, Zeus Gattin. Kuhäugig zu sein hieß, dieses riesengroße offene Auge, das eine unglaubliche Gemütstiefe und Ruhe ausstrahlt, zu haben. **Alexander, Goethe und Boris Becker sind Beispiele für die Großäugigkeit, die immer mit einer bestimmten Auszeichnung verbunden ist.**

Spielt das heute denn in der Werbung noch eine Rolle, bei Markenartikeln, Keyvisuals, Logos? Organisieren Tierzeichen so etwas wie Lifestyle-Gemeinschaften?

Es gibt neue Analogiebildungen. Da gibt es *Camel*, die großäugige *Milka*-Kuh, das *Lacoste*-Krokodil, den *Jaguar*. Die Hauptlinie der heutigen Beziehungen auf die Tierwelt ist im Animismus zu sehen. Tiere dienen als allegorische Darstellung des Abstrakten, der Schnelligkeit zum Beispiel, der Zähigkeit, der Gutmütigkeit und Treue.
Die entscheidenden Allegorien in der höher entwickelten Kultur, der Griechen beispielsweise, sind anthropomorph. Im Gegensatz dazu gibt es bei uns faktisch außer den von der Antike übernommenen, wie der Freiheitsstatue, gegenwärtig wohl überhaupt keine anthropomorphen Allegorien. Der Mief ist miefig, der Gilb ist eben der Grauschleier, diese Allegorisierungen lassen sich in der tierischen Gestalt viel besser verwenden, wenn es um das Begreifen und Darstellen animistischer Kräfte geht, die gerade über das menschliche Vorstellungsvermögen hinausreichen. Tiere haben eine besondere Art der Wahrnehmung, beispielsweise Radar oder Temperaturempfinden. Fledermäuse fliegen vollkommen sicher durch die schwärzeste Nacht. Da scheint eine animistische Kraft beteiligt, die über das hinausgeht, was Menschen können. Deswegen eignen sich die Tiere viel besser als Menschengestalten zur allegorischen Darstellung dieser ungeheuren Kräfte, die die Werbung gern für ihre Produkte in

Anspruch nimmt. Also greift sie zur tierischen Allegorisierung als Darstellung des Produktnutzens. Das ist der Hauptantrieb für die heutige Verwendung der Tiergestalten in der Werbung.

Ist es nicht auch die Tierliebe, die sich über die Jahrhunderte aufgebaut hat, die in Kampagnen wie „Ein Herz für Tiere" immer neue Steigerungen erfährt und der Werbung emotional den Weg bereitet?

Auf jeden Fall ist die Zivilisationsgeschichte ganz eng mit der Domestizierung der Tiere zu Haus- und Nutztieren verknüpft. Und bei der Domestizierung kommt es zu Übertragungsleistungen. Die berühmte Verwandlung des Herren in den Hund und des Hundes in den Herren, also die wechselseitige Anpassung ist damit gemeint.

Ein schlußendlicher Vorbehalt bleibt immer, daß sich das Tier in irgendeiner Hinsicht dann doch als feindlich erweist oder als nicht beherrschbar, als eigensinnig und gefährlich. Auch da gibt es wieder zwei Reaktionen: Die eine ist, mit brutaler Unterwerfergeste vorzugehen und das Tier zu knuten und in gewisser Hinsicht wie einen Feind zu behandeln, eine andere Form von Ausrottung ist die des Indienstnehmens. Und andererseits die Vergöttlichung und Verehrung, das ist dann die Einsetzung des Tieres in die Rolle des Mitmenschen, des Kindes, des Familienmitgliedes.

Der Totemismus wirkt schon noch in gewisser Hinsicht weiter, aber heute eher über die physiognomische Ausdifferenzierung, also die Rückübertragung: Es werden erst anhand der menschlichen Verhaltensweisen unterschiedliche Äußerungen des Charakters der seelischen geistigen Regungen festgestellt. Die Art, wie wir differenzieren können, nämlich schlau oder dumm zu sein, brutal zu sein oder aufrichtig zu sein, können legitimiert werden durch die entsprechende Übertragung auf die Tiere. Dann kommt die Rückübertragung aus den so gekennzeichneten Tieren wieder in die Gesellschaft. Wenn man bemerkt, daß Menschen eben schlauer oder weniger schlau sind, dann wird die Unterscheidung anhand der Gegebenheiten der Tierwelt legitimiert. Und dann überträgt man die in der Tierwelt gemachten Zuordnungen aus Physiognomie, Körperbau und Verhaltensweisen wieder zurück auf die Gesellschaft. Das ist das eine.

Das andere ist die Allegorisierung abstrakter Kräfte, und zwar solcher animistischer Kräfte, die dem Menschen selbst nicht von Hause aus zukommen, die er aber gegeben sieht, zum Beispiel an den merkwürdigen Leistungen der

Tiere, die man früher vielleicht gar nicht als Wahrnehmungsleistungen erkannte. Deswegen eignen sich die Tiere am besten, besser als Pflanzen und besser als Minerale und besser als geometrische Abstraktionen, um diese allegorischen Darstellungen einprägsam und sogar durch überindividuelle Erkennbarkeit auch kollektiv im Verständnis garantiert darzustellen. **Generell gilt, daß die Menschen Darstellungen von Tieren oder Vergegenwärtigungen des Abstrakten in der Tiergestalt von vornherein akzeptieren, und deswegen kann man auf diese Weise seine Werbebotschaft vermitteln.**

Die Tiere sind in ihrer Existenz, Arten sind bedroht, teilweise schon ausgerottet. Die reale Kenntnis der Tiere und ihrer Verhaltens-Eigentümlichkeiten geht zurück ...

... im Gegenteil, es kommen neue Tierarten dazu. Es ist doch für uns Menschen fabelhaft, was es da alles an Tieren gibt. Bis in unser Jahrhundert gibt es Neuentdeckungen. Das Fabelhafte drückt sich darin aus, daß man Fabelwesen erfindet, das bekannteste Beispiel ist das Einhorn. Daraus entwickelten sich bis heute diese merkwürdigen Zwittergestalten, also der Variantenreichtum, wie Disney und andere ihn geschaffen haben, die kulturellen Verwandlungen der Tiere. Es überträgt sich sozusagen der Züchtungsgedanke, der evolutionäre Gedanke der Mutation und des Hervorbringens immer neuer Formen, auf das Zeichenbrett. Heute arbeitet zum Beispiel die Werbung als Schöpferin neuer Tierwelten, neuer Tiercharaktere, sicherlich immer in Anlehnung an die bereits bekannten.

Im Bereich der menschlichen Erscheinungen sind solche Spekulationen des Fabelhaften auch vorgekommen: die Schlümpfe, die Zwerge, die Heinzelmännchen von Köln. Nur ist bei dem Menschen ein gewisser Spielraum gesetzt, die Heinzelmännchen haben sich auch als realitätshaltige Phantasie erwiesen, denn irgendwann wurden die Pygmäen entdeckt, die tatsächlich kleinwüchsig sind. Offenbar hatte man aufgrund der Beobachtung der Evolution eine realistische Basis für die Annahme, daß es verkleinerte Formen der Menschen nicht nur als Einzelindividuen gab.

In der Tierpopulation kommt so etwas viel häufiger vor, außerdem kannten die Menschen auch den Zuchtgedanken bei den Tieren sehr viel eher als bei den Menschen. Deswegen **konnte sich die Fabelhaftigkeit im**

Bereich der Tierverkörperungen viel stärker und intensiver ausbilden. Das Fabeltier, das märchenhafte Tier, das war ja nicht

nur das Einhorn oder die große Weltenschlange seit der Antike. Es gab die vielen Meeresungeheuer, seltsame Fabelwesen, Phantasien, die es ja seit der Antike gegeben hat, also gerade in Zeiten, als die Menschen mit der Beobachtung der Tierwelt angeblich viel vertrauter waren als heute. Da kann man sogar sagen, sowohl diese Art der Vertrautheit in den früheren Zeiten, als die Menschen noch viel naturnäher lebten wie auch das völlige Ausblenden der Natur stimuliert eben zu einer Überproduktion an Fabeltier-Phantasien.

Daß diese Tierphantasien zunehmen, je weniger wir den Tiergestalten in der realen Lebensumgebung begegnen, außer vielleicht im Zoo den realen Tiergestalten, zeigt der Zoo der Fabelwesen. Und es wäre sinnvoll, wenn man im Zoo neben das Schild am Elefanten-Gehege etc. auch eine Beschriftung mit den entsprechenden Fabelphantasien hängt.

Dann gab es natürlich sehr viele Tiere, deren Paarungsverhalten zum Beispiel den Blicken der Menschen entzogen ist. Von Otto Waalkes gibt es eine wunderschöne Parodie auf die Frage, wie Hamster sich vermehren: „Aber zu wissen, daß der Hamster sich vermehrt, ist auch schon was wert", und dazu überträgt er die bekannten Paarungsverhaltensweisen von Tieren auf die Hamster, die das unter der Erde unsichtbar betreiben. Und dieses Unsichtbarsein eines Großteils der Lebensvollzüge der Tiere heizt natürlich auch extreme Spekulationen an…

Was wären denn Ihre Lieblingstiere in der Werbung?

Unter den Vögeln könnte ich mich eindeutig mit der Schwalbe identifizieren, bei den Säugetieren wäre es der Hund, vielleicht ein Chow-Chow oder der Bernhardiner. Dann kämen noch der Delphin in Frage oder die Schlange wegen ihrer so herrlich angepaßten Bewegungsformen. Unter den animierten Tieren ist es eindeutig Donald Duck.

Welche Erfahrungen haben Sie selbst mit dem Animismus gemacht?

Ich kann da eine schöne Geschichte erzählen. Ich fuhr jedes zweite Jahr einen neuen Citroen DS. Und diese Autos waren bei mir sehr anfällig. Immer funktionierte etwas nicht. Ich fuhr dann Mal um Mal in die Werkstatt, dort konnte man aber den Fehler nicht recht ausfindig machen. Eines Tages war es dem

KFZ-Meister zu bunt und er sagte: „Passen Sie auf, Sie dürfen ihr Auto eben nicht als ein Stück Blech und als unbelebte Natur verstehen. Sie müssen mit dem Auto umgehen, wie mit einem lebenden Tier. Welches ist ihnen denn besonders liebenswert?" „Das Pferd", meinte ich. „Also behandeln Sie Ihr Auto doch als Pferd." „Wie soll ich das denn machen?", fragte ich und er: „Indem sie halt nur mit Sporen fahren." Dann hab ich mir so kleine Sporen gekauft und bin mit denen Auto gefahren, und seither ist es einwandfrei gelaufen. Ich habe mein Auto geritten wie ein Pferd und war kurioserweise auch bereit, seine Macken wie die eines wiehernden Vierbeiners hinzunehmen …

Wir müssen kommunizieren, weil wir uns nicht verstehen können

17 | Schaudenken – Talken und Chatten. Orientierung in einer Welt, die man nicht zu verstehen braucht

1. Wie erklärt sich die unglaubliche Karriere des TV-Programmtypus *Talkshow*? Unter den vielen erörterten Begründungen ist eine ausgezeichnet, die der US-Österreicher Paul Watzlawick bereits in den 70er Jahren formulierte: „Man kann nicht nichtkommunizieren."

In den Talkshows erfährt jeder aktiv und passiv Teilnehmende, daß auch gekränktes oder bockiges oder vermeintlich überlegenes Verweigern von Aussagen als Kommunikation wahrgenommen wird; sogar das abrupte Verlassen der Talkshowszene wird als Aussage gewertet, als eine besonders eindeutige. Selbst das

Abbrechen der Kommunikation mit anderen in einer bestimmten Situation ist also kommunikativ. Die Kommunikation zu verweigern, um nicht zu kommunizieren, ist unmöglich.

Die Talkshow, ob als Unterhaltungsprogramm oder als Diskussionsrunde unter Experten, ist demzufolge immer erfolgreich; sie kann als kommunikativer Akt nicht scheitern. Das wissen inzwischen alle; denn so gut wie alle beklagen, daß selbst Expertenrunden unbefriedigend sind, eigentlich zu nichts führen – auch wenn einige Teilnehmer den gegenteiligen Eindruck haben, so wird der von anderen eben nicht geteilt.

Und obwohl mehr oder weniger alle schon dutzende Male den unbefriedigenden Verlauf von Talkshows beklagten, nehmen sie doch wieder die nächste wahr, um sie hinterher als ebenso ergebnislos und unverbindlich abzutun wie alle anderen.

Gerade in dieser Verlaufsform zeigt sich das Wesen der Kommunikation deutlicher als bei Partei- oder Kirchenveranstaltungen, bei denen die programmatische Übereinstimmung Harmonie und Konsens, jedenfalls zeitweise, vorzuspiegeln vermag. Aber ebenso regelmäßig folgt den Erlebnissen der harmonischen Übereinstimmung das Gefühl der Langeweile oder Ereignislosigkeit und damit die Kritik, daß gegenläufige Ansichten nicht zu Wort gekommen seien, daß man Auseinandersetzungen umgangen habe. **Denn wirklich kommunikativ sei nicht die Gleichschaltung von Meinungen und Haltungen, sondern der Konflikt.**

Die Karriere der Talkshows als auch quantitativ erstrangiges TV-Format erklärt sich also aus ihrem stets garantierten Erfolg, wie immer sie auch verlaufen mag.

2. Einwände gegen diese Erklärung stützen sich auf die Behauptung, die kommunikative Beziehung zwischen den Menschen sei danach zu gewichten und zu bewerten, wie weitgehend die Beteiligten sich und die Welt zu verstehen vermögen. Diese Auffassung belegt man mit der umgangssprachlichen Rückfrage: „Haben Sie das verstanden? – Ist das verständlich?".

Aber selbst wenn man das bejaht, meint man nicht viel mehr, als daß einem das Gesagte momentan einleuchtet. Wenig später, nach einer Bedenkzeit, wenn man darüber noch einmal geschlafen hat, kommen einem dann doch wieder Zweifel. Was eben noch so klar erschien, erscheint nun wieder problematisch oder verwirrend durch Konsequenzen, die man im Augenblick nicht sah. Auch macht jeder die Erfahrung, daß ihm in bestimmten Situationen und Lebensabschnitten etwas als selbstverständlich einleuchtete, was ihm in anderen Zusammenhängen, nur wenig später, kaum noch vertretbar erscheint.

Etwas zu verstehen, garantiert also keinesfalls gleichbleibende Orientierung auf Wahrheiten oder Sachzwänge oder Gesetzmäßigkeiten.
„Was schert mich mein Verständnis von gestern", antwortete Adenauer auf Vorhaltungen, daß das, was man einmal als begründet oder wahr verstanden habe, auch weiterhin gelten müsse. Adenauer, wie jedem Lebenserfahrenen, war klar, daß es im eigentlichen Sinne nicht darauf ankommt, die Menschen in ihrer Welt zu verstehen, sondern mit ihnen zu kommunizieren.

Wenn es uns zum Beispiel nur erlaubt sein sollte, in der dunklen Wohnung das elektrische Licht einzuschalten, nachdem wir verstanden hätten, was Elektrizität ist, säßen wir wohl lange im Dunklen und zwar umso länger, je mehr Physikerexperten zu Rate gezogen würden, weil Experten sich dadurch auszeichnen, vermeintlich einleuchtendes Verstehen immer erneut zu problematisieren.

Durch die Entwicklung des Beziehungstypus *Kommunikation* ermöglichte uns die Natur, in der Welt bestens überleben zu können, ohne sie verstehen zu müssen. Talkshows demonstrieren also die Funktionstüchtigkeit von Kommunikation ohne Verstehen. Wer dafür kein Verständnis aufbringt, erlebt sie als leerlaufendes Ritual ohne Resultat.

3. Demzufolge ist man geneigt, die Zunahme der Talkshows im Programmangebot aller Sender darauf zurückzuführen, daß immer mehr Menschen die Welt, in der sie leben, unverständlich geworden sei, weil alle Verhältnisse immer mehr von allen anderen beeinträchtigt würden. Die Welt sei komplexer geworden, sagt man. Für diese Auffassung kann man gute Gründe ins Feld führen, aber gerade der angedeutete, regelmäßige Verlauf von Talkshows spricht gegen die Auffassung, in den Talkshows repräsentiere sich erst die jüngste Entwicklung der sozialen Kommunikation.

Darstellung und Kritik der Kommunikation zwischen Menschen führten immer schon, seit sie schriftlich aufgezeichnet wurden, zu den gleichen Bewertungen, wie unsere heutigen Erfahrungen mit Talkshows.

Die Auseinandersetzungen zwischen Bürgern antiker Städte auf den Marktplätzen, das Gespräch der Waschfrauen an den Brunnen mittelalterlicher Siedlungen, das Feilschen der Händler mit ihren Kunden auf den Märkten, der Budenzauber der Unterhaltungsclowns auf Jahrmärkten belegen das – auch wenn man diese Demonstrationen von Kommunikation mit anderen Namen kennzeichnete.

Auch die Mischung von Klatsch und Ranküne, von Verstecken und Entlarven, von Sympathie und Antipathie, von Beifall und Protest ist in historischen und aktuellen Performances der Kommunikation ziemlich gleich und folgt einer Dramaturgie, die kein Moderator oder Symposiarch nach eigenem Gutdünken zu entwerfen oder zu beherrschen vermag. Strafft er die Gespräche, monieren die zur Ordnung Gerufenen, daß man sie erst einmal ausreden lassen müsse. Ließe man sie ausreden, würde jeder zeitliche Rahmen gesprengt, ohne daß etwas anderes herauskäme als der Vorwurf, der Moderator erlaube den Beteiligten, endlos zu monologisieren. Wie man's auch macht, ist es verkehrt, aber gerade deswegen ungeheuer kommunikativ.

Warum das so ist, versuchten Dramatiker und Romanschreiber, Bildkünstler und Filmer herauszuarbeiten: sie führten Kommunikation vor, sie stellten sie aus in Schauanstalten. Die Anschauung der Kommunikation wurde zur Show, zum Schau- und Zeigespiel.

In Theatern und im Fernsehen, bei Happenings und Performances, im Event-Marketing und in Ausstellungsinszenierungen geht es also nicht bloß um das Initiieren von Kommunikation durch das Zusammenführen von Menschen; vielmehr gewinnen diese Gelegenheiten zur Aktualisierung von Beziehungen ihre Ereignishaftigkeit gerade dadurch, daß alle Beteiligten bereit sind, mehr oder weniger ausdrücklich eine Rolle zu spielen: als Publikum so gut wie als Akteure, als Gruppe wie als Individuen. Man spielt die Rolle des Querulanten oder Störenfrieds, des Meinungsführers oder des Querdenkers, des sachlichen Experten wie des emotional Betroffenen – aber jeder weiß, daß er eine Rolle spielt – heute bei dieser Gelegenheit die eine und morgen bei der nächsten Gelegenheit eine andere.

4. Wenn wir nicht nur talken, sondern eine Talkshow bestreiten, wenn wir nicht nur Gespräche führen, sondern uns als Gesprächsfähige vorführen, gewinnen wir Distanz zu unserem eigenen Verhalten. **Wir vertreten nicht naive Behauptungen, die Wahrheit zu sagen, sondern Meinungen, die nur so lange interessant sind, wie sich andere Meinungen gegen sie ins Feld führen lassen.**

Wir meinen nicht nur irgendetwas, sondern demonstrieren die Bedeutung der beschränkten Meinungen und ihren Umgang mit ihnen, und alle wissen, daß es in diesem Für und Wider auf Bewertungen ankommt, die sich nicht aus zwingenden verstandesmäßigen Ableitungen, sondern aus unseren Gefühlen ergeben. Die haben wir von Natur aus alle gemeinsam. Wir kommunizieren vor allem auf der Basis dieser allen zugänglichen Affekte. Dramatiker, Schauspieler, Politiker, Erzieher, kurz, alle auf Kommunikation in der Öffentlichkeit Trainierte kennen sich in der Affektkommunikation besonders gut aus.

Die Berufsrolle des Künstlers wurde im 15. Jahrhundert an den Erwerb der Fähigkeit gebunden, Affektkommunikation zu beherrschen. Im Zentrum etwa von Albertis ästhetischen Theorien steht die Lehre von der Kommunikation über Affektdarstellung. Alberti knüpfte bewußt an die Lehren antiker Rhetoriker an, die die Praxis politischer Kommunikation genauestens studiert hatten.

Heute studieren Ästhetiker und Künstler die Praxis der Stammtische, Parlamentsausschüsse, der Wahlveranstaltungen und Produktwerbung mit dem leider immer noch als peinlich empfundenen Ziel, sich selbst ins Gespräch, in den Markt der Produkte und Meinungen zu bringen. Peinlich berührt das, weil man meint, dem Künstler dürfe es nicht um Meinungen, sondern müsse es um höhere Eingebungen und Wahrheiten gehen. Peinlich andererseits aber auch, weil man bemerkt hat, daß die angeblich großen, dauernden, hoch bewerteten Leistungen der Künste einer Epoche schon kurze Zeit später ganz anders bewertet oder gar vergessen werden. Diese Zusammenhänge versuchen Künstler nicht nur aus dem Bauch zu berücksichtigen, sondern ausdrücklich darzustellen. Wo das erreicht wird, repräsentieren die Werke der Künstler die Einheit von Affektäußerung und Affektbeherrschung, von Praxis und theoretischer Rechtfertigung. Ihre Werke sind sowohl Monstranz wie Demonstration.

Damit spielen sie eine Rolle in der öffentlichen Kommunikation. Sie als Talkmeister zu bezeichnen, mögen die als despektierlich empfinden, die immer noch der Chimäre des Verstehens nachjagen. **Wer hingegen erfahren hat, daß wir kommunizieren müssen, weil wir weder uns noch andere noch die Welt tatsächlich verstehen können, wird den Meistern der öffentlichen Kommunikation womöglich größeren Respekt bekunden als den Gott- und Wahrheitssuchern.**

Wir müssen kommunizieren, weil wir uns nicht verstehen können

18 | Graffiti als Menetekel

In einigen hundert Jahren wird sich wohl kaum jemand mehr für den Typus von Graffiti interessieren, den wir heute in unseren Stadtbildern beobachten. Man wird darin keine kultischen Zeichen mehr sehen und erst recht keine heiligen Orte damit bestimmen wollen (wie in Teilen Asiens üblich), denn das würde bedeuten, daß wir unsere Hotdog-Stände als Tempel ausweisen oder ähnliche Örtlichkeiten zu kultischer Bestimmung erheben, also zu etwas, was sie ganz und gar nicht sind.

Wir können es uns im Hinblick auf die heutigen Probleme relativ einfach machen. Ich gehe bei unserer Fragestellung nicht von einer analytischen Durchdringung dieser Zeichen aus, als hätten wir durch Studien herausgefunden, was denn junge Leute dabei denken, wenn sie sprayend durch die Straßen laufen und S- bzw. U-Bahnen mit ihren Zeichen versehen.

Ich sehe dieses Phänomen umgekehrt als etwas an, von dem jeder zu wissen glaubt, was es bedeutet, und bemühe mich, diese Vorurteile wieder loszuwerden.

Das heißt, ich versuche, in dieser Sache überhaupt etwas Bedeutsames zu sehen, sie erst einmal als einen problematischen Sachverhalt zu verstehen und zwar im Zusammenhang der Fragestellung von *Mythos und Moderne*.

Urheberloser Mythos
Äußerungen der Subkultur werden gewöhnlich so verstanden, als stünden sie in Kontrast zu dem, was in den verschiedenen nicht subkulturell diskriminierten Bereichen unserer Gesellschaft geschieht; das ist falsch. Es gibt eine merkwürdige Übereinstimmung der subkulturellen Selbstentäußerungen in Gestalt der Graffiti an Straßenbahnen, Häuserwänden etc. und den Äußerungen in anderen Bereichen, die wir generell als hochkulturell beschreiben und denen wir daher auch eine andere Bedeutung zugestehen als den subkulturellen – insbesondere in den Wissenschaften.

Diese Übereinstimmung besteht darin, daß beide Arten von Äußerungen nicht mehr auf ihre Urheber verweisen. In der Kunstgeschichte bzw. Ästhetik wird der Mythos als ein *urheberlos gewordener Aussagenzusammenhang* definiert. Ich übertrage dies verkürzt auf die hochkulturelle Äußerungsform „Wissenschaft". Jede wissenschaftliche Aussage gewinnt ihre Dignität dadurch, daß der geschriebene Text seinen Urheber los wird. An die Stelle des individuellen Subjekts, das diesen oder jenen Satz geschrieben hat, tritt die Anonymität der *Wahrheit*. Der historische Autor wird von der mythologischen Gestalt der Wahrheit abgelöst.

Mythologisierung ist ein Urheberloswerden von Aussagenzusammenhängen, von denen jeder weiß, daß sie irgendwann von konkreten Individuen geschrieben, gemalt oder gezeichnet wurden – denn anders können diese Dinge nicht in die Welt kommen, als daß sie irgendwann irgendwer zu irgendwelchen Zwecken gemacht hat.

In unserer Tradition der Zuschreibungspraktiken – besonders der Rechtswissenschaft, etwa im Sinne der Verantwortlichkeit – sind wir freilich so fixiert auf die Urheber, daß wir es uns gar nicht anders vorstellen können, als daß jemand durch Schreiben, Zeichnen und Malen seine Individualität zum Ausdruck bringen will. Es gibt dazu weitreichende Theorien über die fortschreitende Individualisierung von Äußerungen, die meiner Ansicht nach gerade deshalb nicht zutreffen, weil sie jenes Gegenmotiv, das Anonymwerden, nicht mehr zu würdigen wissen. Unter anderem ist es in diesen Theorien nicht mehr möglich, etwa in der Wissenschaft, die Autorität der Wahrheit anzuerkennen. Man glaubt, es handele sich um eine Zurücknahme der Verantwortlichkeit der konkreten aussagenerhebenden Individuen, wenn wir uns auf Wahrheit berufen – eine bemerkenswerte Verschiebung des Wahrheitsbegriffs.

Man kann die Moderne anhand ihres Hauptcharakteristikums, der empirischen Wissenschaft, kennzeichnen als eine generelle Form der Mythologisierung. Moderne ist nichts anderes als Mythosbildung in Gestalt der Wissenschaften, sie ist das Urheberloswerden von konkreten historischen Aussagen. In diese Moderne fügt sich die Zeichensprache der Graffiti als ebenfalls anonyme nahtlos ein.

Wir müssen uns daher mit Blick auf die Graffiti eine ganz andere Perspektive angewöhnen, wenn wir die Moderne als Ergebnis der Aufklärung gegen Mythologisierung sehen. Dies ist übrigens auch der Grund, warum in einem „Dritten Reich" auf höchstem rationalen technischen Standard und mit höchster Entfaltung wissenschaftlicher Anwendungslogiken (etwa im Bereich Ingenieurswissenschaften) der Mythos blühen konnte. Es handelt sich dabei nicht um Verirrungen oder Nebenwege der Geschichte in der Moderne, vielmehr sind dies die entscheidenden Formen, in denen sie in Erscheinung tritt.

Verdammnis der Erinnerung

Graffiti sind Teil der mythischen Moderne, die wir in der Hochkultur der modernen Wissenschaft immer neu reproduzieren. Dies beschreibt sie freilich nur auf einer Ebene. Auf einer anderen Ebene wenden sie sich als aggressive subkulturelle Gesten genau gegen die Hochkultur, mit der ich sie eben in einen Zusammenhang gestellt habe. Sie sind als ostentative Zerstörungsakte eine Form der Liquidation, oder wie das historisch genannt wird, der Damnatio. Wir kennen die *Damnatio memoriae* vom Beispiel des römischen Kaisers Septimus Severus, der aus der Attika seines Triumphbogens den Namen seines ältesten Sohnes herausschlagen läßt, um damit seine Erinnerung auszulöschen. Solche Stellen der Übermalung, des Herausschlagens, des Wegwischens alter Schichten, des Hineinsetzens neuer Zeichen, solche triumphalen Verdrängungsgesten, Siegeszeichen späterer Epochen, stehen für die Damnatio.

Sie ist also kein Unsichtbarwerden, sondern ein **Sichtbarwerden des Unsichtbarmachens** und des Auslöschens, ein **Zeigen des Unterschiedsloswerdens.** Ein ganz erheblicher Anteil heutiger Graffitiaktivitäten ist als solche Damnatio memoriae gedacht, als ein Vorgang des Auslöschens von Distinktionen, von Unterscheidungsmerkmalen. Das läßt sich unter anderem daran zeigen, wie sie sich auf die offiziellen Graffiti beziehen. Jede Straßenbahn fährt mit offiziellen Graffiti in Gestalt von Firmenlogos herum. Sie sind offiziell, weil sie bestimmten formalen Kriterien genügen und vor allen Dingen legal sind. Es wurde für sie bezahlt. Genau auf diese Distinktionen beziehen sich die zudeckenden, auslöschenden Graffiti der Subkultur. Auch hier haben wir es natürlich mit Anonymisierung zu tun. **Nichts ist so auslöschend wie die Anonymisierung.**

Auslöschen
Ihre Funktion des ostentativen Auslöschens, die Gestik des Überschreibens und der Anonymisierung, macht die Graffiti zu Menetekeln, zu drohenden, unverständlichen Schriftzeichen, die an der Wand erscheinen, ohne daß man wissen könnte, wer sie denn schriebe.

Menetekel finden sich auch in anderen Bereichen unserer Gesellschaft. Damit meine ich nicht die im Fernsehen vorgeführten Baumstümpfe auf Berghöhen in Thüringen. Man braucht keine Fachwissenschaftler, um diese Bilder als Menetekel zu lesen; aus der Konfrontation mit ihnen folgt aber wenig. Anders etwa die geradezu klassisch in Bilderwitzen immer wieder auftretende Bemalung von Gefängniszellen, in denen die Insassen Strichlisten führen über die Tage, die sie in dem Gefängnis zugebracht haben. Dies ist eine Form von Menetekel, die auf unser Alltagsleben übertragbar ist. Solche Strichlisten legen etwa Büroangestellte an, die die Zahl der Tage bis zum Ferienbeginn markieren, also die Zeit, die vergehen muß, bis man in der Urlaubssonne den Alltag auslöschen, ihm entfliehen kann. Eine Auslöschung, die in die Selbstzerstörung in der bratenden Sonne oder beim Dauerbesäufnis mit Risiko der vollkommenen Vergiftung mündet. (Ich habe einmal mit zwei Polizeipsychologen auf einer Ferieninsel gesprochen: Sie waren fest davon überzeugt, daß das Gros der Klientel die Absicht hat, sich dort selbst zu zerstören. Das gilt natürlich für viele andere zivile Bereiche auch – für unsere Rauch- und Trinkgewohnheiten, unsere Lebensgewohnheiten allgemein. Auch die Gestaltung unseres Alltagslebens läßt sich als Menetekel sehen.)

Mein eindringlichstes Erlebnis der Konfrontation mit einem Menetekel war, als ich mit einem Freund in Frankfurt in einem großen Kino saß. Wir sahen uns in aller Genußoffenheit das Leben und Treiben Neros auf Breitwand an. Als Nero in Gestalt von Peter Ustinov gerade graffitös, das heißt zeichensetzend, die große Damnatio, die Auslöschneutralisierungsanonymisierungstat, Rom in Brand zu stecken, mit der Lyra in der Hand vor der Kamera deklamierte, ging plötzlich das Bild weg, der Ton lief weiter, und wir sahen auf dieser Riesenleinwand ein Dia, ein Schrift- oder Graffiti-Insert: „Herr (hier folgte der Name meines Freundes), bitte sofort nach Hause kommen, der Vater Ihrer Frau ist tot". Dann verschwand der Insert, und Nero fuhr fort in der Ausgestaltung des damals modernen Roms zu der unvergeßlichen Geste einer Damnatio.

Neutralisierung oder Schrecken?
Graffiti entsprechen der Inthronisation von Wahrheit als Autorität. Trifft dies zu, so kann man daraus Rückschlüsse auf die Haltung der jungen Leute ziehen, die genau diese Art von Anonymisierung als Auslöschung betreiben. Jemand, der selbst aus dieser Jugendszene stammt, hat vorgeschlagen, dies *Neutralisierung* zu nennen. Es war Keith Haring, der mit seinem Verfahren Museumsreife erlangt hat. Mir scheint der Begriff der Neutralisierung allerdings eine Überbetonung einer bestimmten Haltung zu sein, nämlich der Rechtfertigung vor Gericht.
In Amerika sind Sprayer vor Gericht freigesprochen worden, weil sie sich auf das Motiv der Neutralisierung beriefen. Sie sagten aus, sie würden als Individuen von der ubiquitären Logo-Kultur in der Freiheit ihrer Wahrnehmung beeinträchtigt. Als Bürger, so machten sie geltend, haben sie das Recht, sich gegen diese permanenten Eindrücke zu wehren, indem sie sie neutralisieren. Die auslöschende Anonymisierung ist damit eine Form des zivilen Widerstandes bzw. Ungehorsams. Man hat ihnen darauf übrigens entgegengehalten, daß gegen den zivilen Ungehorsam wenig einzuwenden sei, es handele sich aber um einen unzivilen Ungehorsam. Damit verlagerte sich die Diskussion von der Frage des Ungehorsams und des Widerstandes auf die Unterscheidung von zivilisiert und unzivilisiert (gebildet und barbarisch), womit man wieder bei der justitiablen Form angelangt war.
Die Neutralisation scheint mir aber nicht entscheidend zu sein. **Die entscheidende Dimension des anonymisierenden Auslöschens,** des mythologisierenden Einsetzens einer anderen Autorität – des Todes oder, wie Horstmann zu diesem Phänomen gesagt hat, der Vermondung der Welt –, ist der Schrecken. Und sicherlich ist der Schrecken für Menschen im Blick auf Zeichengebung dann am größten, **wenn sie nicht verstehen, in welchem Sinn diese Zeichen gesetzt sind,** wie sie kommunizierbar sind.
Dieser Schrecken – wenn man sich als ausgeschlossen, durch Fremdheit bedroht empfindet – ist viel größer ist als andere mythologische Schrecknisse.

Man hat die Schreckensreaktion auf das Nichtverstehenkönnen, das Nichterschließenkönnen in psychiatrischen Analysen sehr gut belegt. Die psychischen Auffälligkeiten von Menschen, die ähnlich argumentieren oder handeln wie die Sprayer, deuten darauf, daß sie im wesentlichen aus einem unbeherrschbaren Erschrecken vor der Unzugänglichkeit sich selbst gegenüber handeln. Die bekannteste Form dieses Erschreckens ist jene über die Unzugänglichkeit des eigenen Leibes und der eigenen Sinnlichkeit. Hier braucht man nicht mehr die fremdgesetzten Zeichen anderer Menschen, es genügt der grassierende **Autismus, die Unfähigkeit, sich selbst wahrzunehmen.**

Was aber geschieht, wenn jemand vor einem Menetekel erschrickt? Was intendiert diese Fluchtbewegung? Man flieht dorthin, wo man erwarten kann, einen minderen Schrecken zu erfahren aus dem Unbekannten ins Bekannte, aus der furchtbaren Dunkelheit in die Helligkeit, aus der Orientierungslosigkeit in die Areale, in denen man sich orientieren kann.

Genau für diese Bereiche steht der Begriff der Geschichte. **Geschichte ist der Ort, an dem, sowohl in zeitlicher wie in räumlicher Hinsicht, Orientierung und Strukturierung möglich ist.**

Geschichte schreiben ist das Vertrautmachen, das Durcharbeiten des Materials, mit dem ich umgehe.

Das ist der bemerkenswerteste Sachverhalt in der Problematisierung heutiger Sprayerpraktiken: Die auslöschenden Anonymisierer in der Fluchtbewegung sind von einem ungeheuren Respekt vor der Geschichtlichkeit der Bauten und der Kulturdenkmäler erfüllt. Es gibt unter ihnen einen regelrechten Wettkampf darin, sich der Geschichte zu bemächtigen, analog einer wissenschaftlichen Aneignung.

Damnatio oder Apotropeion?

Diese Dynamisierung der Geschichte als eines Fluchtorts steht freilich in Konkurrenz zu dem apotropäischen Gebrauch der Graffiti-Zeichen. Das *Apotropeion* ist ursprünglich das Feldzeichen mit den eroberten heraldischen Zeichen der Gegner, die im Tympanon eines Tempels angebracht oder eingemeißelt werden. Wir verwenden den Ausdruck im Sinn einer magischen Abwehr. Sie betreiben solchen Zeichengebrauch, wenn Sie bei unsicherem Wetter mit einem Regenschirm aus dem Haus gehen, weil Sie hoffen, daß es dann gewiß nicht regnet: der Regenschirm funktioniert als Apotropeion gegen den Regen.

Es ist häufig gefragt worden, ob sich die Sprayer in aller Radikalität der egalisierenden Damnatio, der Inthronisierung der Wahrheit gegenüber den ange maßten Individualitäten von Unternehmern und Firmen wirklich ihrer Handlungen bewußt sind – oder ob sie nicht vielmehr das Zeichen ausschließlich apotropäisch im Sinne eines Abwehrzaubers benutzen. Das könnte schon zutreffen, allerdings nicht in dem naiven Sinn, wie der geschilderte Regenschirmgebrauch. Der Gebrauch eines Apotropeion birgt natürlich wie jede Form von magisch-animistischem Denken ein ungeheures Risiko. Es zieht geradezu die abzuwehrenden selbstzerstörerischen Kräfte wie Angst und Furcht auf sich selbst.

Die Geschichte der Tätowierung in den unterschiedlichsten Kulturen bietet für die animistische Abwehr durch Zeichen die besten Beispiele. Hier – wie überhaupt in der gesamten Tradition des ornamentalen Gestaltens – wird der Aspekt der Damnatio ganz offensichtlich. Geht man nicht nur von den Seemannsweibchen auf der Brust aus, sondern von den ernstzunehmenden Mustern der Tätowierungsgraffiti, dann läßt sich zeigen, daß sie eine Camouflage vor der Autodestruktion sind: **Es geht darum, vor sich selbst unsichtbar zu werden. Die Tätowierung ist wie ein Tarnnetz, das man sich über den Körper streift.** Man verwandelt den Arm in den Zweig des Lorbeerbaumes, sich selber in die florale Ornamentik, in die Topographie der Wüste, des Gebirges etc. Hier finden wir eine sehr eindeutige Form der Anonymisierung, des Unsichtbarwerdens, des Auslöschens eines Individualisierungsanspruchs, den der normale Alltagsmensch nicht erfüllen kann und gegen den er um so radikaler vorgeht, als wenige andere ostentativ bekunden, Individualisierung erreicht zu haben.

Ergreift die Flucht!
Was uns die Sprayer mit ihren Menetekeln sagen wollen, ist: **Ergreift die Flucht!** Es geht nicht um den Schrecken allein, sondern um das Initiieren einer Bewegung, weg: in Richtung des Fluchtpunkts der Geschichte.
Dieser Begriff ist natürlich der Kunstgeschichte entnommen und meint nicht nur den Zielpunkt des Flüchtens und Weglaufens. **Der Fluchtpunkt ist vielmehr auch der Punkt in einem gegebenen Wahrnehmungsfeld, auf den hin sich die entscheidenden Linien des gesamten Bildaufbaus orientieren.** Es ist der Orientierungs-

punkt, der Fixpunkt. Genau das bezeichnet auch die geschichtliche Erfahrung, bzw. das, was wir meinen, wenn wir von Geschichte sprechen und in ihr Dialoge unter Toten führen.

Reden wir so über Graffiti, gehen wir weit über die Erörterungen hinaus, die etwa Cohn-Bendit führt, wenn er sagt, den Kids müßte doch erlaubt sein, sich die Stadt anzueignen, wie sie wollen. Er versteht das Sprayen damit als eine Art Jugendstreich, aus Lust die Wände zu beschmieren. Das ist ebenso kurz gefaßt wie der Rückverweis auf alte zivilisatorische Anstrengungen, wie sie im Streit zwischen Dürr und Elias thematisiert werden: **Bei Graffiti geht es um mehr als das Durchbrechen alter Tischzuchten, um mehr als um den Verstoß gegen normative Verhaltensvorschriften für Menschen in Gesellschaft.**

Die von mir hier versuchte Skizzierung des Problems dürfte auch fruchtbarer sein als die Überlegungen von Verhaltensforschern, die meinen, es handele sich bei diesen Sprayern um eine Art Analogie zur tierischen Territorialmarkierung – Sprayer würden ihre Logos setzen, um ihre Territorien oder die ihrer Gruppen oder Gangs zu signalisieren. Dies trifft nur den rein heraldischen Gebrauch. Sie übertrifft auch die von Kriminologen bevorzugte Lesart, die immer noch die Erinnerung an das Zinkenrotwelsch in diese Graffiti hineinlesen und unter Zuhilfenahme von Polizeipsychologen die abstrusesten Aussagen über die Befindlichkeit der Kids machen, die sich indes dabei nur ins Fäustchen lachen, oder, wie das New Yorker Richterbeispiel zeigt, überlegen, wie man mit Justizbehörden Katz und Maus spielt.

Das sind Erklärungen, die wir heute bestenfalls im Bereich der Unterhaltung goutieren können, die aber das Phänomen nicht begreifen.

Denn schließlich kommt es darauf an zu erkennen, was uns an diesem Phänomen eigentlich zu interessieren hat. **Die Graffiti leiten – ähnlich wie das Haupt der Medusa – eine Abwendung erzwingende Bewegung zur Flucht ein.**

Wer in der aktuellen Lebensgegenwart keinen Anlaß zum Fliehen hat, braucht die Geschichte nicht. Und wer einer schreckenerregenden, furchterregenden Unbekanntheit begegnet, die Quelle der Furcht aber nicht zerstören oder verdrängen will, dem bleibt gar nichts anderes als die Flucht zum Bekannten. Das ist schließlich das Fruchtbarste, was jede Art von Avantgarde-Tätigkeit erreichen kann. **Die Graffiti-Artikulationen sind eine**

Avantgarde des sozialen Verhaltens. Sie sind unzugänglich, unbekannt etc., und wir ergreifen vor ihnen aus einleuchtenden Gründen den Weg zurück zu dem, was uns bekannt erscheint.

Mit anderen Worten, hier erfüllt sich die Avantgarde tatsächlich, wenn sie das fremde, neue undurchdringliche Unbekannte ist, durch das man sich die Tradition und Geschichte neu orientiert, so daß uns die Geschichte selber wieder als ein Lebensraum, die Tradition selber als eine Gegenwart erscheint.

Die Geschichte ist gegenwärtig, denn sonst hätte sie uns für die Zukunft nichts zu sagen. Also verdanken wir der Reaktion auch auf die Graffiti die ständige Vergegenwärtigung der Geschichte unter einem perspektivischen Gesichtspunkt.

Bisher hat noch niemand aus der Zukunft berichten können, wenn er nicht von historischen Zukünften sprach, also als Geschichtsschreiber. Deswegen bleibt es bei der Disziplin der Geschichte. Und je weiter zurück wir die Freiheit entwickeln, Geschichte zu schreiben und zu erzählen, desto weiter trägt uns diese Perspektive im Fluchtpunkt. Denken Sie daran, wenn Sie die nächsten Graffiti sehen, die nächsten Vermummten, die nächsten Radaubrüder etc.: denken Sie daran, was sie denen an Selbstkonfrontation verdanken.

| Wir müssen kommunizieren,

weil wir uns nicht verstehen können |

| 19 | Uwe Loesch. Gegen die Monster des Konsens |

Wer über Grafikdesign Nachforschungen anstellt, stößt auf die selbstverständliche Unterstellung, diese gut bezahlte künstlerische Tätigkeit habe der sozialen und wirtschaftlichen „Kommunikation" zu dienen. Und das heiße: über die Gestaltung von Anzeigen, von Displays und Plakaten, von Verpackungen und CDs, von Zeitschriften und TV-Spots sei zu erreichen, daß Produkte ihre Käufer finden, Bücher ihre Leser, Veranstaltungen ihre Besucher, Sendungen ihre Zuschauer. Die Aufgaben seien eindeutig, die gestalterischen Mittel erprobt;

Counter-Striptease (Mette O. zieht soviele Kleidungsstücke übereinander wie Gerda P. auszieht.) – Brock-Actionteaching | A-Männer, B-Männer, HBK Hamburg 1965
Foto | *Anke Grundmann*

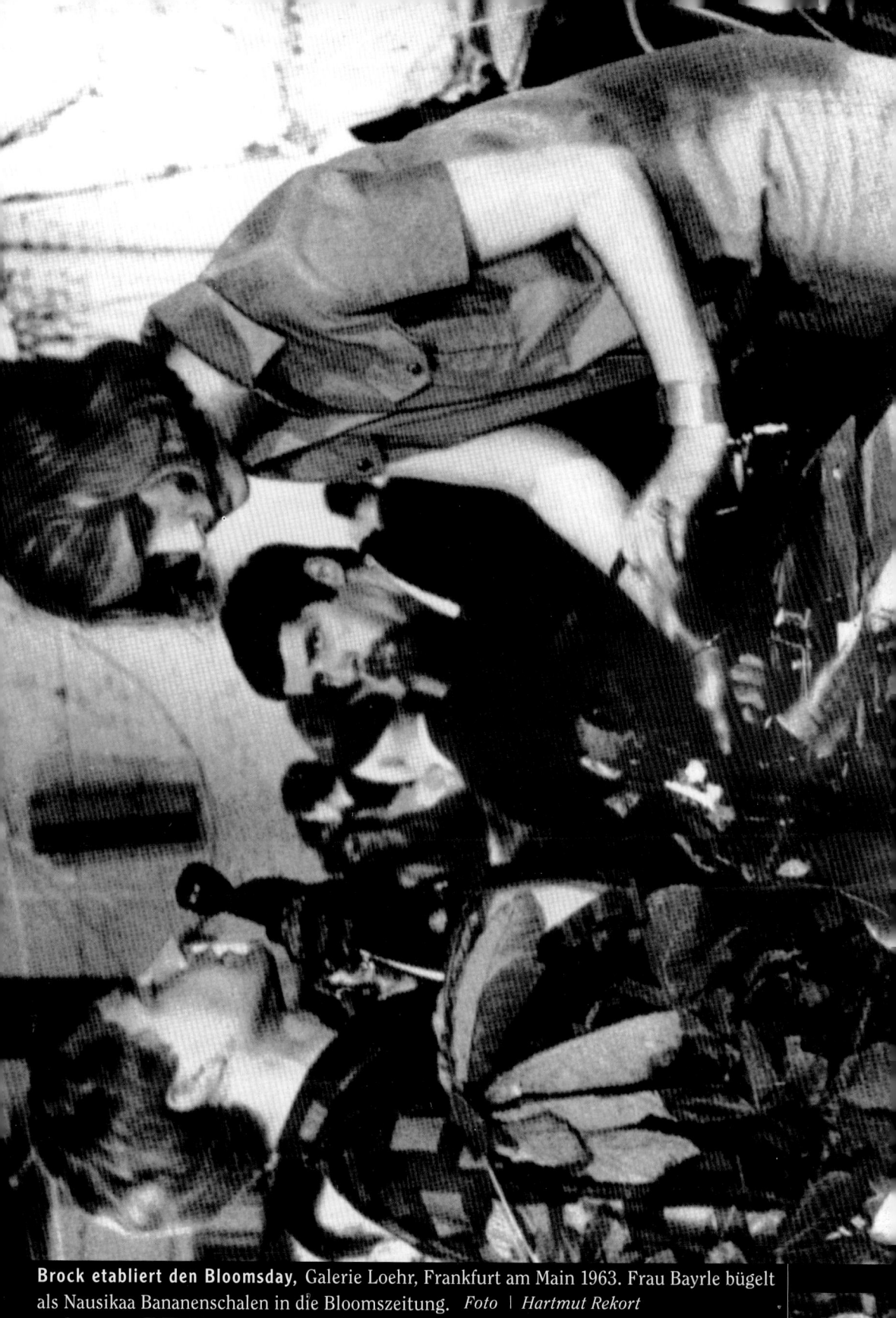

Brock etabliert den Bloomsday, Galerie Loehr, Frankfurt am Main 1963. Frau Bayrle bügelt als Nausikaa Bananenschalen in die Bloomszeitung. *Foto | Hartmut Rekort*

die Briefings gäben die klaren Bedingungen vor. Und die Kriterien der Qualität seien leicht zu überprüfen (im Unterschied zur Künstlergrafik): gut sei jenes Ding, das die nachhaltigste Wirkung bei Konsumenten, Besuchern, Zuschauern und Lesern erziele. Die Wirkung ließe sich nämlich an Verkaufs-, Besuchs- und Einschaltquoten messen. Warum ist das eine Unterstellung? Weil angenommen wird, bei erfolgreicher „Werbung" käme es gar nicht auf die Produkte, die Veranstaltungen, die Bücher oder TV-Sendungen an, sie könnten ruhig funktionsuntüchtig, langweilig oder schlecht gemacht sein – Hauptsache die Werbung, Text und Gestaltung stimmten und damit der Erfolg. Als ob nicht viele, nie beworbene Produkte gekauft werden – weil sie billiger sind?; viele namenlose TV-Programme gesehen werden – weil man dabei nicht ausdrücklich kommunizieren muß?; viele unbekannte Veranstaltungen besucht werden – weil sie gerade nicht in aller Munde sind, sondern Exklusivität ermöglichen? (die ihrerseits nicht beworben werden kann, ohne sich selbst aufzuheben). Und andererseits: **bisher fehlt jeder Beweis, daß man durch gute Reklame schlechte Produkte tatsächlich an den Mann bringen kann** (nicht nur einmal als Betrug, sondern auf Wiederholung des Kaufs ausgerichtet). Dennoch behaupten die meisten Auftraggeber der Designer erpresserisch, die Werbung sei verantwortlich für zu geringen Absatz und ungenügende Akzeptanz – nicht ihre Produkte! Selbst die deutsche Regierung macht für die Ablehnung ihrer Politik durch die Bürger die „Werbe- und PR-Fritzen" verantwortlich. Sie hätten diese Politik nur falsch verkauft. Würden die Bürger nämlich anhand der Regierungspropaganda die politischen Entscheidungen richtig verstehen, so würden sie sie auch akzeptieren, denn richtig zu kommunizieren laufe auf richtiges Verstehen hinaus. Und etwas zu verstehen hieße, es zu akzeptieren. Denn wenn die politischen Entscheidungen richtig seien (und welche Regierung werde schon mutwillig falsche treffen), dann gäbe es dafür gute, triftige Gründe, also einsehbare, verstehbare. Und wenn die Bürger kraft leistungsfähiger Propaganda (des politischen Diskurses) die guten Gründe der Regierung verstünden, dann könnten sie nicht umhin, die Entscheidungen zu akzeptieren, ihnen zuzustimmen; der Konsens sei erreicht! Eine Unterstellung – wie gesagt – aber eine sehr verbreitete. Der unterstellte Kommunikationsbegriff ist eine bedenkliche Abstraktion, als ginge es dabei um ein bloßes Kalkül von Mitteln und Zwecken, von Input und Output, von Information und Mitteilung, von Absichten und ihrer Realisierung. Jede Kommunikation habe den einen Zweck, Zustimmung, Kaufentscheid, Konsens zu erreichen, wird behauptet. Gelinge das nicht, so sei anzunehmen, daß dem

Verkäufer/Sender die guten Gründe ausgegangen seien, denen die Käufer/Empfänger zuzustimmen hätten. Die Kommuninikation sei gestört! Als ob nicht Haß eine sehr intensive Form von Kommunikation ist; als ob wir nicht ständig dagegen verstoßen/handeln, was wir für richtig halten. Als ob wir nicht häufig das ablehnen, was uns nur allzu einsichtig ist („dem werde ich eins auswischen, was bildet der sich ein, bessere Argumente zu haben als ich, überzeugender, einfallsreicher und gewinnender zu sein als ich?"). Als ob uns nicht der Mutwille verführe, etwas gerade deshalb interessant zu finden, weil es absurd ist, etwas deshalb haben zu wollen, weil es allem Verständnis Hohn spricht; etwas zu tun, weil es sich verbietet oder verboten ist. Solches Kontrafaktische scheint besonders in der über religiöse, politische Themen verlaufenden Kommunikation zu überzeugen. **Der normativen Kraft des Faktischen entspricht in der Kommunikation die ebenso normative Kraft des Kontrafaktischen.** Das *credo quia absurdum* ist funktional gleichleistungsfähig in der Kommunikation wie das *intelligo quia relativum* (ich glaube etwas, halte es für wahr, weil es alle Möglichkeiten des Verstehens überfordert, und ich verstehe, akzeptiere etwas, stimme ihm zu, weil ich seine Entstehung, seine Begründung kenne). Auch das Absurde, den Unsinn, das Falsche kann man als solches verstehen – nur anfangen kann man mit diesem Verstehen nichts. Andererseits kann ich akzeptieren, daß alles, was geschieht, schon mit Grund geschieht – aber ich verstehe die Gründe nicht. (Ich verstehe die faktische Absurdität der ethnischen Reinheit als kontrafaktische Behauptung – aber kann ich dem Rassismus deshalb zustimmen, weil ich verstehe, daß auch ich rassistisch denke?) (Ich bin d'accord, daß einige Produkte sich besser verkaufen als andere, obwohl sie gleichwertig sind und zum gleichen Preis angeboten werden; aber verstehen kann ich das nicht.) Die kontrafaktischen Behauptungen sind genauso gut zu kommunizieren wie die unabweisbaren Gegebenheiten; sie haben die gleiche normative Kraft, z.B für die Gruppenbildung von Einzelgängern (den Intellektuellen/Künstlern) oder für die Entstehung von Gemeinschaften der Kriminellen (als Banden). Ist nicht die Mafia eine sozial, d.h. kommunikativ stabile, geradezu vorbildliche Gemeinschaft, obwohl ihre Mitglieder von der Nichtakzeptanz solcher stabilen, normativen Regelungen anderer Gemeinschaften leben? (Das ließe sich auch für konkurrierende Konzerne sagen, für deren Praktiken die Kommunikationsdesigner Konsens beim Publikum erreichen sollen – das aber wird man zwar verstehen aber nicht akzeptieren). Also: die Vertreter kontrafaktischer Behauptungen, des Mutwillens, des Unsinns kommunizieren gerade so gut, wie ihre Kritiker. Das Mißverstehen ist zumeist produktiver für die Kommunikation (wenn es überhaupt vermeidbar wäre) als das Verstehen. Die Lügen sind so konsensfähig wie die Wahrheiten. Da kann man wohl kaum beabsichtigen, gestaltend auf die Kommunikation einzuwirken, um durch „Verstehen" Konsens zu eigenen Gunsten zu erreichen. Das Verstehen steuert nicht die Kommunikation, es sei denn, man steuere mit dem Schiffsruder das Meer. Kommunikation ist nicht steuerbar, wenn doch, könnte sie ja jeweils ganz anders verlaufen als sie verläuft – vielfach anders, also gar nicht. Wir bräuchten ja das Kriterium des Erfolgs gar nicht, wenn der Erfolg durch Kommunikationsstrategien beliebig erzwingbar wäre. Und wenn alle bei Befolgung der gleichen Erfolgsstrategien den gleichen Erfolg erzielten, hätte keiner Erfolg. Kommunikation ist die soziale Realität; sie als solche, als die eine Wirklichkeit anzuerkennen, heißt der Naivität zu entsagen, man könne die Realität den eigenen Zielen und Wünschen unterwerfen. Wer eben das beabsichtigt, möchte sich seine Wirklichkeit selber schaffen. Das aber heißt – trotz aller Propaganda der radikalen Konstruktivisten – die Wirklichkeit zu verabschieden, sie endlich loszuwerden im freien Spiel der Mächte. Damit wäre aber jede Gestaltung ein deklarierter Mutwille, ein durch Erfolg zu bestätigender Aberwitz. Genau dann aber käme es auf Gestaltung überhaupt nicht mehr an – ist das nicht heute schon weitgehend so? Für einen Gestalter wie Uwe Loesch jedenfalls nicht. Seine Arbeiten zielen darauf ab, die Kommunikation als eine eigenständige Größe des gesellschaftlichen Daseins von Menschen zu respektieren, anstatt sie zu manipulieren oder zu instrumentalisieren (auch wenn das einen gewaltigen Verlust an angemaßter Geltung des Gestalters bedeutet). Loesch zielt auf Wirklichkeitserfahrungen, also auf die Erfahrung von Grenzen der Gestaltbarkeit. Statt Omnipräsenz und Omnipotenz der Gestaltung (als Umweltverschmutzung) kommt es ihm auf Unterbrechung, auf Leerstellen, auf Pausen im dauernden Zugriff der Kommunikation an – auf gestalterische Ohnmacht oder Armut, auf Zäsur und Askese. **Das nicht sichtbare Bild stimuliert das Bewußtsein als Vorstellung stärker; der unhörbare Ton in der Stille weckt das Gefühl für die Köstlichkeit des Klangs.** Er nennt das: Wiedergewinnen der Freiheit der Sinne, ohne welche das Denken, Fühlen und Vorstellen der Individuen der Willkür und Beliebigkeit kommunikativer Reize ausgeliefert sind. In seinen Arbeiten gewinnt oder demonstriert er die Fähigkeit, sich gegen die Ansinnen auf je eigenes Kommunikationsdesign zu behaupten, also sich nicht auf Konsens, Akzeptanz, auf Gleichgewicht und Symmetrie, auf endlose Reziprozität der Partnerbeziehungen auszurichten. Die Dynamik der Kommunikation ist auf Asymmetrien, auf Ungleichgewicht, auf Mißverstehen angewiesen; diesen Notwendigkeiten gestalterisch entgegenzutreten, hieße Menschen zu dressieren, in *bits* und *pieces* zu zerlegen, um sie zu Monstern des Konsens und des Verstehens umzuformen: solche Monster gibt es nicht nur im uniformen Schrei nach „Sieg" und „Heil", sondern auch in der Logopenetrierung von Parteien und Produkten, von TV-Stationen und OK-Institutionen. Loesch arbeitet dafür, der Kommmunikation ihren Raum wiederzugeben, anstatt sie in der gestalterischen Erzwingung von fundamentalistischem Konsens abzuwürgen. Er versucht, die Produkte von ihren Images zu befreien und das Denken, Fühlen, Vorstellen von deren sprachlichen Passepartouts zu lösen, indem er **die ästhetische Differenz von Wesen und Erscheinung,** von Produkt und Werbung radikal vergrößert – statt mit der Axt und dem Sprengstoff nietzscheanischer Überdesigner oder dem schöpferischen Dadaismus der Zerstörung geht das nämlich am schonendsten mit den ästhetischen Mitteln der Unangemessenheit, der Unstimmigkeit und der Abweichung. Wenn Sprache (in Wort, Bild, Ton, etc.) leistungsfähig sein soll, um unsere Wirklichkeitserfahrungen zu ermöglichen, anstatt die Wirklichkeit wegzuzaubern, dann vergegenständlicht sie die Differenz von Bewußtsein und Kommunikation; dann ist sie diese Differenz von Bewußtsein und Kommunikation, die prinzipiell nicht ineinander überführt werden können. Formen kann man nur diese sprachliche Gestalt der Differenz – weder das Bewußtsein noch die Kommunikation. Zwar prägen sich Bewußtsein und Kommunikation in der Sprache aus, aber nur so, wie sich die Körper in ihrem Zwischenraum ausprägen, durch den wir uns bewegen können – sprachlich und als Sprechende. Diese Bewegung zwischen Bewußtsein und Kommunikation ist das Formen und Gestalten. Die Arbeiten von Uwe Loesch bieten großartige Beispiele solcher Bewegung als Ausformen, wie die Hände ein leeres Gefäß ausformen, indem sie die Grenzen der Form erfassen. Das Nachvollziehen dieser Bewegung in einer Ausstellung hat eigene kommunikative Bedingungen; aber auf die kommt es nicht an, also nicht auf ihren Ereigniswert als Museums- bzw. Kunstausstellung. Auch die Horizonte des Bewußtseins der Besucher sollten nicht auf die Erwartung von Kunstwerken oder Kommunikationsakrobatik festgelegt werden. Sondern? Auf ein Beispiel laokoonischer Abwehr der Monster des kommunikativen Konsens.

Wir müssen kommunizieren, weil wir uns nicht verstehen können
20 Werbung und gesellschaftliche Kommunikation

1. Nogger Dir einen

Warum brachen die Mauern? Welche weltumstürzende Kraft beherrschte die Vorstellung von Abermillionen Menschen derart, daß sie nicht mehr zu bändigen waren von etablierter Staatsmacht hinter ideologischen Sichtblenden? Diese Bewegung ganzer Volkskörper als Ausdruck schrankensprengenden Freiheitswillens verstehen zu wollen, mag ehrenwert sein, aber nur halbwegs zutreffend, wenn man angibt, welche Freiheit gemeint war und woher die Menschen jene Freiheitsvorstellung bezogen, der sie bedenkenlos zu folgen bereit schienen. Die Antwort gaben die Sehnsuchtsbewegten selbst: Sie wollten sich einen noggern.

Seit die alle erdgebundenen Grenzen überspringende Technologie der Telekommunikation das Werbeangebot des Westens verbreitete, jedermann sei herzlich eingeladen, nach eigenen Wünschen in die Regale der Supermärkte zu greifen, sich von freundlichen Bankbeamten mit hinreichendem Kapital ausstatten zu lassen und sich im Paradies der arbeitslos Versorgten freizügig zu bewegen, war es nur noch eine Frage der Zeit, bis sich die Gelegenheit ergeben würde, der Einladung ins Reich der Konsumfreiheit zu folgen.

Kommen das Geld und die Waren nicht zu uns, dann kommen wir eben zu ihnen, konstatierten die Mauerspringer lapidar. Und hatten sie nicht recht? **Ist in der westlichen Darstellung des gesellschaftlichen Selbstbewußtseins durch die Werbung je etwas davon zu lesen, zu hören oder zu sehen gewesen, daß es Bedingungen für den freien Konsum von Waren und Dienstleistungen gibt?** Zwar trugen die beworbenen Waren kleine Ohrenmarken ihres Preises, aber was heißt das schon, wenn der Eindruck erweckt wird, das Geld käme von der Bank oder vom Staat wie der Strom aus der Steckdose?

2. Unkaputtbar
Jedenfalls demonstrieren die Heerscharen aus dem Süden und Osten ins Reich der westlichen Freiheit, welche Macht die Werbung für das Erleben und Handeln der Zeitgenossen darstellt. Aber geht es tatsächlich um Macht? Macht bezeichnet ja die Fähigkeit, andere dem Willen der Mächtigen zu unterwerfen, also das Erleben und Handeln zu steuern. **Das Augenfällige an der Werbung ist ja, daß sie zwar die Kraft des Wünschens märchenhaft zu stimulieren vermag, aber über die Wirkungen keine Kontrolle hat.** Es kann ihr nicht einmal gelingen, die von ihr ausgelösten Bewegungen zu kanalisieren, geschweige denn sie zeitlich, sachlich und sozial zu formen. Die Werbung setzt zwar etwas in Bewegung, aber was daraus wird, entzieht sich ihrem Einfluß. Das ist im kleinen wie im großen so: Wenn die Werbung für ein Produkt nicht erfolgreich ist, hört man nicht mit der Werbung auf, sondern stellt sie nur auf andere Wirkungsrepertoires um. **Wenn Parteien und Regierungen ihren Publikumserfolg gefährdet sehen, ändern sie nicht ihre Programme, sondern die Propaganda.** Da ja alle nur das Beste wollen, das Beste produzieren und das Beste dienstleisten – ihrem Selbstverständnis nach, und wer würde sich mit weniger zufriedengeben? –, kann der Mißerfolg nur bei den Verkäufern der Produkte und Programme liegen.
Politpropaganda mit ausgetüftelten Repertoires von Herrschaftsikonographie ist die Primärform heutiger Werbung. Musiker, Bildhauer, Maler und Architekten entwickelten jene Herrschaftsikonographien für Kirchen und Höfe, für weltliche und geistliche Machtprätendenten. Erst seit den 50er Jahren übernahm die Werbung von den Künstlern die Führungsrolle (auch formalästhetisch), weil die Werbeagenturen zu den potentesten Auftraggebern für Gestalter aller Disziplinen wurden, weit vor den anderen Medien der Öffentlichkteit, wie dem Journalismus in Zeitungen, in Zeitschriften, im Radio und im Fernsehen, und natürlich weit vor den Agenten des Kunstmarkts; denn diese **Medien wurden selber von Werbeeinnahmen abhängig** und übertrugen zudem entscheidende ästhetische Strategien der Werbung auf die Darstellung ihrer journalistischen Arbeit.
Wie sich auch immer durch technische Innovationen, durch soziale und politische Verwerfungen die Verhältnisse wandelten, **die Werbung erwies sich als**

unkaputtbar. Sie bewarb den Mißerfolg mit dem einleuchtenden Argument, jetzt gelte es erst recht, die Trommel zu rühren, und sie bewarb den Erfolg ebenso einleuchtend mit dem Argument, jetzt gelte es, den Erfolg zu sichern; sie bewarb die Markenprodukte mit dem Hinweis auf unüberbietbare Qualität und nahm sich der namenlosen Produkte mit dem Argument an, Markenprofilierung verursache nur zusätzliche Kosten, die man zum Wohl der Konsumenten einspare. Hat man je gehört, daß große Werbeagenturen bankrott gingen, weil ihre Klientel, Produzenten und Dienstleister, den Betrieb einstellten? Na also.

3. Alle reden vom Wetter, wir machen es
In den 60er Jahren mobilisierte die Diskussion um die Macht der Werbung und die Warenästhetik nicht nur die Studenten, um in nächtelangen Diskussionen Strategien zu erörtern, wie dieser Macht beizukommen sei. Die einen meinten, man müsse schon in der Schule damit anfangen, die Adressaten der Werbung gegen deren Verlockungen zu feien, indem man den Kunstunterricht zur *Aufklärung über visuelle Kommunikation* umfunktioniere und in sozialpolitisch wünschenswerte Bahnen lenke. Andere wollten dem teuflischen Verhexungswerk grundsätzlich abschwören und es durch eine Kultur der Unmittelbarkeit, der Reinheit und Wahrheit ersetzen. Sie verstanden den Vietnamkrieg und die Befreiungskriege der dritten Welt als Versuche, sich vom werblichen Blendwerk des Kapitalismus freizuhalten. In dieser Tradition werden ja auch heutige Kultur- und Religionsfundamentalisten noch als Widerstandskämpfer gegen die Vereinnahmung durch westlichen Konsumerismus gefeiert.
Die härteste Herausforderung für die 68er boten jene (zu denen auch ich gehörte), die ihre Vermutung wohlbegründeten, die Werbung werde sich als entscheidende revolutionäre Kraft erweisen, weil sie mit ihrer bedenkenlosen Abkoppelung der frohen Botschaften von der sozialen Realität ein schließlich implodierendes Vakuum aus leeren Versprechungen erzeugen würde. Demzufolge empfahlen wir, den Vietnamesen nicht mit der Gewalt der Waffen, sondern mit flächendeckend abgeworfenen Werbebotschaften für Kosmetik und Coca-Cola, für Triumphmieder und Pizza-Taxis zu begegnen. Wolf Vostell collagierte brillante Werbebotschaften mit Bildern von B 52-Bombern über Vietnam, aus deren Waffenschächten glänzende Konsumartikel auf den Urwald regneten. Ich meine, wir haben recht behalten. Die Völkerwanderungen aus dem Osten und Süden, die seit 1989 verstärkt dem magischen Sog der televisionären Werbebilder folgten, beweisen es.
Wo man erbittert, in heiliger Naivität oder in beschwörender Selbstinszenierung zum Subjekt der Revolution, über den rechten Weg ins Paradies, auch

nach Mao *langer Marsch* genannt, diskutierte, mokierte sich die Agentur McCann für die Bundesbahn selbstbewußt darüber, daß alle Welt nur vom Wetter rede – will sagen, durch Werbung erledigten sich die Diskussionen von selbst. Es sei nur eine Frage der Vorstellungskraft, den Himmel gerade dann bläuen zu sehen, wenn es mies fiesele. Und dieser zeitgemäße Wetterzauber ging so: Zunächst hielt man sich zugute, durch unwiderstehliche Werbung für Autos und die Freiheit des Individualverkehrs die totale Mobilmachung der Bürger bewirkt zu haben. Als sich der Erfolg dieser Werbung im Dauerstau auf allen Straßen manifestierte, warb man dafür, mit der Benutzung der Bundesbahn den Stau zu umgehen. An den Schnittstellen von Individualverkehr und Kollektivverkehr warb man für die schöne Tugend kavalierhafter Toleranz und schließlich für den Genuß der Langsamkeit. In jeder Situation triumphierte die Werbestrategie, gut Wetter zu machen, bis hin zum heutigen propagierten Konzept eines Großraumautos für den Stau.

Sehen Sie, das ist Dialektik; die Werbestrategen sind seit den 60er Jahren die besseren Marxisten. Das haben die N.G.Os, die nicht regierungsabhängigen Organisationen wie *Greenpeace* verstanden. Sie fahren heute die wirkungsvollsten Werbekampagnen. Ihre Kreativdirektoren und ihre IMs, ihre informellen Mitarbeiter in Redaktionen, Universitäten und der Wirtschaft, belegen schlagend, daß Werbung in allen politischen, sozialen, ökonomischen Dimensionen das entscheidende Medium der Öffentlichkeit geworden ist.

4. Neckermann macht's möglich
Waren das noch Zeiten, in denen wir studentischen Mickymäuse in den Hörsaal 6 der Frankfurter Universität pilgerten wie in ein Premierenkino von MGM, um zu verfolgen, wie auf dem Podium Kater Carlo Habermas das Mäusefangen lehrte. Mit historischer Geste inszenierte er den Strukturwandel der Öffentlichkeit. Während Habermas durch die imaginären Salons im Paris des 18. Jahrhunderts schweifte, hielt ihm mein Freund Meysenbug Ausrisse von Werbeaffiches entgegen, die über den Köpfen der Studenten von Hand zu Hand gingen und schließlich ein kleines Panorama der Formen von Öffentlichkeit bildeten, in denen wir uns tagtäglich bewegten. Auf der hinteren Wand des Hörsaals tauchte aus den Wolkenschlieren von Kotzfarben der Schriftzug auf: *Habermas macht's möglich.*

In meinen ersten Lehrveranstaltungen als Hochschuldozent verkaufte ich vom kleinen Bauchladen Eiscreme und Erfrischungsgetränke, um so einer universitären Veranstaltung wenigstens einige Bezüge auf die Formen von Öffentlichkeit zu geben, auf die wir trainiert waren. Während der Vorlesung bat ich die Zuhörer, meine kulturgeschichtlichen Darlegungen mit Reaktionen zu begleiten, wie sie sich in Fußballstadien, im Theater, auf Jahrmärkten und Parteiversammlungen ganz von selbst ergaben. Die Studenten sollten sich als Repräsentanten der Öffentlichkeit ins Spiel bringen, wodurch auch der Vortragende angehalten wurde, die Öffentlichkeit als Adressaten seiner Rede wahrzunehmen. Der Hörsaal wandelte sich zum Forum Romanum, zum Reichsparteitag, zum Gerichtssaal.

Öffentlichkeit herstellen war damals die vorrangige Forderung an alle, die sich aus irgendeinem Grund versammelten; man bediente sich ohne zu zögern dafür jener Praktiken, die die Werbung demonstrierte.

Langsam wurde auch den Akademikern klar, daß sich die Rezeptionsformen ihrer Studenten gewandelt hatten. Die Studenten mußten als Publikum angesprochen werden, deshalb schaute man sich bei der Werbung ab, wie man ein akademisches Thema zu formulieren hatte, damit es als zeitgemäße Problemstellung wahrnehmbar wurde. Die agenturüblichen Verfahren des *Agenda setting,* also des Führens der Aufmerksamkeit durch Thematisierung, wurden den Hochschullehrern zur Arbeitshilfe. Diejenigen, denen die Aktualisierung akademischer Studien am besten gelang, wurden zu den *Weißen Riesen* und *Meister Proper* der Öffentlichkeit.

Als der Hochschullehrer Kurt Biedenkopf zum Generalsekretär der CDU avancierte, nutzte er das *Agenda setting,* um die Öffentlichkeitsarbeit der Partei zu intensivieren. Führen durch Themenstellung, Besetzen von Begriffen, Kompetenzdemonstration für Problematisierungen empfahl er mit Hinweis auf die linke Intelligenz im Konkurrenzunternehmen SPD, die, so war die Vermutung, deshalb die öffentliche Meinung so weitgehend beeinflußte, weil sie die interessierenderen Themen vorzugeben verstand. Und wie man das machte, zeigte die Werbung. Schließlich fanden sich alle Parteien bereit, nicht nur die Wahlwerbung, sondern auch die Formierung der Parteiauftritte und des Images ihrer Protagonisten Werbeagenturen abzuverlangen.

Wie die Unternehmen legten sich auch Parteien, Hochschulen und andere Kulturinstitutionen Abteilungen für Öffentlichkeitsarbeit nach dem Muster amerikanischer Public-Relations-Abteilungen zu. **Es reichte offensichtlich nicht mehr, eine gute Sache, eine evidente Wahrheit, schlüssige Programme oder auch nur brillante Ideen zu haben, man mußte** sie ins Spiel bringen, **für sie werben.** Was die

Öffentlichkeit ausmachte, ließ sich an den Themen ablesen, für die sich die Zeitgenossen interessierten; so wurde aus dem Appell, Öffentlichkeit herzustellen, das Bemühen, Interesse zu stimulieren.

5. Alles Müller oder was?

Wie die Pornographie nur eine gesteigerte Form jeder generellen Wirkung von Bildern und Texten, kurz, sprachlichen Zeichengefügen ist –, wie seit Schumpeters Analysen das Zerstören, Abräumen, Verbrauchen nur als andere Seite der Produktionslogiken verstehbar wurde – so ist die Werbung nur als die strategisch optimierte Ausformung des sprachlichen Mediums von Kommunikation zu sehen.
Mit Nikolaus Luhmann läßt sich Kommunikation als eigentümliche Leistung von Gesellschaft als System fassen. **Kommunikation ist die Art und Weise, wie die autopoietischen Bewußtseinsgeneratoren in dem Organismus der Individuen miteinander in Beziehung treten. Das Medium dieser Beziehung, also der Kommunikation, ist die Sprache, die Gesamtheit aller Zeichengebung der Individuen.**
In unserem Zusammenhang gilt es zu fragen, wie die Kommunikation über Objekte der Außenwelt läuft, also über natürlich oder kulturlich Geschaffenes, das auf den ersten Blick nicht als sprachliche Figuration vorhanden zu sein scheint. Ob Wetter oder Pflanzen, Messer oder Spaghetti – derlei Gegebenheiten werden erst für die Kommunikation erschlossen, wenn wir sie wahrnehmen, und das heißt über Bewußtseinsgenerierung wie sprachliches Zeichengefüge verstehen. Verstanden hat man, wenn die wahrnehmende Umformung der Objekte in Sprache gelingt – in welcher Art von Versprachlichung auch immer. Es liegt buchstäblich in der Natur der Bewußtseinsgeneratoren der Organismen, solches Verstehen immer zugleich auf allen Ebenen der organismischen Lebensäußerung zu aktivieren: Jede Wahrnehmung und ihre Verarbeitung aktiviert sowohl das Prozessieren des Stamm- wie Zwischen- und Großhirns. Jede Wahrnehmung aktiviert zum Beispiel Basisfunktionen wie Stabilisierung

des Energiehaushalts in der Steuerung von Atmung, Herzfrequenz, elektrischem Hautwiderstand, Zellvigilanz und dergleichen, zugleich werden das limbische Regulativ der Lust- und Unlustreaktion wie auch mehr oder weniger intensiv die verschiedenen Großhirnareale, die auf die höheren Leistungen der Wahrnehmungsverarbeitung spezialisiert sind, aktiviert. Das gilt prinzipiell für die Verarbeitung jeglicher Wahrnehmung der äußeren und inneren Welt der Individuen.

Von den antiken Rhetoriklehrern über die Regelwerke der Kunstpraxis bis zur Wirkungsforschung, auf die sich die Werbung beruft, wurde angenommen, daß sprachliche Zeichengebung so formiert (*gestaltet*) werden kann, daß sich die verschiedenen Verstehensprozesse im zentralen Nervensystem nicht wechselseitig blockieren, sondern steigern. Ein Redner, so die uralte Überzeugung, wird nur dann Verstehen initiieren (begeisternd, überredend, überzeugend), wenn sein gestisches, mimetisches und stimmführendes Verhalten nicht der sprachlichen Artikulation widerspricht oder sie zumindest neutralisiert. Ein Künstler, so wollten es die Regeln, wird sein Werk nur in die kommunikative Praxis einbringen können, wenn es die Wahrnehmung erregt, erschütternd oder erfreuend, und es wird sich nur so lange in der Wahrnehmung halten, wie es Versuche stimuliert, das Werk zu verstehen, also über Versprachlichung kommunizierbar werden zu lassen. Die Regeln solcher Kommunikation vermag der Rhetor wie der Künstler nicht selbst vorzugeben, sie manifestieren sich in der **Praxis der gesellschaftlichen Kommunikation.**

Sie haben sich zwar als Konventionen herausgebildet, können aber dennoch nicht nach Belieben geändert werden, auch nicht von Zensoren der semantischen Polizei, egal wie groß die Durchsetzungsmacht ist, mit der sie sich in Geltung bringen. Deswegen sind Propagatoren und Werber nur erfolgreich, wenn sie sich an diese Regeln halten, anstatt sie wahnhaft durch selbst erfundene ersetzen zu wollen. Die Propagatoren und Werber, die Rhetoren und Künstler, ja jedes kommunizierende Individuum muß seine Pappenheimer kennen und Vertrauen darin erwecken, daß sie die Regeln beherrschen. Alle Beispiele scheinbar willkürlicher Manipulation dieser Regeln haben nur kurzfristig Erfolg, auch wenn diese kurze Zeit in gewissen historischen Situationen bereits fatale Folgen zu zeitigen vermag.

Alles Müller oder was? Jawohl. **Alle Kommunikation über das Medium der Sprache, über Zeichengebung mit Worten,**

Bildern, Gesten, Verhalten, aktiviert natürlicherweise jene Strategien, die in der Propaganda und Werbung optimiert werden. Im Kern heißt das, die Zeichengebung muß geeignet sein, die Wahrnehmung anderer überhaupt zu erregen – Verstehen solange wie möglich zu initiieren und eine Reaktion anzuregen, die antizipierbar ist –, unter Berücksichtigung der Regeln, die in einer Gesellschaft etabliert sind. Das Gefüge dieser Regeln kennzeichnet die Kulturen der Gesellschaften in dem Maße, in dem ihre Mitglieder möglichst verläßlich im voraus damit rechnen können, wie die anderen auf Wahrnehmungsangebote reagieren und welche Aktionen auf das Verstehen folgen werden.

Für Werbeagenturen multinationaler Firmen ist es längst selbstverständlich, die spezifischen kulturellen Regeln ihrer Adressaten zu berücksichtigen; denn die gleichen Produkte werden in unterschiedlichen Kulturen auf sehr verschiedene Weise verstanden, also in sprachliche Zeichengebung umgewandelt. Dafür gelten spezifische Grenzwerte. Zum einen kann das limbische Regulativ nicht außer Kraft gesetzt werden, so sehr man auch die Ekel- oder Unlustschwelle erhöhen mag. Am Ende zu starker Manipulation der Lust-/Unlustschranke kommt doch der große Widerwille oder die gelangweilte Abwendung. Zum anderen darf sich das Verstehen als Verarbeitung eines konkreten Wahrnehmungsangebots nicht von seinem physischen Substrat, dem sprachlichen Körper, so weit entfernen, daß die Kommunikation leerläuft, wenn also Sprache und jedes versprachlichte Objekt seine Referenz verliert, sowohl Referenz auf das Bewußtsein der Individuen wie auf die soziale Kommunikation. Für die Werbung heißt das, sie wird kontraproduktiv, wenn sie ins mythologische Geschnatter übers Allgemeine verfällt, also den Geist der Geschichte oder die Liebe oder das Mitleid oder die Gerechtigkeit in jedem beliebigen Produkt zur Geltung gebracht sieht (*Wir wollen ja nichts anderes, als Sie glücklich machen*) oder sich selbst gar für die kommunikative Praxis hält (Werbung als Selbstzweck – als bloße Simulation von Kommunikation).

6. Er läuft und läuft und läuft – mach mal Pause
Vor Jahren versetzte Luhmann der Öffentlichkeit einen Schock mit seiner wohlbegründeten Behauptung, daß die Kommunikation als Leistung des sozialen Systems blind sei, nur auf ihre eigene Durchsetzung ausgerichtet, nicht steuerbar, nicht beherrschbar. Was uns bleibe, sei eben diesem Sachverhalt Rechnung zu tragen gegen alle euphorischen Annahmen, wir kommunizierten nach freiem Willen, der schließlich Berge versetzen könne. Frei nach Watzlawick:

Man kann nicht nichtkommunizieren, da auch die Exkommunikation Bestandteil der Kommunikation ist. Was wir bei einer angenommenen Steuerbarkeit der Kommunikation ausschließen, der Wirkung entheben wollten, bleibt als eben dieses Bestandteil der Kommunikation. Um es in Terms der alteuropäischen Dialektik zu sagen: **auch das Inkommensurable bedingt als solches das Verstehbare und Hantierbare.** In unserem Zusammenhang: Es ist nur eine Frage des Beobachterstandpunkts zu sagen, Werbung führt für den Werbenden zum Erfolg oder für den Konkurrenten zum Mißerfolg. **Die Kommunikation sichert genau diesen Zusammenhang, daß des einen Erfolg des anderen Mißerfolg ist. Dieser Sachverhalt wird als blinder Fleck der Selbstwahrnehmung durch die Kommunikation aufgehoben (oder volkstümlich: die Wirklichkeit sorgt schon dafür, daß die Bäume nicht in den Himmel wachsen).**

Deswegen sind alle Annahmen über die unbegrenzte Manipulationsmacht der Werbung und machtpolitische Beherrschung der Kommunikation nur verführerische Verallgemeinerungen individueller Erfahrungen, aber mit Blick auf die soziale Kommunikation unzutreffend. Mit solchen bloß partiellen Erfahrungen rechnen diejenigen Mediengewaltigen, die ihren Herrschaftsanspruch mit einer behaupteten Allmacht der Medien rechtfertigen möchten. Daß man Medien beherrscht, heißt nicht, das individuelle Bewußtsein und die Kommunikation zu beherrschen. Das scheinen nun endlich die Werbetreibenden verstehen zu müssen, vor allem aber ihre Auftraggeber und ihre Adressaten. Ebensowenig wie man ein schlechtes Produkt durch Werbung qualitativ adeln kann, läßt sich durch Propaganda ein haltloses politisches Konzept zur eigenen Offenbarung stilisieren. Gerade Werbung und Propaganda in exzessiver Selbstüberschätzung einer Bewußtsein und Kommunikation beherrschenden Macht erledigen diesen Machtanspruch am schnellsten. Die Kommunikation läuft und läuft und läuft – pausenlos.
Der netten Aufforderung, mal Pause zu machen, kann man nur nachkommen, wenn man Wahrnehmung und Bewußtsein einstellt.
Übrigens: *Er macht mal Pause* ist ein schönes Trostwort des Pfarrers für die Hinterbliebenen – Werbung für die Akzeptanz des Todes.

7. Come together

Wenn soziale Kommunikation auf Bewußtsein angewiesen ist und wenn sie die Beziehung des Bewußtseins der Individuen aufeinander im Medium der sprachlichen Zeichengebung und der Zeichenverwendung ermöglicht, wird dabei ihr Erfolg davon abhängen, wie weitgehend die Erwartungshorizonte der Bewußtsein generierenden Individuen übereinstimmen. **Was zum Beispiel als Information bewertet werden kann, hängt davon ab, welchen Erwartungshorizont man hat.** Werbung als optimierende Strategie der Zeichengebung ist deshalb stets darauf ausgerichtet, die Erwartungshorizonte der Individuen nur insoweit anzusprechen, wie sie übereinstimmen. Kommunikation über Konflikte oder über provoziertes Mißverstehen oder über Neinsagen meidet sie. Die Beschränkung auf die Gemeinsamkeiten der Erwartungshorizonte engt den Spielraum von Werbung erheblich ein, macht sie aber andererseits so effektiv. Sie verstärkt mit jedem Erfolg die Übereinstimmung der Erwartungshorizonte – bis in ihnen nicht mehr die geforderte Anpassung an die veränderten Umwelten von Individuen geleistet werden kann und damit die Kopplung von sozialen und psychischen Systemen zerbricht. Daraus wird erklärbar, wieso gerade die *blöde* Werbung eine derart sprengende Kraft entwickeln konnte, vor der die Mauern brachen.

Wir müssen kommunizieren, weil wir uns nicht verstehen können

21 | Werbung – eine zivile Religion?

Ein Gespräch mit Ulrich Giersch.

Die zahlreichen Museen, die sich auf das Sammeln von Design-Objekten konzentrieren, haben mittlerweile schon Tradition. Werbung hingegen wurde bislang eher als ein marginales Thema behandelt und nur außerplanmäßig mitgesammelt.

Neben der Flüchtigkeit dieses Mediums und der ungeheuren Flut von Botschaften mag das aber auch mit der kulturellen Werteskala zu tun haben. Schließlich gibt es doch nur die spärlichen Firmenarchive und die Sammlungen von Künstlern oder Privatleuten, wie sie in der legendären „Archäologie der Popularkultur", ein Verzeichnis von Sammler-Pionieren, aufgeführt sind, in denen man überhaupt fündig wird.

In den sechziger Jahren begann sich die Einstellung zur Werbung grundsätzlich zu ändern. War **Werbung** bis dahin nur eine niedere Form der durch die Geschichte des Dritten Reiches völlig in Mißkredit geratenen Propaganda und Reklame, so wurde sie nun als eine **Form der Kommunikation über Gegenstände des Alltagslebens** anerkannt und ernstgenommen.

Daß es zu einer solchen Integration der Werbung ins kulturelle Selbstverständnis kommen konnte, hat neben einer Reihe allgemein-gesellschaftlicher und wirtschaftlicher Voraussetzungen zwei im engeren Sinne kulturelle Ursachen: Zum einen hatte die in den fünfziger Jahren international führende Schweizer Werbegraphik das künstlerische Niveau der Werbung entscheidend gesteigert. Zum anderen bezogen die Bildenden Künstler um 1960 verstärkt die Werbung in ihre Bildthematiken ein. Was ursprünglich aus der bloßen Faszination der Künstler an kommerzieller Ikonographie als einer weiteren Spielform künstlerischen Ausdrucks entstand, wurde sehr schnell zur Grundlage einer neue Ästhetik, an deren Ausbildung sich die Künstler nunmehr auch ausdrücklich beteiligten. Was zunächst nur Ausdruck der Überwältigung durch den amerikanischen Zivilisationstraum war, konnte jetzt durch die künstlerischen Arbeiten an europäische Vorstellungen einer kulturellen Tradition angeschlossen werden. Die in der Werbung vergegenständlichte Alltagskultur einer total entfesselten Industriegesellschaft wurde durch die Arbeiten der Künstler zu einem auch kulturell lesbaren Aussagengefüge aufgewertet. Die europäischen Vorbehalte gegen die Scheinwelt der Maschine, des Kinos, der Illustrierten und des Konsums ließen sich dadurch abbauen, andererseits konnte aber auch gerade über diesen selbstverständlichen Umgang mit der neuen Alltagskultur ein neues Unterscheidungsvermögen im Bereich der überlieferten Bildsprachen Europas ausgebildet werden.

Eduardo Paolozzi und anderen Künstler haben mit ihren Sammlungen von Werbeillustrationen einen ikonographischen Kontinent freigelegt, einen Bilderstrom, aus dem sich die Mythen des Alltags speisen. Vorbild für ein solches Unternehmen ist der Kulturwissenschaftler Aby Warburg, der die Wanderung antiker Themen und Bildmotive bis zum Reklamefräulein der 20er Jahre verfolgt hat; er sprach von „Pathosformeln", die bis heute die Produktion von Bildern, ihre Rezeption und auch das soziale Verhalten prägen. Im Hinblick auf die spezifische Rhetorik der Werbung ist natürlich die Bild-Wort-Beziehung von ausschlaggebender Bedeutung.

In kultureller Hinsicht besteht die Hauptleistung der Werbung darin, die Form des emblematischen Sprachgebrauchs bis in die Gegenwart hinein lebendig erhalten zu haben. Erst durch diese Leistung der Werbung wird das **Emblem als offenbar wirkungsvollste Aussagenkonstruktion** auch wieder in den Bereichen der allgemeinen Didaktik, in wissenschaftlichen und künstlerischen Arbeiten verwendet. Das Emblem kennzeichnet nämlich eine raffinierte Verknüpfung von Wort und Bild. In der Zeit zwischen 1500 und 1750 ist die emblematische Methode zur höchsten Vollendung entwickelt worden. In den heute noch belegbaren tausenden und abertausenden Emblemen aus jener Zeit, die damals über die Massenmedien Buch und Graphik im Verhältnis zur Bevölkerungszahl genauso verbreitet waren wie die Werbung heute, wurde die emblematische Wort-Bild-Zuordnung folgendermaßen typisiert: Jedes Emblem bestand aus drei Ebenen, der *Inscriptio* (Überschrift oder Titel), der *Pictura* (Bildbestandteil) und der *Subscriptio* (Bildlegende). Dieser klassische Aufbau **ist heute für jede Werbung verbindlich,** woran sich nichts ändert, wenn man die Inscriptio heute Schlagzeile oder Aufhänger nennt und die Subscriptio als Information zum abgebildeten Produkt auffaßt.

Kulturelle Traditionen werden von den Werbern als eine Art Sekundärrohstoff-Quelle genutzt. Von daher stellt sich die Frage nach dem Verhältnis zwischen Künstlern und Werbeleuten, ein Thema, das ja durch neuere Publikationen und Ausstellungen stärker in den Vordergrund gerückt ist.

Die Werbeleute wissen, wie sehr sie mit ihrem Medium die öffentliche Sprache und Vorstellungskraft prägen, daß sie mit ihren Produktaussagen Lebensstile beeinflussen. Sie wissen, daß der Konsument eben nicht jener Vollidiot ist, den man durch stumpfsinniges Wiederholen von Idiotien beliebig konditionieren kann und darf. Und, was das Allerwichtigste ist, ja, was die Werbetreibenden fast schon wieder zu einer Avantgarde macht: sie verstehen, daß nur in den seltensten Fällen Auftraggeber Zensur ausüben; sie sehen ein, daß sie selbst es sind, die sich unter Zensur zwingen, wie sie ausgelöst wird durch Gruppenanpassung, den Weg des geringsten Widerstands, büttelhafte Anbiederei an Auftraggeber, denen damit nicht im geringsten gedient ist. Im Unterschied zu vielen Bereichen der Politik, der Verwaltung, der Wissenschaft, des Kulturbetriebs haben die Werber sich die Ausrede verboten, daß von außen kommender Druck die Hauptursache für nicht akzeptable Arbeit ist.

Dieses lobenswerte Selbstverständnis der Werbekreativen bedürfte jedoch in einem entscheidenden Punkt noch der Ausweitung. Sie betrifft ihr Verhältnis zu den Künstlern. Alle vornehmen Dementis können nicht kaschieren, daß sich die Werber doch für Künstler halten, freilich für gutbezahlte Künstler und für solche, die Arbeiten der schlecht bezahlten Künstler-Künstler ohne Gegenleistung für ihre Zwecke ausbeuten dürfen. Die Rechtfertigung, man verbreite auf diesem Wege die Bild- und Reflexionsaussagen der Kunst auch in der Alltagsästhetik, ist solange fadenscheinig, als man die Künstler-Künstler für die in Anspruch genommenen Erfindungen nicht honoriert. **Denn immerhin steht einwandfrei fest, daß in diesem Jahrzehnt Bildende Künstler, Literaten und Journalisten die eigentlichen Urheber neuerer Bild- und Wortaussagen sind, die die Werbung dank ihrer überlegenen emblematischen Methode und ihres unvergleichlich größeren finanziellen Verbreitungspotentials ausnutzt.**

Die Prinzipien der Werbung werden scheinbar dort am konsequentesten angewendet, wo man es am wenigsten vermutet. Gerade die Nachrichtenmeldungen des amerikanischen Fernsehsenders CNN, der rund um die Uhr und in alle Welt ausstrahlt, orientieren sich mehr und mehr an den Gesetzen der Werbung. Alles deutet darauf hin, daß sich die Werbung in Zukunft stärker verkleiden muß, zum Beispiel getarnt als kurze Fortsetzungsfolge, denn die neuesten TV-Geräte schalten mittlerweile automatisch um, sobald ein Werbespot die Sendung unterbricht.
Überhaupt gewinnt die Inszenierung der Information zunehmend an Bedeutung. Nach dem Prinzip der „Dramatization" werden in den US-News-Shows Szenen nachgestellt, die man real so niemals vorgefunden oder nur viel flauer eingefangen hätte. Hat die Sprache der Werbung andere Formen der Mitteilung nicht schon

längst überholt, hat das flüchtige Artefakt der Werber vielleicht einen viel größeren Einfluß auf die Wahrnehmung und Erinnerung historischer Ereignisse, etwa die „Wende in der DDR", als andere Ausdrucksformen?

Keinem Künstler ist es gelungen, mit einem künstlerischen Entwurf für die Vorgänge in der DDR einen Ausdruck zu finden, etwa in der Art, wie man für die französische Revolution die Marseillaise als eine Form der Thematisierung komponiert hat oder wie Boullée, Ledoux und andere architektonische Konzepte entwickelt haben. Die einzigen, die auf diese Ereignisse der „Wende" angemessen reagieren konnten, waren die Massenmedien, die heute im wesentlichen Formen der Bild- und Wortsprachlichkeit verwenden, wie sie im Bereich der Werbung entstanden sind. Mit den Berichterstatterformen des Fernsehens kann es offenbar ein Künstler gar nicht mehr aufnehmen wollen, weil die künstlerischen Verarbeitungsformen im statischen Tafelbild oder einem Theaterstück gar keinen Zugriff mehr erlauben auf die Ereignisse – und das nicht nur wegen der Schnelligkeit. Massenmedien, die Ereignisse wie den 9. November 1989 reflektieren, beziehen ihre wesentlichen Mitteilungsformen aus der Werbung. Heute findet Werbung nicht primär auf der Ebene der Produktwerbung statt. **Die eigentliche Leistungskraft der Werbung als einer Kommunikationstechnik erweist sich mehr und mehr darin, daß gerade in der redaktionellen Berichterstattung diese Techniken angewendet werden.** Beispielhaft dafür waren die Zeitschriften wie *Plaste und Elaste*, in denen die Unterscheidung zwischen Werbeteil und redaktionellem Teil ganz bewußt aufgehoben worden ist; nicht etwa um die Kunden zu täuschen, sondern weil tatsächlich schon eine ganz hohe Affinität bestand. Solange sie nur als Produktwerbung gesehen wurde, konnte man sie unter die Rubrik Grafik vereinnahmen. Die Werbung wurde demzufolge wie alle Resultate angewandter Künste wahrgenommen.
Dabei haben die Techniken der werblichen Kommunikation schon längst in die Wissenschaften Einzug gehalten – erinnert sei etwa an die Verbreitung von Summaries: die Zusammenfassungen von Zusammenfassungen, die für das wissenschaftliche Arbeiten unabdingbar geworden sind. Gleiches gilt heute für alle wissenschaftlichen Kongresse, für Meetings, für das Verbreiten von Themen usw. Schon allein deshalb ist ein Werbemuseum nicht nur eine museal historisch gewandte Einrichtung, sondern erzählt und dokumentiert etwas über die Entstehung einer der wichtigsten Kommunikationsformen für die Gegenwart

in allen Bereichen. Den werblichen Techniken kommt also eine viel größere Bedeutung zu als bisher angenommen. Diese Bedeutung liegt im wesentlichen darin, den ganzen Bereich der zivilen Religionen öffentlich vorzuführen und öffentlich zu diskutieren. Unter zivilen Religionen versteht man eigentlich alle Begründungen von Verbindlichkeiten zwischen den Menschen – also kulturelle Vorgänge –, die nicht aus Offenbarungsgewissen oder aus Axiomatiken irgendwelcher Art abgeleitet werden, sondern die sich aus der Kommunikation selber entwickeln. Also, alles was sozusagen Glaubensinhalt des menschlichen Zusammenlebens ist, entsteht aus der Kommunikation selber.

Wenn der Bereich der zivilen Religionen seine Begründungen aus der Kommunikation selbst erhält, sind die Mittel, mit denen kommuniziert wird, außerordentlich wichtig, und **es läßt sich behaupten, daß die Kommunikationsstrategien und -formen, die die Werbung entwickelt hat, heute in allen anderen Bereichen dominieren.**

(Ob es um Politik geht oder um das Organisieren von Gremien ist dabei ganz gleich.) Unter dem Gesichtspunkt, daß alle Verbindlichkeit im Bereich der zivilen Religionen aus der Kommunikation selbst entsteht und nicht aus vorgegebenen normativen Regeln oder Vorstellungen und die Hauptstrategien aus der Werbung stammen, könnte man in einem Werbemuseum die Entstehung dieser Religionen aus bloßer Kommunikation rekonstruieren. Darüberhinaus lassen sich im Kontext eines Werbemuseums die kulturellen Phänomene der Gegenwart grundsätzlicher darstellen als in einer Kunstausstellung, einer literarischen Sektion oder einem wissenschaftlichen Betrieb. Es handelt sich also um ein Museum der Ästhetik der Massenkommunikation. Zu den Aufgaben dieses Museums gehört, daß es die Formen präsentiert, in denen alle Zeitgenossen wechselseitig ihre Ansprüche begründen müssen, und das sind natürlich im wesentlichen Formen, die eine ästhetische Dimension haben, allerdings immer gekoppelt an eine ethische und eine erkenntnisschaffende Dimension. Unter diesem Gesichtspunkt wäre auch die Dimension des Zeitgeistes zu reflektieren. Zeitgeist ist die Art und Weise, in der Zeitgenossen auf die Zukunft ausgerichtet sind. Der Zukunft gegenüber kann man nur zwei Reaktionen zeigen, Hoffnung auf Besserung oder Furcht vor Veränderungen. Der Zeitgeist ist der Ausdruck dafür, wie von den Zukunftserwartungen her das gegenwärtige Leben der Menschen erlebt und gewertet wird.

Aus diesem Konzept ergeben sich Schwerpunkte im Hinblick auf das Sammeln und Präsentieren. Wenn eine solche Institution weder eine Art Musterkatalog noch auf Highlights ausgefallener Ideen ausgerichtet ist, stellt sich die Frage nach historischen Prämissen, an denen sich die eigene Arbeit orientieren könnte.

Hier liegt der Akzent vor allem auf der Geschichte der Demokratie und des Parlamentarismus, denn im Grunde sind ja solche gesellschaftlichen Organisationsformen von vornherein auf Kommunikation als Begründung angelegt gewesen. Es wäre also die Geschichte der modernen demokratischen Gesellschaftsformationen.

Wie verhält es sich mit scheinbar so banalen Phänomen wie einer Verpackung, dem vielleicht bedeutendsten Aspekt werblicher Kommunikation und Konsumtion?

Bei dieser Kommunikation läßt sich nicht mehr die alte philosophische Unterscheidung zwischen Oberfläche und Tiefe, Verpackung und Wesen treffen, es ist also keine kritische Fragestellung mehr über das Verhältnis zwischen Wesen und Erscheinung zu entwickeln; es kommt vielmehr auf das bewußte Erfassen dieser Differenz an. Man kommuniziert über das Produkt, über seine äußere Gestalt, seine Verpackung, sein Design. Die zentrale Fragestellung wäre: in welcher Weise können diese Produkte zum Gesprächsthema in der Kommunikation gemacht werden; denn die Verpackung ist heute nichts anderes als ein Hinweis darauf, wie ein Produkt thematisiert werden kann. Meistens will die Werbung ja durch einen Begriff, den sie dem Produkt zuordnet, eine Themenstellung entwickeln, mit der man an das Produkt überhaupt herankommt. Deshalb **ist die Art und Weise, wie man über das Produkt sprechen kann, wichtiger als die Möglichkeit das Produkt zu konsumieren.** Wahrscheinlich kann man anhand der Werbung, des Produktdesigns, der Verpackungen usw. viel besser ausmachen, was zentrale Themenstellungen sind, als durch den Besuch einer Kunstausstellung.

Es war Joseph Beuys, der das Verpackungsdesign der DDR als ein übergeordnetes Thema dargestellt hat. Seine Affinität dazu hat er in der Installation „Wirtschaftswerte" sowie in zahlreichen Multiples zum Ausdruck gebracht. Von ihm wurden zu Beginn der achtziger Jahre Waren aus der volkseigenen Produktion gestempelt, signiert und eingetütet in eine andere Zirkulationssphäre gehoben.

In der DDR gab es meiner Ansicht nach so gut wie keine Verpackungen, jedenfalls nicht in unserem Sinne. Deshalb konnten Erbsen, Linsen oder andere Lebensmittel gar nicht zum Thema erhoben werden, und folglich konnte darüber auch kaum eine spezifische Kommunikation entstehen mit der Konsequenz, daß die Menschen im Extremfall sogar glaubten, es gäbe in der DDR gar nichts zu essen. Erst allmählich merken die Konsumenten, daß Zwiebeln oder Rüben aus der DDR genauso gut sind wie die Produkte von sonstwo. Sie wurden nur für schlechter gehalten, weil sie nicht in einer kommunikativ aufbereiteten Form angeboten wurden. **Für Beuys war die DDR-Designleistung auf Tüten und Papier etwas ästhetisch außerordentlich Reizvolles – gerade gegenüber den Hochglanzfolien im Westen.** Diese Waren kamen auch dem Ansatz in seiner künstlerischen Arbeit sehr entgegen, nämlich seinem Bemühen, die Erscheinung vollkommen zugunsten des Wesens, die äußere Verpackung vollkommen zugunsten des Inhalts zurücktreten zu lassen. Mit den Tüten im Kaufhallenregal konnte er nichts anfangen; indem er sie als Ausstellungsobjekte aufbereitete, hat er ja dasselbe geleistet, was die Werbewirtschaftler auch tun.

Anhand von welchen Ausstellungsthemen ließe sich das Projekt eines Museums der Massenkommunikation gerade im Hinblick auf historische Bezüge konkretisieren?

Ausstellungen zeigen, wie man mit den sprachlichen und strategischen Mitteln der Werbung etwas zu einem Thema erhebt. Es ist also eigentlich eine Darstellung der Problemgeschichte, und da ein Problem immer von den Zukunftserwartungen her gewertet und beschrieben wird, rückt hier die utopische Dimension in den Vordergrund.

Dazu zählt auch die Ausstellung als ein sozialer Ereignisort, die Entstehung der touristischen Attraktionsorte, der innerstädtischen Kommunikationsorte, wie Kneipe und Kino, das Phänomen Straße insgesamt, das ja sehr stark durch die Werbung im engeren Sinne bestimmt ist; dazu gehört auch die globale Stadtkultur, weil ja nahezu alle Phänomene der Kommunikation von der Dichte sozialer Beziehungen abhängen. **Es gibt nur noch ein Maß für die Kommunikation, und das ist die soziale Dichte, also das Maß der verbindlichen Beziehungen, die Menschen**

auf kleinem Raum miteinander entwickeln. Alle Kulturen mußten für die Menschen das gleiche leisten, nämlich die Beantwortung und Regelung der Gottesfrage, der Machtfrage, der Todesfrage usw ... Wenn diese Antworten jetzt nicht mehr aus Offenbarungswissen oder Axiomatiken kommen, sondern aus der Kommunikation entwickelt werden, dann ist das natürlich eine Möglichkeit für das Werbemuseum, das gesamte Spektrum der menschlichen Selbst-Fremd-Bezüge darzustellen. Es wäre ein Museum der Massenkommunikation, ein Museum der Ästhetik, denn es gibt heute keine Kommunikationstechnik, die in einem so hohen Maße ästhetische Dimensionen berücksichtigt wie die Werbung.

| Wir müssen kommunizieren,

weil wir uns nicht verstehen können |

| 22 | What's up, Brock? |

Online Interview mit Patrik Bock

Herr Professor Brock, Sie behaupten, „die massenhafte elektronische Datenproduktion vermüllt unsere Kommunikation. Ihre Kathedrale der Entsorgung ist das Internet." Kann man daraus schließen, daß in Ländern, in denen das Internet noch nicht ausreichend verbreitet oder akzeptiert ist, die Kommunikation gestört ist? Kommunizieren beispielsweise Amerikaner und Skandinavier, die ja bekanntlich eine höhere Online-Anschluß-Quote in der Bevölkerung aufweisen, als die Bundesrepublik, auf einem qualitativ höherem Niveau?

Gemeint ist: **Wer im Internet auftreten will, darf nicht nur Daten anbieten.** Er ist gezwungen, sein Material zu gestalten. **In der Gestaltung werden Datenmassen unter Formen geprägt,** die durch Typographie, Layout und Strukturen der Textorganisation repräsentiert werden. Eine gestalterische Form umfaßt eine Vielzahl von Daten; **Formierung wirkt also bereits selektiv.**

Vor Jahren waren Fragen der Gestaltung Profis überlassen. Im Internet muß jeder Teilnehmer zumindest soweit professionalisiert sein, daß seine Angebote unter denen der Profis anschlußfähig sind.

Sie selbst präsentieren sich und Ihr Fachgebiet Ästhetik/Kulturvermittlung auch im Internet. Und das schon seit 1996. Welche Chancen sehen Sie, Ihre Daten im WWW zu „entsorgen"? Welche Strategie schlagen Sie nach Ihren Thesen ein: die des Aufdauerstellens, die Vergöttlichungsstrategie, die Strategie der Erinnerung, um zu vergessen oder die Strategie der Kommunikation ohne Verstehen?

Gottfried Benn schrieb:
„... nicht mehr dieses *stirb und werde*
formstill sieht dich die Vollendung an".

Das heißt, wer im Netz arbeitet, darf nicht auf die Ideologie hereinfallen, derzufolge das Netz die angemessene Form des *work in progress* bietet. Endlos zu prozedieren anstatt zum Ende zu kommen und Resultate erinnerbar zu machen, vermüllt das Netz: Chat-Müll. Reinald Goetz' letztjähriges angebliches Experiment, einfach täglich irgendetwas ins Netz zu geben, belegt diese Vermüllung. Mit letztem Mut zur Selbstqualifizierung weist Goetz dann selbst sein Netztagwerk als Produktion von „Abfall für Alle" aus. Wer den Abfall durchwühlt, stellt fest, daß von den rund Tausend Seiten bestenfalls zwei Dutzend der Rede wert sind. Aber zwei Dutzend Seiten unter Tausend herauszusuchen stellt einen Arbeitsaufwand dar, der nicht die Mühe lohnt. Goetz und alle Internet-Vermüller, die gestaltlosen Quark dort breittreten, halten sich für raffiniert, weil sie die eigentlich ihnen abverlangbare Arbeit den Netz-Nutzern überlassen.

Für die Arbeit im Netz gelten noch höhere Anforderungen als für die in Zeitschrift, Buch, Film, TV und Video (abgesehen vom reinen Datentransport). Bücher z.B. vermögen einen Aussagenanspruch schon deshalb auf Dauer zu stellen, weil sie zumindest in den Bibliotheken präsent gehalten werden müssen. Sich im Netz bereits als der darzustellen, als der man zum Zeitpunkt späterer Abwesenheit im Tode wirken möchte, ist noch viel schwieriger, als dergleichen durch Architekturen, Unternehmen, Staatengründungen oder Werke der Künste zu erreichen.

Die Evolution erfand den Selbst- und Fremdbezug lebender Organismen als Kommunikation, um Überleben in einer Welt zu ermöglichen, die die Individuen wie ihre Gattungskollektive nicht zu verstehen brauchen.
Kommunikation bedeutet Initiierung von Parallelprozessieren der Individuen im Schwarm, in der Nestgemeinschaft, in Familien und Nachbarschaften. Die Besonderheit menschlicher Kommunikationsleistung ist apollinisch, d.h. wörtlich *fernwirkend* oder in der modernen Übersetzung *vergegenwärtigend*, also *Heranholen des Fernen*. Das ist die historische Ferne vergangener Parallelprozedierungen, das ist die geographische Ferne zwischen gleichzeitig Lebenden, und das ist die Ferne der Zukunft oder auch die transzendente Ferne Gottes oder des Kosmos.
Vergegenwärtigung: also am Jetzt-Ort in der Jetzt-Zeit. Auf solche Ferne bezogen zu sein heißt, sich auf das nicht Begreifbare, den Händen nicht Greifbare einzulassen, also auf Vermutungen, Hypothesen, Möglichkeiten, auf „geistige Konstrukte". Sie kann man als solche qualifizieren, unterscheiden von der Wirklichkeit der Welt; also läßt sich die Kommunikation „verstehen", nicht aber die Welt.
Solche Konstrukte hat man als Kommunizierender anzubieten und formal auszuweisen. Auch das ist im Netz schwieriger als vermittels herkömmlicher Medien der Kommunikation.

Interaktivität ist nicht eine Frage der Mediennutzung, **sondern eine Frage der Leib-Seele-, Geist-Materie-, Psyche-Soma-, Ich-und-andere-Beziehung.** Ein Hirn ohne Körper ist eine Maschine zur Produktion von Tautologien. Körper ohne Steuerungssystem ist anorganische Materie. Das „Hirn" muß mit seinem Körper interagieren, um die eigenen Produktionen bewerten zu können. Die Medien dazu sind biochemisch und bioelektrisch gestiftete Vermittlungen zwischen Zellverbänden unterschiedlicher Funktionen für den Aufbau von Autokommunikation.
Das gleiche gilt für die Allokommunikation, also für Beziehungen der Individuen auf andere in ihren Umwelten. Die sogenannten interaktiven Medien entsprechen in höherem Maße als die aktiven in der Fremdwahrnehmung den grundsätzlichen Vorgängen der Selbstwahrnehmung. Computer repräsentieren nun einmal höhere Annäherung an neuronales Impulsgeschehen als das Rechenbrett oder die Logarithmentafel. Bei weiterer Optimierung werden wir in ihnen eine immer größere Entsprechung zu den Körper-Geist-Einheiten

sehen können, die wir selber darstellen. Aber vom Prinzip her kann eine noch so optimale Interaktivität das Grundmuster der Körper-Psyche-Beziehung nicht überbieten.

Wie ernst darf man, muß man das neue Medium Internet aus Ihrer Perspektive nun nehmen? Wo siedeln Sie das Internet im Vergleich zu den traditionellen Medien an, auch, was Ihre Fachrichtung, die Vermittlung der Ästhetik, angeht?

Arbeit im Netz verlangt höhere Qualifikation und **„kommunikative Kompetenz"** als die Arbeit in herkömmlichen Medien. Das ist inzwischen vielen Nutzern klar geworden – zumindest in zeitökonomischer Hinsicht: **Optimierungsstrategien** übers Internet zu verfolgen, kostet erheblich mehr Zeit als in den klassischen Medien.

Schon McLuhan wußte, daß neue Medien vor allem die alten qualifizieren; also darf man erwarten,
– daß durch die Images des Internet die großen stehenden stillen Bilder der Maler und Fotografen besonderes Gewicht erhalten werden;
– daß durch die *running facts* der Netzdatenströme die Kompressionsleistungen klassischer Gedichtformen stärker auffallen werden;
– und daß die Propagierung der virtuellen Realität erst recht zur Anerkennung des Primats der realisierten Virtualität führen wird: also zur unüberbietbaren *face to body* und *body to face*-Kommunikation, denn nur an Körpern läßt sich die Kraft der virtuellen intrapsychischen Prozesse (Vorstellungen, Gefühle, Willen und Gedanken) realisieren.

Die von Ihnen entworfene Strategie der Kommunikation ohne Verstehen postuliert, daß „man (gerade) kommuniziert, weil man einander und die Welt prinzipiell nicht verstehen kann". Ist das viel zitierte Globale Dorf somit nichts weiter, als ein digitales Babylon?

Die Vergegenwärtigung der fernen Welten zum *globalen* Dorf meinte und meint nur eins: für alle Individuen gelten die gleichen Bedingungen für Kommunikation, seien sie auch noch so kulturell überformt. Mit anderen Worten: **was man bisher für kulturell erzeugte Unterschiede hielt, schrumpft zur unerheblichen Modifikation.**

Wie beurteilen Sie die Ästhetik des Internets? Kann das, was den Namen „Web-Design" im Volksmund trägt, unter dieser Begrifflichkeit bestehen? Hat das Internet überhaupt eine eigene Ästhetik oder besteht sie nur aus Anleihen?

Ästhetik kennzeichnet das Verhältnis von intrapsychischen Prozessen in den Gehirnen der Individuen zu ihrer Kommunikation im Sozialverband. Das geschieht über explizite und implizite Äußerungen in wahrnehmbaren Zeichenfigurationen, kurz *Sprachen* genannt (Bilder, Worte, Töne, Mimik, Gestik etc.). Für das Parallelprozedieren spielen die konventionalisierten Zuordnungen von Zeichen und Intentionen eine erhebliche Rolle. Wir müssen von Natur aus zu hohen Graden Dogmatiker des Sprachgebrauchs sein. Wo es aber um Orientierung auf die Unbestimmtheit des Fernen, des Neuen geht, wird von uns Abkopplung des konventionellen Verbunds von Sprache und Intention verlangt. Das ist risikoreich, nichtsdestoweniger unvermeidlich. **Ästhetische Aufladung gelingt nur durch Erhöhung der Differenz zwischen der Erfüllung konventioneller Erwartung und Abweichung,** also Differenz von Redundanz und Information.

Im Netz ist das Risiko besonders groß, weil die Bewertung der ästhetischen Differenz zwischen Zeichengefüge und „intendierten Bedeutungen" ohne den Bezug auf die Situation und die Performanz der Zeichengebung erheblich erschwert wird. Deshalb ist zu erwarten, daß das Netz noch auf absehbare Zeit nur dazu gut sein wird, „massenhaften Zugriff auf Daten" zu ermöglichen, die von jedem Nutzer dann in spezifische Informationen umgewandelt werden.

Noch wird die Information im Internet primär durch Stand-Bilder und geschriebene Sprache vermittelt, mit den neuen Technologien und Bandbreiten stehen bewegte Bilder und mehr Töne ins Haus. Welche Chancen sehen Sie für die Künstler des nächsten Jahrtausends, sich über das Internet an ein Massenpublikum zu wenden? Wie wird sich die Funktion eines Kunstschaffenden verändern?

Für **Künstler** gilt definitionsgemäß:
– Zum einen: sie **koppeln konventionelle Verbundsysteme von Zeichenfigurationen und unterstellten Bedeutungen ausdrücklich ab;**

– desgleichen die Wissenschaftler; Künstler tun das aber implizit, Wissenschaftler explizit.
– Zum anderen: was sie auf diese Weise vorgeben, behaupten, zur Geltung bringen wollen, können sie nicht damit begründen, daß sie das gleiche Resultat hervorbringen wie ihre Kollegen. Das heißt, sie geben **Beispiele im Beispiellosen;** Wissenschaftler geben Beispiele im Beispielhaften; Letztere sind dazu gezwungen, um vor Gericht im Schadensfalle entlastet zu sein.

Künstler in den unterschiedlichsten Metiers zu sein, heißt sich zum **Urheber** zu machen.

Als Datei wird das Internet brauchbar zur Orientierung auf Urheber; gerade deshalb aber wird deren Zahl als Götterfamilie des Internet als Olymp so groß werden, daß die einzelnen Urheber gar nicht mehr namentlich oder personell figurieren, sondern nur noch als Wetterwerte der psychischen Befindlichkeiten. Auf eine Weile noch betreibt das Netz Vielgötterei; dann aber werden die Götter so zahlreich, daß sie nur noch in den kleinsten Zeichensegmenten zu Hause sind: also vollendeter Animismus oder als Praxis: Schamanismus als Kultform des Internet. Und **die Künstler und Wissenschaftler werden zu Schamanen ohne Gemeinde, weil jedes Gemeindemitglied sich selbst schamanisch zum Netzteil animiert.**

Außerhalb des Netzes werden Künstler und Wissenschaftler noch lange als Kaste der Asketen oder Repräsentanten vergangener Kommunikationsstrukturen angestaunt werden – ungefähr so, wie die immer noch lebenden Mitglieder eines politisch, gesellschaftlich und ökonomisch funktionslos gewordenen Adels des Feudalsystems.

Welche zukünftigen Entwicklungen sagen Sie dem Internet voraus? Welchen Einfluß wird es auf die Entwicklung unserer Gesellschaft nehmen?

Im Sinne der **Vergegenwärtigungsstrategie** kann man nichts voraussehen, ohne das gegenwärtige Handeln beeinflussen zu lassen. Zukunftsannahmen sind immer jetzige, also wirken sie auch nur jetzt in der Gegenwart. Die Zukunft ist eben nur jetzt, oder eine, auf die ich mich nicht beziehe. Zukünftige Entwicklung des Internet? Die Antwort ergibt sich aus dem jetzigen Umgang mit ihm.

Am auffälligsten: **Wer die Macht hat, sabotiert die Hoffnung auf erwartungsgemäße, reibungslose Nutzung**

Gestaltbewertung – Verkörperungszwänge

23 | Grußwort an Gilda

Habe ich Dir eigentlich erzählt, daß ich 1966 vor Gilda in Ohnmacht gefallen bin?

Der Hamburger Sender bot mir die Chance, meiner „penetranten Demonstration der filmischen Avantgarde" einen Film gegenüberzustellen, einen wirklichen Film – einen, von dem die Avantgardisten träumten und das umso mehr, als sie sich verbieten mußten, je so etwas fleischfressendes, überwältigendes, traumseliges selber herzustellen. Ich wählte *Gilda*, 1946, mit Orson Welles' Frau Rita Hayworth in der Hauptrolle. Ich sollte während der Vorführung life kommentieren. Als der Redakteur Hans Brecht nach 15 Minuten immer noch nichts von mir hörte, suchte er mich im Studio und fand mich ohnmächtig vor den Sprecherstehpulten.

Hatte ich aus Überwältigungsangst mich ausgeblendet? War ich auf die Traumebene umgestiegen, um der Realitätskontrolle zu entfliehen?

Als Du mit flammendem Lachen und vor Vitalität quirrlig in meiner Klasse an der Wiener Hochschule erschienst, ergriff mich ein leichtes Zittertremolo. Dame Maria Wessely, unsere assistierende Ordnungsmacht, legte mir maliciös die Hand auf's Knie: „Keine Angst, die ist ja bloß traumhaft."
Aber die irritierende Erregung durch Gilda blieb. Ich spürte sie vor allem, wenn Du mit Zauberergesten jene kleinen Gebilde vorzeigtest, die Du Schmuckstücke nanntest. Mir war bis dahin Schmuck nur als ornamentales Dekor verständlich und persönlich nicht wichtig.
Du hast in Deinen Arbeiten für den Schmuck ganz andere Bezüge reaktiviert, z.B. den Bezug auf die Magie der animistischen Kulte. Das veränderte meine Wahrnehmung von Schmuck. Seither signalisiert er mir die Gesten und Sprachformeln des Schamanen, der Geister austreibt, psychosomatische Stabilität beschwört und den Leib mit Haltegriffen für die Selbstwahrnehmung des Schmuckträgers ausstattet.
Besonders interessierte mich, was wohl die heutigen Schmuckgeber, die Ehegatten und Freunde als Schamanen privater Rituale zwischenmenschlicher Beziehungen mur-

meln oder welchen geheimnisvollen Vorstellungen sie folgen, wenn sie das Schmuckstück mit Glück- oder Dankeswünschen behauchen.

Einige sagen ganz offen, es möge sich die Wahrnehmung fesselnde Faszination des Schmucks auf den Schmückenden übertragen; denn Schmuck geben sei immer ein Schmücken des anderen. Auch wer sich selbst schmückt, wiederhole nur das geschmückt werden. Andere meinen, vor allem selbstbewußte Frauen, sie schmückten sich selbst, wie sie sich selbst bedienen. Aber wo bleibt die Bedienung bei der Selbstbedienung? Offensichtlich in der Selbstwürdigung. Wer sich nicht zu würdigen weiß, kann erst recht nicht andere würdigen.

Schmuckstücke sind so auch Pathoskerne der Selbstachtung, ein Signalleuchten persönlicher Hochheitszonen — die allerdings mehr und mehr mißachtet werden, was uns nicht zuletzt Straßendiebe zu verstehen geben.

Oft habe ich in den Wiener Jahren zu imaginieren versucht, mit welchen Vorstellungen Du selber die Formeln und Materialien Deiner Entwürfe auflädst. Bevor ich das herausfand, verschwandst Du nach Mexiko – in gewisser Weise eine Kränkung für mich. Damals begann ich gerade die Geschichte der abstrakten Kunst unseres Jahrhunderts mit der Geschichte des ornamentalen Gestaltens zusammenzudenken: für Dich offensichtlich nicht überzeugend genug, sonst hättest Du Dich nicht der praekolumbianischen Tradition Mittelamerikas versichern müssen, um der Harmlosigkeit und Beliebigkeit unseres Dekorverständnisses zu entgehen.

Was ich mir von Dir wünsche?
Beuys hat Kronen zu Hasen umgeschmolzen, um das tote Gold wieder strahlen zu lassen. Zahnärzte füttern unsere Mäuler gülden.

Kostbarmachen, die entwürdigenden Gesten des Wegwerfens beschämen. Eine schöne Aufgabe; also, zum Beispiel, zur Achtsamkeit erziehen. Wer von goldenem Besteck ißt, wird es immer bei sich tragen. Jedem Esser ein paar goldene Stäbchen, stell Dir das vor. Wer würde dann noch mit Plastik essen wollen und den Müll mästen, frage ich Dich.

Dein Bazon

Gestaltbewertung – Verkörperungszwänge
24 Reflexive Formen

Der nur im Deutschen gebräuchliche Begriff *Gestalt* bezeichnet eine sinnbildliche Form, eine selbst redende Form.
In der Architekturgeschichte ist die Gattung der sprechenden Architektur seit der Antike bekannt. Für postmoderne Analogien ist z.B. ein Hinweis auf das Grab des Bäckers Eurysacer hilfreich, das seit der Zeitenwende bis heute an der aurelianischen Mauer in Rom als Ruine überlebt hat. Der Bäcker ließ sein Memorial in Form eines Backofens errichten.

Alltagsästhetisch erhellt der Hinweis auf unsere Krawatten, was mit sinnbildlicher Form gemeint ist: Wenn unsereins eine Krawatte trägt, bringen wir damit auf der einen Seite zum Ausdruck, daß viele Intellektuelle, Künstler oder Wissenschaftler den totalitären Systemen des 20. Jahrhunderts zum Opfer gefallen sind – die Hanfkrawatte war allgegenwärtig. Die Krawatte mahnt mit Brecht (*hangmen also die*): selbst Parteifunktionäre, Hitler-Bonzen, Stalin-Agenten und andere Henker hatten zu sterben.
Zum anderen weist die Krawatte jedermann auf die Richtung unseres normalen Lebenslaufes hin; Krawatten sind am unteren Ende zugespitzt wie Richtungszeichen (Pfeile, Einbahnstraßenschilder usw.). Das Intentionalzeichen Krawatte zielt, wie Otto in seinem „Wort zum Sonntag" demonstrierte, nicht nur auf das Zentrum unserer Männlichkeit, auf die Hoden, sondern zum Boden, auf den Staub also, aus dem wir gebacken wurden und zu dem wir wieder werden. Die definitive Richtung unseres Lebens und Arbeitens gewinnt in der Krawatte *Gestalt*.

Aus dem Designbereich ein Hinweis auf sinnbildliche Form in Gestalt eines Paares von Eßstäbchen aus purem Gold: Natürlich sind sie zur alltäglichen Nahrungsaufnahme durch ihre Formdifferenzierung bestens geeignet, zumal Gold keinen Schmutz annimmt und deswegen einen hohen Hygienestandard garantiert. Vor allem aber versinnbildlichen sie alle modernen Ziele des Designs:
– Reinheit und Klarheit durch Verzicht auf dekoratives Oberflächenfinish (*less is more*);
– Luxurieren durch Askese – Kostbarmachen durch edle Einfachheit und stille Größe;
– Authentizität des Materials (keine Simulationen);

– höchste Übereinstimmung von Funktion und Form;
– Nachhaltigkeit im Sinne von Dauer oder Wiederverwertbarkeit – Einheit von ökonomischer und ökologischer Rationalität.

Die Gestaltbewertung unseres Eßstäbchendesigns führt also zu folgendem Resultat:
Es schärft das Bewußtsein für die Kostbarkeit des Rohstoffs Tropenholz, aus dem Eßstäbchen üblicherweise hergestellt werden. Millionen Esser benutzen sie täglich als Einwegbesteck, das sie achtlos konsumieren. Die goldenen Eßstäbchen werden von ihren Besitzern sicherlich nicht nach Gebrauch weggeworfen, sondern nachhaltig wiederverwendet. Es entspräche ökologischer und ökonomischer Rationalität, jedem Esser ein Paar goldener Eßstäbchen auszuhändigen. Der Raubbau an Tropenhölzern würde erheblich eingeschränkt und die Verwendung von Plastik für Einwegbestecke mit ihren typischen Entsorgungsproblemen vermieden.

Darüberhinaus stimuliert die Handhabung der goldenen Eßstäbchen, die man wahrscheinlich wie einen Handschmeichler anstele von Zigaretten zwischen den Fingern führen würde, die Ausbildung von neuronalen Schaltmustern, also von Gehirnaktivität.
Das einzelne goldene Eßstäbchen kann zudem als Dirigenten- und bürgerlicher Marschallstab, als Rückenkratzer und als Schmuck gebraucht werden. Die Gestalt des Paares goldener Eßstäbchen versinnbildlicht also Vollendung im Design.

Aber Gestalt repräsentiert sich nicht nur durch geformte Gegenstände, sondern vor allem durch Verhalten. Das manifestiert sich an unserem Begriff *Information*. Er wurde im Militärwesen des Absolutismus geprägt. Information entsteht aus der Notwendigkeit, sich zu und in Gegebenheiten zu verhalten; im Militärwesen also entsteht Information für den Feldherrn in der Art und Weise, wie einzelne Soldaten Formationen bilden und diese Formationen (Fähnlein, Haufen, Regimenter etc.) ihrerseits einander zugeordnet sind. **Information heißt also: Bilden von Formationen mit ablesbaren Strukturen oder Funktionsschemata.** Die Verbindung einzelner Informationen ergibt sich aus der Supervision, aus dem Überblick vom Feldherrnhügel, der Kommandozentrale aus (analog

Supervision von der Stadtkrone, der Akropolis, vom Dirigentenpult, von der Lehrkanzel, aus der Bütt' des Animators, aus der Apside des Richterstuhls, vom Wachtturm usf.).
Heutzutage fasziniert vor allem der Computer mit seinen Angeboten, Informationen zu produzieren, d.h., **der Nutzer wird herausgefordert, sich durch Gestaltung eines Programms zu Gegebenheiten des Speichers nach eigenen Fähigkeiten zu verhalten, also sich in die Formationen des Netzes einzustellen und damit sich zu in-formieren.**
Wer sich nicht informiert, also zu Gegebenheiten zu verhalten gelernt hat, verfügt auch nicht über Information.

Das Reflexivpronomen *sich* ist kennzeichnend für alle Gestaltbewertung. **Gestalt ist reflexive Form.** Sich unterhalten, sich erinnern, sich informieren, sich bilden, sich verhalten lassen sich deutlich unterscheiden vom ausgebildet-, unterhalten-, erinnert-, informiert*werden*. Das höchstrangige Bewertungskriterium von Gestalt ist Verhalten, weil man nur sich verhalten, aber nicht verhaltenwerden kann. Eine Gestaltbewertung beruht also auf einem Verhalten zu Formationen, vor allem zu sozialen.
Parallel zum militärischen bildete sich im zivilen Bereich der Informationsbegriff aus.
In den Conduite-Schulen, den Benimm- und Tanzanstalten, wurde seit dem 17. Jahrhundert bis in die Gegenwart soziales Verhalten trainiert.

Im 19. Jahrhundert kamen als Agenturen sozialer Gestaltbildung bürgerliche Parteien, Sportvereine, Männerchöre, Burschenschaften und Debattierclubs hinzu.

Im 20. Jahrhundert wiesen sich vor allem Jugendbewegungen, Revuetheater und politische Großveranstaltungen unter dem Druck ihrer medialen Kommunizierbarkeit als Figurationen des sozialen Körpers aus. Organisation wurde zur Kraft der Gestaltbildung, die bereits 1928 Siegfried Kracauer in seiner Untersuchung zum *Ornament der Masse* analysierte.

Soziales Verhalten ist das Sich-Verhalten des Individuums zu anderen Individuen und den Formationen, die sie bilden (Familie, Schulklasse, Religions- und Kulturgemeinschaft etc.).

Das Militär konnte die sprichwörtliche *Schule der Nation* werden, weil sich die gesamte männliche Bevölkerung den gleichen Schemata der Gestaltbildung und ihrer Bewertung unterzog. Die Bewertungskriterien waren einheitlich. Das erhöhte einerseits die „Schlagkraft" der gesellschaftlichen Formationen, schränkte aber andererseits das Spektrum der produzierten Informationen stark ein – führte also zum Verlust von Anpassungsfähigkeit an veränderte Gegebenheiten.
Heute wird der gegenteilige Effekt beklagt: Pluralisierung und Individualisierung. **Die Tendenz zu a-sozialem Verhalten verstärkt sich, weil die Individuen sich nicht mehr auf andere beziehen. Vielmehr verlangt jeder, daß der andere ihn in seiner Singularität anerkennt, was aber soziales Verhalten generell verhindern würde.**

Einen mittleren Weg zu eröffnen versprechen die Soziobiologen. Sie leiten aus der vergleichenden Verhaltensforschung die Erkenntnis ab, daß Individualismus und Egoismus sich nur in funktionalem Altruismus sinnvoll behaupten können. Diesen Empfehlungen folgen vor allem die amerikanischen *Communitaristen*. Bei ihnen wird der Zugang zu leitenden Funktionen davon abhängig gemacht, in welchem Maße sich die Individuen für die Bürgergemeinschaft einsetzen. Diskutiert wird, ob solche Formationen der Gemeinschaft dem Schicksal historischer Vorläufer entgehen können; denn auch in universal- und nationalsozialistischen Gesellschaften wurde das sozialpolitische Engagement zur Voraussetzung für Karrieren. Der älteste heute noch verliehene Orden, der englische *Hosenbandorden*, trägt die Inschrift *ich dien*; „gedient" zu haben war Zulassungskriterium für Herrschaftsansprüche – noch heute ist Parteikarriere nur nach Absolvierung der Ochsentour vom Bezirksschatzmeister zum Bundestagsabgeordneten unverdächtig.

Selbst leidenschaftliche Schulreformer überlegen, ob man nicht doch wieder Schülern die Chance bieten muß, sich in Klassenverbände einzustellen, um sich sozial zu formieren. Gutwillig verstanden war in den 60er Jahren nicht die generelle Auflösung der sozialen Formation *Klasse* beabsichtigt; vielmehr sollten SchülerInnen veranlaßt werden, sich vielfach zu informieren, also sich parallel verschiedensten Formationen von Lerngruppen anschließen zu können.

Die bisherigen Konzepte zur Bildung multikultureller Gesellschaften sind so kontraproduktiv, weil Individuen genötigt werden, sich nur einer dominanten, nämlich ihrer Kulturgemeinschaft einzuformen.

Würden sie aber gleichzeitig diversen Religions-, Sprach- und Sittengemeinschaften angehören, verlören diese ihre Unterscheidbarkeit und ihre soziale Pressionsgewalt. Bisher führt die soziologische Feststellung, Individuen formierten sich nach dem Selektionsmuster „Einschluß durch Ausschluß", nur zu dem blassen Abstraktum einer „reflexiven Formation des Sozialen": **„Im anderen sich selbst erkennen oder: Ich ist ein anderer".**

Es empfiehlt sich also, bis auf weiteres historische Beispiele für Gestaltbildung als reflexive Form zu studieren.

Am bekanntesten dürfte die reflexive Form *Zentralbau* sein; vom römischen Pantheon über Brunelleschis Domkuppel, Palladios Villa Rotonda bis zu Boullées Newton-Kenotaph versinnbildlicht dieser Architekturtypus Anschauung des Kosmos, der Allheit und Ganzheit. Mit Verweis auf die geometrische Grundform Kreis und auf die stabilste Körperform *Kugel* aktiviert der Zentralbau auch den Gedanken der Vollkommenheit eines Ordnungsschemas, das auf einen unverrückbaren Mittelpunkt orientiert ist. Daraus leiten sich alle spekulativen Überhöhungen der „Macht der Mitte" ab, wie auch die Ausgrenzung des Ephemeren, der Randgruppen und des Überständigen.
Auch verbindet sich mit dem Zentralismus die Feststellung eines Drehsinns, also einer Bewegungsdynamik des Kreislaufs – bemerkenswert dessen positive Bewertung im Sinne des Kreislaufs der Natur und der Nachhaltigkeit des Wirtschaftens bei gleichzeitiger negativer Bewertung des „sich im Kreise drehens".

Für die Bildung sozialer Formation liefert der Zentralbau das Sinnbild für gleiche Distanz, bzw. Nähe aller Individuen zum Mittelpunkt.
Aus diesem Sinnbild leiteten sich alle Idealstadtmodelle ab, so z.B. Ledoux' Entwurf für die Lebensgemeinschaft *Saline von Chaux*. In zahlreichen Varianten

dieser Sinnbildlichkeit sollte die soziale Einheit als Integration von reproduktiver Arbeit und Lebensgenuß, von Spiritualität und Rationalität, von Individualität und Kollektivität Gestalt erhalten.
Reflexiv war diese Form, weil von jedem ihrer einzelnen Elemente auf die Gesamtheit geschlossen werden konnte.

Vor allem die barocke Architektur erweiterte diesen Gedanken durch Überlagerung von gerichteten Kreisen, von Ellipsen, mit der Verdopplung von Mitten (also Spiritualität und Rationalität, Leben und Arbeiten etc.). Die Ellipsen wurden als dynamisierte Kreise verstanden (wie an kreisförmigen Gummibändern demonstrierbar). Die sich überschneidenden Ellipsen in Grundrissen von Barockbauten erweckten also den Eindruck, als ob die Architektur ein bewegter Organismus sei, der ein- und ausatmet, also sich ausdehnt und wieder zusammenzieht. Dieser Eindruck wurde verstärkt durch die weithin sichtbare Bestückung der Bauten mit Schneckenvoluten. Wie Federn im Uhrwerk signalisierten sie durch Eindrehen Konzentration und duuch Ausdrehen Entspannung. Dem Touristen stehen als bekannteste Beispiele *Santa Salute* in Venedig oder die *Theatinerkirche* in München vor Augen.
Ebenso bekannt dürfte Palladios reflexive Architekturform der Kirche *Il Redentore* sein: Mitte des 16. Jahrhunderts markiert sie nicht nur die Verbindung von Zentral- und Longitudinalbau; ihre Fassade enthält vielmehr eine selbstbezügliche Darstellung des Lebens der Architekturformen klassischen Stils. Auf der Fassade überschneiden sich die Anmutungsprofile des dorischen und des römischen Tempels, der römischen Basilika, des römischen Mietshauses, des Triumphbogens und des Stadttores.

Welche formierende Kraft von reflexiver Gestaltung der Architektur ausgeht, teilt sich Millionen von Venedig-Touristen auch auf dem Markusplatz mit. Er wird als „Wohnzimmer der Venezianer" angesprochen. Die Architekten Sansovino und Scamozzi gestalteten die Arkaden der den Platz nördlich und südlich begrenzenden Bauten zugleich als Innen- und Außenfassaden. Sie vermitteln damit Offizialbauten der Stadtherrschaft mit dem Gedanken, die Bürger Venedigs würden sie bevölkern und als ihre eigenen Lebensbereiche bewerten.
Auf dem Platz ist man also immer zugleich Mitglied der Kommune und ihr konfrontiert. Im modernen Verständnis kennzeichnet das die Vermittlung von privat und öffentlich, von innen und außen, von Inklusion und Exklusion. Dieser Wechsel der Perspektiven nimmt dem Formierungsschema *Einschluß durch Ausschluß* seine Schärfe und seine Starrheit.

Eine Besonderheit reflexiver Gestaltbildung bieten die zahlreichen anatomischen Sammlungen, deren Exponate von bildenden Künstlern und bildenden Wissenschaftlern im Auftrag der Generalfeldchirurgen seit dem 17. Jahrhundert geformt wurden.

Die Selbstbezüglichkeit, also Reflexivität, manifestiert sich im Bezug des Körperäußeren auf sein Inneres, das sichtbar gemacht wird. Da das Sichtbarmachen des Körperinneren nur an toten Körpern möglich war, verband sich die Darstellung des lebenden, also geschlossenen Körpers mit der des geöffneten, also toten Körpers zum Sinnbild des *memento mori:* Als Lebende sind wir bereits dem Tode anheim gegeben.

Der Blick ins Körperinnere wurde zum verinnerlichten Blick des Christenmenschen. Damit konnte zumindest die postmortale Existenz Gestalt gewinnen. Leben definierte sich vom Tode, und der Tod von der Ewigkeit her. Das Leben wurde als ewiges auf Dauer gestellt, sobald die Pforte des Todes durchschritten war, und die Pforte des Todes war der Eingang ins anatomische Innere des Organismus.

In sozialer Hinsicht machte sich diese reflexive Form des anatomischen Präparats nicht nur bemerkbar als Formierung von Individuen zum Publikum, zum Haufen der Schaulustigen oder Wißbegierigen und Räsonnierenden.

Pietisten, Herrnhuter oder Quäker formierten sich als Lebensgemeinschaften mit konsequent praktischer Ausrichtung auf Gleichheit im Tode und deswegen im Leben – mit bis heute bewunderten Auswirkungen auf Gestaltung von Alltagsgegenständen wie Möbeln, Kleidung, Architektur, Geräten. Das Design der *Amish People* oder *Hutterer* wurde für Gestalter der Moderne vorbildlich.

Die englischen Gärten des 18. Jahrhunderts sind die bis dato umfassendsten Ensembles reflexiver Formen und ihrer Bewertung. Jedes Detail (Geländegestaltung, Bepflanzung, Bewässerung, Sichtachsen, Staffagearchitekturen, künstliche Ruinen, Freundschaftsmonumente, Wirtschaftsbauten) läßt sich noch heute erschließen und in der Bewertung nachvollziehen.

Dafür nur ein Beispiel: von Ermenonville bis Wörlitz gab es in jedem englischen Garten auf einer künstlichen Insel ein Grabdenkmal für Jean-Jacques Rousseau, der den Ruf *Zurück zur Natur* etwa im Sinne heutiger Soziobiologen vortrug und die Schemata sozialer Formationsbildung (v.a. das der freundschaftlichen Assoziierung und Selbsterziehung) in seinen Schriften herausgestellt hatte.

Das Grabdenkmal Rousseaus wird stets von einem Kreis von Pappeln umstanden, weil im französischen der Ausdruck für das „Volk" (*le peuple*) mit dem für

Pappeln (*peupliers*) sehr ähnlich lautet. Versinnbildlicht wird also die sozial formierende Kraft der rousseauschen Gedanken. Das Volk bildet um Rousseau den Kreis der Gleichgesinnten wie die Pappeln um den Kenotaph.

Die englischen Gärten konnten als derart ausdifferenzierte Angebote von Gestaltbewertung inszeniert werden, weil Geschmacksbildung als zentrale Befähigung von Individuen zu sozialem Verhalten galt. **Ein Geschmacksurteil ausbilden zu können hieß, sich unterscheidungsfähig gemacht zu haben, wie es dem Gattungswesen Mensch als homo sapiens sapiens (= dem Schmeckenden) zukommt.**

Vom ursprünglichen Unterscheiden durch Schmecken wurden *taste*, *gout* oder *Geschmack* generell auf alle kulturellen Unterscheidungsleistungen ausgeweitet. Schmecken kann man nur selber, also muß ein eigener Geschmack ausgebildet werden.

Lichtenberg veranlaßte Chodowiecki, eine Reihe von Illustration für die Geschmacksbildung der Deutschen anzufertigen.
Paarweise angeordnet werden jeweils „guter" oder „schlechter" Geschmack, „natürliches" oder „unnatürliches" Verhalten, „echtes" oder „falsches" Gefühl gegenübergestellt. Individuum zu sein hieß damals, selber zum Träger der sozialen Formierungskräfte zu werden. Man war in dem Maße individuell, wie man aus sich heraus als glaubhafter Repräsentant des sozial Vernünftigen und Gebotenen in Erscheinung treten konnte. **Individualität bestand also für den Bürger in der Beispielhaftigkeit seines Verhaltens und nicht in der Exzentrizität, auf die sich die Aristokratie in Absetzung vom Aufklärungsmodell der Bürger kaprizierte.**

Aus dem Fundus der im 20. Jahrhundert ausgeprägten reflexiven Formen soll zum Schluß auf eine der entscheidendsten verwiesen werden: die des Selbstversuchs.
Christian Schad zeigt in seinem Gemälde „die Operation" von 1929, wie der rasende Reporter E.E. Kisch die Operation seines eigenen Blinddarms bei vollem Bewußtsein in einem Spiegel über dem OP-Tisch beobachtet. In bewußter

Anlehnung an die christliche Ikonographie der *Pietà* hält eine Schwester das Haupt des Operierten, der sich Einblick in sein eigenes Körperinneres zumutet, also im Sinne der historischen Anatomie seinen eigenen Tod antizipiert, aber damit auch ewige Lebensdauer für sich in Anspruch nehmen kann.

Die Neue Sachlichkeit von Wissenschaft und Medizin korrespondiert mit diesem historischen Modell; die Operateure sind strikt auf das anatomische Detail wie auf ein Präparat ausgerichtet und dürfen nicht den geringsten Gedanken an Schmerz und Leiden des Patienten verschwenden.

Schad und Kisch machen klar, daß auch der modern-sachliche Alltagsmensch zu sich selbst wie zu einem fremden Präparat in Beziehung treten muß, um den Fährnissen des Lebens gewachsen zu sein. Der Fortschritt vom 17. zum 20. Jahrhundert bestand also darin, nicht nur die anderen wie eine fremde Sache zu betrachten und zu bewerten, sondern vor allem sich selbst.

Erst diese Fähigkeit legitimiert moderne Informationsgewinnung: Ich verhalte mich zu mir selbst wie zu jedem anderen.

Gestaltbewertung – Verkörperungszwänge

25 Geschmacksache

Daß alles Geschmacksache sei, behauptete der Kleinbürger, um sich gegen das aristokratische Ansinnen zu wehren, man habe elaborierten Bildungsstandards gefälligst zu entsprechen.

Wohl wahr, alles ist Geschmacksache: Vorausgesetzt, man hat einen Geschmack. Und das heißt: Vorausgesetzt, man ist unterscheidungsfähig. Die Kriterien der Unterscheidung mag sich jeder selber wählen bzw. sie nach Opportunität, nach sozialen oder beruflichen Notwendigkeiten wählen; unterschieden muß aber werden. Zu welcher Raffinesse das Unterscheiden getrieben werden kann, zeigen uns Maler monochromer Bilder; ihnen gelingt selbst noch die Unterscheidung im für jedermann Ununterscheidbaren: der weißen Fläche einer Galeriewand und der weißen Fläche eines auf der Wand hängenden monochromen Bildkörpers. Gegeben seien einige Quadratmeter Gartenfläche: der

Aquarellist Dürer hat daraus das Bild eines *Rasenstückes* gemacht. Der Kleingärtner verwurzelt im gleichen Gelände Kohlrabi, Möhren und Gartenzwerge; der Bodenkundler wird einen Tiefenschnitt in die Erde treiben, um die Erdformationen (Ackerkrume, Lehm, Sand etc.) zu studieren (mit Blick auf die Erdgeschichte und mit Blick auf eine ertragssteigernde Nutzung).

Egal ob diese oder andere Kenner der Materie: Sie alle haben ihre je eigenen Kriterien der Unterscheidung und einen Bezugsrahmen, innerhalb dessen die unterschiedenen Sachverhalte aussagekräftig oder bedeutsam werden. Ihnen allen ist Geschmack zu attestieren, also Unterscheidungsfähigkeit.

Gestaltbewertung – Verkörperungszwänge

26 Pflege Deinen Konkurrenten.

Standards der Formgebung

1. Globe Theatre

Der zauberhafte Elfentanz in der Welt als Bühne der Träume und Phantasmagorien erfährt eine neue Inszenierung. Unter der Regie der Börsianer firmieren als Elfen nunmehr *Cyborgs*. Die Längen- und Breitengrade des Koordinatensystems der Welt umspinnen das Hirn samt Schädel jedes Individuums wie ein Tarnnetz. **Das auratische Strahlen der Elfen, das tellurische Raunen und das sphärische Säuseln signalisiert nun der elektronische Fluß des Kapitals.**

Die Phantasmagorien und Träume erhielten einen neuen Namen: *Globalisierung*. In der Tat ist Globalisierung phantastisch, also Hirngespinst, Wunschbild, blaue Blume – wenn denn Träume süß sind! Bereiten sie aber Schrecken, bezeichnet Globalisierung einen apokalyptischen Reiter, eine Chimäre, ein Medusenhaupt.

Die bisherigen Bewertungen des Denkbildes *Globalisierung* beziehen Hoffnung und Schrecken so aufeinander, daß im ungefähren und unvorstellbaren globalen Raum, also in weiter Ferne, der Schrecken flackert und ganz in der Nähe, also lokal oder regional, die Hoffnung leuchtet.
Tatsächlich bietet die Inszenierung der Wunschvorstellung Futter, daß sich lokal die Hoffnungen konkretisieren und sich global die Befürchtungen ins Allgemeine verflüchtigen. Aber gerade diese Qualität der Inszenierung macht den Kontrast zu den realen Erfahrungen außerhalb des Globalisierungstheaters so deutlich: Lokal erfahren wir mit dem Hinweis auf die unabwendbare Globalisierung den Abbau von Arbeitsplätzen, Sozialsystemen und den Zerfall der Solidargemeinschaften, und ins Ungefähre der allgemeinen Weltentwicklung projizieren wir den Gewinn evolutionärer Höherentwicklung, technischer Optimierung, irdischen Frieden und die Brüderlichkeit alles Lebendigen.
Das ist ein klassischer Plot, der seit Shakespeares Zeiten *Globe Theatre* heißt. Das allgemeine tragische Menschheitstheater ist immer nur an einem konkreten Ort sichtbar, eben *glokal*.

2. Glokal
Den konkreten Lebensraum, die Region *Bergisches Land* könnte man, siehe süße Träume, zum Strahlen bringen: tolle Leute, kreative Individuen, massenhaft gut ausgebildete Arbeitswillige; kurz: auch wir wären die Besten, wenn wir nur vergessen könnten, daß weltweit, also global, alle genau den gleichen Konzepten in der gleichen Absicht folgen. Bestenfalls könnte man sich noch für kurze Zeit die Dynamik aus der Geschwindigkeitsdifferenz zunutze machen, mit der überall auf der Welt das Gleiche intendiert wird. Danach aber wäre die schöne Unterscheidung von *global* und *regional* hinfällig, denn überall werden dieselben Konzepte mit denselben Mitteln und der gleichfähigen Manpower realisiert sein.
In bemerkenswerter Weise hätte sich die alte Utopie von der Einheit der Welt verwirklicht: das Nirgendwo im Überall. Da es nach allgemeiner Auffassung unmöglich ist, sich dieser Auslöschung der Utopie durch ihre Verwirklichung zu entziehen, indem man sich der Globalisierung verweigert, um die Region nach dem Muster des Staats im Staate zu autonomisieren oder zu mafiotisieren, scheint es nur eine Chance zu geben, Globalität und Regionalität zu vermitteln: *go glocal.*

Das heißt:
- Setze Standards, Anspruchsniveaus und Werthaltigkeit, die weltweit gelten sollten.
- Sorge dafür, daß die Rahmenbedingungen überall die gleichen sind.
- Wehre Dich gegen den Abbau der Qualitätsmaßstäbe für ökologische und ökonomische Nachhaltigkeit, für Lebenssicherheit und persönliche wie soziale Verantwortlichkeit durch Freiheit, die im Namen der Globalisierung gegenwärtig auf den kleinsten gemeinsamen Nenner zurückgestutzt werden.

Im Konkreten bedeutet das eine Friedensdrohung, die der alten Maxime *si vis pacem para bellum* zum Verwechseln ähnlich sieht. Die Träger dieser Friedensdrohung heißen bereits *Rainbow Warriors*. Die historische Gestalt der Wehrpflichtigkeit verwandelt sich in die Polizei- und Sozialdienstpflichtigkeit des Bürgers.

Anstatt dem schicksalhaften Veitstanz der Globalisierungschimären ergeben zuzuschauen, gilt es, Globalisierung unter Anerkennung von Standards zu denken, die wir für ununterbietbar halten. Es geht um den größten gemeinsamen Nenner. Und das heißt: **Regionen werden als Lebensräume ausgezeichnet, wenn sie sich im Konkreten und Einzelnen auf die höchsten Standards als Meßlatte ihrer Aktivitäten verpflichten.**

Früher nannte man diese Regionen *Provinzen* mit ihrem Provinzialismus, weil man nur in den Metropolen und kulturellen Verdichtungszentren hohe Standards einfordern konnte. Mit dem Zerfall der Zentren in lauter separate Einheiten, z.B. Stadtteile, Ghettos, Funktionsräume verloren sie die Kraft zur Einforderung und Befolgung von höchsten Standards. Provinzialismus grassiert in der größten Metropole, und die alten Provinzen als weitgehend noch einheitliche Regionen erhalten die Chance, zu Zentren der Verpflichtung auf Vorbildlichkeit zu werden.

3. Soziodesign

So erstmalig und neuartig auch die schicksalhaft drohende Globalisierung wie die programmatisch einzufordernde sein mögen – so gibt es doch zumindest einen historisch entfalteten Handlungsbereich, der für die anstehenden Fragen beispielhaft sein kann: Die Geschichte der Künste, der freien wie angewandten, im europäisch geprägten Kulturraum der zurückliegenden 600 Jahre. In den oberitalienischen Stadtstaaten nahm ab 1300 die Gruppe der Humanisten ihre Beratertätigkeit für die Entwicklung zivilisatorischer Standards in den Kommunen auf. Das waren Gelehrte, die ähnlich wie die *philosophes* des 18. Jahrhunderts ganz handfest und praktisch ihre Vorstellungen von einem menschenwürdigen Leben und der Befähigung der Menschen zu einer solchen Lebensführung zu realisieren trachteten. Den Kern ihrer lebensweltlich gedachten Weisheit bildeten die Vorgaben des spätrömischen *corpus juris justiniani* aus dem 6. Jahrhundert, denn die Humanisten waren der Überzeugung, daß die Entfaltung individueller wie kollektiver Potentiale nur sinnvoll stimuliert werden könne, wenn verbindliche Regeln durchgesetzt werden. Das Neue in der Begründung dieser Regeln (deren Einheit für alle Lebensbereiche als *decorum* ausgewiesen wurde) bestand darin, nicht mehr die normativen Absoluta von Wahrheit, Schönheit und Gutheit durchzusetzen; es galt vielmehr, um den je unterschiedlichen und sich beständig verändernden äußeren Bedingungen entsprechen zu können, mit der Wahrscheinlichkeit, der Angemessenheit und der Billigkeit zu kalkulieren.

Dieser wohlverstandene Pragmatismus zeitigte große Wirkungen, auch in allen historisch späteren Gemeinschaftsgründungen, die sich auf die Vergegenwärtigung, die „Wiedergeburt" antiker, römisch-republikanischer Traditionen beriefen: im dritten Rom Peters des Großen, im vierten Rom von Jefferson und Washington, im fünften Rom des nachrevolutionären Napoleon, im sechsten Rom des Universal- wie Nationalsozialismus des 20. Jahrhunderts.

Noch in den gegenwärtigen Erörterungen zur Bürgergesellschaft, wie sie etwa die Communitaristen anstellen, bringt sich das Selbstverständnis der Humanisten zur Geltung. Sie verstanden sich als *Soziodesigner*.

Von den Italienern Alberti und Palladio über die Engländer Inigo Jones, Christopher Wren, John Soanes, William Morris, die Amerikaner Thomas Jefferson und die Gründer religiös fundierter Lebensgemeinschaften wie die der Shaker, die Franzosen Jaques Louis David und Claude-Nicolas Ledoux bis zu den Deutschen Gottfried Semper, Friedrich Schinkel, Hermann Muthesius und Walter Gropius ging es um das soziodesignerische Programm, durch künstlerische und architektonische Formgebung und Gestaltung das Verhalten der Individuen und Kollektive im Lebensalltag und Feiersonntag anzuleiten. **Durch** solche **Formierung der Gemeinschaften sollten Individuen und Kollektive informiert werden über die Bedingungen eines gelingenden Lebens.**

Die Standards der Formgebung als Informierung ergaben

sich aus dem Spannungsverhältnis von Recht und Billigkeit, von Wahrheit und Wahrscheinlichkeit, von Schönheitspostulaten absoluter Kunstautonomie und ihrer angemessenen Indienstnahme für die Lebensführung.

Diese ästhetischen, ethischen und epistemologischen Differenzen speisten die Entwicklungsdynamik auch ohne die schiere Ausbeutung von Ungleichzeitigkeit der agrikulturellen, technologischen, militärischen und politischen Entfaltung der über die ganze Welt verstreuten Lebensgemeinschaften/Kulturen. Das Schöne wurde zu einem fiktiven Postulat zur Bestimmung realer Häßlichkeit und deren Milderung, das Wahre wurde zum Bezugspunkt der Bestimmung und Relativierung von Wahrheitsansprüchen und das Gute erhielt den Rang eines Maßstabs, der angab, wie weit der unumgängliche Interessenegoismus die Gestalt altruistischen, auf die Beförderung allgemeiner Belange ausgerichteten Handelns anzunehmen vermag.

Die einzelnen soziodesignerischen Formgebungen zeichneten sich durch ihre Kraft aus, Individuen und Kollektive als Nutzer und Nutznießer zu befähigen, den Dingen der materiellen Welt, den Artefakten, einen Wert beizumessen und entsprechend mit Ihnen umzugehen.

4. Berg und Tal
Beispielgebende Aspekte des Soziodesigns sind insbesondere:
– Die Erzeugung von Information ist ohne Formierung sozialer Gemeinschaften erfolglos. Als solche Gemeinschaften könnte man ansatzweise für den Bereich *Design im Bergischen Land* einige Firmen, Agenturen, den Landschaftsverband, Kunst- und Künstlervereine, Kultursekretariate, Designzentren, Messen oder das Wissenschaftszentrum NRW ansprechen. Die Fachbereiche der hiesigen Universitäten sind leider als solche Gemeinschaften nicht auffällig geworden, obwohl ihre einzelnen Mitglieder erhebliche Entwicklungsleistungen erbrachten.
Sollten die Aktivitäten zur Stärkung der Region unter dem Druck der Globalisierung mehr sein als die Präsentation des ohnehin Vorhandenen, gilt es die Gemeinschaft derer herzustellen, die sich im Designbereich in der Region behaupten wollen.
– Die Verpflichtung auf höchste Designstandards ist unumgänglich – sowohl die der *Rationalität*, wie der *Funktionalität, Gestaltqualität* und *Moral*.

Das Rationalitätsgebot meint: die einzelnen Produkte müssen in übergeordneten Zusammenhängen rechtfertigbar sein, also z.B. in ökologischen Kontexten oder denen der Nachhaltigkeit.

Das Funktionalitätsgebot verlangt, daß die Güter als solche tauglich sind, also tatsächlich die ihnen zugeschriebenen Funktionen erfüllen (wer je eine Leselampe in einem Hotel nutzen wollte, weiß, in wie geringem Umfang Funktionalität gewährleistet ist). Mit Gestaltqualität ist gemeint: die Güter haben nach Form und Funktion nutzerfreundlich zu sein. Sie sollen nicht unter Verwendung von wohlgefälligem Oberflächenfinish vorgeben, etwas anderes zu sein, als sie sind. Mit der Unterwerfung unter moralische Kriterien ist zu erreichen, daß die Entwickler, Gestalter, Produzenten und Verkäufer von Produkten Werthierarchien anerkennen, sich zur Einhaltung von Geschäftsbedingungen bekennen, bewußte Übervorteilung der Konsumenten oder gar Täuschung nicht akzeptieren.

Soweit bereits *Produzentenhaftung* durchgesetzt ist, sollte ihr eine *Konsumentenhaftung* für den nachhaltigen Umgang mit den Produkten wie ihre Entsorgung enstprechen.

- **Die Verpflichtung auf höchste Standards führt nicht zur Elitenbildung.** Aus der Kunst- und Designgeschichte erhellt, wie sehr die Herausbildung von Spitzenleistungen auf der Entwicklung und Förderung der Breitenleistung basiert. Daß ein Entwerfer, Hersteller oder Künstler in besonderer Weise ausgezeichnet werden kann, ist nur sinnvoll möglich, wenn damit die Wertschätzung des breiten Leistungsangebots verbunden ist. **Ohne Breite keine Spitze,** ohne Täler kein Berg – das sollte im „Bergischen" Land klar sein.

  Höchste Standards verpflichten also im Kunst- und Designbereich auf die Förderung der Breite.

- Konkurrenz in diesem Bereich ist also nicht Ausschließungs- oder gar Vernichtungskonkurrenz. **Einzelne Künstler/Designer/Produzenten vermögen nur in dem Maße zu wirken, wie auch ihre Konkurrenten wirksam werden können.**

  Hilfe und Pflege deinen Konkurrenten, damit sie für dich als Bezugsgrößen überhaupt brauchbar werden! (Dazu gibt es bereits Modelle der Wirtschaftstheoretiker.)

  Bisher hat man die Gemeinschaft der Individualisten, z.B. als Künstler, für einen Selbstwiderspruch gehalten – aber genau um diese Kooperation der

Konkurrenten geht es, auch wenn sie, etwa im Kunstbereich, erst durch Galerien, Museen, Kunstvereine oder die Kunstkritik erzwungen wird.
- In ganz besonderem Maße lehrt die Kunst- und Designgeschichte: das historisch spätere und als jeweils neuestes postulierte Produkt überbietet das vorausgehende nicht im Sinne einer Erledigung. Ein Michelangelo erledigt nicht die Leistungen eines Raffael, ein Richard Sapper erledigt nicht die Leistungen eines Wilhelm Wagenfeld.

Generell sind die neuen Produkte und ihre Nutzungsformen nicht als Lösungen bisher ungelöster Probleme zu verstehen, da unter dem Gesichtspunkt von Wahrscheinlichkeit, Billigkeit und Angemessenheit im Arbeitsverständnis der Humanisten Probleme nur durch die Erzeugung neuer Probleme „gelöst" werden können. Die Bewertung der durch Problemlösung erzeugten Probleme fällt insbesondere unter die Anforderung des Rationalitätsgebots.
- Da sich im Kunst- und Designbereich nichts historisch Hervorgebrachtes durch aktuelle Produktion erledigt, ist der Gegenwart des Vergangenen durch Ausbildung von historischem Bewußtsein zu entsprechen (immerhin gibt es bereits Museen für die Güter der Alltagskultur und der Lebensformen, sowie Kunstgewerbemuseen bzw. Museen der Angewandten Künste).

Daraus folgt für eine Designinitiative *Bergisches Land*, daß sie vorrangig ihre Klientel, die Mitglieder ihrer *Research Families* und die Bewohner der Region zu professionalisieren haben, denn
- ohne verständnisvolle Nutzer kann sich auch das beste Produkt nicht als solches bewähren;
- ohne historisches Bewußtsein ist die Wertschätzung des Neuen gar nicht möglich;
- ohne die Fähigkeit zur Unterscheidung haben die einzelnen Produkte nur eine eingeschränkte Bedeutung.

Gestaltbewertung – Verkörperungszwänge

27 | Fake – Fälschung – Täuschung

Richtig verstandene Aufklärung kann sich nicht einbilden, Menschen von ihren Vorurteilen zu befreien. Sie zielt darauf ab, uns **Einsicht in unsere Abhängigkeit** zu ermöglichen – Abhängigkeit von Bedingungen des Lebendigseins, über die wir nicht frei verfügen können. Das Ensemble dieser Abhängigkeiten beschreibt man als die *Natur des Menschen*.
Um dieser Natur auf die Sprünge zu kommen, experimentierten Künstler und Wissenschaftler mit mutwilligen Täuschungen, deren Ziel es war, aufzuklären, welchen Täuschungen wir unterliegen: zum Beispiel optischen Täuschungen, gedanklichen Täuschungen in Formen des Bildermimikrys oder der Begriffsschauspiele. Niederländische Maler des 17. Jahrhunderts entwickelten die Gattung der *Trompe-l'oeuils* (Augentäuschungsbilder) zur Perfektion, die immer zugleich dem Betrachter die Täuschung und das Durchschauen des Getäuschtwerdens zu erkennen und zu genießen erlaubten. **Aufklärung über unsere Vorurteile ist also immer zugleich als Demonstration der Täuschung und erkenntnisstiftenden Enttäuschung angelegt;** deswegen ist man sehr häufig enttäuscht über das, was banalerweise herauskommt, wenn man Täuschungen durchschaut. Am Beispiel der Lüge, als vorherrschender Form unumgänglicher Täuschung, läßt sich das klarmachen: Wenn es auch nicht wahr ist, so ist es gut gelogen, soweit sich die Lüge als Lüge zu erkennen gibt. Zu lügen ist die einzige Möglichkeit, die Unterscheidbarkeit von wahr und unwahr aufrechtzuerhalten. Wer bewußt lügt, gibt damit dem aufklärerischen Impuls nach, die Unterscheidung von wahr und falsch in sein Kalkül zu nehmen. Das wird den Lügnern als Fälschern nicht zugestanden; sie gelten als gefährlich, weil sie die Unterscheidung von Original und Nachahmung zerstören. Dieser Vorwurf ist aber abzuschwächen, weil er nur gegenüber schlechten Fälschern bestätigt werden kann. **Der leistungsfähige Fälscher kann als solcher nicht entdeckt werden, also ist er auch keiner und kann als solcher nicht anerkannt werden.**
Das widerspricht dem natürlichen Verlangen nach Anerkennung des Menschen, also müssen sich von Zeit zu Zeit große Fälscher ihre Anerkennung sichern, indem sie sich als solche zu erkennen geben, wodurch sie nicht länger als Fälscher tätig sein können.

Brock als Behälterwissenschaftler (1975) – hier in der Wiederaufführung als Systematiker des ausgeschütteten Papierkorbs mit animiertem Bildnis Monika Hoffmanns, 1993

„Zu deutschen Fluten" – ein Märtyrertest Bazon bei Parallelaktion zu Adrian Leverkühn in apokalyptischen Kesseln. *Aus Brockportraitserie der Langheimer, Düsseldorf 1987*

Fakes sind Fälschungen, die darauf abzielen, als solche erkannt zu werden, um unsere Wahrnehmung an den minimalsten Differenzen zwischen Original und Nachahmung zu schärfen – allerdings unter der anspruchsvollen Voraussetzung, daß es für sie keine Originalvorlagen gibt, sondern daß der Fälscher eine originale Fälschung leistet, also doch ein Original und keine Fälschung produziert. Besonders erhellend sind die häufig vor Gericht zu klärenden Fragen der Selbstfälschung: Künstler X aus NRW wird der Fälschung bezichtigt, obwohl er originale X-Werke hergestellt hat. Er stellt sich als nicht so bedeutender Künstler heraus, wo er sich selbst nicht zu fälschen vermag, ohne daß die Fälschung erkannt wurde.

Gestaltbewertung – Verkörperungszwänge

28 | Kitsch als Objektmagie

Der größten Zahl von Kitschobjekten begegnet man heute dort, wo animiert wird. Animation wird nämlich – ausgehend von filmischer Animation – als „Beseelung" oder Verlebendigung von totem Material aufgefaßt. **Unter „Kitsch" verstehen wir Objekte, denen eine lebendige Kraft zugesprochen wird, der sich der Besitzer oder Nutzer der Objekte unterstellt.** Wir begegnen einem solchen Umgang mit Objekten auf allen Ebenen: **Menschen treten ihre eigene Erinnerungskraft an die Souvenire ab; sie übertragen die Aufgabe historischer Vergegenwärtigung an Denkmale;** von museal ausgestellten Werken bildender Kunst versprechen sich deren Anbeter einen tröstenden Zuspruch des Ewigen wie Pilger, die vor einem Standbild auf die Knie fallen. Wieso suhlen sich Westler dann in dem Hochmut, nur Naturvölker seien so naiv, Steine, Hölzer oder anderes banales Material für beseelt zu halten (*anima*

= lat. Seele; animistisch = beseelt)? Die angeblich naiven Naturvölker, so die Annahme, wollten mit der Beseelung der Objekte Verfügungsgewalt über gute und böse Geister erhalten. Wer sich solche Objekte als Fetisch, Amulett, Talisman an den Hals hänge, stärke sich durch die Kraft dieser Gegenstände in seiner Abwehr von Übeln, indem er sich unter den Schutz wohlmeinender Mächte begibt. Soweit sich auch Westler Kinderschühchen ins Auto hängen, Gespenstertattoos in die Haut stanzen lassen, Karpfenschuppen ins Portemonnaie legen, frönen auch sie dem „naiven Animismus der Naturvölker".

Aber: Wenn dieser Umgang mit Objekten auch reiner Hokuspokus sein mag, so zeigt er doch offensichtlich **Wirkung.** Es kommt also auf die Wirkung an und nicht auf die Beschaffenheit der Objekte. Deswegen bedienen sich auch westliche Rationalisten der **Placebos,** also objektiv eigenschaftsloser Substanzen. Wie Doppelblindversuche empirischer Forschung hinreichend gezeigt haben, kann die Einnahme solcher eigenschaftsloser „Medikamente" durchaus eine meßbar heilsame Wirkung auf kranke Menschen haben. Talismane und Ähnliches können als Psychoplacebos verstanden und benutzt werden.

Kitschobjekte erwecken den Eindruck, als befriedige ihr Gebrauch die Bedürfnisse der Nutzer, als garantiere die Aneignung durch Kauf bereits den Verlebendigungseffekt.

Im Bereich der Kunst hatte man seit der Renaissance versucht klarzumachen, daß die animistische Beseeltheit nicht in den Objekten liegt, sondern sich erst im Betrachter realisiert. Mit anderen Worten: Michelangelo schuf mit dem David keineswegs eine lebende Statue, wie das Pygmalion versuchte: die Verlebendigung ereignet sich erst in der Vorstellungskraft des Wahrnehmenden. Animiert wird hier der Rezipient, nicht der Gegenstand. Das ist der entscheidende Unterschied zwischen Kunstobjekten und Kitschartikeln. Gleichwohl kann man mit einem Kunstwerk kitschig umgehen: ein echter Monet kann von seinem Besitzer oder Betrachter zu einem Fetisch degradiert werden, der seinen Wert aus sich habe. Solche Kitschiers sind der Meinung, die Werke sprechen für sich und aus sich heraus, sie seien unabhängig von einem sinnvollen Umgang mit ihnen; sie seien wirksam auch ohne gedankliche oder seelische Anstrengung des Betrachters. Umgekehrt kann man mit einer bloßen Reproduktion eines Kunstwerkes zu Formen aktiver gedanklicher Arbeit gelangen. Nicht das materielle Objekt spricht, sondern der Betrachter.

Wenn diese Überlegungen einigermaßen sinnvoll sind, wieso interessieren sich vornehmlich Intellektuelle, Designer und Gestalter so auffällig für Kitschobjekte? Wollen sie nur ihre Überlegenheit über den naiven Animismus schlichter Gemüter demonstrieren? Das wäre nur eine Wiederholung des besagten Hochmuts von angeblich aufgeklärten Westlern gegenüber den Naturvölkern. Als etwa Susan Sontag in den 60er Jahren diesen Fragen nachging, schlug sie vor, den bewußten Umgang mit der verführerischen Objektmagie des Kitschs deutlich von der Unterwerfung unter die Objektmagie zu unterscheiden. Sie kennzeichnete den bewußten Umgang mit Kitsch als *camp*. Sie riet also nicht zu elitärer Distanzierung gegenüber den Phänomenen des Kitsch, sondern erkannte in ihnen ein aufklärerisches Potential. Objekte (also Souvenire, Talismane etc.) können durch ihre offensichtlich banale, sogar völlig unangemessene Gestaltung, durch die Wertlosigkeit des Materials und durch ihre billige Serienherstellung von vornherein signalisieren, daß man sie nicht als Träger von Gedanken und Vorstellungen werten kann. Je „kitschiger" also ein Objekt sei, desto direkter zwinge es den Besitzer oder Betrachter, sich auf sich selbst oder seine kleine Kommunikationsgemeinschaft (= *camp*) zu orientieren.

Denn alle Dinge in der Welt haben für den Menschen nur einen Wert mit Blick auf ihre Beziehung zu anderen Menschen, also mit Blick auf die Kommunikation. Wer bewußt Kitschobjekte in diese Kommunikation einbringe, macht seinen Partnern klar, daß es in der Beziehung nicht um die Objekte geht, sondern um die immer wieder beschworenen „geistigen oder seelischen Werte". Die 150%igen Kitschobjekte, also die *camp*-Werke, erfüllen diese Voraussetzung optimal. Es kommt also darauf an, mehr und mehr Menschen der verschiedensten Kommunikationsgemeinschaften zu einer bewußten Nutzung der *camp*-Gegenstände anzuleiten. Die bis dato „kleinbürgerlich" genannte Beurteilung von Artefakten ging davon aus, jene Werke am höchsten zu schätzen, bei denen zwischen Inhalt und Form die größte Übereinstimmung herrscht – so als könne es eine vollständige Identität von psychischen Aktivitäten und sprachlicher Gestaltung geben. Wenn das tatsächlich gelten sollte, könnte man nur Tautologien produzieren nach dem Muster „eine Rose ist eine Rose ist eine Rose". **Die ästhetische Aufladung von sprachlicher Gestaltung, also auch von Bildern, Skulpturen, Musikstücken, Architekturen, entsteht aber gerade aus dem Spannungsverhältnis zwischen Gedanken, Vorstellungen, Gefühlen und Willens-**

äußerungen einerseits und der Unmöglichkeit, sie in ein-eindeutigen Gestaltungen zu repräsentieren. Wer die
Identität von Gedanke und gestalterischer Tat, von Vorstellung und sprachlichem Ausdruck erzwingen will, wird zum Dogmatiker und eben zum Produzenten von leeren Formeln, von Gestaltungsfloskeln, von Klischees. Wenn also 150%ige Kitschobjekte die Unangemessenheit, die Nicht-Identität von Inhalt und Form, von Gedanke und sprachlichem Ausdruck, von Bewußtsein und Kommunikation offensichtlich werden lassen, haben sie ein hohes ästhetisches Aktivierungspotential.

Auch in der Kunst unseres Jahrhunderts ist dieses Potential genutzt worden, indem Künstler ganz bewußt in ihren Gestaltungen die ästhetische Differenz von gedanklichem Konzept und Gestaltung der materiellen Zeichenträger vor Augen führen. Deshalb wirken soviele Arbeiten von zeitgenössischen Künstlern wie Karikaturen, denn auch die Karikatur nutzt wie die *camp*-Methode die Übertreibung, um die ästhetische Differenz sichtbar zu machen. Der Vorwurf, dieses Vorgehen sei bloß witzig oder ironisch dadaesk, unterschätzt die Bedeutung, die die Erfahrung und die Einsicht in die Unangemessenheit von Aussagen und Sachverhalten haben und die sich normalerweise in einem befreienden Lachen äußern. Deswegen fordern ernsthafte Wissenschaftstheoretiker seit Lichtenbergs Zeiten, auch in den Wissenschaften das Evidenz-Erlebnis der ästhetischen Differenz zu nutzen, um sich von dem Kitsch philosophischer Tiefsinnigkeit à la Heidegger und genialischem Getue der ultimativen Problemlöser, z.B. der Plutoniumindustrie, zu befreien. Gegenwärtig führt der amerikanische Wissenschaftstheoretiker Richard Rorty diese Entkitschung der Wissenschaften seinem Publikum mit großem Erfolg vor. In den Künsten haben ähnliche Demonstrationen von Andy Warhol oder Jeff Koons erheblich dazu beigetragen, ästhetische Differenz oder offensichtliche Unangemessenheit als Erkenntnis- und Gestaltungsmethode durchzusetzen.

An ihrem Beispiel zeigt sich, daß eine produktive Nutzung des Placebo-Effekts auch möglich ist, wenn man den Psychomechanismus kennt, dem dieser Effekt seine Wirkung verdankt. Kitschobjekte haben also gerade für Diejenigen erkenntnisstiftende Funktion, die nicht auf sie hereinfallen.

Gestaltbewertung – Verkörperungszwänge

29 Trophäe

Tropaion (gr.) ist das Feldzeichen. Eine gegnerische Truppe zu besiegen hieß, ihr das Feldzeichen zu rauben. Denn das Feldzeichen markierte die Ordnungen, durch die einzelne Kämpfer zu einer *Truppe* wurden und die Truppen zu einem Heer. Bei den Triumphzügen der alten Römer wurden die Feldzeichen der Gegner und die der eigenen Truppe in besonderer Weise der Wahrnehmung eröffnet: Als Trophäe, also als enteignetes Feldzeichen und als *Apotropaion*, als durch bloße symbolische Repräsentation bereits wirksame Waffe.

Trophäen erfolgreicher Erobererzüge durch Museen, Galerien, Kaufhäuser bringen wir in Gestalt von Kunstwerken, stilvollen Gebrauchsgegenständen und Designschnäppchen mit nach Hause.

Den apotropäischen Gebrauch von Objekten trainieren wir an Regenschirmen, die wir mit uns führen, weil es dann garantiert nicht regnen wird, oder an Museumsshop-Objekten als symbolischen Repäsentanten von lauter Unmöglichkeiten und Unsinnigkeiten – **verlange nicht vom Künstler, was Du nicht selber zu verstehen in der Lage bist; aber bestehe nicht auf dem, was Du weißt, denn dann bräuchtest Du die Künstler und Werke gar nicht erst zu betrachten.**

| Gestaltbewertung – Verkörperungszwänge |

30 | Die Forderung nach Schönheit ist revolutionär, weil sie das Häßliche gleichermaßen zu würdigen zwingt |

1. Die Häßlichkeit des Schönen

In den bisherigen Disputen über das *Schöne* berief man sich auf zwei gegensätzliche Annahmen: Zum einen wurde die Beurteilung von Objekten oder Konstellationen als „schön" auf die Annahme von Qualitäten gestützt, die den Objekten oder Konstellationen „objektiv", d.h., als Eigenschaft materiell bzw. substantiell zukämen. Zum anderen berief man sich auf die Annahme, daß die Qualifizierung „schön" erst kulturellen Konventionen zu verdanken sei.

Die den Objekten inhärente Eigenschaft, „schön" zu sein, beschrieb man z.B. als symmetrischen Aufbau, Gleichgewichtigkeit in der Balance der Teile, Harmonie der Proportionen und dergleichen. Der Beweis für das Vorhandensein solcher Gestalt- und Gestaltungsqualitäten wurde in der Hinwendung von Menschen auf die Objekte als Wahrnehmungsattraktoren jenseits kultureller Besonderheiten gesehen. Die Begründung gaben vergleichende Kunst- und Kulturwissenschaftler, wie Anthropologen, Hirnforscher, Sozio- und Psychobiologen: Sie konstatierten anthropologische Konstanten, die sich in der Ausprägung des menschlichen Verhältnisses zur Welt in Wahrnehmung, Urteil und Verhalten durchsetzten, weil sie in der Evolution des Lebens selbst und nicht erst in der Entwicklung von Kulturen hervorgebracht wurden. Die Kulturen zeichneten sich danach aus, in welchem Maße sie in ihren Regelsystemen die Verbindlichkeit derartiger Grundkonstanten des menschlichen Weltverhältnisses verankerten. Diesen Grad der Entsprechung könne man objektivieren, z.B. durch arithmetische oder geometrische Beschreibungen: etwa für die Kurvatur von Gestaltprofilen, denen die Japaner in der Wahrnehmung des Fujiama als „schön" genauso huldigen wie die Europäer in der ästhetischen Beurteilung von Hügellandschaften. Die arithmetische Formulierung dieser *line of grace and beauty* könne man zeichengebenden Computern einschreiben, die dann lauter Gestaltformen generierten, die man weltweit als „schön" empfände. Solche gestalterischen Wahrnehmungsanlässe stellten größere Attraktoren dar als die kulturell gesetzten, weil sich ihnen Menschen vor und jenseits aller kulturellen Prägung zuwenden.

Die gegenteilige Annahme im ästhetischen Disput wurde mit dem Hinweis begründet, daß Angehörige unterschiedlicher Kulturen oder Epochen beispielsweise entweder Fettleibigkeit oder Magerkeit zu Schönheitsidealen, d.h. zu Wahrnehmungsattraktoren erhoben. Unter je gegebenen Bedingungen der Überlebensstrategien von Kulturgemeinschaften wie Klima, Nahrungsangebot, Ressourcenerschließung, Territorialsicherung, Aufbau von Herrschaft und Ausgleich sozialer Machtpotentiale entwickelten sie je spezifische ästhetische Bewertungsschemata für die Geltung von Wahrnehmungsattraktoren und ihre Bewirtschaftung (im Brautpreis, in der Auratisierung von Funktionsträgern, in der Ausgestaltung von öffentlichen und privaten Bauten, in der Repräsentanz des Sakralen).

Demzufolge sei **Schönheit** und deren attraktive Repräsentation **ein soziales Konstrukt, das zwar auf der Natur des Menschen basiere, aber diese Bedingungen kulturell weitestgehend überformen könne.**

Eine historische Ausprägung des Disputs kennen wir als den mittelalterlichen *Universalienstreit* oder den *Realismus-/Naturalismusstreit* in den Künsten des 19. Jahrhunderts. In diesen *querelles* versuchte man zwischen beiden Positionen zu vermitteln. Man ging von der beobachtbaren Tatsache aus, daß Menschen objektinhärente Eigenschaften anerkannten, indem sie sie als „rot", „belebt", „schwer" oder andererseits als „andersfarbig", „unbelebt" oder „leicht" kennzeichneten. Diese gleichen Kennzeichnungen der verschiedenen Dinge gewinne man aus der Zusammenfassung der Eigenschaften, die den verschiedenen Dingen gleichermaßen zukommen: die Eigenschaft rot zu sein, lebendig zu sein, schwer zu sein etc. Das hieße auch, daß die einzelnen unterschiedlichen Dinge Repräsentationen der Eigenschaften seien, die sie gemeinsam haben. Also müßten diese gemeinsamen Eigenschaften bereits vor der Ausformung der einzelnen Objekte in der menschlichen Wahrnehmung, in Urteilen und Handeln/Herstellen gegeben sein. Die gemeinsamen Eigenschaften nannte man *Universalia*. Die Frage lautete: sind diese Universalia auf gleiche Weise real wie die verschiedenen Objekte, die sie gleichermaßen repräsentieren? Oder sind diese Universalia bloße *Namen* für die allgemeinen Eigenschaften, die wir aus den verschiedenen Objekten durch Abstraktion gewinnen?

Realist wurde genannt, wer die „Röte" oder die „Schönheit" oder die „Schwere" auf die gleiche Weise für real gegeben hielt wie die als „rot", „schön" und „schwer" wahrgenommenen Dinge.

Nominalist wurde genannt, wer die Universalia für bloße Substantiv-Bildungen von Eigenschaftsworten der Dinge hielt.
Nur eine gedankliche oder sprachliche Abstraktionsleistung ermöglicht es uns, von „Röte", „Schönheit" und „Schwere" zu sprechen, obwohl nur die einzelnen roten, schönen und schweren Objekte real gegeben sind.

Bemerkenswerterweise nannte man im 19. Jahrhundert die Realisten „Idealisten" und die Nominalisten „Realisten", woraus Begriffsverwirrungen entstanden, die bis heute andauern; z.B. in der Behauptung, wir produzierten mit Computern eine „virtuelle Realität" – eine Begriffsverwirrnis, denn die vom Computer generierten Zeichen repräsentieren als real gegebene Bildschirme, Projektionsflächen oder Datenbrillen die virtuellen Begriffe, welche die Operationen der Computer-Programme bestimmen.
Richtigerweise müßten wir demzufolge von „realisierter Virtualität", also von in Zeichen materialisierten Gedanken, sprechen.

Ich schlage vor, den Disput zwischen den Evolutionstheoretikern und den Kulturrelativisten, den zwischen Realisten und Nominalisten mit Bezug auf die Frage nach dem Schönen und der Schönheit auszusetzen. Denn ob man nun davon ausgeht, daß unsere Hinwendung zu Wahrnehmungsattraktoren weitestgehend auf Funktionsweisen unseres evolutionär entstandenen Weltbildapparates beruht oder ob die Attraktoren im wesentlichen kulturellen Setzungen entstammen – ob wir also die Geltung der Schönheit in der Wirkung des Attraktors nominalistisch oder realistisch begründen: **wir haben uns in dem Disput um die Schönheit auf die Tatsache zu besinnen, daß der Hinwendung auf einen Attraktor stets eine *Abwendung* von eben diesem Attraktor entsprechen muß.**

Die neurophysiologisch/anthropologisch Argumentierenden verweisen wir in diesem Zusammenhang auf den beherrschenden Einfluß des *limbischen Systems*, in dem die Bewertung von Attraktoren/Reizfigurationen als „lustvoll" stets an eine entsprechende Bewertung als „abstoßend" gekoppelt ist. Selbst als „lustvoll" bewerteten Orientierungen auf Attraktoren folgt unvermeidlich eine „Unlust"-Erzeugung, die dazu führt, sich von dem Attraktor abzuwenden. Selbst der lustvollste Verzehr von Schokolade führt zu Ekel, also zum Abbruch der lustvollen Tätigkeit des Schokolade-Essens – wenn auch bei den einen diese Reaktion bereits nach Verzehr einer halben Tafel, bei anderen erst nach Verzehr von mehreren Tafeln Schokolade eintritt.

Das limbische Regulativ sorgt also stets für die Abgleichung von lustvoller Hinwendung auf den Attraktor und einer notwendigen Abwendung von diesem. Wird das limbische Regulativ, wie Sperry 1963 zeigte, außer Kraft gesetzt, führt die anhaltende Orientierung auf Lustquellen nicht nur zur Schädigung, sondern zum Tode des Organismus: Wenn Ratten unter besonderen, d.h. experimentellen Bedingungen die Möglichkeit geboten wurde, nach Belieben ihr Lustzentrum zu stimulieren, verdursteten sie – die Todesqual nicht vermeidend, weil sie sie als lustvoll empfinden mußten.

Das gleiche gilt für die kulturell gesetzten Attraktoren. Die Hinwendung auf als „schön" empfundene, Lust bereitende Attraktoren der Wahrnehmung wie Landschaftsprofile, breite oder schmale Gesäße, Raffael-Gemälde oder Breker-Skulpturen, auf Monteverdi-Motetten oder Chinesische Opern ist der eine, erste Teil der Operation. Der andere Teil ermöglicht es, mit dieser lustvollen Tätigkeit auch wieder aufhören zu können, um nicht vor Raffael zu verdursten oder nach dreißig Tagen Philipp-Glass-Hörens in die Psychiatrie eingewiesen zu werden. **Auch die stärkste Attraktion des „schönen" Bildes und der rauschhaften Musik schlägt natur- wie kulturgemäß erst in Langeweile, dann in Überdruß und schließlich in Aggression um.** Das eben noch für „schön" und deshalb attraktiv Gehaltene bewerten wir schließlich als häßlich, ekelerregend, abstoßend. **Mit dem Urteil *abstoßend* ist auch alltagssprachlich die Ablösung von der Reizquelle deutlich bezeichnet. Diesem Häßlichwerden des Schönen entspricht die Möglichkeit, das Häßliche als attraktiv zu empfinden –** Skatologen und Freunde der Würmerküche geben Beispiele selbst für die extreme Umwertung von Attraktoren. **Wenn wir den Wechsel von *Anziehung* zur *Abstoßung* von *lustvoll* zu *ekelhaft* hinreichend oft erfahren haben, gehen wir dazu über, das Lust machende nur noch dadurch zu definieren, daß wir das Schöne als das Gegen-**

teil des Häßlichen, das Lust machende als das Gegenteil des Ekel erzeugenden qualifizieren, ohne weitere Merkmale oder Eigenschaften beider zu benennen.

Auch wenn man die Erzeugung der Dualismen häßlich/schön, dick/dünn, schwer/leicht für bloße Konsequenzen aus der Logik unserer Kognitionsschemata hält, muß man die Gegebenheit anerkennen, daß in einem Zusammenhang für „häßlich" Gehaltenes als „schön", „dickes" als „dünn" oder „Genießbares" als „ungenießbar" empfunden wird und umgekehrt. Deswegen sind die Fragen nach dem „Schönen" als wirksamen Attraktoren für unsere Wahrnehmung und alle ihnen nachfolgenden intrapsychischen Operationen und Verhaltensweisen immer zugleich Fragen nach dem „Häßlichen".
Wo, wie in der bürgerlichen Kultur des 19. Jahrhunderts oder unter totalitären Regimes des 20., die Hinwendung auf „schöne" Bildreize als Bekenntnis zur Gruppenkonvention abverlangt oder als Anerkennung normativ, d.h. verbindlich gesetzter Hierarchien der Schönheitsattraktoren verordnet wurde, waren Künstler zur Durchsetzung ihres Geltungsanspruchs auf die Repräsentation des Häßlichen, Abstoßenden, Fragmentierten, Willkürlichen verwiesen. Diese Gelegenheit nahmen sie derart wahr, daß sich der kontrafaktische Eindruck der Öffentlichkeit immer wieder bestätigt fand, die Erzeuger von Bildern als Wahrnehmungsattraktoren huldigten ausschließlich dem Häßlichen und Ekelhaften, um die bürgerlichen Schönheitsideale oder normativen Staatsästhetiken in revolutionärem Impetus möglichst weitgehend zu beschädigen – oder aber als Provokation zu nutzen, um mittels des *Chocs* sich selbst für die Wahrnehmung durch das Publikum attraktiv zu machen. Das konnte weder von den Künstlern noch von ihren Adressaten durchgehalten werden, weil zum einen die Strategie der Überbietung des Schockierenden nicht beliebig fortgesetzt werden kann und zum anderen das Publikum die Erfahrung machte, eben noch für abstoßend Gehaltenes nunmehr als „attraktiv" zu empfinden (zu würdigen, zu kaufen, zu sammeln).
Auf diese Weise konnten Gruppenkonventionen der Präferenz von Attraktoren und die normativen Ästhetiken ohne Strafe oder wirtschaftliche oder sonstige soziale Nachteile vernachlässigt werden. In solchen Fällen bemerkten Künstler wie Publikum in der Konfrontation mit den als „häßlich", „willkürlich", „fragmentiert" kurz: „befremdlich" charakterisierten Werken oder sonstigen Arbeitsresultaten, daß in dieser Konfrontation ein Verlangen nach dem „schönen", „ganzheitlichen", „vollendeten" Werk enstand. Tatsächlich aber boten

die faktischen Werke eine Erfüllung dieses Verlangens nicht, wie umfangreich, differenziert und mannigfaltig diese Angebote auch immer waren. **Diese Differenz von Erwartung und Angebot fand ihre Wirkung in der Etablierung der „nicht mehr schönen Künste", und der Disput über die Schönheit wurde zu einem Disput über eine Ästhetik, in der das „Schöne" und das „Häßliche" zu randständigen Sonderformen der Wahrnehmungsattraktoren schrumpften.**

Welchen Vorteil versprach diese Abkoppelung der Ästhetik von den Fragen nach der „Schönheit"?
Wie dachte man sich das? Und vor allem:

2. Was hat sich die Natur dabei gedacht?

Der wesentliche Vorteil von Ästhetiken, die sich nicht mehr der Etablierung der Bewertungshierarchien von Attraktoren auf der Skala *schön = hoch/häßlich = niedrig* verschreiben, besteht eben darin, die empirisch beobachtbare Umwertung des Schönen als häßlich und des Häßlichen als schön produktiv nutzen zu können. Das ist ein Fitneß-Vorteil durch die Fähigkeit zur Anpassung an noch nicht Qualifizierbares, das sogenannte „Neue", „Ungewohnte", „Unbekannte", „Fremde". **Angesichts der enormen Steigerung der Zahl von Wahrnehmungsanlässen in der Entfaltung der industriellen Produktion oder in dem imperialen Zugriff auf die Leistungen anderer Kulturen sowie bisher nicht bekannte Bestände der Natur als Ressourcen verloren auch die differenziertesten normativen Ästhetiken an Kraft zur Orientierung und Bewertung des „Neuen".** Im Rahmen der geltenden Attraktorenhierarchien war dieses Neue, Andere und Fremde nicht zu „verstehen" – es sei denn es rangierte als *abstoßend* im untersten Bereich der Bewertungsskala. Die Bewertung als abstoßend widersprach aber dem Verlangen nach Aneignung dieses bisher Unbekannten als neuer Ressource. Aus diesem Widerspruch kam man nur heraus, wenn man grundsätzlich darauf verzichtete, das Fremde zu „verstehen", also im eigenen Bewertungssystem zu positionieren. **Statt das Neue zu „verstehen", galt es mit ihm umzugehen.** Man machte es sich „gemein", man verleibte es sich ein, wofür der lateinische Ausdruck *communicare* steht. An solche Praktiken war man durch das Institut des Heiligen Abendmahls, also der *Kommunion* und das Geheimnis der Eucharistie gewöhnt. Säkularisiert ergab sich daraus das Konzept „Kommunikation statt Verstehen".

Was mit Blick auf die Kommunion theologisch beschrieben wurde, wurde nun durch pragmatische Erfahrung gestützt. Philosophie, Rechtswissenschaft, Medizin und nicht zuletzt die Künste waren seit langem – wenn zunächst auch ohne Konsequenzen – auf die Tatsache gestoßen, daß die gemeinsame Benutzung von Begriffen keineswegs zu allseits akzeptierten Theorien führte. Juristen stellten fest, daß noch so „eindeutig" formulierte Gesetzestexte keine Möglichkeiten zur eindeutigen Beurteilung von gerichtlich verhandelten Sachverhalten boten. Die Mediziner lernten nolens volens, das vermeintlich eindeutige Verständnis von Symptomen als Verweis auf Krankheitsursachen aufzugeben. Und schließlich demonstrierten etwa die Maler, daß man den selben Texten der Bibel mit ganz unterschiedlichen Bildkonzepten entprechen konnte.

Also **stellte man die Ästhetik um: von der Etablierung der Rangskalen im Spektrum** *schön/häßlich* **auf das Qualifizierungsschema** *produktiv/unproduktiv*. Als produktiv erwies sich alles, was die Kommunikation aufrechterhält, ja verstärkt und dynamisiert, als unproduktiv galt, was die Kommunikation einschränkte oder gar unmöglich machte. **Um** derart **produktiv zu sein, mußte man einen kommunikativen Umgang mit der Vieldeutigkeit von Zeichen und Bildern, der Mehrwertigkeit von Urteilen trainieren.**

Das geschah am Besten durch Toleranz gegenüber dem „Unbestimmten" in seiner wichtigsten Erscheinungsweise als „Neues". Deswegen **wurde die Qualifizierung von Wahrnehmungsangeboten als „neu" zum Synonym für „Produktivität" oder „Innovativität" zum Synonym für „Qualität", worauf sich nicht zuletzt die „modernen Künste" in der Bewertung ihrer Arbeitsresultate als „avantgardistisch" einließen.**

Wie die Künste den Umgang mit diesem unbestimmten „Neuen" nicht-normativ qualifizierten, habe ich anderenorts beschrieben (s. die Kapitel „Tatsächlich neu ist nur das, was uns zwingt, das vermeintlich Alte, Traditionelle mit völlig neuen Augen zu sehen" oder „Vorwärts Kameraden, wir müssen zurück" in: BB, *Ästhetik gegen erzwungene Unmittelbarkeit* und BB, *Die Redekade. Kunst und Kultur der 80er*). Generell ist dieses Verfahren eine Erschließung von Geschichte als Zeit-Ressource durch Verwandlung von Bestimmtheit in Unbestimmtheit, von Tradition in uneinholbare historische Distanz, vom geschlossenen ins offene Werkkonzept durch Dekontextualisierung und Multiperspektivität.

Die Ästhetik (wie die Ethik und die Epistemologie) jeden kommunikativen Aktes galt also der Frage, wie man durch Erhöhung der Vieldeutigkeit und Vielwertigkeit oder gar Unbestimmtheit, also „Neuigkeit" der bild- und wort-, kurz: der zeichensprachlichen Operationen, in denen sich Kommunikation manifestiert, die Produktivität steigern kann. Die Möglichkeit dazu liegt offensichtlich in dem Verhältnis von intrapsychischen Aktivitäten wie Erkennen, Vorstellen, Wünschen, Fühlen zu den *Zeichen*, die wir benutzen, um Anderen Verweise auf diese Aktivitäten zu bieten, also mit diesen Anderen die Kommunikation aufzunehmen. **Als ästhetisch „produktiv" erweist sich gerade die *Differenz* zwischen unseren Gedanken, Vorstellungen und Gefühlen einerseits und dem Gebrauch, den andere von unseren zeichenhaften Entäußerungen machen, um ihre eigenen Gedanken, Vorstellungen und Gefühle auf unsere zu beziehen.** Unproduktiv ist die Aufhebung der Ästhetischen Differenz durch Definition von Eindeutigkeit wie in der Mathematik oder durch Formulierung von Tautologien oder Pleonasmen oder durch Zensurdekrete, wie sie Fundamentalisten und Dogmatiker erlassen.

Frage: Was hat sich die Natur dabei gedacht, uns nicht mit einer ein für allemal feststehenden semantischen Koppelung von Zeichen und Bedeutungen auszurüsten, analog zu der Art und Weise, wie wir bisher unsere Maschinen auf der Basis eindeutiger Entsprechungen von Befehl und Reaktion programmieren? Die Geschichte der Evolution begründet die Antwort, daß wir uns mit einer losen, also je nach Situation umstellbaren Koppelung von Zeichen und Bedeutungen auch jenen Lebenssituationen gewachsen zeigen resp. uns ihnen anpassen können, die „neuartig" oder „fremd" sind. Wenn wir mit unserer Bewährung in solchen Situationen zu warten hätten, bis wir „verstehen", was diese Situationen tatsächlich definiert, wären wir längst Opfer von tödlichen Gefahren oder verbrauchten unsere Lebenszeit mit der Elaborierung von Voraussetzungen des Lebens in neuen Umgebungen – einen Anklang an diese Unsinnigkeit bieten heute noch Auskünfte von Zeitgenossen, sie „verstünden" Arbeitsleben als Schaffung der Voraussetzung dafür, nach der Pensionierung endlich „leben zu können". Ein solches Verstehen der „Bedingungen der Möglichkeit" käme immer zu spät. **Hätten die Hervorbringungen der Naturevolution stets mit ihrem Leben zu warten, bis sie die Bedingungen ihrer Existenzmöglichkeit verstanden hätten, um sie ins eigene System einzubauen, wäre der Reichtum an Organismen, vor allem der Reichtum an höher entwickelten Organismen, kaum zustande gekommen.**

Wir sind also auch von Natur aus auf Kommunikation als Voraussetzung der Lebensbewältigung in unvergleichlich höherem Maße angewiesen als auf das Verstehen der Welt, in der wir leben. Oder: zu kommunizieren erlaubt uns das Leben in einer Welt, ohne diese Welt selbst als Bedingung der Möglichkeit unseres Lebens verstehen zu müssen oder zu können.

3. Produktive Indifferenz

Soweit wir wissen, war Marcel Duchamp der erste Künstler des 20. Jahrhunderts, der programmatisch die Kunstpraxis als *Kommunikation* faßte. In der ihm abgenötigten Festlegung seines Programms in der berühmten Vorlesung *Der kreative Akt* im Sommer 1957 weist er ganz ausdrücklich auf die „Lücke" zwischen der „Absicht des Künstlers" und der Verwirklichung dieser Absicht hin; er bestimmt das „Werk" als Manifestation des „Kunst-Koeffizienten", der eben die vom Publikum produktiv zu machende Differenz von intrapsychischer Prozedierung der Gedanken, Vorstellungen, Gefühle und des Gestaltungswillens von Künstlern einerseits, sowie der Faktizität des Werkes andererseits ausmacht: „Der persönliche (d.h. je spezifische) *Kunst-Koeffizient* ist wie eine Relation zwischen dem Unausgedrückten-aber-Beabsichtigten und dem Unabsichtlich-Ausgedrückten," das erst von den Betrachtern, dem Publikum herausgearbeitet werden muß. **Die Arbeit der Betrachter ist Teil des kreativen Aktes, sobald sie kommunizieren, vermittelt**

über die Unbestimmtheit des Verhältnisses von Werken und gedanklichen Konzepten der Künstler.

Die ästhetische Differenz (bei Duchamp: „Die Lücke") zwischen Künstler-Konzept und betrachtender Aneignung des Werkes wird zur In-Differenz gegenüber Urteilen wie „schön" oder „häßlich", „gelungen" oder „mißlungen", „gut" oder „schlecht". Denn auch „schlechte Kunst ist im gleichen Sinne Kunst, wie ein schlechtes Gefühl immer noch ein Gefühl darstellt." Erst derartige Indifferenz gegenüber den Urteilen „dies ist attraktiv, jenes abstoßend", „dies Werk ist schön, jenes ist häßlich" ermöglicht den „kreativen Akt" der Betrachter. Diese Indifferenz gegenüber den besagten Urteilen läßt den Umgang mit der Unbestimmtheit des Werkes aus der künstlerischen Absicht nicht nur zu, sondern erzwingt ihn als zentrale Leistung der Kommunikation, denn zu kommunizieren heißt eben, mit dem umzugehen, was man nicht versteht.

Demzufolge ist der „zeitgemäß-moderne" schöpferische Akt in der Konfrontation mit Kunstwerken erst möglich, wenn man davon absieht, das Werk mit Bezug auf den Künstler und seine intrapsychischen Operationen verstehen zu wollen.

Entsprechend der sokratischen Deklaration, zu wissen, daß man nicht versteht (und deswegen kommunizieren zu müssen), tritt an die Stelle besagter Urteilsbildungen gegenüber den Werken die Problematisierung der Werke in der Polemik, im Streit der bloßen, aber durch nichts ersetzbaren Meinungen und das prinzipiell endlose Argumentieren ohne Letztbegründungen (etwa durch den Spruch der Künstler, was sie denn nun tatsächlich gemeint hätten, weil diese Absichten zu äußern wieder der ästhetischen Differenz zwischen Gedanke und Zeichenentäußerung unterliegt).

Der persönliche, je werk- und betrachterspezifische Kunst-Koeffizient bezeichnet also das Potential der ästhetischen Lücke oder Differenz, die Betrachter zur Entfaltung derartiger kommunikativer Beziehungen wie Polemik, Streit der Meinungen zu provozieren.

Auf derartiger Kraft zur Provokation bestanden so gut wie alle zeitgenössischen Künstler für die Wirkung ihrer Werke bei weitestgehender Indifferenz gegenüber dem Urteil „akzeptiert/nicht-akzeptiert", „honoriert/nicht-honoriert", „kanonisiert/nicht-kanonisiert". Die betrachtende Hinwendung auf das Werk ist damit auch nicht mehr als Zustimmung zu werten, die Abwendung nicht als Ablehnung.

Daß Bindung durch Ablehnung stärker sein kann als die durch Zustimmung hat die Karrieren von Anti-Kunst-Bewegungen befördert. Dafür steht vor allem das Resultat der Stalin- oder Goebbels-Kampagnen gegen die „Entartete Kunst". Die individual- und sozialpsychologischen Mechanismen solcher Bindung durch aggressive Zerstörung, Haß, Neid sind auch außerhalb der Kunst wohlbekannt. Wer glaubte, daß das Kaufen und Lesen der BILD-Zeitung mit der Zustimmung zu den dort vertretenen Urteilen gleichzusetzen sei, wurde z.B. bei der Wahl Willy Brandts zum Bundeskanzler eben durch die Masse der BILD-Leser über diese Psychomechanismen eines Besseren belehrt.

Der kreative Akt von Künstler und Publikum basiert auf der Indifferenz gegenüber Akzeptanz und Ablehnung, weil derartige Urteile verhindern, daß der Umgang mit Unbestimmtheit produktiv werden kann. Nach Duchamp nannte man solche Unbestimmtheit „semantische Leere" oder „Referenzlosigkeit der Zeichen gegenüber definierten Bedeutungen", „Dekontextuierung" oder „Abkoppelung als Desensibilisierung" (wie in der Verhaltens-Therapie für Phobiker oder im „surrealistischen Akt", der analog zum Traumgeschehen die eingeschliffenen Verknüpfungen von Zeichen und Bedeutungen zu lösen beabsichtigt, um neue Verknüpfungen zu ermöglichen).

In der kommunikativen Kunstpraxis des 20. Jahrhunderts wurde – nicht zuletzt durch Duchamps Training mit Katherine Dreier und anderen Kunstsammlern – eine Strategie zur Erzeugung von Indifferenz besonders ausgezeichnet: der Kauf der Werke. Sie alle gleichermaßen in Geldwert zu repräsentieren, ermöglicht den Sammlern in hervorragender Weise, sich von der unproduktiven Verpflichtung auf Absichten von Künstlern als Garanten der Werkqualität zu befreien. Wer kauft, braucht nichts mehr zu verstehen, ja nicht einmal zu wissen, daß er nichts versteht; denn durch den Kaufakt ein Werk als Geldwert zu besitzen, bedeutet gerade, sich nicht mehr gegenüber Fragen nach „Schönheit", „Vollendetheit" und „Zustimmung" rechtfertigen zu müssen. **Nur naive Sammler bekunden mit dem Akt des Kaufes, was sie für „schön", „vollendet" etc. halten.** Professionelle Sammler hingegen lassen sich durch die gesammelten Werke nicht in ihren Urteilen identifizieren, weil sie die kommunikativen Potentiale der Provokation und Polemik selber produktiv nutzen. Das können sie aber nur, wenn sie vor ihren Werken nicht allein sind, woraus sich zwingend ergab, daß sie ihre privaten Sammlungen veröffentlichen.

Lange Zeit hielt man die Entfaltung einer Ästhetik der „nicht mehr schönen Künste" für eine bloße Angelegenheit der Kunstkommunikanten. Die von ihnen geleistete Erzeugung von Unbestimmtheit – „Transsubstantiation" nennt Duchamp dieses Wandlungsgeschehen ausdrücklich – schien einigermaßen unerheblich für die Kommunikation außerhalb der Kunst zu bleiben, ließen sich doch weder Künstler für ihre Werke noch das Publikum für seine Partizipation am „kreativen Akt", noch die Sammler für ihre Kaufentscheidung zur Verantwortung ziehen. Sich in diesem Bereich ethisch zu verpflichten konnte ohnehin nichts anderes heißen, als der ästhetischen Differenz eine ethische entsprechen zu lassen. Diese Differenz erzeugt man durch willentliche, also nicht nur unvermeidliche Arbeit mit der Nicht-Identität von Zeichen und ihren Bedeutungen oder von Werken und den Intentionen der Künstler.

Die willentliche Differenz-Erzeugung nennen wir „lügen". **Verantwortung im ethischen Sinne ergibt sich aus der Erfahrung, daß systematisch zu lügen die soziale Kommunikation unmöglich macht.** Wenn aber für den Umgang mit Kunstwerken ohnehin die ästhetische Differenz grundlegend ist, wird durch Hinzufügen der ethischen das kommunikative Potential nur umso größer. Der deklarierte Werkanspruch reiner und vollständiger Vergegenständlichung des Kunstbegriffs und der Künstlerkonzepte wird gerade im kreativen Akt der Betrachtung problematisiert. **Die Werke selbst sind bereits die Deklaration der Frage, wieso sie als Kunstwerke gelten könnten.** Da sie diesen Anspruch auf normativ-dogmatische Geltung aufgrund der unaufhebbaren ästhetischen Differenz gar nicht erheben können, signalisieren sie in ethischer Hinsicht dem Betrachter immer schon eingestandenermaßen ihre Falschheit – z.B. als Simulation oder als *Fakes*. Der Übergang von der normativen zur nichtnormativen Ästhetik, von der der schönen zu der der „nicht mehr schönen Künste" bedeutet demzufolge, *Fälschung* nicht mehr als kriminellen Akt, sondern als schöpferische Leistung zu bewerten. **Das Werk kann nur noch als deklarierte Fälschung zum Kunstwerk werden.**

Alle modernen Werke der nichtnormativen Ästhetik sind also *Fakes* des normativen Kunstverständnisses. Duchamps *Urinoirs* etc. sind also deklarierte Fakes dessen, was einstmals mit *Skulpturen* als Kunstwerken in Entsprechung zu normativen Urteilskanones gemeint gewesen sein mag, ohne daß die Werke den Anforderungen des normativen Kanons tatsächlich hätten enstprechen können. Aber Duchamp unterschiebt seine Arbeiten dem Publikum nicht in der inkriminierbaren Absicht, sie als solche „Kunstwerke" auszugeben. Als erklärtermaßen „gelogene Kunst", als prinzipiell „falsche Kunstwerke" sind sie keine Fälschungen mehr (denn das erklärtermaßen „Falsche" ist ja als solches tatsächlich „wahr" – Duchamp-Nachfolger wie Andy Warhol oder die Künstler der *Appropriation Art*, die Fluxus-Leute oder *Bad-Art*isten wie Kippenberger haben diese Wahrheit des erklärten Falschen besonders betont).

Heute werden derartige Erkenntnisleistungen bereits jedermann auch außerhalb der Kunstpraxis abverlangt. Wer in eine Klinik geht, hat versicherungsrelevant zu erklären, daß er als Patient persönlich die Verantwortung für die Wahl der therapeutischen Maßnahmen übernimmt – obwohl der Patient als medizinischer Laie dafür keinerlei Voraussetzung durch Verstehen der ärztlichen Praxis mitbringt. Wie die Künstler zuvor werden nun auch die Ärzte wie alle anderen „Experten" zu Profis der Falschheit, heute generell „Experten für Entscheidungsrisiken" genannt. Der Laie hat seinen Anteil zum kreativen Akt der Therapie oder des Umgangs mit Nahrungsmitteln, die nicht mehr sind, was sie normativ zu sein hätten, ohne jede Möglichkeit des Verstehens von Konzepten der Biochemiker, Physiker oder Ärzte zu erbringen. Er kann vor Einwilligung in die Behandlung oder Kaufentscheidung nicht erst ein mehrjähriges Studium der Expertenkonzepte absolvieren – mal abgesehen davon, daß auch diese Konzepte mit den medizinischen wie anderen Praktiken nicht umstandslos identisch zu setzen sind. Es bleibt den Patienten oder Konsumenten von Nahrungsmitteln statt des Verstehens der wissenschaftlichen Konzepte und der zu ihnen immer differenten Praktiken nur die Möglichkeit der Kommunikation über das, was sie nicht verstehen mit anderen Patienten und Konsumenten, wie mit den Experten selbst. Letztere werden aber, wie zuvor die Künstler des Duchamp'schen Selbstverständnisses, stets kommunizieren, daß ihnen gerade in dem Maße ihr Erkenntnisgegenstand problematisch wird, wie sie ihre Expertenfähigkeiten erhöhen. Derartig aufgeklärte Experten/Künstler verständigen sich untereinander nach kommunikativen Verfahren, die auch die Laien im Umgang mit dem Nicht-Verstehen anwenden. **Daß Medizinerkongresse, Ministerrunden oder Künstlerdiskussionen erfah-**

rungsgemäß genauso ablaufen wie Stammtische, Kaffeekränzchen oder bildungstouristische Exkursionen muß deshalb nicht verwundern, sondern **bietet die Garantie dafür, daß alle Beteiligten sich von dogmatischer Durchsetzung ihrer Konzepte des Verstehens längst erfolgreich verabschiedet haben.** Das gilt auch bei herkömmlicher Auffassung von Kommunikation über Verstehen. Denn **je spezialisierter die Experten, desto größer wird die Notwendigkeit, Verständigung mit allen Anderen, ebenfalls Hochspezialisierten, über Kommunikation ohne Verstehen zu erreichen.**

Wie in den Künsten des 20. Jahrhunderts, so entsteht inzwischen auch in den Wissenschaften und in der Alltagspraxis der Laien **die Gemeinsamkeit** nicht mehr durch das, was die Zustimmung aller Beteiligten findet; sie **wird** vielmehr **durch die gemeinsame Orientierung auf das Unverständliche, Mißverständliche, Risikoreiche, Problematische im Selbstverständnis der Kommunizierenden erreicht.** Wenn sie – und davon hängt ihre Zukunft als Gesellschaft ab – überhaupt noch etwas gemeinsam haben, dann sind das nicht geteilte Überzeugungen, religiöse Bekenntnisse oder politische Parteinahmen, sondern dann ist das die gemeinsame Hinwendung auf prinzipiell nicht lösbare, also bösartige Probleme. Und das bedeutet die gemeinsame Befähigung, bisherige Formen des Verstehens als risikoreich oder kontraproduktiv aufzugeben.

Also geben wir es auf zu verstehen oder verstehen zu wollen, was die Schönheit sei. „Was aber die Schönheit ist, das weiß ich nicht", bekundete Dürer und konnte deshalb als Maler, Zeichner, Zeitgenosse so produktiv wirken.

Gestaltbewertung – Verkörperungszwänge

31 TAM oder die Kunst, den Computer zu denken

Wer sich einen Frack zulegt, rechnet mit dem Dirigenten in sich, wer sich einen Sessel von Le Corbusier anschafft, hofft aufs Geradesitzen ohne Gemütlichkeitsstützen, wer sein Traumauto steuert, kann endlich mit Würde langsam fahren – nur Luxus ermöglicht Askese oder, wie die Avantgardisten unseres Jahrhunderts sagten: less is more.

Wo wäre Askese heute wünschenswerter als am Datenfließband der Computer?

Wer einen TAM erwirbt, bewahrt die Würde, nicht zum Sklaven der Zeichenmaschine zu werden, behauptet sich selbst gegen den kindlichen Spieltrieb und ist souverän genug, ohne ständige Stimulierung seines Erlebnishungers auszukommen.

TAM ist mehr als die herkömmlichen Kommunikationskisten, weil er weniger ist – weniger Hardwaremasse, weniger Objektvolumen. Fast schon ein virtuelles, bloß noch theoretisches Objekt, reduziert wie Malewichs schwarzes Quadrat, fast so immateriell wie eine Erscheinung im Gegenlicht.
TAM ist das Bild, das wir uns von der Vollkommenheit machen, eine Vorstellung der suggestiven Leere wie das Barcelona-Haus von Mies van der Rohe. Es war stets das ultimative Urteil über Design-Produkte, in diesem Tempel konzentrierter Geistesgegenwart ihren Platz behaupten zu können. Unter allen bisher angebotenen Maschinen der Zeichengebung kann man sich nur den TAM in diesem Gehäuse des reinen Denkens vorstellen, denn er ist selbst ein Solches.

| Gestaltbewertung – Verkörperungszwänge |

| 32 | Anpassung als Verhaltensprinzip.

Der elastische Zeitgenosse |

Schmidtchen Schleicher mit den elastischen Beinen hat eine Denkfigur von Friedrich Nietzsche in die Charts gebracht; denn Nietzsche meinte: „Das Zeitalter der größten Ereignisse wird trotz alledem das Zeitalter der kleinsten Wirkungen sein, wenn die Menschen von Gummi und allzu elastisch sind." An wen dachte er? Offenbar an zwei moderne Tätertypen, an einen mit Schlitzaugen und an den anderen mit Langnase.

In ihren Verteidigungskampfarten trainieren die Asiaten das Unterlaufen der explosionsartigen Kraftausübung ihrer Gegner. Sie reduzieren die potentiell großen Schlagwirkungen auf kleine durch Elastizität der Rückweichbewegung von einem gedachten Fixpunkt zwischen den Körpern der Kontrahenten. Die ungehemmte Bewegung des Gegners nutzend, schnellen sie dann auf diesen Schwerpunkt der Paarbeziehung zurück, als würden sie von einem unsichtbaren Gummiband gezogen – von Geistesstärken eben, wie sie das 19. Jahrhundert den Buddhisten zuschrieb, deren Gleichmut und Unbeeindruckbarkeit ihnen die Fähigkeit eröffnet, große Ereignisse ins Leere laufen zu lassen.

Im Kinderspiel *Kniebel-Knobel-Knatsch* wird diese Elastizität des fernöstlichen Denkens anschaulich: Hauchdünnes Papier schlägt schweren Stein.

Die europäischen Langnasen bringen es zu solcher Fähigkeit durch die kleinbürgerliche Beschränktheit, von großen Ereignissen nicht berührt zu werden, weil sie sie als solche gar nicht zu erkennen bereit sind. **Der beschränkte Horizont, den Nietzsche als sehr lebensförderlich pries, reduziert die Wahrnehmung für das Außerordentliche; man verweigert schlicht, etwas zur Kenntnis zu nehmen, was die eigenen Erwartungen und Vorurteile übersteigt.**

Ein gutes Polster vager, eigentlich nicht faßbarer Meinungen schützt vor der Durchschlagskraft brutalster Wahrheiten. Wer sich nicht auf Wahrheiten versteift, sondern je nach Opportunität mal dies, mal das für brauchbar hält, entwickelt eine große Anpassungsfähigkeit des Denkens und Urteilens unter Vermeidung hoher Risiken. Abschied von der Prinzipientreue und vom Grundsätzlichen, *loose coupling* bis zur Charakterlosigkeit schienen Nietzsche die

Gewähr für die Vermeidung katastrophaler Folge großer Ereignisse zu bieten. Auch diese Weisheit hat das niedere Volk im Kampf mit übermächtigen Herren sprichwörtlich werden lassen: **„Nichts ist so dauerhaft wie ein Provisorium."** Wenn die Zeitgenossen sich derart elastisch, allzu elastisch gegenüber Wahrheitsansprüchen der Mächte zeigen, läßt sich Charakterlosigkeit geradezu zur Vermeidung aussichtsloser Konfrontation entwickeln.

Menschen ohne Eigenschaften nutzen unsere Anpassungsfähigkeit und unsere Verformbarkeit produktiv. Früh krümmt sich, wer den Schlägen entgehen will. Der Charakter- und Eigenschaftslose bleibt schwer greifbar: „Versuchen Sie mal, einen Pudding an die Wand zu nageln". Nietzsches Umwertungsstrategie bewährte sich auch hier; was von den Schwarzkutten und den versteinerten Denkmälern eherner Grundsätze als Deformation von Pflichtbewußtsein verurteilt wurde, hielt Nietzsche für eine Tugend des Überlebenswillens. Eulenspiegel und Simplicius Simplicissimus, die Hofnarren und die philosophischen Clowns hatten diese Tugenden professionalisiert; die Sympathie, die ihnen das Volk auf Jahrmärkten und im Zirkus entgegenbringt, enthüllt die heimliche Korrespondenz von Underdog und Witzfigur, die zuletzt noch lacht, wenn ihren Peinigern der Boden unter den Füßen längst schwankt.

Die Anpassungsfähigkeit ist das Maß aller Überlebensanstrengungen. Man akzeptiert die herrschaftliche Ordnung der Dinge formal korrekt. Aber das Maßband ist elastisch wie ein Urmeter aus Gummi, und das entspricht ja dem notwendigen Relativismus in der Alltagskommunikation: Was dem einen lang, ist dem anderen kurz; was dem einen *sin Ul*, ist dem anderen *sin Nachtigall*. **Auf die Verhältnisse kommt es an, nicht auf die meßbaren Größen.** Die Vermessung der Welt sagt nichts darüber, wie sie erlebt wird.

Bleibt die Frage nach den kleinen Wirkungen. Sie können sich zu großen Folgen aufsummieren, bis schließlich ein einzelner Tropfen das Faß zum Überlaufen bringt. Kleinvieh macht auch Mist, aber es dauert länger, und darauf kommt es an: Zeit zu gewinnen, aus der Zwanghaftigkeit des mechanischen Reagierens herauszukommen; Zeitgewinn für das ohnehin kleine Zeitkontingent des Lebens. **Die Zeit elastisch werden lassen, unzeitgemäß werden,** so Nietzsche. Auch das eine Strategie, sich nicht von modischer

Zeitgemäßheit überfordern zu lassen. Elastisch in seinen Erinnerungen schwingen, weit zurück in die Kindheit und weit voraus in die Hoffnungen und Erwartungen.

Nicht nur Gottes Uhren gehen anders, sondern auch die den Elastikern eigene vitale Spannkraft, die sich aus der Zeit fallen lassen, um dem rigiden Streß der Zeitansagen zu entgehen. Nicht nur das Urmeter sollte aus Gummi sein, sondern auch die Zeitschranken und die Uhren, damit die Zeiger der Erlebniszeit folgen und nicht die Erlebnisse dem Diktat der Zeit.

Gestaltbewertung – Verkörperungszwänge
33 | Stehprogramme und Standtechniken

Ein Gespräch mit Ulrich Giersch

Das Stehen wurde lange Zeit mit einem bloßen Herumstehen, häufig mit einer unangenehmen, anstrengenden Wartesituation in Verbindung gebracht. Daß Stehen aber auch eine Kunst sein kann, die bei bestimmten Arbeitsprozessen im Vergleich zur sitzenden Haltung bedeutend effektiver ist und daß dafür im Laufe der Geschichte immer wieder ein entsprechendes Ambiente geschaffen wurde, hat sich allmählich in den verschiedensten Bereichen erwiesen. Und es ist die klassische Säule in allen Varianten, die das Modell sowohl für das freie Aufrechtstehen als auch für die Funktion einer adäquaten Stütze liefert: Denn selbst der moderne Stehsitz oder „Stitz" ist eine kleine Säule, auf der man seinen Rumpf abstützt. Überhaupt ist die Säule ein fundamentales Bauelement, das zentrale Stand- aber auch Spielbein der Architekturgeschichte. Vielleicht werden die Menschen bereits angesichts einer gutproportionierten Säule zu einem unverkrümmten Aufrechtstehen angeleitet. Kann man im Hinblick auf die Säule von solch einer Übertragungsfunktion sprechen, fungiert sie schon durch die bloße Anwesenheit als eine Art Stehhilfe?

Die Herleitung der Säule erfolgt in der Tat einerseits aus der anthropomorphen Gestalt, also aus der Ähnlichkeit zum stehenden Menschen, andererseits aus der Analogie zum Baumstamm. Eine Zeichnung, die aus dem 18. Jahrhundert datiert, zeigt in einem Wald wie zufällig in einem Viereck gewachsene Bäume, deren Kronen nach innen zusammengezogen sind, so daß die vier Baumstämme die Säulen bilden und die Kronen das Dach. Die andere Herleitung ist die griechisch-römische, wo die Säule aus der Analogie zur Menschengestalt entwickelt wird, deswegen heißt das Oberteil der Säule auch *Kapitell: Caput* ist das Haupt. (Die Schaftformen standen anfangs noch primär auf monolithischen Steinen – ein Stein wie ein Körper. Erst später hat man sie aus technischen Gründen in Trommeln zerlegt, da Transport und Bearbeitung einzelner Säulenscheiben einfacher war.) Die wohl stärkste Übertragung eines architektonischen Körpers auf den Menschen und seine Haltung geht von der Säule aus: „Er steht wie eine Säule". **Entstanden ist die Steinsäule aus der Holzbauweise;** die ganze Ornamentik wurde aus der Umsetzung von Holz in das Material Stein entwickelt. Beispielsweise erinnern die Guttae und Mutuli an die ursprünglichen Metallnägel und -köpfe im Holzgebälk; als dies umgesetzt wurde von Holz in Stein, hat man das als Ornamentalform übernommen. **Aber ganz sicherlich ist der Übertragungseffekt auf die menschliche Haltung allein deswegen in der griechischen Tradition am stärksten, weil in der Säule die Analogie zum Menschenkörper gemeint war.**

So gesehen leistet die Säulen-Architektur einen wichtigen Beitrag zur allgemeinen Steherziehung. Im weitesten Sinne lassen sich davon dann die kulturellen und zivilisatorischen Praktiken zur eigenen Positionierung in der Welt herleiten.

Im Hinblick auf das soziale Leben stellt sich für den Menschen **die Frage nach dem eigenen Stand** und der Bedeutung seines Standes. Im Stand trägt er auch das gesamte soziale Gebäude, denn die Institutionen sind ja standhafte Formen des Sozialen. Und **Standhaftigkeit ist an die Behauptung der Position am Ort gebunden.** Vermutlich läßt sich eine solche Metaphorik bereits an den Pfahlbauten festmachen: da wurde die Säule als Pfahl in den Boden gerammt und bildete das Postament des Unsichtbaren; Gründungen, die wie die Säule auf die Vertikale ausgerichtet waren. Bei den Griechen bilden die Säulen dann das Postament des Sichtbaren.

Das durch die Säulen getragene Stehprogramm hat sich wohl nur in der griechischen Kultur derart plastisch entwickeln können. In der folgenden architektonischen Entwicklung spielt die Säule kaum noch eine so zentrale Rolle.

Die Säule wurde vom Pfeiler weitgehend verdrängt, weil der vom Bauaufwand viel einfacher zu handhaben ist als die Säule. Auch die großen zentralen Bauaufgaben seit der Romanik ließen sich nicht mehr, wie zum Beispiel die Ausweisung der Vierung, durch Säulen zeigen, sondern die Ableitung aus dem basilikalen Bau im christlichen Longitudinalbau macht es notwendig, den Rhythmus der Säulen zumindest im Hinblick auf die Vierung durch Pfeiler zu ersetzen; gleiches gilt für die Portalwände. Diese Umorientierung im Bauen auf den Pfeiler hat dann die ursprüngliche Analogie zur Menschengestalt etwas verblassen lassen, obwohl der Pfeiler als Grundmotiv in der christlichen Ikonographie der sakralen Architektur immer noch vorkommt: „Auf diese Steine will ich bauen" – damit sind natürlich nicht einfach nur die Grundsteine gemeint, sondern das sind die Pfeiler, die Vierungspfeiler. In der Moderne gab es die Umsetzung des Pfeilerprinzips in die gesamte Architekturhülle in Gestalt der Stahlträger. Allerdings sieht man den Stahlträgern nicht an, daß sie tragende Säulen, bzw. Pfeiler sind, weil sie sich über den gesamten Baukörper erstreckt haben.
Das grundlegende Gefühl, was denn eine Säule in Analogie zur Menschengestalt ausmacht, das haben die Architekten verloren, weil sie die Säule nicht mehr als Menschengestalt aufzufassen wußten. Dadurch kommt es dann zu vollkommen unproportionalen und völlig unangemessen gestalteten Säulen. Wenn man in der Moderne nach Beispielen einer Säulenarchitektur sucht, dann findet man nur noch die gegossene Betonröhre, die völlig unproportional ist und deren Querschnitt zu ihrer Höhe keine Beziehung mehr hat, deren Leib auch nicht mehr durch Kannelierungen strukturiert ist.

Neben der Säule als Zeichen für die eigene Standfestigkeit haben sich in der späten griechischen Kultur bereits andere Säulenformen ausgebildet, Formen, die aber immer noch an die anthropomorphe Gestalt erinnern.

Im hellenistischen Griechenland, etwa um 170 v. Chr., also nachdem sich die Römer durchgesetzt hatten, kommt die abgebrochene Säule als *Grabstein* bzw. als *Epitaphstele* auf. Eine ungefähr Dreiviertel hohe Säule, oben abgebrochen als Zeichen des abgebrochenen Lebens. Auf solchen Mementosteinen für das Leben eines Verstorbenen bleibt der Kopf weg.

Bei seiner architektonischen Inszenierung *La presenza del passato* (Venedig, 1980) hat Hans Hollein den abgebrochenen Säulenschaft umgekehrt, von oben nach unten gehängt. Das ist wohl das beste Beispiel für eine zeitgenössische Thematisierung von Säule in Menschenanalogie, denn der Witz bei dem Holleinschen Eingang war, daß man nur unter der abgebrochenen Säule durchgehen konnte, und in dem Augenblick, wo der eintretende Betrachter unter der abgebrochenen Säule stand, ergänzte er sie wieder. Jeder der eintrat, um die Ausstellung zu sehen, stellte die ursprüngliche Bedeutung der Säule wieder her.

Ein ebenso zentrales Stehprogramm haben sich die Griechen mit ihren Skulpturen erarbeitet. Man denke nur an die Haltung des archaischen Jünglings, des Kouros oder an die Entwicklung des Kontrapostes.

Die Griechen haben aus dem Standmotiv sämtliche Aussagen über die eigene Gattung, also über das menschliche Geschlecht hergeleitet; denn *Genus* kommt von *genu*, dem Knie. Wenn der Krieger getroffen wurde, brach er zuerst im Knie zusammen und deswegen wurde in der archaischen Plastik bis ungefähr 510 v. Chr. als einzig anatomisches Detail das Knie von den Bildhauern bearbeitet. Das ist das Besondere an dieser frontalstatuarischen Jünglingsgestalt, die den Gott anlacht und nur entweder ein Bein steif vorstellt – den Kontrapost gab es noch nicht – oder die Arme entsprechend einer Gehbewegung hält. Das war zu der Zeit alles noch anatomisch unwichtig. Nur das Knie war interessant: Der Sitz der menschlichen Gestalt ist das Knie, weil das Knie das Aufrechtstehen des Kriegers ermöglicht. Wenn das Knie zusammenbricht, kann ein Mensch nicht mehr stehen. Von dieser Ableitung des Aufrechtstehens kommen auch im heutigen Sinne unendlich viele anthropologische Behauptungen, die in der Orthopädie und verschiedenen medizinischen Spezialdisziplinen eine Rolle spielen: weil uns die Aufrichtung von der vorverwandtschaftlichen Primatenart, die noch auf vier Beinen ging, die Aufrichtung der Wirbelsäule, bis heute Probleme bereitet. Die ganze Metaphorik des aufrechten Ganges, des starken Rückens oder der Charakterschwäche als Rückgratlosigkeit – all das stammt aus jenem Motiv der Aufrichtung.

Der evolutionsgeschichtlich bedeutendste Augenblick bestand in der Aufrichtung des Menschen.

Als er von den Bäumen herunterstieg, mußte er sich in der Steppe aufrichten. Dies ermöglichte den Fernblick zur Erkennung potentieller Feinde. Und das war der Grund, so gewisse Anthropologen oder Evolutionstheoretiker, weshalb sich die Aufrechtstellung evolutionär durchgesetzt hat. Dieser Moment des Stehens als Erhöhung des Menschen aus der Tierexistenz ist geradezu das Kennzeichen des *Anthropos*. Auch die Würde des Einzelnen wurde ja im Stehen repräsentiert, bevor er auf den Thron gesetzt wurde, der dann eben auch erhöht war. Als der Herrscher saß, mußten alle anderen ihr Aufrechtstehen aufgeben und vor ihm auf die Knie fallen; das heißt zu dieser Form der Herrschaftsikonographie gehört das Beugen des Rückens und das Herabsinken auf den Boden, das Zurück in die Tierhaltung. Oder die Untergebenen mußten sich ganz auf den Boden legen, wie zum Beispiel vor imaginierten Göttern.

So betrachtet, ist es eine kulturpolitische Besonderheit der Griechen, daß sie ihren Kouros dem Gott in völlig aufrechter Haltung entgegenschreiten lassen. Sein archaisches Lächeln ist die Bekundung der Annäherung, nicht der Unterwerfung, sondern der Anerkennung des Gottes. Der Kouros lächelt archaisch in der Sicherheit, seinen Gott zu sehen. Dieses archaische Lächeln ist nicht auf einen Partner der Statue ausgerichtet, sondern auf die Einbeziehung in die mythologische Glaubensbehauptung. Der Kouros ist derjenige, der in seiner nach ihrer Aufrichtigkeit kulturellen Welt aufrecht geht, weil sie ihm das Reich der Götter, das Reich des Nachtodes ermöglicht. Das ist eine andere Vorstellung als bei den Christen mit der Auferstehung.

Das kulturelle Stehprogramm ist demnach ein Ausdruck der inneren Haltung, die gegenüber höhergestellten Instanzen und Personen eingenommen wird.

In der Ikonographie der Herrschaft ist das Aufgeben der Aufrichtigkeit bis ins 18. Jahrhundert hinein vielfältig belegt, zum Beispiel als das Bütteln, das katzenbuckelartige Herumschlawinern, das Gesicht halb zum Boden oder schräg nach oben gerichtet, während der aufrechte Mensch immer sein Gesicht darbietet. Zu der Aufrichtigkeit gehört auch die Möglichkeit, en face wahrzunehmen; die Darstellungen von Christus in der byzantinischen Tradition sind beispielsweise solche Begründungen der en face-Darstellung. Vollkommen en face heißt vollkommen plan, also ein direktes ins Gesicht sehen.

Das aufrechte Stehen hat im Zuge der Evolution und der kulturellen Entwicklung den gesamten Wahrnehmungsapparat des Menschen beeinflußt.

Durch die Aufrechtstellung kommt es zu einer ganz entscheidenden evolutionären Leistung im Hinblick auf die sinnliche Vermittlung von Welt: es ist die

Herausbildung des Gleichgewichtsorgans, was eine strikte Ausrichtung auf die Vertikalität und Horizontalität bedingt. Wenn wir Kultur als das Kontrafaktische begreifen, das sich im rechten Winkel ausdrücke, den es in der Natur nicht gäbe, dann ist das falsch. **Denn der rechte Winkel ist tatsächlich durch unser Gleichgewichtsorgan auch Naturresultat.**
Im Grunde kann man die Kulturen danach unterscheiden, ob sie Aufrichtigkeit, also Frontalität, Aufrechtstehen zu ihrer Generalmaxime machen oder durch die Aufgabe der vertikalen Dimension primär verschiedene, in sich zurückgeschwungene Formen, etwa in Gestalt von Rundhütten, Kuppelhütten etc. ausgebildet haben. Der Japaner macht bis heute noch den Diener bis in die Horizontalität, was aber kein Katzbuckeln bedeutet. Ein japanisches Sichverbeugen ist eben kein Rückenbeugen im Sinne einer Charakterschwäche, sondern im Sinne einer Bestätigung der Ordnung selber, denn auch der Herrscher verneigt sich. Das ist das Besondere, daß sich sogar der höhergestellte Partner in diesem Ritual der Begrüßung seinerseits verneigt.
Das ist ein großer Unterschied zu unseren Traditionen. Diese strikte Vertikalität, die Rechtwinkligkeit als Kulturleistung, bedingt also ein anderes Koordinatengefüge im Häuserbau oder im Straßenbau.

Zum Aufrechtstehen gehört wahrscheinlich auch die Entwicklung des Begriffs der „geraden Linie". Daß die Griechen die Geometrie entwickelt haben, dürfte ziemlich stark mit dieser Art von Bedeutung der Aufrichtigkeit, wie beim Kouros, also mit dem Stehen als der Grundfunktion des menschlichen Lebens zu tun haben. Die Karyatiden sind logische Entwicklungen aus der Analogie zwischen Säule und Mensch, denn ob ich nun eine Säule darstelle oder direkt den Menschen als *Träger*, ist dasselbe. Der Mensch als Tragefigur ist natürlich, soweit uns überliefert, eine Spätform. Am *Erechteion* auf der Akropolis sind sie im 5. Jahrhundert v. Chr. errichtet worden.

Der wichtigste Beitrag der griechischen Stehprogramme für die gesamte Skulpturentwicklung ist der Kontrapost, die Differenzierung zwischen Standbein und Spielbein.

Die Kontrapostik beginnt bei den Darstellungen des archaischen Jünglings, des Kouros, der die geschlossene Beinhaltung auflöst. Daraus entwickelt sich die Verlagerung des Körpergewichtes auf das Standbein, das Spielbein wird ausgestellt, dann kommt der Hüftschwung, die Achsdrehung im Rücken und die aufgepackte Muskulatur als Halteprogramm. Wichtig ist auch der Wippstand: die Verlagerung von den Zehen auf die Ferse und umgekehrt. Die ganze Spannweite in Bezug auf eine solche Motorik des Stehens kann man unter anderem den Unterrichtsbüchern für Boxsportler entnehmen. In allen Ringsportarten wird der aktive Stand eingeübt, denn der Gegner muß ja aus dem Stand gebracht werden. Im Gegensatz dazu sind wiederum die ostasiatischen Standtechniken interessant: hier wird der Aktionsschwung des Gegners aufgenommen und verstärkt, so daß er fallen muß. Hingegen **basieren die europäischen Standprogramme der Aggressivität vor allem darauf, aus dem eigenen Stand heraus stärker zu sein als der Gegner.** Das beansprucht natürlich viel mehr Kraft, während der asiatische Kämpfer nur steht und die gegnerische Standveränderung als Aktionsschwung gegen diesen selbst leitet.

Wichtig für die eigene Standfestigkeit ist natürlich auch die Beschaffenheit des Untergrundes, auf dem man sich gerade befindet ...

Am Beispiel von Lucas Cranach habe ich gezeigt, daß in der Malerei des 16. Jahrhunderts alle möglichen Materialien und Bodenbeschaffenheiten, Erde, Wiese, Schotter, Stein etc. im Hinblick auf ihre Auswirkung auf den Stand des Menschen untersucht und dargestellt werden. Cranach demonstriert auch das jeweilige Stehen, wie es etwa durch Barfüßigkeit oder eine eiserne Ritterrüstung bedingt ist. Zum ganzen Stehprogramm gehört also auch die Kulturgeschichte des Schuhwerks, das ganz verschiedene Standfestigkeiten und Balanceakte förmlich erzwingt. Man könnte das auch als eine Sonderform der Sockelung betrachten; davon gibt es zahllose Beispiele in der Kunstgeschichte. Hier gelingen manchmal ganz mirakulöse Balanceakte wie bei den Reiterstandbildern, wo Roß und Reiter auf den beiden schmalen hinteren Hufen des Pferdes stehen, also auf kleinster Standfläche das größte Volumen gehalten werden muß.

Zu den ungewöhnlichsten Stehprogrammen zählt vor allem der Kopfstand.

Die berühmteste Metapher in der Tradition von Feuerbach-Marx hieß, die Hegelsche Philosophie vom Kopf auf die Füße zu stellen. Davor war es auch eine Metapher für das lebendig begraben werden; mit dem Kopf nach unten aufgehängt zu werden, war eine Folter und Maßnahme im Strafvollzug. Ich habe von 1959 bis 1963/64 viele Vorträge im Kopfstand gehalten. Daß es bei dieser Haltung Parallelen zum Yoga gibt, wurde mir erst später bewußt. Ich wollte vor allem die Metapher des auf dem Kopf-Stehens wörtlich nehmen, und das geht nur, wenn man dabei auch redet. Man muß dabei auf jegliche Bewegung verzichten – denn auch der sitzende Redner macht selbst bei reduziertestem Bewegungsspiel immer noch die eine oder andere Kopfdrehung oder -neigung –, so daß man vollständig auf den eigenen Stand fixiert ist. Man kann nicht mehr mit dem Körper denken – und wenn man es richtig beherrscht, hat man das Gefühl, als verfüge man total über seinen Körper.

Seit jeher ist das Stehen eine wichtige Haltung bei der Rezitation, aber auch bei der Rezeption von akustischen Botschaften, eine Haltung, die von bestimmten sozialen Gruppen, Stichwort Stehkonvent, vorgeschrieben und rituell praktiziert wird.

Unsere Nationalhymnen sind beispielsweise eine Musikkategorie, die für das stehende Singen und Hören entwickelt worden ist. Auch die kirchliche Bekenntnismusik ist eine Art Stehmusik. **Gemeinschaft wird nicht durch die Sitzenden gebildet, sondern im Wesentlichen durch die Stehenden, die füreinander einstehen.** Dahinter verbirgt sich das alte Modell der lebenden Mauer, also die nebeneinander stehenden Männer mit der Waffe in der Hand. Die Bewegungsform der Stehenden ist die *Phalanx*, ein in sich stehender Verband, der sich als Ganzes bewegt. Das war die überlegene griechische Kampftechnik, die den Athenern den Sieg gebracht hat. Jeder stand in der Reihe starr, die Reihen wurden nicht geöffnet, kurz – es war eine Stehformation in Bewegung.

Das Motiv des Einstehens und Eingestehens ist von ungeheurer Bedeutung; man braucht ja nur die etymologischen Wörterbücher aufzuschlagen und die Begriffsgeschichte von Einstand, Eingeständnis, Ständeordnung etc. nachzulesen.

Im Hinblick auf die Vermittlung von Wissen kennen wir in der Antike die *Symposien*, wo man in der Regel die liegende Haltung bevorzugte; die *Peripathetiker* tauschten sich im Gehen aus, doch ansonsten wurde im universitären Bereich bis heute mehr oder weniger gesessen. Der Begriff *Stehkonferenz* zeigt aber, daß es auch produktiv sein kann, wenn sich eine konferierende Gruppe nicht zu stark in eine Situation einlebt und dadurch der Gefahr potentieller Seßhaftigkeit begegnet. Vor allem im japanischen Geschäftsleben werden in erster Linie **Stehkonferenzen** abgehalten. Zu den morgendlichen Besprechungen stehen alle von ihren Arbeitstischen auf, kommen dann zusammen und besprechen sich im Stehen. Wer aktiv sein Territorium ausfüllt, statt nur einen Gummibaum oder die Kinderschuhe seines Erstgeborenen aufzustellen, sichert sich sein Aktionszentrum vor allem im Hinblick auf die Möglichkeit, mit anderen darin gemeinsam vorzukommen.

Allerdings hat diese Art der Auseinandersetzung auch einen Nachteil: beim Sitzen sind die Menschen mehr oder weniger alle auf einer Blickebene, während sich bei der Stehkonferenz, vor allem aufgrund unterschiedlicher Beinlängen, die Augenkontakte nicht mehr auf einer Höhe befinden. Dadurch kann es leicht zu mißverständlichen Äußerungen oder kompensatorischen Redeeinsätzen kommen; **der Blick nach oben ist eben noch immer der zu einer Autorität.**

Ein Trend in der Möblierung von Arbeits- und Büroräumen geht in Richtung Stehmöbel-Design ...

Die Möbeleinrichtung von Büros sollte vor allem das eigene Stehvermögen trainieren. Es muß dazu animieren, daß Arbeit wieder gemessen wird in einer Leistung, die der Körper erbringt, wenn er etwa eine Last von hier nach dort befördert. Seit mehr als fünfzig Jahren wird in unseren Büros in diesem Sinne nicht mehr gearbeitet, weil der Körper nichts leistet, sondern nur die Psyche. **Erst wenn man Büromöbel und Einrichtungen daraufhin konzipiert, daß das Stehen wieder eine aktive Form der Positionierung ist und die Entwicklung des Standvermögens gefördert wird, dann kommt es auch wieder zu einer ausdauernden konzentrierten geistigen Arbeit. Denn die sitzende Arbeit ist ja deswegen so**

ermüdend, weil ihr kein körperliches Äquivalent entspricht. Ein lebendiger Gedanke muß verkörpert werden.
Spätestens Friedrich Nietzsche, der ständig gegen das müde Sitzfleisch polemisierte, hat an vielen Stellen seiner Schriften betont, daß alles verkörpert werden muß, daß alles *Embodyment* sein muß.
Sozialverbände, wie sie Firmen darstellen, sind im Grunde Begeisterungsgemeinschaften. Firmenführung bedeutet demnach, die gebündelten Energien solcher Gemeinschaften auf Ziele auszurichten. Gegen derartige Diktatur des Sitzfleisches ist die Initiative der rhetorischen Vermittlung von sozialer Gemeinsamkeit gerichtet, denn der Rhetor darf nicht sitzen. Die direkte Art des Miteinanders in der sozialen Rhetorik wird durch das Stehen gefördert, ist auf Bewegung und ein Ausschreiten im Raum ausgerichtet. Genau das verhindert die herkömmliche Struktur des Büros. In den Arbeitsräumen, die wir Büros nennen, haben technische Entwicklungen zwei große Revolutionen hervorgerufen: das eine war die Erfindung der Schreibmaschine, die ihre Betätiger – und hier wurde zum ersten Mal Frauen Zugang zu Bürotätigkeiten gewährt – zwang, an einem Ort und im Sitzen die Maschine zu bewegen. Das gesamte restliche Comptoir-Personal hockte währenddessen auf Miserikordien von erhöhten Sitzböcken mit Anlehnmöglichkeit, arbeitete also an Stehpulten. Zur selben Zeit machten die höheren Chargen aus Supervisionsgründen eine kontinuierliche Bewegung durch die Arbeitsräume. Die Frauen wurden als erste im Büro zum Sitzen verdonnert, symbolhafter Ausdruck ihrer niederen Position – nicht nur in der bürokratischen Hierarchie. Sie waren lediglich Reagens auf die Vorgaben der Maschinen und konnten selber gar nicht aktiv werden. Die zweite große technische Revolution, die das Büro erreichte, wurde durch die Mikroelektronik eingeleitet. Eine der Errungenschaften dieser Revolution war das drahtlose Telefon. Mit diesem kabellosen Sprechapparat wird fast jeder im Stehen oder in einer Schaukelbewegung telefonieren, die nicht sehr fern von einer gewissen Krankheitserscheinung kasernierter Tiere im Zoo ist – dem Hospitalismus. Zumindest wird er den inneren Impuls verspüren, sofort stehend zu kommunizieren. Warum? Weil er über die akustische Wahrnehmung seinen Gesprächspartner vor sich sieht und in einem lebendigen Austausch sofort kommunikativer Teil des sozialen Miteinanders und Interaktionsmodells wird. Das Sitzen zeichnet sich durch eine auch physiologisch bedingte Art der Sedierung, des Stillstellens aus. Im Prozeß der sitzenden Entspannung verliert der Sitzende jegliche Form der Aktivität. Die modernen Bürosessel hatten wenigstens versucht, mit ihrer Kompressionsfederung mobiler zu machen, und der Sitzende wurde hin und wieder mal ein bißchen

in die Höhe katapultiert. Das ist aber nicht weitgehend genug gelungen. Mit der Einführung der Stehmöbel in die Büros sollte das nun in einem hohen Maße möglich werden.

Gegenüber der Verhockheit des Sitzfleischungeheuers in den normalen Verwaltungen und Bürokratien ist die Aktivierung durch das Erlebnis der gemeinsamen Orientierung auf die Anwesenheit des Anderen notwendig, sonst wäre Soziales kaum faßbar.

Auch in Bezug auf das daran anzubindende sportliche Equipment ist darauf zu achten, daß Stehen und Gehen miteinander verknüpft werden. Früher gab es das sogenannte Laufband, wo man auf der Stelle stand, aber lief. Das hat sich an vielen Sportübungsgeräten (z.B. dem *Walker*) weiterentwickelt.

Dienen das neue Stehmöbeldesign und die daran geknüpften Stehprogramme vielleicht auch einer knickrigen Raumökonomie, sind Stehpulte also letzten Endes vor allem Platzsparer?

Durch Stehen Platz zu sparen, das wurde z.B. in Wien propagiert, als man vorschlug, die Toten künftig im Stehen zu begraben. Diese Art der Senkrechtbestattung hat keinerlei Vorbilder und ist wohl auch schon wieder ad acta gelegt worden. Aber im Arbeitsleben bedeutet *Stehen* nicht, einzementiert zu sein, denn zu jedem Stand gehört auch die entsprechende Fläche für den Standwechsel; Stehen und Gehen beanspruchen einen entsprechend dimensionierten Raum, so daß in dieser Hinsicht kaum gespart werden kann; mit der zeitlichen Ökonomie verhält es sich hingegen anders, wie das Beispiel Stehkonferenz in Japan oder die höhere Konzentration durch körperlichen Ausgleich nahelegt.

Von regelrechten Raum- und Zeitspar-Möbeln könnte man allerdings bei dem Stehimbiß-Design sprechen. Hier werden die Speisenden auch zu einer ganz anderen Haltung erzogen: während sich die Tischhöhe beim Sitzenden etwa am Ellenbogen bemißt, sind die Stehtische meist auf Brusthöhe angehoben, so daß sich der Essende nicht beugen muß. Da das Stehen auch eine ganz andere Form der Selbst-Exponierung und der sozialen Kommunikation bedingt, entscheiden Stehmöbel letzten Endes auch über das Gelingen von den immer beliebter werdenden Stehempfängen und -partys.

Derartige Eigentümlichkeiten auf die Bühne, auf die Agora, den großen Platz oder den Kasernenhof zu übertragen, bedeutet eine Anleitung zu geben, wie man eine Art von Initiativkraft herausbilden kann: angefangen von der simplen Neugierde bis hin zu der mitreißenden Begeisterung der „Bewegung" und der enthusiasmierenden Art der Gemeinschaftsbildung.

Bei der Möblierung eines Steh-Ambientes wird natürlich auch die Tradition der Säule bzw. die Kultur der Ständer und Stelen eine Rolle spielen. Seit dem Biedermeier war etwa der Präsentationsstand für Blumenarrangements eine typische Form der Stele. Und hier gibt es noch einmal das Stehen im Stehen: wenn man den Blumentopf in einen Übertopf stellt, um ihm zusätzlichen Halt und Festigkeit zu geben. Derartige Keramikfassungen sind auch Standmotive.

| Gestaltbewertung – Verkörperungszwänge |

| 34 | Comics:

Ästhetische Macht der Blickfesselung |

Ein Gespräch mit Dirk Bentlin

Einmal abgesehen davon, daß auf dem Comicmarkt eine Menge Schund existiert, wie urteilen Sie über die neuere Entwicklung: „Vom Comic zur Kunst" – läßt sich auch sogenannte Massenware mit Anspruch verbinden?

Die künstlerisch konzeptionelle wie die gestalterische Qualität der Comics ist in den vergangenen zehn Jahren ganz erheblich gestiegen, weil **Jungkünstler im Comic eine angemessene Form kommerzieller Auswertung ihrer Arbeiten sehen konnten.** Für jüngere Zeichner blieb der Comic nicht mehr nur subkulturelles Genre; sie nutzten aber die Rezeptionsgewohnheiten der Subkultur weiterhin aus: Die Beiläufigkeit des Lesens von Comics, ihre Annäherung an Bildsequenzen, Schnittformen, Überblendungstechniken und Text-Bild-Relationen, wie sie im Musik-TV geläufig sind.

Sie verwandelten diese subkulturellen TV-Clip-Erzählungen in Printversionen mit dem Vorteil, daß ihre Produkte überall zu geringsten Kosten und mit geringstem Aufwand in Szene gesetzt werden konnten. Zudem arbeiten eine Reihe von Comic-Zeichnern mit Diaprojektionen als Vorlagen, die sie den elektronisch generierten TV-Sequenzen entnahmen. Aus der hochkulturellen Sphäre, vornehmlich der Malerei (von Lichtenstein bis Polke) guckten sich die Comic-Zeichner Strategien ab, mit denen man seine Bildproduktion, umstrahlt von der Aura eines künstlerischen Kulturproduzenten, betreiben kann. Die Comic-Zeichner wurden zu Künstlern des herkömmlichen Verständnisses: individuelle Urheber, Schöpfer, Stilbildner einer ganz eigenen Bildwelt.

Heute läßt sich keine zeitgenössische Grafikausstellung veranstalten ohne Beiträge von Comic-Zeichnern.

Ist die Ästhetik nicht gerade auch in Comics ersichtlich, in denen meist mit sehr konkreten Darstellungsmethoden gearbeitet wird?

Für die Kennzeichnung des Zeitgeistes in den Dekaden des 20. Jahrhunderts wurden immer schon Comics an erster Stelle berücksichtigt. Da die ästhetische Macht der Blickfesselung inzwischen weitestgehend an den Journalismus übergegangen ist und Comics sehr viel stärkerer Bestandteil dieses Journalismus sind als herkömmliche Kunstwerke aller Techniken und Gattungen, wurden **Comics wesentliche Träger des ästhetischen Potentials.** Im 19. Jahrhundert ist dieses Potential im Journalismus in erster Linie durch die Karikatur repräsentiert worden, weil in der Karikatur die Differenz zwischen gedanklichem Konzept und bildsprachlichem Ausdruck besonders krass sein mußte. Diese Differenz definiert ganz generell die ästhetische Dimension von Kommunikation. **Gegenwärtig haben im Bereich der Printmedien Comics die größte ästhetische Auffälligkeit, weil sie die radikalsten Brüche der Inhalt-Form-Beziehung oder der Einheit von Zeichen und Bezeichnetem riskieren,** d. h. andererseits, daß Comics für den Betrachter deshalb so interessant sind, weil sie ihm größte Leistung abverlangen, Konzept und Bild zu einer Aussage zusammenzuschließen.

Inwiefern gilt der heute weithin immer noch herrschende Vorwurf, daß Bilderwelten den Mangel an Phantasie fördern?

Seelisch-geistige Verarmung oder andere beklagte Resultate exzessiven Bilderkonsums entstehen nicht durch das bloße Betrachten der Bilder, sondern durch ihren *Gebrauch* bzw. *Mißbrauch*.

Nach dem Muster des pornographischen Bildgebrauchs benutzen unaufgeklärte Geister jeden Alters und jeden Berufsstandes Bilder als Handlungsvorlagen. Man überträgt die Wirkungen und Weltanschauungen von Bildern in die Alltagswelt: Kinder spielen dann nicht *Gangster und Bulle*, sondern sie werden nach dem Vorbild der Bilder zu Gangstern und Bullen; Pornokonsumenten stimulieren nicht ihre Sexualphantasie an den Bildern, sondern sie vollziehen sie in der Realität nach, verwandeln sich in den Marquis de Sade und Justine.

Die Literaturform des Comic ist noch relativ neu. In den Bildern zeichnen sich weltliche Phantasien ab, die nicht nur Humorvolles, sondern auch Schrecken und Ängste widerspiegeln. Diese Darstellungen von Sex und Gewalt passen nicht unbedingt in das bürgerlich vordergründige Klischee von Moral und Ethik. Inwiefern können Comics Werte bilden?

Wenn nicht Kunstwerke, TV-Bilder, Comics, Romane oder andere Produkte der menschlichen Phantasie, sondern deren Anwendung das eigentliche Problem darstellt, kann eine Diskussion über Verhaltenskonventionen, über Werte und menschliche Beziehungsformen nicht bei der Phantasie/Bildproduktion ansetzen. Sogar Kinder werden nicht von den Bildern zu Brutalität und Aggression veführt, sondern durch ihre Vernachlässigung durch Eltern oder Erzieher, die es versäumen, den Kindern unmißverständlich den Unterschied zwischen Phantasie und Realität, zwischen Vorstellen und Handeln klarzumachen. Beim klassischen Märchenlesen wurde früher den Kindern gegenüber durch den Vorleser oder den Erzähler jener entscheidende Unterschied präsentiert: Der Urheber, der Erzähler garantierte kraft seiner Autorität, daß Phantasie und Realität strikt unterschieden blieben. Er repräsentierte das Realitätsprinzip in seinem eigenen Beispiel: Er selber führte sich gerade nicht als gewalttätiger Räuber oder menschenfressender Riese auf. Bei dem heutigen Konsum von Phantasma-Orgien bleibt den Kindern die Bildmaschine TV, respektive Comic-

Heft als Garant des Realitätsprinzips unfaßbar, weil Menschen nur in den anderen Menschen ein Beispiel für den realitätstüchtigen Umgang mit Phantasien geben können. **Kinder müssen also angeleitet werden, von den Bildproduktionen den richtigen Gebrauch zu machen,** so wie wir in unserer Kultur insgesamt lernen mußten, von den seit der Renaissance produzierten Bildwelten der Kunst richtigen Gebrauch zu machen.

Daraus ergibt sich eine wichtige Schlußfolgerung: **Die Bildproduktionen müssen als künstliche bzw. künstlerische Formen erkennbar werden. Auch aus diesem Grunde scheinen viele Comic-Zeichner ihre Arbeitsproduktion in den Rang von Kunstwerken erheben zu wollen.**

Gibt es Comics, die Ihnen besonders gut gefallen? Nennen Sie einige Beispiele.

Historische Abteilung:
– Winsor McCay: Little Nemo
– Karl Alfred von Meysenbug: Einführung in die Kantische Philosophie
– Walt Disney: Donald Duck
Zeitgenössische Abteilung:
Jules Feiffer; Chaval; Reiser; Simon E. Wassermann; Walter Moers …
um nur einige Beispiele zu nennen.

| Gestaltbewertung – Verkörperungszwänge |

| 35 | Licht – Kraft – Werk.

Die Fotografie als Lichteratur |

Texte zu Fotografien folgten lange einem bestimmten Kanon der Argumentation. Selbstverständlich – so hieß es beschwörend – sei die Fotografie ein ganz eigenes Medium künstlerischen Arbeitens wie die Malerei oder die Grafik. Allerdings hätten die Fotografen (in der Absicht, Bilder zu schaffen) die Bildgattungen und Konzepte der Maler überwiegend bloß nachgeahmt. Zwar stünde mit der Fotografie ein neues Medium zur Verfügung, aber keine neuen Bildideen oder Bildwertigkeiten. Zudem könnten Fotos als Bildobjekte nicht derart überwältigend wirken wie Malereien, weil deren physische Präsenz allein schon den papierenen Fotos überlegen sei.

Seit Friedrich Kittler 1986 in seiner grandiosen Untersuchung über technische Aufschreibsysteme wie Grammophon, Film, Typewriter darlegte, daß unsere ästhetische Produktion mit Beginn der Neuzeit nicht mehr von den Kunstavantgarden, sondern von den technischen Erfindungen entscheidend herausgefordert wurde, hat sich auch unser Blick auf Fotografien und unser Sehen durch und mittels Fotografien verändert. Denn dieses technische Aufschreibverfahren ist im wörtlichen Sinne *Lichtschrift* oder *lighterature*, wie Werner Nekes die Fotofiguration resp. Filmbildchimären nennt.

Licht wird Gestalt durch Belichtung, Licht verbildlicht die Gestalten —

nicht nur im technischen Sinne als manifeste Reflektion der molekularen Oberflächen von Objekten, sondern auch als Gedanke, als anschauendes Betrachten, als „Klären", eben als *Reflektion*.

Mit dieser Doppelleistung von Licht als **Beleuchten und Erleuchten** hat man zwar schon vor der Erfindung der Fotografie gerechnet. So haben die Programmatiker der gotischen Kathedrale alle irgendwie umsetzbaren architektonischen Finessen erörtert, um den Bau möglichst „licht" auszulegen, mit diaphanen, durchscheinenden Wänden, damit die Gläubigen in die Sphäre des himmlischen Jerusalems eintauchen konnten. Das paradiesische Licht sollte gebannt werden, moduliert durch die Farben der Glasfenstermalerei.

Das Licht war auch Medium der **Wandlung von Materie in Geist,** von Baukörpern in den Spiritualleib, als die barocken Lichtmaschinen, die atmenden Steine über den Grundrissen sich schneidender Ovale errichtet wurden: Schwungmassen, die, von Licht bewegt, das Sehen berauschten und den Gläubigen aufwärts schleusten in die Verklärung.

Das verklärende Licht in ein aufklärendes zu überführen, gab dem 18. Jahrhundert seinen Namen. Die englischen/resp. französichen Begriffe für die *Aufklärung* bezeichnen ganz unmittelbar den Zusammenhang von **Erhellen und Erkennen.** Die Klarheit des Denkens setzte sich deutlich ab von der Blendung durch die Fülle und Stärke barocker Sonnen, der Sonnenkönige und Lichtmystiker.

Aber in allen diesen Ekstasen der Verklärung und der Erleuchtung wurde das Licht „nur" verkörpert – es wurde nicht selber Gestalt, gab sich nicht selbst Gestalt. Das ist erst seit der Erfindung der Fotografie möglich, deren mediale Autorität gerade darin bestand, daß sich das Licht selber gestaltete und nicht erst vom Maler, Bildhauer oder Baumeister gestaltet werden mußte.

Die Lichtgestalt der Fotografie wurde als *objektiv* verstanden, gerade weil sie keiner Künstlerhand bedurfte, sondern nur der *Objektive*, die das Licht focussierten, und der tabula rasa, der leeren Fläche, der „Platte", auf der die Fluchten des Lichts fixiert werden konnten .

Kittlers Ansatz gemäß mußte man (nach Erfindung der Fotografie) jemanden fotografieren, wenn man ihm ein Licht aufstecken wollte – ihn also auf sich selbst fixieren, ausrichten wollte. Wie leistungsfähig die Selbst-Kennung durch das Fotoportrait ist (eine tatsächliche Reflektion) spürt wohl jeder, indem er immer erneut schockartig gewahr wird, wie wenig er in sein Fotoportrait paßt (selbst und gerade als „Paßfoto"). **Die Erfahrung der „Objektivität" des Fotoportraits liegt in der sichtbaren Differenz von Selbstbild und dem Foto als Bild** selbst, weil wir uns ein Bild von uns machen, das gerade nicht von uns abgespalten – also nicht objektiviert und fixiert werden sollte. Aber das Gestalt gebende Licht ist eine unerbittliche Autorität – dem Maler entkommt man, dem Fotografen nicht!

Auch die Maler entkamen der Fotografie nicht – weder als Portraitisten noch als Landschaftsmaler. Sie begannen, Portraits nach fotografischen Vorlagen/ Vorstudien zu malen; das erbrachte offenbar nicht nur gewisse Arbeitserleichterungen (die tagelangen „Sitzungen" der zu Portraitierenden vor dem Maler fielen weg), sondern führte auch zu neuen Sehweisen, die erst mit der Fotooptik entstanden (z. B. zur Differenzierung von „Bildschärfen" und zur Ausbildung neuer Konfrontationsdistanzen) .

Ab Mitte des 19. Jahrhunderts tragen die Maler nicht mehr auf ihren Hutkrempen brennende Kerzen, um ihren Bildern Licht zu geben. Sie gehen hinaus mit der Staffelei wie mit einem Fotogerät. Die Freilichtmalerei verdankt sich dem Lichtkult und dem Lichtraum der Fotografie.

Auch **die Freikörperkultur folgt der demonstrierten Macht des Lichts in der Fotografie; der Körper läßt sich von Licht beschriften, aufladen und zeichnen (Lichtbräune), das signalisiert Gesundheit, Kraft, Ausstrahlung, da sich alles Leben dem Lichte verdanke.**

So verwandeln denn auch die großflächigen Glasfassaden der modernen Architektur das Rauminnere in eine fotografische Präsentation; als würde jedermann zu jedem Augenblick fotografierbar in jeder Phase der Arbeit, in jeder Haltung und Regung.

Die weißen Wände, die nackten Flächen der Wohnräume spannen sich wie große Bahnen von Fotopapier aus, auf denen das vom Licht geführte Sehen zum Ereignis wird. Die Welt wird sichtbar insoweit sie Foto wird, also ins rechte Licht gerückt werden kann. Und wo das natürliche Licht dazu nicht ausreicht, durchschwemmen Kaskaden des Kunstlichts die Städte und Nächte. Der Blick auf die Welt folgt dem Licht, und insofern überall beliebig das Licht angeht, wird alles sichtbar, weil es fotografierbar wird.

Wir vergessen heute nur allzu leicht, wie die Fotooptik unseren Blick auf die Welt veränderte, ihn schulte und differenzierte. Nicht nur das Maß der Sichtbarkeit der Welt wurde in heute kaum noch erfaßbarer Weise erhöht; die Welt wurde auch durch die Fotografie dort ansehungswürdig, wo sie nie bildwürdig war – selbst in den kleinsten Unerheblichkeiten dessen, was zum Betrachten gar nicht gemacht worden war.

Wenn man einen Bestandskatalog der Welt z.B. anhand von Malereien erstellte und ihn mit einem Bestandskatalog anhand von Fotografien vergliche, käme man zu dem Schluß, die Welt habe ihre Erscheinungsform um ein Vielfaches erweitert und zudem ihre Maßstäblichkeit beliebig verändert.

Groß und klein, nah und fern, Einzelheit und geschlossene Form, Mikro- und Makrogestalt werden Fragen des Formats oder der von der Fotografie gewählten Ausschnitte,

deren Kompositionen musikalischen Strukturen und Verlaufsformen näherstehen als denen der Malerei, weil sich mit der Fotografie auch unser Zeitsinn wandelte.

Nichts hat Zeiterfahrung, sowohl als Zeitverlauf wie als Geschichte der Zeit, derart geprägt wie die fotografische Analyse von Bewegung. Zum ersten Mal wurde die kontinuierlich fortlaufende Bewegung in ihre einzelnen diskreten Momente zerlegbar; in den Mehrfachbelichtungen gelang der Aufbau eines Kontinuums aus diskreten Momenten. Und „Zeitgeschichte" ermöglichte die Fotografie, indem sie die einzelnen Phasen der Bewegung fixieren konnte und aus ihnen jedes einmalige Ereignis nach Wunsch und Wahrnehmungsinteresse jederzeit zu rekonstruieren vermochte als Zusammenfügung der einzelnen Phasenfotos. Geschichtserfahrung machte man wie der Fotograf: als beglaubigtes Schaffen von Ereignissen durch deren fotografische Entwicklung in Sequenzen, Kontrasten und Formaten.

Philosophen dachten wie Fotografen — Husserl z. B. „entwickelte" seine Phänomenologie mit zentralen Begriffen der Fotografie, unter denen die **„Abschattung"** der Wahrnehmung genau den Vorgang der Bildwerdung der fotografierenden Phänomene aufhellt. Gerade weil die Fotografie nicht einfach die Welt als Bild wiederholte – oder bloß verdoppelte –, sondern sie erst in die Sichtbarkeit hob (sie ansichtig werden ließ), zögerte man lange Zeit, Fotos z. B. als Beweise vor Gericht anzuerkennen. Seit aber die Richter wissen, daß sie die verhandelten Ereignisse genauso zum Phänomen werden lassen, wie die Fotografie die Welt zum Phänomen werden läßt (je nach Wahl der Ausschnitte, des Maßstabes, der Lichtführung und der Tiefenschärfe), seither wird jedes Urteil zur Momentaufnahme der Lebenswelt von Menschen, aufgenommen von den Richtern als Fotografen mit dem Apparat der Justiz. Der Richter wird zum Autor des verhandelten Falles und jener gerichtsnotorischen Taten, die das menschliche Handeln zum Phänomen erheben. Ohne Richter keine Ereignisse, ohne Fotografen keine Welt der Phänomene, ohne anschauende Betrachtung keine betrachtbare Welt, die durch Bildreflektion aufgehellt, geklärt und erkannt werden konnte, wobei „Erkennen" als Verwandlung der Bilder zum Weltbild durch Reflektion, durch ein Zurückwerfen der Bilder auf Bilder, durch „Überblendung" zustande kommt.

Der Fotograf richtet die Welt ein, er richtet über ihre Erscheinungsformen (Format, Ausschnitt, Tiefe, Kontrast

etc.), **autorisiert durch das Licht der Welt, das sich selbst den Bildern direkt einschreibt** (diese Autorisierung wird dem Maler nicht zuteil).

Jedes Foto ist ein Kontinuum vieler Bilder, die alle zu sich quasi periodische Selbstähnlichkeit haben – aus einem Negativ lassen sich zahllose Bilder entwickeln, die alle in gleichen Formaten, in gleicher Objekthaftigkeit zum Phänomen der Wahrnehmung erhoben werden können: das ist der Malerei nicht möglich – oder nur in Nachahmung der Fotografie und durch Übernahme ihrer Verfahren (z. B. A. Warhol).

Entscheidend für die Durchsetzung der Fotografie als Medium der Verbildlichung von Welt war die Tatsache, daß auch Laien mit dem Fotoapparat zu Autoren von Weltbildern werden konnten.

Die Malerei blieb immer ein exklusives Medium der Kunstproduktion. Die Fotografie professionalisierte die Laien in der Kunstrezeption; sie machte Laien zu produktiven Betrachtern, deren Sehen schöpferisch wurde, weil ihre Sichtweisen und Bilderfahrungen sofort wieder Fotobild werden konnten. Das schulte enorm die Fähigkeit, zwischen Medium und Information resp. Mitteilung zu unterscheiden. Aus der Erfahrung dieser Diskrepanz ergab sich auch für Laien die Möglichkeit, durch Unterscheiden zu urteilen, also kritische Aufmerksamkeit für die Eigenleistungen der Bildtechnik *Foto* zu entwickeln – also Bildwelten und Weltbilder durch Reflektion zur Einheit zu bringen und nicht mehr nur naiv als Leistung jedes Bildes vorauszusetzen. Auf diese Leistung richten sich – nach meinem Empfinden – alle Arbeiten von Henrik Spohler aus. Seine Fotografien lassen erkennen, wie heute professionalisierte Kunstrezeption (die reflexive Wahrnehmung der Welt) und professionalisierte Kunstproduktion (Fotografie als völlig eigenständige Lighterature) sich wechselseitig bedingen: **die reflektierte Wahrnehmung wird erst als objektiviertes Fotobild produktiv – und die Lichteratur beweist ihre Kraft in der Herausforderung der Wahrnehmung zur Ausrichtung – zur Inszenierung des Blicks auf die Welt.**

Henrik Spohler ist ein sehr eigenwilliger Richter und Ausrichter unseres Blicks auf die Welt, weil er die Autorität des Lichts für jedes seiner Fotos geltend macht. Das Licht erfüllt die Leere des Chefschreibtischs als Klarheit und Eindeutigkeit der Position. Hier wird sichtbar, daß Funktionen den Arbeitszusammenhang bestimmen, nicht ihre zufälligen Verkörperungen in einem Funktionsträger. Deshalb stigmatisieren oder kritisieren diese Fotos auch nicht das Tischensemble der Entscheiderutensilien als bloßes (klein- oder großbürgerliches) Dekor, sondern erhellen die Arbeit der Entscheider oder Organisatoren als eine im wesentlichen geistige Leistung, die nicht illustriert werden kann, sondern die sich als immer bereits erbrachte, als erledigte manifestiert. Auch unsere Blicke in die Konferenzzimmer treffen nicht auf konkrete Menschen, sondern auf Konstrukte ihrer Arbeit, auf Kunstwerke (als gemalter Denkraum, Ereignisort der Operationen und als gebaute Form der Ordnung, die sich als Koordination von geometrischen Architekturen ins Bild projiziert). Führung ist hier wohl als Vision des Vollbrachten, des immer schon Geleisteten eingeschrieben; Schaffen als ein Wegschaffen, Ordnen als ein Freiräumen, damit sich etwas Neues ereignen kann, das „einleuchtet".

Wem dieses Neue evident erscheinen soll, zeigt Spohler in der Serie der Mitarbeiterportraits. Er zeigt sie als Individuen, als die Einzelnen, die Persönlichkeit genug sind, um Standpunkt beziehen zu können; sie sind nicht durch ihre Funktionen gekennzeichnet, sondern in der Konfrontation mit ihnen; sie sollen die Funktionen erst noch erfüllen. Sie blicken dieser Aufgabe entgegen in der Erwartung, die sie einzulösen haben werden. Und der Betrachter, der diese Erwartungen repräsentiert, sieht ihnen an, daß er seine Erwartungen zu korrigieren haben wird. Vor diesen Mitarbeitern werden alle Funktionen wieder in Verkörperungen überführt. Der Geist des Hauses muß sich zeigen, er muß Gestalt werden, um autorisiert zu sein.

Die Serie der Industrielandschaften bietet starke Beweise für die erhellende Kraft des Lichts: sichtbar wird die Welt als zweite, von Menschen geschaffene Natur, der wir aber immer noch so begegnen wie der ersten. Wir überformen unseren Schauder vor der Gewalt unserer abstrakten Ordnung und Gestaltung mit der Projektion von Gefühlen der Erhabenheit – wie vor stürzenden Hochgebirgsmassiven oder vor dem Anblick von Wüsten, Karsten und Salzsteppen. Ergriffenheit durch Ohnmachtserfahrungen stimuliert die Gewalt des Lichts, als seien wir bereits jenseits unserer Möglichkeiten, selber noch zu agieren.

Das Licht bannt uns in der Ortlosigkeit, weil wir aus diesen Orten nicht in andere fliehen können; kein anderer Ort, nirgends!

Dagegen erscheinen die Fotos vom inneren Gelände der Fabrik als vertrauliche Bühnen vertrauter Abläufe und kalkulierbarer Handlungen, Handlungen des Tages- und Nachtlichts, der Jahreszeiten, der Arbeits- und Ruhezeiten, Zeit jedenfalls als Akteur in der Kontinuität der Übergange von Hell und Dunkel, von Sichtbarkeit und Vorstellbarkeit, von Vorher und Nachher, von Plan und Ausführung. Zeit als Lebenszeit der Bauten und Dinge, denen sich die Zeit in Spuren des Verfalls und der Rekonstruktion ursprünglicher Gestalt einschreibt. Zeit als Wandlung und als Struktur, Zeit als Prozeß und Dauer. Diskrete Momente, die Zwischenräume des Kontinuums: Übergänge in die Wiederholung!

In der Serie der Fotos von Werkstücken, Werkzeug, Werkplätzen wird die Lichtschrift in alle Dimensionen ihrer Lesbarkeit zugleich vorangetrieben: die Maßstäbe wandeln sich von Bild zu Bild, die Konfrontationsdistanzen wechseln schnell, die Horizonte schrumpfen, die Bildausschnitte rapportieren die einzelnen Objekte zu einer endlosen Zahl von gleichen.

Das Teil eröffnet das Ganze, das nur gedacht werden kann, aber sich nicht zeigt oder gezeigt werden könnte. Nur das Einzelne ist unabweisbar vorhanden – zweifelsfrei – formenstark und gestaltenreich, so daß dem Blick nicht die Welt ausgeht. Der Blick wird immer treffen, weil immer etwas in den Blick gerät, das durch den Blick verwandelt wird, überführt in die Erscheinung, die nicht grundlos bleibt, solange das Licht den Grund des Sehens bietet.
Henrik Spohlers Fotografien eröffnen solchen Grund.

| Gestaltbewertung – Verkörperungszwänge |

| 36 | Fototheater.

Inszenierung der Blicke, Tarnung des Auges |

Die Fotografin Ulla Reimer konfrontiert uns mit einigen grundsätzlichen Fragen:

– Welche Bedeutung hat die Kennzeichnung von Gestaltung als künstlerischem Ausdruck für das Selbstverständnis der Gestalter?

– Ist es bei der Inflationierung der Künstlerrolle nicht angebracht, sein Selbstverständnis zu tarnen?

– Oder gibt es eine Möglichkeit, den Aktivismus der Zuschauer/Betrachter in eins zu setzen mit dem Aktivismus der Gestalter der Wahrnehmungsanlässe, indem Betrachter und Gestalter zum *model* wechselseitiger Erwartungen werden – ihre Körper wären dann die *models* solcher Erwartungen – wie das leere Blickfeld zum *model* denkbarer Ereignisse und der leere Bildschirm zum model der Ereignishaftigkeit?

Die Bilder tarnen **die Differenz von Gestalter und Betrachter,** von Körper und Empfindung – nicht um der Leere zu entgehen, sondern um der autistischen Einkerkerung im Bild und Schema der Identität, vor allem um der Identität des Künstlers zu entgehen.

Wir alle spielen Theater, sagen die Soziologen.
Wir spielen Berufsrollen, inszenieren Vereinsfeste, arrangieren Konferenzen auf Stichworte, dekorieren Wohnzimmer zu Bühnen dramatischer oder idyllischer Gesellung.

Vor allem der Theaterbegriff *Inszenierung* hat Karriere gemacht:
Man inszeniert das Leben zu Lifestyleabfolgen, inszeniert Kaufhäuser zu Erlebnislandschaften. Für die Kennzeichung von Mediengebrauch hat sich z.B. die Unterscheidung von inszenierender und objektivierender Fotografie durchgesetzt

Ja, es scheint zu stimmen: Theatererfahrung dominiert unsere Ereigniswahrnehmung.

Theater nennen wir ein Geschehen, das abläuft, um betrachtet zu werden. Das Betrachten ist Bestandteil des Theatergeschehens, vor allem deshalb, weil die Reaktionen des Betrachters auf das Geschehen zurückwirken.

Ein Vulkanausbruch ist kein Theater, aber Straßenverkehr und Partys können als Theater verstanden werden, insofern Personen, die agieren, auch damit rechnen, daß sie betrachtet werden und darauf abheben, Gegenstand der Wahrnehmung anderer zu sein.

Man exponiert sich, stellt sich aus, um zu zeigen, daß man gesellschaftlich eine Rolle spielt, oder spielen möchte.

Zwei Verwendungen des Begriffs *Theater* irritieren immer wieder: Die Rede vom Kriegstheater, vom Kriegsschauplatz, vom Schauspiel des Krieges, und die Redewendung, man möge sich doch nicht selbst etwas vorspielen oder vormachen. Beide Beispiele zeigen an, daß es nicht um die Unterscheidung von spielerischem Theater und ernstem Leben geht, von ästhetischem Schein und wesenhaftem Wirklichkeitsanspruch; entscheidend vielmehr ist die Bedeutung, die das **Beobachtetwerden** für die Akteure hat.
Die Truppen kämpfen unter den Augen des Führers, des Königs, des Feldherrn und vor allem unter den Augen der Öffentlichkeit in Gestalt von TV-kamera- und fotobewaffneter Kriegsberichterstatter.

Die Truppen verhalten sich auszeichnungsreif, belobigungswert, bemerkenswert, wenn sie ohne Abweichung den ihnen vorgezeichneten Spielplan, den Schlachtenplan erfüllen; wenn sie also die ihnen zugedachte Rolle ohne Abweichung spielen – trotz Todesangst und individueller Kritik an der Weisheit der Pläne von Regisseuren auf den Feldherrnhügeln.

Tapfer ist man nur im Hinblick auf den Blick der Beobachter und solange sich deren Blick nicht abwendet. **Wer das Kriegstheater halb unbeschadet überstehen will, darf nicht auffallen.** Wer sich dem Blick der anderen entziehen will, muß sich tarnen.

Der Verdacht, Theater zu spielen, bringe nichts, wenn man nur sich selbst etwas vorspielt, ist eben in dem Fehlen von Beobachten begründet. Aber dieser Verdacht greift zu kurz, denn zum einen sind wir darauf trainiert, uns selbst zu beobachten, indem wir das Auge Gottes oder des Vaters verinnerlichen; zum anderen stehen inzwischen jedem Objektivationen der Selbstbeobachtung im Spiegel oder über installierte Kameras zur Verfügung. Sie haben wir als drittes Auge, das auf uns selbst gerichtet ist, unserem Wahrnehmungsapparat implantiert. Auch die ehemals nur Künstlern vorbehaltene **Selbstportraitierung** ist zum Monitor der **Eigenwahrnehmung** für Jedermann geworden, der über sich verfügen will, oder gesellschaftlich verfügen muß. **Selbstinszenierung** wird notwendig, wo man sich in Erwartungen anderer einzupassen hat, um eine Rolle zu spielen, z.B. die Rolle des Künstlers.

Es ist seit einiger Zeit auffällig, daß die Künstlerrolle von jenen usurpiert wird, die ihre **Inszenierungen als „Selbstverwirklichungen"** ausleben, das sind die zu Aktuellen gewordenen Zuschauer, Beobachter, Betrachter, also diejenigen, die bisher ihre Rolle als Publikum spielten. In der Tat kann man mit Nietzsche behaupten, daß in den Schaustellungen moderner Künste das Publikum interessanter ist als die professionellen Künstler.

Wo diese Kennzeichnung dem sozial relevanten Rollenverständnis von Akteur und Zuschauer eklatant widerspricht, tarnt sich auch der Aktivismus der Zuschauer: z.B. in den Fußballstadien; man entgeht den Sanktionen polizeilicher Ordnungskräfte, indem man das Verhalten auf der Tribüne unter den Vorbehalt bloß gespielter Publikumsrollen stellt, wie die provozierenden Künstler seit langem ihren Aktivismus unter den Kunstvorbehalt stellen. Als Künstler und Betrachter kann man sich Verhalten leisten, das objektiv kriminell oder zumindest als extrem aggressiv oder gemütsüberwältigend kitschig bewertet würde. **Die Künstler- und Betrachterrollen werden zur Legitimation von Kriegstheater und Selbsttäuschung.**

Unter diesen Bedingungen kommt dem Vorgehen Ulla Reimers Beispielhaftigkeit zu. Die Künstlerin tarnt sich als Betrachterin ihrer eigenen Arbeiten, sie inszeniert sich zum *model* ihrer Erwartung. Sie versetzt sich in die Lage derjenigen, die nicht gestalten müssen, sondern zuschauen dürfen. Das ist ein professioneller Trick ganz eigener Qualität, nämlich der Trick, den Erwartungen unter dem Auge der Kunstöffentlichkeit zu entgehen. Wer solche Größen wie Sanders, Avedon oder Newton zum Maßstab der Erwartungen macht, kann nicht mehr als Fotokünstler auftreten, sondern als model eben dieser Erwartung.

Alles Fassade. Verhütung durch Verpackung

37 Verpackung kondomisiert die Wünsche –
gegen die Seuche der Reinheit und Identität

Gottfried Semper eröffnete mit seiner Theorie zum Verhältnis von Tektonik und Bekleidung der Skelettbauten die nachhaltigste Diskussion über die Modernität von zeitgenössischer Architektur.

Bis in die jüngste Zeit (bis zu den großen Konferenzen, die 1995/96 in Dresden, Berlin und Wuppertal das Thema „Struktur und Haut der Architekturen" abhandelten) weigerten sich so gut wie alle Modernisten, das Diktum von Semper ernst zu nehmen, denn die Konsequenzen aus der Semperschen Analogie von „Bekleidung" und Baugestaltung schienen den Programmen der modernen Architektur zu widersprechen.

Nach Semper zwingt gerade die Skelettbauweise die Architekten, die Fassade als eine völlig eigenständige Gestaltungsaufgabe anzunehmen. **Die Notwendigkeit, aus ökonomischen Gründen das Bauen technisch zu rationalisieren, eröffnete die Freiheit, die architektonische Gestaltung der Bauwerke von der Logik ihrer Funktion abzukoppeln.**
Genau das aber hatten auch die Eklektizisten der Gründerzeit getan: waren die nicht ganz modern mit ihren Vorstellungen, die Bauten beliebig einkleiden zu dürfen, das Skelett mit einer frischen Haut überziehen, die Bauten also mit Fassaden verpacken zu sollen?

Die deklarierten Modernen griffen gegen diese Anmaßung der Eklektizisten auf eine „klassische" Auffassung zurück: auf die Gewandfigur, bei der (seit dem 5. vorchristlichen Jahrhundert) die innere Struktur und Dynamik eines Körpers auf seiner bekleideten Oberfläche ablesbar sein sollte.
Deshalb kleidete sich einer der radikalsten Modernen, Adolf Loos, stets mit größtem Kalkül in „Maßanzüge", deren Eleganz darin bestand, die völlige Einheit, die reine Identität von Gedankenformen und Verhaltensweisen, von charakterlichem Wesen und sozialer Erscheinung zur Anschauung zu bringen.

Die Reinheit der Modernen, ihre Strenge und Sachlichkeit, sollten sie unanfechtbar machen gegen Widerspruch. Denn in dieser Sachlichkeit verkleideten die Modernen ihr revolutionäres Pathos: das Pathos der sozialen Mobilmachung, der Schönheit des industriellen Arbeitsprozesses, des Titanismus der Maschinen, der Rettung der Welt und der sozialen Erlösung aller Seelen.

In der modernen Architektur sollte endlich die Freiheit triumphieren und die Gleichheit und Brüderlichkeit.

Brüderlich vereinigten sich die heterogensten Materialien wie Glas, Holz, Leder, Stahl, Marmor. Der Freiheitsforderung gehorchten die gläsernen Fassaden, die dem frei schweifenden Blick keine Grenzen undurchdringlicher Wände entgegensetzten. Und **die Gleichheit wurde im Diktat der Normierungen gewährleistet, dem sich alle Bewohner der Bauten zu unterwerfen hatten.**

Bisher galt es als ein Sakrileg zu behaupten, daß auch die Modernen ihre Konzepte und Ziele in Gestaltformen vergegenständlichten – in Symbolen und Allegorien, also in Sprachformen, die zwischen Bewußtsein und Kommunikation vermitteln. Alle Sprachformen (die Worte, die Bilder, die Gesten, die Melodien, in welchen Trägermedien auch immer) sollen vermitteln zwischen dem, was wir denken, fühlen, vorstellen oder wollen und der Möglichkeit, mit anderen Menschen, der sozialen Realität, in Beziehung zu treten. Denn Menschen sind von Natur aus soziale Wesen. Den Menschen gibt es nur im Plural.

Eine der leistungsfähigsten Formen der Vermittlung ist die *Verpackung* als Gestalt gewordene Differenz zwischen Bewußtsein und sozialer Kommunikation. Sie kleidet z.B. den Gedanken des Schenkens, repräsentiert durch das überreichte Objekt, in eine soziale Geste, repräsentiert durch die „schöne" Aufmachung des Geschenks. Die Geschenkverpackung macht das Geschenk unsichtbar, um den Akt des Schenkens sichtbar werden und ihn an die Oberfläche treten zu lassen. **Alle Geschenke müssen betont, gewollt oberflächlich ausgewiesen werden, wenn sie als Geschenke und nicht als Nötigung durch den materiellen Wert des Objekts kom-**

muniziert werden sollen. Verpackungen sind generell Oberflächen, Displays oder Erscheinungen als Differenz von Gebrauchswert und Tauschwert, von Zweck und Mittel, von Denkbarem und Kommunizierbarem.

Als Semper seine „Kleiderordnung der Architektur" publizierte, versuchte Friedrich Nietzsche, den Fanatikern der reinen Identität von Wesen und Erscheinung, den protestantischen Moralaposteln der ethischen Einheit von Denken und Handeln entgegenzutreten, indem er ihnen darstellte, daß gerade die intendierte Täuschung, der schöne Schein der Verpackung zu einer heilsamen Enttäuschung führen kann. Ganz wie Marx verstand Nietzsche Aufklärung als Enttäuschung von Illusionen durch Illusionen, denen sich das allmächtige Wünschen hingibt, wenn es nach Erfüllung süchtig macht. Jede gutgelungene Verpackung fördert diese Aufklärung der Wünsche über ihre prinzipielle Unerfüllbarkeit. Gerade die illusionäre Verpackung, die lügenhaft falsche, läßt sich durchschauen – sie will durchschaut werden. Nur das mutwillig Falsche läßt sich als Falsches erkennen und besteht gerade deshalb auf der Differenz von falsch und richtig, von Lüge und Wahrheit. Wenn sich die Wahrheit platterdings nicht sagen läßt, bleibt nur die Lüge ihr Repräsentant. Wer bewußt täuschend verpackt, lügt im Dienste der Wahrheit. Die Verpackung ist die Wahrheit repräsentierende Lüge, die ohne moralische Repression Erkenntnis fördert. Das meint Nietzsches Lob der Oberflächlichkeit und seine Emphase für die Erotik der Verpackung, des schönen Scheins, die Distanz schaffen gegenüber der Gewalt der „nackten" Tatsachen, dem Terror der Reinheit. Die nackte Gewalt des Wünschens, das nichts anderes will als sofortige Erfüllung, beweist sich als selbstzerstörend, als Auslöschung der Wünsche. Dagegen liebten Nietzsche und Sigmund Freud die Kraft der Sublimierung durch kompakte Verpackung, die die Wunscherfüllung solange hinauszögern kann, bis das platte Objekt der Begierde nahezu vergessen ist.

Aber Nietzsche, Marx und Freud blieben wie Semper, Loos oder Mies van der Rohe noch der traditionellen, der nichthegelschen Dialektik von Wesen und Erscheinung, von Inhalt und Form, von Signifikant und Signifikat verhaftet. Sie sahen noch nicht, was seit Ferdinand de Saussure alle Vermittlung von Bewußtsein und Kommunikation in und durch Sprache auszeichnet.
Sie sahen noch nicht, daß die Differenz von Signifikat und Signifikant nur in der Einheit des Zeichens (Signe), als Zeichen gegeben ist.

Juanita had brushed of
else's doubts... why w
now so hard to face he

Literaturblech 1965

Zeichen sind nicht Derivate der Differenz, sondern konstituieren sie.

Die Verpackungen sind nicht überflüssige Hüllen von Werten, sondern machen die Unterscheidung erst möglich. Dabei funktionieren sie etwa wie Christos Verhüllungen, oder wie Design generell: **sie machen das Unsichtbare sichtbar, in dem sie Unsichtbarkeit erzeugen. Dann muß man das *Sehen* denken und das *Denken* anschaulich werden lassen in Symbolen oder Allegorien, in Metaphern und Analogien etc.**

Die Verpackung zeigt das Zeigen des Objekts, nicht das bloße Objekt, das ja unsichtbar wird, wenn man es verpackt. Die Demonstranz wird zur Monstranz, das Zeichen und die Verpackung werden reflexiv. Design wird sichtbar unsichtbar. Für diese Potenzierung von sprachlicher Gestaltung steht der Begriff Design in der Moderne.

Design ist keine Hülle, keine Schachtel, in der die Funktionseinheit des Objekts steckt, die man ebensogut „rein" oder „nackt" präsentieren könnte. Das Verschwinden des Objekts in der Mikroelektronik macht diese Tatsache deutlich.

Je weniger materiell das Objekt als Träger einer Funktion wird, desto unverzichtbarer, desto notwendiger wird das Design. Mikroelektronik und Nanomechanik sind schon fast so virtuell wie Gedanken oder Vorstellungen und müssen durch Design, durch Gestaltung als sprachliche Zeichengebung, in die soziale Kommunikation vermittelt werden.

Wie der Skelettbau die Freiheit der Fassadengestaltung nach sich zog (kein Bau kann ohne Fassaden auskommen), so zieht die Mikronisierung die Freiheit des Design nach sich (keine mikronisierte Funktionseinheit kann ohne Verpackung benutzt werden).

Heute wird diese Freiheit von vielen Gestaltern noch als eine Nötigung verstanden, die sie als vormoderne Konstellation von Beliebigkeit bekämpfen. Sie möchten, daß ganz direkt die Formen des Designs den Funktionen des Objekts folgen, damit die Designer nicht bezichtigt werden können, daß sie eben doch nicht die Kraft der Künstler besäßen, also die Kraft, Freiheit zu nutzen, indem sie sie durch Gestaltung einschränken – denn die Designer müssen sich ständig vor ihren Auftraggebern rechtfertigen.

Die Unternehmer aber sind noch weitgehend gläubige Marxisten. Sie haben noch nicht verstanden, daß erst im Design die ökonomische Unterscheidung von Produkt/ Objekt und Kommunikation/Markt ermöglicht wird. Erst durch Design wird das Produkt zur Ware, deren Preis die Leistung ausdrückt, den Gebrauchswert des Objekts in seiner Kommunizierbarkeit und den Tauschwert in seiner materialen Funktion zu sehen.

Das designte Objekt, das als Ware, also als Gegenstand der Kommunikation eingekleidete Objekt, kondomisiert die Naivität, die sich bisher als Entlarvungsaktivität gerierte: z.B. im Märchen von des Kaisers neuen Kleidern, das alle Feinde der Moderne so gerne erzählen. Nacktheit ist heute die erfolgreichste Verpackung: das kondomisierte Objekt.
Gib dem Aids der Naivität keine Chance!

Alles Fassade. Verhütung durch Verpackung

38 | Pornographie

Als pornographisch sollte man Handlungsvorlagen verstehen, die den Appell geben, **unmittelbar nach Vorlage zu handeln. Pornographisch ist also das 1:1-Verhältnis zwischen Gedanken, Vorstellungen, Konzepten und Konstrukten einerseits und Handlungen andererseits.** Wer in einem Bild oder Text oder sonstigen Zeichengefüge nur eine Aufforderung sehen kann, den nackten Tatsachen, den Glaubensüberzeugungen oder Geboten unmittelbar zu entsprechen, ist ein Pornograph. Egal, ob als federfuchsender Bürokrat, als gnadenloser Befehlsexekutor oder als Wichser. Insignien solcher Pornographie sind etwa die ordensgeschmückte Heldenbrust, die Galerie der Schlafzimmerbilder oder die Vitrinen der Konsumtempel. Aus diesen Vitrinen entnehme man zum Beispiel die Gummiskulptur einer Frau mit aufgerissenem Mund und Unterwerfungsbereitschaft signalisierendem Körperschema. Dem Nichtpornographen wird sich unter der Hand der angebliche Lustschrei des Frauenmundes zu einem Schreckensschrei verwandeln, einem Schrei der Angst, wie ihn Munch in seinen Frauenbildern dargestellt hat, als Ohnmachtsschrei angesichts der Zwangsverhältnisse von Ehen und Lebensformen des ausgehenden 19. Jahrhunderts.

Alles Fassade. Verhütung durch Verpackung

39 Taschologie

Seit die englische Premierministerin Lady Thatcher reihenweise die harten Männer aus Wirtschaft und Politik mit ihrem Damenhandtäschchen puderte, veränderten die Männer ihre Einstellung zur Handtasche.

Die Evolution dieses Behälters, urspünglich Fluchtgepäck, durchlief in jüngerer Zeit viele Stationen:

– *das Bündel der Wanderburschen*; ein großes Mehrzwecktuch, meist mit rotweißen Ornamenten geschmückt, wurde auf dem Boden ausgebreitet. Die Besitztümer des fahrenden Gesellen wurden auf dem Tuch angehäuft und die vier Enden des Tuches, seitlich angehoben, zu einem Knoten geschürzt. Unter den Knoten schob man den Wanderstab und trug Stab und Bündel über der Schulter;
– *der Affe*; beim Militär gebräuchlicher kastenförmiger Tonister, mit Kuhfell überzogen, daher die Anspielung auf den Affen im Nacken – der Soldat hatte sich zum Affen der Kommandos zu machen;
– *der Kulturbeutel*; die durch Hingabe an die Natur bewegte Jugend hielt das Minimum städtischer Zivilisation auch in Wald und Flur im Kulturbeutel

präsent: Zahnputz und Heftpflaster, Kamm und Nagelschere, Nähzeug und Sicherheitsnadel, Fußbalsam und eine Ausgabe des *Cornett* von Rilke;
- *das Kochgeschirr*; letztes Hilfekästchen für das Überleben der Soldaten. Ein genial vereinfachter Küchenkosmos aus Aluminium mit olivgrünem Anstrich;
- *Pistolenholster* mit Munitionsdepot als Hüft- oder Schultergürtel, meist aus Leder oder leichten und flach aufliegenden Synthetics, heute als Handybewaffnung, zugleich Halterung für unter der Kleidung getragene Ausweis- und Reisescheckétuis, signalisiert das Gefühl, in der Fremde zu sein;
- *der Rucksack*; Leinensack mit integriertem Tragegeschirr und diversen Außentaschen: klassisches Fluchtgepäck und deutscher Exportschlager, heute Backpack;
- *das Einkaufsnetz*; Höhepunkt der Reduktion des Eigengewichts von Tragebehältern, legendär in Mangelgesellschaften, weil für den Fall des Falles auf kleinstem Raum und jederzeit mehrere solcher Netze mitgetragen werden konnten;
- *die Einkaufstüte*; zunächst aus braunem Packpapier mit aufgeklebtem Henkel (wenig belastbar), dann aus der Kunststoffolie Polyethylen mit Griffschlitzen; in vandalisierten Großstädten als Tarnung für den Transport kostbarer Güter beliebt;
- *die Beuysweste*; ursprünglich Angler-, Jäger- und Sammlerweste mit einer Vielzahl kleiner, sich nach außen vorstülpender Taschen; jetzt auch in schußsicherem Material;
- *die Hosentasche*; vornehmlich bei Jungen beliebte Deponie für „*alles, was mein ist*", inclusive Fallobst und Regenwürmern. Bei Älteren rechts dem Taschentuch vorbehalten, der ersten Mülltrennung unter dem Druck der Hygienevorschriften; in der linken Münzgeld, aber Mutti verbietet das Klimpern, weil die Handbewegung in der Hosentasche mehrdeutig ist. In der Gesäßtasche Portemonnaie und Personalausweis mit dem unschönen Effekt der optischen Gesäßdeformation. Enganliegende Jeansstoffe und modische Schnittveränderung eliminierten die Hosentaschen, die man nunmehr auf den Hosenbeinen nach dem Beispiel der Jetpiloten und der militärischen Kampfanzüge trägt;
- *die ausgelagerte Brieftasche*; durch Einführung der Kreditkarten und anderer Sesam-öffne-Dichs, die nicht mehr in die Brieftasche paßten, wurde dem Herrn ein Lederetui geboten, das über das übliche hinaus auch Pfeife und Schlüsselbund, Portemonnaie und Officepiepser integrierte. Zum Schutz gegen Vergeßlichkeit und Diebe mit einer Lederschlaufe am Handgelenk getragen;

– *die Hebammen- oder Doktortasche*; Umnutzung berufsspezifischer Behältnisse für Handwerkszeug, bot den Touch des fachmännischen, besonders beliebt in den 50er Jahren bei Subkulturlern;
– *das Diplomaten- und Pilotenköfferchen*, weitere Form der Umnutzung von Berufsgepäck, in diesem Falle durch das gehobene Angestelltenmilieu, weil so der Transport von ein paar Seiten Geschäftsunterlagen die Weihe als amtlich offiziöse Mission erhielt, im internationalen Flugzeugreiseverkehr dominante Erscheinung von Handgepäck; der klassische Handkoffer wird nur noch auf Rollen über den Boden geschleift.

Alles Fassade. Verhütung durch Verpackung

40 Welche Modetorheit ist Ihnen heute noch peinlich?

Umfrage des FAZ-Magazins

Jahrelang trug ich mit mir ein Paar frostblauer Plateausohlen-Schuhe unbestimmter Damengröße herum, um ein Märchen wahrwerden zu lassen: *Aschenputtel*.
1984 gab eine junge Frau vor, daß ihr meine Schuhe paßten. Bei der Demonstration des Wahrheitsbeweises brach sie sich den Knöchel des rechten Fußes, an dessen Hacke die Fetzen einer aufgeplatzten Blase hingen. Peinlich die Eröffnung, ihr sei es ausschließlich um die Schuhe gegangen, die sie mit Gewinn hätte verkaufen wollen.

Alles Fassade. Verhütung durch Verpackung

41 | Mein Stil

1. Wie würden Sie Ihren persönlichen Stil beschreiben?

Mein Stil: Anti-Bohème = Internationale Angestellten-/Jedermannkluft: Stets mit Krawatte, deren Spitze aber nicht mehr zum Zentrum der Maskulinität, sondern in Richtung zukünftiger Erdverwertung weist; oder – mit Otto – nicht zum Hoden, sondern zum Boden. Accessoires: Sterblichkeitsindikatoren.

2. Welchen Stil schätzen Sie bei anderen?

Bauhaus und Betonreinheit.

3. Was bedeutet Schönheit für Sie?

Ein fiktives Postulat zur Bestimmung realer Häßlichkeit.

4. Was empfinden Sie als stillos?

Unfähigkeit oder Unwillen, den Dingen einen Wert beizumessen.

5. Was ist Ihr liebstes Reiseziel und warum?

Norddeutsche Tiefebene: überall geht's geradeaus zum weiten Horizont.

6. Was darf nicht fehlen, wenn Sie auf Reisen gehen?

Geld, um sich ein anständiges Hotel zu leisten.

7. Auf welches Markenprodukt möchten Sie nicht mehr verzichten?

Mein Montblanc „Meisterstück" als Szepter des Intellektuellen.

8. Welchen Teil Ihrer Tageszeitung lesen Sie zuerst?

Zuerst die Wirtschaftsseiten der FAZ, dann Feuilleton.

9. Was ist Ihre Lieblingsbeschäftigung?

Sinnende Betrachtung von Busen, Bäumen, Bildern, Büchern und Bauten.

10. Haben Sie einen besonderen Wunsch für das Jahr 2000?

Es möge mir endlich meine schwere Entdeutschung gelingen.

Alles Fassade. Verhütung durch Verpackung

42 Mienenspiel.
Die Bedeutung der Fassade für die Kommunikation im öffentlichen Raum

Rückblende
Im Jahr 1975 schlug ich – von François Burkhardt gedolmetscht und von Hubert Burda finanziell unterstützt – der Stadt Florenz vor, die Leistungsfähigkeit der damals so schwungvoll auftrumpfenden postmodernen Architekten auf die Probe zu stellen. Es sollte ein Entwurfswettbewerb für die Fassade von San Lorenzo veranstaltet werden: rein virtuell versteht sich, oder theoretisch, auf Widerruf, ohne irreversible Folgen – eben postmodern.
Die sechs besten Entwürfe sollten für je vier Monate der seit 500 Jahren unvollendet gebliebenen Fassade des Brunelleschi-Baus vorgeblendet werden. Das wäre nicht nur eine touristische Attraktion ersten Ranges geworden, sondern ein Feldexperiment für die Tragfähigkeit eines allseits eingeforderten kulturellen Gedächtnisses. Die Postmodernen behaupteten damals, die Geschichte der Moderne revidieren zu wollen durch eine neue Sicht auf Brunelleschi (und dann auf Palladio, Inigo Jones, Schinkel) als Grundsteinleger der Neuzeit.
Eine spannende Aufgabe, denn es sind ja fünf historische Entwürfe für die Vollendung der Fassade von San Lorenzo bekannt, darunter eine Ausarbeitung

von Michelangelo als Holzmodell. Diese historischen Entwürfe sollten, so war der Plan, ebenfalls auf Widerruf der Fassade des Brunelleschi-Baus vorgeblendet werden als theatralische Masken im Satyrspiel, das die Postmodernen aller Zeiten mit der Geschichte trieben und treiben. Eines dieser Maskenspiele wurde in der zweiten Hälfte des 19. Jahrhunderts in Ruf- und Laufweite von San Lorenzo aufgeführt, als die Fassade des Doms *S. Maria del Fiore* und die von *S. Croce* im postmodernen Geist des Rinascimento ausgeführt wurden (statt auf Brunelleschi berief man sich auf Arnolfo di Cambio und auf Giotto). Wie bekannt, ist aus diesem Vorschlag nichts geworden, obwohl François Burkhardt (damals Leiter des IDZ Berlin) beste Kontakte zur Stadt unterhielt. Die Kommunisten der Florentiner Regierung glaubten, die Geschichte in ihren so würdigen Zeugnissen nicht unserem experimentellen Mutwillen ausliefern zu dürfen. Sie meinten, Kommunismus sei auf die endlich zu errichtende Moderne orientiert, nicht auf ein Ende der Moderne, bevor die überhaupt verwirklicht worden sei. Inzwischen ist diese Auffassung glänzend durch den Untergang des sozialistischen Imperiums bestätigt: Wir sind wieder in der Prämoderne, wir fangen wieder von vorne an.

Deshalb würde es sich nun wohl endlich lohnen, das Experiment nachzuholen; eine großartige Aufgabe für jeden intelligenten Architektur-Service und für alle Trockenbauer. Also, ihr tatendurstigen Architekten, ihr erfahrenen Soziodesigner, ihr erfolgreichen Rekultivateure, ans Werk! So konnte man nicht nur Maßstäbe einfordern, sondern sie auch experimentell überprüfen.

Fassaden im Mienenspiel – Architektur-Visagen
Daß Menschen am ehesten verstanden werden können, wenn man ihnen beim Sprechen ins Gesicht sieht, gehört zur Grunderfahrung der zwischenmenschlichen Beziehungen: von Angesicht zu Angesicht möchten wir einander konfrontiert sein, um uns gegenseitig darüber zu vergewissern, was ungewiß bleiben muß. Ein schöner Rücken kann zwar auch entzücken, aber sich abzuwenden erzeugt verunsichernde zwiespältige Gefühle. *Face to Face* also, auch mit den Dingen? Von welcher Seite sehen uns die Dinge an? Haben sie ein Gesicht? Machen wir ihnen ein Gesicht, damit wir sie ansehen können?
Ein Würfel hat zwar Augen und gleich auf jeder Seite; aber nicht nur die Würfel-Spielregeln lassen uns die Sechs-Augen-Seiten attraktiver erscheinen als die Seiten mit weniger Augen.
Vielseitigkeit ist eine Gegebenheit aller Körper; aber diejenigen Seiten sind am beachtenswertesten, die sich von den anderen am augenfälligsten unterscheiden. Menschen unterscheiden sich am augenfälligsten durch ihre Gesichter

und die Gesichter wiederum von allen anderen Körperteilen durch die Komplexität des Ausdrucks oder durch die Vielfältigkeit der miteinander verknüpften Wahrnehmungsappelle. Eben durch das Mienenspiel.

Daß die Menschengestalt uns anleitet, alle Dinge zu sehen, als seien sie in Analogie zur Menschengestalt erst verstehbar, hat auch die Architektur geprägt. Sie gibt uns Objekte so vor, daß sie uns ansprechen, sobald wir ihrer ansichtig werden. Säulen zum Beispiel haben Kapitelle, also Köpfe, und Füße, auf denen sie aufrecht stehen, wie Menschen, die verharren. Wände haben Öffnungen; werden sie auch nur andeutungsweise paarig angebracht, beziehen wir uns auf die Fenster wie auf Augen, in die wir hineinzusehen versuchen. Sieh mir in die Augen, kleines Haus. Es herrscht ein unwiderstehlicher Sog zur Vermenschlichung der Dinge – **Analogiezwang der anthropomorphen Gestaltwahrnehmung,** aus dem sich die Tradition der *sprechenden Architektur* entwickelte, vom Grab des Bäckers Eurysacer in Gestalt des Backofens an der aurelianischen Mauer bis hin zur postmodernen Gesichtsfassade von Venturis Las Vegas-Baracken und der Maskenschminke im Gadgetdesign.

Also haben demnach für uns alle Objekte Gesichter/Facies/Fassaden, sobald wir ihrer ansichtig werden. Aber die Gesichter wechseln, je nachdem, welche Seiten der Objekte wir gerade zu Gesicht bekommen. Zur Fassade wird, was wir jeweils sehen, in der Konfrontation mit den Objekten. **Zur Fassade wird das Gegenüber der Objekte.** Wenn wir uns mit Objekten konfrontieren, bauen wir eine Front auf, eine durch Frontalität erzwungene Ordnung der Orientierung im Raum: Wir markieren von unserem Standpunkt aus, was vorne und was hinten ist. Das Hintere ist nicht einfach weiter weg, sondern ein Dahinter als das Nichtsichtbare. **Das Sehen in der frontalen Konfrontation erzeugt das Dahinter als das Unsichtbare,** solange wir den Standpunkt nicht ändern oder das Objekt drehen. Realisierte Bauten lassen sich nicht drehen, also bewegen wir uns um sie herum und erschaffen immer weitere frontale Ansichten, bis uns eine Vorstellung von dem Objekt gelingt, in der wir alle seine Seiten gleichzeitig als Fassaden vor Augen haben, soweit sie sich unterscheiden lassen.

Was wird unserer Wahrnehmung zugemutet, wenn wir im verdichteten Stadtraum durch Schulterschluß der gereihten Häuser nicht mehr in der Lage sind, uns den Bauten allseitig zu nähern? Dann verändert sich unser Konzept von einem Haus als geschlossenem Raum zum Beispiel zum Konzept des Häuserblocks, um für den Block wieder Allansichtigkeit zu erschließen. Viele Blocks werden ihrerseits wiederum zum Konzept eines architektonisch geschlossenen Großkörpers, bis schließlich das gesamte Bauensemble, die Stadt selbst, zu einer Objekteinheit zusammengeschlossen wird. Die Stadt wird zum Haus, die Außenansicht der Baukörper zu einer Innenansicht des Hauses. Wir sind zu Hause zwischen den Objekten, denen wir uns konfrontieren. Sie selber geben uns nun den Spielraum vor, in dem wir von unseren jeweiligen Standpunkten die Einheit der verschiedensten Baukörper uns vorzustellen vermögen; das heißt: Nicht nur sind der Reintegration der Baukörper zum Konzept der Stadt Grenzen gezogen durch die beschränkte Fähigkeit von Menschen, visuell Komplexität zu bewältigen; entscheidender ist die Unmöglichkeit, die integrierten Konzepte zu erinnern, wodurch die Orientierung in der Stadt als Haus verlorengeht.

Das Haus der Stadt wird zum Labyrinth, in dem die Objekte verlorengehen.
Man sieht die Stadt vor lauter Bauten nicht mehr und kann sich an den Bauten nicht mehr orientieren, weil die Ordnung der Erinnerung ohne das Konzept der Stadt als Haus verlorengeht. Auf diese inzwischen jedem Zeitgenossen nachvollziehbare Kalamität reagierten die Architekten mit zwei Strategien:
Erstens mit einer Vereinheitlichung durch Stileinheit, also durch die Versicherung, die Stadt sei als bloße Fortsetzung der immer gleichen Objektfigurationen vorzustellen (und die Bewohner der Viertel folgten ihnen, indem sie sich kaum noch motiviert sahen, ihren engeren Lebensraum kennen zu lernen. Wer aber von Berufs wegen gezwungen war, häufig seine Standorte zu wechseln, begrüßte dankbar die Möglichkeit, überall zu Hause zu sein, weil weitgehend ein Standort wie der andere aussah).
Die zweite Strategie bestand darin, die Differenzen zwischen den Wahrnehmungsauffälligkeiten von Einzelbauten oder Häuserblöcken oder Quartieren durch Verstärkung des Mienenspiels der Fassaden bis zur Groteske, zur Grimasse, zu außerordentlichen Emotionen stimulierenden Visagen voranzutreiben.
Eine bemerkenswerte Leistung, denn die Fixierung der Erinnerung gelang häufig an Architekturvisagen intensiver als an feinem Mienenspiel von Fas-

saden: Inzwischen ist die Bindung von Stadtbewohnern an ihre Lebensräume durch ständige pathetische Klage über die Häßlichkeit, die Stillosigkeit, die Fratzenhaftigkeit von Architekturensembles stärker geworden als durch die Bekundung von Zustimmung.

Kommunikation als potemkinsche Fassade
Was zwischen Menschen geschieht, wird als *Kommunikation* gekennzeichnet. Wenn etwas zwischen ihnen geschehen soll, mahnt man Verstärkung der Kommunikation an. Wenn etwas nicht verstanden wird oder zum Beispiel als Parteiprogrammatik nicht akzeptiert wird, erklärt man das als Folge mangelnder Kommunikation. Man habe die Programme nur schlecht verkauft, sagt dann der Kanzler und wechselt seine PR-Agenturen aus. Andererseits hat offensichtlich an Attraktion gewonnen, wer sich dazu versteht, Mißverstehen oder Ablehnung als Bestätigung dafür zu sehen, daß er etwas ganz Einmaliges zu sagen habe. Galt in anderen Zeiten die Exkommunikation als Drohung mit dem sozialen Tod und war auf jeden Fall zu vermeiden, häufen sich gegenwärtig die freiwilligen Aufkündigungen von Beziehungen. Einsame Wölfe, soziale Autisten, Aussteigereinsiedler, Sektierer durchstreifen ziellos die Städte.

Häufig entsteht bereits der Eindruck, als sei die Zahl der Nichtmitmachenden, zum Beispiel als Nichtwähler, größer als die Zahl derer, die von Kommunikationsstrategen noch auf Gemeinsamkeiten verpflichtet werden können.

Diesen Trend als Zeichen für immer weitergehende Individualisierungsbemühungen zu lesen, hieße, die Autisten zu glücklichen Menschen zu erklären, denen endlich ein völlig selbstverwirklichtes Leben gelungen sei. Umgekehrt wird mehr daraus. Die so auffällige Deklaration, sich selbst exkommunizieren zu wollen, sollte als Versuch gewertet werden, endlich in den warmen Schoß der Gemeinschaft aufgenommen zu werden. Hat man nicht gelernt, Selbstmordversuche als Hilferufe zu verstehen?
Wer ruft da gegenwärtig so verzweifelt nach Hilfe in der Unwirtlichkeit der Städte, im Chaos des Heterogenen, im Labyrinth von Metropolis? Offensichtlich, aber auch rein statistisch, sind es nicht die Bürger der Städte, sondern die Stadtplaner, die Architekten, die Lehrer der Völker, die Führer und Lenker. Zwar hörte man hie und da zu Fragen des Neu- und Umbaus von Berlin auch einige Stimmen aus dem Bauch der Stadt, aber offensiv führten die Debatten Architekten und ihre Bauherrn, Politfunktionäre und Zeitungsintellektuelle.

Warum klingt deren Hilfeschrei jetzt so viel verzweifelter als etwa in den zurückliegenden Jahrzehnten, in denen die Nachkriegswüsten in blühende Landschaften verwandelt werden konnten?
Damals kommunizierte man vor ruinösen Fassaden ausgebrannter Häuserblocks eine Reihe stimulierender Botschaften: Hinter uns verbrannte Erde, es gibt kein Zurück als den Weg in die Zukunft. Wir werden alles wieder aufbauen, wieder gutmachen, wir sind ein Volk von schamgebeugten, ohnmachtserfahrenen Habenichtsen. Nichts bindet uns so zusammen wie die Gleichheit im Elend und die freudige Erwartung auf eine Zukunft der Entsühnung, der Anerkennung und der glückenden Initiativen gegen Schuld. Und heute?

Niemand kann es jemand rechtmachen. Wer es versucht, wird aus reinem Selbstbehauptungswillen gezwungen, die Einsprecher als Leute zu bezichtigen, die nur neidvoll schielen. Gegen die Drohung, jegliches Interesse an dem Bauschicksal seiner Stadt aufzukündigen oder bestenfalls mit mutwilligem Aktionismus so viel Schaden zuzufügen wie nur denkbar, bleibt den Architekten, Bauherrn und Politikern nur die machtvolle Geste, Territorien zu besetzen und die architektonischen Desaster gar nicht erst zur Kenntnis zu nehmen, indem man sie sachgerecht als Walten der sozialen Evolution beschreibt.
Die gegenwärtige Perspektive verkürzt sich darauf, immer Recht haben zu müssen, denn wehe dem, der sich nicht rechtfertigen kann. **Was nicht funktioniert, wird funktionalistisch genannt. Was funktioniert, gilt als bloß banal.** Rationalität? Das sei doch bloß eine andere Form von Unterwerfungsterror. Die wahre Freiheit sei nur noch dem gegeben, dem alles wurscht ist. Alles gehe, wie es nun mal geht, weil es so gekommen ist. Alles gehe, wenn es eben geht, und wenn nicht, dann nicht. Was aber geht, ist damit schon vergangen und interessiert uns sowieso nicht mehr.
Die größten Leidtragenden dieses Zusammenbruchs der Kommunikation sind die Architekten. Wer glaubt, daß dieser Zusammenbruch seine größte Wirkung bereits mit der Auflösung des sozialistischen Lagers gezeigt habe, irrt fatal. Auch der Westen ist der ständigen Konfrontation mit bedingungsloser Erwartung – der Erfüllung des entfesselten Wünschens, wie sie die Werbung propagiert – nicht gewachsen. Die Architekten und Städteplaner, die Sozialpolitiker und Therapeuten sind mit diesen noch nicht eingetretenen, aber unabdingbaren Konsequenzen der Wunschallmacht bereits konfrontiert. Sie alle werden in den Augen ihrer Klientel unglaubwürdig. Man traut ihnen nicht

mehr zu, als Weihnachtsmänner aus dem großen Sack ihrer Gaben die Befriedigung der prinzipiell unbefriedigbaren Wünsche hervorzuzaubern.

Einst hatten zum Beispiel die Architekten dem bisher größten Versuch der Menschheit, das Paradies auf Erden dauerhaft zu schaffen, den sichtbarsten Ausdruck gegeben: Pyramiden nicht nur in einem Wüstenstreifen, sondern im wüsten Herzen jeder Siedlung; römische Triumphbögen nicht nur vor den Eingängen heiliger Bezirke, der Foren und Marsfelder, sondern vor jedem Sozialbau; Monumente des kollektiven Gedächtnisses nicht nur an Orten des einmaligen historischen Geschehens, sondern an jedem Arbeitsplatz. Der Olymp auf dem Dach des Leninmausoleums über dem Schrein des Heiligen bildete sich auf jeder Tribüne ab. Das war die sozialistische Universale vor jedermanns Augen – von der sozialistischen Nationale braucht man da gar nicht erst zu reden. Das alles ist hin, und nun triumphiert wieder die modernistische Universale? Da sollte man vorsichtig sein, denn jeder Meister der Moderne folgte der gleichen sozialen Programmatik wie die Sozialisten – im Westen wie im Osten.

Auch Mies bildete in seinen Fassaden ein schönes Ideal der Durchsichtigkeit sozialer Verhältnisse ab: **das Gleichheitspathos des Rechtsstaats definierte das Stahlbaugerüst, und das Freiheitsverlangen machte die Wände gläsern;** die Brüderlichkeit vereinte heterogenste Materialien: Holz, Marmor, Leder, Stahl und Glas, Zement und Backstein versöhnten sich formlogisch.

Mit dem Zusammenbruch des Sozialismus, des sozialistischen Imperiums brach auch der Grund jeder Moderne ein: der zwingende Anspruch, in der Architektur die Gesellschaft zu reflektieren, ihre abstrakten Bedingtheitsgefüge abzubilden. **Architektur ist nicht länger Bedeutungsträger, sondern schiere Faktizität wie die Natur. In ihr hat nur der beständige Wechsel Dauer. Sie manifestiert sich in der Besetzung von Territorien, in der Behauptung der Macht des Stärkeren; sie organisiert ihre Lebenseinheiten, ihre Überlebensgemeinschaften als Symbiosen des Zweckvollen.** Wer da noch fragt „Warum das Ganze?", erhält zur Antwort: damit es Evolution gäbe, denn alles geschieht, weil es möglich ist, und möglich ist alles, solange sich alles wandelt.

Damit ist die heutige Architektur beschrieben. Die Bauten stehen, wie sie stehen, wo sie stehen, und wer fragt, warum sie dort so stehen, erhält zur Antwort, daß man diese dumme Frage auch dann stellen könnte und stellen würde, wenn sie ganz anders (bzw. woanders) dastünden. Das relativiert jede Planung zu einer bloßen Wahl aus lauter Möglichkeiten, die alle gleichermaßen als völlig untauglich zu stigmatisieren wären. Also merkt man den Bauten an, daß ihnen kein Plan zugrundeliegt außer einem beliebigen. Ihre stärkste Rechtfertigung signalisieren sie als offensichtliche Aufforderung, sie gleich wieder abzureißen. Sie wurden als einstürzende Neubauten konzipiert unter der tröstlichen Versicherung, wenigstens ihre Materialien seien nahezu recyclebar.

Auch in der Architektur erfüllt sich die evolutionäre Produktionslogik, derzufolge alles Geschaffene nur noch wertvoll ist, soweit es umstandslos wieder aus der Welt gebracht werden kann.

Und was kommuniziert diese Architektur, wenn sie nicht mehr Abbild und Vorstellung bewegender Formideen, verewigter Stilisierungskraft oder Bezeichnung des Guten, Wahren und Schönen sein kann? Eben die Naturgeschichte, wie sie sich in Termitenbauten, Bienenstöcken, Korallenriffs oder in Horstkolonien manifestiert. **Generell scheinen sich mehr und mehr Menschen, zumal mit Blick auf die Zukunft, aus ihrer kulturellen Autonomie gegenüber der Natur zu verabschieden, indem sie akzeptieren lernen, daß ihre herrischen kulturellen Konzepte offensichtlich gar nicht ihre sind, sondern sich aus der Tatsache ergeben, daß Menschen von Natur aus Kultur- und Sozialwesen sind und daß sich deshalb die Gesetze der Evolution leider auch im sozialen und kulturellen Leben zur Geltung bringen.** Wem das als sozialdarwinistische Kapitulation vorkommt, sei daran erinnert, daß die Moderne generell, also nicht nur in grüner Wandervogeligkeit, stolz darauf war, die Natur zur Lehrmeisterin zu nehmen. In zahlreichen Ausarbeitungen von Ozenfant bis Ungers wurde aus der Parallelisierung von Natur- und Kulturformen, der Biomorphie, die Sicherheit begründet, mit der Architekten behaupten konnten, das Angemessene, das Zulässige und das Wahrscheinlichste zu wählen, um so dem normativen Dogmatismus des jeweils für gut, wahr und schön Gehaltenen zu entgehen. Modernes Bauen als Postulat war damit auch immer schon ökologisches Bauen und damit ein Bauen für eine Gesellschaft im „natürlichen" Gleichgewicht. Dergleichen „sozialistisch" oder wenigstens „sozial" zu nennen, ergab sich offensichtlich aus dem Zwang, die Überlegenheit des Modernen als des „Neuen" und „Anderen" zu beweisen, denn es hätte zu mehr als bloßen Mißverständnissen geführt, wenn der Anspruch, alles ganz anders zu machen, mit dem Hinweis auf die Natur der Kulturen begründet worden wäre. Aber worauf gründete sich das Konzept der naturdurchwirkten Gartenstädte, wenn nicht auf der Einsicht, was dem Menschen von seiner Natur aus angemessen, billig und kalkulierbar ist? Darauf beruhen auch die Konzepte der „nachhaltigen Entwicklung" in der Diskussion zwischen Stadtkernverdichtern und Umlanderschließern – genauso wie die Konzepte der sozialen Reintegration von Leben und Arbeiten, von familiären und Single-Existenzen, von Angehörigen unterschiedlicher sozialer Schichten – wie auch die Konzepte der modernen Rekultivierung durch Umnutzung.

In der römischen Antike war unser Kulturbegriff nicht aus der Entgegensetzung von Kultur und Natur, sondern aus der kulturell optimierten Nutzung der Natur begründet. Kultivierung der Natur hieß, die Menschen zu lehren, mit ihrer Natur sinnreicher umzugehen, sich also besser in die Natur zu fügen. Dieses Optimierungskonzept entspricht seinerseits Evolutionsstrategien, auf denen die Symbiosen von Lebewesen beruhen.

Die Moderne war als nunmehr rund 250 Jahre alte Epoche, so wird einvernehmlich behauptet, von einer wissenschaftlichen Hinwendung auf die Natur geprägt. Aus dieser Hinwendung ergaben sich die Möglichkeiten, technische Instrumente zu bauen – und nicht aus einer souveränen Verleugnung der Natur. **Über lange Perioden schien man aber behaupten zu wollen, die Resultate naturwissenschaftlichen Arbeitens ließen die Natur für das Menschenleben immer unbedeutender werden. Man wollte mit Technik über die Natur triumphieren.** Einer der Triumphe firmierte unter dem Namen der *Hygiene* gegen den natürlichen Schmutz und die Bedrohung durch das natürliche Gewimmel von Kleinstlebewesen oder Pseudolebewesen – als ob nicht jede Katze und jeder Fischotter, jeder Vogel oder Affe Perfektionisten der Hygiene seien,

Fazit

Gegenwärtig und auf absehbare Zukunft scheint man vor den Fassaden unserer Städte, wie immer sie auch gestaltet sein mögen (in Strategien der Reintegration von Großstadt zum Haus oder in der Bildung attraktiver Ghettos), den sich selbst steuernden Lauf sozialer Evolution zu kommunizieren – offensichtlich mit hoher Akzeptanz von links bis rechts. Der Vandalismus wird kaum noch mit Sanktionen verfolgt, weil das praktisch nicht durchhaltbar sei und andererseits als Manifestation von wünschenswerter Selbstverwirklichung gewertet werden müsse. Der individualistische Vandalismus wird mit Hinweis auf den kollektivistischen, wie Sozialabbau, Arbeitslosigkeit und Bauherrenimperialismus, kleingerechnet. Wer 6.000 Kilometer durch die oberen Luftschichten fliege, verursache ohnehin mehr Schaden als die Sprayer, Inlineskater oder Einbrecher, sagt Herr von Weizsäcker aus Wuppertal. Daß Kleineinkommenbezieher in eben jenen Flugzeugen sitzen, sei nicht ihnen zuzurechnen, denn ihnen bliebe ja keine andere Wahl, als nun einmal gebotene Möglichkeiten zu nutzen. Wer durchaus zu Recht Haftung von Produzenten für ihre Produkte einfordert, erklärt zum Fassadenfenster hinaus, die Haftung des Konsumenten für den Umgang mit den Produkten sei etwas völlig anderes.

So baut man kommunikationsstrategisch lauter potemkinsche Fassaden der Selbstrechtfertigung; glanzvoll hält man anderen vor, sie seien die wahren Schuldigen, man selbst nur ein armes Opfer in Notwehr. Und Notwehr sei etwas ganz natürliches. Eben eben.

Da mögen sich die Architekten anstrengen wie sie wollen. Definieren sie öffentliche oder halböffentliche Räume mit hohem Anspruch auf integrative Wahrnehmung, so kriegen sie mit Sicherheit zu hören, das schränke die Freiheit ein, sich nach Belieben zu verhalten. Reduzieren sie die orientierenden Formideen, wirft man ihnen Phantasiearmut vor. Fügen sie das Heterogene unter ordnende Gedanken, machen sie sich schuldig, den Tod der regionalen Besonderheit herbeizuführen. Maskieren sie die Fassaden zu attraktiven Signalgebern, heißt es mit Sicherheit, sie wollten die Stadt dem Unterhaltungsmoloch zum Fraß vorlegen. Bauen für den öffentlichen Raum? Architektur der öffentlichen Kommunikation? Na, wenn Sie meinen …

Alles Fassade. Verhütung durch Verpackung
43 Architektur zwischen Formensprache und sozialen Funktionszusammenhängen

Wo steht die Architektur?
Seit alters her gehört die Architektur zum Kern der kulturellen Prägung jeder Gemeinschaft, jeder Religion, jeden Lebensraumes. Insofern ist es geboten zu fragen, welche Rolle die Architektur eigentlich gegenwärtig in Kulturkämpfen um regionale Autonomie spielt. Verkürzt läßt sich folgende Gleichung aufstellen: hier Autonomie der kulturellen Regionen und Ethnien, dort der Geltungsanspruch universaler Standards und Normen – hier die Architektur als Regionalsprache, dort (parallel dazu auch die Künste) Architektur als Universalsprache. Noch radikaler formuliert: es geht um eine Auseinandersetzung zwischen Kultur und Zivilisation, deren Dimensionen uns erst langsam klar werden, wenn man zum Beispiel von einer unmenschlichen Architektur im selben Sinne spricht, wie von einem unmenschlichen Verhalten kämpfender Parteien.

Gegenwärtig findet man immer wieder in der Presse, daß Redaktoren auf die Idee kommen, Unmenschlichkeit in derselben Weise auf architektonische Formen und architektursprachliche Formulierungen zu übertragen wie auf die Kriegführung in Jugoslawien; daß man von der Legebatterienarchitektur der fünfziger Jahre in der BRD wie von Lagern spricht, wo man doch weiß, was es heißt, Menschen in solche zu pferchen, vielleicht gar noch in solche des KZ-Typs; daß trotzdem mehr und mehr diese Parallelen gesetzt werden, sollte einen skeptisch stimmen. Es bedeutet nämlich nichts anderes, als daß die Architekten, Künstler und Wissenschaftler (Kunst- und Architekturhistoriker, Design-Wissenschaftler) sich bereits für diejenige Diskussion haben instrumentalisieren lassen, die diese Kämpfe als Kulturkämpfe auslegt. Der zivilisatorische Anspruch steht jedoch jenseits personaler und sozialer Identitätsforderungen, ohne Verweis auf die eigene Region, Sprache und Geschichte. Ihm gegenüber findet man den kulturellen Anspruch, der nun gerade gegen die universalen Normen und Geltungsansprüche auch in den Formsprachen die regionale Entwicklung bevorzugt.

In der Architektur läßt sich dies an zwei Beispielen jeweils auf den Höhepunkten ihrer Formulierungen sehr gut veranschaulichen: Gaudi für die katalanische

Architektur in Barcelona und Plecnik für die slowenische Architektur. Jene Architekten gestalteten und produzierten in der höchsten Form eines damaligen Ausdruckswillens und gleichzeitig regional definiert. Gaudi hat ebenso wie Plecnik eine haltbare, durchgängig formulierte architektonische Formensprache entwickelt. Das ist Architektur mit höchstem Anspruch, kein Provinzialismus, kein bloßes Ausweiten handwerklicher Tradition, sondern Architektur von universeller Gültigkeit. Parallel dazu entwickelten sich Moderne und Internationalismus, die in Loos einen ihrer ersten großen Programmatiker hatten. Diese Auseinandersetzung ist insofern für die letzten zwanzig Jahre vergessen worden, als man glaubte, zugunsten einer Pluralität vieler regionaler Identitäten – vornehmlich getragen eben auch durch die Architektur – die Diskussion auf einem Niveau fortsetzen zu können, das allgemein akzeptiert wurde. Für die kulturelle Verarmung der Regionen wurde nämlich bisher der zivilisatorische Anspruch universaler Geltung verantwortlich gemacht. Wer das Argument für eine gewisse Zeit aufnahm, konnte den Eindruck gewinnen, daß es tatsächlich so gewesen sein könnte – die kulturellen Traditionen der Regionen gingen verloren und wurden durch Normierungen, ja Uniformierungen der universalen Standards sprachlos oder voneinander nicht mehr unterscheidbar. So löste man die Konfrontation zwischen Kultur und Zivilisation auf, indem man sich darauf beschränkte, Zivilisation nur noch als das Regelwerk der Pluralitäten zu sehen, in der sich die je eigenständigen kulturellen, regionalen Heritages, also die Identitäten, formulierten.

Zum Formgedanken
Dies soll der Ansatzpunkt für meine Überlegungen zum Formgedanken sein: Form als grundlegende Bedingung für das Gemeinschaftsleben von Menschen erörtern, so wie sie sich in der Architektur materialisiert, Form als Lebensform und Funktionszusammenhang. **Seit Alberti Architektur als Analogie zur Gesellschaft setzte, ist bekannt, daß die Architektur mit ihren Mitteln der Gestaltung der Lebensräume von Menschen Einfluß auf soziale Verbindungen bzw. die Ausbildung von Lebensformen nimmt.** Umgekehrt ist der Architekt jemand, der diesem Set von Lebensformen ebenfalls ausgesetzt ist und aus ihnen heraus seine Konzepte formuliert. Sämtliche Großmeister von Alberti bis Le Corbusier haben Architektur in dieser ganzheitlichen Formulierung als ein Bauen der Gesellschaft verstanden. Das soll nicht sozialistisch,

kommunistisch oder gar pathetisch gemeint sein, sondern im Sinne einer Beschreibung. Zur architektonischen Ausbildung gehörten u.a., wie Alberti in *De familia* angeführt hat, Überlegungen zur Organisation eines Haushalts, zur Kindeserziehung in der Familie oder der Gemeinschaft und weitergehend Überlegungen zum Aufbau von Infrastruktur, Straßen, Plätzen usw. Solche Gedanken sind Bedingung und auslösender Impuls der Architektur. **Seit Begründung der Architekturgeschichte im 15. Jahrhundert wird gefordert, jenseits der regionalen kulturellen Identitäten und ihres Ausdrucks eine zivilisatorische universale Norm, ein Normgefüge zu begründen, welches Priorität vor allen anderen Argumenten besitzt.** Heute gilt es, die Kulturen nicht weiter zu differenzieren, sondern jene zivilisatorischen Programme zu unterstützen, die ja ursprünglich mit dem Namen Moderne verbunden waren.

Das Programm der Moderne wieder aufzunehmen, bedarf allerdings erheblicher Umorientierung im Denken. Auf der Ebene der Verwirklichung der Menschenrechte, die ja wohl die bekannteste zivilisatorische Norm darstellen, wie auch in architektursprachlichen Definitionen, eben jener Lebensvoraussetzung oder Zusammenhänge, in denen Menschen diese Norm realisieren, ist allein die Durchsetzung universaler Normen und Standards wichtig. Architektur ist dann eine realisierte zivilisatorische Norm von universalem Geltungsanspruch. **Aus der bisherigen Tradition des Denkens, des Selbstverständnisses von Architekten seit Albertis Zeiten, ist klar, daß die Architekten Träger der zivilisatorischen und nicht der kulturellen Prozesse sind.** Ich bin der Meinung, daß wir das, was wir innerhalb der Gestaltungskonzepte entwickeln, anderen Menschen anbieten, mit ihnen diskutieren und realisieren, in allererster Linie im Hinblick auf diesen Zivilisationsauftrag verstehen sollten. Das gilt für die kleinste Ecke, in der man zum Beispiel ein Garagenensemble anonymer Privatbauer, handwerklicher Bricoleure und Bastler im Sinne einer Vereinheitlichung eines Stadtbildes neu gestalten soll, bis hin zur Städteplanung selbst.

Sedlmayer und andere Historiker stellten fest, daß sich seit dem 5. vorchristlichen Jahrhundert und der griechischen Antike die Entwicklungen der Gesellschaften in Europa am eindeutigsten in der Betrachtung der jeweilig vorherrschenden Bauaufgaben extrapolieren lassen. An den dominierenden Bauaufgaben der Gesellschaften in bestimmten Epochen läßt sich die Gesamtentwicklung besser ablesen als in jeder anderen Argumentation. In Anlehnung an diese Methode möchte ich im folgenden die Entwicklung von Formensprachen an jedermann bekannten Beispielen erläutern – und zwar im Hinblick auf den Typus der **Kommunikationsbauten.**

Die Verknüpfung von Formensprachen und sozialen Lebensformen
Die bekannteste Art der Verknüpfung von Formensprachen und sozialen Lebensformen ist im Programm des Wiederaufbaus der *Akropolis* nach der großen Perserkatastrophe historisch nachweisbar. Diese Diskussion begann ungefähr um 465 und ist bis 450 v. Chr. abgeschlossen. Noch heute läßt sich die Programmatik dieses Vorgehens unter der Ägide von Perikles als politischem Führer und Iktinos und Phidias als Baumeister und Bildhauer als zentral und beispielhaft für die gesamte europäische Geschichte darstellen, was die Gesamtkonstruktion der Anlage der Akropolis anbelangt. Innerhalb dieses grandiosen Konzeptes von Form als Funktionszusammenhang kann man zeigen, daß eben nicht die einzelne Formensprache, in diesem Falle die dorische Ordnung, prägend ist, sondern der soziale Zusammenhang, in dem diese **Bauten** stehen. Sie **erhalten ihre einzelnen Aufgaben in den kultischen Ausprägungen gesellschaftlichen Gemeinschaftslebens durch die Funktion, die sie für das Repräsentieren und Vergegenwärtigen der Erlebensformen einer Gesellschaft haben** und nicht der Formen im Sinne von Gestaltungseinheit. Daher weiß man heute aus unendlich vielen Quellen, daß die Akropolis im wesentlichen nicht unter Gesichtspunkten großartiger künstlerischer Einzelleistungen betrachtet wurde, sondern im Hinblick darauf, was sie für den Zusammenhalt der athenischen und attischen Gesellschaft bedeutete. Die Architektur wird hier in ihren Ausformulierungen jenseits der Fragen nach großer Kunst oder individuellem Stil eines Bildhauers oder Architekten insofern zur Gemeinschaftsstiftung, als sich an diesen architektonischen Formulierungen des Funktionszusammenhangs die gesamte Lebensgemeinschft Athens manifestiert.

Das ist sehr unterschiedlich geschehen. Am *Erechteion*-Bau sieht man zum Beispiel, daß die Rückbezüge auf die mythologischen Erzählungen zur Gründung der Stadt anders aufgenommen werden als im zentralen Tempel der Pallas Athene oder in *Glyptothek* und *Pinakothek* rechts und links neben den *Propyläen*. Der hohe Anspruch dieses Konzeptes wurde auch mit heterogenen Mitteln durchgesetzt. Wir haben hier also kein totalitäres Konzept vor uns wie in der Moderne, denkt man an Nationalsozialismus oder Stalinismus, in denen meistens nur die totalitäre Durchsetzung eines einzigen Formgedankens möglich war.

Wenn man die beiden Paradebeispiele aus der römischen Epoche der ersten beiden nachchristlichen Jahrhunderte betrachtet – das *Kolosseum* und den *Septimus-Severus*-Bogen, wird deutlich, daß sich aufgrund verschiedener Lebensformen auch das Programm ändert.

Kommunikation als Voraussetzung für die Beziehung zwischen den Menschen
Die Verfassung Roms ist eine andere als die Athens, die Akte der Bildung sozialer Formationen sind verschieden, die rechtlichen Normen sind andere. Nur wird ähnlich wie in Athen darauf abgehoben, den Zusammenhang zwischen der gesellschaftformierenden Kraft der Architektur, d.h. Ausdruck und Vergegenwärtigung von Lebensnormen zu sein und der Rückwirkung von eben diesen architektonischen Ausdrucksformen auf die Gesellschaft, in den öffentlichen Bauten repräsentiert zu sehen. Hier kann ein Wechselspiel beobachtet werden, innerhalb dessen aus mannigfachen Lebensformen architektonische Konzepte entstehen, die ihrerseits wieder ganz unmittelbar die gesellschaftlichen Formationskräfte beeinflussen.

Bei diesen Bauten – Akropolis, Kolosseum oder auch den Memorialbauten auf dem Forum Romanum, den Tempeln usw. – handelte es sich um Kommunikationsbauten, die eine der Grundvoraussetzungen für die Entwicklung eines solchen Beziehungsgeflechts auf Verbindlichkeit, nämlich Kommunikation, thematisieren.

Eines der grandiosesten Programme, ähnlich dem der Akropolis oder dem des Weltraumbahnhofs von Baikonur, um ein Beispiel für die heutige Zeit zu nennen, war das nach 1160 von Suger von Saint-Denis initiierte Konzept zur Errichtung der gotischen Kathedralen. In ihnen findet man eine entscheidende Ausprägung der Kommunikation formuliert – nämlich nicht nur die zwischen den Menschen, sondern auch die zwischen der diesseitigen Kultur und ihrem aus der christlichen Theologie heraus begründeten Anspruch auf jenseitiges Leben. Hier erkennt man eine viel subtilere Form der Vermittlung als bei den Griechen, bei denen der Tempel als das Haus Gottes die Gemeinde ausschloß, weshalb sich der Altar mit der Opfergrube auch vor dem Gebäude befand. In der Gotik, wo die Kirche zum Haus der Gemeinde und der Gläubigen wurde, mußte die Beziehung zur theologischen Definition des Gottes, zum Jenseits oder zum Paradies auf eine viel raffiniertere Weise erfolgen. In bezug auf die Schriften von Sedlmayer oder von Simson kann man sagen, daß es sich hier um die Integration der Vorstellung des himmlischen Jerusalem (zum Beispiel in der Kathedrale zu Amiens), des Paradieses und des Gottesreiches in die Lebenswelt einer im Mittelalter irdisch herrschenden Gemeinschaft handelt. Welche Verbindlichkeit erhalten Menschen in ihren entwickelten Beziehungen und Lebensformen, wenn sie sich dabei auf das christliche Versprechen eines Lebens nach dem Tode, eines jüngsten Gerichtes, der Apokalypse oder auf ein weiteres Prozedere der Sortierung zwischen den Gerechten und Ungerechten, zwischen den Guten und den Bösen verlassen? **Wie man heute weiß, ist eine der bedeutendsten Formen des Verbindlichwerdens von Beziehungen zwischen Menschen das Einlassen auf eine Repräsentanz, die über das je individuelle Leben hinausgeht.**

Das kann sich zum einen in der Institution der Kirche als Glauben manifestieren oder zum anderen in Memorialbauten, Historienbildern und Ereignisbildern repräsentiert werden. Darüber, wie weit eine solche Repräsentanz gehen darf, kreiste der berühmte Disput zwischen Suger von Saint-Denis und Bernard von Clairvaux, der in der Frage gipfelte, ob man diesen Transzendenzanspruch in die Alltagssprache miteinbeziehen dürfe. Suger hielt es sogar für notwendig, das Heilige als abstrakten Gedanken zu vergegenständlichen. Dem widersprach Bernard von Clairvaux, der glaubte, daß das Heilige Teil der psychischen Prozesse, des Seelischen und des geistigen Lebens der Menschen sei und deshalb nicht sprachlich, in Ziegelsteinen und Glas vergegenständlicht werden dürfe.
Was Suger und Bernard zu diesem Gedanken in ihren Programmschriften formuliert haben, bleibt eine der grandiosesten Demonstrationen von Form als Funktionszusammenhang, nämlich im Sinne einer Kommunikation zwischen Menschen, deren Verbindlichkeit durch die Gemeinsamkeit ihrer Ausrichtung auf den christlichen Glauben und seine in der Kathedrale Stein gewordenen

Programmatiken ausmacht. Das gilt auch für die einzelnen Formierungsprozesse. Ging man beispielsweise durch ein gotisches Portal mit starker Sogwirkung, dann formierte sich entsprechend dem jeweiligen Ritualanlaß der soziale Körper hinsichtlich einer Prägung, die durch die Architektur und die applizierten Skulpturen auf den, der durchs Tor schritt, ausgeübt werden sollte. Im metaphorischen Sinne war dies das Joch, d.h. ein Prägestock der Architektur für Verhaltensweisen, für Wahrnehmung, für die Attitüden desjenigen, der durchs Tor gehen mußte.

Das Entscheidende bei der gotischen Kathedrale als Kommunikationsbau war, daß die Verbindlichkeit dieser Beziehungen aus der einheitlichen Ordnung auf die christliche Theologie entstand. Hier erhebt sich das Problem, wie heute die universal zivilisatorische Geltungsnorm an die Stelle des einheitlichen Glaubens tritt.

Abbruch der Kommunikation
Bei den Kommunikationsbauten, die die Voraussetzungen des Beziehungsgeflechtes zwischen den Menschen schaffen, mit je unterschiedlicher Begründung der Verbindlichkeit, gibt es das Phänomen des bewußten Abbruchs der Kommunikation, der Isolation. Zu jeder Art von sozialer Gemeinschaft, auch im Sinne einer Vereinheitlichung der Lebensräume, gehört die **Möglichkeit des Abbruchs der Kommunikation,** wie es im berühmten Beispiel der Zugbrücke als eines Baues auf einer isolierten Felsnase äußerst bildhaft thematisiert worden ist. Auch wenn man glaubt, daß die Legitimation für dieses Verfahren bei uns längst zu den Akten gelegt worden ist, zeigen die Architekten heute, was sie da gelernt haben, d.h. sie bauen Ghettos: Der Tennisclub der Leute, die es sich leisten können, ist ein Ghetto; der Freizeitclub derer, die es sich leisten können, ist ein Ghetto; die Fabrik der Leute, die es sich leisten können, ist ein Ghetto mit speziellem Zugang.

Diese Möglichkeit des Abbruchs der Kommunikation und der Isolation wird nicht mehr pejorativ gegen Minderheiten angewendet (früher hat man Minoritäten wie die Juden ghettoisiert); heute gehen die Eliten freiwillig ins Ghetto, weil es die einzige Form ist, einen durchgängigen Lebenszusammenhang zu garantieren. Sie brechen die Brücken jeden Abend oder jeden Morgen hinter sich ab und isolieren sich vollständig. Das Ghetto ist eine in sich geschlossene Welt. Gehört es jedoch grundsätzlich zur Aufgabe jedes Architekten – wie in derzeit kursierenden Diskussionen unter amerikanischen Architekten aufgeworfen – Kommunikation zu ermöglichen und aus der architektonischen Konzeption heraus den Abbruch jenseits der durch das bürgerliche Gesetzbuch garantierten Norm (Unantastbarkeit der Privatsphäre) sozusagen miteinzubauen? Das würde bedeuten, daß die Gesellschaft tatsächlich in nicht mehr miteinander in Beziehung stehende Einheiten zerfiele.

Einige Beispiele
Paradebeispiel für die Fähigkeit der Architekten, Kommunikation als Voraussetzung für das Beziehungsgeflecht zwischen den Menschen zu entwickeln und sich zusätzlich auf die Verbindlichkeitsform einzurichten, die durch die Theologie vorgegeben ist, stellt der Vorplatz von St. Peter mit den Kolonnaden von Bernini dar. In den berühmten ausholenden Armen der *ecclesia*, der Mutter Kirche, die mit ihren Kolonnaden die Menschheit umfaßt, hat Bernini die Formierung der Gesellschaft durch die Mutter Kirche selbst gezeichnet. In ähnlicher Form geschieht dies in Großprogrammen, wie dem von Versailles, wo das bis ins letzte Detail sowohl für den Innenhof nach außen, wie für den Außenhof nach innen, für die Fassaden und auch für die rückwärtigen Gartenanlagen thematisiert wurde. Auch klang in Versailles erneut eine Frage an, die bereits beim Schloß von Blois in historischer und schriftlicher Form überliefert worden ist: Wie kommuniziere man eigentlich über ein so klassisches architektonisches Element wie die Treppe? In Blois war der geniale Gedanke entstanden, das Treppenhaus nach draußen zu verlagern und als Rampe auszuführen. Das hatte eine ganz bestimmte Auswirkung auf die Formierung der Gesellschaft, was in den Romanen jener Zeit beschrieben wurde, die dieses Schloß bespielten.

Man sieht es auch im 19. Jahrhundert bei der Entwicklung der Galerien als eines bestimmten Kommunikationstyps, der von der Architektur selbst geschaffen wurde. Fast überall in Europa entstanden in der zweiten Hälfte des 19. Jahrhunderts Galerien, zum Beispiel die Mailänder Galerie, die durch architektonisches Denken auf die Formierung der Gemeinschaft oder Gesellschaft ausgerichtet ist und sich auch auf die Verbindlichkeitsgarantien in den Beziehungen ausrichtet. Das dreht sich keineswegs nur um den schnöden Mammon, wie immer behauptet wurde. Die Verbindlichkeiten steckten in den pekuniären Verbindungen der Warenwerte, die dort ausgelegt oder getauscht wurden, qua *zahlen oder nicht zahlen*. Sie steckten in der Lebensform, die dieses Zahlen oder Nichtzahlen überhaupt erst möglich machte. Dies ist ein zivilisatorisch und weniger ein kulturell beschreibbarer Prozeß. Das gleiche gilt für die Entwicklung von neuen Anforderungen an die Knüpfung kommunikativer Beziehungen, wie sie mit der Erfindung der Eisenbahn entstehen – riesige Bahnhofshallen als Prototypen für weitere Kommunikationsbauten in der zweiten Hälfte des 19. Jahrhunderts. Als ein besonderes Beispiel mag der S-Bahnhof in Berlin-Dahlem fungieren, der einen ganz anderen Typus der Verbindlichkeiten aktiviert.

Hier wird deutlich, wie geschickt Architekten es verstanden haben, Form als Funktionszusammenhang und Lebensform zu sehen, in der sich der einzelne selbst als Repräsentant eines Stils in diesem formalen Zusammenhang auffassen kann. Das ist von der Akropolis an über den Durchzug durch die Portale der gotischen Kathedralen bis in unsere Zeit hinein nachweislich, daß die Eintretenden sich durch das Überschreiten der Schwelle tatsächlich entscheidend verändern, also in die gesellschaftlich geprägte, architektonische Formation eingehen.

Baumeister oder Auftraggeber von Louis XIV. bis Hitler haben instinktsicher um die psychologisch intensive Wirkung solcher architektonischer Formierungen gewußt. Das galt auch für die Entwicklung neuer Kommunikations- und Ereignisorte wie das Großkaufhaus oder für die Spielkasinos in der zweiten Hälfte des 19. Jahrhunderts.

Ähnliches läßt sich konstatieren für solch profane Anlagen wie die Infrastruktur der Großstädte, die Autobahnen etc., die im Hinblick auf ihre formierende Kraft weit unterschätzt werden. Ja, wahrscheinlich gehören sie gegenwärtig bei dem relativ unterentwickelten Anspruch von Architektur zu den stärksten und dominierendsten Formen, während man sie rein form- oder stilgeschichtlich als völlig banal ansehen muß.

Profantheologie
Ganz entscheidend ist der Aspekt, wie weit diese Phänomene heute greifen, wenn man sich auf rituelle oder kultische Kommunikationsräume einläßt, also etwa Ronchamp und das Centre Pompidou als Kommunikationsräume miteinander vergleicht. Früher wurde behauptet, Corbu und Rogers hätten unstatthafterweise auratische Anleihen bei der Architekturgeschichte gemacht, die noch Verbindlichkeiten über theologische Begriffe und über den Glauben vermittelte. Das hat sich als untertrieben herausgestellt. **Inzwischen vertreten fast alle Fachleute die Auffassungen, die Carl**

Schmitt für die Rechtswissenschaften postuliert hat, daß nämlich alle Begriffe der Kunst- und Architekturgeschichte aus der Theologie stammen und mehr oder weniger profanisiert in den Alltagskontext überführt worden sind.

Nun sind Museen wie das Centre Pompidou bekanntlich Kommunikationsbauten par excellence, so wie Brücken beispielsweise. Aus ihnen ergab sich in der jüngsten Vergangenheit ein bestimmter Typus von „profanisierten" Kommunikationsbauten, den man als Messe- und Ausstellungsbau kennt und von dem heute auf die Architektur wohl die entscheidende Entwicklung ausgeht. Immer mehr wird das, was wir wechselseitig in die Aufmerksamkeit bringen, zu einer Art von Beziehungsvermittlung durch Kommunikation, wie sie Messen und Ausstellungen repräsentieren, sogar in familiären und kommerzfernen Zusammenhängen. Das Interessante ist derzeit, wie ein solcher Typus der Kommunikationsarchitektur als Ausstellungsarchitektur zurückwirkt, zum Beispiel als innenarchitektonisches Konzept auf die Außenarchitektur. Das Centre Pompidou ist nach dem Muster eines Industriebaus als ein Kommunikationsbau entwickelt worden, richtet sich also an einem ganz anderen Typus der Vermittlung der Beziehungen und der Verbindlichkeit zwischen den dort arbeitenden Menschen (Dichotomie von Fabrik und Außenwelt) aus. Die Tendenz geht dahin, das Kernstück der architektonischen Formierungskräfte, sprich Aufbau der Kommunikation, auf die Industrie- und Zweckbauten und in einem hohen Maße auch auf die Wohnbauten als rekonstruierte Gesellschaftlichkeit, als Arbeitsgemeinschaft und Überlebensgemeinschaft zu überlegen.

Die Aufgabe der Architektur
Ich bin überzeugt, daß jenseits fundamentalistischer Erzwingung von Verbindlichkeit in den Beziehungen zwischen den Menschen der Architektur die Aufgabe zukommt, den Zusammenhalt zwischen den Menschen unterschiedlicher privater Überzeugung, Glaubensbekundungen oder regionaler Kulturidentitäten durch Orientierung auf übergeordnete, allen gemeinsame, universell geltende Standards oder Normen zu ermöglichen. Das sind genau die Standards, die als Programm die Moderne prägen, seit Mitte des 15. Jahrhunderts Alberti und andere mit der programmatischen Ausarbeitung eines solchen Selbstverständnisses von Architektur begonnen haben. Der wahre Umbruch, die Moderne, wurde nicht erst 1905 bei Loos oder ein paar Jahre darauf beim Bauhaus manifest, sondern bereits Anfang des 15. Jahrhunderts. Wenn man

verfolgt, wie kraftvoll damals diese Formierungskräfte trotz der Pest, trotz irrsinniger Bürgerkriege, trotz der Zerstreuung der Menschheit in alle Winde und trotz Ausrottung von zwei Dritteln der Bevölkerung in Religionskriegen im Aufbau von Gesellschaften gewirkt haben (bis hin zu einer Nationalstaatlichkeit, etwas eigentlich nur abstrakt Formulierbares), dann weiß man, welch ungeheure Verantwortung der Gestaltung unserer Lebensräume durch das, was wir generell Architektur nennen, zukommt. Wenn wir uns heute auf die Formen des Selbstverständnisses der Architekten, als Künstler, als Ingenieure, also auch als Zeitgenossen berufen, um zu fragen, auf welche Seite gehört eigentlich in den jetzigen Auseinandersetzungen die Architektur, dann gibt es trotz solcher lokaler Größen wie Plecnik oder Gaudi nur eine Antwort aus der Geschichte der Architektur: **Architektur gehört eindeutig auf die Seite der Zivilisation und versteht sich aus dieser europäischen Tradition heraus als entscheidender Faktor der Zivilisierung.**

| Alles Fassade. Verhütung durch Verpackung |

| 44 | Der Schiffgrabenbau

von Schweger + Partner |

Was eine lebendige und wirkungsvolle Architektur auszeichnet, ist ihre ästhetische Qualität. Diese Qualität besteht als ein spannungsreiches und vieldeutiges Verhältnis zwischen der Architektur als Vorstellung und der Architektur als realer Raumerfahrung. Die Architektur als Vorstellung haben Schweger + Partner als konstruktivistische Komposition in einem zweidimensionalen Bild entwickelt. Diese Komposition wurde dann in einen Grundriß des zu realisierenden Baues übersetzt. Eine produktive, ja schöpferische Übersetzung ist aber niemals eine formale 1:1-Übertragung. Um die Qualität des Baues tatsächlich erfahren zu können, sollte der Nutzer und Bewohner an jedem Ort im Bau das Bild der komponierten Formideen als eigene Vorstellung abrufen können, um so die ästhetische Spannung zwischen abstraktem Bild und konkretem Raum zu erleben. Der Grundriß orientiert den Betrachter auf den realen Bau; die konstruktivistische Bildkomposition orientiert den Betrachter auf die Vorstellung eines dynamischen Gefüges geometrischer Grundformen, also auf Formideen.

Einer grandiosen Manifestation solcher ästhetischen Qualität der Architektur von Schweger+Partner begegnet der Betrachter und Nutzer des Baus in der 96m langen inneren Fassade durch Ulrich Erben. Einerseits kennzeichnet Erben diese den gesamten Komplex durchziehende Wand als eine abstrakte Komposition von Farbfeldern, andererseits konkretisiert er sie zu Vorstellungen oder Erinnerungen, die der Bedeutung nach Pfeilerhalle und Triumphbogen, Bühnenvorhang und szenische Kulisse, Regenbogen und „geputzte Flur" (Osterspaziergang: „Aber die Sonne duldet kein Weißes, überall regt sich Bildung und Streben, alles will sie mit Farbe beleben.") sein können. Erben fordert vom Betrachter und Nutzer, vor der farbigen Fassade solche Assoziationen zu leisten. Das fällt vielen Menschen schwer, weil die Wandgestaltung keinerlei Anhaltspunkte etwa als Illustration von Erinnerungen offeriert.

Architektur am Bau
Eine biblische Weisheit mahnt an, der Mensch lebe nicht von Brot allein. Seit alters beherzigen die guten Baumeister diese Ermahnung. Sie wissen, daß der Mensch nicht in Ziegelsteinen und Beton wohnt, in Marmor und Glas, in Holz und Lehm, sondern in Gedanken und Vorstellungen, in Erinnerungen und Weltbildern. **Die Aufgabe der Baumeister und Architekten besteht darin, die Behausung der Menschen mit eben jenen geistigen Leistungen zu verbinden, die das Hausen zum Wohnen werden lassen.** Die Architektur verwandelt den Bau als Klimahülle, Versorgungsdepot, Schutzzone und Arbeitsareal in Lebensraum und Lebenswelt. Deswegen ist jede leistungsfähige Architektur ein modellhafter, sozialer Kosmos, der es den Bewohnern erlaubt, ihrer Welt zu begegnen. Das ermöglicht Architektur, indem sie den Bau als gestaltete und erkennbare Ordnung erscheinen läßt. Ordnen heißt, in Zusammenhang stellen, etwa in

den Zusammenhang stilistischer Gestaltung, in den Zusammenhang sozialer und funktionaler Abläufe, in den Zusammenhang ideengeschichtlicher, also theologischer, philosophischer und politischer Konzepte des Lebens.

Von diesen Konzepten spricht alle Architektur – aber auf sehr unterschiedliche Weise. Am eindeutigsten ist diese Sprache, wenn der Bau als Verbildlichung der Konzepte gestaltet wird, wenn also beispielsweise in der Antike das Grabmonument eines Bäckers als Backofen veranschaulicht wird, oder um 1800 ein Kuhstall die Gestalt eines monumentalen Hornviechs erhält, oder sich im 20. Jahrhundert die Restaurants einer Fast Food-Kette als gigantische Hamburger am Straßenrand präsentieren. Aber diese platte Umsetzung einer Funktion oder Position in das Bild ihrer selbst hat den Nachteil, gerade durch die Eindeutigkeit ihrer Sprache schnell an Interesse zu verlieren. **Bei den epochemachenden Bauaufgaben der Jahrhunderte, den Sakralbauten, den Herrschaftsbauten und den Wirtschaftsbauten, also den Tempeln und Kathedralen, den Palästen und Parlamenten, den Kaufhäusern, Bahnhöfen und Fabriken, kam es darauf an, eine spannungsreiche Balance zwischen stilistisch-formalen, technisch-funktionalen und ideengeschichtlichen Motiven zu halten.**

Wie gelang das? Die Architekten erhöhten die Abstraktionsleistung in allen drei Konzeptbereichen: Formal-stilistisch wurden Bauformen auf die geometrische Variation von Kreis und Quadrat, von Kubus, Kegel und Zylinder, von Punkt und Linie in den strikten Koordinaten von Vertikalität und Horizontalität ausgerichtet. Das trifft für die griechisch-römische Antike, die Renaissance und den Frühbarock, den Klassizismus und die klassische Moderne zu. Wo man nicht von geometrischen Grundformen, sondern von natürlichen ausging, abstrahierte man den Formenkanon der Pflanzen, die Konturen von Lebewesen und die Dynamik von Bewegungsabläufen – das galt für die Gotik, das Rokoko und den Jugendstil.

Die technisch-funktionale Abstraktion zeigte sich in der Entwicklung universaler Baustoffe (wie Zement) und neuer

Bauverfahren (wie Stahlbeton), die in allen Bautypen gleichermaßen verwendbar waren.

Die immerweitergehende Abstraktion theologisch-philosophischer und politischer Konzepte äußerte sich darin, daß etwa Verkehrsbauten sakrale Anmutung erhielten (der Bahnhof als „Kathedrale des Verkehrs"), Fabriken wurden zu Herrschaftsbauten und Kaufhäuser zu Palästen.

Seit Schinkels Zeiten (und Schinkel war gewiß ein überragender Architekt des frühen Industriezeitalters) sehen Postämter wie Gymnasien, Gymnasien wie Finanzämter, Finanzämter wie Fabriken, Fabriken wie Rathäuser und Rathäuser wie Kirchen aus. Gerade das hat man allen Schinkelnachfolgern zum Vorwurf gemacht, weil man das Entscheidende vergaß. Die Ähnlichkeit der Bauten resultiert aus dem Anspruch auf architektonische Qualität, und die ist, wenn sie gelingt, überall gleich im Gefüge der Proportionen, in der Sorgfalt der Ausführung und in der Klarheit der Formideen. Man hat diese Angleichung als Verlust spezifischer Abweichungen, als Verzicht auf regionale Traditionen und als demokratische Gleichmacherei beklagt – aus verständlichen, aber nicht stichhaltigen Gründen. Was uns als Sammelsurium des Einerlei in den Nachkriegsstädten ans Gemüt geht, ist eben der Mangel an architektonischer Qualität und nicht der Mangel an Vielfalt. **Die Typen moderner Arbeitsformen nähern sich einander immer mehr; die sozialen Rollen desgleichen. Da wäre es doch zynisch, Fabrikarbeit und Verwaltung, Arbeiter und Angestellte auf Architekturen festzulegen, denen man schon von außen und erst recht von innen ansieht, daß sie mutwillig einen Unterschied markieren wollen, dem auf der realen Basis kaum noch etwas entspricht.** Sollte man etwa darauf verzichten, Fabrikations- und Distributionsstätten nach den gleichen architektonischen Qualitätsmaßstäben zu gestalten, bloß um den Unterschied zwischen Blaumännern und Weißkragenträgern zu markieren? Dergleichen markierende, also bloß vortäuschende Architektur ist in den Disney Worlds vielleicht angebracht, aber jeder spürt die Zumutung, die darin liegt, in solchen Maskenarchitekturen tatsächlich leben und arbeiten zu müssen.

Im übrigen: Die konkreten Rahmenbedingungen für jede Architekturaufgabe in gewachsenen Städten sorgen ohnehin dafür, daß die gleichen Qualitätsformen nicht zu gleichmacherischer Einheitsarchitektur führen. Viele Grundstückszuschnitte, Infrastrukturen, Bauauflagen, klimatische Verhältnisse und Bauökonomien verführen im Gegenteil dazu, oberflächliche Fassadenpointen mit hohem Abstraktionswert den Mangel an tatsächlicher Qualität kaschieren zu lassen. Da wird Architektur zum Oberflächendesign, zum postmodernen Anpreisungsprospekt, und innendrin fällt einem die Decke auf den Kopf.

Der Bau von Schweger+Partner will nicht Status des Bauherrn, Funktionstypus der Baunutzer repräsentieren und pointenschnalzende Fassadenmaske im Straßenbild sein. Er behauptet nicht, unterscheidbare Firmenphilosophie oder politisch-weltanschauliche Positionen architektonisch zu formulieren oder sichtbar werden zu lassen, wodurch sich der Sitz des Giroverbandes von den Bauten der einzelnen Sparkassen abheben sollte. Die Leistung der Architekten wird man erst beurteilen können, wenn man die Aufgabe versteht, der sie sich stellen mußten. Es galt, auf einem heiklen Areal am Schiffgraben in Hannover einen Neobarockbau, einen Nachkriegsanbau und ein Parkplatzgelände des Finanzministeriums als Grundriß eines einheitlichen Baukomplexes zu definieren. Aus den historischen Stilsprachen und Funktionstypen der vorhandenen Baukörper abstrahierten sie die longitudinal ausgerichteten Rechtecke, die T-förmig aufeinanderstehen und deren Richtungsdynamik auf den äußersten Eckpunkt des zu bebauenden Grundstückes zielt. Sie wird veranschaulicht als eine Gerade. Der Verlauf des Schiffgrabens erzwang vom Eckpunkt in Richtung auf den Neobarockbau eine Bogensegmentkrümmung der Fluchtlinie. Damit war das Motiv des Kreises eingeführt; den vollendeten Kreis komponierten die Architekten zurückgesetzt in die Lücke zwischen Neobarockbau und Kreissegmentflügel. Der Kanon der Grundformen wird fortgeführt von einem viergeteiltem Quadrat, das in die Einheit des Formenensembles einbezogen wird durch die dominante Richtungsachse. Komplettiert wird der Kanon durch eine zweite Gerade, die die Richtungsachse und den Kreis im rechten Winkel durchschneidet. Betrachtet man die Komposition als konstruktivistisches Bild, markieren die sich überschneidenden Geraden die beiden Diagonalen. Betrachtet man hingegen den Grundriß von der Eingangsfassade des Baus, dann definieren die sich überschneidenden Geraden Horizontalität und Vertikalität als zentrale Achsen der Orientierung.

Diese in sich ausgewogene aber doch spannungsreiche Komposition, die es an Qualität mit den besten Arbeiten Lissitzkys, Moholy-Nagys und anderer Konstruktivisten aufnehmen kann, erlauben eine bauliche Entfaltung der Architektursemantik: der Kreis wurde zur Rotunde, respektive zum Pantheon, die Richtungsachse zur inneren Fassade, das viergeteilte Quadrat zum aufgebrochenen Kubus eines Abschlusses ohne Endgültigkeit.

Die Bedeutungsassoziationen der Baukörper und die konstruktivistische Bildlichkeit der Grundrißgeometrie müssen und können vom Betrachter von jedem Standpunkt im Bau aufeinander bezogen werden. Damit werden konstruktivistische Formideen und ideengeschichtliche Bedeutung der Bauformen gleichermaßen zur Erschließung des Baus eingesetzt. **Die Architektur wird bildlich und das Architekturbild begrifflich.**

Die Verbindung zwischen Bildlichkeit und Begrifflichkeit schafft das Kreuz der sich überschneidenden Geraden, wenn wir es als Rotationssymbol für die Bewegung aus dem Bild in den Bau und vom Bau ins Bild verstehen. Jeder Nutzer des Baus wird also von der Architektur aufgefordert, das konstruktivistische Bild als eigene Vorstellung zu vergegenwärtigen. **Mit der Bewegung im Baukomplex verwirklicht der Benutzer das Bild der Architektur und wird selbst zu einem architektonisch denkenden Entdecker und Erschließer des Raumes.** Er wohnt also tatsächlich in seiner Gedankenarchitektur und nicht mehr nur im Gehäuse der Baumaterialien.

Künstlerisches Denken am Bau

Es ist nichts besonderes, daß in der Baugestaltung Wände farbig gefaßt werden, mit Ausnahme einer kurzen Epoche unseres Jahrhunderts, in der die Wände möglichst weiß blieben. Aber auch die weiße Wand ist Projektionsfläche und Wahrnehmungshorizont, nämlich für die auf diesen Wänden gedachten oder tatsächlich gehängten, autonomen Kunstwerke, zumeist Malereien. **Der Raum ist**

gerade für die Moderne unabdingbar für den Auftritt der Malereien, Reliefs oder Skulpturen. Viele moderne Künstler konzipierten ihre Arbeiten bereits mit Blick auf den Raum als Bühne für ihre Werke. Je mehr aber die Architektur des Raumes sich zur Geltung brachte, desto schwieriger war die Präsentation von autonomen Kunstwerken in solcher ausdrücklichen Architektur. Sehr häufig gerieten Architekturanspruch und Präsentationsanspruch der Kunstwerke in Konflikt. Beispiel dafür sind die Museumsbauten von Hollein. Die Kunst im Bau erzwang die architektonische Neutralisierung der Räume; die Architektur wurde verdrängt.

Alle programmatischen Bemühungen, Kunst und Architektur zu versöhnen – sei es, daß man Architekturen wie Skulpturen entwarf oder aber die Kunst als Dekor der Architektur applizierte (Kunst am Bau), blieben unbefriedigend für Architekten, Künstler und Baunutzer. Deswegen versuchten Maler wie Blinky Palermo, Imi Knoebel und Gerhard Merz ihre Bildkonzepte direkt auf die Wand zu bringen und nicht vor die Wand zu hängen. Sie mußten dabei gegen die konventionelle Auffassung arbeiten, daß auf die Wand aufgebrachte Farbe bloßer Anstrich sei. Ein altes Problem, mit dem sich in unserem Jahrhundert vornehmlich die Werkstatt für Wandmalerei des Bauhauses beschäftigte. Um dem Eindruck zu entgehen, man dekoriere nur nachträglich Wände, betonte die Werkstatt unter Ittens Leitung die **Farbpsychologie** und die **Farbtheologie.** Die **Farbgebung wurde zur Stimulation von Seelenstimmung und Seelenöffnung.** Der reale Raum wurde zum **Spiritualraum.** Unter Kandinskys Werkstattleitung wurde von Bauhäuslern versucht, die Farbe in der gegebenen Architekturform der Wand aufgehen zu lassen, „um diese Form in ihrer Wirkung zu steigern und sich neue Formen bilden zu lassen", denn „die Farbe hat auch die Tendenz, sich Formen entgegenzusetzen und sie umzugestalten". Mit diesem Programm *Form der Farbe* haben viele Künstler des Jahrhunderts gearbeitet, allerdings in Malereien und nicht in der Architektur, es sei denn, sie hätten wie Mies van der Rohe die *Form der Farbe* durch entsprechend gewählte Baumaterialien (z.B. Milchglas) zur Geltung gebracht. Unter Hinnerk Scheper unternahmen es die Wandgestalter des Bauhauses zum einen, mit den berühmten Bauhaustapeten die Bildlichkeit der Farbe auf der Wand zu betonen und zum anderen, die Form der Farbe als Topografie der Wand zu bezeichnen. Ihre farbigen Wände sollten die einzelnen

Räume wie Landschaften unterscheidbar werden, bzw. die Architektur wie eine Landschaft lesbar werden lassen. Immerhin erweiterte Scheper mit dieser topografischen Landkartenfarbigkeit die Farbcharaktere, derer man sich bis dahin in Deutschland zu bedienen gewagt hatte: gebrochene Farben, unreine Farben und flache Farben.

Bei diesen Ansätzen ist es geblieben, auch wenn postmoderne Architekten wie Venturi, Johnson, Gehry und Eisenman versuchten, in ihren Architekturen Farbe nicht malerisch, sondern funktionell strukturierend zu verwenden. In Ulrich Erbens Gestaltung der dynamischen Achse des Schiffgrabens als innerer Fassade scheinen die zitierten Ansätze gleichermaßen zur Geltung zu kommen, allerdings mit der wesentlichen Erweiterung der historischen Perspektive und einer erheblichen Steigerung ihrer ideengeschichtlichen Bedeutungen. Ohne Übertreibung läßt sich behaupten, daß Erben mit seinen Vorstellungen in formaler Hinsicht z.B. den II. pompejanischen Stil, die vertikalen Inkrustationsfelder von weißem und grünem Marmor der florentinischen Bauten Baptisterium Santa Maria Novella oder die Seitenschiffsassaden des Doms in Erinnerung ruft. Für die architektonischen Gestaltungstopoi legt er uns Gedanken an die Bühnenportale und Triumphbögen, an Kolonnaden und Galerien, an Festarchitektur und Pfeilerhallen nahe. Vor allem auf der Ebene der Bedeutungen erweitert Erben die Auffälligkeit seiner Wandgestaltung. Sie fördert in erster Linie durch die unregelmäßige Abfolge der Farbfelder eine Dynamisierung der 96m langen Raumeinheit. Wie tödlich starr wirken sonst auf uns derart lange Raumstrecken als Flure oder andere Verkehrsflächen, in welcher Farbgebung auch immer. Der Wechsel der Farbfelder zwischen Abschattierungen ähnlicher oder kontrastierender Farben beschleunigt das Auge und die Bewegung des Betrachters nicht gleichförmig, sondern als Wechsel der Tempi. Nicht nur horizontale Bewegung von Auge und Körper strukturieren die Folgen der Farbfelder, sondern auch die Vertikale über die gesamte Höhe des Baus. Der Wechsel der Deckenhöhen verstärkt diese vertikale Erschließung, denn die geschoßübergreifende Einheit der Farbzonen bestimmt auch die Vorstellung des Betrachters, wenn ihm der Blick ins zweite Geschoß und in die Dachkonstruktionen versperrt ist.

Es gilt zu beachten, daß Erben immer nur die plane Fläche der Wand bearbeitet, nicht hingegen die Laibungen der Wandöffnungen und auch nicht die Rückseiten der Wände. Die Metallplatten der Laibungen und der Rückseiten sind schwarz-braune Eloxierungen mit sichtbaren Verlaufspuren – ein anverwandeltes Überbleibsel der ursprünglichen Vorstellungen der Architekten, die gesamte Wand als eisernen Vorhang, respektive eisernen Paravent mit verrosteter Oberfläche zu gestalten. Es ist durchaus reizvoll sich vorzustellen, wie eine solche skulpturale Anmutung à la Serra gewirkt hätte. Allein diese Vorstellung rechtfertigt die Entscheidung der Bauherren und der Architekten für eine malerische statt für eine skulpturale Lösung der Gestaltungsaufgabe. Zwar wäre der Eindruck der Monumentalität der Achse erhöht worden, aber auch der Eindruck einer phrasenhaften Leere und Eintönigkeit. Erbens Vorschlag ermöglicht nicht nur Beschleunigung und Retardierung, geschoßübergreifende Öffnung und partielle Raumschließung, sondern auch den Wechsel der farbpsychologischen Stimmungen, den Wechsel zwischen malerischer und funktional-strukturierender Farbigkeit.

Wie ist Erben vorgegangen? Er hat zunächst für den Entwurf des Werkes den architektonischen Aufriß der Wand mit ihren zahlreichen Arkaden- und Türöffnungen und Geschoßabgrenzungen zu einer einheitlichen Bildfläche geschlossen, die die Form eines von ihm im bisherigen Werk bevorzugten, horizontal ausgerichteten Rechtecks hat. Er hat die Wand also als einheitliche Bildfläche aufgefaßt und diese Fläche so durchgearbeitet wie ein Werk der autonomen Malerei. Diese Malerei sollte jedoch nicht nur auf die tatsächlich vorhandenen Wandflächen projiziert gedacht werden, sondern auch über deren Öffnungen. Darauf verweisen die Unterbrechungen der vertikal verlaufenden Farbbahnen durch Tür- und Arkadenstürze. Die Malerei als autonomes Erben'sches Bildwerk existiert nur als Entwurf oder für den Betrachter der ausgeführten Wand als Vorstellung. Wie die gesamte Architektur die ständige Vermittlung der konstruktivistischen Komposition abstrakter Formideen mit der realen Raumerfahrung erfordert, so muß man Erbens Malerei immer erneut gedanklich zusammenfassen, d.h. als Betrachter die Vorstellung eines in sich geschlossenen Tafelbildes mit den tatsächlich sichtbaren Farbfeldern vermitteln.

Sichtbar sind mit Acrylfarben handbemalte und mit Klarlack versiegelte Aluminiumpaneelen von durchschnittlich 62 cm Breite. Die Alusandwichplatten sind so hauchdünn und raffiniert auf den Wänden befestigt, daß sie manchmal wie eine schwebende Lichtprojektion wirken und ein anderes Mal wie die Seiten eines Buches, wobei die Fugen zwischen den Paneelen die Falze der Buchseiten bilden. Die einzelnen Farbbahnen laufen stets über zwei Paneelen; so wird verhindert, daß die einzelne Paneele mit ihren Begrenzungen auch die Form der

Farbbahnen bestimmt. Hätte Erben die einzelnen Paneelen genauso breit gewählt wie die jetzt sichtbar gedoppelten Farbstreifen, so hätte leicht der Eindruck einer monumentalisierenden Ordnung entstehen können. Damit wäre aber die transparente Leichtigkeit, ja die Immaterialität der Farbformen verloren gegangen.

Alle aufgetragenen Acrylfarben sind ungemischt – nur die Blaupalette besteht aus unterschiedlichen Weißbeimischungen – über Chrom- und Zitronengelb, gebrannte Sienna, Chamoix, Orange, Ochsenblutrot, Violett, Flieder und Aubergine. Grün kommt mit vollem Bedacht überhaupt nicht vor, da die Außenfassade diese Farbwertigkeit vereinnahmt und darüberhinaus für unser natürliches Sehen ohnehin in den horizontal gerichteten Blick gerät als Wahrnehmung des Blattwerks von Büschen und Bäumen. Offensichtlich wollte Erben nicht das Naturgrün in die Architektur miteinbeziehen, weil die Farbfelder dann sehr leicht die Anmutung einer Begrünungseuphorie erhalten hätten. Was man in Architekturen aber am seltensten sieht, ist das Blau des Himmels. Dieses Blau in seinen Abstufungen holt Erben in die Lichtvision der Wand ein. Die vertikale Anordnung der Paneelen führt den Blick des Betrachters sehr viel stärker von unten nach oben, also aus der geschlossenen Architektur in den offenen Raum, den Himmel. Himmel ist uns aber natürlicherweise die allgemeinste Vision der lichten Welt. In ihn projiziert man von Kindesbeinen an Vorstellungen als Träume und Gedanken als Ideen. Vor diesem dominanten Blau der Erben'schen Wand wird das Gehen des Betrachters leicht, man beginnt zu schweben und die harten Grenzen des Baus scheinen durchlässig zu werden wie Wolken. Der Gang entlang der Wand wird zu einer Wanderung durch das Licht der Jahreszeiten und der Landschaften, wobei dem Betrachter, obwohl der Blick nur auf einer Ebene bleibt, der Eindruck nahegelegt wird, er sehe jetzt himmelwärts und nun erdwärts, habe hier einen Blick auf den grau verhangenen Horizont, dort auf ein Sonnenblumenfeld in unmittelbarer Nähe.

Zu vielen Farbwertigkeiten fehlt dem Betrachter Vorstellung oder Erinnerung, um sie sich zu erschließen – eine Herausforderung, seine Farbwahrnehmungen subtiler werden zu lassen. Bewußt hat Erben sehr unterschiedliche Farbcharaktere gewählt: solche, die uns auf Eigenschaften der außerbildlichen Welt geläufig zu sein scheinen und andere Farben, denen wir als Eigenschaften von Dingen, Pflanzen, Tieren oder der Atmosphäre noch nie begegnet sind. Der Wechsel von assoziationshemmenden bzw. erinnerungslosen Farben mit jenen, die schnell und direkt Bildvorstellungen aufsteigen lassen, ist wichtig, denn so bemerkt der Betrachter, daß die verweigerten Bilder so wie die sich problemlos nahelegenden Bilder gleichermaßen seine eigenen Wahrnehmungsleistungen sind und nicht etwa die gestalterischen Vorgaben des Malers Erben. Erben bietet „nur", er provoziert „nur" eine Folge von Wahrnehmungsanlässen, und wir können nicht umhin, die Farbwahrnehmungen in der Raumstruktur mit Gedanken, Erinnerungen oder Vorstellungen zu verknüpfen.

Je unspezifischer der Wahrnehmungsappell (man sieht ja nichts als eine Folge von Farbfeldern), desto zwingender empfindet der Betrachter den Impuls, eine bildlich konkrete oder begrifflich klare Verarbeitung des Wahrnehmungsappells zu leisten. Dazu mag ihn die Erinnerung an einen Besuch in Pompeji oder Florenz, das Durchschreiten eines Triumphbogens in Rom oder der Gang durch das Seitenschiff einer frühchristlichen Pfeilerbasilika anregen. Er wird sich vor der Bühnenkulisse einen theatralischen Auftritt in einer heiteren Harlekinade verschaffen oder sich als Teilnehmer eines sommerlichen Festes in einer girlandengeschmückten Straße imaginieren – wie auch immer. Die Erbensche Wandgestaltung als Malerei und Dekor, als Rauminszenierung und Lichtspiel, als architekturstrukturierende Form der Farbe wie als Bild farbiger Erinnerungen wird den Betrachter, dessen darf man sicher sein, ebenso aktivieren und motivieren wie die Architektur selber. **Aus der Begehung des konkreten Raumes wird eine sinnes- und verstandbelebende Architektur durch den ständigen Wechsel zwischen dem abstrakten Bild der Formideen des Baus und der momentanen Wahrnehmung eines Raumes.** Aus dem Gang entlang der Erbenschen Wand wird eine Begegnung mit der eigenen Fähigkeit des Betrachters, imaginativ zu denken und sinnlich zu spekulieren.

Der Mensch lebt tatsächlich nicht vom Brot allein, sondern in der Architektur seiner Gedanken und der Malerei seiner eigenen Erinnerungen.

Alles Fassade. Verhütung durch Verpackung
45 Der Würfel hat gefallen

Gibt es etwas vergleichbares? Das architektonische Ensemble der Hamburger Kunsthalle vergegenwärtigt selber den Gründungsgedanken jedes Museums, nämlich Generationen übergreifende kulturelle Entwicklungen anschaulich werden zu lassen.
130 Jahre deutscher Geschichte im leidvollen Wechselspiel von Politik, Wirtschaft und Kultur führt das Ensemble vor Augen – und man sucht vergeblich nach einer Parallele an irgendeinem anderen Ort. Der Gründungsbau der Kunsthalle wurde kurz vor der Verwirklichung des Zweiten Reiches begonnen und mit Blick auf die Bedeutung der Reichsgründung bis in die 80er Jahre des 19. Jahrhunderts erweitert. Er signalisiert als Neo-Renaissance-Bau das damalige Verständnis von kultureller Tradition eines europäischen Nationalstaates, dessen Modernität aus der florentiner Renaissance abgeleitet wurde. So, wie die Renaissance im Florenz des 15. und 16. Jahrhunderts den Anschluß an die griechisch-römische Antike zu finden versuchte, wollte man mit der stilistischen Prägung der Kulturbauten im 19. Jahrhundert beweisen, daß Unternehmer, Bürgerschaften und Künstler als Promotoren des Fortschritts auf der gleichen Höhe mit dem Selbstbewußtsein florentiner Gründerväter der Moderne stünden.
Kurz vor dem Ersten Weltkrieg wähnte sich dieses kulturelle, wirtschaftliche und politische Selbstbewußtsein der Deutschen, nunmehr als Vertreter einer Weltmacht, auf dem Gipfel, und man beschloß einen Erweiterungsbau der Kunsthalle. Die Ausrichtung gegen den Hauptbahnhof und gegen die mächtigen neuen Verwaltungsbauten und Kaufhäuser legte für den Anbau einen Stil nahe, der einerseits auf monumentale Pathosformeln von Herrschaftsbauten anspielte, andererseits der kühlen Rationalität zeitgemäßer Zweckbauten entsprach. Heraus kam eine prägnante Mischung der damaligen Auffassungen von Modernität, wie sie vom jungen Peter Behrens und vielen Mitgliedern des Deutschen Werkbundes bis in die dreißiger Jahre vertreten wurden.
Und nun Ungers mit seinem Erweiterungsbau! Die Kraft und die Prägnanz seines architektonischen Konzepts zeigt sich darin, daß er die geschichtliche Logik und Dynamik des Ensembles zur Vollendung bringt, jawohl zur Vollendung. Wird der Abschluß des Erweiterungsbaus Richtung Bahnhof von der dominanten Form der Rotunde, also von der geometrischen Urform des Kreises definiert, setzt Ungers im anderen Endpunkt der Achse das Quadrat als Grund-

form gegenüber. Aber er wählt diese Form nicht als abstraktes Modul, als persönlich bevorzugtes Raster, sondern geht mit dem Quadrat auf die Geschichte des Bauplatzes ein. Mit bewundernswerter Klarheit bezeugt der Bau, daß er auf dem Abschluß der ehemaligen Wallbefestigung steht, d.h. er nimmt die Architekturtypiken von Turm und Bollwerk auf. Zugleich aber dynamisiert er die Quadratur seines Baus zum Kubus, indem er ihn mit einem abgeschrägten Sockel umgibt, wie er einerseits für den Bau von Bastionen und andererseits für den von Pyramiden gängig war. Diese Verweise sind nicht willkürlich zitierte Architekturgeschichte, sie spielen ins Pathos der Rechtwinkligkeit der Moderne als Thematisierung der Diagonale immer wieder hinein. So z.B. bei Wilhelm Kreis, der die zentralen kubischen Körper seines Hygienemuseums in Dresden ebenfalls mit angeschrägtem Sockel versah. Aber die Raffinesse, mit der Ungers sein Exponierpodest formt, ist meines Wissens einmalig. Er legt ihn als graphische Projektion einer Stufenpyramide so an, als entstamme er einer virtuellen Erinnerung des Betrachters an diese älteste kultische Monumentalform, die jedermann im Gedächtnis trägt – eine Meisterleistung.

Wurde der Erweiterungsbau des Weltkriegs kühn aber gekonnt dem Reichsgründungsbau unmittelbar angeschlossen, um Einheit zu erreichen, so demonstriert Ungers mit dem kalkulierten Abstand zwischen den historischen Bauten und seiner Architektur die einheitstiftende Kraft des Zwischenraums, des freien Raums. Auch hier erweist sich das Sockelkonzept als leistungsfähig, indem es eine freie Ebene ermöglicht, auf der die Fassaden des Neo-Renaissance-Baus und des Ungers-Baus bildhaft freigestellt werden, so daß die Ebene zur Szene wird. Zugleich ist die Ebene als Verkehrsfläche erschlossen, die ober- und unterirdisch notwendige Funktionen erfüllt. Jedem Betrachter wird die integrative Kraft des pyramidalen Sockelgedankens und der durch ihn ermöglichten Ebenenbildung klar, wenn er sich eine Verbindung zwischen alten und neuen Baukomplexen durch einen blockhaften, längsausgerichteten, schuhkartonartigen Trakt vorstellt. Dann hätte man den Eindruck gehabt, bloß auf dem Dach eines Kastens herumzuspazieren. Jetzt aber gewinnt die Ebene den Charakter eines Forums.

Nicht nur die Konfrontation mit dem alten Baukomplex markiert den Ungers-Bau, er stellt sich auch der Notwendigkeit, das Fassadenpanorama der Innen- und Außenalsterbebauung zu schließen, eine gewaltige Herausforderung angesichts der breiten Schienen- und Straßentrassen, die die Innen- und Außenalsterbebauung durchschneiden.

Soweit der äußere Eindruck. Wie weit das Konzept auch nach innen funktionieren würde, war einigermaßen fraglich, denn **wir sind im Inneren**

von größeren Museen auf die horizontalen Fluchten der Räume trainiert. Das Nacheinander der Räume erscheint uns als Bild historischer Horizonte, einer diachronen Ordnung von geschichtlichen Abfolgen. Der Ungers-Bau betont aber im Inneren eine **vertikale Ordnung** in fünf übereinander liegenden Ebenen, die einen vier Geschosse durchziehenden Lichthof mit optischer Sogkraft umlaufen. **Aus der Diachronie wird eine Synchronie, d.h. eine Schichtung der Zeiträume, wie sie etwa für Archäologen selbstverständlich ist: Geschichte als geschichtetes Geschehen.** Diese Vorgaben durch Ungers haben sich auf die Entwicklung eines Ausstellungskonzepts äußerst produktiv ausgewirkt. Der Betrachter vermag die Eindrücke, die er auf den einzelnen Ebenen erhält, gleichsam aufeinander zu projizieren und damit Beziehungen zu aktivieren, die seine Fähigkeit, Bilder und Werkkonstellationen zu erinnern, über lange Zeit zu immer erneuten Verfeinerungen stimulieren wird.

Übrigens haben die durch den Ungers-Neubau eröffneten Möglichkeiten schon seit längerer Zeit Auswirkungen auf die Ausstellungskonzepte in den beiden Altbauten. Frank und frei kann man bekennen, daß in den Altbauten kunstgeschichtliche Konstellationen deutlich gemacht werden konnten, die ihresgleichen suchen.

Also: das vor zehn Jahren von der Bürgerschaft und durch Ungers' Visionen kühn initiierte, von den Museumsleuten kongenial verstandene Projekt hat sich nicht nur für die Hamburger mit großem Zugewinn realisiert. Weit darüber hinaus ist die neugeschaffene Konstellation von Bedeutung, weil eben einmalig. Und die Pointe von der Geschichte? Der erste Bau wurde als Entsprechung zum damals neugewonnen Selbstbewußtsein der deutschen Kulturnation errichtet. Als die Arbeit der Kunsthalle wirksam wurde, war bereits absehbar, daß die Bismarcksche Reichskonstruktion nicht halten würde; der Gründer ging selbst daran, sein eigenes Werk zu widerlegen. Kaum jemand nahm das zur Kenntnis, und so wurde der Erweiterungsbau genau zu dem Zeitpunkt fertiggestellt, als diese Widerlegung durch das Ende des Ersten Weltkrieges von niemand mehr übersehen werden konnte. Das Dritte Reich betätigte sich als radikaler Vollender dieser Zerstörung. In der Kunsthalle versuchten Entartungskommandos, unliebsame Künstlerarbeiten auszuräumen, als könne man die Entwicklungslogiken der Geschichte willkürlich ignorieren. In den 80er Jahren wurden wir alle von der schönen Illusion getragen, nunmehr fänden die Zeugnisse der neueren Kunstgeschichte das überbordende Interesse von Unternehmern, Bürgerschaften und Publikum. Im großen Zuge wurde Ungers' Konzept auf den Weg gebracht. Auch dieser Bau wurde – wie die beiden anderen der Kunsthalle – fertiggestellt, nachdem sich die Voraussetzungen für seine Verwirklichung grundsätzlich geändert hatten.

Merkwürdig, aber hoffnungmachend: **Museen erfüllen offensichtlich gerade darin eine zeitenübergreifende Aufgabe daß sie die jeweiligen zeitgenössischen Erwartungen nicht platterdings bedienen** – wie sollten sie auch, da sich diese Erwartungen spätestens 1918, 1945 und 1997 selbst erledigten. Der Ungers-Bau und die durch ihn ermöglichte Präsentation des Kunsthallenpotentials wird sich wie die beiden Altbauten bewähren, und zwar durch die Kraft des künstlerischen, architektonischen und kunstwissenschaftlichen Arbeitens, die offensichtlich stärker ist als unsere kurzfristige und, wie die Historie zeigt, ziemlich irreale Orientierung an wirtschaftlichen und politischen Zielsetzungen.

| Alles Fassade. Verhütung durch Verpackung |

| 46 | Wunschökonomie –

Mikrozellen der Emanzipation.

Ästhetik in der Alltagswelt und

Emanzipation der Wünsche |

Mein bisheriges Fazit über die Enwicklung von Kunst und Kultur in den sechziger Jahren hatte ich 1984 in dem Band *Che Schah Shit*[1] veröffentlicht. Ich muß zumindest den Schluß dieses Berichts zur Lage der Nation in jenen Jahren zitieren, damit meine neuerlichen Anmerkungen einen Horizont erhal-

---

1 *Haben wir gelebt? Op, Pop und Hopp auf dem Laufsteg durch die Wohnlandschaft der 60er Jahre.* In: CheSchahShit, die 60er Jahre zwischen Cocktail und Molotow. Berlin 1984, Seiten 236–243.

ten: „Andy Warhol formulierte die Tendenzen der damaligen Programmatik wahrhaft meisterlich: 'Das Schönste an New York ist McDonalds. Das Schönste an Paris ist McDonalds. Das Schönste an Berlin ist McDonalds. In Moskau gibt es noch nichts Schönes'. Es wäre ja auch allzu lächerlich gewesen, sich als pinselschwingender Künstler den Milliarden bewegenden Konsummaschinen entgegenstemmen zu wollen. Campbells Suppendosen mußten ihren Anspruch auch in die hohe Welt der Kultur tragen, wenn sie schon die ganze Welt besetzten. Da durfte auf keinen Fall so getan werden, als sei die Kultur etwas anderes als Kaufhausangebot. **Die einzige Möglichkeit, Veränderungen herbeizuführen, lag bestenfalls darin, den Leuten möglichst total und radikal die Konsequenzen ihrer Verhaltensweisen vor Augen zu führen – sie also möglichst schnell mit der ersehnten Schokolade so vollzustopfen, daß sie kotzen mußten.**

Kurz, die Pop-Programmatik war affirmativ. Dummerweise hatte der alte Marcuse das noch nicht mitgekriegt und versuchte immer noch, den jungen Leuten jenen Typus von Kulturkritik nahezulegen, den er als junger Mann in den zwanziger Jahren kennengelernt hatte. Und Marcuse veröffentlichte einen alten Aufsatz, in dem er den affirmativen Charakter der Kultur geißelte. Da galt *affirmativ* als positiv rechtfertigend und zustimmend. Davon konnte in der Pop Art keine Rede sein, obwohl es natürlich genügend Künstler gab, die selig zu sein schienen über die Gelegenheit, mit dem Talent von Plakatmalern und der Haltung von Werbefritzen ins Allerheiligste der Malereigeschichte vordringen zu können: ins Pantheon der allgemeinen Akklamation durch Herr und Gott. Marcuses platte Begriffshülse *affirmativ* stiftete jedenfalls so viel Verwirrung, daß der philosophisch einwandfreie Begriffsgebrauch unter die Räder geriet. Affirmation ist ja Negation der Negation als erneute Ausgangsposition. Vielleicht hätte man stets negative Affirmation sagen sollen, wenn man die Haltung der Pop Art zu kennzeichnen versuchte. Aber nun ja – inzwischen ist allgemein bekannt, daß der Dienst genau nach Vorschrift die denkbar vollständigste Sabotage des Dienstes ist. Und also haben sogar schon einige Gewerkschafter verstanden, was affirmative Strategie bedeutet – was sie den Pop-Artisten bedeutete. Was an der Pop Art noch heute beachtlich ist, verdankt sie dieser Haltung. Der Rest, vielleicht sogar der überwiegende Teil, ist doch bloß schlechte Reklamemalerei.

Wie es Mary Quant mit der Durchsetzung des Mini zum ersten Mal gelang, dem Unterschichtengeschmack zur Führung zu verhelfen, so gelang es der Pop Art zum ersten Male, dem Unterhaltungsbereich, dem Kitsch, dem *Camp*, wie Susan Sontag den Kitsch für affirmative Strategen nannte, die führende Rolle in der effektiven Kritik an der Gesellschaft aufzunötigen. Der Kulissenzauber der Unterhaltungsindustrie ist durch die Pop Art zum Enthüllungskunststück verwandelt worden, wie es sich Brecht oder Kracauer oder Benjamin vielleicht auch schon für die erste Phase der Massen-/Konsumgesellschaft Ende der zwanziger Jahre hatten vorstellen können. Diese Verwandlungs- und Enthüllungskunststücke verlangten die Bereitschaft, nicht mehr an totem Material zu kleben. Weg mit dem Zeug, das uns einreden wollte, aus sich heraus kostbar, wertvoll zu sein. Noch besser, gar nichts erst haben zu wollen, was nicht nur Instrument, nur Mittel ist. Die angestammten Verlaufsformen von Pop-Aktionen waren das Happening und das Fluxus-Konzert. Geschehnisse ohne Rest, ohne Kulturmüll, der auf die Museumsdeponie befördert werden mußte. Das Museum selbst hatte zum Kaufhaus zu werden, eine Durchlaufstation, ein Umschlagplatz für Lebensmittel und Alltagspraktika.

Dennoch berührt es merkwürdig (vor allem die damaligen Attraktionsstars), daß tatsächlich nichts übriggeblieben ist, weder im Designbereich noch in der Architektur. Es gab Wegwerfmöbel aus Preßpapier. Damals waren wir restlos erfüllt vom subversiven Geist der Zustimmung; er galt geradezu als alleiniger Maßstab. Scheel wurde angesehen, wer möglicherweise darauf spekulierte, seine Werbemalerei im Gewande der Kulturrevolution durch Pop zum Rembrandt-Ersatz werden zu lassen. **Es gibt kein Pop-Design für Möbel und Architekturen über das hinaus, was in Las Vegas und auf Jahrmärkten, in Fernsehunterhaltungssendungen und auf dem Theater an Kulissenzauber entfaltet worden ist. Nichts davon blieb als schlechte Durchschnittsmalerei von Künstlern, die gar keine PopArtisten waren und eigentlich auch nur akademische Maler sein wollten.**

Nichts blieb, alles löste sich in Aktion auf, vor allem in die Aktion der Studentenrevolution, in den Vereinigten Staaten, Frankreich, Italien und der Bundesrepublik. Nichts blieb, und das ist ein Triumph, denn es bezeugt doch, wie wirksam die Pop-Programmatik gewesen ist." Soweit die damalige Abrechnung

Meine Feststellung, daß nichts blieb, hat einigen Widerspruch erregt. Die einen meinten, daß man ja wohl nicht Ausstellungen über so entmaterialisierte Kunstpraktiken wie Fluxus, Action Teaching und die *Lidl*-Akademie zusammentragen könne, wenn angeblich nichts geblieben sei. Die anderen meinten, man müsse aus der Feststellung, nichts sei geblieben, das Urteil ableiten, die besagten Kunstpraktiken seien nicht museumswürdig geworden, weil sie eben doch nur von minderer Bedeutung gewesen seien. Darauf ist zu antworten: Meine Feststellung, daß nichts geblieben sei, war nicht klagend gemeint, nicht bedauernd; sie sollte vielmehr triumphal verstanden werden. Triumphal deswegen, weil die programmatischen Auseinandersetzungen der 60er Jahre auch heute noch nicht überholt sind. Im Gegenteil, wir drücken uns mehr denn je vor den Einsichten, denen sich damals schon sehr viel mehr Menschen als heute zu stellen wagten, obwohl doch inzwischen die Probleme dringlicher sind als sie es damals waren.

Der Kunstmarkt explodiert, „interessante" Ausstellungen folgen einander bis herab zur Kreisstadtebene in solcher Geschwindigkeit, daß selbst Leistungsfanatiker unter den Besuchern den rein physischen Belastungen des Kulturlebens nicht mehr gewachsen sind. Die Klagen über das unverbindliche Kulturgetue sind herzzerreißend: Je mehr dickleibige Kataloge als Kaufanreize produziert werden, desto geringer die Chance des einzelnen Besuchers, noch einen Überblick über die durchaus interessanten Themen zu gewinnen; je mehr Kunstberater, desto unglaubwürdiger die Beratung, weil man die vielen angeblichen Experten nicht mehr durch persönliche Kenntnis einzuschätzen vermag; je dicker die Ausgaben der aktuellen Kunstzeitschriften, desto schneller werden sie durchblättert, ganz wie die Werbebroschüren aller anderen Branchen, die einem ins Haus flattern.

Die ästhetische Macht war im wesentlichen auf die Massenmedien übergegangen.

Sie lag in den Händen von Journalisten, von Werbetreibenden, von Unternehmern, von Produkteerfindern etc. Das richtig zu verstehen, es zu akzeptieren und aufzuarbeiten bedeutete im Grunde, etwas in Gang zu setzen, was scheinbar gegen jede Modernität sprach, und das wir ja auch als heutiges Problem noch mit uns rum schleppen.

Natürlich hatte man mit diesen Problemen, wenn auch in abgeschwächter Form, in den sechziger Jahren zu tun. Gerade deshalb aber sind die Programmatiken der sechziger Jahre so interessant und aktuell. Im Kern hatten die damaligen Aktivitäten der Künstler, der Kulturpolitiker, der aktivistischen Studenten, der Kommunegründer und Alternativkulturler eines gemeinsam:

Sie wollten eine grundsätzlich andere Einstellung der Aktiven wie des Publikums zu den Phänomenen der Kultur erreichen. Zum einen sollte diese nicht mehr als Erfinderin feiertäglicher Überhöhungsrituale beschworen, sondern in das Alltagsleben integriert werden; zum anderen hoffte man, Kultur nicht mehr als normativen Kanon geistig-seelischer Bildungsexerzitien ansehen zu müssen, sondern ihr gegenüber Forderungen zu stellen, die sich aus den Problemen des zu bewältigenden Lebens ergaben. Diese beiden Einstellungen zur Kultur lassen sich mit den damaligen Programmnamen *Ästhetik in der Alltagswelt* und *Emanzipation der Wünsche* kennzeichnen. Der Grundtenor von *Ästhetik in der Alltagswelt* lautete: Was nützen die schönsten Kunstwerke in Museen, wenn wir in der Rasterarchitektur der Funktionärsmoderne eingesperrt werden? Was nützt alle Phantasie der Architekten, wenn sie der kommerziell motivierten Zerstörung unserer Städte faktisch nicht entgegenzuwirken vermag? Was soll uns der große literarische Entwurf, wenn wir als kümmerliche Einzelexistenzen ohne Biographie, ohne Entwicklungsanspruch dahinvegetieren? Der Tenor der Emanzipation der Wünsche lautete: **Wir leben nicht bloß, weil wir geboren wurden, und wir leben nicht unter Bedingungen, wie sie nun einmal gegeben sind, sondern wir leben auf ein Ziel hin und versuchen, für dieses Leben Bedingungen zu schaffen, die es fordern.** Man mag über die Nennung der Ziele (zum Beispiel als Selbstverwirklichung, Entfaltung der Persönlichkeit, Emanzipation) spotten so viel man mag – sobald die Spötter ihre Ziele benennen würden, käme dabei, aufs Ganze gesehen, auch nichts anderes heraus als das abenteuerliche Streben nach Glück (seit der amerikanischen Verfassungsdeklaration); die Befreiung aus selbstverschuldeter Unmündigkeit (die Kant analysierte); Selbstverwirklichung durch schöpferische Arbeit (eine Marxsche Maxime) und das Recht auf sogar destruktive Phantasien sexueller oder intellektueller Kraft (wie sie von de Sade, Baudelaire, Nietzsche und Freud entdeckt wurden).

Was die 60er Jahre prägt, und 68 steht dafür als Synonym, ist eine Form der Entpersönlichung, vielleicht sogar der Enteignung der Person des großen Dichters, des Literaten, des Architekten, des Gestalters: in der Weise, daß

aus dieser Art des Abstandnehmens, diesem langsamen Urheberloswerden seiner Zeichnungen oder Bilder, seiner Aussagen sich die Möglichkeit eröffnet, das, was er zu sagen hat, auch jedem anderen als dessen eigene Form der Aussage zu ermöglichen. Also nicht, wie im neunzehnten Jahrhundert, die Einmaligkeit einer Form der Präsentation, sondern ganz im Gegenteil, eine Form der Nachahmbarkeit, der Übernehmbarkeit zu bieten, die allerdings von vielen Künstlern als Enteignung verstanden wurde. Wenn wir an Leute wie Wolf Vostell denken, dann haben wir im Ohr, wie sie jeden Tag herumtelefonierten und sich darüber beklagten, sie seien von den Studenten auf der Straße, von den demonstrierenden Massen schon wieder künstlerischer Ideen enteignet worden. Denn alles, was sie in mühseligen Einzelaktionen entworfen, an Konzepten hervorgebracht hatten, wurde jetzt auf der Straße als urheberlos gewordene Aussage, eben als Mythos, praktiziert. Denken Sie nur an ganz einfache Bilder: Menschen werfen sich auf die Straße und muten damit wie Opfer eines kriegerischen Angriffs an. Dieses Motiv war in theatralischen Aktionsformen entwickelt worden und ließ sich ab 1965/66 in allen Formen der gesellschaftlichen Aktivität wiederfinden – gegen den Verkehrstod, gegen Vietnam, gegen die Unwürdigkeit der Städte etc. Das ist ein zentrales Phänomen der 60er Jahre: daß etwas, was vorher den Künstlern gehörte, den Aktivisten, den Spinnern, den Einmaligkeits- und Ausnahmefanatikern, nun plötzlich insofern Allgemeingut war, als es die Sprache des öffentlichen Lebens wurde. Das ist es, was die 60er Jahre auszeichnet und sie in einer bestimmten Weise einmalig erscheinen läßt.

Wir hatten also eine präzise Vorstellung von der Art der Tätigkeit als Künstler, die darauf ausgerichtet war, nicht mehr in unseren eigenen Werken zu verenden, auch nicht in den Entsorgungsanlagen für Kunst: in den Museen. Denn **uns war klar, daß das Museum kaum noch etwas von der Müllhalde unterscheidet.** Diese herkömmliche Kulturinstitution zur Bewahrung der Intentionen auf persönliche Bedeutung und Größe eines Menschen für die Zukunft schien noch aus anderen Gründen (als der bloßen Beschränktheit der Erinnerungskapazität) sinnlos geworden zu sein, nämlich aus der Tatsache heraus, daß die Adressaten unserer künstlerischen Tätigkeit nicht die zukünftig lebenden Menschen sein würden, daß wir also überhaupt keine zukünftigen Menschen als Adressaten unseres Tuns mehr annehmen konnten, sondern ausschließlich die mit uns unmittelbar lebenden Zeitgenossen. Die Dimension des künstlerischen Schaffens hatte sich damit vollständig verschoben.

Für die Kunstpraxis der sechziger Jahre wurden *Ästhetik in der Alltagswelt* statt im Museum und *Emanzipation der Wünsche* statt Einübung im Bildungskanon in zwei Punkten bedeutsam. **Wer der Kultur keine Sonntagsfeiern, sondern die Bearbeitung von Alltagsaufgaben abverlangt, muß die starren Grenzen zwischen Kunst, Politik, Wirtschaft, Wissenschaft und Erziehung aufgeben – selbst dann, wenn dabei die grundsätzlich garantierte Freiheit der Kunst zu Schaden kommt.** Wer es wagt, seine bisher als Geheimnis unterdrückten Phantasien ohne Vorbehalt kennenzulernen, muß selber ein hohes Maß an künstlerisch/wissenschaftlicher wie intellektueller und seelischer Arbeit leisten – er kann sich also nicht mehr der Kultur gegenüber bloß rezeptiv verhalten und in der Rolle des passiven Betrachters von Exhibitionen anderer verharren. Das bisherige Publikum mußte also selber zum produktiven Akteur werden; und die mit Spezialwissen gepanzerten Ökonomen, Politiker, Künstler, Psychologen hatten sich in die Arena der ihnen bisher fremden Disziplinen zu wagen.

Natürlich erschienen diese Haltungen und Einstellungen den etablierten Profis als die Entfesselung eines naiven Dilettantismus – und dieses Urteil hatte, von ihrem Standpunkt aus, durchaus seine Berechtigung. Leider vergaßen sie dabei, daß ihre Haltungen ja gerade zu der Misere geführt hatten, aus der man sich zu befreien versuchte. Zudem hätten sie sich ja mit wissenschaftlichen und sonstigen einwandfreien Methoden auf die Theorien des Dilettantismus einlassen können, die, von Goethe initiiert, für die Werke so unterschiedlicher Kulturgrößen wie Friedrich Theodor Vischer, Friedrich Nietzsche, Georg Simmel und Bertolt Brecht oder die Werke so unterschiedlicher Künstlergruppen wie der Dadaisten, der Surrealisten, der Art Brut oder der Pop-Artisten bedeutsam wurden. Selbst das ehrwürdige Universitätsprogramm des *Studium generale* ist im Grunde auf die Einsicht in die kulturschöpferische Kraft des Dilettanten gegründet (vielleicht nannte man ihn deshalb in den sechziger Jahren lieber einen *Generalisten*).

Auch von einer anderen Seite hätte man den alternativen Zielsetzungen eines zeitgemäßen Kulturverständnisses entgegenkommen können. Schon lange postulierten Künstler, daß ihnen der Prozeß der Arbeit wichtiger sei als dessen Resultat in Gestalt auratisch strahlender Werke. Die Psychologie hatte herausgearbeitet, um wieviel wichtiger Ideen und Obsessionen für schöpferische Menschen sind als die bloß besitzergreifende Aneignung der vorgegebenen materiellen Welt. Allerdings hatte sich auch zeigen lassen, daß Ideen und Vorstellungen nur über materielle Verkörperungen thematisiert werden können. Diese Grundvoraussetzung scheint ein wesentlicher Teil der Kunstproduktion und Kunstrezeption der 60er Jahre nicht hinreichend berücksichtigt zu haben; man erhob den Vorwurf, die Fixierung auf Ideen und Konzepte sei folgenlos geblieben, weil man die Werke nicht zu schaffen verstand, durch die sich jene Ideen und Konzepte zu Bewußtsein bringen ließen. Wenn das auch richtig sein mag – die seither wieder bombastisch auftrumpfende Malerei, Skulptur und Musik haben es noch viel weniger vermocht, ihre Themen im öffentlichen Bewußtsein zu verankern. Im Gegenteil, durch die ökonomische Wertsteigerung des materiellen Gebildes *Kunstwerk* wurden die in ihm thematisierten künstlerischen Konzepte und Kriterien sinnvoller Rezeption weiter abgewertet.

Wenn man sich über eine Zeit – die 60er, die 70er, die 80er Jahre – orientieren will, dann orientiert man sich eben an etwas wie dem *Zeitgeist*, an diesen undefinierbaren, merkwürdigen Vorgaben, die in einer bestimmten Zeit offenbar alle Menschen beherrschen wie eine Epidemie, wie eine Krankheit, wie eine Manie. Im Grunde genommen ist der Zeitgeist nichts anderes als die Erwartung, die die Menschen einer Zeit an die Zukunft haben. Zwar machen sich die Befürchtungen und Ängste wie alle interessanten Aspekte der Menschen nur im Hinblick auf die Zukunft geltend, aber sie wirken sich nicht in der Zukunft aus, sondern in der Gegenwart.
Gerade weil von den wichtigen Überlegungen zur *Ästhetik in der Alltagswelt* und zur *Emanzipation der Wünsche* aus den sechziger Jahren nur bruchstückhafte Spuren und Objektruinen übriggeblieben sind, haben die damaligen Überlegungen heute zumindest im Unterbewußtsein eine derartige Kraft, daß man behaupten kann, ihre Wiederentdeckung sei zu erwarten. In diesem Sinne sind Ausstellungen zur eigentlich nicht ausstellbaren Kultur der 60er Jahre wichtig und wirksam: In der Rekonstruktion jener Zeit werden heutige Probleme sichtbar gemacht, die wir aus vielen Gründen nur als Projektion in die Vergangenheit ertragen. Also: Nichts blieb übrig als unsere damaligen Wünsche und Zielsetzungen, gerade weil sie nicht in prächtigen Werken von Museumsrang scheinbar ein für allemal erfüllt worden sind. **Gerade die unerfüll-**

ten Wünsche aber haben die größte Wirksamkeit. Die Kultur der sechziger Jahre lebt in dem fort, was wir als unerträglich, unverbindlich und überfordernd gegenwärtig empfinden.

Alles Fassade. Verhütung durch Verpackung

47 Die Wohnung als Bühne des inszenierten Lebens

1972 haben die Mitarbeiter des Internationalen Designzentrums Berlin durch die Ausstellung *Mode – das inszenierte Leben* ein Thema in die Welt gesetzt, das seither in beängstigender Weise inflationär vermarktet wurde. **„Inszenierte Lebensformen"** hieß das Thema, das seit den 80er Jahren vornehmlich mit dem Ausdruck *Life-Style* gekennzeichnet wird.

1753 hielt der Naturwissenschaftler Graf Buffon in Paris seine Antrittsrede vor der französischen Akademie mit dem zur Redensart gewordenen Titel „Der Stil macht den Mann". Seither verlagerte sich die Stildiskussion von der Architektur, Kunst und Literatur hin zur Kennzeichnung des sozialen und privaten Verhaltens im Alltagsleben. Nicht nur Häuser, Möbel, Kleider, Werkzeuge, Theater- und Musikstücke wurden nach ihrem Stil unterschieden; vielmehr ging es um die *Art und Weise*, wie Menschen in ihren Lebenszusammenhängen mit den stilvollen oder eben stillosen Dingen umgingen. Die Frage lautete seither: Wie beeinflußt die Gestaltung der Dinge das Verhalten der Menschen, die mit ihnen leben und hantieren?
Für dieses Wechselverhältnis von Gestaltung und Verhalten ist seit den 1960er Jahren der Begriff *Sozio-Design* geläufig.

Der Begriff der **„Inszenierung"** stammt aus dem Kriegs- und Bühnentheater. Psychotherapeuten, Pädagogen und Soziologen bezogen aus diesen Vorgaben etwa ihre Definitionen von **„Rolle"** und **„Rollenspiel".** Sehr einflußreich war die Publikation „Wir alle spielen Theater", die der amerikanische Soziologie-Professor Goffman Mitte der 60er Jahre verfaßte.

Zur gleichen Zeit bot ich in Frankfurt, Hamburg, Berlin und anderswo Aktionsprogramme als „Selbstexperiment für Zeitgenossen" an. Man lernte dort, seine vielen Rollen, die man im Alltag zu spielen hatte (Ehemann, Familienvater, Berufstätiger, Vereinsmitglied etc.) selber als Theater des eigenen Lebens zu inszenieren, also Regisseur des eigenen Lebens zu werden. Es ging nicht nur darum, sich jeweils „in Szene zu setzen", sondern seine Lebensumgebungen als **„Bühnen" für die Realisierung des eigenen Lebens als Biographie** mit weitem Vorgriff auf die Zukunft zu entwerfen.

Die Unterscheidung von **Lebensformen** ergab sich aus der schlichten Beobachtung, daß Bürger, Bauern, fahrendes Volk, Handwerker, Kaufleute, Adelige oder Klosterbrüder ihr Leben sehr unterschiedlich führten oder führen sollten. Für die Verpflichtung auf standesgemäße Lebensformen steht etwa die Anleitung zur Erziehung von „Hofleuten", die der italienische Renaissanceautor Baldassare Castiglione 1528 (*il libro del cortegiano*) mit nachhaltiger Wirkung veröffentlichte.
Der französische Dramatiker Molière ergötzte sein Publikum mit Bühnenstücken, in denen sich etwa soziale Aufsteiger bei der Übernahme entsprechender Lebensformen abstrampelten. Deutsche und englische Künstler und Philosophen wie Hogarth, Lichtenberg und D.N. Chodowiecki publizierten im Zeitalter der Aufklärung bebilderte Anleitungen für den Entwurf von Lebensformen, die nicht mehr bloß durch Standes- und Klassenzugehörigkeit, sondern durch Erziehung und Bildung geprägt werden sollten.
Und dann kam Baron Knigge mit seinen vielen Nachfahren bis hin zur Urenkelin, der Bonner Protokollchefin Frau von Papperitz, die nicht müde wurden, ihren jeweiligen Zeitgenossen gutes, stilvolles Benehmen nahezubringen. Unvergessen sind die zahllosen Kolumnen von Aenne Burda und Sybil Gräfin Schönfeldt, die in *Burda-Moden* oder der ZEIT für den raschen sozialen Wandel seit den 60er Jahren (Pille, Strumpfhose, wilde Ehe, befreite Sexualität etc.) anschauliche Muster zeitgemäßer Lebensformen unter die Leser brachten.

„Wir wollen Gott – und damit basta". Psychopolitische Therapiesimulation – Fundamentalismus

UNTERHALTUNG

in den Künsten der Gegenwart. Kammerspiel Bonn 1984 (Videofilm bei Dumont)

Wir wollen Gott!
Aus dem Unterhaltungsprogramm für die Hölle von Bazon Brock

Schließlich setzte sich in den 80er Jahren in den Medien der englische Ausdruck *Life-Style* für „Lebensform" durch, und seither verstand jeder darunter, was er wollte.
Inzwischen ist nicht nur den Life-Style-Yuppies klargeworden, daß man mit dem Kauf von Life-Style-Produkten eben nicht ohne weiteres auch Lebensformen erwirbt. Deshalb schießen gegenwärtig Veranstaltungen zu „Stil/Inszenierung/Lebensform" wie giftige Pilze aus dem kontaminierten Boden. Die Oper in Frankfurt inszenierte zum Thema „Inszenierung" im April '00 ein „Frankfurter Ereignis"; der Typo-Kongreß *Font-Shop* lockte zum Thema „Stil" 1.600 zahlende Gestalter nach Berlin; die hochrangige Düsseldorfer Ausstellung *Ich ist etwas Anderes* zeigt gegenwärtig künstlerische Positionen zum Thema „Identität und Lebensform" und die Berliner „Kunstwerke" zogen am bisher heißesten langen Wochenende des Jahres 600 Zeitgeister in den Bann des Themas: „Lebensentwürfe nach dem Muster des Optionshandels – schaffe dir möglichst zahlreiche Optionen, ohne je gezwungen zu sein, sie zu realisieren" – das sind nur wenige Beispiele für zahllose andere aktuelle Bemühungen, den breitgetretenen Life-Style-Quark in neue Formen zu backen.

Dabei scheint es wichtig zu sein, Stilfragen nicht mehr in dem Sinne als „Geschmacksfragen" zu behandeln, daß sie jeder nach eigenem Gusto auffassen könne. Alles ist zwar Geschmackssache, aber nur, wenn man einen Geschmack hat. Und *einen* Geschmack zu haben heißt, viele Geschmäcker unterscheiden zu können – also möglichst viele Kriterien der Unterscheidung von gestalteten Dingen, Verhaltensweisen, Sprach- und Lebensformen, zu kennen und gebrauchen zu können. In Geschmacksfragen geht es also um Unterscheidungskriterien, die nur soweit leistungsfähig sind, wie sie von anderen deutlich abzugrenzen sind. Mit Bezug auf Stil, Lebensformen, Inszenierung dienen solche Bündel von Unterscheidungskriterien zur Ein-und Ausgrenzung: Wer gehört dazu, wer nicht? Was ist *in*, was ist *out*? Wer kennzeichnet sich durch die Akzeptanz von Unterscheidungen etwa als Mode, die alle modisch orientierten nutzen – und wer kennzeichnet sich durch die Ablehnung der von anderen genutzten Geschmacksurteile, um dadurch auffällig zu werden. Kann man Kriterien der Unterscheidung beliebig erfinden oder sind sie erst brauchbar, wenn sie von anderen geteilt werden?
In vielen Bereichen, z.B. bei der monochromen Malerei, muß man sich erst durch Experten die Kriterien vorführen lassen, nach denen die drei Weißflächen eines weißen Bildfeldes in weißem Passepartout auf weißer Wand von-

einander unterschieden werden können. Denn erst durch diese Unterscheidung kann man dem weißmonochromen Bild Bedeutung zumessen. Oder man geht zu Eskimos und Hochgebirgsbewohnern, die darüber hinaus noch viele andere Kriterien der Unterscheidung weißer Oberflächen, z.B. als Schnee, in Gebrauch haben.

Wie wichtig das Geschmacksurteil für Menschen ist, belegt unsere Gattungskennzeichnung *homo sapiens sapiens* als ein Lebewesen, das noch feinste Differenzierungen von Sinneseindrücken „schmeckend" treffen kann und das darüber hinaus auch noch „weiß", daß es diese Differenzierungsfähigkeit wesentlich als Menschen auszeichnet.

Stile sind also gebündelte Unterscheidungsmerkmale. Einen persönlichen Geschmack oder einen Stil zu haben, setzt aber voraus, die anderen zu kennen, sonst kann man sich von ihnen nicht unterscheiden.
Heutzutage betont man nicht mehr sozialen Status, Berufstätigkeit, mentale Prägung oder Kultur- und Religionszugehörigkeit als erstrangig für die Ausbildung von geschmacklich-stilistischem Unterscheidungsvermögen. Zumindest die jüngere Generation legt sich durch „Stilisierung" nicht mehr auf soziale Kennung (Identitätsmarkierung) verbindlich fest; sie scheint vor allem mit den Kriterien der Ein- und Ausgrenzung zu *spielen*, um gerade der Festlegung zu entgehen. Stil wird zur Distanzgeste gegen Vereinnahmung wie gegen Ausschließung. Die Jungen wollen sich Optionen offen halten. In ihrer Stilisierung drückt sich offenbar mehr eine Indifferenz *gegen* als ein Bekenntnis *zu* Programmen und Parolen aus, weil diese allesamt unter dem Druck der ökologischen, humanitären, sozialstaatlichen, politischen Korrektheit (PC) allgemein geteilt werden müssen.
So wollen z.B. alle Parteigänger zur „Mitte" gehören, deklarieren selbstverständlich ihre totale Leistungsbereitschaft und die Ergebenheit, Globalisierung als geschichtlich oder von Börsengöttern verhängtes Schicksal hinzunehmen. Beim Jungen zielt Stilisierung deshalb heute darauf ab, mit diesen taktischen Lügen, Mediensimulationen und existenziellen Bodenlosigkeiten souverän, nämlich ironisch umzugehen, damit man nicht andauernd zu Bekenntnissen erpreßbar ist. Vor allem der **„Stil der Stillosigkeit"**, und das ist der heute vorherrschende Stil, kultiviert den Bekenntnisekel vor der politischen oder wirtschaftlichen Ausbeutung von Identitätskrampferei, Gruppenenthusiasmus oder Individualisierungstrara.

Die erneute Diskussion von „Lebensformen" steht unter dem von allen Fachleuten ausgemachten Gebot zur Individualisierung – mit allen Folgen, die sich daraus notwendig für Gruppenzusammenhalt von der Familie bis zur Nation zu ergeben scheinen.

Individualisierung ist aber nicht Ausdruck von Egoismus und Wohlstandsverwahrlosung. Spätestens seit Tschernobyl kann jeder wissen, was Individualisierung meint. Die Strahlungsexperten nannten den vor den Fernsehern versammelten Bürgern regionsspezifische Becquerel-Werte. Sie fügten aber jeder ihrer Feststellungen über die Belastung von Sandkästen, Atemluft oder Nahrungsmitteln umgehend die Aussage hinzu, was die Bürger aus diesen Angaben schlußfolgerten und wie sie sich verhielten, sei ihnen selbst überlassen. Diese Delegation der Verantwortung für Tun oder Lassen bildet den Kern der Verpflichtung auf Individualisierung. Lebensformen auszubilden heißt heute deshalb, den eigenen Biographieentwurf zu begründen, weit über die Darstellungen und Begründungen hinaus, zu denen wir bei Ablieferung eines „Lebenslaufs" an Arbeitgeber etc. angehalten sind. Der Zeitgenosse übernimmt oder entwickelt also Lebensformen, indem er die Erzählung zu seinem Leben und dessen prospektiven Entwurf in einen künstlerischen, mythologischen, religiösen oder historischen Zusammenhang überführt. Zudem macht er deutlich, daß er für seine Optionen resp. deren Realisierung selber die Verantwortung übernimmt und sie nicht mehr an die Eltern, den Zeitgeist, die wirtschaftliche Entwicklung delegiert. Lebensformen lassen also erkennen, worauf man sich eigenverantwortlich verpflichtet, welche Ziele man hat und in welchen Kontexten das eigene Leben seine Bedeutung erhalten soll.

Unter **„Inszenierung"** versteht man deshalb nicht mehr eine bloß interessante oder auffällige Präsentation im privaten, öffentlichen oder halböffentlichen Raum (für letzteren typisch: Kinos, Theater, Museen, Messen, Hotels und Feriencamps). Inszeniert werden vielmehr Gelegenheiten, bei denen man seine Lebensformen und seine Art, etwas durch Unterscheiden bedeutsam werden zu lassen, zur Sprache bringen kann (Firmen nennen so etwas „Ereignisinszenierung zur Darstellung der Firmenphilosophie", also der Lebensformen eines Kollektivs). Zum Ereignis werden diese Gelegenheiten oder Anlässe, wenn ein Ort des Zusammentreffens von Menschen so ausgestattet wird, daß sie animiert und in die Lage versetzt werden, mit der Darstellung ihrer Lebensform als Erzählung oder sonstige Demonstration zu starten.

Wie die zahllosen Teilnehmer nachmittäglicher Talkshows auf allen Kanälen zu verstehen geben, ist für sie nicht mehr das eigene Haus oder Heim der naturgemäß wichtigste Ereignisort, an dem sie anderen ihre Verhaltensweisen, Auffassungen, Absichten mitteilen oder indirekt erfahrbar werden lassen. Im Gegenteil, der Privatbereich wird als Ort verstanden, an dem man sich von der Verpflichtung auf Lebensformen entlastet.

Der Ereignisort *Big Brother* scheint für Beobachter so interessant zu sein, weil sich an ihm die Verpflichtung auf Individualisierung und eigenverantwortlichen Lebensentwurf mit dem Bedürfnis, sich privat gehen zu lassen, in Spannung tritt. Das ist in der Tat „spannend", wenn hinreichend unterscheidbare Individuen mit ihren Biographien und Lebensentwürfen zusammengeführt werden. Jedenfalls zeigt *Big Brother*, wie weitgehend „normale" Zeitgenossen bereits ein Verständnis für die Aufgabe der Inszenierung entwickelt haben. Sie inszenieren nicht nur sich, sondern Ereignisort und Ereigniszeit ihrer kollektiven Containerexistenz. Solche Container nennt die Marketingdiva Faith Popcorn *Shelter* oder „Schutzhüllen" oder *Cocons* (wie die der Seidenraupen). Multikulturelle Gesellschaften kennen das als freiwillige „Ghettoisierung". Je bedrohter die öffentlichen und halböffentlichen Räume etwa durch Vandalismus oder Kriminalität werden, desto größer das Bedürfnis, den Container „Wohnung" zum Containtment, zum Schutz vor äußerer Einwirkung werden zu lassen. Denn diese Einwirkung stört oder zerstört jede Präsentation der eigenen Lebensform.

So ist verständlich, daß Wohnungen und Arbeitsstätten mithilfe der elektronischen Sicherungs- wie Kommunikationstechnologie zu Zitadellen werden, in denen man noch die Chance hat, sein Leben mit Bezug auf nur relativ wenige andere Menschen zu führen. Dieses Bedürfnis ist gegenwärtig ausschlaggebend für die Bestückung der Lebensbühnen und die Inszenierung der Lebensformen. Diese Orte werden mehr oder weniger umfassend zum Weltort schlechthin, an dem man in Gestaltung und Verhalten sein Weltbild zusammenfügt.

Wir werden wieder zu Monaden, deren Cocons aber über elektronische Kommunikationsmittel durchsichtig geworden sind. Die Leibniz'sche Monade hat nicht nur Fenster bekommen, sondern ihre Hülle wurde zum Rundum-Panoramafenster, aber möglichst schußsicher!

Alles Fassade. Verhütung durch Verpackung

48 Hausaltar

In jeder Wohnung gibt es irgendein Eckchen, eine Standfläche auf der Kommode oder ein Fach in der Vitrine mit einer auffälligen Anordnung von Objekten: Hochzeitsfotos, Familienporträts, Eiffeltürmchen und Babyschühchen, grüne Bänder und geheimnisvolle Kästchen (das Geheimnis der Banalität). Diese Objektarrangements orientieren sich mehr oder weniger bewußt an jenen Hausaltären, auf denen die alten Römer ihren verstorbenen Familienmitgliedern und deren Anwesenheit im Gedächtnis huldigten. Diese Struktur wird überlagert von den Ordnungen des Heterogenen, wie sie in fürstlichen Kunst- und Wunderkammern, in Kinderzimmern, auf Dachböden oder auf persönlichen Schreibtischen sichtbar werden: eine assoziative Logik, stets umschichtbar, die den Zusammenhalt dessen wahrt, wovon man noch nicht weiß, was es ist, das man aber auf keinen Fall wegwerfen will. Solche Haufenbildung von Lebensexkrementen ist die Form der Bewahrung des Amorphen, des Uneindeutigen: eine vorsorgliche Respektsbekundigung vor dem, was noch nicht zu Ende ist oder kein Ende finden soll. Deswegen mag man in der Vorläufigkeit der Objektarrangements eine Vergegenwärtigung der Mahnung sehen, daß alles menschliche Leben und seine Spuren, an die es sich zu binden sucht, vergänglich sind. **Der Hausaltar ist das *memento mori* oder *vanitatis* des bürgerlichen Individuums, das einerseits seine Einmaligkeit zu bekunden und andererseits die Vergeblichkeit dieses Ansinnens zu verarbeiten hat.**

| Alles Fassade. Verhütung durch Verpackung |

| 49 | Visuelle Introspektion.

Vom Leben als Panto(n)ffeltierchen |

Ein Interview mit Mathias Remmele

Herr Brock, Sie gehören zumindest vom Alter her zu der Generation, die in den sechziger und den frühen siebziger Jahren, zu der potentiellen Zielgruppe von Pantons Arbeit gehörten. Haben Sie Panton damals wahrgenommen und wenn ja, wie?

Damals stand unsere Suche nach der Erfüllung eines umfassenden Gestaltungsanspruchs, wie er im Jugendstil, im deutschen Werkbund, im Bauhaus formuliert wurde, nämlich allumfassende Lebens- und Arbeitsbedingungen zu gestalten, immer unter dem Vorbehalt: Es muß etwas sein, was sich keinesfalls dem Verdacht aussetzt, fundamentalistisch oder totalitär zu sein.
In den 60er Jahren entsprach Verner Panton als einziger dieser Forderung; seine Gestaltung bot in sich eine Garantie dagegen, als ganzheitliches Programm totalitär zu sein. Denn der Charakter der Formen, Farben und Materialien, die er anwandte, widersprachen von vorneherein politischen, sozialen oder sonstigen Grundsatzkonzeptionen des Totalitarismus. **Panton erarbeitete eine Welt, die das Gegenteil von totalitärer Härte und brutaler Funktionalität nach dem Rechenschieber darstellte. Sie war weich, sie war rund, sie war absolut künstlich.**
Künstlichkeit war damals ein extremer Wert als Hinweis auf Modernität, ja, die Künstlichkeit war das eigentliche Ziel seiner Gestaltungen, die man als moderne Entsprechung zum *Capriccio* des 18. Jahrhunderts oder direkt als *Fake* auffassen kann. Diese synthetische, beliebige Zusammenfügung von Elementen, die in der Realität des Alltagslebens als bewußt Falsches erkennbar war (was im Sinne der Bauhausideologie gerade die Antimoderne schlechthin, die Wiederkehr des Kleinbürgergeschmacks kennzeichnete), stellte keine Gefahr dar, daß jemand einen Panton-Entwurf der ganzheitlichen Lebensraumgestaltung je auf totalitäre Machtansprüche beziehen konnte.
Deswegen bot sich Panton als Einziger an, der noch den alten geforderten Anspruch der Designer auf Gestaltung

von Gesamtzusammenhängen vom Löffel bis zur Stadt erfüllte und – obwohl er systematisch geschlossen operierte – dabei nie in Gefahr geriet, Inbegriff eines totalitären Durchdringungsanspruchs zu werden. Dazu war seine Gestaltung zu feminin, zu unisexuell, zu wenig auf die Differenz von weiblich und männlich bezogen; seine Formen waren eigentlich androgyn und entzogen sich damit dem Zugriff von Modernität im Sinne der Funktionalismen der technischen Rationalität und der Rechtwinkligkeit des White Cube.

Dabei spielte auch das von ihm verwendete Material eine entscheidende Rolle: Polypropylen war nicht wie Eisen und Stahl mit Blut und Tränen besetzt: Es war genau das Gegenteil von Kanonen und Machtmaschinerie. Dieses Material war außerordentlich formbar: der Prozeß, der uns damals faszinierte, hieß: „Tiefziehen"! Ich erinnere mich, daß wir in Hoechst sahen, wie das Granulat in die Maschine kam und die Form durch Unterdruck negativ tiefgezogen wurde. Das war ein phantastischer Vorgang, den später Vilém Flusser als *Information* beschrieb: dem Material wird eine Form aufgeprägt: durch die In-Formierung des Materials entsteht *Information*.
Panton entsprach mit seinem Material diesem Vorgang, aber nicht gemäß einer alten Vorstellung von Überformung oder Vergewaltigung des Materials. Vielmehr war es ein weicher, ein natürlicher, ein quasi „geburtlicher" Vorgang, der an das Wachstum des Embryos aus dem Urschleim der Substanzen erinnert.

Die vollständige In-Formierung eines Lebensraumes von der Wand bis zum Boden, vom Löffel bis zum Sessel, von der Beleuchtung bis zur farbpsychologischen Steuerung der Türflächen wurde zum *Environment*, ein Begriff, der auch in den Künsten verwendet wurde; er bedeutet *Bildung eines Bildinnenraums*. Die Panton'sche äußere Wohnwelt und Lebensumgebung vergegenständlichte diese Wendung nach innen. Wir nannten das damals *visuelle Introspektion*. Dabei entstanden Raumsituationen, die an die Bilder von Sonden erinnern, die Aufnahmen vom Inneren des eigenen Körpers, den Blutgefäßen, den Organen und Arteterien entwickeln. Das darf nicht verwechselt werden mit der deutschen

Innerlichkeit, die ja sehr gut mit dem Totalitarismus zusammenging, sondern bedeutet: meine gestaltete Umgebung beruht auf dem, was ich von mir selbst weiß. D.h., ich wohne in mir selbst. Was den menschlichen Körper ausmacht, wird ihm auch zur äußeren Höhle, bishin zu Uterus-Phantasien oder einer Wohnwelt aus Sphären und Blasen, wie sie jüngst Peter Sloterdijk untersucht hat.

Wer sich in der Panton-Welt bewegt, erlebt dort eine introspektive Visualisierung des eigenen Körpers, inklusive seiner Funktionen, z.B. der Hirntätigkeiten, die Panton durch den Einsatz von Licht und Farbe repräsentierte; seine Farbwahl bedeutete immer die neuronale, die Wahrnehmungs- und Steuerungsebene.

Die Außenwelt, wie wir sie wahrnehmen, wird durch das Zusammenspiel von Psyche und Soma im Inneren des menschlichen Körpers reflektiert. Außenwelt und Innenwelt glichen sich bei Panton vollstänig an. Der Blick nach außen war der Blick nach innen.

In der Kantine der Hamburger SPIEGEL-Redaktion sah man an der Decke etwa kugelgestaltige Lampen, die signalisierten jene Moleküle, die wir gerade über die Nahrung aufnehmen. Man war sozusagen auch noch die Nahrung selbst; man aß förmlich mit den Augen, denn was man sah, bildete die innere molekulare Struktur dessen ab, was man gerade in den Mund steckte. Übrigens begann man ja damals auch damit, den Speisen Farben beizumischen, so daß die Gerichte auch mit dem visuellen Eindruck eine geschmackliche Vereinheitlichung erhielten. So setzte sich z.B. der berühmte Hawaii-Toast mit rosa Schinken und gelbem Käse und der typischen Panton-roten Cocktailkirsche durch. Auch wurden bestimmte Leuchtmittel für Lebensmittelgeschäfte entwickelt, um die Nahrungsangebote in besonderen Farbtönen erstrahlen zu lassen.

Grundlegend war der Farbklang (für die sechziger und siebzigerJahre) *Orange-Braun*. Sogar die Bundesbahn hat ihre damaligen Sitze und selbst die Speisewagen in braun-orange ausgestattet. Heute erscheint uns das als eine Ekelfarbe. Es ging damals aber gar nicht um Farbe im totalen Einsatz, sondern um *Scaping*, um das Schaffen von Landschaften, denn diese Farbgebungsansprüche waren wirklich ausformulierte Landschaften, die mit bestimmten Gemütszuständen korrespondierten, die emotionalen Energieaufladungen entsprachen und die auf der Ambiguität und Ambivalenz balancierten, z.B. auf der gleichzeitigen, farblich repräsentierten Attraktivität und Abstoßung, auf der Ambivalenz von einschmeicheln und anekeln.

Keine Farbe, die Panton verwendete, ist eindeutig. Sie sind immer alle mehrwertig und mehrdeutig. Grundton ist orange als delikate Mischfarbe und braun als die Schmutzfarbe, die sich aus der Summe seiner Farben ergibt.

Orange-Braun simulierte auch den Höhlencharakter; in den Panton-Räumen ging die Sonne auf, es wurde Mittag, es wurde Abend, die Sonne ging wieder unter, ohne daß je die strahlende Prägnanz erreicht wird, die die Farbpsychologen immer zu Grunde legen, etwa gelb als Farbe des Optimismus und rot für Aggressivität oder blau für das Fließen. Pantons Bildfarblichkeiten entsprachen aber dem, was man bei der Introspektion wahrnimmt: Wenn man die Fahrt durch sich selbst antritt, findet man auch kein flammendes Rot, sondern eher das Orange der Schleimhäute. Durchaus zwiespältig ist dabei das Ekelgefühl, das sich selbst dem eigenen Körper gegenüber bei der Betrachtung von Ausscheidungen einstellt.

Kurz: die Farbgebung folgte gerade nicht einer rational geklärten psychologischen Zuordnung, sondern einem malerischen Konzept; der Effekt war ungefähr der von farbigen Reproduktionen auf Illustriertenniveau. In den Panton'schen Räumen ging Farbbrillanz auch durch die Beimischung der Farbsubstanzen in die verwendeten Materialien verloren.

Das ambivalente Verhältnis von Attraktivität und Widerstand trug zur Selbstwahrnehmung von Zuständen wie Mattigkeit oder Höhenflug, Widerwille, Aggression oder seelischer Entleerung bei. Hier kamen Zen-buddhistische Vorstellungen von völliger Entgrenzung, vom Zerfließen der Barrieren zwischen Seele und Körper zur Geltung. Man floß in die Formen, die Panton vorgab, geradezu hinein, konnte sich als Teil einer Blumenwiese oder einer Moosalm im Hochgebirge fühlen.

Es ging wirklich um eine psychologische Stimulierung durch Farben und Formen, aber nicht nur mit den schönen Gefühlen Glück, Freude, Heiterkeit, sondern genauso Sinnentleerung oder Verzweiflung. Und viele Therapeutenstuben sahen damals auch so aus wie Panton-Environments.

Dazu kamen Vorstellungen des „Zeitgeistes", wie man sie mit dem Schlagwort *flower-power* in den späten 60er Jahren thematisierte: es war die erste große Welle der *environment protection*, also der Beschützung der Natur, des sogenannten Umweltschutzes, nachdem man erkannt hatte, daß der technische Fortschritt die Natur selbst überformt und völlig neu schafft. **Die „Natur erster Ordnung", also die Blümchen, Blättchen und Gräschen, wurde als „zweite Natur" in den floralen Gestalten Verner Pantons bewahrt.** Was er schuf, war reines Artefakt, ging aber in Formen und Farben, in taktilen und olfaktorischen Wahrnehmungsmöglichkeiten auf die erste Natur zurück, die wir als Pflanzen, Blumen, Moose usw. noch alle kennengelernt hatten, von denen wir aber bereits vermuteten, sie würden bald verschwinden und nur noch in Gestalt der Teppichböden von Panton fortexistieren.

Am bedeutendsten blieb jedoch Pantons Verfahren, sein Material auf eine Weise zu in-formieren, die den Theorien des amerikanischen Mathematikers George Spencer Brown entsprachen: dieser hatte die Distinktionslehre entwickelt, derzufolge jede Linie eine Unterscheidbarkeit von *links* und *rechts*, von *oben* und *unten* produziert. Jede Art der strukturierenden Wahrnehmung ist auf das Produzieren von Unterscheidungen (daher *Distinktionismus*) angewiesen. Wir sehen also nicht nur die in einem Objekt materialisierte Form, sondern auch ihr Negativ, das durch die umgebenden Räume und Zwischenräume gebildet wird. Dieses Phänomen der „Zwei-Seitenform" ist auch als *Figur-Grund-Beziehung* bekannt.
Jede der Panton-Formen war immer auch auf ihre andere Seite bezogen: war überhaupt die Kugellampe an der Wand das artikulierte Objekt? War es die vorstehende Birne mit der gewölbten Schale oder gleich die ganze Wand? Auf diese Weise wurde plötzlich die Wand zur Lampe, Figur und Grund wechselten sich aus: man sah einmal die Figur „Lampe" und die Wand als Grund und dann die durchgestaltete, meistens in Quadratplatten aneinander gehängte Wandfläche, wiederum als Figur wie in einem Bild mit Leuchtpunkten als Raster.

Pantons Formen waren immer Einheit von negativ und positiv, von Figur und Grund.
Seine Räume waren **begehbare Bilder;** man war zugleich Betrachter des Bildes und Nutzer im Bild selber. Dabei behandelte er das „Schwere" oft

genauso wie das „Leichte", so daß man mit herkömmlichen Wahrnehmungsvoraussetzungen – alles, was schwer ist, ist unten; wir stehen mit den Füßen, der Schwerkraft gemäß, rechtwinklig auf dem Boden – nicht mehr weit kommt. Panton brachte das Schwere oben ebenso wie unten; dadurch kam der sogenannte „Mondeffekt" zustande: die Gesetze der Schwerkraft schienen aufgehoben, die Wohnlandschaft wurde zur Mondlandschaft.

Dieser Effekt antwortete dem allgemeinen Interesse, das man seit Juli 1969 den Mondfahrten und dem **Phänomen des schwerelosen Raums** entgegenbrachte. Panton schuf genau diese Art von Schwerelosigkeit, wie sie in den Versuchsreihen für Astronauten simuliert wurde. Umgekehrt fühlte man sich entsprechend den Introspektionseffekten selbst so leicht, wie das Material, mit dem man sich umgab. Die Schwere des Körpers, die Unbeweglichkeit des Standpunktes wurde zugunsten einer Fließbewegung aufgegeben. Man bewegte sich durch diesen Raum wie durch eine Nährflüssigkeit, was wieder den Eindruck vermittelte, das Innere und Äußere als Gleiches zu sehen.

Es gab damals nicht nur die *Fantasy landscape*, sondern auch Fantasy *light*scape und Fantasy *sound*scape, die er durch den Einsatz von Farben, Licht und Material sehr differenziert ausbilden konnte: so etwa bei Panton'schen Ruhebetten, deren Kopfteile mit kugelförmigen Lautsprechern ausgestattet waren, die es dem Liegenden ermöglichten, in der einen Ecke dies, in der anderen etwas anderes zu hören, also Soundscape im buchstäblichen Sinn.

Wir haben seinerzeit in Frankfurt auf der Straße entsprechende Hörräume und Hörlandschaften angeboten, die den Passanten mit Wasserrauschen oder Urwaldgezwitscher konfrontierten: Alle anderthalb Meter standen Lautsprecher, die so geschaltet waren, daß trotz Straßenverkehr die Überblendungen mit „Rollwagen auf Kopfsteinen" und „galoppierenden Pferden" deutlich zu hören waren. Man ging durch die Stadt und fühlte sich wie auf einer alten Dorfstraße oder wie im Dschungel oder am Meer (die Inszenierung hieß denn auch *Meeresrauschen auf der Hauptwache*).

Schließlich kam noch der Aspekt hinzu, den wir 1972 in der Ausstellung des Internationalen Design Zentrums in Berlin *Inszeniertes Leben* nannten. Es ging darum, mit derartigen Entwürfen – aber auch mit Gelsenkirchener Barock, Mittelstandsmoderne oder Stilmöbelnostalgie für sich selbst einen Lebensraum zu inszenieren. Bis dato war vornehmlich die Kleidermode als Mittel der Selbstexponierung oder Selbstinszinierung einer Person im Wahrnehmungsraum der Mitmenschen bekannt. Einzelne Objektkonfigurationen wie

Möbel oder Autos rangierten als *Statussymbole*, auf deren Wertigkeiten hin man sich in Szene setzte.

Die Panton'schen Gestaltungsangebote – weich, umhüllend, anschmiegsam – ermöglichten es nun, daß man **sich selbst in einem eigenen kompletten Lebensgehäuse inszenieren** konnte (und zwar vor allem *für* sich selbst). Man baute diese Räume wie eine verwandelbare Bühne oder Theaterlandschaft zu Staffagen für die eigene Person.

Wer etwa die *Op-Art*-Bewegung nicht mehr nur auf das Bildfeld beschränkte, sondern den ganzen Raum mit den entsprechenden Thematisierungen, z.B. optischen Täuschungen usf., erfüllte, kehrte gleichsam das Gehirn und seine Funktionsweisen nach außen: man ging in seinem eigenen Gehirn spazieren. Diese Möglichkeiten nutzten wir etwa für das berühmte Künstlerfest *LiLaLe* an der Hamburger Hochschule: dort haben wir in den 60er Jahren Aggressionsräume und Abreaktionsräume simuliert; wir nannten sie *Strände an der Südsee* oder *Befindlichkeiten im Hochgebirge*. Die Räume wurden aus dem für Panton typischen geschäumten Polypropylen geschaffen. Mit *Lightscape* und *Soundscape* wurde es möglich, zu „verreisen", obwohl man zu Hause blieb. In dieser Zeit entstand denn auch der Begriff des Erlebnis- bzw. Ereignisdesigns für Kaufhäuser, Restaurants, Diskotheken etc., der sich in den 80er Jahren mit inflationärer Wucht durchgesetzt hat – jedenfalls ein umfassender und folgenreicher Gestalteranspruch der 60er Jahre.

Panton ist der prägnante Repräsentant der wesentlichen Tendenzen dieser Zeit.

Wenn die Leute dann sagen: Und wo bleibt das Politische? kann man nur entgegnen, daß sich die studentischen Aktivisten in diesen amorphen Panton'schen Materialskulpturen außerordentlich wohlfühlten: die Sitz- und Kuschelmöbel spiegelten genau das „Flüssigwerden" der Verhältnisse, wie man das damals nannte: *flower-power* war der perfekte Widerspruch zur technisch rationalen „Winkelschienenwelt" der politischen totalitären Systeme und somit der Ausdruck für eine polit-mentale Bewegung in den sechziger Jahren schlechthin, also gerade die geeignetste Repräsentation der Zeitverhältnisse.

Das galt auch für den entscheidenden Aspekt der *Pop-Art*, nämlich populär im wörtlichen Sinne zu sein und auf die Massen zu wirken. Wir vermuteten nämlich zu Recht, daß die Panton-Möbel einen ganz anderen als den herkömmlich gutbügerlichen Umgang erlaubten: Man mußte sie nicht mehr polieren, man mußte sie nicht mehr vor jeder Schrunde und jedem Riß oder jedem kleinen

Fleckchen bewahren; sie waren leicht hantierbar, sie waren auf Widerruf und Verschleiß hin konzipiert. Dadurch, daß sie einigermaßen billig waren (vor allem aber ihre Derivate, die sich aus dem Umfeld von Panton überall ausbreiteten), durfte man sie getrost für ersetzbar halten. Insofern entsprachen sie einem weiteren Zug der Pop-Art: nicht mehr hagiographische Verehrung, nicht mehr kultische Stilüberhöhung, sondern Alltagsnutzung und Alltagsverschleiß, jederzeit austauschbar und immer wieder neu in der Inszenierung zu verwenden. Man konnte von den Elementarquadratplatten, auf denen er seine Leuchten befestigte, und aus den Vorhangstoffen ruhig ein Stück herausschneiden und ein anderes einsetzen; man konnte die Platten gegeneinander verschieben – wie er es selber tat – und die orangefarbenen plötzlich mit blauen und gelben durchsetzen und so eine Art von *Lego*spiel für Erwachsene betreiben, für Geschmacks-Erwachsene, die sich ihr eigenes Legosystem der Gestaltung herausbilden konnten.

Panton ist dann wieder in den neunziger Jahren aktuell geworden, vornehmlich durch eine Vorgabe der Designer, nämlich die Publikation von Faith Popcorn zum *Cocooning*. Diese Autorin entwickelte für Marketing-Spezialisten und andere Leute, die nach jedem formulierbaren Trend lechzen, die Vorstellung, daß durch Multikulturalität, durch das Aufbrechen des Grundkonsenses in viele kleine fragmentierte Einheiten und die Zunahme der Kriminalität die Wohnung immer mehr zu einem *Kokon* werden würden, in den man sich zurückzieht. Da war natürlich Panton das wichtigste Beispiel für ein designerisch entworfenes Kokon: seine Gestaltungen entsprachen exakt dem *Cocooning*, dem Kokonbilden, wie es die Seidenraupe betreibt; jeder schließt sich ein, die ganze Welt wird nach innen geholt. **Elektronische Medien ermöglichen es von der Videoüberwachung bis zum heimischen Internetanschluß, die ganze Welt bei sich zu haben** — man muß die Wohnung überhaupt nicht mehr verlassen. Um so wichtiger wird das *Drinnen*, es muß wieder eine ganze Welteinheit bilden, den Weltkokon im jeweiligen Einzellebensraum, den Makrokosmos im Mikrokosmos. Und so wurde Panton dann in den 90er Jahren wieder ganz aktuell.

In unserer Ausstellung haben wir die interessante Beobachtung gemacht, daß sich vor allem das junge Publikum – die 25- bis 30-Jährigen – das Panton und seinen Farbwelten erstmals begegnet, sehr dafür begeistert, weil er im Trend ist, weil er hip ist. Und bei etwas älteren Leuten, wo es zu einer zweiten Begegnung kommt, wie auch bei Ihnen, da gibt es eben auch oft einen Zwiespalt. Als ob man da an Jugendsünden erinnert würde, die man eigentlich abgelegt hatte. Geht es ihnen auch ein bißchen so?

– Nein, Jugendsünden nicht, sondern eine Konfrontation mit unserem damaligen Optimismus, mit einer gewissen Selbstgewißheit, den richtigen Blick in die Zukunft zu haben, mit der Annahme, daß die Natur von uns selbst noch mal geschaffen werden muß, daß wir die erste Natur der Blumen im Flowerpower-Design aufheben. Es ist eher eine Konfrontation mit dem Lebensgefühl von damals, daß sich dann rückwirkend betrachtet als nicht sehr haltbar oder dauerhaft erwiesen hat. Das ist vielleicht dann etwas schamvoll, aber insgesamt begegnet man doch eigentlich ganz gerne seinem eigenen …

… Blödsinn von damals …

… seinen eigenen damaligen Vorstellungen. Es gibt auch noch eine andere Beziehung: Friedensreich Hundertwasser hat ab 1959 dem rechten Winkel abgeschworen; die Ideen, die er über das amorph-werden von Formen hatte, bargen auch „Kunststoffqualitäten". Hundertwasser hat denn auch als Maler sehr ähnliche Attraktionen ausgebildet, und ist folgerichtig von seiner malerischen oder bildendkünstlerischen Arbeit auch auf die eines Designers übergegangen, indem er ebenfalls damit begann, Gesamtumwelten, Lebensräume für Menschen zu gestalten, und zwar mit dem gleichen Anspruch wie Verner Panton. Aber bei Hundertwasser funktionierte das nicht. Warum? Weil man nicht einfach aus dem Bild in den Raum gehen kann, sondern den Raum selbst als Bild gestalten muß. Panton hat den richtigen Weg gewählt, indem er den Raum selbst zum Bild machte und nicht wie Hundertwasser das Bild auf den Raum zu übertragen versuchte. Auch wenn Hundertwasser in handwerklich-formaler Hinsicht so fähig gewesen wäre wie Panton, hätte es trotzdem nicht den gleichen prägnanten Effekt.
Immerhin begann in den 60er Jahren die unaufhaltsame märchenhafte Verzauberung und Verwandlung der Welt im Namen der amorphen Formen, der Zwei-Seitenformen.

Aber bei Hundertwasser sind es ja nicht nur amorphe Formen, sondern auch Elemente, die man schon fast als kitschig bezeichnen kann, Giebelchen, Dächelchen oder sonstige vernidlichte alte Bauformen …

Ja, denn es sind nicht die Formen, die sich aus den innovativen Materialien hätten ergeben müssen, wie bei Panton, ...

... sondern Sehnsuchtsformen ...

... es sind rückverwandelte Formen, während Panton eben die überraschenden Effekte dadurch erzeugte, daß die Form tatsächlich dem gewählten Material vollständig adäquat war.

| **Alles Fassade. Verhütung durch Verpackung** |

| **50** | **Auto-Ästhetik.**

Durch Selbstwahrnehmung zur Selbstbewegung |

Vorab:
Den Verfasser legitimiert zu nachfolgenden Anmerkungen die Erfahrung, daß eine DS mit Reitsporen zu fahren tatsächlich dem Automobil alle Macken nahm, deretwegen er häufig die Frankfurter Citroën-Werkstatt zwischen 1966 und 1972 aufzusuchen hatte. Der von den Reklamationen genervte KFZ-Meister empfahl seinerzeit, das Auto wie ein Lebewesen, z.B. wie ein zu reitendes Pferd, zu behandeln. Frau Huss schenkte ihre Sporen dem Verfasser, die sie als seine Phyllis nicht mehr brauchte, um ihn zur Einsicht zu zügeln, kein Aristoteles zu sein.

In zwei Hinsichten hat die Technik- und Kulturgeschichte des Automobils das westliche Selbstverständnis besonders geprägt: zum einen durch die Vergegenwärtigung des göttlichen Lebensantriebs als Bewegung aus sich selbst,

zum anderen durch die jedermann aufgenötigte Orientierung nach vorne, in die Zukunft, durch den vergewissernden Blick in den Rückspiegel.

1. Göttlicher als Aristoteles dachte
Keinem von Menschen Gemachten, also keinem Artefakt gegenüber läßt sich das Attribut „göttlich", also „wie aus Götterhand", mit größerer Berechtigung zusprechen als dem *Automobil*. Alle Versuche, technikkritisch und ökologiebewußt dem Auto diese Kennzeichnung wieder zu entziehen, blieben erfolglos. Den großartigsten Versuch einer solchen Säkularisierung des göttlichen Selbstbewegers unternahmen nicht etwa die Herren Adorno oder Marcuse, grüne Aussteiger oder alternative Windmüller, sondern der geniale Ingenieur Felix Wankel. Er schuf den bewegten Beweger in Gestalt des *Wankel-Motors*, dessen Charakteristikum es sein sollte, daß der bewegende Motor seinerseits bewegt ist wie die Räder, die er antreiben soll. Wie alle Entgöttlichungsversuche, Profanisierungsbemühungen und Entweihungsfrevel erregte Wankels Idee des bewegten Bewegers Kapital und Zeitgeist. Man überbot sich in Realisierungsversprechen und grundlegender Veränderung des Zeitbewußtseins. Aber selbst die weltgrößten Automobilkonzerne scheiterten bei dieser letzten Götterdämmerung: heute triumphiert allenthalben der unbewegte Beweger des Automobils in der genialen Version der Selbstbewegung.

Aristoteles hatte als Naturwissenschaftler formuliert, daß alles, was in Bewegung ist, bewegt wird. Also mußte hinter jeder Bewegung ein Beweger stehen, der seinerseits nicht von außen bewegt sein konnte. Mit dieser Lehre schufen die Ingenieure seit dem Zeitalter des Barock die „göttlichen Maschinen", die irgendwo fest installiert das mit ihnen Verbundene bewegten: Puppenglieder, Wolkenattrappen, Spielmechaniken. Dann aber erweiterten sie dieses Konzept um den entscheidenden Gedanken, den unbewegten Beweger sich selbst bewegen zu lassen, zunächst im *Automaten* und dann als *Automobil* – ein griechischlateinisches Kunstwort, das zu Recht die gesamte Antike beschwor, um die Großartigkeit dieser Idee abzusichern; in der Tat konnte Aristoteles keinen Einwand erheben, denn die Selbstbewegung ist keine bedingte Bewegung, also immer noch göttlich wie der unbewegte = unbedingte Beweger. Die genialen Mechaniker des Weltballetts, Daimler und Benz, kannten ein antikes Vorbild, nämlich den *Deus ex Machina* des griechischen Theaters – das war ein durch die Bühnenmaschinerie zur Erscheinung (Epiphanie) gebrachter überraschender Eingreifer, der die Fortbewegung der dramatischen Handlung durch einen zauberhaften Impuls stimulierte. Aber diesen zauberhaften Impuls als Verpuffungsreaktion in einem geschlossenen Zylinder mit beweglichen Kolben zu denken und zu konstruieren verlangte göttliches Vermögen (lat. *Potenz*, griech. *Dynamis*), das (lateinisch) *aktualisiert* bzw. (griechisch) *in Energie* umgesetzt werden mußte.

Die Bewegungslehre über den sich selbst bewegenden Beweger, also die Kunst, ein Kraftfahrzeug zu führen, entwickelte sich zunächst durch Orientierung auf die Immobilien, also Unbewegtes als Hindernisse, die die Bewegungsimpulse störten. Diese Bewegung nannte man verallgemeinernd *Intention*. Anhand der ersten Verkehrsunfälle, also von Störungen der Bewegungsintention, entwickelten Seeleningenieure wie die Professoren Wilhelm Dilthey oder Henri Bergson ihre Lehren von der Wahrnehmung der Dinge, der *Phänomenologie*. Wahrnehmungsfelder, -segmente, -horizonte wurden als sogenannte Abschattungen den Effekten nachempfunden, die Autoscheinwerfer auf nächtlichen Straßen oder gerahmte Blicke aus den Windschutzscheiben erzeugen. Das inverse Kino: *der Betrachter bewegt sich, und die Bilder stehen* statt *die Bilder bewegen sich, und der Betrachter steht*.
Der sich bewegende Beweger, das Automobil, erzeugte also die Welt der Phänomene zwischen optischer Täuschung, neurophysiologischer Überforderung und der Realitätstüchtigkeitskontrolle gerade in der Vermeidung von Unfällen; denn einem bereits Verunfallten nützt die Feststellung über die Realitätshaltigkeit eines Phänomens beim Führen des Fahrzeugs nichts mehr; bis heute ist die Vermeidung der Intentionsstörung, also die Verhinderung des Ernstfalls im Unfall der eigentliche Sinn des Autofahrens. Rasen und Kilometerfressen sind Herausforderungen dieses eigentlichen Sinns – wer rasen konnte, hat die Störung der Bewegungsintention am besten vermieden, ist also auch am besten gefahren.
Geschwindigkeitsgenuß heißt auf griechisch *Kinästhetik*: die *kinesis*, die Bewegung, sprechen wir immer noch im Begriff *Kino* an. Es verwundert nicht, daß Generationen im Autokino den Höhepunkt der Verschmelzung von selbstbewegtem Beweger mit der *Ästhetik*, also der Wahrnehmung der Bewegung erlebten, also die Einheit von innerem und äußerem Kino in einem *Elan vital* und Fahren, Fahren, Fahren auf der Autobahn, die Einheit von innerem Monolog und dem Summen der Motoren, die Einheit der am Autofenster vorbeiziehenden Landschaft und des auf der Leinwand bewegten Bildes. Und die

Kulminationspunkte dieser göttlichen Schau bilden nach wie vor Autokinobesuche, deren Filme Autoverfolgungsjagden, spektakuläre Intentionsstörungen sprich Unfälle oder die teuflische Immobilisierung als Stau zeigen.

In diesen Szenen entfaltet sich alltagspsychologisch die **Selbstbewegung, das Wesen des Automobils: es wird zum Synonym für Leben und beseelte Materie.** Wie alles Lebendige aus sich selbst heraus den Impuls des Lebens (Elan vital) produziert, so auch das Automobil; und wie der Lebensantrieb sich in der äußeren, d.h. körperlichen Bewegung als Aktion und Reaktion zeigt, so bewegt uns das Auto, indem wir es lenken im Wechsel von Ort zu Ort, wie es uns innerlich bewegt, etwa im Rausch der Geschwindigkeit, in beseeligenden Verschmelzungsempfindungen von Nähe und Ferne, von eigen und fremd. Diese Bewegung als Belebung heißt *Animation*, also Verlebendigung durch Stimulierung der körperlichen Eigenwahrnehmung (wie beim Karussell fahren etwa); diese verstärkte Eigenwahrnehmung (Auto-Ästhetik) ist die Energieressource für den Lebensantrieb, also für die Selbstbewegung. Merke: Autisten hingegen sind bedauernswerte Menschen, deren Eigenwahrnehmung extrem gering ist. Sie ließe sich nur steigern durch gewalttätige Vergrößerung der Reize, also etwa schmerzauslösende Verletzungen. Da mit der gestörten Eigenwahrnehmung zugleich die Fremdwahrnehmung anderer Lebewesen, wie die Beziehung zu ihnen gestört ist, kann es autistische Automobilisten nicht geben – sie eliminieren sich, bevor sie zur Geltung kommen. Wer hingegen Körper und Geist, Gestalt und Beseelungsenergie seines Autos pflegt und huldigt wie seinem eigenen lebendigen Körper, manifestiert seine Vergöttlichungssehnsucht in dem profanen Ritual der Reinigung (Körper- wie Psychohygiene): ihm wird klar, wie weitgehend er noch menschelt, indem er noch Autonomie vermissen läßt. Er reagiert noch zu stark auf von außen kommende Impulse und agiert unter Motiven, die nicht die seinen, sondern die des Zeitgeistes, der Herrschaft, der Reklame sind. Er erfüllt nur die Erwartungen anderer an ihn, anstatt sich diesen fremden Anforderungen gegenüber selbstbestimmt, also autonom zu zeigen. Sinnbild und Begriffsbild der Autonomie sprechen wir als das Göttliche an. Darüber klärte in einer kulturgeschichtlich einmaligen Leistung der Automobilkonzern Citroën die Menschheit auf, indem er das Modell DS (französisch als *Déesse* = Göttin gesprochen; weibliche Gottheit deswegen, weil im Französischen das Automobil weiblich ist: *la voiture!*) auf den Markt brachte. Dieses luftgefederte, also wie Götter auf Wolken schwebende kinetische Gebilde, gleichzeitig mit der 50er-Jahre-Kunstrichtung der Kinetik (Mobiles), der kunstvollen Bewegung, entwickelt, sah schon im stehenden Zustand so aus, als bewegte es sich. (Darauf zielte der Kosename *Flunder* ab: die Flunder ist keine Gestalt des bewegungslosen Aufruhens, sondern des Körpers im permanenten Strom des Mediums Wasser und seiner Auftriebskräfte.)

Das göttliche Medium sind Odem, Pneuma, Ruach, die allem Lebendigen innewohnen. Es erfüllt mit Enthusiasmus, in den idealen Strom des göttlichen Odems zu geraten, seien es die erhabenen Sturmwinde im Hochgebirge oder an der See – seien es die aus den Sängermündern entströmenden göttlichen Stimmen der Callas und des Mario Lanza oder das sonore Baßvibrato eines 8-Zylinder-Auspuffs.

Aber zu dieser Vision der Stromlinienförmigkeit hat kulturgeschichtlich ebenso einschneidend wie die Produktion der Citroen-DS der vergöttlichte Roland Barthes Ende der 50er Jahre etwas so Legendäres geschrieben, daß es selbst zum Mythos der Automobilgeschichte wurde und damit zu einem zentralen Mythos unseres Alltags. Weil Barthes mythisch wurde, kann und braucht man ihn nicht mehr zu lesen, es reicht davon zu sprechen wie von jenen legendären historischen Automodellen, die von Zeit zu Zeit, so auch jetzt in den Deichtorhallen, als Monstranzen unserer Verehrung für das sich selbst bewegende Leben demonstriert werden. Denn jedes dieser Automodelle ist dadurch ausgezeichnet (vor ruhenden Statuen, feststehenden Denkmälern, verankerten Kultbildern), daß es Monstranz und Demonstranz in einem ist. Die Einheit wurde bewußt für die Paraden in amerikanischen Großstädten geschaffen: die zu ehrenden Personen wurden in Cabriolets bewegt, die ihrerseits Aufmerksamkeit attrahierten, sodaß die gefeierten Helden zum Vorwand für die Autocorsos wurden.

Heute besonders interessant sind jene Formen von Monstranz der Demonstranz, wie sie in Alltagskulten der Dritten Welt praktiziert werden, bei denen Autos – zumeist als Monstranzen aus Abfallmaterial – in Prozessionen mitgeführt werden. Derartige Rituale lassen das Motiv der ewigen göttlichen Bewegtheit als Seelenwanderung von Toten nach deren Beerdigung in automobilgestaltigen Särgen aufscheinen. **Inzwischen ist erkannt worden, daß nicht nur atavistische Gesellschaften animistischen Kulten huldigen, sondern auch die Erste Welt der automobilistischen Technikavantgardisten der Animationsfilmer und Reha-Animateure in Clubs und Kliniken.** Deswegen ließ sich Edward Kienholz, Reinkarnation des antiken Animismus zwischen Faun und Vulkan, in seinem Cadillac in die Grube fahren, um die Seelenbewegung anzutreten.

Die Wandlung des erlösungssüchtigen Seelenheilwanderers, des *Viator Mundi*, zum *Eternal Driver* vollzog sich im Genre des Road-Movie mit einer besonderen Variante der Mobilisierung von Immobilien als *Caravan*. Dieses fahrende Zuhause bietet einen Beweis für die Realitätstüchtigkeit des utopischen Denkens, denn der U-Topos, der Nirgend-Ort erweist sich als das überall gleichermaßen Gegebene: das Nirgendwo im Überall erfährt der Caravan-Tramper, der obwohl ständig an anderen Orten immer zu Hause bleibt – und das nicht nur generalisiert wie in den weltweit angebotenen immer gleichen Behausungen der Hotelketten, sondern durchaus individualisiert, also mit dem Einmaligkeitsanspruch individueller Behausung im eigenen Caravan. Die sommerlichen Caravan-Kolonnen sind die heitersten Beweise der Seelenwanderung, denn das einzige Zuhause, das man tatsächlich niemals verläßt, ist der Sarg. Auf ihn trainieren wir uns, wenn wir im Caravan sämtliche Lebensfunktionen vollziehen: vom Essen im Drive-In bis zum Kunstrasen-Ausrollen vor dem Trittbrett. Die Caravan-Züge sind also Prozessionen von Gräbern auf Rädern, ganz analog also zu den besagten Dritt-Welt-Kulten – allerdings nur für Christen, den allein theologisch aufs Auto vorbereiteten Gläubigen, denn der Sarg ist das freudige Zeichen der versprochenen Auferstehung.

In der europäischen Kulturgeschichte erkundeten Spezialisten des ewigen Seelenlebens, die Mönche, das Leben in der letzten Heimstatt: Proportion und Ausstattung ihrer Klausen waren deutlich am Minimalismus des Sarges orientiert; in diesen Klausen trainierten sie täglich den Dauerzustand letzter Befindlichkeit. Unsere Zeitgenossen nutzen das Gehäuse des Automobils täglich als eine derartige Simulationsanlage für die Ewigkeit. Das Auto wird zur Mönchszelle, in der sich der Fahrer vor jedem Einwirken äußerer Reize, Appelle, Verpflichtungen, also der Heteronomie, schützen kann. Die Funktion, die zu Beginn des automobilen Zeitalters etwa Autobahnkirchen hatten, wurden längst durch entsprechendes Innenraumdesign auf die Autos übertragen (hier erinnern wir doch, daß Barthes seine DS-Huldigung mit dem Hinweis beginnt, das Auto sei heute das genaue Äquivalent zur großen gotischen Kathedrale als Epochenschöpfung).

Je dichter der Verkehr, je länger der Stau auf der täglichen Hin- und Rückfahrt zur Arbeit und retour, desto intensiver kann die Abschattung, Ausblendung, Ruhestellung und Konzentration gelingen. Anleitungen zu solchen Exerzitien liefern inzwischen etwa die Cassetten der Freiburger Autobahnuniversität: eine Fahrt vom Ruhrgebiet nach Bayern entspricht einer Übersichtsvorlesung zur Geschichte der Phänomenologie oder zum Wesen der Stimmungen.

Die Landschaft, die man durchfährt, wird zum Gedächtnistheater, da man markante Sätze, Theoreme, Schlußfolgerungen der Vorlesungen an Besonderheiten des Landschaftsbildes zu knüpfen pflegt. Wer dann in Gedanken die Fahrt zu wiederholen vermag, vergegenwärtigt sich auch das während der Fahrt Gehörte und Gelernte.

2. Voraus mit dem Rückspiegel – Retro-Design
1968 publizierte Marshall McLuhan in dem Band *Krieg und Frieden im globalen Dorf* zum ersten Mal seine Folgen zeitigende Rückspiegel-Metapher. Was McLuhan ursprünglich gemeint haben mag und welchen Anteil irgendwelche „Jemande" an der Ausarbeitung der Metapher hatten, ist selbst für McLuhans Biographen Philip Marchand nicht mehr zu rekonstruieren. Sei's drum: die Erziehung zur Bewegungslehre der Auto-Ästhetik, die jeder Automobilist als *Fahrschule* zu absolvieren hat, konzentriert sich auf Spiegelfunktionen. Das sind die Außen- und Innenspiegel, die, wenn der Fahrer in sie blicken können soll, zwangsläufig zu Rückspiegeln werden. Um auf die Bewegung nach vorne orientiert zu sein, bedarf es der permanenten Antizipiation der Verkehrssituation vor dem eigenen Fahrzeug, die aus der Beobachtung im Rückspiegel erschlossen werden kann. Der Fahrer muß sein eigenes Verhalten auf das einstellen, was sich neben und vor ihm ereignen wird, wenn die im Rückspiegel erkennbaren Bewegungsrichtungen und -dynamiken fortgesetzt werden. Hinter langsam fahrenden Automobilisten verändert sich also häufiger die Verkehrssituation und damit das Geschehen, auf das sie vorausschauend reagieren müssen.
Die Rückspiegel-Metapher bewirkt also zwei Paradoxien: zum einen ist der Blick zurück die Antizipation des zukünftigen Geschehens; zum anderen erhöht langsames Fahren die Gefahr des Ernstfalls, weil der langsam Bewegte häufiger und schneller Situationsveränderungen ausgesetzt ist, als die in der Durchschnittsgeschwindigkeit des Gesamtverkehrs mitschwimmende Flunder (s. oben).
Nichts, keine pädagogische Maßnahme, keine technische Invention (außer vielleicht die der Werbebildschoner „Mainzelmännchen"), hat die allgemeine Befähigung unserer Zeitgenossen zur Reflexion derartig befördert wie das Training des Blicks in den Rückspiegel. *Reflexion* meint das gedankliche Probehandeln durch Nach-Denken oder Wieder-Bedenken des bereits Geschehenen und die Schlußfolgerung aus den reflektierten Geschehensabläufen der Vergangenheit auf die erwarteten oder gewünschten Abläufe der Zukunft.
Kein Kunstpädagoge oder Lehrer für Zeitgeschichte vermochte wie der Fahrschullehrer jungen Leuten klarzumachen, welche Bedeutung das hinter uns

Liegende für das Kommende hat. Im unmittelbarsten Sinne der Rückspiegel-Erfahrung ist das vor uns Liegende, die Zukunft, von der Vergegenwärtigung des Vergangenen abhängig oder sie ist gar die Vergegenwärtigung des Vergangenen.
Diese Philosophie der gegenwärtigen Vergangenheit und der zukünftigen Vergangenheit der Gegenwart bestimmte bisher generell die Gestaltungsprozesse von Investitions- und Konsumgütern, wobei das Automobil eine besonders interessante Schnittstelle beider Güterklassen darstellt. Betonte Gestaltung des unmittelbar zukünftig Interessanten rechnet mit dessen Veralten, also mit dem Vergangenheit-Werden des gegenwärtig Allerneuesten. Wie aber jeder Liebhaber von Oldtimern weiß, bedeutet das Veralten eine Steigerung der Wertschätzung in ideeller wie materieller Hinsicht; denn die Vergegenwärtigung ehemalig ganz neuer Automodelle als heutzutage historische, die als museale Kulturgüter demonstriert werden, bietet die alleinige Ressource für Zeitökonomie. Denn wieso sollte jemand etwas als neu kaufen, von dem zugleich versichert wird, daß es wenig später bereits veraltet sein wird, wenn nicht zur Steigerung der Wertschätzung von Zeit-Vergehen kurzfristig als *Mode*, langfristig als Tradition oder objektive Entfaltung von Zeitgeist?
Die Orientierung auf das neueste neue Modell ist also eigentlich eine sinnvolle Strategie zur erneuten Orientierung an, zum Wiedersehen mit den alten Modellen, wobei die Gleichzeitigkeit von Allerneuestem und Altem eine Beschreibung der Zukunft ist, in der alles Neue wieder vergegenwärtigtes Altes sein wird und alle alten Modelle so aussehen und wirken, als hätten wir sie noch nie gesehen, als seien sie völlig neu. Diese Avantgarde-Funktion im Automobil-Design nehmen gegenwärtig, mit zunehmender Tendenz Retro-Designs wie das des neuen *Beetle* oder der Chrysler-Kutsche wahr. Erweitert man die Avantgarde-Funktion über die Zeitachse Vergangenheit-Gegenwart-Zukunft hinaus auch auf Funktionsreihen wie Kultgerät, Lehrmittel, Statusanzeiger, Fetisch, alltäglicher Gebrauchsgegenstand oder Werkzeug und Instrument, dann bietet das Retro-Design noch mehr: sowohl in der auffälligen, bildhauerischen Gestaltung des plastischen Auto-Körpers (heutiger Standard: Brancusi-Ästhetik bei minimiertem Luftwiderstandsfaktor) und der bezeichnenden Auszeichnung von Details der Innenraumgestaltung (heutiger Standard: Holztäfelung wie im Bilderrahmen und im Materialakkord der Mies-van-der-Rohe-Bungalow-Typiken).
Die Designs müssen Vieldeutigkeit und Mehrwertigkeit zulassen, sodaß etwa frugale Technolux-Entwürfe zugleich in Richtung abstrakter Systemrationalität wie militärischer Direktheit, Vorurteilsfreiheit und Protest gegen das

ornamentale Multi-Kulti-Geschnörkel gewertet werden können. Die Hochrüstungen der Motorleistung müssen sich als Legitimation für souveränes Fahren in vollständiger Angepaßtheit ausweisen lassen, obwohl die Leistungsausstattung ursprünglich gerade die Absetzung vom Durchschnitt bezeichnen sollte.

Das Van-Look-Design bietet die Möglichkeit, multifunktionale Nutzung von der eigentlichen Bedeutung ökomomischer Beschränktheit des Käufers auf die gewünschte Bedeutung der „Mehrwertigkeiten" umzulenken (z.B. das aufgebockte Sitzen ist nicht länger arbeitsplatztypisch, wie für den Lastwagenfahrer, sondern steigert die Aktionspotentiale und Aufmerksamkeit und verhindert den unwürdigen Sesselfläz-Effekt und die Müdigkeit erzeugende Abklemmung der Magengegend). Zugleich retro-designt das Van-Schema für heutige Autofahrer die Auto-Ästhetik der herrschaftlichen Kutsche. Bilder aus der Frühzeit des Automobils zeigen, wie die ersten Automobilisten in ihr Gefährt Gestaltschema, Exponierverhalten und Repräsentationserwartung der Fahrten mit der herrschaftlichen Kutsche projizierten.

Museen, Kunsthallen, Akademien sind Institutionen für das Training und die Steigerung der Werthaltung von Artefakten und die Anleitung zur Bezeichnung solcher Wertschätzung in Zeichengestaltung. **Immer erneut wird das Interesse signalisiert,** in solchen Instituten der Vermittlung und Verehrung **Autos als Beispiele höchster Wertschätzung von Funktionsambivalenz und Gestaltambiguität auszustellen und die Ausstellung selbst zu einem Ereignis nach dem Prinzip der Monstranz und Demonstranz werden zu lassen. In der Tat eignet sich das Automobil-Design für derartige Demonstrationen besser als etwa die sogenannte „Hochkunst", weil die Bereitschaft zur Werthaltung und Wertschätzung gegenüber Automobilen erheblich größer ist als gegenüber Kunstwerken.** Demzufolge läßt sich an einer Automobil-Ausstellung im Museum die Fähigkeit unserer Zeitgenossen, den Dingen der Welt Bedeutung durch Wertschätzung zu geben, besser beurteilen und schulen als in einer Kunst Präsentation. Grundlegende kulturgeschichtliche

Urteile wie Nietzsches Werbeprospekt-Diktum *Gott ist tot* oder Freuds Songline *Befriedigung ist der Tod der Wünsche* werden sich als harmlos erweisen, wenn die Jungen anfangen zu rufen „das Auto ist tot" oder „Wir haben fertig".

Göttersitze – Basislager

51 Pantheon / Panpsychon

Immer schon faszinierte der Gedanke, an einem Ort und in einem Raum alles zu versammeln, was die Welt ausmacht. Enzyklopädien, Bibliotheken, Mandalas – die Welt als Nußschale und die Götterwelt als globusanaloges Pantheon – versuchten diesen Wunsch zu erfüllen. **Der Kolonialwarenladen des 19. Jahrhunderts, der Warenpalast und die Zooarche trainierten die Menschen auf das Wahrnehmen von Ordnungen, in denen vieles Einzelne zum Bestandteil eines großen Ganzen wurde.** Höchste Ausprägung dieser Ordnungsgedanken ist in der Theologie der Göttersammlung, der Philosophie der Kunstsammlung und der Supervision der militärischen Machtdemonstration geleistet.

Seitdem erkannt wurde, daß jeder Verpflichtung auf Ordnungen eine bestimmte Psychodynamik entspricht, jede Ansammlung und Versammlung einer Passion entstammt, die lustvoll Leiden schafft, gilt das zentrale Interesse nicht mehr den zur Einheit/Allheit versammelten und geordneten Götterbildern, Uniformen und Aktgemälden, sondern dem psychischen Haushalt von Kultpriestern, Kommandeuren und Kreatoren.

Da die Museumsshop-Objekte selber nur Verweise auf die Psychopotentiale ihrer Nutzer sind und kaum andere Funktionen als Gebrauchsgegenstände, Kunstwerke oder Vor-

trefflichkeitsbekundungen haben, ist jeder Museumsshop potentiell ein Panpsychon des heutigen Kulturmenschen.

> Übung: Ersetze in Harry Mulischs grandiosem Roman *Die Erfindung des Himmels* das in Kapitel 13 vergegenwärtigte römische Pantheon durch die Museumsshopsammlung der vatikanischen Museen.

Göttersitze – Basislager

52 Gradus Ad Parnassum

Auf mein Kommando hin – „Raffael!" – reagierte niemand, nicht einmal Beuys; so wenig assoziierte man damals und erst recht heute mit dem programmatischen Anteil am Galerienamen *Parnass*. Wie hätten sich auch die Jährling-Künstler in Raffaels Konzeption einfügen sollen? Wer hätte den Apoll abgegeben? Das Lächeln Jährlings jedenfalls war apollinisch – klar, offen, herzlich. Als Musen schienen mir damals nur die blühenden Töchter der Familie Baum geeignet, aber sie waren nur drei. Für mich selbst jedenfalls kannte ich meine Rolle, denn ich hatte 1961 aus dem Hause Ariosts in Arezzo ein sprechendes Souvenir mitgebracht. Einerseits wurde ich damals wegen meiner mangelnden sozialen Intelligenz auf den unfreiwilligen Rüpel **Tasso** verwiesen, und der war ja Ariosts **schärfste Fassung des frühmodernen Künstlertypus.** Andererseits verstand ich mich als jugendlicher Kulturheros, dem die deutsche Mission von der Geschichte entzogen war, unausgesprochen als Befreier Jerusalems in der Gefolgschaft des staufischen *stupor mundi*. Also Ariost.

Und dann die Villa im palladianischen Anspruch an einem aufsteigenden Hügel Elberfelds mit rückwärtiger Parklandschaft! Ein **Ereignisraum** unvergleichlicher Dimensionierung, der die Grenzen zwischen privat und öffentlich, zwischen diesseits, jenseits und abseits aufhob. Jährling war Architekt, also

Weltbaumeister, dem es gelang, den kleinsten Raum und das privateste Lebensambiente in ein Territorium zu verwandeln, das im schnellen Wechsel Walhalle, Museum, Fabrikdirektorium, Atelier oder Bühne sein konnte, wie Palladios Villen wechselweise Scheunen, Ställe, Festsäle und suburbane Sommerpaläste waren. Sich zu Jährling zu begeben, zu bekennen, hieß damals *GAP*. Der einzige, dem diese Dimension vorbehaltlos zeitgemäß zu sein schien, war unser Mentor und Hamburger Hochschuldirektor, Herbert von Buttlar. Er wählte GAP als Programmnamen für die Deutsche Studienstiftung: *Gradus Ad Parnassum*.

Aber auch von heute gesehen, kann man die Zeitgemäßheit eines innerstädtischen Parnasses kaum leugnen. Trotz aller Betonung von Nonkonformismus, Individualität und Einzelgängerei der Künstler erwiesen sie sich als ganz weiche Gemütskekse, die ihre stille Sehnsucht nach dem Frieden der Ordnung und der festen Positionierung in Bedeutungshierarchien (zeitgemäß Ranglisten der Weltformate) für das Bewohnen des Parnass prädestinierte. Wirte solcher Friedstätten für Lebende waren gerade in rheinischen Gefilden zahlreich: Mutter Ey, Schmela, Hein Stünke und eben Jährling wurden zu Legenden, weil sie weniger die ostentativen Gesten der Künstler bewerteten, als vielmehr verstanden, daß diese „entlaufenen Bürger" nichts so sehr suchten wie eine Heimat im Nirgendwo, eben in der Utopie des Parnass in distanzierender Vertraulichkeit mit Fürsten und Mäzenen, mit Kennern und Liebhabern, mit Kunstgeschichtsschreibern und Ruhmesherolden, vulgo Kunstkritikern. Je unauffälliger, unprätentiöser der gedachte Ort, desto exzessiver ließen sich die historisch längst überholten Attitüden der Künstler ausleben. Da konnte man in Wohnküchen wieder Dichterkrönungen feiern und in heruntergekommenen, großbürgerlichen Villen oder Industriebauten imperiale Impulse ausleben. In den 70er und 80er Jahren bevorzugten deshalb bildende Künstler aller Sparten Kampnagelfabriken, Hamburger Bahnhöfe, Messehallen und Bruchhalden, weil an solchen Orten selbst feudalste Kostümierungen und verschwenderische Präsentationen von keinem Ruch peinlicher Unangemessenheit befallen wurden.

Jährling hat das geahnt. Er hätte sein Programm in einem tempelgleichen Staatsbau nicht durchhalten können. Die Stärke seiner Konzeption lag in der Fähigkeit, die konventionelle Anmutung ganz alltäglicher Ereignisräume zu nutzen, um das Außerordentliche hervorzuheben. Er kam mit diesem Vorgehen den von Künstlern benutzten Verfahren sehr nahe; deswegen arbeiteten und präsentierten sie bei ihm als wären sie zu Hause, also dort, wo sie immer hinwollten. Auch, wenn sie es nicht wußten.

Rolf Jährlings **Galerie *Parnaß* in Wuppertal – Keimzelle der Aufklärung.**

| Göttersitze – Basislager |

| 53 | Was ist ein Musée sentimental? |

Es ist **ein Ort der Liebe zu den Dingen.** Was wir lieben, wollen wir nicht nur über den Anlaß seiner Entstehung und seines Gebrauchs hinaus erhalten. Wir wollen diesen Dingen einen Wert geben durch unsere Liebe zu ihnen, durch die Aufmerksamkeit, die wir ihnen gewähren. Wir lieben sie nicht, weil sie wertvoll sind, sondern sie haben Wert, weil wir sie lieben, wir oder andere Menschen, auf die es uns ankommt.

In historische Museen oder Kunstmuseen werden Dinge aufgenommen, weil sie als geschichtliche Zeugnisse oder Kunstwerke einen Wert in sich darstellen. Solche Museen wollen uns diese Werte nahebringen, indem sie geschichtliche Ereignisse und deren Zusammenhänge rekonstruieren oder die Entwicklungsgeschichte der Künste darstellen, in deren eigenständiger Logik die einzelnen Werke eine bedeutende Position einnehmen. Um historische Zusammenhänge oder die Entwicklungslogik der Künste darzustellen, bedarf es verbindlicher Kriterien, nach denen die Objekte der Museen geordnet werden. (Zum Beispiel geordnet auf Grund der Annahme einer kalendarischen Zugehörigkeit der Werke zu Stilen, Meisterwerkstätten, regionalen Kulturzentren, Sammlungen; geordnet im Hinblick auf Verwendungszwecke und Funktionsweise der Objekte; geordnet anhand der Materialien und Macharten der Objekte.)

Insofern man solche Ordnungen auch „lieben" kann, insofern wir also in historischen und kunstgeschichtlichen Museen nicht Objekte, sondern

Ordnungen als erzählte Zusammenhänge über die
Objekte ausgestellt sehen, könnten diese Museen ebenfalls sentimentale sein;
manch ein Kurator solcher klassischer Museen scheint in diese Ordungen
geradezu leidenschaftlich vernarrt zu sein – leider nur in die Ordnungen
und weniger in die Objekte, die ihm eher ein Vorwand für das Betreiben des
Museums sind, als daß er sie dort wirksam werden ließe.
Eür sentimentale Museen gelten solche Ordnungskriterien nur ganz indirekt.
Am besten hätten sie gar keine Ordnungen, sondern ermöglichten den Zugang
zu den Objekten direkt und voraussetzungslos; **denn sentimentale Museen vermitteln die Werke nicht über die Rekonstruktion von Geschichte, sondern über Geschichten, die zu den Objekten erzählt werden.** Für diesen Typ des Museums gibt es nur ein
Ordungsproblem, nämlich wie die einzelnen Objekte und die zu ihnen gehörigen Geschichten zusammengeführt werden können. Um das zu gewährleisten, müssen Objekte und Geschichten – in welcher Reihenfolge auch immer – wenigstens mit Zahlen oder Buchstaben benannt werden, ohne daß diese Numerierung irgendeine inhaltliche Bedeutung hätte.
Daniel Spoerri, der Wiederentdecker des Musée sentimental, das früher den Namen Kunst- und Wunderkammer trug[1], wählte und wählt für seine Objektordnungen die alphabetische Reihenfolge, wie sie in Lexika verwendet wird. Sprechende Objekte eines Kulturraums (einer Stadt) von A bis Z zu zeigen, hat in unserem Sprachgebrauch auch immer etwas von einer Präsentation der Welt als ganzer, einer Enzyklopädie des Bemerkenswerten, Bedeutsamen und Außerordentlichen. Unser *A bis Z* geht auf das griechische *Alpha bis Omega* zurück, das nach dem Verständnis christlicher Theologie auch als Anfang und Ende der Welt, der Schöpfung, des Lebens gelesen werden sollte. Die Auflistung der Objekte von A bis Z bildet einen Leporello der Namen alles dessen, was in dieser Welt geliebt wird – dabei werden auch Begriffe als bloße Namen für Sätze verstanden. **Das Musée sentimental bietet Namensrollen der Obsessionen für Ereignisse, Personen und Dinge wie Leporello die Namenslisten der Liebschaften Don Juans bietet.** Mit jedem Namen ist eine Geschichte verknüpft; sie nacheinander erzählen zu müssen, aber eigentlich zugleich erzählen zu wollen, läßt den Museologen des Musée sentimental zu einem Epiker werden, weniger zu einem

*1 vgl. B. Brock:
Zur Rekonstruktion einer
zeitgemässen Kunst- und
Wunderkammer. In:
Le Musée sentimental de
Cologne. Hrsg. vom
Kölnischen Kunstverein
nach einer Idee von
Daniel Spoerri, Köln 1979,
Seiten 18–27.*

Chronisten; er bietet eher einen Erlebnisbericht seiner Abenteuer als deren Dokumentation; er konstruiert nicht wissenschaftlich eine Ordnung der Dinge, sondern verflicht die Erzählungen über sie zu einem Reigen der Bilder, Visionen, Spekulationen, wie sie der Mythos, die Märchen und Sagen des anonymen Volksmundes vortragen.

Erzählungen entstehen ganz selbstverständlich über auffällige Sachverhalte, über Kuriosa, d.h. über das, was die Neugierde erregt und die Phantasie beschäftigt. Deshalb wird das Musée sentimental unter den vielen, vielen Objekten, die sich in Jahrhunderten in einem Lebensraum wie einer Stadt angehäuft haben, vor allem diejenigen auswählen, die besonders kurios sind, also phantasieerregend wirken. Daß dabei nicht nur ein Kuriositätenkabinett wie eine Jahrmarktsattraktion herauskommt, dafür hat die Art der Geschichten, Informationen und Annotationen zu sorgen, mit denen das Musée sentimental seine Objekte auszeichnet. Es sind aber auch andere Geschichten, Informationen und Annotationen, als sie in historischen und kunstgeschichtlichen Museen zu deren Objekten geboten werden, denn im Musée sentimental soll ja ein anderer Zugang zu und ein anderer Zugriff auf die Objekte geboten werden – ein Gebrauch der Objekte, der sie zum Beispiel zu Fetischen, Reliquien, Amuletten werden läßt oder als solche entdeckt.

Dies scheinen dem wissenschaftlichen Denken ganz unzeitgemäße Objektcharaktere zu sein, primitive, atavistische. Aber **die sentimentalen Museen** des Daniel Spoerri – wie auch die Museen der Obsession des Harald Szeemann **– demonstrieren mit guten Gründen, daß einerseits auch das moderne Denken, das wissenschaftlich-rationale, bei weitem nicht so frei von Fetischisierungen ist, wie es das gerne sein möchte –** viele wissenschaftliche Begriffe werden von Wissenschaftlern selber wie Fetische benutzt -, und daß andererseits der Gebrauch von Objekten als Fetische, Reliquien, Amulette genauso funktional sein kann wie der technische Zugriff auf sie. Diese Funktionalität wird zum Beispiel im Erklärungsmodell der sich selbst erfüllenden Prophetie dargestellt. In jedem Falle kommt es in sentimentalen und obsessionellen Museen gerade auf die intensive, wirksame Form des Gebrauchs und der Zuwendung zu Objekten an, wie sie der Ikone, dem Fetisch, der Reliquie, dem Amulett, dem Totem, dem Talisman, der Fahne, dem Markenzeichen, dem Signet, dem Logo, dem Souvenir entgegengebracht werden. Denn die Dinge sind weitgehend für uns das, was wir aus ihnen machen, und sie sind für uns das, als was sie auf uns wirken, obwohl wir sie selbst gemacht haben. Das Musée sentimental ist also dadurch ein Ort, an dem wir unsere Liebe zu den Dingen entfalten können, daß wir dort die Bereitschaft zeigen dürfen, die Dinge in einer ganz anderen Weise auf uns wirken zu lassen, als in einem Museum herkömmlicher Art.

Im Musée sentimental erhalten wir die Möglichkeit, zum Beispiel das Beten vor Bildern gleichermaßen als Objektgebrauch ernstzunehmen wie das Verbrennen des Tyrannenporträts; die sexuelle Stimulation durch einen eleganten Damenschuh wie die Stützung von männlichem Selbstbewußtsein durch das Tragen von Uniformen; die Sicherung eines Hauses vor Unheil durch die Kreideinschrift CMB wie die Sicherung eines Territoriums durch Hissen einer Fahne; die Aneignung eines Kunstwerkes als Statussymbol wie die Aneignung eines Knochens als heilsbringende Reliquie; die Verwandlung einer Lage Filz in einen Energiespeicher wie die Wandlung einer Oblate in den Leib Christi.

Das alles sind Formen des sentimentalen, obsessionellen Umgangs mit Objekten, die nicht nur vorwissenschaftlich denkende, vortechnisch bastelnde und irrational handelnde Menschen in ihrem Verständnis sinnvoll anwenden, sondern die – wie sich inzwischen herausgestellt hat – umso wirksamer sind, je besser wir über sie aufgeklärt werden. Autosuggestion wird heute als klinische Behandlungstechnik anerkannt; Biofeedback desgleichen; **über Fetischisierung lädt uns die Werbung Güter mit Anreizen auf, die auch dann wirken, wenn wir uns darüber völlig klar sind, daß diese Reize gemacht werden, um uns zum Kauf der Güter zu überreden;** wenn diese Wirkungspotentiale der Objekte nur von den Werbern willkürlich erfunden würden, blieben sie ganz folgenlos.
Immer mehr Menschen lesen die in Zeitschriften abgedruckten Horoskope des Tages, der Woche, des Jahres als Anleitung zur Selbstkonditionierung, die die Voraussetzung dafür nachweislich erhöht, daß gewünschte oder gefürchtete Ereignisse bei den ansonsten unauffällig absolvierten Tagesaufgaben thematisiert, also wahrgenommen und ins Kalkül gestellt werden können. Und **Beten ist gerade für alle, die über Psychomechanismen**

aufgeklärt sind, nicht länger bloß ein aussichtsloses Herbeiphantasieren von Hilfe der Himmelsmächte, sondern Form der menschlichen Selbstvergewisserung bei Ängsten vor kosmischen Verlorenheitsgefühlen, Raumfahrten aller Art, einschließlich der Exponierung des Ichs im kalten sozialen Kosmos; sie lernen beten, lernen Selbstvergewisserung vor der Furie des Verschwindens durch die rituelle Wiederholung des einzig Selbstverständlichen: ich bin ein Mensch wie alle andern auch, und was als letzte, entscheidende Frage allen Menschen zugemutet wird und von ihnen auch bewältigt wird, das ist auch von mir zu leisten. Dessen kann ich gewiß sein! Bin ich es nicht, so habe ich meine Hinwendung auf andere Menschen zu verstärken.

Alle Beziehungen der Menschen untereinander laufen aber über die Objekte der Außenwelt, seien sie natürlich gegeben oder kultürlich hergestellt. Auch unsere Gedanken und Vorstellungen vermitteln sich uns und anderen über objekthafte Vergegenständlichungen und seien es die gesprochene Sprache oder gesungene Tonfolgen. Andererseits bedeuten uns irgendwelche gegebenen Dinge auch nur etwas im Hinblick auf andere Menschen und unsere Beziehung zu ihnen. Deshalb verbinden sich für uns die Dinge mit den Formen und Absichten unserer Beziehung auf und mit anderen Menschen; **die Dinge werden zu Trägern unserer Leidenschaften und Kalküle, die wir auf andere Menschen hin entwickeln. Mit dem Gebrauch der obsessionellen, sentimental besetzten Dinge, die dadurch zu Objekten werden, entfalten wir also Beziehungen zu anderen, wobei die Objekte stellvertretend für diese anderen, tatsächlich gemeinten Menschen werden können.** Als deren Stellvertreter sind die Objekte gleichsam agierende Subjekte, was sich im englischen Sprachgebrauch von Objekt als *subject* noch besonders gut verstehen läßt. Dahinter steht die, seit etwa 300 n. Chr., kodifizierte Erfahrung, daß Menschen selber Objekte, zum Beispiel der staatlichen Finanzgesetzgebung oder der Naturgewalten oder der Geschichte sein können. Da alle Menschen ihre derartige Instrumentalisierung oder Verdinglichung, ihre

Erniedrigung zum bloßen Objekt fremder Kräfte oder Mächte fürchten, und demzufolge auch viele andere Objekte (Menschen wie Dinge) als Agenten oder Träger solcher Kräfte fürchten, entwickeln sie eben jenen sentimentalen und obsessionellen Gebrauch der Dinge und entfalten Beziehungen über diese Dinge zu anderen Menschen und Mächten.

Sentimental heißt hier wie schon bei Friedrich Schiller das Gegenteil von naiv, nämlich: die **Steuerbarkeit und wunschgemäße Ausrichtung der Kraft der Objekte auf sich oder andere Menschen.** Der sentimentale Gebrauch der Objekte heißt deren Aktivierung in vollem Bewußtsein der Tatsache, daß nicht die Objekte selbst wirken, sondern daß sie unsere Psychomechanismen aktivieren, durch deren Tätigkeit wir Wirkung erleben.

Naiver Gebrauch der Objekte heißt deren Aktivierung in der Annahme, die Objekte selbst verfügten über Kräfte, die sie von sich aus gegen oder für uns entfesseln könnten. Nichtsdestoweniger haben wir mit dieser Naivität jederzeit zu rechnen, – so zeigt uns das Musée sentimental. Und die Sozialpsychologie bringt das im Thomas-Axiom aufs Prinzipielle: was Menschen auch immer für wirklich und wirksam halten, wird wirklich und wirksam durch die Konsequenzen dieses Dafürhaltens. Wenn einer naiverweise animistisch beseelte Objekte für wirklich aktionsfähig hält und deswegen zum Beispiel sein Haus lückenlos vernagelt, dann wird das wirklich existente, vernagelte Haus für ihn den Beweis der Wirklichkeit von Geistern abgeben.

In diesem sentimentalen Umgang mit den Objekten unterscheidet sich das Musée sentimental ganz ausdrücklich nicht nur von den klassischen Museen (die es aber erst seit etwa 200 Jahren gibt – teilweise als Errungenschaft der französischen Revolution), sondern auch von den Sammlungen der Spurensicherer und Alltagsgeschichtsschreiber. Deren Tendenz zur Musealisierung des Banalen ist darin bedeutsam, daß das Selbstverständliche in ihnen thematisiert wird, wodurch es sich als überaus problematisch erweist – ganz gegen die verbreitete Auffassung, das Gewöhnliche sei unbedeutend. Was uns durch alltäglichen Umgang vertraut wird, muß damit noch keineswegs tatsächlich erkannt oder angeeignet sein; wer das angeblich Selbstverständliche zum Problem macht, kann sogar eine Fülle von Sensationen des Alltäglichen entdecken. Das Sensationelle ist nicht nur das vom Selbstverständlichen und Banalen Abgehobene, Unerwartete und Außerordentliche; es ist vielmehr sensationell, daß wir es wagen, irgend etwas als selbstverständlich hinzunehmen und es wagen, uns darauf bloß deshalb zu verlassen, weil wir es eben für selbstverständlich halten wollen.

In einem Punkte nimmt auch das Musée sentimental diese Spurensicherung und Problematisierung des Banalen auf. **Durch den sentimentalen Gebrauch der Objekte, der vornehmlich als Erzählung über deren Wirkungskräfte sichtbar wird, wandelt sich die Wahrnehmung der Objekte, wodurch dem sentimentalen Museologen häufig Entdeckungen gelingen, die dem spezialisierten, also mit eingeschränktem Blick operierenden Fachwissenschaftler entgehen mußten.** Die zufällige, bloß formale Ordnung des Musée sentimental in lexikalischen Reihungen bietet die willkommene Gelegenheit, konventionell Unvereinbares, also sachlich und fachlich voneinander Unterschiedenes doch wieder miteinander in Beziehung zu setzen und dabei überraschende Wechselwirkungen der Objekte und Erzählungen zustande zu bringen. Das gelingt dem sentimentalen Museologen Daniel Spoerri vor allem durch seine herausragende künstlerische Fähigkeit, die Objekte zu inszenieren, d.h. einen wesentlichen Teil der sentimentalen Erzählungen in die Art und Weise aufzunehmen und in ihr sichtbar werden zu lassen, wie die Objekte und Objektensembles präsentiert werden.

In der Inszenierung des Theaters der Objekte werden die sentimentalen Erzählungen wie dramatische Texte eingesetzt; die theatralischen Handlungen mit den Objekten vollziehen die Ausstellungsbesucher in ihrer Vorstellung, sich diesen Objektwirkungen auszusetzen und sich von ihnen beeinflussen zu lassen. Der Besucher befindet sich gleichsam auf der Bühne mit vielen sprechenden Objekten, die ihn zu Aktionen veranlassen, ohne daß für seine Rolle ein Textbuch vorhanden ist. Er schreibt sich selber seine Rolle als Spur seiner Bewegung durch szenische Wirkung der Objekte. **Die Objekte suchen im Besucher einen Autor, der die vielen Geschichten auf eine nur ihm mögliche Weise miteinander verknüpft.** Das genau ist die dem Besucher eines Musée sentimental ermöglichte eigenständige Leistung von Produktivität: er entwickelt seine soziale Biographie durch Aneignung der Objekte, die in seinem sozialen, kulturellen Lebensraum, in seiner Stadt also, angehäuft wurden, und die ihm das Musée sentimental präsentiert. Diese Leistung geht weit über die Musealisierung des eigenen Lebens hinaus. Wer seine Schuhkartons voller alter Fotos und anderem Lebensplunder auskippt, um seine persönliche Biographie dingfest zu machen, bleibt eben aufs Persönliche beschränkt; es sei denn, er liehe sich bei Anderen Formen und Typen der sentimentalen Erzählungen aus, die er seinen Lebenszeugnissen überstülpt. Diese **Mythologisierung durch Musealisierung des eigenen Lebens betreiben heute offenbar mehr Alltagsmenschen als je zuvor.** Gerade deshalb ist das professionelle Musée sentimental des Daniel Spoerri so wichtig. Es fordert unsere Bereitschaft heraus, uns mit naiven Privatmythologien nicht zufrieden zu geben. Sentimentale Lieben gelingen nur dort, wo die Liebenden sich gemeinsam auf ein Drittes beziehen, das Objekt der Begierde, der Leidenschaft und Sehnsüchte, die prinzipiell unstillbar sind, und die deshalb auch im Musée sentimental nicht befriedigt, sondern erfahrbar gemacht werden.

Göttersitze – Basislager

54 Die Wa(h)renwunder tut die Madonna erst im Museum. Souvenirs, Amulette, Talismane und Devotionalien der modernen Kunst aus den Museumsshops der Welt

Die kluge Fischerstochter, die weder nackt noch bekleidet vor dem König erscheinen durfte, verfiel auf die Lösung, sich in einem Netz zu präsentieren. Mit dieser intelligenten Spitzfindigkeit wurde die Fischerstochter zur Erfinderin einer neuen Klasse von Gegenständen: den *theoretischen Objekten*.

Die bekanntesten Beispiele für theoretische Objekte sind Lehrmittel, wie man sie in der Unterweisung von Lernenden seit alters verwendet. Man macht mit ihnen ein Funktionsprinzip oder ein Prozeßgeschehen anschaulich, ohne daß diese Lehrmittel selber leistungsfähige Maschinen oder chemische Anlagen wären. Sie vermitteln also zwischen der Maschine als geistigem Konstrukt und der Maschine als realem, funktionstüchtigem Gegenstand. Der Chemiebaukasten des Schülers ist also nicht ein verkleinertes Modell einer Bayer-Chemieanlage, aber er ist auch mehr als ein papiernes Chemielehrbuch. Der Chemiebaukasten ist ein theoretisches Objekt.

Das klingt komplizierter als es ist, wie jedes Kind weiß, da es Spielsachen benutzt. Auch Spielsachen sind theoretische Objekte, die dem Kind ermöglichen, zwischen einer gedanklichen Phantasie und der realen Welt eine Verbindung herzustellen. **Spielen ist eine Form des Umgangs mit theoretischen Objekten.**

Seit langem machen sich auch Erwachsene diese Leistung theoretischer Objekte zu nutze. Wer ein Souvenir kauft, z.B. bei einem Aufenthalt in Turin, einer Stadt, die beherrscht wird von dem in jeder Hinsicht auffälligen Turmbau der Mole, will angesichts des Souvenirs zu Hause offensichtlich seine Erinnerungen und Gedanken an den Aufenthalt in dieser Stadt aktivieren, ohne der realen Architektur tatsächlich gegenüberzustehen. Wäre diese Erinnerungsleistung genauso gut ohne die Souvenirs möglich, so würde sie niemand kaufen und in dem besagten Sinne nutzen. Mit dem deutschen Wort „Andenken" wird die Leistung der theoretischen Objekte gut gekennzeichnet. Sie **veranlassen ein erinnerndes Nachdenken: sie sind Auslöser des Andenkens, und gleichzeitig geben sie dem Gedanken Struktur und Form.** Damit sind die theoretischen Objekte auch mehr als bloße Symbole für eine abwesende Realität. Zwar haben sie sprachlichen Zeichencharakter, der gelesen werden kann, aber das Lesen wird begleitet von exemplarischer Anschauung, wie sie z.B. auch die kleine Opferfigur aus Ton vorgibt.

Wer diese Devotionalien – so heißen theoretische Objekte in rituellen Handlungen – etwa in einen *Boutros*, eine Opfergrube wirft oder als Danksagung vor oder neben dem Altar eines Heiligen aufstellt, vollzieht eine reale und nicht nur symbolische Handlung, obwohl der geopferte Gegenstand nur einen Ersatz für eine viel zu kostbare Realie ist. Der Opfernde bringt nicht seinen wiedererlangten Gesichtssinn oder eines seiner geheilten Körperteile oder Realien seines Besitzes zum Opfer, sondern ein theoretisches Objekt, das einerseits ganz gegenständlich und materiell ist und andererseits das theologische Konstrukt des Opfers zugleich und gleichgewichtig veranschaulicht.

Auf die ähnliche Weise nutzen Menschen völlig selbstverständlich **Amulette und Talismane.** Auch sie sind nicht Erscheinungsformen von Naturkräften oder reale Ausformungen von Lebensenergie – es wäre viel zu gefährlich, ständig Geister mit sich herumzutragen, denn dann wäre man von ihnen besessen; stattdessen vermitteln Talismane und Amulette zwischen den eigenen vitalen und seelischen Energien des Trägers und den Wirkkräften der Natur in der Gestalt von Tieren, Pflanzen oder Mineralien. Deren Gestalt wird nämlich als Form der Auswirkung von Lebensenergie und Ordnungsprinzipien der Natur verstanden.

Seit mehr und mehr ZeitgenossInnen statt in Kirchen in die Museen gehen und ihre Lebensmittel und Realien des Alltagslebens im Shop erwerben, statt sie selber herzustellen, entwickeln sich auch im Bereich der Künste neue Objektcharaktere. Der Museumsshop wurde zum integralen Bestandteil der Museen. Mit ihm wurde nicht nur von cleveren Kaufleuten ein zusätzlicher Vermarktungsort gängigen Kunstgewerbes geschaffen. Er wurde vielmehr von Künstlern wie Claes Oldenburg, Andy Warhol oder Keith Haring als Ort künstlerischen Wirksamwerdens planvoll und mit guten Begründungen etabliert. Die Künstler meinten, mit den von ihnen für den Museumsshop gestalteten, theoretischen Objekten auf die Art und Weise einwirken zu können, wie sich Betrachter auf Bilder, Zuhörer auf das Musizieren und Zuschauer auf ein theatralisches Geschehen einlassen. Die theoretischen Objekte des Museumsshops sollten also die Aneignung, die Rezeption der Arbeiten von Künstlern erweitern, erhellen und intensivieren.

Erhellend sind diese Museumsshop-Objekte, weil sie den Zeitgenossen klarmachen, daß wir Kunstwerke – vor-

nehmlich autonom gedachte – wie Devotionalien behandeln, wie Kultbilder verehren. Auch lassen wir uns recht bedenkenlos dazu hinreißen, Kunstwerke als kraftspendend und vitalitätssteigernd wie Amulette zu verwenden. Viele Zeitgenossen gehen mit Kunstwerken wie mit Souvenirs um, die sie auf ihren kulturtouristischen Streifzügen durch die Welt der Künstler, Galeristen und Festivals kennengelernt haben.

Nach Meinung der Museumsshop-Künstler sollte man gegen solche Rezeptionsgewohnheiten nicht mit pathetischer Kulturkritik vorgehen, indem man den Betrachtern Oberflächlichkeit, Verdrängungs- und Entlastungsmentalität sowie bloß spielerisches Ersatzhandeln vorwirft. Die Museumsshop-Künstler meinen vielmehr, man sollte auch im Kunstbereich wie in der Touristik, an den Wallfahrtsorten und in den Therapieseminaren eine eigene Klasse von künstlerischen Arbeiten schaffen, die selber nicht originäres Kunstwerk sind, sondern ein Analogon oder Äquivalent, theoretische Objekte eben, in denen sich Formen der Rezeption und nicht des künstlerischen, autonomen Werkschaffens manifestieren. Betrachten, Zuschauen und Zuhören nehmen selber Gestalt an in den Museumsshop-Objekten.

In diesem Werkwerden der Rezeption als eigenständiger produktiver Tätigkeit kommt der Gedanke zum Ausdruck, die Tätigkeit von Betrachtern und Zuschauern zu erweitern. Denn **in der Konfrontation des Betrachters mit den theoretischen Objekten der gegenständlich gewordenen Aneignung, wird das Betrachten auf eine neue Leistungsebene gehoben.** Der Betrachter konzentriert sich nicht auf die betrachteten originären Werke; er wird vielmehr auch zur Betrachtung seines eigenen Betrachtens, zur Wahrnehmung seiner eigenen Wahrnehmungen veranlaßt. Das intensiviert die Arbeit der Rezipienten, aber auch ihren Genuß, der nicht mehr nur der Genuß der originären Kunstwerke ist, sondern Genuß der eigenen gedanklichen, anschaulichen und emotionalen Leistungen. **Der Betrachter wird damit zum Beobachter des eigenen Verhältnisses zu den Kunstwerken. Seine Beziehung zum Werk und nicht nur das Werk selber wird Gegenstand seiner Orientierung auf die Kunst.**

Damit erfüllen die theoretischen Objekte des Museumsshops spielerisch erprobend, ohne Angst vor Bildungsblamagen, jederzeit widerrufbar, auch in Abwesenheit von originären Kunstwerken zu lernen, sich zu erinnern, zu opfern, Gesundheil zu stiften – ohne, daß man den Kunstwerken Gewalt antut, ihre Autonomieansprüche verfälscht, sie zu Lebenshilfen verkleinert. Das T-shirt von Keith Haring ist nicht nur ein multipliziertes Kunstwerk, was in sich bereits ein Widerspruch ist, es ist eine von Keith Haring vergegenständlichte Beziehung zwischen seinen Werken und seinem Publikum. Der kleine Rietveld-Stuhl aus dem Shop des Vitra-Museums ist nicht eine miniaturierte Massenauflage jenes berühmten Möbels der frühen Design-Moderne, sondern ein ganz eigenständiger Anlaß, sich Gedanken über den Unterschied von Stuhl und Sitzskulptur, von Original und Auflagenobjekt, von Maßstäblichkeit, von Form- und Farbbeziehungen, von Sitzen als Tätigkeit und geistiger Leistung zu machen. Er ist also ein hochleistungsfähiges theoretisches Objekt als Lehrmittel. Und was wollen wir mehr, als daß uns die Kunst etwas lehrt, etwas bedeutet, etwas erfahrbar macht: nämlich uns selbst in unseren Beziehungen zu den Werken der Künstler.

| Göttersitze – Basislager |

| 55 | Aufbruch aus dem Basislager.

Lehren und Lernen als Kunst der Institutionalisierung |

Die gegenwärtig allgemein behauptete Krise der Kulturinstitutionen und Lehranstalten für Kunst und Design wird durch den Eindruck verstärkt, daß die Institutionen der Öffentlichkeit nicht mehr zu vermitteln vermögen, wofür sie stehen – was die Beteiligten wollen, worauf sie sich verpflichtet haben.

Entscheidende Formen der Verpflichtungen hätten dem Verhältnis von Professoren zu den Studierenden zu gelten (Herzstück des Vertrags wäre die professorale Zusicherung, für Studierende eine **Ausbildungs- und Berufsfähigkeitsgarantie** auszustellen, wenn sich Studierende zu einer wöchentlich mindestens 20stündigen Kooperation mit dem Professor verpflichteten). Aber selbst wo solche Verpflichtungen eingegangen werden, bleiben sie wirkungslos, weil die Partner, die Studierenden, ihren Teil des Vertrags von Lehrenden und Lernenden nicht einzuhalten gedenken – nicht einmal durch bloße physische Präsenz, geschweige denn durch Geistesgegenwart. Die historischen Muster solcher Institutionen haben immer noch Glanz: das Bauhaus, die Kunstakademien, die expansiven Industriefirmen, die Kulturvereine. Wollte man diesen historischen Mustern tatsächlich zeitgemäße zuordnen und die heutigen Lehrinstitute auf ein Muster und damit auf ein Ziel verpflichten, lauteten die Empfehlungen etwa folgendermaßen:

– Eine Hochschule für Gestaltung (vom integrierten Studiengang innerhalb der Universität bis zur eigenständigen Kleinstinstitution HfG wie in Offenbach) könnte sich in der neuen **sozialen Formation eines Fight Clubs manifestieren** darin aktualisierte sich der überlieferte *Kampfbund Kultur* oder auch die **Kulturmafia** als Propagandaorganisation für Multikulti oder feministische respektive ethnische Revision der Curricula (von den Elaboraten toter weißer Männer zu denen schicker junger Naomi-Biester, coloured displays, UNESCO-Botschafter).

– Eine abgemilderte Variante wäre die **Hochschule als Bekenntnisgemeinschaft,** wie sie historisch das Bauhaus darstellte: Bekenntnis zur Modernität, **zur Religion des Positivismus, zur Kirche der Erkenntnis,** zur Spiritualität oder Anthroposophie, zur Ganzheitlichkeit. An die Stelle der Kulturmafiosi und Kunstkrieger rückten Studierende als Parteigänger je eigentümlicher Gestalt- und Kunstanschauung.

– Den dritten Typus einer neuen sozialen Formation in der Einheit von Lehrenden und Lernenden qua Institution böte die Aktualisierung des rund 250 Jahre alten residenzstädtischen Akademiewesens. Die Aktualisierung liefe auf die **Gründung eines Kunstcasinos** hinaus (im Italienischen ist bis heute auf wunderbare Weise die semantische Einheit von *Bordell* und *Börse* gewahrt). Einen kleinen Nachglanz der alten Akademie und Vorschein des neuen Casinos bietet die Düsseldorfer Kunstakademie unter dem grandiosen Rektor Markus Lüpertz, der als höchstrangiges Ausbildungsziel deklariert, die Studierenden sollten lernen, ihren Meister zu verehren; darüberhinaus hätten sie an der Musentombola für Genietreffer teilzunehmen – immerhin eine humanitäre Abmilderung des russischen Roulettes und seiner Verbrämungen zur existentiellen Verzweiflungstat, zur Wahnsinns-

gloriole oder zum Triumphalismus der Amoralität; diese Begriffstrias kennzeichnete bisher das omnipotente Genie vor dem präpotenten Kleinbürger. Die Studierenden der **Casinokunst** würden zu psychisch stabilen, streßresistenten Vabanque-Spielern ausgebildet, die gleichermaßen russisches, musisches, ökonomisches und politisches Roulette zu spielen vermögen.
– Eine heutige Hochschule für Gestaltung könnte sich auch nach dem Muster der vielen Start-ups und sonstiger Industrieinitiativen als **Trainingscamp für programmierte Instruktion** etablieren – das wäre eine veredelte und intensivierte Fachhochschulkonzeption, bei der die Fitneß für definierte Berufsrollen darin besteht, dem ständigen technologischen und wirtschaftlichen Wandel entsprechen zu können. Man trainiert wie für die Olympiaden, die allerdings permanent stattfinden, so daß der Unterschied zwischen Training und Ernstfall aufgehoben wird.

Sollte ich mich selbst entscheiden, ob ich lieber **Mitglied eines Fight Clubs, einer Bekenntnisgemeinschaft, eines Kulturcasinos oder einer Familie von Programmatikern der Alltagstauglichkeit** zugehören wollte, würde ich mich zweifellos für das letztere entscheiden, allerdings mit dem Ablenkungseffekt, ständig doch dem nachzuhängen, was ich als Kämpfer, Bekenner oder Vabanque-Spieler hätte ausrichten können. Deswegen sinne ich auf eine Möglichkeit, diese unterschiedlichen Ansätze ihrerseits zu vereinheitlichen: im Modell einer

Hochschule für Kunst und Gestaltung als Basislager.

Nicht zuletzt die romantisierenden oder brutalisierenden TV-Dokumentationen über Wissenschaftler im ewigen Eis, am Nordpol oder im Himalaya, in der Wüste oder auf den ozeanischen Weiten haben uns Aufbau und Funktion von Basislagern nahegebracht. Auch die rigider werdenden Bedingungen kultureller Produktion, etwa als Themenausstellungen (Ausweitung der Versicherungssummen ins Unbezahlbare; Verschärfung der konservatorischen Hege-und-Pflege-Instinkte; Einschränkung der Dauerausstellung zugunsten von publikumswirksamen sporadischen Highlights) legen es nahe, den Grundbestand einer Institution nach dem Muster eines Basislagers zu organisieren, von dem aus dann einzelne Kuratoren, Professoren, Fachvertreter, Seminaristen oder Drittmittelprojektisten die spezifische Zurichtung der Bestände zu ihren Zwecken betreiben können. Von einem solchen Basislager her ließe sich auch

Kunst und Gestaltung der Absicht zur Etablierung eines hooliganesken Kampfbundes, einer positiven Kunstkirche oder eines Casinobetriebs angehen – in welchen Höhen des Anspruchs oder Tiefen ozeanischer Selbstversunkenheit oder Wüsteneien romantischer Genieexzesse auch immer.

Das Basislager-Modell hat den Vorteil, allen Anforderungen des Lehr-, Lern-, Publikations- und Ausstellungsbetriebs gerecht werden zu können (siehe etwa meinen Hinweis auf Reorganisation der Sammlung Falckenberg in Hamburg-Harburg als Basislager, von dem aus und mit dessen Beständen die verschiedensten Kunstkuratoren ihre je spezifischen Wirkungsstrategien für Ausstellungen realisieren).

Im Mittelpunkt des Basislagers wäre als zentrale Ressource das *Imaging* anzusiedeln, das sowohl die bildenden Künste wie die bildenden Wissenschaften tangiert (auf englisch: *Imaging Arts and Sciences*). Mit der Nutzung der Bildgebungsmaschinen, der Computer, sind die Wissenschaften wieder – wie schon bis zum 16. Jahrhundert gezwungen, bildend zu sein, d.h., sie entwerfen als Zeichenfiguration den Gegenstand ihres Interesses selber. Sie operieren nicht in der unmittelbaren Anschauung der Natur, sondern in deren Aufarbeitung als Modell, Bild, Schema, Formel. Das verlangt von den Wissenschaften das gleiche Maß an ästhetischer wie epistemologischer und ethischer Kompetenz (zu letzterem siehe die Debatten um manipulative Genetik). Andererseits haben längst Künstler und Gestalter methodisches Vorgehen und Begründungen nach dem Muster wissenschaftlichen Arbeitens angeeignet (für die Gestaltung war der erste historische Höhepunkt der Versuch der HfG Ulm, wissenschaftliche Analyse und gestalterische Synthese Hand in Hand zu betreiben). Ein neuer Universalismus der bildenden Wissenschaften und methodisch betriebenen Künste zeichnet sich ab in der allen gemeinsamen Kompetenz für die Herstellung von und Operation mit Zeichengebilden. Der Uomo Universale wird zum Uomo Globale, der allenorts und zu jeder Zeit die gleichen Figurationsprozesse zu starten und zu deuten vermag. Dieses Initiieren, Programmieren und Interpretieren aus einer Hand und in einer Aufgabenstellung kennzeichnet seit Leibniz universale Bildung, nicht aber die banale Unsinnigkeit des Alles-Wissens.
Demzufolge:
HfG Offenbach Bildwert
Basislager für bildende Wissenschaften und Künste
University for Applied Arts, Offenbach
Base for Imaging Arts and Fine Sciences

| Göttersitze – Basislager |

| 56 | Das Zeughaus.

Diesseits – Jenseits – Abseits.

Die Sammlung als Basislager für Expeditionen

in die Zeitgenossenschaft |

Herausfördern statt fördern – das ist die Aufgabe für jeden echten Mäzen. Er befördert nicht nur, was ohnehin geschieht; er bietet die Möglichkeiten dafür, daß etwas geschieht, was ohne ihn nicht geschähe.

Als solcher Mäzen etabliert sich der Hamburger Kunstsammler Harald Falckenberg. „Ich stelle Jonathan Meese die Denkaufgabe ..." sagt er zum Beispiel oder „Brock, setzen sie sich hin und denken sie darüber nach, ob es diesseits, jenseits oder abseits von Musenm, Kunstvereinen, Galerien und Kunsthallen Orte der Zeitgenossenschaft geben kann, die man als Kunstsammler in Gang bringen könnte". Also denn man tau – geeignet scheine ich zu sein für derartige Überlegungen, denn ich bin alt genug, um schon mehrere solcher Versuche mitgemacht zu haben. Vielleicht kann ich deshalb auch beurteilen, was von ihnen zu halten war und ist.

1967 beriefen der damalige Wuppertaler Kulturdezernent Revermann und der Kölner Museumsleiter und nachmalige Direktor des Germanischen Nationalmuseums in Nürnberg, Gerhard Bott, nach Wuppertal eine Konferenz ein. Thema: *Das Museum der Zukunft*. Warum diese Erkundung? In Köln amtierte Revermanns Vorgänger, der legendäre Dr. Hackenberg. Er wollte die Stadt Köln auf ihre neue Rolle als agiles Kunstzentrum des Westens festlegen. Hackenberg sah den später einsetzenden Bau- und Gründungsboom für Museen voraus und wollte die Weichen stellen. Der damalige Wuppertaler Bürgerstreit um Neubau oder Umbau des von der Heydt-Museums ließ ihn ahnen, was auf die Kulturdezernenten der Städte in Zeiten kulturrevolutionärer Legitimationskrisen für bürgerliche Kunsttempel zukäme, wenn sie aus sachlichen und fachlichen Gründen für Neubauten von Museen plädieren müßten. Hackenberg ließ Bott vorangehen; Wuppertal galt als Stadt, deren bürgerliche Sammlerfamilien so zweifelhafte Künstlerbetätigungen wie Matthieus Aktionsmalerei,

Paiks Musikzirkus und das 24-Stunden-Happening in der Galerie Parnass nicht nur problemlos verkraftet, sondern auch aktiv befördert hatten.

In meinem Beitrag zu „Das Museum der Zukunft" entwickelte ich eine Museumstypologie über die Fronten hinweg (siehe entsprechende Eintragungen in: Bazon Brock, *Ästhetik als Vermittlung. Arbeitsbiographie eines Generalisten*, Hrsg. von Karla Fohbeck, Köln 1977).
Ich unterschied die Konzepte von Museum als Spielplatz, als Kultplatz, als Marktfaktor, als Ort der Reflexion, der Rezeption und der Vermittlung, um schließlich den Vorschlag **das Museum als Arbeitsplatz** zu begründen und als Konzept für ein neues Von-der-Heydt-Museum zu empfehlen. Daraus wurde natürlich nichts. Wuppertal gab die Vorreiterrolle an Köln ab mit der Pointe, daß die Architekten Busmann und Haberer, nachdem sie das Kölner Ludwigmuseum gebaut hatten, von den Wuppertalern gebeten wurden, das Von-der-Heydt Museum in Fortsetzung der lokalen Anstückelungstradition zeitgemäß aufzurüsten.

Museum als Arbeitsplatz

hieß, in geeigneten Räumen, ob Neu- oder Altbau, den Besuchern experimentelle Erfahrungen der Kultur- und Kunstgeschichte nach dem Motto *Rettung der Historie durch das Leben* zu ermöglichen. Von gerade eben in Dänemark angebotenen Kursen experimenteller Archäologie für Laien hatte ich erfahren und schlug vor, auch den Kunstinteressierten in Grüppchen für einige Wochen das Leben im Museum als Form experimenteller Kunstaneignung zu erlauben.
Jedermann ging damals davon aus, daß Kunstrezeption nur in Bezug auf die wirtschaftlichen, sozialen, religiösen, politischen und rechtlichen Rahmenbedingungen der Epochen und Gesellschaften sinnvoll wäre, in denen die Werke entstanden waren. Also sollten die Museen ihre Bestände zusammen mit Simulationen der nicht mehr vorhandenen historischen Lebensumgebungen zur Verfügung stellen, damit man sich etwa in die Zeit der galanten Epoche des 18. Jahrhunderts einfinden könne: „ inclusive Sprache der galanten Zeit, Medizin der galanten Zeit (auch auf die Gefahr hin, daß ein Blinddarmdurchbruch mit den Mitteln der Medizin des 18. Jahrhunderts nicht behebbar wäre); Moden der galanten Zeit, getragen von den Museumsbesuchern; Interaktionsformen der galanten Zeit nach den *Conduite*-Büchern der Tanz- und Benimmschulen, mit den Besuchern von Theaterregisseuren einstudiert, die zugleich mit den Teilnehmern die Rhetorik der galanten Zeit trainieren würden; Kunst und Literatur der galanten Zeit, rezitiert und besprochen wie in einstigen

Pariser Salons, wobei es keineswegs peinlich wäre, das zum Aufbau der experimentellen Handlungsräume verwendete Pappmaché deutlich wahrnehmen zu lassen. Es sollte mit dem Teufel zugehen, wenn auf diese Weise das Studium der Germanistik, der Kunstgeschichte, Mode und Architektur, Sozial- und Philosophiegeschichte sowie der Geschichte der Naturwissenschaften nicht unerwartete Resultate zeitigen würde"; befriedigendere Resultate jedenfalls, als sie die herkömmlichen Angebote der Museen, Typ Freizeitspielplatz oder Kunstkultplatz, zu initiieren vermochten.

Museum als Arbeitsplatz sollte auch heißen, den Betrachter, Zuhörer und Zuschauer als Partner der Künstler auf ein ähnliches Profiniveau zu bringen, auf dem die Künstler selbst arbeiten, damit eine angemessene Kooperation zwischen Betrachtern und Künstlern bei der Leistung des „kreativen Akts", den Duchamp 1957 verpflichtend beschrieben hatte, überhaupt möglich würde. Für die documenta 4, 1968, begann ich mein bis heute verfolgtes Programm *Professionalisierung der Betrachter, der Mitbestimmungsbürger, der Konsumenten und selbstverantwortlichen Patienten.*

Vom Bild der Künstlerbohème hatten wir uns längst verabschiedet; wir verstanden nicht mehr Kunstschaffen als lustvolle Selbstverwirklichung bei Rotwein und nackten Weibern, sondern als harte Arbeit bis jenseits der zerstörerischen Selbstausbeutung. Im Museum als Arbeitsplatz sollte gelernt werden, daß auch Kunstrezeption harte Arbeit sei anstatt belustigende, unterhaltsame Zugabe bei Small-Talk Gelegenheiten. Das zu betonen war umso wichtiger, als man uns weismachen wollte, Erwerbsarbeit sei im Maschinenzeitalter schon fast zum Vergnügen geworden; wenn man noch von „Arbeit macht frei" sprechen wolle, dann in der Freizeit, denn mit Familie einen Besuch in Disneyland zu absolvieren, erfordere mindestens so viel Kraft und Nerven wie der Acht-Stunden-Arbeitstag eines Angestellten. Mein Motto kritzelte ich zum Beispiel auf die Schultafel in der Beuys-Klasse: *Sogar Liebe noch ist Arbeit – für die Kunst hat der Spaß längst aufgehört*. Dabei trug ich den beschrifteten Kittel eines Besucherschuldienstleisters, einen Kittel, wie ihn damals noch Ärzte und Ingenieure zum Signalement ihrer Rolle während der Dienstzeit trugen.

Aus der Ausbildung von Lehrlingen und Mitarbeitern in Industriebetrieben übertrug ich die Verfahren der programmierten Instruktion und die der Datenspeicherung sowie ihrer Verwandlung in Informationen ins *Museum als Arbeitsplatz*. Wichtigstes Trainingsziel in diesem Typ von Museum sei es, die

Teilnehmer der Kurse für experimentelle Geschichtsschreibung zu befähigen, sich selbst und ihre zeitgenössische Lebenswelt so ernst zu nehmen wie die Kunstwerke und andere historische Zeugnisse. Also schlug ich auch vor, im Museum diese alltäglichen Lebenswelten authentisch auszustellen und nach Kriterien und Methoden der verschiedensten Wissenschaften zu betrachten. Das hatte ich bereits geübt, als ich beispielsweise die Wohnung des *Filmheute*-Redakteurs Kliess mit ihren Bewohnern auf die Aktionsbühne der Hannoverschen Stadthalle brachte. Oder als ich die Bürger Berlins bat, im Internationalen Design-Zentrum ihr liebstes Gut zu zeigen.
Durch das Museum als Arbeitsplatz sollte auch eine Straße führen, damit die Bewegungsformen der Passanten nach Kriterien der Theaterrezeption wahrnehmbar würden – das hatte ich geübt, indem ich am Berliner Ku'damm Theatersessel aufstellte, deren Abonnenten das Alltagsleben auf der Straße mit den Augen eines Shakespeare-, Jarry- oder Beckettkenners zu sehen lernten. Kurz – die Zeitgenossen sollten lernen, sich als „entfaltete Persönlichkeiten" mit Anspruch auf Eigenständigkeit in Urteil und Verhalten auszubilden, indem sie das, was sie im Umgang mit der Kunst und anderen geschichtlichen Zeugnissen gelernt hatten, auf sich selbst anzuwenden. Dazu anzuleiten hatte ich in zahlreichen Veranstaltungen trainiert, bei denen ich zeitgenössisches Leben als zukünftige Vergangenheit vorführte:
Ich ging mit Besuchern durch die Stadt unserer Gegenwart, wie ich mit ihnen als Touristen durch Pompeji gegangen war. Wir lernten, unseren Blick auf Schaufenster, Restaurants, Büros und Austellungen zu pompejanisieren, also sie so zu sehen, als seien sie bereits historisch wie alle jene Objekte, denen wir in den klassischen Museen begegnen.

Was wurde aus diesen Empfehlungen für das *Museum der Zukunft*? Ich selbst durfte sie in einigen Ausstellungen und Aktionslehrstücken beherzigen: z.B. in der Ausstellung *Mode – das inszenierte Leben* (IDZ Berlin 1972) oder mit den Besucherschulen für die documenta 5, 1972, und 6, 1977, oder für den SFB-Film *Ästhetik in der Alltagswelt* (1974).
Unter den Kuratoren hat vor allem Harry Szeemann mit der documenta 5, für die ich das Konzept schreiben durfte (*Bildwelten heute – ein neuer Bilderkrieg*), sowie mit der Umsetzung seines Konzepts der *individuellen Mythologien* in den Ausstellungen *Die Junggesellenmaschine* und *Der Hang zum Gesamtkunstwerk* Entscheidendes zur Veränderung der Ausstellungspraxis und des Selbstverständnisses von Museen beigetragen. Aus der Theaterpraxis ergaben sich Wirkungen auf die Konzeption von Museen, als Peter Stein seine großen Antiken-,

Shakespeare- und Hölderlin-Projekte in Berliner Messehallen, im Olympia-Stadion oder rekultivierten Industriebrachen inszenierte. Die Wahl von derartigen Ereignisorten für Kunstausstellungen inspirierte auch Kasper König: *Von hier aus* präsentierte er in den Düsseldorfer Messehallen, wobei sich die Kuratoren auf die legendäre New Yorker Ausstellung *Armory Show* besannen, die im März 1913 in den Kasernenmagazinen des 46. Infanterieregiments stattgefunden hatte und bei der Marcel Duchamp zum ersten Mal der Öffentlichkeit seine Werk- und Wirkungstypologie vorstellte.
Konsequent war König vor allem mit seinem Portikus in Frankfurt, einer Baracke mit Säulen, einem Schuhkarton mit Fassade, in dem historische Ikonographie und zeitgemäßes Containment in der Warteschleife in bisher einmaliger Weise zusammenpaßten.

Aber kaum eine dieser Praktiken wurde für die Konzipierung der vielen Museumsneubauten aufgegriffen – das höchste der Gefühle war bauliche Vorsorge für die Installierung von Besucherinformationszentren und Museumsshops. Bei den Umbauten von Industriebrachen für neue Sammlungen, die die Rolle von „Museen für zeitgenössische Kunst" zu spielen hatten (von Winterthur, über Bordeaux bis nach Berlin) berücksichtigte man zwar das Konzept multifunktionaler, offener Räume, aber ihre Nutzung spielte sich dann doch weitgehend auf herkömmliche museale Formen ein. Natürlich hat es unzählige beispielhafte Initiativen von Künstlern und Galeristen gegeben, spektakuläre Ereignisorte zu finden und für neue Werk- und Wirkungstypologien zu nutzen. Aber die phantastischen Präsentationen von Beuys, Broodthaers, Vostell, Kaprow, Schneemann oder Rauschenberg an Aktionsorten außerhalb der Museen wirkten kaum auf deren Präsentationspraktiken zurück.

Und nun Falckenberg:
Bisher wucherte und wuchs seine Sammlung wie eine Hausbesetzung in einem ruinösen Bau am Rande von Frachthallen, Cargo-Containern und Parcel Service des Hamburger Flughafens. Die Pseudo-Ruine hatte Geschichte – und was für eine! Da bot es sich von selbst an, die Waschräume von Zwangsarbeitern oder die Aufseher- und Hausmeisterwohnung, die Comptoirs und Archivkeller, die Produktions- und Pausenräume inclusive der Klos durch die Arbeiten der Künstler besetzen zu lassen, um einerseits Aufladungsenergie durch die historischen baulichen Kontexte zu aktivieren und den Besuchern, aber vor allem dem Sammler selbst, andererseits Projektionsflächen zu bieten, mit denen sie ihren phantasmagorischen und obsessiven Blicken auf die Werke

Horizonte bieten konnten. Dennoch war der Haupteindruck des sporadischen Besuchers nicht von der Erinnerung an den *Merz-Bau* von Schwitters oder Majakowskis, Rodschenkos und El Lissitzkys rollende Agitationscontainer und andere, wieder aktuelle Weltbildbauten dominiert. Falckenbergs Versuchsanstalt evozierte stärker den Eindruck von Stadtnomadenlagern oder Auffanglagern für Kulturaussiedler und Kuratoren auf der Flucht oder von Durchgangslagern für künstlerische Speditionsgüter vor der Weitergabe an zukünftige Präsentationsorte.

Und nun ist es soweit:
Das besetzte Haus wird geräumt, die Ruine ruiniert, das Lager aufgelöst. Wohin kann es gehen? Auf jeden Fall nicht in einen Museumsneubau oder einen Sammlungsloft.
Also geht es in jedem Fall ins Diesseits, Jenseits oder Abseits bekannter Beispiele.
Komm ins Offene, Freund!
Was ließe sich an diesem *U-topos*, dem Nirgendwo als Überall, in Gang setzen? Das eben fragt Falckenberg. Was wird gebraucht, was ist notwendig, was mobilisiert Antrieb und Energie, sich dort zu betätigen? Zumindest kein Museum als Tempel für Atheisten, auch kein Privatquartier als Selbstanbetungs- oder Selbstvergewisserungsraum einer Kunstsekte, die wieder „wahrer" Kunst statt prätendierter, auratisiert-spirituell strahlender statt banal-alltäglicher, „enttäuschender" Kunst zur Vorherrschaft verhelfen will. Nicht Verklärung statt Aufklärung, die man scheut, weil sie nichts anderes als Ent-Täuschung, nämlich den Abstand zur täuschenden Illusion, bewirken kann.
Natürlich erinnert man sich bei der Erkundung des *Nirgendwo im Überall*, also des utopischen Ortes zeitgenössischer Arbeit im Feld der Kunst, an Andy Warhols Etablierung der *Fabrik* als Einheit von Produktions- und Lebensraum. Dieses Konzept setzt aber soziale Gemeinschaften voraus, wie sie Warhol an sich binden konnte; und Warhol konnte das nur als Künstler tun. Falckenberg ist aber kein Künstler, sondern ein Sammler und als solcher Mäzen, d.h., ein fordernder Förderer, der die Wirkungschancen, die er bietet, nicht selber wie ein Warhol realisiert.
Mit Blick auf Falckenbergs zentrales Interesse an Duchamp und damit auf die Armory-Show im Kasernengelände leuchtet der Gedanke ein, einen historischen Funktionstypus der Sozial- und Architekturgeschichte zu aktualisieren: das **Zeughaus.** In *Zeughäusern* deponierte und magazinierte eine Kommune alles, was zu ihrer Selbstverteidigung und Überlebensstrategie im

Notfall erforderlich war. In zeitgenössischen Megapolen ist der Ausnahmezustand längst zum Normalzustand geworden. Ausnahmezustand als Normalfall heißt für Kulturinstitutionen, bei radikal verknappten Finanzen nur noch die Aufrechterhaltung des Betriebes mit Ausleihen und Anleihen bei privaten Sammlern, ad-hoc-Stoßtrupps (Typ Schlingensief) oder Wanderkuratoren (Typ geistiger Gastarbeiter Harald Szeemann), bei lückenbüßenden Künstlern ohne viel und teures Gepäck und anderen technischen Hilfswerken über die Runden zu bringen. Verlage als klassische Kulturagenturen werden durch *Publishing on demand* ohne jede Betreuung durch Lektoren oder andere Urteilsinstanzen ersetzt. Aber wo wird derart Selbstgebasteltes überhaupt noch rezipiert? Vereinzelt in Kneipen und Cafés, bei denen sich die Publizisten ohne Publikum wechselseitig vorlesen, was sonst keiner zur Kenntnis nimmt, weil alle damit beschäftigt sind, ihre Ortlosigkeit und Orientierungslosigkeit als „Patchwork des Augenblicks" zu ertragen – ohne Anschluß an die Nächsten, die umso ferner bleiben, als sie *telegen* werden (hallo, Flusser, wie geht's in jener Ferne?).

Da böte ein *Zeughaus* den Ort der Ausrüstung und Aufrüstung für diese unerklärten Kriege unseres Alltags.

Das Zeug des Zeughauses stellt Falckenbergs Sammlung. Die Werkzeuge bieten die Kuratoren und Projekteure, die in der Rolle von Zeugmeistern und Instrukteuren dem Zeughaus verbunden sind. Die Klientel bilden vor allem auch Arbeitsuchende, die sich für den Überlebenskampf fit machen wollen (hallo, Wolfgang Neuss, du kannst wieder Zahn zeigen; Falckenberg läßt dich lächeln, denn in seinem Zeughaus trainiert, wie du es vorschlugst, Flimm Arbeitslose auf Shakespeare-Rollen, anstatt Operettisten auf Wagner-Attrappen). In einem derartigen Zeughaus ließen sich die verschiedensten Funktionen von Depot-, Permanent- und Wechselausstellung, Restrukturierung des Gesamtbestands für übergreifende Projekte, Publikumsarbeit, Künstlerversuchsanstalt, Theorielabor, Expeditionen ins Umfeld bestens vereinbaren. Und Falckenberg schleppt heran, was das Zeug hält und erweitert so das Aktionspotential unserer Selbstbehauptung in den Kulturkämpfen der Gegenwart.

Natürlich ist es riskant, historische Terms auch bei noch so einleuchtender Begründung wiederzubeleben. Die Charakterisierung von Falckenbergs zukünftiger Sammlung und ihrer Art, wirksam zu werden, als kommunales *Zeughaus* könnte deshalb nicht angenommen werden. Um dieses Risiko zu vermeiden, wäre es vielleicht besser, das historische Zeughaus von vornherein mit der zeitgenössischen Kennzeichnung als *Basislager* zu belegen – *Basislager für die Expedition in die Zeitgenossenschaft.* Mit diesem Typ der Versammlung von Hilfsmitteln, Ausrüstungsgegenständen und Personal verbindet derjenige eine Erwartung, der den zahlreichen TV-Dokumentationen abenteuernder Erforscher unserer Welt auf den Himalaya, in die Wüsten, in die archäologischen Felder, aber auch in den Dschungel der Großstadt mit ihren Tier- und Menschenzoos gefolgt ist – und das ist so gut wie jedermann.

Basislager Falckenberg ließe also assoziieren, daß man dort alles findet und zur Verfügung gestellt bekommt, was man zur Erkundung der Zeitgenossenschaft und der eigenen Rolle in ihr braucht. Dazu gehört vor allem das Beispiel, nicht das Vorbild derjenigen, die diese Expeditionen schon einmal erfolgreich durchgehalten haben und dort die Resultate ihrer Erkundungen präsentieren. Jonathan Meese, John Bock und Georg Herold mit ihren Expeditionsgütern im *Basislager Falckenberg*, zu messen an den Mitbringseln und Einsichten von Reinhold Messner oder Hans-Rüdiger Nehberg, das würde die Zeitgenossen lehren, das Ferne im Nächsten, das Fremde im Eigenen, das Schöne im Häßlichen, das Wahre in der Lüge, die Echtheit im Fake zu erkennen. Damit würde das Basislager zugleich zum Feld der von ihm ausgehenden Expeditionen, Traumreisen und Beutezüge.

Soweit zum Start. Jetzt kann es nur noch losgehen, Falckenberg deutet Richtung Harburg, eine intentionale Geste, die große Folgen haben wird, wenn wir ihr folgen.

Künstlers Ausblick vom Läuterungsberg

57 Zur Ikonographie der gegenstandslosen Kunst

Kommentarbedürftiger Gehlen
Sein berühmtes oder doch wohl eher berüchtigtes Kapitel über die Kommentarbedürftigkeit der modernen Kunst beginnt Arnold Gehlen mit einem Verweis auf eine Romanfigur, die „gewissenhaft die Unsinnsfloskeln nachplappert, mit denen ihr Mann seine Suada so unvergleichlich zierte: taktile Valeurs,

Rhythmus, signifikante Formen, Repoussoirs, kalligraphische Kontur – Eustace erkannte alle die stereotypen Phrasen der zeitgenössischen Kritik wieder". Gehlen schlachtet diese Kennzeichnung von Romanfiguren weidlich aus. Seitenlang versammelt er ähnliche Suaden von Kritikern der modernen Kunst, um den zitierten Unsinnsfloskeln und stereotypen Phrasen Beweiskraft für seine Behauptung abzunötigen: „Wenn also mit dem Gegenstande notwendig zugleich der Begriff, das Wiedererkennbare und Benennbare aus dem Bilde vertrieben wird, dann siedelt er sich neben ihm an und erscheint dort als Begleittext; man sieht, weshalb mit der steigenden Verbreitung der abstrakten Kunst die Kommentarfrage allmählich einen prinzipiellen Charakter bekommt. Im allgemeinen sind alle Richtungen der modernen Malerei kommentarbedürftig, die Abstraktion am meisten, der Surrealismus am wenigsten, weil dessen verdichtete Symbolik recht unmittelbar in affektive Schichten des Unterbewußtseins hineinwirkt."[1]

1 A. Gehlen *Zeit-Bilder, Frankfurt 1960, Seite 162ff.*

Wie wären die Phrasen „taktile Valeurs, Rhythmus" etc. zu gewichten, wenn sie nicht stereotyp verwendet würden? Entsteht gegen diese Begriffe nur ein Widerwillen, wenn sie gerade en vogue sind? Werden sie nur zu Phrasen im Sprachgebrauch derer, die diese Begriffe verwenden, ohne sie zu kennen – und umgekehrt, ist der Gebrauch dieser Begriffe bei denen gerechtfertigt, die sie kennen? Wenn ja, weswegen sollte man sich dann nicht auf den angemessenen Gebrauch dieser Begriffe einlassen?

Ob angemessener oder phrasenhafter, gar stereotyp phrasenhafter Gebrauch der Begriffe – sie sind allesamt Unsinnsfloskeln, meint Gehlen behaupten zu können, weil sie den modernen Bildern gegenüber ganz äußerlich blieben. Im Klartext (den Gehlen vor dem Hintergrund der Kampagne gegen die *entartete Kunst* nur ironisch umschreibt): die gegenstandslose Kunst provoziere solchen Unsinn, ja, sie ließe die Begriffe zu Unsinnsfloskeln werden, weil sie das *Wiedererkennbare* und *Benennbare* aus den Bildern vertrieben habe; von den wiedererkennbaren Sujets und den benennbaren Ausdrucksformen hänge aber die Begriffsbildung ab (in Gehlens Schreibweise wären die angemessenen Bildbegriffe sogar als mit dem Wiedererkennbaren identisch zu verstehen). Dieser folgenreiche Argumentationsansatz von Gehlens ist, so weit wir ihn hier zitiert haben, in zwei Hinsichten zu kritisieren: Wieso soll eine „kalligraphische Kontur" in einem Bilde nicht benennbar und also auch begrifflich faßbar sein?

Wieso sollte ein „rhythmisches Gefüge" nicht „wiedererkennbar" sein? Denn Kontur und Rhythmus lassen sich an den formalen Mitteln einer Malerei unabhängig davon wiedererkennen und benennen, ob mit diesen formalen

> **MEIN GOTT WAS IST LOS?**
> BILD, 31. 3. 64

Bazon Brock demonstriert die Bedeutsamkeit des Problems der Autosuggestion für den modernen Künstler! (Bauphase II. eines fortschreitenden Denkmals zu ebener Erde)

Autosuggestiver Künstler
Aktion und Plakat „Mein Gott, was ist los?",
Galerie Sydow, Frankfurt am Main, 1964

„Solange ich hier bin, stirbt keiner", eine dramatisierte Illustrierte.
Kammerspiele Frankfurt am Main. Experimenta I, 1966

Mitteln Gegenstände der Bildaußenwelt dargestellt werden oder nicht. Formanalysen, wie sie etwa Wölfflin an gegenständlicher Kunst im Sinne Gehlens angestellt hat, wurden ebenso radikal abgewiesen, wie Gehlen sie gegenüber ungegenständlichen Werken als Unsinnsfloskel abweist. Die Unterscheidung von gegenständlicher und ungegenständlicher Malerei ist untauglich, sinnvollen Begriffsgebrauch von unsinnigem abzuheben; sie ist erst recht untauglich, begriffliche und nichtbegriffliche Kommentierung oder Interpretation zu begründen. Deshalb ist in einer zweiten Hinsicht Gehlens Ansatz grundsätzlich zu kritisieren: Wenn nur das Wiedererkennbare und Benennbare im Bilde eine angemessene Begriffsbildung erlaubt, dann ist die (nach Gehlens Meinung gegenständliche, also die nichtabstrakte) Kunst der vermeintlichen Tradition genauso kommentarbedürftig; denn es ist immer wieder unmißverständlich nachgewiesen worden, daß ein Betrachter zum Beispiel in Tizians *Bacchanal* für das Studiolo der Fürsten von Ferrara nur einen Bruchteil dessen wiedererkennen und benennen kann, was wiederzuerkennen und zu benennen möglich wäre, sobald der Betrachter durch entsprechende Kommentare in die vom Este-Fürsten vorgegebenen und von Tizian dargestellten Sujets, sowie die kulturellen Kontexte der Tizianzeit eingeführt worden wäre. Sind diese Kommentare von Kunsthistorikern zu Tizians Bacchanal nicht auch bloß „Begleittexte", da sie ja aus dem Gemälde selber nicht entnommen werden können?

Gehlens Diktum von der Kommentarbedürftigkeit der modernen Malerei muß, Gehlens Begründung nach, also auch für die vormodernen Werke gelten.

Jedes Bild wäre in gleichem Sinne kommentarbedürftig.

Anhand des Gehlenschen Diktums lassen sich nichtgegenständliche, abstrakte, moderne Werke von denen der Tradition nicht unterscheiden, gar gegen sie ausspielen – das aber hatte Gehlen mit seiner Behauptung zu erreichen beabsichtigt.

Pan of Sky

„Ikonologie ist eine Interpretationsmethode, die aus der Synthese, nicht aus der Analyse hervorgeht. Wie die korrekte Feststellung von Motiven die Voraussetzung ihrer korrekten ikonographischen Analyse ist, so ist die korrekte Analyse von Bildern, Anekdoten und Allegorien die Voraussetzung für ihre korrekte ikonologische Interpretation – es sei denn, wir haben es mit Kunstwerken zu tun, in denen der ganze Bereich des sekundären oder konventionellen Sujets ausgeschaltet und ein unmittelbarer Übergang von Motiven zum Gehalt bewirkt ist, wie es bei der europäischen Landschaftsmalerei, bei Stilleben und Genremalerei der Fall ist, gar nicht zu reden von nichtgegenständlicher Kunst."[2]

2 E. Panofsky: Sinn und Deutung in der bildenden Kunst, deutsch Köln 1975, Seite 42f.

Also: Auch der Stammvater der systematischen *Ikonologie* setzt in einer Hinsicht nichtgegenständliche Kunst von anderer Kunst ab. Allerdings soll nichtgegenständliche Kunst die ikonologische Interpretation in gleicher Weise außer Kraft setzen wie Landschaftsmalerei, Stilleben und Genremalerei, von denen man weiß Gott nicht behaupten kann, daß sie ohne natürliche Sujets auskämen.

Inzwischen ist hinreichend gezeigt worden, in welchem Umfang Landschaftsmalerei (etwa die von Caspar David Friedrich) **oder Stilleben und Genremalerei des 17. Jahrhunderts in den Niederlanden sekundäre oder konventionelle Sujets bearbeitet haben.**[3] Daraus ließe sich der Schluß ableiten, daß auch nichtgegenständliche Kunst ikonologisch erschließbar ist. Panofsky hat sich mit seiner Ausgrenzung der genannten Gattungen gründlich geirrt. Damit ist die von ihm konzipierte Ikonologie aber keineswegs gescheitert – sie reicht nur viel weiter, als Panofsky das anzunehmen wagte.

Panofsky spricht im angeführten Text von „einem unmittelbaren Übergang" der benannten Gattungen von ihrem Primärmotiv zu ihrem Gehalt. Auch Gehlen hatte ja gemeint (siehe oben): „Die verdichtete Symbolik des Surrealismus wirke recht unmittelbar in die affektiven Schichten des Unterbewußtseins hinein." Beim Surrealismus, obwohl modern, gelang es Gehlen, noch einiges Gegenständliche auszumachen, das zum Symbol werde, wenn es mit seinem Gehalt (der affektiven Einwirkung) zusammenschösse. Gehlen bleibt die Erklärung schuldig, warum eine unmittelbare Einwirkung nur von der Symbolik des Surrealismus, nicht aber von dessen Bildern ausgehe. Entweder wirken nämlich die Bilder unmittelbar wie behauptet, dann brauchen sie nicht als Symbole vermittelt zu werden, oder sie sind symbolisch, dann aber wirken sie nicht „unmittelbar" ein.

Diesen Widerspruch immerhin hat Panofsky umgangen, indem er nur den unmittelbaren Übergang vom Sujet zum Gehalt bewirkt sieht, nicht aber behauptet, daß der Gehalt unmittelbar auf den Betrachter wirke. Erst recht behauptet er nicht, daß die unmittelbare Einwirkung des Bildes auf den Betrachter der Gehalt des Bildwerkes sei.

Im Original seiner Schrift benutzt Panofsky statt Gehalt den Begriff *intrinsische Bedeutung*. „Sie wird erfaßt, indem man die zugrunde liegenden Prinzipien ermittelt, die die Grundeinstellung einer Nation, einer Epoche, einer Klasse, einer religiösen oder philosophischen Überzeugung enthüllen, modifi-

3 *H. Börsch-Supan. K. W. Jähring: C.D.F., München 1973 und ausführliche Disskussion zu Svetlana Alpers: Kunst als Beschreibung, Holländische Malerei des 17. Jahrhunderts, dt. Köln 1985.*

ziert durch eine Persönlichkeit und verdichtet in einem einzigen Werk. Selbstredend manifestieren sich diese Prinzipien sowohl durch Kompositionsmethoden wie durch ikonographische Bedeutung. Im 14. und 15. Jahrhundert beispielsweise wurde der traditionelle Typus der Geburt Christi ... durch einen neuen ersetzt, der die Jungfrau in Anbetung vor dem Kind kniend zeigt. Unter dem Blickwinkel der Komposition bedeutet dieser Wandel cum grano salis die Einführung eines Dreieck- anstelle eines Rechteck-Schemas; unter ikonographischem Blickwinkel bedeutet er die Einführung eines neuen Themas ..., doch zugleich enthüllt er eine neue ... emotionale Einstellung. Wir beschäftigen uns mit dem Kunstwerk als einem Symptom von etwas anderem ... und wir interpretieren seine kompositionellen und ikonographischen Züge als spezifischere Zeugnisse für dieses andere. Die Entdeckung und die Interpretation dieser 'symbolischen' Werte, die dem Künstler häufig unbekannt sind und die sogar entschieden von dem abweichen können, was er bewußt auszudrücken suchte, ist das, was wir *Ikonologie* nennen können".[4]

4 E. Panofsy: a.a.O, Seite 40f.

Die intrinsische Bedeutung, oder der Gehalt des Werkes, liegt also in dem, was dieses Werk über sich selber hinaus repräsentiert; der Gehalt besteht darin, daß wir an ihm die zeittypischen Wechselverhältnisse zwischen Menschen in ihren Lebensräumen zu thematisieren vermögen, in denen das Werk entstanden ist und auf die es selber eingewirkt hat. Soweit dieses Beziehungsgeflecht zwischen Menschen auf Verbindlichkeit in deren Zusammenleben ausgerichtet ist, identifizieren wir es als deren Kultur. **Die intrinsische Bedeutung kennzeichnet das Werk als Bestandteil einer Kultur, von der sich selbst das größte künstlerische Genie der Abweichung nicht suspendieren kann.** Dieses kulturelle Gefüge hat die Ikonologie (Panofsky zufolge) zu synthetisieren durch methodische Interpretation und Kommentar. Einer ikonologischen Synthese der intrinsischen Bedeutung von Kunstwerken gehen die analytische Beschreibung seiner primären oder natürlichen Sujets, seiner Konfiguration von Linien und Farben, seines Materials, seiner Entstehungszeit und die Identifizierung seines Autors voraus. Diese ikonographische Analyse „mag die Welt der künstlerischen Motive heißen, die Welt der reinen Formen, die als Träger primärer und natürlicher Bedeutungen erkannt werden ... Indem wir künstlerische Motive und Kombination (Kompositionen) künstlerischer Motive mit Themen und Konzepten verknüpfen", leisten wir die Erschließung der sekundären oder konventionalen Sujets eines Bildwerks. Beispiel: Auf einem Gemälde identifizieren wir als primäres oder natürliches Sujet eine Gruppe von Personen, die an einem Tisch sitzen. Wir können den formalen Aufbau des Bildes, die Form- und Farbkonstellationen beschreiben. Das sekundäre oder konventionale Sujet wird erschlossen, wenn wir zur Kenntnis nehmen, daß die Gruppe von Personen, die in einer bestimmten Anordnung und mit bestimmten Posen um eine Speisetafel sitzt, das *letzte Abendmahl Christi* darstellt. **Die intrinsische Bedeutung erschließt sich durch die synthetische Rekonstruktion der Möglichkeiten, die einem Maler als Mitglied seiner Kultur überhaupt geboten waren,** das Abendmahl zu thematisieren. Das wird nur durch den **Vergleich** aller Abendmahlsdarstellungen jener Epoche und Kultur möglich sein. Dieser Vergleich ergibt post festum, daß auch das größte künstlerische Abweichungsgenie „noch ein Kind seiner Zeit" war und sein mußte. Auch die Genies einer Epoche haben nur eine relativ begrenzte Zahl von Möglichkeiten, primär/natürliche oder sekundär/konventionale Sujets zu thematisieren.

Nun das Entscheidende: Wenn man den Implikationen von Panofskys Ikonologie folgt, dann läßt sich in keinem Werk – ob gegenständlich oder nichtgegenständlich – die Ebene der Bestimmung sekundär/konventionaler Sujets umgehen. Die Erforschung der Stilleben und Genremalerei hat das bereits gegen Panofskys Annahme für diese Gattungen bewiesen. Ich möchte vermuten, daß der Beweis für die nichtgegenständliche/abstrakte/absolute Kunst unseres Jahrhunderts bald auch erbracht werden wird.

Die Kuh im schwarzen Quadrat
Der Beweisgang dürfte etwa in folgender Weise angetreten werden: Gesetzt, wir betrachteten ikonographisch und ikonologisch das *schwarze Quadrat* von Malewitsch (dessen unterschiedliche Fassungen keine prinzipiellen Abweichungen des Vorgehens erzwingen). Die Indentifizierung des primären/natürlichen Sujets wäre eindeutig. Wir erkennen ein schwarzes „Quadrat" auf weißem Grund; wir identifizieren das Material, das Format. Wir wissen etwa, in welchem Zeitraum es entstanden sein muß, bevor es in der „letzten futuristischen Ausstellung 0,10" 1915 in Petersburg gezeigt wurde. Wir können seine Hängung in der Ausstellung anhand von Dokumentationsphotos genau

*5 C. Braeger:
Die Nullikone, oder kann etwas auch nichts darstellen, in: Exemplarische Gestaltung 8, Hochschule für Gestaltung, Zürich 1987.
F. P. Ingold:
Kunst-Kunst... zehn Paragraphen zu K.M, in: Wiener Slawinistischer Almanach, Band 16, 1985.
B. Brock:
The Reality of the Universalia, M. and the black square, in Kunst & Museums-Journal 1, Amsterdam 1989.
J. Simmen:
Das Quadrat von M. in: B. Wyss (Hrsg.):
Bildfälle. Die Moderne im Zwielicht, Zürich 1990.
M. Brüderlin:
Die Einheit in der Differenz: die Bedeutung des Ornaments für die abstrakte Kunst des 20. Jahrhunderts, Diss. Wuppertal 1994
D. Bogner et al.: Das gequälte Quadrat, in: Kunstforum International 105/1990.*

angeben (hoch oben in einer Raumecke). Kein Betrachter des Werkes oder der Reproduktion des Werkes kann umhin, die Frage zu stellen, warum dieses Bild von Malewitsch hergestellt worden ist, weil wir gezwungen sind, aus den Funktionsweisen unserer natürlichen, naiven Wahrnehmung anzunehmen, daß nichts ohne Grund geschieht, und daß die Äußerung eines Menschen niemals so willkürlich sein kann, daß zwischen ihm und seiner Äußerung kein Zusammenhang bestünde. (Die Tiefenpsychologie vermochte sogar zu zeigen, daß selbst un- und unterbewußte Handlungen eine Logik besitzen, ebenso wie alle Bemühungen, mutwillig Chaos zu erzeugen). Wir sind auch gezwungen anzunehmen, daß bestimmte Motive oder auf Impulse verkürzte Antriebe vorhanden sein müssen, wo jemand behauptet, mit seiner Handlung allen konkret benennbaren oder wiedererkennbaren Absichten gerade widersprechen zu wollen; sogar die Negation können wir aufgrund der natürlichen Funktionsweisen unseres Weltbildapparates immer nur als eine bestimmte Negation auffassen. Selbst wenn wir annehmen, Malewitsch habe nichts als ein schwarzes Quadrat auf weißem Grund malen wollen (mehr oder weniger geometrisch exakt), so müssen wir Gründe vermuten, warum er eben dieses tat und zwar nicht von Anfang an, sondern zu einer bestimmten Zeit und auf den bestimmten Zweck hin. Wenn wir dieser Frage nachgehen, erschließen wir notwendigerweise das sekundäre oder konventionale Sujet des Bildes, wie das nun hinreichend von verschiedenen Autoren getan wurde[5]: wir müssen es als „Quadrat" begrifflich fassen. Unabhängig davon, ob Malewitsch das akzeptierte oder nicht, sind seinem Bilde schon zur Zeit seiner Entstehung eine Reihe von Begriffen zugeordnet, die sich im Laufe unserer Kulturgeschichte seit der Antike als konventionale Bedeutung des Quadrats herausgebildet haben, sei es in der Geometrie, in der christlichen Theologie, in der Philosophie oder in der Architektur. Diese konventionellen Bedeutungen bleiben auch präsent, wenn Malewitsch in den unterschiedlichsten Äußerungen zu unterschiedlichen Zeiten seines Lebens glaubte bekunden zu können, diese konventionellen Bedeutungen, diese sekundären Sujets seines Bildes gerade nicht gemeint zu haben, sondern Bedeutungen, die nur in der faktischen Existenz des Bildes selber liegen. Wenn dessen Form und dessen Material nur sich selber als sekundäres Sujet oder konventionale Bedeutung zu meinen vermöchten, so hätte der Maler immerhin etwas Bestimmtes gemeint, und die konventionale Bedeutung läge in der Selbstbezüglichkeit des Bildes. Würde diese ontologisch verstanden, dann lieferte die Entfaltung des Begriffs die konventionale Bedeutung. Würde der Begriff selbst nur als Name einer Anzahl von Sätzen verstanden, so böten diese Sätze das sekundäre Sujet des Bildes und damit seine konventionale Bedeutung.

Die intrinsische Bedeutung des schwarzen Quadrats von Malewitsch ergäbe sich aus der Untersuchung der Frage, wie denn bildende Künstler seiner Zeit im Kontext ihrer Kultur und deren Erweiterung durch kubistische, futuristische oder andere Einflüsse in der Lage waren, auf ontologische Begriffe oder Begriffe als Namen von Sätzen zu reagieren, oder mit ihnen in irgendeiner Weise umzugehen. Von der Ontologie einmal abgesehen, haben Malewitsch und eine Vielzahl anderer Künstler, die sich mit ihren Auffassungen von bis dahin gültig angenommenen absetzen wollten, zahllose Satzfolgen produziert oder vorhandene kombiniert und in Analogie zu ihren künstlerischen Handlungen gesetzt. Diese Sätze lassen sich deutlich unterscheiden von denen späterer Künstler, die auf den ersten Blick, aber eben nur auf den ersten Blick, relativ ähnliche Resultate ihrer Handlungen produzierten wie Malewitsch. Wenn man die Arbeitsresultate verschiedenster Autoren zusammenfaßt, ergibt sich folgendes: Das schwarze Quadrat von Malewitsch ist tatsächlich ein Gemälde, das nicht durch Angabe seiner Konstruktionsprinzipien beliebig an jedem Ort reproduziert werden kann (eine solche Möglichkeit strebten denn auch später einige Künstler der konkreten Kunst an). Seine konventionale Bedeutung erhält es nicht als *Ikone* im Sinne der russisch/orthodoxen Kirche. Es ist eine dem geometrischen Begriff analoge Figuration, die als Allegorie einer konventionalen Bedeutung zu fassen ist. Diese in Begriffen repräsentierte Bedeutung umfaßt eine Reihe von Sätzen, die Malewitsch zwischen seiner Arbeit an der Oper *Sieg über die Sonne* und der Niederschrift seines Bauhausbuches von 1927 immer wieder zu rekonstruieren versucht hat.[6] Die intrinsische Bedeutung besteht darin, die herkömmliche anthropomorphe Allegorisierung durch geometrieanaloge ersetzt zu haben. Diese Leistung läßt sich u.a. aus dem Vergleich der Arbeiten der Futuristen und der Kubisten würdigen. Sie hatten zu ihren Sätzen über die Funktionsweisen unseres Wahrnehmungsapparates, über die Modernität des Großstadtlebens im Zeitalter der Luftfahrt, des Automobils, des mechanisierten Krieges etc. Bildwerke analog gesetzt, die mehr oder weniger Ikonen ihrer wortsprachlichen Aussagen gleichkamen. Ihre Bildanalogien zu den Begriffen „Geschwindigkeit", „Dynamik", „Simultanität" etc. bestehen noch aus ikonischen Zeichen (wiederspiegelnde, abbildende Darstellung).

Allegorien hingegen werden durch *indexikalische* Zeichen formiert; **das Zeichen wird als Verweis (Index) auf ein Bezeichnetes verwendet, welches nur als Begriff oder Vorstellung gegeben ist.**

6 *K. Malevich 1878–1935, Ausstellungskatalog Stedelijk Museum, Amsterdam 1989.*

Wo man Rauch sieht, muß es unserer natürlichen Annahme zufolge auch ein Feuer geben; wo ein schwarzes Quadrat zu sehen ist, muß es auch eine konventionale Bedeutung, also eine Reihe von Aussagen geben, die diese Figuration in unterschiedlichsten Kontexten (der Geometrie, der Theologie[7], der Architektur) von anderen Figurationen unterscheiden. Kontexte sind im Sinne Panofskys Themen und Konzepte. Malewitsch hat die Themen und Konzepte seines schwarzen Quadrats ausdrücklich als Satzfolgen anzugeben versucht. Auch wenn er das nur impliziert im Hervorbringen anderer Werke getan hätte, müßte der Betrachter sie rekonstruieren, bevor er den Gehalt des Werkes das *schwarze Quadrat* zu erschließen vermag.

7 A. Gehlen Zeit-Bilder, Frankfurt 1960, Seite 162ff.

Ein Quadrat ist keine abstraktere Figuration als die ikonische Darstellung einer Kuh. Die Repräsentation eines Quadrats ist nicht weniger gegenständlich als die Photographie, die Zeichnung oder die Skulptur einer Kuh – wer ein Quadrat herstellt, kann sich dafür ebenso einer gegenständlichen Vorlage bedienen wie der Zeichner einer Kuh. Nur die konventionalen Bedeutungen von *Kuh* und *Quadrat* sind unterschiedlich.

Die Probleme, mit diesen sekundären Sujets, mit den konventionalen Bedeutungen umzugehen, sind die gleichen, ob man nun eine Kuh oder ein schwarzes Quadrat zu zeichnen, zu malen, zu skulpturieren, zu beschreiben versuchte. Auch die Resultate solcher Handlungen sind gleich, nämlich Zeichengefüge irgendwelcher Art. Ihr Gehalt indessen wird unterschiedlich sein, je nachdem wie sie in der ikonologischen Untersuchung der Kultur einer Epoche als Kunstwerke, oder wissenschaftliche Illustration, oder Handelsgüter, oder Einrichtungsgegenstände, oder Lehrmittel in Gebrauch waren, respektive gewertet wurden.

Solche Werte werden – nicht nur Panofsky zufolge – in den Kulturen symbolisch repräsentiert. **Der symbolische Zeichengebrauch basiert auf einer anderen Beziehung zwischen Zeichen und Bezeichnetem als der ikonische und der indexikalische.** Im ikonischen Zeichengebrauch wird die Analogie zum Bezeichneten als *Modell* ausgebildet (Haupttypus Abbildung); im indexikalischen Zeichengebrauch wird die Analogie zum Bezeichneten als Verweisungszusammenhang entwickelt (Haupttypus *lexikalische Indexierung*); **im Symbol ist die Analogie zwischen Zeichen und Bezeichnetem als generalisierende Abstraktion hergestellt** (Haupttypus Kontextuierung). Ob man diese Unterscheidung nun im informationstheoretischen Sinne, oder im ikonologischen, oder im linguistischen, oder sonst irgendeinem Sinne zur Geltung bringt: eines ist allen leistungsfähigen Ansätzen gemeinsam, daß jede bestimmte Zeichenfiguration, jedes Gemälde, jeder Text stets auf allen unterschiedenen Ebenen bestimmt werden muß.

Theorieunfälle
Die Verkehrszeichen (die zu Recht in allen Sprachen eben nicht Verkehrs*symbole* heißen) können – im Sinne der hier vorgegebenen Unterscheidung – sowohl als ikonische Zeichen (Fußgängerin mit Kind als weiß ausgesparte Figur auf blauem Grund), wie als indexikalische Zeichen (Einbahnstraßenschild in Gestalt eines Pfeils), wie auch als symbolische Zeichen (roter Balken in weißem Kreis) vorgegeben sein. Jedes Gemälde – das *schwarze Quadrat* von Malewitsch ebenso wie die Kühe auf der Weide von Rubens – kann nicht nur, sondern muß im Sinne der Panofskyschen Unterscheidung sowohl im Hinblick auf die primäre wie die sekundäre, wie die intrinsische Bedeutung angesehen werden. **Jedes Zeichengefüge wird immer zugleich sowohl im Hinblick auf die Identität von Zeichen und Bezeichnetem, wie deren Nichtidentität als auch ihre Identität in der Nichtidentität gelesen werden müssen.**
Genau das verabsäumen Autoren wie Gehlen, die auf den angeblich abstrakten und nichtgegenständlichen Gemälden entweder primäre Sujets nicht wiedererkennen zu können glaubten und deshalb fälschlich annahmen, daß es diese Ebene für die „abstrakte, nicht gegenständliche" Kunst gar nicht gäbe; oder aber behaupteten, die sekundaren Sujets nur als dem Bild äußerliche Begleittexte zu sehen und sie deswegen als unsinnige Phrasen diskreditieren zu können. Entweder sind Ikonographie und Ikonologie, respektive informationstheoretische, reflexionsphilosophische, systemtheoretische oder distinktions- und differenzlogische Methoden der Analyse und Synthese leistungsfähig oder nicht. Wenn sie sich als halbwegs brauchbar erweisen wollen, müssen sie sich auf jede Vergegenständlichung kommunikativer Beziehungen zwischen Menschen anwenden lassen.
Gehlen verhält sich als Theoretiker wie jemand, der sich zum Beispiel als Verkehrsteilnehmer weigern würde, andere als ikonische Verkehrszeichen zu beachten. Zu welchem Desaster eine derartige Haltung im Verkehr führen muß, ist leicht vorstellbar. **Die Desaster, die Ästhetiker, Philoso-**

phen, Kunstwissenschaftler herbeiführen, werden leider noch nicht im Verkehrsfunk gemeldet. Wahrscheinlich aber hatte es es Gehlen und haben es viele seinesgleichen auf derartige Crashs abgesehen, weil diese die allgemein interessantesten „Zeitbilder" abgeben.

Es wird Zeit, daß wir uns aus den spektakulären Konfrontationen von moderner Kunst und traditionaler, von abstrakten Expressionisten und figurativen Expressionisten, von Tachismus und Rokoko, von Informel und Impressionismus, von Farbfeldmalerei und der der venezianischen Großmeister, von Postmoderne und Postkutschenmoderne verabschieden.

Wenn wir es für sinnvoll halten, mit Panofsky Ikonographie und Ikonologie zu betreiben, dann hat auch die sogenannte abstrakte Kunst eine Ikonographie. Wenn wir in diesem Zusammenhang etwa von Allegorien sprechen, dann sind auch die Werke der Suprematisten Allegorien rekonstruierbarer Begriffe; denn in der Sache macht es keinen Unterschied, ob diese Begriffe „Gleichgewichtsbalance", „Zweidimensionalität", „Gesetz der Gestaltwahrnehmung" heißen und in geometrieanalogen Zeichenfiguren repräsentiert werden, oder ob sie „Gerechtigkeit", „Freiheit", „Industria" genannt und in anthropomorphen Gestalten zum Thema erhoben werden.

Künstlers Ausblick vom Läuterungsberg

58 Dramaturgie der Sprachlosigkeit im großen stillen Bild.

Oder: Die Freiheit wegzusehen

1. Stille

Es liegt nahe anzunehmen, daß erst in der industrialisierten Welt Stille zum Thema wurde; aber von den römischen Satirikern bis zu Goethe beklagten Bewohner der vorindustriellen Zeitalter den Verlust der Stille, selbst der nächtlichen Stille. Juvenal wettert gegen das ununterbrochene Gelärme in der Großstadt Rom. Der kühle Satiriker wertet die Zumutungen nicht vorrangig als private Belästigungen, sondern als Zeichen fürs Chaos des öffentlichen Lebens, das seinen römischen Ordnungssinn gefährdete. Der zunehmende Lärm, die fehlende Stille wiesen auf die Überforderung hin, die Ordnung der *Res publica* noch zu gewährleisten.

Goethe erregte sich vornehmlich über das enervierende Hundegebell und Kindergekreische. Aus der Art, wie er darauf reagierte, läßt sich entnehmen, daß es ihm um mehr ging als die Störung seiner konzentrierten Arbeit. Lobte er nicht emphatisch das tätige Schaffen der Handwerker und Händler, Gaukler und höfischen Sozialagenten? Was ihn störte, war offensichtlich der Mutwille des Lärmens; Mutwille ist der Feind der Autorität; sie sah er bedroht durch die Ohnmacht, sich schweigenden Respekt zu verschaffen.

In Abwandlung eines seiner skandalträchtigen olympischen Worte, daß man sich eher mit Ungerechtigkeiten abfinden könne als mit der Störung der Ordnung, läßt sich sagen, daß man leichter unbeschadet Jahre im Lärm zyklopischer Schmieden verbringen könne als Stunden im mutwilligen Gelärme Unzivilisierter.

Durch Jahrhunderte wurde die Störung der Totenruhe wie ein Kapitalverbrechen behandelt. Auch wenn heute Friedhofsstille als erschreckend empfunden wird, weil sich unter ihrer Last jede Lebensäußerung verlöre, war vormals Friedhofsstille geboten, um den Respekt vor den Toten zu bekunden. Ihre übermächtig spürbare Anwesenheit erforderte äußerste Zurückhaltung, um kein Sakrileg zu begehen.

Wie verträgt sich diese Haltung mit volkstümlichen Praktiken, sich durch Lärmen der rachsüchtigen Geister zu erwehren? Die alemannische Fastnacht trägt heute noch Züge dieses Ursprungs im animistischen Denken, das natürlicher ist als die raffinierte theologische Begründung der Erhabenheit Gottes, in der die Toten ewig präsent bleiben. **Animistische Vitalität vertreibt im unbändigen Lebenslärm die Vorherrschaft des Todes über die Lebenden. Die christliche Frömmigkeit entfaltet sich in der Erhabenheit der Stille, in der erst die Anwesenheit Gottes und seiner Heerscharen von Toten wahrnehmbar wird.**

So wurde Schweigen zum Beweis konzentrierten Hörens auf die Stimme des Herrn. Das konnte Gottes Dienern zur Regel der Lebensführung werden, etwa den Schweigemönchen, den Trappisten, aber auch Weltmenschen, zumal, wenn ihre Herren von Gottes Gnade herrschten.

Das gebotene Schweigen in der Anwesenheit des Höherrangigen mutwillig, übereifrig oder auch nur spontan zu brechen, galt als Angriff auf den durch Exponierung, auratisches Strahlen und ehrfurchtgebietendes Ritualverhalten Ausgezeichneten. Noch die bürgerlichen Familien trainierten ihre Sprößlinge auf solche Auszeichnung des Familienvaters und der Alten; sie durften nicht unaufgefordert sprechen.

Seit Schulen die Enkulturation Heranwachsender übernahmen, manifestierte sich Disziplin und Funktionstüchtigkeit als Fähigkeit, in Stille zu verharren – mehr oder weniger verbrämt als pädagogisches Mittel, die Konzentration der Schüler zu befördern. In den Schulpausen achtete man darauf, daß der vitalistische Lärm nicht zur animistischen Austreibung der Lehrerautorität überschwappen konnte; er wurde bestenfalls als Entlastung für den Stau der Motorik während der Schulstunden hingenommen.

Aus solchen und vielen anderen historischen Auszeichnungen der Stille haben bis heute das stille Gedenken, das ergriffene Schweigen, die Stille vor dem Sturm, der Stillstand der Entwicklung nicht nur metaphorisch überlebt. Hinzugekommen sind die tödliche Stille als zerstörerische Langeweile oder als erzwungener Entzug von Wahrnehmung in der Einzelhaft, die erschreckende Stille der Weiten des Weltalls, die sich als kosmisches Verlorenheitsgefühl und als Verlust heimatlicher Orientierungssicherheit manifestieren.

Deswegen sollte man den allseits beklagten Verlust der Stille nicht nur mit Blick auf medizinisch gebotene Streßentlastung durch Kuren und Ferien immer wieder erörtern. Nicht regulierbare Lärmbelästigung wird den Zeitgenossen vielmehr zum Terror, weil auch sie den Lärm als Zeichen für den Zusammenbruch von Ordnungen und Regularien, von personaler oder funktionaler Autorität, als Überforderung von Wahrnehmungskapazität und Orientierung empfinden.

2. Das stille Bild

Die Bilder- und Lärmflut der mediatisierten Welt läßt die Sehnsucht nach dem stillen Bild wachsen, so scheint es. Je schneller die Bilder laufen, je unstrukturierbarer die stimmlichen Appelle Attraktivität nur noch behaupten, desto höher wird die Erwartung an die herkömmlichen stillen Bilder der Malerei, der Skulptur, der Architektur und der Musik. Fanden deswegen Tendenzen zu Reduktionismus in der konstruktiven Kunst, zu Minimalismus in der Musik, zur Banalisierung des Materials in der Skulptur und zum Formalismus und Konzeptionalismus in der Architektur besonderes Interesse, zumal in der Entgegensetzung zum lauten Pathos der Expressionisten, zur lärmigen Technikorgie futuristischer Animisten? **Lärm schlagen, auf den Putz hauen, lautstarke Manifestation subkultureller Banden und von Trägern politischen Geltungswillens erschrecken nur denjenigen, der nicht an ihnen teilnimmt.** Dennoch scheinen Schweigemärsche überzeugender zu sein, die stumme Anklage gewichtiger und das sprachlose Elend ergreifender. Sogar die braunen Horden inszenierten den Höhepunkt ihres Selbstbewußtseins als feierliche Stille, durch die der Führer, selbstergriffen bis zur rituellen Starre, in die Aura des höchsten Wesens erhoben wurde.

Heute erlebt man dergleichen nur noch in Kunsttempeln, etwa vor den Ikonen der Kunstgläubigen in Gestalt von Malewitsch-Werken. **Der politisch diskriminierte Führerkult kann im konsensgetragenen Künstlerkult fortleben, so lange die Werke der Künstler als Manifestationen höheren Wesens, gar des Absoluten, mißverstanden werden.** Die Radikalität moderner Künstler ist aber erst gerechtfertigt, wo sie mit ihren Bildern nicht mehr die Anwesenheit, die illustrierende Bebilderung oder den Wirklichkeitsbeweis für das Absolute vorzugeben behaupten, sondern dessen Abwesenheit zum Thema werden lassen.

Das große stille Bild vergegenwärtigt das Abwesende, das Mangelnde, das Unerreichbare als Anwesendes. Jede Arbeit radikaler moderner Künstler verweist darauf, daß das Gelingen eines Kunstwerks durch noch so große Meisterschaft nicht mehr erzwingbar ist. Auch hierin folgt die Künstlerschaft, seit sie sich in Analogie zum weltenschöpferischen Gott etablierte, den gedanklichen Vorgaben der Theologen. Die hielten ihren Geltungsanspruch mit dem Denkbild des unerkennbaren oder des abwesenden Gottes noch aufrecht, als ihrer Klientel der Glaube an die animistische Beschwörungspraxis verlorenging. In der negativen Theologie ließen sie ihre gedankliche Leistung nicht nur mit dialektischen Tricks unwiderlegbar werden; sie kamen vielmehr auf psychologische Erfahrungen zurück, die jedermann besitzt, nämlich in der Erfüllung des Wünschbaren weniger Befriedigung zu finden als im Mangel. Nie spürt man die Bedeutung des Nächsten oder Partners nachhaltiger als in seiner Abwesenheit. Selten ist man intensiver auf Schönheit, Gutheit oder Wahrheit orientiert als in der gestalterischen Wüste, in der Beliebigkeit von Verhalten und Handeln, und in der verzweifelten Einsicht, nur vermuten, aber nicht sicher sein zu können, was an behaupteten Wahrheiten dran ist.

Die großen stillen Bilder vergegenwärtigen den Verlust, ja die Unmöglichkeit selbst meisterlicher Könnerschaft, die Forderung nach dem Schönen, Guten und Wahren noch zu erfüllen. Sie kritisieren Wahrheitsbehauptungen, moralische Selbstgewißheit und ästhetische Normativität, aber nicht als bloße kontrafaktische Behauptungen, sondern ermöglichen die Orientierung an diesen Denknotwendigkeiten gerade dadurch, daß sie mit ihren Werken nicht mehr behaupten, des Absoluten, des Geistes, des Gottes teilhaftig geworden zu sein. Die großen stillen Bilder sind Beispiele dafür, wie man diesem erzwungenen Relativismus, Pluralismus standhalten kann, ohne in Gleichgültigkeit, Beliebigkeit oder existentielle Selbstmitleidigkeit zu verfallen. Die ausgeprägteste Tradition, Bilder in diesem Sinne still werden zu lassen, entstand in der Malerei mit der Gattung des *Stillebens, nature morte, natura morta, still life.*

Seit 20 Jahren herrscht in den kunsthistorischen Studien ein auffälliges Interesse für diese Gattung vor; in Deutschland manifestiert durch große Ausstel lungen wie *Stilleben in Europa* im Landesmuseum Münster 1979 oder die *Leselust* in der Schirn Kunsthalle Frankfurt 1993. Die Untersuchungen zum Stilleben führten zu der vergessenen Tatsache zurück, daß diese Bilder des stillen Lebens, der auf Dauer gestellten Naturerscheinungen, auf eine bemerkenswerte Weise sprechen: durch eine Dramaturgie der Sprachlosigkeit. *Stilleben* sind nicht bloß schmückende Genrebilder, Vitrinen der Dekoration. Sie machen von der Methode, das wimmelnde Leben stillzustellen und die Erscheinungen zu fixieren, Gebrauch wie die historischen Naturwissenschaftler, wenn sie Leben stillstellten, um es studieren zu können. Sie sezieren aber die Blumen, Früchte und Pflanzen, die Jagdbeute und Nahrungsmittel, die Möbel und Schmuckstücke, die Trophäen und Pokale nicht, um deren Anatomie, Materialbeschaffenheit oder Funktionslogiken kennenzulernen. **Die Stilleben-Maler untersuchen vielmehr kulturelle Wertigkeit und sprachlich kommunikative Leistung der Objekte unserer Lebenswelt, um herauszustellen, welchen sinnvollen Gebrauch wir von den Gütern des irdischen Lebens machen können und machen sollen.**

Die Vielfalt der gegebenen oder hergestellten Dinge schätzbar werden zu lassen, verlangt, sie in Ordnungsgefüge theoretischer, politischer und sozialer Vorstellungen einzupassen und diese ordnende Anschauung in anschaubare Ordnung zu überführen. Solche Ordnungsgefüge sind für Menschen offensichtlich unverzichtbar, obwohl sie der Vielfalt natürlicher Ausprägung des Lebens und seinen ständig wuchernden Formen kaum zu entsprechen vermögen. Nur als Stillgestellte, als Tote ist die Natur ordnend betrachtbar; nur in der dauernden Stille konzentriert zu erfassen.

Was die Natur uns aufzwingt, nämlich das Leben der Tiere und Pflanzen zu töten, damit wir uns von ihnen nähren, gilt offensichtlich auch für die geistige Nahrung durch Erkennen und Vergewisserung. Die kulturelle Ordnung der Verhältnisse, ihre sinnbildliche Vergegenwärtigung, dient in erster Linie dazu, die Gesetzmäßigkeit unseres natürlichen Daseins und unseres Lebens in der Natur akzeptabel werden zu lassen. Tötung ist die Bedingung der Anverwandlung, der Einverleibung. Die symbolische und allegorische Repräsentation des Todes als Voraussetzung des Lebens wird durch Kulturen umso mehr gewährleistet, je intensiver sie auf das Erzwingen von Dauer in Bauten, Bildern, Kulten, in Sitten und Gesetzen ausgerichtet sind.

Das Streben nach Tausendjährigkeit aller Kulturen zeichnet für die soziale Existenz des Menschen die Bedeutung aus, die für das natürliche Leben der einzelnen Organismen der Tod hat. Das Wechselspiel von Allegorisierung und Symbolisierung in den Stilleben formt das Wechselspiel von Dauer der Ordnungen und Gesetzmäßigkeiten in Kultur und Natur zu der unabwendbaren zeitlichen Beschränkung individuellen Lebens aus. Allegorisierungen gehen von begrifflichen Formulierungen aus und unterwerfen die konkreten Erscheinungen dem Gebot der Dauer, das sie nicht erfüllen können, weil sie verwelken, verwesen, zerbrechen, verschwinden. **Die Symbolisierungen gehen von den je einzelnen Manifestationen des natürlichen oder kultürlichen Lebens aus und abstrahieren von ihnen Begriffe, die sich zu Ordnungen fügen lassen.**

Diese Parallelbewegung von *Top-Down*-Anschauung und *Bottom-Up*-Erkenntnis garantiert die Sprachmächtigkeit und Anschauungsfülle der Stilleben. Sie werden zu großen stillen Bildern, wo sie die Anschauung des Gesetzmäßigen, der akzeptierten Ordnungen mit der Erkenntnis vermitteln, daß jedes Einzelne und konkret Gegebene in dieser Welt gerade durch seine Vergänglichkeit auf alle Zeit aufgehoben ist in der Ewigkeit der Natur und der kulturell erzwungenen Dauer.

Die heute wieder so sehnsüchtig nachgefragten großen stillen Bilder können sich zwar nicht mehr auf die Gewißheiten niederländischer Stilleben-Maler stützen, aber deren Verfahren gewinnt an Interesse. Mit der Wiederkehr der Allegorie beschäftigen sich nicht nur Kunsthistoriker und Ästhetiker; die Naturwissenschaftler haben ihrerseits die Parallelbewegung von Top-Down- und Bottom-Up-Denken wiederentdeckt. Im Unterschied zu bisherigen Auffassungen läßt sich inzwischen selbst für die pauschal sogenannten abstrakten Künste eine Ikonographie aufzeichnen. Die Lesbarkeit solcher Werke als große stille Bilder ist dann gegeben, wenn ihre materielle Vergegenständlichung als Zeichengefüge Rekonstruktion der allegorischen und symbolischen Sprachoperation ermöglicht und die wechselseitige Bedingtheit beider erreicht wurde. Es gelingt, diese Operationen den heute gängigen sprachwissenschaftlichen Differenzierungen von pragmatischer, semantischer und syntaktischer Dimension aller Zeichengefüge anzuschließen. Noch tönt es etwas spekulativ, die *abstrakte* Kunst der Gattung Stilleben zuzurechnen. Wir sind ja auch immer noch nicht bereit, vorurteilsgewiß zu untersuchen, wie die abstrakte Kunst in der Geschichte der ornamentalen Gestaltens zu beschreiben ist.

Aber mit Markus Brüderlins Arbeit (über die Bedeutung des Ornaments für die abstrakte Kunst)[1] haben sich die Chancen erhöht, die Beziehungen zwischen Stilleben, ornamentalem Gestalten und abstrakter Malerei der verschiedensten Ausprägung zu sehen und für sehr viel aufschlußreicher zu halten, als man es bisher wagte. Die Einheit der drei Gattungen läßt sich als das nachgefragte *große stille* Bild definieren.

1 vgl. Anm. 5 Seite 732

3. Das große stille Bild

Zumindest seit dem ausgehenden Mittelalter bemühten sich die Maler, ein Manko ihres Metiers zu kompensieren. Verglichen mit der Alltagswahrnehmung schien die Bildwahrnehmung über den Sehsinn eine Einschränkung der sinnlichen Wahrnehmungstätigkeit zu sein.

Mit imponierender Raffinesse erfanden sie Bildkonzepte, durch die Erzählweisen, szenische Detailgenauigkeit und eine Reihe formaler Effekte den Betrachter dazu anhielten, Bilder auch zu hören, ihnen taktile Reize abzufordern oder jene spezifischen Valeurs zu schätzen, die den Geschmacks- und Geruchssinn aktivieren.

Michael Baxandall hat darauf aufmerksam gemacht, wie etwa Kaufleute des 15. Jahrhunderts durch multisensuelle Bildwahrnehmung trainiert wurden, in Märkten und Magazinen angebotene Waren auf Materialqualität, Lagendichte oder Farbechtheit zu prüfen.

Zentralperspektivische Raumdarstellungen, vor allem des Naturraumes, trainierten die Fähigkeit der Fernreisenden, Wegebeschaffenheit mit Blick auf Transportprobleme wie Zeitaufwand und Sicherheit abzuschätzen.

Die **Porträtmalerei übte die soziale Intelligenz ein, mit der man charakterliche Eigenschaften, situatives Verhalten und kommunikative Eigentümlichkeiten potentieller Vertragspartner zu antizipieren und zu bewerten lernte.**

Durch die Landschaftsmalereien wurden die Betrachter angehalten, Klima und Atmosphäre zu erspüren; Reisealtäre und Studiobilder trainierten Konzentrationsfähigkeit durch Ausblendung aller äußeren Wahrnehmungsreize.

Die **Historien- und Aktionsbilder, Festapparate und Gesellschaftsinszenierungen eröffneten den Zugang zur Selbstwahrnehmung im Rollenverhalten.**

Die empathische Bildkraft erfaßte den ganzen Körper des Betrachters – ein mentales Training, das auf Selbstbeherrschung und Selbstpotenzierung ausgerichtet war.
Durch diese Wirkungen von Bildwahrnehmung eröffnete sich die Erfahrung – lange bevor man explizit die natürlich gegebene Synästhesie ansprechen konnte –, daß über das Sehen auch alle anderen Sinne stimuliert werden können.
Das Arbeiten mit Modellen, die die Maler intensiv wahrzunehmen hatten, um sie ins Bild umzusetzen, nötigte sie, die Wirkung von Bildern in dem Maße zu kalkulieren, wie in die Gemälde ihre Wahrnehmung außerbildlicher Gegebenheiten (z. B. von Modellen) eingingen.

Die **Bildwirkungen der Malerei näherten sich nicht nur der natürlichen Alltagswahrnehmung an, sondern überboten sie durch die Fähigkeit, Fernes nahe heranzuholen, akustische Wahrnehmung wie Schmerzens- und Freudenschreie, Tierlaute und die Geräuschkulisse von Lebensräumen fast so zu intensivieren, wie das spätere technische Verfahren durch Lautstärkeregelung erreichten.**

Malereien vermochten den Betrachter ins schwerelose Taumeln zu versetzen oder sich im strukturlosen Raum zu verorten.

Auf dem Höhepunkt solcher Bildwirkungskalküle in der zweiten Hälfte des 19. Jahrhunderts wurden Bildwerke bewußt als multimediale, synästhetische aufgefaßt – entweder durch potenzierende Addition künstlerischer Gattungen in Präsentationseinheit wie beim Wagnerschen Gesamtkunstwerk oder durch Bildentgrenzung wie bei Turner respektive Monet.
Heute belegen die Neurowissenschaften, daß die Synästhesien natürlich vorgegebenen Kooperationsformen der neuronalen Leistungszentren entspringen: die natürliche Alltagswahrnehmung rechnet immer schon mit multisensueller Wahrnehmung.

So bedeutend und folgenreich auch die Erfindungen der Künstler gewesen sein mögen, mit ihren gattungsspezifischen und den Gattungsgrenzen überschreitenden Werken

die Wahrnehmung von Artefakten von der Vorherrschaft des visuellen Sinnes zu befreien, – so sehr evozierte gerade diese Tendenz auch gegenläufige Bemühungen: die immer schon natürlich gegebenen und artifiziell verstärkten Synästhesien zu entkoppeln.

Auf diese Anstrengung richtet sich ein Gutteil radikaler künstlerischer Konzepte der Moderne. Das bei Mondrian zum Äußersten getriebene Bemühen um die Zweidimensionalität der Bildfläche ist dafür genauso ein Beleg wie die Arbeit von monochromen Malern oder der Kampf gegen die Assoziations- und Interpretationszwänge, den Newman, Rothko oder Judd durch konsequente Vermeidung von Bildsuggestivität führten.

Diese Tendenzen der radikalen Moderne konstituieren das große, stille Bild; es vereint in sich die Tradition des ornamentalen Gestaltens, des Stillebens und die der absoluten Malerei.

Ornament und Decorum thematisieren den nichtbildlichen Raum, dessen Definition die explizit als Bildfeld ausgewiesenen Wahrnehmungsangebote erst ermöglicht. Das Ornament markiert den bildlosen Raum; demzufolge sind jene Ornamentformen am leistungsfähigsten, also epochenübergreifend, die sich nicht mehr auf Abstraktionen von Gestaltwahrnehmungen zurückführen lassen; es ist das abstrakte Ornament der reinen, anschauungsleeren Formen.

Aus der Tradition des Stillebens rekrutieren die großen, stillen Bilder die Dramaturgie der Sprachlosigkeit, will sagen die Erfahrung des Bildbetrachters, daß nicht das Bild, sondern er spricht. Die im Stilleben angebotenen Sujets erfordern vom Betrachter Begriffsbildungen, mit denen er top down die Allegorien formuliert, die es ihm ermöglichen, auf dem Stilleben überhaupt etwas zu sehen. Wenn er dann, von begrifflichen Ordnungen ausgehend, die einzelnen Sujets identifiziert, wird er wiederum genötigt, in einer bottom-up-Bewegung den Gegenständen der konkreten Anschauung, den Sujets, Erkenntnisse abzufordern, die ihm seine eigene Wahrnehmungsoperation erschließen. Er wird zum Wahrnehmenden seiner eigenen Wahrnehmung und nicht bloß seiner Wahrnehmung des Bildwerks.

Aus den Konstrukten absoluter Malerei, also aus der Bemühung, zum Beispiel Farbe selbst als Form und nicht mehr als Attribut von geformten Gegenständen – auch der Bildwerke als Gegenstandsform – zu verstehen, geht in die großen, stillen Bilder die künstlerische, vormals theologische Strategie ein, das Bild ex negativo zu formulieren, also durch Abwesenheit als Form der Anwesenheit, durch Scheitern als Form des Gelingens, durch Auflösung als Formbildung, durch Verhüllen als demonstrative Kraft des Zeigens, durch Schweigen als Echobildung.

Still wird das Bild, indem es nicht selbst spricht, auch nicht monosensuell anspricht, sondern den Betrachter zum Sprechen bringt. *Groß* wird es durch die ausdrückliche Thematisierung des Bildumraums als Nichtbild, als Denkraum, auf den sich der Betrachter konzentriert.

Das große, stille Bild ist also ein Anlaß zur Selbstwahrnehmung der Wahrnehmung im Verhältnis von Allegorisierung der Begriffe und begrifflicher Fassung der Anschauung; es entkoppelt nicht nur die zwanghaften Synästhesien, sondern auch die konventionalisierten Beziehungen von Begriff und Anschauung. So gewinnt es die Kraft, die Wahrnehmungen von immer schon mitlaufenden Urteilsschablonen zu reinigen.

Damit gerät es verdächtig nah an Charakteristiken von Meditationsobjekten wie *Mandalas* oder *Ikonen*, respektive *Topikrepräsentationen*, wie sie für Untersuchungen der empirischen Psychologie verwendet werden. Auffällig ist in diesem Zusammenhang auch die Nähe zum Anschauungs- und Erkenntniswert von Verbildlichungen der Wahrnehmungsaktivitäten, wie sie etwa Positronen-Emissions-Tomographen liefern, zu virtuellen Bildern also.

Das Verlangen nach den großen stillen Bildern aktiviert zur Abwehr des täglichen Trommelfeuers von Aufmerksamkeitsappellen die Autorität der Stille. Im Schweigen der Bilder gelingt es dem Betrachter, sich dem Zwang zu entziehen, immer bloß auf die Wahrnehmungsgebote reagieren zu müssen. Die Bilder werden zu Echos der Gespräche, die der Betrachter mit sich selber führt. Diese inneren Dialoge überschreiten die Privatheit, sobald sie zur Parallelbewegung von Allegorisierung und Symbolisierung führen – soweit sich also die typisierten Anschauungen entleeren und die konventionalisierten Begriffe erblinden.

In der Stille als der Vergegenwärtigung des Abwesenden und der Abschattung des penetrant Gegenwärtigen entkoppeln sich Anschauungsformen und Begrifflichkeiten – ein mentales Training der Entleerung, ein Freiräumen der Wahrnehmungsfelder. In dieser stillen Leere gewinnt der Betrachter Freiheit, die ihm nur Bilder gewähren: die Freiheit wegzusehen.

Künstlers Ausblick vom Läuterungsberg
59 „Ich frage in der Form von Behauptungen"
(Wilhelm Worringer)

Im Mai 1996 veröffentlichte Eduard Beaucamp in der FAZ eine Rezension zur damaligen Ausstellung *Markus Lüpertz – Gemälde, Skulpturen* in der Kunstsammlung Nordrhein-Westfalen. Beaucamps Behauptungen am Schluß seines Artikels *Rastloser Totenkult* provozierten heftige Reaktionen.

Die interessanteste ist die von Lüpertz selbst, die er als Maler in seinen Bildern vorgetragen hat. Die Ausstellung *Vanitas* präsentiert diese Argumentation.

Beaucamp schrieb: „Am Ende kehrt der malende Schlemihl und pathetische Adaptions- und Vermittlungsvirtuose zur einst bekämpften Nachkriegsabstraktion und den fünfziger Jahren zurück, mithin an die Schwelle seiner eigenen Anfänge. Heute versöhnt er die *Ecole de Paris* und das New Yorker *Action painting*. Vor dem letzten Schritt scheut er zurück, nämlich sich nun auch selber zu paraphrasieren und auszubeuten; dafür zapft er unverkennbar den späteren Baselitz an, der seinerseits heute vehement zu den abstrakten Fünfzigern zurückdrängt. Die vielen Einflüsse und Zitate zu sortieren, hat wenig Sinn. Lüpertz erklärt den Eklektizismus, die *Malerei über Malerei* zum Programm. Doch die neuen Synthesen wirken unschlüssig und retortenhaft, die Wiederbelebungsversuche und Metamorphosen gelingen nicht. Lüpertz' Nachinszenierungen geraten zu Gedenkritualen mit ranzigem Beigeschmack, ja mit Spuren von Nekrophilie."

Das sind starke Behauptungen, die sich gerade deshalb in Frage stellen. Besonders fragwürdig ist die Annahme, daß Abstraktion ein historisches Epochenphänomen sei (*Nachkrieg, fünfziger Jahre*), weshalb Beaucamp die späteren Demonstrationen von Abstraktion als bloße Wiederbelebungsversuche, gar als *Nekrophilie*, glaubt bewerten zu müssen. Mit dieser Einschränkung der Abstraktion aufs historische Zeitphänomen beweist er eine erschreckende Blindheit in der Bildwahrnehmung aller Zeiten. Er scheint den journalistischen Begriffsmoden, die er im Werk von Lüpertz aufzudecken behauptet, selber zum Opfer gefallen zu sein; denn die Abstraktion war und ist eine jedem Wahrnehmenden und jedem Bildermacher auch dann abverlangte Leistung, wenn sie sich auf die Vorgabe oder Wahrnehmung von Figuren und Gegenständen konzentrieren.

Die programmatisch sogenannte *abstrakte Kunst* unseres Jahrhunderts machte diese Voraussetzung nur in besonderer Weise zum Thema. Heraus kam dabei, daß auch die abstrakte Kunst auf Anschauungsbegriffe zurückgreifen muß (es macht keinen Unterschied, ob man sich auf eine Kuh, wie etwa Franz Marc, oder auf ein schwarzes Quadrat, wie etwa Malewitsch, bezieht). **Auch die abstrakte Malerei ist auf eine Ikonographie angewiesen, und jede Beschäftigung der Maler mit der Repräsentation von Figuren und Gegenständen, erst recht mit der des Raumes, bleibt auf Formabstraktion verpflichtet.**

Die Kunsthistoriker entsprechen dieser Einsicht, indem sie alle historische Malerei auch formgeschichtlich, also mit Blick auf Abstraktionsleistungen, zu qualifizieren lernten. Die Neurophysiologen entsprechen dieser Einsicht durch Herausarbeiten der Muster- und Gestaltwahrnehmung als einer abstrakten Verrechnungsleistung „des Gehirns". Die Kunst- und Kulturwissenschaftler entdeckten den Vorrang von Bildkonzeptionen und Vorstellungen vor ihrer jeweiligen historischen Realisierung in Bildern und Objekten (das Kunstwollen). Die Ästhetiker und Kunstphilosophen schließlich bestimmten das Verhältnis von intrapsychischen Leistungen (vor allem den Kognitionen) und jeder Art sprachlicher Repräsentation (in Worten, Bildern, Objekten, Gesten, Mimik und Verhalten) als paradoxe Wechselwirkung von Bewußtsein und Kommunikation.

Abstraktion und Einfühlung
Vor 90 Jahren erschien die Dissertation des 27-jährigen Studenten der Kunstgeschichte, Wilhelm Worringer aus Aachen, unter dem Titel *Abstraktion und Einfühlung*. Obwohl sich Worringer, wie der zweite „praktische Teil" der Dissertation betont, fast ausschließlich auf vormoderne Kunstpraktiken für seine Argumentation stützte, lasen die Zeitgenossen das Werk wie eine Untersuchung zur damals aktuellen Diskussion über die Positionen der Kubisten, der Brücke-Expressionisten, der Theosophen um Kandinsky. Das spontane Echo auf die Schrift Worringers war so unvergleichlich, weil es ihm gelang, die beiden bis dato vorherrschenden und grundlegenden Konzeptionen beziehungsweise Methoden der Kunstwissenschaft zusammenzufassen.
Das war zum einen die Einfühlungslehre des Ästhetikers Theodor Lipps und zum anderen die *Stilfrage* des Wiener Kunsthistorikers Alois Riegl. Lipps

beschrieb mit dem Begriff *Einfühlung/Empathie* die Art und Weise, wie ein strukturiertes Wahrnehmungsangebot im Betrachter zur Wirkung kommt. Mit besonderem Interesse wurde die Frage verfolgt, wie ein psychisches System mit einem anderen in Verbindung steht, also kommuniziert. Die *fremdpsychische* Wahrnehmung von Freude, Angst, Verzweiflung u.a. gelingt offensichtlich immer nur als Selbstwahrnehmung. Der Beweis dafür lag etwa in der Erfahrung, daß es einem Betrachter, der selbst mit beiden Beinen fest auf der Erde steht, beim Anblick eines auf hohem Dachfirst Balancierenden schwindelt; oder in der Erfahrung, daß einem völlig Unverletzten beim Anblick eines Verletzten schlecht wird. Der Wahrnehmungsanlaß erzeugt also im Wahrnehmenden eine analoge Befindlichkeit, die erst in der Selbstwahrnehmung wirksam wird.

Für die ästhetische Gewichtung eines Wahrnehmungsanlasses gilt, wie Worringer mit Bezug auf Lipps immer wieder betont: „Ästhetischer Genuß ist objektivierter Selbstgenuß" – das heißt; jede Wirkung, vor allem die der von Künstlern gestalteten Wahrnehmungsangebote wie Bilder oder Skulpturen, realisiert sich als Selbstwahrnehmung des Betrachters. Solche Erfahrung der eigenen psychischen und körperlichen Lebendigkeit scheint dann das Bild oder Objekt zu verlebendigen, obwohl es selbst nur eine Ansammlung von leblosem Stoff ist. Das Objekt der Wahrnehmung wird beseelt, worauf bis heute der Begriff *Animation* verweist. Die Einfühlung oder empathische Übertragung initiiert also eine Parallelaktion im Wahrnehmenden zum Gestalt- und Ausdruckspotential der Bilder und Objekte. Mit Übertragung ist demnach nicht ein Transport gemeint, sondern eine Wechselwirkung von Fremd- und Selbstwahrnehmung.

Worringer weiß bereits, daß wir solche Einfühlung unserer Grundkonstitution verdanken – so funktioniert nun einmal die Beziehung des lebenden Menschen zu seiner Umwelt und zu sich selbst. Worringer nennt diese von Lipps herausgestellte neurophysiologische Grundkonstante den einen Pol des alltäglichen wie künstlerischen Gestaltens. Den anderen Pol bestimmt er als ebenso vorgegebene und deshalb unvermeidbare Leistung der Abstraktion. Jede Hinwendung auf eine Gegebenheit in der Außenwelt verlangt die Isolierung einer Einzelheit, zum Beispiel einer Pflanze oder eines Tieres aus dem immer schon gegebenen Zusammenhang mit anderen im prinzipiell unbeschränkten Wahrnehmungsfeld.

Die Vermittlung zwischen der Vielheit und der Einzelheit wird durch Abstraktion geleistet, „eine Denknotwendigkeit (…) um in der Unklarheit und in der Verworrenheit der Erscheinungen Orientierung zu bieten". Die Orientierung an der durch Abstraktion wahrnehmbaren Form beschreibt Worringer als Voraussetzung für die Empfindung von Glück oder Schönheit in der überwältigenden Willkür des organischen Lebens. Nietzsche hatte das als *Notwendigkeit des beschränkten Horizonts*, Husserl als *Abschattung* oder *Ausgrenzung* gekennzeichnet. Für Worringer entspringt „dieser Abstraktionsdrang dem Bestreben, Ruhepunkte zu schaffen innerhalb der Flucht der Erscheinungen, eine Notwendigkeit, innerhalb des Willkürlichen Erlösung von der Qual des Relativen zu erreichen".

Jeder konkreten Hinwendung auf die Natur geht die Abstraktion als Emanzipation von Zufälligkeiten und Beliebigkeiten voraus. Es sei irrig, „vom naiven sinnlichen Einssein des Menschen mit der Natur" auszugehen; primär ist vielmehr „ein Furchtverhältnis zwischen Mensch und Welt, eine ihm abverlangte Skepsis gegenüber den Oberflächen und dem Anschein der Dinge"; ohne den „tiefen Instinkt für die Problematik aller Erscheinungen" wären Menschen einem gefährlichen Risiko in der Konfrontation mit der Natur ausgesetzt.

Weil nicht ein sinnlich naives Verhältnis zur Welt für die erfolgreiche Orientierung grundlegend ist, sondern der Zweifel an der Verläßlichkeit der eigenen Wahrnehmung durch Erfahrung der Täuschbarkeit, kommt es darauf an, mit welchen Strategien die von Natur aus auf Gemeinschaft verpflichteten Menschen in der Welt operieren. Diese Strategien hatte Alois Riegl unter den Begriff des *Kunstwollens* gefaßt. An zahlreichen historischen Beispielen, vor allem an der spätrömischen Kunstindustrie, war ihm aufgefallen, daß nicht objektiv technisches Können die menschlichen Gestaltungskonzepte bestimmt, sondern die in Weltbildern, Kulten, Ritualen, Verfassungen immer erneut vergegenwärtigten Vorstellungen des kollektiven Willens, des Geistes der Gemeinschaften und Gesellschaften.

Diese Strategien des sozialen Handelns dominieren alle objektiven Gegebenheiten wie Klima und Naturformation, Verfügung über Rohstoffe oder technisch/methodisches Entwickeln von Instrumenten, Geräten, Kultobjekten etc. Die ordnende, also Weltbilder ermöglichende Wahrnehmung der Natur durch Abstraktion bezeichnet Worringer als den anderen Pol des Kunstschaffens. Da Menschen sich notwendig zwischen beiden Polen bewegen, ist jedes schaffende Gestalten gleichermaßen von Abstraktions- wie von Einfühlungsleistungen abhängig. Wann immer es in historischen Zeiten so erscheint, als würden sich die jeweiligen Zeitgenossen stärker vom Pol der Einfühlung und der naturalistischen Gestaltung angezogen fühlen, so bedarf es nur eines zeitlich umfassenderen und sachlich genaueren Blicks, um dennoch die Wirkung des anderen Attraktors ausfindig zu machen.

Von der Stärke des Kunstpols Abstraktion hängt die Deutlichkeit ab, mit der gegen die naturalistische Einfühlung die stilistische Ausprägung gelingt: „Der Stil besteht in einem dekorativen Veräußerlichen und schematisierenden Abstrahieren der Gestalt zu einem Flächenornament", hatte schon der Ästhetiker Robert Vischer konstatiert. Worringer pointiert diese Vorgabe mit einer Schlußfolgerung, die bis heute nicht recht gewürdigt wird. Denn Worringer belegt, gestützt auf Riegl, **daß kunst- und kulturgeschichtlich die höchste Ausprägung, die *absolute Abstraktion*, jeweils im ornamentalen Gestalten zu sehen ist.**

Der Ästhetiker Carl Einstein bemerkte als erster, was Worringer mit seiner Auffassung von stilistischer Strategie der Abstraktion indirekt behauptete: daß nämlich die abstrakten Maler unseres Jahrhunderts nahtlos die Traditionen des ornamentalen Gestaltens fortsetzten. **Abstrakte Malereien sind im eigentlichen Sinne Dekor.** Dieser eicht am Kunstpol der Abstraktion die naturalistische, figürlich/gegenständliche Arbeit, der die Repräsentation von stofflicher Individualität der Dinge weder in der Malerei noch in der Skulptur vollkommen erreichbar sei.

Folgerichtig kann man in den weiten weißen Kuben moderner Ausstellungsgehäuse mit ihren abstrakten Malereien als Ornamenten des Geistes oder denen der Naturgesetze ein Dekorumsystem sehen, das beim Betrachter Vorstellungen der gegenständlichen Anschauungen hervorruft. Das sind die in solchen Ausstellungen nicht sichtbaren naturalistischen Bilder – und umgekehrt ruft eine Ausstellung mit naturalistischen Bildern zwangsläufig die Vorstellung grundlegender Abstraktionsleistungen im Form- und Farbornament wach.

Solche Bewegung in den Attraktorenfeldern zwischen den Kunstpolen Abstraktion und Einfühlung werden auch beim Musizieren und Musikhören oder bei der Rezeption und Produktion literarischer Gestaltung bemerkt, woraus sich für die Moderne die enge Beziehung zwischen bildender Kunst und Musik, resp. Literatur ergibt (von Wagners Gesamtkunstwerk über die Affinität von Kandinsky und Schönberg bis zu Fluxus und Lüpertz, Penck und Immendorff, resp. von Dada über die Surrealisten und John Cage bis zu heutigen Praktiken des Rock und Pop).

„Jede beliebige Form läßt sich als Schauplatz auffassen, auf dem mit namenlosen Kräften sich hin und her zu bewegen ein nachfühlbares Glück zu sein scheint."
Hermann Lotze

Bereits auf den ersten Blick lassen sich die gewollten Konfrontationen von naturalistischer Gegenständlichkeit und ornamentaler Abstraktion in Lüpertz' Ausstellungszyklus *Vanitas* ausmachen. Aber beide Pole werden in ihrer gleichzeitigen Attraktionskraft ausgewiesen. Die Darstellung der Gegenstände Totenschädel, Kienbalken, Kerze, niederrheinische Flußlandschaft, Fische, Blüten, Ähren, Vasen, Akte, Glühlampe gewinnen Deutlichkeit durch Formabstraktion, und die Farbgitter, Farbfelder, Liniengeschlinge rufen die Anschauung von Landschaft, Lattenrosten oder Lichtreflexspuren hervor.

Der Blick des Betrachters wird wechselweise zu Isolierung und Überblendung von Abstraktion und Einfühlung veranlaßt. Mit dem Titel *Vanitas* wird an zwei historische Genres erinnert, das *Stilleben* und die *Emblematik* des 17. Jahrhunderts. **Im Stilleben mußte der Betrachter vor den Blumen, Büsten, Früchten, Musikinstrumenten, Stundengläsern die begriffliche Abstraktion von *Augenblick*, *Dauer*, *Vergänglichkeit*, *Metamorphose*, *Geschichte* und *Zukunft* erbringen.** Im Emblem wurden den Bildfeldern solche und andere Begriffe eingeschrieben, resp. beigegeben, letzteres in literarischer Formulierung als Vers. Lüpertz demonstriert, wie weit sich die Inskriptionen und Subskriptionen im Bild selbst mit bildlichen Mitteln ansprechen lassen. Er zwingt versuchsweise das naturalistische Bild in das wohlverstandene Dekorum. Für sich selbst eicht er den konkreten Vorgang des Malens gleichzeitig an den beiden Polen Abstraktion und Empathie. Für den Betrachter bietet er die Eichung jeder einzelnen Malerei an den Möglichkeiten des Malers, ganz andere Bilder hervorzubringen. Der Betrachter wird also auf das bereits realisierte Werk von Lüpertz verwiesen mit der Frage: Wie geht das zusammen? – und auf die aus der Wahrnehmung des bisherigen Werks sich ergebende Frage: Wie könnte das weitergehen?

Sieht man, wie Beaucamp, die beiden Kunstpole Worringers isoliert und in ein zeitliches Vor- und Nacheinander eingepaßt, dann kommt man zu Beaucamps oder ähnlichen Schlußfolgerungen: Das Weiterarbeiten sei ein bloßes Zurückgehen auf den jeweils gerade nicht aktivierten Pol.

Durch die feuilletonistische Propaganda sind wir Zeitgenossen so konditioniert worden, daß wir von der Forderung an Maler ausgehen, sie hätten sich deklarativ im einzelnen Bild für Abstraktion im Flächenornament oder für naturalistische Empathie durch Gegenständlichkeit zu entscheiden. Wie gesagt, das ist Marktgeschrei. Für die tatsächliche Hervorbringung und Rezeption von Malerei und Bildern anderer Technik können und dürfen wir uns der deklarativen Gebrauchsanweisung des Produkts nicht unterwerfen. Merkwürdig: auch Beaucamp bestreitet nicht, daß etwa Lüpertz' *Dithyramben* (1964-1974) als außerordentliche Leistungen der Malerei in der zweiten Jahrhunderthälfte zu gelten haben. Mit den *Dithyramben* aber operierte Lüpertz gerade im Attraktorenfeld formaler Abstraktion und Konkretion der Vorstellung von Spargelbeeten, Eternitwelldächern, Baumstümpfen, Lafetten, Helmen etc. Offenbar ließen sich die *Dithyramben*-Bilder besser als die der *Vanitas*-Serie einer naiven Vorstellung der Einheit von Abstraktion und Einfühlung oder gar Form und Inhalt unterwerfen.
In der Tat wollen die neueren Bilder eben nicht die gelungene Vereinheitlichung beider Pole behaupten, sondern ihre spannungsreiche wechselseitige Abstoßung. Beide Pole sind als separierte Bildbestände gleichmäßig positiv, sie stoßen sich ab.
Die einzelnen Gemälde verweisen offensichtlich auf den Zwischenraum, der sich gespenstisch öffnet, wenn der Maler versucht, im selben Bild die Abstraktion und die Empathie durch naturalistische Wahrnehmungsanlässe gegeneinander isoliert zu bearbeiten. Dabei verlieren wir die Geläufigkeit, mit der wir

in dem einen Fall Abstraktes ganz und gar ornamental wahrnehmen und im anderen Fall Gegenständliches als vorwiegend naturalistische Wiedergabe klassifizieren.

Fazit: Mit der unversöhnten Konfrontation beider Kunstpole scheint Lüpertz gegen die etablierte, wenn auch uneingestandene Vereinnahmung der abstrakten Malerei in die Geschichte des Ornaments zu protestieren – er läßt das Figurative und Gegenständliche ornamental erscheinen; und andererseits wehrt er sich gegen die ebenso bedenkenlose Beweisführung, die auf Könnerschaft beruhende naturalistische Verbildlichung unserer Weltsicht sei als natürliche grundlegend für Malerei und Skulptur. Mit letzterem Argument wurden und werden kulturpolitische Machtkämpfe bestritten; so reinigt etwa Senator Jesse Helmes die Museen für zeitgenössische Kunst in den USA.

Mit der wohlgefälligen Vereinnahmung der abstrakten Malerei in die Geschichte des Ornaments als bloßer Ausschmückung bedeutungsloser Oberflächen (in seiner wahren Bedeutung für die Gesetze der Abstraktion wissen wir es nicht mehr zu würdigen) entlasten wir uns von der Anstrengung der Begriffsbildung. Wir möchten uns gern mit der Tautologie *ein schwarzes Quadrat ist ein schwarzes Quadrat ist ein schwarzes Quadrat* amüsieren, weil uns die paradoxale Zumutung nervt, erst im Bild ließen sich Abgebildetes und Abbildung unterscheiden und nicht im Verhältnis von Bild und Nichtbild. So nervt uns auch Lüpertz mit seiner berserkerhaften Formulierung des Gemäldes als Zwischenraum oder als Differenz der beiden Kunstpole.

Künstlers Ausblick vom Läuterungsberg

60 Baumkult und Waldbild

Seit 20 Jahren arbeiten Bernhard Johannes und Anna Blume im „Kontakt mit Bäumen". Ihre formalen und methodischen Vorgehensweisen als Zeichner, Maler und Fotografen stehen ganz in der Linie moderner Auffassungen „Kunst ist Kunst und alles andere ist alles andere"; sie operieren erstaunlich nahe an Fragestellungen, die aus der Kunst selber stammen: Sequenz und Reihen bildung, Formatfragen zum Verhältnis von Flächenspannung und Gestaltzusammenschluß, konstruktivistische Bildmechanik und informelles Bildkalkül etc. etc.

Die Qualität ihrer Arbeit ist auf dieser kunstimmanenten Ebene gerade auch für die Gattung *Fotografie* völlig unbestritten. Was sie anpacken, hat in künstlerisch/formaler Hinsicht keine Vergleiche zu scheuen. Gerade deswegen erlaube ich mir, den Blick auf die Ikonografie der Arbeiten zu richten.

Die beiden Blumes illustrieren ja nicht vorgegebene literarische Erzählungen, Volksmythologie, Kulturgeschichte, philosophische oder religiöse Texte. Ihre Absicht ist es nicht, Begriffskonstruktionen irgendwie zu verbildlichen. Was ihre Arbeiten an einem zentralen Punkt derart bedeutsam erscheinen läßt, so

daß der Betrachter an sie länger gefesselt bleibt als an heute übliche Bildproduktionen, liegt darin, wie sich diese, im wesentlichen formal gebauten Arbeiten dem bildlesenden Blick öffnen. Die „abstrakte" Moderne habe keine Ikonografie, so lautet die Behauptung der Bilderfreunde unseres Jahrhunderts. Eben dieser Behauptung widersprechen die Blumes und zwar auf andere Weise als etwa die Konstruktivisten oder Minimalisten[1].

Die Blumes eröffnen dem Bilderlesenden die Psychologie des Bildsinns: Das Wahrnehmen der Bilder wird zu einem Lesen, sobald der Betrachter gezwungen wird, über sie mit sich selbst (seinem eigenen Fundus von Vorstellungen) oder mit anderen (also deren vielfältigen Erfahrungen mit Bildern) zu sprechen. Dabei ist es unumgänglich, auch die „abstrakten" Bildqualitäten zu beschreiben; und diese Beschreibung verwandelt sich, je länger man sich allein oder gemeinsam auf die Bilder bezieht in die Frage, ob man nur beschreiben kann, was man kennt (also nur wahrnimmt, was man weiß), oder ob die Beschreibung über das bereits Gewußte hinausführt in das Nichtbeschreibbare, das aber als nicht in Worten Faßbares beschrieben werden muß.

Was wir zum Beispiel vor den Waldstücken der Blumes an Wissensfundus – jenseits formaler Bildbetrachtung – aktivieren, entstammt der antiken, der jüdisch/christlichen und der germanischen Bildwelt. Wir können für die einzelnen Motive der „Waldarbeiten" der Blumes aus der antiken Herkunft zum Beispiel das Daphne-Motiv in Erinnerung rufen (der geile, aber bindungsun-

1 Deren Ikonografie habe ich in der Festschrift für Donat de Chapeaurouge Ikonografia, hg. von B. Brock und A. Preiß im Verlag Klinkhardt und Biermann, München 1991, näherzukommen versucht; vgl. hier Seiten 726–736.

willige Apoll verfolgt die Bergnymphe Daphne, die sich seinem Machozugriff durch Verwandlung in einen Lorbeerbaum entzieht). Wir können die für die Kunstgeschichte so wichtige Analogie von Baumstamm und Säule, sowie beider zur Menschengestalt zitieren mit Hinweis auf die Umsetzung der Architektur aus Holz in Steinbauten und der dabei entwickelten Formalisierungen. Aus der jüdisch/christlichen Vorstellungswelt könnten wir die *Wurzel Jesse*, den aus dem Leib von Davids Vater emporsteigenden Stammbaum, oder den paradiesischen *Baum der Erkenntnis*, den *Baum des Lebens* und den *Baum des Todes*, die beide im Gefüge des Christuskreuzes zusammenschließen, herausheben. Wir könnten aus der germanischen Mythologie die Erinnerung daran aktivieren, daß der Baum die sichtbare Gestalt der Weltenachse darstellte, die Verknüpfung von Erde und Himmel. Wir könnten aus allen drei Traditionen für solche Solitäre, also die einzeln stehenden Bäume, die in unserer Kulturgeschichte vorhandenen Beschreibungen und die aus ihnen entwickelten Bedeutungsgeflechte in Erinnerung rufen: „Die heiligen Bäume" oder die durch diese Bäume ausgezeichneten Orte zitieren, denen wir noch bis ins 19. Jahrhundert am Brunnen vor dem Tore begegnen. Das betrifft sowohl den *Locus amoenus*, also den lieblichen, schönen, sinnfälligen Ort, wie den *Locus terribilis*, also den tabuisierten Ort, an dem böse Geister, zum Beispiel an Richtstätten, herrschen.

Wir könnten den *Solitär* als Markierung eines Ereignisraumes vergegenwärtigen: den Baum, der zur Erinnerung an ein Ereignis gepflanzt wurde, der vor den Ort eines Geschehens fixiert oder selber Zeuge eines erinnerungswürdigen Ereignisses gewesen ist (von Sigurds Kampf mit dem Drachen bis hin zu Wladimirs und Estragons *Warten auf Godot* fanden im Bannkreis des dürren Stammes unzählige kulturgeschichtlich tradierte Ereignisse entweder unter oder bezogen auf solitäre Bäume statt).

Desgleichen ließe sich für die Gemeinschaft der Bäume als Wald oder Wäldchen, als Allee oder Grenzumfriedung, aus den besagten antiken, jüdisch/christlichen und germanischen Vorstellungen eine große Anzahl von Beschreibungshilfen vor den Waldstücken der Blumes reaktivieren. Die Quellen dafür reichen weit hinter die römischen Berichte zu den Schlachten in den germanischen Wäldern zurück und weit über die Entwicklung von Forstwirtschaft nach dem 30jährigen Kriege hinaus. Sie rufen uns den mittelalterlichen Tatbestand des Waldfrevels genauso in Erinnerung wie die japanischen Kettensägen in den Urwäldern des Amazonas. Sie umspannen die antiken Katastrophen nach der Entwaldung Siziliens oder des Libanons und die heutigen Waldschäden durch das ökologische Desaster. Sie richten uns auf die Räuberromane wie auf die romantischen Ferien oder kolonialistischen Waldläufer gleichermaßen wie auf den Wald als Naherholungsgebiet aus. Sie wecken unsere Erinnerung an Hänsel und Gretel, wie an den Wald von Faranborough in Shakespeares *Macbeth*, an den goethischen *Türmer* wie an die Feuerwachtürme in den Wäldchen der Lüneburger Heide.

Speziell die deutsche Mythologie, unser kollektiver Erinnerungsfundus, hält eine über die Jahrhunderte durchgehaltene Topologie und Milieuprägung des Waldes parat. Unsere Alltagsmetaphorik bezieht sich auf den Wald von Nietzsches *Hinterwäldlern* oder Heideggers *Holzwege* bis zum *Waldschrat* oder zur Redewendung „Ich glaub' ich bin im Wald".

Das sind – muß ich das betonen? – nur die von jedermann vor Blumes Waldstücken reaktivierten Beschreibungshilfen. Sprachlich können sie ohne weiteres in das Bildgefüge von Vertikalität, Horizontalität und Diagonalität übersetzt werden, auf Öffnung und Schließung der Bildhorizonte (die Lichtung der Zeichendichte, die Aufhellung oder Abschattung der Vorder-, Mittel- und Hintergründe, die plane Oberfläche, die Reliefbildung und die vollplastische Ausprägung der Volumen). Aber: was diese *Waldarbeiten* für den heutigen Betrachter auszeichnet, werden wir gewahr, wenn selbst im Rückgriff auf die hier angedeuteten kulturgeschichtlichen Beschreibungstraditionen in den Arbeiten der Blumes immer noch **ein Überschuß an nicht spezifisch Wahrgenommenem** bleibt, dem wir uns erst annähern können, wenn wir mit unseren Beschreibungsversuchen über unsere Erinnerung und unsere Erwartung hinausgehen: vom *Locus amoenus* zum *Locus terribilis*.

Feststellung der Vorstellung
Der Wald der Blumes ist der Bilderwald. Ihre Waldarbeit ist ein *Bilderdienst*. Denn sie sind als Künstler auf der Flucht vor der Verhörung des Verstands durch Bilder – durch innere Vorstellungsbilder und äußere der Kunstvorstellung. In der Arbeitssequenz *Hänsel und Gretel* (1990/92) wird die eigentümliche Kontrapunktik von Vorstellung und Feststellung des Naturzustands erfahrbar. Die beiden Bilderakteure reflektieren die kindliche Imagination des Waldes als eines Dickichts der Verwirrung. Hänsel und Gretel deponieren kostbare Brotkrumen auf ihrem Fluchtweg durch den Wald, um den Weg zurück zu finden. Die Angst, sich im labyrinthischen Gehege der undurchdringlichen Schatten zu verirren, wollen sie besänftigen, indem sie Wegmarkierungen

deponieren. Wieso wollen sie eigentlich dahin zurückfinden, von wo sie fliehen? Sie verirren sich in ihren Vorstellungen, die ihnen selber so unbekannt dunkel zu sein scheinen wie der Wald.

Bernhard-Hänsel und Anna-Gretel markieren ihre Flucht aus den bedrohlichen Vorstellungen des mystischen Ereignisortes Bild durch die Feststellung des Bildes. Ihr künstlerisches Insistieren auf dem fotografischen Standbild gegenüber den flüchtenden Bildern des Filmes oder Videos bezeichnet den Weg der Künstler zurück aus den Bildern in die Realität.

Sich in den selbst produzierten Bildern nicht wahnhaft zu verirren bei der Flucht vor der schreckenerregenden Erfahrungswelt, verlangt die Markierung des Weges in den Bilderwald. **Wie Beuys seine Artefakte als Spuren eines Arbeitsprozesses hinterließ, so setzen die Blumes ihre Bilder als Zeichen der Entzauberung der Bildsuggestion ab.** Der Magie des selbstgeschaffenen Bildes und der entgrenzenden Vorstellungen entgehen sie durch Rückkehr an den Ausgangspunkt der Flucht.

Um welche Vorstellungen geht es? Ganz sicherlich nicht um die der Schrebergartenschamanen unseres intellektuellen Kleinbürgertums; also nicht um Hege und Pflege, um den grünen Seelenfrieden, sondern um die gepfählte und gekreuzigte Natur, um Waldfrevel statt Heilsbotschaft, um die Angst, das einzig dauerhafte Gedachte, die Natur, zu verlieren. Der Wald als Seelenraum unter dem Schirm gemütsstärkender Hege von Idyllikern und Harmonisten ist längst verwandelt in die Abfallhalden des „Systemsubjekts Westmensch" und seine selbstherrliche Verfügung über die Natur.

Das ist nicht zuletzt das Resultat hemmungsloser Überformung der Natur durch die Vorstellungsbilder der mütterlichen Spenderin und der Anschauungslust erhabener Größe beziehungsweise unausschreitbarer Weite. Wir haben uns eben in den kulturgeschichtlich produzierten Bildern der Natur so verwirrt oder in ihnen wahnhaft festgesetzt, daß wir nicht mehr bemerken, wie uns hinter ihnen die Natur verlorenging.

Die Blumes therapieren unsere omnipotenten Vorstellungen von Natur durch Gegenbilder, indem sie ihr unglückliches Bewußtsein auf den Bruchhalden des Nutzwaldes

spazierenführen, wie Touristen auf den Abfallhalden der Konsumparadiese. Solche fröhliche Wissenschaft der Selbsternüchterung stellen die Blumes der Beuysschen Verwandlungseuphorie entgegen. In dem Dialog Beuys/Blume am 1. Mai 1985 wehrt sich Blume: „Ich habe als Künstler wirklich keinen Plan zur Rettung der Natur … keinen Überblick, keinen Durchblick wie Du", darauf Beuys: „Durchblick ist unmittelbar möglich in der freien Vernunft und dem Willen jedes einzelnen, sich an der Neugestaltung der Natur und des Wirtschaftslebens zu beteiligen."

Blume weigert sich, das grüne Kreuz auf sich zu nehmen, er wolle eben nicht die Wahnhaftigkeit unserer bisherigen Naturbilder durch die zukünftiger Neuschöpfung der Natur ersetzen. **Es gehe nicht nur um Bildwechsel, sondern um den Auszug aus den Bildern und ihrer unkontrollierbaren Zaubermacht.**
Die Wegzeichen von Hänsel und Gretel fressen die Vögel, die Bilder der in der Kunstwelt verirrten Blumes eignet der Kunstmarkt an. Am Ende triumphieren Hänsel und Gretel über die verängstigende Macht der Hexe, indem sie sie verbrennen. Bernhard-Hänsel und Anna-Gretel triumphieren am Ende über die behexende Macht unserer Naturbilder, indem sie sie an das Gelächter und den Witz ausliefern.
Die Waldarbeiten der Blumes gehören zur historischen Gattung der Naturstudien und der Landschaftsmalerei. In ihrem deutschen Höhepunkt bei Caspar David Friedrich können wir einen Bezugspunkt für das Selbstverständnis der Blumes annehmen (1978 bezieht sich Bernhard ausdrücklich in dem Vortrag *Die Selbstherrlichkeit des Künstlers* auf CDF). Folgen wir dem tiefsinnigsten Kenner von Friedrichs Bildern, dem Berliner Kunsthistoriker Börsch-Supan, dann ist es angebracht, Naturstudien und erst recht ihre Komposition zu Landschaftsbildern immer zugleich metaphorisch und anagogisch, wie allegorisch und symbolisch zu verstehen.
Am Beispiel von Friedrichs *Chasseur im Walde* (1813) wollen wir dieser Empfehlung kurz entsprechen. Das Gemälde bietet einen Blick auf einen Fichtenwald im Schneewinter. Den Bildvordergrund markieren links und rechts junge Fichten. Fast das gesamte Bild wird durch eine undurchdringliche Dunkelheit hochstämmiger Fichten beherrscht. In der Mittelachse des Bildvordergrunds zwei Baumstümpfe, auf deren einem ein Rabe sitzt. Ebenfalls in der Mittelachse die Rückansicht eines Soldaten eines französischen Jagdbataillons, der klein und verloren auf der Schneefläche vor dem riesigen Fichtenwald positioniert ist.

– Auf der *symbolischen* Ebene ist das Bild als Beschreibung der Situation napoleonischer Soldaten zu lesen, die sich in dem undurchdringlichen Wald verirren und verlieren werden. Der Rabe krächzt ihnen bereits das Totenlied.

– Auf der *allegorischen* Ebene veranschaulicht die Bildkonzeption den Begriff der Angst und Verlorenheit eines Trägers und Realisators zivilisatorischer Naturbeherrschung angesichts einer übermächtigen Natur.

– Auf der *anagogischen* Ebene bezeichnet das Gemälde einen patriotischen Appell, den eingedrungenen Feind in die Irre laufen zu lassen, ihn also durch passiven Widerstand seiner Schlagkraft zu berauben.

– Auf der *metaphorischen* Ebene veranschaulicht das Bild die Welt der winterlichen Gemütsverfassung des Individuums zwischen Selbstbehauptung und Verlorenheitsangst.

Das Gemälde wird zur politischen Allegorie im Hinweis auf den Untergang der napoleonischen Armee in den winterlichen Weiten Rußlands und zu einem patriotischen Appell, „im Befreiungskrieg zusammenzustehen – auf dem Schnee der deutschen Zustände vor der Befreiung wachsen die jungen Fichten als eine neue Generation nach den Opfern des Krieges heran".

Dem Friedrich-Interpreten Börsch-Supan wurde solch mehrsinnige Deutung genauso als mutwilliger Tiefsinn vorgeworfen wie Friedrich die Überstrapazierung des Landschaftsbegriffs durch seine Zeitgenossen. Aber die Gegenwehr blieb und bleibt relativ wirkungslos, weil eben mit dem Begriff Landschaft nicht bloße Naturdarstellung gemeint ist, sondern die verwandelnde Überformung von Natur durch Topoi der Vorstellung, der Affekte, der Wahrnehmung.

Landschaft bezeichnet die sinnbildliche Einheit von Natur und kulturellen Aneignungsmustern.

Das heißt zugleich, daß erst durch Differenzierung der Betrachtungsebenen in unserer Bildwahrnehmung die Unterscheidung von Natur und Landschaftsbildlichkeit erreicht wird.

Auf so gut wie allen Waldlandschaftsbildern der Blumes wird gerade durch die vorrangige Betonung formaler Gestaltungsprinzipien die Unterscheidung von Bild- und Nichtbild – „Natur" möglich. Der optischen Dominanz der Linearität von Baumstämmen entspricht einerseits der „Baumstamm als Formideal", das zum Beispiel in der Säule zur Geltung kommt, andererseits wird aber die

Wahrnehmung gerade von dieser Macht des Formideals befreit und auf ein Chaos monokultureller Splitterungen, Brüche und feingliedriger Irregularitäten ausgerichtet. Wie konnten wir jemals diese monotone Ansammlung von Gestaltarmut so überhöhen, daß wir die Bäume vor lauter Waldbildlichkeit und Waldmetaphorik gar nicht mehr sahen? Offenbar lief das, wie die Blumes demonstrieren, über Beseelungsenergien, indem wir das pflanzliche Substrat Baum in Analogie zu unserem Körper setzten; oder indem wir die Naturwirkkräfte in der Entfaltung des pflanzlichen Organismus mit unseren seelischen Kräften korrelierten. Die Waldarbeit löst diese überhöhende kultische Verwandlung durch Landschaftsandacht in das auf, was sie tatsächlich geworden ist: nämlich vergewaltigende Zerstörung der Natur durch unseren Versuch, sie den kulturellen Wahrnehmungsmustern und Nutzungskonzepten ohne Vorbehalt zu unterwerfen.

– Auf der *symbolischen* Ebene sind die Waldarbeiten zu lesen als Zusammenbruch unseres idealisierenden Naturverständnisses.

– Auf der *allegorischen* Ebene werden sie zur Verbildlichung des Begriffs *Chaos* durch behauptete Selbständigkeit von menschlichem Subjekt und seinem Objekt Natur.

– Auf der *anagogischen* Ebene sind die Bilder ein Appell, aus der schönen Bildlichkeit unserer Landschaftsvorstellungen herauszukommen in die realistische Wahrnehmung des gegenwärtigen Naturzustands.

– Auf der *metaphorischen* Ebene zeichnen die Waldarbeiten unsere gegenwärtige Gemütsverfassung zwischen verzweifelter Berufung auf die Naturkräfte in uns und der kläglichen Demonstration eben dieser Kräfte, die offensichtlich über Taumel, Schwindel und Ohnmachtsgefühle undurchdringlicher Verpuppung die Aggression gegen sich selbst mobilisieren.

Solche Selbstübersteigerungsversuche, solche Metaphysik, waren bisher vornehmlich Männersache. Wo es splittert und bricht, konnte man die Versicherung erfahren, wenigstens noch irgendeine Wirkung zu haben, eine wahrhafte Waldeslust, die sich in der Betrachtung des eigenen Zerstörungswerks schadlos hält.
Wie weit ist diese Wahrnehmung unserer heutigen Seelenlandschaft von ihrer einstigen Auszeichnung als arkadischem *Locus amoenus*, des pazifizierenden

Ideals der Dauer und Stille entfernt? **Jeder Blick in die Natur ist für Waldarbeiter wie die Blumes ein Eintritt in das jüngste Gericht, den Ort des Schreckens.** Da hilft keine Sakralisierung des Kaputten, des Profanen, der Trümmer. Diese illusionslose Waldarbeit stimuliert aber doch noch ein Pathos, nämlich das Pathos der Distanz zu den landschaftlichen Wahrnehmungen von Natur, die einst Rettung verhießen. Pathos der Distanz anstatt Pathos des Erhabenen, das einstmals vor der unbezähmbaren Natur und ihren Gewalten empfunden werden konnte, und das den Selbstbehauptungswillen der Menschen anstachelte, diese Erhabenheit durch Profanierung des Sakralen abzumildern. **Als Pathos der Distanz ermöglicht die Waldarbeit Selbstdistanzierung des Menschen durch Differenzierung zwischen seiner eigenen Natürlichkeit und seiner kultürlichen Selbstbildlichkeit.**

Die künstlerischen Waldarbeiter befördern uns als Natursubstrate in den Wald zurück, zurück auf die Bäume, ihr Künstlerhumanisten. **Erst in der realistischen Einschätzung, daß wir vor aller kulturellen Selbstbestimmung Produkte der Natur sind, wird die ebenso realistische Einschätzung unserer kulturellen Prägung im Waldkult und Naturbild möglich.** Ein Ende der Selbstherrlichkeit des Naturbeherrschers und Schöpfungsgenius konstatieren die Blumes. Alles andere ist Freizeitmetaphysik der Naturanbeter und grünen Heilsbringer, so Bernhard Johannes. Denn „Grün ist eigentlich kalt, nahe Blau – Farbe der Reflexion", anstatt der natürlichen Buntheit des Lebens.

Künstlers Ausblick vom Läuterungsberg

61 | Kosmos und Körper.

Anna Blume philosophiert mit dem Bleistift

Es existiert ein berühmtes Foto von der *documenta 2*. Auf ihm sieht man eine junge Frau in einem schwarz-weiß-ornamentierten Kleid vor einem Gemälde von Pollock stehen. Mit ihrer ganzen Körpersprache drückt diese Frau offenbar ihr Erstaunen über die Zumutung aus, das All-over-dripping Pollocks als Malerei anerkennen zu müssen. Man spürt sehr deutlich, welchen Widerstand sie gegen das Bild und die an sie gestellte Wahrnehmungsaufgabe entwickelt, obwohl sie – und das ist der Witz der Sache – ein Kleid trägt, das mit einem pollockähnlichen Muster bedruckt ist.

Dieses Foto bot für mich frühzeitig einen Anlaß zur Meditation über die Geschichte der modernen Kunst, soweit sie in diesem Jahrhundert eine abstrakt" oder „gegenstandslos" genannte gewesen ist. Die große Auseinandersetzung drehte sich um die These: Muß man möglicherweise die Malereigeschichte mit Cezanne als abgeschlossen erachten? Wobei es sich bei dieser Geschichte der Malerei um die historisch kurze Phase vom 14. bis zum Anfang des 20. Jahrhunderts handelt – eine in der Weltgeschichte ganz einmalige **Periode, wie man sie in keiner anderen Kultur findet. Was sich dann zu Beginn unseres Jahrhunderts mit der sogenannten abstrakten Kunst herausbildet, ist die Wiederanknüpfung an eine universale Ornamentik.** Diese Ornamentkunst repräsentiert jene Formgestaltung, die wir in Europa auf die „niederen" Ebenen des Dekors abgeschoben haben. Tatsächlich hat unsere sechshundertjährige Malereigeschichte stets von der Absetzung oder Distanzierung von universalen Konstanten, wie man sie im ornamentierten Dekor aller Kulturen entdecken kann, gelebt. Diskussionen[1] um eine Einordnung der neuen künstlerischen Strömungen legten nahe, daß die Moderne im Sinne der abstrakt-gegenstandslosen Kunst eigentlich als Fortsetzung oder Wiederaufnahme des großen ornamentalen Themas aufzufassen sei. Mit anderen Worten, **die Moderne ist** eigentlich nicht eine Geschichte der Malerei, sondern **eine Geschichte der Entwicklung des Ornaments.**

1 siehe M. Brüderlin, *Die Einheit in der Differenz;* vgl. Anm. 5, Seite 732.

Parallel zur Entstehung der abstrakten Kunst, begannen um die Jahrhundertwende die Naturwissenschaftler verstärkt mit Bildgebungsverfahren zu arbeiten. Ohne diese Verfahren kann es keine naturwissenschaftlich-empirische Forschung geben, weil durch sie das, was der Naturwissenschaftler untersucht, überhaupt zum Gegenstand wird. In der Vergegenständlichung bislang so nie geschauter Prozesse und Strukturen entwickelten die Naturwissenschaftler auch abstrakte Figurationen, jedoch lernten sie diese zu lesen. Die bemerkenswerte Parallelität (führen nicht Drippingmalerei des Informel oder die abstrakte expressionistische Gestik der 50er Jahre Ähnliches vor wie der Blick durch ein Elektronenmikroskop?) **zwischen abstrakter Kunst und den Bildgebungsverfahren der Naturwissenschaften,** zum Beispiel der Kristallographie, führte zu der Frage, ob Künstler und Naturwissenschaftler ihre Bilder auf gleiche Weise lesen können.

Als Formengeschiebe, als Stoffmuster oder als Wandschmuck in ihren Wohnzimmern ist die abstrakte Kunst von den Rezipienten akzeptiert worden; abstrakte Bilder im Kontext der abendländischen Malereigeschichte zu lesen, dazu fehlte ihnen eine Lesehilfe (*Ikonographie*[2]), wie sie sich die Naturwissenschaftler für ihre Verfahren erarbeitet hatten. Natürlich sträubten sich die Künstler vehement dagegen, in diesem Sinne in die Geschichte des universalen Ornaments eingebunden und aus der einzigartigen europäischen Apotheose von Kunstschaffen als Malerei ausgegliedert zu werden.

Anna Blume macht diese Diskrepanz in ihren Arbeiten sinnfällig. Denn eben jene Transponierung des Universal-Abstrakten in die Lebenserfahrung der Menschen nimmt sie zum Ausgangspunkt, indem sie Stoffmuster in ornamental-universale Ausdrucksformen umsetzt. Ein anschauliches Beispiel für eine ähnliche Form der *Anverleibung* lieferte ein Physiker in den 60er Jahren, der beschrieb, daß er seine Kleinteilchenspurenaufnahmen aus den ersten subatomaren Bildgebungen für sich als Kittel gestaltete. Er brauchte eine solche Vergegenwärtigung, um nicht zu vergessen, daß er es war, der diese Aufnahmen als von ihm selber hervorgebrachte Bilder wahrnahm. Die Blumeschen Frauen, die uns wie jene documenta-Dame präsentiert werden, bestätigen die Annahme, daß alle diese Veranschaulichungsformen von Universalien, von abstrakten Begriffen, die sich ornament-gestalterisch am besten ausdrücken lassen, ja nur im Hinblick auf unseren Umgang mit ihnen bedeutsam sind. Dabei stoßen wir ständig auf unsere Unangepaßtheit an diese Universalien. Jeder Körper-

---

2 siehe B. Brock, Zur Ikonographie der gegenstandslosen Kunst, in: B. Brock u. A. Preiß (Hrsg.), Ikonographia. Anleitung zum Lesen von Bildern (Festschrift Donat de Chapeaurouge), München 1990. Vgl. hier Seiten 726–736.

schwung, jede kleine Fettschicht, jede Lebensspur verdeutlicht die Diskrepanz zu den universalen Geltungsansprüchen von Formen; der ständige Kampf zwischen der Anerkennung solch universal-abstrakter, über alle Kulturen hinweggehender Muster der Weltordnung einerseits und der konkreten Leiblichkeit eines jeden Menschen andererseits verleiht dem Disput zwischen europäischer Kunst und universaler Ornamentik die bekannte Brisanz.

In traumwandlerischer Sicherheit setzt Anna Blume Zentralsentenzen aus den theoretischen Abhandlungen der Künstler unseres Jahrhunderts parallel zu ihren Zeichnungen. Auf der wortsprachlichen, begrifflichen Ebene muß der gleiche Sachverhalt also noch einmal nachvollzogen werden. Dies ist eine schöne Versinnbildlichung dafür, daß wir die Sprache wirklich nur als Kleid für einen Gedanken benutzen, um das, was wir denken oder uns vorstellen, auf irgendeine Weise kommunizieren zu können. Der sprachliche Ausdruck demonstriert, wie alles, was auf den Menschen und seine Fähigkeit zu verstehen und zu denken bezogen ist, mit dem, was an Universalbegrifflichkeit über *Freiheit*, *Gegenstandslosigkeit* und *Gesetzmäßigkeit* formuliert wurde, in einen ähnlichen Konflikt gerät, wie die Ornamente auf den Kleidern mit deren Trägern. Wenn man diesen Zwiespalt, diese Nichtidentität von Gedanken und Ausdruck, von Vorstellung eines universalen Ordnungsschemas und seiner tatsächlichen Vergegenständlichung im Bild zum Thema macht, dann produziert man wieder Kunst; und das tut Anna Blume in ihren Blättern, womit sie einen kunstgeschichtlich eigenen Beitrag zur Vermittlung von eurozentristischem Kunstbegriff und universaler Ornamentik leistet. Die direkte Parallelisierung von naturgesetzlichen Formen und der ornamentalen Formsprache würde keine neue Erkenntnis abwerfen. Diese Parallelisierung entspricht dem Bemühen der KI'ler (den Schöpfern künstlicher Intelligenz), unter unglaublichem Aufwand Computer zu bauen, die genauso funktionieren wie menschliche Gehirne. Die KI'ler sollten bedenken, daß solche genialen Computer in milliarden Exemplaren auf der Welt herumlaufen, denn die richtige und sinnvolle Art, einen solchen Apparat zu erzeugen, ist längst bekannt als Kindermachen. Es würde gar nichts nützen, über Computer zu verfügen, die so arbeiten wie unser Gehirn. Und es wäre dementsprechend sinnlos, innerhalb der universalen Gestaltungsprinzipien ornamentaler Muster die Anschlußfähigkeit einer Form an die nächste durchzuexerzieren, wenn nicht doch durch das ständige Dazwischenkommen des Menschen eine Kritik der Wahrheit der Formen erzwungen würde. Der Mensch orientiert sich auf diese Formen hin, indem er ihnen seine Gestalt gibt, der er als Körper nicht gerecht zu werden vermag (selbst nicht im Bodybuilding des *Mens sana est corpus sanu*, von Myron bis Breker).

Dieses Spannungsverhältnis wird von Anna Blume bewährterweise nicht ohne familiären Hintergrund mit unglaublich wohltuender Ironie und mit einem intellektuell ganz außerordentlich leistungsfähigem Witz präsentiert. Sie macht klar, daß es sensationell gewesen wäre, wenn Konstruktivisten oder Suprematisten etwa ab 1915 aufgehört hätten, krampfhaft schwarze, weiße und rote Quadrate auf weißem, schwarzem oder rotem Grund als große Malerei zu interpretieren, sondern stattdessen, im Sinne der Entdeckung und Vergegenständlichung des Lebens der universalen Formen, begonnen hätten, die bildsprachlich repräsentierbaren Universalien in bezug auf die wortsprachlichen Begrifflichkeiten zu sehen und die Erforschung jener Universalien als Wissenschaft zu begreifen.

Wie schon im Mittelalter befinden wir uns im elektronischen Zeitalter erneut in einem heftigen Universalienstreit, bei dem es um die Frage geht, ob ein Balken, ein Quadrat oder ein Kreis irgendeine Realexistenz haben, also Realia sind, oder ob es sich nur um Nomina handelt, also um Konstruktionen. **Heute weiß man, daß die Universalia sehr wohl Realia sind** – als Vermittlung zwischen Makro- und Mikrokosmos oder zwischen der körperlichen Natur des Menschen und seinen seelisch-geistigen Leistungen. In diesem Sinne bedeuten uns die Neurophysiologen, die Kleinteilchen- und Astrophysiker, daß diese Universalia tatsächlich real sind. Das würde jedoch heißen, daß es Menschen im Singular nicht gibt, sondern nur noch Menschen als Verkörperung dieser Universalrealität. So wie es den Kreis als Singularität nicht gibt, sondern nur als Erscheinungsform seiner Geometrie.

Die bloße Zerstörungsgeste oder lustvolle Besetzung und Abweichung tragen nicht mehr. Aber was bleibt oder entsteht stattdessen an Zugangsmöglichkeiten zum Universum der Formen? – Beispielsweise die Konfrontation zwischen dem wortsprachlichen Universalismus der Begriffe und dem bildsprachlichen, da Wort- und Bildsprache nie identisch gesetzt werden können, so sehr sie sich wechselseitig, was die universalen Begriffe betrifft, stets auf dasselbe beziehen. Auch in diesem Zusammenhang ist Anna Blumes Verfahren, jeweils eine wortsprachliche Fassung des Problems als historisches Zitat mit einem bildsprachlichen zu konfrontieren, außerordentlich fruchtbar. Exakt dieses Verfahren wenden gegenwärtig die Naturwissenschaftler in ihren Bildgebungen an. Da sie jedes Bild lesen müssen, erzeugen sie zu jeder Aufnahme einer Lunge oder eines Eiweißmoleküls eine textliche Aussage, die die nötige Abweichung von der Tautologie des Bildes darstellt. Anders formuliert, ist dies eine Operation mit der bewußt gesetzten Differenz, aus der sowohl Text wie Bild bestimmbar werden.

Wie schafft Anna Blume solche Verdeutlichung – zum Beispiel mit Blick auf die Frage, ob der rechte Winkel, ein für die abstrakte Kunst unseres Jahrhunderts besonders wichtiger Formanschluß, tatsächlich mit der Natur unserer Körperlichkeit hervorgebracht wurde oder „nur" ein Gedankenkonstrukt ist? Ihre menschlichen Träger der Formen (die bekleideten Frauen) gehen aufrecht und reproduzieren über das Gleichgewichtsorgan[3] ständig die strikte Orientierung auf die rechten Winkel von Vertikale und Horizontale. Wenn es auch den Anschein hat, als gäbe es unter den Naturformen keine rechtwinkligen, so wird doch durch das menschliche Gleichgewichtsorgan Rechtwinkligkeit als Schema der körperlichen Selbststeuerung von Natur aus zur Verfügung gestellt. Sie ist keine kulturelle Erfindung. Und wenn auch die Kleiderornamente in ihrer Geometrie die Anmutung einer willkürlichen Formkonstruktion zu haben scheinen, so werden diese Formen durch das Tragen der Kleider naturalisiert.

3 siehe J. Simmen, Vertigo. Schwindel der modernen Kunst. München 1990.

Die Einbeziehung der abstrakt-gegenstandslosen Kunst in die Geschichte des Ornamentalen wird sie nicht zum Dekor herabwürdigen, wenn die Arbeit mit dem Ornamentalen derartige Erkenntnisse ermöglicht, wie Anna Blume sie demonstriert. **Für uns ist es heute wichtiger, einen höheren Erkenntniswert als einen höheren Kunstwert im Umgang mit Bildern zu konstatieren.** Umso beispielhafter, wie Anna die Formensprache universaler Ornamentik mit der kulturellen Denaturierung der Formen konfrontiert. Das legt nämlich den Gedanken nahe, auch die europäische, in einer geschichtlich kurzen Periode dominierende Kunstproduktion sei der Sache nach nicht eine Überbietung der Naturformen im Kunstwerk (Künstler als Parallelweltenschöpfer), sondern deren Erkenntnis und deren Vergegenwärtigung in der Logik des Bildaufbaus.

Von einer überlieferten künstlerischen Bohème, die Kunst vorgeblich rein intuitiv und aus dem Bauch hervorbringt, setzten sich Anna und Bernhard Blume in ihrer distanziert-kritischen Haltung und einem eher wissenschaftlich geprägten Ansatz schon immer ab, denn die Künstler aus Instinkt leisten auch nichts anderes, als das Marktvolk. Was das Volk macht, ist im wesentlichen die Vernichtung der Universalien zugunsten einer je konkreten Abweichung: „Was schert mich der Kosmos, wenn ich 'ne Weißwurst essen kann", oder: „Was kümmert mich die Malerei, wenn ich ein schönes Kleid anziehen kann. Ich brauche keinen Malkünstler Malewitsch." Was man tagtäglich volkstümlich erlebt, ist der Furor der Vernichtung des Universalanspruchs, der Ornamentik des Allgemeinen oder auch des Ornaments der Masse. **Im Alltag wird man schlicht und ergreifend mit der Weigerung konfrontiert, das Abstrakte zu erkennen.**

Aber das Volk entkommt eben jenen Ordnungsmustern und universalen Formen nicht, gleichgültig, ob es versucht, sich dem subjektivistisch oder bohèmekünstlerisch zu entziehen. Das macht Anna zum Beispiel Frauen klar, die sie auf der Straße, in Kneipen oder Geschäften erspäht, um ihnen in feldforscherlicher Absicht ihre ornamentierten Kleider abzunehmen, weil Muttchen und Tantchen ohne Bedenken die absolute Form mit einer Rolle Hüftspeck ausfüllen, das Sprenkelgestöber auf massiven Schenkeln zur Ruhe bringen, Umlaufbahnen der Gestirne in weichfließendem Gesäßschwung aufnehmen oder die sich spiraloid verjüngende Unendlichkeit an deutlich durchdringenden Brustnippeln kulminieren lassen.

Künstlers Ausblick vom Läuterungsberg

62 Bildwürdigkeit:

Bildwissen und Wissensbilder

Nehmen wir einmal an, es träfe zu, daß sich die gute alte Welt vor dem Beginn der industriellen Revolutionen, also vor 1800, über lange Zeiträume kaum verändert hätte. Den Menschen habe sich ihre Welt vom Mittelalter bis zur Neuzeit als weitgehend stabil und einheitlich dargeboten. Zwischen ihrer

Vergangenheit, Gegenwart und Zukunft habe es kaum Unterschiede gegeben. Gerade unter dieser gern gemachten Annahme stellt sich die Frage, woher dann etwa die bildenden Künstler jener Zeit ihre jeweils neuen Bildideen bezogen, wenn sich denn ihre Lebensumwelten über Jahrhunderte kaum veränderten. Die Antwort kann nur heißen:

Die Maler veränderten ihre *Wahrnehmung* der objektiv gleich bleibenden Welt und Umwelt. Sie fanden heraus, daß Menschen, obwohl sie alle über die gleichen Sinnesorgane, die gleichen Gemütsregungen, die gleichen Bedürfnisse (nach Nahrung und Behausung, Fortpflanzung und Gesellung, nach Anerkennung, Erfolg und Beglaubigung ihres Weltverständnisses) verfügen, dennoch die einzelnen Bestandteile der materiellen Welt sehr unterschiedlich wahrnehmen, bewerten und nutzen. Sie entdeckten also die Individualität der von Natur und den Grundbedürfnissen her gleichen Menschen.

Die äußerlich eine Welt erweiterte sich um die individuellen oder später auch *subjektiv* genannten Welt*sichten*. **Der relativ einheitliche und überschaubare Lebensraum wurde reicher, differenzierter, je mehr Individuen imstande waren, ihre Sicht und ihre Bewertungen anderen mitzuteilen.**

Von diesem Verständnis her erschloß sich ihnen auch ein anderes Naturverständnis. Alles, was lebt, lebt in der einen Welt. Aber die je unterschiedlichen Pflanzen und Tiere vermögen sich gleichzeitig in ihr zu erhalten, weil sie sich mit je spezifischen Stoffwechselformen, Nahrungsquellen, Wahrnehmungs- und Verhaltensweisen ihre kleinen Welten in der einen Welt zu schaffen vermögen: die Nischenwelten der Vögel und Fische, der Kerbtiere und Spinnen usw. Auf die Menschen übertragen ergab das die bereichernde Ausdifferenzierung der Welt der Handwerker, der Bauern, der Soldaten, der Höflinge usf.

Jacobo de' Barbari
Die Weltnische der Künstler erweiterte sich z.B. um 1500 zur Welt des Jacobo de' Barbari, des Leonardo, des Albrecht Dürer usw.
Dem Jacobo gelang es, die Wahrnehmung der Lagune von Venedig aus der Perspektive des Göttlichen Auges oder der Vögel vorzustellen. Er machte diese Vorstellung bildwürdig und zeigte seinen Zeitgenossen, wie sich ihr venezia-

nischer Lebensraum als Ganzes wahrnehmen ließ, obwohl diese Vorstellung real von niemandem zu tätigen war, denn niemand konnte sich leibhaftig so hoch über die Lagune erheben, daß er das venezianische Stadtgebiet als Ganzes hätte in den Blick nehmen können. Jacobo entdeckte die Bildwürdigkeit einer Weltaufsicht von oben und überführte sie mit seinem Stich in Wissen, das durch das Bild ermöglicht und nutzbar wurde. Damit reagierte er auf Anforderungen des Stadtstaates Venedig, Vorstellungen der weiß Gott weiten Welt zu entwickeln, in die die *Serenissima* ihre Handelsschiffe entsandte.

Warum die Vorstellungen bildwürdig werden mußten, z.B. als See-, Land- oder Weltkarten, ist klar: mithilfe des Bildwissens, also der *Bildlesekunst*, orientierten sie sich bei den Bewegungen durch die Welt.

Später Lebende vermochten aus den Zeugnissen für das, was die früheren Generationen für bildwürdig hielten, darauf zu schließen, auf welche Weltsichten sie ihre Lebensformen stützten.

Albrecht Dürer

Natürlich hatte es seit unvordenklichen Zeiten auch im Lebensraum der Nürnberger immer schon Gräser und Blumen gegeben. Aber erst Dürers Fähigkeit, diesen floralen Weltbestand, z.B. als *Rasenstück* für bildwürdig zu halten, eröffnete neues Wissen über die hausnahe Vegetation, soweit sie nicht mehr nur als Nahrungsquelle diente. Für die Späteren waren Dürers Rasenstücke Formen des Wissens in Bildern und durch Bilder in Abhängigkeit von Dürers künstlerischer Individualität, d.h. seiner ganz besonderen Auffassung und Fähigkeit, seine Wahrnehmung und Vorstellungen anderen gegenüber zu äußern.

Nachdem es Dürer gelungen war, auch das Kleinste des Nahbereichs bis in die Mikrowelt im Bilde zu würdigen, wandte er sich der größeren Welt bis an die Grenzen des Makrobereichs zu. Er stellte sich die Aufgabe, etwa eine Mittelgebirgsgegend, deren Oberfläche ebenfalls von der kleinteiligen Welt der Gräschen und Blümchen überzogen war, als Ganzes zu erfassen. Damit leistete er einen Beitrag zur Entwicklung der Vorstellung und des Bildes von *Landschaft*, der sich die Landschaftsmalerei ab 1600 besonders widmete.

Die Zeichnungen und Gemälde wurden zu Horizonten der im Bild vergegenwärtigten Vorstellung. Bildwürdig und wissensbildlich wurde der Horizont als unvermeidbare Begrenzung des Sichtfeldes – gleichgültig ob ich den Blick scharf auf das Nächstliegende fokussiere oder auf das Fernste ausrichte. Damit schuf Dürer aus seiner Sicht und mit seinen individuellen künstleri schen Ausdrucksformen eine später folgenreiche Form der Beziehung zwischen dem Kleinsten und dem Größten, der Mikro- und der Makrowelt.

Durch und im Bild konnte man die Analogie wissen, mit der wir von der Mikro- auf die Makro- und von der Makro- auf die Mikrowelt schließen. Man konnte damit zeigen, was man meinte, wenn man behauptete, es gänge im Kleinsten wie im Größten zu; oder wenn man auf die Gestaltanalogien hinwies, die zwischen der Wind- und Wasserformung von Sand am Strand oder in unvorstellbar großen Wüsten bestehen. Auch in den Sprachbildern *Milchstraße* oder *Spiralnebel* bringen sich diese Gestaltanalogien von Größtem und Kleinstem, von Fernstem und Nächstem anschaulich zur Geltung.

Das Denken in Analogien von Formen und Gestalten, von Strukturen und Funktionen führte zur Entwicklung des Wissensbildes *Modell*, mit dem vornehmlich die Naturwissenschaften operieren.

Leonardo da Vinci
Immer schon hat die Wahrnehmung eines so wichtigen und ereignishaften Vorgangs wie die Schwangerschaft von Frauen Interesse erregt, nicht nur bei Frauen und ihren Gebärassistenzen. Und es hatten sich Vorstellungen darüber verbreitet, was im Inneren des Frauenkörpers stattfindet, wenn er mit einem Kinde schwanger geht. Diese Vorstellungen wurden anschaulich im Sprachbild *Corpus quasi Vas* – der Körper ist ein Gefäß, in dem das Kind als kleiner Erwachsener wie der Pökelhering im Faß bis zur Entnahme aufbewahrt wird.

Die Anatomie der Menschen war immer die Gleiche, aber die Wahrnehmung dieser Anatomie und die Verpflichtung auf deren Bildwürdigkeit haben sich in den vergangenen 1000 Jahren geradezu dramatisch verändert.

Von kaum jemand wurde diese Veränderung derart befördert wie von Leonardo und den an ihm orientierten anatomischen Zeichnern, unter denen Vesalius für die Medizingeschichte der Wichtigste wurde.

So interessant auch die Erzählungen über Leonardos Vorgehensweisen (unerlaubter Besitz von Leichen im eigenen Studierzimmer etc.) sind, entscheidend war nicht der Zugang zu Körpern und ihrem Inneren, sondern deren Verbildlichung in der anatomischen Zeichnung, die im wahrsten Sinne *Studie* war, also ein Bemühen um die Wahrnehmbarkeit durch Darstellung.

Die Leonardoschen Darstellungen, z.B. des geöffneten schwangeren Leibes, ermöglichten zum ersten Mal die Zuordnung der Organe in einen Funktionszusammenhang des lebendigen Organismus. Leonardo hielt anatomische Einzelheiten erstmals für bildwürdig, obwohl die Körper als solche auch von allen früheren an der Anatomie oder Medizin Interessierten hätten wahrgenommen werden können. Aber ohne Verbildlichung des bisher Bildunwürdigen konnte die Wahrnehmung Dritter nicht angeleitet werden, zu wissen, was man sieht. Denn **schlußendlich sieht man, mit Goethe, nur, was man weiß, aber man weiß nur etwas durch die Darstellung des Gesehenen.**

Diese Sachverhalte haben in jüngster Zeit das Interesse von Natur- wie Geisteswissenschaftlern gefunden; und das kommt nicht von ungefähr, denn durch die Nutzung elektronischer Bildgebungsverfahren für die Bildung von Modellen, für die Ausformulierung von Hypothesen als begründete Vermutungen werden Naturwissenschaftler genötigt, den Status des Bildes als Modell des Wissens genauer einschätzen zu können und dazu müssen sie auf die 600jährigen Erfahrungen von bildenden Künstlern als Monopolisten der Bildgebung zurückgreifen. Und umgekehrt **sind die Künstler und Gestalter durch den Gebrauch des Computers gezwungen, wenigstens konzeptuell herauszuarbeiten, was sie wissen, um das, was sie sehen, vorstellen, denken, fühlen und wollen, ins Bild zu bringen.**

Von besonderer Wichtigkeit war der naturwissenschaftliche wie künstlerische Vorstoß in jene Mikro- oder Makrobereiche, die mit unseren natürlichen Sinnesorganen nicht angesprochen werden können. Wie eng die Vorgehensweisen der Wissenschaftler und Künstler in diesen Bereichen verknüpft sind, belegen die Rückgriffe etwa der Kleinteilchenphysiker auf das vom Dichter James Joyce hervorgebrachte Vorstellungsbild der *Quarks* oder des *Glue* – oder die von den Astrophysikern bei Künstlern entliehenen Anschauungsbegriffe wie etwa *Schwarze Löcher* oder *Weiße Riesen* oder der *starken und schwachen Attraktoren*. Umgekehrt rekurrierten Künstler wie die Kubisten und zahllose andere auf die Begriffsarbeit der Wahrnehmungsphysiologen wie Helmholtz oder der Gestaltpsychologen wie Koffka/Köhler.

Mit der weiteren Verbreitung der elektronischen Bildgebung als entscheidendem Instrument des wissenschaftlichen und künstlerischen Arbeitens werden die Verschränkungen zwischen beiden Vorgehensweisen enorm zunehmen.

Es wird immer mehr bildende Wissenschaftler und wissenschaftsmethodisch vorgehende Künstler geben.

Für die Bewertung ihrer Arbeit wird immer mehr ein Kriterium ins Spiel gebracht, das Mathematiker seit Langem anwenden. Denn zum Erstaunen all jener Kunst- und Kulturinteressierten, die ihren Enthusiasmus zur Überwindung eines Minderwertigkeitsgefühls gegenüber den Naturwissenschaften aufbauen, gaben Mathematiker zu Protokoll, daß sie sich angesichts ihrer geistigen Konstrukte schlicht fragen, ob etwa diese oder jene Formeln ästhetisch befriedigend oder stimmig seien.

Was man den Künstlern lange als subjektivistische Vagheit ankreidete, nämlich etwas Geschaffenes anhand von Evidenzerlebnissen ästhetischer Ausgewogenheit zu beurteilen, wurde von der naturwissenschaftlichen Konkurrenz ausdrücklich als leistungsfähiges Kriterium übernommen.

Heute erlebt jeder Normalbürger beim Onkel Doktor die bemüht allgemeinverständliche Interpretation von Verbildlichungen des Patientenkörpers, die genauso klingen wie das interpretatorische Bemühen des Museumsführers vor einem Bild von Kandinsky.

Michael Mattern

Obige Hinweise wurden natürlich nicht in der Absicht gegeben, den Gegenwartskünstler Mattern mit seinen Arbeiten auf dem Leistungsniveau von Barbari, Dürer oder Leonardo resp. der Verbildlichungsgenies heutiger Naturwissenschaft zu plazieren. Vielmehr soll der Hinweis auf bekannte Beispiele die Aufmerksamkeit für die Konzepte und Vorgehensweisen Matterns erhöhen. Erst vor dem Hintergrund der immer wieder gemachten historischen Erfahrung, wie schwierig es war, die Wahrnehmung der Zeitgenossen durch neue Bildwelten auf Wissen zu orientieren und durch dieses Wissen neue Bewertungen auch der Bestände der Alltagswelt zu ermöglichen, vermag man zu würdigen, was Mattern tut.

Warum halten wir nach wie vor Landschaften und Gartenstückchen, die Beseelungswärme von Schwangeren und venezianische Ferienparadiese für bildwürdig, nicht aber jene Artefakte, mit denen wir tagtäglich hantieren und von denen wir in der Ausprägung unserer Lebensformen weitgehend abhängig sind?

Warum sind Transistoren und die aus ihnen entwickelten Chips nicht bildwürdig, wohl aber die Spelastiken von Disco-Besuchern, deren manierierte Körper-

„**Das Troja unseres Lebens – ein deutscher Garten**".
Prinz-Albrecht-Palais-Gelände und Umgebung, täglich 13 bis 19 Uhr mit dem Archäomobil unterwegs. Berlin, August/September/Oktober 1981.

Theater der Stadt Bonn

Bazon Brock et al. zur Lessingfeier
Bonn-Bad Godesberg 3. Oktober 1981

„Wer hat Lessing in den Mund gespuckt, Apoll?"
Ein Vorgang mit Fransen und kleinem Marktgeschrei

Marktplatz Bad Godesberg 14 Uhr

EINTRITTSHONORAR für Publikum 5,– DM

Eintrittshonorar für Publikum!

In den Besucherschulen professonalisierte Bazon die Betrachter – Zuhörer, Zuschauer, Beobachter, Rezipienten – , damit sie gleichwertige Partner der Akteure – Künstler, Lehrer, Produzenten – zu sein vermochten. Formelle Anerkennung der Arbeitsleistung von Theaterbesuchern war das immer wieder gezahlte Eintrittshonorar – analog Schulgeldregelung.

Brockkampagne in verschiedenen Theatern, dem Publikum die Sitzplatzsubvention zwischen 80,- und 500,- DM als Honorar bewußt zu machen; eine Bezahlung, für die wache, aktive geistige Teilnahme eingefordert werden kann.

Leser dieses Buches mögen um ein Stipendium als professionelle Brockleser nachsuchen beim Autor.
c/o Fachbereich 5, Universität Wuppertal, Haspelerstraße 27, 42285 Wuppertal.

aktivitäten gerade von Musikbeschallungen hervorgerufen werden, die ohne ebenjene Transistoren nicht zur Wahrnehmung gebracht werden könnten? Warum erregen die Doktoren in der Arztpraxis unsere Aufmerksamkeit bis zur Bekundung von theatralischen Gefühlsäußerungen, die wir den Schauspielern abgeschaut haben – und fühlen uns andererseits nicht verpflichtet, zu wissen, was denn die elektronisch erzeugten Körperbilder tatsächlich für die Problematisierung von Diagnosen bedeuten?

Warum legen wir tagtäglich Tausende von Hebeln und Schaltern um, ohne auch nur die leiseste Vorstellung, geschweige denn einen Anschauungsbegriff davon haben zu wollen oder zu können, was mit „Fluß der Elektronen" gemeint ist?

Wieso benutzen wir völlig selbstverständlich Automobile, ohne wirklich darstellen zu können, was denn aus lauter totem Material ein sich selbst bewegendes, also gewissermaßen lebendiges Wesen werden läßt?

Auch hier heißt die Antwort: Wir haben bisher offensichtlich die Bildwürdigkeit dieser Sachverhalte nicht hinreichend nahegelegt bekommen. **Wir vermögen als Alltagsmenschen technische Zeichnungen, Organogramme oder Architekturgrund und -aufrisse kaum zu lesen, also angemessen wahrzunehmen, weil wir nicht gelernt haben, sie als *Bildwissen* zu verstehen.** Selbst, wo man uns das von Seiten der Produkthersteller nahelegt, etwa durch Aushändigung von Gebrauchsanleitungen mit starken Bildanteilen, müssen wir häufig passen, weil die Autoren der Gebrauchsanleitung selber nicht den Anspruch ihrer Darstellungen auf Bildwürdigkeit erkennen und erfüllen.

Dabei sollten wir doch längst kapiert haben, worum es geht, weil wir z.B. als Ferienreisende immer wieder erfahren, daß ein bestimmtes Segment der natürlichen oder kultürlichen Umwelt erst dadurch zu einem Landschaftsbild wird, daß wir es mit den Augen von Caspar David Friedrich, Max Liebermann oder Gerhard Richter ansehen. Das heißt, erst die Verbildlichungsleistungen der Künstler, denen wir in der Wahrnehmung folgen, schafft uns das Erlebnis, tatsächlich einer *Landschaft* konfrontiert zu sein.

Mattern bemüht sich nun, in den vier Haupttypiken seiner Arbeit als bildender Künstler, den *Konstruktionen*, den *Analysen*, den *Kombinationen* und den *Recyclings*, etwa analog zu den Landschaftsmalern und Porträtisten ebenjene entscheidenden Funktionslogiken und Wirkweisen ins Bild zu setzen, die unsere Wahrnehmung und Bewältigungen des Alltags beherrschen: Mechaniken, Hydrauliken, Elektroniken.

Wie es vor der Arbeit der Landschaftsmaler nachweislich nicht einmal den Begriff der *Landschaft* gegeben hat, so wird es erst mit der sich hoffentlich rasch durchsetzenden Pionierleistung Matterns die Möglichkeit geben, unserer Lebenssituation angemessene Wissensbilder zu entwickeln.

Erst diese Bilder aktivieren unser Wissen, anhand dessen wir unsere immer noch eine und gleiche Welt in neuer Weise wahrnehmen können.

Künstlers Ausblick vom Läuterungsberg

63 IT – Der Läuterungsberg

Immendorff konzipierte sein jüngstes Werk für das Atrium des Gropius-Baus aus Anlaß der Präsentation *Sammlung Grote*. Deren Besonderheit liegt darin, jeweils ganze Werkgruppen von Künstlern zu zeigen, anstatt – wie üblich – nur einzelne Positionen.

Für den Besucher ist der Gropius-Bau und speziell das Atrium nicht nur durch die aktuelle Präsentation bestimmt, sondern auch durch die Erinnerung an vorausgehende Ausstellungen. So erinnert man lebhaft im Atrium das Skulpturenensemble *Blitzschlag mit Lichtschein auf Hirsch* (1982) von Joseph Beuys. Damit ist der hohe Anspruch vorgegeben, dem sich Immendorff stellt.

Über Beuys' Beispiel hinaus integriert Immendorff in sein Konzept den Bezug von Museumsbau und Betrachterschau, von *Blick als Überblick* (aus Standorten auf den dreigeschossigen Innenhofarkaden), von *Sammlung als Versammlung* und vom *Werk als Summe* jahrelanger Arbeit.

Als der junge Immendorff Ende der 60er Jahre sein Rollerwägelchen und die Versatzstücke des Modellbaukastens von Stadt- und Gesellschaftsplanern durch deutsche Innenstädte schleifte, verschaffte er sich eine Sicht auf die vielgestaltigen Ablagerungen der menschlichen Tätigkeiten durch Blick von oben. *Lidl*, der Name des Weltmodells zu seinen Füßen, assoziierte auch little, wie in *little people* (denen später Graham zahlreiche Arbeiten widmete). Puppenspielerisch ironisch enthüllte er den Trick, den Systemgiganten, Tycoone, große Männer und polyphemische Machtmonster nutzen, um sich sagen zu können, daß ihnen die Welt zu Füßen liege. Sie betreiben von hoher Warte, vom Hochsitz, vom Wachturm aus *Supervisionen*: „Aufsicht von oben". Diese Art, ein Ganzes in den Blick zu bekommen, nutzte schon Satan, als er Christus verführen wollte, sich von den Zinnen der Welt herab das Geschaute zu unterwerfen.

Auch Immendorff widerstand der Versuchung durch die Teufeleien radikaler Systemkritik von oben, die damals üblich war. Es galt, andere Verhältnisse von oben und unten, von Überbau und Basis, von Aufstieg und Fall, von Verstrickung und Läuterung zu modellieren. Sollte das gelingen, mußte er sich auf historische Erfahrungen beziehen.

Ende der 60er bot sich für den Künstler erstrangig das Beispiel Wladimir Tatlins an. Mit dem *Monument der Dritten Internationale* von 1919/20 schuf der Russe eine beispielhafte Anschauungsform für Totalität. In der 5m hohen Skulptur versinnbildlichen die Parallelbänder der sich nach oben verjüngenden Spirale um eine leicht geneigte Achse die Dialektik der gesellschaftlichen Dynamik in *Position* und *Negation*. Und sie sind Sinnbild der Vereinheitlichung von Vorwärts-/ Fortschrittsbewegung in der Marschhorizontale mit der Aufwärtsbewegung der Spiritualität.

Bewußt erinnerte Tatlin durch diese Struktur an kunstgeschichtlich frühere Sinnbilder für Totalität: den *Turmbau zu Babel* und den *Läuterungsberg*. Die parallelen Spiralbänder im Tatlin-Denkmal setzen Turmbau von Babel und Läuterungsberg in Relation. Die Parallele zeigt, daß die Totalitätsmodelle komplementär zueinander sind. Damit wurde das Tatlin-Denkmal auch zu einem *Mahnmal*. Denn der Bau der sozialistischen Welt konnte allzuleicht zu einem babylonischen Unternehmen werden. Diese Mahnung sollte aber den Baumeistern und Bauleuten zur Läuterung ihrer Absichten dienen, d.h. zur Reduzierung ihres Anspruchs: der Weltenbau mußte auf die Dimension eines Bauhauses reduziert werden, damit die Bauhäusler selber nicht durch die Realisierung ihres Projektes zugrundegingen.

Mit *IT* unternimmt Immendorff den Versuch, die Auftürmung einer Pyramide eigener Werke in Beziehung zum Kollektiv-Bau *Babelturm* zu setzen. Und er läßt die Veranschaulichung seines Arbeitsweges in der Einheit von Vorwärts und Aufwärts den „Lebenswegen der Läuterung" entsprechen.

IT betont die Komplementarität beider Modelle, denn nur für sich betrachtet würde die Werkaufhäufung zur *Pyramide der Eitelkeit*, wie sie Savonarola vor 500 Jahren in Florenz geißelte; und der isolierte Läuterungsweg reduzierte sich auf die beschauliche Illustration einer frommen Anleitung zum rechten Lebenswandel.

Die uns Heutigen bekanntesten künstlerischen Bearbeitungen von babylonischer Himmelsstürmerei und „näher mein Gott, zu Dir" stammen von Brueghel (Mitte 16. Jh.) und Domenico di Michelino (Mitte 15. Jh.).
Immendorff folgt Niels Bohrs Maxime: *contraria sunt complementa*. Formal gelingt ihm das, indem er ins Zentrum der pyramidalen Rampenstruktur sichtbar eine Säulenachse stellt. Inhaltlich gelingt das, indem er die biblisch-christliche Bedeutung von Turmbau und Läuterungsberg mit der römischen, klassizistischen Sinnbildlichkeit für die Einheit von Werklauf und Lebenslauf verbindet. Diesen Sinnbildtypus repräsentierten etwa die Trajanssäule oder die Vendômesäule.

Immendorff plaziert auf dem spiraligen Rampenweg nach oben modellhafte Nachbildungen seiner wichtigsten Werktopoi als Vollplastiken. Sie sind abgelegt wie Hinterlassenschaften einer Fortbewegung. Man erkennt Elemente des frühen Lidl-Baukastens; die Gitterfallen der Partisanen und Jäger; die Maleraffen und das von Herzensergießungen erweichte Kreuz; den göttlichen Beuys aus den Wolken und das Honigglas kollektiver Emsigkeit; die Auschwitzrampe und die Einfaltspinsel des Weltbildmalers A.H.; die Eile-mit-Weile-Schildkröte und die nachtsichtige Eule der Stubenphilosophen, die sich erst nach den Katastrophen der Welten- und Götterdämmerung als hellsichtig erweisen. Über den Spiegel der Reflektion und die Kerze des sich selbst verzehrenden Lebens, über die gespaltene Malerpalette, die Steckenpferde der Künstlerobsession und die Eisschollen des Kalten Krieges geht es aufwärts in ein Labyrinth, über dem der Malerpinsel in der Anschauungsform einer Schnecke und einer halben 8 des Unendlichkeitszeichens aufragt.

Immendorffs Synthese von Turmbau und Läuterungsberg, Trajanssäule und Tatlin-Turm steht sichtbar auf einer ins Werk einbezogenen Erdscholle, als hätte Immendorff *IT* auf die Pyramide des Grab(ungs)aushubs, der zum *Blitzschlag mit Lichtschein auf Hirsch* gehörte, gesetzt.

Immendorff legt dem Besucher nahe, die dreigeschossigen Arkaden des Atriums im Gropius-Bau zu begehen und so die Bewegung um den Innenraum herum als Bewegung auf den Rampen von Babelturm und Läuterungsberg auszuführen.

Auf dem Boden zu Füßen des Denkmals, Mahnmals, Werkmals plaziert Immendorff Castor-Container mit weiteren Werktopoi, die darauf warten, in diese Anschauung eines Ganzen endgelagert zu werden.

In einem jüngsten Tafelbild bezieht sich Immendorff ganz direkt auf Domenicos Arbeit im Dom von Florenz. Sie porträtiert Dante vor der Stadt Florenz und dem Läuterungsberg, wie der Dichter ihn in der *Göttlichen Komödie* vorgestellt hat. Bei Immendorff lädt Dante (in mächtiger frontaler Untersicht wie im Original) gestisch zur Kontemplation über Immendorffs *IT* ein. Der Bezugspunkt Florenz unter kosmischen Sphären ist ersetzt durch zwei die Himmel durchziehende Globensatelliten als Antipodenigel (*urbi et orbi*).

Mit Blick auf Domenicos Bild erschließt sich auch Immendorffs Umgestaltung der Spitze des Läuterungsberges: statt ins Paradies führt die Rampenspirale in ein Labyrinth – das ist zugleich kritische Qualifizierung seines Anschauungsmodells von Totalität. Wer sich die Welt im Modell zurichtet, dem geraten seine Systemkonstruktionen zum Labyrinth. Mit dem Labyrinth als Ziel der Läuterung durch Aufklärung und Selbstkritik holt Immendorff in sein Konzept das Motiv des gescheiterten babylonischen Projekts ein.

| Künstlers Ausblick vom Läuterungsberg |

| 64 | Der Tag des Malers |

Der Künstler Dosso Dossi leitete einstmals Gott, den Bastler barocker Mechaniken, an, die bloß technische Schöpfung malen, d.h. sehen zu lernen und damit den starren Uhrwerkskosmos erst zu verlebendigen, zu beseelen.
Dossis malendem Gott ist anzumerken, wie ihn dieses Werk der Animation begeistert. Die künstlerische Überformung, die Verwandlung der Welt ermöglichen es ihm, sich als wirklichen Schöpfer zu verstehen, der nicht mehr nur technisch konstruiert, sondern sich selbst zum Leben verhilft.

Heute bietet Werner Nekes den Produzenten filmtechnischer Werke die Gelegenheit, den Output ihrer Bildautomaten mit den Augen der Maler sehen und damit verstehen zu lernen. Das gelingt am intensivsten durch *Zu-sehen*, durch voyeuristische Betrachtung der Maler, während sie sich sehend an der Welt begeistern – also sich animieren.
Das taten die Maler der neueren Zeit am häufigsten in der Konstellation „Maler und Modell" und machten den Betrachter ihrer Malereien damit bewußt zum Voyeur – also zu einem Menschen, der sich selbst duch die Betrachtung anderer erfährt und verlebendigt. Der Grad der **Selbstanimation** läßt sich steigern, indem der Animist dafür sorgt, daß er anderen sichtbar wird.
Voyeuristische Exhibition (oder modern ausgedrückt: die Betrachtung der Betrachter, die sich gezielt der Wahrnehmung dritter aussetzen) ist vor allem mit der öffentlichen Ausstellung von „Maler-Modell"-Bildern zur grundlegenden Form unserer westlichen Selbsterfahrung durch *Zu-sehen* im *Gesehen-werden* geworden.
Nekes' Filmlichtmalerei aktiviert die bloßen Zeichentricks der Bildmaschinen, indem er sie den Sehformen von Meistern der modernen Malerei unterwirft. Wenn er Courbets *Quelle des Lebens* der voyeuristischen Reflexion ausliefert – oder Aktanimationen von Matisse's *großem Reigen* bis zu Duchamp, Schmitt-Rottluff u.v.a. als filmische Malerei so entstehen läßt, daß der Filmbetrachter sich beim sehen selber zusehen kann, dann ist das künstlerische (und nicht das filmtechnische) Verfahren der *Animation* erreicht: nicht „die Bilder laufen", sondern die Vorstellungen der Bildbetrachter; nicht der tote Bildträger wird lebendig, sondern das Bild, das sich der Betrachter von sich selbst in den Augen anderer macht, wenn er mit ihnen gemeinsam (also im Kino oder in der Ausstellung) das Zuschauen betrachtet.

Künstlers Ausblick vom Läuterungsberg

65 Abschiedsbilder. Amfortas.

Wandlungslächeln

Von 1992 bis 1996 arbeitete Markus Lüpertz an der Werkserie *Männer ohne Frauen – Parsifal*, deren größeren Teil die Kunstsammlung Nordrhein-Westfalen in Düsseldorf von Ende März bis Anfang Juni 1996 präsentierte.

Im Januar 2000 bot die Galerie Werner die Möglichkeit, ein bislang nicht veröffentlichtes Werkensemble des Zyklus *Männer ohne Frauen – Parsifal* kennenzulernen. Das Scharnier zwischen den veröffentlichten und den bisher nicht veröffentlichten Arbeiten bilden drei bemalte Bronzeskulpturen, die eindeutig als Büsten anzusprechen sind und ebenfalls der Gesamtserie zugehören.

Kennzeichnete die bereits veröffentlichten Gemälde in formaler Hinsicht ein weites Spektrum malerischer Farbwertigkeiten und die auffällige Verwendung von Gitterstrukturen (bis hin zu identifizierbaren Leitern und Brücken), so läßt sich das nun präsentierte Ensemble im großen und ganzen formal durch die verwendeten Punkt- und Fleckenmuster sowie durch die vorherrschende Farbskala schwarz, weiß, grau, elfenbein bestimmen. Darüber hinaus ist für diese zumeist kleinformatigen Arbeiten die Betonung des von Lüpertz seit langem verwendeten Bleirahmens in unterschiedlichen Profilstärken optisch dominant. Trägermedien für die aufgetragene Ölfarbe, Bleistift- und Griffelspuren sind vor allem Nessel sowie Leinwand und in einem Falle Molton.

Die vorherrschende Arbeitsgeste ist das Setzen von Punkten mit dem Pinsel; sodann die richtungsneutrale Deckung von Flächen, die Bewegung des Linienziehens und der Verwischung. Als Grundfarbigkeit wird die elfenbeinfarbige Anmutung des Rohnessels genutzt oder die Grundschwärzung, im Einzelfalle auch ein Ocker als nicht monochrome Bildfeldfarbe (ML 1397). Bildwirksam sind auch die nicht kaschierten Diffusionsränder der Ölflächen im Nessel (ML 1395, ML 1400, ML 1399, ML 1405, ML 1404, ML 1386, ML 1385).

Form und Gestalt

Grundsätzlich nutzt Lüpertz in seinen Arbeiten das Verhältnis von Abstraktion und Gestaltbildung offensiv.
Grundlegend ist die Erfahrung, daß Betrachter unter dem Diktat zur Ausbildung prägnanter Gestalten stehen.
„Abstraktion" heißt dann, „Form" und „Gestalt" zu unterscheiden, indem man Gestalt in Einzelformen auflöst.
Die Wahrnehmungspsychologen nennen solche Formen *Muster/Pattern*. Wenn unser Gehirn Wahrnehmungen prozediert, bestimmt es das Wahrgenommene, indem es diese Muster durchspielt, bis sie sich in der Vorstellung zu identifizierbaren Gestalten zusammenschließen. **Die „Gestaltung" (z.B. als Zeichenbildung) ist also eine Ausdrucksleistung, mit der innere Vorstellungsbilder zur Anschauung gebracht werden und nicht nur das Gesehene nachgeformt wird.**
Formgebung ist eine Ausdrucksleistung, mit der die Muster/Pattern anschaulich werden, die jeder Gestaltwahrnehmung zugrunde liegen.

Die Kubisten machten es sich zur Hauptaufgabe, in ein- und demselben Bild Form und Gestalt als deutlich voneinander unterscheidbare gleichzeitig zu veranschaulichen; **die kubistischen Gemälde beziehen ihre Attraktivität aus der Spannung zwischen autonomen Formen und dem Diktat der Gestaltidentifizierung.**
Die Logik der Formen wurde den Kubisten durch Cézanne, aber auch durch die euklidische Geometrie nahegelegt (Deckoperationen, Spiegelungen, Drehungen von Kreis, Quadrat und Dreieck). Auf dieser Geometrie, allerdings in mehrdimensionaler Dynamisierung, beruhen auch die Muster/Pattern/Formen unseres natürlichen Kognitionsprozesses.
Seit die Kubisten programmatisch Form und Gestalt parallel und simultan ins Bild setzten, widmeten sich Künstler des **20. Jahrhunderts** vor allem dem Verhältnis von Form und Gestalt in **zwei radikalen Tendenzen:** zum einen **möglichst weitgehende Abkopplung der Form von der Gestalt** (Extrem: Farbfeldmalerei), zum anderen **möglichst weitge-**

hende Auflösung der Geometrie der Formen durch Dynamisierung der Formgebung (Extrem: Pollocks Dripplings des *Informel*).

Dem Diktat der Gestaltwahrnehmung konnten sie alle natürlich nicht entgehen, und wenn sie sich oder ihre Bilder auf den Kopf stellten, wie Baselitz, oder in Drehbewegungen versetzten, wie Duchamp und die Kinetiker.

So wichtig auch die Markierung der Extreme im Verhältnis von Form und Gestalt gewesen ist — **als stimulierend oder kreativ empfinden wir Bildwerke** wie die von Lüpertz, **in denen das Spiel von Form und Gestalt offen gehalten werden kann.** Das erreicht man nur durch hochgradige **Formalisierung** — das Bild bietet sich in einer Hinsicht als abstraktes Formengefüge; in einer anderen als Veranschaulichung der Gestaltvorstellungen des Malers, die wir in Begriffen zu fassen vermögen.

Abschiedsbilder
Obiges vorausgesetzt kann der Betrachter nicht umhin, die ins Auge springenden heterogenen Bildelemente der jetzt gezeigten Werkserie in das Gestaltschema „Frontalgesicht" zusammenzuführen, denn in vielen der Gemälde wird ausdrücklich durch Bleistiftstrich oder Einritzung deutlich ein Schädel bezeichnet, häufig mit Fortsetzung des grafischen Signalements als Markierung von Augen, Nase und Mund. Wo die Markierungen fehlen, überträgt der Betrachter das Gestaltschema von den sichtbaren auf die unsichtbaren Schädel- und Gesichtskonturen. Dieser Übertragungsvorgang, dem die von Gestaltpsychologen entdeckte Verpflichtung auf Gestaltprägnanz und Gestaltkonstanz zugrundeliegt, wird von Lüpertz ausdrücklich demonstriert, wenn er die Kontureinritzungen in einem pastosen Schwarzfeld direkt auf Nesselgrund abdruckt (ML 1397; ML 1391).
Hat sich im Betrachter die Gestalt des „Frontalgesichts" prägnant ausgebildet, beginnt er, den mimischen Ausdruck zu entziffern. Mit der Ausnahme von ML 1391 und 1399 interpretiert der Betrachter die Binnenstruktur „Augen" wahrscheinlich als geschlossene Augen.
Die Emotionssignalements der Mundpartie markieren ein archaisches Lächeln; dem von ihm „mykenisch" genannten Lächeln widmete Lüpertz 1985 eine Werkgruppe.

Das archaische Lächeln (deutlich zu unterscheiden vom dreifachen Lächeln des Buddha, dem gotischen Lächeln oder dem der Mona Lisa bzw. dem *keep smiling*) vermittelt den Eindruck, dem Lächelnden offenbare sich gerade die Ansichtigkeit der Götter – so etwa beim *Kalbträger von Delphi*.
Allerdings sind die archaisch lächelnden Kouroi und Koren stets mit offenen Augen dargestellt. Wird das mykenische Lächeln, wie hier bei Lüpertz, mit geschlossenen Augen kombiniert, verstehen wir den Gesichtsausdruck als Hinweis auf ein innerlich geschautes, ein Vorstellungsbild, wie es Träumenden oder „friedlich Entschlafenen" ablesbar ist.

Durch die Integration der Anmutungscharaktere (farbliche schwarz-weiß-Dominanz, Bleirahmen, vorherrschendes Kopfformat in natürlicher Größe und in erster Linie das Spiel der Wahrnehmung zwischen Einzelformen und Gestaltprägnanz von Schädel und Gesicht) ergibt sich für den Betrachter (jedenfalls für mich) der Gesamteindruck, die dargestellten Köpfe und Gesichter seien möglicherweise die von Toten.
Dann träten die Gemälde in Analogie zu Totenbildnissen, wie sie in jüngerer Vergangenheit Menzel, Schiele, Hodler, Nolde u.a. als skizzenhafte Wiedergaben der Angesichte soeben Gestorbener anfertigten – oder wie wir sie von Grabskulpturen (etwa der Königsgräber in St. Denis) kennen. In diesen Analogien würden Lüpertz' Gemälde die Gattung der *Abschiedsbilder* in Erinnerung rufen. Für die christliche Bildsprache spielen natürlich die Gestaltspuren des zu Tode erschöpften Jesus bzw. des toten Jesus eine besondere Rolle, die im *Schweißtuch der Veronika* und im Turiner Grabtuch repräsentiert wird.

Mit dem großformatigen Moltonbild ML 1406 ließe sich auf einen griechisch antiken Typus des Abschiedsbildes verweisen: die in den bestirnten Himmel projizierte Gestalt der zu den Göttern Erhobenen (*Sternbild der Apotheose*).
Alle Arbeiten erwecken gleichermaßen den Eindruck, Lüpertz habe das Gegenspiel von Formen und Gestalten auch im Entstehungsprozeß dynamisiert, indem er die einzelnen Gemälde schnell wie beim Skizzieren nacheinander ausführte, ohne Korrekturen aus zeitlicher oder räumlicher Distanz. Diese Anmutung verwiese auf Abschiedsbilder in einem weiteren Sinne, an den die metaphorischen Ausdrücke „ins Wasser malen" oder „in den Sand schreiben" erinnern. Abschied meinte dann die Flüchtigkeit, das Vergehen im amorphen Element. So erhielten dann die durch die Kleinformatigkeit besonders auffälligen Lüpertzschen Bleirahmen die nachdrückliche Bedeutung der Abgrenzung des betonten Form-Gestalt-Spiels gegen die Bildumgebung. Lüpertz kenn-

zeichnet sein Rahmenmotiv häufig als Sicherung des Gemäldes vor der Vereinnahmung in das Umgebungsdekor, also gegen die vollständige Abspaltung des dekorativen Formgefüges von den Gestalten der Vorstellungsbilder. In der Tat gaben ja Wilhelm Worringer, Carl Einstein und zuletzt Markus Brüderlin zu verstehen, daß die angestrebte Endgültigkeit der von Gestalt abgesprengten Form in der sogenannten abstrakten Malerei deren Werke in die Geschichte des Ornaments und des Dekors überführt. Da Lüpertz auf dem Spannungsverhältnis von Form und Gestalt besteht, muß er die Ausgrenzung seiner Gemälde aus dem Kontext des Ornamentalen-Dekorativen derart betonen, wie das mit seinen Bleirahmen auch geschieht.

Lüpertz hat – mit Anklang an Klee-Titel – immer wieder den Begriff *Zwischenraumgespenster* verwendet. In formaler Hinsicht kennzeichnet er damit Negativformen oder virtuelle Gestalten, die sich im Zwischenraum positiv ausgezeichneter Formen oder Gestalten bilden (Form und Gestalt im Raum gegen den Raum, den sie zwischen sich bilden). Diese negativen Räume und Gestalten sind „gespenstisch", weil sie sich auch ungewollt ergeben. In Hinsicht auf die interpretierende Wahrnehmung verkörpern Zwischenraumgespenster die virtuellen Formen und Gestalten, die sich nahelegen, wenn man die positiv markierten Figuren (Formen wie Gestalten) als Grund und die Grundflächen als Figuren wahrnimmt.

Die hier angesprochenen Lüpertz-Gemälde realisieren einen weiteren Typus des Zwischenraums: den von Form und Gestalt. Wie der Wahrnehmende Figur und Grund austauschen kann, so kann er hier das Formengefüge der Punkte- und Fleckenverläufe zur Gestalt werden lassen und die Gestalten der Köpfe zur Gesichtsform abstrahieren. Die Gemälde realisieren das virtuelle Zwischen von Formen und Gestalten im zeitlichen Wahrnehmungsprozeß. Sie bezeichnen so auch den Abschied von der Gewißheit, das Wahrgenommene dauerhaft im Wahrnehmenden speichern zu können. Diese Lüpertzschen Abschiedsbilder charakterisiert also gleichermaßen die Flüchtigkeit der Wahrnehmung, die bedrohte Stabilität des Bildes gegen seine Umgebung wie die Vergänglichkeit als Zustandswechsel. Die Zustände trennt ein virtueller Zwischenraum. Wir unterscheiden alltagssprachlich ganz geläufig diesseits und jenseits, jetzt und später, Leben und Tod. Das „Dazwischen" entzieht sich auf gespenstische Weise. Lüpertz veranschaulicht uns das „Dazwischen" als Zwischenraumgespenster, als im Zeichengefüge realisierte Virtualität.

Parsifal

Im kulturgeschichtlichen Zusammenhang sind mythologische Figuren solche Zwischenraumgespenster. Mit den in Worten, Musik und Bildwerken realisierten virtuellen Charakteren Orpheus, Dionysos oder Prometheus hat sich Lüpertz immer wieder beschäftigt, und zwar dichterisch, musikalisch, bildhauerisch und malerisch.

Die jetzt gezeigten Arbeiten aus der Werkserie *Männer ohne Frauen. Parsifal* verweisen uns auf eine für Europa besonders „gespenstische" Figur, eben Parsifal.

Armin Zweite hat in seinem bis heute beispielhaften Katalogbuch zur Lüpertz-Ausstellung in der Sammlung NRW 1996 sehr überzeugend den Bezug von Lüpertz auf jene Kulturgespenster dargestellt. Zweite betont, daß Lüpertz seine Sicht auf die mythologischen Erzählungen pointiert zuspitzt: Orpheus entschied sich willentlich, seine Geliebte im Orkus zurückzulassen.
Mit Lüpertz' Worten:

denn die Erfahrung
stört die Liebe
und stört das Lied
und dies bedenkend alles
drehte ich mich
abrupt
Und floh allein ins Leben

Lüpertz betont also, daß emphatisch-exzessiv zu leben (wie in der Liebe) den Künstler daran hindert, sich der ebenso emphatisch-exzessiven Werkschöpfung zu widmen, denn Werk muß gegen Leben stehen, wenn es den Anspruch erhebt, das notwendig vergehende Leben zu überdauern.
Am Dionysos-Motiv scheint Lüpertz nicht das Ausleben der Sinnlichkeit über alle Grenzen der Konvention hinaus interessiert zu haben, sondern vielmehr das Erreichen einer völligen Stillstellung in der Erschöpfung. Das ist wiederum eine Pointierung der „dionysischen Stille zur hohen Mittagszeit" durch Lüpertz: Das Verschwinden jeglicher sinnlicher Antriebe als Voraussetzung für die Konzentration auf Vorstellung und Gedanken.
Beim Prometheus-Motiv focussiert Lüpertz die Analogie zwischen der Verwandlungskraft des den Menschen gebrachten prometheischen Feuers zum Werkschaffen des Künstlers. Mit dem Feuer gelingt die Verwandlung des Rohen ins Gekochte, des Erz ins Metall der Waffen und Geräte und des natürlichen Dunkels ins künstliche Licht – kurz: die Kraft der Transformation von Natur in Kultur.

Im Werkschaffen des Künstlers, so Lüpertz' Analogie, werden mentale Prozesse wie Wahrnehmen, Denken, Vorstellen, Wollen gewandelt. Das Werk wird, wie in der europäischen Ikonographie immer wieder betont, zur Flamme des Geistes (Lüpertz scheut derartiges Pathos nicht, weil er als Künstler die Erfahrung des *Pathos* als *Erleiden* immer wieder erfolgreich durchgestanden hat).

Und in welcher Hinsicht pointiert Lüpertz das Parsifal-Motiv?
Mit der Bezeichnung *Männer ohne Frauen* wird nicht in erster Linie auf die notwendig zu durchleidende radikale Trennung von Hervorbringen durch Zeugen und Hervorbringen durch Schaffen abgehoben oder an die gedankenfördernde Erschöpfungsstille als Ziel des sinnliches Exzesses erinnert.

Im Zentrum der Parisfal-Erzählung steht das Verdienst des Kulturhelden, gerade durch seine Naivität, ja seinen Infantilismus und Dilettantismus dem König Amfortas den Übergang in den Tod zu ermöglichen, also ihn vom Leiden an der Krankheit des Lebens erlöst zu haben.

Darauf hebt Lüpertz ab: **Die Werke der Künstler ermöglichen uns den Abschied vom Leben, vom Leiden, von der im Augenblick verhafteten Sinnlichkeit. Das vollendete Werk verabschiedet den Autor in die Musealisierung, d.h in den überindividuellen Geltungsanspruch. Das Werk wandelt den Künstler von einem historischen Individuum zu einem virtuellen Charakter mythologischer Dimension wie Orpheus, Dionysos, Prometheus oder Parsifal.**

Der Künstler selbst wird zur gespenstischen Erscheinung unserer Kultur, zum Zwischenraumgespenst von Chaos und Ordnung, von Systemrationalität und individueller Freiheit, von Planung und Spontaneität, von routinierter Wiederholung und Kreativität.

Die Abschiedsbilder unserer Serie vergegenwärtigen uns den kurzen Augenblick, in dem Amfortas oder jedem dahinsiechenden Lebenden die Zustimmung zu seinem Verschwinden, zu seiner Wandlung vom konkreten Individuum zum geistigen, virtuellen Bild der Kultur gelingt.

Das Lächeln des Einverständnisses, das Lächeln der endlich gelungenen Selbstvergessenheit.

Die Bronzen

Das *Zwischen den Zuständen*, das *Inbetween* wird umso gespenstischer, je mehr es als zeichenhafte Realisierung von Virtualität in einem Material gelingt, das seiner Natur nach jeder Anmutung von Flüchtigkeit und Vergänglichkeit widerspricht. Ein solches Material ist die Bronze.

Lüpertz scheint sich immer wieder besonders herausgefordert zu sehen, die ungeheuer delikate Differenz von Form und Gestalt in besonders großvolumigen Bronzen zur Erscheinung zu bringen.

Künstler legten sich ins Zeug, „informelle" oder „abstrakte" Plastiken (vereinzelt auch Skulpturen) zustandezubringen – in der Regel ohne Erfolg: denn zumeist entstanden bloße Dekorobjekte, dreidimensionales Ornament (Brancusi). Ebensowenig überzeugten die sogenannten „Figurativen": Ihnen wurde alles zum *betenden Jüngling*, zum *gefallenen Kämpfer* oder zur *großen Mutter* oder zum surrealistischen Psychopüppchen, wie bei Bellmer.

Bis heute herausfordernd interessant sind die Resultate der Versuche von Lipchitz, Laurens und Archipenko, Wouwer oder Belling, das Spiel von autonomisierter Form und Gestaltwahrnehmungszwang durchzuhalten.

Henry Moore scheiterte, weil er die virtuellen Formen, im Volksmund „Löcher" genannt, nicht ins Gleichgewicht zu den gestaltrealisierenden bringen konnte. Bleiben Picasso mit seinem *Assemblage*-Verfahren und Duchamp mit seinen *Readymades*. Beide verweisen auf einen historischen Ausgangspunkt, bei dem auch Lüpertz ansetzt: bei Arcimboldo, der allerdings sein Verfahren nur als Maler nutzte (heute werden solche Vorgehensweisen generell als Bildung von *Hypertexten* angesprochen).

Von den Metamorphosen bis zu den Assemblagen und Readymades geht es darum, gegebene Gestalten (Früchte, Wurzeln, Fahrradstangen, Spielzeugautos, Kleiderhaken, das Fadengeschlinge abgespulter Knäuel usf.) einem übergeordneten Gestaltbild als bloße Form einzuverleiben.

Je nachdem, ob man das einzelne Element oder die Gesamterscheinung focussiert, wechselt das Material seine Bedeutung. Die bezeichnende Form wird zur bezeichneten Gestalt, der *Signifikant* wird zum *Signifikat* oder umgekehrt.

Diese Kippbewegungen werden in der Plastik dynamisiert, weil sich die Beziehung von Form und Gestalt in der Allansichtigkeit weit über das vom Künstler Kontrollierbare hinaus zur Geltung bringt.

Die plastische Repräsentation der Form-Gestalt-Differenz ist für den Künstler weniger kontrollierbar als die malerische.
Häufig versucht Lüpertz, den Eigensinn der allansichtigen Bronzen durch Colorierung einzuschränken.

Für die drei hier ausgestellten Plastiken hat die Colorierung aber einen anderen Effekt: sie fördert die Wahrnehmung der vielen kleinen Elementargestalten als bloße Formen. Die Elementargestalten sind hier deutlich als Körperorgane und Körperpartien auszumachen, vom Geschlechtsteil bis zum Darmgeschlinge. Ikonographisch könnte das heißen, daß gerade die Körper- und Sinnlichkeitsasketen vom Typ *Parsifal* oder *Künstler als Werkpriester* umso mehr in ihren Gedanken und Vorstellungen obsessiv von ihrer verdrängten Leiblichkeit beherrscht werden. Auf der Betrachterseite zielt das auf die Obsession, alle Formgefüge nur noch im Hinblick auf sexuelle oder skatologische Bedeutung ansehen zu können.

Als Werkscharniere bieten die Lüpertz'schen Bronzen dem Künstler die Gelegenheit, souveräne Gesten der Selbstdistanzierung von seiner Rolle als Betrachter der eigenen Werke zu demonstrieren. Denn es fällt auf, daß gerade in den Bronzen die Kraft zum Widerruf, zur ironisch-kritischen Selbstrelativierung zum Ausdruck kommt – jedenfalls augenscheinlicher als in den Gemälden. Als Bronzen ausgeführt überwältigen die Zwischenraumgespenster den Schöpfer selbst.

Attitüdenpassepartout, Eignungstest für Kreuzhängung, Wien 1977

V | Eine schwere Entdeutschung

Wir widerrufen das 20. Jahrhundert

| 1 | Deutschaschern. Konzept für einen Lehrpfad der historischen Imagination | 790
| 2 | Dehnungsfuge. Zum Denkmalsentwurf von Herz und Matz | 792
| 3 | Wörlitz als Modell für das Gedächtnistheater des 20. Jahrhunderts | 794
| 4 | Kunst auf Befehl. Eine kontrafaktische Annahme: War Hitler ein Gott? | 805
| 5 | Deutschsein. Die normative Kraft des Kontrafaktischen | 820
| 6 | Das Deutschsein des deutschen Designs | 829
| 7 | Das Bauhaus als Biskuit – gegen retrospektive Prophetien | 836
| 8 | Ein moderner Diogenes. Über Geschmack, Ironie und Guildo Horns politische Sendung | 842
| 9 | Volksverdummung. Opiate der Fernsehunterhaltung | 845
| 10 | Haruspex Ebersbach | 848
| 11 | Den Teufel mit Beelzebübchen austreiben – Symptomverordnung als Therapie | 851
| 12 | Hallo Immendorff | 858
| 13 | Beten verboten! Oder „Abschied von der Kunst" in Weimar | 866
| 14 | Bauhaus-Programm heute: Widerruf des 20. Jahrhunderts | 876

Eine schwere Entdeutschung – Wir widerrufen das 20. Jahrhundert

1 Deutschaschern.

Konzept für einen Lehrpfad der historischen Imagination

Nach 1989 war Mitteleuropa wieder in die zentrale Position der kulturellen und politischen Dynamik des Kontinents gerückt. Die historischen Konstellationen, wie sie bis 1914 den Kontinent prägten, erwiesen erneut ihre Geschichtsmächtigkeit. Das wiedervereinigte Deutschland wurde gezwungen, sich auf diese Konstellation völlig neu einzustellen. Das fällt schwer, weil der Primat der Bindung an Westeuropa und das transatlantische Machtgefüge es noch nicht zulassen, die historische Bedeutung Mitteleuropas zu akzeptieren.

Insbesondere der Majorität der Westdeutschen fehlen die historischen Kenntnisse, obwohl seit Jahren die Verschiebung des Mittelpunkts Deutschlands nach Osten von Politikern ins Gespräch gebracht wird.

Die alten Fragen – „Deutschland, wo liegt es? Was ist des Deutschen Vaterland?" – gewinnen brisante Aktualität, besonders unter dem allseits akzeptierten Globalisierungsgebot.

Unser Lehrpfad der historischen Imagination soll dazu beitragen, den Fixpunkt sichtbar zu machen, um den die exzentrischen Schwungmassen der historischen Dynamik Mitteleuropas rotierten. Dieser Verankerungspunkt liegt in einem uns heute noch völlig fremden Kulturraum, den wir als *Deutschaschern* kennzeichnen. Dieser Name lehnt sich an Thomas Manns synthetische Fiktion „Kaisersaschern" an, den **Ort der Deutschheit,** auf den hiner seinen Roman über das Leben von Adrian Leverkühn orientiert.

Der Name soll zugleich signalisieren, daß die alteuropäische Welt nicht mehr existiert, sondern zu Asche verbrannt ist. Nach 1989 zeigt sich, daß nicht nur die Lebenswelt der faustischen Kulturschöpfer zugrundegegangen ist, sondern Deutschland als wirkmächtige Fiktion eines nationalen Kulturstaats die spannende Frage für alle Zeitgenossen stellt: In welche neuen politischen Formierungen werden sich die historischen Kräfte einstellen lassen, wenn die Fiktionen eines vereinheitlichten Europas in der Weltpolitik wirsam werden?

Denn die Kulturlandschaften zwischen Magdeburg, Quedlinburg, Wittenberg,

Halle, Weimar, Naumburg und Prag sind wesentlich älter als die Vorstellungen eines deutschen Nationalstaats. Sie bildeten das Zentrum Deutschlands seit dem 10. Jahrhundert, seit der ersten Gründung des Heiligen Römischen Reiches Deutscher Nation. **„Reich" und „Nationalstaat" waren nie eine Einheit, worüber auch die Gründung des Zweiten und Dritten Reiches nicht hinwegtäuschen kann.**
„Deutschaschern" war das Zentrum der Kultur des Reiches, niemals das Zentrum des Nationalstaats, obwohl im Zweiten und Dritten Reich mit der Errichtung des Kyffhäuser-Denkmals oder der Vereinnahmung Quedlinburgs in die SS-Mythologie versucht wurde, die Geschichte des Reiches mit der Geschichte des Nationalstaats zu identifizieren.
Mit Blick auf die neue politische Einheit „Europa" wird deutlich, daß die Konstruktion von Imperien/Reichen seit Augustus' Zeiten über Karl den Großen, die Ottonen und Staufer, die Habsburger bis zu Napoleon im Gegenteil darauf ausgerichtet waren, umfassende Klammern um Staaten und Kulturen zu bilden. Diese Reiche waren im tatsächlichen Sinne transkulturell, vielsprachig und universell gedacht. **„Deutschaschern" ist die Region des Kulturraums Deutschland, die durch solche Reichsvorstellungen und die ebenso universell gedachten Formierungskräfte des römischen Katholikos wie der protestantischen Bekenntnisgemeinschaft geprägt wurde.**
Politisch gedacht, orientiert sich die Vorstellung von einem zukünftigen gemeinsamen Europa an den universalen Zivilisierungsprojekten der Imperien und nicht der Nationalstaaten. In Deutschland erfüllte das Weimar des 18. Jahrhunderts eine Scharnierfunktion zwischen den alteuropäischen Imperien und der neuen universalen Zivilisation, getragen von der Aufklärung. Die Spiritualität der alteuopäischen Reiche – und damit auch die Deutschascherns – vermittelte Weimar mit Rationalität und Säkularisierung der neuen Weltzivilisation (goethisch „Weltkultur"). Die Weimaraner wehrten sich z.B. gegen die Romantiker, soweit die nur auf die spirituelle Kraft der mittelalterlichen Kultur orientiert waren und sich dorthin aus den Anforderungen der Zivilisation zurückzuziehen schienen.
Die Weimaraner wehrten sich ebensosehr gegen die einseitige Orientierung an westlicher Rationalität, sprich an der bloß „praktischen Philosophie" der französischen Enzyklopädisten oder der englischen Empiristen. Sie vermittelten

also zwischen Kultur und Zivilisation – eine Aufgabe, die gegenwärtig allen Europäern gestellt ist.

In Werk und Person Goethes wird diese Vermittlung noch in ihrer heutigen Perspektive repräsentiert: Straßburger Münster (Huldigung an Meister Erwin von Straßburg) einerseits und rationales Kalkül für den Aufbau von technischer Infrastruktur andererseits. In seinem *Faust* werden diese unabdingbaren Verklammerungen von mittelalterlicher Kultur und moderner Zivilisation weit über seine Zeit hinaus zur Kennzeichnung europäischen Verständnisses von Modernität.

Damit Deutsche die Erwartung erfüllen können, Europäer zu sein, fehlt ihnen nicht nur die Kenntnis der alten Reichskultur *Deutschaschern* sondern auch die Vorstellung ihrer Vermittlung mit technischer Rationalität, auf die sie sich soviel zugute halten. Unter der Perspektive der Weimaraner der Goethezeit soll der Kulturlehrpfad ein heute zeitgemäßes Modell dieser Vereinheitlichungsperspektive von Mittelalter und Moderne, von Imperium und Sacerdotium, vom Kultur und Zivilisation zur Disskussion stellen.

Eine schwere Entdeutschung –

Wir widerrufen das 20. Jahrhundert

2 Dehnungsfuge.

Zum Denkmalsentwurf von Herz und Matz

In vielem leuchtet der Vorschlag von Herz und Matz ein, einen Autobahnkilometer Kopfsteinpflaster mit entsprechender Autobahnbeschilderung als Holocaustdenkmal zu realisieren. Der am Projekt interessierte Zeitgenosse fragt aber, warum nur einen Kilometer Autobahn und nicht auf jeder Autobahn A1 bis Ax – und warum nur Autobahnen und nicht auch Eisenbahntrassen dem gestalterischen Eingriff unterworfen werden sollen. Zwar sind die Autobahnen fälschlicherweise als Hitlerschöpfungen immer noch Beleg für die Tatkraft des

Regimes, aber soweit bekannt, wurden die Opfer, die erst die wahrhaft historische Dimension solcher Tatkraft beweisen sollten, in erster Linie per Güterzug in die Endlösungslager gebracht. Bis heute weckt bei Reisenden nur das schier endlose Rollen von Güterzügen durch Personenbahnhöfe den Beethoveneffekt, im Volksmund „Gänsehaut" genannt – abgesehen von den seltenen Gedenkminuten, in denen jeglicher Verkehr ruht und alle Bewegung zum ewigen Augenblick versteinert. Zur metaphysischen Wahrnehmung rollender Güterzüge gehört allerdings das rythmische Staccato, das Wagonräder beim Überrollen der Dehnungsfugen in Schienen erzeugten. Seit in den sechziger Jahren die Verschweißung der einzelnen Schienenstränge zu einer fugenlosen Endlosigkeit möglich wurde, weckt das Rollen nicht mehr den Schauder endgültiger Entfernung im Abschied ohne Ankunft; auch pfeifen die elektrischen Lokomotiven nicht mehr wie die alten Dampfloks. Den Dampfpfeifton hörte man immer wie das Echo abgeschiedener Seelen aus der Ferne, zugleich wehmütig und sehnsüchtig. Im heutigen Signal der Loks meldet sich nicht mehr der Anspruch der Maschine, selber menschengestaltig, anthropomorph zu sein. Sie pfeift nicht mehr, sie kommandiert echolos „Hau ab!"

Herz und Matz könnten also ihr Konzept auf das für die Holocaust-Geschichte entscheidende Verkehrsmittel Eisenbahn ausdehnen, in dem sie in allen Fernstrecken auf 10 Kilometer wieder Fugen in die Schienenstränge sägen und zwar in jener zunehmenden Zahl von Streckenabschnitten, in denen die unsägliche Bundesbahn aus ganz anderen Gründen Langsamfahrt anzuordnen gezwungen ist. Der Direktion käme die Umbenennung der Langsamfahrtstrecken in *Soundscapes der Erinnerung* sicher sehr gelegen. Aus technisch-organisatorischem Versagen würde so Dienstleistung an der kollektiven Einbildungskraft. Die Reichsbahn funktionierte ja überaus perfekt, als es darum ging, Menschen ins Jenseits zu befördern. Warum versagt die Deutsche Bahn, wenn es nur darum geht, von A nach B und zurück zu kommen? Liegt das an der Garantie der Rückfahrkarten? Sollten also Herz und Matz die Abschaffung der Rückfahrkarte durchsetzen, um den Fahrgast daran zu erinnern, was Reisen ohne die Aussicht auf Wiederkehr bedeutet?

Eine schwere Entdeutschung –
Wir widerrufen das 20. Jahrhundert
3 Wörlitz als Modell für das Gedächtnistheater des 20. Jahrhunderts

Eines frappierte alle Besucher im Wörlitzer Gartenreich: die Sicherheit, mit der es dem Fürsten Franz gelang, die vorherrschenden Tendenzen des 18. Jahrhunderts programmatisch so zu verdichten, daß ein Weltbildbau entstand. Skeptiker mögen meinen, Franz sei gar nicht von einem vorgefaßten Plan ausgegangen (bestenfalls von einer Vision), sondern habe pragmatisch ein Konzeptpuzzle betrieben, indem er sukzessive zusammenfügte, was ihm jeweils gerade durch eigene Reiseanschauungen, durch Berichte der Freunde und die zeitgenössischen Künste zufiel. Und in der Tat ist ja bis heute nicht geklärt, ob Franz mehr oder weniger intuitiv seine Wahl für einzelne Topoi des Gartenreichs traf oder von vornherein einer ausgearbeiteten Konzeption folgte.

Gegen die Annahme, Wörlitz sei „nur" eine Collage, gar eine eklektizistische aus der Vorstellungswelt seines Jahrhunderts, spricht die Tatsache, daß Franz nicht ein museales Memorial und auch nicht in erster Linie eine pädagogische Provinz realisiert hat, sondern zeitgenössische Formen einer ländlichen Lebensgemeinschaft entwickelte, die mustergültig sein sollten und insofern ein Modell werden konnten.

Viel enger als in den englischen Vorbildern wurden in Wörlitz aristokratisches Memorial der Geschichte und bürgerliche Seelenlandschaft mit den sozialen Fortschrittsvorstellungen der praktischen Philosophen Frankreichs verknüpft mit dem Ziel, so die Lebensanstrengungen einer menschlichen Gemeinschaft zukunftsorientiert zu optimieren.

Bei aller gebotenen Zurückhaltung läßt sich doch gerade mit Blick auf die Feststellungen seiner Zeitgenossen sagen, daß es Franz nicht um aristokratische Lebensformen ging. Geschichte und mythisch-literarische Vorstellungswelt beschworen nicht ein bilderbuchhaftes Arkadien mit den Mitteln der Gartenbaukunst, sondern begründeten die Aussicht, zeitgemäß und zukunftsoffen das Gartenreich als weltliche Heimat einer Produktions- und Lebensgemeinschaft zu bestellen.

Natürlich hatten solche Vorstellungen ihre Vorläufer, die in der Literatur des 18. Jahrhunderts nicht zuletzt bei Rousseau in der Absicht verlebendigt wurden, endlich wieder diese Sehnsucht nach einem befriedeten Dasein zu erfüllen, und zwar für das Volk und nicht nur für einen seiner Stände. Die Ikonographie der zahlreichen Rousseau-Memoriale belegt das. Den Epitaph Rousseaus umsäumen auf einer Insel Pappeln, französisch *peupliers*, deren lautliche Nähe zu *le peuple* aus den Pappeln das Volk werden läßt; das Volk seiner Leser, das Volk derer, die seinen Vorstellungen zu folgen versprechen. In diesen Pappeln sahen sich auch Franz und die Bewohner seines Gartenreichs repräsentiert, wie auf einer Insel im Zeitenstrom oder vielmehr im Gedächtnisstrom der Geschichte.

Aber anders als in der griechischen Mythologie tragen die Wörlitzer Nachen nicht unter Charons Ruder die Menschen unwiderruflich über den Strom des Vergessens ins Reich der Toten; in Wörlitz und anderen englischen Gärten wandelt sich der Styx, die fließende Grenze zur Totenwelt, in einen Fluß der Erinnerung, die den Passagier befähigt, aus der Geschichte ins Reich der Lebenden zurückzukehren.

Die Wörlitzer Gondelfahrten durch die geschichtliche und mythologische Erinnerung stimulierten zwar den Bezug auf Charons Nachen, also die Unumkehrbarkeit der Geschichte, aber nur, um desto freudiger zu betonen, daß diese Geschichte ja nicht vergangen war, sondern, als gegenwärtige, Passagen in beide Richtungen ermöglicht, im Medium des Gedächtnisses, dem so viele Topoi, Wahrnehmungs- und Gestaltungseinheiten des Gartenreichs gewidmet sind.

Die Kraft des Gedächtnisses der Lebenden, nicht das Gedächtnis der Toten wurde angesprochen, weshalb ein anderer großer Teil der Topoi den Werken gilt, die menschliche Geisteskraft damals zu schaffen fähig war. Wahrnehmung und Gedächtnis bilden die Kräfte des Geistes.

Daß Wahrnehmung und Gedächtnis erfolgreich angeregt werden, manifestiert sich in den Schöpfungen des Geistes als Kultivierung der Natur (die agrikulturelle Basis des Gartenreichs) und als Zivilisierung der Menschen und ihrer Lebensformen in diesem Gartenreich.

Die produktive Verknüpfung von Wahrnehmung und Gedächtnis in kultureller und zivilisatorischer Schöpfung wird durch Lernen ermöglicht. Deswegen zeigen viele Topoi des Wörlitzer Gartenreichs, wie man erfolgreich lernt, sich kulturell und zivilisatorisch zu entwickeln. Daß die Wörlitzer Anlage in diesem Sinne ein Lern-Environment darstellt, belegt im einzelnen zum Beispiel die unmittelbare Nähe von technologisch avanciertem Brückenbau und der mühseligen Überwindung eines Gewässers durch eine Furt. Mit Blick auf das Lernen als entscheidende geistige Leistung, Wahrnehmung und Gedächtnis produktiv zu verknüpfen, ist Wörlitz auch eine pädagogische Provinz im goetheschen Sinn, da Franz nicht nur Lehranstalten aufbaute, sondern in der praktischen Alltagsarbeit die Möglichkeit zu lernen vorrangig betonte.

Zu den spezifischen Leistungen von Anlagen wie der von Wörlitz gehört es, die Arbeit des Gedächtnisses wahrnehmbar und die Wahrnehmung selber erinnerbar werden zu lassen. Von dieser Aufgabe werden die Vergegenständlichungsformen der Topoi bestimmt. Auf den archäologischen Feldern, deren man sich seit Mitte des 18. Jahrhunderts unter Winckelmanns Vorgaben systematisch annahm, elaborierte man die Vergegenständlichungsform der Ruine, die für die englischen Gärten den Zusammenhang von Wahrnehmung und Gedächtnis so auffällig formuliert. **Das Gedächtnis hat, das entspricht jedermanns Erfahrung, gleichsam ruinösen Charakter.** Die Landschaften der Erinnerung sind bruchstückhaft, fragmentiert. Erst im Horizont aktueller Wahrnehmung schließen sich diese Trümmer des Gedächtnisses zusammen zu Vorstellungen dessen, was in keiner Erinnerung aufbewahrt ist, sondern nur neu geschaffen werden kann.

Deswegen sind künstliche Ruinen leistungsfähiger als natürliche, und deswegen sind die englischen Gärten nicht bloß disneylandhafte Simulationen des spätkaiserlichen Forum Romanum oder des hadrianischen Tivoli, der gotischen Klosterwelt und der Südseeparadiese. Sie sind Schöpfungen der Vorstellungskraft und nicht Rekonstruktionen am ruinierten historischen Ort oder mutwillige Simulationen im utopischen Ereignisort Museum oder in Pleasure-Domes.

Deswegen ist die Frage, ob Franz nur pragmatisch additiv das Gartenreich zusammenstückelte oder ein einheitliches Konzept realisierte, zweitrangig. Was uns frappiert, ist die Kraft der Vorstellung, die sich im Gartenreich mani-

festierte; und offensichtlich frappiert uns das, weil wir in unserem Jahrhundert die Manifestationen solcher Vorstellungskraft schmerzlich vermissen. Am Streit um die Berliner Gedenkstätte für den Holocaust wird dieser Mangel ebenso sichtbar wie in der Ratlosigkeit vor der Anforderung, für die Expo 2000 irgendein sinnfälliges Konzept zu erarbeiten. Die Misere der Städteplanung (auch dafür bietet Berlin ein sprechendes Beispiel) ist genauso durch derartigen Mangel an Vorstellungskraft ausgezeichnet wie die permanent geforderte Reform der Hochschulen. Was spräche gegen den Versuch, am Beispiel von Wörlitz sich zu orientieren, um unserer Vorstellungskraft auf die Sprünge zu helfen? Offensichtlich meint man, man könne ein Modell des 18. Jahrhunderts nicht auf die Gegenwart übertragen. Stimmt das?
Sind wir nicht wie alle Menschen, zumindest seit historischen Zeiten, mit den gleichen Fähigkeiten zur Vermittlung von Wahrnehmung und Gedächtnis begabt? Leben nicht auch wir abhängig von der Möglichkeit zu lernen? Sind nicht auch wir gezwungen, die Kultivierung der Natur mit unserer Selbstkultivierung, also mit unserer Zivilisierung, in eine Balance zu bringen? Und trägt nicht auch uns die Vorstellung, die Welt zur Heimat befriedeten Daseins zu machen?

Ein deutscher Garten
1981 versuchte ich in wochenlangen nachmittäglichen Begehungen zusammen mit Uli Giersch und François Burkhardt (dem damaligen Leiter des Internationalen Design-Zentrums Berlin), das Areal zwischen Landwehrkanal, Anhalter Bahnhof, Prinz-Albrecht-Palais und der Stresemannstraße als Vorstellungswelt zu erschließen. Für dieses Areal, ein wahrhaft englischer oder zum ersten Mal ein wahrhaft deutscher Garten, gab es keinen Fürsten Franz als Planer und Realisator – bestenfalls läßt sich Hitler als dämonischer Demiurg identifizieren, der geschichtliche Kräfte für ein Zerstörungswerk mobilisierte. Geplant hat er es jedenfalls nicht, dazu fehlte ihm und seinen Paladinen die Vorstellungskraft.
Diesen deutschen Garten, wie er bis Mitte der achtziger Jahre bestand, schuf erst die wahrnehmende Betrachtung und das Gedächtnis derer, die ihn betraten. Im öffentlichen Bewußtsein existierte das Areal als ein verwüstetes Niemandsland, an dem auch die Nachkriegsdeutschen die Logik der Zerstörung als Logik des Aufbauens demonstrierten. Herr Düttmann ließ noch lange nach dem Krieg kräftig Ruinen abräumen, um einen städtebaulichen Gestaltungsplan von wahrhaft Speerscher Anmaßung mit deutscher Radikalität in diesem deutschen Garten zu verwirklichen: eine Stadtautobahn. Hatte jedoch Speer

noch Architekturen unter dem Gesichtspunkt errichten wollen, welche grandiosen Ruinen sie nach Jahrhunderten hinterlassen würden, so verwüsteten seine Nachfolger nochmals die Wüste: jene Wüste, in deren Sand das Zentrum Preußens gesetzt worden war. Abräumen als Aufräumen meint für die Deutschen wohl damals wie heute, den Blick in eine drohende Zukunft gegenstandslos werden zu lassen; wo keine Ruinen stehen, braucht man an die Zukunft nicht mehr zu denken.

Erst unter Rückbezug auf die englischen Gärten erschloß sich die Wüstenei zum *désert des Allemands*, zum deutschen Garten. Und erst mit Blick auf das Forum Romanum, das anschaulich gewordene Gedächtnis der römischen Antike, wurde das Areal zur Vorstellung eines *Forum Germanum*. Aber wie die Römer sich aus der Geschichte zu legitimieren versuchten, indem sie sich zu Abkömmlingen des trojanischen Königs Äneas stilisierten, und wie die deutschen Kaiser sich als Repräsentanten des Heiligen Römischen Reiches Deutscher Nation installierten, führt auch der deutsche Garten die historische Imagination wieder direkt nach Troja zurück, und wir werden in diesem Gelände zu Trojanern. Im *Völkerkundemuseum* Stresemannstraße Ecke Niederkirchner Straße hatte Schliemann seinen Schatz des Priamos deponiert, um dafür auf Betreiben Professor Kochs wenigstens die Ehrenbürgerschaft von Berlin zu erhalten; Ehrendoktorhut oder eine Professur wollte man dem Wilderer der Altertumswissenschaften, dem Phantasten der historischen Imagination, denn doch nicht zugestehen. Aber die goldgeile Einholung des Schatzes erwies sich als Trojanisches Pferd für Preußen-Deutschland: denn Schliemann hatte mit seiner Methode, den homerischen Mythos wörtlich zu nehmen, genau jenes Verfahren als äußerst leistungsfähig erwiesen, dessen radikaler Anwendung Deutschland das Ende von '45 verdankt. In den Trümmern des Völkerkundemuseums verschwand Schliemanns Schatz wieder im Dunkel der geschichtlichen Unterwelt.

Die Trojaner waren nicht erst mit Schliemann nach Berlin gekommen. Im Zentrum des deutschen Gartens liegt der *Askanische Platz*. Den Namen erhielt er von den Askaniern, die mit Albrecht dem Bären an Havel und Spree zu kolonisieren begannen. Mit ihrem Namen wollten sie auf die anspruchsvolle, geschichtsträchtige Herkunft ihres Geschlechtes aus Troja verweisen, denn Askanius ist der latinisierte Name eines Sohnes von Äneas. Der Askanische Platz war also immer schon trojanisches Gelände.

Um die Authentizität zu erhalten, wie wir 1981 der Vorstellungskraft der Deutschen mit einem Lehrpfad *Im Gehen Preußen verstehen* der historischen Imagination nachhelfen wollten, zitiere ich aus meiner Zusammenfassung des Projekts:

Für geschichtliche Prozesse gilt, daß Ruinieren nicht nur als ein Zerstören, sondern gerade als Aufbauen in Erscheinung tritt. Der sogenannte Wiederaufbau Deutschlands nach dem Zweiten Weltkrieg ist dafür beredtes und inzwischen allgemein verständliches Zeugnis.

Immer noch und immer wieder werden in unserem neuen Troja Versuche gestartet, diesen deutschen Garten als ein Monument unseres Geschichtsverständnisses „aufzubauen". Aber mit der Geschichte kann man nicht konkurrieren. Auch die genialsten Künstler und Baumeister sind nicht in der Lage, eine derart sprechende Metapher für den geschichtlichen Wandel zu erfinden, wie sie seit der Nachkriegszeit in unserem Troja der historischen Imagination bereits als *Erdverwertung* besteht. Dort wurden und werden die Trümmer des Gewesenen angehäuft, sortiert und umgewidmet. Eine der grandiosesten Umwidmungen dieser Erdverwertung hat dazu geführt, daß heute jeder Berlinbesucher, der per Flugzeug anreist, auf den Trümmern des *Reichssicherheitshauptamtes* und der Geheimen Staatspolizei, also auf den Ruinen und Fragmenten des *Prinz-Albrecht-Palais* und der Unterrichtsanstalt des *Kunstgewerbemuseums* landet. Man wollte aus verständlichen Gründen die Erinnerung an die nationalsozialistische Umwidmung eines preußischen Erbes möglichst radikal beseitigen. Als Unterfutter des Tegeler Flugplatzes haben die Trümmer nun für die historische Imagination eine größere Bedeutung als an ihrem ursprünglichen Ort.

Wohlgemerkt: Der historischen Imagination und dem trojanischen Blick erschließen sich dann eben nicht nur in unserem Gelände die Grundrisse der Kerkerzellen von Gestapo-Opfern. Die untersten Zellen lagen in ehemals von Bildhauern und anderen Künstlern genutzten Ateliers der Kunstgewerbeschule.

Auch Hitler verstand sich in erster Linie als Künstler, der an lebendem Menschenmaterial seinen politischen Formungswillen zu verwirklichen versuchte.

Daß in Gestapoverhören Menschen physisch und psychisch umgestaltet wurden, muß die historische Imagination ins Verhältnis zum künstlerischen Gestalten von Menschenbildern setzen, wie es auch in der Kunstgewerbeschule gelehrt und gelernt wurde.

In demselben Gebäudekomplex war die in ihrer Zeit leistungsfähigste Kartei installiert, mit deren Hilfe man die dort ebenfalls untergebrachte größte Kostümsammlung der Welt kulturgeschichtlich und sozialgeschichtlich bearbeitet hatte. Nach den Arbeitsprinzipien dieser Kartei legte die in das Gebäude einziehende Geheime Staatspolizei ihr eigenes Informationssystem an, dem sie nicht zuletzt ihre durchschlagenden Erfolge verdankte.

Wie anders als in historischer Imagination läßt sich ein zynischer Treppenwitz der Geschichte erkennen und aushalten, der darin zu sehen ist, daß ausgerechnet in diesem deutschen Garten über Jahrzehnte ein nicht unerheblicher Teil des Geländes für das Fahren ohne Führerschein genutzt wurde. Aber es besteht kein Zweifel, daß der Führer und seine Unterführer zumindest seit 1938 über vom deutschen Volke ausgestellte Führerscheine verfügten. **Der Weg in die Katastrophe war nicht das Resultat unfähiger Lenker des historischen Prozesses. Sie hatten ihre Fahrziele und die von ihnen diktierten Verkehrsregeln in verbindlicher Form allen Deutschen zur Kenntnis gegeben. Und die Straßen, auf denen es ans bittere Ende ging, waren durch die deutsche Geschichte vorgezeichnet** – so wie die ursprüngliche Lennésche Gartenanlage und die Reste der provisorischen rischen Russengräber noch heute die Fahrwege für das Fahren ohne Führerschein vorzeichnen.

Derartige historische Imaginationen mögen manchmal überzogen wirken, fast ein wenig zu pointiert; in der Tat, **die Wirkung der Imagination besteht gerade darin, die bloßen historischen Fakten auf den Punkt zu bringen, von dem aus sich der Umgang mit diesen Fakten als erhellend erweist.** In aller Deutlichkeit demonstriert die wirklich leistungsfähige Karikatur dieses Verfahren.

Um die Jahrhundertwende veröffentlichte Karl Arnold im *Simplicissimus* eine achtteilige Bilderfolge *Der Archäologe mit der Wünschelrute*. Sie zeigt, wie ein Gelehrter frei nach Fontane die Wüste des märkischen Sandes durchwühlt, um auch aus ihr wie aus dem ägyptischen Wüstensand Nofreteten zu bergen und mit ihnen die Berliner Museen zu füllen. **Erst die historische Imagination vermag irgendeinem überkommenen Objekt jene Bedeutungen zuzuordnen, die dieses Objekt zum sinnträchtigen Kulturgut erheben;** und sinnträchtig ist, wie gesagt, der archäologische Blick gerade darin, die Gegenwart bereits wie eine Vergangenheit sehen zu können.

Th. Th. Heine schilderte ebenfalls im *Simplicissimus* von 1900 das Gelände unseres deutschen Gartens als einen „märkischen Sumpf". Vom alten Schöneberger Hafen aus läßt Heine unseren Blick in Richtung auf den Anhalter Bahnhof gegen das Zentrum Berlins schweifen. Das Gelände ist unter Wasser gesetzt, aus dem nur noch die Kuppeln von Anhalter Bahnhof, Dom und Schloß sowie der Turm des „Roten Rathauses" hervorragen. Im Bildvordergrund tummeln sich Frösche, die sich die Bilduntertitelung zuzusprechen scheinen: Wunderbar, was eine weise Regierung vermag! Vor 200 Jahren befand sich an dieser Stelle die märkische Sandwüste! Unsere historische Imagination erschließt diese Karikatur über das denkwürdige Faktum, daß in den letzten Tagen des Zweiten Weltkrieges die SS die Tunnelwände der U-Bahnschächte in Höhe des Hafenbeckens sprengte, um durch diese Flutung die Russen am weiteren Vormarsch Richtung Prinz-Albrecht-Gelände/Reichssicherheitshauptamt zu hindern.

Heines Imagination ist weit mehr als eine bloße spekulative Vision. Sie kritisiert jegliches kulturschöpferisches Fortschrittspathos (schon gar das regierungsamtliche) als eine Verschleierung der traurigen Tatsache, daß der Fortschritt zumeist in der Verwandlung von Wüsten in Sümpfe besteht.

Auf dieser Ebene sollten wir mit dem historischen Faktum umzugehen lernen, daß in unserem deutschen Garten zum Beispiel auf der Stresemannstraße nur während 95 Jahren, nämlich zwischen 1866 und 1961, *keine* Mauer verlief, wie wir sie heute als ein angeblich einmaliges Skandalon vor Augen geführt bekommen. Auch die alte Mauer entlang der Stresemannstraße erfüllte Zwecke wie die heutige Mauer: Sie sollte Menschen daran hindern, vor dem Zugriff militärischer und wirtschaftspolitischer Mächte zu fliehen. Auch damals war diese Mauer ein „Schandfleck", wie aus alten Polizeiprotokollen hervorgeht. Der innerstädtische Weg entlang der Mauer, heute Todesstreifen genannt, hieß damals *Potsdamer Kommunikation* – welch sinnvolle Erhellung des stolzen Preußenerbes. Mauern vermitteln nun einmal zwischen Diesseits und Jenseits, **und die historische Imagination ermöglicht uns die Kommunikation mit den Toten.** Die Verunstaltungen der Mauer, über die jene Polizeiberichte lamentieren, dürften den heutigen entsprechen, auch wenn heute die diesseitigen Wände der Mauer als große Kommunikation für Sprayer und Spötter dienen.

Als 1866 die Mauer fiel, hatte Preußen gerade bei Königgrätz die Österreicher vernichtend geschlagen; also erhielt die neue mauerfreie Straße den Namen jenes vermeintlichen Triumphes. Als Preußen-Deutschland zum Ersten Weltkrieg mit Österreich einen bedingungslosen Bund der Nibelungentreue einging, wurde aus der Königgrätzer die Budapester Straße; die historische Imagination stellt uns jene Metropole des k.u.k.-Reiches als durch eine Wassermauer getrennte Einheit von Buda und Pest so vor Augen, wie das eine Berlin an der ehemaligen Budapester Straße heute in Ost und West geteilt wird.

Als die großdeutschen Waffenbrüder am Ende des Ersten Weltkrieges gemeinsam untergingen, wurde aus der Budapester die Stresemannstraße. Nachdem das Saarland *Heim ins Reich* votierte, sollte der den Nazis verhaßte Stresemann dem Vergessen überlassen werden: Die ihm gewidmete Straße wurde zum Teil in Saarland- und zum Teil in Hermann-Göring-Straße umbenannt.

Der preußische Ministerpräsident Hermann Göring sorgte an hervorragender Stelle dafür, daß das Saarland schon bald nicht mehr zum Reich gehörte. Das Dritte Reich wurde zum Betriebsunfall der deutschen Geschichte erklärt, und man entschloß sich, noch einmal einen neuen Ausgangspunkt in der Weimarer Republik zu wählen: Stresemann wurde wieder Namenspatron für den diesseitigen Teil der Grenze zum Jenseits der Mauer.

Wer die historische Imagination in diesem großartigsten aller deutschen Gärten erst einmal auf die Fahne der hier etwa 250jährigen Stadtgeschichte setzt, wird auf Schritt und Tritt fündig. Ich benötigte 1981 während der *Preußen*-Ausstellung tagtäglich vier Stunden, um den Mitläufern auf dem historischen Lehrpfad auch nur einige Dutzend Konstellationen dieses einmaligen Weltmodells zu eröffnen. Historische Karrieren von Gebäuden, Straßen, Arealen, wie ich sie eben skizzierte, lassen sich für jeden Punkt des Geländes erzählen; die Beständigkeit des Wechsels ist zugleich beruhigend und erregend. Nicht der Schlaf der Vernunft gebiert hier jene Ungeheuerlichkeiten, von denen wir die Historiker gern erzählen hören; **die historische Imagination konfrontiert uns mit der Ungeheuerlichkeit der Vernunft, wo sie sich selbst als eine letzte Größe und Macht ins Werk zu setzen versucht.**

Freilich überlistet sich diese ungeheuerliche Vernunft häufig selbst, und dann dürfen wir auch in diesem Gelände schallend, also befreiend lachen; zum Beispiel dann, wenn uns schlagartig klar wird, daß Axel Cäsar Springer sein Missionshaus des Westens so errichtete, daß er (wenigstens idealiter) in der Apsis der alten Jerusalemkirche residierte: Ihm, der von hier aus seine Wallfahrten nach Jerusalem antrat, erwuchs aus dem Grundriß der zerbombten Jerusalemkirche eine Vision des neuen Deutschland wie dem mittelalterlichen Menschen in seiner Kirche die Vision des Paradieses. Das Vierte Reich würde nach Springers Auffassung ein Himmelreich sein müssen.

Die sich selbst überlistende Vernunft überließ den Abtransport der bürgerlichen Scheiße durch das unterirdische Kanalisationssystem dem antiken Halbgott Herkules; die nach ihm benannten Kloakenpumpen beweisen, wozu man klassische Bildung brauchte: der Hauptmann von Köpenick wurde Gymnasialprofessor.

Ja, inzwischen dürfen wir auch schallend lachen angesichts jener ernsthaften Nachkriegsbemühungen des Senats, in dem Trümmerfeld dieses deutschen Gartens gleich wieder einen (allerdings atombombensicheren) Bunker zu bauen; denn schließlich war man ja bereit, aus der Geschichte zu lernen, also anzuerkennen, daß in unserem deutschen Garten nur die Bunker den Krieg unbeschadet überstanden hatten. Der Atombunker steht voll funktionstüchtig ausgerüstet schräg gegenüber der Portalruine des Anhalter Bahnhofs, aus dem nur noch die geisterhaften Gestalten der historischen Imagination herausströmen, um sich für endgültige Zeiten unter Beton begraben zu lassen.

Vorstellungskraft

Ist es nicht auffällig, daß mit dem englischen Garten und dem Forum Germanum in der eben skizzierten Vorstellung die bemühten und aufwendigen Versuche nicht konkurrieren können, nach dem Zweiten Weltkrieg in Weltausstellungen, Bundesgartenschauen, in Funparks und touristischen Erlebnislandschaften das kollektive Gedächtnis wahrnehmbar werden zu lassen und die Wahrnehmung zu erinnern? Das kann nicht an den eingesetzten Attraktionen liegen, Wahrnehmung zu stimulieren; denn diese Attraktionen waren und sind zu ihrer Zeit schlechthin unüberbietbar, und das sollen sie auch sein. Es fehlt ihnen nicht am gesamtkunstwerklichen Charakter, aber an Künstlern oder zumindest identifizierbaren Urhebern einer Vision respektive einer umfassenden Vorstellung.

Sobald derartige Schöpfer sichtbar werden, wie in den Land-Art-Projekten Walter de Marias oder Richard Longs, wird mit erheblich geringeren Mitteln, ohne gezielte Steigerung der Attraktivität, spürbar, was wir bei Franz von Anhalt-Dessau und den großen Zivilisatoren des 18. Jahrhunderts, ja eben noch bei den großen Zerstörern des 20. erfahren zu können glauben.

Ian Hamilton Finlay hat sich deshalb für seinen Park *Little Sparta* in der Nähe Edinburghs von vornherein dafür entschieden, den englischen Garten als Modell zu akzeptieren. Geht es also entscheidend um die Vorstellungskraft eines Künstlers?

Nun haben ja seit dem denkwürdigen Versuch der polnischen Regierung nach dem Zweiten Weltkrieg, Künstler ein Denkmal für Auschwitz errichten zu lassen, Henry Moore oder Adorno darzustellen versucht, warum derartige Projekte scheitern müssen. Auch die bedeutendsten Künstler könnten mit Sinfonien und literarischen Meisterwerken, mit Skulpturen oder Architekturen der Aufgabe nicht gewachsen sein, dieses historische Ereignis Auschwitz zu verstehen, wenn es gerade darauf ankäme, dem Unfaßbaren, Unvorstellbaren in Auschwitz zu begegnen.

Auch Besucher heutiger Holocaust-Museen oder archäologischer Felder ehemaliger Konzentrationslager formulieren ihren wichtigsten Eindruck mit Hinweis auf die Unfaßbarkeit und Unvorstellbarkeit des Geschehens von Auschwitz. Es ist durchaus ehrenvoll, sich so zu äußern, denn diese Äußerung ist ja nicht abwertend, sondern als nachdrückliches Bekenntnis gemeint. Aber die Schlußfolgerung kann nicht lauten, daß die systematische Vernichtung von ethnischen Minderheiten, von Glaubensgemeinschaften, unvorstellbar sei – sie hat ja stattgefunden –, sondern gerade als Konsequenz der Durchsetzung abstrakter Ideen nach dem Schliemann-Verfahren zu verstehen ist.

Nicht die Unfaßlichkeit und Unvorstellbarkeit des Geschehens gilt es ehrenhaft zu bekunden, sondern gerade die Vorstellbarkeit und das Verstehen. Fürchtet man, die grausamen Ereignisse abzuwerten zu etwas, was das wahnhaft hypertrophierte menschliche Denken hervorzubringen vermag? Fürchtet man die Einmaligkeit und Unvergleichlichkeit der systematischen Ausrottung von Juden in der Aussicht zu verlieren, daß dergleichen wieder geschehen könnte, gerade weil es eine – wenn auch extremste – Konsequenz menschlicher Allmachtsphantasien bezeichnet? Fürchtet man, daß eine derartige Vorstellung zukünftiger Geschichte die historischen Ereignisse relativiert?

Solange wir uns auf eine derartige Vorstellung nicht einlassen wollen, bleiben alle Versuche vergeblich, Auschwitz erinnerbar werden zu lassen und in die wahrnehmende Betrachtung der gegebenen Welt aufzunehmen. Die behauptete Unvorstellbarkeit verhindert, daß solche Monumente sprechen wie der Warnungsaltar im Wörlitzer Park oder die trivialen, unverzichtbaren Warntafeln: „Den Toten zur Erinnerung – den Lebenden zur Mahnung". **Die vielen Projekte zum Ausgang des 20. Jahrhunderts (und des 2. Jahrtausends), Gedächtnistheater zu installieren, können nur dann auch nur annähernd gelingen, wenn sie den Anspruch auf die Vorstellbarkeit des angeblich Unvorstellbaren**

befördern und zur anschauenden Betrachtung bringen.
Was wir eigentlich erinnern, sind nämlich unsere Vorstellungen von den historischen Ereignissen und nicht sie selbst. Das zu verstehen ist die Aufgabe; wir lernen es nirgends so förderlich wie im Gartenreich des Franz von Anhalt-Dessau.

Eine schwere Entdeutschung –
Wir widerrufen das 20. Jahrhundert
4 Kunst auf Befehl.
Eine kontrafaktische Annahme:
War Hitler ein Gott?

Wozu die immer erneuten Auseinandersetzungen um die Kunst im Dritten Reich? Die Antwort kann kurz und bündig ausfallen: weil die bisherigen aus einer entscheidenden Tatsache keine Schlüsse zogen. **Die Mehrzahl der Autoren, die über die Künste im Dritten Reich gearbeitet haben, ging von der für selbstverständlich gehaltenen Auffassung aus, daß es so etwas wie nationalsozialistische Kunst gab, eben die Nazikunst.** Selbstverständlich schien diese Annahme gewesen zu sein, weil man nicht nationalsozialistisches Kunstschaffen untersuchen konnte, wenn man gleichzeitig behauptet hätte, daß es eine derartige Kunst gar nicht gegeben habe. **Es ist nicht nur eine Frage der Interpretation, sondern inzwischen einfach nicht übersehbar, daß der National-**

sozialismus keine genuine Kunst hervorgebracht hat. Davon müssen heutige Untersuchungen ausgehen. Es gelang den Nazis weder einen Stil noch eine eigene Bildsprache zu erarbeiten, geschweige denn durchzusetzen. Das formale und thematische Repertoire der Künstler, die sich als Nationalsozialisten verstanden, sich in den Dienst der Bewegung stellten oder vom NS-Regime gleichgeschaltet wurden, entstammt samt und sonders Quellen, die nicht erst der Nationalsozialismus als politische Bewegung und Regime eröffnet hat.

Nicht einmal die für so nazitypisch gehaltenen Arbeiten von Speer, z. B. seine Lichtdome, sind Erfindungen eines Nazikünstlers; sie wurden längst vor 1933 von der Werbung (damals *Reklame* genannt) entwickelt.[1] Der nationalsozialistische Ritus, dem so viele Künstler mit ihren Entwürfen zur Entfaltung als „Staatstheater" verhalfen, wurde weitgehend in Analogie zum katholischen Kultus entwickelt. Die nazitypische Brieffloskel „mit deutschem Gruß" stammt von Lagarde (Gründerzeit); das „Heil" von der Jugendbewegung.[2] Die Programme zur Ausrottung der Juden wurden erstmals bündig von Richard Wagner in seinen *Regenerationsschriften* vorgetragen.[3]

Ikonografie und Emblematik der NS-Uniformen gehen bis auf das Lützowsche Korps in guter, alter preußischer Zeit zurück; die von den NS-Marschierern gegrölten Lieder, in denen das Judenblut von den Messern spritzt, stammen fast wörtlich von klassisch gebildeten, bürgerlich patriotischen Herren wie Körner, Arndt, Jahn, Kleist, Fichte.[4]

Die Kampagnen gegen die „Entartete Kunst", allgemein als zentrales Anliegen der NS-Kulturpolitik gewertet, war beileibe keine Erfindung der Nazis sondern so alt wie die Moderne selbst. Sie galt auch keineswegs nur den Produkten jüdischer Künstler; im Gegenteil, sie wurde von einem jüdischen Arzt und Schriftsteller 1892 auf den Begriff „Entartung" gebracht: von Max Nordau, den seine „Normalitätssehnsucht" sogar dazu veranlaßte, seinen tatsächlichen Namen Simon Südfeld aufzunorden.[5] Daß die Kampagnen gegen entartete Kunst vor 1933 nicht nur ideologisch oder kunsttheoretisch ausgefochten wurden, dafür ist der Bildersturm in Thüringen 1930 Beispiel.

Die Entwürfe der Architekten, die man gerne für den reinsten Ausdruck der NS-Kulturgesinnung hält (Kreis, Troost, Gutschow, Tamms, Wolters, Fahrenkamp etc.), verdanken sich völlig anderen Herleitungen als der aus einer NS-Ideologie.[6]

---

1 Vgl. B. Hinz, Die Dekoration der Gewalt, Gießen 1979.

2 Vgl. F. Heer, Der Glaube des Adolf Hitler, München 1968.

3 Vgl. H. Zelinsky, Plenipotentarius des Untergangs, Neohelikon IX, Amsterdam 1982.

4 Vgl. G. de Bruyn, Das Leben des Jean-Paul Friedrich Richter, Halle 1975, Frankfurt am Main, 1978.

5 C. Hepp, Avantgarde, München 1987.

6 Vgl. W. Durth, Deutsche Architekten, Frankfurt am Main 1985 und H. Frank, Hg., Faschistische Architektur in Europa, Hamburg 1985.

Die Reihe der Beispiele läßt sich inzwischen für so gut wie jede vermeintlich „astreine" Manifestation der Nazikultur fortsetzen. Für die Wissenschaften ist es kaum anders. Der Erfinder der „verjudeten Physik" war der Nobelpreisträger für Experimental-Physik P. Lennard.

Empirische Rassekunde (die Schädel- und Nasenvermessung etc.) wurde von Normalwissenschaftlern der Kaiserzeit betrieben.

Carl Schmitt, vorherrschender Rechtsideologe des Dritten Reiches, konzipierte seine haltlosen Denkereien, die heute noch für erlauchte Wissenschaft gehalten werden, lange vor dem Dritten Reich als Erzkatholik, dem der Dadaist und Heilsucher Hugo Ball Elogen darbrachte. Bis auf die ab 1933 in seinen Schriften ausgemerzten Namen jüdischer Gelehrter, brauchte Schmitt seinen Ansatz nicht zu ändern, als er sich definitiv nach der Liquidierung Röhms und seiner SA mit Opportunismus und Machtgier dem Dienst am Führer unterstellte; seine lange vorher entwickelten Ideen hatte er keine Sekunde zu verleugnen.

Daß die Regimezeit 1933 - 1945 weder für die Künste noch für die Wissenschaft all jenen Schwachsinn produziert hat, den man ihr heute als Ausgeburt dummer Funktionärsgehirne gerne zuschreiben möchte – **daß also so gut wie alles, was man als typisch nationalsozialistisch stigmatisieren und damit wohl zu bannen hofft, promovierten, habilitierten Großprofessoren und gebildeten und kultivierten Menschen der Königs- und Kaiserzeit zu verdanken ist, macht sich auch in vier generellen Tendenzen der Kulturentwicklung in Deutschland bemerkbar.**

1. Weder hat die für typisch nationalsozialistisch gehaltene Bildnerei, Schreiberei, Denkerei und Wissenschaftlerei mit der Stunde Null von 1945 ihren Einfluß verloren oder gar aufgehört (die *Stunde Null* konnte es nicht geben, weil es keine eigenständige NS-Ideologie gegeben hat, die 1945 hätte zusammenbrechen können); noch wurden umgekehrt all jene kulturellen Leistungen vom NS-Regime abgewürgt oder abgetötet, die dieses Regime offiziell als Kulturbolschewismus und krankhaften Modernismus verdammte.

2. **Die vom NS-Regime lancierten und teilweise verwirklichten Programme „Schönheit der Arbeit" setzten naht-**

los fort, was deutsche Werkbündler und Bauhäusler als genuine Programmatik der Moderne entwickelt hatten.[7]

3. Auch das vorbehaltlose Bekenntnis zum Nationalsozialismus verhalf Künstlern nicht dazu, daß ihre Arbeiten im Dritten Reich als staatstragende Leistungen oder wenigstens als brauchbare Beiträge zur „Deutschen Kunst" anerkannt wurden. Emil Nolde konnte wohl (wie viele andere) niemals ganz verstehen (falls es da tatsächlich etwas zu verstehen gibt), warum er als NS-Bekenner der ersten Stunde dennoch mit Berufsverbot belegt wurde.

4. Künstler, Literaten, Wissenschaftler, die implizit (in ihren Werken) oder explizit lange vor der Etablierung des Dritten Reiches jenen ideologischen Quark breittraten, den man nach 1945 gern für „typisch Nazi" halten wollte, ließen sich vom NS-Regime nicht vereinnahmen – trotz ideologischer Nähe.[8] Das galt mit Modifikationen für Literaten wie Stefan George oder Intellektuelle wie Oswald Spengler. Vor allem galt das für Thomas Mann. Seine *Betrachtungen eines Unpolitischen,* die er 1917/18 schrieb, stehen an Inhumanität, Skrupellosigkeit, Niedertracht und exquisiter Dummheit kaum *Mein Kampf* von Hitler nach. Als Thomas Mann nach dem Ende des Ersten Weltkrieges und zu Beginn des Kampfes gegen den „Versailler Schandfrieden" erahnte, was mit seinen *Betrachtungen* der Kulturentwicklung angerichtet werden konnte, distanzierte er sich ohne Vorbehalte von seinen Haßtiraden gegen die dekadente Zivilisation der westlichen Demokratie. Zugleich aber – und das ist von größter Wichtigkeit für die heutigen „Betrachtungen" des NS-Regimes und seiner Wirkung – versetzte seine eigene Nähe zu jener Kulturideologie, die dann im Dritten Reich offiziell galt, Thomas Mann in die Lage, 1945 scharfsinnige und tatsächlich leistungsfähige Analysen des Zeitgeschehens anzustellen; bis heute sind diese Analysen unübertroffen. Wer immer inzwischen etwas zur Verständigung über die entscheidende Frage „Wie konnte dergleichen geschehen?" beigetragen hat, bestätigte Thomas Manns Analysen (am kürzesten dargestellt in dessen Radioansprache vom 25. Mai 1945).

1960 eröffnete Fritz Fischer mit seiner Arbeit über die Kriegsziele der deutschen Politiker und Generäle im Ersten Weltkrieg die Debatte über die Frage, ob das Dritte Reich ein „Sonderfall", gar bloßer Unfall der deutschen Geschichte sei, oder ob es nicht vielmehr in deren Kontinuität stünde, ja konsequentes Resultat der Logik jener deutschen Geschichte gewesen sei. Für diese Debatte des politischen Geschehens spielten entsprechende Fragestellungen aus dem Bereich der Kulturentwicklung nur eine untergeordnete Rolle: als Belege und Zeugnisse

---

7 Zur Kontinuität der Moderne im Dritten Reich vgl. W. Voigt, Die Stuttgarter Bauschule, in O. Borst, Hg.: Das Dritte Reich in Baden und Württemberg, Stuttgart 1988; sowie Durth, a.a.O.

8 Vgl. A. Mohler, *Die konservative Revolution in Deutschland 1918–1932,* Darmstadt 1972.

für die Hyperthrophie das Kulturbanausentum der NS-Funktionäre einerseits und für das verlegen stille Wirken der inneren Emigration andererseits.

Vor allem „linke" Betrachtungen gingen davon aus, die *monumentale Ordnung*[9] mit ihren architektur- und kunstsprachlichen Elementen wie Pfeilerarkaden, Quadersockelung, Volumenhierarchien, Blendwerken etc. sei schon aus sich heraus „faschistoid". Diese post-fest Behauptungen nahmen wenig Rücksicht auf die Tatsache, daß die monumentale Ordnung gleichzeitig in den totalitären Staaten und in westlichen Demokratien einen großen Teil des architektonischen Schaffens bestimmten. Man konnte nur darauf eingehen, indem man derartige kulturelle Manifestationen generell als Architektur des Kapitalismus auffaßte. So sehr man auch glaubte, beweisen zu können, daß das Großkapital Hitler an die Macht gebracht habe, und dessen Bauten also Ausdruck des Machtanspruchs des Kapitals seien, so wenig ließ diese Betrachtung eine spezifische Ausgrenzung der Phänomene des Faschismus und des deutschen Nationalsozialismus zu, um die es eigentlich gehen sollte. Denn

9 F. Borsi, Stuttgart 1987.

die Verschwisterung von Macht und Kultur konnte nicht allgemein als Kennzeichen der monumentalen Ordnung behauptet werden: im italienischen Faschismus akzeptierte die politische Macht nicht nur die Futuristen, Konstruktivisten und Modernisten des neuen Bauens und der neuen Sachlichkeit; Mussolini erhob sie sogar in den Rang einer Staatskunst – jene künstlerischen Konzepte also, die von den Nazis offiziell geächtet wurden und die zerschlagen zu wollen sie behaupteten. Statt dessen propagierten die Nazis Auffassungen, deren gemüthafte Bodenständigkeit, Allgemeinverständlichkeit und handwerkliche Gediegenheit gerade soviele linke Widerständler anzog wie rechtskonservative Elitisten, internationalistische Stalinisten wie internationale Weltkonzernherren in Verzücken versetzten.

Erst recht geriet die post-fest Behauptung von dem faschistoiden Charakter der monumentalen Ordnung ins Wanken, wenn man ihre Durchsetzung in der Sowjetunion zur Kenntnis nahm. Die linke Kritik, die das wagte, kam zu einer unüberbietbaren Selbstwiderlegung ihrer Behauptung. Wenn nämlich die monumentale Ordnung im Dienste der Weltrevolution oder auch nur des Sozialismus in einem Lande zu akzeptieren war, im Dienste des Kapitalismus aber nicht, dann hieß das, die Sprache der Künste, die Architektursprachen und ihre Elemente sind von Form, Maßstab und Material her keineswegs ideologisch besetzt und dürfen auch keinesfalls von vornherein eindeutig gesellschaftlichen Wertvorstellungen, kulturellen Weltbildern oder politischen Weltanschauungen zugeordnet werden.

Eine ebenso fatale Selbstwiderlegung produzierte die Rechtfertigung der inneren Emigration. Auf kulturelle Werte habe man sich in der Regime-Zeit zurückgezogen, auf die klassische Musik, aufs Theater, die stille Welt der Bücher, aufs Immerwahre der großen Schöpfungen der Menschheit, aber diesen ewigen Schöpferischen Geist wirklich zu erfahren, und sich ihm zu verpflichten, sei nur in Zeiten totalitärer Herrschaft möglich. Diese Argumentation enthüllte sich als fatale Rechtfertigung der Aufgabe aller kultureller Verbindlichkeit, als sich die Rechtfertiger der inneren Emigration nach 1945 energisch dagegen verwahrten, daß ins Ausland Emigrierte nach Deutschland zurückkehrten. Typisch dafür die Abweisung von Thomas Mann durch ein niedersächsisches Provinzblatt, dessen Feuilletonisten die damals weit verbreitete Auffassung innerer Emigranten vertraten, ins Ausland, ins Feindesland Emigrierte hätten mit ihrer Auswanderung aus Bequemlichkeit und zur Vermeidung persönlicher Nachteile jene Kultur verraten, als deren Repräsentanten sie gerade verfolgt und (im günstigsten Fall) zur Auswanderung gezwungen worden waren.

Das Dritte Reich steht auch mit seinen kulturellen Ausprägungen in der Kontinuität der deutschen wie eines wesentlichen Teils der europäischen Geschichte – vom Beginn der französischen Revolution über den Leninismus/Stalinismus bis zur „Integration" der NS-Wissenschaftler, Militärs, Funktionäre, Künstler und Geheimdienstler in die Interessenssphäre der westlichen Siegermächte und der jungen Bundesrepublik.

Das Dritte Reich ist zugleich ein Sonderfall der deutschen Geschichte und dennoch eine ihrer möglichen Konsequenzen. Wie ist das zu begründen?

Wenn nicht die ideologischen Gehalte, nicht Themen und Formen der Künste, Wissenschaften und Weltanschauungen, wie sie dem NS-Regime zugeschrieben wurden, tat-

sächlich von ihm hervorgebracht wurden, sondern von den heterogensten, einander bekämpfenden Bewegungen, Parteien und Bekenntnissen des 19. Jahrhunderts, dann kann das den Faschismus/Nationalsozialismus Kennzeichnende nur darin liegen, wie dieses Regime mit Ideen, Spekulationen, Weltentwürfen und Sozialkonstruktionen umgegangen ist. Die Nationalsozialisten wurden zu dem, als was sie in der Geschichte gewirkt haben, weil sie alle jene kruden und modernen, Blut und Boden beschwörenden und technikeuphorischen, verquast religiösen und konsequent säkularisierten Konstrukte der geistigen Arbeit, deren Begriffe und Bilder, ernst nahmen; sie machten mit diesen politischen Vorstellungen und ästhetisch/technischen Erfindungen blutigen Ernst. **Sie folgten einer allen Menschen naheliegenden Naivität, zu behaupten, daß Entwürfe einer anderen Welt, daß Utopien aller Art ja jegliche geistige Arbeit doch zu nichts anderem nützlich sein können als dazu, das konkrete Handeln der Menschen anzuleiten;** Utopien seien zu verwirklichen; den abstrakten Reden und Spekulationen müßte die verwirklichende Tat folgen, solle die Arbeit der Begriffe nicht zum bloßen beliebigen Gerede verkommen.

Ein Impuls kennzeichnete alle, die für den Nationalsozialismus als gesellschaftspolitische Tat, als radikales Ernstmachen mit Ideen, Sympathie zeigten: ihre Verachtung für das bloße „Gequassel", das Räsonnieren der Parlamentarier, der Intellektuellen und Künstler. Es dürfe nicht beim so verstandenen beliebigen Reden bleiben; die Arbeit des Kopfes solle mit der realisierenden Arbeit der Faust vereint werden; erst wenn Ideen von den Massen ins Alltagsleben der Gesellschaft „umgesetzt", also verwirklicht würden, erweise man ihnen den gehörigen Respekt; man „adele" sie damit über alles hinaus, was akademische Ehren und künstlerische Anerkennung bedeuten könnten.
Für diesen Verwirklichungsanspruch stand das persönliche Schicksal des Führers, der ja – wie immer wieder propagiert wurde – ein Künstler sei; ein genialer Entwerfer architektonischer Visionen. Der Führer habe sich nicht

damit zufrieden gegeben; ihm sei es darauf angekommen, diese Visionen im lebendigen Körper des Volkes wirksam werden zu lassen, sie in Fleisch und Blut zu überführen.

Auch der Mechanismus, mit dem diese Umsetzung der Ideen in die Tat erzwungen werden sollte, entspricht den nationalsozialistischen Handlungsstrategien. Er besteht im schieren Wörtlichnehmen der Begriffe und Vorstellungen.[10]

10 Vgl. dazu J. Fest, Hitler, München 1973.

Dafür waren die Deutschen (*i begriffi* nannte sie Croce) immer anfälliger als andere, als Engländer oder Franzosen, die mit den handfesten Gegebenheiten in der Welt zu operieren verstanden, weil sie die Kraft hatten, Weltreiche zu bauen. **Den Deutschen, so wußte schon Heinrich Heine, blieb in ihrer politischen und geografischen Lage nur das Reich der ästhetischen Chimären, der philosophischen Spekulation und musikalischen Abstraktion:** die waren, aus Mangel an anderen praktisch konkreten Möglichkeiten, die Domäne der Deutschen. Sarkastisch, aber verständnisvoll kennzeichnet Heine das Verlangen der Deutschen, wenigstens diese ihre *Wolkenkuckucksheime* für wirklich, ja, die Ideen für das einzig Wirkliche halten zu können. **Entsprechend haßerfüllt und radikal waren die Deutschen geneigt, gegen alle vorzugehen, die ihnen ihren einzigen Besitz, die Welt der geistigen Konstrukte, zu zerschlagen drohten.**

Antisemitismus hat es in allen Ländern seit dem Mittelalter gegeben, in manchen stärker als in Deutschland. Daß aber die Deutschen ihren Antisemitismus bis zur programmatischen Ausrottung der Juden steigerten, hängt in erster Linie mit der Tatsache zusammen, daß von Juden (einem Hauptstrom ihres theologischen Denkens gemäß) die stärksten und bündigsten Argumente gegen den Wirklichkeitsanspruch von Ideen vorgetragen wurden, und damit alles „zersetzt" zu werden schien, was den Deutschen überhaupt lieb und wert war. Die lange vor dem Dritten Reich geschmähte „jüdische, intellektualistische Zersetzung" bestand ja in nichts anderem als im Insistieren auf einer **unaufhebbaren Differenz zwischen Idee und Vorstellung einerseits und dem Handeln andererseits.** Das unnachgiebige Insistieren auf dieser Differenz durch jüdische Denker schien den Deutschen lebensbedrohlich. Sie ließen sich zu radikalen Reaktionen um so mehr hinreißen, als den jüdisch intellektualistischen Kritikern an deutschen Erzwingungsstrategien der unmittelbaren Einheit von Wort und Tat, von Denken und Handeln, sachlich nicht widersprochen werden konnte. So verrannten sich die Deutschen in einen Beweis für ihre Selbstbehauptung, der im Dritten Reich als fundamentalistisches Dogma fatal wurde: je kontrafaktischer die kulturellen, politischen und sozialen Setzungen der Deutschen seien, desto bedeutender und mächtiger, desto wirklichkeitszwingender werde deren Wirkung. Je aussichtsloser die Lage, desto gewisser der Sieg. Je unwahrscheinlicher ein Handlungserfolg, desto richtiger die Handlungskonzeption, die ihn zu erzwingen versuche.

Aus dieser Kontinuität der deutschen Auffassung von der wirklichkeitszwingenden Kraft der Ideen leitet sich auch der Sonderfall des NS-Regimes in der deutschen Geschichte ab. Er mußte sich als höchste und radikalste Konsequenz aus der Entwicklungslogik der deutschen Geschichte ergeben, unabhängig davon, welchen konkreten Vorstellungen das Regime folgte. Dieser Sonderfall der deutschen Geschichte, als radikalste Ausprägung ihrer kontinuierlich entfalteten Entwicklungstendenz, mußte eintreten, sobald der zersetzende Einspruch gegen die Einheit von Vorstellung und Wille, von Wort und Tat beseitigt war. Ein zirkulärer Schluß: man mußte die totale Macht haben, um die Zersetzer auszurotten; und man hatte erst die Macht zur totalen wortwörtlichen Verwirklichung der „zwingenden" Ideen, wenn es keinen Einspruch mehr geben würde. In Himmlers Ansprache an die höheren SS-Führer in Posen am 24. Oktober 1943 kommt das ganze Elend dieses Beweises der Selbstbehauptung zum Ausdruck: Worte, Programme, Ideen seien wohlfeil; das könne ja jeder leichthin fordern: die Ausrottung der Juden, na klar, machen wir. Aber **diese Programme ernst zu nehmen, sie tatsächlich durchzuführen, das erfordere Anstrengungen, zu denen nur die Reinsten, von allen Motiven der Habsucht und anderen menschlichen Schwächen Freien befähigt seien.** Jeder irgendwie kriminalisierenden Energie werde abgeschworen. Man handele nur als reiner Idealist; nur als solcher sei man, in Pflichterfüllung vor der Geschichte der Deutschen, zur Tötung von so unendlich vielen Juden fähig. Wenn Himmler sagte, dieses Programm durchgezogen zu haben und dabei nicht schwach geworden zu sein, sei „ein nie zu nennendes und nie genanntes Ruhmesblatt" deutscher Geschichte, dann unterlief ihm dabei durchaus keine Freudsche Fehlleistung, wie man vermuten könnte.

Ihn beherrschte keineswegs die geheime Furcht, am Ende doch alles falsch gemacht zu haben; ungeschrieben mußte das Ruhmesblatt seiner Taten und das seiner SS bleiben, weil das schwache Volk niemals von diesen Taten etwas hören durfte. **Nicht das Bewußtsein, verwerflich gehandelt zu haben, führte zur Geheimhaltung der radikalen Verwirklichung des Ausrottungsprogramms, sondern die vermeintliche Größe der Tat, die alle Vorstellungskraft des normalen Menschen überstieg.**

Schon Wagner, der in seinen *Regenerationsschriften* den Deutschen als einzigen zutrauen wollte, die weltgeschichtliche Erlösung Ahasvers durch die Vernichtung der Juden zu ermöglichen, glaubte, daß nur wenige Eingeweihte dem Anspruch eines solchen Programms gewachsen seien.[11] **Wo solchen Eingeweihten, den Ordensbrüdern der SS, möglicherweise aufgegangen wäre, die wahnwitzige Absurdität derart programmatischer kontrafaktischer Behauptungen sei die schiere Barbarei, wurde ihnen nahegelegt, daß man eben ein Barbar zu sein habe, um weltgeschichtlich Großes und Einmaliges zu realisieren.**

Das ist das Spezifikum des Nationalsozialismus oder des Stalinismus oder des Pol-Pot. Totalitär waren diese Regimes nicht durch die von ihnen vertretenen Ideen, mochten sie auch noch so absurd sein – solche Absurditäten beherrschten Künste und Wissenschaften, sowie das politische Denken und das gesellschaftliche Geraune in vielen Ländern während des 19. und 20. Jahrhunderts, ohne sich notwendigerweise in totalitärer Macht zu manifestieren. **Erst das Wörtlichnehmen welcher Ideen auch immer, erst das radikale Verwirklichen geistiger Konstrukte führt zur totalitären Macht – selbst gegen den Willen der Macht**

---

11 H. Zelinsky, a.a.O.

haber –, weil die buchstäbliche Verwirklichung der Programme nur mit rücksichtsloser Gewalt betrieben werden kann.
Die Künstler konnten sich diesen fundamentalistischen Erzwingungsstrategien unterwerfen, weil sie durch Leid und Ohnmachtserfahrungen der Vermutung folgten, die Verwirklichung ihrer Vorstellung seien nicht die Kunstwerke selber, sondern deren Wirksamwerden als gesellschaftliche Lebensform. Sogar ein Gottfried Benn, der die Werkvollkommenheit über alles stellte und die reine Form als Ziel künstlerischen Arbeitens wie kaum ein anderer postulierte, war zwischen 1933 und 1936 geneigt, die nationalsozialistische Revolution als Beweis für die zwingende Kraft universell verbindlicher Formideen anzuerkennen.

Dem jahrzehntelangen Stigmatisierungsdruck, als asoziale Abweichler und Glasperlenspieler zu gelten, wollten Künstler entkommen, indem sie den strikten Vorbehalt, nur in der Sphäre des ästhetischen Scheins mit ihren Werken wirksam werden zu können, aufgaben. Allzu gern wollten sie vergessen, welche Richtung die Folgen der französischen Revolution dem utopischen Denken und der Aufklärung ein für allemal gegeben hatten: **Utopien standen nicht länger zur gesellschaftlichen Verwirklichung an, sondern bildeten das Reservoir des Widerstandes und der Kritik an allen Wahrheitsansprüchen, denen sich Menschen zu unterwerfen bereit sein mochten.** In gewisser Weise mußten utopische Spekulationen geradezu absurd irrational begründet werden, um sie als Handlungsanleitungen unbrauchbar werden zu lassen. Daß dieser Hermetismus der Werke jenseits der Bühnen, der Dachkammerateliers und verwunschenen Denkerklausen eine politisch normative Kraft des Kontrafaktischen jemals erlangen konnte, schmeichelte zwar den Allmachtsphantasien der außerordentlichen Geistesgrößen und künstlerischen Phantasten; aber Verantwortung für die Macht der kontrafaktischen Behauptung glaubten sie nicht übernehmen zu müssen, weil das gerade bedeutet hätte, den eigenen Anspruch vernichtend zu kritisieren und das Werk in dieser Kritik untergehen zu lassen. Kunstkritik verbot Goebbels folgerichtig, an ihre Stelle trat die Kunstbetrachtung aller Unpolitischen – Thomas Mann hatte übrigens in seinen *Betrachtungen* diese Schlußfolgerung abgeleitet; daß er ihr selber nach 1933 zum Opfer fiel, ist kein Treppenwitz der Weltgeschichte, sondern entspricht der Logik des Kontrafaktischen. Viele bedeutende Angeklagte der Moskauer Prozesse sahen ihre Überzeugungen gerade darin bestätigt, daß sie ihnen selbst zum Opfer fielen. Sie mußten ihrer eigenen Liquidierung zustimmen, um ihre Überzeugungen vor sich selber zu bestätigen.

Wo die Künstler sich in Analogie zum werkschaffenden Schöpfergott setzten, weil die *Imitatio Christi* durch die Erlösungsbedürftigkeit des Erlösers (Wagner) fragwürdig geworden zu sein schien, akzeptierten sie den radikalen Machtanspruch des Führers. Denn dieser Anspruch schien auf die Verwirklichung ihrer Ideen ausgerichtet zu sein. Noch heute, so könnte man aus dem Historikerstreit schließen, ist die zwingende Kraft der kontrafaktischen Setzung, die Hitler besaß, nur als sich selbst beweisendes Wunder zu fassen. Leider wagte es niemand auszusprechen, was den scheinbar streitenden, in Wahrheit bekennenden Historikern als Fazit aller Erklärungsversuche des vermeintlich Unbegreitlichen zu fragen blieb: **War Hitler ein Gott?**
Den gottanalogen Schöpfungskünstlern und ihrer kunstgläubigen Klientel mußte diese Frage weniger blasphemisch erscheinen als anderen; sie waren es gewohnt, vom „göttlichen Raffael" wie selbstverständlich zu reden. „Der Einbruch des Numinosen ins Werk" ging ihnen glatt von den Lippen; „höhere Wesen befahlen" ihnen immer schon, wenn sie sich nicht gar als mediale Verkörperung des höchsten Wesens selbst verstanden. Anspruchsvolle Philosophen unterfütterten mit ihren Ontologien der Kunst jenes künstlerische Selbstverständnis, das vor allem Hitler zu eigen war. Wer ihm als Denker darüber hinaus auch noch mit einer Ontologie der Politik die alleinige Macht kontrafaktischer Rechtsetzung zuschrieb, hatte so ziemlich alle Wesensbestimmungen eines Gottes zusammen: **Hitler war angesichts seiner jedes Kalkül außer Kraft setzenden Wirkung nur als ein Gott zu begreifen, auf jeden Fall als dessen mediale Inkorporation, als das tatgewordene Gesetz.** Selbst sein Ende konnte noch als Beweis seiner unfaßbaren Größe verstanden werden, da nicht zum ersten Mal der jüdisch-intellektualistische Einspruch gegen innerweltliches Heilsgeschehen zur Tötung des Gottes geführt hatte.

Auch diesen Topos hat Wagner mit seiner *Götterdämmerung* unmittelbar für die deutsche Geschichte erschlossen. **Hitler hätte sich mit Wagners Werkideen niemals so vorbehaltlos identifiziert, hätte er das Ende der Götter nicht als Bestätigung ihrer Mission verstanden.** Auferstehung durch Untergang, Errettung durch die Apokalypse gehört nun mal zur fundamentalistischen Logik und der sich selbst bestätigenden Macht der kontrafaktischen Behauptung, also der Behauptung eines Sinns in der Geschichte und der Definition von Kultur als Kraft zur verbindlichen Sinnsetzung.

Die Kunst- und Kulturpolitik des Dritten Reiches versuchte nichts anderes, als die Künste auf diese verbindliche Sinnsetzung auszurichten. Verwirklicht wurde demnach in ihr die Verbindlichkeit eines mehr oder weniger zufällig gewählten Konzepts. Das Resultat wäre nicht anders gewesen, wenn Emil Nolde statt des Reichsschamhaarmalers Ziegler Präsident der Kunstkammer geworden wäre, wenn Fritz Lang – wie ihm von Goebbels angeboten wurde – die Reichsfilmkammer übernommen hätte und wenn Walter Gropius statt Albert Speer das Bauprogramm des Führers verwirklicht hätte – bis 1935 jedenfalls wäre Gropius von einem solchen Ansinnen kaum überrascht worden. Daß das Dritte Reich einsinnige Verbindlichkeit nicht durchzusetzen vermochte, ist erwiesen, aber es hat das als Kern seiner Kunstpolitik zu erreichen versucht. Nicht der Expressionismus oder Kubismus oder sonst ein -ismus war den Nazis von vornherein Inbegriff der „jüdischen Kunstvernarrung". Goebbels präsentierte den Besuchern seines Privathauses noch Mitte der 30er Jahre stolz Arbeiten von Käthe Kollwitz; Göring „erwarb" Franz Marcs *Turm der blauen Pferde*, Robert Ley schätzte die Architekten des Neuen Bauens. Nur das ständige Durcheinander und schnelle Nacheinander der sich widersprechenden und überbietenden Kunstismen irritierte das Selbstverständnis der Nazis. Mit dieser unverbindlichen Gleichzeitigkeit des Heterogensten sollte Schluß gemacht werden; **denn wo kein künstlerisches Konzept als schließlich und endlich verbindliches herrsche, gäbe es auch keinen Anspruch auf 1000jährige Dauer, auf übergeschichtliche Geltung von Ideen.** Diese Dauer und uneingeschränkte Geltung sollte als höchste Kulturleistung kontrafaktisch durchgesetzt werden. Wie in allen Bereichen ist aber auch in der Kunst das Absolutsetzen von Formideen nur um den Preis möglich, leere Abstraktionen übrig zu behalten; denn was ein Konzept leistet, welche Bedeutung einem Kunstwerk zukommt, ist nur in Relation auf andere Werke festzustellen. Sobald diese anderen Konzepte und Werke verschwinden, verlieren auch die größten und bedeutendsten ihre bestimmbaren Qualitäten. Am Ende der durchgesetzten Verbindlichkeit bleiben zwangsläufig leere Werkhülsen als abstrakte Phrasen zurück, unabhängig davon, was diese Werke im Kontext anderer Werke jemals gewesen sind.

Als leeres Form- und Phrasengedröhn entdecken sich auch uns die von den Nationalsozialisten mit verbindlicher Geltung ausgestatteten Werke. Deren Konzepte waren keine eigenständige Hervorbringung von Nazis. Ihre Geltung verdanken sie nationalsozialistischer Erzwingungsstrategie von Verbindlichkeit. Als Kunstwerke sind sie samt und sonders drittklassig und unerheblich. Was also wäre dagegen einzuwenden, sie heute in staatlichen Kunstsammlungen zu zeigen (in Privatgalerien wurden sie ohnehin nach dem Ende des Naziregimes nicht nur gezeigt, sondern rege gehandelt; ihre Urheber wurden mit Aufträgen eingedeckt; selbst die Stadt Frankfurt ließ ihren Ehrenbürger Max Horkheimer 1963 auf dessen eigenen ausdrücklichen Wunsch hin von einem Meister porträtieren, dessen Geltung durch das Dritte Reich erzwungen werden sollte)?

Immer noch ist die Annahme unumgehbar, daß die Präsentation von Kunstwerken in öffentlichen Sammlungen, in staatlichen Museen deren Geltungsanspruch erhöhe, ja, ihre Geltung beglaubige. **Würde die Nazikunst, deren Vorhandensein nur kontrafaktisch behauptet werden kann, in unseren Museen präsentiert, so würde sich deren Geltungsanspruch erneuern, gerade weil diese Werke formal und thematisch kaum als Nazikunst identifizierbar wären.** Künstler, die Geltungsanspruch und Geltung ihrer Werke durch willfährige Verschwisterung mit totalitärer Macht errungen haben oder glaubten, erringen zu müssen, sollten, wie die Inhaber dieser Macht, zur Verantwortung gezogen werden. Da sie sich dieser Verantwortung nicht stellen, weil sie behaupten, nicht der Macht, sondern bloß dem reinen Kunstschaffen verpflichtet gewesen zu sein, bliebe die Auseinandersetzung mit ihnen in öffentlichen Museen von vornherein ergebnislos.

Man könnte auch in negativer Affirmation so argumentieren: Der Glaube an die Wirksamkeit und damit die Bedeutung von Kunst wird heute immer noch durch die Bilderstürme, die Kampagnen gegen die „entartete" Kunst genährt. Es müsse doch etwas dran sein an Kunstwerken, deren Wirkung mit aller totalitärer Macht verhindert werden sollte, indem man die Werke zerstörte, die Künstler für krank (im psychiatrischen Sinne) erklärte oder als Staatsfeinde einsperrte. Geltung hatten die „entarteten" Werke eben nicht, aber Wirkung. Würde man die im NS-Regime mit Verbindlichkeit ausgestatteten Werke eben wegen ihrer Geltung als NS-Kunst und nicht wegen ihrer künstlerischen Qualität, die sie nach Allgemeinurteil gar nicht besitzen, in unseren Museen zeigen, so würde die künstlerische Bedeutung zugunsten spektakulärer Geltung noch weiter zurückgedrängt als das ohnehin der Fall ist. (Obwohl heute die Akzeptanz der Kunst eher daraus resultiert, reizstarker Vorwand für gesellschaftliche Ereignisse, für ökonomische Spekulationen und für PR-trächtige Selbstdarstellung zu sein.)

Jeder sollte wissen, vor allem jeder Künstler: Wenn er sich mit ökonomischer, politischer oder sozialer Macht einläßt, hat er deren Schicksal zu teilen. Mit dem Bekenntnis, „meine Ehre heißt Reue", ist es nicht getan. Aber nicht mal zu diesem Bekenntnis konnten sich Künstler aufraffen, die aus Mangel an eigenständigem konzeptuellem Denken und Formkraft die Wesensbestimmungen ihrer Werke der totalitären Macht überlassen. So mies waren sie.

Und wie mies sind wir selber, die heutigen Künstler, Wissenschaftler, Intellektuellen? Die Beschäftigung mit der kontrafaktisch behauptbaren Nazikunst und Naziwissenschaft sollte darin ihren Sinn haben, abzuschätzen, wie weit die Kontinuität reicht, in der auch das Naziregime stand. Daß es ein Sonderfall war, verhindert nicht weitere Sonderfälle.
Zwar grassiert heute noch religiöser und anderer weltanschaulicher Fundamentalismus. Für die Zukunft der Menschheit gefährlicher ist aber der technologische und wirtschaftliche Fundamentalismus, der mit Erzwingungsstrategien bisher nie gekannter Macht den Erdball, gar den Kosmos, seinen Vorstellungen unterwerfen will, und koste es das Überleben der Gattung Mensch.
Ob der Aufbruch in Osteuropa nicht als wirtschaftlicher Fundamentalismus zur Erzwingung des Wohlstands für alle verheerende Folgen haben wird, die

weit über das hinausgehen, was das Naziregime angerichtet hat, ist noch nicht ausgemacht. Faschisten wären wir erst dann nicht, wenn wir jederzeit wußten, daß wir, ohne es zu wollen, mit unseren heutigen Weltrettungsplänen zu solchen Faschisten werden konnten.

Eine schwere Entdeutschung –

Wir widerrufen das 20. Jahrhundert

5 Deutschsein.

Die normative Kraft des Kontrafaktischen

Bei der Suche nach dem Deutschsein entdeckten alle, die über diesen Topos seit Goethes Zeiten nachdachten, den Typus des Barbaren, der zugleich Kulturschöpfer, Kulturbringer und Kulturheld ist. Goethe selbst entwickelt diese Figur in der *Iphigenie*; Kleist beschrieb die Barbareien mythischer Amazonen als Ausdruck ultimativer Kultur des Menschen, wobei diese Beschreibung zu einer Selbstrechtfertigung des Deutschen gegenüber den Stigmatisierungen französischer Feingeistigkeit wurde; Schillers *Räuber* sind die spektakulärsten Vertreter jener Abweichler und Revolutionäre, deren barbarische Rücksichtslosigkeit als historische Notwendigkeit gesellschaftlichen Fortschritts verstanden werden soll; Herder versuchte verzweifelt, den Barbareien lutherischer Dogmatiker im Bauernkrieg und in den Religionskriegen etwas Positives abzugewinnen, indem er über Leichenbergen auf deutschem Boden die Gestalt des *Weltbürgers* und des universellen Zivilisten aufsteigen ließ; Heinrich Heine hat das Treiben der deutschen Barbaren mit Perspektiven und entsprechenden Einsichten analysiert, die heute noch ihresgleichen suchen; die Gründerväter von Germanistik, Völkerkunde und Kulturgeschichte extrapolierten aus den vermeintlichen Nationalepen Charaktere wie *Parzifal* oder *Simplizius*, *Siegfried* oder *Faustus*, denen jede Absicht, nur das Gute, ja Beste zu wollen zur barbarischen Verwüstung gerät und die umgekehrt die heroische Unempfindlichkeit entwickeln, die angeblich phrasenhafte Humanität zivilisatorischer Eliten mit dem Anspruch auf berserkerhafte Kraft auszugeizen; in Fichtes *Reden an die deutsche Nation* wird jegliche Barbarei zur deutschen Tugend und jede deutsche Tugend zur Barbarei.

Seither gab es unüberschaubar viele, je nach Veränderung der Lage modifizierte Varianten des Themas, unter denen die von Wagner, Nietzsche und Thomas Mann und die von Langbehn, Chamberlain und Rosenberg hervorragen. International spielten die deutschen Erörterungen eine herausragende Rolle bei der Entscheidung für den Atom- und Wasserstoffbombenbau, für das Leistungsprofil der Neutronenbombe und bei der Rechtfertigung chemisch-bakteriologischer Waffen – in all diesen Fällen ist der deutsche Topos von dem kulturschöpferischen Barbaren so zur Geltung gekommen, wie ihn bereits Alfred Nobel für sein Tun in Anspruch nahm. Er wollte eine so entsetzlich zerstörerische Waffe schaffen, daß niemand mehr wagen würde, sie anzuwenden.

Heute machen Beispiele deutscher Topmanager für die Barbarei deutscher Begriffsgläubigkeit und Prinzipiennaivität die Zeitgenossen gruseln: inzwischen wankten selbst Spitzenkonzerne wie Mercedes Benz unter den Auswirkungen der Überzeugung, am deutschen Wesen könne die Welt genesen. Sogar konkrete Erfahrungen mit der Begrenztheit unserer kollektiven Fähigkeiten und Vermögen hielten die hochlöblichen MdBs nicht davon ab, für den Ausbau Berlins als Hauptstadt *in abstracto* (auf dem Papier) so horrende spekulative Forderungen zu stellen, daß die Bezeichnung „faustisch" wie Gemütskitsch klingt. (Oder sollte man daran glauben dürfen, daß solcher deutscher Aberwitz nur gefordert wurde, um den Umzug nach Berlin zu verhindern?) Es verdient besondere Beachtung, daß sich die deutschen Militärs, mit wenigen Ausnahmen gegen die barbarische Alles-oder-nichts-Forderung überhaupt so lange resistent erwiesen haben; erst in der jüngsten Vergangenheit gaben sie ihren Widerstand auf, mit Waffengewalt die Durchsetzung papierner Prinzipien auf dem Balkan oder dem Territorium der ehemaligen Sowjetunion – nach dem Beispiel des Golfkriegs – in Angriff zu nehmen.

Was die Erörterung solcher Beispiele für *Deutschsein* so schwierig macht, sind die historischen Tatsachen, unter deren Druck sich die Deutschen formierten. Für diese Tatsachen hatte Heine großes Gespür. Er stellt die deutsche Begriffsgläubigkeit, den Hang zu spekulativen Abstraktionen und manischer Theoriebastelei vor allem als Konsequenz der politischen und territorialen Zerstückelung Deutschlands dar, die den Deutschen nur noch den **Himmel der Ideen**

Seelenwanderkarre – Totenvogelhäuschen. Von Brock in den 60er und 70er Jahren im

Vaaler Moor genütztes Objekt, um die Anwesenheit der abwesenden Toten zu repräsentieren.

und den inneren **Kosmos der Gefühle als Aktionsfeld** offenhielt. Am besten ließen sich damals diese Wolkenkuckucksheime in Gestalt großer poetischer, musikalischer, philosophischer Werke realisieren, die dieses Land der Dichter und Denker so besiedelten, wie die Engländer und Franzosen den Globus mit ihren Kolonien, Wirtschaftssystemen und Verwaltungsmaschinen überzogen.

Die deutsche Tragödie entwickelte sich, als durch die voranschreitende Industrialisierung der Wert von Konzepten, Konstrukten und spekulativen Ideen rasant anwuchs, wodurch die Deutschen um 1900 als führende Wissenschaftsmacht auch weltliches Gewicht mit entsprechender industrieller Produktion erhielten. **In der Folge wurden die Deutschen verführt zu glauben, daß Ideen Berge versetzen können, weil angewandtes Wissen Macht sei. Sie verstanden aber niemals, daß die Anwendung von spekulativem Wissen ganz andere politische und soziale Logiken verlangt, als sie in Denkerstuben, Künstlerateliers, auf Opernbühnen oder an Weihespielorten herrschen.** Fatalerweise wurde diese machtversessene Innerlichkeit von höchster deutscher Autorität als Beweis ohne Widerlegungsmöglichkeit (und damit ohne Widerrufbarkeit, ohne radikale Kritik und Würdigung des Lügens) gestützt, denn schon Hegel hatte den radikalen Zirkel der Argumentation geschlossen: Wenn die Ideen die Wirklichkeit nicht zu beherrschen vermögen, sei das umso schlimmer für die Wirklichkeit. Alle zivilisierten Länder hingegen hatten sich bemüht, den Barbareien reiner Prinzipiengläubigkeit zu entgehen. *Fiat justitia periat mundus*, lautete die kritikwürdige Maxime: Es ist Wahnsinn, Recht und Gesetz unter allen Umständen durchsetzen zu wollen, wenn bei dieser Verwirklichung hehrer Ziele die Welt in Stücke fällt. **Die Deutschen blieben dabei, tugendhafte Pflege selbst dann zu rechtfertigen, wenn das Hegebedürftige durch Pflege zerstört würde oder die Mutterliebe die Lieblinge erstickte.** Ihnen blieb der Gedanke verschlossen, daß Dienst nach Vorschrift einer Sabotage gleichkommt und daß der Kadavergehorsam zwangsläufig Kadaver produzieren muß.

Natürlich sind solche Generalisierungen nur für den Versuch gerechtfertigt, auf ein Problem besonders drastisch aufmerksam zu machen. Wir vergessen dabei nicht, daß sich Herder und Humboldt, Goethe und Fontane, Thomas Mann (ab 1923) und viele nach 1933 ausgeschaltete Wissenschaftler, Künstler und Politiker den deutschen Denkkrämpfen entzogen. Sie durchschauten die kulturell verbrämte Willkür und weigerten sich, den radikalen Auffassungen eine Gloriole des verborgenen Tiefsinns umzuhängen. Sie folgten nicht der verführerischen Behauptung, jene Geistesprodukte seien am höchsten einzuschätzen, die sich jeglichem humanen Maß der Verhältnismäßigkeit und der Rationalität mit deklariertem Mutwillen verweigern. Aber – und damit überschreiten wir die üblichen Argumente zum Thema – Mutwille, Willkür, Bösartigkeit kann man nicht als irrationale Größen abtun, indem man sie mit dem Bannfluch der Inhumanität belegt. Sehnsucht nach Überlegenheit, Verbindlichkeit und Dauer läßt sich nicht als Merkmal faschistoider/autoritärer Persönlichkeiten abwehren. Rassenlehre, Sozialdarwinismus und Euthanasie werden durch ihre Kennzeichnung als pseudowissenschaftlich nicht zurückgewiesen, da sie nun mal der Wissenschaft entstammen.
In all diesen Fällen blieben und bleiben die Versuche, zu relativieren, zurückzuweisen oder zu widerlegen, erfolglos, wenn der gewollte Widersinn, die bewußte Mutwilligkeit und die erklärte Falschheit als Triumph über die Fesseln der Rationalität, der Erfahrung und der Selbstbeschränkung gewertet werden.

Daß man das Gute unbedingt will und gerade deshalb das Böse schafft, ist seit der französischen Revolution allgemeine, nichtdeutsche Erfahrung. Denn wer könnte schon

den Guten, die Gutes wollen, entgegentreten: also zum Beispiel den religiösen, den ökologischen und politischen Fundamentalisten, den Welterlösern, den Weltrettern, den Weltverbesserern? Aber den erklärten böswilligen Weltzerstörern, den Totschlägern, Brandlegern, Vergewaltigern gelingt vielleicht die Herausforderung einer Gegenwehr der Guten!

Mit solchen oder ähnlichen Vorstellungen rechtfertigt man alle Ästhetiken des Schreckens, die de Sade'sche Aufklärung, die Zulassung von Pornographie und die der demonstrativen, symbolischen Gewalt als TV-Programm oder als Märchen. Es gibt Zweifel an der Haltbarkeit dieser Auffassung und Hinweise darauf, daß das Erschrecken vor dem Schrecklichen nicht kathartisch wirkt, sondern zur Nachahmung verführt. Es mag zwar in einer Hinsicht richtig sein, daß die von Jugendlichen oder anderen Minderheiten provozierte Reaktion elterlicher oder staatlicher Autorität dem Bedürfnis entspricht, endlich auf verbindliche Weise Grenzen gesetzt zu erhalten. Aber einer zeitgemäßen, d.h. heute schon abschätzbaren Entwicklung der deutschen Verhältnisse zu einem allgegenwärtigen „Los Angeles" wird diese Strategie der Entgrenzung, um auf Widerstand zu stoßen, kaum gerecht. Warum? Weil andererseits in weiten Teilen der Welt der ehemals vornehmlich deutsche Fundamentalismus, der Terror abstrakter Ideen, Erfolge zeitigt (siehe Jugoslawien, Irland, Armenien, Aserbaidschan, Indien usw.), die für die Welt wohl genauso bedrohlich sind, wie zu Zeiten Hitlers oder Stalins, dessen totalitäre Mission immerhin wesentlich durch Marx'schen *Deutschdenk* begründet wurde. Auf diesen Bahnen dürfte die Auseinandersetzung bestenfalls zum Gleichgewicht des Schreckens führen, dessen Stabilität auf Dauer fragwürdig bliebe.

Läßt sich gerade aus der deutschen Katastrophe ein dritter Weg zwischen totalitärer Verwirklichung von Ideen und vollständigem Verzicht auf ideengeleitetes Handeln begründen? Dazu später ein paar Vermutungen. Zuvor müssen wir uns auf Aspekte des *Deutschseins* einlassen, die zwar nicht spezifisch deutsch sind, aber in Deutschland, bei Deutschen extrem in Erscheinung traten. ***Deutschsein* war,** wie oben angedeutet, **zunächst vor allem die Fähigkeit, kontrafaktischen Behauptungen Bedeutung zuzugestehen und damit den geistigen und seelischen Energien der Menschen Leistungen abzuverlangen, die in einem befriedeten Dasein wohl kaum entstünden.** Daß die Deutschen diesen kontrafaktischen Behauptungen auf falsche Weise entsprachen, hat die Geschichte erwiesen. **Sie nutzten die Utopie nicht zur Begründung von Kritik in ideologischen Wahrheitsbehauptungen, sondern verstanden sie als Handlungsanleitung.** Das führte in begrenzten Einzelfällen zu spektakulären Erfolgen. Beispiel: Schliemanns Disposition zum kontrafaktischen Lesen der homerischen Epen brachte Troja und Mykene ans Licht. Gegenüber solchen Triumphen muß aber die Tatsache wach gehalten werden, daß die Disposition der Deutschen, eine wissenschaftlich ausgewiesene „Rassenlehre" kontrafaktisch als Anleitung zur Höherzüchtung des deutschen Volkes zu „lesen", zum Bau und Betrieb von Menschenvernichtungslagern führte. Aus dieser Dimension des *Deutschseins* ließe sich für eine zukünftige supranationale Gemeinschaft wahrscheinlich die deutsche Begabung für Utopien erhalten, will sagen, die Begabung für Kritik an der Wahrheit, vor allem deswegen, weil die meisten den Menschen zugemuteten Wahrheiten ziemlich grausam sind.

Deutschsein kennzeichnete aber auch immer ein Auswahl- und Unterscheidungsmuster, dessen Theorie der Carl Schmitt'sche *Dezisionismus* lieferte. Dieses Unterscheidungsmuster fand seine furchtbarste Ausprägung in der Rampenselektion zu Auschwitz. Das Verfahren läßt sich aber mit Verweis auf diese historische Anwendung nicht erledigen, leider. Die Bereitschaft von Menschen, zwischen *Freund* und *Feind* zu unterscheiden, muß nicht erzwungen werden. Sie liegt nun einmal, wie immer man das begründet, für Menschen nahe. **Der bis heute wahrscheinlich einzig haltbare Gedanke von Carl Schmitt ist der, im Feinde sich selbst als den Anderen zu sehen,** also die Freund-Feind-Klassifizierung als Resultat fiktiv angenommener und sozial durchgesetzter Identität des Menschen zu verstehen. Wir gehen nicht in dem auf, was uns als personale wie soziale Identitäten abverlangt wird. Alles, was wir von uns nicht in die Prokrustesform abgepreßter Identität hineinzwingen können, wird als eigene Fremdheitserfahrung und Bedrohung zum Feindbild stilisiert. **Deutsche haben besondere Erfahrung mit der Selbstzerfleischung der verschiedenen Seelen in einer Brust.** Deshalb konnten sie auch mit ihren

Feinden das aufrichtigste Mitgefühl empfinden; zumindest, so sagte selbst Himmler 1943 vor SS-Führern, wußten auch die rigidesten Vernichter der Feinde, wie erschütternd es sei, Dutzende, Hunderte, ja Tausende Tote vor sich zu haben.

Gegen derartige Bekundungen empört sich jeder, der sie hört. Sie sind unerträglich, aber wir müssen sie uns dennoch zumuten, weil in ihnen eben eine dieser grausamen Wahrheiten steckt, auf die sich das Verlangen nach Rechtfertigung und Entsühnung stützt. Es bedarf nur geringer Abweichungen von der traditionsgeleiteten, von Gewohnheiten gesteuerten und in banaler Evidenz vertrauten Normalität, um zu Unterscheidungen gezwungen zu werden, die jeder faktischen, empirisch nachprüfbaren Basis entbehren.

Die uns beherrschende *Logik unserer natürlichen Dummheit* **legt den Dualismus von gläubig-ungläubig, treu-untreu oder freundlich-feindlich nahe als simpelste Form der Attributierung. Sie besteht nur aus einer Operation, nämlich zuzustimmen oder abzulehnen, ja oder nein zu sagen —** und mit jeder Zustimmung wird die Fiktion dessen gesetzt, was man folgerichtig ablehnen müsse. Dieses Verfahren beherrscht heute die Steuerung technischer Prozesse, die ebenfalls auf der Binarität von Null und Eins, von Impuls und Nicht-Impuls beruht. Aus dieser Analogie scheint sich auch die Tatsache zu erklären, daß in Deutschland höchste technische Funktionalität mit dem kulturellen Fundamentalismus (*Blut und Boden*) vereinbar war. *Deutschsein* als Unterscheidungsmuster ist insofern ein allgemein menschliches, als die Eingrenzung der Gruppe der Freunde ganz inhaltslos, also rein formal zur Ausgrenzung der Anderen, der Feinde führt. Weil unterschieden werden muß zwischen den einen und den anderen, zwischen links und rechts, vorne und hinten, oben und unten und dieser reine Formalismus schwer zu ertragen ist, wird er mit Fiktionen untermauert, unter denen sich die der *nationalen Identität* als besonders einleuchtend erwiesen hat. Im Kern soll sie Loyalität der Bürger mit dem Staat erzwingen. **Nichts hat sich in Deutschland zur Erpressung von Loyalitäten derart geeignet, wie die radikale Konfrontation von nationaler Kultur und universeller Zivilisation,** und damit waren wir bei der dritten wesentlichen Bestimmung des *Deutschseins*. Auch sie ist offensichtlich gegenwärtig für die Durchsetzung der Fiktion ethnischer, völkischer, staatlicher und nationaler Eigenstandigkeit und Unabhängigkeit in aller Welt bedeutsam geworden. Als verspätete Nation und auch verspätet modernisierte, also industrialisierte Nation haben die Deutschen die rücksichtslose Ausspielung der Kultur gegen die Standards universeller technischer Produktion, des Welthandels und der politischen Demokratisierung/Amerikanisierung besonders nachdrücklich betrieben.

Diese Positionen des *Deutschseins* müssen wir heute ohne Berührungsängste vergegenwärtigen, weil sie sich national und international grausam zur Geltung

bringen. Die Serbenführer berufen sich auf sie genauso wie alle anderen Re- und Antigruppierungen: die Antisozialisten, die Antisemiten, die Komitees zur nationalen Rettung in Rußland, aber auch bei uns diejenigen, die Deutschland wieder als Großmacht mit entsprechender Aktionsverpflichtung herbeiphantasieren, respektive Deutschland zum Retter und Beglücker der restlichen Welt ins Spiel bringen. Alle bemänteln diese Wiederholung historisch widerlegter Selbstverpflichtungen als humanitäre Gesinnung, die wir der UNO oder der Völkergemeinschaft schuldig seien. Vor allem fordern sie alle die Reaktivierung des Kulturkampfes gegen Internationalismus und Universalismus der Zivilisation. Mit geradezu missionarischem Eifer setzen die Kulturautonomisten Zivilisationsstandards außer Kraft. Da werden wieder Schändung, Verstümmelung und Vergewaltigung der „Feinde" zum Beleg höchsten Anspruchs auf kulturelle Besonderheit.
Auf diese Zumutungen kann man nur mit der Empfehlung reagieren, die kulturellen Ansprüche der vielen Minderheiten in Deutschland entschieden zurückzuweisen. Nach dem zweiten Weltkrieg haben die Verfasser des Grundgesetzes mit guten Gründen im *Föderalismus* mit regionaler Kulturhoheit die Möglichkeit gesehen, dem kulturell verbrämten Terror zentralistischer Macht entgegenzuwirken. Aber solcher Kulturföderalismus hat Grenzen, die jetzt sichtbar werden, wo diverse Minderheiten der BRD mit dem Postulat auf *political correctness* je eigene Museen, Universitäten, Kindergärten und Schulen einfordern, weil nur so ihr grundgesetzliches Recht auf kulturelle Selbstbestimmung einzulösen sei. Die desaströsen Folgen solcher vermeintlich verbriefter Auslegung von Grundrechten sind abschätzbar. Sie führen unmittelbar zur Paralysierung der Arbeit in öffentlichen Institutionen – ganz zu schweigen von dem Ruin der öffentlichen Haushalte. Weltweit legitimieren sich schiere Machtkämpfe, auch als Verteilungskämpfe, mit der Fiktion, es ginge um die Wahrung kultureller Selbstbestimmung. Ob man das nun als Etablierung permanenter Bürgerkriege oder als Mafiotisierung der Gesellschaft beschreibt, ist gleichgültig.

Im Grunde ist das gesamte Konzept von Modernität seit gut 200 Jahren gegen die zerstörerische Kraft der regionalen Kultur entwickelt worden. Die Moderne wollte den borniert Kulturkämpfen entgehen, indem sie der Gesellschaft eine radikale Umorientierung von der Fixie-

rung auf kulturelle Identitäten hin zur universalen Zivilisation nahelegte. Die Kulturfeindlichkeit der Moderne, die gerade von volkstümelnden Minderheiten beklagt wurde, hat in dieser Vorgabe von Universalität der Zivilisation ihren Grund. Folgerichtig wurde von den Modernen als nachahmenswürdiges Beispiel einer solchen kulturenübergreifenden Zivilisation immer wieder das Konzept der antik-römischen *civitas* anempfohlen. Der moderne Klassizismus in Italien, England, Frankreich, schließlich in Deutschland und im Einflußbereich des sowjetischen Sozialismus berief sich auf diese römische *civitas*, die in der amerikanischen und französischen Revolution auch auf der Ebene rechtlicher Ausformulierung beispielhaft wurde. Gegenwärtig erfährt diese Konzeption eine veränderte Begründung, insofern man nicht mehr darauf hoffen kann, daß sich die konstitutiven und regulativen Ideen einer Weltgesellschaft und Weltzivilisation als machtvolle Vorstellung den Menschen einschreiben werden; sehr viel aussichtsreicher sind die gemeinsamen Ohnmachtserfahrungen aller Menschen angesichts schier unlösbarer Probleme, wie denen der Ökologie und der explosionsartigen Zunahme der Weltbevölkerung.

Vor diesen drohenden Katastrophen nehmen sich die bekundeten religiösen und kulturellen Gemeinsamkeiten von Minderheiten wie rituelle Beschwörungen aus, man brauche nur genügend Willen und Durchsetzungskraft, um alles zu erreichen, was den eigenen Überzeugungen, im Unterschied zu denen anderer entspricht: also als Beschwörung der Macht des Kontrafaktischen, das sich etwa in einer Öko-Diktatur zur Geltung bringen ließe. Wie man gemeinsame Ohnmachtserfahrungen zur Kraft der Veränderung werden lassen kann, ohne auf die historischen Muster des totalitären Terrors zurückzugreifen – diesen Fragen muß gegenwärtig unsere Aufmerksamkeit gelten, anstatt die Ressourcen dafür zu verschwenden, Verbindlichkeiten der sozialen Gemeinschaften kulturell zu begründen. Heutzutage erfahren alle wie immer legitimierten Mächtigen, daß mit dieser Macht nichts mehr getan ist, daß sie ihre Handlungsfähigkeit eingebüßt haben. Die Bürger büßen sogar ihre Fähigkeit ein, noch über diese Sachverhalte zu kommunizieren, wodurch sie in den Kurzschluß getrieben werden, das Vakuum der selbstzerstörerischen Macht nur durch noch größere Machtansammlung füllen zu können. Ein verständlicher, aber tragischer Irrtum, wie die Geschichte lehrt – vor allem die Geschichte des *Deutschseins*.

Eine schwere Entdeutschung –
Wir widerrufen das 20. Jahrhundert
6 Das Deutschsein des deutschen Designs

Nachdem bereits Nikolaus Pevsner in Aspen/Colorado einen berühmten Vortrag über *the Englishness of English Art* gehalten hat, scheint es nicht mehr nur eine typisch deutsche Narrheit zu sein, sich mit dem Deutschsein zu beschäftigen. Nicht zuletzt diskutierte Leonard Bernstein eine ähnliche Frage mit seinem *action teaching* „was ist das Amerikanische an der Amerikanischen Musik?", so daß wir Bernstein und Pevsner als Paten dieser Thematik beschwören können.

Die kürzeste Kennzeichnung des Deutschseins bekundet wohl das Verlangen der Deutschen, von allen geliebt zu werden. Und wenn wir *alle* sagen, meinen wir damit die ganze Menschheit!

Das Prinzip des Deutschseins definiert sich über den Term *deutscher Radikalismus*. Radikalismus bzw. Radikalität beziehen sich auf das lateinische Wort *radix* (=Wurzel), und wer die Redewendung „zurück zu den Wurzeln" im Mund führt, spielt damit immer auch auf „entwurzeln" oder „ausrotten" an. Das muß man wörtlich nehmen, denn **eine weitere Voraussetzung des Deutschseins sind Buchwissen und Buchstäblichkeit. Die Deutschen glauben nämlich, daß das real ist, was sie benennen können; daß in der Wirklichkeit existiert, was einen Namen hat, auch wenn es eigentlich ein abstrakter Begriff ist.**

Mit anderen Worten: *whatever people believe to be real is real in its consequences* oder auf deutsch: was Leute für real halten, zeitigt reale Folgen! Wenn Sie versuchen, jemand zu beruhigen, der sich vor Gespenstern fürchtet, indem Sie ihm sagen „Geister gibt's doch gar nicht", ändert das vermutlich nichts daran, daß derjenige vorsichtshalber doch die Fenster mit Brettern vernagelt – in dieser Hinsicht sind dann sogar die Bretter vor dem Kopf real!

Bei solchen „Realismus"-Vorstellungen hatte die Aufklärung natürlich keine Chance.
Das Deutschsein wird also erfahren als Suche nach den Wurzeln, den Ursprüngen, um sie auszureißen, und als unverbesserlicher Glaube an das wortwörtliche Verständnis von Aussagen.

Design als Domestikation
Der Design-Gedanke setzte sich zunächst vollständig in der agrikulturellen Veredelung durch: *Zuchtwahl*.
Zu den Design-Produkten aus Deutschland gehören deshalb Rassepferde aus Holstein, Niedersachen und Ostpreußen oder Schweine aus Pommern und Bayern.
Wir demonstrieren kurz dieses rassige Design an Rassehunden, die sich deutsche Führer und Intellektuelle als Attribut-Tier erwählten: Schopenhauer kraulte seinen Pudel wie Goethes Faust den tierischen Mephisto. Kanzler Bismarck ließ sich stets mit mächtigen deutschen Doggen, die in anderen Weltteilen „Schlachterhunde" genannt werden, sehen. Kaiser Wilhelm II. legte in seinem männlichen Freundeskreis auf die Anwesenheit seiner Dackel großen Wert. Kanzler und Führer Adolf Hitler stellte sich als wachsamer Hirte der deutschen Herde dar, indem er sich dem Deutschen Schäferhund als einzigem verläßlichen Freund zugeneigt zeigte.
Es ist bemerkenswert, daß die Nachkriegskanzler (und Politiker im allgemeinen) in keinem Falle auf den treuesten Begleiter des Menschen als Sympathieträger zurückgriffen, selbst grüne Politiker nicht, die unter Tierfreunden und Heimatschützern ihre Klientel rekrutierten.
Deutsche Kommunikationsdesigner an die Front! Wir möchten Joschka Fischer im Bundestag eine Siamkatze kraulen sehen!

Am Deutschen Design soll sich die Welt erfreu'n

Warum siehst du den Splitter in deines Bruders Auge und nicht den Balken im eigenen Auge? (Matthäus 7,3)

Die Deutschen sind blind für eine wirkliche Erfahrung der Welt aufgrund der Balken in ihren Augen. Diese Balken lassen sich emblematisch darstellen mithilfe von zwei Pfählen, sogenannten *Thementotems*, die mit Objekten bestückt sind, die das Deutschsein des Deutschen Designs veranschaulichen.

Beide Balken sind in charakteristischer Weise bekrönt, der eine mit einem Totenschädel, der andere mit einem Narrendiadem.

Der Schädel ist ein berühmtes deutsches Emblem, mit dem z.B. die Uniformen der deutschen Widerständler im Kampf gegen Napoleon in den Jahren nach 1806 versehen waren. Totenkopf und die schwarze Farbe dieser Truppenbekleidung wurden später übrigens von der SS übernommen.

Der Schädel ist mit einer Pickelhaube behelmt, einer Kopfbedeckung, die uns heute die Schamröte der Peinlichkeit ins Gesicht treibt, denn sie diente dazu, die Sterblichkeit ihrer Träger, das Endziel deutscher Politik und Kultur zu verschleiern. Man darf sich an die Tarnkappen erinnert fühlen, die die Helden Wagnerscher Opern trugen, Helden, die namhafte Schwerter schwangen – vielleicht kein Zufall, daß zur gleichen Zeit, in der Wagner seine Werke wirksam auf die Bühnen brachte, der Solinger Stahl Weltgeltung erlangte, ebenfalls ein berüchtigtes Design-Objekt deutscher Herkunft.

Der andere Balken trägt eine Narrenkrone. Aus der kulturgeschichtlichen Tradition des Narren, der unter dem Schutz der Schellenmütze Freiheit der Meinungsäußerung genoß, sind bekannt: Hans Wurst, Eulenspiegel oder Simplicissimus oder ich, Bazon Brock! Nur der Narr durfte zu allen Zeiten die Wahrheit sagen, weil man ihm unterstellte, daß er sowieso nur Heu und Stroh im Kopf habe, welches, wenn es angezündet, prachtvoll himmelwärts lodert – wie die Strahlenbündel Speerscher Lichtdome!

Deutsche Gründlichkeit oder: ist's Wahnsinn auch, so hat es doch Methode
Der Anfang der deutschen Designgeschichte führt uns noch einmal zurück in die Zeit des Widerstandes gegen Napoleon. Wie uns Tilman Buddensieg lehrte, handelt es sich beim *Eisernen Kreuz* um die erste große deutsche Designleistung. Karl Friedrich Schinkel hatte es entworfen, auf daß damit diejenigen geehrt würden, die den Kampf im Namen der Nation angetreten haben. So begann die Designgeschichte mit einer Sackgasse, denn wer das Eiserne Kreuz errang, konnte sicher sein, sich in einer Falle der Ausweglosigkeit zu befinden. In dieser Linie folgen weitere Warenwunder, Erfindungen, die im wahrsten Sinne des Wortes siegreich das Deutschsein verkörperten – nämlich Waffen, Raketen, das erste einstrahlige Düsenflugzeug – und dennoch ungepriesen blieben. Denn tragischerweise war ihnen die höchste Auszeichnung für einen gelungenen funktionalen Entwurf, die Prämierung als „die gute Form" vorenthalten: Waffen durften von der Jurierung nicht berücksichtigt werden, ungeachtet der Tatsache, daß sich die besten Designleistungen direkt oder indirekt

der Rüstungsindustrie verdanken, vom wirtschaftlichen Erfolg entsprechender Geräte ganz zu schweigen.

Die wirksamsten Designer waren stets Soldaten: innerhalb von Sekunden gestalten sie die Dinge komplett um, wenn es sein muß. Ihnen als den effektivsten Entwerfern ist das *Kochgeschirr* gewidmet: in den Blechnapf paßte eine Taschenausgabe etwa der Werke von Nietzsche, mit deren Hilfe sich der Soldat über sein Tun, über seine Neuorganisation der Welt orientieren, sich mit Urteilskraft be*waffnen* konnte. Im Feld hätte er sich wahrscheinlich eher von seinem Gewehr als von seinem Geschirr getrennt, schließlich gehörte die Blechdose, in der das Essen nicht nur mitgeführt, sondern auch erwärmt wurde und aus der man es direkt verzehrte, zu den hervorragenden deutschen Designleistungen.

Im Namen welcher Kultur der Soldat auch immer kämpfte, der Kultur*beutel*, den er selbstverständlich mit sich führte, trug jedenfalls wesentlich zur Zivilisierung der Menschheit bei! Diese brillante deutsche Errungenschaft – sozusagen die Mutter aus der Tasche – erinnerte jeden im Felde stehenden an seine ersten zivilisatorischen Pflichten: Zähne putzen (oder wenigstens mit *Odol* gurgeln) und Füße waschen. Daß der sinnreiche Beutel doch nicht nur der Zivilisation, sondern auch der Kultur seinen Tribut zollte, beweisen z.B. das mitgeführte erfrischende *Kölnisch Wasser* oder ein *Tannenbäumchen* als Memorierobjekt, um die lebensbestimmenden Rituale im Frieden zu erinnern. Wer sich diese Rituale nur unter Schluchzen vergegenwärtigen konnte, tupfte die Tröpfchen diskret mit einem *Tempo*-Tuch beiseite. Dieser Einwegartikel ersparte allen Weinenden die Wiederbegegnung mit alten Tränen, man warf das Tempo fort, bevor neue vergossen wurden – denn dazu gab es in der deutschen Geschichte Gelegenheit genug. In hygienischer Hinsicht bewährte sich das Tempo, weil man sich nicht mehr mit den eigenen Schnupfenbazillen infizieren mußte. Universelle Hilfe versprach das Medikament *Aspirin*, dessen Wiege in Wuppertal stand und das die Lazarettärzte als Allheilmittel verabreichten – man hat gesehen, mit welchem Erfolg! Die amerikanische Armee hat sich jedenfalls klugerweise nicht darauf verlassen.

In diesen Designobjekten manifestierte sich das Deutschsein als Ausdruck des Rationalismus, der Organisationsfähigkeit, der Planung, der Begabung, die definitiven Ziele unserer Handlungen unsichtbar zu machen, sie mit neuen utopischen Ideen der Welt zu verschleiern.

Deutsche Gemütlichkeit oder die Geburt des Idealismus am warmen Herde
Dem gegenüber steht die Tradition des Idealismus, der Reformbewegungen, des Wunsches nach *Gemütlichkeit*.
Der andere Balken trägt Embleme z.B. der deutschen Lebensreform, die sich um 1900 mit weltverbessernder Absicht auf die Socken, oder besser: Latschen machte. Noch heute wandern die Narren heimatlos in der Welt umher, nunmehr in den Nachfolgesandalen aus dem Hause Birkenstock, und wie der Soldat – das zeigt, wie eng die beiden Stränge *Rationalismus* und *Idealismus* miteinander verknüpft sind – mit geschultertem Rucksack.
Als Wegzehrung dient seit seiner Erfindung in Hannover der *Leibniz-Keks*, ein haltbares Nahrungsmittel, das mit dem gleichnamigen Philosophen lediglich durch einen topographischen Zufall verbunden ist. Weitaus bedeutsamer als diese Patronage sind die drei Buchstaben T.E.T. auf jeder Packung, die auf das altägyptische Wort für *Ewigkeit* zurückgehen. Auf Ägypten bezog man sich natürlich in dem Sinne, daß die pyramidalen Hinterlassenschaften dieser Kultur wie kaum etwas anderes geeignet sind, auf *Dauer* zu verweisen. Kurz und gut: auf der Rucksackwanderung durch die Welt – sei sie närrisch oder einsichtsvoll – ernährt man sich vom Ausdruck des Immerwährenden, bis er einen verdaut wieder verläßt und bis man selbst wieder zu Fischfutter wird – das ist der ewige Zyklus der Welt. Sollten Sie auf Ihrer Reise zu den letzten Gründen noch einmal nach dem Weg fragen müssen, wird Ihnen ein *Wörterbuch* behilflich sein, wie es Gustav Langenscheidt 1854 ersann. So wurde es durch deutsche Gründlichkeit nicht zuletzt den Soldaten ermöglicht, sich mit denen zu verständigen, die sie soeben erschossen hatten.
Neben Radikalität und Buchstabentreue dürfte wohl die Sauberkeit zu den meistgenannten deutschen Eigenschaften gehören, und so wurde konsequenterweise das *Reinheitsgebot* im Jahre 1516 von einem deutschen Herzog, nämlich Wilhelm V. von Bayern, erlassen. Es legte für alle Zeiten fest, daß Bier nur aus Wasser, Hopfen und Malz bestehen dürfe. Intelligenterweise ersannen Deutsche zur Aufbewahrung dieses Getränks auch gleich eine Flasche mit wiederverwertbarem Verschluß, wohl noch nicht ahnend, daß sich *Recycling* zu einem wesentlichen Anliegen des Umweltschutzes entwickeln würde.
Um den Umweltschutz haben sich im Wesentlichen die *Grünen* verdient gemacht, die eine erste parteibildende Thematisierung der Müllvermeidung betrieben und sich eine in der Welt einmalige farbsymbolische Propaganda von hohem Wiedererkennungswert zugelegt haben. Diese formierende Kraft korrespondiert eng mit der deutschen Schöpfung eines speziellen Personenstatus, dem des *Beamten*. Diese besondere Ausstattung von Staatsdienern mit

Unkündbarkeit und lebenslänglicher Versorgung wird durch Artikel 33 des Grundgesetzes garantiert.

Zu den Unentbehrlichkeiten des deutschen Beamten gehört der Aktenordner, zwischen dessen Deckeln die Lebenden und die Toten verwaltet werden und der die papiernen Utopien der Staatengründer schützt. **Der Ordner gehört zu den maßgeblichen Designleistungen vor allem aufgrund des markanten, stabilisierten Lochs – nicht nur weil man ihn damit praktischerweise aus dem Regal ziehen kann, sondern weil das Loch die beste formale Analogie zu dem ist, worauf Deutschtum beruht: auf einem Nichts.**

So, wie die Metallöse das Loch verstärkt, wird dieses Nichts durch Mystizismus und Spiritualität gefaßt, und so ist selbst die rationale Tradition verschwistert und durchflochten mit animistischer Beseelung toter, abstrakter Dinge. Wie anders läßt es sich erklären, daß der auf überaus rationelle Weise gefertigte und vertriebene Volkswagen den Namen *Käfer* erhielt? Was sonst könnte den Volksglauben erklären, daß die wohldurchdachte, gute Organisation der Einzelhaushalte *Heinzelmännchen* zugeschrieben wurde, oder daß sich eine deutsche Rundfunkanstalt in Anlehnung an diese personifizierten Erdkräfte in Zwergengestalt durch *Mainzelmännchen* repräsentieren ließ? Diese Inkorporationen sind Ausdruck der Deutschen für ihr unvergängliches Verlangen, ihre Wünsche auch erfüllt zu sehen, die Befriedigung ihrer Bedürfnisse gesichert wissen zu wollen – ob durch Gnome oder weniger märchenhaft durch Beamte spielt dabei kaum eine Rolle. In diesem Sinne ist *Schneewittchen* ungeachtet der glamourösen Disney-Verfilmung in Hollywoodmanier eines der deutschesten Märchen überhaupt!

Eine weitere Fabelfigur verkörpert das Selbstverständnis der Deutschen, das Image, das sie sich im internationalen Wettbewerb selbst zuschreiben: der Igel. Unter Bezug auf die bekannte Geschichte von Hase und Igel sahen sich die Deutschen nach 1950 angesichts der wirtschaftlichen und politischen Konkurrenz von Engländern, Franzosen und Amerikanern gerne als Igel, der das Rennen gewinnt aufgrund seiner Gewitztheit und Geschicklichkeit. Bekanntermaßen verloren die Deutschen jedes weltgeschichtliche Rennen und wurden in der internationalen Karikatur stets als blamierter Hase (z.B. von Gulbransson mit den Zügen Wilhelms II.) porträtiert.

Erst nach dem Zweiten Weltkrieg wurde diesen Verlierern das neue Wappentier zugestanden. Von den Alliierten bekamen sie den Mecki, einen eher unattraktiven Biedermann ohne weitreichenden Handlungsanspruch zur Identifikation angeboten. Dergestalt die Demütigung zu akzeptieren und Lehren daraus zu ziehen, konnten sich die Deutschen endlich in der langangestrebten Rolle des Igels bestätigt fühlen. Die wirtschaftlichen Erfolge der jungen Bundesrepublik schienen ihnen denn auch Recht zu geben, wobei der *Mercedes-Stern* in diesem Zusammenhang als herausragendes Symbol der deutschen Kunst- und Designgeschichte genannt werden muß, das diese Logiken impliziert. Kein Geringerer als Erwin Panofsky hat uns über diese Ikonographie belehrt!
Der Begriff *Ökonomie* (Wirtschaft) leitet sich ab aus dem griechischen Wort *oikos* (=Herd). Das macht deutlich, daß die Keimzelle aller wirtschaftlichen Betätigung die heimische Kochstelle ist, um die herum sich früher das Familienleben organisierte. In der deutschen Figur der „guten Hausfrau" fließen die rationalistische Tradition der Planung, der Kalkulation und die romantischen Vorstellungen bändigbarer Erdkräfte und guter Geister zusammen; die gute Hausfrau wäre demnach die Schnittstelle zwischen deutschem Beamten und grünem Wandervogel. Daher ist der Bereich der Hauswirtschaft neben der Waffentechnologie das zweite große Betätigungsfeld erfolgreicher deutscher Designer, man denke nur an die weltweit verbreiteten Lebenshilfen *Uhu* oder *Tesa*-Film, mit denen sich die Trümmer, die bei der buchstabengetreuen Realisierung deutscher Großmachtphantasien entstanden, mühelos wieder zusammensetzen ließen. Um die Spuren des schöpferischen Eingreifens in die Weltordnung zu beseitigen, bediene man sich eines Wischlappens, wie er in der ehemaligen DDR unter dem Produktnamen *Malino* erfunden wurde – dieses Reinigungsvließ war eine der wenigen Designleistungen, die während des Bestehens der DDR über ihre gutbewachten Grenzen hinaus auch im Westen weite Verbreitung erlangte. Leider war es den findigen Entwicklern dieses Scheuerteufels nicht gelungen, damit den reichlichen Unrat in ihrem eigenen Staat zu entfernen.
Da die Vermeidung von Rückständen eine so wichtige deutsche Strategie darstellt, wurde selbstverständlich von einer deutschen Hausfrau, Melitta Bentz, der nach ihr benannte *Kaffeefilter* kreiert – damit gelang es, den Geist des Kaffees aus der Substanzhaftigkeit zu lösen. Kaffee ist nicht nur neben Bier das deutsche Nationalgetränk, sondern vor allem Bestandteil und Ausdruck einer atmosphärischen Stimmung, die wir *Gemütlichkeit* nennen: so sitzen denn Arm in Arm, die dampfenden Tassen auf dem Schoß, der wandernde Beamte und seine grüne Hausfrau, umgeben von ihren Kindern, die, soeben

aus dem *Kindergarten* heimgekehrt, ganz den Idealvorstellungen der Käthe Kruse entsprechen. Die von ihr entworfenen Puppen waren weniger Ab-, als vielmehr Vorbild des deutschen Kindes, für seine Kleidung und Haartracht, während seine soziale Formationen in den pädagogischen Anstalten vermittelt wurden. Die In-Formation von Kindesbeinen an, ist zwar keine urdeutsche Erfindung, gedieh aber im II. und III. Reich zu höchsten Blüten, von denen Jugendbünde, Gesangs- und Sportvereine noch die harmlosesten Ausprägungen sind.

Die soziale Wärme deutscher Gemütlichkeit ist derart mit Händen zu greifen, daß noch Joseph Beuys seine Plastiken daraus formen konnte, wodurch er zum bedeutendsten Gestalter deutscher Haushalts- und Wirtschaftsstrategien wurde.

Wenn dann noch aus der guten Stube der Kuckucksruf einer *Schwarzwalduhr* erschallt, kann man sicher sein, die ultimative Repräsentation des Deutschseins vorgeführt zu bekommen: wer nach dem Deutschen ruft, wird von seinem Echo in die Irre geführt!

Eine schwere Entdeutschung –

Wir widerrufen das 20. Jahrhundert

7 Das Bauhaus als Biskuit –

gegen retrospektive Prophetien

Wer heute in den Bereichen Kunst, Gestaltung und Kulturvermittlung zu arbeiten hat, wird vom Bekenntnisekel geschüttelt:

Ekel vor dem ständigen Fintieren und Hochstapeln, um irgendwelche Projekte als im Konzept zukunftsweisend, in den Mitteln kreativ und im Resultat einmalig, aber dennoch jederzeit praktisch anwendbar ausweisen zu sollen;

Ekel vor dem morgendlichen Ritual, das Gros der zurückkommenden eigenen Paper, aber vor allem das der Mitbewerber zu entsorgen;

Ekel vor den abgenötigten Bekenntnissen, auch die größten Leistungen zeitnaher Vorgänger als historisch längst überholt betrachten zu müssen.

Bauhaus? Nun ja. Vorkurs, Grundlehre, Kooperation von Formmeistern und Werkmeistern, Einheit von Kunst und Technik – das war vielleicht einmal ganz attraktiv, aber heute wohl kaum noch der Rede wert. Wer gibt schon was auf Programmatiken? Und herausgekommen ist ja kaum mehr als höheres Kunstgewerbe.
Wenn das kaum der Rede wert ist, warum dann die zahllosen Studien zur Geschichte des Bauhauses in Weimar, Dessau und Berlin, in Tel Aviv, in Chicago und Cambridge? Warum ist es dann nicht möglich, irgendein Gespräch über die Zukunft industrieller Gestaltung, über Curricula der Studien oder über das Selbstverständnis von Künstlern und Designern zu führen, in dem auch nur die Erwähnung des Namens oder Begriffs *Bauhaus* vermieden werden könnte?

Die am weitesten verbreitete Antwort auf diese Frage lautet: **Das Unternehmen Bauhaus fiel den rigiden und bornierten Polit- und Kulturstrategien der Nationalsozialisten wie der Universalsozialisten zum Opfer. Aus eigener Erfahrung eng begrenzter Durchsetzungsfähigkeit neigen wir dazu, uns mit den Bauhäuslern als Opfern zu identifizieren.** Wir vollziehen eine Art **Wiedergutmachung** für uns selbst, wenn wir darstellen, was den Bauhäuslern angetan wurde. Und dann legen wir uns ins Zeug für eine retrospektive Prophetie: Was hätte aus dem Bauhaus werden können, wenn es geworden wäre, was es nie war, weil es das nicht sein durfte? Wie hätte sich unser Verständnis kultureller Produktion verändert, wenn auch wir zu Bauhäuslern geworden wären als Gemeinschaft der vervielfältigten Gropiusse: mit direktoraler Entscheidungsautonomie, gewandt im Umgang mit Unternehmern, Meinungsmachern und Politikern – ökologischen Parametern so selbstverständlich verpflichtet wie dem wirtschaftlichen Nutzen und den zukünftigen Generationen?

Wer sich die ausgemalten Prophetien ansieht, erlebt eine Überraschung. Wir sind genau das geworden, was wir uns als verhinderte Bauhäusler nie zu werden getraut haben. Mit uns triumphiert das Bauhaus als erfolgreichste Unternehmung von Kulturpraxis im 20. Jahrhundert. Wer würde noch darauf verzichten, für seine Arbeit avancierteste Technologien und Methoden des Experimentierens zu verwenden? Wer verweigert sich der massenhaften Verbreitung seiner Produkte? Wer legitimiert sich nicht als teamfähig, gerade weil er als selbstbewußtes Individuum auftreten kann? Wer hält nicht selbstverständlich die Balance zwischen ökonomischem Nutzen und spiritueller Selbstbefriedigung? Wer befördert nicht seinen Erfolg systematisch durch „Parteiung" in exklusiven Gemeinschaften auf der Basis gegenseitiger Berührung?

Mit historischen Terms heißt das: Wir alle akzeptieren den Produktionscharakter jeden Arbeitens; wir anerkennen den Primat des Funktionalismus inklusive der Anerkennung ästhetischer, psychologischer und sozialer Funktionen. **Wir unterwerfen uns der Einheit von Lebensformen mit körperlicher Ertüchtigung, Psychotherapie, gesunder Ernährung und Lebensplanung.** Insbesondere aber sind wir bereit, selbstverständlich als vorherrschenden Stil der klassischen Moderne den des Bauhauses auszugeben, obwohl er quantitativ für Architektur und Design, Dekor und Mode faktisch kaum ins Gewicht fällt. Diese Diskrepanz zwischen deklariertem Modernitätsbewußtsein der Gesamtpopulation und dem *business as usual* erzeugt eben jenen Bekenntnisekel vor dem Bauhaus, aus dem sich die historisch distanzierenden Urteile begründen lassen. Es ist **der Ekel vor dem Erfolg des Bauhauses als Rechtfertigungsideologie.**

Wir möchten nicht rechtfertigen oder gerechtfertigt sehen:

Hitler auf dem Freischwinger.

Es ist uns unerträglich, daß Naziprogramme wie „Schönheit der Arbeit" und „Kraft durch Freude" genuiner Ausdruck jener Modernität gewesen sind, die wir gern als ohnmächtiges Opfer des Totalitarismus rein erhalten wollen.

Wir wollen nicht akzeptieren, daß die programmatische Verwirklichung von Modernität weltweit zumindest totalitäre Züge annahm und weiterhin annehmen wird;

daß Gropius und Mies ohne programmatische Verrenkungen für das 3. Reich Ausstellungen veranstalten konnten und tatsächlich gestalteten, die bis heute beispielhaft sind;

daß zumindest bis 1936 junge Nationalsozialisten dem Bauhaus als ihrem Ausdruck von Modernitätsbewußtsein huldigten;

daß in der Architektur der Funktionsbauten Bauhausmodernität während des gesamten Dritten Reiches vorbildlich blieb;

daß sich die Funktionslogiken von Modernität vorrangig im Waffendesign des 20. Jahrhunderts durchsetzten (noch heute wagt es niemand, diesen Spitzenleistungen moderner Designer alle Preise der *Guten Form* zu verleihen, deren Kriterien sie wie keine andere Produktgruppe erfüllen).

Und umgekehrt weigern wir uns, anerkennen zu sollen, daß die Modernisten, allen voran die Bauhäusler, mindestens ebenso esoterische Propheten des spirituellen Heils gewesen sind, wie sie dem formalistischen Kalkül huldigten.

Die historischen Terms von Gropius hießen *Magie* und *Geistigkeit*. Ihre Formen der Gemeinschaft entstammten den gleichen Quellen wie die deklarierte Volksgemeinschaft oder gar die Orden der Naziaktivisten mitsamt den Konzepten der nationalpolitischen Erziehungsanstalten.

Wir kamen nicht umhin, derartige Rechtfertigungsversuche mit Blick auf Heidegger und Benn, Jünger und Carl Schmitt zur Kenntnis zu nehmen –

selbstverständlich ohne jede Konsequenz für unser Selbstbewußtsein als Repräsentanten der Moderne. Sollten wir jetzt auch noch gezwungen werden, die Bauhausheroen Gropius und Mies, von anderen ganz zu schweigen, solcher zweifelhafter Aufklärung zu unterwerfen? Das lehnen wir ab.

Studien, wie die von Elaine Hochman zu „Mies van der Rohe und das 3. Reich", werden ebensowenig ins Deutsche übersetzt, wie die von Hannah Arendt ins Hebräische. Noch prekärer ist es, trotz Thomas Manns früher Vorgabe von *Bruder Hitler*, auch nur ansatzweise verschämt zu bedenken, was aus unserer Selbsterhebung zum neuen, modernen Menschen würde, stellten wir uns der Zumutung, in Stalin und Hitler die wahren Repräsentanten absoluter Modernität sehen zu sollen. Da bleiben wir besser bei dem schönen Proust'schen Zeremoniell: wir portionieren das Bauhaus zu delikatem Gebäck nach Gesundbeterrezepten und tunken auf Bauhauskongressen gemeinsam das Bauhausbiskuit in Gesundheitstee, um in Erinnerungen an die verlorene Moderne zu schwelgen. Kindliche Erinnerungen an das, was es nie gab.

Wir stilisieren Moderne und vor allem das Bauhaus als ihren glänzendsten Repräsentanten zu kontrafaktischen Behauptungen. Die Rückwirkungen solcher Geschichtsstilisierungen auf unser Bewußtsein zeitgenössischer Modernität sind aber noch viel verheerender als es die des Abschieds von der unschuldigen Reinheit der Moderne wären. Die normative Kraft des Kontrafaktischen ist stets mächtiger als die des Faktischen. Deswegen wirken die Versuche, eine andere, eine Zweite Moderne zu entwickeln, so schwach oder gar verloren. Denn diese Versuche müßten ja mit den historischen Fakten rechnen, also mit der Realität; die wäre aber nur eine, wenn sie sich nicht den noch so humanen Vorstellungen und noch so wünschenswerten Gestaltungsprogrammen unserer Zukunft beugte. Beugt sich die Realität unseren Wünschen nicht, verlieren wir zwangsläufig den Impetus, auf sie gestaltend mit Erfolg einwirken zu können. Das aber käme dem Eingeständnis unserer Ohnmacht gleich.

Weltweit gibt es aber bisher nur einen einzigen Versuch, aus dem radikalen Eingeständnis der Ohnmacht die menschlichen Verhältnisse zur Realität zu begründen – im Christentum mit seinem Gründungsakt der Kreuzigung aller Heilsbringer, Kulturheroen und Führer. Heißt das, unsere wahrhaft zeitgemäßen Beschäftigungen mit dem Bauhaus hätten darauf hinauszulaufen, das historische Bauhaus und seine Heroen zu kreuzigen, damit sich am Scheitern dieses Unternehmens, absolut modern zu sein, seine wahre Beispielhaftigkeit fruchtbringend anerkennen ließe? Was bei diesem Versuch herauskäme, bleibt bis auf weiteres offen.

Ich vermute, daß die Bauhäusler in den USA derart überzeugend wirken konnten, weil die amerikanischen Eliten noch homogen christlich geprägt waren. Die Pioniergesellschaften folgten noch weitgehend sozialen Kooperationsmustern, die Gropius mit der Ableitung des Programmnamens *Bauhaus* aus den christlichen Bauhütten reaktivieren wollte. **Amerikaner konnten vorbehaltloser die Begründung von Modernität aus christlicher Gemeinschaftsbildung akzeptieren als die von Nietzsches Modernitätskonzept überwältigten Europäer.** Nietzsche gewann seine Vorstellungen aus der simplen Verkehrung von Erleiden in Triumphieren, von Gemeinschaft der Ohnmächtigen in die eisige **Singularität machtvoller Heroen. Amerikanische Pioniere waren sich ihrer Abhängigkeit von den Gemeinschaften bewußt, die sie trugen, sie dachten egalitär.** Ihre zivilisatorischen Leistungen waren von Nietzsches Aberwitzigkeiten her nicht zu bestimmen. An dessen Vorstellungen gemessen arbeiteten die Amerikaner geradezu unmodern christlich und alteuropäisch – ein Begriff, mit dem man expressiv verbis bereits im 1. Weltkrieg zu klären versuchte, ob dieser Krieg aus der konsequenten Modernisierungsforderung resultierte, oder aber das Resultat der Verweigerung von Modernität sei.

Der amerikanische Missionarismus der Präsidenten Wilson, Roosevelt, Truman oder Kennedy und der Missionarismus von Zivilisatoren vom Typ Fords bezogen ihre Dynamik nicht aus dem Bruch mit christlich begründeter Gemeinschaftsbildung, sondern aus ihrer Optimierung.

Der Erfolg des Bauhauskonzepts in den USA ließe sich als Fähigkeit der Amerikaner verstehen, die Bauhausmoderne nicht als radikalen Umbruch zu werten, wie das speziell in Deutschland behauptet wurde. Zu fragen bleibt also, ob die Bedeutung des Bauhauses nicht tatsächlich darin zu sehen ist – im Sinne Webers gegen Nietzsche –, die Kontinuität alteuropäischer christlicher Weltverständnisse gewahrt zu haben, anstatt die Moderne als radikale Verabschiedung ihrer europäischen Wurzeln zu behaupten.

| Eine schwere Entdeutschung – Wir widerrufen das 20. Jahrhundert |
| 8 | Ein moderner Diogenes.
Über Geschmack, Ironie und Guildo Horns politische Sendung |

Ein Gespräch mit dem SPIEGEL

Herr Brock, was empfinden Sie als Berufsästhetiker beim Anblick von Guildo Horn? Gruselt es Sie?

Nein. Was er macht, ist sekundär. Es kommt nur darauf an, wie das Publikum auf ihn reagiert. Seine Fans beweisen einen hohen Geschmack, weil sie in der Lage sind, Herrn Horn von den sonstigen Angeboten zu unterscheiden.

Geschmack beruht auf der Fähigkeit zu unterscheiden. Es kommt nur auf die Kriterien an.

Welche erkennen Sie hier?

Die sind durch Horns souveräne Initiativen gegen diverse Schuldvorwürfe gegeben, gegen den Kitsch-Vorwurf, gegen den der Banalität oder gegen den Vorwurf des Banausentums.

Verstehen wir Sie richtig: Indem Horn diese drei Todsünden gegen den guten Geschmack begeht, hebt er sie gleichzeitig auf?

So ist es. In der Postmoderne können ernsthafte Dinge doch nur noch indirekt abgehandelt werden. **Wenn Sie heute einen politischen Gedanken loswerden wollen, müssen sie ein Kabarett veranstalten.** Und das einzige Kriterium, sich nicht als wahnhafter, heilsgeschichtlicher Erfüllungsgehilfe zu erweisen, besteht darin, seine eigenen Ansichten ironisch zu brechen.

Woran liegt es, daß viele Deutsche diese Qualität an Horn partout nicht erkennen können?

Das sind natürliche Reflexe, Schutzmechanismen, bis sich dann herausstellt, daß einem kein Unheil droht durch die Annahme eines neuen Geschmackskriteriums. Das geht schnell.

Sie glauben, daß sich die Horn-Hysterie bald wieder legt?

Wahrscheinlich. Dann gehört das Phänomen zur Alltagskonvention. Horn wird der Gesellschaft helfen, sich gegen fundamentalistische Attacken zu wehren.

Im Ernst?

Aber ja, wir Intellektuelle gaukeln uns doch vor, daß wir gegen Dogmatismus gefeit sind, dem ist aber gar nicht so.

Dann manifestiert sich in Guildo Horn also tatsächlich die Kapitulation vor der Komplexität der Welt?

Nein, es ist die Bewältigung dieser Komplexität. **Ironie ist eine Möglichkeit, auf Distanz zu gehen und das Objekt von allen Seiten zu sehen.**

Wollen Sie den feisten Schlagersänger mit seinem monotonen „Piep, piep, piep" etwa mit anerkannten Ironikern wie Thomas Mann vergleichen?

Der Autor der *Buddenbrooks* war der Typ des romantischen Ironikers, gebunden an das bürgerliche Bildungsgebaren. Horns Attitüde knüpft sich an das Motto: Wir sind nicht gebildet, und es nützt überhaupt nichts, es zu versuchen. Das ist die Ironie gegenüber der Ohnmacht, während Thomas Mann die klassische Ironie gegenüber der Macht vertrat.

Dann ist Guildo Horn also gänzlich unpolitisch?

Im Gegenteil: Er ist im höchsten Maße politisch. Auffallend ist doch die Kennzeichnung des Mannes als „Meister". Man spricht ihn so an, zeigt aber nicht mehr das Verhalten, das man traditionell einem Meister entgegenbringen würde. Das Publikum hat längst kapiert, daß Experten nicht die Wahrheit produzieren, sondern die Probleme. Experte ist man heute nur im Finden und Behaupten von Problemen.

Der singende Nußeckenfreund ist mit seinem langem Haar und dem wabbelnden Bauch ja schon ein ästhetisches Problem an sich.

Ein allgemein gültiges Schönheitsideal, das sich im Bodybuilding-Studio manifestiert, ist heute nur noch in der negativen Gestalt zu thematisieren, durch Schmerbauch, verfilztes Haar oder abgeknabberte Fingernägel, das heißt: Vom Wahren können wir nur noch mit Blick auf das Falsche reden. Das sagt uns Guildo, und da steht er in der Tradition von Till Eulenspiegel, Nietzsche oder dem braven Soldaten Schwejk: Alles auf den Tisch, bis er bricht.

Da müssen Sie ja die Proll-Deutschen vom „Ballermann 6" mögen, die so viel trinken, bis sie auf den Tisch brechen.

Diese Leute sind die losgelassenen Frontschweine des Konsums, die sich gegen alle Konventionen durchsetzenden Menschheitsansprüchler. Die kontert **Guildo Horn. Er macht die Abhängigkeit von der unerfüllbaren Sehnsucht nach Stabilität, nach Heimat und ethnischer Homogenität vollkommen durchschaubar.** Er ist eben ein brillanter Volkspädagoge, ein moderner Diogenes auf dem Politmarkt. Wer zwischen der Glaubwürdigkeit von Herrn Kohl und der von Herrn Horn zu wählen hat, wählt zu Recht Horn.

Eine schwere Entdeutschung –
Wir widerrufen das 20. Jahrhundert
9 Volksverdummung.
Opiate der Fernsehunterhaltung

Warum die Aufregung vom Alpenland bis zum Nordseestrand über ein paar kritische Anmerkungen zu einem Namensschwindel? Denn um einen Schwindel handelt es sich ja, die Musikproduktion von Sendungen wie *Lieder so schön wie der Norden* und *Grand Prix der Volksmusik*, *Musikantenstadl* und *Heimatmelodie* als Volksmusik auszugeben. Dieser Schwindel ist längst offenbar, selbst die Veranstalter des *Grand Prix* gestanden ihn ein, als sie beschlossen, fortan unter dem Titel *Grand Prix der volkstümlichen Musik* zu firmieren.

Volkstümlich ist aber eine sehr seltsame Umschreibung, die unfreiwillig enthält, was schamvoll – unter dem Druck öffentlicher Kritik – verhüllt werden sollte. Tümlichkeit ist ein *Tun als ob*. Man behauptet also nicht mehr, daß die *Wildecker Herzbuben* Volksmusik vortragen, sondern daß ihre Musik so tut, als sei sie Volksmusik. Ist mit dieser Namensänderung das Problem vom Tisch? Warum nennt die Branche ihre Produktionen nicht einfach populäre Musik? Offensichtlich **soll mit dem Bezug auf das Volk eine Autorität aufgebaut werden,** vor der jede Kritik an den Wertevorstellungen und Wirklichkeitsbildern der populären Musik verstummen muß; denn schließlich wird mit *Volk* **die höchste Autorität der Demokratie** gekennzeichnet.

Wer in der Volksmusik oder volkstümlichen Musik behauptet, diese Autorität hinter sich zu haben, kann im vollen Brustton demokratischer Legitimation erklären, *das Volk sind wir,* in diesem Fall das Musikvolk; und wer sich gegen diese Behauptung wendet, wird bezichtigt, demokratische Legitimation zu mißachten. Das ist der Kern aller Reaktionen auf die Kritik an der Volkstümlichkeit. **Der Zuspruch, den diese Musik durch ihre Konsumenten erhält, wird als Beweis für ihre Gültigkeit, ja für ihre Wahrheit verwertet.** Aber Rauschgifte und Waffen finden ebenfalls hohen Zuspruch, ohne daß jemand auf das Argument verfiele, der Handel mit diesen Gütern sei deshalb, weil nach ihnen so große Nachfrage herrsche, jeder Kritik entzogen.

Merkwürdig: Die Verfechter der volkstümlichen Musik führen immer wieder an, daß deren Texte und Melodien für wenige Stunden vom Druck der Realität entlasten, daß sie Erholung und Gemütsruhe in der stressigen Alltagswelt mit all ihren Problemen böten. So ähnlich beschreiben es auch die **Süchtigen,** warum sie Rauschmittel nehmen. Und wenn die Verfechter der volkstümlichen Musik immer wieder behaupten, deren Texte und Melodien erlaubten es ihnen, sich gegen die ständigen Zumutungen einer verrohten, geldgeilen, rücksichtslosen Welt der anonymen Massengesellschaften wehren zu können (wenigstens in den Kleinresiduen der Schunkel- und Klatschgemeinschaften), dann ist dieses Argument für die Volksmusik dem Argument der **Waffenfreaks** ziemlich nahe, sie brauchten ihre **private Aufrüstung,** um sich gegen eine feindliche Umwelt wenigstens in ihrer eigenen kleinen Welt verteidigen zu können.

Würde sich viel ändern, wenn man von volkstümlichen Rauschmitteln statt von Suchtgiften spräche? Solche volkstümlichen Rauschgifte gibt es ja, zum Beispiel den Alkohol. Und die Verbindung der volkstümlichen Musik zu dieser volkstümlichen Droge ist sehr eng.

Die Musiker zeichnen ein niederschmetterndes Bild von ihrer Welt. Wie kommt es dazu? Sind diese Bilder so realitätsfern, ja wahnhaft geschlossen, weil deren Verfasser einfach naiv und unbedarft sind? Die Antwort rechtfertigt selbst die verkürzte Behauptung, volkstümliche Musik sei volksverdummende Musik, denn **die besagten verzerrten Weltbilder sind synthetische Konstrukte,** also absichtsvoll so konstruiert, daß man unsere Welt in ihnen nicht mehr wiedererkennt. Sie stellen kontrafaktische Behauptungen dar, also **mutwillige und gewollte Falschbehauptungen.**

Nun könnte offen eingestanden Falschheit sogar ein Element witziger Aufklärung durch Übertreibung sein, befreiend dadurch, daß die bewußte Distanz zwischen der Welt der Volksmusik und unserer Alltagswelt zum Mittel der Kritik an dieser Alltagswelt wurde. Aber so ist die volkstümliche Gegenwelt gerade nicht gemeint, sonst könnte man in all diesen Musikstücken nicht ununterbrochen die heile Welt, die schöne Gottesnatur und die dauerhafte Heimat als Faktum, also als Gegebenheit und nicht als **bloße Wünschbarkeit** besingen.

Verdummend ist dieses Verfahren, weil zwischen wünschbarer Gegenwelt und unserer Alltagswelt nicht mehr unterschieden wird. Wer volksmusikalisch berauschte Touristen zum Beispiel in einer ihrer Lieblingslandschaften, den Alpentälern und -höhen beobachtet, kann den Beweisen für den **Wirklichkeitsverlust der Volkstümler** nicht entgehen; übrigens auch nicht an Straßen und Autobahnen, den Zufahrtswegen zu diesen Wahnwelten: Mit der zunehmenden Verbreitung volkstümelnder Musik auf allen Kanälen und in allen Räumen stieg auch die Bereitschaft des Volkes, bedenkenlos Müll jeder Art und jeden Volumens aus ihren Autos in die so heile, heimatliche schöne Gottesnatur zu werfen. Das Personal deutscher Autobahnmeistereien weiß davon ein Lied zu singen, ein ganz und gar nicht volkstümliches, ein garstiges.

Wem sich die Welt durch bloßes Singen nach Belieben verwandelt, der hat keinen Blick für die Gegebenheiten der Realität. Wer die technisch produzierte und vor allem technisch reproduzierte volkstümliche Musik mit objektiv krankmachender Lautstärke zum künstlichen Environment werden läßt, das alle anderen Sinneswahrnehmungen übertönt, hat weder einen Blick noch ein Gefühl für die Folgen seines Tuns. Genau das nennt man herkömmlich Dummheit.

Eine schwere Entdeutschung – Wir widerrufen das 20. Jahrhundert

10 | Haruspex Ebersbach

Im Milleniumsmai bei Ebersbach im Leipziger Atelier kam mir die Vision einer Bildbrücke zwischen seinen Arbeiten und denen von Bacon, Soutine und den niederländischen Großmeistern des 17. Jahrhunderts. Wahrscheinlich ist es vor allem eine Brücke über Motivreihen, die dem geöffneten tierischen Körper gelten, den man nicht mit dem Auge des Malers, sondern vielmehr dem des Tierkörperbeschauers, des Mediziners oder des Fleischessers entgegentrat.

Im goldenen holländischen Zeitalter trennten sich künstlerischer und wissenschaftlicher, religiöser und politischer Blick auf die Gegebenheiten der Welt, nachdem sich diese Welt ins deutbare Bild generell verwandelt hatte – darin besteht der spezifische Beitrag der Künste zur europäischen, also modernen Aneignung der Natur.

Damit trennten sich auch die Bildlesekünste in vier Muster. Im medizinischen Bereich wird das Bild (der Haut, der Zunge, der Ausscheidungen) in diagnostischer Absicht gelesen, um eine Therapie verordnen zu können; im Politischen bildet sich eine Typologie des Machtausdrucks, der Herrschaftsikonographie, um diese Herrschaft zu legitimieren; in den Auseinandersetzungen zwischen Protestanten und Katholiken geht es gleichermaßen um den ad oculos demonstrierten Zusammenhang von Anschauung und Begriff – wobei die Protestanten sich auf die Härte des Begriffs und die Katholiken auf die Ekstase der Anschauung orientierten; die Künstler orientierten sich auf die natürlich und kulturell vorgegebenen Zwänge, alles Wahrnehmen bereits als ein Deuten, alles Gestalten als Auszeichnung von Bedeutung auffassen und alle intrapsychischen Vorgänge in Wort-, Bild- und Tongefüge übersetzen zu müssen, um sich ihrer zu vergewissern.

Gerade im Laufe des 20. Jahrhunderts wurden in guter wie böser Absicht diese spezifischen Hermeneutiken gegeneinander ausgespielt. In böser Absicht z.B. dann, wenn man sogenannte moderne Malerei diagnostisch las, um den Künstler als physiologisch defekt oder gemütskrank („entartet") erscheinen zu lassen, in guter Absicht etwa, wenn man die Einheit der modernen Weltsicht darin bewiesen fand, daß tachistische oder informelle Bilder genauso „aussahen" wie mikroskopische Aufnahmen aus dem Labor und wie Fotografien von Kleinteilchenbewegungen.

Am auffälligsten aber in der Geschichte der Bildlesekünste des 20. Jahrhunderts ist die Übertragung spezifischer Hermeneutiken in Bereiche, die in der genuinen Geschichte der Moderne seit dem 17. Jahrhundert gerade ausgeklammert werden sollten: die des asiatischen Schamanismus, auf die sich Beuys kaprizierte, die der afrikanisch-brasilianischen Voodoo-Kulte, auf die sich Künstler der 80er Jahre, wie Basquiat, einließen, oder die Songlines der Aborigines oder indianische Geländetopographien, die den Land-Artisten Leitbild waren.

Bemerkenswerterweise ist eine vormoderne Bildtechnik kaum reaktiviert worden, nämlich die der etruskisch-römischen Eingeweide-, Vogelflug- und Blitzdeuter. Gelegenheit zur Reaktivierung boten das Orgien-Mysterien-Theater von Nitsch, moderner Ausdruckstanz oder die Reklamepraxis der Himmelsschriften inkl. Mercedes-Stern, bzw. die Feuerwerke der Fest-Ikonographie. Aber in diesen aktionistischen Modellen dominiert die Erzeugung der Zeichenkonstellation, weniger der Akt der haruspicischen Deutung.

Entsprechend meiner eingangs erwähnten Vision sah ich aber Ebersbach als einen solchen Haruspex und seine Blätter und Bilder als *hostiae consultatoriae*. Ebersbach schien sie so für den Blick aufzubereiten wie die Haruspices, die etruskisch-römischen Seher, die Tierleiber für die Leber- oder Eingeweideschau herrichteten. Es galt, sie als *ratgebende Opfer* in den Blick zu stellen. Man mußte etwas Kostbares drangeben, also opfern, um den herausgelesenen Rat tatsächlich schätzen und beachten zu können.

Ebersbach hatte die Umbrüche 1989ff als Herausforderung eines Opfers erlebt – wie eine ganze Reihe von Kollegen in Ost- wie Westdeutschland. Im Westen wurde das Opfer durch Erhöhung der Kosten und den damit gewonnenen Bedeutungszuwachs bestätigt. Dieses Prinzip nennt man *Luxurieren als Lebensform*. Im Osten, der ohnehin an die Schätzung des Raren gewöhnt war, wurden das Opfer und die Bestärkung seiner Bedeutung erhöht durch Verzicht – Verzicht auf den Deutungshorizont der Geschichte der DDR und Verzicht auf einen Kunstbegriff, wie er vor 1989 gerade in seiner inflationären Verbreitung bestand.

Daß viele dieser Kollegen das Opfer bis zur völligen Aufgabe künstlerischer Ambitionen steigerten, wußte man im Westen nicht zu schätzen. Man sah darin nur einige Konkurrenten weniger.

Ebersbachs Opfer läßt sich als Verzicht auf die künstlerische Durchsetzung lange vertrauter, selbstverständlicher und hoher Programmatik verstehen. Er gibt nicht mehr vor, zu wissen, wie er durch sein Arbeiten diese Begriffsverpflichtung erfüllt, sondern beginnt, die Bildkonstellationen wie ein Haruspex daraufhin zu befragen, welche Auffassungen über das eigene künstlerische Tun und Lassen noch zukunftsweisend vertreten werden können und welche nicht. Er hat sich, wie unzählige Kollegen nach '89, d.h., nach dem definitiven Zusammenbruch der kollektiven wie privaten Humanismusprogrammatiken, der Krise der Selbstdefinition, bzw. der Künstlerautonomie ausgesetzt. Viele, aber vor allem Ebersbach, scheinen davon auszugehen, daß an die Stelle selbstbewußt künstlerisch realisierter Programme die mantische, die deutende und weissagende Beschäftigung mit dem eigenen Schaffen in seiner Bedeutung für andere treten muß – auch auf die Gefahr hin, gegen alle bisherigen eigenen Erwartungen radikal desillusioniert zu werden.

Der Verlust der politischen, sozialen Utopien schlug auf die Kunst als wesentlichem Artikulationsmedium eben dieser Utopien voll durch. Die Künstler sind nicht mehr Herren des eigenen Verfahrens, sondern von Vielen mit hochmütigem Lächeln der Selbstgewißheit bedachte, geduldige Deuter ihres kollektiven Berufsschicksals, wie ihrer individuellen Selbsteinschätzung als Opfer der Verhältnisse. Bestenfalls veranlassen sie die Funktionäre des Kulturbetriebs noch zu Sühnezeremonien – ganz wie das die römischen Priester gegenüber den etruskischen Zeichenlesern praktizierten. Wer sich als Künstler selbst in den Funktionärsrollen bewähren will, wird schnell als Schwindler stigmatisiert – auch das war für die Haruspices alltägliche Erfahrung, denn man unterstellte ihnen, wie Cato sagt, daß sie nur noch mit dem Augenzwinkern von Komplizen ihre Geschäfte betreiben: eben als Schwindel.

Am eigenen Werkschaffen die Zeichen der Zeit im politischen und sozialen, im kulturellen wie religiösen Feld zu deuten, anstatt den Geist der Zeit selbst bestimmen zu wollen, ist eine beispielhafte Rolle für den Gegenwartskünstler, der nur noch voraussehen kann, welche Fragen man ihm stellen wird, aber nicht mehr vorausgehen kann, um das Ziel zu markieren.

Eine schwere Entdeutschung –
Wir widerrufen das 20. Jahrhundert

11 Den Teufel mit Beelzebübchen austreiben –
Symptomverordnung als Therapie

Am 9. November 1988 hielt der damalige Präsident des Deutschen Bundestages Philipp Jenninger, eine Gedenkrede, die für ihn „zum Verhängnis" wurde: seine Ausführungen, ein Großteil der Deutschen sei zumindest bis 1938 Hitler freiwillig gefolgt, wurden als Apologie des Nationalsozialismus mißverstanden. Im Kunstbereich waren mit dem Auftritt von Kiefer und Baselitz im Deutschen Pavillon der Biennale in Venedig 1981, sowie im Zusammenhang mit den Ausstellungen *Ästhetische Faszination im Faschismus*, Berlin 1987, und der Hamburger Ausstellung *Geschichte in Arbeit – Arbeit an der Geschichte*, 1988, ähnliche Mißverständnisse heraufbeschworen worden. Die Künstler Federle, Merz und Förg wurden mit ihren Ausstellungen der 80er Jahre in vergleichbarer Weise zum Gegenstand öffentlicher Polemik wie Jenninger.
Natürlich besteht ein erheblicher Unterschied zwischen den öffentlichen Äußerungen von Künstlern und Ausstellungsmachern einerseits und denen von gewählten Repräsentanten gesellschaftlicher Institutionen andererseits. In der Sache aber verwendeten Jenninger und die Künstler die gleichen Strategien, die Ignatz Bubis, einer der wenigen eigenständig urteilenden deutschen Zeitgenossen, als „Stilmittel des vorgestellten Miterlebens" würdigte. Wenn solches vorgestellte Miterleben wirksam ist – das wußten alle Dramatiker seit Euripides' Zeiten – dann fasziniert es die Zuhörer, Zuschauer oder Betrachter. Anders wäre kaum zu verstehen, warum Millionen TV- und Kinokonsumenten täglich unzählige blutige Krimis anschauen bzw. warum in Ländern, die sich ihrer Nichtverführbarkeit zu totalitären Praktiken sicher zu sein behaupten, bis auf den heutigen Tag Filmserien konsumieren, in denen vornehmlich das totalitäre Regime der Nazis in Aktion gezeigt wird. Man kann dieses auffällige Verhalten von durchschnittlichen Bürgern der Gesellschaften unterschiedlichster politischer Systeme als „aktive Immunisierung" begreifen, obwohl die Diskussion über Gewaltdarstellungen in öffentlich zugänglichen Medien mehr und mehr dazu tendiert, den Immunisierungseffekt zu bestreiten und den Nachahmungseffekt zu betonen.

Der Begriff „Faszination" (des Bösen, der Macht – gar der totalitären), den auch Jenninger verwandte, wurde seit der Romantik von Märchenerzählern, Literaten, Komponisten und bildenden Künstlern herausgehoben, um die Ambivalenz und Ambiguität von Affektkommunikation zu kennzeichnen. Sie bemühten sich, durch ästhetische Mittel den schmalen Grat zu halten, über den hinweg Lust in Ekel, Mitleid in Wut, Freude in Schrecken umschlägt.

Die Psychologen des 20. Jahrhunderts bestanden darauf, daß diese Bedingungen der **Affektkommunikation** für jedes Individuum unabhängig von Stand und Bildung gelten. Wer sich auf die Mehrwertigkeiten und Doppeldeutigkeiten nicht einzulassen bereit ist, riskiert gravierende psychische Beschädigungen. **Auch die vermeintlich harmlose Leugnung und Verdrängung der Faszinosa beherrscht die Individuen selbst dann, wenn sie nicht aktiv handeln, sondern sich als Opfer der Handlungen anderer zu betrachten geneigt sind.**

Jedoch nicht nur für die Affektkommunikation, sondern auch für die kognitiven Leistungen ist die Doppelgesichtigkeit der Sprachbilder und Gedankenfiguren zu berücksichtigen. Das haben die Utopisten des Sozialen und Politischen zum Thema gemacht. Seit Platon mit seinen Schülern in Syrakus einen Idealstaat erfolglos zu formieren versuchte, erfuhren die Begründer von Idealstädten z.B. in Palma Nova, Pienza, Sabbioneta, der Saline von Chaux, sowie die Begründer von Idealgesellschaften, z.B. der Jesuiten, der Wiedertäufer, der französischen Revolutionäre und der Communarden von Paris, der Lebensreformer und natürlich die internationalsozialistischen wie die nationalsozialistischen Reichestifter, daß gedankliche Modelle nicht eineindeutig verwirklicht werden können. D.h., auch wenn man Menschen mit positiv bewerteten Modellen konfrontiert, ist die Wirkung dieser Vorbilder nicht auf die gewünschten Nachahmungseffekte zu beschränken. **Zwischen intrapsychischen, also**

auch den kognitiven Operationen und den kommunikativen Handlungen besteht von Natur aus eine prinzipielle Differenz. Die Differenz zwischen „Gedanke und Tat", „Geist und Leben", „parlamentarischer Schwatzbude und sozialer Aktion" zu eliminieren, scheint nur durch Ausübung rigider Zensur, durch Dogmatismus und blinden Gehorsam möglich zu sein. **Macht wird totalitär, wenn sie die 100 prozentige Übereinstimmung von Programmatik und Handeln zu garantieren versucht.** Heute wird diese Absicht, vollständige Identität zwischen Gedanken und Tat zu erzwingen, überwiegend als fundamentalistisch gekennzeichnet, und zwar gleichermaßen für die Bereiche Wirtschaft und Politik, wie für die Religionen.

Daß Philipp Jenninger bei einer Gedenkrede zur „Reichskristallnacht" im Deutschen Bundestag den Mechanismus totalitärer, fundamentalistischer Politik nicht ausdrücklich ansprach, sondern indirekt als Selbstverständlichkeit zugrunde legte, müßte eigentlich gerade von denjenigen Deutschen verstanden worden sein, die derartiges Gedenken nicht bloß rituell absolvieren. Denn die deutsche Geschichte zeitigte, stärker als die der Franzosen, Engländer oder Amerikaner, desaströse Resultate des Zusammenspiels von Begriffsgläubigkeit und blindem Gehorsam, von Buchstabentreue und Dienst nach Vorschrift. Heinrich Heine war der Erste, der diese besondere Anfälligkeit der Deutschen untersucht hat. Seinem Urteil nach haben die realen Machtverhältnisse die Deutschen seit dem 30jährigen Krieg gezwungen, ihre Gestaltungskraft auf die Entfaltung von spekulativen Visionen in der Musik, Philosophie, Literatur und Wissenschaft zu konzentrieren, auf den Bau von papiernen Wolkenkuckucksheimen. Ihre Philosophen hätten den Deutschen die überwältigende Macht von Ideen gegenüber der banalen politischen Realität suggeriert, so daß man in Deutschland philosophische und künstlerische Ausgedachtheiten für die Wirklichkeit halten konnte.

Diese „deutsche Krankheit" hat sich in unserem Jahrhundert weltweit verbreitet: in der Sowjetunion Stalins oder im Kambodscha des Pol Pot, im ehemaligen Jugoslawien oder in Maos China. Und die Therapie? Seit der Erfindung der Pockenimpfung und der Homöopathie heißt sie eben *aktive Immunisierung*; seit Nietzsche heißt sie *Therapie durch Symptomverordnung*.

Symptomverordnung als aktive Immunisierung betrieb der ehemalige Innenminister Höcherl, als er den Deutschen

klarmachte, daß man nicht jeden sozialen Tatbestand „mit dem unterm Arm getragenen Grundgesetz" in buchstäbliche Übereinstimmung bringen könne, wenn man nicht in totalitären Dogmatismus verfallen wolle.

Symptomverordnung zur Immunisierung gegen die Flucht in Wahnwelten betrieb Klaus Staeck mit seinen Plakatsatiren, als er die Deutschen warnte, „daß die SPD den Arbeitern ihre Villen im Tessin wegnehmen wolle" oder mit der Entwicklungshilfe afrikanischen Despoten goldene Badewannen finanziere. Symptomverordnung zur Immunisierung betrieb die Düsseldorfer Künstlergruppe *die Langheimer*, als sie zur Gründung der idealen Lebensgemeinschaft „Kloster Langheim – Lebensborn e.V." aufrief. So gut wie alle Reaktionen auf diese kathartischen Strategien des vorgestellten Miterlebens zeigten, wie schwer man sich mit der Natur der Affektkommunikation und der Biologie der Erkenntnis tat – und tut! **Wer einen höchst wünschenswerten Sozialstaat auf Biegen und Brechen gegen die wirtschaftliche Realität durchsetzen will, traut der Macht des Wünschens zu viel zu.** Wer die europäische Währungseinheit buchstabengetreu nach dem Maastrichter Vertrag erzwingen will, wird scheitern. Wer die Versprechungen der Konsumreklame für bare Münze nimmt, wird spätestens am Kreditschalter erfahren, daß Phantasie und Wirklichkeit nicht per Agenturzauber ineinsgesetzt werden können. **Wer glaubt, ethnische religiöse, soziale Ausgrenzung per Dekret einer politisch korrekten Sprache abschaffen zu können, versucht den Bock zum Gärtner zu machen.**

Deutschlands Geisteshelden
Anselm Kiefer versammelt derartige Böcke als *deutsche Geisteshelden* im Verdrängungsraum des Bürgerhauses, dem Dachboden. In ihm hütet man, was nicht in die gute Stube gehört, was als überständiges Gerümpel die Lebensgeschichte der Familie bewahrt. Unter dem Dom der Dachbalken, die die ursprünglichste Anmutung des Bauens aufrechterhalten, stöbern Kinder und

Gelehrte mit Vorliebe in der erregten Erwartung, ein Geheimnis zu entdecken: Hölderlinsche Manuskripte oder die Liebesbriefe der Großmutter. Die **Dachböden wurden zur Ruhmeshalle des Verborgenen wie des zu Verbergenden.** Kinder verstecken dort unter dem Schutzschild rituellen Spielens ihr Wissen um Sachverhalte, die ihnen nach elterlichem Willen noch unzugänglich bleiben sollten. Erwachsene verbergen unter dem roh behauenen Gebälk ihre verbotenen Melancholien und Sehnsüchte. Richard Wagner translozierte diese Kultstätte der bürgerlichen Imagination ins Theater. Bayreuth sollte ein schnell gezimmerter Holzbau sein, die Bühnenbilder Rahmenbauten der Phantasie, deren Kulissenhaftigkeit stimulierender wirken würde als die Salons der Führungsschicht. In solchen Bauten mit dem Feuer zu spielen blieb eine Metapher nicht nur bis zur Einführung der elektrischen Beleuchtung, die Wagner immerhin schon einsetzte, um den Heiligen Gral bei der Uraufführung des *Parzifal* magisch erstrahlen zu lassen. Die Feuerstelen mit qualmenden Salatschüsseln haben sich bis ins Dekor der heutigen Olympischen Spiele erhalten. Die alljährlichen Kultfeiern der Nationalsozialisten zum *9. November* inszenierten minutiös eine Prozession zwischen erhabenen Feuerzeichen von der Feldherrnhalle zum Königsplatz in München. Dort wurden vor den klassizistischen Grabtempeln (der Troostschule) die Namen der „gefallenen" Tathelden des Ersten Marsches auf die Feldherrnhalle von 1923 aufgerufen und, nach militärischem Appell-Zeremoniell, von den angetretenen SA-Leuten im kollektiven Echo als Anwesende bestätigt. Solche Vergegenwärtigung der Toten evoziert Kiefer in seinem kulissenhaften Scheunentempel dermaßen, daß der Betrachter des Bildes aufspringen möchte, um die lodernden Flammen auf den Opferschalen daran zu hindern, den gesamten Bau zu vernichten. Die gewollte Nähe von rühmendem Erinnern und Risiko der Vernichtung will aber bis auf die Ausnahme Richard Wagners zu keinem der per Inschrift in die Gegenwart zurückgerufenen Geisteshelden passen: Robert Musil oder gar Adalbert Stifter, Joseph Weinheber oder Theodor Storm haben mit ihren Werken und Taten kaum je den Zusammenhang von Schöpfung und Zerstörung beschworen, bestenfalls den Zusammenhang von verklärendem Erinnern und historischer Fälschung. Hat Kiefer in diesem Bild von 1973 die Erweckung Wagners durch die Nennung von Namen abmildern wollen, deren Träger keineswegs als gärtnerisch tätige Böcke, also als Geisteshelden, verstanden wurden? In späteren Vergegenwärtigungen von toten Größen (*Wege der Weltweisheit*) tauchen neben den reinen Künstlerseelen auch Fürsten, Schlachtenlenker, philosophische Führer und Wagner-adäquate Kulturheroen wie Kleist oder

Stefan George auf. Die wahrscheinlichste Antwort lautet, daß Kiefer sich als Maler selber in den Zusammenhang von Faszination durch das Verbotene und der eröffnenden Darstellung der Tabus stellen wollte. Darauf verweist sein grandioser ikonographischer Topos *Malerei der verbrannten Erde*, durch den generell die Analogie zwischen staatengründenden und staatenstürzenden Taten und dem künstlerischen Arbeiten hergestellt wird. Deshalb ist es nur konsequent, wenn Kiefer in anderen Motivserien gleich den Künstler schlechthin, also den unbekannten Künstler, in die Denkmalwürdigkeit einsetzt – so wie man im 20. Jahrhundert nicht mehr bestimmten namentlich genannten Soldaten, sondern dem unbekannten Soldaten, dem generalisierten Krieger Memoriale stiftet. Wenn Kiefer in den Tempelgrüften des Königsplatzes die Sarkophage der Toten des 23er Marsches durch eine gesockelte Paletten-Stele ersetzt, operiert er mit subtiler Ironie. Denn der auf Verehrung großer Meister basierende Kulturbetrieb und Konkurrenzkampf haben zur Voraussetzung, daß zahllose Künstler/Maler es eben nicht zu namentlichem Ruhm bringen. Sie sind als unbekannt Bleibende die notwendigen Opfer für die Möglichkeit, andere namentlich herauszustellen.

In dem Tableau *Kunersdorf* führt Kiefer alle genannten Themenaspekte zusammen. Die Bildoberfläche besteht bis auf eine Aussparung in der Mitte der unteren Bildhälfte aus einer Bleifolie, deren zeichenhafte Anmutung die Landschaft imaginieren läßt, in der Friedrich der Große seine schwerste Niederlage im Siebenjährigen Krieg erlitt. In die Aussparung der Bleifolie ist ein Foto Kiefers aus seiner Arbeitsserie *Besetzungen* des Jahres 1969 eingebracht. Besetzt wurden historische Ereignisplätze und die Erinnerung an sie durch den Zeitgenossen Kiefer, um in der „Form vorgestellten Miterlebens" sich selbst und nicht nur die historischen Täter der Gewalt vergegenwärtigender Memorierung auszusetzen.

Auch Georg Herold operiert mit der namentlichen Nennung einer deutschen Geistesgröße und den vielen Unbekannten. Seine *Goethe-Latte*, in betont unprätentiösem Material, in möglichst beiläufiger Gestaltung, eben als Dachlatte, wird aber zum dadaistischen Maß der „Scheißer", vormals Spießer. Denn in Deutschland ist, mit Ausnahme der unbekannten Soldaten, die Rolle der erfolglosen anonymen Träger der Massenkultur niemals gewürdigt worden. Von den strahlenden Größen her wirkten sie wie Versager oder gar als bedeutungslose Nichtskönner. **Der unbekannte Arbeiter, Wissenschaftler oder Konsument wurde nicht für denkmalwürdig** gehalten. Trümmerfrauen, KZ-Insassen und Bombenkriegsopfer wurden mehr oder weniger dem Gedenkpotential des anonymisierten Kriegsgeschehens zugeordnet.

Daß ein animistisches Totem-Tier wie der Hase von Dürer bis zu Joseph Beuys die deutsche Lebenswelt bevölkerte, vergegenwärtigt Herold mit seiner Dachlattenskulptur des Dürer-Hasen. Man kann sich ohne weiteres vorstellen, welche Wirkung von unserer politischen Ikonographie wieder ausgehen könnte, wenn sich etwa eine Bürgerinitiative dafür stark machen würde, den Dürer-Hasen ins Staatswappen zu bringen und diesem Inbegriff deutscher Selbst- (und Fehl-)einschätzung öffentliche Denkmäler zu setzen (siehe das Märchen vom Wettlauf zwischen Hase und Igel)[1]. Dieses Zeichen würde zugleich das kleingärtnerische Gemüt der Schrebergartenkulturisten wie die wirklichkeitsverkennende Arroganz des Volkes repräsentieren, das von sich glaubt, jedes Rennen mit Konkurrenten selbstverständlich siegreich bestehen zu können.

1 vgl. hier Seite 120 ff und 834 f.

Machtgestützte Innerlichkeit und tränenselige Selbstergriffenheit charakterisierten deutsche Mentalität.

Mit Beethoven und Schiller Millionen umschlingen zu wollen und sich dabei aber als Dirigent der weltumspannenden Verbrüderung eine Sonderrolle vorzubehalten, entspricht dem Bedürfnis, vor der Geistesgröße Beethovens zu erschauern, ihn aber zugleich als musikalisches Appetithäppchen im eigenen Wohnzimmer zu konsumieren. Dieses Bedürfnis veranschaulicht Diter Rot mit seiner Wegwerfskulptur von massenhaft in einer Badewanne gehamsterten Beethovenbüsten aus Schokolade. Ein drastischer Verweis auf das Götterverspeisen in religiösen und kulturellen Kontexten. Die Christen und die Salzburger wissen schon, warum sie Oblaten und Mozartkugeln nicht in antropomorpher Gestalt vertreiben, sondern sich mit der Bildhaftigkeit zufriedengeben.

Im Lüpertz'schen Triptychon *Schwarz-Rot-Gold I* von 1975 wird auf eine Strategie verwiesen, mit der man seit der Antike Kampfzeichen zugleich als retrospektive Erinnerungs- wie als prospektive Warnmale nutzt. Die Römer brachten die ihren Gegnern abgenommenen Waffenteile, Fahnen, Standarten etc. an ihren Tempeln an. Von diesen Trophäen leitete sich der apotropäische Zeichengebrauch ab (schließlich sind Gemälde auch Zeichengefüge), eine Weiterentwicklung des Perseus-Schildes, in dessen polierter Oberfläche sich die mit tödlichem Blick versehene Medusa selbst ansah und vernichtete. Das

Apotropaion warnt nicht nur den Krieger vor Selbstüberschätzung. Die Verwendung des Apotropaions soll darüberhinaus den Ernstfall überhaupt verhindern, indem man sich für ihn wappnet. So wurden Lüpertz' hymnische dithyrambische Vergegenwärtigungen von Kriegszeichen für die schwarz-rot-goldene Republik zum Schutzschirm, denn sprichwörtlich nimmt man beim Verlassen des Hauses einen Regenschirm mit, weil es dann garantiert nicht regnen wird. Sogar die Apokalypse hat Lüpertz noch dithyrambisch zum Apotropaion umgeformt (1973). In den großartigen Bildserien der *Dithyramben* zwischen 1966 und 1974 aktivierte Lüpertz den Vitalismus und spirituelle Euphorie selbst an Dachpfannen und Spargelbeetreihen. Die *Dithyramben* stellen in der verklärten Erhabenheit noch den banalen Kern des sozialen Pathos heraus, ohne ihn zu diskriminieren: die Sehnsucht und die Notwendigkeit, endlich zur Welt „ja" sagen zu können, obwohl keiner ihrer Bestände die vorbehaltlose Zustimmung rechtfertigt.

Eine schwere Entdeutschung –

Wir widerrufen das 20. Jahrhundert

12 Hallo Immendorff

Zufällig lagen auf der Biennale in Venedig 1976 die Ausstellungsräume Renato Guttusos und Jörg Immendorffs unmittelbar nebeneinander. Der Starmaler der italienischen KP demonstrierte durch seine Malereien unbeirrt kraftvoll den Anspruch des Künstlers, mit seinem Werkschaffen in soziale und politische Diskussionen einzuwirken – ein Engagement, das der damals 31-jährige Immendorff zwar teilte, aber für einigermaßen unzeitgemäß naiv hielt. „So nicht", so geht das nicht mehr, ließ er den berühmten Kollegen Guttuso wissen.

Immendorff hatte in den Jahren 1965 - 75 als Schüler des Bühnenbildmalers Teo Otto, als Student in der Klasse von Joseph Beuys an der Düsseldorfer Kunstakademie und vor allem als Zeitgenosse der '68-er Generation, der studentischen Aktivisten gegen den Vietnamkrieg, die Konsumorgien der westlichen Wohlstandsgesellschaften und gegen die ökologische Verwüstung vorgeführt bekommen, daß man andere Aktionsformen entwickeln müsse, um als Künstler überhaupt noch bemerkt zu werden. In vielen phantasiereichen Aktionen in der Kunstakademie, in Galerien, auf Straßen und Plätzen hatte Immendorff sein Potential erprobt. Er versuchte, den studentischen Appellen an die Künstler Ausdruck zu geben, sie sollten „aufhören zu malen" (aber wie kann man ein Künstler sein, wenn man nicht malt, komponiert und Poeme schreibt?). Die studentischen Aktivisten forderten, daß sich die Künstler statt dessen um die Entwicklung neuer sozialer Lebensformen bemühen sollten (was Immendorff mit seinem Pappkartonzirkus *Lidl - Stadt* anbot). Dem Appell zur direkten Aktion anstelle langwieriger Diskussion genügte Immendorff, indem er Joseph Beuys und ähnliche Zeitgenossen (auch den Verfasser dieses Artikels) zum Boxkampf herausforderte. Immendorffs Fazit: der Anspruch des Künstlers, politischen Auseinandersetzungen kulturellen Adel zu verleihen, indem er sie in Werke hohen Kunstanspruchs verwandelte, war nicht mehr haltbar (Picassos *Guernica* hatte Maßstäbe gesetzt, die in veränderten Zeiten niemand mehr erfüllen konnte). Außerdem waren die studentischen Aktivisten mit ihren Kommunikationsformen, ihrer Aktionschoreografie und ihren Sprachkästen viel einfallsreicher und wirksamer, als es ein Künstler zu sein vermochte.

Guttuso aber ließ sich durch derartige Einwände nicht beirren. Im Vergleich zu Picasso riskierte er, harmlos oder lächerlich zu wirken (daß er dieses Risiko unbeirrt auf sich nahm, machte ihn sympathisch).

Trotz Immendorffs Diktum gegen Guttuso „so nicht", gab Guttusos Arbeit Immendorff den entscheidenden Anstoß zur Entwicklung eines Bildtyps, mit dem er in die Kunstgeschichte der Bundesrepublik eingegangen ist: die Serie der *Café - Deutschland* Bilder. Im Kanon der tatsächlich bedeutenden Leistungen deutscher bildender Künstler seit Mitte der 60er Jahre steht diese Werkserie Immendorffs unbestritten neben zentralen Werkkomplexen seiner Freunde Baselitz, Lüpertz und Penck, sowie denen von Richter, Polke und Kiefer.

1976 schuf Guttuso sein berühmtes Gemälde *Caffè Greco* (Öl auf Leinwand 282 x 333 cm, das heute dem Museum Ludwig, Köln gehört. Immendorff sah dieses Gemälde in Venedig '76 nur als Photo; 1977 begegnete Immendorff dem Original dann in einer Kölner Ausstellung). Das Caffè Greco, in dem schon Casanova seine Schokolade trank, in dem die deutschen Klassizisten und die englischen Romantiker, Buffalo Bill und de Chirico ihre Freunde zu einer *hora frenetica*, zur Begeisterungsgemeinschaft riefen, stellt Guttuso als einen virtuellen historischen Ereignisort dar, an dem sich um den Großmeister de Chirico die historischen Gäste und Gestalten aus de Chiricos Werken unter die typische Laufkundschaft der '70er Jahre (japanische Touristen, Pop Art Groupies, Politiker und Journalisten) mischen. **Das Café-Haus als halböffentlicher Ereignisort hat neben dem Salon, dem Atelier und dem Ausstellungsraum eine wichtige Rolle in der europäischen Kulturgeschichte gespielt als Orte, in denen sich „Öffentlichkeit" bildete, eine Sphäre des Gemeinschaftslebens,** in der das Gespräch der Freunde, der Partner und der Fremden die Themen herausarbeitete, die von öffentlichem Interesse waren.

Immendorff hatte mit seinen Künstlerfreunden, mit Akademielehrern, Sammlern, Galeristen, Kuratoren, Kunstjournalisten, in der Düsseldorfer Kneipe *Ratinger Hof* jahrelang zusammengesessen. Durch Guttusos Caffè Greco wurde ihm schlagartig die historische und aktuelle Rolle dieses Raumtypus klar, und er entwickelte seinen konzeptuellen Raum des *Café Deutschland* als Ereignisbühne, auf der sich alle Gestalten des Zeitdiskurses, alle Kulissen authentischen Geschehens, alle Zeichen der Zeit versammeln ließen. Auf dieser Bühne ließ sich durchspielen, was in der politischen und sozialen Realität kaum möglich war: z.B. eine Auseinandersetzung zwischen den damals noch durch den Eisernen Vorhang und die Berliner Mauer getrennten Ost- und Westwelten, bei denen der Blick zugleich von beiden Seiten des Geschehens reflektiert werden konnte.
„Hallo Guttoso", signalisierte Immendorff, „so also geht es doch!"

1976 hatte sich Immendorff in Ostberlin mit A. R. Penck getroffen – natürlich in Kneipen –, um mit diesem wichtigsten Repräsentanten der Avantgardekünstler, die nicht aus Ostdeutschland emigriert waren, ein gemeinsames Arbeitsprojekt zu starten; damals wurden solche Kooperationen (nach der politisch brisanten Ausweisung des Dichters Biermann aus Ostdeuschland) systematisch verhindert. Mit dem konzeptuellen Raum *Café Deutschland* schuf Immendorff den Ereignisort für das gemeinsame Projekt, die Mauer zu durchdringen.

Der Ereignisort wurde als Bühne des großen Zeittheaters, in Anspielung auf das europäische *teatro mundi:* als Weltbühne, mit einem festen Repertoire von Bildzeichen definiert. Diese von Immendorff entwickelte Ikonographie ist heute im Bewußtsein sehr vieler kunstinteressierter Deutscher fest verankert. Ihre einzelnen bildsprachlichen Topoi umfassen
– den/die Adler als nationale heraldische Zeichen;
– die Eisscholle als Vergegenwärtigung des Lebens im sehr kalten Krieg und der seit 1815 immer wieder scheiternden Hoffnung der Deutschen, die C.D. Friedrich schon 1810 malte;
– die Naht als Zeichen der Wunden am sozialen Körper der Deutschen;
– die Systemklemme (eine Art Schraubstock) als Repräsentation politischer Gewalt;
– den Futurologen mit seinen Propagandatrommelschlägeln und als Pencksches Instrumentarium, die Erinnerung an die Zukunft wachzuhalten;
– das Brandenburger Tor in Gestaltanalogie zu einem Schlagzeugensemble;
– die Raumbeleuchtung als kosmische Sonne;
– den Heuler als Repräsentanten des politischen Mitläufers u.v.a.m.

Die Mehrdeutigkeit und Mehrwertigkeit aller dieser ikonographischen Topoi wird an zwei Polen festgemacht: die zwei Seelen in der Brust der Deutschen, die zwei Seiten ein und derselben Medaille, die zwei Hälften des gebrochenen Herzens, die ein Symbol ausmachen: **Symbole sind Bruchstücke eines Zeichens, das zerbrochen wurde, damit sich Fremde als Freunde erkennen, sobald die vielen Bruchstücke in ihren Händen nahtlos wieder zu einer Einheit zusammengefügt werden können.**

In seinem Gedicht zu Immendorffs *Brandenburger Tor* hat A.R. Penck die beiden Pole benannt und in ihrer Unvereinbarkeit gekennzeichnet, d.h. zugleich, daß wir die Realität des Politischen und Sozialen, des Leidens (als Empathie) und des schöpferischen Produzierens (als Pathos) doch nicht symbolisieren können:
„man kann nicht gleichzeitig durch Stärke siegen und durch Leid erlöst werden."

Immer wieder haben Deutsche als Künstler und Feldherren, als Unternehmer und Lehrer, als Führer und Geführte versucht, diese Unmöglichkeit dennoch zu erzwingen. Dafür gab Richard Wagner theatralische Anleitungen mit seiner Forderung nach der *Erlösung der Erlöser*. Heute neigen viele alternativ denkende Zeitgenossen eher einem anderen Programm zu: man muß sich zum Opfer machen, um Stärke zu beweisen, die Kraft der Ohnmacht ist unüberwindbar. Solche Formulierungen hatte Immendorff bei den Maoisten kennengelernt. Soweit die deutsche Sehnsucht nach dem Unmöglichen, zugleich durch Stärke zu siegen und durch Leid erlöst zu werden, heute auch außerhalb Deutschlands fasziniert, weitet sich das *Café Deutschland* tatsächlich zur Weltbühne, auf der Tutzis und Hutus, Nord- und Südkorea, Ost- und Westtimor, die Völker Jugoslawiens und viele andere so agieren wie die Deutschen, die durch die Erfahrung des Scheiterns hoffentlich ihre Lektion im Café Deutschland ein für allemal gelernt haben werden.

Zu *Café Deutschland II* (Öl auf Leinwand, 290 x 290 cm, 1978, Sammlung Grothe, Duisburg):
Im Bildvordergrund geschwungene Mauersegmente mit einem Tor, durch das eine Prozession von Adlern auf einen treuen Deutschen zumarschiert. Er sitzt im Schatten einer deutschen Herrenzimmerlampe, deren Schirm, ballonartig aufgeblasen, die deutschen Nationalfarben trägt. Aber das deutsche Herrenzimmerlicht verdunkelt die Szene, das Licht gefriert zu Schneeflocken, und das Zeichen gemütvoller Heimeligkeit markiert Deutschland als „Wintermärchen". Hinter der mit Flaschenscherben und Stacheldraht gespickten Mauer gibt das Gemälde aus der Vogelperspektive den Blick auf das Café Deutschland frei. Im Mittelpunkt des Cafés sitzen sich A.R. Penck und Immendorff an einem Tisch gegenüber, auf dem eine zum Pfahl vereiste Kerze flackernd brennt, und über den ein Gewinde von Stacheldraht verläuft. Penck hält in der linken Hand den Malerpinsel; die rechte streckt er Immendorff zur römischen Handreichung. Rechts im Café-Raum ein Schwarm deutscher Adler in grimmig aggressiver Attitüde, respektive in der schweigsamen Aufmerksamkeit einer Volksmasse, die sich durch das Medium Zeitung verbirgt und zugleich die Zeitung als Sichtblende eines Spions nutzt.
An anderen Tischen im Raum vier weitere hinter durchbrochenen Zeitungen sitzende Spione, sowie ein versonnen deklamierender Besucher.

1978, als Penck und Immendorff ihr Kooperationsprojekt begannen, fühlten sie sich in den Cafés jenseits der Berliner Mauer von mißtrauischen Staatsrepräsentanten beäugt. Zwischen den gemütvollen Westdeutschen im vaterländischen Herrenglanz und den Ostdeutschen passierten Staatsfunktionäre von West nach Ost. Sie kamen sehr gut miteinander aus, spendierten sich Kredite und Stillhalteabkommen und konnten sich aufeinander verlassen, gerade weil sie sich auf beiden Seiten als die gleichen Prätendenten auf hoheitvolle Macht erkannten.

Das Gemälde *Painter as canvas* (Öl auf Leinwand, 300 x 400 cm, 1991, Sammlung Grothe, Duisburg) ist als Bild im Bilde aufgebaut. Der Betrachter schaut in ein Atelier, in dessen Boden eine Vertiefung eingelassen ist. In ihr sitzen fünf Gestalten, die man als die Immendorff-Kollegen Baselitz (brotschmierend), Beuys (zigaretterauchend), Lüpertz (supperührend) sowie Max Ernst und schließlich Immendorff selbst identifizieren kann. Der Dadamax tätowiert Immendorff mit ziemlicher Gewalt die Kennung „Deutscher Scheißer" ins Gesicht. In die Bodenvertiefung kippt ein adlergestaltiger Heros der Deutschen den Müll der Geschichte, in dessen Materialien Bilder der deutschen Geschichte geprägt sind (deutlicher Hinweis auf Robert Blum und sein Schicksal als Führer der 48er Revolution): Immendorff hält in seiner rechten Hand ein straff gespanntes Seil (den roten Henkersstrick des Schicksals), dessen anderes Ende einen Monolith, ein blaues Weltenei im Gralsformat über dem Haupte von Beuys umschlingt. In der romantischen Bläue des Steins werden Szenen paradiesischen Lebens in freier Natur sichtbar.
Von der Decke des Ateliers hängt, die Fallgrube vom rückwärtigen Raum abtrennend, eine an den Seiten noch eingerollte Leinwand, auf der Immendorff eine der vielen Versionen seines Generaltopos Café Deutschland gemalt hat: in auffällig gelben, lichtvollen Konturen wird Volk bei der Speisung der Kunstgläubigen geschildert.
An der rechten Seite des noch sichtbaren Atelierraumes agiert – wie gesagt – der adlergestaltige deutsche Nationalcharakter, assistiert von Wotans Raben zwischen Kadavermanna; im seitlich linken Atelierraum posiert ein Paar, das wohl gleich am eigenen Leibe jenen Exhibitionismus manifestieren wird, dem der Maler mit seinen Bildergießungen frönt: eine Leiberfahrung des Künstlers als Folie, in die sich Geschichte einschreibt.
Das Gemälde *Rühmen - Söhne der Sonne* (Öl auf Leinwand, 280 x 280 cm, 1990, Sammlung Grothe, Duisburg) zeigt in einem stark fluchtenden Raum ohne Wandbegrenzung vier Künstler, die an einem quadratischen Holztisch auf kissenbewehrten Holzhockern sitzen:
– Joseph Beuys traktiert mit der Schere ein gepünkteltes Papier; er blickt über seine linke Schulter auf ein Huhn, das kopflos aus dem Raum stelzt;
– mit stark exotischen Zügen und nacktem Oberkörper, dem Betrachter en

face zugewendet, der Maler Francis Picabia, der in seiner rechten Hand ein Blatt mit einem Frauentorso anzündet;
- im Bildvordergrund schaut Marcel Duchamp über seine rechte Schulter dem Betrachter entgegen, vor sich ein Blatt, auf dem er offensichtlich gerade gelangweilt herumfuhrwerkt;
- Beuys gegenüber wohlgescheitelt und -gekleidet die gepflegte Erscheinung de Chiricos, der mit beiden Händen eines seiner Bildwerke aus den 10er Jahren emporhält: metaphysische Kekse in Nachbarschaft antiker Marmorsäulen. Einer der Kekse hat sich schon aus dem Bilde gestohlen. Auf seiner Oberfläche erscheint eine zarte Affensilhouette, Sinnbild philosophischer Weisheit – also ein Leibnizkeks?

Auf dem grünen Holztisch, um den die Künstler versammelt sind, stehen eine Vase mit herrlichen Frühsommerblumen und zwei Fruchtschalen, ferner liegen dort auf einem Stück bemalten Papiers Tomaten und keimende Kartoffeln. Duchamp, Beuys und Picabia werfen deutliche Schatten auf den Boden, der allerdings stark transparent wirkt. Durch den Boden hindurch vermutet man eine Lichtquelle – ein himmlisches Leuchten? So will es erscheinen, als säßen die vier toten Kunstheroen in himmlischen Sphären, wo sie wie spielende Kinder endlos fortsetzen, was ihnen im Leben harte Arbeit war. Sie repräsentieren Künstlertypen, Weltanschauungen, Arbeitshaltungen, die sich im 20. Jahrhundert wechselseitig auszuschließen schienen: der bürgerliche Herr Künstler, der schamanische Guru, der Künstlerdenker und Wissenschaftskünstler und der sinnliche Bohème, das Malschwein, der Exhibitionist. Sie wurden zu Söhnen der Sonne; wir rühmen sie als Gestirne unseres Himmels der Ideen.

Das Gemälde *Ansprache* (Öl auf Leinwand, 270 x 180 cm, 1991, Sammlung Grothe, Bonn):
eröffnet den Blick in einen nicht weiter definierten Raum, in dem drei reale und zwei virtuelle Personen agieren. Im Bildvordergrund ein grüner Holztisch mit Notenblatt, auf dem Notenblatt Tomaten und eine amorphe Erdscholle, in deren Oberfläche erntende Bauern auf Kornfeldern sichtbar werden. Eine weitere amorphe Erdscholle liegt neben dem Tisch auf dem Dielenboden des Raumes. Diese Realitätsfladen bilden in der Ikonographie Immendorffs ein Äquivalent zu den Eisschollen des Kalten Krieges. Im Bildmittelgrund sitzt vor dem Tisch in inspirierter Versunkenheit der Maler Baselitz Violine spielend, auf seiner rechten Schulter ein weiterer Realitätsfladen. Über der Lehne des Sessels ist im nachtblauen Licht die Gestalt Joseph Beuys' vor einem Restau-

ranttisch mit Gedeck und brennender Kerze zu sehen. Im rechten Bildhintergrund, von der Sessellehne überschnitten, spricht der Immendorff-Galerist Michael Werner zwei Bildentwürfe an, die ihm sein Hauskünstler gerade zeigt. Auf der linken Seite des Bildhintergrundes derselbe Hauskünstler mit diabolischen Zügen; aus seinem linken stark ausgeleuchteten, aber geschlossenen Auge quillt in Tränenform ein vierter Realitätsfladen, in dessen korngelbem Gefüge weitere Szenen des mühevollen Arbeitslebens erkennbar sind. Dem Körper des verdunkelten Künstlers ist die transparente Silhouette der äffischen Weisheit aufgeblendet.

Das Gemälde *Der Bildhauer im Maler ist sein bester Feind (Nr. 3)* bietet Einsicht in Immendorffs Atelier. Im Vordergrund wird der Betrachterblick mit einer Skulptur konfrontiert. Zu identifizieren sind vier hockende, kauernde Gestalten – eine im Seitenprofil, zwei in Rückenansicht, eine en face. Aus der dichtgedrängten Gruppe ragt ein weiblicher Akt auf – upside down. Deutlich wird die Gruppe als Bildhauerwerk in Holz wiedergegeben, denn die abgeschlagenen Splitter sind um die Gruppe auf dem Boden der Werkstatt zu sehen. Im rechten Bildhintergrund ein kraftvoll devastierter Tisch mit Malerutensilien. Den Horizont des Ateliers bildet eine Reihe von Stelen, auf denen skulpturale Logos des Immendorff'schen Bilderkosmos stehen. Die Stelenreihe überblendet eine Inschrift mit dem Titel des Gemäldes in zartem Wangenrosa, dessen Abglanz das gesamte Atelier durchstrahlt, wodurch sich die Grau-in-Grau-Farbigkeit des Bildes gespenstisch belebt.

Die im Gemälde dargestellte Skulptur hat Immendorff tatsächlich in Holz ausgeführt (*Ohne Titel*, 1986). Sie hat die Anmutung eines Osterinseltotems als Denkmal für jenen Künstlerbund, den seit Jahrzehnten die Künstler Penck, Immendorff, Baselitz und Lüpertz um ihren Handelsvertreter Michael Werner bilden. Der Galerist hockt buchstäblich auf einem Vertragskodex, von dem einzelne Worte zu lesen sind: „Rechnung/Richtung/Richtige und wer wen up and down bewegt". Der Merkur Werner umfaßt mit ausgebreitetem Arm einerseits den Genius der Widerspiegelungskünste, den Protomenschen, und wehrt andererseits Lüpertz, der einige seiner Werke auslobt, ab. Penck hat sich versteinert nach außen gedreht, dem Anflug göttlicher und sozialer Kälte ausgesetzt. Baselitz meditiert in souveräner Innerlichkeit über sein Zentralmotiv des Upside-down (den kopfstehenden Akt); Immendorff, vom Sterntattoo der Himmelsbläue überzogen, werkelt beflissen.

„Wir geben das Leben dem Kosmos zurück". Actionteaching zu einer Theorie der irdischen Lebensentstehung. Trauer der Vollendung, Wuppertal 1991 mit Dietmar Kamper, Beat Wyss, Uwe Loesch

Bemalte Skulptur und malerische Darstellung der Skulptur verweisen auf grundlegende Konflikte im Denken bildender Künstler: Allansichtigkeit gegen Frontalsicht; Farbe als Eigenschaft von Körper versus Körperlichkeit der Farbe; Plastizität gegen Flächigkeit, imaginierte Tiefensicht gegen reale Materialpräsenz; Widerständigkeit der Objekte gegen beliebige Manipulierbarkeit der Vorstellung und schließlich die Herausforderung in der ständigen Entscheidung, durch Hinzufügen oder durch Wegnehmen zu gestalten. Diese Konflikte sind nicht zu lösen, sondern darzustellen. Bezogen auf die Ikonographie der Skulptur heißt das: Künstlers Kampfbund bilden verwandte Seelen, gerade weil sie sich sonst als wilde Konkurrenz wechselseitig erledigen würden.

Eine schwere Entdeutschung –

Wir widerrufen das 20. Jahrhundert

13 Beten verboten!

oder „Abschied von der Kunst"[1] in Weimar

1 Dokumentation hg. von A. Preiß: Abschied von der Kunst des 20. Jahrhunderts. Verlag und Datenbank für Geisteswissenschaften. Weimar 1999.

Ein Gespräch mit Matthias Flügge und Michael Freitag

Sprechen wir über die Ausstellung „Offiziell-Inoffiziell – Die Kunst der DDR" in Weimar: Die Proteste waren nicht nur heftig, wie 1994 bei der Neuhängung der Nationalgalerie, sondern sie kamen aus allen Richtungen. Damals schienen die Künstler aus dem Osten vor allem ein Hinterbliebenenproblem zu sein. Diesmal fand die Kritik im Westen den Umgang mit dem DDR-Erbe mindestens so verstörend wie die Betroffenen – von Ihnen einmal abgesehen.

Da ist viel Unsinn am Werke: Die Ausstellung in Weimar trifft ja keine Aussage über die DDR-Kunst. Sie ist eine Reaktion auf die Situation der West-Kunst. Diese entsprang dem großen Reedukationsprogramm der USA zur Zivilisierung der Kulturbarbaren in Deutschland. Es handelte sich um die Ausrichtung auf universale Tendenzen mit dem Programmschlagwort „Weltsprache Kunst". Und die war erstens abstrakt und zweitens das, was sich in Amerika seit dem Wirken der Emigranten durchgesetzt hatte und nun erstmals als eine genuin amerikanische Moderne hervortrat.

Zivilisierung der Kulturbarbaren – nichts anderes versucht offenbar auch Achim Preiß, indem er an dem Konvolut aus der DDR nicht nur die Antimoderne, sondern auch die Unfreiheit dieser Kunst zu erweisen sucht. Der Unterschied ist, daß es in der ganzen Nachkriegszeit keine solche Schaustellung des vermeintlich zu Überwindenden gab.

Es ist eine Verabschiedung. Der *Abschied von der Kunst*, über den Preiß geschrieben hat, ist aber nicht der Abschied von dem, was als Kunstpraxis in den von der dritten industriellen Revolution verschont gebliebenen Gesellschaften vorkommt. Er gilt nicht der afrikanischen Kunst, nicht für Indonesien, Malaysia, Mittel- und Südamerika. Wir, auch Preiß, sehen die Diskussion andersherum. Ich habe vor zehn Jahren für die Arbeiterwohlfahrt Dortmund eine Reihe von Veranstaltungen für hier Studierende aus diesen Ländern gemacht. Denen hatte Herr Ludwig seine Aufmerksamkeit angedeihen lassen, indem er beschloß, deren Arbeiten unter dem Terminus *Weltkunst* zu vereinnahmen. Indem man diesen Anspruch zwar scheinbar erfüllte, **zwang man aber zugleich auch den Rest der Welt unter den westlichen Herrschaftsbegriff von Kunst.** Das, was sich aus Ritualpraktiken, aus kulturellen Alltagslebensformen (vom Batiken bis zur Heilkunde) entwickelt hatte und daraus seinen Sinn bezog, wurde jetzt abgespalten von der Lebenspraxis und als Kunstübung angesehen. Gleichzeitig bedeutete das aber, daß die Qualitätskriterien, die nun mal für die superieure West-Kunst galten, von diesen Leuten nicht erfüllt werden konnten. Wir in Dortmund wollten deshalb zeigen, daß solche „Entwicklungsarbeit" gar keinen Sinn hat. Inzwischen war bei uns vom Ende der Moderne und vom Triumph der Postmoderne die Rede, also von **einer gewissen Stagnation der westlichen Kunstpraktiken in der reinen Selbstreferenzialität.** Es schien nicht vorstellbar, daß es überhaupt noch eine Entwicklung geben könnte, weil natürlich jede Art von Selbstbezüglichkeit auch jede Art von Veränderung ausschließt. Wir fragten also: Was ist eigentlich West-Kunst oder deren Begriff von einer Weltsprache der Moderne, wenn dieses System von kulturellen Traditionen aus betrachtet wird, die keinen Kunstbegriff in unserem Sinne kennen? Diese Gegenfrage deckte sich außerdem mit dem eigentlichen **Ziel dieses Jahrhunderts – der Reintegration von Kulturarbeit in Alltagslebensformen.** Also ging es darum zu fragen: Was wäre eine denkbare perspektivische Vorgabe für die Arbeit in der Kunst des Westens, wenn man dieser relativ kurzen historischen Epoche die viel längerfristigen kulturellen Bestimmungen für das gesellschaftliche Leben gegenüberstellt, die an den Begriff der Kultur statt an den der Zivilisation gebunden sind? Und das eben ist genau die Absicht von Herrn Preiß.

Was?

Er zeigt DDR-Kunst als Maßstab, und zwar so, wie wir damals die afrikanische, indonesische oder malaysische Kunst zum Maßstab nahmen, um von hier aus festzustellen, was wir im Westen eigentlich machen. In Weimar wird die West-Kunst einer Eichung durch das unterzogen, was genuine DDR-Kunst hätte gewesen sein sollen, weil der Westen keine Eichungsverfahren mehr hat. Es geht um die Vorgaben einer Kunst, die nicht zivilisatorisch, sondern kulturell begründet war. Der Skandal entstand aus dem Widerstand, DDR-Kunst als eine Art afrikanischer Kultur-Kunst präsentiert zu bekommen. Das beleidige die DDR. Nur, die Ausstellung ist gar keine Kriegserklärung an den Osten, sondern eine Kriegserklärung an das Selbstverständnis der West-Kunst und ihrer Institutionen. Das Bedeutende an diesem Ansatz ist, daß die zwei generellen Tendenzen, die man für dieses Jahrhundert reklamieren könnte, überdeutlich sichtbar werden. Erstens: **Betrachten wir einmal die gesamte Bundesrepublik heute als eine DDR.** Dafür gibt es objektive Gründe, so haben die Parteien im Westen sich den Staat genauso unterworfen wie die SED in der DDR. Der allgemeine ökonomische Bankrott ist mindestens auf dem gleichen Niveau für die heutige Bundesrepublik wie für die DDR von 1982, wenn man dem Schalck-Golodkowski trauen kann. 1982 hat sich die DDR geweigert, diese Situationsbestimmung durchzuführen. Auf die gleiche Weise weigern wir uns jetzt, zur Kenntnis zu nehmen, daß der Bundesrepublik auch nichts anderes beschieden sein wird als der DDR zwischen 1982 und 1990.

Und was meinen Sie: Wem schließen wir uns dann an?

Vorgaben werden im sogenannten „Vereinten Europa" gemacht. Aber wir sind keinen Schritt weiter. Wir kritisieren die Blindheit seit 25 Jahren, nur dürfen wir nirgendwo veröffentlichen, außer in apokryphen Kleinverlagen oder Zeitschriften mit Minimalauflage. Aber es gibt jetzt eine Chance, weil die Leute plötzlich merken, daß das Ingangsetzen bestimmter Entwicklungen in der DDR verbunden war mit dem Einmarsch der Warschauer-Pakt-Staaten in Prag. Nun erleben wir den Einmarsch der Weststaaten in Jugoslawien. Das gibt vielleicht Anlaß genug, darüber nachzudenken, was, historisch gesehen, eigentlich passiert.

Also, **die erste sichtbare Tendenz ist: Und die DDR hat doch gesiegt!** In dieser Ausstellung wird deutlich, daß das von der Öffentlichkeit getragene Kunstverständnis im Westen gegen allen Anschein auch in den Jahren von 1950 bis 1990 nicht das der universalisierten West-Kunst gewesen ist, sondern immer noch das der Kultur-Kunst, wie sie in der DDR manifestiert war. Und **die Empörung gegenüber Weimar zeigt, daß der Kampf um die Moderne keineswegs ausgefochten ist.**

Als zweites ermöglicht es diese Ausstellung, die allgemeinen Verhältnisse auch umgekehrt zu sehen: Der gesamte kulturell definierte Raum des Ostens, die klassischen moskowitischen Einflußsphären mit Balten, Polen, Ungarn, Rumänen, Bulgaren, Jugoslawen, löst sich tatsächlich auf. Er hat jede Art von kultureller Aktivität eingebüßt und kooperiert nur noch auf der Ebene universaler Kommunikationstechnologien, universaler Produktions- und Wirtschaftsaktivitäten. Die Frage ist: **Was passiert mit Kulturen oder mit ganzen Kulturräumen, wenn sie nicht mehr an kulturellen Parametern gemessen werden, sondern an den zivilisatorischen der westlichen Entwicklungen?** Diese aber sind auf nichts anderes hinausgelaufen, vor allem in den USA, als die Kultur aus allen öffentlichen Begründungszusammenhängen auszuschließen. In den USA gab es bis Mitte der 60er Jahre keine Möglichkeit, irgendeinen Anspruch, zum Beispiel den von Minderheiten, kulturell zu begründen. Das Kulturelle hatte absolut eine Privatsache zu bleiben. Alles, was das öffentliche Leben angeht, wird ausschließlich auf einer zivilisatorischen Ebene reguliert. Die Verkehrsregeln sind das Beispiel.

Das sind die beiden Tendenzen. Und beide kommen in dieser Weimarer Ausstellung bestens zur Geltung: Man kann die Weimarer Ausstellung so sehen, als wäre dieser ehemalige Kulturraum Osten jetzt jeder Art von kultureller Begründungslegitimation enteignet. Dann handelt es sich bei der Bildpräsentation um faktisch vollzogene **Kulturvernichtung, um das Bild von einem kulturfrei gewordenen Raum.** Der tradierte Kulturbegriff ist nur noch die individualistische Privatsache von einzelnen, die aber daraus nicht mehr den Anspruch ableiten können, in öffentlichen Räumen mit dem Hinweis „Wir produzieren ja Kultur" überhaupt auch nur wahrgenommen zu werden. Und gleichzeitig ist die Ausstellung ein Ansatz dafür, das kulturell begründete Verständnis der Leute, die ihre Bilder gemacht haben, als Maßstab für den Westen zu nehmen und eben die Zivilisation zu messen.

Wir bestaunen ehrlich die weiten Kreise, die Sie hier ziehen, glauben aber doch, daß es Herrn Preiß vor allem gelungen ist, diese ideelle Konstruktion zu verbergen. Und mehr noch: Wenn die Ausstellung ein Eichmaß für den Stand der West-Kunst abgeben sollte, weil die Ost-Kunst eine durchkulturalisierte Praxis war, die nicht teilhatte an den universalistischen Kunstkonzepten, dann mußte dieses Messungsverfahren danebengehen, weil die Ausstellung statt verhältnisbezogener Analyse ja vor allem erzählerische Ausschweifung leistet. Erstens zieht sie noch einmal die längst abgelegte Antinomie zwischen „Wirklichkeit und Kunst" heran. Das ist 19. Jahrhundert. Dabei werden unendlich einfältig die „Idealsetzungen" der Palast-Bilder gegen die „Realsetzungen" der Fotografie ausgespielt. Diese Banalstrategie operiert auf der untersten Ebene von Kunstreflexion. Zweitens bedient sich die Ausstellung der antipodischen Setzung von „Offiziell" und „Inoffiziell" und folgt so einer rein politischen Kategorisierung, wie sie im Kalten Krieg üblich war, als Abstraktion Freiheit, Figuration aber Unfreiheit zu sein hatte. Das ist und war natürlich auch eine Eichung, aber die des Ostens durch den Westen.

Und noch mehr: Es wird durch die Ausstellungsarchitektur eine Arbeit El Lissitzkys von 1919 zitiert: „Mit dem roten Keil schlag die Weißen", indem Preiß einen weißen Keil mit den Gutkünstlern in die runde Form der „Reaktion" eintreibt, bzw. in den schwarzen Kreis, es gibt auch diese Variante.

Der Vorwurf lautet: Wenn ich als Kunsthistoriker, der es ununterbrochen mit symbolischen Formen zu tun hat, solche Zusammenhänge nicht mehr lese oder lesen will, dann sollte ich keine Kunstausstellung machen und schon gar nicht auf Tübkes Panorama verweisen. Professionelle Unzulänglichkeit erzeugt hier, nach Abzug der sachlichen Argumente, nichts als Vertriebenenhysterie, also politische

Dumpfheit. Was die Aneinanderreihung wahllos ergriffener Werke in diesem Rondell dann zutagefördert, ist kein Bild von Kultur oder Zivilisation, sondern die Herausforderung einer geradezu perversen Solidarisierung disparatester Positionen. Der ausbleibenden künstlerischen Bewertung des Materials steht auf der anderen Seite eine unüberbietbar direkte Wertung des kunsthistorischen Hintergrundes gegenüber: Unter der Überschrift „Aufstieg und Fall der Moderne" ist das negative Rezeptionsmuster gleich mitgeliefert. Die Niedergangsregelung findet sich im Hängeprinzip wieder, und zwar in allen drei Stationen: Adelung der verfemten Moderne im Schloß, dokumentarische Nüchternheit bei der Vorführung der Nazikunst im Untergeschoß des Gauforums und als Elend inszenierter Überbau der geistigen Verarmung oben. Diese Absicht wurde immerhin verstanden.

Vielleicht haben wir es doch mit einem Manko der Verstehensmöglichkeiten von in der DDR Aufgewachsenen zu tun. Für diese Menschen ist ja gerade nicht die Entscheidung für das Abstrakte das Moderne gewesen. **Moderne ist nicht die ideologisch-dogmatische Festlegung nach der einen oder anderen Seite, sozialistischer Realismus oder abstrakte Weltsprache. Es geht um die gleichzeitige Orientierung nach beiden Richtungen: Modern ist die Form der Auseinandersetzung.**

Soweit kann man folgen. Nur, wir finden das Wissen um diese Gleichzeitigkeit in der Ausstellung nicht nur nicht, sondern wir sehen es geradezu revidiert.

Nehmen wir das Konzept der Hängung: Sie ist modern, weil sie das Prinzip des Verlustes der Aura manifestiert, von dem Benjamin sprach. **Die Depothängung hat sich im Westen als die öffentlich wirksamste und ökonomisch bedeutsamste Präsentationsform für Kunst herausgestellt, weil sie die Präsentationsform auf Kunstmärkten ist, wenn man die dort gezeigte Kunst unter dem Gesichtspunkt des Verlustes kultureller Bindungen und im Sinne der zivilisatorischen Operationslogik betrachtet.**

Und Herr Preiß zeigt nun in Form der Kunstmarkthängung die Kunst aus dem Osten, also Bilder, die alle noch durch die kulturelle Legitimation derer, die sie gemacht haben, entstanden waren. Er berührt damit Auseinandersetzungen, die es im Westen bis in die 80er Jahre ständig gegeben hat, wenn beispielsweise ein Architekt wie Herr Kleihues sich als bildender Künstler auslebte, dann aber doch bestimmten Funktionslogiken des Bauens Rechnung tragen mußte und auf dem Fußboden technische Einlassungen für die Belüftung hinterließ. Dann rebellierte hier jeder und sagte: Wie kann man da noch was reinstellen! So eine Störung ist doch die totale Vernichtung der Wahrnehmbarkeit einer Skulptur! Gleichzeitig kam es seit den 70er Jahren dazu, daß Künstler aller Art die angestammten Spielorte verließen und in Industriebrachen auswichen. Es wurde diskutiert, ob es überhaupt möglich ist, in einer visuell attraktiven und übermächtigen Umgebung, in einem Museum oder in einem Opernhaus, Kunst noch zu präsentieren. Diese Diskussion wurde im Westen mindestens so radikal geführt wie jetzt in Weimar. Es war kaum ein Einspruch möglich gegen diese Attitüden der bestimmenden Plazierung als Ordnungprinzip, und Ordnungssysteme sind immer zugleich auch Wertungssysteme. Mit anderen Worten: Alle, die da nicht reinpaßten, kamen auch nicht in die Öffentlichkeit. **Die Leute aus der DDR haben offenbar gar nicht begriffen, daß sich der Westen nicht durch das bestimmte, was über die Werbefernsehkanäle sichtbar wurde, sondern durch das, was darin nicht sichtbar war.**

Okay. Herr Preiß aber holt jetzt die unsichtbar gebliebene West-Kunst auch nicht heraus, indem er die DDR-Kunst inszenatorisch deponiert und die damit einhergehende Entauratisierung der Werke in der Gauforumsbrache vollstreckt. Es ist eine Frage der Angemessenheit, und in Weimar ist kein Kunstmarkt. Uns sind Messen auch oft lieber als museale Weiheveranstaltungen. Aber gerade weil Messen den Warencharakter von Kunst behaupten müssen, um sich überhaupt begründen zu lassen, verhalten sie sich auch angemessen. Das heißt, die Werke bedürfen ihrer Aura und hängen auch auratisch, um ein bestimmtes Signal an den potentiellen Käufer senden zu können.

Aber nicht in der Koje.

In der Koje. Das sind doch alles inszenierte „white cubes".

Nein! Der Durchschnitt der Messe hat einen Abstand von Bild zu Bild, der ungefähr dem von Weimar entspricht.

Mit dem Unterschied, daß niemand dort wagen würde, alles durcheinander zu hängen. Wenn enge Hängung auf der Messe, dann doch, um eine bestimmte Position zu verdichten, nicht, um sie zu nivellieren.

Es geht gar nicht um Ästhetik, schon gar nicht um den Warencharakter der Kunst, sondern um deren sozialen Geltungsanspruch. **Wenn ich mich als Künstler einem Galeristen anvertraue und sage, er wird meinen Geltungsanspruch dadurch fördern, daß er meine Werke auf der Messe zeigt, unterwerfe ich mich diesen Depotpräsentationsformen und nehme nicht an, daß mein Werk auf der Messe diskriminiert wird.**

Das Schöne an Messen ist doch, daß die Autonomiebehauptung der Kunst dort ständig unterwandert wird. Auf der Messe wird das, was Sie sozialen Geltungsanspruch von Kunst nennen, auf eine ökonomische Wurzel zurückgeführt und ökonomisch auch an das Leben zurückgebunden.

Das ist alteuropäisches Denken. Es geht nicht um den Warencharakter, es geht um den sozialen Charakter. Und dieser bestimmt sich aus der Art und Weise der Kommunikation.
Der Kunsthandel funktioniert, weil derjenige, der sich dafür entscheidet, Geld auszugeben, weder ein Pro- noch ein Kontra-Argument braucht. Er ist freigestellt von der rechtfertigenden Argumentation. Die Messe ist ein Kommunikationsmodell, bei der die Entlastung vom Legitimationsdruck durch den Kaufakt erreicht wird. Die Überlegenheit der an dem Kunstgeschäft Beteiligten besteht nicht darin, daß sie viel Geld haben. Das haben sie sowieso. Es geht darum, daß sie freigestellt werden davon, ihre Urteile zu begründen. Das macht die Sache durchschlagsfähig. Das ist der Grund, weswegen sie daran interessiert sind, die Kunst zu fördern: weil sie die Kunst nicht im geringsten verstehen müssen. Sie kaufen sie ja.

Weimar.

Dort nun sind Bilder, die staatlich angekauft worden sind. Sie repräsentieren nicht individuelle Künstler in ihrer kulturellen Bindung, sondern die Bilder sind aus solchen Bindungen herausgekauft worden. Die Depots reflektieren die Prinzipien, nach denen Entscheidergruppierungen auswählten, und zwar über den Ankauf. Und im wesentlichen auch hier, um aus dem Legitimationsdruck durch Argumente herauszukommen. Unterdessen debattierten die Künstler des Ostblocks ja ganze Nächte hindurch, um kleine Details künstlerischer Konzeptfragen zu besprechen, so daß denen, die die Entscheidungen treffen mußten, angst und bange wurde. Es gab nur eine Möglichkeit, diese Diskussionen und deren möglicherweise riskante Folgerungen stillzustellen, und das war der Ankauf. Also, was Herr Preiß zeigt, sind nicht individuelle Künstler mit ihrer Entwicklung, sondern eine Manifestation der **Ankaufspolitik zur Entlastung von Rechtfertigungen durch Argumente.**
Man mußte auf diese Weise nicht einmal erklären, ob es sich dabei um sozialistischen Realismus handelt, weil ohnehin keiner wußte, was das ist und jeder Funktionär in die größte Verlegenheit geraten wäre, hätte er sich argumentativ erklären müssen.

Die Funktionäre werden Ihnen dankbar sein für Ihr Einfühlungsvermögen. Nach Ihrer Logik hätte der Staat aber vor allem das kaufen müssen, was hier in Weimar als „inoffiziell" ausgewiesen worden ist.

Wir müssen mit dem arbeiten, was jetzt vorgegeben ist. Für mich ist das eine der wichtigsten Ausstellungen der letzten drei Jahrzehnte – für den Westen. Ob das vom Osten so gesehen wird, ist zu bezweifeln, obwohl die Gegenreaktion nicht die des Ostens ist, sondern eine Art von trotzköpfiger, sozialpsychologisch verständlicher Wagenburgmentalität des Westens gegenüber dem Ansinnen, jetzt zum Exemplum genommen zu werden für etwas, womit man sich überhaupt nie in Relation gesetzt hat und wofür man kein Exempel, sondern gerade das Gegenmodell gewesen sein wollte.

Zurück zum Legitimierungsgedanken: Das ist sicher ein fruchtbarer Ausgangspunkt zur Beurteilung von Kunstgeschichte der DDR. Nur muß man dann auch beachten, die DDR-Ästhetik, wenn man davon sprechen kann, wurzelt in der Sozialdemokratie des späten 19. Jahrhunderts, in den Emanzipationsprozessen der bürgerlichen Gesellschaft, die ja wesentlich kulturell legitimiert gewesen sind. Darin hat die proletarische Bewegung die Anverwandlung kultureller Strategien gelernt.

Und da es der Marxismus nie verstanden hat, eine eigene Ästhetik zu entwickeln, und da es eine solche aus verschiedenen historischen Gründen vielleicht auch gar nicht geben konnte, ist diese Anverwandlungsstrategie ästhetisch eine historisierende und praktisch eine parteipolitische geblieben. Am Potsdamer Kulturhaus steht noch dieser wunderbare Satz: „Kultur ist jeder zweiter Herzschlag unseres Lebens". Der andere verräterische Kernsatz ist: „Erstürmt die Höhen der Kultur". Die Kultur war für die tragende Schicht der Beamten und Funktionäre, der Sie jetzt ein gleiches Legitimationsbestreben zusprechen wie dem Sammler auf der Messe, ein Mittel zur Erreichung von Macht. Dies hat sich aber in der DDR gegenüber ihren Anfängen ganz erheblich verändert. Auf die Wahrnehmung dieser Veränderungen kommt es wesentlich an. Die Ausstellung in Weimar dagegen leistet nicht deren Klärung, sondern deren ausführliche Verwischung.

Nein. **Der Westen hat seine Dynamik entwickelt, weil er in der Ost-West-Konfrontation nicht den Kampf zweier Kulturen gesehen hat, sondern generell den Kampf zwischen Kultur und Zivilisation.** Man hatte also einerseits das altdeutsche Thema, das war der ganze Osten, beim Gedichtelesen weinen und vor Bildern beten, und man hatte auf der anderen Seite die Verkehrstechniker der Sozialkommunikation, die Instrumentalisten, die Universalsprache, Geld: Das war der Ost-West-Konflikt. Und wenn das so war, dann ist die Moderne die Einheit zwischen beidem. Das heißt aber auch: **Der Westen ist als Zivilisationsreglement nicht überlebensfähig, weil er die Funktionsfähigkeit seiner einzelnen Systemkonstruktionen nicht mehr bewerten kann ohne die Konfrontation mit dem Kulturbegriff des Ostens.** Kultur ist alles nicht primär industriell Verstandene, also auch Afrika, Asien und Südamerika inklusive der dort praktizierten Religionen, Ideologien und Liturgien. Und so ist die Ausstellung in Weimar die Rekonstruktion eines kulturellen Verständnisses, das sich im Westen jeder denken muß, aber nicht leisten kann, weil es das Verkehrsschild gibt: Beten verboten! **Der Westen ist kulturlos. Die Weimarer Ausstellung also zeigt, wie sich ein Westler die Konfrontation mit kulturell legitimierten Kunstwerken wünscht, und** umgekehrt, was sich ein Ost-Mensch denken muß, wenn er mit der zivilisatorisch legitimierten Westkultur konfrontiert wird. Was will man noch?

Eine schwere Entdeutschung –
Wir widerrufen das 20. Jahrhundert
14 Bauhaus-Programm heute:
Widerruf des 20. Jahrhunderts

Repräsentiert das Konzept *Bauhaus* tatsächlich ein Weltkulturerbe, dann müßte man, wie jeder gute Anwalt, den Erben dringlich nahelegen, sich sehr gründlich zu überlegen, ob sie das Erbe überhaupt antreten wollen. Im privaten Bereich jedenfalls mußte schon manch einer erfahren, daß Omas oder Vaters Hinterlassenschaft im wesentlichen aus offenen Zahlungsverpflichtungen bestand, die den Erben zeitlebens zum Tilgungssklaven solcher Schulden werden ließen. Da galt es, rechtzeitig Schluß zu machen mit der familiären Pietät und das Erbe auszuschlagen.
Erbt man nicht Schulden, sondern Schuld, hilft einem keine formaljuristische Deklaration aus der Bedrouille.
Ein *Weltkulturerbe Bauhaus* zu übernehmen, hieße die Schuld abzutragen, die das 20. Jahrhundert mit der Durchsetzung des Projekts „Moderne" auf uns geladen hat. Dann hieße die Übernahme des *Weltkulturerbes Bauhaus* das 20. Jahrhundert zu widerrufen. Soweit das Bauhaus „Modernität" als Einheit von Architektur und Lebensformen, von Technologie und Kriegführung, als umfassenden Gestaltungsanspruch und als Primat der Kollektive begreifen mußte, eignete es sich für politische und soziale Strategien der Verwirklichung solcher Postulate. Je ernster man sie nahm, desto umfassender und durchgängiger mußten sie verwirklicht werden. Gerade weil sie nicht utopische

Gegenentwürfe zur schlechten Realität bleiben, sondern die Lebensrealität der Zeitgenossen bestimmen sollten, wurden sie totalitär und darin für die Politik zum Instrument.

Ein Neuansatz für das 21. Jahrhundert würde bedeuten, das Bauhaus in jenen Grundlegungen zu beerben, die nicht aus dem 20. Jahrhundert, sondern aus dem christlichen Mittelalter (Bauhütte) und vor allem aus dem 18. Jahrhundert (Zivilisationsagenturen wie raisonnierender Salon, enzyklopädische Verfügung über Optimierungsstrategien und der Englische Garten als Hege sozialer Bindungsfähigkeit jenseits von Zugehörigkeiten zu Familie, Ethnie oder Religion) stammen. Neil Postman hat zum Millenniumswechsel die Studie *Die Zweite Aufklärung, Brücke ins 21. Jahrhundert* veröffentlicht, in der er eben jenen Brückenschlag zwischen dem 21. Jahrhundert und der Epoche 1700 - 1850, so rahmt er das Zeitalter der Aufklärung, zu leisten versucht.

Mit dem Bauhaus-Erbe das 20. Jahrhundert zu widerrufen, darf aber kein dezisionistischer Akt der Entlastung von der Erbschuld sein, denn nur wenn wir die Last der verfehlten Moderne des 20. Jahrhunderts zu tragen bereit sind, verfügen wir über eine tiefe Quelle zur Kraft der Kritik an Wahrheitsansprüchen, die das 20. Jahrhundert terrorisierten. Diese Quelle der Kritik an der Wahrheit trägt den Namen *Utopie*. **Beim Widerruf des 20. Jahrhunderts gilt es also, das Potential der Utopien neu zu definieren: Utopien sind nicht Handlungsvorlagen für die Verwirklichung noch so wünschenswerter sozialer, politischer oder sonstiger Programmatiken, sondern prinzipiell unaufhebbare Differenzen aus dem Verhältnis von Programm und Realisierung, von Plan und Verwirklichung. Sie sind**

Gestalt gerade der Kritik an der Wahrheit, nachdem sich herausgestellt hat, daß die Kritik am bloßen falschen Bewußtsein mit einem simplen Verfahren der Logik unserer natürlichen Dummheit geleistet wurde: nenne ich dich einen Faschisten, so reklamiere ich für mich, selbst keiner zu sein; laste ich dir unmenschlich kalte Rationalität der Verfügung über Mensch und Material an, stelle ich mich außerhalb dieses Vorwurfs; kritisiere ich an deinen Programmatiken Mangel an Konsistenz der Begriffe, unterstelle ich für mich, nicht auf gleiche Weise kritisierbar zu sein.

In diesem Verfahren bot Kritik den Kritikern die Möglichkeit, ihre eigene Position der Kritik zu entheben. Heinz Budde zieht daraus den Schluß, den Modus der Kritik gleich zugunsten von schierer Definitionsmacht aufzugeben – eine bedenkenswerte Empfehlung, weil sie auch die Auseinandersetzung über Programmatik und Wirkungsgeschichte des Bauhauses in die Arena der Meinungsmachtkämpfe stellt. Damit ist gesagt, daß die Beschäftigung mit dem Bauhaus in erster Linie der Absicht verdankt wird, für heutige kultur- und kunstgeschichtliche Machtkämpfe die *Pathosformel Bauhaus* zu reklamieren und daß die vermeintlichen historischen Rekonstruktionen des Bauhauses von dem Versuch geleitet werden, heutige Positionen durch Vereinnahmung des Bauhauses als Inkarnation von Modernität zu legitimieren.

Gefälschte Legitimierung. Nur die Mittel heiligen den Zweck
Schon Mr. Bauhaus himself, also Walter Gropius, versuchte, derartige Legitimierung durch absichtsvolle Verfälschung seines Bauhaus-Konzeptes zurückzuweisen. Zur offiziellen Eröffnung der Hochschule für Gestaltung in Ulm 1955 hielt Gropius zwei Reden, die auf Tonträger konserviert wurden.
In der ersten Rede konfrontiert er sein Bauhaus-Programm von 1925 mit dem, was er von Inge Scholl und Otl Aicher zur programmatischen Begründung der Ulmer Hochschule gehört hatte. Verständlicherweise zeichnet Gropius die vermeintliche Kontinuität in den Vorhaben von 1925 und 1955 aus: aber mit dem Tenor, es möge so sein.
Unüberhörbar gibt Gropius zu verstehen, daß die Zielsetzungen das eine seien, die Methoden, sie zu erreichen, ein anderes – zumal unter veränderten Rahmenbedingungen der technologischen Entwicklung und des wirtschaftspolitischen und sozialen Umfeldes. Vornehmlich in der zweiten Rede widerruft dann

Gropius die vorgebliche oder erwünschte Kontinuität zwischen Bauhaus und Ulm. Er läßt die Ulmer ahnen, daß ihre Vorstellung von Kontinuität auf einer verfälschenden Rekonstruktion des Bauhaus-Konzeptes, und vor allem seiner Vorgehensweise, beruhe (in erster Linie in einer verfälschenden Hervorhebung des Begriffs *Funktionalismus*). Gropius bemüht sich sichtlich, seinen Zuhörern die Möglichkeit zu bieten, die hinter der Verfälschung des Funktionalismus-Begriffs stehende Absicht zu erkennen: Denn der Funktionalismus, auf den sich das Bauhaus verpflichtet hatte, habe nie die menschlichen Emotionen, die Intuition, den spekulativen Irrationalismus, die traumhafte Phantasie und die Faszination durch Magie außer Acht gelassen (dagegen liefen die Ulmer Sturm). Ja, mehr noch: im Bauhaus habe man stets gewußt und berücksichtigt, daß Schönheit und Form psychologische Funktionen seien, denen man durch Gestaltung als einer Art „optischen Dichtung" mit dem Ziel einer „Vergeistigung des Lebensstandards" entsprochen habe. Mit Vergeistigung sei eine Ausrichtung des menschlichen Erlebens und Handelns auf universalistisch-verbindliche Ziele gemeint. Es sei also um *Lebensformen* gegangen, um *neue* Lebensformen. Zu ihnen zu erziehen, heiße eine Volksgemeinschaft zu Gesinnungshaltungen zu führen. Inbegriff solcher Gemeinschaft sei das schöpferische *Team*, gebildet aus prophetisch und poetisch befähigten Künstlern mit der Leidenschaft von Liebenden, die die Begeisterung für das hohe Ziel in zweifacher Hinsicht zu nutzen hätten: zur Steigerung der kreativen Ideen jedes einzelnen im Wettbewerb zu den anderen Mitgliedern des Teams und zur Intensivierung der Team-Arbeit durch den Austausch der Ideen, der in Form von Kritik eine gemeinsame Team-Leistung darstelle. In der *Kritik* werde Gestaltung auf die Einheit von *Geist* und *Ordnung* ausgerichtet. Geist stütze sich auf die „Gnade der Inspiration" des Einzelnen, Ordnung auf die gemeinsame Entwicklung einer leistungsfähigen Technik. Die pädagogische Beförderung dieser Einheit von Geist und Ordnung sei am besten durch das praktische *Experiment* zu erreichen. Team-Arbeit wirke sich also als Befähigung zum praktischen Experiment aus. Das praktische Experiment sei der Prüfstein jeder Programmatik, weil es in der Kunst wie in der Entfaltung des Lebens keine absoluten Größen gebe.

Wer konnte, fragt Gropius, ein Interesse daran haben, als Schwerpunkt des Bauhaus-Programms die rein funktionalistische Programmatik statt des alles entscheidenden praktischen Experiments auszuweisen?
Gropius beantwortet die Frage nicht, und das ist angesichts der Ulmer Gründungseuphorie und ihrer Protagonisten verständlich. Die Ausrichtung seiner

möglichen Antwort ist aber zu ahnen und erst recht post festum zu bestätigen. Im Dritten Reich mußte das praktische Experiment hinter der Modernitätsprogrammatik zurückstehen, damit das Nazi-Ideologem durchgehalten werden konnte, demzufolge das Bauhaus-Programm als Instrument der jüdisch-bolschewistischen Verschwörung zu gelten hatte, obwohl man eine ganze Reihe von Elementen der Modernisierungskonzepte *Schönheit der Arbeit* und *Kraft durch Freude* durchaus als Entsprechungen zu den praktischen Experimenten des Bauhauses verstehen konnte.

In der Nachkriegsbundesrepublik bestand offenbar das Interesse, sich auf einen verfälschten Begriff von Funktionalismus des Bauhauses zu berufen, um z.B. die Kritik an der Nachkriegsarchitektur als Betonsilos und Legebatterien abweisen zu können, indem man sie zum genuinen Ausdruck des modernen Bauhaus-Funktionalismus stilisierte (Heinrich Klotz prägte für diese Fälschung den Begriff Bauherren-Funktionalismus, den er in entscheidenden Gegensatz zum *Bauhaus-Funktionalismus* stellte).

In der Tat also: vergleicht man das von Gropius in seinen Reden 1955 skizzierte Selbstverständnis mit dem, was in der Öffentlichkeit als Bauhaus-Konzeption und -Pädagogik dargestellt wurde und immer noch dargestellt wird, kann man sein heikles Unterfangen verstehen, die Ulmer Gründer eher zu warnen als zu ermutigen, mit dem Bauhaus-Konzept in abstracto nunmehr, nachdem es im Dritten Reich als Inbegriff antifaschistischen Widerstands der Gestalter gleichermaßen berühmt wie berüchtigt wurde, endlich Ernst zu machen. Aber mit Betonung der Erziehung zur Gesinnungshaltung der prophetischen und poetischen Beseelung einer Volksgemeinschaft und ihrer Begeisterung für hohe Ziele durch die Gnade der Inspiration stieß Gropius seine Zuhörer wahrscheinlich unfreiwillig vor den Kopf; jeder Anwesende erschrak vor den sich plötzlich eröffnenden Assoziationen von Gropius' Begriffspathos zu dem, was in der ersten Jahrhunderthälfte sowohl die Universalsozialisten wie die Nationalsozialisten, die Völkischen wie die Jugendbündler in Umlauf gebracht hatten.

Da half die formale Unterscheidung nach linken oder rechten Zielsetzungen, die mit diesem Begriff- und Programmpathos verbunden waren, niemandem aus der Peinlichkeit. **Wo links und rechts sich derart nahe kamen, gerade im Gebrauch ihrer Mittel, ließen sich die, in diesem Falle gestalterischen und erzieherischen, Mittel nicht mehr durch die vermeintlich konträren Ziele und Zwecke heiligen.**

Denn modern ist im christlichen, wie im aufklärerischen Sinne, wer zu akzeptieren vermag, daß allein die gewählten Mittel Zwecke und Ziele, also z.B. Fortschritt in der Durchsetzung von Emanzipation, Solidarität und Wohlstand, rechtfertigen.

Um eine derartige Rechtfertigung seiner Ziele ging es Gropius und nicht um Propaganda für die Avantgardisten funktionalistischer Modernität. Es ist bisher zu wenig betont worden, daß die historischen Bauhäusler kaum auf den Begriff der *Avantgarde* rekurrierten. Denn deren Funktionäre bezogen ihre Mittel für die Durchsetzung des *neuen Menschen* und der neuen Lebensformen aus der simplen, aber höchst effektiven wechselseitigen Bedingtheit von Zerstören und Schaffen, wie sie in der industriellen Revolution, in der Kriegführung, im Personenstandswechsel und natürlich auch im futuristischen Impetus der Künstler sichtbar wurde. Diese Logik besagt, daß man erst mal das Alte abzuräumen, zu zerstören und zu liquidieren habe, um etwas Neues schaffen zu können. Ihr Kulturheld ist der *Barbar*, also ein Aktionist, den allein schon seine Kenntnislosigkeit und Respektlosigkeit vor der Geschichte befähigen, „gnadenlos" (das verbreitetste Wort zur Auszeichnung von Handlungseffektivität zwischen 1850 und 1950) auszuleben, was ihm gerade wünschenswert, begehrenswert oder geboten erscheint.

Diese Haltung des Barbaren als Kulturheld repräsentiert etwa Egon Eiermann (also mit guten Gründen kein Bauhäusler):

„Je mehr ich also in die Zukunft schreite, je mehr ich blind an sie glaube, desto besser wird sie sein. Wenn wir nun damit Heimatlosigkeit in Kauf nehmen müssen, so tue ich das gerne. Was haben wir Architekten damit zu tun, wenn die Bewohner sich nicht in dem heimisch fühlen, was wir für sie hinsetzen können?!"

Blinder Glaube, Fanatismus des radikalen Neubeginns, Selbstergriffenheit durch die Größe der eigenen Mission – das waren eben nicht nur Begriffe der Nazi-Barbaren, der Anti-Demokraten, der Anti-Humanisten und Anti-Semiten, sondern vor allem die der Kunst- und Modernitätsavantgardisten seit der Mitte des 19. Jahrhunderts. Ihre Position markierte Hitler mit dem Diktum: „Die Kunst ist eine erhabene, zum Fanatismus verpflichtende Mission" – erhaben, weil sie sich der Todesdrohung und der Zerstörung aussetzt, fanatisch, weil sie nur den eigenen Vorstellungen verpflichtet ist. Die Einheit beider Aspekte betonte schon Max Stirner:

„Der Deutsche erst, und er allein, bekundet den weltgeschichtlichen Beruf des Radikalismus. So unerbittlich und rücksichtslos wie der Deutsche ist keiner; denn er stürzt nicht allein die bestehende Welt, um selber stehen zu bleiben; er stürzt sich selbst.

Bei dem Deutschen ist das Vernichten, das Schaffen und das Zermalmen des Zeitlichen seine Ewigkeit."

Um die ganze Tragweite dieser Begeisterung für den Neuanfang nach der Zerstörung des Alten zu verstehen, erinnere man sich daran, daß herausragende Repräsentanten der Architektur-Avantgarde, wie Le Corbusier, immerhin zeitgleich mit dem historischen Bauhaus, ihre Pläne für die Modernisierung, z.B. von Paris, völlig selbstverständlich an die Zerstörung des alten Paris geknüpft hatten. Auch Hans Scharoun, der erste Stadtbaurat Berlins nach 1945, bekannte:

„Die Zerstörung der hoffnungslos veralteten Städte hatten schließlich die alliierten Flugzeuge erledigt und nichts stand mehr im Zentrum Berlins. Die Zeit für die Realisierung unserer modernen Konzepte des Bauens und der Stadtplanung war endlich gekommen."

Ähnlich hatte Goebbels argumentiert, kurz bevor er in Erhabenheit und Fanatismus seinem Erdendasein durch Selbstauslöschung einen Missionssinn verschaffte:

„Unter den Trümmern unserer verwüsteten Städte sind die letzten sogenannten Errungenschaften des bürgerlichen 19. Jahrhunderts endgültig begraben worden. Zusammen mit diesen Kulturdenkmälern fallen auch die letzten Hindernisse zur Erfüllung unserer revolutionären Aufgabe. Und damit ist es mit allem Alten und Vergangenen vorbei."

Das mag zu einem guten Teil als nachträgliche Rationalisierung von Sinnlosigkeit und Vergeblichkeit als „zielgerecht" und „gewollt" gewertet werden; im Kern aber bleibt es die Logik des Barbaren als Kulturheld und des Radikal-Avantgardisten als Schöpfer der ganz neuen Welt.

„Wer stark ist, zu schaffen, der darf auch zerstören", schieb Friedrich Gundolf – und das war nicht nur die Überzeugung deutscher Konservativer wie internationaler Modernisten mit den ihnen zugeschriebenen Affekten, z.B. gegen strenggläubige Juden, denn Gundolf selbst war Jude.

Den Vorrang des Zerstörungswillens vor dem Schöpfungsimpetus behaupteten Künstler und Wissenschaftler seit Wagners Zeiten in vielen europäischen Ländern. **Die Einheit von Zerstörung und Schöpfung**

feierten die sozialrevolutionär gesonnenen Künstler-Anarchisten in Rußland wie die Futuristen in Italien oder die Parteigänger des österreichischen Radikal-Modernisten Adolf Loos.

Wahrscheinlich wurden sie alle nach 1937 von den Nazis geächtet, um sie als Konkurrenten auszuschalten und die Einsicht zu verhindern, daß die Nazis selber keine genuine Programmatik besaßen, sondern sich nur als radikalste Verfechter jener längst bekannten Kunst- und Kulturavantgarde-Programme behaupten konnten: die kulturaktiven Jung-Nazis haben deshalb noch bis 1936 jene Avantgarden als Kraftquell ihrer eigenen Weltbaupläne propagiert; für Mussolini schien die Einheit von Kunst- und Kulturavantgarde und Faschismus bis zum Schluß völlig selbstverständlich gegeben zu sein. Recht hatte er, und zwar nicht nur mit Blick auf die Kunstavantgarden, sondern auch mit Blick auf die Wissenschaftsavantgarden. Das von ihnen geschaffene Zerstörungspotential, vom Giftgas über die Atom- bis zur Neutronenbombe legitimierten sie damit, daß sowohl in der Natur wie in den Kulturen radikale Umbrüche an katastrophische Auslöschung sogar ganzer Evolutionslinien und Kulturimperien gebunden seien. Oppenheimer ging sogar so weit, die Zerstörung in den Rang einer religiös und theologisch ausgewiesenen Gottheit zu erheben. Der von ihm bewußt gewählte Deckname für den Versuch, atomare Kettenreaktionen als Waffen zu instrumentalisieren, lautete *Trinity* und meinte nicht die christliche, sondern die hinduistische Trinität, in die mit Shiva immer schon der Gott der Zerstörung aufgenommen war.

Stärker als die Künstleravantgardisten, die doch noch im privaten Studiolo nur mit relativ beschränkten Mitteln arbeiten konnten, haben die Modernisierungsradikalen der Wissenschaft betont, daß die Legitimierung von Neuem durch vorausgehende Zerstörung des Alten *gesellschaftlich* auszuweisen ist. Denn schließlich konnten die Wissenschaftler ohne Finanzen und andere Subsidien, die ihnen die Gesellschaft zur Verfügung zu stellen hatte, gar nicht arbeiten. Unverblümt stellten sie den Steuerzahlern „ihrer Volksgemeinschaften" die Auslöschung anderer als Voraussetzung für die eigene Entwicklung dar.

Gesamtkunstwerk?
Gegen die eben skizzierten Legitimationskonzepte für radikal verwirklichte Modernität setzte sich Gropius nicht erst nach dem Zweiten Weltkrieg ab.
Seine Unterscheidung läßt sich am besten anhand von Vorstellung und Begriff des *Gesamtkunstwerks* deutlich machen.
Wo sich Gropius in seinen Deklarationen und Programmen gleichermaßen 1916, 1919 oder 1925 auf das Konzept Gesamtkunstwerk immer mehr oder weniger indirekt zu beziehen scheint, stellt er Gesamtheit als Form der Zusammenarbeit des Zusammengehens, des Zusammenspiels von Handwerk und Kunst, von Technik und sozialen Strategien dar. Gesamtheit zu erreichen ist also eher eine Frage der organisierten Kooperation als der Unterwerfung aller Materialien und Arbeitsformen unter eine *Werk*-Idee.
Auch die Architektur ist für Gropius nicht, wie im alten Paragone-Streit, das anspruchsvollste Artefakt, das in Umfang und Aufwand der Realisierung zum zentralen Monument einer stilistisch einheitlich repräsentierten Werkidee seine Vorrangigkeit behauptet. Vielmehr repräsentiert sich für Gropius in der Architektur das Zusammenspiel der verschiedenen menschlichen Lebens- und Handlungsformen in einem definierten *Weltort*, der den Charakter einer Werkstatt, einer Fabrik, eines Büros, eines Wohnorts, eines Kultplatzes, eines Theaters gleichermaßen hat.
Gropius bemüht das Beispiel der Bauhütte nicht als Agentur für die Umsetzung von Theologie in Stein, sondern als historisch frühes Beispiel der Zusammenführung aller Kräfte bei der Bewältigung der komplexesten Aufgabe, die der mittelalterlichen Kultur gestellt war: der Kathedrale. Es ging um die Bauhütte und nicht um das fertige Artefakt Kathedrale, also um die organisierten Arbeits- und Lebensprozesse und nicht um deren Resultat (der Feiningersche Titelholzschnitt für Manifest und Programm von 1919 läßt erkennen, daß selbst beteiligte Künstler Schwierigkeiten hatten, Arbeitsverfahren und -mittel als vorrangig vor dem erwarteten Produkt in den Blick zu nehmen, denn Feininger verweist nicht auf die Bauhütte, sondern auf die Kathedrale an sich).
Auch später, **bis in die Gegenwart, wurde allzuhäufig die Vorgehensweise des Bauhauses als Form der Kooperation mit dem Ziel verwechselt, Arbeitsresultate als stilreine Repräsentanten einer einheitlichen Werkidee herzustellen.**
Einen derartigen, von Produkten verkörperten „Bauhaus-Stil" hat es nie gegeben. Auch in den USA kam es Gropius nicht auf die Arbeitsresultate, sondern

auf die Vereinheitlichung vielfältiger Lebens- und Arbeitsformen an. Deswegen ersetzte er 1955 die Kennzeichnung von „Bauhaus als Bauhütte" durch „Form der Team-Bildung und Team-Arbeit". Also repräsentierte das Team für ihn die Forderung nach einer Gesamtheit.

Die Art und Weise, wie er die Team-Arbeit kennzeichnet, entspricht bis ins besagte Begriffspathos jenen Beschreibungen, mit denen im universalsozialistischen Zusammenhang der Begriff des *Kollektivs* gefaßt wurde. Da dieser Begriff nach 1945 in der westlichen Welt politisch stigmatisiert wurde, verzichtete Gropius auf seine Verwendung, obwohl er, historisch gesehen, besser geeignet gewesen wäre, Gropius' Vorstellungen zu fokussieren.

„Gesamtkunstwerk" hieß also für Gropius Team- oder Kollektiv-Arbeit und nicht Unterwerfung unter die Aufgabe monumentaler Verkörperung eines „Weltbildbaus". Diese Vorstellung und dieser Begriff einer „Gesamtheit" opponiert den **Gesamtheits- oder Ganzheitsvorstellungen, die die Avantgardisten der Modernität in der Vereinheitlichung von Zerstören und Schaffen verfolgten. Letztere Ganzheitsvorstellung konnte, wie historisch geschehen, ohne Schwierigkeiten *totalitaristisch* ausgeprägt werden: als totaler Staat, als totaler Krieg oder als Totalkunstwerk.**

Kooperationsformen wurden dann zur „totalen Mobilmachung". Gropius' Vorstellungen von Gesamt- und Ganzheit im Team und Kollektiv legitimierten sich nicht aus dem angestrebten Ziel von „Staat als Gesamtkunstwerk", sondern vielmehr durch das Modell des Zusammenspiels, wie es etwa im Begriff der balancierten Einheit der „Ökosysteme" angesprochen wurde – und das bereits seit Aufkommen des Naturschutzgedankens, der seinerseits zurückgeht auf die Gesamtheitsvorstellungen der Enzyklopädisten und Aufklärer des 18. Jahrhunderts, denen z.B. im Wörlitzer Garten ein Gedenkstein mit der Aufschrift „Wanderer, schone die Natur und ihre Werke" errichtet wurde.

Generell ist die Gesamtheitsvorstellung von Gropius (und ähnlich bei seinen Vorgängern Morris und Co.) sehr viel stärker von der realen Erfahrung geprägt, daß die industrielle Revolution die gesamte Lebenswelt durchdringt und dadurch eben diese Gesamtheit auf allen Ebenen der sozialen Bindungen und der Lebensräume zu zerstören drohte. Von heute aus ließe sich Gropius' Vorstellung eines Gesamten und Ganzen, ohne daß man ihr Gewalt antäte, am sinnfälligsten mit Verweis auf *Systemisches Denken* darstellen. Von der systemischen Familien- und Sozialtherapie bis zur grundlegenden Einsicht, daß die Umwelten der Systeme ihrerseits „Systeme" sind und sich damit wechselseitig balancieren.

Die Ausprägungen von Vorstellungen des „Ganzen" waren in der europäischen Geschichte immer schon vielgestaltig. In jedem Fall aber sind die wenigen unübersehbaren Gemeinsamkeiten der europäischen Kulturen an weitgehend übereinstimmende *Repräsentationen* dieser unterschiedlichen Ganzheitsvorstellungen geknüpft.

Das gilt sowohl für die länderspezifischen Varianten der gotischen Kathedralstile, wie die der Universität oder des Staates. Nur innerhalb dieser repräsentierten Ganzheiten konnten sich *nationes*, d.h. Landsmannschaften, z. B. unter den Studierenden, herausbilden. Sie betonten Unterschiedenheit in der Einheit oder Ganzheit von Imperium, Kirche und universitären *nationes*. Die *nationes* bildeten ihre Unterschiedenheit in der Einheit von Universität, Imperium und Kirche aus. Das war ihre Aufgabe.

Listet man die Leitvorstellungen für solche Vielheit in der Einheit historisch-chronologisch und epochenspezifisch vom Mittelalter bis in die Gegenwart auf, ergibt sich folgende Parallelisierung von Einheiten, die sich zur Gesamtheit fügen (*ex unum pluribus*):
Imperium – Katholikos (urbi et orbi) – Societas Sancti;
Regnum – Sacerdotium – Summa (z.B. Summa theologiae);
Sonnenstaat – Gottesgnadentum – Kunst- und Wunderkammern;
Verfassung – Universalismus (Naturgesetze und Menschenrechte) – Gesamtkunstwerk;
Konstruktivismus – Sozialismus – Neuer Mensch;
totaler Staat – homogene Ethnie – Totalkunstwerk;
technisch realisierte Weltzivilisation – UNO – WWW;
künstliche Intelligenz – Gentechnologie – künstliches Leben.

Typologisiert man Individuen als Leitfiguren, die die Ausdifferenzierung von Vielheit in der Einheit (die Staaten, die Kulturen, die Kunstwerke) markieren, dann wäre wohl in europäischer Übereinstimmung das Triumvirat von Führer, Heiligem und Genie anzusprechen.

Summa summarum: mehr als Alles ...
Fragt man nach der Selbsteinschätzung von Leuten wie Gropius, die selbst künstlerisch aktiv und zugleich Leiter einer Kulturinstitution mit der suggestiven Wirkung einer neuen Kirche sind, so läßt sich wohl kaum ein besserer Begriff für die Einheit der Rollen finden als der des *Kunst- und Kulturschöpfers*. Zur Verdeutlichung sei ein kurzer Hinweis auf einen Zeitgenossen angeführt, nämlich auf Joseph Beuys, dem die Verkörperung der Einheit von Führer, Heiligem und Genie durch seine Klientel auch dann zugeschrieben worden wäre, wenn sich Beuys nachdrücklicher gegen diese Zuschreibung verwahrt hätte, als er es versucht haben mag.
Selbst historische Täter, die sich ausdrücklich, wie etwa Hitler oder Stalin, zugleich als Führer, Genies und Glaubenswächter etabliert hatten, kennzeichneten die Einheit dieser Rolle für sich als die des Kunst- und Kulturschöpfers: Hitler als Maler der gearteten Schönheit, als Bildhauer des neuen Volkskörpers und als Architekt des neuen Reiches; Stalin als Grammatiker, Regisseur und Dichter. Beide Herrschaften zeichneten den Horizont dieser Einheit musikalisch aus, weil sie Opern- und Ballett-, Operetten- und Singspielliebhaber waren.

Das 20. Jahrhundert im Sinne der Würdigung des Bauhauserbes zu widerrufen hieße also auch, die Kunstschöpferrolle zu widerrufen, in der sich Omnipotenzphantastik, angemaßte Vorbildlichkeit und rigide Verwirklichungsgewalt in der Umsetzung von Ideen und Konzepten vereinten.
Von den Überlegungen Postmans her böte sich aus dem 18. Jahrhundert der Rollenbegriff des *philosophe* an, der im Unterschied zum Philosophen ausschließlich an der praktischen Bewältigung von Lebensaufgaben statt an deren abstrakter, theoretischer Analyse interessiert war. Den *philosophes* ging es um überlebensnotwendige Informationen, die man in der dialogischen Erörterung von Problemen gewinnt, statt um die Konstruktion eines in sich geschlossenen Systems der Welterkenntnis.

Demensprechend heißt heute einer Philosophie zu folgen (wie z.B. einer Firmen- oder Produktphilosophie) nicht, im Besitz eines unteilbaren Systems von Letztbegründungen zu sein, sondern Wege zur praktischen Bearbeitung von Problemen und das Selbstbewußtsein solcher Praktiker auszuweisen. Eine solche Philosophie der praktischen Bearbeitung von Aufgaben kennzeichnet das Wesen des historischen Bauhauses.

Analog zu der Unterscheidung von Philosophen und *philosophes* im Zeitalter der Ersten Aufklärung sollte man im Zeitalter der Zweiten Aufklärung (Klotz, Beck, Postman) zwischen *Kunstschöpfer* und *Künstler* unterscheiden: Ersterer behauptet seine Würde aus der Imitation des christlichen Weltschöpfergottes; er ist erfüllt von seiner Fähigkeit, aus dem Nichts heraus etwas Neues, bisher Nichtdagegewesenes, aber zugleich ewig Gültiges und ewig Dauerndes schaffen zu können; er legitimiert sich zudem aus Offenbarungswissen und Zukunftsseherei; er ist durch diese antizipatorische Vision begnadet und ein kraft einmaliger Begabung zur Verkündigung Auserwählter.

Der Künstler im Unterschied zum Kunstschöpfer verzichtet auf jede Legitimation durch höhere Verbindungen, Delegation, Approbation oder Promotion; er beruft sich nicht auf höhere Erfahrungen, Instanzen, Inspirationen, sondern auf die Beispielhaftigkeit seines Vorgehens für die moderne Subjektivität – nämlich die Tatsache, daß ihn kein Volk, kein Gott, kein Geld und keine historische Entwicklungslogik tragen. Vielmehr weiß er, was Selbstverantwortlichkeit als Grundlage der Individualität ausmacht; er frönt nicht egomanischer Selbstverwirklichung, sondern sieht sich dem Zwang zur Individualisierung unterworfen, weil niemand – keine Kollektive, keine Institutionen – bereit ist, ihn von der Verantwortung für seine Entscheidungen zu entlasten, ja nicht einmal ihm unbegrenzten Versicherungsschutz, bzw. Trost im Scheitern zu bieten.

Umso auffälliger ist das Interesse für die Wirkung künstlerischer Begründung von Aussagenansprüchen durch die Zeitgenossen. Warum hört man jemandem zu, der keine Sanktionsgewalt besitzt, weil nichts hinter ihm steht, – der also weder belohnen noch bestrafen kann? Das grassierende Interesse an Künstlerpositionen erklärt sich aus dem Individualisierungszwang, dem so gut wie jedermann heute unterworfen ist und für dessen Bewältigung gegenwärtig nur der Künstler als Beispiel geeignet scheint.

Mit diesem Künstlerverständnis korrespondiert das vormoderne antike und mittelalterliche. In diesen Epochen galt der Künstler nicht als Weltenschöpfer (demiurgisch oder dreifaltig), sondern war ein Handwerker, ein Teamarbeiter, ein Genosse, den seine handwerkliche Fähigkeit und die Praxis der Optimierung von Entwurf und Realisation beispielhaft für den Umgang mit einer Aufgabe werden ließ. In der Tat ist also der moderne Künstler im Unterschied zum Kunstschöpfer/Creator ex nihilo eine Entsprechung zu den Mitgliedern der Kathedral-Bauhütten oder zum Teamworker Gropius'schen Zuschnitts.

Ähnlich wie die Einheit der Täterrollen im Begriff des Künstlers, läßt sich die Einheit von Erleben und Handeln als *Tun* und die Einheit der Tätigkeitsfelder als *System* beschreiben.

Dafür gehen wir wieder von einer alltäglich aktivierten Differenz von Ganzheit und Summe der Teile aus. Das Ganze sei mehr als die Summe der Teile. Die Unterscheidung hat sich heute bis in den Bereich der Massenkommunikation verselbständigt: selbst in einer Kleinstadt sind die Warenanbieter und Dienstleister kaum noch zu zählen, die ihre Angebote mit der Kennung auszeichnen „mehr als …": mehr als eine Bank/mehr als Pizza und Salat/mehr als eine Buchhandlung/Beate Uhse – more than a feeling/more than miles – ingold airlines/(s. auch alltägliche WDR-Sendung „Leonardo: Wissenschaft und mehr").

Kurz und knapp: das „mehr als" kennzeichnet die Notwendigkeit, bei der Orientierung auf Systeme stets auch deren Umwelt mitzukennzeichnen, außer der Sache auch ihren Kontext, außer den Heilwirkungen auch ihre krank machenden Nebenwirkungen, außer der Aussicht auf eine gelingende Zukunft auch den Rückblick auf eine Vergangenheit im neuen Lichte. Genau dieses „mehr als" zeichnete die Arbeit in den Bauhütten und am Bauhaus aus (mehr als Bauen, nämlich Gottesdienst; mehr als Anstreichen, nämlich Lebensgestaltung), wohingegen generell die Moderne des 20. Jahrhunderts im Unterschied zu der des 18. stolz deklarierte, daß sie ihr Geschwätz von gestern nicht interessiere, daß das Ende der Geschichte gekommen sei, daß ökologische Zusammenhänge bestenfalls gespenstische Fiktionen, aber nicht planungsrelevante Faktoren darstellten; daß sie gerne per Kreditaufnahme die Zukunft in der Gegenwart realisiere – ohne Verpflichtung für das Wohl und Wehe der kredittilgenden nachkommenden Generationen.

Wir halten fest: der Anspruch auf Gesamtkunstwerkscharaktere beim Bauhaus wurde nur durch die spezifische Art der Kooperation, nicht durch Addition stilistischer oder medialer Mittel verwirklicht; die Forderung nach Ganzheitlichkeit in pädagogischer Unterweisung, medizinischer Versorgung oder ökologischer Folgenabschätzung läßt sich nicht mehr im Sinne übergeordneter Interessen von Staat und Vaterland nach dem Motto „Du bist nichts, Dein Volk ist alles" rechtfertigen; sondern in Folge des Individualisierungsdrucks bedeutet „Ganzheitlichkeit" die alleinige und ungeteilte Verantwortung für das eigene Leben unter lauter anderen Individuen, die dem selben Problemdruck ausgesetzt sind. Das „mehr als Volk, Staat und Vaterland" wird zur Beispielhaftigkeit der singulären Existenz, die selber den Lebenszusammenhang und ihre Systemumwelt als Natur und Gesellschaft zu verkörpern hat.

Auf der Ebene künstlerischen Arbeitens bedeutet das: **Vollendung eines Werkschaffens ist nicht mehr zu bestätigen, wenn einem Arbeitsresultat nichts mehr hinzugefügt oder weggenommen werden kann, denn jede Praxis erweist, daß das in jedem Augenblick immer noch möglich ist; auf Vollendung verweisen vielmehr das Infinito und die fragmentierte Collage stärker als jede Perfektion eines regelhaften, makellosen Gefüges, ja mehr noch: das Ganze wird nur zur Vollendung des Fertigen durch die Kritik an der Wahrheit der Regelhaftigkeit, der Fugenlosigkeit, der Nahtlosigkeit, der Harmonie und Symmetrie.** Diese Kritik legitimiert sich aus der praktischen Erfahrung, daß Vollendung in Erfüllung einer „mehr-als-Summe-der-Teile-Einheit/Ganzheit" nur als begriffliches Postulat bestehen kann, niemals aber als ein je konkretes Realisat.

Beim Widerruf des 20. Jahrhunderts kämen wir also auch zu einer grundlegenden Korrektur am bisherigen Begriffsgebrauch von Summe und Teilen, Ganzheit und Ganzheitlichkeit, Gesamtheit und Allheit/Gleichheit.

Erst das begriffliche Postulat, erst die Vorstellung, erst das kognitive Muster der Ganzheit überführt irgendeine reale Gegebenheit oder ein Artefakt in ein Beispiel für das „mehr als", das das konkret Gegebene nicht sein kann, sonst würde es das „mehr als" selbst verkörpern und damit die Forderung „mehr als" gegenstandslos werden lassen. Wenn ein Wahrnehmungsanlaß schon „mehr als ein

Bild" (nämlich ein Kunstwerk) aus sich heraus wäre, müßten und könnten wir die Unterscheidung zwischen Kunstwerk und Nicht-Kunstwerk gar nicht mehr treffen.

Das je realisierte Kunstwerk und Nicht-Kunstwerk lassen sich gleichermaßen auf der materiellen Ebene kennzeichnen: Diesseits und jenseits der Wahrnehmungsfeldausgrenzung (Rahmen), der Verteilung von Pigmentpunkten auf Leinwand oder Papier, der Hierarchisierung von Gestaltmustern in Figur-Grund-Beziehungen, Kontrastbildung und dgl. sind sie nicht zu unterscheiden, da zur Bestimmung von Kunstwerken nicht die normative Feststellung von Materialcharakteren etc. gilt. Also unterscheidet das Kunstwerk vom Nicht-Kunstwerk ausschließlich dessen Kraft zur Evokation des Begriffs und der Vorstellung von, des Wunsches nach Vollendung im objektiv Unvollendeten, nach Ganzheit im materiell Fragmentierten, nach dem „mehr als" in der additiv versammelten Vielheit. Auf das Bauhaus bezogen sind es Begriff, Vorstellung und Wunsch des Überschreitens von Grenzen, Definitionen, Rahmungen, Regeln, Sichtfeldmarkierungen; Lebensgestaltung/Soziodesign statt Objektdesign; Bestimmung des „neuen Menschen" statt pädagogischer Programme für Kindererziehung; Vereinheitlichung von Lebenslauf und Werklauf statt sozialtechnisch bedingter Ausdifferenzierung von Arbeitszeit und Freizeit; *mens sana in corpore sano* statt Realisieren eines Körperschemas durch Bodybuilding.

Wiederum mit Verweis auf einen Zeitgenossen realisierte sich das „mehr als ein objektiv/materialiter ausgewiesenes Kunstwerk" im „erweiterten Kunstbegriff". Mit diesem „erweiterten Kunstbegriff" gab Joseph Beuys dem Impuls und der Dynamik der Transgression des Realen durch das Mögliche, des Aktuellen durch das Potentielle Ausdruck.

Ähnlich ging der Gropiuszeitgenosse und Bauhausführer Mies van der Rohe mit seiner Strategie *less is more* vor. **Immer schon galt, daß sich der Meister erst in der Beschränkung zeige, daß er also bereits nach wenigen ökonomisch optimalen Eingriffen den Verweis auf das „mehr als", auf die Ganzheit, auf den Kunstwerksanspruch markieren konnte.** Wenn im Sinne von Mies mit verringertem Materialeinsatz, mit minimalisiertem Formenkanon ein Baugedanke vermittelt werden kann, ist das rein ökonomisch gesehen mehr, denn Kosteneinsparung heißt: mehr Gewinn. Oder: Mittelreduktion heißt *Gestaltoptimierung*.

Die ins amerikanische Exil gezwungenen Bauhäusler versuchten sich mit europäischem Wertedünkel gegenüber der praktischen Ökonomie von Nordamerikanern abzusetzen, derzufolge – wie auf jeder Dollarmünze mitgeteilt – *e pluribus unum* entstehe. Nichtsdestoweniger ist die kapitalistische Strategie, die Vielheit der Erscheinungen zur Einheit ihres Geldwertes zu bringen, die historisch wirksamste und effektivste Transgression des Bildes zum Kunstwerk, des Vielen zum Gesamten, der Summe zur Ganzheit, des Phänomens zum Begriff. Deshalb erscheint es mir für die Revision des 20. Jahrhunderts mit Bezug auf das Bauhaus am wünschenswertesten, an die Stelle der oben erwähnten Motive einer „mehr als"-Gestaltung ein tüchtiges Geschäftsgebaren im Sinne einer calvinistischen Mehrwerttheologie treten zu lassen. **Wenn's um Geld geht,** und das heißt um immer mehr als das gerade verfügbare, gleichgültig ob man mit Formen und Farben, mit Tüchern und Latex, mit Stühlen und Flachdächern, mit Scheitelfrisuren und Ringelsöckchen zu tun hat, **erfüllt sich die Ganzheitsforderung in jedem Augenblick, denn Geld ist schließlich alles als die eine Gestalt, aus der sich jede Vielheit der Sachen und Phänomene im Kaufakt entwickeln läßt;** aber – so wissen die Kranken – Geld ist nicht Alles, weil etwa ohne Gesundheit alles Nichts ist. Gesundheit aber ist ein Synonym für die Fähigkeit zum problemlosen selbstverständlichen Transgredieren des Heute ins Morgen, der Sterblichkeit in die Unsterblichkeit, der Behinderung in die Freiheit. Der Gesunde fordert: „Ich will alles und mehr als das", und der gesunde Kapitalist antwortet: „Ich habe es potentiell in Gestalt meines angesparten Kapitals und aktuell in der Geldzahlung, die ich gerade tätige, um aus dem Einen das Viele und aus der Ganzheit das reizende, interessante Einzelne heraustreten zu lassen – das eine und ein anderes und wieder ein anderes, woraus sich meine Gesundheit als Unerschöpflichkeit des Wünschens generiert."

Beim Widerruf des 20. Jahrhunderts wären aus unserer chronologisch-epochenspezifischen Auflistung der Vielheit aus Einheit von Staat, Kirche und Gesellschaft/Kultur die beiden Parallelreihen *Konstruktivismus – Sozialismus – neuer Mensch* und *totaler Staat – homogene Ethnie – Totalkunstwerk* zu streichen.

Wir hätten also die Brücke ins 21. Jahrhundert gleich auf den Pfeiler *Völkerbund (später UNO) – technisch-militärisch vereinheitlichte Weltzivilisation – weltumspannende Kommunikation* zu stützen, um dann für das 21. Jahrhundert die Gesamtheitsvorstellung durch Integration künstlicher Intelligenz mit Gentechnologie zu künstlichem Leben auszuweisen. Allerdings lassen die skeptischen Teilnehmer an den gegenwärtigen Debatten um ESM und PID ihre Befürchtung deutlich werden, daß sich nach Realisierung der Projekte KI, KL und Keimbahnmanipulation die widerrufenen Projekte Sozialismus, neuer Mensch, totaler Staat, Totalkunstwerk, ethnisch-rassische Identitätspolitik erst recht – jedenfalls viel besser als unter den Bedingungen des 20. Jahrhunderts – durchsetzen werden.

Gegen diese Befürchtung aber setzen wir in Würdigung des Bauhaus-Beispiels die programmatische Forderung, **wir hätten das 21. Jahrhundert aus dem Widerruf der Fehlentwicklungen des 20. abzuleiten.**
Im Unterschied zu den beschränkten Modernisten und ihrem Triumph im Technologiekrieg 1914–18 sahen die Bauhäusler Moderne nicht als Bruch mit den Traditionen – insbesondere nicht mit den christlichen, wie sie auch die mittelalterlichen Bauhütten prägten.
Widerruf des 20. Jahrhunderts ist also auch eine mit dem Bauhaus-Erbe ermöglichte Kontinuitätsstiftung in der Anknüpfung an das 18. und 19. Jahrhundert – und zwar an die Idealstadtplanungen (etwa von Ledoux, Boullée) und die Lustauen von Proudhon und Saint-Simon, an die Freimaurer, die *philosophes* und die englischen Gärtner, die pädagogischen Provinzler und die Zivilisationsagentinnen in den literarischen Salons, die Börneschen Journalisten und die 1848er Liberalen.

Durch den Widerruf des 20. Jahrhunderts möchten wir die Möglichkeit retten oder wiederherstellen, uns im 21. Jahrhundert auf die Bauhäusler in eben der gleichen Weise beziehen zu können wie auf die besagte Aktivistengruppe des 18. und 19. Jahrhunderts.

Kann das gelingen?

4 | Anhang

1 | Erstveröffentlichungen
2 | Schlagwortweiser
3 | Personenindex
4 | Bazon Brock | Biographie

Anhang

1 Erstveröffentlichungen

I Biographiepflichtig: Wie man wird, der man nicht ist. Mihilismus für Ich-Schwache

Die Macht des Alters. (Auszüge aus: Warum diese Ausstellung?) In: Bazon Brock (Hg.): Die Macht des Alters. Strategien der Meisterschaft. Katalog zur Ausstellung in Berlin, Bonn und Stuttgart. Köln 1998.

Wohin führt der lange Marsch? In: Sabine Hering/Hans-Georg Lützenkirchen: Wohin führt der lange Marsch? Die politische Erwachsenenbildung der 68er. Gespräche. Frankfurt am Main 1996.

Action teaching. Eine Privatvorlesung. In: Gerhard Theewen: Information. Education. Gespräche und Texte über Lehren und Lernen an Kunstakademien und Hochschulen. Köln 1996.

Animierte Animatoren. (Auszug aus: Kitsch und Intelligenz. Der animierte Betrachter) In: Kai-Uwe Hemken (Hg.): Bilder in Bewegung. Traditionen digitaler Ästhetik. Köln 2000.

Animation. In: Gottfried Fliedl, Ulrich Giersch (u.a.) (Hg.): Wa(h)re Kunst. Der Museumsshop als Wunderkammer. Theoretische Objekte, Fakes und Souvenirs. Frankfurt am Main, 1997.

Tätertypen der Postmoderne. Trainer – Therapeuten – Moderatoren als zeitgenössische Intellektuelle. In: Jürgen Lentes (Hg.): Kiesstrasse Zwanzig Uhr. Huss'sche Universitätsbuchhandlung 1983-1993. Frankfurt am Main 1993.

Rumorologie. Das Frankfurt der 60er Jahre – mein Gerücht. In: Rolf Lauter (Hg.): Kunst in Frankfurt. 1945 bis heute. Frankfurt am Main 1995.

Wer nicht über sich selbst spricht, hat nichts zu sagen. In: Texte zur Kunst, (Thema *Männer*) 5. Jg. (1995), Nr. 17 (Feb.).

Mihilismus. Von der lustvoll-egoistischen Selbstverwirklichungsbohème zum Terror der Individualisierung als Zuschreibung der Folgen dessen, was man nie getan hat. In: Der Blaue Reiter. Journal für Philosophie. Nr. 15 (Themenheft „Ich"), Stuttgart 2002.

Future Sex. Die Zukunft von Liebe und Erotik. In: Gisela Getty/Jutta Winkelmann: Future Sex. Düsseldorf, München 1996.

Ich als Lothar. In: Die Suche nach dem Guten. „Festgabe" anläßlich des 60. Geburtstages von Lothar Brock am 30. Januar 1999. (Privatdruck)

Biographiedesign. Ulrich Löchter bitte zur Anprobe. In: Sonderheft Bertelsmann RTV, 1994.

Generativitätsquotient GQ. Maßzahl für Wirksamkeit – genetisch und extragenetisch. In: Judith Detzler (Hg.): Hubert Burda, Kunst und Medien. Festschrift zum 9. Februar 2000.

Psychopompos. In: Michael Diers u. Kaspar König (Hg.): art & book & friends. Kunst & Buch & Freunde. Ein Album für Walther König. Köln 1999.
Der Hase im Staatswappen. In: Hamburger Abendblatt, 11.10.1997.
Selbstergänzung des Regenwurms. In: Spiegel Spezial 6/1993.
Litanei für Wuppertaler. In: Wuppertaler Bürgerbuch 1997/98 (25 Jahre Universitätsstadt Wuppertal).

II Zeitschöpfung. Wer viel tut, hat viel Zeit

Zeitschöpfung (Originaltitel: Die Alten als Zeitschöpfer.) In: Bazon Brock (Hg.): Die Macht des Alters. Strategien der Meisterschaft. Katalog zur Ausstellung in Berlin, Bonn und Stuttgart. Köln 1998.
Von der Notwendigkeit, ein historisches Bewußtsein auszubilden. In: Kunstforum International 150.
Die Gestalt der Zeit. James Cabot. In: Bazon Brock (Hg.): Die Macht des Alters. Strategien der Meisterschaft. Katalog zur Ausstellung in Berlin, Bonn und Stuttgart. Köln 1998.
Fluxus. In: Gottfried Fliedl, Ulrich Giersch (u.a.) (Hg.): Wa(h)re Kunst. Der Museumsshop als Wunderkammer. Theoretische Objekte, Fakes und Souvenirs. Frankfurt am Main, 1997.
Tourismus und Geschichte. In: Skål International. 4/95.
Uchronische Moderne – Zeitform der Dauer. In: Heinrich Klotz (Hg.): Die Zweite Moderne. Eine Diagnose der Kunst der Gegenwart, München 1996.
Wer neu sein will, hat für das Gewesene zu sorgen. Fondation Beyeler testet die Avantgarden. Vortrag in der Fondation Beyeler, Riehen/Basel, 12.10.1998.
Bildende Wissenschaft. Das Glück der Dauer. Reale Virtualität. Imaging Science. In: Institut für Plastination (Hg.): Körperwelten – die Faszination des Echten. Katalog zur Ausstellung in Wien und Köln, 1999/2000.
Deklaration zum 12.9.: Der Malkasten wird extemporale Zone. In: Künstlerverein Malkasten (Hg.): 150 Jahre Künstlerverein Malkasten. Düsseldorf 1998.
Schwellenkunde. Der Rückblick wird zum Ausblick. In: Frankfurter Rundschau 31.12.1999.
Abfall. In: Gottfried Fliedl, Ulrich Giersch (u.a.) (Hg.): Wa(h)re Kunst. Der Museumsshop als Wunderkammer. Theoretische Objekte, Fakes und Souvenirs. Frankfurt am Main, 1997.
Zeitkrankheit. Therapie: Chronisches Warten. In: Georg Christoph Tholen u.a. (Hg.): Zeitreise. Bilder/Maschinen/Strategien/Rätsel. Basel und Frankfurt am Main 1993.

III Fishing for Complications: Probleme verbinden
Kunst und Krieg – Betverbot und Bildersturm

Götter klatschen – Gott killen. (Originaltitel: Gottesmord – Osterglück) In: Frankfurter Rundschau (Kolumne „Bruderküsse"), 13.4.1995.

Kunst und Krieg – Der verbotene Ernstfall. Transkription eines Vortrags in der Galerie Carinthia. Abdruck in: Irmgard Bohunovsky-Bärnthaler (Hg.): Kunst und Demokratie. Klagenfurt 1999.

Säkularisierung der Kulturen. Generelles zum Projekt Kunst und Krieg – Kultur und Strategie. In: Bazon Brock, Gerlinde Koschik (Hg.): Krieg und Kunst. München 2002.

Der Barbar als Kulturheld – der Künstler als Barbar. (Sendemanuskript für eine Aufzeichnung in der Reihe des Hörfunkprogramms WDR 3 „Das Neue ist immer barbarisch", Ausstrahlung: 27.12.1999); Abdruck in: Lockbuch Bazon Brock. Gebt Ihr ein Stück, so gebt es gleich in Stücken. Köln 2000. Die Zitate wurden folgenden Publikationen entnommen:

Theodor W. Adorno, Max Horkheimer: Dialektik der Aufklärung. Amsterdam 1955.

Thomas Bernhard. Auslöschung. Roman. Frankfurt am Main 1986.

Boberg/Fichter/Gillen: Die Metropolen. Industriekultur in Berlin. München 1986 (Scharoun et al.)

André Breton: Als die Surrealisten noch recht hatten. Stuttgart 1976.

Stefan Breuer: Ästhetischer Fundamentalismus. Darmstadt 1995.

Eckhart Gillen: Deutschlandbilder. Köln 1997.

Michael Ley: Apokalypse und Moderne. Wien 1997.

Anatoli Lunatscharski: Die Revolution und die Kunst. Dresden 1974.

Thomas Mann: Betrachtungen eines Unpolitischen. Frankfurt am Main 1956.

Miller/Soeffner: Modernität und Barbarei. Frankfurt am Main 1996.

Maurice Nadeau: Geschichte als Surrealismus. Rheinbek 1965.

Hans Wielens (Hg.): Bauen. Wohnen, Denken. Heidgger inspiriert Künstler. Münster 1994. (Eiermann et al. bei „Mensch und Raum", Darmstädter Gespräch 1951.)

Der Künstler als gnadenloser Konkurrent Gottes. Wie Kunst wirksam wird (und doch nicht angebetet werden muß). Transkription eines Vortrages auf dem Symposion *Inszenierung und Vergegenwärtigung. Ästhetische und religiöse Erfahrung heute*, 25.7.1997. Abgedruckt in: Jörg Herrmann, Andreas Mertin, Eveline Valtink (Hg.): Die Gegenwart der Kunst. Ästhetische und religiöse Erfahrung heute. München 1998.

Der Ring schließt sich – wahnhaftes Wähnen über Musik und Geschichte. In: Programmheft zur „Ring"-Inszenierung, Deutsche Oper am Rhein, Düsseldorf 1991.

Wes' Brot ich esse, dem versprech ich, daß ich ihn vergesse. (Vortragsmanuskript Uni Flensburg, November 2000)

Unter Verdacht. (Originaltitel: Menschenzüchtung.) (Nicht veröffentlichter Beitrag für die BILD-Zeitung, September 1999.)

Nutznießer des Regimes. In: Hermann Glaser (Hg.): Die Mauer fiel, die Mauer steht. Ein deutsches Lesebuch 1989-1999. München 1999.

Der Kampf um CD-Rom. Fundamentalismus in den Künsten, der Technik, den Wissenschaften. (Erweitere Fassung eines Textes aus: Kunsthochschule für Medien, Köln (Hg.): Lab. Jahrbuch 1995/96 für Künste und Apparate. Wiederabdruck in: Ingrid Mössinger (Hg.): Kunst und Identität im 20. Jahrhundert. Mainz, München 1997)

Fanatismus und Ekstase. Kanzler, Disco und El Greco. In: Welt am Sonntag, 29.4.2001.

Orient und Okzident: Bilderverbote von Moses über Mohammed zu Malewitsch. In: Markus Brüderlin (Hg.): Ornament und Abstraktion. Basel 2001.

Hoppla, Heilsversprecher.
Scheitern als Gelingen – durch Erfolg zerstört

Heilsversprechen starker Männer der Wissenschaft und Künste im Narrenspiegel. In: Norbert Bolz/ Willem van Reijen (Hg.): Heilsversprechen. München 1998.

Zwei Wege zum Erfolg: das heitere und das heroische Scheitern. Vortrag im Busch-Reisinger-Museum, Harvard University, 17.9.1996. Englische Kurzfassung in: Germano Celant (Hg.): Katalog Biennale, Venedig 1997.

Beim Bärtchen der Moderne. Das Wunder des gelungenen Scheiterns. In: FOCUS 23/1997.

Rest. In: Gottfried Fliedl, Ulrich Giersch (u.a.) (Hg.): Wa(h)re Kunst. Der Museumsshop als Wunderkammer. Theoretische Objekte, Fakes und Souvenirs. Frankfurt am Main, 1997.

FABA - First Aid for Bad Art. Beitrag für die Aktion *First Aid for Bad Art* von Peter Gersina und Florian Borkenhagen, Mai 1997.

Katabasis Soteriologike. In: UIPT (T. Taub, vice-dispatcher). „Katabasis Soteriologike", Katalogbuch zur Ausstellung, Genf 1996.

Ein Jubiläum zum Schreien. In: rtv. Das Fernsehmagazin Ihrer Zeitung. Heft 52/93-1/94.

Kultur zivilisieren.
Von der Humanisierung zur Hominisierung

Kulturelle Identität ist Fiktion. In: Ballett international – Tanz aktuell. 8/9 1995.

Die Kultur zivilisieren. In: DER SPIEGEL 16/1995, Wiederabdruck in: Alexander Lohe/Olaf Müller (Hg.): Gelebtes Europa. Nachbar Niederlande: Königin Beatrix der Niederlande – Internationaler Karlspreis Aachen 1996.

Harry Potter, what do you think about jews. Zu den Arbeiten von Yael Katz ben Shalom. In: Goethe-Institut Tel Aviv (Hg.): Yael Katz ben Shalom. Harry Potter, what do you think about jews. Eine Installation als Gedächtnisarbeit. Katalog zur Ausstellung im Kunstbunker Tumulka, München, und Alte Synagoge, Erfurt. Tel Aviv 2002.

Minister-Behübschung. Fischerman's Ästhetisierung der Politik. In: FOCUS 9/2001 (dort unter dem Titel: Fischerman's Weißwäscher ästhetisieren die Politik).

Zivilisationsraum und Kulturghettos. Mythologisierung aus der normativen Kraft des Kontrafaktischen. In: G. Fuchs/B. Moltmann/W. Prigge (Hg.): Mythos Metropole. edition suhrkamp, Bd. 912, Frankfurt am Main 1995.

Zitadellenkultur. (Originaltitel: ...setzt die verwirrende Mannigfaltigkeit zu einem Gehäuse herab, das die Decke des Inneren ist.) In: Wolfgang Kersten (Hg.): Radical Art History. Internationale Anthologie. Subject O.K. Werckmeister. Zürich 1997.

Die Verantwortung der Wissenschaft für die Gesellschaft. Vortragsmanuskript Hochschulkongreß der SPD-Landtagsfraktion München, 29.6.1992.

Humanistischer Schadenzauber. In: Artis. Zeitschrift für neue Kunst. 45. Jg. März 1993.

Das Plateau der Freundschaft – Kritik der Wahrheit. Probleme verbinden stärker als Bekenntnisse. In: Harald Szeemann (Hg.): Das Plateau der Freundschaft, Katalog 49. Biennale di Venezia 2001.

Die Besten brechen die Regeln. Sport als Kulturmuster. In: Fondazione Nicola Trussardi (Hg.): Ingeborg Lüscher. Fusion. Mailand 2001.

Gott und Müll. Kulturpolitik und Museum. In: Peter Noever (Hg.): Museen ohne Zukunft. Wien 2001.

Transit. Passagen globaler Kooperation. In: Klaus Reichert/Manfred Schiedermair u.a. (Hg.): Recht, Geist und Kunst. Liber amicorum für Rüdiger Volhard. Baden-Baden 1996.

IV | Strategien der Ästhetik
Von der sprechenden zur bildenden Wissenschaft

Strategien der Ästhetik. In: Visionen und Lösungen. Dokumentation der Wirus-Werkstatt-Gespräche 1993.

Neuronale Ästhetik – Bilderkriege. Eine Einführung. In: Zyma Nr. 2/1994, Juni/Juli.

Von Höhlenschatten zu neuronalen Höhlenzeichen. Eine verkürzte Perspektive. In: Michael Fehr u.a. (Hg.): Platons Höhle. Das Museum und die elektronischen Medien. Köln 1995.

Supervision und Miniatur. In: Kunst- und Ausstellungshalle der Bundesrepublik Deutschland (Hg.): Sehsucht. Über die Veränderung der visuellen Wahrnehmung. = Schriftenreihe Forum, Bd. 4, Göttingen 1995.

Kopf oder Computer. Kultur – Ästhetik – Künstliche Intelligenz. In: Spektrum der Wissenschaft Dossier 4/97.

Mit der Natur rechnen. In: Focus 26/1996.

Ein nützlicher Anschauungsunterricht für Kritiker der Plastination. In: Franz Josef Setz/Brigitte Tag (Hg.): Schöne neue Körperwelten. Der Streit um die Ausstellung. Stuttgart 2001.

Inkorporation und Repräsentation. Transkription der Rede zur Eröffnung der Ausstellung Adolf Bierbrauer. NRW-Forum, Düsseldorf, 19.1.2000.

Kunst und Körper. In: Das Magazin (Tages-Anzeiger und Berner Zeitung) Nr. 33, 14./15. August 1992.

Betriebsgeräusche – Bilderverbote. Eine Erinnerung, um zu vergessen. (Zum Abschied von Klaus Schöning, Leiter des WDR-Studios *akustische Kunst*, Köln 2000;) abgedr. in: Christian Scheib/Sabine Sanio (Hg.): Bilder – Verbot und Verlangen in Kunst und Musik. Saarbrücken 2000.
Erinnern als Erfahrung von Wirklichkeit. In: Kunstforum International 127/Juli-September 1994.
Der falsche Hase. Hakenschlagen auf Kunstrasen. (Ausriß aus einem TV-Treatment für den ORF Wien). In: Diagonal. Zeitschrift der Universität-Gesamthochschule Siegen. Zum Thema: Fälschungen. Jg. 1994, H. 2.
Warum noch Kunst? Eine Polemik gegen den herrschenden Bildanalphabetismus. Ankündigung zur Besucherschule der Art Frankfurt, 1994: Der Bildbetrachter als Partner der Künstler – Wie man über Kunst kommuniziert.

Wir müssen kommunizieren, weil wir uns nicht verstehen können

Vergegenständlichungszwang. Zwischen Ethik und Logik der Aneignung. In: Dagmar Steffen (Hg.): Welche Dinge braucht der Mensch? Gießen 1995.
Monstranz – Demonstranz. In: Gottfried Fliedl, Ulrich Giersch (u.a.) (Hg.): Wa(h)re Kunst. Der Museumsshop als Wunderkammer. Theoretische Objekte, Fakes und Souvenirs. Frankfurt am Main, 1997.
Vom Totem zum Logo. In: Heinz-Michael Bache/Michael Peters (Hg.): Die tierischen Verführer. Auf Safari durch den Dschungel der Werbung. Berlin 1992.
Schaudenken – Talken und Chatten. Orientierung in einer Welt, die man nicht zu verstehen braucht. In: Susanne Meyer-Büser/Bernhart Schwenk (Hg.): Talk.Show. Die Kunst der Kommunikation. München/London/New York 1999.
Graffiti als Menetekel. In: Konferenz der Deutschen Akademien der Wissenschaften (Hg.): Geld, Musik, Mythos, Macht. Geisteswissenschaft im Dialog. Mainz 1996.
Uwe Loesch. Gegen die Monster des Konsens. In: Uwe Loesch. Nichtsdestoweniger. Plakate. Mainz 1997.
Werbung und gesellschaftliche Kommunikation. In: Susanne Bäumler (Hg.): Die Kunst zu werben. Das Jahrhundert der Reklame. Köln 1996.
Werbung – eine zivile Religion? In: Spurensicherung. 40 Jahre Werbung in der DDR. Kabinettstücke aus der Sammlung Ute und Michael Berger. Frankfurt am Main 1990.
What's up, Brock? Online-Interview: http://www.internetworld.de/iw/web_brock_interview.htm

Gestaltbewertung – Verkörperungszwänge

Grußwort an Gilda. In: Magische Zeichen – Schmuckstücke von Gilda Fucker. Katalog zur Ausstellung in der Galerie V & V, Wien 1996.
Gestaltbewertung. Reflexive Formen. In: Hanno Schimmel (Hg.): Gestalt. Erscheinungsformen in Architektur und Kunst. Frankfurt am Main 1999/2000.

Geschmacksache. In: Gottfried Fliedl, Ulrich Giersch (u.a.) (Hg.): Wa(h)re Kunst. Der Museumsshop als Wunderkammer. Theoretische Objekte, Fakes und Souvenirs. Frankfurt am Main, 1997.

Pflege Deinen Konkurrenten. Standards der Formgebung. In: Gerda Breuer, Sabine Dorscheid u.a. (Hg.): StadtLandForm. Köln 2000.

Fake – Fälschung – Täuschung. In: Gottfried Fliedl/Ulrich Giersch u.a. (Hg.): Wa(h)re Kunst. Der Museumsshop als Wunderkammer. Theoretische Objekte, Fakes und Souvenirs. Katalogbuch zur Ausstellung im Offenen Kulturhaus Linz, Frankfurt a.M., 1997.

Kitsch als Objektmagie. In: Hans-Peter Jakobson (Hg.): Schlimmer Kitsch und schöne Nippes, Ausstellungskatalog Gera 1997.

Trophäe. In: Gottfried Fliedl, Ulrich Giersch (u.a.) (Hg.): Wa(h)re Kunst. Der Museumsshop als Wunderkammer. Theoretische Objekte, Fakes und Souvenirs. Frankfurt am Main, 1997.

Die Forderung nach Schönheit ist revolutionär, weil sie das Häßliche gleichermaßen zu würdigen zwingt. In: Irmgard Bohunovsky-Bärnthaler (Hg.): Was aber ist das Schöne? Klagenfurt/ Wien 2001.

TAM oder die Kunst, den Computer zu denken. Vortrag zum 20jährigen Jubiläum von Apple Macintosh, Nizza, September 1997.

Anpassung als Verhaltensprinzip. Der elastische Zeitgenosse. In: Ulrich Giersch und Ulrich Kubisch (Hg.): Gummi. Die elastische Faszination. Berlin 1995.

Stehprogramme und Standtechniken. In: Dietmar Spielmann/Richard Kampfmann (Hg.): SitzLast StehLust. Plädoyer für das Arbeiten im Stehen. Berlin 1993.

Comics: Ästhetische Macht der Blickfesselung. In: Dirk Bentlin (Red.): Comic Kalender 1994. München 1994.

Licht – Kraft – Werk. Die Fotografie als Lichteratur. In: Transformationen. Schauplätze der Energie. Heidelberg 1993.

Fototheater. Inszenierung der Blicke, Tarnung des Auges. In: Goethe-Institut (Hg.): Katalog Ulla Reimer, 1995.

Alles Fassade. Verhütung durch Verpackung

Verpackung kondomisiert die Wünsche – gegen die Seuche der Reinheit und Identität. In: domus 790, Feb. 1997.

Pornographie. In: Gottfried Fliedl, Ulrich Giersch (u.a.) (Hg.): Wa(h)re Kunst. Der Museumsshop als Wunderkammer. Theoretische Objekte, Fakes und Souvenirs. Frankfurt am Main, 1997.

Taschologie. In: Magazin der Süddeutschen Zeitung, Nr. 38, 22.9.2000.

Welche Modetorheit ist Ihnen heute noch peinlich? Umfrage des FAZ-Magazin im August 1997 (nicht veröffentlicht).

Mein Stil. In: Handelsblatt 26./27.11.1999 (10 Fragen an Prominente von Elke Trappschuh).

Mienenspiel. Die Bedeutung der Fassade für die Kommunikation im öffentlichen Raum. In: AIT-Skript. 1. AIT-Diskurs: Intelligente Architektur – Die Versachlichung des Materials, Leinfelden-Echterdingen, 1997.

Architektur zwischen Formensprache und sozialen Funktionszusammenhängen. (Gekürzte Fassung eines Vortrages, gehalten an der Tagung Eternit AG, Swisshau 1993) In: Schweizer Ingenieur und Architekt. H. 41, 6. Okt. 1994.

Felder und Räume. Der Schiffgrabenbau von Schweger + Partner. In: Architekten Schweger + Partner (Hg.): Ein Lesebuch zur Architektur von Schweger + Partner. Bonn 1998.

Der Würfel hat gefallen. In: Hamburger Abendblatt, Wochenendjournal zur Eröffnung der Hamburger Kunsthalle, Feb. 1997.

Wunschökonomie – Mikrozellen der Emanzipation. Ästhetik in der Alltagswelt. Marie-Luise Syring (Hg.): um 1968. konkrete utopien in kunst und gesellschaft. (Der Text wurde erweitert um Passagen aus: Konkrete Utopien in Kunst und Gesellschaft um 1968. = Schriftenreihe 14 des Museums für Gestaltung Zürich 1991.)

Die Wohnung als Bühne des inszenierten Lebens. In: FAZ-Sonderbeilage *Design und Wohnen*, 12.1.2001 (dort gekürzt).

Hausaltar. In: Gottfried Fliedl, Ulrich Giersch (u.a.) (Hg.): Wa(h)re Kunst. Der Museumsshop als Wunderkammer. Theoretische Objekte, Fakes und Souvenirs. Frankfurt am Main, 1997.

Visuelle Introspektion. Vom Leben als Panto(n)ffeltierchen. In: Alexander v. Vegesack, Mathias Remmele (Hg.): Verner Panton. Das Gesamtwerk. Weil am Rhein 2000. (dort gekürzt)

Auto-Ästhetik. Durch Selbstwahrnehmung zur Selbstbewegung. In: Zdenek Felix (Hg.): Mythos Mercedes – Von der Funktion zum Design. Ostfildern 2001.

Göttersitze – Basislager

Pantheon/Panpsychon. In: Gottfried Fliedl, Ulrich Giersch (u.a.) (Hg.): Wa(h)re Kunst. Der Museumsshop als Wunderkammer. Theoretische Objekte, Fakes und Souvenirs. Frankfurt am Main, 1997.

Gradus Ad Parnassum. In: Zentralarchiv des Deutschen und Internationalen Kunsthandels e.V. (Hg.): sediment. Mitteilungen zur Geschichte des Kunsthandels. Heft 1, Bonn 1994.

Was ist ein Musée sentimental? In: Barbara Huber-Greub und Stephan Andreae (Hg.): Le Musée sentimental de Bâle. Basel 1990.

Die Wa(h)renwunder tut die Madonna erst im Museum. Souvenirs, Amulette, Talismane und Devotionalien der modernen Kunst aus den Museumsshops der Welt. In: Magazin der Frankfurter Allgemeinen Zeitung 13. März 1996, Heft 837.

Aufbruch aus dem Basislager. Lehren und Lernen als Kunst der Institutionalisierung. In: Sushi 4. Jahresheft des adc-Nachwuchswettbewerbs 2001 (dort unter dem Titel: Krieger und Vabanquespieler).

Das Zeughaus. Diesseits – Jenseits – Abseits. Die Sammlung als Basislager für Expeditionen in die Zeitgenossenschaft. In: Zdenek Felix (Hg.): PumpHaus. Sammlung Falckenberg. Regensburg 2001.

Künstlers Ausblick vom Läuterungsberg

Zur Ikonographie der gegenstandslosen Kunst. In: Bazon Brock/Achim Preiß (Hg.): Ikonographia. Anleitung zum Lesen von Bildern. (Festschrift Donat de Chapeaurouge) München 1990.

Dramaturgie der Sprachlosigkeit im großen stillen Bild. Oder: Die Freiheit wegzusehen. In: Norbert Bolz/Ulrich Rüffer (Hg.): Das große stille Bild. Paderborn 1996.

„Ich frage in der Form von Behauptungen". Wilhelm Worringer. In: Vanitas. Markus Lüpertz. Struktur/Ornament/Norm. Katalogbuch zur Ausstellung in der Zeche Zollverein, (Essen, 1999). Köln 1999.

Baumkult und Waldbild. Anna & Bernhard Blume. Transzendentaler Konstruktivismus: Großfoto-Serie 1986 und 1992/94. Im Wald: Großfoto-Serie 1980/81 und 1988/90. Köln 1995.

Kosmos und Körper. Anna Blume philosophiert mit dem Bleistift. In: Katalog Anna Blume. Die reine Empfindung, Ostfildern 1994.

Bildwürdigkeit: Bildwissen und Wissensbilder. Elisabeth Fuchs-Belhamri (Hg.): Formen und Funktionen. Konstruktives von Michael Mattern (= Kataloge der Museen in Schleswig-Holstein 48) Itzehoe 2000.

IT – Der Läuterungsberg. In: Jörn Merkert/Dieter Ronte/Walter Smerling (Hg.): Gesammelte Räume, gesammelte Träume. Kunst aus Deutschland von 1960 bis 2000. Bilder und Räume aus der Sammlung Grothe im Martin-Gropius-Bau. Köln 1999.

Der Tag des Malers. (Folder zum Film von Werner Nekes, „Der Tag des Malers", 1997.)

Abschiedsbilder. Amfortas. Wandlungslächeln. In: Ausstellungskatalog Markus Lüpertz, 18 Bilder, 3 Skulpturen, Galerie Michael Werner, Köln 2000.

V | Eine schwere Entdeutschung. Wir widerrufen das 20. Jahrhundert

Deutschaschern. (Konzept für einen Lehrpfad der historischen Imagination, überarbeitet 1998).

Dehnungsfuge. Zum Denkmalsentwurf von Herz und Matz. In: Matthias Reichelt (Hg.): Rudolf Herz/ Reinhard Matz. Zwei Entwürfe zum Holocaust-Denkmal, Nürnberg 2001.

Wörlitz als Modell für das Gedächtnistheater des 20. Jahrhunderts. In: Frank-Andreas Bechtoldt/ Thomas Weiss (Hg.): Weltbild Wörlitz. Entwurf einer Kulturlandschaft. Ostfildern 1996.

Kunst auf Befehl. Eine kontrafaktische Behauptung: War Hitler ein Gott? In: Bazon Brock/Achim Preiß (Hg.): Kunst auf Befehl? Dreiunddreißig bis Fünfundvierzig. München 1990.

Deutschsein. Die normative Kraft des Kontrafaktischen. In: Herbert Neidhöfer/Bernd Ternes (Hg.): Was kostet den Kopf? Ausgesetztes Denken der Aisthesis zwischen Abstraktion und Imagination. Dietmar Kamper zum 65. Geburtstag. Marburg 2001.

Das Deutschsein des deutschen Designs. (Transkription eines Vortrags auf der Design-Conference in Aspen/Colorado.) Abgedruckt in: Hans Hermann Wetcke/Design Zentrum München (Hg.): Szenenwechsel. German Design goes Rocky Mountain High. Frankfurt /M. 1997.

Das Bauhaus als Biskuit – gegen retrospektive Prophetien. Jeannine Fiedler/Peter Feierabend (Hg.): Bauhaus. Köln 1999.

Ein moderner Diogenes. Über Geschmack, Ironie und Guildo Horns politische Sendung. In: Der SPIEGEL 20/1998.

Volksverdummung. Opiate der Fernsehunterhaltung. In: Stephan Abarbanell u.a. (Hg.): Fernsehzeit. 21 Einblicke ins Programm. München 1996.

Haruspex Ebersbach. In: Andreas Beaugrand (Hg.): Hartwig Ebersbach. Haruspex – der Eingeweideschauer, Bielefeld 2001.

Den Teufel mit Beelzebübchen austreiben – Symptomverordnung als Therapie. In: Eckart Gillessen (Hg.): Deutschlandbilder. Köln 1997.

Hallo Immendorff. In: Walter Smerling (Hg.): Küppersmühle – Sammlung Grothe. Köln 1999.

Beten verboten! Oder „Abschied von der Kunst" in Weimar. In: neue bildende kunst 5/99.

Bauhaus-Programm heute: Widerruf des 20. Jahrhunderts. Köln (Salon-Verlag Gerhard Theewen) 2001.

Anhang

2 Schlagwortweiser

(bei sehr häufigen Nennungen sind Seitenbereiche angegeben)

Aachen 375, 376, 748
Abbruch/Abbrechen 17, 85, 169, 519, 585, 650f
Ablehnung 55, 236, 256, 320, 533, 592f, 638, 678
Abschattung 618, 694, 697, 746, 750, 757
Abschied 598, 782–786, 793, 840, 866f
Absolutheit 573f, 816, 879
Abstrakt 153, 177, 197, 226, 259, 264, 285, 296ff, 498, 514ff, 532, 560, 584f, 640, 649, 655–658, 662–665, 691, 727f, 731, 734ff, 742–755, 763–766, 781–784, 787, 812, 818, 821, 824, 829, 834, 867, 870f, 887
Abweichung 34, 63, 95, 127, 312, 380, 397, 417, 420, 444, 450, 472, 487, 535, 557, 623, 815, 820, 825
Action Teaching 36–45, 65, 102, 671, 829
Adlerprofil 77
Adressaten 23, 41, 122, 182, 256, 538, 540, 543f, 597, 673
Affe 71, 488, 630, 864
Affekt(kommunikation) 73, 230, 522, 729, 760, 852, 854
Affirmation, negative 28f, 49, 67, 240f, 359, 669f, 819
Agenda setting 278, 540
Aggression/Aggressivität 51, 61, 75, 86f, 91, 226, 239, 250, 258, 362, 586, 593, 606, 613, 624, 686, 689, 761

Agit-Prop 49
Aids 212, 481
Akademie 40ff, 165, 469, 858ff
Akklamation 183, 669
Akropolis 390, 437, 563, 605, 647f, 652
Allegorie 154, 254, 296f, 440, 483, 514ff, 626ff, 728, 733, 736, 741f, 745f, 759ff
Allgemeine, das 48f, 296, 360, 543, 571, 768
Alltag 7, 13, 20f, 27, 37f, 48, 54, 73, 76, 142, 146, 149, 177, 203, 219, 244, 306, 313, 344, 378, 419, 422, 482, 506f, 526, 546ff, 561, 567, 573, 576, 596, 599, 613, 653, 670–677, 683, 690, 696f, 709, 713, 717, 722, 725, 773, 775, 796, 811, 846f, 867
Alte, das 47, 164, 172, 174, 193f, 407, 590, 699, 881ff
Alter 4–23, 135, 137f, 154f, 738
Amselfeld 238
Amulett 52, 579, 706, 711–714
Anabasis 321–324
Analogie 115, 153, 251, 297, 431, 433f, 479, 509, 513f, 601–605, 636, 645, 714, 734, 756, 771
Androgyn 684
Aneignung 22, 30, 44, 80, 140, 143, 160, 163ff, 169, 187, 301, 317, 325, 352, 372, 418f, 434, 444, 464, 473, 482, 501, 504–508, 579, 588, 592, 675, 707, 710, 713f, 720, 760, 848

Anerkennung 49ff, 55, 61, 78, 108f, 116, 217, 226, 228, 291f, 336, 386, 499, 577, 604, 639, 769, 811

Anfang 232, 705, 831

Angst 26, 50, 58, 62, 124, 141, 145, 164, 174, 183ff, 246, 255, 305, 317, 327, 354, 428, 456, 477, 479, 494, 529, 559, 623, 630, 747, 757–760

Anhalter Bahnhof 797, 801ff

Animation 52, 75, 183, 186, 198, 352, 446f, 578f, 608, 680, 695, 749, 779

Animatoren 45–52, 75, 563

Animismus 263, 446, 450, 511, 514f, 517, 529, 558f, 579f, 696, 710, 738ff, 834, 857

Anpassung 61, 228, 353, 417, 420, 448, 486, 490ff, 512f, 515, 545, 548, 564, 588ff, 598f

Anschauung 21, 47, 143, 154, 167, 188f, 312, 317, 385, 417, 421f, 431–436, 448, 463, 496, 521, 565, 712, 718, 741f, 745–748, 751f, 758, 772–778, 781, 848

Anschlußfähigkeit 89, 113, 491, 554, 765

Anthropologie 49, 83, 141–146, 163, 222ff, 261, 296, 366f, 583ff,

Anthropomorph 297, 600, 602ff, 636, 736, 793

Antike 17, 147, 157, 224, 242, 254, 319ff, 358, 424, 445, 478, 514, 521f, 542, 573, 607, 642, 647, 656, 665, 693, 696, 755f, 779, 783, 798, 857, 888

Antisemitismus 70, 227, 230, 234, 247, 259, 277, 346, 812, 827

Antizipation 138–141, 145, 221, 511, 543, 569, 698, 743, 888

Anwesenheit 63–68, 117, 179f, 481, 507, 610, 682, 737–740, 746, 855

Appropriation Art 595

Apokalypse 181, 218, 221, 248f, 274, 300f, 306, 570, 649, 817, 858

Apotropaion 528f, 582, 857ff

Archäologe/Archäologie 46, 180, 242, 288, 346, 546, 720, 726, 796, 800, 804

Architektur 117, 134, 150, 174, 178ff, 212, 231f, 241f, 251, 260, 321, 421, 424, 462ff, 537, 549, 554, 561, 565ff, 573, 580, 600–603, 615ff, 620, 625–628, 634–672, 676, 712, 721, 724, 732, 739, 756, 774, 798, 804ff, 811, 817, 838f, 876, 880–887

Archiv 64, 66, 118, 133, 150, 180, 190, 399, 401, 723

ARD 328, 330

Aristokrat(ie) 55, 157, 568f, 794

Art brut 468, 674

Artificial life (künstliches Leben) 186, 187, 886, 893

Askese 317, 509, 534, 561, 597

Assemblage 155, 787

Ästhetik 28, 146, 160, 296, 303ff, 311, 344, 348f, 384, 416–436, 447–464, 482–485, 508, 522ff, 535–538, 546–557, 580–595, 612, 615, 623, 654f, 671–675, 694–700, 718, 735, 740–744, 748–751, 773, 811–815, 823, 838, 844, 852, 873

Ästhetik, neuronale 171, 427–431, 434

Ästhetik, nichtnormative 28, 47, 594f

Ästhetik des Unterlassens 32, 50, 70

Asyl 62, 388

Asymmetrie 152, 535

Atombombe 201, 305

Attraktivität 22, 51, 157ff, 239, 332f, 352, 396, 399, 409, 462, 686, 739, 781, 803

Attraktor 279, 297, 306, 583–588, 751ff, 772

Auferstehung 65, 148f, 180f, 274, 314, 604, 697, 817

Aufhören (siehe auch Beenden und Infinito) 17, 19, 26, 274, 324, 386, 586, 859

Aufklärung 32, 52, 64, 76, 137, 241, 257, 313, 317, 331, 345f, 371, 374, 391, 505, 525, 538, 568, 577, 580, 616, 627, 677, 704, 724, 778, 791, 823, 830, 840, 846, 877, 881, 885, 888

Auftraggeber 24, 123, 173, 253, 275f, 293, 532, 537, 544, 548, 628, 652

Aura 39, 77, 183, 189, 192, 249, 305, 333, 570, 594, 652, 675, 724, 738f, 871f,

Auschwitz 66f, 777, 804, 825

Auslöschung 208, 224, 227, 232, 236, 239, 244f, 300, 305, 525–529, 571, 627, 883

Aussageanspruch 72, 214

Außenwelt 47, 145, 188, 360, 432, 464, 474, 489f, 509, 541, 653, 685, 708, 728, 749

Authentizität 40, 184–188, 191, 243ff, 332, 461ff, 496, 561, 722, 798, 860

Auto(mobil) 21, 191, 239, 329, 506f, 517f, 539, 689, 692–701, 733, 774, 847

Autonomie 61, 87, 108, 133, 161, 206, 226, 229, 244f, 249ff, 260, 274, 276, 280, 288, 337–341, 353f, 360ff, 373, 405, 417, 426, 430, 445, 448f, 470, 508f, 571, 574, 641, 644, 659–662, 695, 714f, 781, 787, 827, 837, 850, 873

Autorität 39, 42f, 47, 51, 61, 68, 162, 246, 292, 300, 307, 356, 404, 431, 502, 524, 527, 608, 613, 616, 619f, 737f, 746, 822ff, 845

Avantgarde 65, 80, 159–164, 172–174, 193f, 231–236, 263, 322, 342, 380f, 392, 407, 530f, 547, 559, 589, 597, 615, 699, 860, 881ff

Axiom 550, 553, 709

Bad Art 319ff

Ballermann 217, 844

Barbar 64, 74, 107, 223, 230–249, 338ff, 255, 362, 382, 424, 527, 814, 820ff, 866, 881f

Barock 134, 150, 164, 337, 463, 498, 566, 615f

Basilika 566, 602, 644

Basislager 717f, 725f

Bauhaus 15, 260, 776, 836–842, 876–893,

Bauhütte 841, 877, 884f, 889, 893

Bayreuth 271, 257f, 268–270, 287ff, 343f, 855

Beenden 7, 10, 16f, 169, 180

Begeisterung(sgemeinschaft) 100, 232, 239, 257f, 263f, 277, 292, 317, 383, 457, 472, 542, 609ff, 860, 879ff

Begriffsrealismus 19, 35, 812

Begründung/Letztbegründung 51, 80, 100, 143, 146, 157, 185, 190, 208, 212–216, 224, 227, 274, 300ff, 310, 430, 434, 441, 504, 520, 533, 550f, 573, 592, 604, 646–650, 680, 718, 815, 824ff, 841, 868ff, 888

Behagen (säuisches, in der Kultur) 192, 216–219

Beichtgeheimnis 99

Beispiel(geber) 46f, 51, 73–75, 80ff, 120, 126, 133ff, 139, 151, 155, 163, 189, 212–219, 245f, 263, 268, 274, 320,

323ff, 334, 338, 368, 391ff, 407, 460, 509, 558, 568, 572, 624, 723, 726, 767, 775f, 821, 828, 839ff, 850, 888ff

Bekenntnis 53, 101, 217, 226, 230f, 235, 243, 278, 339ff, 388–391, 405, 457, 500, 596, 607, 679, 716f, 791, 804, 808, 811, 819

Bekenntnisekel 346, 836ff

Belebung (siehe auch Animation und Verlebendigung) 432, 695

Beliebigkeit 50, 58, 169, 351, 385, 426, 433, 459, 475, 493, 504, 534, 543, 560, 617, 625, 628, 641, 678, 683, 733, 740, 750ff, 811, 866

Benetton 391, 421

Beobachter/Beobachtung 37, 55, 304, 379, 491ff, 544, 623f, 681, 698, 714

Berlin 29, 32, 37, 231f, 246, 266ff, 375ff, 465, 510, 638, 652, 722, 797–802, 821, 837, 860ff, 882

Beschleunigung 132, 144, 150

Besucherschule 30, 42, 46, 68, 321, 453, 461, 493f, 721f

Beten/anbeten 201, 250, 255, 707f, 875

Betrachter 16f, 21f, 38–41, 52, 67, 75, 122, 147, 154, 168–170, 175–178, 182, 185, 242, 250–255, 396, 399, 420, 429f, 435, 439–446, 453, 460–465, 472–482, 501f, 569, 577–582, 591–594, 603, 612ff, 634, 655, 659–667, 674, 687, 694, 713f, 721f, 728f, 732ff, 743–761, 775ff, 781–788, 851ff

Bewegung/Beweger 12, 45f, 64, 74f, 254–260, 264, 321, 338, 347, 421, 489ff, 535–539, 565f, 593, 598, 607–611, 618, 630, 656, 659ff, 689, 692–701, 710, 722, 774–778, 793, 806, 811, 833, 874

Bewußtsein 110, 123, 136–141, 145, 150f, 155, 160f, 168, 171, 183, 187, 206, 226, 251, 278, 292, 312, 356, 392, 408, 416–420, 429–434, 447–453, 464, 484–494, 508f, 534f, 541–545, 581, 626f

Bezeichnete, das 29, 184, 297, 380f, 416f, 420ff, 428, 470, 612, 733ff

Bibliothek 5, 64, 118, 180, 198, 554, 701

Big Brother 681

Bild 122, 133f, 147, 150, 153f, 169–180, 186, 239, 250f, 262, 294–298, 305f, 315ff, 327ff, 379–384, Kap. 4 und 5 passim

BILD-Zeitung 374, 505f, 593

Bildende Wissenschaft 171f, 187f, 567, 718, 773

Bilderkrieg 428, 482f, 722

Bilderlöschen 329

Bildersturm 122, 294f, 428, 483, 806, 819

Bilderverbot 294–298, 433, 483, 505

Bildgebung 160, 170ff, 187, 317, 420, 427, 454, 504f, 718, 764ff, 772

Bildsprache 121f, 170, 312, 418, 440, 464, 505, 546, 612, 766, 793, 806, 861

Bildung 139, 156–159, 165, 187, 259, 282, 285, 328–331, 339, 398, 503, 569, 672ff, 677, 715, 718, 803, 844, 852

Bildwissen 770–775

Black Box 316, 432f

Biographie(pflicht) 48, 65, 73f, 101, 105–109, 135–139, 151, 165, 180, 253, 327, 358, 382, 400f, 425, 487, 672, 677, 680f, 710f

Bodybuilding 58, 73, 457, 765, 844, 891

Bohème 34, 72ff, 80, 84, 244, 633, 721, 767f, 864

Bosheit 106

Buch/Bücher 19, 547, 554, 662

Buchstabentreue 240, 825, 829, 833ff, 853f

Bundesrepublik Deutschland (BRD) 112, 121, 125, 209, 224, 232–237, 267–272, 277, 284, 329f, 351ff, 403, 470, 644, 670, 810, 827

Bürger 8, 65–68, 83, 111, 124, 138, 176, 182, 215–217, 244, 254, 266, 285, 312, 320, 327ff, 350–354, 364, 390, 444, 460, 469, 498, 501, 521, 527, 532, 539, 562–569, 572f, 580, 597f, 620, 638, 665–668, 677, 680–683, 703, 717–722, 738, 758, 773, 779, 794, 806, 826, 844, 854ff, 864, 882

Bürgerkrieg 57, 125, 207, 237, 389, 654, 827

Byzanz 148, 288, 293, 493, 604

Café 19, 725, 859–863

Camouflage 97, 529

Capriccio 693

Carnal Art 212, 246

CD-Rom 290

Chat 194, 518, 554

Choc 597, 616

Christen/christlich 33, 50ff, 132, 145ff, 179ff, 185, 206, 218, 251ff, 264f, 290–296, 299ff, 322, 327, 338, 342, 346, 446, 460, 467–470, 479, 567, 604, 648ff, 697, 705, 733, 738, 755f, 841f, 857, 877, 881ff, 888, 893

Chronopolitik 165ff

Civitas 828

Cocooning 681, 690

Collage/collagieren 13, 180, 239, 262, 424, 430, 538, 794, 890

Comics 611–614

Communitaristen 564, 573

Computer 44, 88, 93, 161, 186ff, 396, 432–435, 445, 450, 507, 555, 563, 583, 585, 597, 718, 765, 772

Conditio humana (Condition humaine) 387

Conduite 563, 720

Corporate 116, 278

Cyborg 570

Dada(ismus) 239, 262, 332, 427, 535, 581, 674, 752, 807, 856

Damnatio Memoriae 525–529

Dandy 135

Dauer 26, 80, 120, 133, 137, 144ff, 155, 168, 179, 180–191, 196f, 200, 233, 242f, 295, 300, 357, 387, 402, 444ff, 456, 522, 539, 554, 562, 567, 599, 621, 640, 691, 697, 741f, 752, 758, 762, 779, 794f, 817, 823, 833, 888

Dazwischen 784

DDR 265-267, 271–276, 283f, 549, 551f, 835, 849, 866–876

Decollage 239f

Decorum 213f, 242, 573, 745, 751f

Dekonstruktivismus/Dekonstruktion 13, 292

Dekor 152, 192, 297, 421, 471, 483, 559ff, 620ff, 660, 664, 741, 751, 763, 767, 784, 787, 838, 855

Delphi 156, 395

Demokratie 26, 63, 68, 84, 115, 207ff, 212–219, 226, 232, 235, 254, 271, 274ff, 280, 317, 320, 357, 362, 398, 428, 551, 657, 808f, 826, 845, 881

Demonstration/Demonstranz 38, 47, 161, 301, 306, 332, 377ff, 510, 522, 559, 577, 581, 628, 649, 680, 696, 700f,

Denkmal 314, 567, 578, 776, 792, 804, 856, 865
Denkmalschutz 137
Denknotwendigkeit 18f, 740, 750
Design 47, 57, 105, 109, 186, 259, 278, 317, 352, 391, 408f, 427f, 446, 531–535, 545, 551f, 561f, 567, 574ff, 579, 597, 610, 628f, 644, 658, 670, 683, 690f, 697–700, 715, 830–839, 891
Destruktion 193, 239, 262, 347, 417, 423f, 672
Deutsch 5, 15, 34f, 51, 75, 100, 108, 121–126, 186, 224, 230f, 235, 238, 247f, 255–259, 267–271, 277, 285–289, 330–339, 345, 373ff, 389, 501, 561, 568, 573, 631, 665ff, 677, 702, 757–760, 790ff, 797–803, 806f, Kap. 5 passim
Deutschaschern 344, 790ff
Deutschsein 286, 820–836
Devotionalien 712ff
Dezisionismus 825, 877
Diachronie 677
Dialektik 54, 196, 241f, 539, 544, 627, 740, 776
Diesseits 183, 293, 432, 648, 702, 719, 724, 784, 801f
Differenz 41, 88f, 93, 166f, 171, 212, 261, 279f, 367, 381, 405–409, 419, 428, 433, 440, 447–452, 485–494, 535, 551, 557, 574, 578, 581, 590–595, 612, 616, 622, 626ff, 679, 735, 762, 767, 787, 812, 853, 877, 886, 889
Digital 159f, 556
Dilettant(ismus) 9, 15, 158, 430, 472, 674, 786
Diplomat(ie) 47, 340, 406

Diskret 155, 439, 441f, 610, 621
Distanz 59, 83, 103, 127, 222, 228, 304, 318, 323, 358, 362, 439, 522, 565, 580, 590, 616, 627, 679, 762f, 788, 843, 846
Distinktion 223, 280, 401, 408, 525f, 687, 735
Documenta 30, 42f, 46, 68, 94, 187, 319ff, 453, 461, 472–484, 721f, 763f
Dogma(tiker) 22, 50, 194, 320, 354, 367, 370, 392, 417–420, 449, 557, 581, 590, 594ff, 642, 813, 820, 843, 853f, 871
Domestitizierung/Domestikation 164, 394, 406, 515, 830
Donaueschingen 329
Dramaturg 26, 53, 332
Dreifaltigkeit 301, 889
Drittes Reich 126, 268, 272ff, 301, 355, 375, 387, 525, 546, 667, 791, 799, 802, 805–818, 836, 839f, 852f, 880, 887
Dualismus 587, 826
Dummheit (Logik der Dummheit) 100, 196, 301, 370, 808, 826, 847, 878
Effektivität 116f, 545, 832, 881f
Egoismus 79–84, 109, 216f, 230, 254, 292, 346, 350, 478, 564, 574, 680
Egologie 79
Ehe 95, 219, 499, 559, 630, 677
Eichung 207–214, 219, 223, 229, 753, 868ff
Eindeutigkeit 22, 237, 274, 417ff, 422, 430, 448, 462, 484, 581, 589f, 620, 656, 686, 731, 852
Einfühlung 748–753
Einschaltquote 185, 212, 243, 274, 328, 532

Einzigartig(keit) 81–84, 280
Eisernes Kreuz 831
Ekel 85, 89–92, 145, 183, 236, 543, 585ff, 686, 838, 852
Eklektizist 625, 747, 794
Ekstase 244f, 291, 616, 848
Elite 58, 120, 255, 398, 575, 580, 650, 809, 821, 841
Ellipse 566
Emanzipation 251, 265, 672, 750, 874, 881
Emblem 547ff, 752, 806, 830–833
Embodyment 609
Emotion 157, 484, 515, 521, 637, 686, 714, 730, 782, 879
Empathie 460f, 744, 749, 752f, 861
Empfindung 85–92, 97, 182ff, 326, 384, 461, 474, 479, 586f, 622, 664, 695, 750
Endlagerung 193
Englischer Garten 338, 390, 478, 567, 794–803, 877, 885
Entartet 163, 235, 310f, 320ff, 430, 505, 593, 667, 727, 806, 819, 848
Entdeutschung 345, 634, vgl. Kap. 5
Entkoppelung 420–423, 745f
Entsorgen/Entsorgung 219, 233, 445, 553f, 562, 575, 673, 837
Entzauberung 758
Environment 684–687, 794, 847
Enzyklopädie 182, 299, 324, 338, 701, 705, 791, 877, 885
Epiphanie 674
Epistemologie 162, 447, 450, 574, 590, 718
Erben 3, 100, 876f
Erechteion 605, 648
Erfolg 4, 20ff, 51, 62, 81–84, 106, 109, 112–117, 156, 200, 208, 211, 228, 237, 243, 310, 313f, 322, 343, 357, 385, 403f, 475, 519, 532–537, 542–545, 582, 629, 763, 796, 838, 841
Erfüllung 50, 127, 142, 157, 197ff, 240, 307, 318, 359f, 503, 506f, 557, 598, 627, 639, 683, 695, 706, 740, 834, 843, 849, 882, 890ff
Erhaben 213, 234, 304ff, 620, 696, 738, 758, 762, 855, 858, 881f
Erinnern/Erinnerung 5, 52, 64, 133f, 154ff, 170, 177, 196ff, 242, 343–347, 482–485, 495, 525, 549, 554, 563, 578, 637, 655, 663–667, 673, 712, 715, 756f, 783, 793–796, 804f, 832, 855ff, 861
Erkennen/Erkenntnis 5, 49, 91, 126, 142, 171, 182f, 248, 302, 306, 335, 424, 428ff, 434, 438, 448, 464, 489ff, 501, 505, 516, 550, 565, 577, 581, 590, 595, 603, 616–619, 627, 683, 726ff, 741–746, 767, 854, 861, 887
Erleuchten/Erleuchtung 236, 615f
Erlösung/Erlöser 51, 105, 197, 221ff, 234, 272ff, 306, 309, 315f, 321f, 345, 626, 697, 750, 786, 814ff, 823, 861f
Ermenonville 567
Ernstfall 74, 207–219, 223, 229, 244, 326, 694, 698, 717, 858
Erscheinung 107, 114, 202, 244, 257, 278, 379f, 434, 464, 478–481, 501, 506, 513, 516, 525, 535, 551f, 589, 617, 621, 625ff, 694, 713, 741f, 750, 766, 786f, 799, 882
Erschöpfung 12, 255, 292, 785f
Erster Weltkrieg 25, 124, 152, 208, 230–235, 289, 334, 665, 667, 802, 808, 841, 893

Erzählung 9, 12, 63–66, 87, 91, 109, 133ff, 147, 157, 166, 176, 202, 253f, 333, 369, 439ff, 445, 454, 462, 467, 486ff, 531, 549, 612f, 648, 680, 705f, 710, 743, 755, 785, 802, 852, 870

Erziehung 162, 278, 331, 363f, 373, 443, 510, 522, 567, 613, 674ff, 690, 839, 879ff

Eschatologie 259, 300

Ethik 58, 97, 179, 181, 210, 247, 283, 346, 365, 402, 420, 444, 447, 450, 484ff, 506, 550, 574, 590, 594, 613, 627, 718

Ethnie/ethnisch 51, 60, 136f, 167, 220–226, 279f, 285ff, 325, 333, 337–341, 347, 353f, 533, 644, 716, 804, 826, 844, 854, 877, 886, 892f

Ethnologie 367, 463

Eucharistie 589

Europa 55, 194, 221, 225, 236, 314, 328f, 333, 337, 343ff, 367, 404f, 408, 468, 478f, 505, 546, 572, 583, 590, 647, 651, 654, 665, 697, 763–767, 785f, 790ff, 810, 841f, 848, 860f, 869, 882, 886ff

Evidenz 88, 142–147, 157f, 296, 299, 316, 367, 370, 540, 581, 620, 773, 825

Evokation 240, 891

Evolution 136f, 141–149, 161, 228, 259, 299–302, 309, 388, 335ff, 387, 416, 425, 437, 446ff, 461ff, 473, 485f, 490f, 513, 516, 555, 571, 583ff, 590f, 603f, 639–643, 883

Ewig 6, 58, 61, 83, 89, 147, 168, 189, 496, 206, 214, 308, 326, 567ff, 578, 641, 696f, 738, 793, 810, 833, 888

Ewigkeit 132, 148, 154, 179, 190–195, 198, 202, 231, 299, 309, 327, 387, 567, 742, 833, 882

Exotisch/Exotismus 179, 333, 478

Experiment 17, 148, 162, 310–313, 366, 427–430, 435, 444, 448, 586, 634f, 720ff, 838, 879f

Experimenta 67, 482ff

Experten 4, 30, 59, 83, 105, 215, 278, 282, 303, 309, 380, 417, 422, 433, 452, 496, 500, 519ff, 595f, 671, 678, 844

Expo 797

Externalisiert 464, 484

Extragenetisch 80, 110, 114, 117, 136f

Fabel 516f, 834

Fake 184, 295, 499f, 577, 594f, 683, 726

Falsch(heit) 20, 50, 74, 96, 261, 310, 367, 496–503, 533, 568, 577f, 594f, 627, 683, 823, 844ff, 855, 878ff

Fälschung 157, 185, 273, 338, 496–503, 577f, 594f, 855, 878ff

Familie 24, 86, 90, 99, 102, 112f, 134, 137, 143, 151, 180, 226, 244, 251, 277, 328, 334, 356, 515, 555, 564, 642, 646, 653, 677, 680, 692, 738, 835, 854, 876, 886

Fanatismus 82, 96, 234, 236, 291ff, 315, 347, 385, 419, 627, 671ff, 881f

Farbfeldmalerei 655, 661–614, 736, 752, 789

Farbpsychologie 660ff, 684ff, 833

Faschismus 31, 237, 247, 258ff, 283, 323, 374f, 809ff, 820, 823, 851, 883

Fassade 351, 566, 617, 625–628, 634–643, 651, 655, 658–663, 666, 723

Feier 38, 105, 111, 132, 150f, 193, 199, 303, 351, 395, 460, 573, 739, 855

Feind 124, 200, 227, 255f, 339, 357, 388, 515, 603, 760, 810, 819, 825ff, 846

Fernsehen 61, 83, 105, 112, 133f, 139, 192, 214, 218, 276, 325–331, 373, 398, 505, 521, 537, 549, 670, 845–847, 872

Fetisch 194, 483, 579, 699, 706f

Feuilleton 63, 111, 217, 319, 504, 633, 753, 810

Fiktion/Fiktionalität 66, 126, 286–289, 315, 332ff, 338, 346, 353, 365, 430, 487, 574, 633, 790, 825ff, 889

Filzpantoffel 32

Fitneß 11, 58, 96, 588, 717

Fleischwerdung 187, 246, 467, 470

Florenz 148, 173, 252, 293, 634f, 661, 664f, 777f

Flower-Power 687–691

Fluxus 12, 111, 155, 240, 321, 332, 595, 670f, 752

Föderalismus 259, 827

Folklore 137, 223, 280f, 333, 339, 426

Formalismus/Formalisierung 169, 235, 333, 466, 739, 756, 782, 826, 839

Formation 50, 170, 227, 353, 378, 458, 485, 562–567, 574, 648, 716, 836

Formgebung 573f, 781f

Formierung 121, 152, 160, 170f, 210, 253, 257, 574

Formkonstanz 148

Formlogik 462f, 640

Formwandel 148

Fortschritt 4, 54, 108, 165, 172, 192ff, 213, 224, 234, 238, 259, 287, 342, 360, 366, 382, 569, 665, 687, 776, 794, 801, 820, 881

Forum Germanorum 798, 803

Forum Romanum 195, 297, 540, 648, 796ff

Fotografie 148, 556, 615–624, 734, 754–762, 848, 870

Fragment 13, 18, 71, 218, 242, 318, 346, 424, 587, 690, 779, 796, 799, 891

Frauen 21, 24, 85–99, 106, 394, 398, 446f, 473, 560, 609, 630, 764, 768, 771, 780

Freiheit 10, 34, 122f, 144, 227ff, 254–257, 266, 285, 297, 301, 336–340, 348f, 363, 420, 479, 503f, 527, 531, 536f, 539, 572, 626, 639f, 643, 674, 736, 746, 765, 786, 831, 870, 892

Freikörperkultur 617

Freizeit 51, 219, 246, 249, 315, 329, 352, 379, 801

Fremd 62, 95, 166, 173f, 189, 199ff, 222ff, 241, 256, 292f, 322, 325, 341, 417, 430, 447–450, 461, 478f, 493f, 527f, 531, 553ff, 569, 588, 590, 825, 860f

Freundschaft 224, 390–393, 567, 779

Frontalität 605, 636

Fühlen/Gefühl 20, 90, 253, 381, 417ff, 429, 449, 474, 493, 509, 522, 534f, 556, 580, 590ff

Führer 31ff, 39, 49, 77, 107, 124, 156ff, 211, 237, 253, 258, 268, 293, 315, 342, 369, 390, 437, 521, 623, 638, 647, 731, 800, 807, 811, 816f, 827, 830, 841, 855, 861ff, 887, 891

Fundamentalismus 22, 43, 54–60, 194, 200, 226, 259, 263, 284, 289f, 294, 300, 313ff, 332, 338–341, 370, 433, 451, 535, 538, 590, 653, 683, 813–819, 823–826, 843, 853

Funktionalität/Funktionalismus 354, 506f, 574f, 639, 683f, 700, 707, 723, 739, 826, 831, 838, 879ff

Funktionslogik/-weise 171, 185, 262, 336, 416, 429f, 450, 461–465, 485, 488f, 507, 562, 645–649, 652, 658, 689, 712, 732, 741, 774, 839, 872

Fußnote 356

Ganzheit 390, 438, 441, 490, 565, 597, 645, 683, 716, 885–892

Gedächtnis 58, 80, 110, 166, 290, 381f, 494f, 634, 640, 666, 682, 697, 795–798, 803f

Gegenwart 5, 35, 64, 99, 117, 126f, 137–140, 158, 162–170, 174, 180, 196, 201f, 247, 270, 274, 322, 326, 335, 340, 356–362, 408, 417, 525f, 487, 530f, 558, 576, 675, 699, 722, 769, 797, 800

Gehirn 85, 92, 145f, 170, 176, 416, 427–432, 436, 447, 452f, 461, 486–493, 505, 508, 541f, 555ff, 562, 570, 583, 685, 689, 748, 765, 781

Geistigkeit 555, 649, 655, 672, 812, 820, 839, 879

Geld 34, 82, 275ff, 302, 327, 330, 363ff, 368, 388, 393, 399–402, 499, 536, 593, 873ff, 892

Gelingen 17, 20ff, 40, 56, 65, 253, 263f, 309ff, 322–325, 446, 496, 541, 573, 610, 634, 740, 746

Geltung 23, 51, 73, 78ff, 116, 142, 162, 167, 189, 207, 212ff, 223, 238, 273f, 285, 289, 298, 307, 349, 355, 367ff, 383, 393, 426f, 464, 470, 534, 542f, 558, 584–587, 594, 641, 644ff, 650, 735, 739f, 765, 786f, 817–821, 873

Gemütlichkeit 833–836, 862

Generalismus/Generalist 36, 43, 47f, 76, 373, 674

Generativität 110, 114–118, 278–281

Genial/Genialität 201, 256, 273, 323, 581, 765, 799, 811

Genie 106, 195, 227, 230, 234, 291f, 363f, 392, 717f, 730f, 773, 887

Gentechnologie 282, 505, 886, 893

Gentleman 394–397

Germanisch 24, 241, 268, 343, 424, 755f

Gerücht 62–68, 396

Gesamtkunstwerk 257, 272, 277, 428f, 498, 722, 744, 752, 803, 884ff, 889

Geschichte 11, 25, 31ff, 58ff, 64, 117, 121–126, 132ff, 139–143, 152, 156–165, 201f, 229, 236, 253, 262, 267–270, 274, 284–290, 321f, 326, 331, 340, 358, 362, 381f, 426, 500, 525, 528–531, 543, 590, 618, 635, 665ff, 679, 702, 704–710, 752, 790, 794–798, 805, 817, 840, 851, 863, 881, 889

Geschichtsschreibung 63, 67, 123–127, 133, 137, 140, 149, 156–162, 167, 229, 235, 288, 361, 425, 709, 722

Geschmack 79, 281, 370, 392, 409, 484, 568ff, 670, 678f, 683ff, 690, 743, 842f

Gespenst 64, 316, 829

Gestalt 64, 89, 134, 152ff, 177f, 186ff, 243, 256, 343, 390, 437, 456, 464, 477, 481, 507, 535, 551, 559–626, 636, 695f, 700, 714ff, 736, 745, 748–751, 755f, 765, 781–787, 803, 844, 857, 860, 878, 891

Gestaltanalogie 771, 861

Gestaltarmut 761

"Gorgonisiert Euch – Abwehrzauber gegen Beuysblicke", Atelier Langheimer, 1986

Thementotems „**Das Deutschsein des deutschen Designs**", Aspen 1996
Foto | Th. Meyer, Düsseldorf

Gestaltbewertung 562f, 568

Gestalter 58, 124, 162, 198, 217, 308, 446, 534f, 537, (559–625), 628, 660, 672, 678, 689, 836, 880

Gestaltoptimierung 892

Gestaltqualität 574f

Gestaltung/gestalten 10, 16, 19f, 52, 109, 121, 127, 166–170, 176, 188, 195, 251–257, 264, 278, 284, 306, 309, 315, 328, 344, 358, 386, 430, 459, 462ff, 471, 476ff, 483, 501–507, 526, 529–628, 642, 645ff, 654ff, 659–664, 676, 681–684, 689f, 699f, 716ff, 742–745, 750ff, 759f, 763ff, 792, 795–799, 836f, 840, 848, 853, 856, 876, 878f, 889–893

Gestor 342, 345

Gewalt 61, 77, 117, 207, 212ff, 220f, 237, 242–248, 269, 292–295, 315, 369, 374, 384, 388f, 396, 428, 451, 478, 538, 565, 579, 613, 620, 627, 695, 715, 762, 815, 821ff, 851, 856, 861, 885, 888

Gewerkschaft 56, 289, 399, 405, 510, 669

Gewohnheit 46, 85, 241, 511, 526, 611, 714, 825

Ghetto 62, 189, 227f, 313, 350, 353ff, 361f, 572, 643, 650, 689

Glaube 30, 55–58, 81ff, 121, 132, 220ff, 234, 243, 289, 294, 315, 354, 368, 428, 497, 504, 550, 604, 629, 649f, 652f, 740, 804, 819, 830, 881, 887

Glaubwürdigkeit 83, 95, 112, 212, 234, 244, 359, 371, 467, 844

Gleichgewicht 297, 484, 605, 767

Gleichnis 424, 433

Gleichschaltung 519

Gleichzeitigkeit 168, 362, 425, 430, 442, 484, 490, 494, 555, 686, 699, 752, 817, 871

Global(isierung) 80, 142, 227, 259, 278ff, 346, 401, 451, 552, 570–574, 679, 790

Globales Dorf 351, 556, 698

Glück 53, 57, 83, 179ff, 224, 234, 245ff, 327, 336, 543, 560, 638f, 672, 686, 750, 827

Golfkrieg 821

Gotik 134, 174, 251, 264, 338, 615, 648–652, 656, 697, 783, 796, 886

Gott 43ff, 52, 77, 81f, 117, 154, 167, 193ff, 202, 206, 216f, 222, 234, 251f, 261–267, 287, 292, 296, 300f, 306, 309f, 322f, 339, 343, 395, 425, 432, 464, 492, 553ff, 600, 603f, 623, 649, 669, 701, 738, 740, 777, 779, 816, 847, 883, 888

Götter 45, 117, 195, 206f, 213, 245, 261, 289, 301, 324, 339, 396, 402, 425, 432, 444f, 469, 482, 507, 510, 558, 604, 679, 695, 701, 783, 817, 857

Götterdämmerung 274, 289, 313, 334, 777, 817

Gottesdienst 99, 459, 889

Gottesgnadentum 886

Göttlich 75, 81ff, 93, 206, 301f, 323, 391, 444f, 462, 481, 692–696, 769, 777, 816, 865

Gottsucher 70, 247, 264, 523

Graffiti 523–531

Grenze 33, 132, 150, 189f, 212, 226, 262, 362, 406, 438, 470, 475, 494, 503, 534ff, 626, 637, 674, 702, 744, 770, 785, 795, 802, 835, 891

Gründerzeit 625, 806

Gummi 566, 598–600
Guru 55, 102, 107, 201, 366, 496, 864
Gute, das 18, 50, 58ff, 200, 226, 230, 238, 255, 273, 453, 496, 503, 568, 574, 641, 649, 740, 820, 823
Haimon 390
Halluzination 145
Happening 38, 42, 48, 65, 113, 240, 322, 521, 670, 720
Häresie 310
Hase 121, 560, 834, 857
Häßlich(keit) 18, 48, 50, 191, 218, 261, 574, 583, 586–592, 633, 638, 726
Hausaltar 682
Hausfrau 214, 835
Hedonismus 57–62
Heil 18, 26, 233f, 307ff, 322, 325, 505, 535, 758, 762, 806, 839ff, 889
Heilig(e) 15, 32, 69, 133, 225, 236ff, 294, 301, 313, 339, 347, 395, 482, 510ff, 523, 538, 640, 649, 712, 756, 887
Heilssucher 53, 320, 807
Heilsversprecher 308, 315, 336, 346, 839
Heimat 106, 129, 166, 183, 201, 233, 280, 327, 703, 738, 795ff, 830, 844–847
Heimkehrer 147, 222
Heros (siehe auch Kulturheld/-heros) 22, 46, 48, 124, 129, 162, 197, 206f, 216f, 247f, 253, 277, 283, 288f, 299, 313, 329, 334, 338, 341, 445, 820, 840ff, 864
Hofkunst 123, 251, 276
Höhlengleichnis 434
Hollywood 39, 257, 484, 834
Holocaust 66, 295, 324, 339, 342ff, 792f, 797, 864
Hominisierung 161, 328, 335f

Homo sapiens 568, 679
Hooligan 217, 246, 313, 718
Humanisierung 161, 335f
Humanismus/Humanist 4, 62, 107, 166, 213, 226–230, 237, 254f, 259, 263, 282f, 335, 338, 375, 390, 572f, 576, 762, 851
Humanität 61, 84, 100, 109, 213, 227, 230, 270, 282, 307ff, 337, 376, 389, 679, 716, 821, 827
Hypertext 787
Idealgesellschaft 346, 853ff
Idealist/Idealismus 314, 585, 813, 833
Idealstaat 294, 853
Idealstadt 253, 309, 565, 853
Identität (siehe auch Identität, kulturelle) 199, 285, 296, 312, 331, 381, 464f, 484, 495, 580f, 595, 622, 625ff, 644, 678f, 727, 735, 766, 825f, 853
Identität, kulturelle 100, 136, 222, 226ff, 238, 280, 285–291, 295, 333–340, 346f, 353ff, 373, 392, 401, 645f, 653, 828, 893
Ideologie 35, 53, 114, 226, 231, 238, 268, 277–283, 293, 322, 336, 356, 362, 367–371, 375, 385, 419, 453, 505, 536, 554, 806–810, 824, 838, 871, 875, 880
IDZ (Internationales Design Zentrum Berlin) 484, 635, 722, 510, 676, 698, 797
Igel 121, 834f, 857
Ikone 237, 254f, 297, 316, 356, 706, 733f, 739, 746
Ikonographie 120ff, 295ff, 445, 466, 502, 537, 546, 569, 602ff, 723, 728–731, 735f, 742, 748, 755, 764, 786ff, 795, 806, 835, 848f, 856f, 861, 864ff

Ikonoklasmus 163
Ikonologie 296, 728–731, 734ff
Ilias 66, 147
Imagination 87, 91, 154, 288, 424, 482, 560, 664, 757, 790, 798–803, 855f
Imaging/Imaging Science 171, 187ff, 718
Imitation 55, 184, 252ff, 261, 264, 346, 428, 816, 888
Immunisierung 493, 851–854
Imperial(ismus) 33, 189, 272, 370, 403, 408, 598, 643, 703
In-Between 787
Individualisierung 79, 83, 215ff, 524, 529, 564, 638, 643, 679ff, 697, 870, 888ff
Individualität 10, 20, 148, 166, 214f, 227, 308, 334, 351f, 359, 381, 465ff, 524, 529, 566ff, 575, 702, 751, 761, 770, 888
Individuum 76, 80–84, 109–113, 118, 151, 200, 207f, 213, 223, 227, 285, 311, 317, 333ff, 416, 419ff, 447–451, 454, 462, 478, 491, 504, 508f, 516, 521, 524, 527, 544f, 555ff, 564f, 568, 573f, 620, 786, 838, 886
Infinito 17, 890
Information 72, 81, 160, 170, 181, 296f, 418, 494, 504, 533, 545, 547f, 551, 557, 562–569, 574, 619, 684, 706, 721, 735, 800, 836, 887
Informel 239, 296, 500, 736, 755, 764, 782, 787, 848
Initiation 150, 456
Inkarnation 254, 371, 878
Inkorporation 183, 446, 449, 465–471, 816, 834
Innovativ(ität) 7, 168, 172f, 194, 259, 312, 316f, 421f, 444, 537, 589, 692

Instinkt 6, 270, 512, 717, 750, 767
Instrumentalisierung 384, 462, 505, 534, 708, 875, 883
Inszenierung 57f, 66–69, 102, 200, 253f, 263–268, 275, 282, 294, 314, 326, 330, 357ff, 369, 376f, 393, 481, 505, 521, 538f, 548, 570f, 603, 619, 621–624, 664, 676–681, 688ff, 710, 722f, 739, 743, 855, 871f
Intelligenz 50, 101, 111–115, 396, 446f, 451
Interaktiv/Interaktivät 44, 159f, 168ff, 434f, 555f, 609, 720
Internet 13, 92ff, 194, 319, 553–558, 690
Intimität 70, 97ff, 476
Intrapsychisch 88, 91, 402, 417–420, 429, 447–450, 464f, 484, 556f, 587, 590ff, 748, 848, 852
Intrinsisch 729–735
Introspektion 684–688
Irreversibilität 75, 140, 143, 149, 211, 214, 273, 366
Irrtum 8, 70, 125, 208, 447
Israel 343–348
Jenseits 154, 180, 293, 390, 432, 648, 702, 719, 724, 784, 793, 801f, 891
Jerusalem 343ff, 615, 649, 702, 802
Journalismus/Journalist 38, 54, 78, 90, 107f, 111ff, 126f, 241, 258, 320, 328, 385, 388, 394f, 537, 548, 612, 671, 747, 860, 893
Jude 220f, 230, 240, 270, 288f, 300, 339–346, 650, 804–807, 812ff, 882
Jugendkult/-bewegung 6, 11, 314, 388, 563, 630, 806, 836, 880
Jugoslawien 61, 74, 209, 226, 237, 334, 337, 373, 391, 644, 824, 853, 862, 869

Junggesellenmaschine 445, 722
Kaisersaschern 343, 790
Kapitalismus 110, 128, 200, 209f, 223, 241, 330, 359, 372, 383, 498, 538, 809, 892
Karfreitag 206
Karikatur 35, 53, 122, 258, 306, 581, 612, 800f, 834
Karolinger 164
Karriere 23, 97, 101, 105, 107, 120, 244, 294, 327, 336, 356, 564, 593
Katabasis 321ff
Katharsis 248, 823, 854
Kathedrale 183, 193, 195, 264, 402, 553, 615, 648–652, 565f, 697, 884ff, 891
Katholikos 33, 122, 362, 791, 886
Katholisch / Katholizismus 33, 99, 179, 287ff, 293, 337, 370, 467, 806f, 848
KI (Künstliche Intelligenz) 443–450, 765, 886, 889, 893
Kino 28, 446, 539, 546, 552, 680, 694f, 779, 851
Kirche 22, 31ff, 56, 167, 222, 244, 250, 262–265, 280, 289ff, 293, 467, 519, 537, 649ff, 657, 697, 713, 716ff, 732, 803, 886f, 892
Kitsch 58, 217, 306, 309, 315, 424, 578–581, 624, 670, 691, 821, 842
Klassenkampf 4, 394
Klassizismus 39, 164, 174, 178, 656, 777, 828, 855, 860
Kleidung 241, 567, 625, 631, 831, 836
Kochgeschirr 631, 832
Kognition/kognitiv 88, 113ff, 303, 448, 484, 587, 748, 781, 852f, 890
Kollektiv 50, 111, 118, 152, 213, 217, 228, 302, 334, 342, 381, 387, 417,
425, 493, 504, 516, 539, 555, 566, 573f, 640, 643, 680f, 750, 757, 776f, 793, 803, 821, 850, 855, 876, 885, 888
Kommunikation passim, zu besonderen Themenschwerpunkten vgl. Inhaltsverzeichnis; v.a. Kap. 4
Kommunismus 108, 200, 259, 635, 645
Konkurrenz 11, 87, 112, 115, 121, 209f, 224, 249, 296, 315, 351, 369, 395ff, 404–408, 533, 544, 575, 773, 834, 856f, 866, 882
Konsens 308, 346, 360ff, 472, 519, 532–535, 690, 739
Konservierung 181, 242f, 281
Konstantinopel 148
Konstruktivismus 386f, 428, 434ff, 448ff, 453, 486, 492ff, 534, 555, 654–659, 662, 739, 755, 766f, 774, 810, 886, 892
Konsumenten/Konsumieren 4, 41, 46, 67, 139, 233, 241, 245, 278, 396, 401, 409, 498, 502, 508f, 532, 536ff, 546f, 551f, 575, 595, 613, 844f, 851, 856–859
Kontinuität/Kontinuum 8f, 125ff, 135f, 155, 171, 189, 390, 432, 439–442, 618–621, 808ff, 813, 819, 842, 878f, 893
Kontrafaktisch 35, 100, 127, 221–228, 276–281, 287–291, 295, 334, 338ff, 346f, 350, 353, 369, 386f, 395, 533f, 587, 605, 740, 813–828, 840, 846
Kontrapost 603ff
Konvention 20, 46f, 116, 163ff, 172, 236, 243, 246f, 292, 297, 317, 395, 417, 419–423, 429, 439, 457ff, 542, 557, 583, 587, 728, 731–734, 746, 785

Kopfstand 375, 607, 865

Körper 17, 57, 73, 85–89, 92–96, 102, 108, 119, 152ff, 182, 185–188, 212, 219, 246f, 252, 257, 292, 380, 418, 437, 447, 454–465, 470–482, 487ff, 493, 504, 515, 535, 555f, 567, 601, 607–610, 622, 625, 630, 635f, 661, 684–687, 695f, 744, 761–767, 771–774, 788, 812, 838, 848, 891

Kränkung 238, 451

Krawatte 561, 631

Kreativ(ität) 13, 48, 113–115, 172, 243, 316, 346, 393, 419–422, 466, 571, 591–595, 721, 782, 786, 839, 879

Kredit 138, 400, 425, 863, 889

Krieg 4, 32, 35, 64, 74, 93, 122–126, 186, 208f, 213, 218, 220, 224–228, 235ff, 246–249, 281f, 302, 308, 322, 328, 337ff, 344ff, 376, 385ff, 391, 394f, 405, 423, 454, 458, 603, 612f, 644, 654, 673, 677, 716, 725, 733, 756, 760, 777, 820f, 853, 856ff, 861, 864, 868, 876, 881, 885

Kritik (der Wahrheit) 29, 36, 40, 50, 58ff, 65, 71, 75, 78, 120ff, 260–263, 308, 327, 356–362, 369ff, 381, 428, 444, 472, 483, 497, 500, 505, 508, 519ff, 623, 669f, 714, 740, 765ff, 776ff, 788, 809, 813ff, 822, 824f, 846, 879ff, 890

Kultbild 54, 696, 714

Kultur passim, zu besonderen Themenschwerpunkten vgl. Inhaltsverzeichnis; v.a. Kap. 3 und 5

Kulturbeutel 630, 832

Kulturgeschichte 70, 106, 111, 122, 133, 143f, 159, 229, 240, 281, 318, 439, 513, 695ff, 700, 720, 732, 755ff, 785, 799, 820, 860

Kulturheld/-heros 24, 32, 69, 114, 122, 197, 237, 243–249, 373, 702, 786, 820, 841, 855ff, 881f

Kulturkampf/Kulturenkampf 28f, 82, 220ff, 226f, 238f, 277–281, 284, 287–293, 334–337, 340f, 353, 391, 395, 417, 425f, 644, 724, 827

Kulturnation 285, 330, 334–339, 667

Kulturpolitik 137, 165, 236, 276, 398ff, 430, 604, 671, 754, 806, 817

Kulturtechnik 152, 179ff, 188, 329, 382, 505

Kunst/Künstler passim, zu besonderen Themenschwerpunkten vgl. Inhaltsverzeichnis; v.a. Kap. 4 und 5

Kunstgeschichte 17, 64, 120ff, 160, 172, 222–225, 256ff, 373, 422, 439, 481ff, 524, 529, 667, 720f, 756, 765, 776, 859, 874, 878

Kunsthandwerk/-gewerbe 713, 837

Kunsthistoriker 17, 45, 115, 120, 135, 285, 392, 338, 463, 502, 702, 728, 740ff, 748, 870

Kunstmarkt 264, 276, 352, 372, 537, 671, 759, 871f

Kunstschaffen/-schöpfer (siehe auch Werkschaffen) 230, 272, 557, 721, 751, 764, 805, 818, 887ff

Kunstverein 575, 719

Kunstwissenschaft 39, 134, 137, 164, 296, 430, 500

Kyffhäuser 791

Landschaft 178, 232, 350, 583, 586, 760ff, 770–775

Landschaftsmalerei 178, 441, 616, 759–762, 770, 774f

Langsamkeit 198, 539

Lebensform 145, 286, 332, 350, 400, 447, 450, 506, 576, 630, 645–652, 676–681, 770, 773, 794f, 815, 838, 849, 859, 867f, 876, 879, 881

Lebenslauf (siehe auch Biographie) 7, 105f, 135–138, 151, 180, 245, 326, 401, 561, 680, 777, 891

Lebensraum 189f, 233, 238, 241, 350–354, 432, 473ff, 478, 483, 531, 571, 637f, 644f, 650, 654f, 683f, 688–691, 706, 711, 724, 730, 744, 769f, 885

Lebensreform 49, 234, 259, 317, 344, 833, 852

Legitimation 34, 61, 68, 75, 110, 117, 126, 167, 201, 207–218, 222, 227, 236, 243, 252–255, 259f, 277, 280f, 285ff, 295–298, 302, 312, 334ff, 342, 349, 353f, 362, 365, 368, 388, 398, 482, 624, 650, 719, 798, 827f, 845, 848, 870–878, 883ff, 888

Lehrer 11, 25f, 30, 42, 47, 241, 294, 540ff, 638, 698, 738, 860f,

Lehrpfad 790ff, 798, 802

Leiden 8, 100, 201, 244, 259, 282, 325, 357–362, 391, 466f, 569, 701, 786, 841, 861

Leninismus 367, 810

Lernen 7, 30, 36–42, 137, 186, 325f, 341, 347, 373, 377, 392, 420, 447ff, 457, 460, 463, 490, 494, 504f, 511, 708, 712, 715f, 722, 796f, 801–805

Lesbarkeit 250, 324, 344, 421, 439, 546, 562, 621, 625, 661, 742, 783

Licht 251, 259, 262, 292, 491, 520, 615–721, 662ff, 685, 688, 752, 785, 806, 831, 862ff

Lidl 671, 776f, 859

Liebe 84–89, 97ff, 103, 202, 206, 263, 318, 384, 392, 467f, 472, 543, 704, 707, 711, 721, 785, 879

Lifestyle 47, 317, 349, 514, 622, 676ff

Lightscape 688f

LiLaLe 689

Limbisches System 85ff, 145, 449, 486, 542f, 585f

Linke 5, 33f, 112, 237, 254f, 336f, 256, 372, 375, 540, 809, 880

Literatur 38, 48, 54, 66, 91, 111, 115f, 133, 155f, 184, 230–236, 253–257, 284, 321, 373, 376, 378f, 401, 429, 440, 487, 548, 550, 613, 672, 676, 720, 752, 755, 794f, 804, 808, 852f, 883

Literaturblech 65

Locus amoenus 756f, 761

Locus terribilis 756f

Logik 12, 22, 63, 72, 100f, 127, 150, 161, 170f, 185, 195ff, 221, 238, 241, 268–277, 291, 302f, 310f, 333ff, 364f, 386, 453, 462, 465, 506ff, 525, 541, 587, 625, 641, 665, 668, 682, 704, 732, 767, 781, 797, 808, 816f, 822, 826, 835, 871, 878, 881f, 888

Logo 514, 526f, 530, 535, 706, 865

LSD 93

Lücke 20f, 591f

Lüge 95ff, 218, 236, 261f, 310, 317ff, 386, 450, 534, 577, 594, 627, 679, 726, 822

Lüneburger Heide 757

Lust 85f, 145, 224, 247, 325, 362, 394, 428, 443f, 449, 473f, 486, 542f, 585ff, 630, 701, 721, 766, 852

Luxurieren 317, 561, 849

Macht 6, 31f, 50, 53–61, 76ff, 81, 87, 101, 107, 117, 120, 124–127, 147, 181, 196, 199f, 206f, 213, 217, 225, 230, 234, 243, 266, 273–276, 287ff, 293–296, 315, 320, 326, 339, 346, 353, 371, 388, 393–397, 428, 462, 469, 474, 483, 537f

Magie 55, 224, 385, 505, 528f, 538, 559, 578–581, 758, 839, 855, 879

Mahnmal 776ff

Malschwein 864

Manierismus 173, 773

Männer 21, 85, 94–99, 105f, 201, 304, 307, 445, 473, 563, 607, 630, 761, 776, 780ff

Markt 41f, 105, 112, 117, 139, 210, 230, 233, 236, 243, 276ff, 294, 372ff, 400ff, 407, 498ff, 521f, 629, 695, 713, 720

Marseillaise 266, 549

Märtyrer 22, 73, 80, 223, 244, 263f, 294, 298, 391,

Massen 55, 62, 66, 110f, 156ff, 196–200, 241, 244, 255, 260, 331, 359, 394, 508, 550, 552f, 557, 611, 670, 673, 689, 811, 838, 846, 856, 889

Massenmedien 66, 110, 115, 126, 139, 180f, 328f, 351, 420, 458, 482f, 504, 547, 671

Mauer, Berliner 536, 545, 801f, 860ff

Mäzen 128, 258, 703, 719, 724

Medien 30, 59, 76, 115, 148, 198f, 276ff, 290, 306, 390, 482ff, 537, 544, 555ff, 622, 678f, 851

Medizin(er) 4, 84, 132, 181, 194, 211f, 261, 366, 379, 431, 497, 505, 569, 589, 595, 603, 720, 738, 771f, 848, 890f

Meister/Meisterschaft 7, 14ff, 19, 39, 49, 125, 239f, 253f, 294, 315, 319ff, 392, 428, 443, 467, 504, 533, 640, 666, 704, 716, 736, 740, 804, 837, 844, 848, 856, 891

Memento mori 567, 602, 682

Memorial 180, 561, 648f, 794f, 856

Menetekel 526–529

Menschenrechte 34, 61, 214, 225, 247, 336ff, 354, 362, 405, 426, 646, 886

Menschenwürde 351, 458ff, 573

Metamorphose 747, 752, 787

Metapher 183, 240, 279, 357f, 374, 427, 433f, 437, 469, 480, 513f, 601, 606f, 628, 650, 698, 738, 757–762, 783, 793, 799, 855

Mihilismus 82–84, 217f

Militär 6, 24, 72, 82, 209–212, 222f, 227, 230, 240, 265, 285f, 289, 302–306, 357, 365, 562ff, 574, 630f, 699ff, 801, 810, 821, 855, 893

Mimikry 577

Minderheit/Minorität 61, 209, 220, 223, 226, 285, 328, 334–337, 340, 353f, 383, 650, 804, 824, 827f, 869

Miniatur 154, 442, 715

Mission(ar) 24ff, 103, 157, 211, 234, 240, 245, 269, 286, 302f, 338, 345f, 355, 632, 702, 802, 817, 824, 827, 841, 881f

Möbel 507, 567, 608ff, 670, 676, 688f, 715, 741

Mode 4, 58, 61, 146, 396, 408f, 483, 632, 676, 678, 699, 721f, 838

Modern 13f, 18ff, 20, 53f, 125, 134, 160–164, 173, 195, 207ff, 214, 232–236, 242ff, 249, 257ff, 280, 296, 299f,

311, 315ff, 320, 329, 339f, 390, 404, 433f, 445, 505, 551, 561, 566, 569, 592, 598, 617, 625, 657, 706, 739f, 748, 751, 792, 811, 880–893

Moderne 15, 39, 53, 159–173, 195, 217, 231, 234, 237f, 249, 253, 260ff, 307, 314ff, 335, 344ff, 355, 383, 407, 417, 425, 524f, 567, 589, 595, 602, 624–629, 635, 640–648, 653, 656, 660, 665f, 672, 688, 715f, 726–736, 745, 752, 755, 763, 806–809, 828, 838–842, 848, 867–877, 883–893

Mölln 389

Monade 76, 87, 493, 681

Mondfahrt 688

Monstranz 510f, 522, 628, 696, 700

Montblanc 633

Monumentalität 809, 885

Moral 58, 79ff, 106, 212, 228f, 267, 284, 302, 389, 397, 402, 421, 574f, 613, 627, 740

Müll 193ff, 218f, 233, 242, 331, 401ff, 472, 508, 553f, 560, 631, 670, 673, 833, 847, 863

Multikultur 32f, 57, 60, 136, 162, 226, 247, 260, 263, 335–339, 362, 382, 417, 565, 681, 690, 700, 716

Mumie 145, 179

Musealisierung 150, 223, 280, 339ff, 354, 359, 381f, 407, 417, 425f, 460, 511, 786

Musée Sentimentale 704–711

Museum 5, 17, 22f, 40, 67, 118, 133, 137, 140, 150, 165–170, 180, 183, 190f, 194, 198, 212, 219, 233, 240ff, 249f, 264, 275ff, 280f, 316, 319, 329f, 339f, 352f, 381, 398–402, 407, 460, 468, 499, 511f, 527, 535, 545, 549f, 552f, 575–578, 582, 653, 660, 665–675, 680, 700, 703ff, 713ff, 719–726, 754, 773ff, 796, 818f, 827, 872

Museumsshop 582, 701f, 713ff

Musik 6, 10, 27, 37f, 52ff, 91, 134, 151, 168, 213, 230, 244, 257–260, 265–273, 288, 308, 329, 343, 351, 401, 429, 456, 462, 484, 537, 580, 586, 607, 611, 618, 675f, 739, 752, 774, 785, 810ff, 822, 845–847, 853, 857, 887

Mutter 91, 251, 651, 758, 787, 822, 832

Mythologie 147, 194, 353f, 440, 444ff, 525ff, 543, 604, 722, 755ff, 785f, 791, 799

Mythos 124, 444, 524f, 527, 547, 794, 798, 820

Nachahmung 184, 242, 253, 262, 294, 307, 457, 577f, 619, 673, 824, 828, 851f

Nachhaltig 122, 168, 278, 355, 392, 532, 562, 565, 572, 575, 647, 677, 740

Nachkriegszeit 34, 56, 232, 239, 332, 349, 639, 657f, 717, 797, 799, 803, 830, 867, 880

Narr 56, 67, 101ff, 310, 318, 349, 599, 829–833

Nation 121, 227, 266, 285ff, 330–336, 391, 395, 564, 668, 680, 729, 826f, 831, 863, 886

Nationalhymne 266, 607

Nationalismus 226f, 334f, 790f, 798, 820, 826

Nationalsozialismus 128, 234, 256, 259f, 308, 314, 367, 375, 564, 573, 648, 791, 805–820, 837ff, 851f, 855, 880

Nationalstaat 208, 227, 277, 280f, 287, 290, 334, 338, 346, 377, 654, 665, 791
Nato 51, 112, 141, 209, 237f, 295
Natur der Kulturen 114, 336, 462, 620, 641f
Natur des Menschen 167, 228, 261f, 291, 299, 335f, 367, 370, 387, 418, 430f, 445, 452ff, 470, 477, 498, 509, 513, 517, 520, 522, 541, 557, 577, 584, 588, 590f, 626, 641f, 744, 750, 766–769, 795ff, 853f
Naturalismus 584, 751–754
Naturwissenschaft(ler) 45, 148ff, 171, 222, 300, 309f, 335, 369, 427–430, 434, 444, 676, 693, 721, 761f, 764ff, 771ff
Navigation/Navigator 49, 158
Nazis 64, 121, 231, 234, 248, 258, 266ff, 282, 802, 805–820, 839, 851, 871, 880–883
Neandertaler 128, 382
Nebenwirkungen 210, 498, 889
Netzwerk 49, 113, 116, 432
Neue, das 20, 140, 159–166, 169, 172–178, 193f, 210, 232f, 238f, 304, 312–317, 347, 362, 381, 391, 407, 419f, 557, 573–576, 588ff, 620, 642, 699, 775, 881ff, 888
Neue Medien 44f, 143, 149, 159–162, 169–172, 279, 362, 398, 555ff, 690
Neuer Mensch 343, 346, 840, 881, 886f, 891ff
9. November 266f, 270, 549, 851, 855
1968/68er 34f, 46f, 110, 114, 120, 194, 349, 352, 372, 377, 383, 483, 538, 672, 690, 721, 858

Neuronal 145, 161, 435f, 484, 555, 562, 685, 744
Neurophysiologie 146, 172, 228, 307, 416, 448, 461ff, 488, 491ff, 504, 585, 694, 744, 748f, 766
Nichtidentität 296, 312, 449, 581, 594, 735, 765
Nichtnormativ 590, 594f
Nichttun 15, 19, 32, 50, 59f, 229
Nominalist 585
Normativ 47, 50, 215318, 221, 296, 311f, 350, 353, 530, 533, 550, 573, 587f, 594f, 642, 672, 740, 815, 820–828, 840, 891
Objektivität/Objektivierung 435f, 506, 579, 583, 616, 619, 622–625, 749, 769, 891
Odyssee 66, 147
Öffentlichkeit 4, 34, 83, 121, 133, 160, 187, 223, 257, 275–278, 312, 330, 352, 367, 372ff, 396, 522, 537–543, 587, 624, 715, 860, 872, 880
Ohnmacht 31f, 56, 77, 98, 113, 127, 196f, 206, 217f, 303, 307, 320, 393, 620, 630, 639, 737, 761, 815, 828, 840, 844, 862
Ökologie 51, 57, 219, 264, 313, 322, 341, 346, 508, 562, 572, 575, 642, 693, 756, 823, 828, 834, 838, 859, 885, 889f
Ökonomie 98, 139, 157, 209f, 221ff, 232, 253, 235, 273, 302, 322, 332, 351f, 397–403, 406, 409, 445, 509, 539, 562, 572, 629, 674f, 717, 819, 834, 838, 868, 871ff, 891f
Omnipotenz 34f, 224, 445, 534, 758, 887
Olympiade 57, 395, 484, 717, 855

Ontologie 734, 732f, 816
Opfer 11, 24, 57ff, 70, 80, 90f, 102, 121, 125ff, 200f, 216–220, 225, 235, 240ff, 247, 266, 274ff, 284, 298, 314f, 323, 343f, 354, 370, 443, 467, 643, 712f, 715, 760, 792, 799, 816, 837ff, 849–852, 856f, 862
Optimieren/Optimierung 88, 165ff, 181, 299f, 308, 431, 437, 447–451, 493, 507, 541–545, 555f, 571, 642, 794, 841, 877, 889, 892
Optimismus/Optimist 141f, 162, 385, 391, 686, 691
Original 471, 496f, 577f, 715, 859
Ornament 176, 421, 440, 477ff, 529, 559f, 601, 630, 699, 742–745, 751–754, 763–768, 784, 787
Orthodoxie 58, 300, 310, 316, 346
Ost-Kunst 866–876
Panorama 295, 390, 437–473, 505, 666, 681, 870
Pantheon 147, 565, 659, 669, 701f
Paradies 190, 214, 259, 308f, 325ff, 366, 432, 513, 536ff, 615, 756, 778, 803, 863
Paradox 47, 194, 305f, 359, 383, 428
Paragone 884
Parnass 105, 702–704
Partei(ung) 31, 56, 121f, 217, 243, 257f, 266, 283, 341, 348, 368, 377, 388f, 391, 504, 519, 535ff, 540, 561–564, 596, 638, 644, 679, 716, 811, 833, 838, 868, 875
Pathos 9, 121, 227, 243f, 268, 306f, 315, 320, 344, 407, 430, 560, 626, 638, 646, 665f, 714, 739, 747, 762, 786, 858, 861, 878

Patient 84, 144, 191, 197, 210, 282, 384, 429, 456, 467–470, 497f, 569, 595, 721, 773
Persönlichkeit 39, 48, 108, 111, 253, 312, 504, 620, 672, 722, 730, 823
Perspektive 12, 81, 90, 139, 169ff, 263–267, 300, 426, 435, 439f, 481, 531, 566, 590, 661, 743, 769, 792, 820, 862
Pessimismus/Pessimist 142, 359, 381, 385
Phänomenologie 356, 486, 494f, 618, 694, 697
Phantasie 17, 51, 87, 91–95, 288f, 301, 328, 476, 480, 507, 516f, 613, 672, 674, 706, 712, 854f, 879
Philosoph(ie) 18, 25, 28, 58, 70, 74f, 79, 143, 163, 206f, 259f, 265, 285, 298, 306, 313, 316ff, 324, 338, 376–379, 384ff, 423, 428ff, 434, 448, 474, 501, 551, 573, 581, 589, 599, 606, 614, 618, 656ff, 669, 677, 699ff, 721, 729, 732, 735, 748, 755, 777, 791, 794, 812, 816, 822, 833, 853ff, 864, 887f, 893
Piercing 246
Pille 152, 677
Placebo 481, 497f, 577, 581
Plastination 179, 182–188, 454–465
Poète maudit 80, 212, 244
Poiesis/Autopoesis 14ff, 434, 508, 541
Polis 173
Politiker 44, 47, 62, 81ff, 116f, 173, 176, 201, 214, 225, 238, 268, 273, 283, 293, 298, 306ff, 313, 330, 341, 351, 355, 364f, 388f, 426, 454, 522, 639, 671, 674, 790, 808, 823, 830, 838

Politische, das 29, 109, 123, 194, 532f, 544, 574, 656f, 668, 689, 720, 790, 811, 814, 819, 822, 848, 852f, 861, 870f, 876f
Pompeji 156, 359, 661, 664, 722, 779
Pompejanisierung 139, 539, 722
Pop Art 42, 49, 669f, 860
Pornographie 86, 91, 95, 122, 424, 473f, 477, 541, 613, 629f, 823
Postmoderne 57–62, 123, 134, 184, 202, 313, 346, 561, 634ff, 658, 661, 843, 867
Prägung 47, 334, 583
Präsentismus 162ff, 167f
Preußen 123ff, 211, 286, 334, 347, 465, 798–802, 806
Priester 47, 99, 181, 287f, 298, 306, 437, 701, 788, 850
Problematisierung 37f, 41f, 72ff, 116, 201, 309, 370, 417, 422f, 430f, 452, 467, 520, 528, 540, 552, 576, 592–596, 709f, 774, 828, 844
Professionalisierung 37, 41–46, 58, 68, 161, 181, 278, 453, 469, 504, 554, 576, 599, 619, 721
Programmatik 100, 108, 112ff, 122, 159, 192f, 196, 200, 230f, 234, 237, 245, 272f, 315f, 343, 362, 466, 515, 572, 591, 615, 638ff, 645ff, 650, 653, 660, 669ff, 717, 748, 781, 794, 808, 812ff, 837ff, 849f, 853, 877–883, 893
Programmierung 85, 186, 282, 435, 450, 590, 717f, 721
Projektion 63f, 93, 109, 441, 585, 620, 659, 675, 723
Propaganda 49, 62, 126, 157, 230, 235f, 276, 293, 396, 532ff, 537, 543–546, 716, 753, 833, 861, 881

Prophet(ie) 56, 72–75, 78, 162, 234, 273, 312, 510, 766, 837ff, 879f
Prospektiv 109, 680, 857
Protestantisch 100, 122, 128, 290, 337, 370, 457, 467, 627, 791, 848
Provinz 108, 286, 330, 350f, 572, 645, 794ff, 893
Prozedieren 166, 448ff, 464ff, 554–557, 591, 781
Psychiater 388, 419, 468, 480, 528
Publikum 22f, 37–45, 57, 68, 83, 158, 160f, 172, 181f, 199f, 210, 233f, 239, 245, 252–258, 264, 303, 307, 325, 328, 331f, 371f, 377, 501, 521, 534, 537, 540, 557, 567, 581, 587, 591–595, 624, 668, 672ff, 677, 690, 715ff, 725, 842–847
Purismus 178
Pyramide 145, 193, 640, 666, 776f, 833
Querelles des anciens et des modernes 163, 173, 404, 584
Radikalität/Radikalismus 72, 96, 194f, 231, 235, 241, 244, 312f, 339, 387, 408, 483, 528f, 625, 667ff, 739f, 745, 776, 781, 797ff, 811–816, 822f, 826–829, 833, 841f, 881ff
Rasse 4, 141, 134, 279, 282, 285f, 289, 325, 334, 367, 391, 807, 823, 830
Rausch(gift) 34, 107, 189, 212, 244, 255, 317ff, 327, 586, 616, 695, 845ff
Readymade 383, 787
Real/Realität 18f, 29, 35, 40, 54, 63, 69, 78, 92, 95, 117f, 121, 162, 175, 177–179, 183ff, 224, 228, 261, 268, 289f, 295, 303, 328, 351ff, 358, 376, 387, 400, 417, 428f, 435f, 447, 460, 465, 471, 483, 486–489, 509, 526, 534,

556, 559, 613f, 677, 680, 694, 712, 758, 766, 784f, 840f, 846f, 877, 882ff
Realia 202, 296, 713, 766
Realist/Realismus 18f, 35, 142, 239, 346, 375, 584ff, 829ff, 835, 871, 874
Recorder 133, 139, 148f, 168, 180
Recycling 5, 400, 641, 774, 833
Referenz 484, 543, 593, 867
Reflexiv/Reflexivität 47, 167, 263, 324, 434ff, 466, 470, 492, 563–569, 619, 628
Reformation 291f
Regeln 8, 12, 19, 39, 61, 167, 181f, 227f, 282f, 286, 298, 311, 334, 339f, 354, 393–398, 416ff, 426, 453, 464, 469, 489f, 504, 542f, 550, 573, 583, 645, 738, 800, 869, 890f
Regelbruch 181, 393–398
Regionalismus 33, 280, 417, 426, 571, 643–646, 653, 657, 704, 827
Regnum 287, 886
Reich (Deutsches) 66, 125, 251, 258, 270, 287, 373, 791f, 798, 836
Reichsgründung 258, 270, 273, 287ff, 373, 665ff
Reinheit 274, 280, 328, 346, 395, 533, 538, 561, 625f, 833, 840
Reiz 85–89, 92–95, 99, 145, 279, 379, 473, 488, 534, 585ff, 695ff, 707, 743
Religion 69, 73, 107f, 134–137, 222, 225, 279, 285–289, 293–296, 306, 324, 334, 336f, 354, 373, 391, 401, 404, 419, 440, 505, 533, 538, 550, 564f, 573, 596, 644, 654, 679f, 716, 720, 729, 755, 811, 819f, 823, 828, 848, 850, 853f, 857, 875ff, 883
Reliquie 185, 510, 706f

Remake 400
Renaissance 52, 134, 164, 171ff, 251, 358, 392, 422, 446, 579, 656, 665f, 677
Repräsentation 54, 117, 121, 179f, 183f, 186ff, 227, 230, 280, 296ff, 313, 355, 383, 395ff, 419, 441–450, 465–471, 486–495, 509, 553ff, 562, 581–587, 593, 613, 627, 647ff, 685f, 700, 730, 733–736, 741, 746ff, 751, 763, 766, 787, 834ff, 857, 861, 876, 884ff
Retro 698ff
Retrospektiv 837, 857
Revolution 49, 79, 122, 141, 164, 177, 194, 231, 235f, 254f, 266f, 285ff, 338, 383, 538, 549, 587, 609, 626, 670, 709, 719, 809f, 815, 820, 823, 828, 852, 863, 882
Revolution des Ja 67
Rezeption 28, 37ff, 41–44, 67, 169, 199, 250, 280, 372, 430, 485, 508, 540, 547, 607, 611, 619, 675, 713f, 720ff, 753, 871
Ritual 99, 245, 314, 457, 460, 520, 559, 605, 650, 672, 695f, 738, 747, 750, 832, 837, 867
Rockmusik 244, 351
Rolle 6, 11, 26, 44–57, 81ff, 107, 125ff, 184, 233, 238, 241–244, 273, 312, 377, 465, 515, 521, 623f, 657, 674, 677, 702, 710, 721, 725f, 743, 788, 835, 850, 856, 887
Rom 129, 195, 242, 287f, 290, 293, 319, 441, 526f, 561, 573, 648, 664, 737
Röntgen 427, 454ff
Rostock 389
Rückschau/Rückblick 117, 136, 192ff, 218, 245, 693, 698f, 889

Ruine 17, 71, 242f, 314f, 318, 417, 424, 478, 561, 567, 675, 723f, 796–800, 803

Rumorologie 62–68

Sacerdotium 287, 362, 792, 886

Säkularisierung 220–223, 229, 250, 280f, 289, 301, 339f, 405, 460, 589, 693, 791, 811

Salon 539, 721, 855, 860, 877, 893

Scham 50, 162–165, 349f, 475, 639, 831, 845

Schamanismus 195, 558f, 758, 849, 864

Schauspiel(er) 330, 465, 468, 532, 577, 623, 774

Scheitern 17, 20ff, 30ff, 54, 57–60, 81f, 98, 117, 211, 218, 222f, 263ff, 309–325, 343, 393, 444, 451f, 495, 504, 519, 746, 804, 841, 854, 861f, 888

Schmerz 146, 246, 292, 480ff, 569, 695, 744

Schmuck 479, 559f, 562, 741, 764

Schock (siehe Choc)

Schöne, das/Schönheit 18, 48, 50, 58f, 65, 218, 261f, 376, 447, 453, 472, 503f, 507, 573f, 583–596, 626f, 633, 641f, 726, 740, 750, 807, 839, 844, 847, 879f, 887

Schöpfer/schöpferisch (siehe auch Zerstörung, schöpferische) 52, 186, 193, 206, 209f, 230, 251–256, 261f, 307, 316, 322, 344, 347, 417ff, 422ff, 428, 432, 444ff, 464, 467, 535, 592, 594, 612, 619, 672–675, 740, 767, 779, 788ff, 801ff, 810, 816, 820f, 835, 861, 879, 882, 887ff

Schöpfung 45, 118, 195, 206, 231f, 238, 241, 246, 301, 304, 309, 318, 326,

Schrecken 59, 249, 301, 305, 313, 327, 456, 461, 474ff, 527–530, 570f, 613, 630, 737ff, 758, 762, 823, 852

Schwarzes Quadrat 137, 297, 316, 473, 597, 731–735, 748, 754, 766

Schwätzer/Geschwätz 26, 63, 74, 194

Schwebebahn 128

Schwelle 85, 92, 149ff, 264, 543, 652, 747

SED 283f, 868

Selbstbeherrschung 394, 443, 744

Selbstbeschädigung 246

Selbstbestimmung 125f, 246, 353f, 695, 762, 827

Selbstbild(nis) 102, 228, 252, 469, 616, 762

Selbstergriffenheit 183, 234, 739, 881

Selbstfesselung 31, 70, 75ff, 103, 347

Selbstliquidierung 241

Selbstvergewisserung 79f, 280, 708, 724

Selbstverwirklichung 57, 73, 80–84, 245–248, 624, 638, 643, 672, 721, 888

Selbstwahrnehmung 85ff, 90, 213, 223, 247, 292, 334, 396, 461, 464, 474, 544, 555, 559, 686, 692, 746, 749

Selbstzerstörung 72, 91f, 99, 196, 219, 223, 239, 246, 255, 526, 529, 627, 828

Selektion 181, 554, 565, 825

Semantisch 296, 416, 449f, 466, 486–490, 542, 590, 593, 659, 716, 742

Sex 61, 84–99, 213, 329, 351, 394, 473f, 477, 613, 672, 677, 707, 788

Signifikat 29, 627, 787

Signifikant 627, 727, 787

Silicon Valley 107, 116

Simulation 54, 58, 153, 184, 328, 381, 394, 435f, 470, 486, 543, 561, 594, 679, 686–689, 697, 720, 796

Skizzenblock 435
Sockel 54, 316, 390, 606, 666, 809
Solidargemeinschaft 60, 80, 571
Soma(tisch) 149, 555, 685
Sonntag 573, 674
Sophisten 163, 173
Soundscape 484, 688f, 793
Souvenir 52, 157, 305, 578ff, 706, 712ff
Souverän(ität) 120, 208, 237, 247, 281, 458, 483, 597, 642, 679, 788
Sowjetunion 236, 290, 355, 809, 821, 828, 853
Soziale Plastik 376, 391, 836
Sozialismus 56, 108, 110, 162, 232, 236, 255, 259f, 263, 271, 275, 289, 294, 308, 314, 321f, 325, 329, 336, 353, 375, 405, 635, 639f, 642, 776, 852, 871, 874, 880, 885
Sozio-Design 573f, 676
Spezialist 48, 76, 182, 187, 596, 710
Spiritualität 88, 177, 216, 294, 324, 724, 791, 838f, 858
Splatter 249
Spolie 157
Sport 51, 213, 226, 249, 388f, 393–398, 475, 484, 563, 606, 610, 836
Sprache (siehe auch Bildsprache, Vergegenständlichung, Versprachlichung, Zeichengebung) passim; vgl. v.a. Kap. 3 und 4
Staatengründer 48f, 71, 106f, 135, 401, 554, 834, 856
Stadtmauer 213f
Stadtplanung 47, 232, 638, 882, 839
Stalinismus 258, 274, 648, 809, 814
Stammhirn 85
Standards 61, 223ff, 286, 290, 320, 334f, 341, 354f, 373, 383, 401, 404–409, 426, 525, 561, 569, 570–578, 644ff, 653, 826f, 879
Stil 23, 173, 392, 409, 421, 440, 457, 500ff, 507, 547, 566, 582, 612, 633, 637f, 647, 652, 656ff, 665, 676–679, 690, 704, 806, 838, 884, 888ff
Stilisierung 315, 641, 825, 840, 880
Stille 206, 279, 534, 556, 561, 703, 737–746
Stilleben 175ff, 441, 728–731, 740–746
Stillstand/Stillstellung 133, 144, 150, 178, 180, 192, 196ff, 324, 449, 506, 609, 738, 741, 785
Strategie/strategisch (siehe auch Optimierung) 5ff, 15, 22, 28ff, 35, 49, 62, 65, 73f, 96, 113, 166, 208, 211, 219, 222f, 228, 264, 272ff, 277, 289, 299f, 307ff, 313f, 323f, 340, 347, 352, 357, 369, 374, 391f, 417, 420f, 424, 431, 447, 450f, 508, 514, 534, 537–541, 545, 550–558, 584, 587, 593, 599, 612, 642f, 669, 699, 724, 745, 750f, 812–815, 818f, 824, 835ff, 851, 854, 857, 874ff, 884, 891f
Stunde Null 807
Subjekt 285, 436, 524, 538, 708, 758, 761, 768f, 773, 888
Subjektphilosophie 79
Subkultur 39, 90, 213, 313, 382f, 524ff, 611f, 632, 739
Summa 484, 686, 775, 887–892
Supervision 123, 390, 393, 437ff, 442, 562f, 609, 701, 776
Suprematie/Suprematismus 405, 736, 766
Surrealismus 236f, 427, 593, 674, 727, 729, 752, 787

Symbol 54f, 93, 183, 220, 296ff, 383f, 395ff, 440, 465–471, 479, 483–495, 507ff, 582, 609, 626ff, 689, 707, 712f, 727, 729f, 734f, 741f, 746, 759ff, 823, 833ff, 861, 870

Symmetrie 297, 535, 583, 890

Synästhesie 257, 429, 484, 744ff

Synchron(ie) 667

System 28, 48, 50, 60, 71, 76, 85ff, 116ff, 135, 145, 160f, 166f, 178, 209, 213, 254, 261, 276, 289, 302, 309, 324, 349, 376, 382, 427, 432–436, 448f, 465ff, 473ff, 485–495, 541–545, 555–558, 561, 571, 583, 591, 758, 776, 786, 800, 822, 851, 861, 867, 872, 875, 885–890

Systemlogik 241, 276

Tachismus 296, 326f, 736, 848

Tagesschau 98

Talisman 52, 579f, 706, 713

Talk-Show 60, 90, 198f, 328, 498, 518–523, 680

Tarnkappe 831

Täter/Tätertypen 53–62, 69ff, 90f, 102, 197, 215, 235, 247, 274, 285, 343, 445, 467, 598, 856, 887ff

Täuschung/täuschen 18, 97, 175–178, 218, 254, 261f, 396f, 428ff, 448, 452, 499ff, 508, 575, 577, 624, 627, 689, 694, 724, 750

Tausendjährig 145, 195, 387, 817, 742

Tautologie 484, 555, 580, 590, 754, 767

Territorium 85, 150, 189–192, 238, 241, 337, 353, 513, 530, 584, 608, 639f, 703, 707, 821

Terror(ismus) 31, 57, 66, 79, 200, 217, 220–223, 235, 294f, 306, 312, 316,
338, 343, 430, 474, 627, 639, 824, 827f, 877

Theater 26, 29, 32, 36–42, 48, 59, 67ff, 71, 126, 134, 199, 223, 274, 276, 325, 330, 353, 376–379, 382, 399, 427, 521, 540, 549, 563, 571, 622ff, 670, 676–680, 689, 693, 697, 710, 820, 822, 804ff, 810, 849, 855, 861, 884

Theologen 75, 180f, 262f, 298ff, 306, 740

Theologie 41, 82, 117, 132, 146, 181, 193, 243, 249, 251ff, 259f, 262f, 264, 299f, 306, 609, 321f, 324, 433f, 448, 589, 648–653, 656f, 660, 697, 701, 705, 713, 732ff, 738, 745, 812, 883–886, 892

Theoretische Objekte 597, 711–715

Theorie 49f, 60, 95, 102, 142, 252, 316, 324, 356, 368, 384, 390, 428, 431, 434, 454, 482, 489, 522ff, 575, 581, 589, 674, 687, 715, 735, 741, 821, 825, 887

Therapeuten 47, 57–62, 246, 317, 457, 467–471, 595, 639, 677, 686

Tiefe/Tiefsinn 45, 154, 170, 235, 254–257, 317, 501, 581, 760, 822

Tod 55, 65, 180, 196, 200, 207, 213f, 218, 244f, 291f, 326, 336, 339, 456f, 460ff, 475, 481, 527, 544, 553f, 567ff, 586, 623, 638, 649, 738, 741f, 756, 784ff, 881

Todesstrafe 207f

Toleranz 33, 61, 102, 359, 539, 589

Topik 166, 171, 746

Totalität/Totalitarismus 60, 66, 70f, 75f, 81, 235, 258ff, 274, 315, 323, 339, 355, 362, 366, 376, 387, 561, 587, 648, 683, 689, 809f, 814, 818f, 824, 828, 839, 851–854, 877, 885

Totalität 438, 441f, 776ff,

Totalkunstwerk 883, 885f, 892f

Totem 512–515, 830, 857, 865

Totenkult 460, 747

Tourismus 156–159, 197, 281, 359, 478, 552, 566, 596, 634, 714, 722, 803, 847

Tradition 10, 137, 159ff, 163f, 167f, 173–177, 191, 194, 206, 243, 259, 285f, 289, 296, 329, 333ff, 404, 407, 425, 430, 524, 529ff, 546f, 573, 590, 601, 605f, 627, 645f, 654, 657, 665, 699, 728, 736, 740, 757, 825, 831–835, 844, 867, 870, 893

Trainer 47, 57f, 61f, 457

Transsubstantiation 594

Trash 249

Trauer 196, 504

Trauma 324f, 343, 347

Trimphbogen 525, 566, 640, 655, 661, 664

Troja 798f, 824

Trompe l'oeil 175ff, 501, 577

Trophäe 582, 741, 857

Tschernobyl 83, 215, 680

Typologie 373, 723, 848, 886

Übertragung 11, 81, 86, 91ff, 114, 117, 133, 137, 186, 460, 473–477, 487, 512ff, 560, 578, 600f, 654, 749, 782, 849

Uchronie 142ff, 162, 165, 167–172, 190f, 295

Ulm (Hochschule für Gestaltung) 718, 878ff

Umwelt 432, 446, 450, 485–494, 545, 555, 691, 749, 769, 774, 846, 886, 889f

Unbestimmtheit 174, 557, 589–594

Universal/universell 33, 61, 108, 137, 194, 207, 222ff, 228, 286–291, 334, 338–341, 535ff, 361f, 373, 382f, 404–408, 417, 425ff, 452, 564, 573, 640, 644ff, 650, 656, 718, 763–767, 791, 815, 820, 826ff, 837, 867–870, 875, 879f, 885f

Universalia 25, 147, 584f, 766ff

Universität 17, 40, 139, 150, 165, 329, 351, 367, 539, 574, 674, 716, 827, 886

Unlust 85, 145, 389, 394, 449, 542f, 585

Unsterblichkeit 65, 196, 339, 892

Unterhaltung 51, 57–61, 73, 157, 192, 198, 213f, 218, 223, 241, 245, 261, 264, 281, 308, 330f, 383, 519ff, 530, 643, 670, 721, 845–847

Unterlassen 32, 50, 60, 70f, 74, 145, 197, 200, 229, 323

Unterscheidung 11, 15, 23, 29, 41–44, 79, 160f, 166, 170, 173, 176, 182ff, 221, 227, 252, 278ff, 296ff, 320, 328, 352, 367–370, 379, 397, 401, 407ff, 417, 423, 428, 452, 459, 470f, 476, 484, 487, 491–496, 501f, 507, 515, 525, 546, 551, 555, 565, 568ff, 576f, 619, 623, 628f, 635f, 645, 677–681, 687, 728, 735, 754, 760, 781, 825f, 842, 880, 891

Unzeitgemäß 133, 190, 425f, 599, 706

Urbanität 350ff

Urheberlosigkeit 147, 524f, 673

Urteil 22, 42f, 54, 79, 84, 166, 173, 182, 276f, 319f, 353, 356, 370, 383, 391f, 396, 416, 454, 470, 568, 583f, 589, 592–595, 598, 619, 722, 725, 746, 832, 838, 873

Utopie 35f, 56, 60, 103, 108, 127, 142, 159f, 162, 165–172, 190f, 233f, 263, 273, 294, 358–362, 369, 383, 385f, 390, 438, 552, 571, 697, 703, 724, 796, 811, 815, 824f, 832ff, 850ff, 876f
Vandalismus 643, 681
Vanitas 682, 747, 752f
Vaterland 105, 266f, 790, 890
Verbildlichung 88, 152, 296, 434f, 504f, 615, 619, 656, 746, 754f, 761, 771–774
Verbindlichkeit 83, 113, 138, 180, 189, 221, 227, 268, 354, 503, 550ff, 573, 583, 587, 648–653, 679, 704, 810, 815–819, 823, 828, 879
Veredlung 282, 830
Vergangenheit 35, 65, 126f, 132, 137–140, 146, 153f, 162–168, 180, 193f, 201ff, 326, 358, 362, 381f, 400ff, 417, 425, 487f, 576, 675, 698f, 722, 769, 800, 889
Vergänglichkeit 424, 682, 742, 752, 784, 787
Vergegenständlichung 52, 71, 76, 93, 171, 301, 312, 417, 449, 500–509, 535, 546, 594, 626, 649, 684, 708, 735, 742, 764ff, 796
Vergegenwärtigung 35f, 65, 117, 138, 140, 164–168, 171, 174, 178ff, 194ff, 288, 358, 381f, 400f, 407, 531, 555–558, 573, 578, 647, 692, 699, 740f, 746, 750, 855–858
Vergessen 65, 145, 343f, 346f, 381, 494f, 554
Vergöttlichung 117, 515, 554, 695
Verkörperung 180, 183–188, 255, 396, 439ff, 449, 465–471, 609, 616, 620, 675, 766, 816, 831, 885ff, 890

Verlebendigung (siehe auch Animation) 52, 186, 254ff, 578, 695, 749
Vermittlung 30, 40, 47, 52, 65, 74, 99, 129, 153, 182, 188, 227, 276–279, 290, 383ff, 392f, 400ff, 416f, 420, 424, 431ff, 448, 488, 505, 555f, 604, 607ff, 626ff, 653, 662, 700, 705, 708, 712–715, 720, 729, 747, 750, 766, 793, 801
Verpackung 475, 498, 532, 551f, 625–629
Verschwinden 49, 66, 92, 143, 146, 193, 243, 305, 407, 511, 708, 742, 786, 818
Versprachlichung 88, 541ff, 588
Verständigung 31, 76, 183, 416, 595f, 833
Verstehen 20ff, 31, 76, 142, 161, 253, 290, 324, 380, 416–419, 449f, 485, 519–523, 527f, 532–535, 541–545, 554ff, 582, 588–596, 765, 804
Vertikalität 601, 605, 656, 659–663, 667, 757, 767
Video 91, 94, 148, 154, 180, 340, 351, 554, 690, 758
Vietnam 28, 538, 859
Virtualität 87f, 90, 183–188, 191, 394f, 397, 400, 402, 429, 486, 489–492, 556, 585, 597, 628, 634, 666, 746, 784–787, 860
Vision 53, 107, 124, 289, 292f, 302f, 307ff, 331, 346, 484, 620, 663, 667, 696, 706, 794, 801ff, 811f, 848f, 853, 888
Volk 31, 56, 58–62, 100, 122, 212, 235, 246, 254f, 266, 285f, 334, 348, 365, 536, 567f, 599, 755, 768, 795, 812ff, 825, 839, 857, 862, 879f, 883, 887–890
Völkerbund 893
Volkshochschule 295

Volksmusik 845–847

Vollenden/Vollendung 7–10, 16–19, 65, 73, 132, 196, 245, 301, 312, 315, 318, 417, 424, 443, 504, 554, 562, 587, 593, 634, 667, 786, 890f

Voraussicht/Vorausschau 136, 154, 698, 850

Vorstellung/vorstellen (siehe auch Imagination) 17f, 20, 88f, 91f, 132, 149, 153f, 166, 168f, 171, 177, 182, 187, 234f, 243, 246, 255, 260, 269, 287, 303, 308, 313, 316f, 322f, 379ff, 400, 416–424, 429, 432ff, 438, 441f, 449–452, 473, 484, 487, 505–509, 514, 534f, 539, 547, 556, 579f, 590f, 613, 626–629, 641, 654f, 659, 663, 675, 733, 748, 755, 757–761, 765, 770ff, 781–786, 796ff, 803ff, 812–815, 819, 884f, 891

Vor-Tod-Stellung 482

Voyeur 779

Wahnhaft/Wahnhaftigkeit 35, 60, 22, 225, 263, 271f, 280, 334, 347, 542, 758f, 804, 843, 846

Wahre, das/Wahrheit 8f, 18, 29, 36, 50, 58, 67, 71, 75–78, 88, 96f, 148, 207, 218, 260f, 263f, 367–370, 420f, 450, 453, 496, 503, 520–524, 527f, 534, 538, 573f, 598f, 627, 641, 726, 740, 765, 815, 825, 831, 844, 877f, 890

Wahrnehmung (siehe auch Rezeption) passim; siehe v.a. Kap. 4

Walhall 703

Warten 144, 191, 196–202, 591

Wegwerfbewegung 46, 779

Weimarer Republik 270, 802

Weltbildapparat 161, 430f, 452, 461, 509, 585, 732

Weltkulturerbe 876

Weltlauf 213, 302, 305

Weltverbesserung 26, 102, 823, 833

Werbung 4, 48, 112, 172, 194, 264, 278, 326, 328, 383, 421, 471, 483, 514–517, 532, 535–553, 639, 669ff, 707, 806, 872

Werkschaffen 7, 10, 14f, 39, 104, 135, 241, 254, 257, 262, 714, 785f, 816, 850, 858, 890

Wesen 257, 513, 535, 551f, 625ff, 695ff, 819

West-Kunst 866–876

White Cube 684, 872f

Wiederaufbau 32, 232, 799

Wiederholung/Wiederholbarkeit 89, 97, 133, 140, 149, 168, 180f, 198, 200, 326f, 394, 442, 486–490, 494, 621, 708, 786

Wiedervereinigung 141, 224, 272, 790

Wilhelmshöhe 150

Windows 170f

Wirklichkeit 28ff, 25, 42, 54ff, 197, 217, 221, 288ff, 303, 311, 315, 328f, 388ff, 434, 452ff, 462, 471, 483, 491–495, 501f, 534f, 544, 555, 623, 709, 739, 812f, 822, 829, 845ff, 853f

Wirksamkeit 110–118, 126, 164f, 202, 210, 251–263, 277–281, 307ff, 358, 391, 467, 575, 579, 670, 676, 707ff, 713, 725, 812, 815, 519, 531, 851, 859, 871

Wissenschaft(ler) 4f, 9f, 20, 25, 28, 55, 67, 72ff, 82f, 101, 114ff, 120, 127, 137ff, 148, 157, 161, 165ff, 173, 186ff, 206, 214f, 231, 236ff, 272, 276, 281, 284, 289, 295ff, 299–313, 324, 335,

339ff, 355ff, 363–371, 384–387, 390ff, 404ff, 426–433, 446, 462, 504, 524f, 548f, 558, 561, 567ff, 577, 581, 596, 644, 674, 706, 717f, 732, 766, 772f, 807–810, 814, 819, 822f, 853, 864, 882f

Witz 68, 122, 526, 581, 759, 766, 846

Wohnung 57, 65, 189, 475f, 622, 655, 676–682, 684–690, 822f, 764

Wörlitz/Wörlitzer Park 567, 794–805, 885

Wunderkammer 682, 705, 886

Wuppertal 41, 123, 125, 128f, 332, 719, 832, 625

WWW (worldwideweb) 554, 886

ZDF 328, 497

Zeichen 13f, 29, 8, 93, 212f, 183f, 186f, 244, 251f, 296ff, 380f, 402, Kap. 4 passim; 849f, 856–862

Zeichengebung 45, 91–95, 447–450, 484, 509, 527, 541–545, 557, 583, 597, 628

Zeigen 47, 510f, 525, 628, 746

Zeitgenossen(schaft) 43f, 123, 126f, 165, 173, 175, 300, 327, 342, 356, 379, 417, 550, 596, 599, 668, 674, 677, 680f, 719, 722, 726, 751, 840

Zeitlosigkeit 167, 190, 196, 198, 326, 395

Zeitmanagement 132f, 417, 425

Zeitschöpfung 132ff, 141, 148, 164, 167, 400, 402, 425

Zentralbau 147, 565

Zerstörung, schöpferische (siehe auch Destruktion und Selbstzerstörung) 72, 193, 209f, 221ff, 230–233, 238, 243, 261f, 274, 301, 309, 423f, 525, 535, 541, 593, 672, 761, 766, 797ff, 803, 819, 827, 855, 881–885

Zeughaus 724f

Zitadelle 356–362

Zivilisation 15, 28, 32ff, 61, 137, 142, 222–225, 235ff, 241, 248, 255f, 261, 286, 289f, 338–341, 353ff, 362, 373, 383, 390, 404–409, 417, 426, 466, 476–480, 515, 527, 546, 573, 601, 644ff, 650f, 654, 760, 791f, 796, 803, 808, 821, 826ff, 832, 841, 868–871, 875ff, 886, 893

Zivilisierung 281, 289, 290, 334–338, 341, 362, 654, 791, 795ff, 832, 866f

ZNS 155, 416, 427, 452, 473, 485–495, 509, 542

Zoographos 52, 251, 253f, 264, 446

Zuchtwahl 830

Zuhörer 10, 39ff, 52, 67, 134, 420, 457, 713, 721, 851

Zukunft 6, 35f, 65, 74, 81, 107ff, 118, 124, 127, 132, 136–146, 153f, 162, 165, 168, 179f, 192–195, 200ff, 218, 233f, 266, 314, 326, 353, 358, 382, 400ff, 417, 425f, 456, 460, 487f, 531, 550ff, 555, 558, 639ff, 673–677, 691ff, 698f, 722, 752, 769, 798, 861, 881, 888f

Zuschauer (siehe auch Publikum) 38, 52, 55, 59, 67, 91, 199f, 213, 258, 304, 317, 327–331, 377, 396, 453, 456, 532, 622ff, 713f, 721, 851

20. Jahrhundert 6, 164, 173ff, 178, 194, 230, 242, 248, 287, 342–347, 390, 407, 561, 563, 568f, 573, 587, 591ff, 596, 612, 656, 763, 781, 803f, 814, 838f, 848f, 852, 856, 864, 876–893

Zweiter Weltkrieg 7, 24f, 35, 124, 152, 226, 232ff, 244, 271, 289, 322, 334, 799–804, 827, 835, 884

Zwischenraumgespenst 784ff, 789

Anhang

3 Personenindex

Adorno, Theodor W. 10, 27, 63, 68, 241, 378, 693, 804
Alberti, Leon Battista 522, 553, 573, 645f
Alexander der Große 287, 321, 390
Amman, Jean-Christophe 42
Äneas 49, 798
Anhalt-Dessau, Leopold Friedrich Franz von 797–805
D'Annunzio, Gabriele 135
Anselm von Canterbury 147
Appel, Karel 111
Archipenko, Alexander 787
Arendt, Hannah 840
Aristoteles 12ff, 134, 166, 692f
Arndt, Ernst Moritz 806
Arnold, Karl 800
Ariost 702
Artaud, Antonin 320, 428
Augstein, Rudolf 69, 123–126
Augustin 146
Augustus 342, 791
Avedon, Richard 624
Bacon, Francis 55, 67, 475, 848
Ball, Hugo 807
Barbari, Jacobo de 769, 773
Barschel, Klaus 43f
Barthes, Roland 297, 483, 696f
Baselitz, Georg 19, 391, 747, 782, 851, 859, 863ff
Bastian, Heiner 497
Baudelaire, Charles 72, 672
Bauer, Wolfi 66
Baum, Familie 702

Baumeister, Willy 188
Baumgarten, Alexander 447f
Bausch, Pina 332
Baxandall, Michael 440
Bayer, Konrad 381
Bayrle, Thomas 65
Beaucamp, Eduard 276, 747, 753
Beck, Ulrich 167
Beckett, Samuel 196, 254
Beethoven, Ludwig van 151, 266, 484, 793, 857
Behrens, Peter 665
Belling, Rudolf 787
Bellmer, Hans 787
Belting, Hans 161, 163, 333
Benda, Ernst 458f, 463
Benn, Gottfried 7–10, 69, 77, 187, 213, 236, 308, 554, 815, 839
Bense, Max 484
Bentham, Jeremy 179
Bentz, Melitta 835
Berg, Alban 10
Bergamin, José 53
Bergson, Henri 694
Bernhard von Clairvaux 163
Bernhard, Thomas 232
Bernstein, Leonard 829
Beuys, Joseph 31, 67, 72, 214, 243, 320, 376, 385, 391, 468, 497ff, 551f, 560, 702, 721, 723, 758f, 775ff, 836, 849, 857ff, 863ff, 887, 891
Biedenkopf, Kurt 540
Bierbrauer, Adolf 466–470

4 | Anhang | 3 | Personenindex

Bismarck, Otto von 123–126, 258, 273, 287f, 338, 373, 767, 830
Bloch, Ernst 87, 142, 474
Bloch, Josef Samuel 343
Blum, Robert 863
Blume, Anna 415, 754–767
Blume, Bernhard Johannes 754–761
Blumenberg, Hans 161
Boccioni, Umberto 185, 463
Bock, John 426
Bodin, Jean 208
Böhme, Jakob 324
Bohr, Niels 777
Bohrer, Karl Heinz 68, 123, 126
Boltanski, Christian 242
Bongard, Willy 115
Borges, Jorge Louis 441
Börne, Ludwig 893
Borofsky, Jonathan 490
Bosch, Hieronymus 324, 428
Boswell, Charles 157
Bott, Gerhard 719
Bourgeois, Louise 474
Braque, Georges 174
Brandt, Willy 111, 266, 372, 593
Brecht, Bertolt 670, 674
Brecht, George 384
Breker, Arno 17, 128, 308, 375, 586, 765
Bremer, Claus 27
Brentano, Clemens 285
Brey, Ricardo 481
Brock, Lothar 100ff
Broodthaers, Marcel 723
Brook, Peter 199
Brüderlin, Markus 743, 784
Brunelleschi, Filippo 173f, 565, 634f
Bruyn, Günther de 283, 294, 806

Budde, Heinz 878
Buddensieg, Tilman 484, 831
Buddha 184, 383, 510
Buffon, Georges Louis Leclerc de 676
Burckhardt, Lucius 484
Burda, Aenne 677
Burda, Franz 115f
Burda, Hubert 110ff, 634
Burg, Lou van 245
Burkhardt, François 484, 634f, 797
Busch, Wilhelm 50
Busche, Jürgen 68, 123
Busmann (Peter) und Haberer (Godfrid), Architekten 720
Buttlar, Herbert von 703
Byron, George Gordon 135
Cabot, James 149, 152ff
Cage, John 27, 330, 384, 752
Callas, Maria 696
Campanella, Tommaso 35
Canetti, Elias 111, 196–200
Caravaggio, Michelangelo 467
Carnap, Rudolf 295, 433
Carrol, Lewis 441, 475
Castiglione, Baldassare 677
Castorf, Frank 32
Cato, Marcus Porcius 850
Celan, Paul 15
Céline, Louis Ferdinand 308
Cervantes, Miguel de 53f
Cézanne, Paul 763
Chamberlain, Houston Stewart 821
Chodowiecki, Daniel Nikolaus 558, 677
Chirico, Giorgio de 502, 860, 864
Christo (Christo und Jeanne Claude Javacheff) 628
Cluzot, Georges 16

Cobain, Kurt 212, 244f
Cohn-Bendit, Daniel 530
Corsen, Jens 114
Coubertin, Pierre de 395
Cranach, Lucas 606
Croce, Benedetto 812
Cromwell, Oliver 338
Cunningham, Merce 332
Dahn, Felix 288
Dalì, Salvador 463
Dante Alighieri 296, 778
Daphne 756
David, Catherine 321
David, Jacques Louis 573
Delacroix, Eugène 254ff, 263
Delvoye, Wim 477
Descartes, René 79
Diderot, Denis 182, 338
Dilthey, Wilhelm 694
Dionysos 785f
Disney, Walt 516, 614
Disraeli, Benjamin 288
Domenico di Michelino 777f
Dossi, Dosso 779
Dreier, Katharine 593
Dubuffet, Jean 175, 466ff
Duchamp, Marcel 19, 381, 384, 591–595, 721–724, 779, 782, 787, 864
Dühring, Eugen 81
Dumas, Alexandre 255
Dürer, Albrecht 50, 140, 218, 252ff, 570, 596, 769f, 773, 857
Durham, Jimmie 479
Dürr, Hans Peter 530
Ebersbach, Hartwig 848ff
Eich, Günter 129
Eiermann, Egon 234, 243, 881

Einstein, Albert 6, 72, 232, 299
Einstein, Carl 751, 784
Eisenman, Peter Architekt 661
Eisler, Hans 267
Elias, Norbert 530
Engels, Friedrich 128
Engholm, Björn 44
Epimetheus 445
Erasmus von Rotterdam 166
Erben, Ulrich 655, 661ff
Ernst, Max 237, 427, 863
Erwin von Straßburg 792
Eulenspiegel, Till 49, 67, 240, 599, 831, 844
Eurysacer 561, 636
Ewers, Georg 287
Faber, Gustav 158
Fahrenkamp, Emil 806
Falckenberg, Harald 719–723
Fecht, Tom 481
Federle, Helmut 851
Fehr, Michael 434
Feininger, Lionel 884
Feuerbach, Ludwig 606
Fichte, Johann Gottlieb 109, 285, 806, 821
Filliou, Robert 36f, 384
Fincher, David 246f
Finlay, Ian Hamilton 803
Fischer, Fritz 111, 808
Fischer, Joschka 348f, 803
Flatz, Wolfgang 246
Flimm, Jürgen 725
Flusser, Vilém 684, 725
Focillon, Henri 463
Fohrbeck, Karla 398f, 482
Fontane, Theodor 289, 338, 800, 823
Förg, Günter 851

Freud, Sigmund 69, 344, 462, 476, 627, 639, 672, 701
Freytag, Gustav 287
Friedrich II. Barbarossa 126
Friedrich II. von Preußen 123ff, 286
Friedrich, Caspar David 140, 284, 729, 759f, 774, 861
Fucker, Gilda 559ff
Fuhlrott, Carl 128
Funke, Lies 68
Furtwängler, Wilhelm 109
Gable, Clark 149, 180
Garbo, Greta 19
Gates, Bill 72, 170
Gaudì, Antonio 645, 654
Gehlen, Arnold 726–729, 735f
Gehry, Frank 134, 661
Gell-Mann, Murray 434
Genscher, Hans Dietrich 47, 266
George, Stefan 230, 808, 856
Giacometti, Alberto 320
Giersch, Uli 545, 600, 797
Giotto di Bondone 147, 151, 439f, 635
Godard, Jean-Luc 22
Goebbels, Joseph 35, 128, 231, 235, 255, 260, 298, 375, 593, 815ff, 882
Goepfert, Hermann 65ff
Goethe, Johann Wolfgang von 48, 66, 105, 108, 114, 158, 179, 187, 373, 390, 430, 443ff, 467, 514, 674, 737, 772, 792, 796, 820, 823, 830, 856
Goetz, Rainald 69, 72, 246, 554
Goffman, Irving 677
Gogh, Vincent van 184
Gorbatschow, Michail 267
Göring, Hermann 64, 122, 802, 817
Graham, Martha 232

Greco, El 203, 291ff
Gregor-Dellin, Martin 269
Grönemeyer, Herbert 388
Gropius, Walter 15, 260, 573, 775, 778, 817, 837–841, 878ff, 884–891
Groys, Boris 402
Grzimek, Bernhard 49, 68
Gumbrecht, Hans Ulrich 161
Gundolf, Friedrich 230f, 882
Guttuso, Renato 858ff
Habermas, Jürgen 225, 283, 316, 539
Hackenberg, Kurt 719
Hagens, Gunter von 79, 181–188, 454, 458, 461–464
Hähnel, Norbert 500f
Hains, Raymond 239
Hammon, David 479
Hamsun, Knut 69, 77
Handke, Peter 91, 114
Haring, Keith 572, 713ff
Hayworth, Rita 559
Hegel, Georg Friedrich 285, 356, 454, 606, 822
Heidegger, Martin 28, 31, 63ff, 69, 77, 316, 427, 581, 757, 839
Heine, Heinrich 35, 338, 812, 820f, 853
Heine, Thomas Theodor 801
Heinemann, Gustav 48, 183
Heino (Heinz Georg Kramm) 500f
Heisenberg, Werner 299f
Helmes, Jesse 454
Helmholtz, Hermann von 257
Hendrix, Jimi 244
Hephaistos 444, 779
Heraklit 155
Herder, Gottfried August 820, 823
Herold, Georg 385, 726, 856f

Herzl, Theodor 342ff
Herzog, Roman 183
Hess, Moses 343ff
Heß, Rudolf 376ff
Heydt, August von der 128
Himmler, Heinrich 813, 825
Hindemith, Paul 10
Hinz, Berthold 484, 807
Hitler, Adolf 70, 123, 126, 211, 234–238, 246, 256ff, 268–271, 289f, 308, 312–316, 368, 375, 497, 561, 652, 789, 792, 797ff, 805–809, 812, 816f, 824, 830, 839f, 851, 881, 887
Ho Chi Min 29, 66
Hobbes, Thomas 207
Hochman, Elaine 840
Hoffmann, Hilmar 68
Hoffmann, Monika 98
Hogarth, William 677
Hölderlin, Friedrich 46, 723
Hollein, Hans 603, 661
Höller, Carsten 187
Holst, Erich Walther von 430
Holz, Hans Heinz 483
Homer 66, 147, 498, 824
Honecker, Erich 265f
Horkheimer, Max 64, 818
Horn, Guildo 15, 789, 842ff
Hory, Elmyr de 499
Hrabanus Maurus 296
Humboldt, Wilhelm von 823
Hundertwasser, Friedensreich 27, 691
Huss, Melusine 53, 67, 692
Husserl, Edmund 750, 618
Iden, Peter 42, 67f
Illic, Ivan 102f
Immendorff, Jörg 375, 391, 752, 775ff, 789, 858ff

Jagger, Mick 244
Jahn, Friedrich Ludwig 806
Jährling, Rolf 702ff
Jarry, Alfred 49, 722
Jauß, Hans Robert 161
Jefferson, Thomas 573
Jenninger, Philipp 851ff
Jesus Christus 70, 75, 100, 253f, 259, 376, 467, 479, 604, 756, 776, 783
Jones, Inigo 573, 634
Johnson, Lyndon B. 29
Johnson, Philipp 661
Joplin, Janis 212, 244f
Joyce, James 65f, 772
Julius II. 17
Jünger, Ernst 213, 308, 373, 839
Juvenal 156, 737
Kabakov, Ilya 475f
Kandinsky, Wassily 188
Kant, Immanuel 79, 143, 208, 223, 338, 448, 672
Kapoor, Anish 481
Kaprow, Alan 38, 723
Karasek, Helmut 46
Karl der Große 791
Karl V. 251
Kästner, Erich 50
Katz, Yael 205, 342–347
Keitel, Wilhelm 211
Keller, Gottfried 105
Kelley, Mike 480
Kepler, Johannes 299
Kerbs, Diethard 484
Kiefer, Anselm 43, 123, 315, 851, 854ff, 859
Kienholz, Edward 696
Kippenberger, Martin 319, 391, 595

Kisch, Egon Erwin 568f
Kittler, Friedrich 615f
Klages, Ludwig 80
Klee, Paul 188, 784
Klein, Yves 384
Kleist, Heinrich von 806, 820, 855
Klingenhöller, Harald 490
Klotz, Heinrich 880, 884, 888
Kluge, Alexander 27
Knapp, Udo 348f
Knef, Hildegard 267
Knoebel, Imi 660
Knudsen, Kurt 64
Koffka, Kurt 772
Kohl, Helmut 47–50, 201, 224, 266, 356, 465, 468ff, 844
Köhler, Wolfgang 772
Kollwitz, Käthe 122, 385, 817
König, Kasper 723
König, Walther 36, 119
Koons, Jeff 135, 581
Körner, Theodor 806
Koselleck, Reinhart 161
Kosuth, Joseph 481
Kounellis, Jannis 242
Kowallek, Rochus 27, 64, 67
Kracauer, Siegfried 563, 670
Krämer-Badoni, Rudolf 387
Kreis, Wilhelm 666, 806
Krüger, Michael 114
Kruk, Mariusz 481
Kruse, Käthe 836
Kuitca, Guillero 478
Kulenkampff, Hansjoachim 51
Lafontaine, Oskar 44
Lagarde, Paul Anton de 373, 806
Lang, Fritz 260, 817

Langbehn, Julius 821
Langenscheidt, Gustav 833
Langhans, Rainer 111
Langheimer, die (Robert Hartmann, Werner Reuber, Ulrike Zilly) 854
Lanza, Mario 696
Lasker-Schüler, Else 128
Laugs, Martha 305ff
Laurens, Henri 787
Le Corbusier 65, 232, 597, 645, 882
Ledoux, Claude-Nicolas 549, 565, 573, 893
Leger, Fernand 175ff
Lehmann, Lotte 268
Lembke, Robert 51
Lennard, P. 807
Lennon, John 239
Leonard, Zoe 473
Leonardo da Vinci 407, 452, 769, 771ff
Lessing, Gotthold Ephraim 12, 134, 346
Ley, Michael 346
Ley, Robert 817
Lichtenberg, Georg Christoph 568, 581, 677
Lichtenstein, Roy 175ff, 612
Liebenwein, Rolf 67
Liebermann, Max 774
Lindenberg, Udo 388
Linke, Detlef 187, 434
Lipchitz, Jacques 787
Lipps, Theodor 748f
Lissitzky, El 177, 659, 724
List, Emanuel 268
Löchter, Ulrich 104–109
Loesch, Uwe 531–535
Long, Richard 803
Loos, Adolf 174, 231, 625ff, 645, 653, 883

Lorenz, Konrad 49, 430, 452
Lorenzer, Alfred 384
Lotze, Hermann 752
Löwith, Karl 248
Lübke, Heinrich 183
Lüderssen, Klaus 67
Ludwig II. von Bayern 258
Ludwig XIV. von Frankreich 338
Ludwig, Peter 109
Luhmann, Niklas 113, 449, 463, 484f, 541ff
Lukacs, Attila Richard 476
Lunatscharski, Anatol 236
Lüpertz, Markus 375, 391, 716, 747, 752ff, 780ff, 857ff, 863ff
Lüscher, Ingeborg 393–397
Luther, Martin 126, 243f, 292
Maciunas, George 111, 239
Mack, Heinz 67
Magritte, René 212, 421
Mahler, Gustav 119
Maier-Witt, Silke 112
Majakowski, Wladimir 66, 724
Malewitsch, Kasimir 177, 294–297, 597, 731ff, 739, 748, 768
Malskat, Lothar 500
Mann, Thomas 187, 235, 255f, 263, 343f, 454ff, 466, 790, 808ff, 815, 821ff, 826, 840, 843f
Manzoni, Piero 67, 316, 384, 393
Mao Tse Tung 49, 65, 113, 149, 367
Marc, Franz 748, 817
Marcuse, Herbert 484, 669, 693
Marchand, Philip 698
Maria, Walter de 803
Marx, Karl 60, 107, 218ff, 356ff, 367, 378, 469, 606, 627, 672, 824, 875

Mattern, Michael 773ff
McLuhan, Marshall 63, 170, 483, 556, 698
Meese, Jonathan 719, 726
Meireles, Cildo 478
Meister, Ulrich 480
Melchior, Lauritz 268
Mercier, Louis Sebastien 140, 167
Merz, Gerhard 660, 851
Messner, Reinhold 726
Metzger, Gustav 239
Meyerbeer, Giacomo 277, 343–346
Meysenbug, Karl Alfred von 27, 64, 539
Michelangelo Buonarotti 17, 428, 463, 576, 579, 635
Mies van der Rohe, Ludwig 597, 627, 640, 660, 699, 839ff
Miller, Norbert 484
Minerva 68
Mnouchkine, Ariane 199
Mohammed 294
Mohn, Fritz 109
Moholy-Nagy, Lazlo 659
Möllmann, Dirck 152
Mommsen, Theodor 133
Momper, Walter 266
Mondrian, Piet 745
Monteverdi, Claudio 586
Moore, Henry 787, 804
Morris, William 573, 885
Morrison, Jim 244f
Moses 294
Mühlmann, Heiner 114, 161f, 216
Mulisch, Harry 702
Müller, Heiner 199
Musil, Robert 855
Mussolini, Benito 809, 883
Muthesius, Hermann 573

Naacher, Peter 67
Napoleon Bonaparte 107, 141, 227, 266ff, 285, 338, 760, 773, 791, 831
Nauman, Bruce 477
Nehberg, Hans Rüdiger 726
Nekes, Werner 102, 615, 779
Nero 31, 526f
Neuss, Wolfgang 725
Newton, Helmut 624
Newton, Isaak 148, 299, 565
Nietzsche, Friedrich 49, 65, 81, 181, 231, 257, 261, 289, 313, 338, 535, 598f, 609, 624, 627, 672ff, 701, 750, 821, 832, 841–844, 853
Nitsch, Hermann 849
Nobel, Alfred 821
Nolde, Emil 260, 783, 808, 817
Nordau, Max 806
Oberhuber, Oswald 498f
Ono, Yoko 239
Oppenheimer, Julius Robert 301ff, 883
Orlan 246
Orpheus 785f
Otto, Teo 858
Ozenfant, Amadée 177, 641
Paik, Nam June 720
Palermo, Blinky 660
Palinurus 49
Palladio, Andrea 174, 565f, 573, 634, 703
Pandora 444
Panofsky, Erwin 164, 296f, 729–736, 835
Panton, Verner 683ff
Paolozzi, Eduardo 646
Papperitz, Erika 677
Parrhasios 176
Parsifal 780, 785–788
Pascal, Blaise 299

Penck, A.R. 391, 752, 859ff, 865
Penrose, Roger 463
Peres, Schimon 342f
Pestalozzi, Johann Heinrich 109
Peter der Große 286, 573
Petrarca, Francesco 35, 111f, 390
Pevsner, Nikolaus 829
Peymann, Claus 43, 69, 246
Philipp II. v. Spanien 293
Picabia, Francis 175, 317, 864
Picasso, Pablo 16, 65, 174f, 237, 255, 428, 502, 787, 859
Piene, Otto 67
Pisanello 52, 251–254
Platon 143, 163, 282, 295, 366, 376, 432ff, 462, 852
Plecnik, Josef 645, 654
Poirier, Anne und Patrick 2 42
Pol Pot 853
Polke, Sigmar 175, 612, 859
Pollock, Jackson 239, 763, 782
Popcorn, Faith 681, 690
Popper, Karl 20, 310, 364, 429
Postman, Neil 198, 391, 877, 887f
Pound, Ezra 69, 77
Poussin 175ff
Preiß, Achim 755, 764, 866–874
Prem, Heimrad 111
Prigogine, Ilya 463
Prometheus 444f, 785f
Proust, Marcel 840
Pygmalion 186, 446f, 450, 579
Pyrrhus 211
Quant, Mary 670
Quijote, Don 53ff
Raffael Santo 319, 576, 596, 702, 816
Raiffeisen, Friedrich Wilhelm 109

Rathenau, Walter 344
Rauschenberg, Robert 723
Ray, Charles 474
Ray, Nicholas 502
Reagan, Ronald 48, 107, 115, 196, 300
Reich, Wilhelm 480
Reimer, Ulla 621ff
Rekort, Hartmut 64
Rembrandt van Rijn 373, 384, 502
Renouvier, Charles 167
Restany, Pierre 102, 239
Revermann, Klaus 719
Richelieu, Armand de 338
Richter, Gerhard 774, 859
Riefenstahl, Leni 308, 349
Riegl, Alois 164, 748–751
Rilke, Rainer Maria 631
Rimbaud, Arthur 66, 164
Ritter, Gerhard 126
Robert, Hubert 110
Rodtschenko, Alexander 724
Röhm, Ernst 807
Rolling Stones 6, 246, 779
Roosevelt, Theodore 323, 841
Rorty, Richard 463, 581
Rosenberg, Alfred 821
Rosenthal, Hans 51
Rossini, Gioacchino 19
Rot, Diter 242, 857
Rousseau, Jean-Jacques 567f, 795
Rothenberg, Erika 476
Rothschild, F. S. 485–493
Rubens, Peter Paul 407, 735
Rüdiger, Jan 464
Rühle, Günter 167
Sade, Donatien Alphonse de 613, 672, 823
Saint Simon, Claude Henri de 893

Sander, August 624
Sansovino, Jacopo 566
Sauerbruch, Ferdinand 109
Scamozzi, Vicenzo 566
Schad, Christian 568f
Schäfer, Oma 64, 67
Scharoun, Hans 231, 882
Scharping, Rudolf 209, 224
Scheper, Hinnerk 660
Scherer, Marieluise 46
Schiedermair, Manfred 68
Schiller, Friedrich 211, 709, 820, 857
Schinkel, Friedrich 573, 634, 657, 831
Schirner, Michael 497
Schlieffen, Alfred von 124
Schliemann, Heinrich 798, 804, 824
Schlingensief, Christoph 725
Schmela, Alfred 703
Schmidt, Helmut 43, 48, 292, 365
Schmidt-Wulffen, Thomas 386
Schmitt, Carl 69, 123, 213, 253, 387, 652, 807, 825, 839
Schneemann, Carolee 723
Schönberg, Arnold 10
Schönebeck, Eugen 19
Schönfeldt, Sybil 677
Schult, HA 75
Schumpeter, Joseph Alois 209f, 213, 232f, 241, 423, 541
Schweger & Partner 654f, 658
Schwejk, Soldat 49, 240, 844
Schwitters, Kurt 724
Seiwert, Franz Wilhelm 153
Sellner, Gustav Rudolf 26f
Semper, Gottfried 573, 625, 627
Seneca 31, 132
Septimus Severus 525, 648

Shakespeare, William 37ff, 53, 69, 213, 246, 325, 377, 571, 722f, 725, 757
Shelley, Mary 445
Siedler, Wolf Jobst 375
Simmel, Georg 674
Simmen, Jeannot 433, 732, 767
Simson, Otto von 404, 649
Sinatra, Frank 245
Sloterdijk, Peter 55, 282f, 685
Soanes, John 573
Sokrates 173
Sombart, Nicolaus 123
Sontag, Susan 580, 670
Sow, Ousmane 475
Speer, Albert 797, 807, 817, 831
Spencer Brown, George 687
Spengler, Oswald 808
Sperry, Roger 586
Spinoza, Baruch 300
Spoerri, Daniel 27, 36, 67, 705f, 710f
Spohler, Henrik 619ff
Springer, Axel Cäsar 110, 802f
Stalin, Jossif Wissarionowitsch 235, 238, 258, 274, 367, 375, 561, 593, 808, 824, 840, 853, 887
Staeck, Klaus 359, 854
Stein, Peter 199, 359, 722
Steinbach, Haim 481
Steiner, Rudolf 468
Stifter, Adalbert 144, 855
Stirner, Max 881
Stockhausen, Karlheinz 10
Storm, Theodor 855
Strauß, Botho 43
Strauß, Richard 256
Strawinsky, Igor 10
Stünke, Hein 703

Suger v. St. Denis 163, 648f
Syberberg, Jürgen 43, 70, 123, 199, 375
Sydow, Heinrich von 67
Szeemann, Harald 42, 47, 393, 706, 722, 725
Tabori, George 70
Tatlin, Wladimir 776f
Taub, Tamas 321ff
Teja 288
Teufel, Fritz 29, 111
Thatcher, Margaret 630
Theoderich 288
Theresa, Mutter 388
Theresa d'Avila 779
Theweleit, Klaus 69, 77, 114
Thiessen, Max 26, 74
Thomson, Michael 46
Tinguely, Jean 155, 239
Tipler, Frank J. 434
Tizian 146, 251, 293, 728
Torriani, Vico 245
Troost, Paul Ludwig 806, 855
Truman, Harry S. 304, 841
Turner, William 457, 744
Uecker, Günter 67
Uexküll, Jakob von 491
Ulbricht, Walter 367
Ungers, Oswald Mathias 641, 665ff
Unseld, Siegfried 68
Ustinov, Peter 526
Vasari, Giorgio 73, 135, 165, 253, 358
Venturi, Lionello 636, 661
Verdi, Giuseppe 288
Vergil 49
Verheyen, Jeff 67
Vicious, Sid 212, 244f
Victoria v. England 288

Villeglé, Jacques 239
Virilio, Paul 144, 160
Vischer, Robert 751
Vischer, Theodor 449, 674
Volhard, Rüdiger 68
Vostell, Wolf 29, 67, 197, 240, 538, 673, 723
Waalkes, Otto 517
Wagner, Richard 15, 39, 66, 70, 144, 217, 221, 231, 257f, 261f, 267–275, 288, 307f, 334, 343f, 429, 484, 725, 744, 752, 806, 814, 816f, 821, 831, 855, 862, 882
Walser, Martin 27, 66, 125
Walter, Bruno 268
Wankel, Felix 421, 693
Warburg, Aby 120ff, 296, 547
Warhol, Andy 49, 135, 179, 241, 317, 591, 595, 619, 669, 713, 724
Warnke, Martin 120–123, 251, 276, 483f, 502, 857
Washington, George 573
Watzlawick, Paul 386, 518, 543
Weber, Max 842
Webern, Anton von 10
Weibel, Peter 160
Weinheber, Joseph 855
Welles, Orson 500
Wenders, Wim 502
Werckmeister, O.K. 356–362
Werner, Michael (Galerie) 391, 780, 865
Wessely, Maria 319, 559
Widmer, May 68
Wiener, Oswald 387
Wiesand, Andreas 398f
Wildgruber, Ulrich 465
Wilde, Oscar 135

Wilhelm II. v. Preußen 230, 238, 243, 272, 339, 348, 830, 834
Wilhelm V. von Bayern 831
Williams, Emmett 46, 62
Willms, Bernhard 484
Wilson, Robert 151, 198
Wilson, Woodrow 208f, 213
Worringer, Wilhelm 747ff, 753, 784
Wren, Christopher 573
Wuerfel, Uta 210
Zelinsky, Hartmut 273, 806, 814
Zeuxis 176

> der Tod muß abgeschafft
> werden, diese verdammte
> Schweinerei muß aufhören.
> Wer ein Wort des Trostes
> spricht, ist ein Verräter
>
> Bazon Brock

„Der Tod muß abgeschafft werden ...". Literaturblech 1965 im Hof der Sammlung Hoffmann, Berlin, *fotografiert von Uwe Losch 1999*

Memorial
„Bazon Brock, von dem Sie immer schon gewußt haben, daß er den tiefsten Eindruck auf Erden mit seinen Füßen hinterlassen würde." 1968

Bazon Brock

Biographie

Bazon Brock, geb. 1936 in Stolp / Pommern.
Nach der Flucht aus Pommern 2-jährige Internierung in Dänemark;
1949 – 1956 Kaiser-Karl-Gymnasium in Itzehoe (Schleswig-Holstein);
1957 Abitur;
1957 – 1965 Studium in Hamburg, Frankfurt, Zürich: Germanistik, Philosophie, Kunstgeschichte, Politikwissenschaften; wesentlicher Einfluß durch Theodor Adorno. Während des Studiums Dramaturgie-Ausbildung bei Sellner / Claus Bremer Landestheater Darmstadt;
1960 – 1961 1. Dramaturg unter Gnekow, Stadttheater Luzern.
Ab 1959 erste Happenings (mit Hundertwasser, Alan Kaprow, Joseph Beuys, Wolf Vostell, Nam June Paik).
1965 – 1978 lehrbeauftragter Professor für nicht-normative Ästhetik an der Hochschule für bildende Künste in Hamburg;
1978 – 1981 Professor für Gestaltungslehre an der Hochschule für angewandte Kunst in Wien;
1981 – 2001 o. Univ. Prof. für Ästhetik/Gestaltungstheorie an der Bergischen Universität in Wuppertal. Zuletzt Dekan des Fachbereichs 5.

Ab 1959 ca. 1.600 Action teachings in USA, Japan, Frankreich, Italien, Dänemark, England, Schweiz, Österreich, Polen, Benelux, Spanien.
Ab 1968 Einrichtung von Besucherschulen für die Documenta-Ausstellungen in Kassel;
1971 – 1977 intensive Mitarbeit am Aufbau des Internationalen Designzentrums in Berlin; Schwerpunkt: Ausstellungen und Kongresse zur Ästhetik in der Alltagswelt.
21.11.1992 Verleihung der Würde eines Doktors der Technischen Wissenschaften ehrenhalber durch die Eidgenössische Technische Hochschule in Zürich.
1998/2000 Vorsitzender des Künstlervereins *Malkasten* in Düsseldorf.
Dort Veranstaltungsreihe *Supervisionsservice* zu historischen und aktuellen Themen aus Kunst und Kultur.
2001 Gründung von *Kultur und Strategie e.V.*
Diese Forschergruppe untersucht, warum die bisherigen Strategien der Konfliktbewältigung so wenig erfolgreich waren, um dann aus der Analyse weitergehende Strategeme zu entwickeln.

1 | Weitere Arbeitsschwerpunkte u.a.

Neuronale Ästhetik, Imaging Sciences. Mitglied der Forscher-Familie *Bildende Wissenschaften*. Diese „Fruchtbringende Gesellschaft" beschäftigt sich vorrangig mit der Kulturgenetik, um Konzepte zur Zivilisierung der Kulturen auszuarbeiten. Die Ergebnisse (bisher 12 Titel) werden in der Reihe *Ästhetik und Naturwissenschaften* im Springer Verlag Wien/New York veröffentlicht.

Von den Assistenten, Promovenden, Habilitanden Bazon Brocks der Jahre 1980 – 2001 sind inzwischen 25 selbst wieder als Professoren tätig; weitere wirken als Museumsdirektoren, Agenturchefs, Ausstellungsmacher usw.

2 | Ausgewählte Veröffentlichungen zur Arbeitsbiographie

bis 1977   Bazon Brock – Ästhetik als Vermittlung. Arbeitsbiographie eines Generalisten, hrsg. von Karla Fohrbeck, DuMont Köln, 1977.

bis 1986   Bazon Brock – Ästhetik gegen erzwungene Unmittelbarkeit. Die Gottsucherbande, hrsg. von Nicola von Velsen, DuMont Köln, 1986.

bis 1989   Bazon Brock – Die Re-Dekade. Kunst und Kultur der 80er Jahre, hrsg. von Bazon Brock und Achim Preiss, Klinkhardt und Biermann Verlag, München 1990.

In diesen Bänden ausführliche Biobibliographie für die Zeit bis 1990.

3 | Neuere Publikationen / Monographien

1998   Die Macht des Alters, Katalog zur Ausstellung in Berlin, Bonn und Stuttgart, DuMont Köln 1998.

1999   Die Welt zu Deinen Füßen – Den Boden im Blick – Naturwerk. Kunstwerk. Vorwerk. DuMont Köln 1999.

2000   Lock Buch Bazon Brock – Gebt Ihr ein Stück, so gebt es gleich in Stücken, DuMont Köln 2000.

2002   Zusammen mit Gerlinde Koschik (Hg.): Kunst und Krieg. München / Paderborn 2002.

2002   Bildersturm und stramme Haltung. Ausgewählte Texte 1972–1994. Dresden 2002.

Größere Aufsätze erschienen regelmäßig in den Katalogen der Biennale di Venezia, in Werkmonographien der Künstler Jörg Immendorff, Markus Lüpertz, Anna und Bernhard Blume u.v.a.

Hörspiele von Bazon Brock wurden als Kassetten im S-Press Tonband-Verlag, Köln, veröffentlicht.

4 Videodokumentationen

Wir wollen Gott und damit basta. DuMont Köln 1985
Selbsterregung – eine rhetorische Oper zur Erzwingung der Gefühle
(vom WDR produziert, am 17.4.1992 ausgestrahlt), Schiebener und Jürgens, Köln 1990.
Videokatalog zur Documenta IX *Der Körper des Kunstbetrachter*, 1992
(auch TV-Ausstrahlungen)

5 TV-Produktionen

Bazon Brock zur Geschichte der Kybernetik, 6-stündige Aufzeichnung anläßlich der *Installation eines Theoriegeländes* im Portikus, Frankfurt, Februar 1997, ausgestrahlt durch 3sat, 1997.
Bazon Brock ist Moderator der TV-Serie *Bilderstreit* (3sat) seit 1997.

Ein Portraitfilm von Ingo Hamacher über Bazon Brock wurde in der Reihe *Querköpfe* vom WDR produziert und im April 1991 ausgestrahlt.

6 Einführende Sekundärliteratur

Nicole Stratmann
Der Selbstfesselungskünstler - Bazon Brock. Einführung in eine Ästhetik des Unterlassens. VDG Verlag und Datenbank für Geisteswissenschaften, Weimar 1995.
Martin Heller und H.U. Reck (Hg.)
BB. Ästhetik nach der Aktualität des Ästhetischen. Ein Symposium zur Perspektive der Kulturentwicklung. Zürich 1998.
Heiner Mühlmann
Über Bazon Brock. Kunst und Krieg. Köln 1998

7 Ausstellungen seit 1990

Wa(h)re Kunst. Der Museumsshop als Wunderkammer, seit 1994 in 18 Städten.
Dazu Katalogbuch „Wa(h)re Kunst",
hrsg. von Gottfried Fliedl, Frankfurt am Main 1997.
Die Macht des Alters. Strategien der Meisterschaft. Berlin, Bonn, Stuttgart 1998/99.
Dazu Katalogbuch „Die Macht des Alters", hrg. von Bazon Brock, Köln 1998

8 Online

http://www.brock.uni-wuppertal.de
http://www.bazonbrock.de
Stefan Asmus, Ästhetisches System. Ein adaptives Hypermedia-Interface zum Crossover nichtnormativer Ästhetik nach Bazon Brock und Neuerer Systemtheorie insbesondere nach Niklas Luhmann:
http://www.brock.uni-wuppertal.de/Vademecum/

5 | Impressum

Bibliographische Information Der Deutschen Bibliothek
Die Deutsche Bibliothek verzeichnet diese Publikation in der Deutschen Nationalbibliographie; detaillierte bibliographische Daten sind im Internet über http://dnb.ddb.de abrufbar.

Bazon Brock, „Der Barbar als Kulturheld | Ästhetik des Unterlassens – Kritik der Wahrheit | wie man wird, der man nicht ist" | Gesammelte Schriften III, 1991 – 2002; Hrsg. von Anna Zika in Zusammenarbeit mit dem Autor

© **2002** | DuMont Literatur und Kunst Verlag, Köln, und Bazon Brock, Wuppertal; alle Rechte vorbeha[lten]
Zweite Auflage 2004

Gestaltung @ Konzeption | botschaft gertrud nolte visuelle kommunikation und beratung, düsseldorf | info@botschaftnolte.de

Produktion | Marcus Muraro
Reproduktionen | botschaft gertrud nolte visuelle kommunikation und beratung, düsseldorf
Druck und buchbinderische Verarbeitung | B.o.s.s Druck und Medien GmbH, Kleve
Schriften | gesetzt in Clearface Serif und Clearface Gothic
Umfang | insgesamt 1024 Seiten, bestehend aus:
   a–z / 26 Seiten *(Worte, Inhalt),* 893 Seiten *(Arbeitsbiographie),*
   62 Seiten *(Titelei, Register, Biographie, Impressum),* 43 Seiten *(Abbildungen)*

ISBN | 3-8321-7149-5
Printed in Germany